改革开放以来高校思想政治教育编年史

（1978—2022）

冯刚 主编

北京师范大学出版集团
BEIJING NORMAL UNIVERSITY PUBLISHING GROUP
北京师范大学出版社

前　言

为全面展现改革开放以来高校思想政治教育建设和发展历程，我们于2018年组织编撰了《改革开放40年高校思想政治教育编年史(1978—2018)》一书，受到思想政治教育领域的专家学者以及广大师生的一致好评。党的十九大以来，高校思想政治教育工作积累了新的实践成果，取得了新的显著成效。时值2022年，党的二十大胜利召开，对思想政治教育创新发展也提出了一系列新指引和新要求。为及时跟进高校思想政治教育工作新动态，充分体现与时俱进的学科品格，我们于今年6月启动了对2019年版《改革开放40年高校思想政治教育编年史(1978—2018)》的修订工作。此次修订的主要任务是立足新时代高校思想政治教育工作整体布局，补充和完善高校思想政治教育及其相关领域近四年来的重要文件、重大事件、重要活动等，本书更名为《改革开放以来高校思想政治教育编年史(1978—2022)》。

修订过程中，编写组进行了多次深入讨论，明确了修订的原则：第一，突出全面性。尽可能全面地搜集高校思想政治教育及其相关领域的重要文件、重大事件、重要活动等，全面记述改革开放以来高校思想政治教育的发展历程。第二，突出规范性。全书按照编年史的编撰体例，以时间为轴，书中收录的文件、事件、活动等均经过认真考证校对。书中涉及的文件发布时间的表述一般以文件印发时间为准，其中部分文件不能确定印发时间的以媒体或网站公布时间为准。第三，突出实用性。本书的编写力求兼具学术性与工具性，除了要求所有的编年内容都有据可查外，还努力使全书的构成能较为准确地把握高校思想政治教育的发展进程，切实为高校思想政治教育专业学习、工作开展、学术研究提供参考。

思想政治教育是一门常学常新、常悟常新、常用常新的重要学科，相关的学术研究和实践探索都离不开理论积淀和史料挖掘。在深入学习贯彻党的二十大精神之际，编写组修订出版《改革开放以来高校思想政治教育编年史(1978—2022)》一书意义重大。

因文件、事件繁多，加之时间紧张，本书难免有诸多不足之处，敬请读者批评指正。

编　者

2022年12月

目　录

1990 年

1991 年

1992 年

1993 年

1994 年

1995 年

1996 年

1997 年

1998 年

1999 年

2000 年

2001 年

2002 年

2003 年

2004 年

2005 年

2006 年

2007 年

2008 年

2015年

2016年

2017年

2018年

2019年

2020年

2021 年

2022 年

后　记

1978 年

12 月

12 月 28 日

国务院批准教育部关于恢复和增设普通高等学校的报告，决定在全国恢复和增设 169 所普通高等学校。这批高等学校是根据实现新时期总任务的要求，并按照加强薄弱环节和薄弱地区，逐步改善学校布局，发挥中央和地方两个积极性等原则而确定的。这次决定恢复和增设的 169 所高等院校中，属于恢复的有 16 所，新增设的 153 所，重点放在加强理工科教育上面。

12 月 30 日

《人民日报》发表题为《全会公报给学校工作指明方向——清华大学工作重点开始转移到教学和科研上来》的报道。报道指出：党的十一届三中全会公报，给了清华大学师生员工极大的鼓舞。学校党委的同志在学习讨论中热烈表示，三中全会提出“把全党工作的着重点和全国人民的注意力转移到社会主义现代化建设上来”的伟大号召，给全党工作指明了前进的方向，也给学校工作指明了前进的方向。实现四个现代化的关键，教育是基础。我们学校各级领导在思想上、工作上、作风上都要适应这个大转变的形势，把注意力立刻转移到教学科研上来。在党的十一届三中全会精神的鼓舞下，清华大学党委加快学校的建设步伐。为此，他们提出要认真总结新中国成立以来的教学经验，掌握教学规律，制定切实可行的规划和措施，争取尽快提高教学质量，大力培养研究生，着手建设计算中心、分析中心和大规模集成电路等八个中心实验室，不断扩大在国际上的学术交流活动。

1979 年

1 月

1 月 4 日

《人民日报》发表特约评论员文章《完整地准确地理解党的知识分子政策》。文章说，随着全党的工作重心转移到现代化建设上来，完整地、准确地理解党的知识分子政策，充分发挥知识分子的作用，就显得越来越重要、越来越紧迫。我国绝大多数知识分子已经成为工人阶级的一部分，应该切切实实地把他们当作工人阶级的成员来对待。文章指出，为了充分地调动广大知识分子的积极性，当前，要着重抓紧解决几个问题。首先要抓紧对过去审查处理的案件，包括错划为“右派”的案件，进行认真的复查，作出正确的结论。要充分信任、放手使用各种专门人才，不要怕什么“专家路线”之类的“莫须有”的政治帽子。要根据知识分子和科技工作的特点，做好思想政治工作，尊重他们，亲近他们，关心他们，为他们说公道话，做他们的贴心人，积极地解决他们的实际问题。

1 月 4 日—24 日

国家科委、教育部和农林部在北京联合召开全国高等学校科研工作会议。出席会议的有 120 多人，主要是全国各地综合大学、工科院校和农林院校的党委书记、校长和少数知名教授等。出席会议的人员学习了党的十一届三中全会的文件，在讨论高等学校工作重点转移时提出，应当依据实践是检验真理的唯一标准这一马克思主义的基本原则，把新中国成立以来教育战线的是非弄清楚。只有这样做，才能进一步解放思想，放开手脚，心情愉快地为实现四个现代化大干快上。会议认为，认真总结历史的经验和教训，揭发和批判林彪、“四人帮”的那一套假“左”真“右”的货色，澄清路线是非，发扬成绩，纠正错误，正确地评价 1962 年广州会议，有利于实现高等学校工作着重点的转移。会议强调，社会主义现代化建设，要求我们把全国重点高等学校办成“既是教育中心，又是科学研究中心”。要真正办成两个中心，就必须全面地、正确地理解和执行党的教育方针，不断提高教育质量和学术水平，大力开展科学研究，切实加强党的领导。会上，教育部部长、国家科委副主任蒋南翔在讲话中指出，大家根据中央工作会议和十一届三中全会的精神，运用实践是检验真理的唯一标准这一马克思主义基本原则，结合教育战线实际，各抒己见，畅所欲言，总结了新中国成立以来正反两方面的经验，解决了路线是非问题，这对当前实现高等学校工作着重点的转移有着重要的意义。在高等学校工作着重点转移的时候，各级领导要全面地、正确地贯彻执行党的教育方针，坚持又红又专的社会主义方向，要坚定不移地贯彻党的知识分子政策。对知识分子要采取信任的态度、帮助的态度、尊重的态度，要充分发挥他们的作用，调动他们的积极性。要认真贯彻“百花齐放、百家争鸣”的方针，发扬学术民主。

1 月 5 日

《人民日报》发表社论《揭批查运动要善始善终》。社论说，十一届三中全会决定，结束全国范围内大规模的揭批林彪、“四人帮”的群众运动，把全党工作的着重点转移到社会主义现代化建设上来。这是一个伟大的战略转移。为了保证这个转变顺利实现，我们一定要把揭批查的群众运动结束好，做到善始善终。社论指出，清查工作没有搞彻底的，一定要搞彻底。与林彪、“四人帮”篡党夺权阴谋活动有牵连的人和事，没有讲清楚的一定要讲清楚，没有查清楚的一定要查清楚。对人的处理要持慎重态度。定案的事实必须准确无误，经过反复调查，反复核实。结论必须实事求是，恰如其分。平反假案，纠正错案，昭雪冤案，要继续抓紧。这项任务的工作量还很大。为了使全党全军全国人民齐心协力地投入社会主义现代化建设，我们必须加快这项工作的进度。社论强调，揭批查的群众运动，要真正做到善始善终，使揭批林彪、“四人帮”的群众运动成为我们党历史上分清是非、教育干部、团结同志、争取胜利的新的典范，保证全党全军全国人民在新的基础上更加紧密地团结起来，实现全党工作着重点的转移，向着四个现代化的宏伟目标前进。

1 月 7 日—11 日

中宣部在北京召开各省、自治区、直辖市党委宣传部长会议，讨论全党工作重点转移后宣传工作的根本任务。中共中央政治局委员、中央宣传部部长胡耀邦在会上指出，全党工作着重点转移之后，党的宣传工作的根本任务是：把马列主义、毛泽东思想的普遍真理同实现四个现代化的伟大实践密切结合起来，研究新问题，尽可能使思想理论工作走在实际工作的前头，把毛泽东思想推向前进，加速社会主义现代化建设的进程。胡耀邦在会上详细论述了理论与实践相结合的问题。他强调，马列主义、毛泽东思想的普遍真理，在任何时候、任何战线上都是不能忘记、不能背离的。马列主义、毛泽东思想的普遍真理，又一定要同我们面临的新的伟大的具体实践紧密结合起来，否则，我们就要犯严重错误，我们的伟大事业就不可能实现。要做到这一点，就要认真读马列和毛泽东同志的书；要认真面向实际，面向四个现代化的实际，面向党内外干部群众的思想实际，面向过去、现在和今后经验教训的实际；要认真解放思想，搞好党的学风。

1 月 12 日

共青团中央、国家林业总局发出《关于动员青年迅速投入建设北京“绿色万里长城”的通知》，要求广大共青团员和青少年，响应党中央的号召，在各级党委的统一领导下，积极投入北方防护林体系工程建设，为“绿色万里长城”的早日建成贡献自己的力量。各级团组织要开展这一活动的宣传教育，同贯彻落实党的十一届三中全会精神和团的十大精神结合起来，大力宣传建设“绿色万里长城”的重大意义。在造林运动中，要根据青少年的特点，大力开展评思想、比贡献、选突击手、树标兵的社会主义劳动竞赛，使广大青少年成为建设这一宏伟工程的朝气蓬勃的突击队。

1 月 16 日

《人民日报》发表社论《伟大的转变和宣传工作的根本任务》。社论说，全党工作的着重点转移到社会主义现代化建设上来以后，宣传工作的根本任务就是：把马列主义、毛泽东思想的普遍真理同实现四个现代化的伟大实践密切结合起来，研究新问题，解决新问题，尽可能地使我们的思想理论工作走在实际工作的前面，加速社会主义现代化建设的进程。为完成这一任务，需要从以下几个方面去努力：一要认真读马列著作和毛泽东同志的著作；二要面向实际，面向四个现代化的实际，面向党内外干部群众的思想实际，面向我们过去、现在和今后的经验教训的实际；三要解放思想；四要认真改进作风。

1 月 17 日

《人民日报》《中国青年报》同时报道，国务院最近发出通知，要求各地在春节期间对“上山下乡”知识青年进行宣传慰问活动。通知说，广大“上山下乡”知识青年响应党的号召，到农村去，到边疆去，在农村三大革命斗争中作出了重要贡献，涌现了许多好人好事，他们是建设社会主义现代化强国的一支重要力量。当前，全党一心，举国一致，正在认真学习和贯彻党的十一届三中全会精神，把全党工作的着重点转移到社会主义现代化建设上来。为了进一步发挥广大“上山下乡”知识青年在新长征中的生力军作用，各地春节期间在城乡要通过联欢会、报告会、家访以及召开知青座谈会和家长座谈会等多种形式，对“上山下乡”知识青年进行宣传慰问。通知要求，各地对“上山下乡”知识青年的宣传慰问活动要安排适当，讲究实效，发扬艰苦朴素的优良传统和革命作风，严禁形式主义和铺张浪费的歪风邪气。

1月18日—2月15日

中共中央宣传部和中国社会科学院在北京召开理论工作务虚会第一阶段的会议。胡耀邦在会上指出，这次会议的目的是总结理论宣传战线的基本经验教训，着重讨论工作重点转移后的理论工作，继续扫清前进道路上的思想障碍，研究和解决层出不穷的新问题。会议对“两个凡是”的错误主张和思想僵化现象进行了尖锐批评，对多年来被歪曲了的一些重大理论问题，如关于社会主义时期阶级斗争的一些提法、关于“无产阶级专政下继续革命”的口号等进行了深入的讨论。

2月

2月5日—22日

文化部在北京召开全国艺术教育工作会议，会议总结了三十年来艺术教育工作中正反两方面的经验。会议由文化部副部长林默涵主持，胡耀邦到会并讲话。与会代表肯定了“文化大革命”前十七年艺术教育工作取得的巨大成绩，深入批判了林彪、“四人帮”炮制的“两个估计”和“文艺黑线专政论”。会议强调艺术教育必须适应全党工作着重点转移的新形势，调动一切积极因素，迅速完成各级各类艺术院校的恢复、整顿、提高工作，积极培养又红又专、全面发展的优秀艺术人才，不断充实文艺队伍，为建设社会主义现代化强国服务。

胡耀邦在会上号召广大文艺工作者和艺术教育工作者善于总结经验，加强团结，奋发图强，勤学苦练，希望文艺界产生出未来的鲁迅、梅兰芳、聂耳、冼星海，为我们的祖国，为我们的民族，为我们的人民，为我们的子孙后代，贡献自己最大的力量。

2月19日—24日

共青团中央在北京召开共青团省、自治区、直辖市委书记会议。会议总结了团十大以来的工作，着重讨论了进一步落实团十大精神，切实把团的工作重心转移到社会主义现代化建设上来的问题，确定了1979年工作的要点。会议号召全国青年继续开展“争当新长征突击手”活动。会上，中共中央政治局委员胡耀邦明确指出，落实共青团十大提出的任务，团的工作就适应了全党工作重心的转移。团的干部要解放思想，转变作风，面向青年，面向基层，面向实际，到实践中去找办法，在工作中增长才干，努力完成共青团十大提出的我国青年的四项任务和共青团建设的四项任务。胡耀邦同志鼓励团的干部大胆工作，千方百计围绕四个现代化做好思想工作，开展丰富多彩的活动，使团的工作呈现万紫千红的局面。

会议认为，随着党的工作重心的转移，团的思想政治工作不是可以削弱，而是需要加强；思想政治工作的任务不是减轻，而是更加艰巨。团的干部要学会结合经济工作一道去做政治工作，要钻研培养人的学问。当前，各级团组织要认真做好大转变中的思想工作。会议强调，要对青年进行民主与法制的教育。要继续充分发扬民主，反对违法乱纪、官僚主义和压制民主的行为；同时又要引导青年正确地行使民主权利，自觉遵守纪律，坚决维护生产秩序、工作秩序、社会秩序，维护安定团结的大局。共青团应主动与有关部门密切配合，帮助青年提高文化技术水平。

3月

3月1日

共青团中央发出《关于在全国青年中开展“争当新长征突击手”活动的决定》。文件指出，为了进一步调动广大青年大搞社会主义现代化建设的积极性，激发革命英雄主义精神，在高速度发展国民经济中充分发挥突击作用，使共青团组织紧紧跟上全党工作重心的转移，以“四化”为重心，把团的工作活跃起来，共青团中央决定，在全国青年中广泛深入地开展“争当新长征突击手”的活动。新长征突击手，应是各条战线上为实现四个现代化做出优异成绩的又红又专的青年先进人物。新长征突击手每年评选一次，分级表彰命名，对有特殊贡献者随时给予表彰。在全国范围内命名的新长征突击手，由各省、自治区、直辖市团委负责评选，由共青团中央批准。文件强调，开展“争当新长征突击手”活动，是共青团围绕党的中心工作，适合青年特点的一项重要活动，它必将有力地动员全国广大青年发扬老一辈的光荣革命传统，以极大的热情投身于社会主义现代化建设。各级团组织应在党委领导下，切实把这一活动抓紧抓好。

3 月 15 日

共青团中央、国家体委和中华全国体育总会决定在全国广大青少年中间组织一次“新长征火炬接力”活动。接力活动的火炬点燃仪式将于 7 月 1 日在上海市党的“一大会址”举行。火炬接力将沿着上海→嘉兴→南昌→井冈山→文家市→长沙→广州→南宁→遵义→红岩村→腊子口→会宁→六盘山→延安→西安→文水→交城→西柏坡→长辛店→北京的路线，途经全国 16 个省、自治区、直辖市的 100 多个城镇，全程 12000 多千米，历时 77 天。在 9 月 15 日，把火炬送到北京第四届全运会开幕式会场。同时，要求各地共青团、少先队组织青少年参观革命纪念馆，听革命传统报告和座谈，参加各种文娱体育活动，掀起人人争当新长征突击手，争当“三好”学生的热潮，并进一步推动群众性体育活动的蓬勃开展。

3 月下旬—4 月 3 日

中共中央主持召开理论工作务虚会第二阶段的会议。3 月 30 日，邓小平在党的理论工作务虚会上的讲话指出，过去搞民主革命，要适合中国情况，走毛泽东同志开辟的农村包围城市的道路；现在搞建设，也要适合中国情况，走出一条中国式的现代化道路。要使中国实现现代化，至少有两个重要特点是必须看到的：一是底子薄；二是人口多，耕地少。针对拨乱反正过程中出现的错误思潮，中央认为，要在中国实现四个现代化，必须在思想政治上坚持四项基本原则。这是实现四个现代化的根本前提。四项基本原则是：第一，必须坚持社会主义道路；第二，必须坚持无产阶级专政；第三，必须坚持党的领导；第四，必须坚持马列主义、毛泽东思想。必须一方面继续肃清“四人帮”散布的极“左”思潮的流毒（这种思潮是从“左”面来反对四项基本原则的）；另一方面用巨大的努力同时从右面与怀疑或反对四项基本原则的思潮做坚决的斗争。

4 月

4 月 2 日

共青团中央发出《关于纪念五四运动 60 周年的通知》。文件指出，纪念活动要以党的十一届三中全会精神为指导，教育各族、各界青年继承“五四”光荣传统，献身社会主义现代化建设的伟大事业。纪念活动的主题是在新的历史条件下，发扬五四运动的科学精神、民主精神和爱国主义精神，像老一辈革命家和五四运动先驱者那样，以天下为己任，以祖国繁荣富强为己任，紧紧跟上全党工作着重点的转移，同心同德搞“四化”；坚持社会主义方向，坚持无产阶级专政，坚持党的领导，坚持马列主义、毛泽东思想，百折不挠地去努力实现社会主义四个现代化，人人争当新长征的英勇突击手。

文件要求各地结合纪念“五四”普遍地开展一次保卫祖国、保卫边疆、保卫“四化”的宣传教育活动，把青年一代的爱国主义和革命英雄主义精神提到一个新的高度。通过“五四”纪念活动，进一步推进各行各业青年学文化、学科学、学技术，增强青年建设社会主义现代化强国的本领。各地团委可在党委统一领导下，配合有关部门举行纪念会、报告会或座谈会，也可以召开表彰新长征突击手大会。

4 月 6 日—13 日

共青团中央在沈阳和北京召开全国青工工作座谈会。座谈会的中心议题是在青年中加强思想政治工作，广泛深入地开展“争当新长征突击手”活动，把青年们进一步动员、组织起来，使他们成为实现四个现代化的英勇突击队。国务院副总理康世恩到会讲话。他向青年们介绍了粉碎“四人帮”之后我国国民经济的大好形势，以及为了更快地前进必须进行适当调整的道理。他勉励青年们要有雄心壮志，要依靠我们的双手建设现代化的社会主义强国，要有为实现四个现代化而献身的高尚品德。他提出要对青年们进行思想教育，向青年们讲一讲历史。康世恩说：在中国沦为帝国主义的殖民地、半殖民地的一百多年历史中，有多少仁人志士想要学习西方资本主义国家，走资本主义道路，搞资产阶级革命救中国，实现了吗？没有。只有马列主义传到中国后，毛主席把它和中国革命的具体实践相结合，走社会主义道路，才救了中国。要结合青年的思想实际，宣传这些根本的道理，用马列主义、毛泽东思想来统一思想，为实现“四化”努力奋斗。

4 月 12 日

中国教育学会在北京成立。杨秀峰、成仿吾、陈鹤琴任名誉会长，董纯才任会长。中国教育学会的主要任务是：组织会员准确领会和掌握马列主义教育学说和毛泽东教育思想；总结新中国成立以来教育战线上的经验教训，探讨教育规律；批判继承历史上的教育遗产；开展对教育工作新情况、新问题的调查研究，必要时向党和政府提出建议和报告；举办各类学术活动，促进学术交流，并大力普及教育科学知识；研究外国教育理论和经验，介绍外国教育动态及现代化教育手段；开展国际学术交流活动。

4 月 17 日

教育部部长蒋南翔在清华大学座谈教育工作时着重谈了加强思想政治教育工作的几个问题。蒋南翔指出，除了政治课以外，还要挑选“三好”学生做政治辅导员。他提倡教师主动做学生的思想工作，要既教书又教人，为国家培养又红又专的人才。

4 月 17 日—18 日

共青团中央在人民大会堂连续举行座谈会，纪念五四运动 60 周年和中国青年节 40 周年。座谈会邀请了当年五四运动的参加者、社会各界知名人士、劳动模范同首都青年代表亲切会见。许多老同志、老劳模在会上畅谈自己的切身体会，殷切希望青年同志要立足今天，懂得昨天，为共产主义的明天而奋斗。与会的数十名首都青年代表表示：决不辜负老一代革命同志对年青一代的关怀和希望，一定要继承和发扬“五四”光荣传统，贯彻党的十一届三中全会精神，以实现祖国四个现代化为己任，一定要把自己锻炼成又红又专的接班人，为祖国和人民作出更大的贡献。

4 月 19 日

《人民日报》发表社论《“四化”需要强有力的思想政治工作》。社论说，我们共产党人做任何事情，都坚持一条，就是重视思想教育，提高人的觉悟。几十年的经验证明，我们党领导的任何一场革命斗争、任何一项革命工作的成功，都离不开思想政治工作。越是历史的转折关头，越是面临艰巨复杂的任务，越要加强思想政治工作。这次党的工作重点转移，是我们党由战争环境转到和平环境、由农村进入城市以来又一次伟大的历史性转折。我们要在全国人民群众中进行广泛的宣传和教育，动员群众，组织群众，为实现新时期的总任务而奋斗。这是我们党在新时期的一切思想政治工作的中心内容。具体来说，就是要通过宣传教育，使人们的思想适应工作重点的转移，动员和组织群众一心一意搞“四化”，同心同德搞“四化”。实现工作重心重点转移，首先要求思想转移。我们要进行理论联系实际，有充分说服力的思想教育工作，解决好干部群众在转移中出现的各种思想问题，特别是思想僵化半僵化问题，把大家的认识统一到十一届三中全会的精神上来，引导人们坚定不移地沿着党的路线前进。

社论说，我们是社会主义国家，我们实现现代化，必须坚持四项基本原则，这就是：坚持社会主义道路，坚持无产阶级专政，坚持共产党的领导，坚持马列主义、毛泽东思想。做到这四个“坚持”，没有强有力的思想政治工作来保证是不行的。在新的历史时期，思想政治工作仍然要坚持“兴无灭资”的方针。要用无产阶级思想克服资产阶级思想和一切剥削阶级思想，用马克思主义战胜各种错误思潮和反动思潮，用正气压倒邪气，善于把小资产阶级思想引导到无产阶级轨道上来。只有这样，才能坚持正确的政治方向，保证四个现代化沿着社会主义方向前进。新的历史时期对思想政治工作提出了新的更高的要求。思想政治工作一定要结合经济工作一道去做，要渗透到经济工作中去。“政治和经济的统一，政治和技术的统一，这是毫无疑义的，年年如此，永远如此。”这就是我们应当坚持的唯一正确的方针。

4月24日

《人民日报》发表特约评论员文章《打开思想政治工作的新局面》。文章说，在全党工作着重点转移之后，还要不要加强思想政治工作，怎样做好思想政治工作，议论这些问题的人越来越多。在新长征中，我们党的思想政治工作，不是可以削弱，而是应当做得更生动活泼，做得更好，更有成效。

文章指出，我们要批判林彪、“四人帮”政治工作的破坏，而不是否定政治工作本身。政治工作是党的一切工作的生命线。新时期党的政治工作的任务，只能根据一个时期革命和建设的基本任务和当前的具体任务去规定，不能在此之外再有所谓政治工作的独立任务。现在，我们党的工作着重点已经转到社会主义现代化建设上来。因此，动员群众，组织群众，为实现四个现代化而奋斗，就成了党在新时期的一切思想政治工作的中心内容。在社会主义建设过程中，思想政治工作经常的大量的事情是处理人民内部矛盾。我们思想政治工作的优良传统之一，就是善于走群众路线，发动各方面的力量做思想政治工作。要实事求是，对具体问题具体分析。思想政治工作是做人的工作，要有的放矢，要对症下药。做思想工作首要的基本功，是善于了解和分析思想。解决思想问题，要采取多种多样的方法，要做报告、上大课，还要特别注意做个别人的工作。思想工作中确实有个反倾向的问题。经常注意研究思想动向，透过现象抓住问题的本质，及时加以纠正，这是思想政治工作非常重要的任务。要善于做好引导工作。我们的思想政治工作，就是要通过各种形式，经常不断地教育群众，引导大家向前看，把群众的注意力吸引到朝着党和政府提出的工作任务上来。从一定意义上说，思想工作就是引导工作。

文章强调，政治工作干部要发挥模范作用。做好新时期的思想政治工作，是全党的事情。我们思想政治工作的威力来自两个方面。一个是我们坚持用马列主义、毛泽东思想来回答和解决各种思想问题。还有一个，就是我们做思想政治工作的同志本身的模范作用。我们的政治工作干部不仅用革命道理去教育别人，而且是首先以马克思主义的理论和党的原则要求自己，指导自己的言行。要求别人做到的，自己首先做到，即使一时不能完全做到，也要努力去做。

4月28日

共青团中央、中国科协在北京联合举行纪念五四运动60周年报告会，中国科协代主席、中国科学院副院长、北京大学校长周培源作了题为《继承和发扬“五四”光荣革命传统，为实现四个现代化而努力奋斗》的报告。周培源在报告中回顾了五四运动发生的经过和他个人在“五四”时期的经历，指出今天的青少年学习和继承五四运动的革命传统，最重要的就是要树立远大的革命理想，为实现四个现代化贡献青春。他希望青少年为革命而刻苦学习，努力学习马列主义、毛泽东思想，学习科学技术，做到又红又专；要树立艰苦奋斗的革命精神，自觉抵制资产阶级思想的侵蚀；要努力做到“三好”，立志成为无产阶级革命事业的接班人。团中央书记处书记胡德华在讲话中指出，我们纪念“五四”，就要发扬“五四”的民主精神、科学精神和爱国主义精神，以天下为己任，以祖国繁荣富强为己任，紧紧跟上全党工作着重点转移的步伐，人人争当新长征的突击手，为建设社会主义现代化的强国作出贡献。

5月

5月3日

共青团中央在人民大会堂举办纪念五四运动60周年大会。共青团中央书记处第一书记韩英致开幕辞。中共中央主席华国锋，中共中央副主席邓小平、李先念、汪东兴出席大会。华国锋在讲话中高度评价了五四运动在我国革命史上的重要地位。他指出，五四运动是一场彻底地、不妥协地反对帝国主义和封建主义的革命运动。五四运动以来的历史提供了一条颠扑不破的真理：只有社会主义能够救中国，只有社会主义才能使我国跳出黑暗的深渊，展开无限光明的前景。华国锋强调，我们相信，全国青年一定能够继承和发扬五四运动的革命精神，紧密地团结在党中央周围，为现代化事业贡献力量；一定能够坚定不移地走社会主义道路，以高度的爱国热忱，辛勤劳动，为建设祖国的锦绣河山而奋斗，为进一步巩固无产阶级专政，发扬社会主义民主，健全社会主义制度而奋斗，为勇攀自然科学、社会科学和文化艺术的高峰，创造光辉灿烂的社会主义新文化而奋斗。共产党是在中国唯一能够提出正确的革命纲领和政策，领导中国人民取得胜利的党。没有共产党的领导，不可能使黑暗的旧中国变成社会主义的新中国。马列主义、毛泽东思想是中国革命的胜利旗帜。我们一定要永远高举马列主义、毛泽东思想的伟大旗帜奋勇前进。

同日，国务院批转教育部《关于一九七九年高等学校招生工作的意见》和《关于一九七九年中等专业学校招生工作的意见》。国务院在批转教育部的报告时，希望各地加强领导，认真贯彻执行党的政策，深入进行思想教育工作，使青年做到“一颗红心，两种准备”，把1979年的招生工作切实做好。

教育部关于1979年高等学校和中等专业学校招生工作的意见，是3月7日至24日在北京召开的全国高等学校招生工作会议上讨论制定的。会议认为，1979年的招生工作，必须正确贯彻执行德、智、体全面考核和择优录取的原则，确保招收新生的质量，把优秀青年选拔上来，为实现四个现代化培养大批又红又专的专门人才。会议在总结最近两年招生工作经验的基础上，对1979年的招生工作提出了改进意见。1979年高等学校的招生条件和对象是：报考青年必须拥护中国共产党，热爱社会主义祖国，努力学习，热爱劳动，遵守纪律，具有高中毕业或相当于高中毕业的文化水平。录取新生要切实贯彻德、智、体全面考核和择优录取的原则，即在审查和身体健康合格的条件下，从高分到低分，参照考生所填志愿顺序，适当注意相关科目的成绩，分段择优录取。会议对政审和体检工作进行了认真的讨论，并且修订了相应的文件。会上强调指出，要切实保证新生的政治质量。政审工作要坚决贯彻执行党的主要看本人政治表现的政策。考生所在单位应该认真地、实事求是地对考生的政治态度、思想觉悟和道德品质做出全面的鉴定。会议指出，必须坚决反对和抵制徇私舞弊和“走后门”等不正之风，特别是各级领导和参加招生工作的人员，必须执法守法。

5月4日

共青团中央发出《关于组织青少年向对越自卫还击作战英雄学习的通知》。文件指出，我国对越自卫还击、保卫边疆的战斗，在党中央和中央军委的正确领导下，在全国各族人民的大力支援下，取得了重大的胜利。这场正义的自卫还击作战，教育了人民，锻炼了青年，涌现了大批可敬可爱、可歌可泣的青年英雄和战斗集体。各级团组织要充分认识到革命英雄是青少年成长过程中不可缺少的引路人。自卫还击战英雄们高度的觉悟、高尚的品德、顽强的意志和优良的作风，是激励全国各族青年进行新长征的强大动力。共青团、少先队要把学习英雄的活动，作为加强青少年政治思想工作的一项重要内容来抓，积极引导青少年学英雄的思想，走英雄的道路，创英雄的业绩。

文件要求，通过各种形式，广泛、深入地组织团员、青少年学习英雄们的事迹。充分运用报刊资料进行宣传，做到尽人皆知。紧密联系当前工作，在青少年中开展学英雄、见行动、争当新长征突击手的活动。学英雄的活动要结合青少年的思想实际，做到心中有数，有的放矢，追求实效，防止形式主义。各级共青团的干部和少先队辅导员，要带头向英雄们学习，热爱和做好团和队的工作，出色地完成党和共青团托付的任务，努力做青少年的知心朋友，搞好团和队的建设，更加生气勃勃地把共青团和少先队的活动开展起来。

同日，北京大学在首都体育馆隆重集会纪念五四运动60周年。中共中央政治局委员、国务院副总理方毅，全国人大常委会副委员长、五四运动时的北京大学学生领袖许德珩出席了大会。大会由北京大学校长周培源主持，教育部部长蒋南翔在会上讲话。蒋南翔希望60年前五四运动中起了榜样作用的北大，能够按照党中央的要求，卓有成效地把学校建设成为既是教育中心，又是科学研究中心的新长征中全国学校的一个榜样。蒋南翔在谈到十一届三中全会以来全国出现的大好形势时指出，解放思想还远远不够，还必须继续努力克服思想上的僵化半僵化状况。要解放思想，就要坚持发扬民主。

5 月 30 日

教育部、全国妇联、共青团中央发出《关于组织学习〈敬告父母们不要贻误子女前途〉一文的联合通知》。文件指出，《中国青年报》4 月 21 日社论《敬告父母们不要贻误子女前途》写得很好。这篇社论提到的父母对子女特别是干部对子女的教育问题，是关系到社会教育、学校教育、家庭教育、团组织教育的一个重大问题，也是当前思想政治工作的一个比较突出的问题，应当引起我们的高度重视。

各地教育部门应将《敬告父母们不要贻误子女前途》一文尽快列为中学语文课的补充教材，各校应密切结合当前政治思想教育工作，把这一课学好讲好。妇女干部、团干部、政治工作干部和学校干部应把这篇社论列为必读材料，认真领会社论的意义和精神，并做到身体力行。《中国妇女》《中国青年报》《中国青年》《人民教育》应抓住这个题目，有针对性地组织讨论，并建议《人民日报》《光明日报》给予适当报道，以期在各方面配合下，把当前社会上出现的某些歪风加以扭转。要向老一辈无产阶级革命家学习，在正确对待子女的教育问题上，干部要起到模范作用。

6 月

6 月 12 日—17 日

共青团中央在北京召开北京、上海、天津、南京、杭州、沈阳、广州、哈尔滨、武汉、西安、太原、重庆 12 个城市共青团的负责人和教育、公安、文化部门的同志参加的道德教育座谈会。会议讨论了加强对青少年的思想政治工作，搞好共产主义道德教育的问题。中共中央政治局委员胡耀邦在会上指出，在青少年中进行共产主义道德教育，首先要从少年儿童抓起，从大处着眼，小处着手。风气是一点一滴抓起来的，要坚持长期抓下去才能有成果。

会议认为，青少年的道德风貌，往往是整个社会风尚的一个缩影。这不仅关系到青少年一代的健康成长，而且关系到我们国家和民族的命运，已成为全党关心、全国人民瞩目的一件大事。为了进一步贯彻党的十一届三中全会精神，巩固和发展安定团结的大好形势，为同心同德搞"四化"创造良好的社会环境，必须加强对青少年的道德风尚的教育。我们必须坚持四项基本原则，加强青少年的思想政治工作，进一步肃清林彪、"四人帮"的流毒，以正面教育为主，抓好典型，促进后进转化，在青少年中形成热爱劳动、勤奋学习、文明礼貌、遵守纪律、助人为乐、关心集体、讲究卫生、诚实谦虚的革命风尚，把青少年培养成热爱社会主义祖国，忠于党和人民，有远大理想，有共产主义道德品质的一代新人。会议要求，各级团组织要和有关部门密切配合，广泛开展宣传，制定具体措施。各城市要在市委的统一领导下，共青团、教育局、公安局等有关部门要密切配合，定期交流情况，研究和解决实际问题，共同把这一工作抓好。

7 月

7 月 14 日

《人民日报》报道，全国马克思列宁主义、毛泽东思想研究规划会不久前在旅大市举行。经过讨论，与会者认为，马列主义、毛泽东思想研究的任务，是要对马列主义、毛泽东思想本身进行现状的、理论的和历史的研究，并且要从实际出发，研究马克思主义者如何对我国和世界面临的一系列新的重大问题，做出科学的回答。会议围绕着"马克思主义在今天"这个总题目进行了热烈讨论。会议指出，研究一切科学问题都要坚持马克思主义的科学态度，研究马克思主义更要求如此，要敢于发现前人没有发现的真理，提供新的事实和资料，用新的论证去丰富和发展马克思主义。解放思想，发扬民主，是推动马克思主义发展的保证；教条主义，思想僵化，将扼杀马克思主义的生机。马克思主义研究者应该站在思想解放的第一线。

本月

本月至8月，教育部分别和中共北京市委、上海市委、黑龙江省委在北京、上海、哈尔滨举办高等学校政治理论课教师暑期讲习会。

8月

8月4日—14日

国家民族事务委员会在北京召开全国第五次民族学院院长会议，总结民族学院办学经验，讨论新时期民族学院的方针、任务和发展规划。会议提出，民族学院要认真执行“高教六十条”，把教学作为学院经常的中心工作，各民族学院都要加强政治思想工作。当前，思想政治工作的中心内容，就是进行新时期总任务和各项方针政策的教育，把师生员工的思想统一到十一届三中全会的精神上来。

8月17日

中共中央转发中宣部、教育部、文化部、公安部、国家劳动总局、共青团中央等八单位《关于提请全党重视解决青少年违法犯罪问题的报告》。中央要求，从现在起，各级党委都要把加强对青少年的培养教育，包括解决其中极少数人的违法犯罪问题，放到重要的议事日程上来。要大力加强对青少年特别是在校中小学生的思想政治工作。对于违法犯罪的青少年，我们的方针应着眼于教育、挽救和改造。对极少数犯有严重罪行的反革命分子和其他犯罪分子，则必须依法惩办。我们的党员和干部，特别是领导干部，受党的教育多，经验阅历丰富，有条件有义务以身作则，带头搞好党风民风和社会风气，尤其要自觉地加强对自己子女的思想教育工作。

文件指出，广大青少年在党的十一大确定的总路线和十一届三中全会精神的鼓舞下，意气风发，积极向上，勤奋学习，努力工作，决心把青春献给“四化”，涌现出许多青少年先进集体和先进人物，主流是很好的。但是，在青少年中问题仍然不少，青少年违法犯罪的情况仍相当严重，成为影响社会安定的一个突出问题。全党都要来关心、重视做青少年的工作，把它作为一项迫切的政治任务，抓紧抓好。文件提出，应大力加强对青少年的思想政治工作。着重正面教育，积极引导。积极解决按政策留城回城青年、社会待业青年的就业问题。在各地党委领导下，劳动部门、知青办和城市街道组织，要实行统筹兼顾，全面安排，采取多种形式，积极安置就业。工读学校是一种教育挽救违法犯罪学生的学校，要认真办好。

8月20日—25日

共青团中央、教育部在北京联合召开第二次12个城市青少年共产主义道德教育座谈会。座谈会认为，对青少年的共产主义道德教育要从小抓起。要从大处即培养目标上着眼，从小处即具体的习惯行为做起。要坚持以正面教育为主，并结合青少年的特点，把教育渗透到生动活泼、丰富多彩的活动中去，同时，要注意青少年的自尊心和自信心，尽可能地把消极因素转化为积极因素。对青少年的道德教育，要与帮助他们解决实际问题结合起来。座谈会指出，道德风尚不是一朝一夕可以形成的。各有关部门要继续以相应的人力和得力的措施，常年不懈地抓好这一工作，力争在一两年内抓出明显的成果来。

9月

9月7日

共青团北京市委、北京市高等教育局在人民大会堂联合召开北京市高等学校“三好”学生、先进集体表彰大会。王震副总理、方毅副总理和有关部门负责人参加了大会。大会号召青年们心向“四化”，志在四方，在学习期间就要同人民心连心，努力把自己锻炼成为建设“四化”的又红又专的人才。方毅在讲话中勉励大学生们，要把教育事业真正搞好，除了老师、教授有不可推卸的责任外，大学生们也肩负着重任。党和人民对大学生们寄托了很大的希望。青年时代是最好的学习时代，也是出人才的时代，千万不要荒废了光阴，一定要刻苦努力，百折不挠地为我们强大的社会主义祖国实现四个现代化作出贡献。王震在讲话中要求首都的学生起模范带头作用，加强组织性、纪律性，克服无政府主义，清除极“左”流毒。

9 月 12 日

邓小平在同胡耀邦、胡乔木、邓力群的谈话中指出：我们要民主，也要集中，要自由，也要纪律，要个人心情舒畅，也要统一意志。我们说加强社会主义法制，就是要使这两个方面都得到保证。现在的情况是，既缺民主和自由，也缺集中和纪律，在某些方面可以说更缺统一意志。林彪、“四人帮”毒害了一代人。对于这一代人，特别是一些青年人，有个再教育的问题。各级干部，包括老干部，也有个再教育的问题。教育的非常重要的内容，就是要他们尊重集中，遵守纪律，顾全大局，先公后私，并且在全国人民中逐步恢复和发扬我们曾经有过的好的道德风尚。要讲加强纪律性、组织性，强调批评无政府主义、极端个人主义。现在有的从“左”的方面，也有的从“右”的方面，来助长无政府主义、极端个人主义和资产阶级自由化。这两个方面，都值得注意。要分析当前的思想状况，有针对性地讲问题，进行教育和再教育。批评群众中的无政府主义、极端个人主义思想，要讲究方式。对多数人的教育工作做好了，同时要坚决打击那些专门扰乱社会秩序的极少数人，坚决制止他们的各种不法行为。

9 月 19 日

共青团中央在北京召开全国新长征突击手命名表彰大会，会上公布了《关于命名表彰新长征突击手(队)的决定》。

9 月 27 日

邓小平为《新一代最可爱的人》一书题词：“学习英雄们勇于献身的忘我精神，为祖国四个现代化英勇奋斗。”

9 月 29 日

中共中央、全国人大常委会、国务院隆重举行大会，热烈庆祝中华人民共和国成立 30 周年。中共中央主席、国务院总理华国锋主持大会，中共中央副主席、全国人大常委会委员长叶剑英代表中共中央、全国人大常委会和国务院在大会上发表讲话，他指出：“我们要在建设高度物质文明的同时，提高全民族的教育科学文化水平和健康水平，树立崇高的革命理想和革命道德风尚，发展高尚的丰富多彩的文化生活，建设高度的社会主义精神文明。”

10 月

10 月 3 日

中国科协、教育部、国家体委、共青团中央联合举办的全国青少年科技作品展览在北京展览馆开幕。这次展览展出了 29 个省、自治区、直辖市选送的青少年科技作品近 3000 件。这次展览表明，在实现四个现代化的新长征中，广大青少年爱科学、学科学、用科学，积极参加课外科技活动，丰富了知识，增长了才干，科学的幼苗正在茁壮成长。

中共中央政治局委员、全国人大常委会副委员长、全国青少年科技作品展览组织委员会名誉主任邓颖超出席了开幕式。邓颖超说，这次展览，对于青少年科技活动的开展，将是个有力的推动。青少年是祖国的未来、科学的希望。在实现四个现代化的新长征中，希望青少年勤奋学习、刻苦钻研、勇于探索、敢于创新，准备为建设社会主义现代化强国贡献青春。邓颖超强调，我们党和国家历来十分重视和关怀青少年的教育和培养工作，希望我们的科学家、教师、家长以及整个社会都来关心和支持青少年的科技活动，为青少年的学习和成长创造更好的条件，把青少年培养成有理想、有知识、懂理论、会实践、又红又专的革命接班人。中共中央副主席、全国人大常委会委员长叶剑英，中共中央副主席、国务院副总理邓小平，全国人大常委会副委员长、中国人民保卫儿童全国委员会主席宋庆龄，为在北京举办的全国青少年科技作品展览题词。叶剑英的题词是：“勤奋学习，勇于实践。”邓小平的题词是：“青少年是祖国的未来，科学的希望。”宋庆龄的题词是：“广大青少年要勤奋学习科学文化知识，向科学技术进军，为祖国现代化事业贡献力量。”

10月15日

邓小平在会见英国知名人士代表团时接受电视采访。他指出，我们有自己的信念，我们希望永远保持社会主义制度，我们正在用这样的信念教育我们的后代。如果说个人自由同国家的自由和大多数人民的自由矛盾，这种自由就不能提倡。就是到了共产主义的时候，人们也还要服从交通警察的指挥，这与自由是不矛盾的。现在的问题是，对人权问题、自由问题，在青年中有一种误解，实际上把这些变成了无政府主义，甚至变成了极端个人主义。这个问题我们要通过教育的方法来解决。

10月17日

天津南开大学举行大会庆祝建校60周年。同一天，校内新建的周恩来同志纪念碑落成，周恩来同志纪念室正式展出。中共中央政治局委员、国务院副总理方毅在庆祝大会上讲了话，并且为周恩来同志纪念碑落成剪彩。方毅指出，在中国旧民主主义革命、新民主主义革命和社会主义革命的各个历史时期，南开大学都发挥过积极的作用，培育了大批优秀人才，周恩来同志就是其中杰出的代表。在我们国家进行四个现代化建设的今天，希望全体师生员工发扬光大这个光荣传统，并且努力创新，把南开大学办得更加出色，为我国的教育和科学文化事业，作出更大的贡献。方毅说，为国家造就又多又好的人才，这就是学校党的工作的中心任务。学校的一切工作，包括思想政治工作、后勤工作，都要围绕这个中心。学校必须有纪律，有正常的教学秩序，不允许无政府主义。这个安定团结的局面，要靠大家来维护，要靠领导者、被领导者共同努力，都从大局着想，都从国家民族的根本利益着想，才能实现。最后，方毅勉励同学们努力学习，发扬为了国家民族的富强而不计个人得失的艰苦奋斗的精神。

11月

11月8日

中华全国青年联合会在北京举行报告会。全国青联副主席、共青团中央书记处书记高占祥在会上介绍了全国青少年道德风尚教育工作的情况。他指出，由于林彪、“四人帮”造成的恶果和其他一些原因，当前在青少年中还存在一些问题，引起了社会各方面的关注。从1979年5月以来，在12个城市中开展了青少年的共产主义道德教育，见到成效，涌现了一大批努力建设“四化”的先进青年。一批后进青年正向先进转化。尽管有了这些进步，林彪、“四人帮”煽动的无政府主义在少数青年中还有市场；青少年中的一些极端个人主义倾向，只顾个人、不顾大局的思想作风还亟待克服。因此，必须正确地教育和引导青年，帮助他们选择为“四化”作贡献的正确途径。他号召全国青年都要做安定团结的促进派，希望全国青联的委员们能发挥自己的作用，反映青年的问题，动员和呼吁整个社会的力量，共同关怀青年一代的成长。当前摆在青年面前的一个重要任务就是坚决维护安定团结的政治局面，集中精力搞“四化”。

11月22日

中共北京市委召开青少年教育工作经验交流会。市委第一书记林乎加在会上讲话，要求各级党委加强领导，动员社会各方面的力量，恢复党的政治思想工作传统，做好青少年的教育工作，为一代新人健康成长多作贡献。林乎加同志在会上说，1979年以来，许多单位加强了对青少年的教育工作，创造了不少好的经验，党的政治思想工作的好传统正在恢复，各级党委要认真检查青少年教育工作，把做好青少年教育工作作为当前一件大事来抓。要进一步加强各级团委的领导班子，可以请那些做过青年团工作的老同志当顾问，可以传帮带；也可以从工作做得好的单位提拔一批青年干部配备班子，把共青团工作搞好。

11月27日

教育部印发《关于高等学校教师职责及考核的暂行规定》，对助教、讲师、副教授、教授的职责做了规定，并提出对各级教师主要考核三个方面的内容：政治表现，主要看教师的思想政治表现、道德品质和工作态度；业务水平，主要看教师的教学、科学研究工作的业务水平和创新精神及能力；工作成绩，主要看教师在教学、科学研究等各项工作中的贡献。兼任党政工作的教师，还要考核其所担任的党政工作中，掌握政策、联系群众、以身作则、完成任务的情况。文件指出，对教师的考核应重在平时考查，结合教学、科研和进修等工作进行，并在此基础上，实行定期考核，一般每学年或学期进行一次，填写《高等学校教师工作登记卡》，存入教师的业务档案。

本月

教育部召开高等学校马列主义理论课教材讨论会，委托北京、吉林、上海、浙江、山东、湖北、广东7个省市教育部门编写高等学校公共政治理论课通用教材，供各校选用。

12月

12月6日—19日

中国教育工会全国委员会在北京召开全国教育工会工作会议，回顾教育工会的工作，研究确定新时期教育工会的方针、任务。会议由中国教育工会全国委员会副主席方明主持。会议期间，中共中央政治局委员、国务院副总理方毅在讲话中指出，要大力宣传知识分子是工人阶级的重要组成部分的观点，要彻底消除当前还存在的歧视知识分子的种种现象。教育工会是党联系科教界知识分子的重要桥梁。它可以监督和促进教育、科学行政工作，反对官僚主义。教育工会要很好地为广大教师和科学工作者服务，要反映他们的意见、要求、愿望和呼声，要关心群众生活疾苦。他说，广大教师和科学工作者是体谅国家困难的，我们各级领导干部要向他们讲清楚困难情况，并切实地把那些努努力就可以做到的事认真做好。教育工会还要协助党和教育、科学行政领导部门，做好发现人才、选拔人才、造就人才的工作，要与浪费人才、压抑人才的现象做斗争。

邓颖超同志在讲话中谈了教育工会工作的重要性及提高工会工作质量的问题。她希望教育工会的同志们，加强责任感，要以新长征中应有的新的生命力、新的精神面貌和态度，不知疲倦地工作，提高工作效率和服务质量，为“四化”贡献力量。胡耀邦同志在讲话中提出，当前在教育方面有三个必须使全党和教育战线的同志明确和解决的重大问题：一是教育者必须先受教育。特别是我们从事教育工作的领导干部，应当努力学习，成为内行，才能肩负起领导工作。二是坚持德、智、体三者并重，为“四化”造就生力军的方针。三是要以多种教学形式，满足广大青少年受教育的要求。

这次教育工会工作会议根据实践是检验真理的唯一标准这一马列主义原则，回顾了教育工会历史上的一些问题，与会同志认为，把知识分子当作资产阶级的一部分，把教育工会当作“资产阶级代言人”，这是发生偏差的根本原因，必须予以纠正。会议认为，新的历史时期教育工会的基本方针是：在党的领导下，与行政密切协作，贯彻党的教育方针和知识分子政策，以教学(科研)为中心，做好教工群众工作，团结和教育广大教工不断提高政治觉悟和业务水平，关心教工的物质文化生活，保护教工的民主权利和切身利益，调动广大教工的积极性，为提高教育质量和科研水平，培养德、智、体全面发展的人才，实现社会主义四个现代化而奋斗。

1980 年

1 月

1 月 1 日

全国政协举行新年茶话会。邓小平在会上指出，20 世纪 80 年代是十分重要的年代，我们一定要在这 10 年中取得显著成就，以保证在 20 世纪末实现四个现代化。在 80 年代里，我们最根本的工作就是要把自己的事情办好。国内的事情最重要的是把经济建设搞好。这就需要我们做好四件事：第一，一定要坚持党的政治路线。我们的政治路线或者叫根本任务，就是要团结全国各族人民，调动一切积极因素，同心同德，鼓足干劲，力争上游，多快好省地建设现代化的社会主义强国，我们要把这条强国路线贯彻始终，团结一致、坚定不移地按这条路线干下去。要保证这条政治路线的实现，还要有一个正确的、坚定不移的、始终一贯的思想路线和组织路线来保证。第二，必须有一个安定团结的政治局面。没有安定团结的政治局面就不可能有四个现代化，因为没有安定团结的政治局面，大家就不可能安下心来搞建设。所以我们不赞成那些搞动乱的人和事。例如“西单墙”的那种搞法，当然那里面有许多人是好人，但也有些人思想不对头。我们的国家禁不起动乱了，过去动乱，人民吃了苦头，国家吃了苦头。我们一定要全心全意地爱护和维护安定团结，采取一切措施巩固和发展安定团结的形势，保证大家能够团结一致、聚精会神地搞“四化”。而要做到安定团结，最根本的一条是保证党的领导。第三，要有艰苦奋斗的创业精神。我们要搞中国式的现代化，我们还很穷，我们就是要老老实实地创业，就是要吃点苦，否则不可能有今天的甜。人民生活只有随着生产的不断发展，才能得到逐步改善。第四，要建立一支坚持社会主义道路的、有专业知识的干部队伍，没有这样一支干部队伍，要实现四个现代化是不可能的。

1 月 5 日—23 日

教育部在北京召开教育工作会议。参加会议的有中共中央和国务院有关部门、各省(自治区、直辖市)教育工作负责干部和教师代表共 300 多人。教育部部长蒋南翔在会上回顾了过去 30 年的教育工作，指出：总的看来，在过去 30 年的大部分时间里，我国教育工作者的路线是正确的，成绩是主要的，取得了正反两个方面的经验，为今后教育事业的发展建立了可靠的前进阵地。总结 30 年的教育工作，有四条基本经验：社会主义的教育事业必须同经济建设相协调，有计划按比例地发展；社会主义学校的培养目标必须坚持培养又红又专的人才方向，使受教育者在德、智、体几方面都得到发展，成为有社会主义觉悟的有文化的劳动者；必须正确执行党的知识分子政策，充分调动广大教师的积极性；教育战线必须不断加强党的领导。蒋南翔提出，当前，教育战线在贯彻“调整、改革、整顿、提高”的方针中，要认真加强思想政治工作，加强学校中的马克思主义阵地。

1 月 28 日

共青团十届二中全会发出《关于开展创先进团支部活动的决定》，指出，为了加强团的基层建设，提高团组织的战斗力，使共青团真正成为团结教育青年的坚强核心，成为培养忠诚于社会主义事业、有真才实学的一代新人的学校，在社会主义现代化建设中发挥党的助手作用，共青团十届二中全会决定，在全国团的基层组织中广泛开展创先进团支部的活动。先进团支部应具备以下条件：(1)思想政治工作好；(2)新长征突击手活动开展好；(3)带领青年学习好；(4)组织建设好；(5)团结青年好。文件强调，开展创先进团支部活动，要紧紧围绕党的中心工作，从实际出发，因时因地制宜，制定规划和措施，用多种形式努力促成一个你追我赶的局面；要着重在经常工作上下功夫。通过深入细致的思想政治工作和丰富多彩的活动，加强团支部的建设，提高团组织的战斗力。文件要求，团支部的评选和表彰，主要在基层团委进行，每年评选一次，由基层团委和团县委分级表彰、命名。地(市)以上团委可二三年表彰、命名一次。

2 月

2 月 18 日

教育部、中国教育工会、中国教育学会、民进中央等 10 单位在人民大会堂联合举行教育工作者春节联欢晚会。党和国家领导人邓小平、王震、方毅、胡耀邦出席。国务院副总理方毅在会上讲话指出：毛主席、周总理都提出过“尊师爱生”的口号，今天我们仍然要遵照执行。搞好教育工作的关键，就在于德才兼备、足以为人师表的教师。任何一个人的成长，都需要有教师的启发、诱导和指点。一代人才的成长，在很大程度上正是教师辛勤劳动的结晶。教师历来是一个光荣的称号。我们无产阶级的教育事业，是要培养建设共产主义的一代新人。无产阶级的教师比历史上其他任何一个阶级的教师负有更为崇高的职责和更为艰巨的任务。他们也应该比历史上任何一个社会的教师受到更大的尊敬。现在，要大力提倡“尊师敬道”，恢复和提高教师的社会地位，在青年中和社会上培养起尊师敬长的新风。没有这样的社会风气，就不可能充分发挥教师在教学工作中的主导作用，就不利于教学质量的提高，就不利于人才的培养。

2 月 23 日—29 日

中国共产党十一届五中全会在北京举行。全会的主要议题是加强和改善党的领导。会上，邓小平作题为《坚持党的路线，改进工作方法》的讲话，着重强调了关于坚持党的政治路线、思想路线和组织路线问题。全会决定向全国人民代表大会建议修改《中华人民共和国宪法》第四十五条，取消公民“有运用‘大鸣、大放、大辩论、大字报’的权利”的规定，因为历史经验已经证明，“四大”作为一个整体从未起过积极作用，取消它符合全国人民的意愿和要求。

2 月 25 日

中共中央宣传部、组织部发出《关于加强党员教育健全党的组织生活的意见》。文件指出，加强党员教育，健全党的组织生活，增强党性，端正党风，增强党的战斗力，以加强党对现代化建设的领导，是当前党的建设上一项重要和迫切的任务。要加强对广大党员的马列主义、毛泽东思想的教育，新时期形势、任务与党的路线、方针、政策的教育，社会主义民主与法制的教育，共产主义远大理想和党的优良传统的教育。要继续搞好实践是检验真理唯一标准的学习讨论。争取在两三年内，把党员普遍轮训一遍。对党员的教育，要发扬理论联系实际的学风。要坚持正面教育，以理服人。要强调学好文件，提高认识，联系实际，总结经验，提倡开展批评与自我批评。

3 月

3 月 3 日—15 日

教育部在济南召开高等学校“中共党史”“政治经济学”“哲学”“国际共产主义运动史”四门马列主义理论课教材讨论会，就 1980 年秋季马列主义理论课教学大纲和教材修改、出版等问题进行研讨。

3 月 5 日—12 日

共青团中央在南京召开共青团全国学校工作会议。会议总结了学校共青团工作，交流了经验，研究了新时期学校共青团工作的规律，讨论了加强大中学校学生的思想政治教育问题。会议指出，学校共青团思想政治工作的一个主要任务，就是要引导学生坚持正确的政治方向，走又红又专的道路，要进行新时期党的总路线教育、革命理想和道德品质教育，改变过去那种大轰大嗡的方法，坚持说服教育、精雕细刻、潜移默化的原则，要把维护安定团结的政治局面和学校正常的教学秩序，作为思想教育的重要内容。会议还指出，学生的思想教育工作，一定要渗透到学生的学习业务领域中去，一定要从实际出发，从学生的特点出发，应该同关心学生的切身利益、解决他们的具体困难结合起来。

3 月 12 日

邓小平在中共中央军委常委扩大会议上讲话强调加强政治思想工作。他说："同志们在发言中也接触到了这个问题。有人反映现在兵难带，特别是城市兵难带。城市里有的把一些不大守规矩的青年往军队里塞，这个问题以后征兵的时候要注意。但是，不管怎么样，军队里的政治思想工作需要加强。现在这方面的工作有相当的削弱，政治工作人员不懂得做政治思想工作。其实军队的政治思想工作，军队所有的军事人员、政治人员都要做。今天上午我看了清华大学一个报告。清华大学提出一个很重要的问题，就是学生从到学校第一天起，就要对他们进行政治思想工作。学校的党团组织和所有的教员都要做学生的政治思想工作。他们这样做很见效，现在学校风气很好。清华大学的经验，应当引起全国注意。又红又专，那个红是绝对不能丢的。一个学校都如此，我们军队就更应当加强政治思想工作。要从战士入伍第一天起就注意这个问题。"

3 月 19 日

邓小平同胡耀邦、胡乔木等人谈话，就《关于建国以来党的若干历史问题的决议》的起草，提出了三条极重要的指导思想：第一，确立毛泽东的历史地位，坚持和发展毛泽东思想，这是最核心的一条。第二，对新中国成立 30 年来历史上的大事，哪些是正确的，哪些是错误的，要进行实事求是的分析，包括一些负责同志的功过是非，要做公正的评价。第三，要通过这个决议对过去的事情做个基本的总结，总结宜粗不宜细，总结过去是为了引导大家团结一致向前看。

4 月

4 月 4 日—9 日

江苏省高教局、教育局和江苏省教育学会委托江苏师范学院在苏州举办教育理论研讨会。会议主要讨论了关于思想政治教育过程的规律以及关于德育的概念和德育过程中的几种关系等问题。

4 月 29 日

教育部、共青团中央联合发出《关于加强高等学校学生思想政治工作的意见》。文件指出，高等院校必须正确处理政治与业务、红与专的关系，把学生的思想政治工作放在重要的地位。学校的思想政治工作必须紧密结合为"四化"培养人才这个中心来进行，绝不能把思想政治工作和教学、科学研究工作对立起来和割裂开来。学生的思想政治工作，要从实际出发，正确地分析学生的特点。总的来看，现在的大学生的主流是好的，是积极向上的，是大有希望的。思想解放，肯于思考问题，容易接受新鲜事物，勇于创新，这是青年的优点，应当予以肯定。我们的思想政治工作，必须善于启发学生发扬优点，克服弱点，教育他们做解放思想的促进派，做安定团结的促进派，做四个现代化的促进派。

文件强调，思想政治工作要旗帜鲜明地对学生进行系统的马克思列宁主义、毛泽东思想基本原理的教育，革命理想教育，共产主义道德品质教育，培养学生运用马列主义的立场、观点、方法分析问题和解决问题的能力，逐步树立辩证唯物主义和历史唯物主义的世界观。在思想政治工作中，要贯彻正确处理人民内部矛盾的方针。要坚持正面教育的原则。要发扬民主，贯彻百花齐放、百家争鸣的方针，允许各种不同意见的争论，同时要帮助学生明辨是非。党团组织要做深入细致的思想政治工作。

文件强调，加强学生的思想政治工作，必须建立一支坚强的、有战斗力的政治工作队伍。不仅专职、兼职的政工干部要做思想政治工作，业务课教师也要做思想政治工作。特别要注意发挥马列主义理论课教师和各科骨干教师的作用。各校要根据具体情况建立政治辅导员制度或班主任制度。学校党委要加强对学生思想政治工作的领导，把它列入党委的重要议事日程。校系两级都要有一名副书记主管学生的思想政治工作；校党委可根据具体情况，设立学生政治思想工作的机构，如学生工作部或青年工作部。要把行政、共青团、学生会、工会、教师各方面的力量统一组织起来，共同做好工作。高等学校的思想政治工作，必须在省、自治区、直辖市党委统一领导下进行，学校党委应该经常向上级党委汇报学生思想情况，争取领导上的帮助。教育部要建立相应的工作机构，经常研究和协助处理有关问题。

5 月

5 月 2 日

共青团中央决定授予 11 名青年“学雷锋树新风模范青年”的光荣称号。这 11 名青年最大的 25 岁，最小的 16 岁，都是在各地、各条战线团组织积极开展共产主义道德教育活动中涌现出来的先进人物。他们是：曹振贤、蓝建业、唐荣忠、沈生发、王卉、牟德新、刘晓明、范杰霞、卜东昌、阿不都·热合曼、边锋刚。共青团中央在决定中号召广大青少年尤其是共青团员向他们学习。要像他们那样热爱祖国，忠于人民，忘我工作，献身“四化”；像他们那样公而忘私，关心集体，助人为乐，见义勇为；像他们那样爱憎分明，英勇对敌，舍己为人，奋不顾身；像他们那样立足本职，勤奋学习，艰苦奋斗，为祖国创造出优异的成绩。要以他们为榜样，胸怀大志，从我做起，从现在做起，在向“四化”进军的新长征中，把自己锻炼成为具有现代科学知识和高尚道德风貌的一代新人，为建设一个高度物质文明和高度精神文明的社会主义强国而奋斗。团中央还要求全国各级团的组织采取各种形式和方法，广泛深入宣传 11 名青年的高尚品德和模范事迹；组织青年尤其是团员学模范、见行动，大力发扬共产主义道德风尚。

5 月 3 日

《中国青年报》发表题为《发扬崇高的爱国主义精神》的社论，纪念五四青年节。社论说，五四运动时期的我国青年，站在同帝国主义及其走狗英勇斗争的前列，表现出伟大的爱国主义精神。今天，青年一代继承和发扬五四运动的光荣传统，肩负起了崭新的历史使命。

社论说，爱国主义精神是我国各族人民的光荣传统。新中国成立以来，爱国主义的崇高思想，一直是推动我们国家前进的一股巨大力量，成为我国青年的普遍意识。青年们曾经为保卫和建设社会主义祖国创造了无数可歌可泣的英雄业绩。现在，当我们迈步在新长征路上的时候，爱国主义精神将同样激励我们这个社会主义的新中国。今天青年的爱国主义精神，首先表现在关心祖国前途和命运，胸怀远大理想，又能脚踏实地地努力工作，刻苦学习，掌握真才实学，勇于创新，为“四化”建设作贡献。爱国主义精神还表现在勇敢地维护国家利益，在外敌入侵时英勇保卫祖国；在平时爱护和保卫国家财产，维护社会秩序、生产工作秩序和生活秩序。爱国主义精神还表现在正确处理个人利益与国家利益的关系，当个人利益与国家利益发生矛盾时，把国家利益放在第一位。

社论说，当前，我国青年的爱国主义精神，特别表现在具有高度的民族自尊心与自信心。当然，我们的民族自信心不等于民族自大、闭关自守、拒绝向外国学习。我们要虚心、认真地学习和借鉴各种对我国“四化”建设有用的技术与经验，而且要长期坚持下去。但是，我们搞的是社会主义现代化，又是中国式的现代化。为了在发展经济方面寻求一条合乎中国实际的，能够快一点、省一点的道路，在向外国学习时不应该生搬硬套。绝不应该把我们学习资本主义社会的某些技术和某些管理的经验，变成崇拜资本主义，并进而受到它的腐蚀，丧失社会主义中国的民族自豪感和民族自信心。至于对外国的文学、艺术等意识形态方面的东西，更要进行分析，不能来者不拒，绝不能为那些腐朽的东西开绿灯。

5月4日

共青团中央和共青团北京市委在人民大会堂举行报告会，纪念五四运动61周年，中共中央书记处书记王任重在会上作了报告《为社会主义新中国的前途而奋斗》。王任重的报告分三个部分：第一，正确地认识形势；第二，青年要树立革命人生观；第三，全党全社会都来关心青少年的健康成长。王任重指出，担负崇高的历史使命，需要有为的一代青年。应该说，这一代青年主流是好的，是蓬勃向上的，是大有作为的。当然，青年也有弱点。我们一定要大力加强对青年的思想教育，帮助他们通过实践和切身体验，逐步树立革命人生观。在这方面，最重要的就是要遵循四项基本原则，密切结合“四化”建设的实际，坚持用马列主义、毛泽东思想和现代科学技术武装青年，引导他们顽强地、坚毅地沿着又红又专的方向前进。他向青年同志们提出三点希望：第一，要大大激发和唤起热爱社会主义祖国的崇高情感；第二，要用伟大的共产主义理想来指引我们的行动，鼓舞我们前进；第三，要注意加强共产主义道德品质的修养。王任重强调，我们党和老一辈无产阶级革命家历来重视青少年工作，关心青少年成长。加强对青少年工作的领导、培养造就一代新人，不仅关系到安定团结的政治局面的长期巩固，关系到社会主义现代化建设的发展速度，而且关系到我们民族的兴衰。因此，把青少年培养教育好，是全党和整个社会的任务。青少年的培养教育，涉及社会各方面和千家万户，许多问题不是一两个部门能够解决的。一定要统筹兼顾，综合治理。各级党委要进一步组织教育、宣传、文艺、政法、财政、劳动等部门和各人民团体等通力合作，齐心协力，打好青少年教育的“总体战”，切实抓出更大的成果来。

5月5日

《人民日报》发表题为《全社会都要尊师爱生》的社论。社论说，尊师爱生是社会主义社会应有的公德，我们党历来就是这样主张的。学生要尊敬教师，全社会都要尊敬教师；教师要热爱学生，全社会都要热爱学生。在整个社会形成尊师爱生的风气，才能够办好我们的教育事业，造就一代又一代的社会主义新人。

社论说，办好教育，关键在教师，我们说学生今天是实现“四化”的后备队，明天就是固化“四化”的主力军，那么教师就是专门培养这支后备队、主力军的劳动者。我们说青年、少年、儿童是国家的未来，那么教师则是专门塑造未来新人的巨匠。我们说要极大地提高全民族的科学文化水平，那么教师就是人类历史创造的科学文化知识的传授者。因此，尊师爱生，首先是尊师。人人都应该尊敬教师，提高教师的社会地位。有了这种社会风气，教师才能更好地教育学生、爱护学生，充分发挥其在教学工作中的主导作用。

社论说，尊敬教师，不仅对教师要有礼貌，更重要的是要尊重教师的劳动，支持教师的工作。教师的劳动就是教育学生，造就人才。因此，学生尊敬教师，就是要认真听教师的指点，为“四化”勤奋学习，努力做到德智体全面发展。家长尊敬教师，就要严格要求、积极帮助教师教育好自己的子女。党和国家的各级负责同志，都应该从各个方面关怀教师，到学校和教师家里探望教师，同教师交朋友；请教师们开开会，倾听他们的意见和呼声；扎扎实实地为改善学校的办学条件，为改善教师的生活、学习、工作条件办一些好事。爱生的问题，也就是热爱和关怀青年、少年、儿童的问题，现在也还没有真正为全社会所重视。我们希望所有学生的家长，都要以正确的思想和态度来教育孩子。共产党员尤其是国家干部，应该在这方面起模范作用，做爱生的模范，做尊师的模范。

5月7日

共青团中央发出《关于开展文化体育活动促进青少年健康成长的意见》。文件指出，团中央希望各级团组织和全体团干部，结合加强对青少年的思想教育、开展争当新长征突击手活动和搞好团的基层组织建设等项工作，大力开展文化体育活动，丰富青少年业余生活，为提高广大青少年的思想、文化、道德水平，为抵制资产阶级思想的侵蚀，为建设高度物质文明和高度精神文明的社会主义的现代化强国，作出积极的贡献。

5 月 8 日—12 日

中共中央书记处听取并讨论教育部党组关于教育工作的汇报。在讨论中，胡耀邦同志指出：培养青年，要讲究规格，给以真才实学，培养好的道德风尚。胡乔木同志说：学生不愿意上政治课，政治教育本身也要改革。现在这样的政治课，我是大学生的话，我也不爱听。政治教育脱离实际，不联系学生将来的工作和现在的思想。这个问题，教育部要很好研究，通盘考虑。政治课教材的改革，这个任务光靠教育部不行，中央宣传部也应该投入一定的力量。

5 月 30 日

中共中央政治局委员、中央书记处书记方毅同志主持召开座谈会，贯彻中央书记处关于发展教育事业的指示。参加这次座谈会的有教育部及有关部门、重点学校的负责同志，一部分中小学特级教师。参加座谈会的同志指出，发展教育事业，除了要靠各级教育部门的努力外，还需要取得全党全社会的关心、重视和支持。教育制度的改革，还必须与劳动招工制度、干部人事制度的改革结合进行。希望通过报刊和各种舆论工具开展一场关于教育问题的讨论。

6 月

6 月 10 日

《人民日报》报道，最近，《中国青年》根据青年的思想状况，发起了“人生的意义究竟是什么?”的讨论，拨动了在十年动乱中成长的一代青年的心弦。《中国青年》1980 年第 5 期刊登了“青年工人潘晓”致编辑部的信——《人生的路呵，怎么越走越窄……》。信中真实地叙述了“文化大革命”以来潘晓自己的曲折经历——“一段由紫红到灰白的历程；一段由希望到失望、绝望的历程；一段思想的长河起于无私的源头而终以自我为归宿的历程”。这一期《中国青年》在《编者的话》中指出：我们在研究青年，青年在研究社会、人生。在人类历史上每一次较大的社会进步的前夕，差不多都发生过一场人生观的大讨论。应该说，彷徨、苦闷对于麻木、僵化是一种历史的进步。对于人生意义的思索和探求，将成为年青一代在人生旅程中的新起点。潘晓的信和人生意义的讨论在青年中引起了强烈的反响。仅仅 25 天时间，编辑部就收到了参加讨论的稿件和致潘晓的信 18603 件。还有许多人通过电话、电报和直接来访对这场讨论表示支持和关心。《中国青年》第 6 期发表《关于“个人价值”的探讨》《世界近代史上关于人生意义的三次论战》等文，就上述问题做了进一步探讨。

6 月 18 日

中共中央书记处书记胡乔木来到《中国青年》编辑部，详细了解了《中国青年》1980 年第 5 期和第 6 期关于对潘晓同志信中提出的问题和人生意义的讨论情况。胡乔木说，这个讨论引起了千百万人的关心和兴趣，他也是这千百万人中的一个。这是一场很有意义的讨论，凡是关心青年一代的成长的人都应该有兴趣。潘晓提出的问题是当前很多青年的共同问题，所以会引起这样广泛这样热烈的讨论。潘晓的问题当然要答复，但是讲干巴巴的道理不行。要答复潘晓和其他许多青年的问题，首先要同他们一道思考和感受，理解和同情他们所遭遇的一切，然后再学会说怎样的话才能让他们愿意听和听得进。胡乔木指出，我们的社会有弊病，同时存在同弊病做斗争的力量，而且这个力量已经走向上风。人生的道路是复杂和曲折的，如果人们的处境比较暗淡，我们通常就没有权利叫他们非按着快乐的调子唱歌不可。他们叹息了，或者发泄错误的牢骚，我们不应该恼怒，也不应该置之不理，而应该弄清楚他们这样做的原因，并且认真地帮助他们找到希望的所在。这里最需要的是年长的一代人的耐心和热情。

6 月 27 日

中共中央书记处在中南海怀仁堂举行师范教育座谈会。中共中央总书记胡耀邦在会上讲话时指出，师范教育是非常重要的，它是教育事业中的“工作母机”，是造就、培养人才的基地。他号召大家努力办好师范教育，为“四化”建设作出更大的贡献。胡耀邦强调，我国四个现代化能否实现，主要靠两条：一是要有一条正确的路线，二是要有大批建设人才。这就要求我们认真地发现和培养人才，办好教育，特别是办好师范教育。我们需要有一支宏大的师资队伍。他为此向广大教师提出三点要求：第一，要努力学习和掌握比较渊博的知识；第二，要认真研究掌握教育科学，懂得教育规律；第三，要有高尚的道德品质和崇高的精神境界，能为人师表。

7月

7月7日

教育部发布《改进和加强高等学校马列主义课的试行办法》。文件指出，社会主义高等学校的性质和马列主义、毛泽东思想基本理论的指导作用，决定了马列主义课在整个高等教育中的重要地位。高等学校马列主义课的任务，是对学生进行马列主义、毛泽东思想的基本理论教育，帮助学生完整地、准确地理解马列主义、毛泽东思想的科学体系，提高社会主义觉悟，逐步树立无产阶级的世界观，掌握科学的方法论，初步具有运用马列主义的立场、观点和方法分析实际问题的能力，自觉地为社会主义现代化建设服务，为人民服务。

文件强调，改进和加强高校马列主义课的教学，必须坚持党的政治路线和思想路线，解放思想，坚持四项基本原则，彻底清除林彪、“四人帮”的流毒，从根本上拨乱反正；同时要运用马列主义、毛泽东思想的基本原理来研究新情况、解决新问题，使马列主义课不断适应社会主义现代化建设事业发展的新形势。要发扬理论联系实际的学风。要坚持科学性和党性相一致的原则。根据实践经验和现有条件，在全国高校本科开设“中共党史”“政治经济学”“哲学”。文科专业加开“国际共产主义运动史”，也可试开“科学社会主义”。教学(包括讲授和讨论)时数，根据专业性质和学制长短确定。理、工、农、医各专业的3门课，每门课定为1学年，每周讲授2学时，全学年实际教学时数一般不少于70学时；文科专业的4门课，每门各为1学年，每周讲授3学时，政治、法律、哲学、历史和财经等专业4门课的总学时，可以根据培养目标相应增加。为了保证学生对马列主义课的自习时间，教育与自习的时间以1∶1为原则，自习时间应列入课程表。二年制专科开设1～2门马列主义课，三年制专科开设2～3门马列主义课。课程门类由学校根据专业性质自定。马列主义课在各类专业中，都是必修课程，不能选修或免修。

文件要求，各高等学校都要结合教学积极开展马列主义理论的科学研究工作。应在教学为主的原则下，积极开展科学研究工作。各高等学校一般都应该建立马列主义教研室。马列主义教研室可按开设课程设置教研组。要充分调动马列主义教师的积极性，切实改善马列主义教师的学习条件和工作条件。

文件强调，搞好高等学校马列主义课教学的关键是加强党的领导，建立和健全领导体制。高等学校的马列主义教研室属于系(处)级的教学单位，应直属校党委领导。

7月15日

中宣部、教育部、文化部、公安部、国家劳动总局、国务院知青办、全国妇联、全国总工会、共青团中央联合发出《在青少年教育工作中各有关部门的职责和分工试行意见》。文件规定：党的宣传部门负责了解掌握社会思想动态及其对青少年的影响，了解青少年的思想情况和实际问题，了解各种非无产阶级意识形态侵蚀毒害青少年的情况，及时向党委反映并提出具体的宣传工作意见。教育部门负责在校学生的教育。要全面贯彻党的教育方针，面向全体学生，坚持德智体“三好”的原则，以教学为中心，切实加强思想政治教育工作，使学生得到全面发展。各级各类学校，都要深入地进行坚持四项基本原则的教育，革命理想、共产主义道德和法制教育。要努力建设一支坚强的思想政治教育工作队伍，健全思想政治工作制度。改进政治课教学，加强班主任和辅导员的工作，充分发挥共青团、少先队和学生会的作用。全体教师对学生要全面关心、全面负责、严格要求、耐心教育，把培养德、智、体全面发展的社会主义新人作为自己的崇高职责。

文件指出：共青团组织要把青少年教育当作自己经常的重要任务来抓。各级团组织要搞好调查研究工作，掌握青年的思想脉搏，研究青年思想发展规律，了解青少年的各种实际问题和青少年教育工作中存在的问题；抓好典型，总结推广做好青少年工作的经验；主动向党委汇报情况，及时提出开展教育的具体意见和措施，当好党的助手；主动与各方面配合，做好联络通气工作。团组织要以多种多样的形式，加强对青少年的思想教育，引导他们坚持四项基本原则，培养共产主义道德情操，逐步确定革命的人生观。要持续不断地开展学雷锋活动、树新风的活动和争当新长征突击手的活动。

7 月 16 日—8 月 2 日

教育部在大连举办全国高等学校马列主义课教师暑期讲习班。讲习班根据十一届三中全会以来的路线、方针、政策，贯彻理论联系实际的教育原则，讨论了教学工作中的新情况、新问题以及如何进一步搞好马列主义课的教学等问题。

7 月 29 日

《人民日报》发表评论员文章《人生观的讨论值得重视》。文章说，最近，一些报刊开展了关于人生观问题的讨论。其中，《中国青年》1980 年第 5 期刊登的青年工人潘晓关于她“文化大革命”以来的经历和目前的苦闷的来信，以及杂志就此开展的“人生的意义究竟是什么?”的讨论，反响尤为强烈。在不长的时间里，编辑部收到参加讨论的信稿达 3 万多件。这些讨论，反映了当前青年中带普遍性的思想问题，拨动了广大青年的心弦。一个时期以来，对于青年的指责甚多，面对青年同志在一起讨论思想、分析问题的切切实实的工作较少。这次有关人生观的讨论，恢复了我们党思想政治工作的好传统，很值得重视。

文章说，青年问题，是近年来社会上讨论很多，也是全党上下普遍关心的问题。当然，也确有一些青年在人生的道路上彷徨。这是一种令人不安的社会现象，应该引起注意。忽视青年思想上的这些苦闷，听任他们在生活的旋涡中沉沦，我们就没有尽到应尽的责任。这次人生观讨论的一个很大的特点，就是让青年同志敞开思想，说真话，各抒己见，互谈体会。讨论刚一开始，就引起了青年们的兴趣，觉得“现在有了说心里话的地方”。这充分说明像这样平等的、结合实际的讨论，符合广大青年的需要。认真搞好这场讨论，毫无疑问会对广大青年提高思想觉悟产生巨大的作用。从这次讨论来看，一个很重要的问题是引导青年怎样看待我们这个社会，特别是怎样看待社会的阴暗面。这次讨论为活跃党的思想政治工作提供了很可贵的新鲜经验。这次关于人生观的讨论，特别是《中国青年》杂志的讨论，把青年思想深处的东西端了出来，进行真正同志式的讨论，是感人至深的。

文章指出，青年问题是一个社会问题，需要综合治理。青年中一些思想问题的存在，有着历史的、现实的原因，有政治的、经济的等各方面的原因。在组织青年讨论人生观问题时，也要注意解决青年的升学、自学、就业、评资、升级、恋爱、婚姻、家庭等各种实际问题。这不是少数人的事情，也不是个别部门的责任，需要全党重视、全社会动手。各级党委要把青年工作放在重要的日程上，充分调动共青团、工会、教育、劳动、街道、家长等各方面的力量，热情地关心青年、帮助青年。成年人、老年人属于“过来的人”，有着丰富的生活阅历和经验，用自己的切身体会来教育青年，更有益于青年正确认识人生问题。可以相信，只要我们大家共同努力，青年一代一定会在革命人生观的指导下茁壮成长。

8 月

8 月 11 日

《光明日报》刊载严求实的文章《思想政治工作是一门科学》。文章指出，思想政治工作是一门科学，而且是在团结全国人民向四个现代化进军中不可缺少的一门重要科学。无产阶级思想政治工作作为一门科学，它的研究对象是人们的思想政治状况及其形成变化规律，探讨如何在社会实践中，运用这些规律，最大限度地调动人们的积极性，协调人们的相互关系，发展人们的才干，为实现共产主义造就新人。无产阶级思想政治工作作为一门科学，有它的独立的研究领域。它是关于人的科学，又与其他有关人的学科有不同的分工。它所研究的是对现实社会的人进行思想政治教育的手段及规律。无产阶级思想政治工作作为一门科学，它的理论基础是马克思主义的辩证唯物论和历史唯物论，以及马克思主义的政治经济学、心理学、社会学、教育学等。无产阶级思想政治工作作为一门科学，有它自身固有的规律。这些规律，有的已被我们所认识，有的还没有被我们所认识。运用了这些规律，思想政治工作就成功；违背了它们，思想政治工作就失败。文章认为，源于物质，归于物质，是思想政治工作的出发点和落脚点。实事求是，以理服人，是思想政治工作的基本原则。言传身教，典型示范，是思想政治工作的重要手段。加强思想政治工作，必须预测动机，引导行为，使思想政治工作具有预见性和主动性；一把钥匙开一把锁，使思想政治工作具有针对性；渗透一切，贯穿始终，使思想政治工作与其他各项工作之间具有关联性；自我教育，互相影响，使思想政治工作具有群众性。

8月22日

教育部发出《中等师范学校规程(试行)》。文件共分总则、教学工作、思想政治教育、教学实习和生产劳动教育、体育卫生和生活管理、教师、行政领导体制和人员职责、党的工作和其他组织工作等8章，共60条。文件规定，中等师范学校的任务是：培养具有社会主义觉悟、辩证唯物主义世界观、共产主义道德品质，从事小学或幼儿教育工作必备的文化与专业知识、技能，热爱儿童，全心全意为社会主义教育事业服务，身体健康的小学和幼儿园师资。同时，中等师范学校还应根据需要和可能，承担培训在职小学教师和幼儿园保教人员的任务。中等师范学校思想政治教育的任务，是培养学生具有爱国主义和国际主义思想，拥护中国共产党的领导，拥护社会主义，愿意为社会主义现代化建设事业服务，为人民服务，热爱教育事业；逐步树立马克思主义的阶级观点、劳动观点、群众观点、辩证唯物主义观点；培养优良品德和从事小学生思想、品德教育的能力。中等师范学校的思想政治教育工作，根据党的方针和政策，在学校领导的统一组织下进行。除了各科教师通过教学过程对学生进行思想政治教育外，政治课、班主任和共青团负有重要责任。

10月

10月14日

教育部印发《中等师范学校教学计划(试行草案)》《幼儿师范学校教学计划(试行草案)》。此后，教育部委托有关地方和学校制定中等师范学校和幼儿师范学校各科教学大纲，编写全国通用教材。

10月28日

中宣部发出通知，恢复对高等学校马列主义理论课的领导关系，并要求各地党委宣传部要切实领导好各地高等学校马列主义基础理论的教学工作。

11月

11月14日—25日

中宣部召开思想政治工作座谈会，着重研究了如何加强新时期的思想政治工作，保证社会主义现代化建设顺利进行的问题。会议认为，粉碎“四人帮”以来，特别是党的十一届三中全会以来，各级党委在拨乱反正、解放思想、实现全党工作着重点转移等方面做了大量工作，广大干部、群众的思想是活跃的，总的来说也是健康的、向上的。但是，由于我们国家正处于新旧交替、除旧布新的历史转折和重大改革时期，政治、经济等方面的调整和改革正在进行中，不断出现一些新的情况，因此，党内外有各种各样的思想反映，存在错综复杂的思想矛盾和问题。这就需要认真地、有的放矢地加强思想政治工作，把广大干部和群众紧密地团结在党的周围，同心同德干“四化”。但是目前许多单位和部门对此认识很不足，领导不力，思想政治工作相当薄弱。改变这种状况，是全党面临的一项十分重要而迫切的任务。座谈会认为，在新的历史时期，必须继续坚持思想领先的原则，要把思想政治工作放在非常重要的地位。思想政治工作是培养社会主义一代新人的工作，必须实事求是，调查研究，解放思想，疏堵结合；必须和经济工作以及各项实际工作结合起来；必须把解决群众的思想问题同解决群众的实际问题结合起来。当前思想政治工作的主要任务是宣传马列主义、毛泽东思想和党的路线、方针、政策，统一全党和全国人民的思想，使党的路线、方针、政策变成广大群众的自觉行动，落实到做好本地区、本部门、本单位的工作上；联系工作和思想实际，做好干部、党员、群众的思想教育工作。特别在党内，要用无产阶级思想改造和克服各种非无产阶级思想。思想政治工作首先要从党内做起。一定要纠正党内的不正之风，这是加强和改善党的领导，提高党的威信的根本措施。党风搞好了，就能带动整个社会风气。

在座谈中，大家一致认为，加强思想政治工作，关键在于加强和改善党的领导，坚决克服党不管党的倾向。当前，首先要从制度上加以改革，逐步做到党政分工。各级党委，特别是主要负责人，要把思想政治工作放在首位，以主要精力抓党的路线、方针、政策的学习和贯彻执行。各级党委要充分依靠和发挥行政以及工会、共青团、妇联、教育等方面的力量和特长，和他们共同研究，指导他们做好思想政治工作。思想政治工作必须走群众路线，发动全党做、人人做，要培养一批群众积极分子，作为思想政治工作的骨干。身教重于言教。各级党委成员，特别是党的高级干部和主要负责人，必须以身作则、言行一致。凡是要求群众做的，必须首先从自己做起。要经常到群众中去，做群众的知心人。只有这样，才能取得领导思想政治工作的资格。

12 月

12 月 1 日—13 日

教育部在天津召开全国教育工作座谈会，会议传达了中共中央书记处关于教育工作的指示，分析了教育战线的形势，回顾了30年来教育工作中的“左”倾表现，认为进一步总结历史经验，肃清“左”倾流毒，具有重要意义。会议明确了今后几年内教育的基本任务是贯彻调整的方针。调整要达到的目标是使教育事业与国民经济协调发展，使教育质量得到提高，使学校的领导班子和教师队伍得到充实和提高，加强学校的思想政治工作，改善办学条件，巩固和发展教育系统安定团结的政治局面。会议提出，对于青年学生的思想问题，我们的方针是要善于疏导，不能堵塞，不能压制。加强思想政治工作的目的是要巩固安定团结的政治局面，更有效地培养出又红又专的无产阶级事业接班人。要加强与改善学校的思想政治工作，要整顿、重建思想政治工作队伍，把思想政治工作做到教学、科研和师生生活中去。

12 月 5 日

《人民日报》发表社论《加强思想政治工作是实现四化的重要保证》。社论说，我们国家正处在一个伟大历史转折时期。加强思想政治工作，动员全国人民，同心同德，为推动调整和改革，促进社会主义现代化建设而奋斗，这是全党面临的一项重要的、迫切的任务。

社论指出，实现四个现代化必须有党的思想政治工作的坚强保证。重视思想政治工作，是我们的革命传统。在新的历史时期，我们更应该把思想政治工作放在十分重要的地位，认真地抓起来。加强思想政治工作，要把继续解放思想和解决实际问题结合起来，把关心群众思想觉悟的提高和关心群众物质利益的改善结合起来；要认真抓好干部教育和党风教育。社论强调，加强思想政治工作，关键在于加强和改善党的领导，为了适应思想政治工作的新形势，各级党委应该相应地改革一切不适应的思想、作风、工作方法和具体的规章制度。开展思想政治工作，逐步造成一个又有集中又有民主，又有纪律又有自由，又有统一意志又有个人心情舒畅、生动活泼的政治局面。这样，我们就较易克服困难，就能经得起风险，更有利于社会主义现代化建设。

12 月 16 日—25 日

中共中央在北京召开工作会议，主要讨论经济形势和经济调整问题。25 日，中共中央副主席邓小平在会上作《贯彻调整方针，保证安定团结》的讲话。邓小平指出，改善党的领导，其中最主要的，就是加强思想政治工作。在党政机关、军队、企业、学校和全体人民中，都必须加强纪律教育和法制教育。加强思想政治工作，改进宣传工作，已经作为保证这次调整顺利实现、巩固安定团结政治局面的一项极端重要的任务，摆在全党同志面前。要通过思想政治工作，加强全党的组织性、纪律性。要教育全党同志发扬大公无私、服从大局、艰苦奋斗、廉洁奉公的精神，坚持共产主义思想和共产主义道德。我们要建设的社会主义国家，不但要有高度的物质文明，而且要有高度的精神文明。所谓精神文明，不但是指教育、科学、文化(这是完全必要的)，而且是指共产主义的立场和原则，人与人的同志式关系，等等。要加强各级学校的政治教育、形式教育、思想教育，包括人生观教育、道德教育。要大力加强工会工作和妇联工作，大力加强共青团工作、少先队工作和学生会工作。要努力使我们的青少年成为有理想、有道德、有知识、有体力的人，使他们立志为人民作贡献，为祖国作贡献，为人类作贡献，从小养成守纪律、讲礼貌、维护公共利益的良好习惯。

12 月 27 日

中组部、中共教育部党组发出《关于加强高等学校领导班子建设的意见》，指出，领导班子中，党政干部要明确分工。党委对学校工作的领导，主要应是路线、方针、政策的领导，要着重致力于做好政治思想工作，以及党的思想建设、组织建设工作。学校所有的行政工作，都应由院校长为首的行政人员去处理，要使他们有职有权有责。文件还对高等学校领导班子的人数、干部交流与培养等做出了规定。

12 月 31 日

中共教育部党组印发《关于加强高等学校干部教育工作的意见》。文件提出，新时期高等学校干部教育工作的方针是坚持以马列主义、毛泽东思想为指导，以解决我国“四化”建设的问题为中心，学习有关理论和实践知识，培养一支懂得马克思主义基本知识和党在新时期的路线、方针、政策，坚持社会主义道路，具有专业知识和管理能力，富于艰苦创业精神的干部队伍，并从中造就一大批各行业专家。文件指出，干部教育的内容和要求实行干什么学什么、缺什么补什么的原则，其基本内容应包括：学习马列主义、毛泽东思想；学习党的路线、方针和政策；学习教育理论和管理知识；学习科学技术和文化知识；等等。当前，要创办短期训练班，普遍轮训干部。逐步实行正规的干部教育制度，把训练在职干部、培养优秀中青年干部的工作经常化、制度化，建设一支又红又专的干部队伍。国务院已经批准恢复中央教育行政学院，由教育部领导，负责培训各省、自治区、直辖市教育行政部门的领导干部、高等学校校级领导干部。认真抓好干部的在职学习，是提高干部科学文化水平的主要途径。各高等学校要安排好每周工作日内的一天进行学习，注意提高学习效率。

本年

钱学森发表《早日建立马克思主义德育学》。

1981 年

1 月

1 月 7 日—16 日

共青团中央在江苏省镇江召开全国省、自治区、直辖市团委书记会议。会议认为，各级团组织要根据青年的实际，在做好团的各项工作中，把思想政治工作放在领先的地位。要紧紧围绕坚持四项基本原则，抓好形势教育和热爱祖国、热爱党的教育以及共产主义道德教育。解决青年的思想问题，要坚持疏导的方针，并及时掌握青年的思想脉搏，研究青年的特点和思想发展规律。要尊重、信任、关怀、体贴青年，平等地和他们讨论问题。坚持摆事实，说真话，讲道理，帮助他们掌握观察、分析问题的正确立场，使青年真正感到团组织是自己的良师益友。会议确定共青团当前的任务是：大力加强思想政治工作，充分发挥青年的突击作用，积极维护和发展安定团结的大好形势，保证国民经济调整工作的顺利进行。

1 月 7 日—20 日

教育部在北京召开高等学校政治理论课教材讨论会。讨论会对委托北京、上海、吉林、广东、湖北、山东、浙江等省市高等教育局组织编写的“中共党史”“政治经济学”“哲学”3 门课程的 17 种教材提出具体修订意见，并讨论政治理论课在高等学校中的地位、作用以及如何加强和改善政治理论课教学等问题。会议认为，马列主义政治理论课是学生思想政治教育的重要组成部分，只能加强不能削弱。政治理论课教师要既教书又教人。对政治理论课的改革，一定要做到态度积极，步子稳妥，先抓试点，取得经验，然后推广。

1 月 12 日

邓小平在会见日本参议院代表团时指出：“文化大革命”带来的精神上的问题很多，所以搞现代化要增加精神文明的内容。现在，大公无私、舍己为公、艰苦奋斗等道德观念都遭到了破坏。要恢复是一代人的问题。现在的社会风气不如过去，动不动就打砸抢，年轻的娃娃甚至动刀子，不讲礼貌了，也不照顾别人的利益、集体的利益、国家的利益。但不是说所有一代人都如此，不过在相当一部分年轻娃娃中有这个问题。没有好的道德观念和社会风气，即使现代化建设起来了也不好，富起来了也不好。

1 月 14 日

北京市在清华大学召开部分高校开展“创三好”活动座谈会。

1 月 15 日

中共中央书记处听取教育部和北京市对高等学校思想政治教育问题的汇报并作出指示。

2 月

2 月 14 日

邓小平为英国培格曼出版公司将要出版的《邓小平副主席文集》英文版做序。序中说：“我荣幸地以中华民族一员的资格，而成为世界的公民。我是中国人民的儿子，我深情地爱着我的祖国和人民。我们的民族曾经创造过灿烂的古代文明，也经历过各种沉重的苦难和进行过付出巨大代价的、坚忍不拔的斗争。现在，我们正在认真地总结经验教训，在安定团结的基础上，集中力量建设高度发展的物质文明和社会主义的精神文明。中国人民将通过自己的创造性劳动根本改变自己国家的落后面貌，以崭新的面貌，自立于世界的先进之列，并且同各国人民一道，共同推进人类进步的正义事业。我深深地相信，中国的未来是属于中国人民的，世界的未来是属于世界人民的。”

2月21日

共青团中央发出《关于进一步开展学雷锋树新风活动的通知》。文件指出，遵照最近党中央关于建设社会主义精神文明的指示，为在青少年中进一步倡导共产主义道德，树立文明礼貌新风，1981年“三五”前后，应更有计划地组织学雷锋活动。共青团、少先队要生动具体地宣传雷锋精神，引导青少年继续向雷锋学习，向各条战线的英雄模范学习，为建设社会主义精神文明作出贡献，为经济调整和政治安定的大局作出贡献。文件中说，1981年“三五”活动的主题是：学雷锋，树新风，做建设社会主义精神文明的先锋。团、队基层组织应围绕这个主题，宣传雷锋爱憎分明、言行一致、公而忘私、奋不顾身、艰苦奋斗、助人为乐的革命精神，组织生动形象的教育活动。文件强调，按照党中央指示精神，向团干部、团员、青少年广泛宣传建设社会主义精神文明的意义和任务；依照传统做法，开展学雷锋、做好事的群众活动；表彰学雷锋、树新风模范青少年，宣传建设社会主义精神文明的先锋。文件要求，各级团委要切实加强对活动的领导。团的干部特别是团的领导干部要“从我做起”，在学雷锋、树新风中起带头作用。

2月24日

《人民日报》发表学者黄志坚文章《究竟应当如何认识这一代青年?》。文章说：究竟应当如何认识这一代青年？我们在青年中作了一些调查，深感用一两句话来概括这一代青年的面貌，极难准确，且易产生绝对化的估计。研究当代的青年，与其寻找恰当的概括性的词句，不如对实际状况作一些具体的分析。文章通过对实际情况的初步分析，认为当代青年具有下面一些特点：(1)对祸国殃民的极“左”路线深恶痛绝，对党在新时期的路线、方针、政策普遍拥护；但在一部分青年中，程度不同地存在对社会主义制度优越性认识不足、对实现“四化”信心不足的问题。(2)关心国家的命运和前途，思想敏锐活跃，独立思考的能力比较强，因循守旧的东西比较少，走在思想解放的前列；但部分青年缺乏明确的指导思想，判别是非优劣的标准不稳定，有时甚至出现一些错误的倾向。(3)讲求实际，关心国家的经济发展，关心自己的切身利益，热心于学习科学技术，掌握真本领，极“左”路线的那一套空洞的政治说教在青年中没有市场；但在部分青年中，有厌倦政治的倾向，缺乏远大理想，政治的激励作用、英雄人物的感召力有某些下降。(4)对物质生活和文化生活的要求越来越高，对美的追求日渐强烈，对林彪、“四人帮”搞穷过渡、实行物质上的禁欲主义和文化上的专制主义极厌恶；但脱离我国经济发展水平现状的奢望，在某些青年中有所增长，艰苦创业的思想准备不足，资产阶级和其他非无产阶级思想对青年的侵蚀还严重存在。(5)道德水准逐步提高，许多青年已成为树立社会新风尚的带头力量；但“文化大革命”所造成的法制观念淡薄、缺乏道德修养的状况还需要进一步改善，某些青年的变态心理仍有待进一步医治。文章指出，从以上的分析中，可以实实在在地感受到，这一代青年中的主流和本质是好的，尽管他们经历十年的动乱，饱受摧残与创伤，饱尝痛苦与失望，但强烈的进取精神未衰，关心党和国家前途的情感未减。新时期的伟大转变，社会主义中国的光明前途，已经燃起这一代青年的青春火焰。至于青年中出现的种种问题，在我们党努力创造的安定团结的社会环境中，加上我们引导得法，教育得当，加上经济的不断发展，人民生活的不断改善，是完全可以逐步得到解决的。我们的年青一代不会辜负党和人民的期望，必将证明自己是“完全可以信赖的一代”。

2月25日

全国总工会、共青团中央、全国妇联等九单位向全国人民特别是青少年发出倡议，开展以讲文明、讲礼貌、讲卫生、讲秩序、讲道德和心灵美、语言美、行为美、环境美为内容的“五讲”“四美”文明礼貌活动。

3 月

3 月 17 日

教育部电化教育局发出《关于运用电教手段加强学生政治思想教育的通知》。文件提出，为了加强对学生的政治思想教育，建设社会主义精神文明，应当组织各方面的力量，采用多种教学手段，如幻灯、电影、录音、广播、电视、录像等，及时、广泛、生动活泼地进行政治思想教育。各地电教机构要密切配合所在地区的政治思想教育部门，主动积极提供形象的教材。要利用电教手段，交流推广优秀的辅导员、班主任、政工干部的经验。为配合高等学校“中共党史”的教学，教育部组织11所高等学校党史课教师和电教人员，编制中国共产党历史(民主革命部分)电视教学录像片，从1981年秋季开学后，供各高等学校教学试用。

3 月 24 日

《人民日报》发表社论《当前青年学生的主要任务是什么?》。社论指出，青年学生是我国社会主义事业的接班人，将来要在现代化建设中担负繁重艰巨的任务。全国人民对他们给予极大的希望。当前，青年学生的任务，就是要刻苦学习，把自己培养成为有社会主义觉悟的、有专业知识和管理才能的又红又专的人才，在将来走上社会以后，能够适应现代化建设的需要。社论说，进行现代化建设，必须极大地提高我国人民的科学文化水平。不掌握现代科学文化知识，现代化建设就搞不成。青年学生，特别是高等学校的学生，应该掌握自己所学专业的知识，使自己的知识更丰富一些。这样，才能在将来担负起社会主义现代化建设的重任。希望青年学生格外珍惜党、政府和人民为大家创造的学习条件，专心致志地学好文化，学好专业，增长知识，掌握进行社会主义现代化建设的本领，千万不要错过这个时光。我国的青年学生，不管是理、工、农、医、文和政法、财经等专业，都要学习政治，学习马列主义、毛泽东思想，使自己在思想上有所进步，在政治上有所进步。社论说，在社会主义精神文明建设中，青年学生负有重大而光荣的责任。现在，许多青年学生思想活跃，积极地思考和探索政治、经济和社会生活中的种种问题，这是关心国家大事的一种表现。青年学生要为维护学校和整个社会的安定团结作出努力和贡献。这是保证我们国家在经济上和教育战线上进行调整与改革的需要，也是保证我们学生能够顺利地进行学习的需要。为了维护安定团结的局面，我们的学生要正确对待当前存在的困难，要正确对待党、政府和学校领导工作中的缺点和错误；我们的学校要进一步发扬社会主义民主，健全学校内部的正常的民主生活，同时，必须维护社会主义法制和学校的纪律。

3 月 28 日

教育部发出《关于开设自然辩证法方面课程的意见》。

4 月

4 月 25 日

北京市学生联合会召开全市高等院校学生会主席联合会议，通过了《首都大学生公约》。公约的内容是：(1)热爱中国共产党，热爱社会主义祖国，热爱人民，立志献身于祖国的“四化”事业；(2)学习勤奋，学风严谨，积极认真地学好专业知识，完成学习任务；(3)坚持锻炼身体，积极参加各项有益的集体活动；(4)遵守国家法令，维护社会公德；(5)遵守学校的规章制度，维护正常的教学、生活秩序；(6)讲文明，讲礼貌，讲卫生，不吸烟，不酗酒；(7)团结互助，助人为乐，勤劳俭朴，爱护公物；(8)实事求是，勇于开展批评和自我批评。这个公约1980年9月由北京市学生联合会起草后，广泛征求了大学生的意见，并先后三次召开学联主席团扩大会议进行讨论修改。全市高等院校学生会主席联席会议号召全市大学生积极执行公约，争做建设社会主义精神文明的先锋。

4月28日

教育部、共青团中央发出《关于加强高等学校毕业生思想政治教育工作的联合通知》。指出，“文化大革命”造成的思想混乱，使新中国成立以来形成的毕业生服从国家分配的良好风气遭到破坏，加之这几年学校的思想政治工作比较薄弱等原因，学生的思想问题比较多。针对这种情况，需要认真加强毕业生的思想教育工作，提高他们的觉悟，使他们愉快地服从国家分配；在走上工作岗位以后，发扬艰苦创业的精神，努力为人民服务，为社会主义现代化建设事业作贡献。这是毕业生分配工作中首先应解决的问题，必须认真抓紧抓好。文件强调，对应届毕业生应着重进行坚持四项基本原则教育和形势任务教育，并紧密联系毕业生思想实际，进行革命理想教育、共产主义思想品德教育、爱国主义教育、艰苦奋斗教育和遵纪守法教育等。通过教育，要使广大毕业生进一步树立正确的政治方向和为共产主义而奋斗的远大理想；深刻领会党中央提出的在经济上实行进一步调整、在政治上实现进一步安定的方针的重要意义，认清当前形势、任务和青年一代肩负的历史使命，增强革命事业心；使他们懂得国家对毕业生实行计划分配，是社会主义制度优越性的具体表现，应该根据国家需要来考虑个人志向，把国家利益、人民利益放在首位，抵制和反对无政府主义、个人主义和资产阶级自由化倾向；发扬大公无私、先人后己、吃苦在先、享乐在后的革命精神，到基层去，到艰苦的地方去，到祖国需要的地方去，把自己的青春和才智献给社会主义现代化建设事业。文件要求，对毕业生进行思想政治教育，然后采取疏导的方式，坚持实事求是，联系实际，注意方法，讲求实效。做好毕业生的思想政治工作，不仅是分配工作的重要环节，也是恢复和发扬党的优良传统、建设社会主义精神文明所必需的。因此，要求各高等学校把这项工作作为贯彻中央工作会议精神的一个重要内容来抓，及早动手，制订计划，付诸实施。

本月

教育部分别在上海、成都召开上海、江苏、浙江、安徽、山东、湖北、湖南、四川、贵州、云南、陕西、甘肃12省市及部分高校参加的加强高等学校思想政治工作座谈会。

5月

5月3日

共青团中央在中南海怀仁堂召开全国学雷锋先进青年和先进青年集体代表座谈会，党中央和国务院的领导同志同来自全国的学雷锋先进青年和先进青年集体代表座谈，他们殷切希望全国青年发扬“五四”爱国传统，发扬雷锋精神，坚持四项基本原则，立志振兴中华，在建设社会主义物质文明和精神文明中做新时代的先锋。彭冲代表党中央在讲话中指出，五四运动是伟大的爱国运动。我们一定要把五四运动高举的爱国主义火炬接过来，一代一代地传下去。为了发扬爱国主义精神，提高民族自尊心和民族自信心，青年们要学习和熟悉我们民族的历史，特别是近代的历史，了解我党60年来领导革命和建设的历史成就，了解新中国成立31年来的丰富经验，真正懂得“没有共产党就没有新中国”“只有社会主义才能救中国”的真理，坚持四项基本原则，按照我国的国情，坚定地走中国式的现代化道路。彭冲说，我们现在提出在建设社会主义高度物质文明的同时，加强社会主义高度精神文明的建设，可以说是在新的历史条件下发展了“五四”新文化运动的传统，我国青年不仅要很好地提高自己的科学文化素养，而且要用共产主义的理想、道德、情操来激励自己奋发上进。当前，在全国人民中，特别是在青少年中开展的学雷锋、树新风和“五讲四美”活动，就是社会主义精神文明建设的一项重要内容和具体形式。这是一件具有深远意义的事情。我们要动员各方面的力量，扎扎实实开展这个活动，并长期坚持下去，使越来越多的人具有共产主义的理想，热爱祖国，热爱社会主义制度，热爱党，关心祖国的前途和人类的命运，自觉地为革命的利益，为党和人民的利益，严守纪律，英勇奋斗。

5月4日

共青团中央、全国青联、全国学联、共青团

北京市委在人民大会堂联合举办首都纪念五四运动 62 周年报告会。中共中央书记处研究室主任邓力群在会上作了题为《青年是社会主义现代化建设的希望》的报告。邓力群指出，永远和人民在一起，永远维护和代表人民的利益，这也是我们党反复告诫青年的。这几年来，青年们刻苦学习、勤奋劳动、努力工作，各行各业都涌现出一批先进人物。现在青年中正在开展的学习雷锋的运动和“五讲四美”的活动，有利于一代新人的成长，有助于社会的安定和现代化建设的进行，很有必要广泛、深入、持久地开展下去。要继续在青少年中提倡和表彰共产主义理想道德和情操。他希望每个青年都扎扎实实地在自己的岗位上努力工作、劳动和学习，加强自己的思想修养和品德修养，争取在不长的时间里，使自己既有正确的人生观、健全的体魄，又有某一方面的专门知识。他强调，现在是属于我们和你们的，而未来是属于青年的。现代化的社会主义中国是属于青年的。青年将不仅成为现代化事业的建设者，而且将成为它的真正的主人。

5 月 19 日

邓小平出席中共中央政治局扩大会议，讨论《关于建国以来党的若干历史问题的决议》。邓小平在讲话中指出，中心一个是毛泽东同志的功绩是第一位，还是错误是第一位？另一个，我们 32 年，特别是“文化大革命”前十年，成绩是主要的，还是错误是主要的？是漆黑一团，还是光明是主要的？还有第三个问题，就是这些错误是毛泽东同志一个人的，还是别人也有点份？这个决议稿中多处提到我们党中央要承担责任，别的同志要承担点责任，恐怕这比较合乎实际。第四，毛泽东同志犯了错误，这是一个伟大的革命家犯错误，是一个伟大的马克思主义者犯错误。

5 月 21 日—30 日

共青团中央在上海召开第四次共产主义道德教育座谈会。会议认为，开展“五讲四美”活动，进一步推动了道德教育的深入发展，广大青年的精神面貌和整个社会风气正在出现令人鼓舞的可喜变化。在北京、上海、天津、武汉等 12 城市的带头和影响下，由点到面，逐步推向全国，并正在与各条战线的实际结合，促进城乡社会风气的改变。会议强调，学雷锋、树新风、“五讲四美”活动是社会主义精神文明建设的一项重要内容，是共产主义道德教育深入发展的具体形式，要做到经常化、具体化。根据形势的需要，今后的“五讲四美”活动应该更多地围绕增强青年对党、对祖国、对社会主义制度的热爱去开展活动，帮助青年深切理解“没有共产党就没有新中国”“只有社会主义才能救中国”的真理，教育青年做心灵美的人。

6 月

6 月 27 日—29 日

中国共产党第十一届中央委员会第六次全体会议在北京举行。全会号召全党、全军、全国各族人民高举马克思列宁主义、毛泽东思想的旗帜，更紧密地团结在党中央的周围，继续发扬愚公移山的精神，下定决心，排除万难，为把我们的国家逐步建设成为现代化的、高度民主的、高度文明的社会主义强国而努力奋斗。全会一致通过的《关于建国以来党的若干历史问题的决议》。运用马克思主义的辩证唯物论和历史唯物论，对新中国成立 32 年来党的重大历史事件，特别是“文化大革命”做出了正确的总结，科学地分析了在这些事件中党的指导思想的正确和错误，分析了产生错误的主观因素和社会原因，实事求是地评价了伟大领袖和导师毛泽东同志在中国革命中的历史地位，充分论述了毛泽东思想作为我们党的指导思想的伟大意义。肯定了十一届三中全会以来逐步确立的适合我国国情的建设社会主义现代化强国的正确道路，进一步指明了我国社会主义事业和党的工作继续前进的方向。

7 月

7 月 5 日

共青团中央，教育部联合发出通知，决定联合表彰一批“三好”学生、优秀学生干部和先进集体。通知说，目前全国大、中学校普遍开展的“学雷锋、创三好”活动，对于全面贯彻党的教育方针，促进学生德、智、体全面发展，建设社会主义精神文明，维护学校的正常教学秩序，都起到了积极作用。在这项活动中，涌现出了大批思想品德好、学习好、身体好的“三好”学生、优秀学生干部和先进集体。为了总结经验，表彰先进，进一步推动“学雷锋、创三好”活动的深入开展，使广大青年学生成为有理想、有道德、有知识、有体力的一代新人，共青团中央、教育部准备1982年2月在北京召开全国“三好”学生、优秀学生干部和先进集体代表会议，并在会上联合表彰一批“三好”学生、优秀学生干部和先进集体。通知要求各地切实加强对这项活动的领导，认真总结本地区大、中学校开展“学雷锋、创三好”活动的经验和存在的问题，坚持从实际出发，讲究实效，注意调动大多数学生的积极性，使这项活动深入持久地、健康地开展下去。

8月

8月1日—11日

教育部在北京召开全国学校思想政治教育工作会议。会议期间，代表们认真学习中央领导同志最近有关加强思想政治工作的讲话，中共中央副主席李先念，中共中央书记处书记万里、习仲勋会见出席会议的部分代表，并同大家进行了座谈。会议强调，要以中共中央《关于建国以来党的若干历史问题的决议》为教材，加强学生的思想政治工作，全面贯彻党的教育方针，积极引导学生德、智、体全面发展，走又红又专的道路。要对学生进行坚持四项基本原则、反对资产阶级自由化的教育，进行爱国主义、共产主义道德的教育，进行遵纪守法教育，进行劳动教育。会上，教育部部长蒋南翔作了《贯彻党的六中全会精神，为加强和改善思想政治教育而努力》的报告。蒋南翔在总结新中国成立32年来学校思想政治教育工作的基本经验后指出，我们的成绩是主要的，基本经验是行之有效的，教育工作队伍是可以信赖的。当前，我国广大青少年学生的思想主流是好的，但也存在值得严重注意的情况。要从四个方面加强对青年学生的思想政治教育：第一，以《关于建国以来党的若干历史问题的决议》为武器，对学生进行坚持四项基本原则的教育；第二，加强和改进马列主义理论课的教育；第三，加强共产主义道德教育；第四，加强劳动教育。蒋南翔指出，社会主义学校重视对学生进行马克思主义世界观和共产主义道德品质的教育。学校政治工作干部同教师一样，都是教育工作者，都是学生的老师。学生思想政治教育也是一门科学，需要不断积累和总结经验，探索客观规律，因此，很有必要设专职人员从事这方面的工作。

8月7日—15日

共青团十届三中全会在北京召开。韩英在向共青团十届三中全会报告工作时提出，共青团学习、贯彻党的十一届六中全会精神，要联系青年工作的实际，办好三件事情：一是在青少年中开展热爱祖国、热爱社会主义制度、热爱党的教育。二是用马克思主义世界观和共产主义道德教育青年。三是把争当新长征突击手活动更加有声有色地开展起来。全会做出的《关于学习贯彻党的十一届六中全会精神的决议》说，认真学习、积极宣传、坚决贯彻党的十一届六中全会精神，是共青团的重要政治任务。在全国青少年中进一步开展热爱祖国、热爱社会主义制度、热爱党的教育活动，是坚持四项基本原则、全面落实党的十一届三中全会到六中全会一系列方针和政策的需要，也是青少年健康成长的需要，各级团委要在党委的领导下，同有关部门密切配合，切实认真地抓好这件事。

8月8日

《人民日报》报道，中国人民解放军战士出版社编辑的《毛泽东、周恩来、刘少奇、朱德论社会主义精神文明》一书，即将出版。全书约10万字，编选、收集了毛泽东著作18篇，周恩来著作6篇，刘少奇著作3篇，朱德著作3篇，共30篇(部分文章是节录)。这些著作重点论述了共产主义思想、理想、信念、道德、纪律，革命的立场和原则，人与人的同志关系，等等。

8月9日

教育部、共青团中央在人民大会堂联合举行纪念大会，纪念我国坚定的共产主义战士、杰出的青年运动领导人、马克思主义教育理论家杨贤江逝世50周年。教育部部长蒋南翔主持大会。团中央书记处第一书记韩英在会上讲话。他说，杨贤江同志为我国人民教育事业和青年工作做出了卓越贡献，是革命青年学习的光辉榜样。教育部副部长张承先在会上介绍了杨贤江的生平，指出，杨贤江同志在他短暂的一生中，对马克思主义教育思想在中国的传播起了启蒙作用，为当时的青年运动作出了卓越贡献，是党在文化教育战线上的一名忠贞而坚强的战士。在教育理论和指导青年的工作上，他为我们留下了宝贵的遗产。他在中国新民主主义革命史上，特别是在现代教育史和青年运动史上有着光辉的地位。希望教育工作者、青年工作者和广大青年，重视杨贤江革命精神和教育思想的研究和宣传，在党的领导下，为办好社会主义教育事业，为教育青年一代健康成长，为把祖国逐步建设成为现代化的、高度民主的、高度文明的社会主义强国而努力奋斗。

8 月 10 日

教育部组织部分高等学校制作、拍摄的中共党史(民主革命部分)电视教学录像片，经中共中央宣传部批准向全国发行，决定1981年秋季开学后在全国高等学校试用。中宣部副部长王惠德审看后指出，党史教学讲得形象很不容易，编制这套录像片是做了一件大好事。片子反映了我们党怎样通过艰苦奋斗取得革命胜利，可以使用起来，一边使用，一边听取意见加以修改，使它逐渐完善。这套中共党史(民主革命部分)电视教学录像片，是我国首次编制成功的，目的是加强对学生的思想政治教育，改进高等学校马列主义理论课的教学方法，提高教学质量。这套电视教学录像片，共分26个选题。它形象而又生动地再现从五四运动到新中国成立这一时期中国共产党历史的真实面貌。目前已经完成11个课题，正在制作的还有15个课题，预计年内将全部完成。已经完成的11部录像片的片名是：《五四运动》《党的一大》《北伐战争》《南昌起义》《广州起义》《“一二·九”运动》《西安事变》《抗日战争初期的形势》《转战陕北》《辽沈、平津、淮海战役》《新中国的诞生》。这11部录像片1981年秋季开学后将在全国高等学校试用。许多看过这套录像片的领导干部和专家认为，中共党史(民主革命部分)电视教学录像片贯彻了尊重历史事实、坚持历史唯物主义的指导思想，它的制作是成功的，为我国高等学校政治课教学开创了一条新的路子。

8 月 26 日

《人民日报》报道，《中国青年》第16期发表了题为《在批评和自我批评中成长》的社论。社论说，在团的十届三中全会和全国青联五届二次会议胜利召开的日子里，我们党的老一辈革命家，怀着对青年的信赖、关切和期望，殷殷寄语，祝愿青年们健康地成长起来，为创造具有高度物质文明和高度精神文明的新中国而奋斗。老一辈希望青年们继承和发扬党的、团的优良传统，勇敢地战胜前进中面临的困难；他们勖勉青年要理直气壮地对一些错误思想和错误倾向进行批评，使正气压倒、战胜邪气，做同社会上最坏的东西做斗争的先锋。老一辈不仅向团组织和广大青年提出了任务，而且为青年的健康成长指明了一条道路。这就是，青年一代要开展批评和自我批评，用这个武器去改造社会、改造自己，在积极的思想斗争中，使自己更好更快地成长。社论说，在经常的认真的批评和自我批评中，青年一代会加深对社会的认识，增强社会主人翁的责任感，会提高鉴别是非、美丑的能力，会养成从实际出发改造社会的作风，从而也就在改造社会的过程中完善自身。要端正对批评的认识，要勇于和善于开展批评。社论强调，要提倡自我批评的精神。目前一部分青年的弱点之一，是缺乏自我批评的精神。“文化大革命”后，开展批评难，开展自我批评尤其难。玉不琢，不成器。虚心使人进步。这是历史证明了的真理。青年人的成长，不仅需要正面教育和引导，还需要不断地检讨和克服自身存在的缺点错误。缺乏自我批评的精神，不仅阻碍着青年自身的健康成长，也影响着青年同不良倾向做斗争的成效。

9 月

9 月 7 日

在第五届全国人大常委会第二十次会议上，教育部部长蒋南翔汇报了学校思想政治教育的工作。蒋南翔指出，思想政治教育是学校教育的重要组成部分，如果不能用马列主义占领学校的思想阵地，而让各种非无产阶级思想泛滥起来，那就是放弃了领导的责任。对于各种错误倾向，不能丢掉批评和自我批评这个武器。学校能否培养出拥护中国共产党的领导，热爱社会主义祖国，积极为人民服务的德才兼备的学生，是关系到国家前途和命运的大事。当前，学生思想的主流是好的。但是，社会上各种思潮在学校里都有反映，学生中还存在一些值得严重注意的情况。无论从长远来看，或者从当前的实际情况来看，进一步加强和改善学校的思想政治教育工作，都是十分必要的。但是，也应该承认，我们的思想政治工作，还相当普遍地存在涣散软弱的状态，主要表现在对违反四项基本原则的错误言行，没有积极主动地进行必要的批评或适当的斗争，工作常常处于被动状态。当前，需要着重从以下四个方面加强对学生的思想政治教育：第一，以十一届六中全会《关于建国以来党的若干历史问题的决议》为武器，对学生进行坚持四项基本原则的教育；第二，加强和改进马列主义理论课的教育；第三，加强集体主义和共产主义道德教育；第四，加强劳动教育。蒋南翔说，加强学校的思想政治教育，必须建立一支精干的、稳定的政治工作队伍。思想政治教育也是一门科学，应当不断积累和总结经验，探索客观规律，因此，很需要根据各级学校的不同情况，设立必要的专职人员从事这方面的工作。培育社会主义新一代是全党全社会的事业。学校教育只有同家庭教育和社会教育密切配合、协调一致，才能收到良好的效果。

9月10日—16日

共青团中央在黑龙江省牡丹江市召开全国青少年业余文体工作经验交流会。会议号召全国广大团员、青年行动起来，积极开展业余文化体育活动，建设社会主义精神文明，把自己培养成为爱党、爱国、爱社会主义，知识丰富、体魄健壮、道德高尚的一代新人。共青团中央书记处第一书记韩英在会上指出，积极开展有益于青少年健康成长的业余文体活动，是活跃和改进共青团工作的一把钥匙。我们要通过各种文体活动，提高广大青少年的精神境界和社会主义觉悟，培养共产主义的理想、信念、道德和情操。要使广大青少年在劳动、工作、学习之余能够得到有益于身心的文化娱乐，以利于消除疲劳，恢复体力，陶冶性情，焕发精神，在体力和智力两个方面发展自己的个性和创造能力，增进自己的知识、技能、智慧和健康。韩英要求各级团组织把青少年更多地吸引过来，把群众性的文艺、体育和科技活动更广泛、更主动地开展起来，为培养德智体全面发展的“四化”建设人才而努力。

10月

10月9日

首都各界人士隆重集会，纪念辛亥革命70周年。叶剑英主持会议。胡耀邦代表中共中央在会上讲话，他指出：辛亥革命没有能达到建立一个独立自由的资产阶级共和国的预期目的，没有能使中国摆脱半殖民地半封建的地位。但辛亥革命的历史功绩是不可磨灭的。孙中山先生是伟大的民族英雄，伟大的爱国主义者，中国民主革命的伟大先驱，他的丰功伟业是永垂史册的。孙中山的革命精神将永远激励着我们民族的一切革命者。对于孙中山的崇敬和怀念，至今仍然是把中国大陆和台湾联系在一起的强大的精神纽带。胡耀邦说，我们的祖国已经进入了全面进行社会主义现代化建设的历史时期。在目前时期，我们的内外任务，概括说来，有三件大事：集中主要力量，进行社会主义建设，实现农业、工业、国防和科学技术的现代化，这是全国各族人民的第一件大事，也是我们做好第二件、第三件大事的根本依靠。保卫世界和平，这是我们的第二件大事。两岸统一，是我们的第三件大事。台湾问题，纯属我国的内政。这个问题要由海峡两岸的领导人和人民来解决。

10月17日—31日

中国人民解放军总参谋部召开直属院校政治工作会议。会议总结交流了新的历史时期院校思想政治工作的经验，并对加强院校政治工作的一些主要问题进行了认真讨论，研究了具体措施。中国人民解放军总参谋长杨得志指出，要进一步统一办校思想，坚持以教学为中心，坚持德、智、体全面发展，坚持按照现实和发展的需要来培训学员，并把它落到实处。学校是培养基层干部的地方，从开始就要打好基础。要响应党中央的号召，深入持久地开展建设社会主义精神文明的活动，使广大学员树立共产主义的远大理想、坚持四项基本原则的坚定信念、全心全意为人民服务的人生观和献身国防事业的战斗意志，使他们成为"四有""三讲""两不怕"的革命军人。

11 月

11 月 3 日

北京市学生联合会号召各大专院校开展"文明宿舍""文明教室"创建活动。北京市学联认为，以搞好卫生为突破口，逐步使"五讲四美"活动具体化，有利于更好地建设社会主义精神文明。北京市学联希望各院校结合本单位实际情况，开展"文明宿舍"和"文明教室"创建活动。"文明宿舍"的条件是：(1)清洁卫生好；(2)团结互助好；(3)遵纪守法好；(4)勤俭节约好；(5)体育锻炼好。"文明教室"的条件是：(1)不随地吐痰，不乱扔东西，保持教室清洁卫生；(2)不迟到，不早退，不无故旷课，遵守作息时间；(3)课堂自习不随便讲话，尊重教师，遵守课堂纪律；(4)在教室里不吸烟，不大声喧哗；(5)团结互助好，关心集体。北京市学联要求各院校学生会在校党委的领导和有关部门的支持下，制定必要的检查评比制度，扎实地抓好这项活动。

11 月 8 日

《光明日报》报道，中国社会科学院青少年研究所最近在昆明召开大学生思想政治教育科学研究规划会，会议研究分析了新时期大学生的现状和特点、社会主义大学的培养目标和德育要求，以及大学生思想政治教育的内容和规律，制订了大学生思想政治教育科学研究的规划，明确提出要组织起来，开展研究。据不完全统计，全国已有 81 所高等院校成立思想政治教育研究室和德育研究室，探索用科学世界观和革命人生观武装大学生的规律，以提高大学生思想政治教育的科学水平。

11 月 11 日—18 日

教育部召开全国高等学校毕业生调配工作会议，要求加强高等学校毕业生的思想政治工作，高等学校毕业生要服从国家统一分配，并提出六条抵制干扰高校毕业生分配工作的具体措施和要求。这六条措施和要求是：(1)各级领导干部和党员干部都要模范地遵守《关于党内政治生活的若干准则》，执行中共中央纪律检查委员会关于不准干扰大学毕业生分配工作的通报的规定。(2)所有从事大学毕业生分配工作的干部，都要坚持原则，秉公办事，不徇私情，不开后门，抵制不正之风。(3)所有大学毕业生都要服从国家需要，服从国家分配，哪里需要就去哪里。毕业生中的共产党员、共青团员要带头发扬大公无私、先人后己、吃苦在先的革命精神。(4)所有大学毕业生的家长都要以国家利益为重，教育和支持自己的子女服从国家分配，不走后门，不找熟人，不递条子，不打招呼。如有特殊困难，毕业生及其家长或家长所在单位可以如实向学校反映情况，但都不准弄虚作假。(5)所有用人单位都不准向学校指名要人，不准因所要的人未分到本单位而拒绝接收按计划派去的大学毕业生。(6)高等学校要按系或专业向毕业生公布调配计划，允许毕业生在调配计划范围内填报个人志愿。

11 月 17 日

中共中央副主席邓小平在会见美国财政部部长唐纳德·里甘时指出，我们要教育中国人民，特别是年青一代，要有理想，守纪律，讲道德，坚持艰苦奋斗，也就是说要发扬延安精神。

11 月 23 日—27 日

共青团中央在北京举办全国新长征突击手、先进团支部代表大会，总结和交流经验，决心为建设社会主义的物质文明和精神文明作出新的更大的贡献。中共中央书记处书记习仲勋出席大会并讲话，他高度评价了广大青年尤其是共青团员在"四化"建设中的作用和开展争当新长征突击手活动的意义，希望代表们不仅在创造物质财富的斗争中争当英雄，而且要在改变社会风气、建设社会主义精神文明的斗争中争当模范；不仅要当生产能手、工作模范，而且要当改革闯将；要进一步密切联系群众，带领群众一起前进。希望各级党团组织要关心突击手及其他先进模范人物的健康成长，支持和帮助这些同志不断提高觉悟，搞好生产，做好工作。

共青团中央书记处第一书记韩英在会上作了题为《让青春在四化建设中闪光》的报告。他总结了全国各条战线开展争当新长征突击手和创建先进团支部活动的经验，要求各级团组织把这两项活动作为新时期经常性的重要工作，坚定不移地抓下去。他说，开展争当新长征突击手活动，当前要着重解决好以下几个问题：要进一步统一思想，提高认识，树立开展突击手活动的坚定性，做到不动摇、不松劲、不中断。要适应新的情况，开拓新的领域，带领青年在建设"两个文明"中发挥作用，各行各业都要坚持从实际出发，因地制宜开展活动。要热情关心青年先进人物的成长，正确发挥他们的作用。要扶正祛邪，同歧视压制、打击迫害先进的坏人坏事做坚决的斗争，努力营造见先进就学、见后进就帮的良好社会风气。要加强团的组织建设，特别是团支部的建设，把争当新长征突击手活动落实到基层。要把创建先进团支部活动和争当新长征突击手活动紧密结合起来。要认真抓好对基层团干部的培训，关心、爱护、帮助他们，不断提高他们的思想水平和业务能力，使他们振作革命精神，安心、热心、专心团的工作，做青年的知心朋友。要扎扎实实地搞好合格共青团员的教育，使广大团员在建设社会主义物质文明和精神文明中成为青年的表率。

11月27日

党和国家领导同志、老一辈革命同志李先念、彭真、王震、韦国清、宋任穷等在人民大会堂会见了出席全国新长征突击手和先进团支部代表会的全体代表，并同代表们一起座谈，勉励青年们不辜负党和人民的期望，树立坚定的革命信念，在建设社会主义现代化强国的伟大事业中，不怕困难，英勇奋斗，走在前头。

11月30日

在五届全国人大四次会议上，国务院总理赵紫阳作政府工作报告。报告重申了"应该使受教育者在德育、智育、体育几方面都得到发展，成为有社会主义觉悟的有文化的劳动者"的教育方针，指出大学教育在数量和质量上要有较快的发展，在专业设置、领导体制、教学方法和内容等方面，都要进行必要的改革和调整；学校、家庭、社会要互相配合，加强对学生的思想政治工作。各级学校都要加强中国历史和地理的教学，这是对学生进行爱国主义教育的一个重要内容，同时要加强法制教育。

报告强调，我们从事社会主义现代化建设，不仅要建设高度的物质文明，而且要建设高度的精神文明。这两者是密切联系、不可分离的。我们只有在建设高度的社会主义物质文明的同时，建设高度的社会主义精神文明，才能保证我国国民经济的持久发展，保证物质文明建设的社会主义方向。精神文明的范围很广，它的主要内容必须包括两个方面：一方面是教育、科学、文化、艺术、卫生、体育事业的发展规模和发展水平。另一方面是社会政治思想和伦理的发展方向和发展水平。要通过有效的宣传教育工作、思想政治工作和其他多方面的工作，使我们的社会成员越来越广泛地树立社会主义和共产主义的思想、道德风尚和劳动态度，树立高尚的思想情操、生活方式和审美观念，树立自觉的守法精神和高度的组织性、纪律性，发扬爱国主义和国际主义的精神。

12月

12月10日

邓小平将钱正英的来信和转送的《中国青年报》刊登的《历尽沧桑获得的一个真理——钱宁教授和同学们的一次谈话》一文，批送胡耀邦、胡乔木，指出："这种现身说法的谈话，对教育青年很有用。"

12月31日

教育部、中国人民解放军总参谋部、中国人

民解放军总政治部联合发出《关于高等学校学生军事训练工作几个问题的通知》，指出，军事训练可使学生树立爱国主义思想和保卫祖国的观念，增强组织性、纪律性，初步了解现代战争的基本特点，掌握一般的军事知识和技术，随时准备响应祖国的号召，打击侵略者。学生的军事训练，主要是进行人民战争思想、战备形势和军队条令、条例有关内容的教育。各地教育部门和学校，要加强对学生军事训练的组织领导和政治思想工作，解决训练中的实际问题。

1982 年

1 月

1 月 5 日—14 日

共青团中央在北京召开团省、自治区、直辖市委书记座谈会。习仲勋同志到会讲话。他说，共青团在新时期担负着繁重的任务，党对你们寄予很大的希望。你们要更加放手工作，打开新局面，率领团员和广大青年在建设社会主义物质文明和精神文明的斗争中争当先锋。共青团要继承和发扬延安精神：一个是有革命理想，一个是艰苦奋斗。在谈到青年勤奋学习时，习仲勋同志勉励大家要认真学习马列和毛主席的著作，学习老一辈革命家的著作。共青团的干部要坚持真理，不要讲面子，在开展批评与自我批评方面，也要带头。与会的同志经过认真讨论，一致认为 1982 年全团工作总的要求是：认真贯彻党的十一届六中全会精神，狠抓团的思想建设和组织建设，增强团组织的战斗力，更加广泛深入地开展“三热爱”教育和“五讲四美”、争当新长征突击手活动，进一步发挥团员青年在建设社会主义物质文明和精神文明中的先锋作用，以新的成绩迎接共青团十一大的召开。

1 月 30 日

共青团中央发出《关于 1982 年在全国青少年中开展“文明礼貌月”活动的意见》。指出，确定“文明礼貌月”，是“五讲四美”活动制度化的一项措施，是继续改造社会风气、倡导社会精神文明的一个实际步骤。在努力实现“五讲四美”经常化、具体化的基础上，通过“文明礼貌月”集中地动员舆论，组织群众，造成声势，可以使广大青少年受到生动、实际的共产主义道德教育，解决当前社会风气中一两个亟待解决的问题。1982 年 3 月是第一个“文明礼貌月”，口号是：学雷锋，树新风，做建设社会主义精神文明的先锋！具体要求是：第一，发扬传统，更大规模地组织青少年学雷锋，树新风，做好事，送温暖。第二，抓住重点，发动青少年投入爱国卫生运动和全国义务植树运动，为净化、绿化、美化环境出力。第三，表彰先进，宣传树立一批学雷锋、“五讲四美”的先进人物和先进集体，形成比学赶帮、奋发向上的浓厚气氛。文件要求，准备工作要抓早、抓实，宣传舆论要持久、深入，思想教育要贯彻始终，活动要注重实际效果。

2 月

2 月 3 日—5 日

教育部和共青团中央联合召开新中国成立以来第一次全国“三好”学生、优秀学生干部和先进集体代表会议。教育部副部长曾德林主持开幕式。共青团中央书记处书记周鹏程在会上宣读了共青团中央和教育部关于表彰“三好”学生、优秀学生干部和先进集体的决定以及受表彰的 449 名“三好”学生、优秀学生干部和 52 个先进集体的名单。共青团中央书记处书记陈昊苏在会上作了题为《坚持全面发展的正确方向，让千千万万学生进入“三好”行列》的报告。陈昊苏在报告中就当前如何把全国大中学校的“三好”活动进一步引向深入和争取更大成效的问题，着重讲了三点意见：(1)坚持全面发展的方向，以“三好”为目标，正确处理德育、智育、体育三个基本方面的关系；(2)在实践中不断解决矛盾，摸索开展“三好”活动行之有效的方法；(3)学校共青团组织要把开展“三好”活动作为一项主要任务，切实抓好。会议期间，党和国家领导人习仲勋、胡乔木会见了全体代表，勉励他们做建设社会主义精神文明的先锋。闭幕大会上，全体代表给全国大、中学生发出《争当建设社会主义精神文明的先锋》的倡议书。倡议书说，争当建设社会主义精神文明的先锋，必须坚持四项基本原则；要集中精力，刻苦攻读，出色地完成党和人民交给我们的学习任务；要努力提高自己的共产主义道德水平；要更加积极地投入“五讲四美”活动中去。

2月27日

教育部发出通知，颁发《高等学校学生守则(试行草案)》和《中等专业学校学生守则(试行草案)》。通知说，两则文件体现了党和国家对高等学校、中等专业学校学生在政治思想和道德品质方面的基本要求，是每个学生应该遵守的行为准则和道德规范。每年新生入学，都应认真进行一次学校规章制度的教育，使学生从入学起就知道应该怎样做，不应该怎样做，引导学生自觉遵守规章制度，树立良好的校风，促进学生德、智、体全面发展。通知强调，要在学校党委统一领导下，各职能部门密切配合，共同做好思想政治工作和行政管理工作。要教育党员、团员成为执行的模范。广大教师要做到教书育人、言传身教，用规章制度教育学生，要求学生。通知还指出，各地区、各学校可以从本地区和本学校的实际情况出发，对两则文件的条文加以补充。少数民族地区的学校，可增加必须执行党的民族政策、加强民族团结，尊重少数民族风俗习惯等内容。《高等学校学生守则(试行草案)》共八条：“一、热爱祖国，拥护中国共产党的领导，立志为社会主义事业服务，为人民服务。二、认真学习马列主义、毛泽东思想，逐步树立无产阶级的阶级观点、劳动观点、群众观点、辩证唯物主义观点。三、勤奋学习，努力掌握基础理论、专业知识与基本技能。四、坚持体育锻炼，积极参加体力劳动和军事训练。五、尊敬师长，尊重职工，关心集体，正确开展批评与自我批评。六、遵守社会公德，爱护公共财物，勤俭节约，讲究卫生。七、遵守国家法令，遵守学校规章制度，保守国家机密。八、听从祖国召唤，服从国家分配。”《中等专业学校学生守则(试行草案)》共八条：“一、热爱祖国，拥护中国共产党的领导，立志为社会主义事业服务，为人民服务。二、学习马列主义、毛泽东思想，逐步树立无产阶级的阶级观点、劳动观点、群众观点、辩证唯物主义观点。三、热爱专业，学好理论知识和技能。四、坚持体育锻炼，讲究卫生，积极参加劳动。五、关心集体，爱护公物，勤俭节约，遵守社会公德。六、诚实谦虚，尊敬师长，尊重职工，开展批评与自我批评。七、遵守学校规章制度，遵守国家法令，保守国家机密。八、听从祖国召唤，服从组织安排。”

3月

3月12日—15日

中宣部、教育部联合召开高校政治理论教育座谈会，在京各高等院校的部分政治理论课教师、专业教师和政治工作干部应邀参加。会上，大家一致认为，要搞好高校的思想政治教育，就必须通过政治理论课、形势教育、政治工作等多条渠道来进行，必须依靠全体教师和政工干部来进行。座谈会还讨论了思想政治工作作为一门科学，应加强研究工作，探索学生的政治观、人生观、道德观形成的规律。中宣部副部长王惠德在会上讲话指出，大学政治理论课的基本任务是用马列主义、毛泽东思想武装学生，引导他们建立无产阶级世界观，不应把政治理论课单纯看作传授科学思想方法和专业知识的课程。通过系统的马克思主义理论教育，在学生中培养起共产主义精神、集体主义精神、国家主人翁精神，使他们在思想、理论、社会文化等方面能够抵制资产阶级的侵蚀，成为建设社会主义又红又专的人才。政治理论教学方法要改进，要生动活泼，联系实际，要启发、引导学生开动脑筋，通过思索和讨论，自觉地承认和接受马克思主义。只有这样，马克思主义才能成为学生自己的东西、自己的世界观。

3月31日

中共中央印发《关于我国社会主义时期宗教

问题的基本观点和基本政策》。中央认为，有计划地培养和教育年青一代的爱国宗教职业人员，对我国宗教组织的将来面貌具有决定性的意义。我们不仅应当继续争取、团结和教育一切现有的宗教界人士，而且应当帮助各种宗教组织办好宗教院校，培养好新的宗教职业人员。宗教院校的任务，是造就一支政治上热爱祖国，拥护党的领导和社会主义制度，又有相当宗教学识的年轻宗教职业人员队伍。宗教院校应当从那些正直的、爱国的、愿意安心从事宗教职业和有一定文化水平的青年当中招考学员，而不要勉强招收那些不愿从事此项职业且又缺少必要的文化基础的人。中央指出，加强党的领导，是处理好宗教问题的根本保证。用马克思主义立场、观点、方法对宗教问题进行科学研究，是党的理论工作的一个重要组成部分。用马克思主义哲学批判唯心论(包括有神论)，向人民群众特别是广大青少年进行辩证唯物论和历史唯物论的科学世界观(包括无神论)的教育，加强有关自然现象、社会进化和人的生老病死、吉凶祸福的科学文化知识的宣传，是党在宣传战线上的重要任务之一。

4月

4月27日

中共中央书记处书记胡乔木在全国军事题材文学创作座谈会上指出，军事题材文学作品，是对当代青年和人民进行爱国主义与国际主义教育的最好武器，也是对青年进行革命人生观和革命传统教育的最好武器。我们充满信心地希望，这次会议可以成为军事题材文学发展的一个转折点。胡乔木说，为了迎接军事题材文学创作新的繁荣、新的高潮，我们要对军事题材文学的含义有一个更加广泛的认识。要认真总结经验，开阔视野，刻画英雄人物。要深入生活，加强军内外作家的团结，把这次座谈会提出的各项要求尽快地、充分地实现，写出新时代的优秀作品来。

4月30日

教育部、共青团中央联合发出《关于认真总结经验进一步做好1982届高等学校毕业生思想政治教育工作的通知》。文件指出，1982年全国高等学校将有31万多研究生和本、专科学生于暑假(少数于寒假)毕业。这届毕业生在党和政府的关怀及学校的培养教育下，德、智、体各方面都取得了显著的进步。他们热爱社会主义祖国，愿意为社会主义现代化贡献力量，主流是好的。但在对待国家分配问题上，有的学生态度不端正，考虑个人利益多，考虑工作需要少，有的贪图安逸，留恋城市，不愿到基层和艰苦地区工作。为此，必须重视和加强毕业生的思想政治教育工作。文件指出，各地主管高教(教育)调配部门和各高等学校、各级共青团组织，要认真总结经验，进一步做好1982年的调配、派遣工作。1982年的毕业生思想政治教育工作，要继续进行坚持四项基本原则的教育，并把形势任务教育、革命理想教育、革命传统教育、社会主义精神文明教育与服从分配教育很好地结合起来；要坚持实事求是的原则，根据1982年国家确定的分配方针和重点，以及不同科类的特点和分配去向，联系毕业生的思想实际，有针对性地进行思想教育工作；在解决毕业生的实际问题时，要坚持思想领先，把思想教育贯穿到日常工作中去；要坚持正面教育和疏导方针，开展多种形式的教育活动，把平时教育与毕业前的集中教育结合起来，注意多做深入细致的工作，讲求实效，防止流于形式。通过教育，使毕业生认清我们国家的光明前途和自己肩负的历史重任；要求他们成为有理想、有道德、有知识、有体力的新一代青年，做建设社会主义精神文明的模范；发扬"祖国利益高于一切"的爱国主义精神，继承革命前辈艰苦奋斗的光荣传统，自觉地服从组织分配，到祖国最需要、最艰苦的地方去工作，为祖国、为人民、为人类贡献自己的青春和才智。

5月

5月3日

共青团北京市委和市青联、市学联在人民大会堂联合召开"继承和发扬五四光荣传统，做时代的先锋"座谈会，纪念五四运动63周年。出席座谈会的80位老同志，对各条战线的300多名青年代表，提出了殷切希望。共青团中央书记处第一书记韩英在讲话中指出，许多老同志语重心长的话语和殷切的希望，是献给我们青年的最好的节日礼物。我们的青年一代，一定能够肩负起振兴中华的历史重任。

同日，共青团中央邀请老一辈共青团工作者举行座谈会，回顾我国青年运动的光荣传统，畅谈新时期青年工作的重任。中共中央书记处书记胡乔木出席座谈会。他在讲话中勉励现在从事青年工作的同志要身体力行，把工作做到青年们的心里。他指出，青年工作能不能做好，关键是要调动先进分子的积极性，正确处理好先进分子与一般青年的关系，即先进性与群众性的关系。青年们是有自豪感的，总觉得自己从事的工作是革命的需要，是在为祖国、为社会主义服务。因此，要进行职业道德的教育，要坚持宣传革命理想。学医的要懂得医学的道德，学科学的要懂得科学的道德，学文艺的要懂得文艺的道德，学师范的要懂得教育的道德。

5 月 28 日

中共中央发出通知，转发《深入持久地开展“五讲四美”活动争取社会主义精神文明建设的新胜利》(“全民文明礼貌月”活动总结会议纪要)。通知说，建设一个现代化的社会主义强国，不但要有高度的物质文明，而且要有高度的社会主义精神文明。建设高度的社会主义精神文明，是社会主义制度的一个必不可少的、极其重要的特征。“五讲四美”活动，以及“全民文明礼貌月”活动等，都是我国人民在建设社会主义精神文明中创造的具体活动方法和形式，这些活动已经取得的成绩和经验要充分肯定，不断充实和提高。这些活动本身，也要逐步做到经常化、制度化，长期坚持下去。深入开展“五讲四美”活动的中心环节，是要坚持用共产主义思想、道德教育人民，特别是教育党员干部和青少年。要使全国各族人民，无论是男是女，是老是少，是党员还是非党员，都成为有理想、有道德、有文化、守纪律的人。

7 月

7 月 1 日

胡乔木到北京师范学院看望北京市劳动模范、北京师范学院讲师李燕杰，并对他表示关怀和鼓励。胡乔木肯定了李燕杰热心做青年工作的成果，鼓励他坚持下去，希望有更多的同志来关心青年，做青年的思想工作。他建议有关部门培养更多的“青年之友”，和青年交朋友，做青年的知心人和患难迷惘中的引路人。胡乔木勉励李燕杰更好地学习马列主义，不要忽视专业，还要注意身体健康，不能有求必应，青年思想工作的全副重担不是任何一个人所能承担的。

7 月 19 日

共青团中央发出《关于在青少年中深入开展“三热爱”教育的意见》。文件要求，各级团组织在八、九、十月份，以“迎接党的十二大和团的十一大的召开”为中心口号，在全国青少年中集中开展一次“学历史，爱祖国，做党的好儿女，当振兴中华的突击队”的教育活动。在这次教育活动中要着重抓好四件事：(1)开展中国近代史、现代史和中共党史的宣讲活动。(2)注重运用当地的历史资料和乡土教材教育青年。(3)组织青年进行社会调查。(4)教育青年以“我为祖国添光彩”的实际行动，把爱国热情落实到建设社会主义物质文明和精神文明上来。文件强调，“三热爱”教育是推动“五讲四美”活动深入发展的需要，是根治“脏、乱、差”的思想基础，也是当前对青年进行思想政治教育的重要内容。各级团的组织一定要十分重视，以积极态度，克服困难，认真抓好。这次教育的重点要放在基层。进行“三热爱”教育，要和反对资本主义腐蚀结合起来。在教育活动中，团组织要注意在党委的统一领导下，搞好同各有关部门的协作。开展“三热爱”教育，是一项治本的思想政治工作，不可能在短时间内奏效。一定要充分认识这一工作的长期性、艰巨性，树立长久作战的思想。在具体教育活动中，又要注意坚持标准，讲求实效，防止赶形式、走过场。要努力通过“三热爱”教育，进一步解决青年政治信念问题，从而鼓舞和引导他们满怀信心地跟着党走社会主义道路，在祖国“四化”建设中发挥突击队作用。

7 月 22 日

《光明日报》刊登教育部部长何东昌就北京市

怀柔县发生殴打教师事件答该报记者问。1982年六七月间，《光明日报》以连续报道的形式，批评揭露了北京市怀柔县发生的殴打3名女教师的事件。何东昌在答记者问时说：怀柔县黄坎公社吉寺大队发生殴打3名女教师事件，情节是严重的。教育部对此问题很重视。由于中央领导同志的关怀和北京市委态度坚决，肇事者已被依法逮捕。就全国来说，打骂教师事件仍不断发生，最根本的原因还是在教育问题和知识分子问题上的某些“左”的错误影响还没有肃清：轻视教育、轻视科学文化、轻视知识分子、唯成分论等错误影响还没有肃清。何东昌指出，必须向全社会呼吁，重视教育，重视教师的作用，提高他们的社会地位。

7月—8月

教育部分别在大连、西安召开高等学校思想政治工作座谈会。会议认为，当前对大学生进行共产主义思想教育，首先要抓紧对党员和积极分子的教育，发挥他们的骨干作用。对广大学生要从实际情况出发，采取适合学生特点的方法，引导学生把开创社会主义建设新局面的伟大任务与自身肩负的历史使命联系起来。会议重申，马列主义理论课教学，既要讲清马列主义基本原理，又要解决学生的思想认识问题；要根据现代化建设提出的要求及学生思想的新特点，有步骤地进行教学改革，并提出要逐步开设共产主义思想品德课。

8月

8月10日

邓小平会见美籍华人科学家邓昌黎等人。在谈到中国的发展目标时，邓小平指出，我们提出20年改变面貌，不是胡思乱想、海阔天空的变化，只是达到一个小康社会的变化，这是有把握的。在谈到精神文明建设时指出，精神文明建设是实现四个现代化的重要保证。为什么提这个问题？对外开放、对内搞活是正确的，但也带来了新的问题，世界上腐朽的东西、中国老的东西重新出现，而且已经出现。没有理想，没有艰苦奋斗的精神不行，精神面貌可以直接影响物质。延安时候我们有什么？物质条件很差，就靠精神文明，靠有理想，靠坚强的信念，什么困难都能克服，在某种情况下，这种精神有决定意义。在谈到日本文部省修改教科书篡改侵华历史问题时邓小平指出，他们给我们提供了一个很好的教育机会。因为好多年没提这个历史问题了，这个题目出得很好。我们的娃娃不能只知道友好，还要懂得历史。最主要的是教育人，包括教育日本人。

8月17日

《人民日报》发表署名“沙英”的文章《加强共产主义思想和道德的教育》，文章说，由于历史的和现实的原因，当前特别要抓紧社会主义精神文明的思想和道德方面的建设，这对于巩固社会主义制度，建立新型的社会关系，振奋我们的民族精神，保障各项经济文化事业沿着正确的方向发展，都具有重大的意义。文章指出，加强共产主义思想和道德的教育，要对几个问题加以探讨。第一，建设社会主义精神文明应从根本抓起，要把对广大群众和青年一代进行共产主义思想和道德的教育放在重要的地位。第二，要把共产主义思想和道德的教育同社会主义的政策加以区别。第三，努力宣传共产主义思想和道德，同时要加以不断地丰富和发展。第四，共产主义思想和道德的宣传教育要同教育、科学、文化的发展密切结合起来进行。第五，进行共产主义思想和道德的教育，是长期的艰巨任务，要动员全党全社会的力量。

9月

9月1日—11日

中国共产党第十二次全国代表大会在北京举行。邓小平致开幕词，胡耀邦作《全面开创社会主义现代化建设的新局面》的报告。邓小平在开幕词中提出了“走自己的道路，建设有中国特色的社会主义”的重要思想。胡耀邦在报告中指出，我们在建设高度物质文明的同时，一定要努力建设高度的社会主义精神文明。这是建设社会主义的一个战略方针问题，社会主义精神文明是社会主义的重要特征，是社会主义制度优越性的重要表现。社会主义精神文明的建设大体可以分为文化建设和思想建设两个方面，这两方面又是互相渗透和互相促进的。报告强调，建设社会主义精神文明，是全党的任务，是各条战线的共同任务。思想政治工作者、各种文化和科学工作者、从幼儿园到研究生院的各级各类学校的教育工作者，在建设社会主义精神文明中担负着特别重要的责任。要在广大人民群众中，首先是干部和青年中，加强马克思列宁主义、毛泽东思想的教育，加强祖国历史特别是近代史的教育，加强党的纲领、党的历史和党的革命传统的教育，加强宪法和公民权利、公民义务、公民道德的教育，在各行各业加强职业责任、职业道德、职业纪律的教育。在今后五年内，要通过一切可能的途径，采取切实有效的方法，努力实现理想教育、道德教育、纪律教育在全国人民中首先是全国青少年中的普及。大会通过的《中国共产党章程》，适应改革开放和社会主义现代化建设的需要，对党的民主集中制和各项组织制度、党的纪律做了更充分、更具体的规定。

10 月

10 月 6 日

教育部、中宣部批复新疆维吾尔自治区要求在该区高等学校和中等专业学校开设“民族理论与民族政策”课程的报告，同意逐步开设这门课程，名称可定为“马克思主义民族理论与党的民族政策”，并作为一门必修的政治理论课，列入教学计划。批复指出，在我国少数民族比较多的省、自治区的高等学校和中等专业学校里，用马克思主义民族理论和党的民族政策教育少数民族学生和汉族学生，使他们懂得马克思主义民族理论和党的民族政策的基本观点，划清马克思主义民族观和资产阶级民族观的界限，增强执行党的民族政策的自觉性，是十分必要的。

10 月 9 日

教育部发出《关于在高等学校逐步开设共产主义思想品德课程的通知》。文件指出，有计划地进行共产主义思想品德教育，是实现高等学校培养目标的需要。为了把学生培养成为有革命理想、讲革命道德、坚守革命纪律、有文化的又红又专的人才，有必要把共产主义思想品德课作为一门必修课，纳入教学计划。各高等学校可根据本校的实际情况，逐步开设这门课程。共产主义思想品德课一定要坚持理论联系实际的方针，针对不同地区、不同专业、不同年级学生的思想特点进行教学。文件强调，共产主义思想品德课的教学，由主管学生思想政治工作的部门组织实施，主要由从事学生思想政治教育的人员讲课，也可请校内外其他同志讲课。有条件的学校可成立专门的教研室，设少量专职人员。共产主义思想品德教研室的主要任务是：(1)组织实施这门课程的教学；(2)调查研究学生的思想状况，不断总结学生思想政治工作的经验，研究学生思想政治工作的规律；(3)培训学生思想政治工作干部。文件要求，形势任务教育和思想品德课可利用每周一次的思想政治教育时间，平均每周两学时，具体内容由各校根据情况统筹安排。

10 月 18 日

共青团中央、教育部联合发出《关于加强中等专业学校共青团工作的意见》。文件指出，中等专业学校的基本任务是为社会主义培养德智体全面发展的、又红又专的中等专业人才。就全团来看，中等专业学校共青团工作在整个学校系统还是一个比较突出的薄弱环节，急需采取措施，尽快改变这种状况。各级团组织必须加强对中等专业学校共青团工作的领导。在目前中等专业学校领导体制比较复杂的情况下，主管业务部门团委要加强对下属中等专业学校的领导，要主动与上级团委学校部取得联系，了解上级团组织在学校共青团工作方面的精神，结合所管辖学校的具体情况，抓好中等专业学校团的工作。各级团委学校部在抓好大、中学校团的工作的同时，要把中等专业学校团的工作作为自己的一项重要工作来抓。凡团员在 50 人以上的学校可建立团总支委员会，团员超过 100 人的学校可建立团委会。团委(总支)要在学校党委(总支)直接领导下开展工作。凡建立共青团基层委员会的中等专业学校应配备专职团干部一至二人，在校学生超过600人的学校，专职团干部的数目应酌情增加。中等专业学校团的专职干部编制统一列入学校行政编制，团委书记的管理、使用、定职相当于所在学校的中层干部。

10月20日

教育部发出《关于在高等学校学生中开展向张华学习的活动的通知》，号召在高等学校开展向第四军医大学学生、共产党员张华同学学习的活动。张华于1982年7月11日为抢救一位落入粪池的农民英勇牺牲。文件提出，各高等学校要结合学习、贯彻党的十二大文件，在学生中广泛宣传张华烈士高尚的思想和事迹；要通过这一活动，在学生中进行一次生动的共产主义理想、信念和道德教育，并要求把学习张华和“五讲四美”“创三好”等活动结合起来，进一步推动以共产主义思想为核心的社会主义精神文明建设。11月25日，中央军委发布命令，授予张华“富于理想勇于献身的优秀大学生”的光荣称号。

11月

11月8日—13日

教育部在北京召开高等学校共产主义思想教育经验座谈会。会议总结了北京师范学院李燕杰等同志向青年进行思想政治教育的四点经验：(1)高校教师要明确自己的职责，不仅要传授业务知识，而且要关心和帮助学生在思想上、政治上健康成长；(2)教师首先自己要有坚定的共产主义信念，有为社会主义教育事业献身的精神；(3)要把思想性、知识性和艺术性结合起来，力求做到有吸引力、说服力、战斗力；(4)要关心青年、热爱青年，做青年的良师益友。会议要求各地教育部门热情支持近几年涌现出来的一批社会主义精神文明建设积极分子的工作，保护他们的政治积极性和身体健康。还要培养更多的积极分子，带动广大教师都来做青年的思想教育工作。11日，中共中央宣传部部长邓力群会见参加会议的代表并在讲话中指出，同志们为党的事业、为社会主义事业、为人民的事业确实做出了社会承认的、青年高兴的业绩。同志们是播种共产主义真理种子的人。希望所有从事青年思想政治工作的同志，都要向到会的代表学习，都要把自己的智慧、知识和才能充分贡献出来，要千方百计克服困难，把这项工作做得更好。

12月

12月4日

第五届全国人民代表大会第五次会议通过《中华人民共和国宪法》，并公布施行。《中华人民共和国宪法》规定，国家通过普及理想教育、道德教育、文化教育、纪律和法制教育，通过在城乡不同范围的群众中制定和执行各种守则、公约，加强社会主义精神文明的建设。国家提倡爱祖国、爱人民、爱劳动、爱科学、爱社会主义的公德，在人民中进行爱国主义、集体主义和国际主义、共产主义的教育，进行辩证唯物主义和历史唯物主义的教育，反对资本主义的、封建主义的和其他的腐朽思想。

12月20日—30日

中国共产主义青年团第十一次全国代表大会在北京召开，胡耀邦、邓小平、陈云、邓颖超等党和国家领导人到会祝贺。大会通过《关于第十届中央委员会工作报告的决议》，通过了新的《中国共产主义青年团章程》。中共中央书记处书记胡启立在题为《殷切的期望》的祝词中，代表中共中央热烈祝贺大会的召开，并且向朝气蓬勃地战斗在各条战线上的共青团员、各族青年和青少年工作者致以亲切的问候。共青团中央书记处第一书记王兆国受共青团第十届中央委员会委托，向大会作了题为《团结全国各族青年，向社会主义现代化光辉前程进军》的工作报告。他的报告分三个部分：(1)跟随党在伟大的历史转变中前进；(2)我国青年在社会主义现代化建设中的光荣任务；(3)把共青团建设成为朝气蓬勃的团结教育青年一代的坚强核心。

王兆国说，开创社会主义现代化建设新局面的伟大实践，迫切要求我们改进共青团的工作，加强共青团的建设，以更加朝气蓬勃的面貌出现在党和人民的面前。全团要集中力量，采取一切为青年喜闻乐见的方式，大力加强理想教育、道德教育、文化教育、纪律和法制教育，不断提高青年的思想觉悟和文化素质。要加强和改善团的思想工作，不断提高说服力、感染力和吸引力。团的组织要进一步团结一切爱国青年，为祖国的繁荣、富强和统一作出贡献。要积极为青年服务，团的干部应该走到青年中去，关心青年的就业、自学、婚姻、娱乐、休息等实际问题，按照党的政策和国家法律，尽力地为青年多办好事。

1983 年

1 月

1 月 31 日

中宣部、文化部、教育部、卫生部等 24 个单位联合发出《1983 年继续开展“五讲四美三热爱”活动的意见》，首先肯定了全国开展“五讲四美”活动两年来各方面所发生的深刻变化，同时指出，1983 年的“五讲四美”活动要在巩固已经取得的成果和总结本地区、本单位经验的基础上，有新的发展，在深度和广度上搞得更广泛、更扎实、更有成效，使人们的爱国主义、共产主义思想觉悟有进一步提高，劳动态度、工作态度和服务态度有更大的改善，社会风尚、社会秩序、社会治安有更明显的好转，城乡环境卫生、绿化、美化工作有更大的进展。为了创造一个良好的社会环境，保障人民精神振奋、心情舒畅、专心致志地进行社会主义现代化建设，文件特别提出在“五讲四美”活动中增加“三热爱”(即热爱祖国、热爱社会主义、热爱中国共产党)的内容，认为它把“五讲四美”活动中的思想政治工作深化了，要求各地把“三热爱”和“五讲四美”活动融合起来，形成一个“五讲四美三热爱”的统一活动。文件还提出了具体任务和要求。一是大力提高人民群众的思想政治觉悟。二是认真抓好“全民文明礼貌月”活动，要求在内容方面有所发展和提高。基本内容是：继续治理脏、乱、差，搞好优质服务、优良秩序、优美环境，进一步开展学雷锋、学先进的活动，组织“五讲四美三热爱”竞赛。三是扶持正气，祛除邪气。大力提倡体现共产主义、爱国主义、集体主义的新道德、新风尚，反对各种旧思想、旧习俗和不良风气。四是要把“五讲四美三热爱”活动落实到基层，使之经常化、制度化。五是对毒化社会风气和危害社会秩序、社会治安的违法犯罪活动，要进行综合治理。六是要加强对“五讲四美三热爱”活动的领导。文件强调指出，深入开展“五讲四美三热爱”活动，争取社会风气根本好转，必须在党委统一领导下，各方协作，各司其职，共同努力，把工作做深、做细，持之以恒，抓出成效。

2 月

2 月 23 日

教育部发出《关于颁发〈中等师范学校学生守则(试行草案)〉的通知》，指出，《中等师范学校学生守则(试行草案)》体现了党和国家对中等师范学校学生在政治思想、道德品质和教育等方面的基本要求，是每个中师学生应该遵守的行为准则和道德规范。各地贯彻试行的同时，应从爱国主义教育入手，改进和加强思想政治工作，逐步培养学生树立共产主义理想。同时，要结合贯彻文件，教育学生树立立志为小学、幼儿教育事业服务的思想，并且把对学生的专业思想教育同共产主义理想教育紧密联系起来。要在学校统一领导下，各部门相互配合，共同做好思想政治工作。对学生进行教育，要紧密联系学生的思想实际，根据青少年的特点，采取多种多样、生动活泼的形式，经常持久地进行。

《中等师范学校学生守则(试行草案)》共八条：“一、热爱祖国，热爱人民，热爱社会主义，拥护中国共产党的领导。二、认真学习马列主义、毛泽东思想，树立共产主义理想。三、热爱儿童，努力学习专业，立志为小学教育事业服务。四、品德高尚，文明礼貌，诚实谦虚，艰苦朴素。五、锻炼身体，讲究卫生，积极参加文娱活动。六、尊敬师长，团结同学，热爱集体，开展批评和自我批评。七、遵守学校纪律，遵守社会公德，遵守国家法令。八、关心国家利益，服从工作需要。”

2 月 27 日

中宣部、教育部、北京市人民政府在人民大会堂举行首都教师新春联欢会。中共中央政治局委员胡乔木在会见教师代表时指出，教师要在精神文明建设中发挥重要作用，希望广大教育工作者进一步提高所有学生对学习目的的认识，培养学生自觉、主动的学习精神，提高学生对劳动的正确认识，培养劳动习惯，还要用生动活泼的方法培养学生对社会和国家的责任感，并在此基础上，培养学生的革命理想和献身精神，以便为建设社会主义祖国服务。

3 月

3 月 5 日

中宣部、中国人民解放军总政治部、共青团中央在京联合举办纪念“向雷锋同志学习”20 周年大会。中共中央书记处书记、中宣部部长邓力群主持大会。中共中央政治局委员胡乔木在会上作了题为《做八十年代的新雷锋》的报告。胡乔木指出，所有的共产党员、共青团员、其他先进分子和一切愿意学习先进的人们要适应新时期的要求，做八十年代的新雷锋，在工业、农业、国防和科学技术现代化的事业中做先锋和模范，在保证坚持社会主义道路的四项任务中做先锋和模范；在共产主义的思想指导下，积极参加我们的物质文明建设和精神文明建设，积极参加我们的各项改革工作和各方面的整顿工作。胡乔木强调，努力学习，掌握正确的世界观，掌握现代科学文化知识，掌握为人民服务的本领，这是社会主义建设事业向我们提出的要求，是雷锋的光辉一生昭示我们的正确道路。我们每个青年都要像他那样，下定决心把自己培养成用现代科学文化知识武装起来的人，培养成在社会主义建设中大有作为的人。

3 月 7 日

共青团中央发出《关于授予张海迪“优秀共青团员”称号和向张海迪学习的决定》。文件指出，张海迪同志以顽强的毅力与疾病做斗争，经受了严峻的考验，对人生充满了信心，对党、对祖国、对人民无限热爱。她满腔热忱地帮助周围的青年学习、工作和进步，使他们振奋起革命精神，在工作中做出了出色的成绩。张海迪同志的事迹，闪耀着共产主义思想的光辉。为了表彰她的革命精神和先进事迹，共青团中央决定，授予张海迪同志“优秀共青团员”的光荣称号。

共青团中央号召全国共青团员和广大青年向张海迪同志学习。学习她正确地对待人生，树立崇高的理想，像她那样“活着就要做个对社会有益的人，就要为创造美好的新生活而奋斗”；学习她“把广博的知识当成精神的营养”，像她那样刻苦自励，百折不挠地学习和掌握现代科学文化知识，为祖国“四化”贡献力量；学习她忘我无私、全心全意为人民服务的献身精神，像她那样“时刻想着为人民多做些什么，而不是多索取什么”。

共青团中央要求，各级团组织要加强对学习张海迪同志活动的领导，认真做好宣传和组织工作。学习张海迪同志的活动，要同学习党的十二大和团的十一大精神结合起来，动员广大青年尤其是共青团员做改革的促进派，站在全面开创社会主义现代化建设新局面的前列；学习张海迪同志的活动，要同“五讲四美三热爱”教育活动结合起来，掀起学雷锋、学先进的热潮，帮助青年树立革命人生观，热爱社会主义祖国，坚定社会主义、共产主义信念，做有理想、有道德、有文化、守纪律的一代新人，为国家的兴旺发达，为人民的富裕幸福，为建设具有中国特色的社会主义贡献青春智慧和力量。同时，团中央举行命名表彰大会，王震等老同志参加。

同日，中宣部、中共中央党校、中国社会科学院和教育部联合举办的纪念马克思逝世 100 周年全国学术报告会在北京召开，周扬、胡绳、马洪等作学术报告，有关方面负责人出席报告会。

3月9日

《人民日报》发表我国珍藏的马克思的3份手稿；中共中央马恩列斯著作编译局编辑，人民美术出版社出版了《卡尔·马克思画传》。人民出版社出版了《马克思恩格斯的著作在中国的传播》《资本论与社会主义经济》等8本纪念马克思的新书。中国革命博物馆举办"马克思生平事迹"展览和"马克思主义著作在中国"展览。中国美术馆举办"马克思、恩格斯生平事迹"图片展览。中央电视台播放了七集电视连续剧《卡尔·马克思的青年时代》。

3月13日

中共中央在北京举行大会，隆重纪念马克思逝世100周年。中共中央总书记胡耀邦在会上作了题为《马克思主义伟大真理的光芒照耀我们前进》的讲话。胡耀邦指出，我们这个落后的东方大国正是在马克思学说的指引下，才走上了革命和解放的正确道路。中国革命的胜利是十月革命后马克思主义发展历史上最重大的事件。马克思主义发展历史上的一条根本经验，就是各国党要根据自己的实际，决定自己的路线和政策。革命也好，建设也好，都要做到这一点，才能取得成功。讲话着重强调了正确对待知识和知识分子的问题，指出这是当前把马克思主义普遍真理同中国社会主义现代化建设的具体实践很好地结合起来的一个重大而迫切的问题。中国共产党应当从历史曲折中吸取的经验教训是：第一，一定要反对把马克思主义同人类文化成果割裂开来、对立起来的错误倾向，确立尊重科学文化知识的正确观念，动员全党全民努力掌握现代科学文化知识；第二，一定要反对把知识分子同工人阶级割裂开来、对立起来，把知识分子看成"异己力量"的错误倾向，确立知识分子是工人阶级一部分的正确观念，百倍地加强工人、农民和知识分子的团结；第三，一定要反对把坚持党的领导同实行内行领导割裂开来、对立起来的错误倾向，确立要领导就必须内行的正确观念，大力加强干部队伍在革命化前提下的知识化、专业化。

3月22日

共青团中央办公厅发出《关于进一步开展学习、宣传张海迪同志活动的安排意见》，指出优秀共青团员张海迪同志的先进事迹宣传以来，在全国人民特别是青少年中引起了强烈反响，受到党中央领导同志和社会各界的重视。许多人称赞张海迪同志是"八十年代的新雷锋""中国当代的保尔"，是一代社会主义新人的优秀代表。近期宣传、学习张海迪同志的工作的指导思想是：本着实事求是、注重实效的原则，利用各种宣传工具和宣传形式，有计划、有步骤、扎扎实实、生动形象地宣传张海迪同志的先进思想和事迹，教育广大青少年以张海迪同志为榜样，正确对待理想、前途和人生，逐步树立共产主义的人生观，像张海迪那样学习、工作和生活，为全面开创社会主义现代化的新局面而贡献自己的青春、智慧和力量。宣传的重点是：(1)宣传她在党的教育下树立崇高的理想，正确对待人生，"活着就要做个对社会有益的人，就要为创造美好的新生活而奋斗"；(2)宣传她"把广博的知识当成精神的营养"，根据自己的具体条件立志刻苦自学，百折不挠地学习和掌握现代科学文化知识，为祖国的社会主义事业贡献力量；(3)宣传她忘我无私、全心全意为人民服务的献身精神，"时刻想着为人民多做些什么，而不是多索取什么"。这些内容主要是通过她20多年刻苦学习、积极为人民服务、顽强和疾病做斗争以及她对待人生的态度来体现；通过党团组织和农民、医务人员、社会各方面及家庭对她的关心、培养、教育和帮助的事迹来体现；通过她与各种要求进步的青年接触、通信、互相关心和帮助的事实来体现；等等。文件要求，宣传的步骤是：第一阶段("五四"以前)，全面系统地宣传张海迪同志的事迹，以及3月初在京对张海迪同志的表彰活动和张海迪同志的报告，让全国人民特别是青少年了解、熟悉张海迪同志，使张海迪同志的形象在全国人民中留下深刻的印象，产生一定的影响；第二阶段("五四"以后)，联系各条战线不同特点的实际情况，在全国青少年中开展扎实深入的学习活动；第三阶段，把学习张海迪的活动转入日常，同"五讲四美三热爱"教育，同学习文化科学技术、向现代化科学文化进军，同搞好改革、为“四化”贡献青春的活动结合起来进行。

3月29日

《中国青年报》以《人生、理想、幸福》为题，报道了首都部分大学生“向张海迪学习”座谈会纪要。向张海迪学习活动在全国高校普遍展开。

3月30日

中共中央“五讲四美三热爱”活动委员会成立并举行第一次会议。委员会主任万里在讲话中说：1983年文明礼貌月活动的重要特点是，学雷锋活动有了新发展，共产主义精神得到进一步传播和发扬。共青团中央书记处书记胡锦涛在会上要求各级团组织坚持用爱国主义、共产主义思想教育青年，积极推行职业道德，树立全心全意为人民服务的思想。

4月

4月1日—5日

教育部和中国教育工会在北京联合召开全国“五讲四美”为人师表活动先进代表会议。全国857名先进个人和177个先进集体的214名代表参加会议。中宣部副部长曾德林在会上指出，在整个知识分子队伍的形成过程中，教师队伍起着“工作母机”的作用，教师还担负着提高全体劳动者的科学文化水平的任务，因此，教师理应受到全社会的重视和尊重。会议决定，857名先进个人全部作为部级劳动模范，享受省部级劳模的待遇。

4月5日

教育部、公安部转发山东省、贵州省公安厅、教育厅维护学校教学秩序的报告，并为此发出通知，要求把保障学校师生的人身安全和维护学校正常的教学秩序，作为整顿社会治安的一项重要任务来抓，切实保证学校秩序不受滋扰，对侵入学校的犯罪分子要坚决依法惩处。通知还要求，学校不仅要关心在校学生，而且要关心校外青少年的健康成长，不断改善校内外青少年之间的关系，共同开展“五讲四美三热爱”“学雷锋”等活动，使学校成为团结和教育广大青少年的阵地。

5月

5月9日

中共中央给共青团中央、中共山东省委批复，希望全国人民特别是青少年学习张海迪，树立共产主义人生观。

5月12日

《人民日报》刊发中央领导同志的题词，号召向全国优秀共青团员张海迪学习，并发表社论《发扬张海迪精神》。

《中国教育报》报道，最近，教育部政治思想教育司在广州主持召开了全国高等学校“哲学”“政治经济学”教学大纲定稿和“中共党史”“国际共产主义运动史”教学大纲修订会议。这次修改的四门政治理论课教学大纲，主要吸收了十一届三中全会以来理论研究的新成果；充实了具有中国特色的社会主义建设的新内容；针对各校（特别是理工农医院校）所设政治理论课学时有所不同的情况和当前学生思想实际，对原教学大纲内容做了调整和增删；哲学、政治经济学、中共党史教学大纲分为供文科和理科使用的两种。

5月19日

《中国教育报》报道，郑州大学中文系七九级学生和中国人民解放军高射炮兵学校十三中队学员在纪念五四青年节的聚会中，联合向全国高校毕业生发出倡议书，表示了他们为祖国贡献青春的决心。倡议书中说，为了报答党和人民的养育之恩，为了民族的强盛和中华的崛起，我们决心到基层去，到边疆去，到祖国最需要的地方去。继承“五四”光荣传统，发扬高度的爱国主义精神，以振兴中华为己任，承担起保卫祖国、建设“四化”的历史重任，把沸腾的热血和辛勤的汗水洒在边疆、基层和祖国最需要的地方，做保卫祖国、建设“四化”的标兵。人民养育了我们，我们要把所学的知识无私地奉献给人民。好儿女志在四方，让我们树立起远大的革命志向，以积极向上的精神和豪迈的勇气，接受祖国的挑选，以实际行动向党和人民递交一份红色的答卷。

5月25日

教育部发出向“人民的好医生”周礼荣学习的通知，要求各高等院校组织毕业生学习周礼荣先进事迹，帮助毕业生树立坚定的事业心和主人翁责任感，根据国家需要选择志愿。周礼荣是河南郸城县医院的医生。1958年从上海第一医学院毕业后，主动选择到条件艰苦的河南工作。20多年艰苦创业，为发展农村医疗事业做出了突出贡献。

5月30日

教育部发出《关于深入开展学习宣传张海迪活动的通知》，指出，各级教育部门和各级各类学校，都要积极响应中共中央关于向张海迪学习的号召，认真学习和贯彻中央领导同志题词的精神，宣传向张海迪学习的重要意义，加强对学习宣传活动的领导。要组织和引导广大师生员工，特别是青年教职工和学生，学习张海迪百折不挠、乐观向上的生活态度，渴求知识、刻苦自励的顽强毅力，对社会尽责、为人民服务的献身精神。用张海迪的精神塑造全面开创社会主义现代化建设新局面的一代新人。

文件指出，学习张海迪，要紧紧围绕树立共产主义人生观这个根本问题。高等院校要将学习宣传张海迪与共产主义人生观教育紧密结合起来，激励学生坚持又红又专的方向，树立共产主义的理想，勤奋学习科学文化知识，立志献身祖国的社会主义建设事业。文件强调，要以适合学生和教师、职工各自特点的不同方式，开展学习宣传活动，学习张海迪要与宣传表彰教师、职工、学生中的先进事迹、先进人物和先进集体结合起来，推动学校各项工作的开展；学习张海迪要结合经常的政治思想教育坚持下去。要扎扎实实地认真做好各项组织工作、宣传工作，不断总结经验，把学习活动逐步引向深入，取得成效。

6月

6月6日—21日

第六届全国人民代表大会第一次会议在北京举行。6月6日，国务院总理赵紫阳代表国务院向大会作政府工作报告。报告指出，我们今后应该十分重视智力开发，把以发展教育和科学技术为重点的文化建设放在十分重要的地位，这是实现经济振兴的必要前提。大力提高人民的科学文化、思想觉悟和道德水平，可以为整个经济和社会的发展，为社会主义物质文明和精神文明的建设，提供强大的原动力。报告指出，目前，越来越多的工农群众和青少年，已经从自己的切身经验中认识到掌握科学文化和政治理论的重要性，一个学科学、学文化、学政治的热潮正在兴起，各级政府、企业和社队应该努力办好职工教育和农民教育，满足他们的要求。中小学教育是基础。要大力培养中小学师资，帮助他们提高教学水平，在全社会养成尊重教师的良好风气。报告指出，广大的哲学社会科学工作者要继续坚持以马列主义、毛泽东思想为指导，继续贯彻理论联系实际和“百花齐放、百家争鸣”的方针，对社会主义现代化建设中提出的重大思想理论问题和实际问题进行创造性的研究，对新中国成立以来各方面的成就和经验教训进行历史的总结，对国际上各方面的思潮进行有分析的研究和批评，吸收其中有益的东西，拿出高质量的研究成果。经过若干年的努力，在全国范围内逐步建立起一个学科门类齐全、布局合理、各有特点、协调发展、具有现代化手段的哲学社会科学研究体系。

7月

7月1日

《邓小平文选》(1975—1982年)出版，并在全国发行。这一卷文选由中共中央文献编辑委员会编辑，人民出版社出版，收入邓小平1975—1982年的重要讲话、谈话共47篇，其中39篇是之前没有公开发表的。文选内容涉及政治、经济、科学、教育、文艺、统一战线、军队和党的建设等方面。7月7日至17日举行的全国宣传工作会议确定，学习和宣传《邓小平文选》是今后相当长时期内宣传工作的重点。

7月2日

中宣部、中共中央书记处研究室共同发出

《关于加强爱国主义宣传教育的意见》，提出了爱国主义宣传教育的重要性、爱国主义的基本内容和特点以及爱国主义宣传教育的内容与素材。该文件指出，在我国社会主义现代化建设进程中，经常地进行和加强爱国主义的宣传教育，培养全体人民特别是青年的爱国主义精神，提高他们的爱国主义觉悟，是建设以共产主义思想为核心的社会主义精神文明的一项重要任务，是宣传教育和思想政治工作的一项基本内容。该文件认为，爱国主义是一个历史范畴。中国人民的爱国主义，虽然在每个历史阶段都有不同的具体内容和具体特点，但也具有共同的基本内容和基本特点。这就是：(1)不畏艰险，世代相承地开发祖国的自然资源，改造祖国的山山水水，不断丰富和发展中华民族的物质文化财富，为人类文明努力作出自己的贡献；(2)反对民族的分裂和国家的分裂，维护各民族的联合、团结和祖国的统一；(3)在外敌入侵面前，团结对外，奋起抵抗，直到彻底战胜侵略者，坚决维护祖国的主权和独立，(4)同一切阻碍历史发展和社会进步的反动阶级、反动社会势力和反动制度进行英勇顽强的斗争，推动祖国朝着繁荣富强的方向前进。正是这些共同的基本内容和基本特点，构成了中国人民的爱国主义的光荣传统。在进行社会主义现代化建设的新的历史时期，我国各族人民爱国主义的主要内容，就是邓小平同志代表党中央提出的三大任务："加紧社会主义现代化建设，争取实现包括台湾在内的祖国统一，反对霸权主义、维护世界和平。"这三大任务是历史赋予我们每一个爱国者的庄严而崇高的使命。爱国主义宣传教育的内容、素材是非常广泛和丰富的，要宣传祖国新貌和建设成就；宣传英雄人物、先进集体的模范事迹；宣传成功的建设经验；宣传祖国的壮丽河山、名胜古迹；宣传重大的历史事件和著名的历史人物；宣传历代杰出的文艺家及其作品；宣传历代杰出的科学家及其贡献；宣传历代文物；宣传各族人民对祖国的历史贡献；宣传侨居国外的爱国者和世界各国的著名爱国者。爱国主义教育不只是宣传部门的工作，各条战线，各行各业，都要通过自己的业务，采取同自己的业务相结合的方法，针对不同的对象，有计划有系统地、生动活泼地进行爱国主义教育，把爱国主义的内容渗透到思想教育工作中去。我们要通过爱国主义的宣传教育，使我国各族人民特别是青年把爱国主义的觉悟和感情，变成奋发图强建设祖国、保卫祖国的实际行动。

7 月 12 日

中共中央发出《关于全党学习〈邓小平文选〉的通知》，指出，学习《邓小平文选》是 1983 年秋冬即将开始的全面整党的重要思想准备。《邓小平文选》系统地反映了以邓小平同志为代表的党的正确领导，认真学习《邓小平文选》，能够帮助我们进一步认识党在伟大转折时期的历史，认识党的十一届三中全会路线的由来和发展，认识党的十二大提出的建设有中国特色社会主义的正确道路的主要内容和主要保证，认识我们党在新的历史条件下坚持和发展毛泽东思想的新成果。各级党委要加强对学习《邓小平文选》的领导。

7 月 18 日

教育部和中共北京市委联合召开首都高校应届毕业生大会。大会由教育部部长何东昌主持，王震同志代表中共中央、国务院向首都和全国高校应届毕业同学表示热烈祝贺。他指出，在党的正确路线指引下，在学校和老师们的培养教育下，同学们德、智、体几方面都有了很大进步，对祖国的现代化建设有很高的热情，决心把国家的需要作为自己的第一志愿，把学到的知识无条件地贡献给党和人民。他希望同学们奔赴"四化"建设岗位后，虚心向群众学习，很好地与工农结合；迎着困难前进，走艰苦创业的道路，发扬共产主义的献身精神，做建设社会主义物质文明和精神文明的表率，为实现祖国"四化"大业，为振兴中华，勇敢地担负起时代赋予的重任。

8 月

8 月 17 日—23 日

中华全国青年联合会第六届委员会第一次会议、中华全国学生联合会第二十次代表大会分别在北京举行。胡耀邦、李先念、彭真、邓颖超等党和国家领导人接见全国青联委员和学联代表。乌兰夫代表党中央向两个大会表示热烈祝贺，并作了题为《发扬爱国主义精神为祖国的繁荣富强和统一大业贡献力量》的讲话。胡锦涛当选为第六届全国青联主席。乌兰夫在讲话中强调，爱国主义是中国人民的光荣传统和崇高美德，是中华民族宝贵的精神财富，它具有巨大的向心力和凝聚力。他向青年们提出四点希望，就是希望他们要有爱国之情、报国之志、建国之才和效国之行。

8月24日

教育部下发《关于学习贯彻〈关于加强爱国主义宣传教育的意见〉的通知》。这份文件指出，学校的环境布置要精心设计，使学生处处受到爱国主义精神的感染。例如，教室、图书馆、实验室里，可以张贴反映我国社会主义建设成就的图表，悬挂著名的爱国历史人物、历代杰出的科学家、文学艺术家的画像以及有教育意义的名言录等。要运用当地生动的教材，如本地、本校的爱国主义光荣传统、英雄业绩、为国争光的先进人物、革命文物以及名胜古迹等，对学生进行爱国主义教育。各门课程都要进行爱国主义教育，这种教育应当同教学内容有机地结合起来。政治理论课、思想品德课应该以爱国主义教育与共产主义教育为中心内容。大学、中学的形势与政策教育要经常向学生介绍祖国最新建设成就，提高他们对十一届三中全会以来党的路线、方针、政策的认识，增强他们对我国社会主义现代化建设的信心。历史，特别是中国近现代史课程以及地理、语文等课程，都有非常丰富的进行爱国主义教育的素材。音乐、美术等课程要注意培养学生的爱国主义情操。自然科学和工程技术科学等方面的课程，也要宣传我国勤劳、智慧的人民和科学家在科学技术上的贡献，正确分析我国和发达资本主义国家在科学技术上的差距及其原因，激励学生为建设社会主义祖国而勤奋学习。文件同时指出，要通过丰富多彩的课外活动进行爱国主义教育。举行以爱国主义为主题的班会、队会、团日、讲座、报告会、征文、演讲比赛、读书活动、歌咏活动，组织学生进行社会调查，参观革命遗址、烈士陵园、名胜古迹等，都是行之有效的方式。各级各类学校都要坚持从爱国主义教育入手，以提高学生的爱国主义觉悟为起点，引导他们把自己的命运和祖国的命运联系起来，树立祖国利益高于一切的思想，把爱国主义的觉悟和感情，变成奋发图强、为建设祖国和保卫祖国做好准备的实际行动；并在此基础上引导他们逐步树立共产主义的理想、信念。要根据不同年级学生的思想实际、知识水平和年龄特点，有计划、有步骤地进行教育，务求收到实效。

9月

9月1日

《中国教育报》发表社论《学习〈邓小平文选〉是新学年的重要任务》。社论指出，新学年开始了，各级各类学校要按照中央的部署、地方党委的安排和教育部的要求，组织大家认真学习《邓小平文选》，并且以《邓小平文选》的精神作指导，把学校的各项工作推向前进。社论指出，《邓小平文选》是建设具有中国特色的社会主义的建国大纲，内容十分丰富。有条件的干部和教师要在通读全书的基础上，深入学习若干篇重点文章。大学生和高中生也应该选读些重要文章。要着重领会教育部通知所指出的《邓小平文选》中若干方面的重要论述，使我们进一步提高对党的十一届三中全会以来的路线、方针、政策的认识，更加自觉地在政治上与党中央保持一致。只有从思想上、理论上提高了认识，认清了“四化”建设的全局，我们才能更好地在教育工作中贯彻党的路线、方针、政策，保证各项工作任务的完成。

9月16日—23日

中国教育学会召开第二次全国秘书长会议。中国教育学会会长张承先在会上指出，为了开创教育工作新局面，必须大力发展教育科学。教育科学的根本任务是：研究我国教育事业发展与改革中提出的重大理论问题和现实问题，认识和掌握我国社会主义教育发展的客观规律，更好地指导教育实践，为建设具有中国特色的社会主义教育体系贡献力量。教育科学工作者必须坚持毛泽东思想，认真学习《邓小平文选》，特别是学习邓小平同志对教育工作所做的一系列重要指示，以此为武器，搞好教育科学研究。张承先强调，教育工作者和教育科学工作者是人类灵魂的工程师，都要关心青少年的健康成长，旗帜鲜明地反对资产阶级思想对他们的侵蚀和毒害，反对一切精神污染。

9 月 25 日—27 日

中共北京市委教育工作部举办北京高等学校学生思想政治工作干部短训班。中共中央书记处书记、中宣部部长邓力群在讲话中指出，思想政治工作是一门科学，是管各种专业工作人员的观点、认识、思想方向的，是研究并解决人们树立正确的世界观的问题的学问，比一门一门专科学问大得多。思想政治工作者是人类灵魂的工程师。邓力群勉励高校政工干部要坚持四项基本原则，有为共产主义事业献身的精神，做又红又专的优秀的思想政治工作者，要求大家学好马列主义理论，学好《邓小平文选》，学习革命前辈的光荣传统，同时，还要根据工作的需要加深业务学习。

10 月

10 月 1 日

邓小平为北京景山学校题词："教育要面向现代化，面向世界，面向未来。"

10 月 14 日—19 日

教育部在北京召开高等学校思想政治工作座谈会。到会同志联系高等学校的实际情况，认真学习了党的十二届二中全会精神，并对如何加强思想政治工作、清除精神污染问题展开了讨论。会议提出，要深入调查研究思想战线的情况和问题，逐步掌握思想政治工作的主动权；要加强对文科、艺术院校的教学、科研工作的思想政治领导。教育部副部长彭珮云到会并讲话。她指出，高教战线的领导干部首先要认真学习、深刻领会十二届二中全会精神，并组织好党员干部、党员教师的学习。通过学习提高认识，把思想统一到十二届二中全会的精神上来。在学习中要解决好以下问题：(1)要认清思想战线的形势，既要看到成绩，又要充分认识精神污染的严重性；(2)要正确理解党对思想战线工作的指导方针，明确当前必须首先着重纠正右的、软弱涣散的倾向，不能只提反"左"不提反右，不能把"双百"方针歪曲为自由主义的方针；(3)要明确学校负有精心培育社会主义一代新人、保护学生不受精神污染的崇高责任。学校一定要把加强思想政治工作提到十分重要的战略位置上来，不仅要自觉抵制来自校外的精神污染，而且要使学校的人不在校内外制造和传播精神污染。

10 月 16 日

《中国教育报》编辑部邀请部分高等学校党委负责同志举行座谈会，学习讨论党的十二届二中全会精神。座谈会由教育部副部长彭珮云主持。到会同志一致认为，党的十二届二中全会为高等学校党的工作进一步指明了方向。大家表示一定要认真学习，深刻领会全会精神，提高认识，坚决改变领导上的软弱涣散状态，切实加强对党员和全体师生员工的思想政治工作，旗帜鲜明地同一切精神污染做斗争。为了加强对学生的思想政治工作，保护他们不受各种精神污染，必须做好教师特别是党员教师的思想政治工作，使他们能够自觉抵制各种精神污染，做到教书育人，把思想教育渗透到教学业务领域中去。为了加强思想政治工作，同各种精神污染进行斗争，必须把学校中的马克思主义理论队伍组织起来，积极投入反对各种错误思潮的思想斗争中去，在斗争中不断提高他们的理论水平，这是高等学校党组织的一项重要任务。

10 月 24 日

中共中央政治局委员、中央党校校长王震在中国科学社会主义学会成立大会和全国党校第四次科学社会主义教学座谈会上的讲话中传达了邓小平同志的指示。王震说，邓小平同志在十二届二中全会上严肃地提出了思想战线不能搞精神污染的问题。这为党的理论工作者提出了新的战斗任务，也为科学社会主义的研究和教学进一步指明了方向。近几年来，广大理论工作者，在研究、宣传科学社会主义理论，宣传四项基本原则，建设以共产主义思想为核心的社会主义精神文明等方面，做了大量的工作，得到了党和人民的充分肯定和高度赞扬。但是，我们也必须看到，在思想理论战线的队伍里，确实有少数同志在报刊上、课堂上，散布了不少违反马克思主义根本原理和四项基本原则的错误理论、错误观点。唯一正确的态度，就是要积极地开展对错误思想的批评和斗争。王震就防止和清除精神污染的问题指出，要清醒地认识当前思想理论战线的形势，勇敢地、旗帜鲜明地站在反对资产阶级自由化斗争的前列。要建立一支坚强的马克思主义理论队伍。要发扬理论联系实际的革命学风，把科学社会主义的理论同我国建设社会主义的实践密切结合起来，并普及到全体人民中间去。同时，也要了解和研究国外的各种思潮和流派，以便比较。但更重要的是密切联系实际，一是要联系我国社会主义建设的实际，认真研究社会主义在我国实践中取得伟大胜利的原因和基本经验，进一步从理论上阐述和回答建设有中国特色的社会主义的伟大实践中提出的重大问题；二是要联系广大人民群众坚信社会主义和党的领导，胸怀共产主义的远大理想，满怀信心地夺取社会主义现代化建设的新胜利。

同日，中央"五讲四美三热爱"活动委员会发出《关于抓紧打击刑事犯罪的有利时机推动社会风气进一步好转的通知》，指出，要抓紧严厉打击犯罪活动取得初步胜利的有利时机，扎扎实实地从各方面加强综合治理的工作，推动社会风气的进一步好转。充分利用打击刑事犯罪的成果，对广大干部、群众进行遵纪守法和尊重社会公德的教育，进行共产主义人生观的教育。文件强调，对在社会上流传的淫书、淫画和反动淫秽录音录像制品，应结合严厉打击刑事犯罪活动严加查禁、收缴，对制造、复制、传抄、播放者要依法惩办。各地还应根据实际情况，集中对广大干部、群众、青少年进行一次抵制精神污染的教育。

10 月 28 日

共青团中央、全国学联发出通知，决定在"一二·九"学生运动 48 周年之际，组织全国高校学生于 12 月 4 日至 11 日开展"社会实践周"活动。通知指出，社会实践活动是一种思想教育的有效形式，是促进大学生以知识为桥梁，走上社会，向人民学习，为社会服务的重要措施。通过社会实践活动，广大学生可以切实感受到"四化"建设需要什么样的人才，克服不顾国家和人民需要，一味追求"个人价值"的错误观念，增强社会责任感，提高社会实践能力。通知要求各地开展"社会实践周"活动，要造成较大声势，并逐步经常化、制度化；要使广大学生受到生动的爱国主义和共产主义思想教育及实践能力的锻炼，并在抵制和清除精神污染中发挥积极作用。

11 月

11 月 7 日

教育部政治思想教育司邀请正在杭州进行"中共党史"和"国际共产主义运动史"教学大纲定稿工作的同志，举行纪念毛泽东同志诞辰 90 周年座谈会。座谈会上，大家缅怀毛泽东同志一生为中国革命、建设和国际共产主义运动所建立的丰功伟绩，以及对马克思列宁主义的重大发展。与会同志认为，纪念毛泽东同志诞辰 90 周年，要学习宣传他为中国人民解放事业和国际共产主义运动献身的精神，坚持和发展马列主义、毛泽东思想，用马列主义、毛泽东思想指导我们的各项工作和教育青年。与会同志指出，在当前清除精神污染的斗争中，作为马列主义理论课教师，必须高举马列主义、毛泽东思想的旗帜和社会主义、共产主义的旗帜，发扬马克思主义者应有的革命的批判的风格，批判资产阶级自由化思潮，帮助学生清除从各个方面受到的精神污染，同时要努力改进教学，使马列主义理论课具有更强的战斗力、说服力和吸引力。

11 月 14 日—20 日

全国勤工俭学工作情况汇报交流会议在青岛市召开。教育部副部长张文松在闭幕式上讲话指出，抵制和清除精神污染，保护青少年健康成长，是当前迫切需要解决的问题，也是一个长期的斗争。教育战线的同志要有高度的政治责任感。精神污染的实质是散布形形色色的资产阶级和其他剥削阶级腐朽没落的思想，散布对于社会主义、共产主义事业和对于共产党领导的不信任情绪。学校第一把手要亲自负责把关，做一些深入、系统的调查研究，摸清楚学生的思想、品德情况后，有针对性地进行工作。要正面疏导，讲清道理，提高学生们分辨是非、自觉抵制精神污染的能力。张文松强调，党的教育方针绝对不能动摇，要全面贯彻，使青少年在德智体几方面都得到发展。勤工俭学的首要目的是对青少年进行劳动教育，这是加强学生思想品德教育的一个重要组成部分。要使青少年从小养成劳动观点、劳动习惯。

11 月 15 日—16 日

中宣部教育局、中共北京市委教育工作部联合召开首都部分高等学校加强思想政治工作，反对精神污染座谈会。会议认为，应当清醒地认识和估计高等学校受精神污染的严重情况与危害性，用积极加强学校的思想政治工作去抵制它。中宣部副部长曾德林在会上指出，加强和改进学校的思想政治工作，是清除精神污染的根本大计。保护青年学生不受精神污染，使他们健康成长，是教育工作者的天职，特别是党员干部、教师的重要职责。当前，应针对由于精神污染而反映出的问题，着重对师生、职工继续深入地进行坚持四项基本原则特别是坚持社会主义道路和党的领导的教育，进行爱国主义、集体主义特别是为人民服务的教育，进行社会主义民主和法制的教育，进行革命人生观和共产主义道德品质的教育。精神污染一般是人民内部问题，主要是运用教育、引导、说服、批评与自我批评的方法，开展积极的思想斗争。

11 月 25 日

教育部部长何东昌向六届全国人大常委会三次会议报告教育工作情况。他在报告中说，必须清醒地看到青少年受精神污染的严重性。他强调，加强学校思想政治工作，是教育战线清除精神污染的根本大计；教育工作者在清除精神污染中肩负着重要职责；学校、社会、家庭要共同努力，密切配合，把青少年培养成为社会主义事业的可靠接班人。

12 月

12 月 24 日

中国教育学会和中国高等教育学会联合召开毛泽东同志诞辰 90 周年纪念大会，缅怀毛泽东为中国革命和建设事业建立的不朽功绩及为我国教育事业作出的重大贡献。大会由中国教育学会会长、全国人大教育科学文化卫生委员会副主任张承先主持。张承先在讲话中指出，毛泽东同志一贯重视教育工作，他把马列主义同我国教育的实际结合起来，制定了党在各个历史时期的教育方针和政策，使人民教育事业取得了巨大成就。现在我们教育界在学习、贯彻党的十二届二中全会精神，努力开创社会主义教育新局面，推进“两个文明”的建设。为完成时代赋予我们的任务，首先，要认真学习马列主义、毛泽东思想，并结合新时期的任务与实际学习《邓小平文选》。其次，教育工作者要高举马列主义、毛泽东思想的旗帜，抵制和消除精神污染，把青少年培养成有理想、有道德、有文化、守纪律的一代新人。最后，要认真研究“四化”建设的实际情况，搞好教育工作，为建设有中国特色的社会主义教育体系而奋斗。

教育部部长、中国高等教育学会副会长何东昌在会上作了《在教育工作中坚持和发展毛泽东思想》的报告。何东昌在报告中回顾了毛泽东同志的教育活动和有关教育的论述。他说，毛泽东同志运用马列主义正确地回答和解决了教育工作中的许多重大理论问题与实际问题，粉碎“四人帮”后，我们党根据马列主义、毛泽东思想的原理，确定了教育在“四化”建设中的战略地位。我们一定要建设有中国特色的社会主义教育体系。在教育工作中坚持社会主义方向，必须全面贯彻教育与生产劳动相结合的方针；必须坚持“两条腿走路”，实行多层次、多种规格、多种形式办学；必须坚持和改善党对教育工作的领导。

1984 年

1 月

1 月 17 日

共青团中央发出《关于 1984 年在全国青少年中开展"文明礼貌月"活动的意见》。文件指出，1984 年"文明礼貌月"活动总的要求是：突出爱国主义、共产主义思想教育，抵制和清除精神污染，广泛发动青少年高标准地开展"三优一学"(优质服务、优良秩序、优美环境和学习雷锋、先进人物)竞赛，积极参加文明单位建设，为建设社会主义物质文明和精神文明贡献力量。文件要求，要组织各行各业青年进一步开创优质服务新局面；把学习先进、倡导新风的活动推向新阶段；大力开展"青年工程"建设，美化祖国，美化家乡，美化生活；积极参加创建文明单位的活动。各级团组织要继续在倡导社会新风、建设"两个文明"方面发挥先锋作用和突击队作用，使 1984 年"文明礼貌月"活动的实际成效有新的提高。各地在安排和发展活动时要注意以下几个问题：(1)早做部署，精心组织，切实加强领导；(2)因地制宜，讲求实施，力戒形式主义；(3)活动要坚持高标准，要勇于创新。

1 月 19 日

中宣部、中国人民解放军总政治部、教育部、共青团中央联合发出《关于进一步开展学习华山抢险战斗集体的活动的通知》。文件指出，1983 年 5 月 1 日，地处陕西省的西岳华山，出现了一个以第四军医大学学生为主体，并有西安体育学院学生和青年工人、其他群众参加的战斗集体，谱写了一曲抢险救人的社会主义精神文明的凯歌。这个先进战斗集体的英勇事迹，在全国人民特别是大学生和青年中，引起了热烈的反响。人们从这个事迹中，看到了党的优良传统和共产主义思想的生动体现，看到了社会主义精神文明建设的又一丰硕成果，看到了黄继光、雷锋、张华崇高精神的发扬光大，看到了新的历史时期大学生和青年崭新的道德风貌。

文件强调，华山抢险救人战斗集体的事迹，具有很大的典型意义。学习、宣传华山抢险战斗集体，要围绕树立共产主义人生观这个根本问题，学习他们无私无畏、勇于自我牺牲的共产主义思想；学习他们在紧要关头挺身而出，一不怕苦、二不怕死的革命英雄主义；学习他们紧密团结、合力排难的集体主义精神；学习他们勇挑重担、坚忍不拔的顽强毅力；学习他们坚持又红又专，把知识献给人民的崇高志向。

文件要求，全国大学生和广大青少年，特别是共产党员、共青团员和各级干部，都要以华山抢险战斗集体和他们高尚的思想品质为榜样，紧密联系思想实际，提高自己的爱国主义、集体主义、社会主义和共产主义觉悟，争取做有理想、有道德、有文化、守纪律的一代新人。

1 月 25 日—27 日

中宣部、教育部在京召开京、津、沪部分高等学校党委书记、校长座谈会，讨论学习第四军医大学思想政治工作的经验。座谈会认为，该校继承了我党我军思想政治工作的优良传统，又适应新的情况有所创新，他们的经验比较成熟，具有普遍意义，地方高等学校应当认真学习推广。中共中央书记处书记、中宣部部长邓力群在讲话中指出，我们高等学校培养出来的学生，是未来党和国家各级领导机关的干部，各项事业的骨干。因此，高等学校必须把他们培养成为德智体全面发展、又红又专的工人阶级知识分子。高校的党委书记、校长、全体教职员工都要充分认识到自己工作的重大意义，同心同德，齐心协力做好学生的思想政治工作，全心全意为学生的健康成长服务。

2 月

2 月 6 日

中央“五讲四美三热爱”活动委员会发出《关于 1984 年“五讲四美三热爱”活动的意见》，对开展“五讲四美三热爱”活动提出了更高的要求。文件中强调，为推进文明单位的建设，各地区、各部门、各单位应该切实做好以下工作：(1)要和整党工作密切结合，做出规划，逐步发展。(2)一定要把思想建设放在领先地位。(3)要在思想教育的基础上制定和完善各种规章制度。(4)在工作上要有立有破，扶正祛邪，把倡导新风和狠刹歪风结合起来。

2 月 7 日

教育部发出《关于学习胡乔木同志重要文章〈关于人道主义和异化问题〉的通知》，指出，中共中央党校主办的《理论月刊》1984 年第 2 期发表的、1984 年 1 月 27 日《人民日报》转载的胡乔木同志写的《关于人道主义和异化问题》，是一篇马克思主义的重要文章。文章对于近几年来我国理论界围绕人道主义和异化问题所展开的争论，以马克思主义的历史唯物主义观点，作出了科学的分析和回答，深刻地揭示出这一场争论的实质。这对于澄清一些文章宣传抽象的人道主义和社会主义异化论所引起的思想混乱，提供了很有说服力的论据。同时，对于在哲学社会科学的教学和研究领域中，怎样坚持社会主义方向，怎样运用马克思主义的立场、观点和方法去辨别各种社会思潮，怎样加强思想政治工作，从根本上引导青年树立共产主义的世界观和人生观，也给了我们深刻的启示。各级教育部门和高等学校的党政干部、教师(包括科学研究人员、报刊编辑、图书资料工作人员等)、研究生、大学生以及中专、中师、中学的干部和教师，都要根据不同的情况组织学习，并把对这篇文章的学习同整党、清除精神污染的工作密切结合起来。

文件指出，学习胡乔木同志的文章，首先要求学懂文章所阐述的马克思主义的基本观点，划清马克思主义的历史唯物主义同人道主义的历史唯心主义这两种根本对立的世界观、历史观的界限，划清作为社会主义伦理原则和道德规范的社会主义人道主义同资产阶级人道主义的界限，弄明白资产阶级人道主义和所谓“社会主义异化论”在理论上是错误的和在实践上是有害的，坚定对坚持社会主义道路、无产阶级专政、中国共产党的领导和马列主义、毛泽东思想这四项基本原则的信念。通过学习，提高教育战线广大干部和师生学习马克思主义理论的自觉性，帮助他们逐步学会运用马克思主义的立场、观点、方法去分析问题和解决问题。

文件要求，在 1983 至 1984 学年度的第二学期中，要集中安排一段时间学习胡乔木同志的文章。要根据不同对象，提出不同要求，分别采取切合他们实际的学习方法。要把这篇文章作为长期对学生进行思想政治教育的重要教材。马列主义理论课、共产主义思想品德课和文科有关课程，都要根据自己的特点，把这篇文章的主要内容和基本精神有机地结合到教学中去。在编写和修订有关的教学大纲与教材时，应把这篇文章的主要内容吸收进来。学习这篇文章还要同日常的共产主义实践和发展社会主义的人道主义联系起来。各级教育部门和学校，要加强对这次学习的领导，针对不同对象的需要组织好辅导，并注意总结进行马列主义理论教育和思想政治工作的新鲜经验。

3 月

3 月 5 日—8 日

中共北京市委教育工作部召开学习胡乔木同志的文章《关于人道主义和异化问题》讨论会，部分高等学校领导干部、学生思想政治工作干部和马列主义理论课教师参加。讨论题目是：(1)怎样认识关于人道主义和异化问题争论的实质以及胡乔木同志这篇文章的意义与要点？(2)怎样联系这场争论向青年人说明两种世界观、历史观的根本对立？为什么只有历史唯物主义才是观察人类社会的唯一正确的世界观和历史观？(3)怎样用历史唯物主义的基本原理来正确地分析我们的社会主义社会和总结历史经验教训？为什么“社会主义异化论”是错误的？(4)怎样用历史唯物主义的基本原理来分析个人同集体、同社会的关系，并正确地说明人生的意义和目的？为什么离开人民和社会追求“自我设计”“自我表现”“自我实现”等，是完全错误的？(5)怎样理解社会主义人道主义？大家围绕这五个题目，认真学习讨论了胡乔木同志的文章，为组织这次学习做了较充分的准备。讨论会认为，组织大学生学习好胡乔木同志的文章，是把学生的思想政治工作提高一步的重要措施，是一项迫切的工作。这次学习胡乔木同志的文章，既不同于上政治课，也不同于形势任务学习，而是要紧密联系学生的思想实际，深入进行一次历史唯物主义基本观点的教育。要通过学习使学生深切感受到马克思主义是一门科学，并努力用以指导自己观察社会、认识人生，树立共产主义的人生观。

3月6日

教育部和中共北京市委共同主办“华山抢险战斗集体事迹报告会”。中宣部副部长曾德林在会上作了题为《学习华山抢险战斗集体要同学习胡乔木重要文章紧密结合》的讲话。他指出，我们殷切希望全国的广大学生和青少年，特别是共产党员、共青团员和青年干部，都要以华山抢险战斗集体为榜样，学习他们为人民的安全不顾自己的安危而忘我献身的精神和高尚的思想品质，紧密联系实际提高自己的爱国主义、集体主义、社会主义和共产主义觉悟，成为有理想、有道德、有文化、守纪律的一代新人。

3月10日

教育部转发中共上海市教卫党委、上海市教卫办《关于加强和改进研究生思想政治教育工作的意见》。教育部在通知中指出，随着研究生教育事业的迅速发展，加强研究生思想政治教育工作更加迫切，各有关部门和单位对此必须高度重视，并要参照上海的意见，从本部门、本单位的实际情况出发，制订加强研究生思想政治教育工作的计划、措施，认真落实文件提出的以下意见：(1)明确研究生培养目标，确保研究生培养质量；(2)切实加强高等学校党组织对研究生思想政治工作的领导；(3)坚持在研究生培养工作中全面贯彻党的教育方针；(4)加强导师对研究生的全面指导；(5)按照研究生的特点，系统地改进思想政治教育和管理；(6)发挥研究生正确进行自我教育和自我管理的社会主义积极性；(7)加强调查研究，认真总结经验，促进研究生思想政治教育工作的科学化；(8)认真贯彻落实建立工作总结和报告制度。

同日，《中国教育报》报道，近几年来，中国人民大学马列主义发展史研究所的科研人员坚持四项基本原则，力求完整准确地掌握马克思列宁主义、毛泽东思想的科学体系，抵制和批判宣传人道主义世界观、历史观和社会主义异化论等错误观点，写出了一批观点正确的理论著述，受到有关方面的重视和读者的好评。研究所的科研人员在坚持宣传马克思列宁主义、毛泽东思想，抵制精神污染方面总结了三条主要经验：第一，在研究重大的理论问题和现实提出的新问题时，精细地研读有关的马列主义经典著作，力求准确地掌握马列主义的基本观点；第二，坚持以辩证唯物主义与历史唯物主义的科学态度学习、研究和宣传马列主义；第三，把对马列主义发展史的研究，同解决我国社会主义物质文明和精神文明建设中提出的理论与实际问题紧密联系起来。

3月13日

教育部发出《关于1984年各级各类学校深入开展“五讲四美三热爱”活动的通知》。这份文件指出，在“五讲四美三热爱”活动中，一定要把思想建设放在领先地位；中央“五讲四美三热爱”活动委员会要求1984年要普遍地、扎实地开展建设城乡文明单位活动；开展“五讲四美三热爱”活动，在学生中要与贯彻大、中、小学生守则结合起来，在教师中要与开展教书育人、为人师表的活动结合起来，在职工中要与树立为教学、科研、师生服务的思想和提高服务质量结合起来，开展“学雷锋、树新风”活动要与“五讲四美三热爱”活动相结合。

3 月 14 日

邓小平同胡乔木、邓力群谈话，在谈到改进大学政治课教学问题时指出：在青年中发现和培养马克思主义者，是一个很重要的任务。现在发现的还少。大学、中学的政治课都要认真改进。在谈到清除精神污染问题时指出：过去一段时间，精神污染搞得很厉害。那是搞资产阶级自由化。十二届二中全会后，整一下精神污染，很有必要，把那股搞精神污染的风刹住了。起码现在没有发现有什么人再搞二中全会以前那一套了。同精神污染的斗争，是长期斗争，要做长期的工作。

3 月 16 日

中宣部、教育部、共青团中央发出《关于加强高等学校毕业生思想政治教育工作的联合通知》，文件指出，1984 年全国普通高等学校有 27 万本科和专科学生、11000 多研究生毕业，今后毕业生的人数还要逐年增加。各级党委特别是高等学校党委对毕业生的思想政治教育必须高度重视，只能加强，不能削弱。努力提高广大毕业生的政治思想觉悟，使他们都能以主人翁的精神，自觉地服从国家需要，积极投身“四化”建设，这是高等学校思想政治工作的一项重要任务。

文件强调，要提高对做好毕业生思想政治教育工作重要意义的认识，加强对这项工作的领导。毕业生思想政治教育的内容，要根据党的十二大和十二届二中全会的精神，结合当前形势任务和毕业生思想实际做好安排。要以爱国主义和共产主义思想教育为中心，结合马克思主义理论课和共产主义思想品德课，有计划地对毕业生进行形势任务教育、理想前途教育、艰苦奋斗教育、革命传统教育和服从国家分配的教育。具体要求是：(1)要组织毕业生认真学习党的有关文件和胡乔木同志《关于人道主义和异化问题》的重要文章；(2)要进行社会主义建设大好形势的教育；(3)要进行与人民群众结合、为人民服务和艰苦奋斗的教育；(4)要进行“祖国利益高于一切”，坚决服从国家分配的教育；(5)对毕业生中的党员，要根据中央关于整党决定的精神进行整党教育，提高他们对这次整党的伟大历史意义的认识，明确整党的任务和要求，努力提高他们的共产主义觉悟，增强党性，使其成为合格党员，并在分配工作中充分发挥先锋、模范作用。

文件要求，对毕业生进行思想政治教育，要注意方法，讲求实效；在对毕业生进行思想政治教育的同时，要注意做好毕业生家长工作；坚持分配原则，认真执行分配政策，坚决抵制毕业生分配中的不正之风。对不顾党纪政纪搞不正之风，干扰分配工作的人，要向所在单位党组织或纪律检查部门反映、报告，严肃查处。

3 月 29 日

共青团中央发出《关于纪念五四运动 65 周年开展革命传统教育活动的意见》。文件指出，1984 年 5 月 4 日是五四运动 65 周年。为纪念这一光辉节日，团中央要求各级团组织认真组织广大青少年尤其是团员深入学习“五四”以来的革命历史，广泛开展革命传统教育活动。“五四”期间，各地团组织要切实抓好这项教育活动，使广大青少年尤其是团员熟知革命传统，像革命前辈那样，具有为祖国昌盛、人民幸福前仆后继的献身精神和勇于追求真理、改革创新的进取精神，成为有理想、有道德、有文化、守纪律的社会主义新人。纪念“五四”教育活动要与“寻史迹、建丰碑、学传统”活动相结合。各地团组织还要注意把这一教育活动与国庆 35 周年的宣传教育活动衔接起来，前后照应，连成一体，力求取得最佳的教育效果。

3 月 30 日

中宣部、共青团中央发出《关于向“一山两湖”等英雄群体学习的决定》，要求全国青少年要向英雄群体学习，勇敢地担负起时代和祖国所赋予的重任。文件指出，1983 年 5 月，第四军医大学学生和其他群众在华山抢救遇险游人的英雄事迹传出后，在不到一年的时间里，各地相继涌现了一个又一个英雄群体。1983 年 12 月 9 日，在山西省太原市迎泽公园南湖苏州河上，两名儿童不慎落入冰窟。太原十五中高二女学生池越忠、迎泽公园青年工人王志胜同志等先后闻讯赶到，奋力搭救。两名儿童脱险了，年仅 15 岁的池越忠却光荣牺牲了。1984 年 2 月 15 日，在河北省石家庄市动物园的沉绿湖上，为了营救一名落水儿童，来自全国六个省、市的游览群众，自动形成一个战斗集体。河北省国防工业建筑工程公司王德恒同志、辽宁省沈阳机务段蒲昭枫同志等十余人先后跃进水中，其他人在冰面上自动组成“人链”积极营救。落水儿童脱险，王德恒同志却献出了宝贵的生命。此外，黑龙江省松花江畔四名青年抢救遇险儿童、广州市海军水面舰艇学校学员勇敢扑灭大火等，都在社会上产生了强烈的影响。文件认为，“一山两湖”等英雄群体为当代青少年树立了一组闪耀着共产主义思想光辉的、具有鲜明时代特色的英雄群像。在他们的崇高精神中有两个最突出的特点：一是自觉的社会责任感；二是忘我的英勇献身气概。正是这种自觉的社会责任感，激励他们在祖国和人民需要的时刻，不是袖手旁观，而是挺身而出；正是这种忘我的英勇献身气概，激励他们在生死考验的紧要关头，没有犹豫、畏缩，而是奋不顾身地冲在最前列。这种自觉的社会责任感和忘我的英勇献身气概融为一体，构成了我们时代最可宝贵的社会主人翁精神。

4月

4月13日

教育部发出《关于在12所院校设置思想政治教育专业的意见》。教育部在文件中指出，为了适应新的历史时期思想政治工作的需要，教育部决定在部分高等学校设置思想政治教育专业，采取正规化的方法培养大专生、本科生和第二学士生等各种规格的思想政治工作专门人才，有条件的还可培养研究生。教育部已批准南开大学等12所院校首批增设思想政治教育专业，进行试点。思想政治教育专业的培养目标是使学生成为德智体全面发展、又红又专的思想政治工作的专门人才，本科学制为四年。1984年，12所院校招生计划总数为360人。文件强调，设置思想政治教育专业，是一项开创性的工作，会遇到许多新的问题和困难，一定要精心办好。文件还附有思想政治教育专业必修课程参考目录。

4月—6月

教育部、共青团中央联合组织大学毕业生“志在四方”报告团。参加报告团的成员都是做出突出成绩的20世纪50年代至80年代的大学毕业生。他们分两路到全国15个省市做巡回报告，以自己的成长历程和榜样的力量激发在校应届毕业生的政治热情和责任感，鼓励青年学生到祖国最需要的地方去，为“四化”建设贡献自己的青春、智慧和力量，在实践中锻炼成长。6月5日至6日，教育部、共青团中央联合在北京召开大学毕业生“志在四方、艰苦创业”座谈会。会上全体代表向全国应届大学毕业生发出题为《志在四方、艰苦创业，为中华腾飞而努力拼搏》的公开信。

5月

5月4日

习仲勋在纪念五四运动65周年大会上发表题为《发扬“五四”光荣传统　做最富有创造精神的新一代》的讲话。习仲勋指出，五四运动是我国历史上一个划时代的伟大壮举。从此，中国革命出现了新的开端，中国历史进入了新的纪元。今天，我们纪念五四运动，正是要继承和发扬“五四”的光荣传统，把“五四”先烈们所不能看到的建设社会主义更艰巨的事业担当起来，做最富有创造精神的新一代。他说，青年要富有创造精神，必须认清历史发展潮流，提高社会主义觉悟，坚持正确的方向。青年要富有创造精神，必须具有丰富的知识，要积极投身到改革的实践中去。

同日，教育部办公厅发出《关于坚持正面教育，严禁体罚和变相体罚学生的通知》。文件指出，学校是培养教育下一代和建设社会主义精神文明的主要阵地，保护少年儿童健康成长是教育工作者的神圣职责。对学生坚持正面教育，是所有教育工作者必须遵循的一条重要的教育原则。教师要面向全体学生，对全体学生负责，不要偏爱一部分人，歧视另一部分人。对于有缺点、错误的学生，要深入了解情况，具体分析原因，满腔热情地做好他们的思想转化工作。对于极个别屡教不改、错误性质严重、需要给予纪律处分的学生，还要进行耐心细致的说服教育，以理服人，不能采用简单粗暴和压服的办法，更不得体罚和变相体罚学生。文件要求，各级地方教育行政部门和学校要采取多种形式，组织教师学习党的教育方针、政策，学习教育学、儿童心理学等业务知识，帮助广大教师特别是青年教师树立正确的教育思想，学会科学的教育方法，逐步掌握教育儿童的规律。各地城乡初等学校都要高度重视这个问题，经常教育全体教职员工，把禁止体罚和变相体罚学生作为一条学校纪律，严格遵守。

6 月

6 月 7 日

共青团中央书记处第一书记胡锦涛在共青团中央常委扩大会议上发表题为《团的工作要适应改革推动改革》的讲话。胡锦涛指出，要积极支持和带领青年投身改革洪流，在改革中扩大团的工作领域，加强和改进改革进程中的思想政治工作。胡锦涛说，结合改革实践，用马列主义的原理和党的方针、政策教育青年，使青年深刻认识到，我们党关于改革的一系列方针、政策是具有中国特色社会主义的重要指导思想，是对马列主义的重大发展，从而划清具有中国特色社会主义和资本主义的界限，真正了解改革的意义，认清改革的前景，把握改革的方向，坚定改革的信心，明确自己的责任，推动改革顺利进行。在改革中加强和改进团的思想政治工作，要坚持把着力点放在培养、鼓励和支持青年的创造精神上。我们要随时注意了解、掌握青年的思想和心理特点的变化，并认真分析、研究产生这些变化的社会影响和内在因素，从中得到规律性的认识，并有的放矢地采取措施，才能把工作做到青年的心坎里去，取得最佳的教育效果。同时，根据历史条件和青年思想的变化做工作，还必须在工作方法上进行许多适应改革需要的改进和创新，才能有效地增强思想工作的活力。

6 月 7 日—16 日

中宣部、教育部、共青团中央、中国教育工会在北京联合召开全国高等学校思想政治工作会议，讨论研究新形势下高等学校思想政治工作的改革，改进马列主义理论课教学，加强思想政治工作队伍建设，加强和改善党委对思想政治工作的领导等问题。会议指出，高等学校思想政治工作的一个重要任务就是要保证和促进教育改革的顺利进行。高等学校思想政治工作要适应新的形势，就必须进行自身改革，在实践中不断探索和总结新的经验。要从实际出发，同改革相结合，在对学生进行系统的马列主义基本理论教育的同时，特别注意加强现行政策的教育。要针对学生的思想特点，采取疏导的方针，引导他们成为全面发展的富有创新精神的人才。要采取切实有力的措施，稳定和提高现有思想政治工作队伍。会议还对高等学校校长负责制试点、实行教职工代表大会制度、大力发展学生党员等提出建议。会议期间，中共中央书记处书记万里、胡启立同部分会议代表座谈。他们指出，要考虑在对外开放的条件下，结合全国改革的大形势，按教育规律来加强和改善思想政治工作；要启发和支持青年人的创新与改革精神，有针对性地做好他们的思想工作；要鼓励学校长期从事思想政治工作的同志，在这条战线上作出更大贡献。

6 月 9 日

《中国教育报》报道，由四川省 14 所高等院校共同编写，四川人民出版社出版的“德育丛书”，编选了有关德育的一般基础理论和参考资料，是思想品德课教学与德育研究的资料性读物，内容比较全面系统，材料比较新颖。“德育丛书”中第一批出版的有：《马克思 恩格斯 列宁 斯大林论德育》《伦理学 法学与德育》《教育科学中的德育》《科学家与科学道德》《艺术家与德育》五册。今后还将陆续编辑出版有关思想品德课教学、共产主义思想教育经验等方面的图书。这套丛书内容丰富，不仅适合于从事思想政治工作的干部、教师阅读，对广大青年学生、家长及热心于教育的其他读者也是一套较好的学习资料。

同日，教育部发出《关于在六所高等院校开办思想政治教育专业第二学士学位班的意见》，决定在部分高等学校开设思想政治教育专业第二学士学位班，培养高等学校思想政治工作骨干。批准清华大学、北京钢铁学院、北京师范学院、大连工学院、西安交通大学、浙江大学首批进行试点。文件指出，思想政治教育专业第二学士学位班的培养目标是使学生成为德智体全面发展、又红又专的思想政治工作的高级专门人才。思想政治教育专业第二学士学位班的课程设置与本专业本科班基本相同。学习期限两年，毕业后从事思想政治工作和思想政治教育的教学、科研工作。招生对象是年龄在30岁以下的(个别可放宽到35岁)已获得理工农医学士学位、在高等学校从事思想政治工作一年以上的优秀的在职人员。文件强调，开办思想政治教育专业第二学士学位班是一项新的工作，应该严肃认真地办好。要明确培养目标，保证招生质量，坚持正规培养。要加强思想政治教育，安排好教学计划，选派教学效果好的教师任课，从招生到结业的各个环节都要从严要求，以保证教学质量。

6月11日—18日

全国"五讲四美三热爱"活动工作会议在福建省三明市举行。会议总结了两年多来大中城市开展此项活动的情况，听取了三明市建设文明城市的经验，提出了进一步开展这项活动的措施。

6月16日

《中国教育报》报道，教育部组织编写的高等学校《共产主义思想品德课教学大纲(试用本)》将于1984年8月出版。根据党的十二大关于对青年加强共产主义思想教育，培养一代有理想、有道德、有文化、守纪律的新人的精神，全国大多数高等学校开设了共产主义思想品德课。教育部于1982年发出了《关于在高等院校逐步开设共产主义思想品德课的通知》。教育部组织编写的这个大纲，是在总结近年来各地教学经验的基础上，吸取了全国各地、各类学校教学大纲的长处，加进了胡乔木同志《关于人道主义和异化问题》一文的有关论述，并征求了有关专家的意见。这个大纲共分12个专题，近5万字，每个专题还附有参考书目、思考题和辅助活动。它不仅适合于从事共产主义思想品德课教学的教师使用，对从事学生思想政治工作的干部和班主任也是较好的参考书籍，学生也可用作自学的参考。

《中国教育报》报道，清华大学30年来在学生政治工作队伍的建设中，实行"双肩挑"政治辅导员制度的经验，在6月7日开始举行的全国高等学校思想政治工作会议上，引起了广泛的重视。清华大学的学生思想政治工作，除了实行班主任制度，要求政治课、文史课和广大业务课教师"教书育人"外，还从1953年开始设立了半脱产政治辅导员，在第一线全面负责班级日常思想政治工作和党、团组织建设。这些政治辅导员，一般是从青年教师、高年级学生和研究生的党员中挑选的，一面从事教学、科研或专业学习，一面做学生的思想政治工作。经过长时间的实践，通过这种"双肩挑"的途径，不仅形成了保证学生思想政治工作的干部制度，还锻炼出一批符合革命化、年轻化、知识化、专业化要求的骨干力量。

报道说，"双肩挑"制度的具体做法是，从学习成绩优良、思想觉悟高的学生中选拔半脱产的政治辅导员，半脱产期间，课程减少1/3左右，每周专业学习24至28小时，每周工作16至20小时，学习期限延长一年，修完所缺课程，考试合格，按原班次发给毕业证书。研究生担任辅导员，一般一年的课程在两年内学完，进入论文阶段则全部时间做论文。青年教师担任辅导员，一般在三年左右时间里，一半时间做学生的思想政治工作，一半时间从事教学、科研，或按在职研究生的办法培养，或在期满后安排业务进修。

报道指出，清华大学实行"双肩挑"的政治辅导员制度有三方面好处：(1)密切了政治工作干部和学生的联系，加强了思想政治工作的针对性，将思想政治工作深入到教学科研领域，培养了良好的校风，有利于引导学生又红又专；(2)为国家培养输送了一批质量更高的又红又专的干部；(3)半脱产的政治辅导员也是学校各级领导干部的一个重要来源。

6月17日

全国高校思想政治教育研究会筹备小组在北京成立，并举行第一次会议，教育部副部长彭珮云出席了会议。与会同志交流了近两年来开展思想政治教育科学研究方面的工作情况。大家认为，在新的历史时期，加强高等学校思想政治教育的科学研究，是加强和改进高等学校思想政治工作必不可少的措施，对于提高政工干部队伍的思想理论水平和工作能力，开创学校思想政治教育新局面有重要作用。成立研究会，对于推动高等学校思想政治教育科学研究的开展，很有必要。会议决定，起草研究会的章程和科研规划草案，为计划在 1984 年下半年召开的全国高校思想政治教育研究会成立大会进行准备。

9 月

9 月 4 日

中宣部、教育部联合发出《关于加强和改进高等院校马列主义理论教育的若干规定》。文件指出，马克思主义是我们党和国家的行动指南，是培养学生无产阶级世界观和共产主义道德的理论基础。把马列主义理论课作为必修课，是社会主义大学区别于资本主义大学的重要标志。各级党委宣传部(或科教部)和教育部门必须充分认识马列主义理论课在高等教育中的重要地位和作用，切实加强领导。改革课程设置和教材内容的原则是：坚持理论联系实际的方针，增强课程体系和教材内容的科学性与现实性，使马克思主义理论真正成为学生认识世界和改造世界的思想武器，帮助他们形成无产阶级的世界观。马列主义公共理论课的教学时数：文科四年制本科(含艺术院校的理论、创作、编导专业)一般占总学时的 20%左右，每门课最低不少于 105 学时；四年制外语专业按文科开设马列主义的各门课程，每门课最低不少于 80 学时；理工农医等四年制本科和艺术院校的技巧、表演专业占总学时的 10%左右，每门课最低不少于 70 学时；五年制和六年制本科，要相应地增加学时。自习与课堂教学时间的比例为 1 ∶ 1，要列入课程表，由任课教师掌握。任何学校和个人都不能任意减少和侵占马列主义理论课的时间。文件要求，要加强教学的各个环节，改进教学方法；加强马列主义理论和教学法的研究；加强教师队伍的建设，改善他们的政治待遇和工作条件；加强对高校马列主义理论教育工作的领导。

同日，《中国教育报》报道，浙江省最近举行高校思想政治工作会议，要求各高校用改革精神加强思想政治工作，会议提出，有条件的大学从明年起要开设思想政治教育专业，逐步让未达到大学本科水平的高校政工人员脱产学习两年，取得第一学士学位；对已取得第一学士学位的政工人员，有计划地推荐报考思想政治教育专业，获取第二学士学位，以提高政工队伍的政治和业务素质。为改进和加强马列主义理论教育与思想品德教育，要有领导地组织马列主义理论课教师深入实际调查研究，在教学上做到理论联系实际。几所老大学要创造条件，分别或共同举办马列主义研究生班。

9 月 10 日

中宣部、中共教育部党组联合发出《关于加强和改进中等专业学校当前思想政治工作的几点意见》，要求加强和改进中等专业学校思想政治工作，提出中等专业学校思想政治工作的基本要求是：在马列主义、毛泽东思想指导下，对全体师生员工进行爱国主义、集体主义、社会主义和共产主义教育，不断提高其思想政治觉悟，形成良好的校风，保证培养德智体全面发展的中级专门人才和其他各项任务的完成，把学校建设成社会主义精神文明的阵地。当前要着重研究做好改革中的思想政治工作，保证各项改革有成效地、健康地向前推进。要探索和采用新的工作方法和活动形式，使思想政治工作具有战斗力、说服力和吸引力。采取专职和兼职相结合的办法，逐步建立、健全和扩大思想政治工作队伍。

9 月 12 日

教育部发出《关于高等学校开设共产主义思想品德课的若干规定》。文件指出，共产主义思想品德课的任务是对学生进行共产主义人生观和共产主义道德教育，针对学生普遍关心的有关人生、理想、道德等方面的问题，给予有说服力的回答，帮助学生逐步树立共产主义人生观，培养共产主义的道德品质。共产主义思想品德课的内容：教育部制定的高等学校《共产主义思想品德教学大纲(试用本)》，对这门课的内容规定了基本要求。共产主义思想品德课的教学原则：坚持理论联系实际的方针，这是思想品德教育能否取得成功的关键；课堂讲授与生动活泼的教育活动相结合；注意引导学生进行自我教育。文件强调，共产主义思想品德课，应纳入教学计划，并考核学习成绩。思想品德课和形势与政策教育，平均每周两学时，由各校根据情况统筹安排。思想品德课的教学时间，不得任意挤占。文件要求，各校应重视思想品德课教师队伍的建设。专职教师评定教师职称，列入教师编制。兼职教师主要从具备讲授思想品德课条件的政治工作干部及其他业务课教师中聘请。有条件的学校可成立共产主义思想品德教研室。学校党委要加强对教研室的领导，教务方面由教务部门统一管理。共产主义思想品德教研室的主要任务是：组织实施这门课程的教学；调查研究学生思想品德情况；结合教学进行思想品德教育的理论研究；协助主管思想政治教育的部门培训学生思想政治工作干部。

9 月 22 日

教育部发出《改进和加强中专、中师政治理论课的意见》。文件指出，政治理论课是对学生进行马列主义、毛泽东思想教育的课程，是学校思想政治教育的重要途径之一，是实现社会主义学校培养目标的一门重要课程。政治理论课的任务是用马列主义、毛泽东思想的基本理论武装学生，培养学生运用马克思主义的立场、观点、方法分析问题和解决问题的能力，帮助学生树立革命的人生观和科学的世界观，使学生成为有理想、有道德、有文化、守纪律的新一代。中专、中师政治理论课的课程设置，必须切实结合中专、中师教育的实际，注意与初中政治课衔接，适当照顾专业特点，充分考虑学生的年龄特征和知识水平。

文件规定，中专、中师政治理论课开设“马克思主义基础”“政治经济学”“辩证唯物主义和历史唯物主义”“中国革命和建设基本问题”“共产主义道德概论”。文件还对不同科类、不同学制的学校和不同年级开设哪几门政治理论课做出了具体规定。中专和中师的政治理论课教学时数，原则上每周为两学时。财经、政法及其他文科中专的“政治经济学”“辩证唯物主义和历史唯物主义”，每周四至六学时。各类中专的时事政策教育每周为两学时，中师每周一学时，均列入教学计划。文件还对不同科类的中专开设的政治理论课的总学时做了规定。

文件强调，中专、中师政治教师担负着向学生进行马列主义、毛泽东思想教育的光荣任务，必须自觉坚持四项基本原则，具有坚定的共产主义信念，在政治上与党中央保持一致，对本职工作有强烈的事业心和责任感，作风正派；同时，要系统地掌握马列主义、毛泽东思想的基本理论，具备相当于大学本科政教专业毕业的水平，胜任教学工作。文件要求，要切实改善政治教师的工作条件和学习条件。评定政治教师的职称要严格按照国家的规定。改进中专、中师政治理论课的关键，是切实加强领导。各省、自治区、直辖市教育(高教)厅(局)，应把中专、中师政治理论课列入议事日程，认真负责地管起来，并争取省、自治区、直辖市党委宣传部门的领导。教育(高教)厅(局)内应有专人管理这项工作。

11 月

11 月 13 日

中宣部、教育部联合发出《关于加强高等学校思想政治工作队伍建设的意见》。文件指出，高等学校要为社会主义现代化建设培养德、智、体全面发展的又红又专的人才，必须建设一支精干有力的思想政治工作队伍。高等学校的思想政治工作队伍实行专职和兼职相结合。专职思想政治工作人员要有较高的政治素质和知识水平，要把又红又专的优秀人才放到思想政治工作岗位上。思想政治工作人员的来源和发展方向：专职思想政治工作人员，可从本校教师和干部中选调，可从本校毕业生中选留，也可从马列主义理论专业、思想政治教育专业和其他文科专业的毕业生中调配。学校领导在适当时候应根据工作需要和本人条件逐个予以定向，可做党政干部、马列主义理论课教师或共产主义思想品德课教师、业务课教师。

文件指出，实行正规培训是高等学校思想政治工作队伍建设的重大改革，除在部分高等学校开办思想政治教育专业本科班、第二学士学位班外，条件具备时要开办研究生班。这支队伍要有计划地更新，其人员今后的发展方向应根据本人条件逐个予以定向。要妥善解决思想政治工作人员的待遇问题，务使与其责任和劳绩联系起来，并要大力表彰优秀的思想政治工作者，给予记功授奖和破格提级。

12月

12月19日

教育部发出通知，要求从1985年春季开学起，在高中政治课和时事政治教育时间内进行党的十二届三中全会精神的教育。通知还决定停止使用现行的《政治经济学常识》(下册)课本及配套的参考用书。由人民教育出版社根据《中共中央关于经济体制改革的决定》精神，重新编写教材。各地可根据《高中时事教育提纲——关于经济体制改革的几个问题》，自行编写辅导教材，进行教学。

12月20日—24日

全国高校思想政治教育研究会在上海举行成立大会。出席大会的有全国各地代表130多人。代表们对高等学校的思想政治工作如何适应新形势要求的问题进行了热烈讨论。大会制定了研究会的章程，制订了1985年至1999年的科学研究计划。研究会的宗旨是，以马列主义、毛泽东思想为指导，坚持理论联系实际的原则和百家争鸣的方针，团结全国从事高等学校思想政治教育的广大干部、教师和专家、学者，研究和探讨新时期高等学校思想政治教育的理论问题与实际问题，为促进高等学校思想政治教育工作，建设有中国特色的思想政治教育学科，培养适应“三个面向”需要的人才而努力。中宣部副部长曾德林、教育部副部长彭珮云在会上讲话。曾德林强调，培养德智体全面发展、富于创造精神的人才，绝不能没有思想政治教育；使学生具有明确的学习目的、正确的学习态度和刻苦钻研的精神，离不开思想政治工作。思想政治工作应当贯穿学生在校学习的全过程。在新时期，环境、任务、教育对象都变了的情况下，思想政治工作的要求、方针和做法，在许多方面都应加以改进。要继承发扬优良传统，勇于打破老框框，研究新情况，解决新问题，创造新经验。在新的条件下，思想政治教育要着眼于“立”，在建设以共产主义思想为核心的社会主义精神文明上下功夫。他希望研究会在马列主义、毛泽东思想的指导下，发扬理论密切联系实际的学风，做好研究工作，促进高等学校思想政治工作的改善和加强。彭珮云在大会结束时的讲话中说，要使高等学校的思想政治教育适应新形势的要求，必须进一步明确，新时期高等学校思想政治教育的根本任务是为“四化”建设培养人才，思想政治教育应该围绕培养人才这个中心来进行，切实解决政治同业务“两张皮”的问题。高等学校的思想政治工作必须结合经济体制改革和教育改革来进行。希望高等学校的思想政治工作干部振奋革命精神，改进作风，深入到学生中，同他们交知心朋友，既当先生，又当学生，同他们平等地讨论问题，这样才能做好思想政治工作。大会民主选举产生了理事会和常务理事会，曾德林任会长，李纯、廖叔俊、王力平、张凤山、马淑洁、田幼禹、郑永廷任副会长，徐文良任秘书长。

1985年

1月

1月21日

第六届全国人大常委会第九次会议通过国务院关于建立教师节的议案，决定将每年9月10日定为教师节。议案指出，建立教师节是为了进一步提高人民教师的政治地位和社会地位，逐步使教师工作真正成为社会上最受人尊敬、最值得羡慕的职业之一，形成尊师重教、尊重知识、尊重人才的社会风尚。

1月22日

教育部就最近有几所高等学校发生学生贴大字报、罢餐、罢课、请愿等事件发出《关于正确处理大学生中发生的事端的通知》。文件指出，这些事件的直接原因多数是由于学生对学习、生活条件不满或对学校工作不满。对此，各级教育部门、学校领导和党团组织要高度重视，要爱护学生关心改革、要求改革的热情，发挥学生的积极性，使广大学生有表达意见的机会和正常途径；学校要加强对行政职能部门的领导，切实转变作风，克服工作弊端，服务群众、方便群众；对涉及学生切身利益的问题，要多听学生意见，采取慎重态度；对大学生中发生的事端，要坚持疏导方针，做耐心细致的工作，不能简单粗暴地对待，防止激化矛盾，扩大事端。

1月25日

教育部召开首都高等学校负责人会议，要求各校领导干部充分重视学生工作，切实关心学生成长。教育部部长何东昌在会议上强调，在新的形势下，高等学校党政领导干部要充分重视学生工作，切实关心学生的成长，改善他们的学习和生活条件，加强对他们的思想政治工作，努力把学生工作提高到一个新的水平。何东昌指出，要学习和发扬战争年代人民解放军干部关心士兵的思想政治工作优良传统，学校领导干部和政治工作干部要深入学生中去，了解他们的学习和生活情况，及时发现问题和解决问题，提高预见性，把工作做在前面，做深做细。这是当前高等学校思想政治工作的重点。高等学校现在发展和改革的任务很重，但绝不能放松学生工作。何东昌强调，把伙食办好是一项重大的政治工作任务，学校领导应经常到学生食堂去检查工作。各校可以在有利于多出人才、快出人才、出好人才，促进学生德智体各方面健康成长的前提下，积极开辟门路，组织学生参加各种勤工助学活动。

1月30日

教育部发出《关于关心群众生活，深入细致地做好大学生思想政治工作的通知》。文件中说，最近，有几所高等学校发生的事端虽已先后平息，但是，导致事端的因素并未完全消除。寒假过后，如何保证学校的教学秩序和安定团结的局面仍是重要课题。各级教育部门、学校党政领导要认真改进作风，切实加强工作，不要掉以轻心。在当前的情况下，一定要把关心群众生活作为最重要的政治工作来抓；要发扬党的思想政治工作的优良传统，深入群众、关心群众，防止和克服官僚主义；学校各部门要积极创造条件，帮助学生开展勤工俭学，改善学生生活，培养自立精神；要重视听取学生对教学改革的意见和要求，积极稳步地开展教学改革。

2 月

2 月 27 日

中共中央书记处书记胡启立同出席北京市学生联合会第一次代表大会的部分代表座谈。胡启立向学生们介绍了当前我国各条战线的大好形势和存在的困难，希望青年学生了解我国的国情，懂得我们的国家大、人口多、底子薄，无论想什么问题、办什么事情，都要从这个国情出发，议大事、懂全局，摆正个人和集体、国家，眼前和长远利益的关系，采取恰当方法正确对待和处理前进过程中遇到的困难与矛盾。他指出，今后我们事业成败的关键在于人才，党、国家和人民对广大青年学生寄予厚望，希望他们关心大事，了解全局，好好学习，成长为新的一代良才，肩负起振兴中华的重任。胡启立希望大中学校的党组织在教育体制改革中加强和改善党的领导，注意同学生们直接对话交心，提倡尊师爱生，加强相互理解和信赖。学生要通过团组织和学生会自己管好自己。要把办好学生食堂，改善学生的学习和生活条件，作为当前学校思想政治工作的一项突出任务来抓。胡启立还赞扬了许多学生开展的勤工助学活动。他主张学生多开展一些智力开发型、劳务型和社会服务型的勤工助学活动，但不宜提倡大家都去经商，更不可以从事倒买倒卖活动。

3 月

3 月 23 日

《中国教育报》报道，中宣部、教育部不久前在天津召开部分省、自治区、直辖市党委宣传(科教)部和部分高等学校的领导同志座谈会。会议由中宣部副部长曾德林主持，中共中央书记处书记、中宣部部长邓力群作了重要讲话。与会同志深入学习了最近中央领导同志的讲话，认真讨论了在新形势下如何做好思想政治工作的问题。会议认为，当前，高校学校应该把做好思想政治工作同切实解决问题，努力改善学生的学习、生活条件很好地结合起来，这对于巩固和发展安定团结的政治局面，保证改革的健康发展，具有重要意义。与会同志强调，当前在高等学校中很有必要在党内外深入进行一次形势教育，使广大党员和师生员工正确地认识我国的经济形势，经济改革和教育改革的目的、任务、方针和政策，以及改革中的困难和矛盾。会议指出，对师生员工特别是青年学生要经常进行爱国主义和共产主义思想教育，帮助他们识别和抵制资本主义的腐朽思想和封建主义的余毒，使他们成长为有理想、有道德、有文化、守纪律的一代新人。会议强调，要做好思想政治工作，必须加强理论研究，以马克思主义世界观和科学理论指导思想政治工作。学校领导要把政治理论课教师进一步组织起来研究实践中提出的理论问题，提高思想政治工作的水平和说服力，并改变政治理论教育脱离实际的状况。

4 月

4 月 9 日

《中国教育报》报道，最近，教育部重点工科院校电化教材协作组编制了一批思想品德教育电化教材，共有五部电视录像片。这批电化教材以爱国主义为主题，内容丰富，情节感人，寓教育于生动的形象之中。这五部电化教材分别是：大连工学院录制的《信念的力量》，西安交大录制的《世界文明之瑰宝——中国古代科技》(上)，上海交大录制的《申江忆旧惊变迁》《把青春献给祖国》，以及浙江大学录制的《学生魂》。

4 月 16 日—24 日

教育部在北京召开高等学校马列主义理论课教学改革研讨会。与会同志就高等学校马列主义理论课教学改革的必要性与迫切性、改革的目的、改革的方向和教学内容的改革等问题，展开了认真的讨论。会议由中共中央书记处书记、中宣部部长邓力群主持，教育部部长何东昌作总结发言。会上，中共中央政治局委员胡乔木传达中共中央书记处关于改革高等学校马列主义理论课的意见和要求，并两次发表讲话。他指出：当前，高等学校马列主义理论课教学和教材存在脱离中国社会实际、脱离学生、脱离时代的严重不适应状况，大中小学课程和教材必须进行改革。

在分析当前轻视学校政治课的原因后，他指出，马列主义理论课改革是个巨大的系统工程，改革方向是面向现代化、面向世界、面向未来，改革是为了进一步加强而不是削弱这方面的教育。会议讨论了胡乔木的讲话，并结合当前高等学校马列主义理论课教学实际情况和教师队伍状况统一了思想，对实现改革目标的具体步骤和措施广泛交换了意见。

5月

5月15日—20日

中共中央、国务院在北京召开全国教育工作会议。会议讨论了《中共中央关于教育体制改革的决定(草案)》，研究了实行教育体制改革的步骤和措施。5月17日，国务院副总理万里代表党中央和国务院在讲话中指出，教育体制改革的根本目的是多出人才、出好人才。什么叫“好人才”？一句话，就是新时代需要的人才。我们国家当前正处在又一次革命的新的历史时期，要革贫穷的命，革落后的命，大大加强民主和法制，建立一个高度文明的、高度民主的社会主义强国。这个新时代需要的人才，应该有理想、有道德、有文化、有纪律，热爱社会主义祖国和社会主义事业，具有为国家富强和人民富裕而艰苦奋斗的献身精神，不断追求新知，具有实事求是、独立思考、勇于创造的科学精神。这样的人才，才能真正成为新时代的主人和人民的公仆。培养人才，一定要按照新时代的需要来培养。5月19日，邓小平到会并在讲话中指出：我们国家，国力的强弱，经济发展后劲的大小，越来越取决于劳动者的素质，取决于知识分子的数量和质量。一个地区，一个部门，如果只抓经济，不抓教育，那里的工作重点就是没有转移好，或者说转移得不完全。忽视教育的领导者，是缺乏远见的、不成熟的领导者，领导不了现代化建设。

5月27日

《中共中央关于教育体制改革的决定》颁发。文件指出，教育体制改革的根本目的是提高民族素质，多出人才、出好人才。教育必须为社会主义建设服务，社会主义建设必须依靠教育。社会主义现代化建设的伟大任务，要求我们不但必须放手使用和努力提高现有的人才，而且必须极大地提高全党对教育工作的认识，面向现代化、面向世界、面向未来，为20世纪90年代以至21世纪初叶我国经济和社会的发展，大规模地储备新的能够坚持社会主义方向的各级各类合格人才。这些人才，都应该有理想、有道德、有文化、有纪律，热爱社会主义祖国和社会主义事业，具有为国家富强和人民富裕而艰苦奋斗的献身精神，都应该不断追求新知，具有实事求是、独立思考、勇于创造的科学精神。

文件指出，在整个教育体制改革的过程中，必须牢牢记住改革的根本目的是提高民族素质，多出人才、出好人才。衡量任何学校工作的根本标准不是经济收益的多少而是培养人才的数量和质量。紧紧掌握这一条，改革就不会迷失方向。改革教育体制要调动各方面的积极性，最重要的是要调动教师的积极性。我国已有近千万人的教师队伍，长时间来，他们中的绝大多数人，无论生活如何清苦，无论经历什么政治风雨，都始终不渝地坚信党、热爱社会主义祖国、忠于人民的教育事业，不愧为人师表。

学校中的党组织要从过去那种包揽一切的状态中解脱出来，把自己的精力集中到加强党的建设和加强思想政治工作上来；要团结广大师生，大力支持校长履行职权，保证和监督党的各项方针政策的落实及国家教育计划的实现；要坚持用马克思主义教育广大师生，激励他们立志为祖国的富强奋勇进取、建功立业，保证学生德、智、体的全面发展，使学校真正成为抵御资本主义和其他腐朽思想的侵蚀，建设社会主义精神文明的坚强阵地。

6月

6月9日—15日

中宣部、司法部在北京联合召开全国法制宣传教育工作会议。这次会议的主要任务是提高认识、统一思想，研究部署在全体公民中普及法律常识的工作。中共中央书记处书记、中宣部部长邓力群在会上作了题为《法律要为人民所掌握》的讲话，强调法制教育应列为政治教育重要内容。

教育部副部长彭珮云就学校法制教育发言时指出，学校应当成为全民普及法律知识的基本阵地，对青少年进行法制教育关系到国家的长治久安和一代新人的健康成长，教育界对此要予以高度重视。

6 月 15 日

共青团中央发出《关于不失时机地对青少年进行爱国主义和革命传统教育的通知》，要求各级团组织认真组织青少年开展各种形式的纪念活动。通过纪念活动，使青少年了解我党我军和我国人民在革命战争年代为了民族独立和解放万众一心、英勇奋斗的光荣历史；了解革命前辈在艰苦卓绝的斗争中为人民立下的丰功伟绩；了解前辈青年追求真理，以天下为己任，前仆后继，救国救民的光辉历程。引导青少年把共产主义远大理想同当前的奋斗目标结合起来，为国家富强、人民富裕奋发进取、建功立业。

文件要求，各级团组织要广泛宣传和组织学习对越自卫反击战英雄、在“为边陲儿女挂奖章”活动中评选出的先进青年典型以及继“一山两湖”英雄群体之后涌现的系列舍己救人英雄群体，把学习当代青年英雄典型与学习革命传统结合起来。深入开展爱国主义和革命传统教育，要精心准备，统筹安排，面向青年，落实基层，采取多种形式，注重教育效果。

8 月

8 月 1 日

中共中央发出《关于改革学校思想品德和政治理论课程教学的通知》，并成立全国马克思主义思想理论课教材编审委员会，统筹规划课程设置、教材编辑及审定和其他组织工作，正式拉开了高等学校思想理论教育改革的序幕。文件指出，为适应我国社会主义现代化建设的需要，适应现代科学技术、现代政治经济巨大发展变化，适应新时期青少年心理发展具体状况，现行的思想品德和政治理论课程设置、教学内容和教学方法必须进行认真改革。改革的关键是坚决贯彻执行理论联系实际的方针。要通过教学引导青少年逐步树立正确的人生观和世界观，运用正确的观点和方法去积极地思考并回答自己面临的重大问题，认清和履行我国青年一代的崇高责任。文件指出，大学(指各类高等学校)马克思主义思想品德和政治理论课的主要内容和要求是：进行以中国革命史为中心的历史教育，使学生了解具有悠久的历史文化传统的中国，是怎样根据历史的必然走上以共产党为领导力量的社会主义道路的；进行马克思主义基本理论的教育，使学生了解马克思主义的哲学、历史学、经济学、政治学和科学社会主义等基本理论观点的历史渊源、主要内容和现代发展(包括在中国的运用和发展)；同时，有分析、有比较地介绍当代其他各种社会思潮，对错误的思想要有分析地进行充分说理的批评，培养学生运用马克思主义对这些思想进行鉴别和分析的能力；进行中国社会主义建设和改革的理论、政策和实际知识的教育，使学生了解我国党和人民正在进行的有世界意义的伟大事业与青年一代的密切关系及青年一代的崇高责任。在进行上述各项教育中，要适时地穿插各种切合学生需要的时事教育、文学艺术教育和课外活动，激发学生为社会主义伟大事业而奋斗的献身精神，还应向学生介绍当代世界政治经济的基本状况、国际关系的基础知识，帮助学生开阔视野，使他们在对外开放的环境下有坚定的立场和较强的适应能力。研究生阶段的思想理论教育，应当在大学本科的基础上继续提高，并注意与专业学习适当地结合起来。要改变注入式的教学方法，尽量实行启发式的教学方法；编写出几套适应社会主义现代化建设需要的、具有较高水平的新教材，是改革马克思主义思想理论课教学的中心环节；实现马克思主义思想理论课教学改革任务的主要依靠和根本保证，在于建设一支坚持党的路线、有马克思主义觉悟和理论修养、有比较丰富的社会科学文史知识和必要的自然科学知识、热心于青少年思想理论教育工作的师资队伍；各级党委和政府部门必须切实加强对马克思主义思想理论课教学改革的工作的领导，充分依靠和调动广大教师的积极性，坚定、积极而又有步骤地做好这项工作。

8 月 4 日—10 日

中国高等教育学会第一届理事会暨学术讨论

会在黑龙江省哈尔滨市召开。中共中央政治局委员、国务院副总理兼国家教委主任李鹏发来贺信并指出，中国要搞现代化建设，要走出一条建设中国式社会主义的路子，关键在于人才，而我们所需要的人才，不是别的人才，是有理想、有道德、有文化、有纪律的人才，献身于经济改革、科技改革和教育改革事业的人才。与会同志一致认为，用共产主义的远大理想武装我国大学生是高教工作者责无旁贷的神圣任务，是当前高等教育研究和实践的首要问题，应当引起高教战线的充分注意。与会同志学习了《中共中央关于教育体制改革的决定》，并一致认为，这是一个纲领性文件，为我国教育的改革与发展指出了正确的方向，有必要进一步深入学习和大力宣传文件精神，提高认识，统一思想，以利于教育改革的开展。会议集中讨论了高等学校的理想和纪律教育的问题，认为加强理想和纪律教育，克服思想教育薄弱的状况是十分紧迫的问题。大家指出，一定要教育我国的大学生树立共产主义的远大理想，才能把他们培养成为社会主义四个现代化的建设者，成为共产主义事业的接班人，成为我们的时代所需要的人才，否则就会在同资本主义思想的斗争中打败仗，成为资本主义腐朽思想的俘虏。在会上，蒋南翔作了题为《论在我国大学生中进行共产主义教育和爱国主义教育》的发言。蒋南翔指出，要用共产主义的远大理想武装我国的大学生；深入进行爱国主义教育，把爱国主义教育作为学校思想政治教育的基础和前提；坚持社会主义方向，坚持党的领导，克服不正之风等。

8月5日—9日

全国高等学校思想政治教育研讨会在吉林省吉林市召开。会议期间，代表们就如何加强理想纪律教育等专题进行了讨论。全国高等学校思想政治教育研究会会长、中宣部副部长曾德林，国家教委副主任彭珮云出席会议并讲话。曾德林在讲话中全面分析了高等学校思想政治教育工作的形势，并指出，我们必须坚定不移地执行对内搞活、对外开放的方针，但也要看到，资本主义腐朽思想也不可避免地随之而来，这些思想对部分学生的影响绝不可低估。邓小平等中央领导同志关于理想、纪律教育的指示，是我们对青年进行思想政治教育的总方针，我们要毫不动摇地向学生进行理想、道德和纪律教育，这是思想政治教育工作乃至整个教育工作的长期任务。彭珮云在讲话中认为，《中共中央关于教育体制改革的决定》对新时期我们所培养的人才规格提出了明确的要求。中央领导同志最近对于我们所从事的改革的性质、目的、方向以及改革与理想、纪律的关系等问题的一系列重要指示，就是我们思想政治教育工作的根本指导思想。我们一定要联系实际，认真学习《中共中央关于教育体制改革的决定》与中央领导同志的重要讲话，在思想上政治上与党中央保持高度一致，为培养新时期所需要的合格人才而努力。

关于今后一个时期高等学校的思想政治教育工作，彭珮云希望抓好以下几件事：一是要进行“四有”教育，特别是共产主义思想教育，要旗帜鲜明地把这项教育活动坚持下去；二是要下决心花大力气认真搞好学校思想品德和政治理论课程的改革；三是要继续密切联系学生，关心学生的学习和生活，搞好教学与后勤工作，使学校有一个安定团结的环境；四是思想政治工作队伍的问题，已经成了一个迫切需要用长远的观点来系统地研究解决的重大问题，我们一定要把这个问题提到议事日程上来。

8月11日—15日

国家教委政教司在吉林省长春市召开高等学校中共党史课教学改革座谈会。国家教委副主任彭珮云出席会议并讲话。彭珮云指出，现在准备在高等学校逐步开设中国革命史课程，作为公共必修的马克思主义理论课，是为了在新的历史条件下更好地适应对当代大学生进行马克思主义教育的需要。经验证明，对当代大学生进行中国革命史教育，用大量的、生动具体的历史事实，全面地讲述中国革命赖以发生、发展的客观社会条件和中国人民革命斗争的历史、发展规律和基本经验，通过历史的纵向和横向的比较，可以更有说服力地使学生了解中国是怎样根据历史的必然走上以共产党为领导力量的社会主义道路的；可以更好地对学生进行爱国主义和革命传统教育及四项基本原则、共产主义理想的教育，帮助他们学习马列主义的立场、观点、方法，树立正确的世界观和人生观。彭珮云强调，目前中国革命史这门课程总的说来还刚刚起步，对这门课程的内容和范围还有一些不同的看法，应该允许进行试验。中国革命史作为马克思主义的一门历史科学，很多问题要做科学研究。教学改革是一件复杂、细致的工作，态度要积极，步子要稳妥。要从实际出发，经过试验，逐步推行。

9 月

9 月 3 日

纪念抗日战争和世界反法西斯战争胜利 40 周年大会在北京举行。彭真、乌兰夫等党和国家领导人出席大会。中共中央政治局委员、全国人大常委会委员长彭真在会上发表讲话。他指出，抗日战争是中国近代历史上最伟大的民族解放战争，它在整个中国人民革命进程中具有十分重大的意义。中国抗日战争是世界反法西斯战争的重要组成部分。中国抗日战争的胜利，是全民族团结抗战的胜利；抗日战争和世界反法西斯战争的胜利，是世界和平民主力量的胜利，是人类进步事业的胜利。在纪念抗日战争和世界反法西斯战争胜利 40 周年的这个庄严时刻，我们呼吁全世界所有爱好和平的国家和人民联合起来，为保卫和平、防止新的战争而共同奋斗。我们也呼吁世界各国一切有远见的政治家们以对本国人民和世界人民负责的态度，选择尊重别国独立和主权的和平道路，摒弃征服和压制别国的战争道路。中国政府和中国人民将同世界一切爱好和平的国家和人民一道，继续努力，为防止战争、维护和平作出自己的贡献。彭真强调，我们今天正处在振兴中华的新的历史时期。中国共产党和中国政府提出这个时期的三大任务就是：在国际上维护世界和平，在国内实现祖国的完全统一，搞好社会主义现代化建设。全国人民都要同心同德为实现这三大任务而努力。抗日战争的胜利，使台湾摆脱了日本帝国主义的殖民统治而回归祖国。现在，我们按照“一个国家，两种制度”的设想，已经圆满解决了香港问题。抗日战争时期国共两党合作的历史经验告诉我们，两党合作是符合中华民族的根本利益的。

9 月 10 日

中宣部、国家教委、共青团中央、中国教育工会、北京市人民政府在人民大会堂联合举行首都庆祝教师节大会。万里代表党中央和国务院发表《教师工作在很大程度上决定着国家未来》的讲话。他说，教师是铸造人类文明的工程师，是人类文明的传播者和建设者。人类文明发展的连续性，有赖于一代又一代教师的劳动。教师工作在很大程度上决定着我国社会主义现代化建设的成败，决定着我们国家的未来。教师应当受到人们尊敬，应当享有崇高地位。尊重教师应当成为一种社会风气、社会公德、社会文明的标志。建立教师节，标志着教师在我国受到全社会的尊敬。

李先念致信全国教师，祝贺我国第一个教师节。信中说：全国各级各类学校上千万教师和教育工作者，是我国工人阶级知识分子队伍中的一个重要方面军，共产主义事业的接班人，要靠你们培育。他们的思想、品德，要靠你们去塑造；他们对人类文明继承和发展的能力，要靠你们去培养。教育直接关系着我国未来一代新人的成长，直接关系着“四化”的成败、民族的兴衰、祖国的前程。“尊师重教”，是一个国家、一个民族文明的重要标志。教师工作应该成为社会上最受人尊敬和最值得羡慕的职业之一。当前，我国社会主义精神文明建设的一项重要任务，就是要在全社会形成“尊师重教”的风尚。李先念在信中希望各族教师同志们不断地提高自己的思想政治水平和文化业务水平，具有高尚的品德、渊博的知识，掌握教育教学工作规律，教书育人，为人师表，为祖国的社会主义教育事业作出更大的贡献。《人民日报》发表社论《敬礼，光荣的人民教师》。《红旗》杂志发表评论员文章《为提高人民教师的地位多办实事》。

10 月

10 月 4 日

中共中央发出《关于进一步加强青少年教育预防青少年违法犯罪的通知》。文件指出，青少年是国家的希望和未来，是各条战线的生力军和后备军。把青少年培养成为有理想、有道德、有文化、有纪律的新人，需要经过长期、艰苦、细致的工作，这是全社会的任务。全社会都要关心和教育青少年。家庭教育、学校教育、社会教育这三个方面必须密切配合，共同担负起培育年青一代的任务。

文件要求，大力加强对青少年的理想、道德、纪律和法制教育，必须采取适合青少年特点的各种办法，通过多种渠道、多种形式加强思想教育工作。(1)进行爱国主义、国际主义和革命传统教育，激发青少年的爱国热情和民族自尊心、民族自豪感，鼓励他们立志为振兴中华、实现“四化”而刻苦学习、勤奋劳动。(2)进行形势政策教育，使青少年正确认识新时期的形势和任务，模范执行党的政策。(3)进行系统的思想理论教育，使青少年逐步树立马克思主义的科学信念。(4)大力普及法律常识，使青少年养成遵纪守法的良好习惯。(5)进行共产主义人生观、婚姻观和职业道德教育，使青少年正确对待学习、劳动和生活，正确处理各种社会关系。

文件强调，积极开展群众性的、健康有益的文体活动，丰富青少年的业余、课余生活；为青少年提供更多更好的精神产品，满足青少年的求知欲望；严禁淫秽物品，整顿内容不健康的报刊，严厉打击引诱青少年犯罪的教唆犯；严格纪律，在青少年中形成良好风气；巩固在学率，减少辍学学生；认真做好有轻微违法犯罪行为的青少年的帮教工作，教育挽救失足者；充分发挥离休退休老干部、老工人、老教师的作用，精心培育青少年；抓紧制定保护青少年的有关法律，切实保障青少年的合法权益。

11 月

11 月 23 日—27 日

中共中央顾问委员会在北京举行纪念“一二·九”运动大型座谈会，两代人围坐在一起，回忆传统，展望未来，畅谈了当代青年的历史责任。中共中央顾问委员会副主任薄一波，中共中央政治局委员、国务院副总理李鹏出席并讲话。

薄一波在座谈会上指出，当前我国人民最强烈的愿望和要求，就是要完成社会主义的四个现代化的建设。党和人民殷切地期望当代青年肩负起这样艰巨的历史使命，发扬“一二·九”光荣传统，坚定地站在建设和改革的前列，为伟大祖国的未来，为人民的幸福，为社会主义事业的胜利，创建新的功勋。

李鹏在座谈会上说，这次座谈会沟通了两代人的思想，使青年同志从老同志身上学习到革命的优良作风和传统，使老同志了解了大学生的思想和要求。实践证明，两代人之间没有不可逾越的鸿沟，实现四个现代化的目标使两代人团结起来。

12 月

12 月 2 日

国家教委发出《关于不要成立同乡会一类社会团体的通知》。文件认为高等学校近两年出现的同乡会一类团体，虽然与旧社会的这类团体有本质区别，但毕竟是以狭隘的地域观念为思想基础而组成的，它不利于学生之间的广泛团结，不利于培养学生顾大局、识大体、服从国家利益的集体主义精神。各级政府机关、学校和企业、事业单位都不要倡导、支持、赞助同乡会这一类团体，不要组织跨校的同乡学生聚会，而应鼓励学生在本校各级组织的领导下积极开展各种活动。要做深入细致的思想工作，劝阻成立同乡会一类团体。对于已经成立的也要认真做好疏导工作，特别是要做好热衷于同乡会活动的党员和积极分子的思想工作，通过他们来影响和带动其他人，使这类团体逐步停止活动，自行解散。

1986年

1月

1月14日

《中国教育报》报道，水利电力部最近召开部属高校思想政治工作队伍建设专题研讨会。会议认为，随着形势的发展，目前部属高校思想政治工作队伍不论在数量上还是在质量上，都出现了严重不适应工作需要的状况，尤其是队伍的不稳定，已经到了刻不容缓、非改不可的地步。今后应从留校毕业生中逐年选送一些具有一年以上思想政治工作实践经验、德才兼备的青年教师，攻读思想政治教育专业，使他们逐步取得学生思想政治教育专家的资格，并具有能够系统地讲授一门以上马列主义理论课或思想品德课的能力。今后，凡是留校或新分配来校的本科毕业生、研究生，都要做两年以上学生思想政治工作，方可评定教学职称。政治课教师和思想品德课专职教师也是从事学生思想政治工作的重要力量，原则上每人都要兼做一个学生班的思想政治教育工作，并把从事学生工作的成绩作为评专业职称的依据之一。

2月

2月15日

中共中央政治局委员、国务院副总理兼国家教委主任李鹏视察大连工学院并与该校领导和教师代表座谈。李鹏指出，高等学校要发扬理论联系实际的好学风，在提高教育质量上下功夫，认真培养能适应"四化"建设需要的专门人才。高等学校，尤其是理工科高等学校，更要努力坚持"面向现代化，面向世界，面向未来"的指导方针，培养学生解决"四化"建设中实际问题的本领。在座谈会上，李鹏强调，要加强学生的思想政治工作和管理工作，建设学生思想政治工作队伍。思想政治工作是一门专业，不是所谓"万金油"。要认真研究思想政治工作队伍的培养问题。要选择大学生中品学兼优，并当过班长、团支部书记的人来做思想政治工作。这些人在毕业后，可再学习有关思想政治工作的专业，获得第二学士学位。这样培养出来的人，就可在学校长期工作下去，有的还可担任学校各级领导工作，有的也可以到企业去工作。

3月

3月4日—10日

国家教委在北京召开1986年教育工作会议，中共中央政治局委员、国务院副总理兼国家教委主任李鹏出席闭幕大会并讲话。在谈到加强和改善学校思想政治工作问题时，李鹏明确指出，加强和改善学校思想政治工作，根据许多地方和学校的经验，应该注意以下几个问题：首先，学校党委和各级组织，在思想政治领域支持什么、反对什么，态度必须鲜明，但工作方式要适当。其次，要建立和健全学校思想政治工作队伍。这支队伍应该是专职与兼职相结合，注意从教师和品学兼优的学生中选拔。思想政治工作是一门学科，政治工作人员应该是学校教师队伍的一个组成部分，应该聘任他们担任相应职务。最后，要下大功夫改革学校政治理论课程的教学。学校要注意发挥青年团组织和学生会的作用，从中学起要注意抓青年团的思想建设，使青年团真正成为先进青年的组织。通过学生会的活动，来培养和增强学生自己管理自己、自己教育自己的能力，学校要把组织学生进行生产学习、社会考察和调查研究等活动，纳入教学计划，做到经常化、制度化。

3月5日

中宣部、国家教委、共青团中央联合发出《关于进一步加强高等学校毕业生思想教育工作的通知》。文件指出，毕业生思想教育，是高等学校培养教育工作的重要组成部分，认真做好这个工作，不仅是搞好毕业生分配工作的重要保证，而且是进一步提高毕业生政治思想素质的重要一环，各有关领导部门和高等学校，要深刻认识做好毕业生思想教育工作的重要意义，采取有力措施，切实抓好，抓出成效。从整个工作来看，许多高等学校对新时期毕业生思想上出现的新情况、新特点研究不够，教育的针对性不强，各方面的配合也不够好。各地主管部门和高等学校，要认真总结几年来的工作，在肯定成绩的基础上，找出工作中的不足之处和薄弱环节，切实解决存在的问题，把工作水平提高一步，以适应形势和改革的要求。随着形势的发展和改革的深入，还将会出现许多新的情况、新的问题。这一方面给我们做好毕业生思想教育工作提供了很多有利的条件，同时也给我们的工作提出了许多新的课题和更高的要求。各地主管毕业生教育的部门和各高等学校，要注意研究、探讨新时期毕业生的思想情况和特点，充分调动积极因素和利用有利条件，因势利导，解决新出现的各种思想问题，创造性地做好新形势下的毕业生思想教育工作。文件强调，根据培养“四有”人才总的目标和毕业分配的要求，高等学校毕业生思想教育工作的主要任务是：从社会主义现代化建设需要和关心毕业生的健康成长出发，在大学几年培养教育的基础上，进一步提高毕业生的思想政治素质，促进毕业生德、智、体全面发展，为社会主义现代化建设培养合格的人才，教育毕业生认清形势，明确责任，树立崇高的社会责任感和坚定的事业心，自觉地按照国家需要选择工作志愿，积极响应党的号召，愉快地服从组织分配；帮助毕业生做好艰苦创业、献身“四化”的思想准备，使他们走上工作岗位以后能够虚心向人民群众学习，全心全意为人民服务。为了完成上述任务，要以爱国主义、共产主义思想教育为核心，着重对毕业生进行形势任务教育、理想纪律教育、分配方针政策教育和走向社会的预备教育。文件要求，毕业生思想教育工作要改进教育方法，讲求教育效果；要从实际出发，加强调查研究，深入了解毕业生思想情况，切实掌握毕业生思想脉搏，使每一项教育都有很强的针对性；应与其他有关教育和管理紧密结合；要做到有计划地安排，立足抓早抓紧抓好。高等学校毕业生分配工作牵涉面广，政策性强，时间紧，任务重，要做好毕业生思想教育工作，必须加强领导，动员各方面力量共同做好毕业生思想教育工作。

3月20日

国家教委发出《关于在高等学校进一步贯彻〈中共中央关于改革学校思想品德和政治理论课程教学的通知〉的意见》。提出了从1986年起，用3至5年时间进行政治理论课教学改革工作，逐步开设出新的课程的设想。具体步骤如下。“中国革命史”：1986年，总结清华大学等校改“中共党史”课为“中国革命史”课的试点经验；组织编写供不同类型院校使用的示范性大纲，推动教材建设。1987年，在较多的学校开设“中国革命史”课；评审推荐全国试用教材。1988年，在全国多数高等学校开设“中国革命史”课。“中国社会主义建设”：1986年，组织编写“中国社会主义建设”试用教材和教学参考大纲；进行教学试点；并组织科研攻关。1987年，总结试点经验，扩大试点范围；修改试用教材和教学参考大纲。1988年，评审推荐全国试用教材，在全国多数学校开设“中国社会主义建设”课。“马克思主义原理”：1986年，初步探讨“马克思主义原理”课的教学内容和体系，组织科研攻关。1987年，在科研攻关的基础上，编写教学大纲和试用教材，进行教学试点。1988年，总结试点经验，扩大试点范围，编写示范性大纲，修改试用教材。1989年，评审推荐全国试用教材。1990年，在全国多数学校开设“马克思主义原理”课。“世界政治经济和国际关系”：有条件的地区和学校要组织力量进行研究，可以在试点院校先开展专题讲授或组织讲座。这份文件指出，为实现上述设想，1986 年应做好以下几方面的工作。一是进一步学习《中共中央关于改革学校思想品德和政治理论课程教学的通知》，提高思想认识；二是认真抓好教学改革的试点；三是有计划地开展科学研究；四是有组织地进行新教材建设；五是切实加强政治理论课教师队伍的建设。

本月

中共中央书记处书记邓力群为李燕杰主编的《德育词典》撰写序言。

4 月

4 月 3 日

国家教委就选配品学兼优的应届毕业生充实高等学校思想政治教育工作队伍发出通知。通知指出，高等学校学生思想政治教育工作专职干部队伍、思想品德和政治理论课教师队伍，以及思想政治教育专业的教师队伍，都不同程度地存在人员短缺、后继乏人等问题，很不适应新形势的需要。各级教育部门和高等学校必须下决心切实加强思想政治教育工作队伍的建设。在今后的毕业生分配工作中，要充分重视高等学校思想政治教育工作队伍的需求，尽可能予以照顾。通知要求选拔从事思想政治教育的干部和教师，要坚持高标准、严要求。不仅要思想政治品质好，具有一定的马克思主义理论水平，还应是业务学习上比较优秀的。一定要舍得选配品学兼优的大学本科毕业生和毕业研究生从事思想政治教育工作。通知强调 1986 年各高等学校所需的思想政治教育工作人员，应列入毕业生分配计划，重点加以保证。凡未列入分配计划的，各校在机动名额内调配解决。

4 月 19 日

邓小平在会见在内地捐资兴学的香港知名人士包玉刚、王宽诚、霍英东等时指出：教育是一个民族最根本的事业。“四化”建设的实现要靠知识、靠人才。政策上的失误容易纠正过来，而知识不是立即就能得到的，人才也不是一天两天就能培养出来的，这就要抓教育，要从娃娃抓起。尊重知识、尊重人才是长远的根本大计。日本的明治维新就是从教育着手，特别是从小学教育着手的。他们很注意品德方面的训练。德育不是社会主义专有的，资本主义也是有的。国家现在努力在教育科学方面稍走快一点，但是国力有限。改革的根本意义是取得一个长期稳定发展的基础和条件，发展教育也是为了国家长期稳定的发展。

5 月

5 月 27 日

国家教委发出《关于整顿考试纪律的通知》。文件中说，杜绝考试舞弊，需要综合治理，继续努力。要连续抓几年，争取学风有根本好转。在本学期的期末考试中，应注意以下工作：一是总结年初整顿考试纪律的情况，对行动不力的学校进行督促；二是采取措施，加强管理，对学生进行学风与纪律教育；三是积极改革考试的内容与形式；四是加强教务管理队伍的建设，校、系领导要抓教务管理。

5 月 29 日

中共中央、国务院批转国家教委《关于加强高等学校思想政治工作的决定》。国家教委的这份文件对高等学校思想政治工作的背景、地位和意义以及高校思想政治教育的内容和方法、教师队伍建设、党的建设工作、思想政治工作队伍建设等方面内容进行了规定。

5 月 31 日

《中国教育报》报道，国家教委政教司最近在武汉召开了高等学校“马克思主义原理”课教材建设第一次研讨会，就开设这门课程的目的、内容和教材编写，以及怎样为开好这门新课做准备等问题，进行了深入探讨。国家教委副主任彭珮云参加了研讨会并讲话。彭珮云指出，邓小平同志在党的全国代表大会上关于干部理论学习问题的讲话、胡耀邦同志关于理论工作的讲话和彭真同志在浙江大学关于掌握马克思主义哲学武器的讲话，对我们正在进行的马克思主义理论课改革有极为重要的指导意义，我们要认真学习领会这三篇讲话的精神，坚定、积极而又扎扎实实地进行马克思主义理论课的改革。根据《中共中央关于改革学校思想品德和政治理论课程教学的通知》，高等学校应该开设一门课程，对学生进行马克思主义基本理论的教育。这门课程要用丰富的事实说明马克思主义是人类文化优秀遗产的结晶，是人类思想发展史上的伟大变革；马克思主义是一个完整的科学体系，它的本质是革命的、批判的，是在实践基础上不断前进的。要使学生充分了解马克思主义学说的科学性、真理性和重要指导意义。彭珮云强调，“马克思主义原理”课必须坚决贯彻理论联系实际的方针，要有针对性地回答学生所关心的国际国内重大政治、经济、思想问题，着重解决对马克思主义、资本主义(特别是当代资本主义)、社会主义的认识，帮助学生比较系统地掌握马克思主义基本原理，心悦诚服地接受马克思主义的基本立场、观点、方法。彭珮云指出，为了开好这门新课，要把主要力量用于科研攻关，用于调查研究，用于教学内容和方法的改革，加强师资培训工作，并动员有关专业的教师积极参加这一工作。她鼓励有关专业的教师积极探索，进行不同教学方案的试验，以便互相比较，取长补短。

6 月

6 月 28 日

邓小平在中共中央政治局常委会议上的讲话中强调，要在全体人民中树立法制观念。他指出：党要管党内纪律的问题，法律范围的问题应该由国家和政府管。这是一个党和政府的关系问题，是一个政治体制的问题。现在从党的工作来说，重点是端正党风，但从全局来说，是加强法制。法制观念与人们的文化素质有关。现在这么多青年人犯罪，一个原因是文化素质太低。所以，加强法制重要的是要进行教育，根本问题是教育人。法制教育要从娃娃开始，小学、中学都要进行这个教育，社会上也要进行这个教育。纠正不正之风属于法律范围、社会范围的问题，应当靠加强法制和社会教育来解决。

同日，《中国教育报》报道，我国首届思想政治教育专业第二学士学位班的221名学生最近毕业，即将走上新的工作岗位。为了加强高等学校的思想政治工作，提高思想政治工作干部的素质，在原教育部的安排下，清华大学、北京钢铁学院、浙江大学和西安交通大学等学校1984年第一次开办了思想政治教育专业第二学士学位班，从全国100多所高校接收了221名学生。这些学生都是大学本科毕业后在高等学校从事思想政治工作的在职干部。在两年的时间里，他们学习了外语、马克思主义基本原理、中国革命史、教育学、心理学、法学等课程，并完成了毕业论文。按照有关规定，思想政治教育专业第二学士学位班的毕业生，享受与研究生班毕业生同样的待遇。他们毕业后将回原学校，继续专门从事思想政治工作。

7 月

7 月 9 日

中宣部、国家教委发出《关于对高等学校学生深入进行形势政策教育的通知》。文件指出，新学年开学后，学生返校、新生入学，将带来各地社会主义建设和改革蓬勃进展的信息，不少学生在假期参加各种社会实践活动，也将有许多思想收获。为了因势利导，教育、引导学生正确地认识当前的形势和各项方针政策，调动广大学生的积极性，新学年开学后，各省、自治区、直辖市宣传、教育部门和高等学校应及时了解学生的思想动态，采取暑期社会实践汇报会、回乡见闻座谈会、省(自治区、直辖市)有关负责同志和学生座谈、报告等方式，有针对性地进行形势政策教育。中宣部、国家教委拟继续在北京为高等学校干部、师生组织形势政策报告会，并将报告稿转发各省、自治区、直辖市参考。

7 月 26 日

国家教委和中国人民解放军总参谋部、总政治部联合颁发了《高等学校学生军事训练大纲(试行)》。文件规定，学生的军训要纳入学校教学计划。文件对高等学校学生军事训练科目、内容、时间、目的要求以及实施方法等做出原则规定。军事科目的主要内容是学习现代军事科学知识、军兵种知识、军事地形学、条令、轻武器射击，进行技术、战术训练。政治教育的主要内容是进行毛泽东军事思想、人民解放军建军宗旨、人民解放军简史、革命传统、作风纪律和形势教育。

8 月

8 月 1 日—15 日

全国学联召开第二十届委员会第二次全体(扩大)会议。会议分两个阶段举行，从 8 月 1 日至 8 月 9 日，全体学联委员分头加入各地区的暑期社会实践建设营的活动；自 8 月 11 日起，学联委员进住北京航空学院学生宿舍，总结学联工作。会议期间，全国学联主席刘能元代表学联主席团作了题为《勤奋学习，勇于实践，走当代青年学生成才的必由之路》的报告。国家教委副主任何东昌向会议代表介绍了教育体制改革的情况。他指出，教育是为人才打基础的，大学生是人才预备队，只有经过实践的锻炼，也就是理论与实际的结合、与工农群众的结合，才能成为人才。而对于人才问题，我们要坚持德才兼备的标准。何东昌希望学生会组织能够引导学生努力掌握马克思主义这一最科学的思想体系，科学地观察、思考问题。学生会要成为沟通学生与学校领导联系的桥梁。

8 月 15 日

国家教委、中共中央直属机关党委在人民大会堂举行“欢迎 85 届欢送 86 届中央机关讲师团大会”。中共中央总书记胡耀邦在大会上发表《再同年轻知识分子谈成长道路问题》的讲话。他指出：当代中国的年轻知识分子，是跨世纪的人，是我们国家和民族的希望所在。要正确处理好理想同现实、个人利益同人民利益、书本知识同实际知识的关系。大家尽管职业岗位不同，个人经历不同，但是，要走向成熟，在今后几十年中胜利地担当起历史责任，就需要坚持不懈地从这三个方面来磨炼自己。希望广大年轻知识分子一定要对我们伟大事业的前途充满信心，百折不挠，一步一个脚印地向前拼搏和奋斗；要始终站在时代的前列，无论何时何地都不计较个人私利，勇于为祖国、为人民的利益而献身；一定要开阔眼界，深入实际，深入基层，乐于在那些平凡岗位上创造性地工作。通过长期、反复的亲身实践，深刻了解广大人民群众，真正学会运用马克思主义基本理论和现代科学文化知识，来解决现代化建设和全面改革中的各种实际问题。

8 月 19 日

《中国教育报》报道，国家教委政教司与辽宁省高教局最近联合在沈阳召开“中国社会主义建设”课教学研讨会。“中国社会主义建设”试用教材编写组的同志在会上介绍了这门课的指导思想、目的要求、总体结构及各部分的主要内容。彭珮云在会上听取了试点学校的情况汇报并讲话。她指出，高等学校开设“中国社会主义建设”课，可以帮助学生正确理解党的十一届三中全会以来的路线、方针、政策，将他们的思想和行动引导到建设具有中国特色的社会主义这个总目标上来。一年来，北京大学、复旦大学等院校试开了这门新课，结果表明，教学效果是好的，受到了广大学生的欢迎。彭珮云强调，开设这门课的目的主要是帮助学生学习建设具有中国特色的社会主义的基本理论和基本政策，明确奋斗目标，明确方向道路，明确青年一代的责任，增强投身社会主义现代化建设事业的决心和信心。要开好这门课，必须坚决贯彻理论联系实际的方针，特别要注意教学的针对性，教学要有重点。同时，还必须积极调配和培训教师，要在高等学校中逐步建立中国社会主义建设研究室，试办“中国社会主义建设”专业，培养这方面的教学、科研人才。

8 月 22 日

国家教委、国家计委和中国人民解放军总政治部、总参谋部、总后勤部等 8 单位联合发出《关于加强高等学校学生军事训练试点工作的通知》。文件指出，对高等学校学生实施军事训练，是学校改革教育内容，培养“四有”人才的一项重要措施；是学生履行兵役义务，接受国防教育的基本形式。各试点学校要把军事训练作为学生的一门重要必修课，纳入学校教学计划，严格训练，严格要求。学生军事训练时间为 10 至 13 周，一般在第一、第二学年(可占用部分假期)进行。军事科目与政治教育的时间比例，暂按 6∶4 安排。训练形式可以采取两种形式进行：一部分学校的学生到部队训练7至8周，在学校训练3至5周；一部分学校的学生由学校采取集中与分散相结合的办法，训练10至13周。文件还对军事教员的配备、经费和物资保障、组织领导等做出了明确规定。

9月

9月1日

国家教委发出《关于在高等学校开设法律基础课的通知》。文件指出，按照中央和全国人大常委会在全民普及法律常识的要求，大学的法律基础课应在中学法律常识教育的基础上，针对大学生的思想实际，讲授有关的法律知识，使学生懂得社会主义法律的本质和作用，了解我国社会主义法制建设的任务和历史经验教训，学习我国政法工作的基本方针和政策，知道宪法是我国的根本大法以及我国公民的基本权利和义务，掌握刑法、民法通则、经济法等专门法的基本精神和有关规定，知法守法，增强法制观念，为建设具有高度的社会主义民主和健全的社会主义法制的现代化强国而努力。关于法律基础课的设置、教学内容和学时，文件指出，法律基础知识是大学生必须掌握的，根据目前高等学校的实际情况，大学生学习法律基础知识拟通过以下三个渠道进行：(1)结合公共政治理论课“中国社会主义建设”讲授“社会主义民主与法制”，约为6学时；(2)结合大学生的思想实际，开设法律基础知识专题讲座，共30学时左右；(3)结合不同专业的需要开设专门法的选修课。文件还对法律基础课的师资、教材等做出了规定，并要求1986年暑假后，各省、自治区、直辖市各选择一至数所具备师资条件的大学开设法律基础课，进行试点，积累经验后再逐步铺开。

9月13日

《中国教育报》报道，高等学校音乐教育学会最近在北京成立，国家教委副主任、中国高教学会副会长何东昌在成立大会上指出，高等学校要重视音乐教育，关心学生的成长，使他们在德育、智育、体育、美育各方面得到全面的发展。这几条缺一不可，否则教育就是不全面的，有缺陷的。党中央很重视学生的全面发展，提出各级各类学校都要认真贯彻执行德育、智育、体育、美育全面发展的方针。目前，大学生的思想总的是健康的，但也存在一些问题，我们要针对具体情况做工作。音乐教育要和建设社会主义精神文明的总目标一致起来，要引导学生树立正确的审美情趣，培养高尚的道德情操。教育不能只靠有形的东西，还要靠许多无形的东西去陶冶学生，要重视教育的潜移默化作用。何东昌最后说，成立高等学校音乐教育学会，是一个重要的开端，是高等教育领域的一件大事。今后要把专业工作同群众性音乐活动结合起来，把普及与提高结合起来；在具有条件的高等学校都开展音乐教育。所有高校领导同志都要重视这一问题，全面关心学生的成长。

9月28日

中国共产党第十二届中央委员会第六次全体会议在北京召开。全会通过了《中共中央关于社会主义精神文明建设指导方针的决议》。全会认为，这份文件根据马克思主义基本原理同中国实际相结合的原则，进一步阐明了社会主义精神文明建设的战略地位、根本任务和基本指导方针，是新的历史时期加强我国社会主义精神文明建设的纲领性文献。对于推动我国物质文明建设和精神文明建设，促进全面改革和对外开放，建设具有中国特色的社会主义必将产生巨大而深远的影响。文件共包括社会主义精神文明建设的战略地位，社会主义精神文明建设的根本任务，用共同理想动员和团结全国各族人民，树立和发扬社会主义的道德风尚，加强社会主义民主、法制、纪律的教育，普及和提高教育科学文化，马克思主义在精神文明建设中的指导作用，党组织和党员在精神文明建设中的责任八个部分。文件强调社会主义精神文明建设的战略地位，指出以马克思主义为指导的社会主义精神文明是社会主义社会的重要特征。在社会主义时期，物质文明为精神文明的发展提供物质条件和实践经验，精神文明又为物质文明的发展提供精神动力和智力支持，为它的正确发展方向提供有力的思想保证。社会主义精神文明建设，是关系社会主义兴衰成败的大事。社会主义精神文明建设的战略地位，决定了它必须是推动社会主义现代化建设的精神文明建设，必须是促进全面改革和实行对外开放的精神文明建设，必须是坚持四项基本原则的精神文明建设。这就是社会主义精神文明建设的基本指导方针。

文件指出，社会主义精神文明建设的根本任务，是适应社会主义现代化建设的需要，培育有理想、有道德、有文化、有纪律的社会主义公民，提高整个中华民族的思想道德素质和科学文化素质。精神文明建设包括思想道德建设和教育科学文化建设两个方面，渗透在整个物质文明建设之中，体现在经济、政治、文化、社会生活的各个方面。加强精神文明建设，不单是思想文教部门的任务，而且是各条战线和一切部门的任务，是全党全军和全国各族工人、农民、知识分子和其他劳动者、爱国者的共同的长期的任务。

文件强调用共同理想动员和团结全国各族人民，认为建设有中国特色的社会主义，把我国建设成为高度文明、高度民主的社会主义现代化国家，这就是现阶段我国各族人民的共同理想。到20世纪末，要使我国经济达到小康水平；到21世纪中叶，接近世界发达国家水平。这个共同理想，集中了我国工人、农民、知识分子和其他劳动者、爱国者的利益和愿望，是保证全体人民在政治上、道义上和精神上团结一致，克服任何困难，争取胜利的强大的精神武器。共产党员、共青团员和先进分子都要同广大工人、农民、知识分子一道，把共同理想同各行各业、各个地方、各个集体的发展目标和建设任务结合起来，同各自的岗位职责和人生追求结合起来，立志建设，立志改革，艰苦奋斗，勤俭建国，脚踏实地干事业。

文件指出，社会主义道德建设的基本要求，是爱祖国、爱人民、爱劳动、爱科学、爱社会主义。要使“五爱”在社会生活的各个方面体现出来，在全国各民族之间，工人、农民、知识分子之间，军民之间，干部群众之间，家庭内部和邻里之间，以致人民内部的一切相互关系上，建立和发展平等、团结、友爱、互助的社会主义新型关系。在道德建设上，一定要从实际出发，鼓励先进，照顾多数，把先进性的要求同广泛性的要求结合起来，这样才能联结和引导不同觉悟程度的人们一起向上，形成凝聚亿万人民的强大精神力量。

文件要求加强社会主义民主、法制、纪律的教育。高度民主是社会主义的伟大目标之一，也是社会主义精神文明在国家和社会生活中的重要体现。民主和法制、纪律不可分。加强社会主义民主和法制的建设，根本问题是教育人。要从小学开始，在进行理想、道德、文明礼貌等教育的同时，进行民主、法制和纪律的教育。要在全体人民中坚持不懈地普及法律常识，增强社会主义的公民意识，使人们懂得公民的基本权利和义务，懂得与自己工作和生活直接有关的法律和纪律，养成守法遵纪的良好习惯。

文件强调，教育科学文化既是物质文明建设的重要条件，也是提高人民群众思想道德觉悟水平的重要条件。教育、科学、文学艺术、新闻出版、广播影视、卫生、体育、文物、图书馆、博物馆等各项文化事业，都有各自的重要作用。坚持以马列主义、毛泽东思想为指导，是我国社会主义现代化事业的根本，也是社会主义精神文明建设的根本。工人阶级是我国的领导阶级。工人阶级的先锋队中国共产党，是领导我国社会主义现代化建设的核心力量。各级党组织和广大党员在精神文明建设中的责任，一是加强自身的精神文明建设，特别是搞好党风；二是以模范行动和艰苦工作，组织和推动全社会的精神文明建设。

10 月

10 月 7 日

《中国教育报》报道，作为国家“六五”规划部级重点科研项目，原教育部委托北京师范大学研究编写的我国《学校政治思想道德教育大纲》，由北京师范大学出版社出版。《学校政治思想道德教育大纲》是新中国成立后第一个包括幼儿园、小学、中学、大学四个部分的系列化的完整大纲。是在大量调查研究和初步实验的基础上，按照社会主义精神文明建设和教育必须面向现代化、面向世界、面向未来的要求编撰而成的。本书是高等学校、中等学校（包括普通中学、职业中学、中专、中技等）、小学和幼儿园的领导、教师、政工干部及教育行政部门的参考用书，也是教育研究人员、师范院校所应参阅的资料。

11 月

11 月 11 日

劳动人事部、国家教委发布《技工学校工作条例》。这份文件规定，技工学校的学生、教职工和实习工厂(场、店)工作人员的思想政治工作，必须大力加强。应当认真开展社会主义精神文明建设的教育，加强对学生进行马列主义基本知识教育、共产主义教育、职业道德教育、时事政策教育、法制教育。应当结合形势、任务，针对思想实际，寓思想教育于教学活动之中。培养学生成为有理想、有道德、有文化、有纪律的技术工人。教师要身教重于言教。应当表彰不愧于为人师表的教职人员，克服不良倾向。对思想性质的问题，必须采取民主讨论的方法、说理的方法、批评和自我批评的方法去解决，必须采取教育和疏导的方法去解决。文件要求，在技工学校党组织的领导下，充分发挥共青团、学生会和工会的作用，开展适合青年特点和教职工需要的有益身心健康的活动。技工学校应建立、健全学生的品德考核制度，做好学生操行评定工作。这种评定一个学期进行一次：由班主任考察学生的表现，听取各方面的意见，写出评语。评语要求实事求是，鼓励上进。

12 月

12 月 1 日—5 日

全国高等学校思想政治教育研究会 1986 年年会在杭州举行。会议贯彻《中共中央关于社会主义精神文明建设指导方针的决议》，着重讨论了“新形势下大学生的理想教育”“社会主义商品经济条件下大学生的道德教育”“如何认识和引导大学生坚持正确的成长道路”和“在思想政治教育中坚持马克思主义的指导”四个专题。研究会会长曾德林、中宣部副部长滕藤在会上讲话。曾德林指出，高等学校是社会主义精神文明建设的重要阵地，要理直气壮地开展高校思想政治工作，用民主、平等的方法提高青年学生的精神境界和道德品质，培养集体主义思想和献身精神，使他们逐步树立起科学的世界观和人生观。滕藤在讲话中强调，改进和加强学校思想政治工作要从两方面着手：一是加强理论教育，把政治理论课这块阵地很好地利用起来；二是要深入到学生中去，和他们平等对话，把学生的积极性引导到正确的道路上来。

12 月 3 日

共青团十一届五中全会在北京召开。全会审议通过了《关于共青团员要做社会主义精神文明建设先锋的决议》，号召每一个共青团员都要做促进改革开放的模范，做遵守职业道德和社会公德的模范，做学习和维护社会主义民主、守法遵纪的模范，做维护民族团结、促进国家统一的模范，在“两个文明”建设的实践中，锻炼成为有理想、有道德、有文化、有纪律的优秀青年。

这份文件对各条战线、各行各业的共青团员如何做社会主义精神文明建设先锋提出了具体要求：工业战线的共青团员要以主人翁精神创优争先，为企业的改革和发展献计出力；农村的共青团员要为建设富裕文明的家乡积极奋斗，做有文化、懂技术、会经营的新型农民；服务行业的共青团员要满腔热情地为顾客服务，把本职岗位建成传播文明新风的窗口；从事个体劳动的共青团员要用诚实劳动创造幸福生活，在竞争中促进商品经济发展；大中学生中的共青团员要德、智、体、美、劳全面发展，以崭新的精神风貌走向社会、走向未来；教育、科技、文化和机关等单位的共青团员要走在精神文明建设的前列，以高效率、高质量的工作为现代化建设服务；人民解放军和武装警察部队的共青团员要为保卫和建设祖国贡献力量，做精神文明建设的光荣标兵。文件还要求全国 5300 万团员，在公共生活中要带头传播社会主义道德风尚，在家庭生活中要带头建设文明家庭。强调共青团干部要做团员的表率，各级团组织要带领全体团员在创建中华民族现代文明的宏大工程中，做出无愧于自己光荣称号的努力。共青团中央书记处第一书记宋德福在会上讲话。他指出，加强共青团精神文明建设工作，关键是在基层落实。共青团要坚定不移地带领青年投身改革，推进改革，同时又要积极探索自身改革。完成这一任务，需要从实际出发，拿出办法来，需要增强各级团组织改革、创造的活力，使广大团员和青年勇于开拓、奋发进取的精神充分焕发出来。

12 月 10 日

国家教委发出《关于改进和加强研究生工作的通知》，指出，当前研究生教育已成为我国高等教育的重要组成部分，硕士生的培养已基本上立足于国内，同时也为博士生的培养主要立足于国内打下基础。发展研究生教育要贯彻高等教育分层次和以高等学校培养为主的原则，贯彻“面向现代化，面向未来，面向世界”的指导思想。根据“保证质量，稳步发展”的原则妥善安排“七五”期间的年度招生计划。要以国家计划为主，逐步增加委托培养人数。加快财经、政法、管理等薄弱学科及应用学科的发展，扶持新兴、边缘学科，鼓励跨学科招生。注意培养多种规格的研究生。合理确定研究生学习年限。研究生招生应贯彻德智体全面衡量、择优录取、确保质量的原则。业务考核实行考试与推荐相结合，以考试为主。在研究生中加强社会主义精神文明建设和日常思想政治工作，提高研究生的业务培养质量，加强品德评定和学籍管理，对研究生建立筛选制度。开辟国内外合作培养研究生的渠道。毕业研究生分配工作要在国家计划指导下，采取供需见面，上下结合制订分配方案的办法。要逐步扩大培养单位之间横向交流的比例，限制毕业研究生留本单位工作的比例。切实加强对研究生教育的领导和管理。

12 月 13 日

共青团中央和全国学联在北京召开京津地区社会实践座谈会，与会同志就社会实践在人才成长过程中的作用，以及如何使社会实践更好地促进学生的理想与现实、理论与实践的结合，走青年知识分子成长的正确道路等问题，进行了热烈讨论。在座谈会上，共青团中央书记处书记李克强传达了共青团中央和全国学联的一项倡议，希望广大学生在即将到来的寒假期间积极参加社会实践，了解国情，了解社会，了解改革开放带来的好形势，同时为推进社会主义精神文明建设和经济发展服务。

12 月 17 日

国家教委颁发《关于试办思想政治教育专业在职第二学士学位班的意见》，要求从 1987 年开始试办思想政治教育专业第二学士学位班。具体规定如下：(1)思想政治教育专业在职第二学士学位班就近招收走读生。报考者参加全国高等学校思想政治教育专业第一学士学位班统一招生考试，择优录取。(2)培养目标、课程设置、教学时数、考试考查科目及学位授予等均与思想政治教育专业全脱产第二学士学位班相同。(3)在职第二学士学位班学生半脱产学习，一般应在三至四年内完成学业。各校要按照有关规定，合理安排教学，加强对授课、考试等教学环节的管理，严格要求，保证质量。学生所在单位要切实保证学生听课和必要的自学时间。(4)由学生所在单位按全脱产第二学士学位班两年的标准向办班学校缴纳培养经费，限在第一、第二学年内两次交清。(5)1987 年，在清华大学、南开大学、西安交通大学、复旦大学、华中师范大学首批试办在职第二学士学位班，计划招收学生 150 名。各校招生名额由各校同所在省市教育部门具体商定，1987 年 1 月 15 日以前报国家教委批准，以保证招生工作如期进行。

同日，国家教委发出《关于在高等学校学生思想政治教育专职人员中聘任教师职务的实施意见(试行)》，指出在高等学校校、系和班级专职从事学生思想政治教育的实际工作，并兼任马克思主义理论或形势政策教育、法律基础、思想品德教育等思想政治教育方面课程的教学，或从事这方面研究工作的现任党政干部和共青团干部，根据他们具备的条件，按照《高等学校教师职务试行条例》的规定，聘任相应的教师职务。在聘任教师职务时，应着重考核本人的思想、政治和品德的实际表现，理论、政策水平，思想政治工作的实际能力以及从事学生思想政治教育工作、教学工作、科研工作的成绩。

文件要求，高等学校教师职务评审委员会下设思想政治教育学科评议组，由学校党、政负责人，从事学生思想政治教育与马克思主义理论教育的教授、副教授组成。负责审定讲师、助教任职资格；评议提出教授、副教授任职资格的意见。高等学校可设立思想政治教育教研室(或研究室)，负责推荐拟聘任为各级教师的人选，经教师职务评审组织审定通过后，进行聘任。

文件强调，对学生思想政治教育专职人员聘任教师职务，是一项新的工作，需要加强领导，统一认识，有计划、有步骤地进行。1986 年，先在经国家教委批准的 11 所思想政治教育工作基础较好、思想政治工作队伍比较健全的高等学校进行试点，取得经验后再逐步推广。

12 月 18 日—20 日

国家教委、中国人民解放军总参谋部在北京联合召开有关业务部门和承训部队代表参加的高等学校学生军训工作座谈会。会议认为，高等学校学生实施军训，可以促进学生接触实际，提高思想政治觉悟，增强组织纪律性，锻炼体魄，培养吃苦耐劳精神，增强国防观念。

12 月 20 日—26 日

第二次全国法制宣传教育工作会议在北京召开。会议指出，1987 年，学校将是普法工作的重点。高等学校要注意对学生进行民主、法制和纪律教育，使他们了解民主、自由同法制和纪律的关系，引导他们正确地行使民主权利，履行公民义务。

12 月 31 日

国家教委发出《关于高等学校学生思想政治工作兼职人员若干问题的规定》，指出从事学生思想政治工作的兼职人员，可以从政治品质好，有一定的思想理论水平和组织活动能力的教师、干部及品学兼优的研究生、高年级大学生中选拔。凡已被推荐免试为硕士生的本科毕业生，留校从事学生思想政治工作，经学校批准，可在职攻读硕士学位。学习年限延长 1 至 2 年。在职的学生思想政治工作人员在本专业或相近专业工作满 5 年、思想政治表现优秀、工作上有突出成就、具有大学学历的，经所在单位和两名高级专业技术职务的专家推荐，可以不参加全国统一考试，由国家教委批准的学校个别考试与考核，通过后录取攻读硕士学位。研究生、高年级大学生在学习期间兼做学生思想政治工作，时间一般为 2 年，在校学习时间可以延长 1 年。兼任学生思想政治工作的教师应根据需要与可能安排 1/4 至 1/2 工作时间接触学生，做思想政治工作，并根据做学生思想政治工作的实际情况减免相应的教学工作量。做学生思想政治工作的水平和能力、工作态度和成绩，要作为考核教师的重要内容。考核情况记入考绩档案，作为评审任职资格、提职、调薪、奖惩和能否续聘或继续任命的依据。

1987 年

1 月

1 月 1 日

《人民日报》发表 1987 年元旦献词《坚持四项基本原则是搞好改革、开放的根本保证》。献词指出，从党的十一届三中全会实现伟大历史转折到现在，我国政治安定团结，经济稳定、持续、协调发展已经八年了，这是新中国成立以来稳步发展持续时间最长的时期。在“文化大革命”之后，取得这样一个大好局面是不容易的，这是因为我们党在新时期制定的一系列路线、方针、政策正确，改革、开放符合全国人民的利益和愿望，符合社会主义建设客观规律的要求，其中最根本的一条是，全党和全国各族人民团结一致，坚持党的领导，坚持马列主义、毛泽东思想，坚持人民民主专政，坚持社会主义道路。

献词强调，坚持四项基本原则，就要旗帜鲜明地反对资产阶级自由化。近几年来，思想文化界有一些人借改革、开放之机，发表各种背离四项基本原则的言论，使资产阶级自由化的思潮在一些地方泛滥开来，而我们的一些同志表现软弱，不敢理直气壮地起来斗争，这种情况再也不能继续下去了。如果继续听任资产阶级自由化的思潮泛滥，党就失去了凝聚力和战斗力，怎么能成为全国人民的领导核心？中国又会成为一盘散沙，那还有什么希望？1987 年摆在全党和全国各族人民面前的任务是很艰巨的。我们要使经济持续、稳定地发展，要在精神文明建设方面办实事，要把经济体制改革继续推向前进，还要为进行政治体制改革做调查、做准备。让我们更加旗帜鲜明地反对资产阶级自由化思潮，坚持四项基本原则，搞好改革、开放，以更加出色的成绩，迎接党的十三大的召开！

1 月 12 日—22 日

第六届全国人民代表大会常务委员会第十九次会议在北京举行。会议通过了《全国人民代表大会常务委员会关于加强法制教育维护安定团结的决定》。其主要内容是：坚持四项基本原则，即坚持中国共产党的领导，坚持马克思列宁主义、毛泽东思想，坚持人民民主专政，坚持社会主义道路，这是全国各族人民团结前进的共同的政治基础，也是社会主义现代化建设顺利进行的根本保证；没有中国共产党就没有新中国，只有社会主义才能救中国；马克思列宁主义、毛泽东思想是我们的根本指导思想；社会主义制度是中华人民共和国的根本制度，禁止任何组织或者个人破坏社会主义制度；中华人民共和国是工人阶级领导的、以工农联盟为基础的人民民主专政的社会主义国家；中华人民共和国的国家机构实行民主集中制的原则；我国公民有言论、出版、集会、结社、游行、示威的自由；国家维护社会秩序，镇压叛国和其他反革命的活动，制裁危害社会治安、破坏社会主义经济和其他犯罪的活动，惩办和改造犯罪分子；国家维护社会主义法制的统一和尊严。发展社会主义民主，健全社会主义法制，是我们国家面临的一项根本任务，我们一定要进一步加强法制教育，使各级国家机关和国家工作人员、广大人民群众熟悉并掌握宪法与法律，做到人人知法、守法，并且运用法律武器同一切违反宪法和法律的行为做斗争，维护人民的合法的自由、民主和其他权利，维护社会秩序，维护安定团结的政治局面。这样，我们就一定能够比较顺利地建设一个具有高度的社会主义民主和健全的社会主义法制的有中国特色的繁荣富强的社会主义国家。

1月28日

中共中央发出《关于宣传贯彻全国人大常委会〈关于加强法制教育维护安定团结的决定〉的通知》，指出，第六届全国人大常委会第十九次会议通过并已公布的《关于加强法制教育维护安定团结的决定》是一个经过中央政治局扩大会议讨论、原则同意的重要文件，它用重申宪法、刑法有关规定和加强法制教育的形式，维护安定团结的政治局面和社会主义的社会秩序，强调通过加强法制教育，使广大干部、群众增强宪法观念和公民意识，把宪法作为根本的活动准则，以团结全国各族人民，建设有中国特色的社会主义。这份文件是在全体人民中进行以宪法为核心的法制教育的重要材料，是当前坚持四项基本原则、反对资产阶级自由化、维护安定团结的强有力的法律武器和思想武器，必须认真组织学习、宣传和贯彻执行。各级党委要专门讨论并认真贯彻执行这份文件。首先组织党员干部特别是领导干部结合实际认真学习，学会运用法律武器，同违反宪法和法律的行为做斗争。要重在教育，主要是正面教育，一般不要追究个人的责任。各级宣传部门、报纸、刊物、广播、电视，要认真组织对这份文件的宣传，组织编写有分析、有分量、有说服力的文章，阐述文件的基本内容。要把这份文件印发到工厂、农村、街道、学校、医院、商店、科研单位、社会团体、军队连队、党政机关，广为张贴。要组织训练宣讲队伍，联系实际做好宣讲工作，力争做到家喻户晓，用宪法和法律武装广大干部和群众。坚持任何组织和个人都必须在宪法和法律的范围内活动，并负有维护宪法和法律的尊严、保证宪法和法律的实施的光荣职责。

同日，中共中央发出《关于当前反对资产阶级自由化若干问题的通知》，指出，搞资产阶级自由化否定社会主义制度、主张资本主义制度，核心是否定中国共产党的领导。反对资产阶级自由化的斗争关系到党和国家的命运以及社会主义事业的前途。进行这场斗争也是对广大党员进行一次坚持四项基本原则，全面、正确地理解和贯彻执行十一届三中全会以来的路线、方针、政策的教育。反对资产阶级自由化思潮的斗争贯穿于改革开放的整个过程中，因此它是长期的。但是这场斗争严格限于党内，而且主要在政治思想领域内进行，着重是解决根本政治原则和政治方向问题，即主要是反对企图摆脱中国共产党的领导、否定社会主义道路的错误思潮。进行这场斗争要始终坚持以正面教育为主、团结绝大多数的方针，采取正确的方法，不搞政治运动。要进一步稳定高等院校的局势，改进和加强学校思想政治工作；新闻、舆论阵地必须坚持正确的思想政治方向；各级党委要加强调查研究，不断总结经验，精心指导好这场斗争。

2月

2月8日—15日

国家教委在北京召开1987年教育工作会议。会议讨论制定贯彻中共中央关于坚持四项基本原则，反对资产阶级自由化指示精神的措施，部署1987年全国教育工作要点。中共中央政治局委员、国务院副总理、国家教委主任李鹏到会并讲话。国家教委副主任何东昌作了题为《坚持四项基本原则，反对资产阶级自由化，全面贯彻党的教育方针》的工作报告。报告共五部分：(1)提高对反对资产阶级自由化斗争的性质及意义的认识；(2)当前教育战线反对资产阶级自由化的范围、重点和政策；(3)各级各类学校必须进一步明确办学方向，把培养“四有”人才作为自己的基本任务；(4)加强高等学校领导班子的建设和党的建设；(5)关于中学教育问题。

2月13日

共青团中央发出《关于进一步加强团的思想政治工作，深入进行四项基本原则教育的通知》。文件说，坚持四项基本原则，是治国之本，也是育人树人之本和共青团建设之本。各级团组织一定要充分认识深入进行四项基本原则教育的重要性和必要性，并把这项工作作为1987年全团思想政治工作的重点，切实抓出成效来。在共青团内深入进行四项基本原则的教育，主要任务是学习，根本目的在于教育、引导广大团员在政治原则、政治方向上分清是非、统一认识、提高觉悟，在改革、开放搞活的社会环境和实践中健康成长、建功立业。学习的内容和要求是：学习政策，认清形势，学习马列主义，提高思想水平。文件指出，高校团组织要在党委领导下，把进一步稳定高校局势，对学生进行四项基本原则教育，抵制资产阶级自由化思潮的影响，提高团组织的战斗力，发挥团员的模范作用，作为团的思想政治工作的首要任务，切实抓紧抓好。

文件要求各级团委精心组织、精心指导好这次教育工作，要严格按照党中央的政策办事，切忌用“左”的一套办法来解决青年的思想认识问题；要正确处理好反对资产阶级自由化与改革、开放、搞活的关系，坚持马列主义基本原理与实践中对一些事物进行探讨、研究的关系，提倡艰苦奋斗精神同不干涉青年在日常生活方面的正当要求的关系。

3 月

3 月 5 日

中宣部、中国人民解放军总政治部、共青团中央联合举办学习雷锋精神座谈会。王震、宋任穷、余秋里、胡乔木、胡启立等出席座谈会。会议认为，雷锋精神具有强大的生命力，今天没有过时，今后也不会过时，谁希望当一个真正的共产主义者，就应向雷锋同志的品德和风格学习。余秋里在讲话中指出，雷锋是在党的哺育下，在人民军队里成长起来的伟大共产主义战士，是社会主义时期优秀青年的突出代表，是全军和全国人民特别是青年学习的榜样。雷锋精神就是共产主义精神，就是全心全意为人民服务的精神，就是热爱党、热爱祖国、热爱社会主义、刻苦学习、艰苦奋斗、大公无私、助人为乐的精神。雷锋精神，体现了我们党和人民军队的宗旨，体现了我党、我军的优良传统和作风。雷锋的崇高思想和品德表现在很多方面。学习雷锋精神最主要的是：要学习他刻苦学习马列主义、毛泽东思想和科学文化知识的精神；要学习他大公无私、全心全意为人民服务的精神；要学习他勤俭朴素、艰苦奋斗的精神；要学习他严守纪律，脚踏实地干事业的“螺丝钉”精神。

同日，国家教委发出《关于在高等学校马克思主义理论课(公共课)教学中旗帜鲜明地坚持四项基本原则反对资产阶级自由化的通知》。该文件指出，新学期的思想政治工作以坚持四项基本原则，反对资产阶级自由化为重点。马克思主义理论课教学，要按照各门课自身的特点，在保证科学性的前提下，与当前这场斗争正确地结合起来，着重解决根本政治原则和政治方向问题，对于在学生中有影响的资产阶级民主、自由、个性无条件解放，以及全盘否定中国传统文化、鼓吹“全盘西化”等思潮，要深入分析其实质，揭露其对青年学生的危害。各高等学校在马克思主义理论课教学中，要按照中共中央有关文件的要求，对马克思主义理论课教学积极地进行改革。文件强调，当前，在教学中要重点阐明以下几方面的问题：(1)社会主义是历史发展的必然，建设有中国特色的社会主义，是中国的唯一正确道路。鼓吹“全盘西化”实质上是主张资本主义道路。(2)我国要集中精力进行社会主义建设，必须有稳定的政治环境，必须有一个强有力的领导核心，这就是中国共产党。(3)要争取安定团结的政治局面，没有人民民主专政不行。中国共产党一直致力于发展社会主义民主、健全社会主义法制。要实现高度民主需要进行长期努力。(4)坚持马列主义、毛泽东思想为指导，是我国社会主义现代化建设事业的根本。(5)要全面、正确理解党的十一届三中全会以来的路线。其基本点，一是坚持四项基本原则，一是坚持改革、开放、搞活的方针。两者互相联系，缺一不可。(6)正确认识知识分子的地位和作用，以及当代青年知识分子的成长道路。(7)要进行以宪法为核心的法制教育，使学生掌握这一坚持四项基本原则、反对资产阶级自由化、维护安定团结的强有力的法律武器和思想武器，帮助学生通过自己的学习和思考，真正解决思想认识问题。

3 月 17 日

国家教委发出《关于进一步改革高等学校马克思主义理论课(公共课)教学的意见》，指出旗帜鲜明地坚持四项基本原则，深入持久地反对资产阶级自由化，帮助青年学生逐步树立正确的人生观和世界观，沿着正确方向健康成长，是马克思主义理论教育的任务。高校马克思主义理论教育必须加强。马克思主义理论课的教学改革既要坚定、积极，又要稳妥，要有计划、有步骤地进行。“中国革命史”课，只要学校和教师做了必要的准备，就可以开设。原有的“哲学”“政治经济学”课，可以根据学校的不同条件，分别采取以下几种做法进行改革。一种是试开“中国社会主义建设”和“马克思主义原理”课，边试验边改进，不断完善。第二种是开设“中国社会主义建设”课，并把“马克思主义原理”课分解为几个部分，如“马克思主义哲学”“当代资本主义”“科学社会主义的产生和发展”，先分别讲授，然后逐步建立“马克思主义原理”课的教学体系。第三种是继续开设“哲学”“政治经济学”课，积极改革教学内容与教学方法。文科各专业还应积极创造条件，逐步开设“世界政治经济与国际关系”课，以适应对外开放的需要。

切实保证马克思主义理论课必要的教学时数，理工农医专业四年制本科需210学时，占教学计划总学时的9%左右；一般文科专业(包括外语专业)四年制本科需315学时，占教学计划总学时的13%左右；二年制、三年制大专学生马克思主义理论课(公共课)的学时，分别为70学时和140学时。目前，高校马克思主义理论课教师队伍老化、知识结构不适应、后继乏人的情况十分严重，必须大大加强教师队伍的建设。马克思主义理论课教师要结合教学改革和提高学生思想觉悟，积极开展科学研究。各级教育部门和学校要从经费、资料、社会调查等方面给予支持。

4月

4月23日

中共中央政治局委员、国务院副总理兼国家教委主任李鹏在考察重庆大学时指出，大学要加强对大学生的思想政治工作，组织学生接触社会、联系实际、开展自我教育。他说，参加实践活动是大学生健康成长的一条重要途径。对学生的思想政治工作，不仅大学要抓，还应从中学、从小学抓起。我们实行教育改革的根本目的是解决培养什么人的问题。我们学校就是要培养社会主义的品学兼优、德才兼备的“四有”人才。衡量一个大学的教学质量好不好，不能单纯地看它研究生有多少，也不能单纯地看学生掌握了多少科学文化知识，而要看它培养出来的学生在社会上起什么样的作用。

4月26日—5月2日

中国教育工会第三次全国代表大会在北京举行。会议听取了李星万做的《发扬教职工的主人翁精神，为培育一代社会主义新人而团结奋斗》的工作报告，并选举产生中国教育工会第三届全国委员会。第三届全国委员会选举李星万为主席，张易安、范立祥为副主席。李鹏代表党中央、国务院在会上作了题为《为培养一代社会主义新人而努力奋斗》的讲话。他指出，实现教育改革是一项长期复杂的任务，必须依靠全体劳动者的努力，把教职工的积极性、创造性充分发挥出来，这是我们事业的活力源泉。培养社会主义新人，包括加强和改进学校思想政治工作，主要途径就是依靠教师教书育人，管理干部和后勤职工要搞好管理育人。

4月26日

共青团中央发出通知，印发《关于组织大、中专学生开展“百县扶贫，学习社会”社会实践建设营活动的意见》，要求1987年暑期，组织开展“百县扶贫，学习社会”建设营活动，其目的在于引导全国广大的大、中专学生在实践中，在与人民群众相结合的过程中，在脱贫致富的实际工作中，更加切实地受到教育和锻炼，同时作出积极的贡献。文件要求，暑假期间，在高等学校和中等专业学校学生中，广泛开展以“百县扶贫，学习社会”为主题的社会实践建设营活动。“百县扶贫，学习社会”建设营活动，是要广泛动员和组织大、中专学生，面向老、少、边、穷地区，广泛地进行社会调查，参加义务劳动，开展知识咨询、文化技术培训、科技开发等建设性活动。引导广大青年学生在贫困地区开展“百县扶贫，学习社会”建设营活动，目的在于帮助他们了解国情民情，了解中国经济发展不平衡的状况，了解改革、建设的艰难进程，学习革命传统，培养实事求是、艰苦奋斗的作风，树立实践的观点、群众的观点、劳动的观点，提高对党的现行方针、政策的理解和坚持四项基本原则的自觉性，增强为祖国、为人民、为老区作贡献的责任感。各级共青团和学联组织要争取党和政府的领导与支持，认真做好社会实践建设营活动的组织工作。

4 月 27 日—29 日

国家教委在北京大学召开部分高校理论工作者座谈会。与会同志学习了中央有关文件，分析了几年来资产阶级自由化思潮及其相关的理论观点在各个学科领域的表现，研究了涉及各学科今后发展方向的那些必须分清理论是非的重大问题。中宣部部长王忍之、国家教委副主任何东昌到会并讲话。何东昌在讲话中分析了当前反对资产阶级自由化的形势，他指出，搞资产阶级自由化违反中国历史前进的规律。党和群众都不会允许资产阶级自由化泛滥。中央最近发出的一系列文件表明了中央在这个问题上的决心，我们要积极地进行工作，把资产阶级自由化思潮泛滥的后果缩小到最低限度。对这个问题的严重性、艰巨性，还要继续统一认识。反对资产阶级自由化的斗争是长期的，要在斗争中建设马克思主义哲学社会科学理论队伍，使这支队伍得到提高。在批评资产阶级自由化思潮及其他错误思潮时，要有的放矢，从理论上做出回答，观点要旗帜鲜明。参加争论的文章要讲道理，事实要翔实，论证要严密，界限要清楚，并且经得起实践检验，不搞专横、武断的批评。他强调，思想政治工作是我国社会主义高等学校的生命线，没有这个就保证不了社会主义的方向。目前，高校政工队伍是好的，但有个提高的问题。而且，要做好思想政治工作，当前一个关键是理论工作要上去，否则，许多问题就不清楚。

5 月

5 月 4 日

共青团中央在北京举行全国先进青年代表座谈会，纪念“五四”青年节。薄一波在会上讲了话，他说，我们的事业需要青年人的奋斗，我们的理想需要通过青年和全国人民的共同奋斗得到实现。各级党的组织和政府部门，都要满腔热忱地关心青年、引导青年、理解青年，切实地为青年的健康成长和发挥作用提供条件。我们要继承和发扬“五四”的优良传统。什么是“五四”传统的主要精神？主要有三条：一是把祖国利益、民族命运放在第一位；二是同人民群众同甘共苦、艰苦奋斗；三是把马克思列宁主义的普遍真理同中国的实际相结合，探索推动社会和历史进步的道路。要奋斗，就要有坚定正确的政治方向，要不畏艰苦，还需要有真本领。他希望全国各族青年发扬五四运动光荣传统，振奋精神，英勇奋斗，用自己的双手去创造祖国美好的未来，创造青年自身和子孙后代的美好未来。

共青团中央同时做出决定，命名表彰 40 个新长征突击队、522 名新长征突击手、34 名优秀团干部、15 名青年报刊先进工作者和 17 名优秀学生干部。共青团中央希望，全国的共青团员和青年要向这些先进集体与先进个人学习，旗帜鲜明地坚持四项基本原则，反对资产阶级自由化，积极投身改革，在实践中努力把自己锻炼成为有理想、有道德、有文化、有纪律的一代新人，为把我国早日建设成为社会主义现代化强国而努力奋斗！

同日，国家教委和中国人民解放军总政治部、总参谋部、总后勤部联合发出《关于 1987 年学生军训有关问题的通知》。规定 1987 年学生军训试点的高等院校由 1986 年的 69 所增至 105 所。参训学生约 11 万人。时间由 1986 年的 10 至 13 周调整为 7 至 8 周。其中，集中训练 5 周，分散训练 2 至 3 周。1986 年临时抽调到学校担任军事教员的军队干部，要继续担负所在学校的军事课教学任务。学生军训经费，应本着勤俭节约的原则，精打细算，合理使用。高级中学学生和相当于高级中学学生的军事训练，按有关规定继续进行试点，各级教育部门和军事部门必须进一步提高对学生军训重要意义的认识，切实加强领导，认真抓紧抓好。

5 月 5 日

《中国教育报》报道，“五四”前夕，北京科协邀请中国科学院特别顾问钱三强等 13 位著名的科学家在人民大会堂与北京大学、清华大学等首都 8 所高校的学生代表座谈。钱三强在座谈中回顾了五四运动以来，青年知识分子在中国革命斗争和生产斗争中发挥的先锋模范作用。他希望青年学生们关心祖国的建设，把理论与实际紧密结合起来，艰苦奋斗，勤俭建国。科学家们在谈话中都以亲身经历，告诫青年学生注重与工农群众结合，永远爱祖国、爱人民、爱科学。

同日，国家教委发出《关于继续选派万名应届高等学校毕业生参加一年支教工作的通知》。要求1987年继续选派万名应届高等学校毕业生参加一年讲师团支援教育活动，各地要认真做好思想动员工作和业务培训工作。各省、自治区、直辖市讲师团领导小组要切实加强对万名支教应届大学毕业生的领导和管理工作。万名支教应届大学毕业生参加地方讲师团的主要任务，原则上是到县以下中小学担任教学工作。根据当地的需要和实际情况，也可以安排少量同志帮助学校做党团工作或其他工作。

5月7日

中宣部、国家教委、共青团中央联合发出《关于组织好今年暑假大学生参加社会实践活动的通知》，认为1987年寒假期间，许多学校积极倡导和组织大学生参加社会实践活动，取得了好的效果，使不少青年学生进一步了解了国情，对建设和改革有了比较正确的认识，也在实践中懂得了要正确估计自己。从长远看，认真组织好这项活动，并逐步形成制度，对培养青年学生在实践中学习马克思主义，坚定正确的政治方向，联系工农群众，联系实际，走健康成长的道路，具有重要意义。这份文件指出，积极开展这项活动的根本目的，是使青年学生通过社会实践的锻炼和工农大众的教育更加热爱党、热爱社会主义，拥护和支持党的十一届三中全会以来的路线、方针和政策；认识到在中国实现社会主义现代化必须依靠广大工人、农民和知识分子长期的艰苦奋斗和努力，从而认清青年一代肩负的历史责任，正确地认识自己，努力做到有理想、有道德、有文化、有纪律。要紧紧围绕这一根本目的，引导青年学生向实践学习、向工农学习。文件要求，对1987年暑假学生参加社会实践活动，各高等学校现在就应着手安排，制订计划，落实活动内容和实践场所。各部门、各单位都应满腔热情地欢迎和支持青年学生参加社会实践。对1987年暑假大学生参加社会实践活动，各地和各高等学校都要在总结过去工作经验的基础上切实加强领导。

5月11日

中宣部、国家教委发出通知，转发中共陕西省委科教部、陕西省高等教育局《关于高等学校开展教书育人活动的情况和意见的报告》。通知指出，教师对办好社会主义高等学校，培养合格毕业生起着决定性作用。教书育人、为人师表是每个教师的崇高职责。高等学校领导干部应充分调动教师教书育人的积极性，建立必要的考核制度，把教书育人作为考查教师工作成绩的重要内容。

陕西省高等学校开展教书育人活动的主要做法是：(1)端正办学指导思想，不断提高教师教书育人的自觉性。(2)根据教师的不同情况，采取多种形式，发挥他们教书育人的积极作用。(3)表扬先进，树立典型，推广经验。(4)各有关部门密切配合，统一领导。制定《教书育人工作试行条例》，规定学校有关部门教书育人的职责分工。(5)制定《教书育人实施细则》《班主任工作条例》《教师工作规范》《师德公约》等规章制度。

同日，国家教委发出《关于在高等学校学生思想政治教育专职人员中聘任教师职务的实施意见》，指出思想政治教育是门科学。在高等学校校、系和班级专职从事学生思想政治教育的实际工作，并兼任马克思主义理论或形势政策教育、法律基础、思想品德教育等思想政治教育方面课程的教学、研究工作的现任学生思想政治工作干部，根据他们具备的条件，按照《高等学校教师职务试行条例》的规定，聘任相应的教师职务，列入教师编制。在思想政治教育专职人员中聘任教师职务时，应着重考核本人的思想、政治和品德的实际表现，理论、政策水平，思想政治工作的实际能力和成绩。

文件要求各高校设立思想政治教研室(或研究室)，负责推荐拟聘各级教师职务的人选并进行聘任。省、自治区、直辖市及高等学校的教师职务评审委员会下设思想政治教育学科评议组，由省、自治区、直辖市的党委有关部门和教育行政部门的负责人，从事思想政治教育与马克思主义理论教育的教授、副教授或相当于副教授以上的专家组成，负责审定本地区学生思想政治教育教授、副教授任职资格和审定尚无讲师职务资格审定权的高等学校的思想政治教育讲师任职资格。

5 月 13 日—18 日

经中共中央书记处批准，国家教委、中宣部在北京联合召开高等学校思想政治工作会议。会议学习了中央有关文件，研究了加强和改进高校思想政治工作问题和有关政策措施。会议认为，加强和改进高等学校思想政治工作，必须坚持改革开放，坚持四项基本原则。要在改革开放的新形势下，研究新问题，采取新办法，总结新经验。衡量一个学校的标准不是升学率，而是要看培养的人是否能够坚持正确的政治方向，即是否能够坚持四项基本原则，是否能够坚持改革开放，搞中国特色的社会主义。高等学校应该重视思想政治工作队伍的素质，同时还要鼓励广大教师教书育人、为人师表。

5 月 16 日

《中国教育报》报道，国家教委思想政治教育学科评议组最近根据国家教委有关文件的规定，对 13 所高等学校申报副教授职务任职资格的人员进行评审，并经国家教委有关评审委员会通过，陆庆壬、袁礼周、郑永廷、杨静云、郭景海、龚海泉、朱英瑞、刘廷来、孙道海等 11 人获副教授任职资格。这 11 名同志是 1986 年年底开展学生思想政治教育专职人员任聘教师职务试点工作的高等学校推荐出来的。他们长期从事学生思想政治教育工作，具有较高的理论、政策水平和丰富的实践经验，工作成效显著，对学生思想政治教育的规律和特点有比较深入的研究，并担负了一定的思想政治教育方面的教学任务。评议组在评审过程中，充分考虑了思想政治教育工作的特点，着重考核思想、政治和品德的实际表现，理论、政策水平，思想政治教育工作的实际能力和成绩，同时，对从事思想政治教育教学、研究工作的能力和水平也有一定的要求。

5 月 25 日

国家教委职称改革工作领导小组发出《关于在高等学校学生思想政治教育专职人员中开展聘任教师职务工作的补充通知》，指出各省、自治区、直辖市和国务院有关部委的教育部门，要按照文件的要求，参照试点院校的做法，首先在领导力量较强、思想政治工作基础好、政工队伍健全的院校进行，然后逐步扩大到其他具备条件的学校，争取在 1988 年 5 月结束在学生思想政治教育专职人员中首次聘任教师职务的工作。各高等学校一般按 150 名学生配备一名专职人员确定学生思想政治教育教师的编制，规模小的学校可略大于这个比例。1987 年、1988 年，高等学校学生思想政治教育专职人员中拟评定为副教授者，一律报所在省(自治区、直辖市)审定，拟评定为教授者，经省(自治区、直辖市)学科评议组审议后报国家教委审定。

5 月 29 日

中共中央发出《关于改进和加强高等学校思想政治工作的决定》。这份文件指出，要进一步明确办学指导思想，坚持高等教育的社会主义方向。高等学校培养出来的大学生、研究生，应当有坚定正确的政治方向，爱祖国，爱社会主义，拥护中国共产党的领导，努力学习马克思主义；应当热心于改革和开放，有艰苦奋斗的精神，努力为人民服务，为实现具有中国特色的社会主义现代化而献身；应当自觉地遵纪守法，有良好的道德品质；应当勤奋学习，努力掌握现代科学文化知识。高等学校培养出来的人是否具备这样的素质，是否德才兼备，是否能满足社会主义建设的实际需要，是衡量学校办学是否有成效的基本标志。各级教育部门和高等学校要认真总结历史的经验教训，进一步明确办学指导思想，克服和防止只重视智育而轻视德育的倾向，充分认识加强思想政治工作的极端重要性，从招生、培养到毕业的各个教育环节都要深化改革，以保证培养出社会需要的合格人才。

文件强调，要努力改进学校思想政治工作的内容、形式和方法。新时期高等学校的思想政治工作要全面贯彻党的十一届三中全会以来的路线，坚持四项基本原则，坚持改革、开放、搞活的总方针、总政策，保证教育为建设有中国特色的社会主义服务，保证学校的社会主义方向，保证学生德、智、体全面发展，动员、团结全体师生员工，完成国家交给的培养人才的任务。高等学校的思想政治工作，要从以下几个方面加以改进：有的放矢地进行马克思主义理论教育和形势政策教育；积极引导学生参加社会主义实践；把思想政治教育与业务教学工作结合起来；把发扬民主与加强法制纪律教育结合起来；对学生要严格要求，积极疏导；改善学生的学习、生活条件是学校的一项重要任务；认真培养学生骨干队伍；加强和改进研究生的思想政治工作。

文件指出，应加强教职工队伍的思想建设，大力提倡教书育人、服务育人。办好社会主义的高等学校，培养德才兼备的学生，教师起着决定性的作用。教师的思想品德对学生有潜移默化的影响。教师的思想政治教育与教学工作结合起来，更容易为学生所接受。这就要求教师坚持正确的政治方向，忠诚于人民的教育事业，全面关心学生的成长，努力做到教书育人，为人师表。

文件要求，应建设一支坚强的马克思主义理论队伍和思想政治工作队伍。马克思主义理论课教师和思想政治工作人员，是高等学校进行思想政治教育的骨干力量，必须十分重视这支骨干队伍的培养和建设。学校党委和校长要共同抓好这项工作。国家教委要选择若干所有条件的高等学校，建立马克思主义理论课教师的培训基地，以尽快提高和壮大这支队伍。

要提高高等学校领导班子的思想政治水平，加强和改善对思想政治工作的领导。贯彻党和国家的教育方针，改进和加强思想政治工作，关键在校、系两级领导。学校党委对思想政治工作负有领导责任。校长要对学生的德、智、体全面发展负责，结合各项业务做好思想政治工作，推动教职工教书育人、服务育人。全党、全社会都应关心青年学生的健康成长。

6月

6月1日—28日

国家教委在中央教育行政学院举办高校思想政治教育研讨班。研讨班的主要任务是：学习贯彻中央有关坚持四项基本原则、反对资产阶级自由化的文件精神，提高高校政工干部的马克思主义理论水平和辨别、批判资产阶级自由化思潮的能力，增强贯彻执行党的十一届三中全会以来的路线、方针、政策的自觉性。国家教委副主任刘忠德在开学典礼上讲话。刘忠德指出，思想政治教育是一门以马克思主义理论为基础、实践性和综合性都比较强的科学。长期以来，人们并没有从科学的角度来对待思想政治教育，思想政治工作只是处于“经验管理”的水平。应该把经过实践证明是成功的经验进行理论概括，从中找出规律性，用以指导我们的工作实践。

6月5日—8日

共青团中央在北京召开共青团全国学校工作会议，讨论如何在改革开放的社会环境下改进和加强学校团组织的思想政治教育工作。会议总结了近年来大、中学生社会实践活动的经验，深入研究了抓好1987年暑假以“百县扶贫，学习社会”为主题的社会实践建设营的活动的措施。团中央书记处书记刘延东在讲话中回顾了半年来学校团的工作情况，充分肯定高校团组织在稳定学生思想情绪、开展正面教育和组织对话活动中所起的重要作用。她强调，加强学校团的工作，一是省、地(市)、县三级团委要经常分析和研究学校工作。团省委第一把手要重视学校工作，分管书记要熟悉学校工作；二是省、地(市)、县三级团委要下决心通过继续深入基层、亲自动手、以点带面，努力改变一部分基层支部活力不够，在班上发挥团结、教育的核心作用不够的状况。国家教委副主任刘忠德在讲话中论述了两个问题：学校的根本任务是培养人，共青团应紧紧围绕这个任务进行工作；思想政治教育是一门科学，共青团的干部应该为这门科学的建立和发展作出贡献。

团中央书记处书记李克强作会议总结。他就高校团组织的下半年工作提出三项要求：一是及时做好深化社会实践、实践教育的工作，尤其是要采取多种方法、多种形式，做好以“百县扶贫，学习社会”为主题的社会实践活动的成果消化工作。二是广泛深入地开展对话活动，做到对话既有针对性，又为学生乐意接受。三是继续稳定高校局势，及时沟通信息。

6 月 15 日

国家教委发出《关于高等学校研究生马克思主义理论课(公共课)教学的若干规定》，指出马克思主义理论课要坚持贯彻执行理论联系实际的方针，加强教学的针对性，帮助研究生切实解决好根本的政治方向和政治原则问题，树立马克思主义世界观，并用以观察社会问题，分析社会思潮以及指导科学研究。文件要求，对所有的硕士研究生都要开设“科学社会主义的理论与实践”课(课内安排 36 学时)。对文科各专业的硕士研究生还要开设“马克思主义经典著作选读”课(课内安排 70 学时)。对理工农医科各专业的硕士研究生还要开设“自然辩证法概论”课(课内安排 54 学时)。硕士研究生马克思主义理论课的学习时间，原则上按课内外 1∶1 安排，在一年内学完。对文科各专业的博士研究生开设“马克思主义与当代社会思潮”课程。对理工农医科各专业的博士研究生开设“现代科学技术革命与马克思主义”课程。文科和理工农医科各专业博士研究生马克思主义理论课的教学，均按 200 学时(包括课内外)安排，其中教师讲授和集体讨论应不少于 50 学时。

各高等学校还应当把研究生马克思主义理论课教学同参加社会调查、社会实践活动结合起来，采取有效措施鼓励和支持研究生在接触社会实际的过程中学习和运用马克思主义。研究生的马克思主义理论课必须进行考试，考核的重点是检查学生对所学内容的理解程度、接受程度和运用能力。

6 月 26 日—30 日

国家教委和中央电化教育馆在承德召开高等学校思想政治电视片教材选题会。来自 23 所高校的思想政治工作者和电教工作者参加了会议。与会同志交流了近年来各类高校利用电教手段配合学生思想政治工作的经验，讨论了新形势下思想政治教育的内容和方法问题，以及如何编制当前需要的电视教材的问题。在会上，代表们初步提出了一批选题。中央电教馆将协调摄制工作，并拟于 1987 年年底向全国高校推出一批有关进行党的十一届三中全会路线教育、理想纪律教育、共产主义道德教育、人生观教育、社会实践教育等方面的电教片。

6 月 27 日

国家教委、共青团中央联合发出《关于广泛组织高等学校学生参加社会实践的意见》，指出高等学校学生参加社会实践活动，是青年知识分子健康成长的重要途径。今后高等学校除了要认真搞好已列入教学计划的生产实习和社会实践外，还要把在假期和课外组织学生参加社会实践活动，作为高等教育的一个重要组成部分。组织高等学校学生参加社会实践活动的目的，是让学生接触社会，了解实际，向工农学习，向实践学习，并在力所能及的范围内运用自己所学的知识为社会服务。组织高等学校学生参加实践活动，要有领导地进行。学校每年都要制订这方面的工作计划，组织学生集体参加社会实践活动，同时要大力提倡学生利用假期分散地参加各种形式的社会实践活动。高等学校本科学生在校期间至少应利用假期和课外时间参加两次社会实践活动；其中，文科学生总计不少于 45 天，理、工、农、医科学生不少于 30 天，专科学校学生不少于 20 天。研究生也应参加一定时间的社会实践活动。文件要求，要逐步建立社会实践基地，这样可以使学生把平时和假期参加社会实践活动有机地结合起来，保证活动经常化、制度化。学校党政领导要把组织学生参加社会实践活动作为培养学生的一项重要工作，切实加强领导；教学、科研、后勤和思想政治工作等部门应共同组成学生社会实践活动指导小组，对这方面的活动做出统筹安排，制定必要的制度。学校应从教育事业费中拨出一定的经费作为学生参加社会实践活动的经费。

8 月

8 月 12 日

中共国家教委党组、中宣部联合发出《关于加强研究生思想政治工作的几点意见》，指出，当前研究生思想政治教育工作还比较薄弱，亟待进一步加强和改进。这份文件要求：(1)高等学校培养出来的研究生，应当具有坚定正确的政治方向，拥护党的十一届三中全会以来的路线，热爱社会主义祖国，拥护中国共产党的领导，努力学习马克思主义，坚持改革、开放、搞活的总方针、总政策；应当具有为人民服务和为实现有中国特色的社会主义而艰苦奋斗的献身精神；应当自觉地遵纪守法，有良好的道德品质；应当不断追求新知识，具有实事求是、独立思考、勇于创造的科学精神。(2)要从研究生的特点和思想情况出发，加强和改进对他们的思想政治工作。要针对研究生在思想认识上存在的问题进行两个基本点的教育，马克思主义理论的教育；进行形势与政策的教育，爱国主义、国际主义和革命传统的教育，道德和纪律的教育，社会主义民主和法制的教育。马克思主义理论教育应规定为研究生的一门必修课。要把马克思主义理论的教育贯穿到研究生的业务教学中去。组织研究生参加社会实践，要结合研究生具体的培养目标，纳入教学计划，通过研究课题，参加一些经济建设和改革的具体实践，从而接触群众，了解社会。(3)充分发挥研究生导师教书育人的作用。在培养研究生的工作中，导师起着重要的作用。研究生的导师不仅负责指导研究生的业务学习，也要关心研究生政治思想上的健康成长，真正做到教书育人、为人师表。要明确导师教书育人的职责。校、系要加强对导师教书育人工作的领导。(4)要充分发挥研究生党支部的核心作用和共产党员的先锋模范作用。党支部要经常组织党员学习马克思主义理论和党的路线、方针、政策，并协助有关部门做好研究生思想政治工作，积极慎重地做好新党员的发展工作。(5)健全研究生思想政治工作的机构。学校党政要密切配合，并协同有关部门做到领导、机构、人员三落实。一般以系为基础，实行校、系两级管理，校、系必须有人专门负责。建立一支以少数专职人员为骨干，包括较多兼职人员的研究生思想政治工作队伍。(6)加强党委对研究生思想政治工作的领导。校、系两级党组织要把研究生思想政治工作列入议事日程，定期研究，加强指导。学校党政领导要经常深入研究生中，通过对话、谈心等方式，听取意见，沟通思想。

同日，国家教委发出《关于高等学校青年教师参加社会实践的意见》。文件中说，参加实践锻炼的目的和要求是：让青年教师走出校门，走向社会，去基层单位，接近群众，参加社会实践，并运用自己所学的专业知识为社会服务。凡入大学前未参加过社会实际工作或生产劳动锻炼的大学毕业(含本科毕业和研究生毕业)的青年教师要参加1年或1年以上基层工作锻炼。青年教师参加实践锻炼应与见习期结合。选派青年教师出国留学，原则上也应是参加过1年以上实践锻炼的人员。

8月18日

国家教委发出《关于在各级学校注意进行党的民族政策和加强民族团结教育的通知》。文件中说，在各级学校中对学生进行党的民族政策和增强民族团结的教育，对促进全国各民族的团结，维护国家政治上的安定，都有重要意义。文件要求，在近期内对各级学校贯彻党的民族政策和民族团结的情况做些检查了解，好的予以表扬，发现问题及时进行教育和妥善解决。进行党的民族政策和民族团结教育，在不同地区、不同学校应提出不同要求，注意教育效果，不搞形式主义。要积极引导广大师生员工做到：不利于民族团结的话，不说；不利于民族团结的事，不做。凡是各地教育部门和学校办的报纸杂志，如果发表涉及少数民族历史、语言文字、风俗习惯、宗教信仰以及各民族关系的文章，要注意符合党的民族政策的基本精神，要有利于民族团结和维护国家的统一。

8月20日

共青团中央发出《关于改进和加强高校团的思想政治工作的若干意见》。文件指出，高校团的思想政治工作是学校教育的一部分，团组织必须在学校党委的领导下，依靠学校有关部门和广大教师的支持，为实现高等学校的培养目标服务，团结和教育广大学生沿着“四有”的方向健康成长、奋发成才。要从团的性质和特点出发，把群众性和先进性统一起来，通过进行各种生动有效的思想政治教育，努力提高广大学生的政治觉悟和思想水平，努力提高团员的先进性。要把团的思想政治工作贯穿到学生成才的各个环节中去，激励和帮助广大学生勤奋刻苦地学习和掌握现代科学文化知识，为将来投身社会主义现代化建设做好知识能力的准备，愿意并且能够为社会主义现代化建设作出贡献。要改进高校团的思想政治工作的内容、形式和方法。改革、开放和社会主义现代化建设对大学生提出了新的要求，高校团的思想政治工作要适应新的形势，真正深入到学生的头脑中去，就要加强针对性和预见性，认真研究改革、开放和社会主义建设的实际，研究学生思想特点和需求，研究国内外各种思潮对学生思想的影响，改进高校团的思想政治工作的内容、形式和方法。提高学生的思想政治素质，最根本的，是要坚持不懈地对他们进行党的十一届三中全会路线的两个基本点的教育。高校团的思想政治工作要坚持以正面教育为主，通过谈心、民主讨论、平等对话等，入情入理地解决学生的思想认识问题，要调动学生内在的积极因素，引导他们通过读书演讲、社会考察等形式，有效地进行自我教育。要把社会实践活动进一步引向深入。社会实践活动是促进广大学生全面发展，走健康成才道路的有力措施，也是改进和加强高校团的思想政治工作的有效途径。要按照校内校外相结合、分散活动与集中活动相结合、平时活动与假期活动相结合，讲求实效，就近就便的原则，根据不同学科、不同年级学生的特点，广泛组织社会考察、科技服务、义务劳动和军训等各种形式的社会实践活动，争取使更多的同学参加到社会实践中来。最后，文件对加强团的基层组织建设和骨干队伍建设、加强高校专职团干部队伍的建设、加强对高校团的工作的领导提出了明确要求。

9 月

9 月 3 日

共青团中央办公厅转发《青年思想教育工作座谈会纪要》。这份文件中说，1987 年 5 月 19 日至 21 日，全国青年思想教育研究中心在北京召开成立大会暨青年思想教育工作座谈会。与会同志认真学习了有关领导同志的重要讲话，并就青年思想教育工作的一些重要问题进行了讨论，交流了经验。文件共分四部分。一是关于充分认识加强青年思想教育的战略意义。与会同志一致认为，进一步提高全党、全社会对青年思想教育工作的认识，是做好这项工作的前提条件。在新的历史条件下，加强对青年的思想教育，使他们能够适应改革、开放和发展社会主义商品经济的要求，始终坚持四项基本原则，保持正确的政治方向，成为全面发展的一代“四有”新人，是事关革命前途、国家未来的根本大计。二是关于正确地评价当代青年。会议认为，正确认识和对待青年是做好青年思想教育工作的一个重要前提。应该看到，青年是革命和建设事业的生力军，是社会中最积极、最有生气的力量。我国青年的绝大多数，是热爱社会主义祖国、拥护党的领导的；是拥护党的十一届三中全会以来的路线、方针和政策的；是积极向上、奋发有为、完全可以信赖的。这是当代青年的主流。三是关于青年思想教育的内容、原则和方法。会议认为，在建设有中国特色的社会主义的新的历史时期，全党、全社会对青年思想教育工作更加重视，做了大量卓有成效的工作。为了适应新形势的需要，引导青年在改革、开放、搞活的环境中健康成长，当前和今后一个时期，要重点抓好十一届三中全会以来党的基本路线的两个基本点的教育，马克思主义基本理论的教育，爱国主义、集体主义、社会主义和共产主义思想教育，革命传统教育，艰苦奋斗教育。为了使这些教育能够深入人脑、取得成效，在教育原则和教育方法上应该强调以下几点：第一，坚持正面教育，以疏导为主。第二，坚持平等待人，实行民主对话。第三，坚持实践教育，促进思想转变。第四，坚持以榜样的力量教育青年。第五，坚持分层次做工作，讲求教育的针对性。第六，坚持信任青年、关心青年。第七，坚持从小抓起，循序渐进。四是关于加强青年思想教育的必要措施。与会同志从青年思想教育工作的现状和实际情况出发，就加强青年思想教育的保障措施，提出了一些意见，主要有以下五条：第一，要加强党和政府对青年思想教育工作的领导，建议各级党委和政府对青年思想教育工作要定期讨论研究，经常检查督促，并对有关问题及时做出指示。第二，搞好青年思想教育工作，需要全社会诸方面通力协作。第三，社会有关方面要重视青年思想教育的科学研究。第四，各有关部门要积极妥善地解决专职青年思想教育工作者的编制、待遇、来源等问题，逐步改善他们的工作条件。第五，要运用法律保护青年的健康成长。

9月4日

北京市委教育工作部、市高教局和市教育工会举办首都高校研究生导师座谈会，畅谈交流他们在教书育人方面的收获和体会。北京市委书记李锡铭、国家教委副主任彭珮云出席座谈会。李锡铭指出，导师首先要“导”，要教导学生如何做人，如何走正确的成长道路，如何接过老一辈的好传统。他鼓励导师们团结更多的教师，把教书育人的任务担负起来。彭珮云说，目前，全国在校研究生约13万人，改进和加强思想政治教育，全面提高教育质量，是研究生教育中迫切需要解决的重要问题。国家需要的研究生应是政治上坚持社会主义方向，全心全意为人民服务、为社会主义建设服务，业务上高水平的德才兼备的人才。彭珮云建议有关领导部门和高等学校认真总结他们的好经验，进一步探讨在新的历史条件下如何改进和加强研究生的思想政治工作，使更多的研究生导师自觉挑起教书育人的重任，同时还要为导师做好教书育人工作创造更好的条件。

9月8日

北京举行庆祝教师节优秀教师代表座谈会。国务院副总理李鹏到会并作了题为《深化教育改革，为发展教育事业作出更大贡献》的讲话。李鹏在讲话中指出，深化教育改革，首先要端正教育思想，进一步明确教育必须为社会主义现代化建设服务。这就要求各级教育行政部门、各个学校和广大教师全面执行党中央关于教育体制改革的决定，贯彻党的教育方针，使我们的学生和青少年在德、智、体等各个方面得到全面的发展，成为“四化”建设所需要的，有理想、有道德、有文化、有纪律的合格人才；成为坚决贯彻执行党的十一届三中全会以来的路线、方针、政策，坚持四项基本原则，积极投身于改革的一代新人。深化教育改革，要根据各级各类教育的特点，探索和建立学校主动适应建设需要的机制，增强学校内部的活力，调动教职员工办学的积极性和创造性。深化教育改革，要进一步调动教师的积极性。

9月10日

国家教委、中国人民解放军总政治部发出《关于加强学生军训中思想政治工作的通知》，要求对学生实施必要的军事训练，在训练中切实加强思想政治工作。各级教育部门、承训部队和人武部门党委、领导，一定要从国家建设、军队建设和人才培养的大局出发，充分认识加强军训中思想政治工作的重要性，把做好军训的思想政治工作作为一项严肃、光荣的政治任务担负起来。关于军训中思想政治工作的基本任务和要求，文件指出，要搞好思想政治教育，全面提高学生的军政素质。要认真组织好军训中的政治教学，进行坚持四项基本原则，坚持改革、开放的教育，进行爱国主义和革命英雄主义教育，进行法制、纪律教育，进行毛泽东军事思想和我军光荣传统教育，进行时事政策教育和社会调查。要发扬我军政治工作的光荣传统，把思想政治工作贯穿渗透到军训的全过程。积极采取适应学生特点的思想政治工作方法。要遵循党的思想政治工作的方针、原则，针对青年学生求知欲望和民主意识强以及兴趣广泛、富有生气等特点，创造出适应学生特点的政治工作形式和方法，积极正面引导，启发自我教育，开辟社会教育课堂，开展交友对话，寓教于乐。切实加强学生军训中思想政治工作的领导。运用军训成果，促进部队建设和地方院校建设。

9月19日

国务院批转国家教委《关于改进和加强高等学校学生生产实习和社会实践工作的报告》。国家教委在这份文件中指出，高等学校学生进行实习的总要求是：了解社会，接触实际，以增强群众观点、劳动观点和社会主义的事业心、责任感，提高政治思想觉悟；巩固所学理论，获得本专业初步的实际知识，以利于培养实际工作能力和专业技能。各类高等学校都要在教学计划中安排必需的实习次数和时间，切实保证实习质量。

要切实加强对实习工作的管理、指导、协调。高等学校学生要到社会主义建设第一线的基层单位实习。根据不同专业性质和实习要求，在保证实习质量的前提下，按照就地就近的原则，尽量在本系统、本地区所属单位安排实习场所；需要跨系统、跨地区安排的，原则上由学校与接受实习的单位直接联系。要力争做到接受实习的大部分单位能相对稳定。较长时间内固定的实习基地，学校和接受实习单位要签订实习合同。国家教委直属高等学校学生的实习场所安排，按专业性质不同，由有关部委和地方教育主管部门负责协调解决。文件强调，要努力提高实习质量，建设好实习基地，合理解决实习经费开支，努力探索搞好实习的新途径、新办法。

9 月 20 日

国家教委发出《关于思想政治教育专业培养硕士研究生的实施意见》，决定从 1988 年开始，思想政治教育专业招收硕士研究生。思想政治教育专业培养硕士研究生的培养目标是从事思想政治教育工作的高级专门人才，目前主要是为高等学校及党政机关培养思想政治工作者和思想政治教育专业的教学、科研人员。招生对象为大学本科毕业或具有同等学力，从事思想政治工作两年以上的在职人员，经所在单位推荐，参加全国研究生招生统一考试，择优录取。凡思想政治教育专业本科应届毕业生被推荐免试或经过统一考试被录取为本专业研究生的，保留入学资格，分配到基层参加思想政治教育工作实践两年后入学。对大学本科毕业后从事思想政治工作五年以上、思想政治表现优秀、工作成绩突出的在职人员，可按有关规定由招生单位单独进行考试。课程设置应贯彻以下原则：在提高马克思主义理论水平的前提下，拓宽知识面，培养解决实际问题的能力。要注重马克思主义理论和思想政治教育专业理论的学习，并着重研究具有现实意义的专题。学习年限一般两至三年。1987 年，复旦大学、南开大学、武汉大学、清华大学、西安交通大学、浙江大学、华东师范大学、华中师范大学、大连工学院、北京钢铁学院等院校首批招收思想政治专业硕士研究生，目前只限于普通高校从事思想政治教育工作的在职人员报考。

10 月

10 月 9 日—12 日

全国各省、自治区、直辖市宣传部长会议在北京召开。中共中央政治局委员、中央书记处书记胡启立在讲话中指出：随着经济体制、政治体制改革的深化和一些重要措施的出台，思想政治工作的任务不是减轻了，而是加重了，任何轻视、低估思想政治工作的作用，放松和削弱思想政治工作的做法，都会贻误"四化"大业，妨碍改革、开放的进程。胡启立强调指出：要围绕改革和建设大力加强思想政治工作。过去搞政治"冲击一切""代替一切"是错误的，如果走到另一个极端，搞政治工作"无用论""取消论"，同样是错误的，解决这个问题的关键在于，正确理解在新的历史条件下思想政治工作的地位和作用。思想政治工作任何时候都是我们共产党人的传家宝，丢了这一条就会迷失方向，就没有党和群众的密切联系，就没有安定团结的政治局面，我们的一切工作就会寸步难行。要使广大群众和青年懂得，历史和国情决定了我们这一代以至今后的几代人都将处在艰难创业时期，我们只有下定决心，励精图治，自力更生，艰苦奋斗，保持和发扬革命战争年代那种拼搏精神和献身精神，才能实现民族振兴，自立于世界先进民族之林。他说，建立和健全社会协商对话制度，是发扬党的群众路线的光荣传统，推进社会主义民主政治建设，把各级党和政府的工作置于群众的批评监督之下的重要措施，也是宣传工作的重要改革。希望各级党委和宣传部门的同志，认真总结经验，不断探索新时期思想政治工作的规律，紧紧围绕改革和建设，把思想政治工作提高到一个新的水平。

10 月 9 日

《中国教育报》报道，国家教委最近召开全国部分高校服务育人思想政治工作座谈会，总结和交流服务育人的经验。会议认为，由清华大学、西北工业大学等高校后勤部门提出并开展的"优质服务、服务育人"活动，两年来不断扩大和深入，目前已被全国许多高校认识和接受，并在理论和实践中得到完善与发展。这些学校实行"优质服务、服务育人"的主要途径是：通过后勤职工辛勤劳动给学生送温暖；创造办学物质条件，建设优美、文明的校园环境，对学生进行潜移默化的感染教育；通过科学管理及吸收学生参加民主管理，促进学生自我管理、自我教育；通过组织吸收学生参加建校等公益劳动，后勤职工直接对学生进行思想及技术知识的教育。

10 月 20 日

国家教委发出《关于高等学校思想教育课程建设的意见》，指出建设思想教育课程是改进和加强高等学校学生思想政治教育的需要。建设思想教育课程的指导思想是：必须坚持马克思主义的指导，着眼于思想教育；开设思想教育课程是为了实现新时期高等学校对学生政治、思想、品德方面的要求；要从学生的思想实际出发，加强思想教育的针对性。根据新时期对思想教育提出的要求和高等学校学生的实际情况，规定设置如下五门课程："形势与政策""法律基础"两门为必修课，"大学生思想修养""人生哲理""职业道德"三门可因校制宜有选择地开设。为了使思想教育课程的开设得到切实保证，各高等学校应采取以下措施：(1)思想教育课程应列入教学计划，各校开设思想教育课程的总学时不要超过288学时。(2)思想教育课程由学校主管学生思想政治教育的部门和教务部门共同领导，由思想政治教育研究室负责组织实施。(3)思想教育课程应注重教学质量和教育效果。(4)加强思想教育课程的师资培训。(5)学校要加强对思想教育课程建设的领导。

11 月

11 月 10 日

《中国教育报》报道，国家教委日前发出通知，对1988年思想政治教育专业第二学士学位招生工作做出安排，计划由14所高校招收新生410名。1988年招生的学校是：南开大学、中山大学、山东大学、浙江大学、西安交通大学、上海交通大学、大连工学院、北京钢铁学院、华中师范大学、东北师范大学、西南师范大学、陕西师范大学、北京师范学院及河北大学。其中南开大学、山东大学招收文科类考生，其他12所学校招收理工类考生。1988年考试科目为：马克思主义理论，包括大学本科马克思主义理论课的基本内容；综合知识，包括党的十一届三中全会以来的路线、方针和政策，1987年以来的国内外重大时事，以及文科方面的基本知识(不含地理)；还有作文和外语。国家教委要求各高等学校积极支持和鼓励符合条件的在职人员报考，并为他们复习、准备考试创造必要的条件。

12 月

12 月 21 日

《中国教育报》报道，为积极推动高等学校马克思主义理论教育的改革和马克思主义理论教师队伍的建设，经过两年多的实践，"马克思主义理论教育"作为一个新的学科已正式列入国家教委制定的高等学校本科、研究生专业目录。到目前为止，经国家教委批准设置的马克思主义基础(马克思主义原理)、中国革命史、中国社会主义建设、世界政治经济与国际关系等马克思主义理论教育类的本科、第二学士学位、研究生专业，已发展到28所高等学校的40个专业点，其中已经招生的专业点在校学生超过1000人。处在初创阶段的马克思主义理论教育专业，正努力把坚持四项基本原则、坚持改革开放总方针的指导思想贯彻到各项具体工作当中，把加强对马克思主义基本原理及其科学思想体系、中国革命和社会主义建设的理论与实践及其规律、当代世界政治经济状况新的变化和新的矛盾及其发展趋势等重大课题的系统性、综合性的研究和教育，作为新的学科、专业建设的主要发展方向。这个新的学科坚持"三个面向"，坚持理论联系实际，用改革精神改善和加强马克思主义理论教育。从1988年起，这些新专业还逐步担负起举办助教进修班、接收国外访问学者等培训理论师资的有关工作。

1988年

1月

1月13日

深圳市蛇口工业区举办了一场青年教育专家与蛇口青年座谈会。会上，北京师范学院德育教授李燕杰、中宣部调研员曲啸、中央歌舞团舞蹈演员彭清一与70名蛇口青年，展开了关于当前社会现实问题的讨论。一是对于“淘金者”的评价。专家说，有个别“淘金者”不是为特区的发展来创业，而是为了个人利益。有青年认为，“淘金者”赚钱，客观上也为蛇口建设出了力，没有触犯法律，无所谓过错，没有什么不好。二是对个体户办公益事业的看法问题。专家认为，“有许多个体户把收入的很大部分献给了国家，办了公益事业”，这种精神与做法应大力提倡。而蛇口青年则认为，在目前情况下，一些个体户这种举动并非出自自愿，而是对“左”的思想心有余悸地表示，个体户在赚钱的同时，已经为国家作了贡献。个体户只有理直气壮地将劳动所得揣入腰包，才能使更多的人相信党的政策的连续性和稳定性。三是关于青年的自主意识问题。在彭清一谈到自己女儿的职业选择问题时，蛇口青年认为，应该让青年发挥主动性，去选择自己的职业。四是关于进口小汽车和体制改革的问题。曲啸在发言中提到，我们国土上跑着那么多外国车，他看着难受。有青年认为，在目前开放的主题下，在全球经济、贸易逐渐趋于一体的形势下，没有一些外国的东西倒是落后的表现。一位蛇口青年还在会上尖锐地提出，三位老师的思想在蛇口是没有市场的，对祖国爱的表达，应当实事求是，而不应当讲虚的、假的、空头的。“我们用自己的劳动表达对祖国的爱。我们自己劳动了，劳动成果自己享受。”

在这场座谈会中，作为青年思想教育权威的三位专家，受到了蛇口青年的挑战。他们之间的交流碰撞，体现了青年敢于打破陈规和挑战权威的思想，反映了双方在对生活的理解、对事物的看法乃至人生观、价值观上都有很大的不同，也表明了传统的说教，已经不合时宜。它引发人们思考，青年思想教育工作应该怎么做才更有效，怎样才能让新一代青年听进去？怎样的人生观、价值观才算正确？1988年8月6日，《人民日报》发表了7000字长文《“蛇口风波”答问录》，并就此开辟专栏展开讨论。蛇口招商局董事长袁庚同志表示，要允许其他观点的存在，不欢迎师爷式的空洞说教，不以言治罪。从8月8日起到9月14日该专栏结束，1531件信稿从全国各地甚至世界各地涌到人民日报社，其中只有17.4%的人倾向或赞同3位专家观点。自8月中旬到11月中旬，全国几百家报刊纷纷就此发表文章，其中的绝大多数都指出思想政治工作必须改进。

1月27日—31日

全国高等教育工作会议在北京举行。国务院代总理兼国家教委主任李鹏在会议上作了《振奋精神，深化改革，把高等教育工作推向前进》的讲话。李鹏指出，今后一个时期，高等教育工作的主要任务，就是贯彻党的十三大精神，加快深化改革的步伐，以适应现代化建设对高级专门人才的需要。李鹏在“讲话”中就大家普遍关心的六个问题提出意见：(1)要把培养符合社会主义建设需要的人才作为高等学校的主要任务。今后一个时期，主要的不再是数量上的发展，而是提高人才的培养质量。(2)要把竞争机制引入高等学校，这是深化高等教育改革的重要环节。高等教育体制改革的目标是逐步建立使学校具有主动适应国民经济和社会发展需要的有效机制。在国家计划指导下，把竞争机制正确地引入学校，能使高等教育事业充满生机与活力。但是，要根据教育的规律和特点，考虑高等教育的实际情况，形成适合学校的制度和办法。(3)高等学校要根据社会的需要，在不同层次上办出各自的特色和水平，国家教委要加强这方面的宏观指导。(4)进一步发挥高等学校的潜力，提高办学效益。(5)积极开展各种形式的社会服务，进一步发挥学校的作用。(6)高等学校要逐步实行校长负责制。搞好党政分开，实行校长负责制，是政治体制改革的重要内容。社会主义的高等学校，任何时候都不能放松思想政治教育工作。校长作为一校之长，要全面贯彻党和国家的教育方针，把德育、智育、体育全面地抓起来，努力把自己锻炼成为社会主义的教育家。学校党委对思想政治教育工作有义不容辞的责任。要监督、保证和支持校长的工作，研究思想政治教育工作中的重大问题，密切党和广大教师、学生的联系，配合校长抓好这项工作。

2月

2月3日—5日

国家教委在北京召开1988年工作会议。会议研究了1988年及以后一个时期教育改革与发展的方针、任务，讨论了国家教委1988年工作要点。会上，国家教委副主任何东昌作了《当前教育事业发展和改革的几个问题》的讲话。

会后发布的《国家教委1988年工作要点》提出：1988年，是贯彻党的十三大精神，把教育改革推向深入的关键年。1988年以及以后一个时期，要在党的十三大精神指引下，以改革总揽全局，进一步贯彻《中共中央关于教育体制改革的决定》和《中共中央关于社会主义精神文明建设指导方针的决议》，面向社会主义建设实际，加快改革步伐，使教育更好地为社会主义建设服务。教育领域的改革要坚持社会主义方向，以提高劳动者素质，多出人才、出好人才为根本目的。要进一步增强广大教师教书育人的自觉性，坚持德智体美全面培养的方针。以马克思主义的基本理论教育为核心，加强对高等学校学生的思想政治教育。在思想政治工作中，要始终坚持两个基本点的教育，主要克服僵化思想的影响，同时只要有资产阶级自由化思想出现，就要旗帜鲜明地按规定的政策界限进行教育批评。要联系实际进行党在社会主义初级阶段的基本路线教育。要引导干部、教师和高等学校学生充分认识社会主义初级阶段的国情，加深对党的基本路线的理解。要加强对改革形势的宣传教育，使师生员工正确对待改革的艰巨性和复杂性，增强教育改革的自觉性。高等学校要认真贯彻中央关于改进和加强高等学校思想政治工作的决定。要努力推进马克思主义理论课的改革。要继续注意稳定好局势。

2月24日

国家教委政教司下发《关于贯彻国家教委〈关于高等学校研究生马克思主义理论课(公共课)教学的若干规定〉的几点意见》，指出国家教委《关于高等学校研究生马克思主义理论课(公共课)教学的若干规定》从1988年9月起开始实施。所有硕士研究生都要修习“科学社会主义的理论与实践”课，政教司已组织编写《科学社会主义的理论与实践课教学要点》和《科学社会主义的理论与实践课阅读文献选编》，供各校开设这门课程时试用。理工农医科各专业硕士研究生的“自然辩证法概论”课，政教司已组织编写《自然辩证法概论教学要点》，供各校开设这门课程时试用。文科各专业硕士研究生的“马克思主义经典著作选读”课，由各校在总结以往教学经验的基础上，结合各专业的特点组织开设。阅读书目和专题辅导内容，由各校自行确定。文科各专业博士研究生的“马克思主义与当代社会思潮”课和理工农医科各专业博士研究生的“现代科学技术革命与马克思主义”课，由各校在教学实践中进行探索和试验。

3月

3月25日—4月13日

第七届全国人民代表大会第一次会议在北京召开。国务院代总理李鹏作政府工作报告。报告指出，我国教育事业的根本任务是为社会主义建设培养合格的劳动者和各类专门人才。各级各类学校要努力使学生在德智体美各方面得到发展，并适当加强劳动教育。各级政府要更加关心和重视教育事业，像抓经济工作那样抓好教育工作。各类学校都要在改进和加强业务教学工作的同时，认真改进思想品德和政治课程的教学，加强对学生的思想政治工作。这几年高等学校和一些中等学校组织学生参加各种形式的社会实践活动，收到了良好效果，应当坚持下去，并不断总结经验，加以完善，社会各方面要积极给予支持。

报告指出，要大力进行社会主义精神文明建设，促进改革开放和现代化事业的顺利发展。在建设物质文明的同时，不断把社会主义精神文明建设推向前进，是我们的一贯方针。各级政府和各基层单位要全面负起两个文明建设的责任，采取切实有效的措施，包括提供必要的财力和物力条件，积极推进本地区本单位的精神文明建设。加强富有吸引力、凝聚力的思想政治教育工作，是改革开放的迫切需要，也是我国社会主义建设的重要保证。各级政府、人民团体和社会各方面都要按照培养“有理想、有道德、有文化、有纪律”的社会主义新人的要求，积极加强和改进基层思想政治工作。要深入持久地宣传党在社会主义初级阶段的基本路线，继续贯彻解放思想、实事求是的方针，努力形成有利于现代化建设和改革开放的舆论环境。提倡自力更生、艰苦创业，正确处理国家、集体和个人的关系，把做好思想政治工作同贯彻物质利益原则恰当地结合起来，进一步激励人们的社会主义积极性和创造性。发扬爱国主义，激励奋发向上的民族精神。在社会主义精神文明建设中，必须坚持为社会主义服务、为人民服务的方向，进一步贯彻“百家争鸣、百花齐放”的方针，执行稳定的文化政策，促进各项文化事业的发展和繁荣。

4 月

4 月 15 日

国家教委发出《关于编写出版普通高等学校马克思主义理论课(公共课)教材的暂行管理办法》。文件指出，在高等学校教学改革中逐步开设的马克思主义理论课程(包括本科、专科学生的“马克思主义原理”“中国革命史”“中国社会主义建设”“世界政治经济与国际关系”课程以及研究生的马克思主义理论课程)，所需教材的编写、出版审批工作由国家教委政教司统一规划管理；教材和图书情报管理办公室负责归口协调和出版条件的安排与支持。高等学校马克思主义理论课的全国通用教材，仅限国家教委直接组织编写、审定的教材和由国家教委向全国推荐使用的教材。地方教材的编写和出版，由省、自治区、直辖市主管学校马克思主义理论教育的领导部门组织、指导和审批。为保证教材的出版质量，由国家教委和省级教育主管部门组织与审批同意编写的马克思主义理论课教材，原则上应交省级以上出版社或有条件的高等学校出版社出版。高等学校为推动学校教学改革组织力量(包括校内外教师)编写的有较高质量和较好教学效果的讲义、教程，经学校领导批准，可注明“校内教材”，在本校印发使用和在校际交流中选用。高等学校马克思主义理论课教材，原则上不以跨地区或按系统几校联合编写的方式进行。

5 月

5 月 14 日

国家教委发出《关于进一步加强高等学校文科社会实践工作的意见》，指出社会实践是我国高等学校文科教育的一个重要组成部分，是文科学生的必修课。在大学本科期间，学生参加业务实习、军事训练、生产劳动、社会调查、咨询服务等社会实践活动一般不少于 4 至 5 个月。要把每个学生调查一个工厂、一个农村作为社会调查的重要部分。要逐步建立考核制度，列入教学计划的社会实践活动，要和其他课程一样评定学习成绩。要把学生参加社会实践同为“四化”建设服务相结合，校内系统教学与校外实践活动相结合，逐步建立相对稳定的基地，创造多种新形式，发挥教师的主导作用和学生的主观能动性，并制定相应的政策措施和多渠道争取经费支持。

5月24日

国家教委发出《关于高等学校开设“形势与政策”课的实施意见》，要求各高等学校本着积极建设、稳步发展的方针开设“形势与政策”课。文件指出，“形势与政策”是一门思想教育课程，应以马克思主义为指导，综合运用有关学科的知识，密切结合我国社会主义现代化建设和改革开放的形势以及国际形势，针对学生的思想实际进行形势与政策的教育。“形势与政策”课的任务是帮助学生了解国内外重大时事，学习党和国家的路线、方针、政策，全面掌握“一个中心，两个基本点”，认清形势和任务，激发爱国主义精神，增强民族自信心和社会责任感，珍惜安定团结的政治局面，为建设有中国特色的社会主义而奋发学习，健康成长。文件还对“形势与政策”课的教学内容、教学原则、教学安排、师资、教材、经费做出了明确规定。

6月

6月6日

由中宣部教育局和北京市委教育工作部主办的“国外社会文化思想与我国当代青年学生”系列讲座开始。中宣部部长王忍之发表讲话，强调指出，引导青年学生吸收世界文明的优秀成果，正确对待国外社会文化思想，抵制其中有害成分，应成为当今思想政治教育工作的一个重要课题。

6月10日

国务委员兼国家教委主任李铁映主持召开国家教委全体委员扩大会议。会议分析了当前高等学校的形势。在加强学校思想政治教育、整顿学校秩序、加强学校管理等方面，会议提出，高等学校的根本任务是培养有理想、有道德、有文化、有纪律的专门人才。我们的大学生应当拥护党的领导，拥护社会主义，拥护改革，支持改革，为实现“四化”、振兴中华努力学习，要按照这个要求加强学校各方面的工作，特别是思想政治教育工作。会议要求各高等学校针对当前存在的问题，集中力量整顿学校秩序，严格校纪校规，加强管理。要进一步增强广大师生的法制观念和纪律观念，提高维护安定团结的自觉性。对违反校纪校规的，要及时严肃处理。要通过整顿树立起良好的校风和学风。会议要求地方政府和中央部委切实负起责任，加强对所属高等学校的领导。各级领导干部要深入基层，密切同广大师生的联系，加强对话，旗帜鲜明地进行思想政治教育，并帮助学校解决实际问题。

6月21日

中宣部、国家教委、共青团中央联合发出通知，要求各地和各高校的共青团组织、教育行政部门在即将开展的暑期社会实践活动中，要处理好教育与作贡献的关系，使学校和地方双向受益；要面向基层，深入实际，讲求实效，就近方便；要与教育改革相结合；要把思想政治教育贯穿于社会实践活动的始终。

6月25日

在第七届全国人民代表大会常务委员会第二次会议上，国家教委副主任何东昌作了《关于我国教育工作一些情况的汇报》。何东昌指出，我国教育事业的根本任务是为社会主义建设培养合格的劳动者和各类专门人才。在新的历史条件下，改革开放政策的实施和社会主义商品经济的发展，为社会主义建设事业带来了生机和活力。人们的思想观念正在发生着积极的变化，为我们培养有理想、有道德、有文化、有纪律的人才提供了新的有利条件；同时，也不可避免地带来一些消极影响。一个时期以来，在少数青年学生中出现的问题，集中反映了学校思想品德和思想政治教育还不很适应新时期的需要。改革和加强这方面的工作，是教育战线面临的迫切任务。

何东昌认为，青年学生的思想主流是好的。绝大多数青年学生是拥护党的基本路线和支持改革开放的。青年学生中发生的问题更多的是社会问题的反映。特别是在新旧体制交替过程中，由于对社会主义建设和改革的形势缺乏全面、正确的了解，对改革进程中的困难和问题缺乏足够的思想准备，对商品经济发展和对外开放中出现的某些消极现象缺乏科学的分析，在青年学生中出现这样或那样一些模糊认识和偏激情绪是难以避免的。问题的关键是对他们进行正确的教育和引导。学校是造就“四有”新人的基地，教书育人是学校领导和全体教师的共同职责，必须贯穿在教学和其他一切活动中。针对当前学校师生的思想状况，要加强对改革形势的教育和宣传，引导他们充分认识十年来坚持改革开放所取得的重大成就，坚定改革的信心。要使他们懂得只有维护党的坚强有力的领导，加强纪律，团结一致，保持安定的社会环境，才能共渡难关，夺取改革的新胜利。要使他们清醒地认识到，任何损害党的领导、破坏安定团结的言行，都是对改革的干扰，是违背全国人民利益的。

7 月

7 月 1 日

国家教委高教司举办高校社会科学科研管理工作会议。国家教委副主任滕藤在会上指出，为了改进和加强高校思想政治工作，应当明确思想政治工作在高校工作中的地位和作用，把德育放在高校的战略地位上给予重视；要加强和改善政治理论课教学，充分发挥这块思想政治工作重要阵地的作用；重视大学生的社会实践，使之形成制度；发挥教师在学生思想政治工作中的作用，教师要教书育人；注重对先进学生的培养，实施学生的自我教育；抓好优良校风、学风的建设；对学校工作进行严格管理。会议期间，与会代表就如何在新形势下做好社会科学研究和管理工作发表了意见，认为从事社会科学科研管理工作的同志，应该改变过去只把科研管理单纯当行政工作来做的状况，应该时刻注意各种理论思潮的变化，在思想上、理论上增强敏锐感，以促进高校理论研究，为建设中国特色的社会主义多作贡献。

7 月 2 日

《中国教育报》报道，国家教委最近在北京召开 13 个省、直辖市党委、宣传或教育部门负责人、国家教委直属院校负责干部会议，传达贯彻中央最近关于教育工作的指示，落实国家教委第十次全体委员(扩大)会议做出的加强思想政治教育，整顿学校秩序的决定。会议认为，当前高校思想政治教育的迫切任务是深入开展形势教育，提高广大干部、教师和学生对改革形势、任务和前途的认识，使他们更加坚定改革的信心，同心协力，度过改革的关键时期。为此，学校必须加强纪律，整顿秩序，建立良好的校风和学风。要从严治党，搞好学校的党的建设，充分发挥学校各级党组织和广大党员在思想政治工作与教育改革中的先锋模范作用。国务委员兼国家教委主任李铁映在会议讲话中指出，在这改革的关键时期，做好高等学校的各项工作，对于促进全国的安定团结，保证改革、开放顺利进行具有重要意义。为此，必须进一步改革和加强学校的思想政治教育，整顿学校秩序，使学校的工作有一个大的提高，以适应改革形势的需要。

7 月 6 日—9 日

中宣部在大庆召开宣传思想工作座谈会。中共中央政治局常委胡启立出席会议并就当前舆论宣传及改进和加强思想政治工作等问题发表讲话。他指出，宣传思想战线要正确引导社会舆论，振奋民族精神，团结全国人民同心同德，艰苦奋斗，共闯改革难关，逐步建立起社会主义商品经济新秩序。在谈到改造和加强思想政治工作时，胡启立指出，现在我们由产品经济转向社会主义商品经济，思想政治工作也要做相应的转变。我们的思想政治工作有光荣的传统，需要恢复和发展；也受过“左”的影响，有不好的积习，需要进一步改变。改进思想政治工作，丝毫也不意味着否定过去思想政治工作的优良传统和成功经验，更不意味着否定从事思想政治工作的同志付出的辛勤劳动和作出的宝贵贡献。我们要从建立社会主义商品经济新秩序的高度，积极地理解改进思想政治工作的重大意义，在实践中认真探索新路子，建立新格局。

7 月 30 日

《中国教育报》报道，北京社会经济科学研究所在北京大学社会学会协助下，同时在北京、哈尔滨、上海等 10 个城市进行调查。调查内容广泛，涉及大学生的人生观、价值观、道德观、恋爱观、职业观，以及政治参与、群体心态和对中西文化评价等 14 个方面。调查结果表明，关心改革、理解改革、支持改革是当代大学生的主流。

大学生对改革的评价是冷静的和较为客观的，并对改革寄予了相当高的希望。

同日，《中国教育报》报道，地矿部、铁道部最近分别召开会议，传达国家教委召开的扩大会议提出的关于加强高校思想政治教育、整顿秩序、严格校纪、加强管理的意见。地矿部要求所属高校在近期内对学校进行一次全面的整顿，认真检查学生思想政治工作、教学工作和后勤工作中存在的问题，提出改进措施；要切实改进政治理论课的教学，既要向学生讲十一届三中全会以来的成就，同时也要实事求是地讲困难和问题，使大家坚定信心，勇于克服前进中的困难。铁道部要求所属高等院校党政领导认真学习国家教委扩大会议精神，认清形势，整顿校风校纪，维护安定团结局面，对违反校规的学生要严肃处理，保证学校良好的学习环境。

8月

8月4日

《中国教育报》报道，航空航天部最近在北京召开部属高校领导干部会议，研究如何加强高校思想政治工作、深化教育改革，使学校更好地为社会主义建设服务。来自全国14所部属高校的校长、党委书记在会上认真学习讨论了中央指示和国家教委扩大会议精神。他们认为，当前对大学生开展十年改革形势教育，澄清部分学生对目前改革的模糊认识，不仅对维护学校安定团结，而且对维护整个社会的安定团结都将起到重要作用。他们认为，整顿学校秩序、加强学生管理的关键是既要敢于严格要求，对违反校规校纪的现象及时严肃处理，又要以父母般的感情理解学生、关心学生、尊重学生、爱护学生，同他们进行广泛、深入、平等、双向的协商对话，提高学校工作的透明度。会上，国家教委副主任朱开轩传达了中央关于加强高校思想教育工作、整顿学校秩序、加强学生管理的指示精神。

8月16日—22日

国家教委在北戴河召开暑期高等学校会议。参加会议的有109所高等学校的校(院)长、党委书记，各省、自治区、直辖市及中央、国务院有关部委教育部门的负责人，共计240人。会议讨论在国家改革的关键阶段，高等学校的任务及加快深化高等教育改革等问题。讨论由国务院教育研讨小组起草的《深化教育体制改革和发展教育事业若干问题的思路(讨论稿)》及《关于改进和加强高等学校思想教育工作的若干意见》《关于加强对高等学校学生勤工俭学和经商活动管理的几点意见》两个文件的草案。会议认为，高等学校是社会思想动态的晴雨表，在改革的关键阶段，高等学校师生的思想情绪是否稳定，关系到整个社会的安定。在改革的关键阶段，高等学校要努力做到坚持四项基本原则，成为理解、支持、宣传改革的阵地和维护安定团结的模范。要稳定学校的局势，使工作由被动转为主动，关键是加强形势教育。当前，许多高等学校程度不同地存在管理松弛、纪律涣散的问题，要端正思想观念，加强管理，整顿秩序，为人才的健康成长创造良好环境。会议认为，社会主义商品经济的迅猛发展给高等教育工作提出了许多新的重大课题，高等教育面临着加快和深化改革的迫切任务。对于教育体制改革中提出的今后12年我国教育事业应该实行提高教育质量，优化教育结构，实行区域规划，坚持协调发展，发动社会参与，注重办学效益的发展战略方针，是可行的。会议还就控制高等学校发展规模，改革招生、毕业生分配制度，开展有偿社会服务等问题进行了讨论。李铁映在会上作了《改革和振兴教育事业，为发展社会主义商品经济服务》的讲话。他指出，在当前全面改革进入攻坚阶段的关键时期，高等学校要成为支持改革、拥护改革、宣传改革的重要力量，使我国大学生在一个健康的环境中成长，把他们培养成为未来实现民族振兴的骨干力量。这是高等学校重大的历史任务，广大教育工作者应当为此而努力。面对社会主义商品经济的大环境，大学生要以饱满的热情投入学习和实践，使自己成长为有理想、有道德、有文化、有纪律的一代新人，成长为实现“四化”、振兴中华的骨干力量。对少数学生不健康的思想和行为，要加以教育和引导，这是教育者义不容辞的责任。

9 月

9 月 12 日

北京景山学校在人民大会堂召开座谈会，纪念邓小平同志为该校题词“教育要面向现代化，面向世界，面向未来”五周年，王震、周谷城、雷洁琼、李铁映等领导同志出席座谈会并讲话。李铁映在座谈会上指出，邓小平同志的“三个面向”指示是我国改革开放时期教育改革的一个重要指导思想。在新的历史时期，教育要为社会主义商品经济的需要和发展培养人才，为解决好这个问题，在理论上、实践中需要遵照“三个面向”的指示进一步探索、改革。他还强调，当前特别要加强思想品德教育，把培养社会主义一代新人作为重点研究对象，大胆探索教书育人的得力办法。座谈会上，景山学校介绍了遵照邓小平同志的题词精神，在综合整体改革和试验中取得的成效。

10 月

10 月 18 日

《中国教育报》报道，铁路高教工作座谈会最近召开，会议讨论了铁路院校如何学习部队院校治校育人的经验，更好地加强思想政治工作，整顿学校秩序等议题。铁路 11 所高等学校的党委书记、院(校)长及有关部门的同志认为，应理顺部内对高校思想政治工作的领导管理体制，重视学校政工队伍的建设。学校可在省、市政府的有关政策规定范围内制定相应的办法，以稳定队伍。整顿学校秩序，严格学校管理，应与实行校长负责制有机地结合起来。会议期间，与会同志对铁路院校能否进行半军事化管理及“半军事化”的内涵进行了剖析，一致认为，可在条件较为成熟，又经过充分准备的一两所学校试点。

同日，《中国教育报》报道，清华大学等 18 所工科高校的教务处处长和有关同志不久前会聚在西安交通大学，共商从严治校，搞好校风学风建设，稳定教学秩序，深化教学改革，提高教育质量，使教育主动适应社会主义建设和社会主义商品经济发展的对策。会议通过了向全国高校发出的《关于加强校风建设的倡议书》。该文件提出：把提高学生思想和文化素质放在学校教育的重要位置，积极改革和加强学生思想教育工作；所有教师都要严谨治学，认真执教，改革教学内容和方法，不断提高学术水平，并坚持教书育人；要关心、爱护学生，疏通民主渠道，吸收学生参加管理，激发学生自我教育、自我管理的积极性；建立健全各项规章制度，严格执行校纪校规，树立严谨的校风和学风；努力创造有利于培养和提高学生全面素质的校园环境，把高校建设成安定、高雅、文明、健康的学习园地。

10 月 22 日

在北京大学举行的第二届“首都高校读书日”上，活动的组织者社会文化开发研究所向全国各界倡议，把每年的 9 月 25 日(鲁迅诞辰纪念日)确定为“全国读书节”。社会文化开发研究所在他们的倡议书中说，中华民族需要改革，中华民族也需要知识。中国的改革已到了紧要关头。培养全社会对知识的尊重和对书籍的热爱，提高全民族的精神文明水平，将是我国改革顺利进行，真正走向现代化的重要前提。这一倡议得到了北京多所高校学生会的响应。北大等十所高校学生会联名发表的“响应书”指出，我们的国家从未有过像今天这样需要一个尊重知识、尊重人才的文化氛围，我们的社会也从未有过像今天这样呼唤一大批具有现代科学文化素养的建设人才。改革不但需要经济的腾飞，而且需要文化的繁荣。读书无用、知识贬值无疑是社会前进中一个小小的旋涡，尊重知识、尊重人才才是推进改革、走向世界的不可阻挡的潮流。

10 月 24 日

中共上海市委邀请上海 13 所高校的党委书记座谈学习党的十三届三中全会精神。中共中央政治局委员、上海市委书记江泽民在讲话中强调：全市各高校要加强形势教育、爱国主义教育和理想教育。同时要关心、安排好学生和教师的生活，保证学校有安定团结的教学、科研的秩序和环境，把党的十三届三中全会精神落到实处。江泽民说，我国的改革已经进行了十年，成绩是巨大的，但我们的经验还不足。由于处在新旧体制交替过程中，发生一些问题也是在所难免的。我们要从主观上总结经验教训，要克服急于求成和形而上学的思想方法。江泽民还说，大学校园像一面镜子，集中反映了社会上各种问题。大学生思想活跃，我们要重视对他们的培养和教育。要多采用形象化的方法对他们进行形势教育，更要不断深化爱国主义教育，要教育青年有理想、有抱负。

11 月

11 月 14 日—19 日

全国高等学校思想政治教育研究会 1988 年年会在长沙召开。会议对思想政治教育工作的战略地位、学生思想政治教育的目标、社会主义商品经济条件下大学生思想观念的变化与导向等进行了研讨。来自全国 70 多所高校和思想政治工作部门的专家、学者参加了会议。会议认为，随着改革开放和社会主义商品经济的发展，大学生的观念发生多元变化，教育者也应转变观念。适应社会主义商品经济的需要绝不是让学生经商就能达到的，教育停留在增强学生“商品意识”、培养“经济头脑”上远远不够，要防止“短期行为”。德育的内容不应限于单纯的政治观点教育，思想教育课程要成为学生的需要才有生命力。学校德育也应“齐抓共管”，要建立“党政工团，目标一致，各司其职，互相补充”的工作体制。

11 月 25 日—26 日

国家教委在北京召开第十五次全委扩大会议，着重就如何深入贯彻党的十三届三中全会精神，进一步统一对形势的认识，加强高等学校的思想政治教育，优化教书育人环境，做了安排和部署。会议指出，高等学校现在培养的大学生将是 20 世纪 90 年代和 21 世纪前 20 至 30 年国家建设的骨干，各个学校的党委和领导干部一定要充分认识加强学校管理、创造良好育人环境的重要意义，努力做到教师教书育人，学校管理育人，后勤服务育人，学生自我服务、自我教育，从而为国家培养高质量的人才。会议强调，要进一步加强思想政治工作，加强学校管理和整顿高校秩序，努力做好学校的各项工作。近几年来，高等学校各方面的工作取得了很大进展，同时也存在一些问题。应当明确提出治理环境、整顿秩序同样是今后一段时间高等学校的一项重要任务。治理环境、整顿秩序同深化改革是相辅相成的。治理和整顿既是改革的必要条件，其中许多措施也是改革的主要内容。高等学校工作中存在的一些问题，也只有通过深化改革才能从根本上解决。会议要求高等学校把形势教育进一步引向深入，要利用多种形式及时向广大师生介绍国家各方面工作的进展情况。为了帮助高等学校做好形势教育工作，各级党政领导应当经常与师生座谈、对话。

12 月

12 月 1 日

共青团中央发出《关于在团员青年中深入开展形势教育的意见》。文件指出，这次形势教育主题是学习、贯彻党的十三届三中全会精神，中心内容是治理经济环境，整顿经济秩序，全面深化改革。文件要求，形势教育一定要针对实际问题，解决实际矛盾，避免不负责任、不触及青年思想热点和难点的做法。开展形势教育，要因地制宜，适合青年的特点，体现共青团工作的特色。各级团组织要在形势教育的总要求下，从本地实际情况出发，开展各种生动活泼的主题教育活动，把形势教育工作做到青年心里，真正为他们所接受。文件强调，在团员和青年中广泛深入地开展生动的形势教育，是共青团贯彻落实党的十三届三中全会精神的实际步骤之一，是治理经济环境、整顿经济秩序、全面深化改革大局中的一个重要组成部分，是党的基本路线教育的进一步深化。各级团组织要切实加强领导，统筹安排。形势教育工作要有专人负责，要有部署、有重点、有检查、有指导。

12 月 8 日

国家教委体育卫生司、《人民教育》编辑部、北京大学出版社联合举办“青春期教育”座谈会，邀请了医学界专家和教育工作者，共同研讨青春期教育问题。与会者认为，在青少年学生中进行青春期教育，是关系到青少年健康成长和民族素质的大问题，要积极开展符合我国国情的青春期教育。国家教委副主任王明达在会上指出，国家教委已把青春期教育正式列入了学校的教育计划，要积极地坚定不移地在青少年学生中开展这方面的教育，并逐步培训师资，争取社会各方面配合，共同做好这项工作。

12 月 24 日

为推动社会实践活动长期、深入发展，中宣部、国家教委、共青团中央做出决定，对北京大学等 250 个大学生社会实践先进单位和山东省“百县建设、千厂发展、万人受训、富民兴鲁”等 19 个社会实践主题活动给予表彰，并希望各地宣传部门、教育行政部门、共青团组织，特别是大中专院校，进一步深化社会实践活动的内容，开拓学生参加社会实践的渠道，将社会实践与教学、科研更好地结合起来，促进广大学生在实践中“受教育、长才干、作贡献”，健康成长。

同日，《中国教育报》报道，国家教委最近发出通知，对 1989 年思想政治教育专业第二学士学位班招生工作做出安排，清华大学、复旦大学等 15 所高校计划招生 417 人。国家教委有关部门还对思想政治教育专业第二学士学位班报考的推荐工作做了具体的规定。

1989 年

1 月

1 月 3 日

《中国教育报》报道，不久前，江泽民、朱镕基等上海市委、市政府领导同志，分别到复旦大学、上海交通大学等 23 所高校调查研究，做深入细致的思想政治工作，受到师生的普遍欢迎。上海市委、市政府的领导同志们对大学生们提出了殷切希望，勉励大家树立爱国主义思想，有理想，有抱负，不应只顾眼前利益，追求低级趣味，要争做"四有"新人，立志以真才实学报效祖国，为建设具有中国特色的社会主义而努力学习，希望广大师生认真贯彻十三届三中全会精神，治理校园环境，整顿教学秩序，深化教育改革，大学生要做建设社会主义精神文明的模范。

1 月 11 日

国家教委召开委属高校计划财务基建工作会议。国家教委副主任何东昌在会上指出，当前高校形势教育，就是要用党的十三大理论、路线、方针来武装干部和师生的思想，用以观察形势；在今后一段时间内，高等教育要"控制规模，提高质量，调整结构，深化改革"，国家教委直属高校则要把注意力集中到提高教育质量上来。何东昌强调，高等学校对国家的贡献主要体现在培养人才上，这就要求特别重视质量。当前要大力加强和改进学生管理和学校的思想政治工作。首先要加强对师生的形势教育。形势教育实质上是对党的十三大理论、路线、方针的进一步学习，帮助加深对改革的理解。其次要改进对大学生的民主与法制教育，对于少数人中实际存在的对民主理解不当、法制观念不强的种种表现，有针对性地进行教育。还要加强爱国主义、国际主义教育。当前要切实加强高校党组织的核心作用。

同日，中宣部和共青团中央决定表彰杨静云等 100 名全国优秀青年思想教育工作者，同时对乔俊峰等 88 名全国先进青年思想教育工作者予以表扬，以进一步推动青年思想教育工作卓有成效地深入开展，推动全社会从战略的高度，关心青年一代的健康成长。决定指出，在改革和社会主义现代化建设的伟大历史时期，我国广大青年思想教育工作者，为全面提高青年一代的素质，造就有理想、有道德、有文化、有纪律的新人，做了大量工作，付出了艰辛的劳动，涌现了一批勇于探索、奉献的优秀青年思想工作者。这次由团中央宣传部和中宣部《党建》杂志社联合组织评选出的一批优秀青年思想教育工作者，就是他们当中的突出代表。

1 月 23 日—24 日

国家教委在北京召开高校政治理论教育丛书编写和文科教材建设座谈会。全国部分高校近 150 位哲学社会科学的专家、学者，就当前哲学社会科学面临的形势与任务，深入持久地批判资产阶级自由化思潮，编写有关当代资本主义、当代社会主义丛书以及加强文科教材建设等问题进行了讨论。中宣部部长王忍之到会讲话。王忍之指出，坚持马克思主义，反对资产阶级自由化思潮和各种错误的思想理论，反对资产阶级的人生观、价值观，帮助青年树立正确的政治方向和革命的世界观，是摆在我们面前的一项关系到党和国家命运的极其重要的任务。当前，反对资产阶级自由化的斗争仅仅是开始，许多被资产阶级自由化思潮搞乱了的思想、理论问题远远没有澄清，许多错误观点还有待深入批判，必须把这场斗争深入持久地进行下去。今后，无论是在报刊上还是在讲台上，绝不允许为资产阶级自由化提供阵地。广大哲学社会科学工作者要为在意识形态领域的斗争中打胜仗，为在争夺青年的斗争中打胜仗，作出积极的贡献。

1 月 26 日

《中国教育报》报道，邮电部最近制定出《邮电中等专业学校德育大纲(试行稿)》并将于 1989 年暑假后的新学年在邮电系统 31 所邮电中专学校实行。这个试行稿包括了德育目标、德育基本内容和分年级要求、德育途径和方法、学生品德的评定、德育品德课。同时根据中专生的年龄特点，按政治教育、理想教育、道德规范教育、法律教育等几个方面，分年级、由浅入深地对德育内容进行了安排，并在不同年级分别加入了青春期、心理卫生和性道德教育，正确对待恋爱、婚姻和家庭问题的教育，劳动教育，个性心理素质及社会主义人际关系等教育。对四年级学生，着重进行邮电职业理想、职业道德、职业纪律教育。

2 月

2 月 1 日

国家教委发出《关于高等学校学生思想教育教师职务评聘工作几个问题的意见》。文件指出，思想教育教师列入教师编制后，思想教育教师今后所需的升职指标，包含在教师总升职指标内。今后，思想教育教师各级职务任职资格的审定权限，按《关于〈高等学校教师职务试行条例〉的实施意见》第十五条的要求和 1988 年教师职称的有关规定执行。思想教育教师的各项待遇，应和其他教师一视同仁。

2 月 12 日—17 日

国家教委召开 1989 年工作会议。会上，大家对党的十一届三中全会以来的教育工作进行了研究，总结了经验，提出了许多很好的意见和建议。同时对 1989 年国家教委关于教育工作的部署，以及教育面临的形势和任务，进行了充分的讨论。通过讨论，大家进一步统一了认识，明确了任务。会议期间，国务院总理李鹏在中南海听取了部分会议代表关于教育情况的汇报，倾听了大家对今后教育事业发展改革的意见和建议，并作了重要讲话。中共中央政治局常委乔石同参会的部分代表就高校如何加强党的建设与思想政治工作进行了座谈。乔石在座谈会中指出，各级党委和政府要加强对高等学校党的建设和思想政治工作的领导，帮助他们解决面临的问题。高等学校无论是在进行校长负责制试点，还是仍然实行党委领导下的校长负责制，都要从实际出发，认真搞好党政职能分开工作，改善和加强党对高等学校的领导，充分发挥党组织在政治上的核心作用和党员的先锋模范作用。

3 月

3 月 23 日

邓小平在会见乌干达总统约韦里·穆塞韦尼时指出：我们最近十年的发展是很好的。我们最大的失误是在教育方面，思想政治工作薄弱了，教育发展不够。我们经过冷静考虑，认为这方面的失误比通货膨胀等问题更大。最重要的一条是，在经济得到可喜发展、人民生活水平得到改善的情况下，没有告诉人民，包括共产党员在内，应该保持艰苦奋斗的传统。坚持这个传统，才能扛住腐败现象。所以要加强对人民进行思想政治工作，提倡艰苦奋斗。这是中国从几十年的建设中得出的经验。

4 月

4 月 9 日—13 日

国家教委社会科学发展研究中心在北京大学召开全国高校纪念五四运动 70 周年学术研讨会，主题为“中国新文化运动的回顾与前瞻”。与会者认为，“五四”最重要的成果之一是马克思主义为中国人接受，并促成中国共产党的成立，当前最紧迫的任务是振奋民族精神，凝聚全民族的力量搞好改革与建设。国家教委副主任何东昌、滕藤参加了会议，何东昌在会上讲了话。

4月22日

《中国教育报》报道，国家教委艺术教育委员会、国家教委思想政治工作司、中国教育报等五单位最近联合邀请首都部分文学界人士座谈，请他们就当前的文学状况发表意见。首都文学界人士呼吁弘扬社会主义文学主旋律，优化青少年成长文化环境。与会同志提出了几点建议：中央对文学创作的主旋律应旗帜鲜明地进行引导，要优化舆论的导向作用；制定文化政策，对通俗文艺征收重税，通过经济杠杆保护严肃文学，对不良的创作和出版建立起有效的制约机制；制定文艺法规，做到有法可依，依法办事，违法者受罚。

7月

7月1日

中共中央总书记江泽民就加强德育做出批示。批示指出，除国情教育外，从小学到大学，必须充分认识加强德育的重要性。现在年轻人，别说共产主义的远大理想，有的连起码的民族自尊心、爱国之心都没有了。中国传统就有许多好的道德风尚、高尚的情操。当然，西方文化也有好的东西，应当采取古为今用、洋为中用的办法，较系统地编写点教材。7月8日，国家教委办公厅发出了《关于印发江泽民总书记7月1日重要批示的通知》。

7月10日

中共中央、国务院发出通知，转发国家教委《关于当前高等学校工作中几个问题的意见》。文件指出，培养什么样的人，始终是教育战线的根本问题。各级党委、政府和教育部门要切实加强对高等学校工作的领导，把坚定正确的政治方向放在教育工作的第一位，坚持社会主义方向，坚持马克思列宁主义、毛泽东思想的教育，加强思想政治工作，严格校纪、校风管理，搞好教育改革，真正把高等学校办成培养社会主义接班人的坚强阵地。国家教委在文件中特别强调，要整顿党的组织，加强和调整领导班子。文件指出，实践证明，实行党委领导下的校长负责制，有利于保证学校的社会主义方向和全面实现培养目标，比较符合高等学校的实际。在今后相当长一个时期，高等学校仍应实行党委领导下的校长负责制，但党政职能应该分开，党组织不要包揽行政事务。已执行校长负责制，并取得较好效果的学校，可以继续探索和积累经验。实行校长负责制效果不够好的学校，应恢复党委领导下的校长负责制。从现在起，不再扩大校长负责制的试点。不论实行哪种领导制度，都要充分发挥党组织的政治核心作用。党委要全面领导思想政治工作，建设一支精干的、专兼结合的思想政治工作队伍；管好干部工作，包括把好教师出国、任职、晋升的政治观；加强对工会、共青团、学生会等群众组织的领导；在保证贯彻党和国家方针、政策的前提下，协调好同民主党派的关系，充分发挥他们在学校中的积极作用。要健全党委的工作机构，凡撤并不当的，应予恢复。建设坚强合格的领导班子，保证高等学校的领导权牢牢掌握在坚持四项基本原则、坚持改革开放的优秀干部手中。一定要通过这场政治斗争，整顿好党的组织，提高党员的政治素质。

7月12日—15日

全国高等学校工作会议在北京举行。中共中央政治局委员、国务委员兼国家教委主任李铁映在会上作了题为《高等教育必须坚持社会主义方向》的报告。报告指出，坚持教育的社会主义方向，就必须坚持和加强党对学校的领导，保证党组织在教育工作中的领导和政治核心作用。报告分四个部分：(1)认真学习，领会十三届四中全会召开的重大历史意义，坚定不移地贯彻执行全会精神；(2)切实加强党对学校的领导，加强学校的思想政治工作，用马列主义、毛泽东思想教育学生，坚持教育的社会主义方向；(3)必须旗帜鲜明地、深入持久地开展反对资产阶级自由化的斗争；(4)要坚持改革、开放的总方针，深入进行教育改革，促进教育事业的发展和繁荣。李铁映指出，教育作为上层建筑的一个领域，无可否认是有阶级性的。培养什么人、怎么培养的问题，始终是教育领域的根本问题。一个时期以来，对这个问题有些人不那么清楚，甚至糊涂了。在执行教育方针上不是把坚定正确的政治方向放在第一位，坚持德智体美劳全面发展的标准，而是智育高于一切，削弱了以社会主义、共产主义教育为核心的思想政治和品德教育。他说，教育必须为社会主义服务，教育必须坚持社会主义方向，用马列主义、毛泽东思想教育青年学生，培养社会主义事业的接班人。而坚持教育中的社会主义方向，就必须坚持和加强党对学校的领导，保证党组织在教育工作中的领导和政治核心作用。

李铁映强调，四项基本原则是立国之本，也是我国高等教育的生命线。在高等学校坚持四项基本原则，就必须运用马列主义和毛泽东思想，旗帜鲜明地批判资产阶级自由化思潮。要加强法制教育，使学生学会在法制的轨道上行使自己的民主权利，要认真研究和改革社会科学的教学，绝不能听任在社会主义大学的讲台上任意散布资产阶级自由化观点。

会议期间，中共中央总书记江泽民同参加全国高等学校工作会议代表座谈教育问题，要求高等学校的领导旗帜鲜明地反对资产阶级自由化，要理直气壮地坚持四项基本原则，对青年学生加强思想政治教育；要在青年中解决究竟是社会主义好还是资本主义好、为什么在中国要坚持共产党领导这两个根本问题。同时指出，知识分子是工人阶级的一部分，他们在社会主义建设和改革的各条战线忘我工作，无私奉献，真正是民族的精英，进行“四化”建设要依靠他们，这一点不能发生动摇。

7 月 17 日—21 日

中共中央在北京召开全国宣传部长会议。会议强调，当前思想政治工作的任务就是要学习、宣传十三届四中全会精神和邓小平同志的重要讲话，统一全党和全国人民的思想，要深入进行坚持四项基本原则、反对资产阶级自由化的教育，把宣传工作搞上去。20 日，江泽民、李鹏、李瑞环等中央领导同志到会并讲话。江泽民同志在会上指出，全党必须十分重视意识形态工作。宣传战线从总体来讲是好的，但也暴露了资产阶级自由化严重泛滥的问题。我们一定要真正让社会主义思想占领阵地，把反对资产阶级自由化的斗争进行到底。现在不少青年人思想上搞不清楚，中国为什么非要走社会主义道路？为什么非要共产党领导不可？对于这个问题，我们要从理论与实际的结合上进行深入浅出、令人信服的回答。

7 月 18 日

中共中央总书记江泽民同北京第二外国语学院师生代表座谈，指出加强党的领导，建设一支精干的政治工作队伍，加强对青年学生的思想政治工作，是高校教育的一项十分紧迫的任务。对外语院校来说，特别要加强爱国主义教育。北京第二外国语学院是培养旅游和外语人才的学校，学生毕业以后都要接触外事工作，他们必须有高度的爱国主义精神，要具有民族自尊心和民族气节，具有远大的理想、高尚的情操和高度的组织纪律性，只有这样，才能在对外交往中拒腐蚀、永不沾，才能真正为社会主义“四化”建设服务。

同日，国家教委艺术教育委员会在北京召开座谈会，学习十三届四中全会精神，讨论艺术教育发展问题。与会同志认为，美育在培养人的审美意识、道德观、价值观方面有着不可忽视的作用，应从幼儿抓起。当前最迫切的任务，是要加强意识形态领域的管理，坚持文艺为社会主义服务、为人民服务的方向，制定相应的政策法规，逐步建立一个综合治理的良好社会文化环境。

7 月 22 日

《中国教育报》发表署名“向阳生”的文章《对青年进行国情教育是迫在眉睫的任务》。文章建议：尽快组织编写教材，在中学、大学开设“国情教育”课或“国情教育与社会主义道德规范”课；近期在全社会开展一次普遍性的国情教育活动。文章所加的“编者按”提出，向阳生提出的在大学和中学学生中进行国情教育的建议值得重视。除国情教育外，还必须充分认识从小学到大学，加强德育的重要性。现在一些年轻人别说共产主义远大理想，有的人连起码的民族自尊心、爱国之心都没有了。这个情况应当引起各级党政领导和教育部门的深刻反思，采取得力措施，加强德育。中国有许多传统的好的道德风尚，应该发扬光大。当然，西方文化也有些好的东西。可以把这些好的东西，采取古为今用、洋为中用的办法，较系统地写进教材，用以对青年学生进行思想政治教育。这是一项基础工作，做好了，会长远起作用的。

7月28日—8月11日

国家教委在中央教育行政学院举办高等学校思想政治工作研究班。研究班是为了促进高等学校组织党员、教师和学生深入学习邓小平同志讲话和十三届四中全会文件，尤其是大力加强对广大青年学生的思想政治教育，使之切实提高坚持四项基本原则，识别和抵制资产阶级自由化的自觉性。

8月

8月3日

国家教委电教司召开广播电视大学工作座谈会。国家教委副主任、党组书记何东昌在会上指出，电大教育有一些重大问题需要反思，尤其是思想政治教育工作。对大学生要有思想品德方面的要求。社会主义建设需要我们培养又红又专的人才，红是政治方面，是个首要问题。电视大学教师队伍的建设也要又红又专，要严格教风。电大学员入学后，除了马克思主义理论课以外，还要学思想品德方面的课，定期就重大的国内外大事、重要文件组织学习，要结合电大的实际，把学员的思想品德方面的教育认真管起来。要制定出在政治思想上把好入学关和毕业关的办法，电大学员也要有行为准则，并有监督的办法。

8月5日

国家教委副主任、党组书记何东昌同武汉大学校、院、系负责人座谈。他强调高校要牢牢把握社会主义方向。青年学生99.9%是好的，这个评价现在仍没有变；当前特别要帮助广大学生，总结教育经验，彻底清除资产阶级自由化的影响。在这个问题上，绝不能姑息迁就，否则就害了青年。对广大青年我们既要满腔热情，又要严格要求。要引导他们走与工农相结合、与实际相结合的道路，要对他们进行马克思主义理论教育、国情教育、爱国主义教育和艰苦奋斗的教育。对他们要求越严，他们成长得越快。相信通过大量的、细致的、艰苦的工作，广大青年学生一定会成为人民需要的合格人才。办好高等教育必须团结依靠广大教师，教育者要先受教育。要建立一支坚持社会主义道路，能够教书育人的优秀教师队伍。我们要帮助他们提高思想认识，通过学习和进行认真的反思，把思想统一到邓小平同志的重要讲话精神上来，统一到党的路线、方针、政策上来，振奋精神，继续为“四化”建设作贡献。

8月15日

《中国教育报》报道，连日来，湖北、安徽、云南、福建、江苏、河南、吉林、湖南、上海等省、直辖市相继召开高校工作会议，学习贯彻党的十三届四中全会精神，传达落实国家教委高校工作会议部署。各省、直辖市的主要领导同志和有关部门负责同志发表讲话，强调要切实加强对高校工作的领导，把坚定正确的政治方向放在教育工作的第一位，坚持社会主义方向，坚持马克思列宁主义、毛泽东思想的教育，加强思想政治工作，严格校纪、搞好教育改革，真正把高校办成培养社会主义接班人的坚强阵地。

8月20日

中共中央文献编辑委员会编辑的《邓小平文选(1938—1965年)》由人民出版社出版。文选收入邓小平从抗日战争时期到“文化大革命”以前20多年中的重要文章、讲话39篇，反映了他这段时间在军事、政治、经济、党的建设等方面作出的贡献。

8月18日—22日

全国组织部长会议在北京召开。8月21日，中共中央总书记江泽民在讲话中指出，要把思想建设放在党的建设的重要的突出的位置上。特别是当前要用十三届四中全会精神和邓小平同志几次讲话的精神统一全党的思想。反对资产阶级自由化的斗争，要长期坚持下去，而且要把这场斗争和增强党性观念的教育结合起来。要把资产阶级自由化搞乱了的思想观点，包括在党的思想理论建设上造成的混乱一一纠正过来。有的同志提出，把前一时期淡化党的领导的若干错误观念和违反马列主义的东西，综合归纳一下，加以澄清，这个意见很好。上次我们开教育会议，各大学正在编写教材。我们的教材要给学生讲清楚，为什么中国必须由中国共产党来领导，为什么必须实行社会主义制度。这两个问题，要从历史一直讲到现在，要把必然性讲清楚。首先就要像鲁迅讲的，在政治原则问题上要有脊梁骨，要挺起腰杆来，反对危害党、国家和人民利益的言行。我们要坚持改革开放，但必须抵制资产阶级腐朽思想。对于思想阵地，无产阶级不去占领，资产阶级就必然要去占领。这是千真万确的。所以，从现在开始，要牢记我们肩膀上有这样一个责任，就是用无产阶级思想教育青年。这些青年人是我们的希望和未来，将来要接班的。所以要加强思想教育工作，今后要主动去做，要用无产阶级思想占领阵地。

8 月 22 日

《中国教育报》报道，该报编辑部最近邀请北京部分高校和有关部门的负责同志，就“蛇口风波”问题进行座谈。国家教委副主任何东昌在座谈中指出，在“蛇口风波”中，有的人宣扬的是资产阶级的个人主义和拜金主义，这对青年是极大的腐蚀剂。坚持资产阶级个人主义的人，最容易接受资产阶级自由化思想，崇拜资本主义，最后必然会发展成卖国主义。要不要反对极端个人主义和拜金主义，要不要坚持社会主义思想政治工作，问题的实质就在这里。何东昌强调，坚持四项基本原则，坚持改革开放，就必须做好思想政治工作。搞资产阶级自由化的人也总是要把根据两个基本点正确进行思想政治工作的人作为攻击的目标，而且通过各种渠道，包括理论、新闻、文艺等来丑化思想政治工作。思想政治工作要适应新的形势，但适应新形势主要是在内容上，而不是在方法技巧上，前一段思想政治工作没有旗帜鲜明地反对资产阶级自由化，这是要害。参加座谈会的同志还就“蛇口风波”同资产阶级自由化思潮的关系、用什么思想教育和引导青年、新闻舆论导向的问题，发表了一些很好的意见。

8 月 24 日

党中央、国务院召开全国整顿清理书报刊及音像市场电话会议。会议要求各级党委和政府进一步动员起来，加强领导，严格执行政策，精心组织，集中力量在国庆节前对书报刊和音像市场进行一次全面的整顿、清理，一手抓“扫黄”，一手抓繁荣文艺，以文化市场健康、繁荣的崭新面貌迎接国庆 40 周年。中共中央政治局委员、国务委员李铁映在会上讲话指出，要充分认识整顿清理书报刊和音像市场的必要性，整顿清理的重点和工作部署；要加强组织领导，各方协商配合。他强调，整顿清理书报刊和音像市场，关系到社会安定，关系到社会主义精神文明建设，关系到青少年一代的健康成长，关系到国家的长治久安。我们必须从这样的高度来认识，抓住当前的有利时机，把这项工作一抓到底，抓出成效。

8 月 25 日

中共中央总书记江泽民同清华大学部分师生座谈时强调，党的知识分子政策不变。广大青年学生有爱国心和正义感，满腔热情，对新事物非常敏感，这是青年学生的长处。但同时也应当看到，青年学生身上也存在缺乏实践锻炼和政治经验的弱点。希望广大青年学生树立坚持党的领导、坚持社会主义制度的政治方向，正确认识我们的国情，了解革命的发展历史，特别是自鸦片战争以来的中国近代史，增强民族自尊心和自信心，向广大工农群众学习，在理论与实践的结合中锻炼自己，克服顺利时容易骄傲、遇到挫折时容易灰心丧气的弱点。

8 月 26 日

国家教委和中国人民解放军总参谋部、总政治部联合发出《关于 1989 年学生军训有关问题的通知》。确定 1989 年全国 143 所高等学校开展学生军训，其中 137 所高校的学生在校内组织训练，北京大学、复旦大学等校的学生到部队训练。军训时间为 8 周，其中集中训练 5 周，分散训练 3 周。

9 月

9 月 4 日

邓小平在同中央几位负责同志的谈话中指出，要抓紧四项基本原则和马克思主义基本理论的教育。邓小平指出，最近看到的学生现象是可喜的，他们真正在反思，是个大教育啊。问题是很多，但能进行反思就是一个最大的教育，比读什么书都重要。我们要抓紧四项基本原则的教育、马克思主义基本理论的教育，搞几年风气就会变的。对文艺战线再加以整顿，整顿书报刊市场，照现在的部署坚持下去，会变的。我们的目标是“四有”。20 世纪 50 年代，广大党员和人民讲理想、讲纪律，讲为人民服务，爱党、爱国家、爱社会主义，这样的社会风气和道德面貌不是很好吗？三年困难时期，党和人民不是团结奋斗，渡过了难关吗？多好的老百姓啊！我们要恢复和发扬这个传统。

9 月 8 日

国家教委、人事部和中国教育工会联合召开庆祝教师节表彰大会。国务院总理李鹏在会上讲话，他指出，教师是人类灵魂的工程师。我国青少年的思想品德、智力和体魄状况，在相当程度上决定于广大教师的工作。教师的言行对青少年起着重要的影响，要求学生做到的，教师首先应该做到。教育学生拥护党的领导，拥护社会主义，教师首先应该热爱党，热爱社会主义；要树立学生全心全意为人民服务的思想，教师首先应该不计名利，忠于职守；要学生艰苦奋斗，教师首先应该勤俭朴素。教育者应该先受教育。希望广大教师紧密团结在党中央周围，振奋精神，为坚持四项基本原则、坚持改革开放，为发展和改革教育事业，为培养社会主义事业的接班人作出新的贡献。

9 月 9 日

中共中央政治局常委、国务院总理李鹏来到北京师范大学，同大家一起欢度教师节，并同部分师生就如何办好社会主义大学的问题进行座谈。李鹏说，教育是百年大计，办好社会主义大学的根本问题，是培养什么人的问题。我们要建设社会主义祖国，改变贫穷落后的面貌，高等学校培养出来的人，就应该为这一伟大事业服务。他们应当有坚定正确的政治方向，热爱我们的社会主义祖国，热爱领导这个事业的中国共产党，热爱我们的人民。高等学校要永远把坚定正确的政治方向放在学校工作的第一位。

9 月 27 日

国家教委党组发出《关于在高等学校学生中进行坚持社会主义道路和树立正确人生观教育的意见》，提出在 1989 至 1990 学年，要着重对学生进行坚持社会主义道路和树立正确人生观的专题教育。这两个专题教育是开学初集中进行的政治教育和法制教育的继承和深入。要通过这两个专题教育，引导和帮助广大青年学生，坚持在中国共产党的领导下走社会主义道路的信念，树立社会主义集体主义、全心全意为人民服务的人生观，励志做又红又专的社会主义事业接班人。两个专题的教育，在 1989 至 1990 学年第一学期适当的时间开始，每周大体要安排两个学时的时间。各地、各校要从实际出发，做好安排。为配合坚持社会主义道路专题教育，国家教育有关部门将组织专家、教授在中国教育电视台举办系列讲座，讲稿陆续在《马克思主义理论教材参考资料》刊登。人生观专题教育的教材，预计在 1989 年年底发行。这两个专题的教育，高校要分别对学生进行考核，成绩计入学籍档案。

9 月 29 日

中共中央总书记江泽民在庆祝中华人民共和国成立 40 周年大会上发表重要讲话。江泽民同志在论述社会主义精神文明建设问题时指出：社会主义不仅要实现经济繁荣，而且要实现社会的全面进步。坚持社会主义物质文明和精神文明一起抓，是我们的基本方针。精神文明建设，说到底，是要提高全民族的素质，培养有理想、有道德、有文化、有纪律的社会主义新人。不能设想，一个没有强大精神支柱的民族，可以自立于世界民族之林。我们要深刻吸取近几年来物质文明建设和精神文明建设一手硬一手软的教训，在努力发展物质文明的同时，切实抓好精神文明建设。发展教育和科学是百年大计，对社会生产力和民族素质的提高具有重大的深远意义。我们的教育和科学还比较落后，更要采取有效的措施，自觉地抓好这项工作。要紧密结合现代化建设和改革开放的实际，结合咱们的思想实际，大力加强和改进意识形态领域的工作，加强和改进思想政治工作，坚持不懈地向全国人民特别是青少年进行爱国主义、集体主义、社会主义和自力更生、艰苦奋斗的思想教育，以及革命传统教育，对共产党员、共青团员和先进分子还要经常进行共产主义的思想教育。要用马克思主义和社会主义思想去指导理论、宣传、教育、新闻、出版、文学艺术等部门的工作，去占领思想文化阵地和舆论阵地，丰富群众的精神生活。要积极引导广大群众自觉地抵制各种错误思潮和腐朽思想的影响，培养科学的健康文明的生活方式，使他们真正成为奋发进取的社会主义劳动者和建设者。各类各级学校不仅要建立完备的文化知识传授体系，而且要把德育放在首位，确立正确的政治方向。我们要继续坚持为人民服务、为社会主义服务的方向和“百花齐放、百家争鸣”的方针，繁荣和发展科学文化事业。要积极吸收我国历史文化和外来文化中的一切优秀成果，坚决摒弃一切封建的、资本主义的文化糟粕和精神垃圾。当前在这个问题上，要特别注意反对那些全盘否定中国传统文化的民族虚无主义和崇洋媚外思想。

10 月

10 月 6 日

国家教委发出通知，要求各地教育行政部门和各高等学校认真组织学习江泽民同志在庆祝中华人民共和国成立40周年大会上的重要讲话。通知说，江泽民同志的讲话是指导当前全党工作的纲领性文件，同时也是高等学校加强和改进思想政治工作的指导性文件。认真学习和贯彻江泽民同志的讲话，是当前各级教育部门和各高等学校的一项重要任务。通知要求，各高校校、系党政领导要适当集中时间，认真学习，领会江泽民同志讲话的精神，进一步统一对党的路线、方针、政策的认识。组织教师学习要在引导他们领会和掌握江泽民同志讲话的思想观点，提高坚持四项基本原则和改革开放的自觉性上下功夫，以充分调动广大教师的积极性，发挥他们在办好社会主义大学中的重要作用。在1989至1990学年内要对学生进行坚持社会主义道路和树立正确人生观的专题教育。这两个专题教育要以江泽民同志的讲话为指导，并把它作为重要的学习文献。

10 月 12 日

国家教委副主任何东昌在石家庄陆军学院北京大学新生训练队开学典礼上发表讲话，何东昌在讲话中指出，当前，我们面临着渗透与反渗透、“和平演变”与反“和平演变”的斗争。敌对势力实行渗透、“和平演变”的一个重点对象是高等学校，尤其是重点高等学校。我们迎接这一挑战的唯一办法就是要使青年学生把坚定正确的政治方向放在首位。何东昌强调，青年学生要利用军政训练这个好机会，向党领导下的人民军队学习。要跳出个人的小圈子，把立足点转移到党和国家的立场上来，提高自己的无产阶级觉悟，成为有理想、有道德、有文化、有纪律的社会主义事业接班人。希望北京大学新生在军政训练期间经受锻炼，为今后继续学习奠定很好的思想政治基础，力求把自己锻炼成为有高度思想觉悟、有较高文化水平的人才，以不辜负党和国家对青年学生的深切关怀。

11 月

11 月 4 日

《中国教育报》报道，中共天津市委教育卫生工作委员会、天津市高教局联合召开高校工作会议，国家教委副主任何东昌到会并讲话。他指出，对青年学生进一步加强思想政治教育工作绝不能松懈，要通过教育，使青年学生真正懂得中国为什么必须由中国共产党领导，中国为什么一定要走社会主义道路。同时，还要反对盲目崇拜资本主义国家的思想，要使学生明白什么是正确的价值观、幸福观，引导他们走与工农相结合、与实践相结合的道路，正确地树立阶级观点、劳动观点、群众观点、辩证唯物主义和历史唯物主义观点、法制观点。要使学生懂得只有书本知识不是完整的知识，懂得知识分子在祖国大地上发挥作用的正确道路；要使学生初步树立努力为人民服务的思想，反对极端个人主义和拜金主义。

11 月 12 日

上海复旦大学1200多名学生冒雨奔赴全市十

多个公共场所，展开以公益劳动、服务咨询、文艺演出为主要内容的“社会服务日”活动。他们向全市18万大学生发出倡议：拿出你的热情，投入到“为人民服务，向社会奉献”的热潮中去。

11月17日

国家教委发出通知，颁发《高等学校学生行为准则(试行)》。通知指出，《高等学校学生行为准则(试行)》体现了党和国家对高等学校学生在政治、思想和品德等方面的基本要求。高等学校学生应自觉遵守。教师和职工应教书育人，服务育人，管理育人，用“行为准则”教育和要求学生。各高等学校要依据此对学生的政治、思想和品德进行考核、鉴定。原教育部1982年2月27日颁发的《高等学校学生守则(试行草案)》即行作废。新的“行为准则”规定，高等学校的大学生、研究生应当有坚定正确的政治方向，热爱社会主义祖国，拥护中国共产党领导和社会主义制度，努力学习马克思主义；应当热心于改革和开放，有艰苦奋斗的精神，走与工农群众相结合的道路，努力为人民服务，为实现具有中国特色的社会主义现代化而献身；应当自觉地遵守宪法、法律，严格遵守校纪校规，增强法制观念，有良好的品德；应当勤奋学习，努力掌握现代科学文化知识。立志成为有理想、有道德、有文化、有纪律的社会主义现代化建设事业的合格人才，做无产阶级革命事业的接班人。在日常生活中须自觉遵守以下行为准则：(1)维护祖国的利益。不得参与任何有损祖国尊严和荣誉、违背四项基本原则、危害社会秩序的活动，反对破坏安定团结的行为。(2)遵守宪法和国家的各项法律、规定。努力做维护民主和法制的典范，反对无政府主义。(3)维护各民族的平等、团结、互助关系。尊重不同民族的风俗习惯和宗教信仰，反对损害民族团结的行为。(4)坚持社会主义集体主义。个人利益要服从国家利益、集体利益；同学之间团结友爱，互相学习，互相帮助；关心集体；反对极端个人主义。(5)坚持实事求是原则。说话要有事实依据，办事力求从实际出发；正确开展批评和自我批评。(6)热爱劳动，积极参加社会实践。积极参加公益活动、生产劳动和勤工俭学活动，虚心向工人、农民学习；不参与经商活动。(7)发扬艰苦奋斗精神。勤俭节约；不浪费水、电、粮食；不向学校和家庭提出超越实际可能的生活要求。(8)注重个人品德修养。服饰整洁，讲究卫生；诚实守信，谦虚谨慎；说话和气，待人有礼；男女交往，举止得体；尊重师长，尊重他人；尊老爱幼，乐于助人；勇于同不良行为做斗争。(9)积极参加体育锻炼和健康的文化活动，增进身心健康。(10)勤奋学习，刻苦钻研。在努力完成各项学习任务中树立科学性和革命性相结合的学风。(11)维护教学秩序。遵守学习纪律，考试不作弊。(12)维护公共秩序。遵守公共场所的有关规定，不扰乱秩序，不起哄；遵守学校校园管理制度，不打架斗殴，不赌博，不酗酒，不观看、传播反动淫秽书刊和声像制品；不在禁烟区吸烟。(13)遵守宿舍管理规定。按时熄灯就寝，不喧哗、打闹，不影响他人的正常学习和休息；不损毁和私自拆装宿舍设备，不留宿异性；未经有关部门同意，不留宿校外人员。(14)爱护公共财物。保护公共设施，爱护花草树木；珍惜教学、科研设备；损坏公物要赔偿。(15)遵守外事纪律。在涉外活动中，不做有损国格、人格的事；与外国留学生平等友好相处；对外籍教师和国际友人以礼相待，不卑不亢。

11月28日

全国政协妇女青年委员会、教育文化委员会举行座谈会，共商“除害兴益，优化青少年成长环境”。200多名政协委员和知名人士到场。全国政协副主席王任重在发言中呼吁全社会动员起来，为建设富裕、文明、民主的社会主义现代化强国培养一代接一代、一代胜过一代的接班人。他说，除害就是除精神污染之害，兴益就是兴精神文明之益，目的就是培养有理想、有道德、有文化、有纪律的社会主义一代新人。学校要把德育真正放在第一位，教育青少年树立共产主义的世界观和人生观，让他们懂得只有为共产主义事业奉献自己的一切力量，这样的生活才最有价值，最有意义。

11月30日

李鹏在会见“面向21世纪教育国际研讨会”的中方代表时指出，中国的教育方针概括起来有三点：教育要面向现代化，面向世界，面向未来；强调德智体全面发展；教育必须为社会主义建设服务，社会主义建设必须依靠教育。他还说，我们对当前的教育状况并不满意。在政府各项工作中，教育还是一个薄弱环节，不能适应经济发展的需要，所以，我们制订了一个振兴教育的计划。核心问题就是要增加对教育的投入。中国经济现在面临着一些暂时的困难，这个计划实施起来要延长一点时间，但是每年总是还要小步前进的。

12 月

12 月 5 日

国家教委发出《关于思想政治教育专业本科招生工作几个问题的通知》。这份文件指出：(1)关于普通高校四年制本科班招生。要采取多种途径和办法招收中等学校的优秀毕业生和扩大招收在职人员。国务院部委所属院校可根据有关规定，从应届高中、中专、中师毕业生中招收保送生，地方院校经上级教育主管部门批准也可招收保送生。招收优秀在职青年，主要从工矿企业中选拔优秀青年报考，实行定向培养。从成人高考中选拔政治素质好、工作成绩突出、考试成绩优异的考生入学。此外，本校本科一、二年级学生中有志于思想政治教育事业者，经本人申请，专业教研室选拔，学校批准，可转入思想政治教育专业。选拔对象必须是校级以上三好学生和优秀学生干部。(2)关于普通高校二年制本科班招生。各校思想政治教育专业经上级教育主管部门批准，可举办二年制本科班，培训本系统、本地区在职政工干部，其招生计划经学校主管部门审核后，应报经国家教委同意。二年制本科班招生列入国家计划，实行定向培养，不收学杂费。学习期间，享受原工资福利待遇，由单位负责。学生毕业后回原单位工作。

12 月 7 日

《中国教育报》报道，全国人大教科文卫委员会副主任刘冰最近在广东省韶关市督导检查教育工作时提出，德育应该有个更具体的规则。刘冰指出，制定德育的具体规则，需要一个标准，这个标准就是邓小平同志提出的培养有理想、有道德、有文化、有纪律的无产阶级革命事业接班人。

12 月 8 日

在京参加全国学联主席团会议的 20 多位高校学生代表在与当年投身“一二·九”运动的老前辈座谈中，强调青年学生应树立坚定正确的政治方向，自觉地把爱国精神转化为脚踏实地的学习行动，深入实际，走与工农相结合的道路，在祖国最需要的地方锻炼成长。段君毅、袁宝华、刘导生在座谈中，希望青年们继承发扬“一二·九”爱国革命传统，确立正确政治方向，加强社会实践，与工农相结合，认真学习马列主义、毛泽东思想，做坚定的社会主义事业的接班人。

12 月 12 日—17 日

全国高等学校思想政治教育研究会主持召开研讨会，回顾总结了十年来高校思想政治教育的经验教训，分析了当前大学生的思想及政治倾向，对进一步加强和改进高校思想政治工作进行研讨。国家教委副主任、党组书记何东昌在会上说，思想政治工作是办好高等学校的生命线，要警惕这样一种倾向：伤疤未好就忘了痛。何东昌指出，要继续加强高校校、系两级领导班子的建设，校、系两级应当牢牢掌握在忠于马克思主义的人手里。进一步加强对学生的思想政治工作，有两个根本问题需要解决。一是要充分认识社会主义的必然性，解决对资本主义盲目崇拜问题。二是为谁服务的问题。这两个根本问题不解决好，谈不上培养社会主义事业接班人。加强学校思想政治工作要真正落实，还有两个问题要真正解决。第一是在学生中建立面对错误思潮能战斗的积极分子队伍。第二是加强教师党支部建设，支部也要有战斗力。高校要改革教育，要保证教学中的思想政治方向。

12 月 15 日

中共中央总书记江泽民在人民大会堂会见了出席共青团十二届二中全会的全体同志。江泽民同志说，我们国家的局势是稳定的。首先，因为我们这个党是千锤百炼的党，尽管还存在不少问题，但从总体上说，我们党是好的，是真正与群众有着密切联系，用马列主义、毛泽东思想武装起来的党。其次，我们的军队是在党的绝对领导下的久经考验、身经百战的人民军队，与人民群众有着密切的联系。最后，我们的国家、我们的民族有着英勇奋斗、从不屈服的历史传统，这一点中国人不能妄自菲薄。江泽民同志希望广大共青团干部和团员增强信心，振奋精神，并通过所联系的广大青年，为完成党的十三届五中全会所提出的任务而努力工作。

12 月 21 日

中共中央发出《关于加强和改善党对工会、共青团、妇联工作领导的通知》，指出工会、共青团、妇联是党领导的工人阶级、先进青年、各族各界妇女的群众组织，是党联系群众的桥梁和纽带，是国家政权的重要支柱。为了深入贯彻党的十三大确立的基本路线，推动建设和改革事业的发展，必须切实加强和改善党对工会、共青团、妇联工作的领导，充分发挥这些群众组织的作用。各级党组织要指导和帮助工会、共青团、妇联把思想政治教育放在重要位置上，按照培养“有理想、有道德、有文化、有纪律”的社会主义新人的目标，根据职工、青年、妇女的不同情况，分层次、有重点地进行马克思主义基本理论教育，民主、法制、纪律教育，国情、形势、政策教育和科学文化技术教育，提高群众的政治思想觉悟和科学文化水平。按照马克思列宁主义关于工会、共青团的论述和党章的有关规定，工会、共青团应当成为广大职工、青年在实践中学习共产主义的学校。

12 月 25 日

共青团中央发出《关于加强和改进思想政治工作的十点意见》，提出从十个方面加强和改进思想政治工作：(1)集中力量抓好正面教育；(2)认真进行马克思主义基本理论学习教育，加强共青团的理论建设；(3)广泛开展学雷锋精神，树社会主义新风的活动；(4)扫黄除害，活跃青年文化，优化社会环境；(5)维护青年利益，参与社会监督，为廉政建设作贡献；(6)建立和健全思想政治工作制度；(7)加强青年思想政治工作的机构和干部队伍建设；(8)大力建立思想政治工作的物质依托；(9)表彰先进，树立典型；(10)为青年办实事。

12 月 25 日—28 日

国家教委在广州中山大学召开部分高等学校文科教育座谈会。50 多位高校主管文科的校长和哲学、政治学、社会学、新闻学系系主任参加。参加座谈的同志认为，党的十一届三中全会以来，高校文科教育事业得到了较快的恢复和发展，同时也必须看到，文科教育与社会主义事业不相适应的状况，依然严重存在。当前突出的问题是：在办学方向上，对争夺青年一代的尖锐斗争放松了警惕，忽视了思想政治教育和品德教育，削弱了马克思主义的基本理论教育，以致在资产阶级自由化思潮的冲击面前缺乏应有的抵抗力，一些学生和青年教师在大是大非面前迷失了方向；在培养过程中，对政治的要求比较虚，而对业务的要求比较具体，形成了业务与政治“一手硬，一手软”的不正常状态；在教育事业发展上，有不顾客观条件，片面追求“高大全”的倾向；教育管理松弛，学风不够端正。他们认为，高等学校文科必须坚持社会主义办学方向，把转变学生思想，树立坚定、正确的政治方向放在第一位，使学生能够坚持四项基本原则，抵御资本主义腐朽思想的侵蚀，反对资产阶级自由化。

国家教委副主任滕藤参加座谈会并指出，坚持用马克思主义理论教育青年是关系到社会主义中国生死存亡的重大问题。在你死我活的阶级斗争面前，高校哲学社会科学工作者首先要战斗，要担当起培养社会主义事业接班人的历史重任。当前高校文科教育改革的首要任务是要用马克思主义批判资产阶级自由化，把过去失去的阵地一个个地夺回来。

1990 年

1 月

1 月 1 日

中共中央政治局委员、国务委员兼国家教委主任李铁映来到石家庄陆军学院看望帅生以及在这里军训的北京大学学生。李铁映在阅兵式上听取有关情况汇报后强调，高等学校必须坚持社会主义办学方向，把德育摆在首位，把为国家培养德才兼备的社会主义事业的建设者和接班人作为根本任务。他要求大家必须坚持四项基本原则，勉励同学们做有理想、有道德、有文化、有纪律的社会主义祖国的建设者和无产阶级革命事业的接班人。

1 月 4 日

《中国教育报》报道，卫生部近日发出通知，要求各直属医学院校组织学生和医务人员认真学习江泽民总书记给北京医科大学学生布仁巴雅尔的回信。通知指出，江泽民总书记给布仁巴雅尔回信，体现了党中央对青年一代的关心。江泽民同志的这封信，含义很深，对大家都是深刻的教育。各院校党组织要组织青年学生和青年医务人员认真学习与讨论，激发青年爱党、爱社会主义的热情，把青年学生培养成为在社会主义革命和社会主义建设及国内外阶级斗争的大风大浪中，能坚持四项基本原则，明辨是非，立场坚定的无产阶级革命事业接班人。

同日，《中国教育报》报道，交通部近日召开部属高校党委书记、校长会议，会议提出高校要坚定不移地坚持社会主义办学方向，并根据我国交通事业发展的需要，不断调整结构，深化教育改革。交通部部长钱永昌在座谈会中说，高校应加强四项基本原则的教育，坚决反对资产阶级自由化，不断提高学生的政治觉悟，培养学生具有良好的道德品质，严谨的学习态度，严格的组织纪律，简朴的生活作风。他要求学校加强与企业的联系，了解企业的状况及生产的发展趋势。

1 月 9 日

共青团中央发出《关于进一步开展学雷锋精神做“四有”青年活动的通知》，指出雷锋精神集中体现了中华民族的优良传统，闪耀着共产主义思想的光辉，是中华民族在社会主义新时代所产生的一种先进的民族精神。要教育青年懂得，雷锋精神是建设有中国特色社会主义不可缺少的精神财富，是我国青年紧跟党在社会主义道路上奋进的旗帜，引导青少年学习雷锋精神，走雷锋成长的道路，树立无产阶级世界观和人生观，在社会主义现代化建设和改革开放的实践中锻炼成为“四有”无产阶级革命事业接班人。

文件强调，要深刻领会雷锋精神的实质，把握活动主题。1990 年学雷锋活动的主题是“学雷锋精神，做四有青年”。要认真做好雷锋事迹和雷锋精神的宣传工作。要广泛开展学雷锋实践活动，把学习雷锋精神与实践雷锋精神有机结合起来。要大力表彰具有雷锋精神的当代青少年先进模范人物，在青少年中形成“比、学、赶、帮、超”的优良风气。要切实加强领导，注重活动实效。各级团委要进一步精心发动组织，把绝大多数团员和青少年动员起来，自觉投身到群众性的学雷锋活动中去。要有步骤地认真实施，把活动的重点放在基层，坚持长久，扎扎实实地把工作做好，防止形式主义。

1月9日—12日

国家教委和河北省政府在石家庄市联合召开河北省农村教改实验区第四次工作会议。国家教委副主任何东昌在讲话中强调指出，教育的根本问题是培养什么样的人的问题，各级各类学校必须把德育放在首位；教育要和生产劳动相结合。

1月16日—20日

国家教委1990年工作会议在北京举行。会议重点研究了如何加强学校的思想政治工作和基础教育工作，并部署了1990年的教育工作。中共中央政治局委员、国务委员兼国家教委主任李铁映在开幕式上作了报告。李铁映指出，加强学校的思想政治教育，具有重大的现实意义和深远的历史意义。加强学校思想政治教育，要旗帜鲜明地开展马克思主义基本理论的教育。

会议期间，中共中央总书记江泽民、国务院总理李鹏与出席会议的代表就如何进一步发展教育事业等问题进行了座谈。江泽民在讲话中提出，对青年一代，我们要加强爱国主义教育、民族气节教育、国情教育和近代史教育，以增强民族自豪感。对于广大学生和青年教师的思想情况，我们要扎扎实实地进行调查、研究，对他们既要满腔热情，又要严格要求。江泽民强调，当前我们党的任务是保持社会的稳定，努力把经济搞上去是保持稳定的重要条件。希望教育战线的同志认清形势，做好工作，为培养合格的社会主义人才多作贡献。

李鹏在讲话中说，高等学校培养的人才，应该是具有正确的世界观和人生观，坚持社会主义道路，有为祖国建设和为人民服务的献身精神，有良好的道德风尚，德、智、体全面发展的人才。李鹏提出，大学生的个人理想，应当与国家的利益、人民的愿望结合起来，大学生立志成才，需要一个艰苦锻炼的过程，通过深入基层、深入实际，实现与工农群众相结合，在扎扎实实的工作中不断增长才干。李鹏希望各级政府和社会各方面继续支持教育事业的发展，要提倡社会办学，改善教学条件，改善教师的生活与工作条件。

1月18日

《中国教育报》报道，全国部分高等师范院校最近在北京举办人生观专题教育备课研讨班。与会的20个省、自治区、直辖市的同行对教学内容和方法进行了认真的研讨，为1989至1990学年第二学期搞好人生观专题教育做好了准备。

1月20日

国家教委颁布《普通高等学校学生管理规定》。这份高校学生管理的重要规章分6章(包括总则、学籍管理、课外活动、校园秩序、奖励与处分、附则)，共70条。要求高等学校应不断提高教育、教学质量，从严治校，优化办学环境，保证培养目标的实现。健全管理制度应同加强思想教育相结合，对学生以正面引导为主，警惕并抵制国内外敌对势力的思想政治渗透和国内资产阶级自由化思潮的侵袭，做好教育管理工作。学生应当有坚定正确的政治方向，热爱社会主义祖国，拥护中国共产党的领导，努力学习马克思主义，积极参加社会实践，走与工农相结合的道路；应当具有为国家富强和人民富裕而艰苦奋斗的献身精神；应当遵守宪法、法规、校规、校纪，有良好的道德品质和文明风尚；勤奋学习，努力掌握现代科学文化知识。另外，文件对学生自入学注册到毕业的学籍管理、学生社团、文娱体育、勤工俭学、社会活动、校园秩序的管理以及学生应遵守的规则、行为规范等也做出了规定。

1月24日

国家教委发出《关于加强高等学校专职思想政治工作者正规培训的通知》，要求各地教育部门和高等学校要制订长远计划，使年龄在35岁以下，政治业务条件好的专职思想政治工作者，分期分批参加思想政治教育专业的专门培训。其中具有大学本科学历的专职思想政治工作者，要分期分批推荐报考思想政治教育专业第二学士学位班或硕士研究生，学习时间为两年到三年。具有大学专科学历者，指定本地一所条件较好的高等学校继续办专科起点的本科班进行培训。各地要认真做好推荐工作，有关学校要为被推荐人员准备入学考试创造条件，帮助他们补习外语和有关课程。入学后，原学校要关心他们的成长，了解他们的学习和思想情况，帮助他们解决生活上的困难。如发现不适合作为专职思想政治工作者培养的，应及时调回原校，另行安排工作。经过培训，获得第二学士学位班、研究生和专科起点的本科毕业资格者，原学校应根据需要和本人条件，合理安排工作，使他们在思想政治工作中发挥作用，并优先评聘高一级教师职务。今后本科院校任命从事思想政治教育的系、处级以上领导干部，要逐步把取得思想政治教育专业第二学士学位或硕士学位，或经过省级以上党校等正规培训作为必要条件。专科院校年轻的思想政治工作骨干也应当经过思想政治教育专业培训。

2 月

2 月 10 日—14 日

国家教委副主任何东昌等到厦门大学进行调研。调研期间，何东昌与厦门大学校领导、教师进行了座谈。何东昌指出，要切实加强高校中的马克思主义思想阵地，认真把马克思主义理论教材和教师队伍建设好，努力建立起一支精干而稳定的政工队伍。在马克思主义理论课教学中，要理直气壮地批判资产阶级自由化的错误观点，科学地回答现实中的问题，讲明马克思主义没有过时的道理，帮助青年学生弄清中国为什么只能走社会主义道路，为什么不能搞多党制，以及怎样看待腐败问题等。

2 月 12 日

国家教委发出《关于进一步做好高等学校毕业生思想政治教育工作的通知》。文件指出，随着治理整顿和各项改革的深入进行，对毕业生思想政治教育工作将提出一些新的要求。特别是在当前形势下，在平时教育的基础上加强思想政治教育，进一步解决好他们的政治方向与成才道路问题，为各条战线输送合格毕业生更具有十分重要的意义。因此，各级主管部门和高等学校，要进一步提高对做好毕业生思想政治教育工作重要性的认识，明确目的要求，采取有力措施，切实加强这项工作。要深入调查分析毕业生思想情况，提高教育的针对性；突出重点，明确抓好思想政治教育工作的任务和要求；要加强领导，动员各方面力量共同做好这项工作。

2 月 19 日

国家教委副主任何东昌在浙江考察基层教育工作时指出，我们一定要坚持社会主义办学方向，加强思想政治工作，使学生有坚定正确的政治方向。他说，现在是学习马列最好的时候，广大干部、教师都要认真地读一读毛主席和邓小平的著作，提高政治思想水平。只有先提高自己，才能做好教书育人的工作，培养忠于社会主义、忠于党、忠于人民的接班人。何东昌强调，要建设有中国特色的社会主义高等教育。所谓有中国特色，就是要符合我们的国情，能最有效地为社会主义建设与改革服务。十年改革，高等教育做了一些工作，方向是正确的，也有效果，但从社会主义现代化建设对教育提出的要求来看，各类教育都还有距离。根据马克思主义的立场、观点、方法建设课程体系的任务还非常艰巨。各校当前要大力贯彻教育与生产劳动相结合的方针，放宽专业面，加强实践型教育，使高等教育更好地为社会主义经济建设与社会发展服务。

2 月 20 日

邓小平在会见霍英东时指出：我们要对子孙后代讲历史。人人都要有个信念，没有信念团结不起来，不会往前奔，只会怨这怨那，这是不行的。我们最大的失误是教育，思想政治教育。不抓这条，中国就团结不起来。

3 月

3 月 3 日

李铁映给北京大学军训学生回信，对他们在军训中取得的进步和成绩表示高兴，勉励他们保持坚定正确的政治方向，走与人民相结合、与生产劳动相结合的道路，成长为社会主义事业的接班人。他说，当代大学生是我们今后几十年社会主义建设和改革事业的重要生力军。实现社会主义现代化的宏伟历史任务，最终要靠包括当代大学生在内的广大青年一代去完成。党和人民对当代大学生寄予厚望，每一个有志于祖国昌盛、民族振兴的青年学生，都应当认清自己肩负的历史责任，珍惜青春年华，更好地完成党和人民赋予的学习任务，成为无愧于我们伟大民族和伟大时代的一代新人。希望当代大学生向雷锋同志学习，做雷锋式的好青年，把自己的聪明才智贡献给我们伟大的祖国、伟大的人民。

3月3日—5日

全国学雷锋先进代表座谈会在北京举行。3月5日，党和国家领导人江泽民、李鹏、李瑞环、王震等会见与会代表。出席这次由中宣部、中国人民解放军总政治部、共青团中央联合召开的座谈会的有63名各行各业的学雷锋先进个人和集体代表，他们都是长期坚持在本职工作岗位上学雷锋，全心全意为人民服务，勤奋工作的先进典型。人们熟悉的朱伯儒、张子祥、潘星兰、雷锋班、南京路上好八连等先进人物和集体代表都出席了座谈会。座谈会期间，代表们与首都青少年一起来到亚运会工地参加了义务劳动。

李瑞环代表党中央在会上作重要讲话。他指出，一个民族、一个阶级、一个时代，需要有一批活生生的人物来代表他的本色、形象和风貌。我们中华民族，中国无产阶级领导的革命运动，中国的社会主义时代，也产生了和产生着自己的这种人物。雷锋就是在我们党和人民的哺育下，在社会主义环境中成长起来的这样一个杰出人物。雷锋精神就是中华民族传统美德与共产主义光辉思想相结合的典范，是我国人民步入社会主义新时代所产生的主人翁精神的体现。社会主义时代造就了雷锋，雷锋的榜样和精神又给予我们的时代和我国人民以积极而深刻的影响。当前，我们的党和国家面临着新的形势和任务。20世纪90年代，我们要继续全面贯彻执行党的“一个中心，两个基本点”的基本路线，实现到20世纪末国民生产总值再翻一番的战略目标，并为21世纪的发展打下基础。为此，我们必须始终把注意力集中到以经济建设为中心上来，坚持四项基本原则，坚持改革开放，并且大力加强社会主义精神文明建设，努力创造一个良好的社会政治环境，我们必须正确认识和充分发挥我们的政治优势与其他方面的有利条件，调动一切积极因素，团结一切可团结的力量，发挥广大工人、农民、知识分子和其他劳动者的聪明才智。这些就是我们的目标，就是我们的大局。我们应该由此出发，把握雷锋精神的本质，立足现实的需要，把学习雷锋活动推向前进。我们学习雷锋，就要像他那样，热爱共产党，热爱社会主义；要像他那样，“把有限的生命投入到无限的为人民服务中去”；要像他那样，艰苦奋斗，勤俭节约；要像他那样，干一行、爱一行、专一行，努力做好本职工作。

李瑞环强调，从青少年抓起，这是多年来学雷锋的一条成功经验。各级工、青、妇组织，少先队和各级各类学校，要从青少年特点出发，采用生动活泼、丰富多彩的形式，组织好学雷锋活动，引导他们做有理想、有道德、有文化、有纪律的社会主义新人。

3月4日

江泽民、杨尚昆、李鹏等中央领导同志题词，号召全国人民在新形势下继续向雷锋同志学习，进一步弘扬雷锋精神，为建设具有中国特色的社会主义而努力。江泽民的题词是：“学习雷锋同志，弘扬雷锋精神。”杨尚昆的题词是：“全国人民都要向雷锋同志学习，全心全意为人民服务，为建设具有中国特色的社会主义而努力。”李鹏的题词是：“在新形势下，把雷锋精神进一步发扬光大，希望有更多的活雷锋在中国涌现。”乔石的题词是：“学雷锋精神，做人民公仆，努力建设具有中国特色的社会主义。”姚依林的题词是：“发扬雷锋精神，全心全意为人民服务。”宋平的题词是：“向雷锋学习，做共产主义事业接班人。”李瑞环的题词是：“雷锋精神永放光芒。”

3月8日—13日

经中共中央党史领导小组批准，全国党史工作部门负责人座谈会在京召开。会议讨论了在当前形势下党史工作如何更好地为坚持四项基本原则、反对资产阶级自由化，为宣传贯彻党的路线、加强党的建设和思想政治工作服务的问题。会议强调发挥党史的教育功能，在青少年中宣传革命先烈的光辉业绩，要求各地党史部门运用多种形式，在青少年中建立一块进行革命传统教育，反对资产阶级自由化的坚强阵地。中共中央党史领导小组副组长、中央顾问委员会副主任薄一波在讲话中提出，期望一部好的中共党史早日问世。他说，写出一部实事求是的党史，对于教育今人和后人，有着重大的现实意义和深远的历史意义，也是一件刻不容缓的大事，要集中力量，通力合作。中共中央党史领导小组副组长、中央顾问委员会常委胡乔木在讲话中指出，党史工作是党的思想工作的一个重要部分。党史工作座谈会的主要任务，就是要研究如何加强党史的研究、宣传和教育，来更有效地教育青年、教育人民、教育全党。要认清党史工作的战斗性，加强党史工作的科学性，党史研究要进一步深入、精密化，重视详细地占有资料，要加强和改善党史、革命史的教育和宣传工作，加强对有关党史出版物的领导和管理，加强党史工作队伍本身的建设。

3 月 7 日—9 日

卫生部在北京召开部属高等医学院校思想政治工作扩大会议。会议在总结近几年高等医学院校思想政治工作经验的基础上，提出了加强和改进高等医学院校思想政治工作的意见。会议指出，必须坚持和加强党对高等医学院校的领导，实行党委领导下的校长负责制，在体制上保证党组织在学校中的坚强的政治核心作用。要全面贯彻党的教育方针，把培养的人才是否德才兼备作为衡量学校办学是否有成效的基本标志。要结合青年学生的特点，研究、改进思想政治工作的方法和形式。要优化育人环境，充分发挥青年团、学生会等学生组织的作用，广泛开展学雷锋、白求恩等活动，以榜样的力量教育学生。加强政工干部队伍建设。要加强高等医学院校教育中的社会实践环节，引导广大师生走与工农相结合的道路。卫生部部长陈敏章在总结讲话中特别强调，高等医学院校要培养有全心全意为人民服务思想、有奉献精神、受人民欢迎的医务工作者，就必须把德育放在首位。

3 月 20 日—4 月 4 日

七届全国人大三次会议在北京召开。国务院总理李鹏在政府工作报告中指出：各级各类学校必须切实纠正忽视德育的倾向，贯彻教育为社会主义建设服务、教育与生产劳动相结合、德智体全面发展的方针。始终把坚定正确的政治方向放在首位。高等学校要对学生重点进行马列主义、毛泽东思想教育，进行社会主义道路和向人民群众学习、为人民服务的教育，整顿校园秩序，制定和实施大学生参加生产实习、社会实践、军事训练、劳动锻炼的具体措施。

3 月 23 日

中共中央总书记江泽民邀请北京大学潘成鑫、冯刚、李湖生等 13 位学生到中南海座谈。学生们向江泽民总书记等中央领导同志汇报了学习成长的情况，并就大学生们关心的有关问题和中央领导同志座谈交流。结合自身经历谈到青年知识分子成长道路时，江泽民强调，组织上对到基层工作的同学们要尽量合理使用，从同学们来说，应该把个人利益和国家的、民族的需要结合起来。谈到对青年的评价时，江泽民指出，青年是我们的未来。青年知识分子对新事物非常敏感，有现代科学文化知识。对青年一代，我们一贯主张既要热情爱护，又要严格要求。爱和严，都是为了促进他们将来更好地创造我们民族美好的未来。爱和严要结合起来。真正的爱必然体现在严格要求之中，只爱不严不是真正的爱，而是害。只有严格要求，青年一代才能挑起建设社会主义现代化的历史重担。江泽民向同学们提出三点希望：第一，珍惜安定团结的政治局面，成为维护社会稳定的积极力量。第二，勤奋读书，努力掌握马克思主义的基本理论和现代科学技术。第三，严格要求自己，更多地参加社会实践。持续了 4 个多小时的座谈使大学生们充分感受到党对青年学生充满信任，也坚定了同学们对党的领导的信心。3 月 27 日，北大党委向党委常委会和学校民主党派负责人传达了江泽民同志的谈话精神。

4 月

4 月 1 日

国家教委邀请部分教育界人士代表座谈，中共中央政治局委员、国务委员兼国家教委主任李铁映到会听取代表的意见。李铁映在讲话中强调，教育必须解决好方向、发展和改革三个问题，为中华民族的崛起服务。出席座谈会的代表就明确教育方针、加强德育、加快民族教育的发展、注重培养中青年教师等问题发表了意见。

4月4日

中共中央总书记江泽民在同“奋斗者的足迹”报告团座谈时指出，青年知识分子成长的道路，就是继承和发扬中国知识分子的优良传统，发扬爱国主义精神，和人民相结合，走艰苦奋斗之路。此外，没有别的捷径可走。江泽民说，榜样的力量是无穷的。组织报告团用现身说法的方法介绍先进模范人物的成长道路是一个好经验，是思想政治工作的一个好方法。我们要以先进人物为榜样，把我们的工作推向前进。

4月12日—16日

中组部、中宣部、国家教委联合在北京召开首次全国高等学校党的建设工作会议。中共中央政治局委员、国务委员兼国家教委主任李铁映做《加强高等学校党的建设，培养社会主义事业接班人》的报告。报告指出，要从反对国内外敌对势力搞“和平演变”，培养社会主义事业建设者和接班人的战略高度，提高对加强高等学校党的建设的重要性、紧迫性的认识。坚持党的领导，加强高等学校党的建设，是办好有中国特色的社会主义大学的根本保证。高等学校要完成培养社会主义事业的建设者和接班人的根本任务，其根本措施，是加强党的建设和思想政治工作，充分发挥党组织的政治核心作用和党员的先锋模范作用，发挥教师特别是党员教师在教书育人中的政治引导作用。高等学校应当成为拥护党的领导，拥护社会主义制度，反对资产阶级自由化，反对“和平演变”的坚强堡垒；成为宣传马克思主义，建设社会主义精神文明的坚强阵地；成为维护安定团结政治局面，稳定社会局势的重要力量。中共中央总书记江泽民在会议期间同出席会议的部分代表座谈。他强调，全党全社会都要关心学校工作。对青年学生要进行近代史教育、国情教育，并从理论与实际的结合上进行形势教育。他指出，要发扬我国知识分子的爱国主义传统，使大家把爱中华和爱社会主义结合起来。通过爱国主义教育，进一步调动青年学生和知识分子的积极性。江泽民说，对青年学生要有个正确估计、正确态度。青年学生是我们社会主义的接班人，要热情关怀他们。国务院总理李鹏在座谈会前会见全体会议代表时说，高校的工作应把培养什么人的问题放在第一位。他希望高校在以江泽民同志为核心的党中央领导下，坚持四项基本原则，加强思想政治工作，真正把工作做好。

4月20日—30日

中共中央政治局委员、国务委员兼国家教委主任李铁映到广西考察，访问了广西10个地、市的18个县的30多所学校，同各族师生座谈，广泛听取各族干部、师生对教育改革的意见和建议。他在考察时强调，民族教育要为振兴民族经济服务，注重培养既有文化又有生产技能的劳动者，使教育同广大人民群众的富裕、文明、幸福、前途紧密联系起来。

4月24日—25日

中国人民大学、北京地区军队院校协作中心、解放军报社联合主办“雷锋精神与当代大学生”理论座谈会。参加座谈会的有军队和地方院校的专家、教授，有实践雷锋精神的军人代表，还有在校的博士生、硕士生及本专科生近50人。大家就学雷锋活动的实践展开了热烈讨论，认为大学生学雷锋，首先要引导他们从“树立共产主义人生观”的高度理解雷锋精神，主要解决“怎样做人、为谁活着”的问题；要发挥大学生的思维优势，澄清思想是非，引导他们自觉实践雷锋精神。学雷锋活动要造成一定声势和社会氛围，同时也不能搞形式主义。学雷锋有不同的层次，包括个人品质、社会公德、职业道德、社会主义道德，因此，既要研究雷锋精神的内在实质，又要“从我做起，从现在做起”。

4月26日—28日

中国群众文化学会、中国高等教育学会、中国教育学会、共青团中央宣传部在北京联合召开新中国成立以来的首次全国校园文化理论研讨会。来自全国各地的大专院校、共青团组织、群众文化单位的代表，就校园文化的内涵、意义、功能、发展规律和建设途径等问题进行了探讨。他们一致认为，青少年是文化最积极的追求者、最热情的缔造者，文化的影响无处不在。当前，由于社会上存在“一切向钱看”和文化负效应现象，加上资产阶级自由化的影响和片面追求升学率的冲击，校园文化阵地也受到了污染。据对 13 个大城市的 1.1 万名学生的随机调查，他们的课余文化生活向西方文化和低俗文化活动倾斜。这更说明在学校开展丰富多彩、健康有益的文化活动，优化育人环境，是一项非常重要的工作。

5 月

5 月 3 日

首都各界青年和知识分子代表在人民大会堂举行“纪念五四报告会”，庆祝五四青年节。中共中央总书记江泽民在会上发表了题为《爱国主义和我国知识分子的使命》的讲话。李鹏、乔石、宋平等中央领导同志出席了会议。

江泽民强调，五四以后，先进的知识分子在中国共产党的领导下，在长期艰难曲折的斗争中，继承和发扬中国历史上知识分子的优良传统，表现出具有时代特征的崭新精神风貌：热爱祖国，忠于人民；深入实际，深入工农；追求真理，锐意进取；艰苦奋斗，乐于奉献。先进知识分子的精神风貌，展示出我国知识分子健康成长的正确道路，这就是：在马列主义、毛泽东思想指导下，与实际相结合，与工农相结合。

江泽民要求，要进一步做好党的知识分子工作，要继续贯彻“百花齐放，百家争鸣”的方针。要在全社会进一步形成尊重知识、尊重人才的良好风尚，重视知识分子的劳动成果，使之在物质文明和精神文明建设中充分发挥作用，并逐步完善有利于人才脱颖而出的政策和制度。认真贯彻十三届六中全会的决定，加强党同知识分子的联系，是做好知识分子工作的关键。

5 月 5 日

为纪念马克思诞辰 172 周年，首都举行高校学生学习马克思主义汇报会。中国人民大学等 5 所学校业余党校、团校及马列主义学习团体的负责人介绍交流了经验，8 所高校的学生代表畅谈了学习研究马克思主义理论的体会。国务院研究室主任袁木及北京市委有关领导参加了汇报会。

5 月 8 日—12 日

国家教委学校体育卫生司在郑州召开全国学校国防教育管理工作研讨会，总结交流学生军训工作经验，讨论学校开展国防教育的任务。会议认为，1985 年以来，以军事训练为主要形式的国防教育工作已为国防教育的制度化奠定基础，学校国防教育是全民国防教育的基础，是学校教育的组成部分。要根据不同类型的学校和学生的特点，分层次、采取多种形式进行高级中学和高等学校的军训，开设军事课，并结合有关课程、活动进行小学和初中的国防教育。

5 月 9 日

中共国家教委党组发出《关于高等学校党员干部学习马克思主义的意见》，要求高校党员干部特别是党员领导干部，应有计划地重点学习马列、毛泽东同志以及邓小平等同志的主要著作，特别是邓小平同志近十年来关于社会主义现代化建设、坚持四项基本原则和改革开放的著作与讲话，注重在完整、准确地掌握和运用马克思主义的基本原则、基本方法上下功夫，充实理论基础，提高理论水平。高校党员干部学习马克思主义，以自学、在职学习为主，在此基础上，安排好学习辅导和研讨、交流工作。各省、自治区、直辖市及各部委高校主管部门和高校党委，要把组织干部学习马克思主义切实列入重要议事日程。要建立、健全并严格执行高校党员领导干部在职学习的考核制度。要把学习马克思主义的态度和成效作为干部政治考核的重要内容，并将考核结果作为干部任用、晋级和评聘专业技术职务的重要依据，要充分调动广大党员干部学习的积极性、主动性，在全国高校系统逐步形成学习和研究马克思主义理论的浓厚空气。文件还列出了高等学校党员干部学习马克思主义的阅读书目。

5 月 15 日

由国家教委基础教育司组织有关出版社编辑的鸦片战争 150 周年教育丛书首发式在北京举行。

李铁映在讲话中要求全国各级各类学校，特别是中小学校，把以鸦片战争150周年为题的反帝爱国主义教育认真抓好，使广大青少年受到生动、具体的爱国主义教育。他希望各出版单位多为青少年编好书、出好书。

同日，《中国教育报》编辑部邀请鸦片战争中的民族英雄林则徐、邓廷桢、关天培的后裔林岷、邓珂、关仁杰座谈，通过回顾这段历史，畅谈向全国人民特别是青少年进行爱国主义传统教育的意义。国家教委副主任朱开轩、王明达勉励三位同志为宣传爱国主义多做工作。朱开轩强调，要持久地对广大青少年进行爱国主义教育，绝不能一阵风。王明达指出，中华民族五千年文明历史延续下来，靠的是民族凝聚力。今天只有振奋民族精神，我们的国家才有希望。

5月18日

由中共中央党校主管的中国延安精神研究会在北京成立。大会推举彭真为中国延安精神研究会名誉会长，马文瑞当选为研究会会长。研究会章程规定了该会的宗旨和基本任务，即“研究、宣传延安精神，大声疾呼和以身作则地把延安精神传播到广大人民、广大青少年中间去，使之成为中华人民共和国精神文明的支柱”。

5月22日

中宣部、国家教委、共青团中央就开展1990年暑期高校学生社会实践活动提出意见，要求各地、各高校把1990年暑期社会实践活动作为对学生进行坚持社会主义道路和向人民群众学习、为人民服务教育的重要措施，抓紧抓好。意见指出，社会实践活动是我国高等教育的重要组成部分。近年来，各地和各高校大力开展学生社会实践活动，取得比较明显的教育效果。实践证明，组织学生参加必要的社会实践活动，对于帮助学生深入了解实际，了解国情，自觉走与工农相结合的道路，最终成长为社会主义事业的建设者和接班人，具有重要意义。意见强调，1990年暑期社会实践活动的重点是组织广大学生参观、考察改革开放取得显著成绩的地方、单位或重点工程，听先进人物的报告，进行生动具体的社会主义道路教育和人民群众是历史的创造者的教育。同时，还可以采取前几年社会实践活动中行之有效的形式。意见指出，暑期社会实践活动主要由各地县级及以上党委宣传(教育)部门、教育行政部门和共青团负责组织，广泛吸收回家度假的学生参加。要求各地把组织高校学生参加社会实践活动，当作1990年的一项重要任务来抓，各级政府和各有关部门、企事业单位要把支持和接收高校学生参加社会实践活动作为应尽的社会义务，创造条件，做好安排。

5月31日

《中国教育报》报道，国家教委副主任何东昌近日在昆明与高校干部、教师座谈时提出建设中国特色的社会主义高等教育体系的目标构想：办学的社会主义方向落实，高等教育培养的人才符合社会主义建设需要，形成全党全社会关心和支持教育的局面。

6月

6月5日

中宣部教育局和教育部光明日报社联合邀请部分高校马克思主义理论课教师，就如何加强和改进马克思主义理论课教学进行了座谈。与会者就马克思主义理论课的基本任务、理论联系实际、教学方法的改进和教师队伍建设等问题发表了意见。

6月11日

中共国家教委党组发出《关于高等学校组织学习〈关于社会主义若干问题学习纲要(试用本)〉的意见》，指出认真组织学习《关于社会主义若干问题学习纲要(试用本)》，对于引导和帮助高校广大干部和师生员工正确分析和认识国际国内形势，澄清思想和理论上的混乱，坚定社会主义信念和建设社会主义的信心，坚持高等学校的社会主义办学方向，培养又红又专的社会主义建设者和接班人，具有重要意义。

6月20日—25日

经中宣部、国家教委、中国人民解放军总政治部批准，由全国高等学校思想政治教育研究会和中国人民解放军桂林陆军学院联合召开军地院校大学生思想政治教育座谈会。石家庄陆军学院、解放军体育学院、长沙工程兵学院等9所军队院校和北京大学、清华大学、复旦大学、武汉大学等9所地方院校的有关领导在会上交流了大学生思想政治状况及教育的经验。会议认为军队院校的政治思想这些年做到了“旗帜没有倒，传统没有丢，队伍没有散，阵地没有失”，军校的经验有普遍意义，值得其他院校学习与借鉴。要改变高等学校思想政治工作局面，必须解决办什么样的大学、培养什么样的人这一根本问题，全面理解和贯彻党的教育方针，把德育首先落到实处。重要的是做好以下几项工作：(1)党政领导办学思想明确，切实把德育摆在学校教育首位；(2)把马克思主义理论课作为高等学校思想政治的主阵地来建设；(3)用马克思主义占领高等学校思想文化阵地，联系学生思想实际抵制和批判各种错误思潮；(4)遵循青年学生思想认识发展规律，加强社会实践环节，引导他们走青年知识分子成长的正确道路；(5)建立一支精干的政工干部部队；(6)从严治校，优化育人环境。

7 月

7 月 2 日

中宣部、国家教委、共青团中央举行大学生暑期社会实践活动新闻发布会。国家教委副主任何东昌在会上讲话指出，组织好大学生社会实践活动，对于进一步培养大学生成为未来工人阶级一部分，帮助大学生自觉掌握工人阶级立场、世界观，树立起工人阶级的历史使命感和责任感，具有非常重大的意义。希望各高校领导认真做好这项工作。

7 月 3 日

劳动部发出《关于加强技工学校思想政治工作意见的通知》，指出，技工学校是培养中级技术工人的主要基地。新中国成立40年来，为国民经济在各部门培养了数百万名技术工人，对工人队伍素质的提高和社会主义建设作出了积极贡献。但是近几年来由于资产阶级自由化思潮的影响，技工学校的思想政治工作受到了不同程度的削弱，影响了学生德、智、体全面发展，根据党的十三届五中、六中全会精神，就加强技工学校思想政治工作提出如下意见：(1)坚持社会主义办学方向，努力培养合格的技术工人。(2)坚持四项基本原则，深入进行思想政治教育。(3)坚持正面教育为主，把思想教育同严格的规章制度结合起来。(4)加强思想政治工作队伍的建设。各级劳动部门和学校主管部门应在当地党委和人民政府的领导下将思想政治工作列入重要议事日程，每年都要部署和检查，及时总结推广先进经验，切实把培育合格技术工人的任务落到实处。

7 月 17 日

中共中央发布《关于加强高等学校党的建设的通知》。文件指出，要明确高等学校的领导机制，坚持党委的领导地位。加强领导班子建设，保证高等学校的领导权掌握在忠于马克思主义的人手中。把思想建设放在高等学校党的建设的突出位置，不断提高党员的政治素质。切实搞好党支部建设，增强党组织的凝聚力和战斗力。建设一支以精干的专职人员为骨干、专兼职结合的素质较高的党务工作队伍。加强对入党积极分子的培养教育，做好发展党员工作。加强对工会、共青团和学生会的领导，充分发挥群众组织的作用。地方党委要加强对高等学校党的工作的领导，中央国家机关有关部委党组(党委)对所属院校党的工作要予以指导。

7 月 20 日

中共中央总书记江泽民在考察西藏时指出，在发展西藏教育中，要特别注重德育，要结合我国的国情和西藏的区情，加强爱国主义和社会主义的教育，使广大学生从小就懂得西藏是祖国大家庭神圣不可分割的一部分，懂得没有中国共产党，就没有社会主义的新西藏。

8 月

8 月 1 日

国家教委办公厅发出《关于举办学习〈关于社会主义若干问题学习纲要(试行本)〉电视系列讲座的通知》。

8月6日—9日

国家教委思想政治工作司、高等教育司联合在吉林大学召开全国研究生思想政治工作座谈会。会议就当前研究生的思想状况，研究生思想教育的指导思想、内容、途径，以及如何加强和改进研究生思想政治工作进行了交流和探讨。与会代表一致认为，要坚持把德育放在研究生教育的首位，要进一步认识研究生思想教育的迫切性和重要性，坚持对学生进行以四项基本原则、反对资产阶级自由化为中心的思想教育。要抓住坚持社会主义道路和树立为人民服务的人生观两个根本问题的教育，从理论与实践的结合上去解决。

8月7日—14日

国家教委社科司和中宣部教育局在大连联合举办“全国高校马列(社科)部主任暑期讲习班”，来自全国各高校的250多位马列(社科)部负责人参加了讲习班。国家教委副主任何东昌在讲话中指出，在改革开放的条件下，在国际上敌对势力加紧进攻的情况下，要使社会主义思想占领高等学校包括业务教学在内的所有思想阵地，提高党的干部、广大教师的马列主义水平，马列主义理论课教师是大有可为的。高校是培养知识分子的地方，我们培养造就的知识分子一定要是工人阶级的一分子，要有工人阶级的立场和使命感。对马列主义理论课教师应有更高的要求，首先应是一个战士，像《国际歌》唱的能“为真理而斗争”。只要是真理，就要敢于坚持，错了就修正。这样才说得上是信仰马克思主义。

8月9日

由中华全国青年联合会、中国青少年发展基金会和人民日报社等首都十大新闻单位共同举办的“中国十大杰出青年”评选结果揭晓。他们是：国家围棋队副总教练聂卫平、辽宁省盘锦实验中学校长魏书生、吉林省通化长白山抗癌药物研究所所长王振国、黑龙江哈尔滨电讯局话务员勾艳玲、辽宁大连渤海水产公司总经理杨吉奎、浙江省体工队田径队运动员黄志宏、山东莱州市玉米研究所所长李登海、兰州军区某部军械修理所志愿兵李润虎、成都军区空军后勤部被服厂厂长蔡伟素、武警边防部队福建省闽安公安检查站站长张思荣。

8月10日—16日

国家教委直属高校工作咨询委员会第一次全体(扩大)会议在大连召开。会议期间，国家教委副主任何东昌讲话指出，当前高等学校的主要任务仍然是加强党的领导，加强思想政治工作。他说，要真正地、切实地加强高校的思想政治工作，首先，必须总结经验，明确指导思想。在改革开放的条件下，一定要认清新时期一定范围内的阶级斗争规律：资产阶级自由化与四项基本原则的对立，是新时期阶级斗争的集中表现。这种对立先是从意识形态领域的斗争开始，然后形成一股政治势力，发展成为政治斗争，而且有国际背景。因此，要真正坚持社会主义办学方向，就必须对资产阶级自由化思潮可能造成的后果有足够的深刻的认识，就必须十分重视意识形态领域里的斗争，要把这方面工作深入下去，并在斗争中组织好马克思主义的理论队伍。其次，要高标准、严要求，认真搞好党员重新登记工作，通过这项工作切实加强党的思想建设和组织建设。再次，采取有力措施，加强对教师特别是青年教师队伍的建设，要有计划地让他们学习马列主义及有关文件，引导他们到工农中去，到实践中去了解国情。最后，要坚定不移地贯彻党中央的指示，认真组织高校理论队伍，深入进行反对资产阶级自由化的教育和斗争。

8月19日—23日

中华全国青年联合会第七届委员会第一次会议和中华全国学生联合会第二十一次代表大会在北京举行。党和国家领导人江泽民、李鹏、万里等到会祝贺。李鹏总理代表党中央、国务院致祝词指出：当代中国青年大有作为大有希望；经过学习和锻炼，广大青年学生增强了辨别是非的能力和维护社会稳定的自觉性，是完全可以信赖的。青年学生健康成长，关键在于党的正确引导。希望大家：第一，要热爱祖国，发扬爱国主义的光荣传统。第二，要维护稳定，巩固和发展安定团结的政治局面。第三，要勤奋学习，掌握建设“四化”的过硬本领。第四，要艰苦奋斗，在各自的岗位上建功立业。会议期间，国务委员兼国家教委主任李铁映与全国学联新选出的全体主席团成员座谈时强调，对青年人关心、信任、寄予希望，是我们党一如既往的工作方针，特别是在当前这个历史时期，具有重大意义。

8 月 21 日，江泽民在会见全国青联七届一次会议和全国学联二十一大的部分代表时讲话指出，不管国际风云如何变化，我们对社会主义的前途始终充满信心。青年是我们的未来和希望。对青年，我们一向是既满腔热情，充分信任，又严格要求，积极引导。要把马克思主义世界观的教育同中华民族的优秀文化传统的教育结合起来。青年学生要了解祖国的悠久历史，特别是近百年来不屈不挠、抵御外侮的历史，富贵不能淫，贫贱不能移，威武不能屈，提高民族自尊心和自信心，在社会实践的大课堂里把自己培养成为有理想、有道德、有文化、有纪律的一代新人，在维护社会稳定，促进改革开放，建设有中国特色的社会主义现代化的伟大事业中建功立业！

9 月

9 月 7 日

国家教委向全国大学新生致信祝贺，希望大学新生始终把坚定正确的政治方向放在首位，坚持四项基本原则，反对资产阶级自由化，认真学习和逐步掌握马克思主义的立场、观点、方法，增强反腐蚀、反渗透、反演变的能力。要严格遵守校纪校规，加强道德品质修养，积极参加社会实践，了解国情，学习工农，把自己锻炼成为无产阶级革命事业的可靠接班人。愿同学们乘亚运东风，积极参加体育锻炼，开展丰富多彩的课余活动，努力做到德智体全面发展。

9 月 10 日

国家教委在北京举行全国优秀德育教师代表座谈会，国务委员兼国家教委主任李铁映代表党和政府向教师致以节日的问候和敬意。他在讲话中强调，20 世纪 90 年代教育战线的一项重要任务，就是要提高全体教师和学生的思想政治水平与德育水平。

9 月 18 日

国家教委发布《高等学校校园秩序管理若干规定》。制定这个文件，是为了优化育人环境，加强高等学校校园管理，维护教学、科研、生活秩序和安定团结的局面，建立有利于培养社会主义现代化建设专门人才的校园秩序。其中规定：学校应当尊重和维护师生员工的人身权利、政治权利、教育和受教育的权利以及法律规定的其他权利，不依照法律，不得限制、剥夺师生员工的权利。在校内举行集会、讲演等公共活动或组织讲座、报告等室内活动，组织者必须在 72 小时前向学校有关机构提出申请，申请中应当说明活动的目的、人数、时间、地点和负责人的姓名。学校有关机构应当至迟在举行时间的 4 小时前将许可或者不许可的决定通知组织者。集会、讲演等应符合我国的教育方针和相应的法规、规章，不得反对我国宪法确立的根本制度，不得干扰学校的教学、科研和生活秩序，不得损害国家财产和其他公民的权利。讲座、报告等不得反对我国宪法确立的根本制度，不得违反我国的教育方针，不得宣传封建迷信，不得进行宗教活动，不得干扰学校的教学科研和生活秩序。

同日，中宣部、国家教委、中国人民解放军总政治部联合向全国全军教育主管部门和高等学校发出通知，推广海军勤务学院加强和改进马克思主义理论教育的做法与经验，并转发海军勤务学院党委《迎难而上，不断探索，努力加强和改进马克思主义理论课教学》的经验。通知中对海军勤务学院的经验给予了高度评价。通知指出，近十年来，海军勤务学院党委坚持社会主义的办学方向，带领政治理论课教师，迎着各种困难和挑战，在实践中不断探索加强和改进学生的马克思主义理论教育。他们遵循我们党一贯倡导的理论联系实际的根本原则，从学院的实际出发，逐步建立了由理论教学、社会实践、业余生活三大课堂组成的马克思主义理论教学体系，使马克思主义理论的育人功能得到比较充分的发挥，培养出大批德才兼备的合格人才。通知认为，海军勤务学院的经验很有推广价值，不仅适用于军队院校，对地方高校也有参考意义。通知还要求各地各院校参照海军勤务学院的基本路线，进一步加强和改进马克思主义理论课教学，使当代大学生真正获得马克思主义、毛泽东思想的理论武装，为培养更多合格的社会主义事业建设者的接班人而努力。

9月18日—21日

中国教育学会、广东省教育学会、广东省教育促进会、东莞市教委在广东省东莞市虎门镇召开了“纪念鸦片战争150周年青少年爱国主义教育研讨会”。来自北京、上海、浙江、广东、湖北等地的教育部门决策者、理论工作者和学校教育工作者参加了研讨会。研讨会以党的基本路线为指导，从理论和实践的结合上探讨了在改革开放条件下如何坚持教育的社会主义方向，加强爱国主义教育，培养社会主义的一代新人等问题。与会者由历史到现实，从理论到实践，从宏观到微观，对当前进行爱国主义教育的必要性、地位、作用、任务，爱国主义教育与社会主义教育如何结合等问题进行了比较深入的探讨。与会者认为，爱国主义教育是一个古老的传统课题，不同时代的爱国主义教育应有不同时代的特色。改革开放时代的爱国主义教育应该具有改革开放的色彩，要在实践中继续探索，坚持不懈地抓好青少年爱国主义教育。

10月

10月15日

中宣部、中组部发出《关于组织各级干部深入学习社会主义理论的意见》，明确提出，这次学习和教育总的目的和要求是，以科学社会主义理论武装干部和群众的头脑，消除在社会主义问题上的一些困惑和疑虑，坚定社会主义信念，坚持社会主义方向，进一步调动社会主义积极性，发愤图强，克服困难，推动我国社会主义现代化建设和改革开放事业不断前进。中宣部根据中央指示精神组织编写的《关于社会主义若干问题学习纲要(试用本)》是这次学习的主要教材。中央机关和省级机关的全体干部、意识形态部门的干部、大中学校教师、大学生、研究生都要参加这次学习。党政部门的县级以上干部，要分期分批到党校学习，不能进党校的干部，主要采取“小集中”办班的形式进行学习。同时，要抓好党委中心组的学习。各级党校、干部学校的各种班次，都要把学习安排进去，并放在突出的地位。在整个学习和教育过程中，要贯彻理论联系实际的方针。尤其要与干部群众的思想实际结合起来，启发大家进行认真的思考和讨论，切实解决人们在社会主义问题上存在的深层次的思想认识问题。各级党委要从战略高度充分认识开展社会主义理论学习和教育的重大现实意义与深远历史意义，要把它当作一件大事，放在重要议事日程，切实加强领导。党委的宣传、组织部门要制定切实可行的规划，妥善安排，精心组织，讲求实效。

11月

11月7日—11日

中宣部、国务院办公厅联合在湖北省沙市举行全国精神文明建设活动工作会议。会议总结交流了1984年全国推广福建省三明市经验以来精神文明建设活动的经验，重点研究了如何加强社会主义思想道德建设，如何广泛吸引群众参与并在参与中教育群众等问题。11月9日，中共中央政治局常委李瑞环同出席会议的代表座谈。李瑞环指出，今后10年是我国社会主义现代化建设至关重要的时期，这10年能不能把经济建设搞上去，是关系到社会主义前途和命运的政治问题，我们想问题、办事情都必须服从和服务于经济建设这个中心。从这个思路出发，我们应该考虑精神文明建设的总体设想和安排，或者叫作规划，并把它有机地纳入“八五”期间和今后10年的经济与社会发展的总体布局。他指出，必须高度重视和认真研究面临的新情况，注意总结新的实践经验。

11月10日

《中国教育报》报道，国家教委副主任何东昌日前在同四川大学党政领导和干部座谈综合大学文科改革时强调，文科改革和发展的关键，是在专业相关的领域里如何把马克思主义与实际结合好。何东昌指出，青年要解决思想政治方向问题，就要正确处理好个人与社会的关系问题，这也只能通过接触社会实际来解决。指导我们认识和改造世界的仍然是马克思主义，这是最科学的思想武器。青年教师和学生学习马克思主义，一定要与实际相结合，否则就不容易真正懂得马克思主义。哲学社会科学要实事求是地研究问题，学校里只能提供一部分历史资料，这是不够的，必须到社会实际中去。中国特色的社会主义是把马克思主义的普遍真理与中国建设的实际相结合。高等学校的文科是为中国特色的社会主义建设服务的，它的发展，就是在各自的学科领域里如何把马克思主义与当代的时代特点和中国的社会实际结合好。

11 月 27 日

《中国教育报》报道，由国家教委高校学生司、山东省教委、山东省电视台等单位联合摄制的三集电视连续剧《青春无季》受到影视界的高度重视和普遍好评。日前，中国电视艺术委员会为该片举行观摩研讨会。《青春无季》是一部反映大学生毕业前后生活的电视剧，该剧是在真人真事的基础上，经过艺术加工，表现了新一代大学生对事业和理想的追求，歌颂了他们在基层艰苦奋斗、建功立业的精神面貌。与会同志认为，《青春无季》成功地塑造了热爱生活、真正思考的新一代大学生形象，思想性和艺术性都很强。国家教委高校学生司向有关院校推荐了这部电视剧。

12 月

12 月 1 日

国务院总理李鹏在全国计划会议闭幕时作重要讲话。在讲到第十个问题“进一步加强科技和教育”时指出：以教育为本，依靠科技振兴经济，是我们坚定不移的方针。要进一步端正办学的指导思想，把德育放在首位，对学生进行爱国主义、集体主义和社会主义的教育，培养德、智、体全面发展的，为社会主义建设服务的人才。

12 月 4 日—7 日

国家教委社会科学发展研究中心与首都高校青年马克思主义研究会筹备组在北京联合举办了“主体性问题研讨班”。来自北京及天津、吉林、山东等地 29 所院校的 90 余名从事马克思主义理论教学、研究和思想政治工作的青年同志围绕“主体性”的理论问题及其对大学生思想的影响进行了研讨。会议旗帜鲜明地批判了资产阶级自由化的错误观点。大家一致认为，在改革开放的时代，强调主体的能动性是完全必要的。但是前些年确有少数人是站在唯心主义的立场上大讲“个人本位”的主体，大讲脱离社会、超越历史的主体，宣扬非理性的主体性和抹杀历史发展规律的主体性，在哲学、文学、艺术、历史等学科领域和思想政治工作领域都造成了相当严重的思想混乱。大家认为，主体性问题的核心内容是人性、人的本质和人的价值问题。联系到近几年来资产阶级个人主义、利己主义思想和价值观念的蔓延，许多从事理论研究的同志明确意识到，主体性问题并不是脱离现实生活的纯粹思辨，在这个问题上的严重分歧，一定程度上反映了意识形态领域资产阶级自由化与马克思主义的对立和斗争，个人主义的蔓延与主体性问题上错误观点的宣扬是有密切关系的。大家认为，资产阶级自由化是一个明确的政治概念，但它的传播和泛滥总要以一定的理论形态的错误思潮作为思想基础。必须充分认识到，从思想理论上清理资产阶级自由化的影响的任务还很艰巨。

12 月 8 日

中宣部、国家教委、共青团中央、全国学联、北京市委联合举行座谈会纪念“一二·九”运动 55 周年。中共中央政治局常委宋平在纪念会上指出，“一二·九”运动是中国共产党领导的、广大青年学生参加的伟大爱国运动，它推动了知识分子与工农相结合。“一二·九”运动的光荣革命传统，需要广大青年继承和发扬。青年同志要努力学习马列主义、毛泽东思想，学习党的基本路线和各项方针、政策，提高思想道德水平，刻苦钻研科学技术，掌握建设本领。他表示，相信中国青年运动的革命传统必定会代代相传，青年一代必定会成为在建设有中国特色社会主义的伟大事业中建功立业的大有希望的一代。

12 月 13 日

中共中央、国务院批转中宣部、司法部《关

于在公民中开展法制宣传教育的第二个五年规划》，并发出通知，要求各地区、各部门结合实际情况，具体安排，组织实施。实施第二个五年规划的指导思想是：紧紧围绕党和国家的中心工作，在各级党委、人大、政府的领导和监督下，深入学习宪法，有针对性地学习国家基本法律常识，有计划、有步骤、分层次、分部门地学习专业法律知识，进一步提高干部群众的社会主义法律意识和民主意识，促进各项事业的依法管理，为治理整顿和深化改革创造良好的法制环境，保证国家政治、经济和社会的稳定发展。具体要求是：(1)深入普及宪法和有关法律常识，在广大公民中强化宪法观念，提高维护宪法尊严、保障宪法实施的自觉性，坚定不移地坚持四项基本原则，反对资产阶级自由化，促进国家政治、经济和社会的稳定发展。(2)县、团级以上领导干部除了学习掌握与自己主管的工作密切相关的法律知识外，还要学习社会主义法制理论，学习宪法学理论，树立依法治国和依法办事的观念，提高依法决策、依法管理的自觉性和能力。(3)各行各业的干部要熟悉本行业、本单位负责执行的以及同自己工作密切相关的法律知识，自觉依法办事。(4)广大群众要基本了解同自己工作、生产和生活密切相关的法律常识，做到依法行使公民的权利和依法履行公民的义务。(5)大、中、小学校要进一步完善学校的法制教育体系，努力实现法制教育系统化，增强学生的法制观念。(6)坚持理论联系实际、学法用法相结合的原则，进一步推动依法治乡、依法治县、依法治市和省、自治区、直辖市依法治理以及行业依法治理的试点工作，培养一批依法管理各项事业的先进典型。

实施第二个五年规划的对象是：工人、农(牧、渔)民、知识分子、干部、学生、军人、个体劳动者以及其他一切有接受教育能力的公民。重点对象是：县、团级以上各级领导干部，特别是党、政、军高级干部；执法人员，包括司法人员和行政执法人员；青少年，特别是大、中学校的在校生。第二个五年规划的主要内容是：(1)在全体公民中继续深入学习宪法。(2)各地区根据实际需要，确定在本地区内选学的其他有关法律、法规。(3)各部门、各系统根据业务工作需要，有重点地学习同工作、生产相关的法律知识。

第二个五年规划从 1991 年开始实施，到 1995 年结束。普及法律知识在各级党委、人大和政府的统一领导和监督下，由党委宣传部门和司法行政部门主管。实行统一管理，分别实施，条块结合，以块为主，分类指导，充分发挥普法主管机构和各业务主管部门的积极性。

12 月 20 日—27 日

全国高等学校思想政治教育研究会第三届代表大会暨 1990 年年会在北京举行。会议在总结高校思想政治工作经验教训的基础上，对 20 世纪 90 年代高校思想政治教育所面临的形势、任务和对策进行了广泛研讨。国家教委副主任何东昌、滕藤等领导同志出席会议并讲话。与会代表认为，高校的思想政治情况不断改善，出现了多年少有的稳定局面。这是高校领导和师生艰苦工作，坚决贯彻以江泽民同志为核心的党中央正确路线、方针和政策的结果，来之不易。高等学校特别是重点高校是国际国内敌对势力与我们争夺青年的主阵地，高校领导和德育工作者要增强争夺意识、战斗意识，主动出击，打进攻战，采取各种措施，落实德育的首要地位。何东昌在讲话中指出，把阶级斗争扩大化和完全否定阶级斗争都要犯错误。德育工作能不能到位与对阶级斗争的认识有关。如果忘记某些社会主义国家发生剧变的教训，学校工作就要走偏方向。我们要研究“和平演变”和坚持资产阶级自由化的人是怎样搞我们的，从而学会把许多问题处理在量变状态。滕藤在谈到新形势下如何教育青年时说：第一要解决社会主义信念和理想，让青年真正接受社会发展的客观规律；第二要让他们与人民群众，尤其是工农群众结合在一起，解决人生观的问题。高校要深入批判资产阶级自由化，各学科都要批判资产阶级自由化的理论基础和理论观点，清除其影响。

12 月 26 日

中央教科所德育研究中心在北京成立。该中心主要进行德育基本理论和重大实践问题的研究。着重研究毛泽东教育思想中有关德育的论述和实践，研究德育在反“和平演变”战略中的地位、作用和落实德育为首、培养社会主义接班人等方面的理论与实践问题。通过研究，努力为建立有中国特色的社会主义德育体系提供科学的理论依据。同时，对新中国成立以来德育工作经验进行系统整理和研究，使之上升为能正确反映德育规律的、有中国特色的应用性教育理论。

国家教委副主任何东昌到会祝贺并讲话。何东昌在讲话中指出，20 世纪 90 年代教育要有新的改革和发展，但关键是要把德育工作搞好，这关系到今后我国教育的成败。他强调，德育科学研究一定要在马列主义、毛泽东思想指导下，努力回答好现实中提出的理论和实践问题。科研工作要善于把实践经验总结上升为理论。研究出的成果，只有一个目的，就是能对教育实践起指导作用。他还强调，科学研究的过程是寻找规律、发现规律的过程。规律只能从历史和现实的实践中去发现。科研人员每写一篇文章都要考虑能不能禁得住实践的考验。何东昌强调指出，搞德育研究的同志都应该信仰马列主义，熟悉马列主义，要运用马列主义的观点、立场和方法研究解决问题。

1991年

1月

1月8日

中宣部、国家教委、共青团中央联合做出决定，对清华大学等300个1990年社会实践活动先进单位，山东省“科技兴鲁建设营，重点工程劳动营，国情省情考察营”等21个1990年最佳社会实践主题活动给予表彰，要求各地、各高校扩大社会实践的教育成果，使社会实践活动长期、稳定、深入地开展下去，真正“成为具有中国特色的社会主义教育的有机组成部分”。中宣部、国家教委、共青团中央在表彰决定中提出，要进一步加强领导，拓展社会实践活动的内容，开辟社会实践活动的运转机制，逐步使社会实践活动纳入青年学生健康成长的教育体系之中。

1月14日

国家教委发出《关于进一步加强高等学校学生宿舍管理的通知》，明确指出，自1988年国家教委第十次扩大全会以来，高等学校学生宿舍的管理普遍有所加强，初步扭转了管理上的混乱局面。但是，在高等学校学生宿舍的管理上仍有一些漏洞：在一些高校，小商小贩到学生宿舍兜售商品和校外人员随便出入学生宿舍的情况仍未禁绝；学生宿舍屡屡发生偷窃案件；仍有校外人员长期混住在学生宿舍。最近，个别学校甚至发生校外人员手持凶器闯进学生宿舍殴打学生，学校男性宿舍管理员利用职权污辱女学生等极为恶劣的现象。现在有必要重申，各地教育行政部门和各高等学校应认真贯彻执行中华人民共和国国家教育委员会第13号令《高等学校校园秩序管理若干规定》，进一步加强学生宿舍管理。

各高校要切实建立和健全学生宿舍管理制度，指定职能部门负责管理，在宿舍楼（区）配备必要的管理人员，校外人员进入学生宿舍要履行登记手续。不允许小商小贩进入学生宿舍兜售商品；学生宿舍不得留宿异性；一般不得在学生宿舍留宿校外人员。遇有特殊情况需留宿校外人员，应当报请学校有关机构许可，并进行留宿登记，留宿人员离校应注销。学校有关部门要定期对学生宿舍进行检查；要加强女生宿舍的管理。有条件的学校应逐步做到单独设置女生宿舍楼（区）；条件尚不具备的学校，也要做到男女生宿舍间有必要的隔断措施，女生宿舍应由责任心强的中老年女同志担任宿舍管理人员。除执行房屋修缮、校产清查和检查卫生等公务外，男性不得进入女生宿舍。女生宿舍楼（区）要设立会客室，为来访和会客创造必要的条件。学校保卫部门应加强对学生宿舍的安全保卫工作。各地教育行政部门和高等学校应结合本地区、本校实际情况，贯彻上述意见，健全和完善学生宿舍管理制度，并严格执行。

1月17日

北京市委高校工委和北京市高教局、北京市高教学会联合召开北京市高等院校马克思主义理论课（公共课）教师教学优秀奖表彰大会。237名高校政治理论课教师分别获市级和教学研究会级教学优秀奖。这些优秀教师是从北京地区67所大专院校的1600多名马克思主义理论课（公共课）教师中评选出来的，他们为高校坚持马列主义指导地位作出了贡献。

会上，北京市委高校工委和北京市高教局就

加强高校马克思主义理论课教学提出了以下10项措施：(1)要求学校党委和行政领导从反对"和平演变"、培养社会主义事业的建设者和接班人的高度，充分认识马克思主义理论课在高等学校中的重要地位和作用。(2)制定师资培养规划，充实马克思主义理论课教师队伍，建立培训基地，重点培训中青年骨干教师和学术带头人。(3)建立马克思主义理论课教师社会实践基地，分期分批组织教师特别是青年教师进行调查研究或挂职锻炼。社会实践活动优先安排马克思主义理论课教师参加。(4)建立高等学校马克思主义理论课教研室(社科部)主任及学校主管领导参加的例会制度，及时传达信息，交流经验，研究重大问题。(5)由市教育主管部门或马克思主义理论课教学研究会组织举办报告会或讲座，恢复马克思主义理论课教师暑期备课会。(6)组织教师结合教学，围绕理论问题、社会实践问题和学生思想问题进行科研攻关，回答和解决思想政治教育中的重点、难点和疑点。(7)每两年评定一次教学优秀奖，同时表彰40岁以下的优秀年轻教师以及对青年教师进行传、帮、带做出成绩的中老年教师。(8)开展高校间的对口交流，积极创造条件组织优秀教师出国考察进修。(9)在评聘专业技术职务的限额比例上，马克思主义理论课要不低于其他重点课程；在评审条件上，要充分考虑到公共理论课的特点，将社会调查和做学生思想政治工作的成绩作为重要依据，对安心理论课教学、基本具备任职条件并做出了突出成绩的中青年教师，评聘高级专业技术职务时要优先予以考虑。(10)建立高等学校马克思主义教学科研基金，用于师资培训，开展教学、科研，支持教师进行社会实践和社会调查，编印教学参考资料，表彰优秀教师等。

1月26日

共青团中央发出《关于纪念建党70周年，深入进行爱党爱社会主义教育的通知》。这份文件指出，1991年是中国共产党成立70周年，也是实施国家"八五"计划，迈向社会主义现代化建设第二步战略目标的第一年。隆重纪念党的光辉节日，进一步向广大团员青年广泛宣传党领导人民奋斗的历史和丰功伟绩，深入进行热爱党、热爱社会主义的教育，对于帮助青年进一步树立坚定正确的政治信念，自觉坚持四项基本原则，反对资产阶级自由化，对于引导青年响应党的号召，投身于实现国家"八五"计划的伟大事业，都具有十分重要的意义。

文件要求，要广泛开展建党70周年纪念教育的宣传。纪念教育活动要以党的十三届七中全会精神为指导，以"坚信党的领导，坚定社会主义信念"为主题。各地要围绕这一主题，有领导、有计划、有步骤地开展宣传活动。要充分利用各种宣传手段，向广大团员青年广泛宣传党的光辉历史，宣传党领导全国人民经过28年浴血奋战取得的新民主主义革命的伟大胜利，宣传新中国成立以来党领导人民进行社会主义改造和建设所取得的辉煌成果，宣传十一届三中全会以来党领导人民实行改革开放，进行社会主义现代化建设所取得的巨大成就。同时，也要宣传在党的领导下，中国共青团成长壮大和发挥作用、中国青年运动健康发展的光荣历史，宣传党关心、爱护青年的一系列方针政策，宣传党的十三届七中全会精神。通过宣传，使广大青年加深对党的了解，激发爱党、爱社会主义的热情，提高对我国为什么必须坚持共产党的领导，走社会主义道路的认识，进一步树立坚定不移跟党走的政治信念。

文件强调，要结合当前青年思想实际，深入开展"党在我心中"的教育活动，要围绕纪念教育活动的主题，开展多种形式的文化活动。一是要广泛开展读书活动；二是举行优秀革命歌曲演唱活动。

2月

2月6日

为进一步贯彻落实《中共中央关于加强党同人民群众联系的决定》，中共国家教委党组发出《关于高等学校党政领导干部深入师生做好工作的几点意见》。国家教委要求，党政领导干部要把深入师生，做深入细致的思想工作列入工作日程，并形成制度，长期坚持。每学期都应有一定的时间深入基层，接触师生，要在师生特别是学生中交朋友，建立联系点，经常召开谈心会、座谈会，参加党支部、团支部、学生班、学生社团的活动。要建立党政领导干部深入课堂听课制度，建立党政领导干部接待师生来访制度，建立党政领导干部走访师生宿舍和食堂制度。党委主抓学生工作的领导干部要建立与学生班主任、辅导员等学生工作干部经常联系的制度，关心他们的工作、学习、生活，参加他们的工作会议，直接了解、指导基层学生工作。同时，加强与共青团、学生会、研究生会和工会的联系，充分发挥他们的桥梁、纽带作用，并结合本校的实际情况，努力开创党政领导干部深入师生的新形式。

2月11日

共青团中央发出《关于深入开展学雷锋活动的意见》。文件要求，1991年，学雷锋活动要继续以“学雷锋精神，做四有新人”为主题，突出“爱党爱人民”的内容，在解决青少年人生观问题上下功夫，努力使活动更加普遍、深入、扎实地开展下去，更富有各条战线的特色。文件要求进一步深化对学雷锋活动的认识。当前，我国正处在实施国民经济和社会发展的“八五”计划和十年规划，实现我国社会主义现代化建设的第二步战略目标的关建时期。在这种情况下，深入开展学雷锋活动，对于坚定人民群众特别是青年一代的社会主义信念，使其自觉抵制各种错误思潮的侵蚀和影响，对于充分调动一切积极因素，激发青年的劳动创造热情，为国家建设和发展贡献力量，对于提高青年的思想道德水平，进一步加强社会主义精神文明建设等，都具有重要的现实意义。文件强调，雷锋精神的核心是爱党爱人民。党和人民的利益高于一切，是雷锋平凡而又伟大的人生观的生动写照。学雷锋就要学根本。从当代青年思想实际出发，切实解决好青年人生观方面的问题，应该成为新时期学雷锋活动的基本要求。要把服务社会与立足本职有机地结合起来。为社会服务和在平凡的岗位上创造一流成绩是实践雷锋精神的两个重要方面，应该坚持下去。要进一步加强对学雷锋活动的指导。要使学雷锋活动坚持下去，年年有新的发展，就必须注重研究，加强指导。1991年，要做好三方面的工作：一是进一步抓好典型；二是重视总结推广经验；三是搞好调研。

2月26日

中宣部、中组部、广电部、文化部和全国总工会在人民大会堂联合举办电影《焦裕禄》首映式。中共中央政治局常委李瑞环出席并讲话。他说，几十年来，焦裕禄艰苦奋斗的革命精神和全心全意为人民服务的光辉形象，鼓励着广大干部、群众坚定信心，艰苦拼搏，克服困难，夺取胜利。在全党、全国人民贯彻落实党的十三届七中全会取得明显成绩，党中央进一步提出要改进作风、狠抓落实、切忌空谈、扎实工作的时候，人们熟悉并盼望已久的艺术形象焦裕禄的出现，必定会像穆青当年的报告文学《县委书记的榜样——焦裕禄》所引起的震动一样，在广大干部、群众特别是领导干部中产生巨大的影响，从而推动各项工作的向前发展。

2月27日

中宣部、国家教委、共青团中央联合发出《关于组织高等学校青年师生学习马克思主义青年读本的通知》。文件指出，为适应高等学校青年师生学习马克思主义理论的需要，并为高校的党校、团校提供学习马列的基本读本，中宣部教育局、国家教委思想政治工作司、共青团中央学校工作部共同选编了《马列著作青年读本》《毛泽东邓小平著作青年读本》两册书，同时组织编写了辅导上述读本的《马克思主义青年读本导读》。高等学校的党校、团校以及马克思主义著作学习小组等，可以把《马列著作青年读本》《毛泽东邓小平著作青年读本》作为学习马克思主义著作的基本教材，辅以《马克思主义青年读本导读》。在进行社会主义教育、人生观教育以及其他各种政治理论学习时，可从中选择有关文章组织学习。学习中要提倡和坚持理论联系实际的原则，引导青年师生领会马克思主义的基本原理，了解这些基本原理在中国革命和建设实践中的丰富与发展，学会用马克思主义的立场、观点、方法去观察和分析问题。学习要注重实效，方式可灵活多样。各级党团组织对青年师生学习马克思主义著作的活动要加强领导，把它同加强和改进高校思想政治教育结合起来，及时研究和帮助解决学习中提出的问题，总结交流经验。

3 月

3 月 3 日—10 日

《中国教育报》报道，共青团北京市委、北京市学生联合会共同组织开展以“学雷锋，跟党走，建功业，做新人”为主题的学雷锋实践周活动。在实践周中，清华大学、北京大学、中国人民大学等 21 所高校的约 3000 名大学生，在 3 月 3 日到颐和园参加清理湖岸的义务劳动，北京中医学院、中国人民公安大学等近 30 所高校的 2000 多名大学生走上长安街清洗交通设施。全市 80 余所高校的学生团支部从 3 月 3 日起在校园内组织学生开展“倡严谨学风，建文明校园”的学雷锋活动，包括开展访谈“我身边的优秀共产党员”、为教师送温暖、义务服务等。在校外，大学生们还走上街头开展学雷锋宣传咨询、便民服务等项活动。一些学校组织大学生开展与社会各界共建的联谊会。首都大学生与京郊农民共建马列学习小组的活动也在实践周中举行。与此同时，首都高校还开展了“先锋杯”优秀团支部竞赛活动、“优良学风班”先进班集体评选活动。

3 月 6 日

《人民日报》发表中共湖北省高等学校工委对武汉地区 400 名大学生的调查报告《当前青年学生思想变化的趋向》。《人民日报》在“编者按”中指出，这篇报告提供了翔实的材料，分析了一年多来学生的思想变化的趋向及其原因，研究了学校教育和各种社会因素对学生的影响，探讨了进一步端正办学方向、深化教育改革、优化育人环境的思想和方法，很值得一读。调查报告指出，学生们对坚持四项基本原则有了比较正确的认识，更加清醒地认识了中国的国情和稳定的必要性，对党风和社会风气问题有了更全面的认识，普遍认识到自身的弱点和不足。高等学校一年多来对学生的思想工作抓强了，并逐步落实到基层：组织学生深入基层，参加社会实践，了解工农；正确执行党的政策，体现了对学生的爱护、教育与帮助；广泛深入地组织开展学习马列主义、毛泽东思想活动，为学生思想转化和提高提供有力的思想武器。因此，取得了成效。调查报告还提出高等学校思想政治教育工作的几点启示：(1)高等学校要始终如一地坚持正确的政治方向，旗帜鲜明地反对资产阶级自由化。(2)要理直气壮地宣传灌输马列主义、毛泽东思想，使之牢固地占领高校阵地。(3)思想政治工作必须落实到基层，落实到学生班级和学生个体身上。(4)青年学生的思想有很大的可塑性，只要抓紧工作，他们完全可以成为大有希望的一代。(5)要持之以恒地组织学生参加社会实践活动，让他们在参加社会实践的过程中了解国情，接受教育。(6)要加强教师队伍，特别是青年教师队伍的思想建设，正确发挥教师对学生的影响作用。

3 月 9 日

中共中央总书记江泽民致信国家教委负责人李铁映、何东昌，强调要对青少年学生由浅入深、坚持不懈地进行中国近代史、现代史及国情教育，使他们认识人民政权来之不易，提高民族自尊心和自信心。江泽民指出，要对小学生(甚至幼儿园的孩子)、中学生一直到大学生，由浅入深、坚持不懈地进行中国近代史、现代史及国情的教育。进行这个教育，至少要明确以下几点内容：(1)由于封建统治者的腐败，1840 年鸦片战争以后的一百多年中，中国人民曾备受列强欺凌。可列举若干主要史实加以说明。(2)这期间，许多仁人志士和广大群众抛头颅，洒鲜血，前仆后继，抵御外侮，立志捍卫中华。(3)五四运动后中国共产党诞生，领导中国各族人民经历了土地革命战争、抗日战争、解放战争，终于建立了新中国。从此，中国人民站了起来。新中国成立后，又顶住了帝国主义的封锁和战争威胁，证明伟大的中国人民是不可侮的。(4)中国人民从来就是反对侵略，主持正义，不畏强暴，维护和平。中国实行社会主义制度是中国人民自己的历史性选择。我们一贯主张处理国家关系必须遵循和坚持和平共处五项原则，特别是互不干涉内政，反对任何形式的霸权主义和强权政治。对青少年进行这些内容的教育，目的是要提高中国人民特别是青少年的民族自尊心、民族自信心，防止崇洋媚外思想的抬头。当然，也不能重新制造“左”的气氛。关于国情教育，江泽民建议，要多做正面宣传。国情教育中一定要说清楚，没有社会的安定团结，没有稳定的政治环境，经济是不可能搞上去的；而人口如果控制不住，即使经济上去了，也会产生各种困难和问题。许多不了解历史的人，往往以为实行资本主义制度，照搬西方议会民主，就可以使人们一下子过上发达资本主义国家的生活。他们不知道资本原始积累时期剥削了多少劳动人民的血汗，至今发达国家与不发达国家的不等价交换仍然存在。教材不必千篇一律，可以结合各地情况，针对性更强一点。

3月22日

首都大学生“党的光辉历程考察团”成员会聚北京中山公园中山堂会议厅，畅谈、汇报学习、考察的收获和体会。国务院政策研究室主任袁木、国家教委副主任何东昌等到会听取汇报并讲话。

首都大学生“党的光辉历程考察团”是1991年2月初由共青团北京市委、北京市学联联合组织，首都10所高校百余名师生参加的活动团体。在20余天时间里，考察团沿着中国共产党70年革命与建设的历程，走访了50多位不同历史时期的代表，行程数万里。写下了10余万字日记、200多篇近百万字的体会文章。同学们反映，通过实地学习和考察，受到了一次深刻的热爱党的社会主义的教育。

何东昌在讲话中肯定同学们的考察是成功的。他说，大学生要掌握两种知识。只有书本的知识是不够的，还要参加实践，在实践中学习。除了向学校教师学习外，还要向群众学习，在改革和建设实践中树立和掌握劳动观点、群众观点、阶级观点、辩证唯物主义的观点和历史唯物主义的观点，真正成为政治上坚强、掌握现代化科学知识的可靠接班人。

3月29日

中共中央总书记江泽民和参加七届全国人大四次会议的上海代表一起审议李鹏总理关于十年规划和“八五”计划纲要的报告。江泽民说，我们要坚持改革开放，一定要沿着社会主义方向进行。这等于一艘大轮船航行在海上，要把握住正确的航向一样。不但要对广大青少年学生进行国情教育和近代史的教育，还要进行民族气节和民族自尊心的爱国主义教育，由浅入深，逐步推进，让爱国主义在幼小心灵里就深深扎根。希望青少年学生在1991年秋季入学时就能有一本关于国情教育的课本。

4月

4月3日

国家教委发出《关于重申不要成立“同乡会”一类学生团体的通知》。文件强调，近来一些高等学校学生中自发组织“同乡会”“老乡会”一类团体的现象又有所抬头，少数高校的“同乡会”活动频繁，个别班级甚至多数学生卷入，影响学校不同籍贯的同学间的团结，甚至一些别有用心的人企图插手和操纵“同乡会”，以达到不可告人的目的。各高校应认真检查一下本校学生社团的活动情况，并加强管理。对已经成立的“同乡会”或类似的学生团体，要按照有关文件的精神在做好学生的思想工作的基础上，解散这类团体。高校的共青团、学生会、研究生会等组织不要倡导、组织同乡学生聚会，而应该积极开展面向广大学生的有益、健康、促进学生团结的各种活动，并在学生中倡导团结互助的风尚。各高校在每年新生入校教育时，要对新生进行关于不要组织“同乡会”的教育。

4月4日

国家教委发出通知，号召全国大学生向郭峰等四位张华式的优秀大学生学习。这四位优秀大学生是：西北大学地理系87级学生郭峰、西安石油学院开发系87级学生唐春雨、九江师范专科学校数学系88级学生欧阳泉平、成都电子科技大学应用数学系87级学生陈帮清。国家教委在通知中指出，郭峰等四位学生为了拯救他人的生命奋不顾身的英雄行为，闪耀着共产主义的光辉。他们用自己年轻的生命，实践了共产主义的人生价值。他们平日的表现证明他们的英雄行为不是偶然的。他们像雷锋那样，在共产主义思想的指导下，成功地回答了“为谁活着，怎么活着”的问题。他们不愧为当代大学生的优秀楷模。国家教委号召全国大学生向郭峰等四位张华式的优秀大学生学习。学习他们坚定正确的政治方向，自觉抵制资产阶级自由化思潮；学习他们热爱党，热爱社会主义，热爱劳动和劳动人民的高尚情操；学习他们为了党和人民的利益不惜牺牲生命的奉献精神；学习他们艰苦奋斗、勤劳俭朴、见义勇为、乐于助人的高尚品质；学习他们把个人价值的实现同祖国和人民的需要紧密地结合在一起，勤奋学习，立志振兴中华的历史责任感。

4 月 9 日

国家教委发出《关于高等师范院校本科政治与思想品德教育专业改革的意见》。文件指出，政教专业的培养目标是中等学校合格的思想政治课教师和教育工作者。其基本要求是：具有坚定正确的政治方向，坚持党的基本路线，信仰马克思主义，热爱马克思主义理论教育事业和思想政治工作，有良好师德；比较系统地掌握马列主义、毛泽东思想的基本理论和与本专业有关的社会、自然科学基础知识。能够运用马克思主义的立场、观点、方法分析和解决实际问题，识别和批判各种错误思潮；掌握科学教育理论和教学方法，了解本学科的新发展和新成就，初步掌握一门外国语，有一定教学科研能力；有正确审美观点和劳动观点，身体健康。文件要求，高等师范院校政教专业的课程设置改革要遵循以下原则：(1)要建立以马克思主义原著和马克思主义原理为主干的课程体系，进行比较系统的马克思主义基本理论教育。(2)要适应我国社会主义现代化建设和改革开放的需要，适应时代发展的需要。(3)要适应中等学校思想政治课的设置、教学内容改革和德育工作的要求，覆盖中等学校思想政治课和德育教育的基本内容。(4)选修课的设置，要紧紧围绕专业培养目标的要求，有利于加深对马克思主义基本理论的理解，有利于拓宽专业知识面，面向世界，面向未来，有利于文理渗透，有利于专业基本功的训练。要加强对选修课的管理，必须克服因人设课的做法。要保证必修课的教学。选修课的教学时数不要超过总课时的20%。文件指出，政教专业教学内容的改革，目前亟待解决的问题是：(1)必须加强马克思主义基本理论教学。(2)要把坚持四项基本原则和反对资产阶级自由化贯彻到各学科教学中去。(3)各学科在教学过程中，都应注重吸收本学科发展新成果，不断充实、更新教学内容。(4)要切实贯彻理论联系实际的方针，引导学生运用马克思主义的立场、观点、方法，分析和研究国际国内出现的新情况、提出的新问题。(5)要运用历史唯物主义和阶级分析的方法，对西方政治制度和当代西方思潮进行全面评述，杜绝那种不加分析地介绍甚至美化的错误做法。文件还就加强社会实践环节、加强学生思想政治工作、改进招生办法、加强师资队伍建设等做出了规定，并列出了“政教专业必修课程设置目录”。

4 月 16 日

国家教委成立关心下一代工作委员会，并举行座谈会。国家教委党组书记、副主任何东昌在座谈会上说，过去10年最大的失误是政治思想教育薄弱了，这也包括学校教育在内，今后必须坚决改变这种状况。现在教育战线有近200万的离退休同志，他们政治上有优势，受过党多年的教育，有参加革命和建设的经历，到学校去帮助进行德育工作，是一支很大的力量。实际上许多同志已经这样做了。关心下一代工作委员会就是要做好这一件事，要动员更多的同志自愿地在力所能及的范围内参加。希望不仅到中小学幼儿园去，也要到大学去。国家教委关心下一代工作委员会是在教委党组领导下的工作机构。刘皑风、张承先、周林、黄辛白、臧伯平担任顾问，名誉会长何东昌，会长张文松，第一副会长邹时炎。

4 月 20 日—22 日

全国高等学校文科教育改革座谈会在四川大学召开。国家教委副主任滕藤在座谈会上讲话，他指出，坚持并加强以马克思主义为指导的人文、社会科学的教育和改革，是社会主义精神文明建设的重要组成部分，不仅体现了学校的社会主义性质，而且是培养社会主义事业建设者和接班人的要求与保证，也是我们办文科的指导思想。坚持办学的社会主义方向，走在实践中培养的道路，这是办好文科的两条基本原则，也是文科教改应遵循的准绳。人文、社会科学各专业教学改革的着力点，应放在研究如何加强各专业马克思主义基础理论课的教学，放在以马克思主义思想理论体系指导各类课程内容的改革上面。要把理论、历史和现状三者统一起来，通盘考虑。他强调，不论是必修课还是选修课，讲授的都应该是经过实践检验的科学真理，是运用马克思主义立场、观点和方法进行研究得出的规律性认识，是对中国优秀传统文化的科学总结，是对国外优秀文化成果的借鉴和吸收。凡是与此相背离的课程内容，都应改革或暂时停开，并重新加以研究。选修课绝不能任意开，必须加强管理，课程不能变成自由市场。我们的课堂绝不能为资产阶级自由化和各种反马克思主义的内容提供讲台。滕藤强调指出，对于资产阶级自由化思潮对文科教学的影响及其危害，绝不能低估。要把在各学科领域清除资产阶级自由化的思想理论基础的工作，坚持不懈地抓好。他还要求重新修订教学计划，恢复并加强被削弱甚至被取消了的马克思主义经典著作课程。

9 月 2 日，国家教委印发了《全国高等院校文科教育改革座谈会纪要》。

4 月 23 日

首都高校中青年马克思主义研究会、《高校理论战线》编辑部与《中国教育报》在北京联合召开纪念五四运动 72 周年座谈会。与会的首都高校师生一致认为：大力倡导青年知识分子与实践相结合、与工农相结合的道路具有十分必要的现实意义。邓力群、郭明秋应邀出席了会议。参加座谈会的 30 余位首都高校师生在认真学习了毛泽东同志的《青年运动的方向》《在延安文艺座谈会上的讲话》和江泽民同志 1990 年“五四”讲话的基础上，以“青年运动的方向和青年知识分子的成长道路”为主题展开了讨论。

4 月 24 日—26 日

中宣部、国家教委、共青团中央联合在深圳市宝安县召开全国高等学校学生社会实践活动工作座谈会。会议回顾 10 年来我国高校开展大学生社会实践活动的发展过程，总结交流了各地开展活动的经验，研究讨论了今后的任务。国家教委党组书记、副主任何东昌等到会并讲话。讨论中，代表们认为，社会实践活动要上新台阶，首先必须加深对社会实践重要意义的认识。开展社会实践的根本目的是在马克思主义指导下，帮助学生了解国情，了解工农，了解党的政策，从感性认识上升到理性认识，增强对劳动人民的感情，逐步树立正确的人生观、价值观，站在正确的立场观察和分析问题，从而坚定社会主义信念，自觉地为人民服务。会议认为，各级党委、政府要把社会实践活动纳入议事日程，加强统一领导，协调党政有关部门和共青团等群众组织，促使各方面力量各司其职，各尽其责，形成合力；教育行政部门和高等院校要把社会实践活动纳入教育计划或教学计划；要建立相对稳定的社会实践活动基地；要多渠道解决社会实践活动经费，努力把社会实践活动组织安排好。

4 月 26 日

国家教委发出《关于在学校师生中进行反对达赖集团分裂活动、加强民族团结教育的通知》，要求在藏族人口集中的省(区)的高等学校，应在“社会主义建设”课和“形势与政策”课中，增加反对分裂活动、加强民族团结的内容。中等学校尽快开设“西藏历史和现状”课，并列为必修课；小学高年级的思想品德课，也要增加相应的内容。内地办的西藏班，要增设“西藏历史知识讲座”，列为考试课。在藏区各类学校和内地西藏班的文科课程(包括藏语文课)中，应增加民族团结与祖国统一、反对分裂的内容。藏区中等以上学校和内地西藏班，要根据当地党委和政府的安排，对全体学生进行爱国主义教育。文件强调，在对师生进行反对达赖集团分裂活动的教育中，要充分发挥学校党组织的政治领导作用和党员的先锋模范作用。要加强对学生政治活动的管理。藏区各类学校和内地西藏班，要注意总结、宣传本校师生中以实际行动增强各民族团结的先进集体和先进个人，并要做出规定，使之经常化。

5 月

5 月 4 日

共青团中央、中华全国青年联合会、中华全国学生联合会在北京召开纪念五四运动 72 周年座谈会。中共中央政治局常委李瑞环在讲话中指出，今天我们纪念“五四”运动，就是要发扬“五四”的爱国主义精神，为进一步振兴中华而奋斗。

在实现第二步战略目标的过程中，青年也必将发挥生力军和突击队的作用。因为我们的事业是艰巨的事业，而青年的精力最旺盛，是一支不怕困难、特别能战斗的队伍。因为我们的事业是迈向现代化的事业，而青年最肯学习，是一支能较快掌握新的劳动技能和先进科学技术的队伍。因为我们的事业是创新的事业，而青年的思想最活跃，是一支勇于探索和开拓进取的队伍。所以，把广大青年的积极性、主动性、创造性最大限度地调动起来，并合理地发挥出去，是胜利实现第二步战略目标的一个极其重要的环节。

李瑞环指出，我国青年要充分认识历史赋予的崇高使命，振奋起来，行动起来，在为你们、靠你们的伟大事业中，让青春闪光，给人生添彩。要努力学习马克思主义，树立正确的人生观，坚持四项基本原则，增强抵御“和平演变”和资产阶级自由化等错误思潮的能力。要刻苦学习科学文化知识。青年一代必须用先进的科学文化武装自己的头脑，推动国民经济物质技术基础的加强。要向社会实践学习，在与广大人民群众结合的过程中经风雨，见世面，受磨炼。要向老一辈同志学习，继承和发扬优良传统，不断使自己成熟起来。

李瑞环要求，各级党政部门和全社会都要关心青年、爱护青年。要尊重青年的特点，爱护青年的优点，满腔热情地帮助青年克服缺点和弱点，引导青年健康成长。要多方面给青年提供发挥才能的机会，敢于给他们压担子，为优秀人才的脱颖而出创造条件。要积极支持共青团的工作，发挥各级团组织的作用。要密切同青年的联系，多交一些青年朋友，倾听青年的要求和呼声，为青年排忧解难、多办实事。

5 月 20 日

《中国教育报》报道，中华教育艺术研究会“思想政治工作与教育艺术”高级讲习班，历时 10 天，近日在京结业。国务院政策研究室主任袁木、原教育部副部长张健为讲习班作了报告。在思想政治教育领域有突出贡献的专家学者刘吉、曲啸、李燕杰、彭清一、李永田、王极盛、周荫昌、张蔚萍、冯远征、郭海燕等为参加学习的 400 余人讲了课。

5 月 22 日

共青团中央、国家教委联合发出《关于加强高等学校共青团建设的意见》。文件指出，高校共青团组织的主要工作对象是学生，其中心任务是：从共青团的性质和青年学生的特点出发，根据党和国家的教育方针，配合学校党组织和行政，做好下列工作：(1)学习和贯彻执行党的路线、方针、政策，围绕学校中心工作，生动活泼地开展思想政治教育工作；组织、带领团员学习马克思主义理论，抵制和批判资产阶级自由化思潮，在实践中学习共产主义。(2)协助学校做好稳定局势的工作，教育团员在维护学校的工作秩序中起模范作用。(3)组织学生参加社会实践活动，引导他们自觉走青年知识分子健康成长的正确道路。(4)引导广大团员带头遵守《高等学校学生行为准则》，倡导良好的校风、学风，协助学校改善和优化学生的学习、生活环境，激励学生刻苦学习，奋发向上。(5)参与学校有关学生事务的民主管理，指导学生会组织、学生社团组织的工作和开展健康有益的课外文化、科技、体育和勤工助(俭)学、公益劳动等活动。

文件指出，加强对团员的思想政治教育，是提高高校团员素质的根本途径。要重点抓好政治方向的教育、爱国主义教育、马克思主义理论教育、成长道路教育、艰苦奋斗精神教育、团员意识教育。文件强调，要重视中学共青团工作的基础作用，确保中学向大学输送合格团员。要加强高校团的基层组织建设，建设一支强有力的团员骨干队伍，加强团的干部队伍建设。高校党委要切实加强和改善对共青团工作的领导。

6 月

6 月 1 日

国家教委在北京举行座谈会，邀请首都理论界人士就贯彻落实中共中央总书记江泽民关于加强中国近现代史和国情教育的指示进行座谈。国家副主席王震在会上作了《深入进行爱国主义教育，培养一代又一代的共产主义事业的接班人》的讲话。国务委员兼国家教委主任李铁映在座谈会上指出，对青少年进行中国近现代史和国情教育，是我国社会主义现代化建设的战略需要，是加强青少年思想政治教育的当务之急。进行中国近现代史教育，应着重揭示中国社会发展的必然规律，阐明中国革命同马克思主义的关系。中国近现代史既是一部中华民族遭受帝国主义野蛮侵略和封建主义残酷压迫的屈辱史，也是一部中国人民争取民族生存和解放、追求祖国独立和富强的革命斗争史；既是当时的仁人志士不断探索救国救民真理的历史，也是中国人民逐步认识、掌握和运用马克思主义的历史。我们应当通过这些历史事实向学生阐明，具有悠久历史文化传统的中国如何根据历史的必然性走上以共产党为领导力量的社会主义道路，使他们懂得“没有共产党就没有新中国”“只有社会主义才能救中国”这个真理。李铁映强调，进行国情教育，应坚持马克思主义的全面的和历史的观点，采取实事求是的分析态度。历史和国情教育作为一项基础性教育，要从娃娃抓起，并且贯穿在小学、中学、大学的全过程。全党全社会都要认真贯彻江泽民同志的指示，为培育青少年一代作出贡献。

6月21日—26日

全国高等学校党的建设工作暨优秀思想政治工作者表彰会议在北京举行。会议的任务是总结工作，交流经验，表彰先进，研究解决存在的问题，进一步推进高校党建工作。210名高等学校优秀思想政治工作者受到了表彰。会议着重解决四个方面的问题：(1)高校各级党组织和全体党员要进一步重视加强党的建设，明确把党建成无产阶级先锋队的标准；(2)在高校党建工作中，必须坚持把思想建设放在首位，解决用马克思主义占领高校思想文化阵地和坚持社会主义教育思想方面存在的问题；(3)要继续抓好高校领导班子建设以及基层支部、思想政治工作队伍、马克思主义理论队伍、党员和积极分子队伍建设；(4)进一步加强地方党委和有关部委党组对高校党建工作的领导和指导。

会上，中组部部长吕枫作了题为《高等学校党组织要把培养合格的社会主义事业接班人作为自己的根本任务》的报告，中共中央政治局委员、国务委员兼国家教委主任李铁映作了题为《努力把高等学校党的建设提高到一个新水平》的报告。吕枫的报告共分为三个部分：(1)建设一个坚强有力的领导班子，保证高等学校的领导权牢牢掌握在忠于马克思主义的干部手中。(2)要花大力气建设一支又红又专、德才兼备的教师队伍，发挥他们在办好社会主义大学中的中坚作用。(3)加强党支部建设，充分发挥党支部的战斗堡垒作用。吕枫在报告中指出，培养又红又专的合格的社会主义事业的建设者和接班人是高等学校的根本任务，也是高校党组织的根本任务。高校党的各项建设工作，包括领导班子建设、党员队伍建设、基层组织建设、思想政治工作等，都要紧紧围绕这个根本任务来进行，为实现这个根本任务服务。为此，今后几年内，要把加强高校领导班子建设作为一项重要任务来抓。当前首先要把那些党政主要领导成员缺额和软弱涣散的领导班子充实调整好。在调整配备领导班子和选拔干部时，更要注重干部的政治素质。

会议期间，中共中央政治局常委宋平同部分学校代表进行了座谈。宋平指出，当前高等学校总的形势是好的，希望各地从实际出发进一步加强党对高等学校的领导，继续深入细致地做好思想政治工作。宋平强调，现在大学生、研究生是二十几岁的青年，是跨世纪的一代，我们要相信他们，下大力气培养他们，使他们真正成为社会主义现代化事业的建设者和接班人。他指出，学校德育，首先是培养学生坚定正确的政治方向，坚持社会主义道路。要对青年学生深入进行中国近现代史和国情教育，创造条件，让他们适当参加社会实践，接触工农群众，这对于帮助他们在青年时期就树立正确的世界观和人生观是大有益处的。国家教委党组书记、副主任何东昌在闭幕会上作总结讲话。8月10日，中组部、中宣部、国家教委党组联合印发了李铁映、吕枫、何东昌在此次会议上的讲话。

7月

7月1日

中共中央在北京举行庆祝中国共产党成立70周年大会。中共中央总书记、国家主席、中央军委主席江泽民在会上发表讲话。他说，中国共产党的70年，是我们党日益发展壮大的70年，是党领导中国人民开创历史新篇章的70年，是马克思主义在中国取得伟大胜利的70年。70年里，我们党领导各族人民为中国社会的进步，做了许多事情。总起来说，就是三件大事：第一，完成反帝反封建的新民主主义革命任务，结束了中国半殖民地半封建社会的历史；第二，消灭剥削制度和剥削阶级，确立了社会主义制度；第三，开创建设有中国特色社会主义的道路，逐步实现社会主义现代化，这件事情还正在做。这三件大事，使中国发生了翻天覆地的变化，实现了中国人民梦寐以求的国家独立，中华民族以崭新的姿态屹立于世界民族之林；中国人民当家做了主人，真正掌握了自己的命运；结束了近代中国长年战乱和一盘散沙的局面，国家统一和各民族的大团结日益巩固和发展；改变了旧中国贫穷落后的面貌，初步实现了国家的繁荣昌盛；教育、科技、文化、卫生、体育等事业取得巨大发展。

江泽民指出，回顾70年党的光辉历史，我们深深感到，今后的责任更加重大。当代中国共产党人的庄严使命是：坚持党的基本路线，团结和带领全国各族人民，沿着建设有中国特色的社会主义道路，自力更生，艰苦创业，把我国建设成为富强、民主、文明的社会主义现代化国家。当前的任务是：努力实现党的十三届七中全会提出的制定十年规划和"八五"计划的建议及七届全国人大四次会议确定的十年规划与"八五"计划纲要，实现社会主义现代化建设第二步战略目标，为在21世纪中叶实现第三步战略目标奠定坚实的基础。

江泽民强调，为了把党建设得更好，我们必须对党的建设所面临的形势和党的现状有清醒的全面的认识。第一，必须努力提高全党的马克思主义水平；第二，必须努力提高全党同志为人民服务的自觉性；第三，必须努力提高党的各级组织的战斗力；第四，必须努力培养和造就千百万社会主义事业的接班人。

同日，根据中共中央的决定，中共中央文献编辑委员会修订的《毛泽东选集》第一至四卷第二版，由人民出版社出版，在全国新华书店发行。邓小平为其题写了书名。

7月4日

中共中央发出《关于学习〈毛泽东选集〉第一至四卷第二版的通知》，指出，《毛泽东选集》第一至四卷应是今后长时期内对干部群众包括青年学生进行思想理论教育的基本教材，是深入开展马克思列宁主义、毛泽东思想教育的重要内容。文件强调了以下几点：(1)充分认识新时期学习《毛泽东选集》第一至四卷的重要意义。(2)着重掌握理论联系实际的学习方法。(3)把学习《毛泽东选集》第一至四卷同学习十一届三中全会以来的路线、方针、政策结合起来，同学习邓小平等同志的著作结合起来。(4)把学习《毛泽东选集》第一至四卷同学习中共党史和党的建设理论结合起来。(5)把学习《毛泽东选集》第一至四卷同学习马克思列宁主义基本理论结合起来。

同日，《中国教育报》报道，大学生社会实践活动以中国近现代史和国情教育为主题全面展开。各地普遍加强了对这项工作的指导和安排。浙江省各高校在"就地、就近、就便"组织好回乡大学生的社会实践活动的同时，适时扩大有组织的社会实践营和小分队的覆盖面，即从1990年占学生总数的10%扩大到20%，并做到干部、教师、学生三结合。团省委重点组织开展"千乡团旗飘"和"千乡科技播种"活动，帮助建设农村团组织，开展科技服务。据初步估计，仅这两项活动，浙江省高校将有3万名大学生参加。云南省大中专学校组织"重走长征路"系列活动。河南省大学生走访本省本地的革命圣地、历史遗址，开展传统教育；到改革开放先进单位和重点工程参观考察，劳动锻炼；到"老、少、边、穷"地区开展扫盲、扶贫、科技兴农服务等。湖北省各地、市、州、县相继成立了由党政负责人挂帅的社会实践领导小组，全省范围内建立了500个社会实践活动点，将由各院校干部和教师带队，组成社会实践活动队(营)，分赴各点集中开展社会实践活动。

7月4日—8日

中国红十字总会、国家教委在青岛联合召开全国红十字青少年工作会议。中国红十字总会副会长孙柏秋在会上作了题为《通力合作，勇于进取，为开创我国红十字青少年工作的新局面而努力奋斗》的工作报告。

国家教委副主任、中国红十字会副会长邹时炎在开幕式上作了重要讲话。邹时炎指出，红十字青少年工作的主要目的，是动员和组织广大青少年开展卫生救护、参与社会服务等有益的活动，通过这些活动培养和教育青少年一代，使他们成为德、智、体全面发展的社会主义事业建设者和接班人。最近，江泽民同志写信提出要坚持不断地对大、中、小学学生包括幼儿园儿童进行中国近现代史和国情教育。这不仅对我国社会主义教育事业具有重要的指导意义，而且也为我们进一步搞好红十字青少年工作指明了方向。“八五”期间，红十字青少年工作的总的指导思想是加强思想政治教育，提高业务活动质量，建立规章制度，狠抓工作落实，注重综合效益。为此，红十字青少年工作应该从以下五个“结合”上下功夫：(1)把红十字会的宗旨教育与国情教育、爱国主义教育、革命传统教育等相结合；(2)把卫生救护工作与学校卫生保健工作相结合；(3)建立学校红十字会组织要与各地学校宣传情况相结合；(4)红十字青少年活动应与学校其他群团组织的活动相结合；(5)把扩大同国际上红十字青少年组织之间的友好交往与做好国内工作相结合。

7月25日

国家教委在人民大会堂召开学习江泽民总书记庆祝中国共产党成立70周年讲话座谈会。国家副主席王震，中共中央政治局委员、国务委员兼国家教委主任李铁映及国家教委、北京市委负责同志，首都部分高等学校的党委书记、校长和教师出席了座谈会。会上，国家教委副主任滕藤等汇报了全国教育战线和首都高校前一阶段学习江泽民同志讲话的情况，畅谈了对学习江泽民同志讲话重要意义的认识与体会。

王震在座谈会上指出，江泽民同志的讲话是一篇马列主义、毛泽东思想的重要文献，是建设有中国特色的社会主义宏伟大业的纲领性文件，对我们党、我们国家的现在与将来都有十分重大的意义。这篇讲话已经在全党、全军和全国各族人民中引起巨大反响，希望教育部门和全国各条战线都要认真组织、精心指导，把讲话学习好。各级教育部门特别是高等学校，要在对青年学生满腔热情教育帮助的同时，严肃校纪，加强管理，以便更好地完成培养社会主义事业的建设者和接班人的历史使命。

李铁映联系教育战线的实际对教育战线深入学习、全面贯彻江泽民同志的讲话精神提出了要求。他指出，首先要通过学习引导教育战线全体共产党员、广大师生员工进一步坚定社会主义信念和共产主义理想，坚定走社会主义道路的决心。尽管当前世界社会主义事业遇到了严重挫折，但社会主义的必然胜利和资本主义的必然灭亡是任何人都无法逆转的。要通过学习江泽民同志讲话，进一步认清“和平演变”是我们党和国家面临的最现实的最大危险，充分认识开展反对“和平演变”教育和斗争的紧迫性、长期性和复杂性。必须从战略上、从国家和民族的前途命运出发，努力培养千百万社会主义事业的接班人，这是赋予教育战线光荣而艰巨的历史任务。各级各类学校要把学习江泽民同志的讲话同学习《毛泽东选集》第一至四卷第二版、同学习邓小平等老一辈革命家的著作紧密结合起来。

8月

8月3日

国家教委发出《关于加强和改进高等学校马克思主义理论教育的若干意见》。这份文件指出，对青年学生进行马克思主义理论教育，是由社会主义高等教育的性质和办学宗旨所决定的，是社会主义教育区别于资本主义教育的根本标志之一。社会主义教育的根本任务，是用马克思主义育人，培养有社会主义觉悟的有文化的建设者和接班人，而对青年学生进行马克思主义理论教育，则是全面贯彻党的教育方针、坚持社会主义办学方向、完成高校教育任务的一项根本措施和基本途径。要提高对马克思主义理论教育重要作用的认识，把马克思主义理论教育放在学校教育的重要位置。

文件要求，要认真贯彻理论联系实际的指导方针，增强理论教育的思想性和说服力，积极进行教学改革，加强教材建设；加强教学的各个环节，努力改进教学方法；大力加强教师队伍建设，改善他们的政治待遇和工作条件。各省、自治区、直辖市和各部委教育主管部门和高等学校的党政领导，都要高度重视并切实加强对马克思主义理论教育工作的领导。高等学校的党政领导要把搞好马克思主义理论教育作为自己的重要职责，作为学校的重点学科和一项基本建设。要关心理论课教师的思想建设和业务建设，及时向教师传达中央的文件和指示。要把专门研究马克思主义理论教育的工作列入学校党委和行政领导的重要议事日程。每学期至少要专门研究一次马克思主义理论教育工作，并采取切实有效的措施解决理论教育工作中出现的困难和问题。

8 月 5 日

国家教委发出《关于制止一些地方利用宗教活动妨碍学校教育问题的通知》，提出：(1)坚持宗教与教育分离的原则。重申任何人不得利用宗教干预学校教育和社会公共教育，不得利用宗教进行妨碍义务教育实施的活动。(2)各级各类学校对学生要加强马克思主义宗教观和科学思想的教育，在各有关教学科目中要进行无神论教育，使学生逐步树立正确的人生观和世界观。(3)严格经文学校的审批管理。经人民政府批准开办的经文学校不得招收应接受义务教育的适龄儿童少年和在校中小学生入校学经。(4)加强对教师的教育和管理。教师不得利用工作之便，带领学生参加宗教活动。任何人不得歧视不信教教师。严禁外籍教师在学校从事传播宗教的活动。(5)严禁任何机关团体和个人为外国或国际组织机构充当代理，擅自办理招收自费宗教留学生事项。(6)教育部门和学校均不得接受国外宗教组织和个人以渗透或宣传宗教为目的的捐款。(7)在大多数人信教的民族地区，要注意发挥和调动爱国宗教人士在动员少年儿童入学、募集教育经费等方面的积极性。(8)宗教妨碍教育情况严重的地方，要在政府统一领导下，依靠全社会的力量，进行综合治理。教育部门和学校要认真执行党的教育方针、宗教政策和《中华人民共和国义务教育法》，加强思想政治教育工作，为青少年提供更多健康向上的精神食粮和创造良好的文体活动条件，保护青少年健康成长。

8 月 10 日

国家副主席王震给云南省大中专学生重走红军长征路的全体队员们写信，勉励云南大中专学生重走红军长征路队员学习长征精神，作出无愧于历史的贡献。王震说，在举世闻名的中国工农红军长征胜利半个多世纪后的今天，社会主义中国的青年一代又踏上当年红军的长征之路，表明了青年一代立志继承和发扬老一辈无产阶级革命家的光荣传统，做共产主义事业接班人的坚强决心。他为正在茁壮成长的青年一代的蓬勃精神风貌，为中国社会主义事业后继有人、代代相传，感到欣慰。王震指出，长征是中国革命历史上的伟大壮举，它为后人留下了十分宝贵的精神财富。一代又一代的革命青年，从中汲取了无可估量的精神动力和思想养料。重走长征路，重温中国革命的历史经验，最根本的一条，就是要坚持马克思列宁主义、毛泽东思想的指导地位。重走长征路，重温长征精神，必将有助于青年一代进一步坚定社会主义信念，树立共产主义远大理想。学习长征精神，就是要从青少年起逐步树立革命的人生观、价值观和世界观，自觉抵制资产阶级和其他剥削阶级腐朽思想与生活方式的侵蚀，把自己的热情、智慧和力量投入到捍卫社会主义制度和建设社会主义的伟大事业中去。

8 月 20 日

《中国教育报》报道，日前结束的全国学联第二十一届主席团第二次会议向全国各地学生会发出建议信，建议青年学生进一步行动起来，支援灾区抗洪救灾、重建家园。建议信建议各地青年学生自觉节约一粒粮、一滴水、一度电、一分钱，为国家和人民减轻负担；开展我为灾区人民捐献一元钱活动；开展互助活动，关心来自灾区的同学的生活和学习，帮助他们渡过难关；组织义演、义卖和各种义务服务活动，开展赈灾募捐。建议信提出 9 月 15 日为各大中城市的青年学生"责任与奉献行动日"，行动日的口号是：情系灾区，共克困难——伸出我的手，伸出你的手。

8 月 28 日

中宣部、国家教委、文化部、民政部、共青

团中央、国家文物局联合发出《关于充分运用文物进行爱国主义和革命传统教育的通知》。这份文件指出，我国是一个历史悠久、富于革命传统的国家，拥有丰富的文物资源。利用丰富的文物对群众进行热爱祖国、热爱党、热爱社会主义的教育，具有直观、形象、真实、可信的特点，易于为人们接受和理解，在某些方面有着优于一般口头讲解、文字宣传的教育效果，是青少年了解历史、认识国情、学习传统的重要途径和生动教材。各级党的宣传部门，各级教育、民政、文化、文物部门和共青团组织，要充分发掘和发挥这一优势，依托博物馆、纪念馆和各种革命遗迹、遗址作为固定场所，有计划地运用文物开展爱国主义和革命传统教育活动。文件要求，各级教育行政部门、共青团组织和大中小学校，要把组织青少年学生参观博物馆、纪念馆，瞻仰革命遗址、烈士陵园和其他纪念设施，观看展示祖国灿烂文明的历史文物和反映近现代中国人民苦难、奋斗、胜利历程的革命文物，作为青少年思想政治教育的重要内容，作为大中小学生必须参加的教育活动，列入学校德育工作计划。各级民政、文化、文物部门要把组织接待好青少年参观、瞻仰等活动，作为必须完成的业务工作认真落实。要主动与教育部门合作，积极创造条件，把博物馆、纪念馆、烈士陵园和各种纪念设施建设成思想政治教育的课外基地。应根据青少年不同的年龄层次、心理特点、知识水平和接受能力，结合所学课程，科学地安排活动内容，使教育由浅入深，循序渐进，逐步深化。运用革命、历史文物进行教育的活动，要精心设计、周密组织，力求富有吸引力和感染力。文件强调，各级文物、民政部门和共青团组织要密切合作，统筹规划，在重要革命纪念地和其他一些革命文物资源丰富的地方，逐步建立起一批青少年革命传统教育基地。要以基地为依托，组织开展好假期社会实践活动。各级党委、政府要加强对这项工作的指导，并从人力、物力和财力上积极支持。党委宣传部门要切实担负起协调、指导的责任，帮助各有关部门建立工作联系，落实工作任务。

9月

9月20日

国家教委发出通知，要求贯彻《教育系统开展法制宣传教育的第二个五年规划》。通知指出，教育事业是社会主义现代化建设的重要组成部分，担负着为社会主义现代化建设培养建设者和接班人的重要任务。法制教育是教育工作的重要内容，搞好教育系统法制宣传教育有着十分重要的意义。教育工作者和学生，特别是大中学生是普法工作的重点对象。各级教育行政部门要组织广大干部认真学习第二个五年规划中规定的法律，增强法制观念，提高政治思想素质，努力做到依法治教。各级各类学校应结合师生特点和教育、教学安排进行法制教育，教书育人，培养学生的法律意识，提高学生遵纪守法的自觉性，教育学生树立正确的政治方向，做社会主义现代化建设的接班人。各级教育行政部门和各级各类学校在进行法制教育时，一定要贯彻理论联系实际的原则，注意讲求实效。要不断总结经验，使教育系统特别是学校的法制教育工作逐步经常化、系统化。教育系统的法制宣传教育面向全体教育工作者和各级各类学校的师生员工，特别应组织好教育系统各级领导干部、教育行政干部和大中学生的学习。通知对教育系统各级领导、教育行政机关工作人员、各级各类学校师生的学习内容、方法和要求做出了明确规定，并要求教育系统各级领导要高度重视，加强领导，做出安排，做好组织工作，要将各校法制宣传教育工作的情况列入对学校工作检查、评估的内容之一，对法制宣传教育开展好的学校要给予表彰。

9月22日—26日

国家教委在福州举行全国国情教育实施工作会议和义务教育教材(人教版)试验工作会议，贯彻江泽民总书记关于加强中国近现代史和国情教育的重要指示。国家教委副主任柳斌在会上指出，各学科的课堂教学作为落实中国近现代史及国情教育的渠道，在于它有时间保证，有师资保证，有教材和教学设备的保证，有评估体系保证，有了这些方面的保证，就能把这项工作落到实处。他强调，落实中国近现代史及国情教育还必须有其他渠道的配合，各地要认真总结在各科课堂教学中加强思想政治教育和国情教育的经验。教师在教学中要增强对学生进行政治思想、道德教育的意识，寓德育于教学活动中。社会学科和自然学科都要研究探索教学中渗透德育的客观规律，通过合理调整教学内容，特别要通过改革教学方法，提高教学效率的办法，进一步减轻学生负担；要强调教育的针对性，着重解决学生思想中的实际问题，教育活动要根据学生的年龄特征和认识规律，分层次、分学段地进行。

9 月 24 日

江泽民、李鹏、李瑞环、李铁映、丁关根等中央领导同志在中南海会见"在成才的道路上"优秀大学生报告团成员，勉励他们坚持正确政治方向，坚持与实践相结合，与人民群众相结合，继续为祖国和人民作出更大贡献。这个报告团共 14 人，他们在坚持德、智、体全面发展的方向，在成才的道路上取得了突出成绩。他们于 9 月 12 日至 25 日分若干组在北京、上海、天津、济南、沈阳、长春、石家庄等城市为清华大学、上海交通大学等 80 多所高校的学生举行了近 40 场报告会，直接听众 5 万多人。报告团的报告受到高校中广大学生的热烈欢迎。

9 月 28 日

中共中央发出《关于在全国范围内开展爱惜粮食、节约粮食活动的通知》。文件指出，民以食为天，粮食问题直接关系国计民生，关系国家的发展和稳定。要十分重视粮食生产，同时要切实抓好节约粮食的工作。文件决定，从 1991 年起，每年 10 月在全国开展"爱惜粮食、节约粮食宣传周"活动，采用各种形式，集中宣传我国粮食生产面临的形势，报道节约粮食和浪费粮食的典型事例，教育人民爱惜和节约粮食。同日，国务院发出《关于开展"爱惜粮食、节约粮食宣传周"活动的通知》，确定每年世界粮食日（10 月 16 日）所在周，为全国"爱惜粮食、节约粮食宣传周"。10 月 8 日，国务院召开电话会议，具体部署"爱惜粮食、节约粮食宣传周"活动。10 月 10 日，国家教委发出《关于教育系统认真开展爱惜粮食、节约粮食教育活动的通知》，要求采取多种形式，坚持不懈地对师生开展爱惜粮食、节约粮食的教育活动。10 月 13 日，国务院总理李鹏发表《关于开展"爱惜粮食、节约粮食宣传周"活动的讲话》，号召广大城乡居民要发扬勤俭持家、爱惜粮食的好传统，开展好节约粮食的活动。

本月

北京大学、清华大学、中国人民大学、北京师范大学四所高校的学生会向全国大学生发出关于支援灾区人民抗洪救灾、生产自救、重建家园的倡议书。倡议书指出，入夏以来，我国部分地区遭受到百年不遇的特大洪涝灾害，勇敢的灾区人民在党和政府的领导下，在人民解放军和全国各族人民的大力支援下，齐心协力，顽强奋战，同自然灾害进行英勇的斗争，取得了抗洪斗争的伟大胜利。目前，灾区人民发扬自力更生、艰苦奋斗的精神，正致力于生产自救、重建家园。全国各族人民，包括港澳台同胞也伸出救援之手，掀起了轰轰烈烈的赈灾活动。大学生作为祖国未来的建设者，赈灾救援更是责无旁贷。倡议内容如下：积极行动起来，为灾区人民重建家园奉献出我们的热情和智慧。(1)学习抗洪救灾先进事迹，进一步坚定爱党、爱国、爱社会主义的信念。(2)开展"心系灾区"的爱国节约活动，与祖国共命运，与人民共甘苦。(3)关心和帮助身边来自灾区的同学，使他们感受到祖国大家庭的温暖。(4)努力学习，发挥专长，为灾区人民重建家园献计献策。同学们，让我们携手积极行动起来，为灾区同胞重建家园，为祖国的振兴，作出我们自己的贡献！

10 月

10 月 9 日

辛亥革命 80 周年纪念大会在北京举行，党和国家领导人江泽民、杨尚昆、李鹏、万里等出席会议。国家主席杨尚昆在讲话中指出，虽然辛亥革命没有能使中国真正成为一个独立的民主国家，但是，它是中国近代史上的一个伟大的里程碑，是在比较完全的意义上开始的反帝反封建的民族民主革命，为以后一系列的历史发展开辟了道路。中国共产党成立70年来，领导全国各族人民，不仅完成了孙中山先生和辛亥革命志士们未竟的事业，而且把它发扬光大。辛亥革命以来的历史证明，如果没有中国共产党领导的新民主主义革命，并在新民主主义革命胜利后走上社会主义道路，就不可能在11亿人口的大国取得如此辉煌的成果。中国人民十分珍视无数先烈流血牺牲换来的革命成果，十分珍视历经曲折磨难而选定的社会主义道路。杨尚昆指出，我们伟大的祖国已经进入一个新的发展时期。在国际风云变幻中，我们所以能够站稳脚跟，是同改革开放的伟大成果分不开的。中国人民从改革开放中看到了社会主义的光明前途，看到了民族振兴的希望。我们要坚定不移地沿着这条道路走下去，坚持四项基本原则，继续推进改革开放。杨尚昆指出，进行国家的现代化建设，特别需要发扬爱国主义精神。爱国主义是凝聚中华民族的伟大力量，是推进中国社会发展的巨大精神动力。每个中国人，不论什么阶层，不论什么党派，不论什么信仰，只要真心支持和从事国家现代化建设，都可以在爱国主义的旗帜下团结起来，为中华民族的复兴，殚精竭虑，奋斗不息。杨尚昆强调，中国共产党提出的"和平统一、一国两制"的方针，是解决祖国统一问题的根本大计，是一项长期的方针。他希望台湾当局明大义，识大局，顺应潮流，做促进国家统一的历史功臣，不做分裂祖国的千古罪人。并相信，只要海峡两岸人民同心同德，共同努力，祖国统一大业就一定会早日实现。

11月

11月11日

国情教育电视系列片《神州吟》在北京举行首映式。王震、何东昌、滕藤等中央及部委领导和首都部分优秀教师、优秀校长出席了首映式。《神州吟》是为贯彻落实江泽民同志关于对青少年加强中国近现代史和国情教育的指示，由中国电视剧制作中心、人民教育出版社等单位联合录制的系列片，分别为《历史的选择》《写在大地上的答卷》《漫长的跑道》《别忘了我们的家底》《不平衡的舞台》和《自强不息的国魂》。江泽民总书记为该片题词："了解历史，认识国情，自强不息，振兴中华。"国家副主席王震在首映式上的书面发言中指出，历史和国情教育是一项全民性的基础教育，是我国整个社会主义精神文明建设的重要内容，不仅要在学校中进行，而且也应在全社会进行。

国家教委将这部电视系列片作为中学进行中国近现代史和国情教育的音像教材，并发文要求大、中学校和中等以上职业学校及成人学校组织学生观看此片，并纳入中国近现代史和国情教育的活动之中。

12月

12月3日—7日

中宣部、国家教委、中国教育工会联合在北京召开全国高等学校教书育人座谈会。中共中央政治局委员、国务委员兼国家教委主任李铁映到会与代表座谈并讲话。全体代表向全国高等学校教师发出《做好教书育人工作，培养又红又专人才》的倡议书。

李铁映指出，教书育人是我们党一贯倡导的，是高等教育工作的重要组成部分，是对教师的基本要求。任何社会制度的国家都是把"德育"放在首位。我们的教育工作把德育放在首位，强调教书育人，就是要教育学生确立马克思主义的立场、观点、方法，帮助他们坚定正确的政治方向，成为又红又专的社会主义现代化建设人才。坚持党对学校的领导，坚持社会主义的办学方向，是我们的优势、特点和力量所在。我们必须理直气壮地坚持这个原则。

与会者认为，要进一步增强做好教书育人工作的责任感和紧迫感，努力提高教师自身素质，严于律己，为人师表；坚持把思想政治教育贯穿到各科教学和科研活动之中；组织和鼓励教师担负学生辅导员或年级主任、班主任或导师工作，指导和参加学生的社会实践和课余活动；发挥教研室、党支部和党员教师、马克思主义理论课和思想政治课教师、知名专家学者在教书育人工作中的骨干作用，大力宣传表彰教书育人的先进典型；加强组织领导，健全教书育人工作体制；建立和完善、落实关于教书育人工作的制度和政策。在此前近一年的时间里，教书育人先进集体代表和先进个人曾在各地高等学校巡回报告 500 余场，直接听众达 10 多万人。

12 月 9 日

共青团中央、全国学联举行座谈会，首都部分高校的大学生与当年参加过“一二・九”运动的老同志康世恩、荣高棠、韩天石欢聚在一起，畅谈青年学生如何在新的历史条件下继承和发扬“一二・九”运动的光荣传统。座谈会上，参加座谈的大学生认为，“一二・九”运动的光荣传统表现在：坚持党的领导，发扬爱国主义精神，走与工农相结合的道路。今天继承“一二・九”运动的传统，就要树立爱国主义和共产主义的信念，坚定正确的政治方向，走与工农相结合的成长道路，把自己的命运同祖国的利益联系在一起，积极投身到反“和平演变”的斗争和现代化建设的事业中去。康世恩等老同志在讲话中，结合投身革命的深切体验强调，今天，青年学生的根本任务就是提高爱国主义热情，掌握马列主义的理论武器，坚持四项基本原则，自觉地承担起历史赋予的神圣使命，让西方“和平演变”美梦在青年一代身上彻底破灭。

12 月 19 日

中共中央总书记、国家主席、中央军委主席江泽民在出席厦门特区建设 10 周年庆祝活动期间前往厦门大学看望师生员工，并与厦门大学师生代表座谈。江泽民指出，党中央对青年一代是寄予厚望、充分信任和充满信心的。对青年们要求严格一些，也是意在激励。未来世界谁主沉浮？就是青年一代。他特别指出，青年一代肩负的责任很重。实现社会主义现代化建设的宏伟目标，需要全国人民努力奋斗，青年人更要立志贡献自己的力量。江泽民强调，青年要经受必要的锻炼。一个人一辈子一帆风顺是没有的。经过一定的坎坷曲折，对自己的成长也并非坏事。他希望青年们眼光要放远些。要干一行爱一行学一行，学了以后还要与实际相结合，理论联系实际。不管干哪行都要这样。希望青年们要有崇高的理想，要有事业心，还要有高尚的情操。

12 月 24 日

《中国教育报》报道，国家教委日前在湖北江汉油田召开全国高校毕业生思想教育工作座谈会，来自各省、自治区、直辖市和国务院有关部委毕业生思想教育主管部门以及部分高校和用人单位的近 100 名代表，交流了做好毕业生思想教育工作的经验，并讨论了 1992 年的毕业生思想教育工作。国家教委副主任朱开轩在座谈会上指出，第一，各高校应该明确，毕业生的思想教育工作是大学生、研究生在校期间整个思想教育工作的重要组成部分和最后环节。通过这一教育，要巩固他们在校学习期间已取得的思想上的收获，重点是巩固社会主义信念和为人民服务思想。要通过形势教育，引导学生乐于为社会主义建设事业贡献力量。第二，一所高校毕业生分配情况如何，可在很大程度上反映这所学校办学质量的高低及是否很好地坚持了社会主义办学方向，所以要重视对高校毕业生分配工作的评估。高校不仅要培养出政治素质和业务素质好的学生，还应使他们走上社会主义建设事业所需要的、应该去的岗位。1992 年毕业生分配应继续面向经济建设第一线，尤其应注重向大中型企业和农村基层单位输送人才。第三，各高校教育毕业生走正确的成才道路，必须帮助他们解决好两个根本性问题：一是青年人要实现远大的理想抱负，成就一番事业，必须从基层做起，大部分人应该到生产建设第一线去，包括到农村去，到边疆去，即使到机关、研究所去，也要到基层锻炼，从基础工作做起。二是要把个人的发展同祖国社会主义建设事业发展密切结合起来。学校应帮助毕业生过好毕业分配关。

1992 年

1 月

1 月 7 日—10 日

国家教委在北京召开 1992 年工作会议。国务院总理李鹏到会讲话，他指出，加强学校的思想政治教育，是社会主义教育的本质特征之一。在当前国际风云变幻的形势下，尤其要加强坚定建设有中国特色社会主义信念的教育。要把建设一支又红又专的教师队伍，全面提高教育质量，摆在突出的位置上。在继续改善办学物质条件的同时，不断提高教师的思想政治和业务素质。稳步进行人事制度和分配制度的改革，建立起能激励和调动广大教师积极性的学校内部运行机制。

会后颁发的《国家教委 1992 年工作要点》指出，近两年来，各级各类学校的德育和思想政治工作有所加强，师生思想政治面貌发生了可喜的变化，但还要进行长期艰苦的努力。一定要进一步加强教育战线党的建设和思想政治工作，进一步落实德育在学校工作中的首要位置，从根本上保证教育的社会主义方向，保证教育改革和教育事业发展顺利进行。要继续加强高校领导班子的思想作风建设和教师党支部的建设。抓好 109 所高校领导班子的调整和领导干部及后备干部的政治轮训。充分利用我国人民建设有中国特色的社会主义的成就和苏联、东欧国家演变的后果，以正面教育为主，重点加强社会主义信念的教育。引导师生提高对垄断资本主义和民主社会主义本质的认识，加深对反对资产阶级自由化和抵御“和平演变”的认识。制定加强高校教师思想政治工作和青年教师思想政治培训的意见，以及高校教师思想政治考核标准。高度重视并采取有力措施，缓解高校教师住房紧张的状况。制定《高等学校教师职务条例》，研究职务岗位宏观控制办法，深化职称等项改革，完善政策导向。研究进一步加强高校学生思想教育课程建设的意见，拟定高校学生德育考核办法。继续促进高校学生社会实践活动和创“三好”活动的开展。继续做好稳定学校局势的工作。

1 月 14 日

《中国教育报》报道，陕西师范大学“马列理论读书社”的研究生、大学生发出倡议，希望广泛深入地开展学习马列主义理论活动。陕西师范大学 1991 年年初在研究生中建立了“马列理论读书社”，并在各年级按相近专业设立了五个马列主义学习小组。他们以学习马列原著为主，联系思想实际开展讨论，定期集中交流学习体会，逐步建立起正规化的政治学习制度。通过学习，学生们提高了学习马列理论的主动性和自觉性，进一步坚定了共产主义和社会主义信念。为此，陕西师范大学“马列理论读书社”前不久向全国研究生、大学生发出倡议书。倡议书说，马克思主义是系统的、科学的、博大精深的理论体系，我们只有吃透原著，全面理解，才能真正掌握其内核，发掘其精神实质。各校要在党组织、团组织正确引导下，以多种形式组织大学生学习马列主义。通过学习，在实践中把自己锻炼成既是知识的传播者，也是马克思主义的传播者，把自己塑造成真正合格的社会主义事业的接班人。

1 月 16 日

国家教委发布《全国教育事业十年规划和“八五”计划要点》，全文共分五部分：第一部分指出，20 世纪 80 年代教育事业的发展，为之后 10 年教育的发展和改革奠定了良好的基础。第二部分论述了 90 年代教育工作的基本指导方针：(1)充分认识 90 年代是我国教育事业发展非常关键的时期，努力把教育工作提高到一个新水平；(2)坚定不移地把教育放在优先发展的战略地位，使教育同经济协调发展并适当超前；(3)坚持教育的社会主义方向，把培养社会主义事业的建设者和接班人作为学校的根本任务；(4)把提高教育质量放在突出地位，协调稳定地发展教育事业，保证教育更有效地为社会主义现代化服务；(5)高度重视师资队伍建设和学校管理队伍建设，充分发挥广大职工的办学积极性；(6)坚持多渠道筹措教育经费，努力改善办学条件；(7)坚定不移地推进改革、开放，不断增强社会主义教育的生机和活力。第三部分论述了 90 年代教育发展的主要目标，指出，20 世纪末我国教育工作奋斗的总目标是：初步建立起适应社会主义现代化需要、面向 21 世纪、具有中国特色的社会主义教育体系。第四部分主要从基础教育、职业技术教育、普通高等教育、成人教育、民族教育等方面明确了“八五”期间教育发展的基本任务。第五部分则论述了应着重抓好的几项主要工作和采取的措施：(1)加强学校党的思想和组织建设，理顺和完善学校思想政治工作的领导体制；(2)深化教育改革，建立有活力的办学体制和管理机制；(3)加强高等学校科学技术工作，提高教育科学研究水平，努力为社会、经济发展服务；(4)切实加强教师队伍建设，认真办好师范院校；(5)加强校舍和教学设施建设，改善办学条件；(6)加强教材建设，重视图书管理工作；(7)努力增加教育投入，切实加强经费管理；(8)完善教育法规，加强评估督导；(9)加强对教育工作的领导和管理。文件最后指出，教育事业是全党全民的事业，必须得到各级政府和各部门、社会各方面的全力支持。各级政府要像抓经济工作那样抓教育、保教育，进一步加强对教育工作的领导和管理。

1 月 18 日—2 月 21 日

邓小平同志到武昌、深圳、珠海、上海等地视察。视察期间，他指出，要坚持两手抓，一手抓改革开放，一手抓打击各种犯罪活动。这两只手都要硬。打击各种犯罪活动，扫除各种丑恶现象，手软不得。在整个改革开放的过程中，必须始终注意坚持四项基本原则。依靠无产阶级专政保卫社会主义制度，这是马克思主义的一个基本观点。对人民实行民主，对敌人实行专政，这就是人民民主专政。运用人民民主专政的力量，巩固人民的政权，是正义的事情，没有什么输理的地方。我们搞社会主义才几十年，还处在初级阶段。巩固和发展社会主义制度，还需要一个很长的历史阶段，需要我们几代人、十几代人，甚至几十代人坚持不懈地努力奋斗，绝不能掉以轻心。

邓小平指出，正确的政治路线要靠正确的组织路线来保证。中国的事情能不能办好，社会主义和改革开放能不能坚持，经济能不能快一点发展起来，国家能不能长治久安，从一定意义上说，关键在人。帝国主义搞“和平演变”，把希望寄托在我们以后的几代人身上。江泽民同志他们这一代可以算是第三代，还有第四代、第五代。我们这些老一辈的人在，有分量，敌对势力知道变不了。但我们这些老人呜呼哀哉后，谁来保险？所以，要把我们的军队教育好，把我们的专政机构教育好，把共产党员教育好，把人民和青年教育好。

邓小平说，他坚信世界上赞成马克思主义的人会多起来的，因为马克思主义是科学。它运用历史唯物主义揭示了人类社会发展的规律。封建社会代替奴隶社会，资本主义代替封建主义，社会主义经历一个长的发展过程后必然代替资本主义。这是社会历史发展不可逆转的总趋势，但道路是曲折的。资本主义代替封建主义的几百年间，发生过多少次王朝复辟？所以，从一定意义上说，某种暂时复辟也是难以完全避免的规律性现象。一些国家出现严重曲折，社会主义好像被削弱了，但人民经受锻炼，从中吸取教训，将促使社会主义向着更加健康的方向发展。

1 月 31 日

国家教委发出通知，号召在教育系统开展向青岛海洋大学优秀青年教师王成海、叶立勋学习的活动。王成海、叶立勋在执行海岛资源综合调查任务时，不幸于1991年10月22日光荣牺牲。1991年12月21日，山东省人民政府批复青岛市人民政府，批准王成海、叶立勋二位同志为革命烈士。国家教委决定，授予二人“人民教师”光荣称号。2月1日，《人民日报》以《出色的人生答卷》为题，报道二人的事迹。

2月

2月12日

共青团中央、全国青联、全国学联、全国少工委联合发出《关于深入开展学雷锋活动的意见》，号召广大青少年在新形势下进一步学习和弘扬雷锋精神，使学雷锋活动扎实深入地发展。文件指出，党的十三届四中全会以后，学雷锋、树新风活动又一次广泛兴起。在两年中，学雷锋活动取得了新的成果，学雷锋活动向有组织、有领导发展，向经常化、制度化发展，向服务社会与立足本职有机结合发展，向军地联谊、军民共学发展。在各级党政领导的重视下，在社会各界的支持下，在各级团干部和广大青少年的共同努力下，学雷锋活动取得了令人鼓舞的效果：促进了“一手硬、一手软”状况的转变，加强了思想政治工作；推动了社会主义精神文明建设；增强了共青团组织的凝聚力和影响力；展示了当代青年的精神风貌和本质特征。广泛深入地开展学雷锋活动要进一步解决思想认识问题。像雷锋那样具有对党和社会主义的坚定信念，有利于引导青少年自觉抵制各种错误思想的影响，在防止“和平演变”的斗争中始终立于不败之地。像雷锋那样具有刻苦学习、钻研技术、热爱本职的精神，有利于激发青少年掌握科学技术、勤奋工作、英勇劳动的积极性和创造性，为发展经济，实现第二步战略目标而艰苦奋斗，建功立业。像雷锋那样树立公而忘私、舍己为人、全心全意为人民服务的优秀品质，有利于提高青少年的思想道德品质，改善人际关系，转变社会风气，提高全体人民的文明水平。因此，在新形势下，进一步开展学雷锋活动，不是权宜之计，而是高举共产主义旗帜，培养“四有”的无产阶级革命事业接班人，建设有中国特色社会主义的长远大计。要进一步深化学雷锋活动，并注意处理好三个关系：一是处理好学雷锋、做好事与学本质、提高素质的关系。二是处理好社会性学雷锋同岗位学雷锋的关系。三是处理好学雷锋集中性活动与经常性活动的关系。要进一步加强对学雷锋的研究，积极探索学雷锋的新形式、新方法、新途径，努力研究开放条件下学雷锋的新特点、新要求、新规律，使学雷锋活动在创新中深入，在深入中发展。要进一步扩大学雷锋的覆盖面，加强学雷锋的宣传。一是加强对雷锋精神的全面宣传。二是加强对学雷锋活动的经常性宣传。三是加强对学雷锋典型和经验的重点宣传。

2月27日

广播电影电视部电影局、国家教委艺术教育委员会和人民日报社文艺部三单位邀请首都电影界、教育界的同志举行座谈会，传达了江泽民总书记对电影《烛光里的微笑》的高度评价。上海电影制片厂拍摄的《烛光里的微笑》在北京、上海演出后，在社会上引起强烈反响，江泽民总书记观看后给予了高度评价。广电部副部长田聪明在会上传达了江泽民同志春节期间观看《烛光里的微笑》的情景。田聪明说，江总书记之所以被这部影片所感动，盛赞它是一部感人至深的影片，首先是因为该片主人公是一位对教育事业鞠躬尽瘁的小学教师，其次是故事情节也渗透到了社会的各个方面。该片用生动的形象教育人们特别是青少年怎样做人，怎样才具有高尚的情操。这部影片再次告诉我们，艺术只有来源于生活才能感动人。国家教委艺术教育委员会秘书长杨瑞敏在发言中代表国家教委感谢上海电影制片厂冒着经济上赔本的风险拍摄了这样一部好影片，为教育战线办了一件好事、实事。教育部门要组织广大师生好好观看和学习。

3月

3月20日—4月3日

第七届全国人民代表大会第五次会议在北京召开，会议听取并审议了国务院总理李鹏代表国务院所作的政府工作报告。报告指出，发展教育事业，提高全民族素质，是社会主义现代化建设的根本大计。教育要深化改革，适应改革开放和现代化建设的需要。要认真贯彻德、智、体全面发展的方针，不断提高教育质量。要在全社会形成尊师重教的良好风尚。要继续重视和改进德育工作，对学生认真进行我国历史和国情教育，激发爱国主义热情，坚定建设有中国特色社会主义的信念。报告强调，要做好思想文化工作，推进社会主义精神文明建设。在深化改革、扩大开放的条件下，无论是思想理论战线，还是教育文化战线，都遇到许多新情况和新问题。因此，我们应当在不同的层次，运用不同方法，对广大的干部群众特别是青年，持久地进行坚持四项基本原则的教育。各级领导要长期坚持物质文明建设和精神文明建设一起抓的方针，教育我国一代又一代人坚持走中国特色的社会主义道路。要大力宣传各条战线的英雄模范人物和先进事迹，鼓励人们发扬爱国主义、集体主义和社会主义的热情，发扬自力更生、艰苦创业的传统，遵守职业道德和社会道德。

4 月

4 月 9 日—11 日

中宣部、国家教委、共青团中央联合在河南省安阳市召开高等学校学生社会实践联系点经验交流会。会议总结交流了近几年地、县级地方党委、政府和大中型企业支持并组织大学生开展社会实践活动的经验，并对安阳市开展“我把知识献家乡”大学生社会实践的经验给予充分的肯定。国家教委副主任滕藤出席会议并讲话。他强调，当前必须认真学习和领会邓小平同志讲话精神，抓住有利时机，引导学生在社会实践中了解我国经济发展形势，认识深化改革、扩大开放、加快经济建设步伐对于巩固和发展社会主义的重大意义。河南省安阳市自 1984 年起，连续 8 年在全市城乡组织安阳大学生开展“我把知识献家乡”社会实践活动。他们以属地管理为基本组织方式，逐级成立了大学生社会实践活动的领导机构，建设了一批稳定配套、功能多样的活动基地，强化了联络服务措施。他们在活动组织过程中本着“受教育、长才干、做贡献”的指导思想。坚持学习与服务相结合、分散与集中相结合的活动原则，逐步形成了考察思辨、科技服务、智力开发三个系列活动，使大学生社会实践活动走入了经常化的轨道，不仅取得了突出的教育效果，同时也推动了当地经济发展、科技进步及社会主义精神文明建设。会议认为，高等学校学生社会实践活动是在新的历史时期贯彻教育与生产劳动相结合的方针，推动青年学生走与实践相结合、与工农群众相结合道路的有效途径；是提高大学生的思想道德素质和科学文化素质，增强改革开放的意识和适应能力的重要手段；是我国高等教育的一个重要组成部分。由于条件所限，高等学校每年假期只能集中组织一部分学生从事社会实践活动，大部分学生则要回家度假。这就需要依靠地方各级党委、政府的领导和大力支持，需要各级党的宣传(教育)部门、教育行政部门和共青团组织发挥积极作用，组织好本地区回乡度假大学生的社会实践活动。8 月 29 日，中宣部办公厅、国家教委办公厅和共青团中央办公厅联合转发河南省安阳市开展高校学生“我把知识献家乡”社会实践活动经验。

4 月 15 日

国家教委发布通知，试行《普通高等学校学生安全教育及管理暂行规定》。通知指出，高等学校学生安全教育及管理的主要任务是：宣传、贯彻国家有关安全管理工作的方针、政策、法律、法规，对学生实施安全教育及管理，妥善处理各类安全事故，引导学生健康成长。高等学校学生安全教育及管理，要以预防为主，本着保护学生、教育先行、明确责任、教管结合、实事求是、妥善处理的原则，做好教育、管理和处理工作。高等学校应将对学生进行安全教育作为一项经常性工作，列入学校工作的重要议事日程，加强领导。学校各部门和有关群众团体或组织要相互配合，积极开展安全教育，普及安全知识，增强学生的安全意识和法制观念，提高防范能力。学生安全教育应根据不同专业及青年学生的特点，从学生入学到毕业，在各种教学活动和日常生活中，特别是节假日前适时进行，并善于利用发生的安全事故教育学生，防患于未然。学校应根据环境、季节及有关规律进行防盗、防火、防特、防病、防事故等方面的教育，并使之经常化、制度化。高等学校对学生进行安全教育必须注重心理疏导，加强思想政治工作。教育学生应保持健康的心理状态，帮助学生克服因各种原因造成的心理障碍，把事故消除在萌芽状态。关于高等学校学生安全管理，高等学校要做好学生日常安全管理工作，加强安全防范，建立和健全规章制度，严格管理。学校要把安全教育及管理工作纳入领导任期的责任目标，落实到年级、班主任，学校应由一名校领导主要负责。高等学校应确定学生安全教育及管理工作的主管部门，明确其职责，具体组织实施安全教育及管理工作，各有关部门应分工协作，积极配合，全体教职工要从关心学生、爱护学生出发，树立安全思想，努力做好本职工作和改善环境与条件，保护学生人身和财产安全。学生发生意外事故以及学生请求保护人身或财物安全等情况时，学校应迅速采取有效措施。学生必须严格遵守国家法律、法规和学校的各项规章制度，注意自身的人身和财物安全，防止各种事故的发生。学生在日常教学及各项活动中，应遵守纪律和有关规定，听从指导，服从管理；在公共场所，要遵守社会公德，增强安全防范意识，提高自我保护能力。学生组织集体课外活动，须经学校同意，按学校规定进行，学校须认真进行安全审查，条件不具备时不得批准。学生应严格遵守宿舍管理的规定，自觉维护宿舍的安全与卫生，提高自我管理能力。发现刑事、治安案件或交通、灾害等事故，在场学生应保护现场，及时报告学校或公安部门并协助处理。在学校范围内的，学校应迅速采取措施，控制事态发展，减轻伤亡和损失。

5月

5月3日

共青团中央决定，授予陈穗生等11人“全国优秀共青团员”称号。这次受表彰的优秀共青团员是各条战线广大团员的突出代表。他们热爱党，热爱社会主义祖国，坚持正确的政治方向；刻苦学习，钻研业务和技术，在本职岗位做出了优异成绩；以雷锋为榜样，自觉将党和国家、人民的利益摆在首位，表现出良好的道德风尚；认真参加团的生活，自觉履行团员义务，密切联系青年群众，发挥了共青团员的模范作用。共青团中央要求团的各级组织要广泛宣传“全国优秀共青团员”的先进事迹，按照党的要求加强团员的教育培养，提高团员素质，努力建设一支能够在改革开放环境中发挥模范作用的团员队伍，进一步增强团组织的凝聚力和战斗力，并号召广大团员向“全国优秀共青团员”学习，紧密地团结在以江泽民同志为核心的党中央周围，刻苦学习，勤奋工作，树立新风，在建设有中国特色社会主义的伟大实践中锻炼成长，做跨世纪的社会主义事业的可靠接班人。

同日，《中国教育报》发表《中共中央致共青团中央的贺信》。贺信说，值此中国共产主义青年团建立70周年暨五四运动73周年之际，中共中央向你们，并通过你们向全国的共青团组织和广大团干部、团员青年致以热烈的祝贺！贺信指出，中国共产主义青年团的建立，是中国革命史和中国青年运动史上的大事。70年来，在中国共产党的领导下，共青团紧紧围绕党在各个时期的中心任务，团结带领青年英勇奋斗，为我国革命和建设事业作出了重大贡献。历史表明，共青团不愧为党的有力助手和可靠后备军，广大团员青年不愧是建设祖国、保卫祖国的一支重要力量。贺信指出，从现在起到20世纪末，是我国社会主义现代化建设的关键时期。最近召开的中共中央政治局全体会议和邓小平同志的重要谈话，提出了当前和今后相当长时期我国改革和政策主张。共青团要把学习和落实中共中央政治局全体会议和邓小平同志重要谈话精神作为首要任务，积极主动地、创造性地开展工作。要教育团员青年进一步解放思想，坚持实事求是，积极投身改革开放，大胆探索，奋发进取，在建设有中国特色社会主义的伟大实践中建功立业。要加强团的自身建设，充分发挥团组织在思想教育、劳动创造和社会监督等方面的作用。贺信强调，未来是属于青年的。为社会主义中国的前途而奋斗，是当代青年最崇高的使命和荣誉。处在世纪之交的我国青年一代，肩负着历史重任。党和人民一向对青年寄予厚望，充分信任，充满信心。相信在以江泽民同志为核心的党中央领导下，共青团一定能够团结带领广大团员青年，继承和发扬“五四”光荣传统，为我国社会主义现代化建设事业作出新的更大的贡献。

5 月 4 日

共青团中央在人民大会堂举行联欢会，庆祝共青团建立 70 周年暨五四运动 73 周年。中共中央总书记江泽民等领导同志参加联欢会。在联欢会上，江泽民指出，伟大的五四爱国运动在中国历史上写下了光辉的一页。共青团在 70 年的奋斗历程中，为我国革命和建设事业作出了重要贡献，不愧为党的有力助手和可靠后备军。希望各级共青团组织发扬“五四”精神，继承光荣传统，团结带领广大团员和青年在党的领导下，坚定不移地沿着邓小平同志倡导的有中国特色的社会主义道路奋勇前进。江泽民强调，全党和全国人民正在认真贯彻落实邓小平同志最近的重要谈话精神，坚持党的“一个中心，两个基本点”的基本路线，抓紧有利时机，加快改革开放步伐，推进经济建设。希望广大团员和青年同志们认清自己的责任，解放思想，锐意进取，为社会主义现代化建设继续奉献青春、智慧和力量。党和人民对你们是充分信任和寄予殷切期望的。

5 月 14 日

《中国教育报》报道，近日，各地高教主管部门和高校的 100 多位有关人士在复旦大学开会交流了校风学风建设方面的经验。据了解，近年来各级教育部门和高等学校都把认真抓校风学风建设作为高校工作的重要内容，根据国家教委有关学生管理的规定，许多教育部门和高等学校制定了相应的实施细则，使学生管理工作逐步制度化、规范化。与会同志在讨论中肯定，近年来许多高校把思想教育与严格管理结合起来，创造了许多学生管理工作的新经验，如：严格考试纪律，把好考试关，以抓考试作为校风学风建设的突破口；抓学生早操、课堂出勤率，培养学生良好的学习生活作风；抓宿舍管理，纠正酗酒、打架等不良行为，运用综合测评办法，促进学生德、智、体全面发展。他们希望在加快改革开放的今天，应继续完善学生管理工作，巩固已取得的成果，为深化高等教育改革创造良好的条件。

5 月 20 日

中共中央总书记江泽民在中南海与首都应届高校毕业生代表座谈并发表重要讲话。江泽民说，听了各位同学的发言，很受教育和启发。感到这一届大学毕业生意气风发，对祖国的未来，对建设和改革事业的前途充满信心。在大学毕业的时刻，心情自然是很激动的，因为这对大学生来说是人生中的一个重要转折点，从此就要走向社会，为国家为人民奉献自己的青春、智慧和力量。我们的现代化建设和改革开放已进入关键时期，迫切需要大量朝气蓬勃、品学兼优、有知识、有创造精神的人才。1992 年又有 60 多万大学生和研究生毕业，投身到建设和改革的伟大实践中去，并将成为各条战线的生力军，这是一件可喜可贺的事情。江泽民指出，在大学期间，同学们在学校领导和老师的关怀与教育帮助下，通过自己的辛勤努力，在德、智、体诸方面都得到了发展和提高。特别值得指出的是，与以往各届毕业生相比，这一届在政治方面经历了一些特殊的锻炼和考验。大学生中认真学习马列主义、积极要求入党的人大大增加了，政治上有了可喜的进步。与此同时，勤奋好学、锐意进取、严谨求实的治学态度也正在校园里蔚然成风。座谈会上，江泽民向同学们提出三条要求：一是要深入实际，深入群众，坚持理论与实践相结合，坚持与工农群众相结合，把个人的前途同祖国的前途与命运紧密联系起来；二是要艰苦创业、自强不息；三是要在工作中加强学习，自觉克服缺点和毛病，使自己更快地成熟和提高起来。江泽民说，科学技术在突飞猛进地发展，知识更新很快。仅仅靠在学校里学到的那些专业知识是远远不够的。所以同学们到了工作岗位以后，一定要继续加强业务学习，不断用新的科学文化知识武装自己，这样才能不断提高自己的工作本领和工作水平。在加强业务学习的同时，还要重视和加强马克思主义理论学习，马克思主义的基本原理，辩证唯物主义与历史唯物主义的世界观和方法论是永具生命力的。马列主义、毛泽东思想是科学真理，是我们党的指导思想，也是青年人健康成长的行动指南。只要坚持学习，必能终身受益。希望同学们结合自己的实际，坚持学习马列主义、毛泽东思想。要有重点地学，主要是学会用马克思主义的立场、观点、方法，去观察、认识和解决工作中遇到的各种问题，使自己在工作中保持正确的方向。江泽民强调，要高度重视和努力学习邓小平同志关于建设有中国特色的社会主义的理论，衷心希望同学们和广大青年，一定要把邓小平同志建设有中国特色的社会主义的理论学好、学透。用以武装自己的思想，这是投身建设和改革的实践，做好本职工作的最重要的思想保证和行动指南。同时，希望大家大胆探索、勇于创新、不断总结经验，同全国人民一道共同把建设有中国特色的社会主义的理论和实践继续推向前进。

江泽民说，青年人是祖国的未来和希望。现在的大学毕业生是跨世纪的一代，任重道远，祖国和人民更是给予殷切的期望。帮助大学毕业生健康成长，使他们在建设和改革事业的广阔天地里充分发挥自己的智慧和才干，是各级党委和政府以及社会各界的光荣责任。一方面要满腔热忱地关怀他们，采取切实有效的措施，帮助他们解决实际困难，努力为他们提供必要的工作条件和生活条件，及时解决他们在思想上出现的问题，使他们顺利地成长；另一方面又要对他们严格要求，鼓励他们面向实际，在工作实践中经受锻炼，发挥才智，为建设有中国特色的社会主义事业作出更多的贡献。

6月

6月5日

国家教委办公厅印发《关于高等学校支持申办奥运会活动的意见》。文件指出，承办2000年奥运会是全国人民的共同心愿。在教育系统要广泛宣传申办奥运会的政治意义、教育意义和社会效益，利用高等学校的优势开展奥运知识竞赛的咨询活动。积极开展体育月等多种形式的活动，强调参与意识，把申办奥运会和落实《学校体育工作条例》《学校卫生工作条例》，贯彻《大学生体育合格标准》活动结合起来，增强学生体质，培养学生体育能力，使全体学生终身受益。开展美化绿化校园活动，活跃校园文化生活，以奥运精神做好高校的各项工作，改革运动训练工作，加强金牌意识，提高竞技运动水平，使高校运动队成为我国实现奥运战略的一支重要力量。

6月18日

中宣部、国家教委、共青团中央联合发出《关于进一步组织高等学校青年师生学习马克思主义理论的通知》。文件中说，1989年下半年以来，高等学校一些青年师生中出现了认真学习马列主义、毛泽东著作和邓小平等老一辈无产阶级革命家著作现象，形成了一定规模，涌现出一批先进典型，产生了积极的影响。但是总的来看，这项活动还处于刚刚起步的阶段，发展不平衡。

文件指出，为进一步推动高校青年师生学习马克思主义理论活动的健康、深入、持久地开展下去，要充分认识青年师生学习马克思主义理论的重要意义。要理论联系实际，重点解决立场、信念和人生观、价值观问题。高校青年师生学习马克思主义理论活动，要着眼于培养一支骨干队伍，并努力在他们中造就一批青年马克思主义者。要教育和引导青年师生在学习马列主义、毛泽东思想的过程中注重理论联系实际，通过学习和实践，帮助他们逐步掌握马克思主义基本原理，了解这些原理在中国革命和建设实践特别是在改革开放实践中的丰富与发展，运用马克思主义的立场、观点、方法分析风云变幻的国际形势，全面准确地理解党的“一个中心，两个基本点”的基本路线，正确看待改革开放和现代化建设中遇到的新情况、新问题，指导自己的思想、学习、工作和生活，从理论上划清马克思主义与反马克思主义、社会主义与资本主义、科学社会主义与民主社会主义的本质界限，坚定社会主义信念，树立无产阶级世界观和全心全意为人民服务的人生观、价值观。

文件要求，要组织高校青年师生认真精读原著，务求实效。要制定学习规划，采取有力措施，狠抓落实。各省、自治区、直辖市党委的宣传(教育)部门、教育行政部门和共青团组织以及高校的党、团组织要切实加强对学习活动的领导。

6月25日

中共中央办公厅、国务院办公厅转发中宣

部、国家教委、共青团中央《关于广泛深入持久地开展高等学校学生社会实践活动的意见》，对社会实践活动的重要意义、领导机制、实施保障、经费来源、规范化发展等问题做了规定。

6月28日—7月4日

中组部、中宣部、国家教委党组联合在北京召开1992年全国高等学校党的建设工作会议。中共中央政治局委员、国务委员兼国家教委主任李铁映在会上作了《加强党的建设，深化高教改革，为经济建设服务》的报告。会议强调要以邓小平同志重要谈话精神为方针，加强和改善高等学校党的建设工作与思想政治工作。要以思想理论和作风建设为重点，加强领导班子建设；要下功夫搞好党支部建设，切实加强干部、教师队伍特别是青年干部和青年教师队伍建设，稳定与发展党务工作和思想政治工作队伍。要积极倡导专职党政干部兼做一定的政治理论教育和业务方面的教学、科研工作，部分业务教师兼做一定的党政工作，对其中优秀的青年干部、教师，要采取特殊政策和措施，有计划地加以培养，使之成为我国教育事业的接班人。要在保证质量的前提下，及时地把师生中符合条件的优秀分子吸收到党的队伍中来。会议强调高等学校的思想政治工作必须紧密结合时代的特点和学校的实际，掌握师生的思想脉搏，有的放矢，在深化改革中调整政策，改进方法。高等学校要积极领导学校的改革工作，掌握好办学方向，落实德育，推动教书育人、管理育人、服务育人工作。当前，要从教学改革入手，推动教育、教学改革结合起来，形成互相配合、互相推动的格局。

会议期间，中共中央总书记江泽民、国务院总理李鹏、中共中央政治局常委宋平在人民大会堂会见了会议代表。李鹏代表党中央、国务院在讲话中指出，高等教育战线肩负着培养人才的重要任务，现在，大家正在学习和贯彻邓小平同志的重要谈话和中共中央政治局全体会议精神，努力加快改革开放步伐，力争经济更快更好地上一个台阶。高等教育战线同样需要加快改革。国家希望高等学校培养出更多的“四化”建设需要的人才，我们的教育方针是德、智、体全面发展，思想政治工作非常重要。我们培养出的人才应该是有理想、有道德、有文化、有纪律的。

李鹏强调，我们党的基本路线是以经济建设为中心，一手抓加快改革开放，一手抓坚持四项基本原则。对于高等学校来说，这方面的教育不能有丝毫放松。这几年，大家做了很多工作，有很大成绩。随着国内形势的变化，广大师生思想认识有了明显提高。希望大家抓住这个有利时机，继续深入地做好改革和教育工作。

7月

7月10日

国家教委发出《关于深入学习邓小平同志重要谈话的通知》，要求高等学校进一步组织师生员工深入学习邓小平重要谈话精神，并认真贯彻落实。文件指出，要进一步提高对学习贯彻邓小平同志重要谈话精神重大意义的认识。邓小平同志重要谈话，总结了十多年来，我国建设和改革的经验，极其深刻、精辟地论述了我国如何坚持和发展社会主义等一系列重大理论与实践问题，是一篇马克思主义的纲领性文献，是对建设有中国特色的社会主义理论的丰富和发展，是当代活生生的马列主义、毛泽东思想，对于指导当前的改革开放和经济建设，对于整个社会主义现代化建设事业，都具有重大而深远的意义。邓小平同志重要谈话，为教育工作指明了方向，提供了强大的思想武器。

文件强调，要深入学习，联系实际，全面深刻领会邓小平同志重要谈话的精神实质。文件指出，学习邓小平同志重要谈话，要与江泽民同志1992年6月9日在中共中央党校的讲话结合起来，注意联系实际，全面、深刻领会精神实质，牢牢把握中心思想。要坚定不移地贯彻执行党的“一个中心，两个基本点”的基本路线，牢固树立以经济建设为中心的思想，使教育更好地为加快经济发展服务；要警惕“右”，但主要是防止“左”，进一步解放思想，吸收和借鉴人类社会创造的一切文明成果包括资本主义发达国家的对我有用的东西，特别是发展教育方面的好经验，加快高教改革步伐，逐步建立起适应经济建设和社会发展需要的、有中国特色的社会主义高等教育体制与运行机制；在整个改革开放建设过程中，始终坚持四项基本原则，保证学校改革和建设的社会主义方向，为我国的政治稳定和社会稳定作出贡献。要教育好后代，培养一代又一代德才兼备的社会主义事业建设者和接班人，高校在这方面肩负着重要责任。要坚持两手抓、两手硬，加强社会主义精神文明建设，加强和改进思想政治工作。要加强和改善党的领导和党的建设，把高校党组织真正建设成为坚强的领导核心和战斗堡垒。文件要求各地、各高校对深入学习邓小平同志重要谈话进行认真部署，分层次安排若干专题组织党员、干部和广大师生员工学习。要从实际出发，改进学习方法，引导广大师生员工联系实际，努力提高思想认识，增强贯彻邓小平同志重要谈话精神的自觉性。要把理论学习与组织师生参加社会实践活动结合起来。

同日，国家教委发出《关于加强高等学校思想政治教育课程教材建设的管理的意见》，指出思想政治教育课程教材建设，必须坚持以马克思主义为指导，贯彻理论联系实际的原则，注重政治性、思想性，突出重点、讲清难点。要有计划有组织地开展教材建设的科研工作，科学地确定教学内容，对学生普遍关心的问题做出有说服力的解答。编写思想政治教育课程教材，是一项政治性很强的工作，必须加强领导和管理。要严格教材审批制度，制止多头编写教材等现象。思想政治教育课程教材建设实行中央和地方两级管理的办法。国家教委思想政治工作司统筹规划、管理思想政治教材课程教材建设工作，负责组织编写指导性教学大纲、教学要点和全国通用教材；各省、自治区、直辖市教育部门可按照国家教委颁布的教学大纲和教学要点组织编写教材及有关教学参考资料。高等学校联合编写行业性强的教材，凡跨省(区、市)的，须经学校上级主管部门或国家教委思想政治工作司批准，并限定在批准的范围内使用。公开出版发行的教材，应注明批准出版的单位。今后，任何个人和单位未经批准不得擅自编写出版思想政治教育课程教材，否则要追究责任，并一律不作为评聘教师职务的依据。各地教育部门和各高等学校要对现已出版和使用的思想政治教育课程教材进行必要的清理。有政治性问题或质量低下的教材不能继续使用。

8月

8月25日

《中国教育报》报道，北京大学等十几所首都高等院校的学生写给邓小平同志一封热情洋溢的信，对邓小平同志南方重要讲话表示衷心拥护，向邓小平同志问好，并表达他们的良好祝愿，邓小平同志委托中共中央办公厅回信，转达他的感谢和希望。

同学们在信中表示，坚决拥护和支持小平同志倡导的改革开放事业，决心学好本领，积极投身社会主义现代化建设，为祖国的兴旺发达贡献青春年华。北京外国语学院吴文华，北京大学刘勇、杨阳，北京语言学院夏纯等16位同学在信中写道：“您倡导的改革开放，像春风一样，给祖国的社会主义建设带来了生机和活力，使祖国的面貌日新月异。您的南方之行，更是给全国人民指明了道路，全国上下，斗志昂扬，正掀起一个新的社会主义建设的高潮。作为改革开放中成长起来的新一代大学生，我们对祖国的腾飞充满信心。我们怀着激动而崇敬的心情，感谢您的辛勤劳动和您作出的卓越贡献，并向您保证，我们将脚踏实地，刻苦学习，磨炼自己的思想意志，准备为祖国建设奉献自己的一份薄力。”

受邓小平同志委托，8月23日中共中央办公厅给北京大学、北京外国语学院、北京语言学院等十几所院校的同学们写了回信。信中写道：同学们满腔热情地支持和关心改革开放事业，对社会主义祖国的前途充满信心，立志为振兴中华奉献青春，邓小平同志感到很高兴。他委托中共中央办公厅对学生们的良好祝愿表示感谢，并向全国广大青年学生表示问候。

回信说，当前，我国正处在社会主义现代化建设的关键时期。抓住难得的历史机遇，加快改革开放步伐，集中力量把经济建设搞上去，事关中华民族的振兴，是每个中华儿女义不容辞的神圣职责。同学们是改革开放中成长起来的一代，也是跨世纪的一代，实现我国第二步、第三步战略目标的光荣使命将历史地落在你们肩上。希望同学们树立远大理想，把个人前途同祖国命运紧紧地连在一起，脚踏实地，刻苦学习，掌握过硬本领，把自己培养成适应改革开放和社会主义现代化建设事业需要的合格人才。衷心祝愿同学们健康成长，担负起振兴中华的重任。祖国寄希望于你们，人民寄希望于你们。

9 月

9 月 9 日

中共中央总书记江泽民视察北京师范大学，同师生代表座谈并向全国教师祝贺节日。江泽民在讲话中指出，抓住当前有利时机，集中精力把经济建设搞上去，开拓建设有中国特色社会主义的新局面，重视发展教育，培养大批合格人才是个关键。他说，十年树木，百年树人。我们的教师与学生要有强烈的事业心和奉献精神。中华民族有许多好的教育思想，我们要不断培养德、智、体全面发展的社会主义新人。在搞好对学生的智育教育时，要加强德育教育，使广大学生爱祖国、爱人民、有理想、有事业心，自觉地担负起建设有中国特色社会主义的重任。

同日，全国尊师重教先进集体、先进个人代表会议在北京召开。中共中央政治局委员、国务委员兼国家教委主任李铁映，全国人大教科文卫委员会副主任委员张承先，国家教委副主任滕藤等出席会议。李铁映在讲话中向与会代表对教育事业作出的贡献表示衷心感谢。他说，教师节不仅是教师的节日，而且要为教师、为教育事业办实事，促进教育事业发展。今后要充分利用这一节日，大力宣传党中央、国务院关于发展教育的一系列方针政策，对全国人民进行重视教育、重视人才、重视科学的教育。要形成制度，每年教师节都要表彰全国的优秀教师，表彰献身教育事业的模范人物，表彰做出显著成绩的教育工作者。对我国教育事业作出贡献的国内各行各业人士、海外侨胞、港澳台同胞都要给予表彰。这样才能形成全社会尊师重教的风气。

滕藤在讲话中指出，20 世纪 90 年代我国教育工作的紧迫任务是，深化教育改革，加快教育事业发展，促进教育更好地为社会主义建设服务。他希望全国人民要向出席表彰大会的先进集体和先进个人学习，继续支持教育，更加尊重教师，使尊师重教在祖国大地蔚然成风。希望广大教师继续发扬艰苦奋斗、无私奉献的革命精神，同全国人民一道，谱写我国社会主义现代化建设的新篇章。

会上，全国尊师重教先进个人代表、黑龙江省哈尔滨市昌宁给水设备厂厂长石山麟宣读了《全国尊师重教先进集体、先进个人代表会议倡议书》，号召全国各条战线、各行各业的同志们要进一步弘扬中华民族尊师重教的优良传统的风尚；关心人民教师的工作和生活，从本地区本部门实际情况出发，制定规划，采取措施，积极开展为教师办实事、好事的活动；本着自愿量力的原则，开展多种形式的捐资助学活动，为改善办学条件、表彰奖励优秀教师作出贡献。

9 月 12 日—16 日

中国教育学会第六次全国学术讨论会在辽宁省大连市召开。讨论会的主题是：学习邓小平同志的南方谈话，全面贯彻教育方针，深化教育改革，培养社会主义的建设者和接班人。会议就教育如何更好地为经济发展服务和新形势下的德育工作问题进行了讨论。有学者指出，应当认真加强和改进学校德育工作，做好党的基本路线教育和改革开放是强国之路的教育，不要把加强科学文化知识的教育同德育割裂开来。有学者认为，应准确理解德育内涵，德育包括政治教育、思想教育、道德教育和个性心理品质教育。中小学生重点是进行道德教育，是进行日常行为规范教育和养成教育；高中注意进行政治方向教育。德育是教育科学的组成部分，必须遵循青少年身心发展的客观规律施教，必须注意受教育者的客观接受能力，使德育产生实效。有学者认为，目前德育工作不仅是方法的改革，也是德育目标及德育内容的改革。面对我国由计划经济向社会主义市场经济的转变而产生的许多新观念，必须让我们的学生了解、适应，提高青少年的道德选择能力和价值判断能力。应当继承我国宝贵的传统德育的精华，也应借鉴国外良好的道德教育的经验，特别是新加坡的文明礼貌教育经验，学校可以开设“心理健康”“道德门诊”等辅导课程。在会上，还有学者提出应培养学生健全的商品意识、市场意识，学校要改变“不屑言商”的思想，应面对现实，打主动仗。既让学生正面了解市场经济的意义、性质和作用，更要学生了解在社会主义条件下搞市场经济应有的高尚情操，更需要较高的文化修养和必需的政策、法制观念。

10月

10月12日—18日

中国共产党第十四次全国代表大会在北京召开，中共中央总书记江泽民作了题为《加快改革开放和现代化建设步伐，夺取有中国特色社会主义事业的更大胜利》的报告。报告总结了十一届三中全会以来14年的实践经验，决定抓住机遇，加快发展；确定我国经济体制改革的目标是建设社会主义市场经济体制；提出用邓小平建设有中国特色社会主义理论武装全党。报告提出，要发挥思想政治工作的优势，激发广大群众投身社会主义建设的积极性。在全国各族人民特别是青少年中，进一步加强党的基本路线教育，爱国主义、集体主义和社会主义思想教育，中国近代史、现代史教育和国情教育，增强民族自尊、自信和自强精神，抵御资本主义和封建主义腐朽思想的侵蚀，树立正确的理想、信念和价值观。社会丑恶现象的滋生蔓延，毒害人们特别是青少年的身心健康，妨碍现代化建设和改革开放，损害社会主义形象，人民对此深恶痛绝。扫除各种丑恶现象，切不可手软，必须长期坚持，抓出成效。各级党委要认真总结改革开放以来的新经验，加强和改进对精神文明建设的领导。我们要继承和发扬中华民族优良的思想文化传统，吸收人类文明发展的一切优秀成果，在生动丰富的社会主义实践中，创造出人类先进的精神文明。我们要为改革开放和现代化建设创造有利环境，培养一代又一代有理想、有道德、有文化、有纪律的新人。

报告指出，社会主义的巩固和发展，需要一代又一代人坚持不懈的努力奋斗。我们的事业任重道远，希望寄托在青年人身上。赢得青年，才能赢得未来。共青团是党的助手和后备军，要充分发挥团结教育青年的作用。全党、全社会都要关心青少年的健康成长，在改革和建设的实践中努力造就千百万社会主义事业接班人。

11月

11月14日—18日

第四次全国高等教育工作会议在北京召开。中共中央政治局委员、国务委员兼国家教委主任李铁映主持开幕式，国家教委副主任朱开轩作了题为《认真贯彻十四大精神，加快改革和积极发展高等教育》的报告。这次会议的主要议题有三项：(1)学习党的十四大精神和邓小平同志建设有中国特色社会主义的理论，提高对高等教育面临的形势和任务的认识。(2)总结交流各地区、各部门、各高等学校在高等教育改革和发展方面的经验。(3)研究在新形势下，高等教育如何深化改革、进一步发展、全面提高教育质量和办学效益。

朱开轩同志的报告共分五个部分：(1)高等教育改革和发展的历史回顾；(2)认真学习、领会党的十四大精神，指导高等教育的改革和发展；(3)要使我国高等教育在20世纪90年代有一个较大的发展；(4)建立和完善国家统筹规划和宏观管理、学校面向社会自主办学的高等教育体制；(5)深化教学与科研改革，全面提高教育质量和科研水平。

12月

12月19日

《中国教育报》理论部与《思想教育研究》编辑部联合召开“社会主义市场经济与高校思想政治工作”座谈会。与会代表一致认为，经济的加速发展，为思想政治工作创造了良好环境；思想政治教育应当解放思想、转换脑筋、大胆创新；思想教育的主旋律应仍然是爱国主义、集体主义和社会主义。在座谈会上，有学者认为，适应新形势要积极探索新的路子，工作重心要调整，高校的思想政治工作要紧紧围绕培养合格人才这个中心，要拓宽工作内容，把思想政治工作渗透到教学、科研、开发及后勤工作中，要更新工作方法，充分发挥闭路电视等现代信息手段的作用。有学者指出，现在的问题是学校教育与社会教育的反差过大，应将市场经济要求的商品意识、竞争意识、效率意识、信誉意识也作为价值观教育的基本内容。但是以公有制、按劳分配为主的社会主义基本制度，决定了人生价值观教育的主旋律应是集体主义与社会主义，同时还要大力加强爱国主义教育。有学者认为，在社会主义市场经济条件下，思想政治教育面临着一些新的难点问题，比如培养目标的层次性问题、社会主义市场经济与社会主义道德观念的统一问题、价值导向与价值取向的关系问题等，都需要高校思想教育工作者探索。

1993 年

1 月

1 月 4 日

教育科学出版社在北京人民大会堂召开“让雷锋精神永放光芒”座谈会，中心议题是：在加快改革开放步伐、建立社会主义市场经济体制的新形势下，为什么仍然需要发扬光大雷锋精神。与会代表回顾了 30 年来雷锋精神在我国各行各业产生的巨大影响，对学雷锋活动给予充分肯定，同时也提出了一些新问题。中宣部副部长聂大江在讲话中指出，在加快改革开放和现代化建设步伐、建立社会主义市场经济体制的新的历史时期，弘扬雷锋精神具有重大的历史意义和现实意义；建设有中国特色的社会主义，不是物质文明的单项突进，而是社会整体良性的协调发展；我们在大力发展生产力、促进经济繁荣的同时，还要形成一种积极的人人向上的思想精神状态，提倡以为人民服务为核心的雷锋精神，以雷锋精神作为建设有中国特色的社会主义的重要精神支柱。

1 月 6 日

《中国教育报》报道，中宣部、国家教委、广播电影电视部、全国总工会、共青团中央、全国妇联将从 1 月起共同举办以爱国主义教育为主旨的“中国近代史知识竞赛”，成立了以中宣部常务副部长徐惟诚为主任的竞赛指导委员会。中央电视台将开办知识竞赛专题节目，《工人日报》《中国青年报》《中国妇女报》《中国教育报》开办知识竞赛专栏，地方宣传单位也将配合开展必要的宣传活动。竞赛试题将于 2 月 24 日统一刊登在《工人日报》《中国青年报》《中国妇女报》和《中国教育报》上，4 月 24 日将在北京举行颁奖仪式。

1 月 8 日

共青团中央发出《关于纪念学雷锋题词 30 周年深入开展学雷锋活动的通知》，要求全国各级团组织：(1)结合新形势，认真学习和宣传雷锋事迹。各级团组织要采取多种形式，宣传毛泽东等老一辈革命家和党中央领导同志的题词，宣传雷锋的光辉事迹，引导团员青年充分认识发展社会主义市场经济条件下学雷锋的重要意义，正确认识雷锋精神的实质。(2)进一步深化“岗位学雷锋，行业树新风，社会送温暖”活动。各级团组织要按照党的十四大的要求，紧密围绕经济建设和改革开放，继续突出“学雷锋精神，做四有青年”的主题，把学雷锋活动同业务工作和行业风气建设结合起来，深入开展以“爱岗争优、岗上奉献、岗位成才”为主要内容的岗位学雷锋活动，同时，要进一步搞好以“服务社会、树立新风”为主要内容的社会性学雷锋活动，普及和发展各种形式的青年学雷锋组织，建立行之有效的活动机制，使社会性学雷锋更为经常，更有实效。(3)认真研究探索社会主义市场经济条件下学雷锋的新思路、新途径。各地要认真总结共青团 30 年学雷锋的基本实践和基本经验，进一步研究探讨在发展社会主义市场经济条件下，群众性学雷锋活动的新思路、新方法和新途径，使雷锋精神在改革开放和现代化建设中更加发扬光大。(4)扎扎实实搞好学雷锋 30 周年纪念活动。各地团组织要召开纪念会、座谈会，组织专题研讨、先进事迹报告，举办文艺演出、专题展览等，用丰富多彩的形式吸引和教育广大团员青年；要积极配合当地党委宣传部门，做好学雷锋先进典型的推荐和宣传工作。

同日，中宣部、国家教委、共青团中央联合颁发《表彰1992年暑期高等学校学生社会实践活动先进单位和颁发社会实践活动组织工作奖的决定》，授予山东省社会实践活动领导小组等22个单位“社会实践活动组织工作奖”，授予清华大学等296个单位“社会实践活动先进单位”称号，并颁发奖状，通报表彰；对全国铁道社会实践活动领导小组等8个单位给予通报表扬。这份文件要求，各地和高等学校要遵循党的十四大精神，认真贯彻执行1992年6月中共中央办公厅、国务院办公厅转发中宣部、国家教委、共青团中央《关于广泛深入持久地开展高等学校学生社会实践活动的意见》，把社会实践活动作为培养和造就适应社会主义现代化建设的“四有”人才的重要措施切实抓好；充分发挥高校的科技、智力优势，把学生的健康成长和服务经济建设中心紧密结合起来，推动学生走与实践相结合、与工农相结合的正确成长道路；巩固社会实践活动已经取得的成果，适应建设社会主义市场经济体制的要求，进一步健全和完善社会实践活动的各项制度与运行机制，再创新成绩，再上新台阶。

1月12日

国务院批转国家教委《关于加快改革和积极发展普通高等教育的意见》，强调要继续加强和改进德育工作。文件指出，要先加强和改进马克思主义理论和思想政治教育，用建设有中国特色社会主义的理论武装学生，加强党的基本路线教育及爱国主义、集体主义和社会主义的教育；要紧密联系我国社会主义建设实际，加强社会实践，使广大学生坚定建设有中国特色社会主义的信念，走与工农相结合的道路，逐步树立科学的世界观和为人民服务的人生观，增强抵御“和平演变”、抵御资本主义和封建主义腐朽思想侵蚀的能力，珍惜和维护安定团结的政治局面。要通过实践，不断探索和总结在改革开放条件下加强德育工作的经验，继续加强和改进思想政治工作体系，充实德育内容，改善德育工作的形式和方法，努力建设好一支以精干的专职人员为骨干、专兼职结合的思想政治工作队伍，进一步提倡教书育人、管理育人、服务育人，把建立优良的校风、学风，优化育人环境作为经常性工作落到实处。

1月14日

《中国教育报》报道，中宣部和国务院办公厅近日联合发出通知，号召各地开展纪念老一辈无产阶级革命家为雷锋题词30周年活动。通知说，几十年来，雷锋精神鼓舞和激励了亿万人民群众为社会主义建设事业勤奋工作、忘我奉献，学雷锋活动已经成为广大人民群众积极参与社会主义精神文明建设的一种自觉实践。通知要求，各地应围绕经济建设这个中心，进一步深化“岗位学雷锋，行业树新风”的活动主题，特别是要抓好各种直接为群众服务和为生产经营服务的“窗口”行业的作风建设，从解决具体问题入手，在常年坚持、注重实效上下功夫；要在3月采取多种形式，集中开展一些纪念性活动，用丰富多彩的形式吸引群众广泛参与；报刊、广播电台、电视台应加强对学雷锋先进事迹的宣传和报道，营造学雷锋、学先进的舆论氛围；要认真总结经验，探索规律，巩固和发展学雷锋活动的成果，进一步研究探讨在社会主义市场经济条件下，群众性学习活动的新思路和新方法，使雷锋精神在改革开放和社会主义现代化建设的宏伟事业中发扬光大。

1月29日

国家教委印发《1993年工作要点》。这份文件指出，教育战线各级领导1993年和今后一个时期的中心工作，就是紧密联系教育工作的实际，继续抓紧抓好对邓小平同志南方谈话和党的十四大精神的学习、宣传和贯彻落实，用党的基本路线和有中国特色的社会主义理论武装教育广大领导、干部、教师和学生，进一步解放思想，提高认识，转变观念，实事求是，不断开创教育工作的新局面。文件在第六部分“关于高等教育”中提出，加强高等学校政治理论工作的研究和哲学社会科学教育的改革；改进高校思想政治工作，筹备召开第四次高校党建会，继续做好稳定高校局势的工作。

同日，国家教委副主任滕藤主持召开由北京大学、清华大学、北京师范大学等校专家、教授参加的座谈会，研究如何贯彻党的十四大精神，加强对青少年集体主义、爱国主义、社会主义教育等问题。

2月

2月13日

中共中央、国务院印发了国家教委制定的《中国教育改革和发展纲要》，对学校德育工作给予了高度重视，并明确指出：用马列主义、毛泽东思想和建设有中国特色的社会主义理论教育学生，把坚定正确的政治方向摆在首位，培养有理想、有道德、有文化、有纪律的社会主义新人，是学校德育即思想政治和品德教育的根本任务。要进一步加强和改进德育工作，在实践中不断创造改革开放条件下工作的新经验，把德育工作提高到一个新水平。对广大青少年要加强党的基本路线教育，爱国主义、集体主义和社会主义思想教育，中国近代史、现代史教育和国情教育，引导学生运用马克思主义的立场、观点、方法认识现实问题，走与工农结合、与实践结合的成长道路，促进学生逐步树立科学的世界观和为人民服务的人生观，增强学生抵制资产阶级自由化和一切剥削腐朽思想的能力，坚定建设有中国特色的社会主义的信念。要重视对学生进行中国优秀文化传统教育。对中小学生还要注重进行文明行为的养成教育。要从各级各类学校的实际出发分层次地确定德育工作的任务和要求，改进德育教材和德育方法，注重实效，使德育落到实处。要重视和加强德育队伍的建设。高等学校要建设好一支以精干的专职人员为骨干、专兼职结合的思想政治工作队伍。

2月23日—26日

全国高等学校思想政治教育工作会议在福建师范大学召开，会议研究和探讨了思想政治教育专业的改革与建设问题。国家教委副主任滕藤到会，并就在社会主义市场经济条件下加强思想政治工作、在改革和开放条件下的思想政治工作内容与方法、中国优秀传统文化继承和发扬、思想政治教育专业建设等发表了意见。他指出，搞社会主义市场经济更需要加强思想政治工作，思想政治教育专业具有强大的生命力；建立社会主义市场经济的理论与实践是我们党的伟大创造。在物质文明建设的同时，一定要加强精神文明建设，“两手抓”是建设有中国特色社会主义的根本保障；为增强民族的凝聚力，思想政治教育要以爱国主义、集体主义和社会主义为主旋律；思想政治教育专业应从全社会的需要来确定培养目标，把学生培养成有马列主义理论根基、知识面广、有实践能力的应用型通才。

3月

3月2日—13日

为了贯彻党的十四大精神，认真学习、及时宣传《邓小平关于建设有中国特色社会主义的论述专题摘编》一书，国家教委社科司、国家高级教育行政学院、国家教委高校社会科学发展研究中心在京联合举办高校中青年理论工作者学习研讨班。通过认真的研读，参加学习的同志达成共识的论点主要有：社会主义初级阶段理论是邓小平同志关于社会主义发展阶段思想的主要内容；解放思想、实事求是是“中国特色”理论的精髓；“坚持两手抓”，是全面贯彻党的基本路线的客观要求；当前对青年学生的思想教育应当重点解决好两方面问题，一是坚持走有中国特色的社会主义道路的正确方向和坚持党的基本路线不动摇的信念，二是坚持全心全意为人民服务的宗旨，树立正确的人生价值观。

3月4日

国务院办公厅、中宣部、国家教委、中国人民解放军总政治部、共青团中央、北京市委市政府联合举办纪念毛泽东等老一辈革命家为雷锋同志题词发表30周年大会。国务院副秘书长徐志坚宣读了《关于表彰学雷锋活动先进集体、先进个人的决定》。徐志坚说，近些年来，围绕“岗位学雷锋，行业树新风”的主题，各地干部、群众和部队广大指战员继承和发扬雷锋精神，积极投身于改革开放经济建设和社会主义精神文明建设的实践，涌现了一大批学雷锋活动的先进集体和先进个人，他们用自己的模范行动再现了雷锋精神的光辉风采，为两个文明建设作出了突出贡献，受到广大人民群众的高度赞扬。中共中央政治局常委、中央书记处书记胡锦涛出席纪念大会并作重要讲话。他强调，发扬光大雷锋精神，仍然为我们这个时代进步所必需，仍然为我们改革开放和现代化建设事业发展所必需。他指出，发扬光大雷锋精神，就要像雷锋那样把有限的生命投入到无限的为人民服务中去；发扬光大雷锋精神，就要像雷锋那样发扬爱国主义精神，树立集体主义思想，坚定社会主义信念；发扬光大雷锋精神，要像雷锋那样艰苦奋斗，勤俭创业；发扬光大雷锋精神，就要像雷锋那样发扬“钉子”精神，努力学习，刻苦研究，用马克思主义理论和现代科学文化知识武装自己、提高自己、完善自己；发扬光大雷锋精神，就要像雷锋那样立足本职，忠于职守，在现代化建设业中做一颗永不生锈的螺丝钉。他要求，开展学雷锋活动，要学习雷锋精神的本质，以培养有理想、有道德、有文化、有纪律的社会主义新人为目标，既发扬以往的好传统，又不囿于过去的一些具体做法；弘扬雷锋精神，应当从实际出发，把先进性和群众性结合起来，针对不同对象，提出不同要求，让每一个人都能在参与学雷锋活动中明确努力的方向；要培育千千万万具有时代精神的学雷锋先进典型和模范人物，就要创造一种学习先进、弘扬正气、催人向上的舆论环境和激励机制。

3 月 7 日

中共中央总书记、国家主席、中央军委主席江泽民在党的十四届二中全会上发表重要讲话。讲话就六个方面提出了指导性意见，包括：(1)关于促进改革开放和经济建设又快又好地发展；(2)关于积极稳妥地推进机构改革；(3)关于巩固和发展稳定的社会政治局面；(4)关于加强新形势下的思想政治教育；(5)关于加强和改善党的领导；(6)关于开好全国人大、全国政协会议。其中，关于加强新形势下的思想政治教育，江泽民指出，在加快改革开放、发展社会主义市场经济的新形势下，新情况、新问题不断出现，给思想政治教育工作提出了新的、更高的要求，各级党委务必十分重视。思想政治教育工作必须加强，绝不能放松和削弱。最根本的是要认真宣传党的十四大精神，把全党和全国各族人民的思想统一到邓小平同志建设有中国特色社会主义的理论和党的基本路线上来。这是改革开放和现代化建设的强大精神动力与思想保证，也是创造良好社会舆论和社会心理环境的要求。要积极开展健康有益、生动活泼、丰富多彩的思想政治教育和文化活动，用高格调的精神产品去提高人们的境界，陶冶人们的情操。他强调，特别是在广大青少年中，要继续坚持广泛深入地进行爱国主义、集体主义、社会主义教育，广泛深入地进行中国近代史、现代史和中华民族优秀传统文化教育，提倡正确的理想、信念、人生观、价值观。这是我们在社会主义精神文明建设中要锲而不舍地长期坚持的一项重要工作，目标是培养有理想、有道德、有文化、有纪律的一代新人。他还指出，社会主义市场经济当然要讲效益、讲盈利，重视个人利益，但要防止拜金主义思想的滋长，要始终高度重视社会风气问题。应当警惕，如果社会风气败坏，不仅经济建设搞不上去，我们这个民族也不可能兴旺发达。他还指出，在新的形势下加强党的思想政治教育工作，是建设有中国特色社会主义理论和党的基本路线的要求，是改革开放和现代化建设的要求，目的是增强党和国家的凝聚力，增强干部队伍和群众队伍的凝聚力，更好地发展社会生产力，集中力量把国民经济搞上去。

3 月 15 日

八届全国人大一次会议在北京开幕，国务院总理李鹏作政府工作报告。报告指出，精神文明既是有中国特色社会主义的重要内容，也是改革和建设顺利进行的重要保证。报告还指出，精神文明建设包括思想道德建设和科学文化建设两个方面，渗透在物质文明建设和社会生活的各个领域。市场经济的发展和对外开放的扩大，对精神文明建设提出了新的要求。要用建设有中国特色社会主义的理论武装广大干部和群众，把爱国主义、集体主义、社会主义思想教育同历史和国情教育结合起来，激发爱国主义热情，增强中华民族的凝聚力，坚定建设有中国特色社会主义的信念，增强民族自尊心、自信心、自豪感，努力培养有理想、有道德、有文化、有纪律的社会主义新人。大力开展社会公德和职业道德教育，努力形成良好的社会风尚。理论和文化工作要坚持为人民服务、为社会主义服务的方向，坚持“百花齐放、百家争鸣”的方针，继承和发扬中华民族优良的思想文化传统，积极汲取世界各国先进文明成果。繁荣哲学社会科学，加强马克思主义理论建设，重视中青年理论工作者的培养和提高，努力探索改革开放和现代化建设的重大理论与实践问题。进一步发展文学艺术、新闻出版、广播影视等文化事业，充分调动文化工作者的积极性和创造性，鼓励他们深入实际，反映时代精神，反映人民的意愿和情感，为社会提供更多健康有益、生动活泼、丰富多彩的精神产品，以提高人们的境界，陶冶人们的情操。加强图书馆、博物馆、科技馆、文化馆等设施建设，增加基层文化活动网点，引导城乡多种形式的群众性文化娱乐活动。深化文化管理体制改革，鼓励社会办文化，培育和发展健康的文化市场；对需要扶持的文化艺术门类，国家要给予必要资助。制定文化发展政策，既要适应市场经济发展的要求，又要根据精神产品的特点注重社会效益，正确处理经济效益和社会效益的关系。

4 月

4 月 10 日

清华大学隆重集会，纪念我国高校实行的学生政治辅导员制度诞生40周年。纪念会上，作为总结辅导员制度经验的《双肩挑》一书正式发行。中央政治局常委宋平在书面发言中指出，大学是培养社会主义事业的建设者和接班人的重要基地；我们培养的人才，应当做到又红又专，既有比较扎实的专业知识，又有坚定正确的政治方向；高等学校的思想政治工作，是一项打基础的工作；做好这项工作，建立学生辅导员制度是一种有效的方式。

4 月 14 日

中共中央总书记、国家主席、中央军委主席江泽民在海南考察期间到海南大学与学生亲切交谈。江泽民结合自己的亲身体会指出，广大学生的任务就是学习，要珍惜时光，好好读书，既要学书本知识，又要学实践知识，还要培养高尚的道德情操；在经济特区的特殊环境下，更要注意养成艰苦奋斗、勤俭节约的优良作风；只有多学知识，日后才能更好地报效祖国。

4 月 28 日—29 日

中宣部在北京召开爱国主义教育座谈会。与会代表提出，广泛深入地在全社会开展爱国主义教育成为时代的召唤、民族的召唤。与会代表还就如何使爱国主义教育持久有效地开展下去提出意见和建议：应当把爱国主义教育作为基本的教育内容，长期抓、经常抓，各方面齐抓共管，渗透到各个领域中；爱国主义应当成为最基本的道德规范，渗透到社会生活的各个领域，成为各行各业共同高举的一面旗帜，以此来推动全社会的道德建设；爱国主义教育切忌形式主义，要针对现实，制定出切合实际的具体办法和措施。

5 月

5 月 3 日—10 日

中国共产主义青年团第十三次全国代表大会在北京人民大会堂举行。这次会议的主要任务是：以邓小平同志建设有中国特色会主义的理论为指针，总结改革开放青年工作的基本经验，明确当代青年和共青团在新的历史时期的光荣任务，激发团员青年更加踊跃地投身到改革开放和现代化建设中去，推动共青团事业更加蓬勃地向前发展。中共中央政治局常委、中央书记处书记胡锦涛宣读了题为《肩负起历史的重任》的祝词。胡锦涛指出，实践已经证明并将继续证明，我国青年不愧是建设祖国、保卫祖国的一支重要力量，不愧是改革开放和现代化建设的生力军，是奋发向上、勇于开拓的一代，是大有作为、大有希望的一代。任何时候，我们都要相信青年，关心青年，重视和发挥青年的进取精神和创造活力；任何时候，我国青年都要自觉地接受党的领导，保持坚定正确的政治方向，积极投身人民群众的伟大实践。他强调，当代青年应该成为有远大理想的一代、勤奋的一代、艰苦创业的一代、道德高尚的一代。他还指出，作为团结教育青年的核心，共青团要始终坚持建功和育人相结合，坚持不懈地在青少年中加强党的基本路线教育，爱国主义、集体主义和社会主义教育，中国近代史、现代史和国情教育，中华民族优良思想文化传统教育，当前要突出爱国主义教育，用爱国主义精神召唤青年，团结青年，凝聚青年，在实践中引导和培养他们成为社会主义事业接班人；培养千百万社会主义事业接班人，是保证我们事业后继有人的百年大计。

共青团中央书记处书记李克强代表共青团十二届中央委员会向大会作了题为《高举建设有中国特色社会主义的伟大旗帜，团结带领各族青年为加快改革开放和现代化建设而奋斗》的工作报告。报告共分六部分：(1)改革开放15年来我国青年和共青团的奋斗足迹；(2)当代中国青年肩负的历史责任；(3)用建设有中国特色社会主义的理论教育青年；(4)带领青年投身经济建设主战场；(5)积极为青年成长服务；(6)努力加强和推进共青团建设。大会期间，李岚清代表国务院向共青团十三大作了《关于我国对外开放和对外经贸形势》的报告。这次大会选举产生了共青团十三届中央委员会，审议通过了《关于〈中国共产主义青年团章程(修正案)〉的决议》，李克强当选为共青团中央书记处第一书记。

5月5日

中共中央总书记、国家主席、中央军委主席江泽民在会见中国职工思想政治工作研究会成立暨邓小平为《思想政治工作研究》题写刊名十周年纪念座谈会的代表时指出，越是深化改革、扩大开放，越是发展社会主义市场经济，就越要适应新的形势，全面加强和改进全党全社会的思想政治工作。坚持做好思想政治工作是我党的优势，也是建设有中国特色社会主义事业的一项重要内容，在改革开放和现代化建设的过程中，我们要积极学习国外包括资本主义发达国家的先进技术、科学理论和进步文化成果，同时又要坚决抵制各种腐朽思想的侵蚀。当前，企业思想政治工作的首要任务，是要用邓小平同志建设有中国特色社会主义理论武装广大职工，尤其是领导干部的头脑。要在干部和职工中广泛倡导和发扬艰苦奋斗、无私奉献的精神，要通过我们的工作使爱国主义、集体主义、社会主义思想根植于每个职工之中。我们不仅要重视提高职工队伍的素质，而且要努力培养和造就“四有”新人，树立社会主义企业的良好形象。

5月20日—21日

国家教委思想政治工作司在江苏省南京市召开1993年思想政治教育专业第二学士学位班招生调配会，共录取160人。

6月

6月2日

共青团中央、国家民委联合颁布《关于表彰全国各族青年团结进步先进集体、先进人物的决定》，授予中央民族学院汉语系91级文学班等40个单位为“全国各族青年团结进步先进集体”，石磊等150名同志为“全国各族青年团结进步先进个人”。要求各级团委、民委要继续做好各族青年的团结教育工作，更好地团结引导全国各族青年为加速社会主义现代化建设步伐和发展我国民族团结进步事业作出新贡献。6月29日，江泽民、李瑞环、朱镕基等党和国家领导人在中南海接见了各族青年团结进步先进集体和先进个人代表。

6月16日—19日

国家教委思想政治工作司在江苏省徐州市中国矿业大学召开“新形势下思想政治教育课程建设座谈会”。全国高校思想政治教育研究会思想政治教育课程建设研究组成员以及部分省、自治区、直辖市教育部门和中国人民解放军总政治部宣传部的代表参加了会议。

座谈会回顾和总结了10多年来高校思想政治教育课程建设的基本经验，指出，高校思想政治教育课创建于20世纪80年代初期，10多年来，它经历了摸索试验、初步发展和全面建设几个阶段，主要成绩和经验是：(1)遵循教育规律，将对大学生成长有普遍意义的教育内容作为课程，纳入教学计划，在课时等方面得到制度保证；(2)使高校思想政治教育的基本要求规范化，基本内容系统化；(3)从一定理论深度上，有针对性地回答学生中存在的共性问题；(4)推动了对大学生思想形成、发展、变化规律的研究和对大学生进行政治、思想、道德品质教育规律的研究；(5)促进了高校思想政治教育工作者学习理论，充实知识，研究问题，提高水平，走进课堂，为实现这支队伍的教师化、专家化开创了重要途径。

座谈会分析和研究了当前思想政治教育课程建设遇到的新情况与新问题，指出，当前思想政治教育课程面临着加快改革开放和经济建设的步伐、建立社会主义市场经济体制，以及高等教育深化改革、积极发展的新形势，在以下方面还没有很好地适应：(1)课程内容体系如何更好地针对当前大学生思想实际，反映时代的要求，使理论更紧密地联系实际；(2)根据建立社会主义市场经济体制对大学生思想道德建设影响的双重效应，如何在纷繁复杂的社会现实中进行正确政治观、人生观、价值观的教育和引导，如何在理论上有说服力，为学生所接受和内化；(3)思想政治教育课教师队伍素质亟待进一步提高，数量不足及队伍不稳定的情况亟待解决；(4)在高校综合改革中，思想政治教育课程的领导体制、机构设置、人员编制、条件设施、课程设置、学时数量等方面，如何合理安排，加以保证，由于存在认识不同，着眼点不同，做法不一样，各地区思想政治教育课程的发展很不平衡。

座谈会还对如何适应新形势的要求，积极改革，进一步加强思想政治教育课程建设的问题进行了初步探讨。与会代表建议当前要积极做好以下工作：(1)结合教材建设组织骨干力量对每门课程的内容体系和理论难点进行深入研究，对成熟的课程应制定教学大纲，逐步建立课程评估制度；(2)采取进一步措施加强专兼职的教师队伍建设；(3)在学校综合改革中，应根据国家教委有关文件的精神，本着有利于加强思想政治教育课程建设的原则，结合本地区和本学校的实际，对思想政治教育课程的领导体制、机构设置、人员编制、条件设施以及课程设置和学时安排等问题做统筹考虑。

7月5日，国家教委转发了《新形势下思想政治教育课程建设座谈会纪要》。

7月

7月3日

《中国教育报》报道，中宣部、国家教委、共青团中央联合发出通知，要求各地适应新形势的要求，切实组织好1993年暑期高等学校学生社会实践活动，争取在活动内容、活动方式、运行机制方面都有新的发展。通知要求，1993年暑期社会实践活动要深入贯彻党的十四大和八届全国人大一次会议精神，以抓住机遇、奋发成才为主题；各地、各高校要结合实际情况，对学生进行生动活泼的爱国主义、集体主义、社会主义教育和“两史一情”教育，使学生进一步增强民族自尊心、自信心、自豪感，树立起正确的理想、信念、人生观和价值观。

7月16日

国家教委印发《普通高等学校函授教育辅导站暂行规程》。这个规定共分8章(总则、设置、职责、管理人员和辅导教师、经费、管理监督、罚则、附则)，34条。其中，明确了函授站的职责之一是做好函授生的思想政治工作，经常与函授生所在单位联系，争取单位对函授生学习的关心和支持，解决其学习中的困难。

7月17日

中国青少年发展基金会、人民日报社在北京联合召开贯彻《中国教育改革和发展纲要》，推进“希望工程”实施座谈会。中共中央政治局委员、国务院副总理李岚清，全国人大常委会副委员长雷洁琼、吴阶平，中国关心下一代工作委员会主任康世恩和有关部门负责人及新闻界、教育界、企业界、文化界代表，出席了座谈会。李岚清在讲话中指出，国家兴旺发达关键是人才，人才培养在教育；百年大计，教育为本，我们要把教育放在战略地位来抓。他要求各级政府支持和推动“希望工程”，只要加强宣传，发动更多的人关心、支持教育，教育事业是大有希望的。谈到加强对青少年的德育问题时，李岚清强调指出，要改进教学方法：教育要与当前的实际情况相结合，既要学习马列主义的教学内容和方法，又要继承和发扬中华民族的优秀文化传统，并认真吸收世界各国的优秀文化遗产，把我们的青少年培养成为情操高尚的“四有”新人。

7 月 20 日

中组部、中宣部、国家教委联合做出《关于表彰党的建设和思想政治工作先进普通高等学校的决定》，对近几年来在党的建设和思想政治工作方面取得突出成绩的清华大学等 33 所普通高等学校予以表彰。文件要求，所有高等学校应以它们为榜样，在邓小平同志建设有中国特色的社会主义的理论和党的基本路线指引下，全面贯彻党和国家的教育方针，落实《中国教育改革和发展纲要》，进一步解放思想，实事求是，抓住机遇，为建立适应社会主义市场经济体制和政治、科技体制改革需要的教育体制，积极推进高等教育的改革与发展，努力培养出德、智、体全面发展的社会主义事业的建设者和接班人，更好地为社会主义现代化建设服务，为完成党的十四大所确定的战略任务而努力奋斗。

7 月 23 日

《中国教育报》报道，由中央民族学院组织，西北民院、中南民院、西藏民院等院校参加的全国民族院校马克思主义公共理论课研讨会日前结束。代表们一致认为，当前民族院校马克思主义公共理论课主要面临提高重视程度、改进教学方法、增强社会实践、稳定教师队伍等问题。在改进教学方法上，代表们提出教学内容必须明确，即通过马克思主义公共理论课使学生明确怎样贯彻落实建设有中国特色的社会主义这一路线方针，怎样把马克思主义理论同当前中国的经济建设结合起来等实质性问题；还有要提高教学的形象化，增加现实感和针对性，将理论与热点问题结合起来，调动教师教学和学生学习的积极性，提高马列学科的教学效果。

7 月 26 日—30 日

中组部、中宣部、中共国家教委党组在北京联合召开 1993 年全国高等学校党的建设工作会议。会议的主要任务是：以建设有中国特色社会主义的理论和党的基本路线为指导，深入贯彻党的十四大精神和《中国教育改革和发展纲要》，总结交流高校党建工作的经验，研究新形势下，如何进一步加强和改进高校党的建设与思想政治工作。会议表彰了清华大学等 33 所在党建和思想政治工作方面取得突出成绩的高校。

国家教委主任朱开轩在开幕式上作了题为《从严治党，深化改革，落实〈纲要〉》的工作报告，提出当前与今后一段时间内需要特别注意并进一步解决好的五个问题：第一，要针对当前高校党员和师生员工中的热点问题，加强思想政治教育，保证干部和党员同党中央保持高度一致，把广大师生员工团结在党的周围；第二，要进一步加强党对高校改革和发展的领导，认真扎实地抓好《中国教育改革和发展纲要》的贯彻落实；第三，要进一步加强领导班子建设，继续执行和完善党委领导下的校长负责制，党委应当充分发挥政治核心和团结核心的作用；第四，积极稳妥地推行马克思主义理论课和思想政治教育课的教学改革，其根本途径和方法是理论与实践紧密结合，提高思想理论教育的说服力和针对性；第五，要积极做好在本、专科大学生和青年教师中发展党员的工作。

会议期间，江泽民总书记会见了参加会议的代表。会见结束后，李岚清同代表们进行了座谈。李岚清强调高校党建工作和思想政治工作中一项很重要的任务是教育好青年学生，他指出，学生只学业务、技术不行，还必须有信念和觉悟，这就要求他们掌握马克思主义、毛泽东思想的基本原理，现在特别是要认真研究掌握邓小平同志建设有中国特色社会主义的理论；不能把马克思主义当作教条，对青年学生进行马克思主义教育，有一个教学内容和方法问题，要使理论教学与现实结合得更紧密，更生动活泼，更有时代气息；还要使广大青少年熟悉我们的国情，继承和发扬中华民族的优良文化传统，树立民族自豪感和爱国主义精神；要把中国五千年伦理道德传统中的精华提炼出来教育青年学生，并形成有中国特色的价值观和道德规范；要善于吸收别的国家和民族文化中优秀的部分，促进我国的文化和道德建设。李岚清要求各级党委、政府和教育部门的负责同志特别是主要负责同志，平时要多到高校走一走，和广大青年学生、教职工加强联系，回答他们普遍关心的问题；同时要经常研究高校党的建设和思想政治工作，关心和重视高校党的建设和思想政治工作，关心和重视高校领导班子以及基层党组织的建设，把高校党的建设和思想政治工作做得更好。

中组部部长吕枫在闭幕式上作了总结报告。他就今后高校党建工作指出了三点：(1)要把思想建设放在党建工作的首位，坚持用建设有中国特色社会主义的理论武装全体党员；(2)进一步加强高校领导班子的建设，保证高校改革与发展顺利进行，要在继续调整充实的基础上，重点抓好领导班子思想作风建设，同时要抓好教师、学生党支部的工作，充分发挥基层党支部的战斗堡垒作用和党员的先锋模范作用；(3)积极做好在大学生和青年教师中发展党员的工作，从培养接班人和巩固发展社会主义事业的高度充分认识这项工作的重要性，把工作的着力点放在培养教育积极分子上。

8月

8月13日

中组部、中宣部、国家教委联合印发《关于新形势下加强和改进高等学校党的建设和思想政治工作的若干意见》。具体内容包括：大力加强和改进新形势下高等学校党的建设与思想政治工作，坚持用建设有中国特色社会主义的理论武装全体党员和教育师生员工，进一步加强党对高等教育改革和发展的领导，进一步加强领导班子建设，加强和改进马克思主义理论课和思想政治教育课建设，进一步加强党组织和党支部的建设，进一步加强政工干部队伍建设七个部分。

关于大力加强和改进新形势下高等学校党的建设与思想政治工作，这份文件指出，在新形势下，高等学校党的建设和思想政治工作的基本任务是：以建设有中国特色社会主义的理论为指导，坚定、全面地贯彻党的基本路线和教育方针，积极落实《中国教育改革和发展纲要》，紧紧围绕高等教育的改革和发展，密切结合教学、科研和其他业务工作的实际，开展党的建设和思想政治工作，动员和团结广大党员、师生员工努力完成高校肩负的培养社会主义现代化建设高级专门人才、发展科技文化、促进现代化建设的重大任务。

关于坚持用建设有中国特色社会主义的理论武装全体党员和教育师生员工，文件指出，当前，学习马列主义、毛泽东思想，要以学习建设有中国特色社会主义的理论为中心内容，进一步加强党的基本路线和爱国主义、集体主义、社会主义教育，进行中国近代史、现代史和中华民族优秀文化传统的教育，进行新时期伟大创业精神的教育，进行教育改革和发展的教育，促进党员和师生员工树立正确的理想、信念、人生观、价值观，反对资产阶级自由化，抵制一切剥削阶级腐朽思想的侵蚀，为高等学校的改革和发展提供强大的精神动力与思想保证；学习建设有中国特色社会主义的理论，要坚持理论联系实际的方针，密切联系我国改革开放和现代化建设以及高等学校改革与发展的实际，全面、深刻地领会和掌握建设有中国特色社会主义理论的基本内容与精神实质，贯彻落实《中国教育改革和发展纲要》；要注意分层次深入进行建设有中国特色社会主义理论的学习、教育。

关于加强和改进马克思主义理论课和思想政治教育课建设，文件指出，要在坚持马克思主义基本原理的前提下，根据各自的学科特点，更新、充实、调整教学内容；要大力改进教学方法，注意运用课堂讨论、社会实践、演讲答辩等多种方式和现代化教学手段不断提高教学效果；要加强“两课”教师队伍的建设，在补充人员、阅读文件、培训提高、参考观察、出国交流、职称评定、奖酬金分配等方面实行倾斜政策；各级党委、政府、教育部门与高校党政领导要重视和加强对“两课”教育工作的领导，把“两课”作为重点课程来建设。

关于进一步加强政工干部队伍建设，文件指出，要继续贯彻中央有关文件精神，努力建立一支以精干的专业人员为骨干、专兼职相结合的政工队伍；要进一步发动广大教师、干部和职工教书育人、管理育人和服务育人。

8月18日

国务院副总理李岚清出席国家教委举行的编写《中国传统道德》一书的工作座谈会，并与部分学者进行了座谈。

8 月 20 日—21 日

中共中央政治局委员、国务院副总理李岚清邀请党外人士到中南海座谈，共商如何更好地发展我国的教育事业。李岚清在座谈会中强调，要加强对青少年的德育教育，在加强思想政治教育、爱国主义教育以及中国近代史、现代史和国情教育的同时，要进行文明礼貌、道德教育；中国是礼仪之邦，历代都特别重视人的道德修养，积累了很多优良传统，我们要很好地学习、发扬。

8 月 23 日

中共中央政治局委员、国务院副总理李岚清在与全国学联第二十一届委员会第二次全体会议主席团成员座谈时指出，青年学生在大学时代要以学为主，必须抓紧黄金时间勤奋学习，为将来报效祖国打好基础。关于加强大学生的思想政治工作，李岚清指出，在计划经济向社会主义市场经济转轨时期，尤须强调这一点；我们要改进马列主义的教学方法，马列主义是真理，不能把马列理论课讲成教条；另外，我们要加强爱国主义教育、国情教育、传统美德教育。

9 月

9 月 3 日

《中国教育报》报道，中共中央政治局委员、国务院副总理李岚清在山东考察时强调，要重视对青少年的道德品质教育，当前特别要加强对青少年进行中华民族传统美德的教育，提高学生的思想道德素质。他指出，要把爱国主义、社会主义和现代价值观教育与我国优秀传统思想文化教育结合起来。德育既包括马克思主义真理和社会主义的教育，也包括中华民族传统美德的教育。中华民族优秀的传统文化与美德，是极为丰富的思想宝藏。中华民族传统文化和道德中的精华，能够绵延数千年而不衰，成为中华民族的凝聚力所在，这就很发人思考。要从娃娃开始抓起，结合形象、文艺等通俗易懂的方式，有针对性地宣传中华民族的传统美德，努力把我们的青少年培养成为有中国特色的“四有”人才。

9 月 6 日

国家教委、人事部联合发出《关于表彰全国教育系统劳动模范、全国优秀教师和教育工作者的决定》，授予王选等 592 位同志“全国教育系统劳动模范”称号，授予杨卫等 5379 位同志“全国优秀教师”和“全国优秀教育工作者”称号，并颁发奖章和荣誉证书。

10 月

10 月 8 日

国家教委发出《关于高等学校思想政治教育专业办学的意见》。文件指出，思想政治教育学是以马克思主义理论为基础的，研究人们社会主义思想意识形成、发展规律和实施思想政治教育的规律的一门应用学科，具有很强的政治性、思想性、实践性和综合性。这份文件包括了培养目标、招生就业、教学改革与要求、教师队伍建设与科研、学生思想政治素质的培养和学生管理五个方面。

其中，关于培养目标，文件指出，思想政治教育专业的培养目标为：在党政机关、学校、企事业单位从事思想政治工作的各级专门人才（思想政治工作干部以及思想政治教育的教学、科研人员）。思想政治教育专业培养的学生总的规格要求是：具有坚定正确的政治方向，坚持党的“一个中心，两个基本点”的基本路线，具有科学的世界观和为人民服务的人生观，具有良好的道德品质，掌握马列主义、毛泽东思想基本原理，邓小平建设有中国特色社会主义的理论和思想政治教育专业知识，有相当的哲学社会科学和一定的自然科学知识面，熟悉党和国家的重大方针政策以及从事思想政治工作必备的各种技能，体魄强健，德、智、体全面发展。

关于教学改革与要求，文件指出，要特别注重对学生的马列主义、毛泽东思想教育，帮助学生逐步掌握马克思主义基本立场、观点和方法；要把建设有中国特色社会主义的理论作为教学的基本内容之一；要对学生进行党的基本路线、方针、政策和爱国主义、集体主义、社会主义教育，进行中国近代史、现代史和中华民族优秀文化传统教育，进行新时期创业精神教育，增强民族自尊、自信和自强精神，抵御“和平演变”，抵制资产阶级自由化和一切剥削阶级腐朽思想的侵蚀，确立坚定正确的政治方向，树立正确的理想、信念和人生观、价值观，养成良好的道德品质；学习要紧密联系国际形势和我国社会主义现代化建设的实际、改革开放的实际，联系学生的实际，重点培养学生的素质和能力；马克思主义理论是思想政治教育专业的主课，要开设好体现思想政治教育专业要求的基础课、专业基础课和专业课，适当增开经济、管理和行业业务知识的课程；此外，还要加强实践环节，包括军训、参加工农业生产劳动、思想政治工作实习、毕业实习以及社会调查研究等。

10 月 21 日

国家教委、共青团中央联合颁布《关于表彰全国“三好学生”、“优秀学生干部”、“先进班集体”的决定》，对在争当“三好学生”、创“先进班集体”活动中成绩优异、事迹突出的771名(个)三好学生、优秀学生干部和先进班集体予以表彰，并授予其中12名同学为“全国三好学生标兵”、5名同学为“全国优秀学生干部标兵”、11个班为“全国先进班集体标兵”荣誉称号。国家教委、共青团中央希望全国大、中学校的广大学生以他们为榜样，坚持德、智、体全面发展，成为德才兼备的社会主义事业的建设者和接班人。

10 月 31 日

第八届全国人大常委会第四次会议审议通过了《中华人民共和国教师法》。同日，国家主席江泽民签署第15号主席令，颁布《教师法》，自1994年1月1日起施行。《教师法》共包括总则、权利和义务、资格和任用、培养和培训、考核、待遇、奖励、法律责任和附则9章43条。《教师法》指出，教师必须遵守宪法、法律和职业道德，为人师表；对学生进行宪法所确定的基本原则的教育，爱国主义、民族团结的教育，法制教育以及思想品德、文化、科学技术教育，组织、带领学生开展有益的社会活动；关心、爱护全体学生，尊重学生人格，促进学生在品德、智力、体质等方面全面发展；制止有害于学生的行为，或者其他侵犯学生合法权益的行为，批评和抵制有害于学生健康成长的现象；不断提高思想政治觉悟和教育教学业务水平。

11 月

11 月 2 日

中共中央发出《关于学习〈邓小平文选〉第三卷的决定》，要求高等学校的马克思主义理论教育要根据中央的决定加强和改进。江泽民同志在学习《邓小平文选》第三卷报告会上作了题为《用邓小平同志建设有中国特色社会主义理论武装全党》的重要讲话。讲话指出，三卷《邓小平文选》是一个整体，立足党和人民的崭新实践，内容丰富，博大精深，洋溢着鲜明的时代精神与民族精神，闪耀着马克思主义真理的灿烂光辉。邓小平理论，即建设有中国特色社会主义的理论，是马克思主义基本原理与中国实际相结合的第二次历史性飞跃，第一次比较系统地初步回答了中国这样的经济文化比较落后的国家如何建设社会主义、如何巩固和发展社会主义的一系列基本问题，用新的思想、观点，继承、丰富和发展了毛泽东思想，是马克思主义同中国实际相结合的最新成果，是当代中国的马克思主义。“解放思想，实事求是”是贯穿于建设有中国特色社会主义理论全部观点的精髓。建设有中国特色社会主义的理论是社会主义同爱国主义相统一的科学理论。江泽民号召全党，在改革开放和社会主义现代化建设的新形势下，努力学习新一卷《邓小平文选》，把党的十四大提出的用建设有中国特色社会主义理论武装全党的任务认真落到实处，进一步加强党的建设，充分发挥党对社会主义现代化建设事业的核心领导作用。

11 月 4 日

共青团中央发出通知，要求各级团组织和团干部，响应党中央号召，按照《中共中央关于学习〈邓小平文选〉第三卷的决定》的要求和江泽民同志重要讲话精神，认真学习《邓小平文选》第三卷，深入开展有中国特色社会主义理论教育。

11 月 5 日

国家教委办公厅印发《国家教委直属高校贯彻〈纲要〉，加快九十年代教育改革和发展步伐的实施意见》。这份文件指出，学校要把加强和改进思想政治工作放在重要位置，坚持社会主义的办学方向和德、智、体全面发展的人才培养标准；要发挥委直属高校社会科学教学、科研方面的优势，积极推进马克思主义理论课和思想政治教育课的教学改革，改进马克思主义、毛泽东思想的教育内容和方法，结合当代中国的实际，组织学习邓小平同志建设有中国特色的社会主义理论；加强对青年学生的爱国主义、国情、近现代史教育，弘扬优秀的民族传统文化，培养高尚的道德情操，促进学生逐步树立科学的世界观和为人民服务的人生观，培养新时期的创业精神，坚定社会主义信念。

11 月 8 日

国家教委召开北京部分高校学者座谈会，畅谈和交流学习江泽民总书记在中共中央学习报告会的讲话精神，学习《邓小平文选》第三卷的体会。国家教委副主任张孝文、专职委员林炎志出席座谈会。

11 月 14 日

中国共产党第十四届中央委员会第三次全体会议通过《中共中央关于建立社会主义市场经济体制若干问题的决定》。文件要求，坚持两手抓、两手都要硬的方针，加强以培养有理想、有道德、有文化、有纪律的新人为目标的社会主义精神文明建设。各级党委和政府要发挥思想政治工作优势，加强对宣传思想和文化工作的领导。要加强对邓小平同志建设有中国特色社会主义理论的研究工作，加强以马克思主义为指导的哲学社会科学研究工作。要广泛深入生动地开展爱国主义、集体主义、社会主义教育，开展中国历史特别是近代史、现代史和中华民族优良传统的教育，提高民族自尊心、自信心和自豪感，发扬艰苦奋斗精神，把亿万群众的巨大创造力凝聚到建设有中国特色社会主义的伟大事业上来。积极倡导在社会主义市场经济条件下坚持正确的人生观和文明健康的生活方式，加强社会主义公德和职业道德的建设，反对拜金主义、极端个人主义和腐朽的生活方式。坚持不懈地进行“扫黄”和扫除各种丑恶现象的斗争，加强社会治安综合治理。坚持为人民服务、为社会主义服务和“百花齐放、百家争鸣”的方针，鼓励创作积极向上、人民群众喜闻乐见的文化艺术作品，丰富人民的精神生活。深化文化体制改革，完善文化经济政策，依法加强文化市场管理。要把社会效益放在首位，正确处理精神产品的社会效益与精神效益的关系。对需要扶持的文化艺术精髓，国家要有重点地给予必要的资助。

12 月

12 月 5 日—7 日

共青团十三届二中全会在北京召开。会议的主要任务是以邓小平同志建设有中国特色社会主义理论为指导，认真贯彻《中共中央关于建立社会主义市场经济体制若干问题的决定》，落实共青团十三大提出的任务，审议并通过《在建立社会主义市场经济体制进程中我国青年工作战略发展规划》，动员全团抓住机遇，迎接挑战，在建立社会主义市场经济体制的历史进程中推进团的建设、改革和发展，推动我国青年工作再上新台阶。

共青团中央书记处第一书记李克强在开幕式上作了题为《共同肩负起跨世纪发展的历史责任》的讲话。他强调动员青年投身跨世纪的伟大进军，是中国共青团在跨世纪的历史进程中负有的光荣使命，这就要求共青团组织坚持不懈地用爱国主义、集体主义和社会主义教育广大青年，使当代青年具有远大理想和坚定信念，增强民族自尊心、自信心和自豪感。

中共中央政治局常委、中央书记处书记胡锦涛在闭幕式上作了题为《把亿万青年的力量凝聚到深化改革、加快发展上来，努力培养和造就跨世纪的一代新人》的重要讲话。他强调各级团组织要教育广大青年，既对改革充满信心，又对改革的艰巨性和复杂性有充分的思想准备；要引导广大青年正确对待改革进程中的利益调整，自觉服从全局利益和长远利益，增强对改革的承受能力；要带领广大青年艰苦创业、勇于创造、大胆实践，把远大的抱负同锐意改革、诚实劳动、岗位奉献结合起来，为建设新的经济体制建功立业；要引导青年带头树立社会主义新风尚，带头倡导健康、文明、科学的生活方式，自觉遵守纪律，维护社会公德，奉行职业道德，坚决同各种违法犯罪行为、腐败现象和社会丑恶现象做斗争，为推动社会主义精神文明建设，促进社会全面进步多作贡献；要紧密结合改革开放的实际和青年思想实际，有针对性地开展思想政治工作，使广大青年识大体、顾大局，自觉地维护团结稳定的政治局面，自觉地投身到建设有中国特色社会主义的伟大事业中去，为深化改革、扩大开放、加快发展贡献力量。

12 月 10 日—11 日

中国教育学会、中央教育科学研究所、全国教育科学规划领导小组联合在北京召开“纪念毛泽东诞辰 100 周年——毛泽东教育思想研讨会”。会议探讨了毛泽东思想的基本内容、科学含义和科学体系，并结合中国教育的实际，进一步认识了毛泽东教育思想的伟大历史地位和现实指导意义。

12 月 21 日—24 日

国家教委社会科学司在南京师范大学召开全国高校马克思主义理论课教学改革研讨会。

国家教委党组成员、专职委员林炎志同志在研讨会开幕式的讲话中指出，邓小平建设有中国特色社会主义理论是我国社会主义现代化建设和社会意识形态的指导思想，是我国高校马克思主义理论教育的一面光辉的旗帜和中心内容。他还指出，在高校理论课教学中，邓小平建设有中国特色社会主义理论这面旗帜越鲜明、越坚定、越彻底，就越有利于广大青年学生树立社会主义信念；而这一教育越是灵活多样、越是贴近青年学生的思想实际，也就越具有说服力和有效性。

参加研讨会的全国各省、市、自治区教委主管理论教育的同志和进行理论课教学改革试点的高校马列室(社科部)主任，围绕着马克思主义理论课改革的必要性和紧迫性，理论课教学的科学性、系统性和现实性、针对性，理论课改革的重点与难点，改革中的变动性和稳定性，理论课师资队伍建设等问题，进行了广泛深入的研讨。与会者一致认为，在我国社会主义建设进入新的历史时期的今天，必须适应变化了的新形势，强化理论课的改革意识，在改革实践中积极探索马克思主义理论教育的新路子、新形式和新方法。理论课改革的指导思想是学马克思主义理论“要精，要管用”，改革的核心问题是教学内容的改革，改革的目标是提高理论课教学的说服力和有效性。马克思主义理论课教学要面向大多数学生，要考虑多数学生的接受能力，要用多数学生接受教育的效果作为衡量标准。对于希望获得更多马克思主义理论知识的学生，应通过开设选修课的办法加以解决。

国家教委社会科学司司长杨瑞森同志在开幕式上作了题为《抓住时机，深化改革，努力开创高校马克思主义理论课教学新局面》的报告。他强调要抓住有利时机，进一步深化高校马克思主义理论课的教学改革。并提出：其一，在社会主义现代化建设新时期，思想理论教育战线面临着许多新情况和新问题，因此高校理论课教学只有主动地和认真深入地进行改革，才能适应形势发展的需要，发挥其应有的作用。所谓新情况和新问题，主要有以下两点。一是党在新时期的理论和路线方针政策，需要在青年学生中进行深入的宣传教育；有许多正在探索中的重要的理论问题和实践问题，需要理论课教师在教学中给予有说服力的解说。二是在我国发展社会主义市场经济和对外开放的条件下，青年学生的思想观念特别是价值观和人生观，发生了许多重要变化。其二，最近一个时期以来，党中央和国务院领导同志发表了一系列重要指示，对高校理论课教改提出了要求，指明了方向。国家教委也对加强高校理论课教育做出了相应部署。其三，高校呈现较为稳定的政治局面，为高校理论课教学改革提供了有利的条件。他还强调要正确认识和处理高校理论课教学改革中的一些矛盾或关系，并就关于改革与坚持的关系，关于科学性、系统性与现实性、针对性的关系，关于马克思主义基本理论教育与建设有中国特色社会主义理论教育的关系，关于内容与方法的关系，关于变动性和稳定性的关系等做了说明。

12 月 26 日

中共中央在北京举行毛泽东诞辰 100 周年纪念大会。中共中央总书记、国家主席、中央军委主席江泽民在会上发表了重要讲话，回顾了毛泽东同志一生的丰功伟绩，总结了以毛泽东同志为主要代表的中国共产党人对中国革命和建设所作出的卓越贡献，阐述了邓小平同志继承、丰富和发展毛泽东思想，创立建设有中国特色社会主义理论的重大意义。江泽民在讲话中指出，毛泽东思想的活的灵魂，是贯穿所有这些方面的立场、观点、方法，他们有三个基本方面，这就是实事求是、群众路线、独立自主。江泽民还对邓小平建设有中国特色社会主义理论做了阐发，指出：解放思想，实事求是，是建设有中国特色社会主义理论的精髓；进一步解放和发展社会生产力，是建设有中国特色社会主义的根本出发点；实行改革开放，是建设有中国特色社会主义最鲜明的特点；坚持独立自主地发展中国，是建设有中国特色社会主义的立足点。江泽民还指出，要全面实现社会主义现代化建设的宏伟任务，关键是用邓小平同志建设有中国特色社会主义理论武装全党，把我们党建设得更好。江泽民在讲话中还强调指出，党和人民奋斗的历史告诉我们，只有社会主义才能救中国和发展中国；只有改革开放才能建设有中国特色的社会主义；只有走中国特色社会主义道路才能独立自主地建设富强民主文明的社会主义现代化国家，这是当代中国最重要的历史真理。

1994年

1月

1月1日

共青团中央印发《共青团1994年工作要点》，要求将《邓小平文选》第三卷作为重要教材，认真组织好广大团员青年特别是团干部的学习，掌握基本观点，理解精神实质，理论联系实际，增强执行党的基本路线的自觉性，提高分析和解决问题的能力；以党的十四届三中全会《中共中央关于建立社会主义市场经济体制若干问题的决定》为重要内容，在青年中大力宣传普及社会主义市场经济基本知识，利用各种场合、各种手段多做讲解工作，切实帮助团员青年学懂弄通文件中的新概念、新观点、新措施。关于跨世纪青年文明工程，文件指出：开展青年志愿者活动；开展创建青年文明号活动；开展建设青年文化园活动；开展"保护明天行动"。

1月12日

国家教委发出《国家教委1994年工作要点》，明确指出，1994年教育工作总的指导思想是：进一步用邓小平同志建设有中国特色的社会主义理论武装教育战线广大干部、教师和学生，贯彻党的十四届三中全会精神，学好《邓小平文选》第三卷；努力工作，克服困难，认真落实《中国教育改革和发展纲要》和《中华人民共和国教师法》，抓住时机，深化教育改革，继续促进各类教育事业特别是"两基"工作向前发展。文件强调要切实改进各级各类学校的思想政治工作，并指出：组织学习《邓小平文选》第三卷，领会贯彻党的十四届三中全会精神，是教育战线全年的一项重点工作，各级教育行政部门和各类学校，年内要采取多种形式，继续组织干部师生通读《邓小平文选》第三卷，在深入讨论、领会的基础上，引导广大干部师生坚定走中国特色社会主义道路的信心；在全面贯彻党的教育方针和落实中央有关文件的基础上，针对当前学校德育工作出现的各种新问题，调研起草在实行社会主义市场经济条件下，进一步加强和改进大、中、小学德育工作的决定；逐项落实1993年全国高等学校党建工作会议精神，进一步加强高等学校领导班子建设，研究提出改革高校马列主义理论课和思想品德课的方案，高度重视各项新的改革政策出台后的不同反应，及时研究、引导、处理高校出现的各类敏感与热点问题，继续保持高等学校的稳定。

1月13日—17日

国家教委在海南大学召开特区高校党建和思想政治工作专题研讨会。

1月19日

团中央与中宣部、全国人大内务司法委员会、国家教委、司法部共同发出《关于实施跨世纪青年文明工程"保护明天行动"的意见》。这项行动以"孩子·明天·责任"为主题，旨在全面贯彻《中华人民共和国未成年人保护法》，增强全社会依法保护未成年人的责任感，进一步优化社会环境。1994年主要以家庭教育、文化环境中存在的影响未成年人健康成长的问题为切入点，采取普法宣传与解决实际问题并举、保护与教育并举的一系列措施，力求保护未成年人工作有较大进展。

1 月 21 日—24 日

中组部、中宣部联合在北京举行全国党员教育工作会议。中共中央政治局常委、中央书记处书记胡锦涛在会议上发表讲话，他指出：用建设有中国特色社会主义的理论武装广大党员，就是新时期党员教育工作最重要的改进；做好这项工作，就是对党员教育工作最有效的加强；这项工作做好了，党的思想建设以至整个党的建设就会有新的进步，社会主义现代化建设事业的成功也就有了保证。

中宣部副部长刘云山在会上提出，当前和今后一个时期党员教育应突出三个方面的内容：第一，进一步落实用邓小平建设有中国特色社会主义的理论武装全党的任务；第二，坚持不懈地抓好党性教育；第三，进行社会主义市场经济基本知识、现代科学文化知识的学习教育，把这项教育作为一项紧迫的任务认真抓好。

中组部副部长赵宗鼐在会上强调，当前要突出加强党员领导干部思想作风建设，同时要注意抓好基层党员的教育。

1 月 24 日—29 日

全国宣传思想工作会议在北京召开。中共中央总书记、国家主席、中央军委主席江泽民作重要讲话，他强调了新时期宣传思想工作的重要性，明确指出了新时期宣传思想工作的根本指导方针是邓小平同志建设有中国特色社会主义的理论，当前和今后一段时期的主要任务包括：第一，坚持用邓小平同志建设有中国特色社会主义的理论武装全党，教育系统要编写建设有中国特色社会主义理论教材，作为学校政治课的主要内容；第二，坚持贯彻党的基本路线，做好正确引导舆论的工作；第三，加强思想工作，培养“四有”新人，促进社会主义精神文明建设；第四，坚持为人民服务、为社会主义服务的方向和“百花齐放、百家争鸣”的方针，弘扬主旋律，繁荣社会主义文化。江泽民强调，要在人民群众特别是青少年中加强以爱国主义、集体主义、社会主义为核心内容的思想道德教育，开展艰苦奋斗、勤俭建国的教育，职业道德、社会公德的教育，基本国情的教育和普及法律基本知识教育。思想工作是全党的工作，不仅宣传部门要做，各级党委和企业、农村、学校、街道等基层党组织要做，各级行政部门和工会、共青团、妇联等也都有做群众思想工作的责任。当前，要重视引导人们特别是青少年树立正确的理想、信念、世界观、人生观和价值观，反对拜金主义、享乐主义、极端个人主义，抵御资本主义和封建主义腐朽思想的侵蚀。适应新形势要求，思想工作要在继承优良传统的基础上，充分运用大众传媒和文化设施，采取容易为群众所接受、所欢迎的方式方法进行。要善于疏导，注意发扬民主，尊重人、理解人、关心人，采取吸引群众广泛参与的方法、群众自己教育自己的方法、平等讨论的方法、批评和自我批评的方法。要注意区分层次，针对不同特点，把先进性的要求同广泛性的要求结合起来，把思想教育同行为规范的培养结合起来。他还强调，要加强和改善党对思想工作的领导，建设一支政治强、业务精、作风正的宣传思想工作队伍，为做好宣传思想工作提供坚强有力的组织保证。

2 月

2 月 1 日

共青团中央颁发《关于授予徐洪刚等同志“见义勇为青年英雄”称号，开展为见义勇为青年英雄服务活动的决定》，授予徐洪刚、张环礼、刘远波、李洪生同志“见义勇为青年英雄”光荣称号（同时命名徐洪刚为“全国新长征突击手”），并在全国青年中开展向他们学习、为见义勇为青年英雄服务活动。共青团中央号召全国各族青年，学习他们热爱党和人民，报效祖国的赤子情怀；学习他们发扬雷锋精神，恪尽职守、敬业乐业，在平凡的工作岗位上默默耕耘的奉献精神；学习他们临危不惧、奋不顾身、舍己为人的英雄气概；学习他们坚持党和人民的利益高于一切，不惜流血牺牲的崇高品德。

2 月 17 日

根据江泽民总书记的指示精神，李岚清副总理在国务院主持召开研究有关高校思想工作会议，就当前高校思想工作的形势及有关问题发表讲话。国家教委专职委员林炎志做汇报，有关部门领导参加了会议。

2月26日

共青团中央印发《“青年文化园”活动实施方案》，文件包括了宗旨、内容、组织办法和1994年“三评一展”实施步骤四个部分。文件指出，“青年文化园”活动的宗旨是：坚持青年文化的正确导向，弘扬爱国主义、集体主义、社会主义和中华民族优秀传统文化，大力倡导并组织青年读好书、唱好歌、看好片，加强修养，陶冶情操，提高思想道德素质和科学文化素质；大力倡导并组织基层开展丰富多彩、适合青年特点的文化活动，活跃基层，服务青年，凝聚青年；大力倡导并鼓励从事思想文化等精神产品生产的部门为青年提供更多的文化精品，正确引导青年文化潮流和文化消费，创造更加有利于青年健康成长的文化环境。文件指出，“青年文化园”活动是社会主义市场经济条件下青年思想教育工作的一个重要载体，由共青团负责组织实施，以青年文化组织和青少年文化活动阵地为依托，以确立正确的青年文化导向为目的，以向青年推荐、评选、展示青年思想文化精品的“三评一展”和检阅基层青年文化活动的“青年文化巡礼”为主要形式，定期评选“中国青年优秀图书奖”“中国青年优秀歌曲奖”和“中国青年优秀影视奖”，举办“中国青年文化精品展”，引导和推动校园文化、企业文化、村镇文化和社区文化的健康发展，从而丰富青年文化市场，满足青年文化需求，优化青年健康成长的文化环境。“三评一展”和“青年文化巡礼”两项内容交替进行，每两年一个轮次，即1994年推出“三评一展”活动，1995年推出“青年文化巡礼”活动。

同日，中宣部、中国人民解放军总政治部、共青团中央在北京联合召开徐洪刚见义勇为先进群体事迹报告会。在报告会上，英雄战士徐洪刚介绍了他不畏强暴、勇斗歹徒、保护群众的壮举；来自四川省筠连县的詹本方等讲述了他们和当地群众全力救护英雄的事迹，徐洪刚所在部队政委林留松介绍了英雄成长的历程。中央军委委员、总政治部主任于永波在会上讲话指出，江泽民等中央领导高度赞扬了徐洪刚同志的精神，号召全国军民向他学习；徐洪刚见义勇为先进群体事迹的一个突出特点是，“英雄卫人民，人民救英雄”，战士的英雄壮举与群众的高尚行为相映生辉。中宣部副部长刘云山主持报告会并讲话，共青团中央第一书记李克强在会上发言。

3月

3月6日

共青团中央、全国青联、全国学联决定以“全国青年志愿者学雷锋奉献日”活动为开端，实施“中国青年志愿者‘一助一’长期服务计划”。“一助一”即一支青年志愿者服务队或一名青年志愿者为一个人或一个家庭提供其所需要的经常服务，服务内容主要包括医疗保健、生活服务、家教服务、科技服务、科研成果整理、助耕助收等。志愿者可根据所联系的服务对象(有特殊贡献的老知识分子、老干部、老英雄、见义勇为英雄和有特殊困难的军烈属、伤残人士、五保户及其他特困户等)的实际需要，确定服务内容，签订服务协议，服务时间一般不少于3至5年。“中国青年志愿者‘一助一’长期服务计划”的主题是：热心献社会，真情暖人心，让青年志愿者走进千家万户，向需要帮助的人伸出援助之手。

3月8日

国家教委印发《关于在教育系统开展向徐洪刚同志学习的通知》。要求各地教育系统，要按照大、中、小学生的年龄特点，教育学生学习徐洪刚忠于祖国、忠于人民的优秀品质；学习他忠于职守，从我做起，为了人民的利益无私奉献的崇高精神；学习他见义勇为、临危不惧的英雄气概，帮助学生逐步树立正确的理想、信念和价值观。高校的学习活动要同树立为人民服务的人生观教育、坚定社会主义信念教育相结合。

3月9日

国家教委发出《关于设立“全国教育系统邓小平建设有中国特色社会主义理论研究中心”的通知》。文件指出，理论研究中心由国家教委直接领导，负责对教育系统学习和研究邓小平建设有中国特色社会主义理论进行学术理论性的指导和推动各地各校培训理论骨干的组织协调。中心的工作以党的十四大精神为根本指针，其主要工作如下：(1)完整、准确地理解马克思列宁主义、毛泽东思想，特别是邓小平同志建设有中国特色社会主义的理论；(2)坚持理论联系实际的原则，加强对现实问题的研究；(3)解放思想，实事求是，贯彻党的“百花齐放、百家争鸣”的方针，依靠教育系统广大理论工作者，深入开展对邓小平建设有中国特色社会主义理论进行专题研讨；(4)培训中青年理论骨干在学校师生中开展邓小平建设有中国特色社会主义理论的教育和宣传。

3 月 10 日—13 日

国家教委在清华大学召开高校思想政治教育专业研究生培养工作座谈会。

3 月 11 日

国家教委印发《关于加强和改进高等学校人文社会科学研究工作的若干意见》。这份文件指出，高校人文社会科学研究自十一届三中全会以来取得了突出的成绩，当前是进一步繁荣和发展的极好时机。文件要求，以邓小平同志建设有中国特色社会主义的理论贯通高校人文社会科学研究工作的全局，树立“主战场”意识，全面发挥高校人文社会科学的功能；采取有力措施，扶持基础研究；深化科研管理改革，加强管理队伍建设；加强和改善对人文社会科学的领导(要坚持正确的科研方向，切实贯彻“百花齐放、百家争鸣”的方针，按科学发展的规律组织、指导科学研究，制定切实可行的研究规划)。

4 月

4 月 13 日

由共青团中央、全国学联组织的高校学生学习《邓小平文选》第三卷座谈会在上海交通大学召开。共青团中央书记处书记吉炳轩在会上讲话，要求各地和高校团组织把帮助青年学习、掌握建设有中国特色社会主义理论作为下一阶段的重点工作抓实、抓好。

4 月 18 日

中共中央办公厅转发中组部、中宣部《关于加强和改进党员教育工作的若干意见》。文件共分为五个部分，分别是：做好党员教育工作是实现党在新时期历史任务的重要保证；当前和今后一个时期党员教育工作的指导思想；党员教育工作的根本任务；坚持党员教育的基本原则，改进党员教育的方式方法；加强对党员教育工作的领导和组织。

关于党员教育工作的根本任务，要用邓小平同志建设有中国特色社会主义的理论武装全党，是党员教育工作的根本任务；进行建设有中国特色社会主义理论的学习和教育的基本要求是，联系新的形势和任务，结合改革和建设的实际，突出重点，区分层次，注重实效。为了深入持久地开展建设有中国特色社会主义理论的学习和教育，保证取得实效，要注意解决好以下五个问题：要重点抓好各级党员干部特别是党员领导干部的学习，以此影响和带动基层党员的学习，形成全党学习理论的浓厚风气；要根据学习要精、要管用的原则，从不同层次、不同类型党员的特点出发，提出不同的学习要求；要把学习建设有中国特色社会主义的理论同学习党章结合起来；要把学习建设有中国特色社会主义的理论，同引导和组织党员学习十四届三中全会通过的《关于建立社会主义市场经济体制若干问题的决定》结合起来，同学习社会主义市场经济知识和有关的改革方案、法律法规结合起来，同学习业务知识、学习科学文化、学习实用技术结合起来，使广大党员真正成为发展社会主义市场经济的先锋战士，成为做好本职工作的内行和能手；要把学习建设有中国特色社会主义的理论同开展党内各种活动结合起来。党员教育工作要坚持理论联系实际，加强教育的针对性，做到有的放矢；要坚持以正面教育为主，正面灌输与自我教育相结合；要坚持分类分层次施教；要坚持加强教育同改进管理、严肃党纪相结合。

关于党员教育的方式方法，要通过基层党校轮训这一对党员进行教育的主要阵地，认真总结经验，在巩固、提高和充分发挥作用上下功夫；定期上好党课；坚持民主评议党员的制度；严格党的组织生活，实行党员目标管理，搞好经常性的党内活动；围绕两个文明建设开展各种活动，如党员联系户、党员责任区、党员义务服务、党群共同致富等；电化教育形象直观，感染力强，应继续用好这种手段，做好党员教育工作；运用大众传播媒介和各种社会教育手段，开展党员教育。文件还强调要加强对党员教育工作的引导和组织，并指出：加强和改进党员教育，必须全党动手；要搞好党员教育教材的选编工作；要妥善解决党员教育经费；要建设一支素质较高的精干的党员教育干部队伍。

4月25日—30日

国家教委主任朱开轩在上海考察教育工作，就高等教育布局结构调整、高校马列主义理论与思想政治教育“两课”改革和基础教育等有关问题进行调查研究。

5月

5月4日

为纪念五四运动75周年，共青团中央在人民大会堂隆重举行“中国青年志愿者授旗仪式”，中共中央政治局常委、全国人大常委会委员长乔石，中共中央政治局委员、中央书记处书记丁关根出席并授旗，共青团中央书记处第一书记李克强主持仪式。授旗仪式上，乔石发表讲话指出，当代青年继承“五四”光荣传统，就是要坚持党的基本路线，弘扬时代精神，勇敢肩负起跨世纪的历史责任；青年志愿者行动要适应我国发展社会主义市场经济的需要，适应建设社会主义精神文明的需要，适应培养跨世纪一代新人的要求。他希望全党和全社会都要从战略高度出发，支持各级团组织开展工作，支持青年志愿者行动。参加授旗仪式的首批8支青年志愿者服务队，是由中央国家机关、北京市等单位的团组织围绕帮助贫困地区脱贫致富而组建的，即日起相继奔赴重点贫困地区。

同日，共青团北京市委在天安门广场人民英雄纪念碑南侧举行“首都万名青年入团宣誓”仪式暨“五四”表彰大会。在共青团中央书记处书记刘鹏的领誓下，万名新团员面对人民英雄纪念碑进行了庄严的宣誓。当日，全国百万青年“五四”宣誓入团。至此，全国团员总数达5800万。

5月6日

《邓小平著作选读(青年读本)》出版发行。中宣部、共青团中央在人民大会堂举行座谈会。共青团中央向全国团组织发出通知，要求各级团组织把学习《邓小平著作选读(青年读本)》作为对团干部进行政治理论培训和对青年进行思想政治教育的重要内容。

5月9日

中国教育学会在北京召开“学习《邓小平文选》第三卷，加强和改进学校德育，培养社会主义接班人”座谈会。座谈会上，代表们分别就邓小平同志关于培养社会主义事业接班人有关论述的重大意义，在发展社会主义市场经济形势下，学校德育工作面临的新情况、新问题，如何加强和改进学校德育工作等问题进行了研究和探讨。张承先会长在总结讲话时指出，加强和改进学校德育工作，培养社会主义接班人，是关系到建设有中国特色社会主义兴衰成败的重大问题，现在，摆在我们面前的任务就是要狠抓落实，解决具体问题。如：在内容改革方面，要以邓小平同志建设有中国特色社会主义理论为指导，集中国力制定出适应中国国情和当代青少年特点的德育大纲，编写出一套好的教材；在方法改革方面，总结推广好的德育工作经验，把德育工作搞得生动活泼，让学生喜闻乐见、入耳入脑；在队伍建设方面，要加强对学校德育工作者的培训和提高。

5月14日

焦裕禄同志纪念馆落成暨焦裕禄同志铜像揭幕仪式在河南省兰考县举行。中共中央总书记江泽民为纪念馆题写馆名。中共中央政治局常委、中央书记处书记胡锦涛为纪念馆落成剪彩并为焦裕禄铜像揭幕。江泽民题词：“向焦裕禄同志学习，全心全意为人民服务。”李鹏题词：“让焦裕禄精神更加弘扬光大。”乔石题词：“学习焦裕禄同志，廉洁自律，勤政为民。”李瑞环题词：“学习焦裕禄，尽心为人民。”刘华清题词：“以焦裕禄同志为榜样，永远做人民公仆。”胡锦涛代表中共中央委员会向焦裕禄墓献了花圈。

6 月

6 月 10 日

国家教委印发《关于加强普通高等学校教学工作的意见》，指出，生产实习和社会实践是贯彻教育与生产劳动相结合的方针，促进学生德、智、体全面发展的重要教学环节，在任何情况下都必须坚持。无论校外或校内的社会实践活动，都要坚持把育人作为根本目的，加强对学生的思想教育，认真执行教学计划，不断改进教学效果。学风是影响人才基本素质的重要因素，要始终把学风建设作为高等学校的一项基本建设，作为培养人才的一项根本任务，在经济体制转轨过程中，尤其要对学风问题给予特殊的关注。要注意加强思想教育，使学生树立科学的世界观、人生观、价值观及正确的学习目的，净化校园环境，倡导健康的校园文化，形成良好的学习氛围，以严明的纪律和制度规范学生的学习行为，强化干部、教师教书育人的意识，以自身的严谨作风为学生树立典范。

6 月 14 日—17 日

中共中央、国务院在北京召开改革开放以来第二次全国教育工作会议。会议的主要任务是，以邓小平同志建设有中国特色的社会主义理论和党的基本路线为指导，贯彻党的十四大和十四届三中全会精神，进一步落实教育优先发展的战略，动员全党全社会认真实施《中国教育改革和发展纲要》，为实现 20 世纪 90 年代我国教育改革和发展的任务而奋斗。

14 日，中共中央总书记江泽民作了题为《振兴民族的希望在教育》的重要讲话。他强调指出，各级各类学校都要全面贯彻党的教育方针，坚持社会主义办学方向，努力培养德、智、体全面发展的“四有”新人。要针对改革和建设过程中出现的新情况、新问题，不断加强和改进学校的思想政治工作和政治课教育。要加强对学生进行马克思列宁主义、毛泽东思想基本理论特别是邓小平同志建设有中国特色社会主义理论的教育，加强党的基本路线教育，加强爱国主义、集体主义、社会主义思想的教育，加强中国近代史、现代史和国情的教育，加强我国优秀文化传统和革命传统的教育。要通过总结经验、改进教学方法，使各级各类学校的政治课上得更好。加强理论教育、思想教育和政治工作的目的，就是要引导和帮助青年学生树立正确的世界观、人生观、价值观，打下科学理论的基础，确立为建设有中国特色社会主义而奋斗的政治方向。这样才能增强青少年抵制错误思潮和拜金主义、享乐主义、极端个人主义等腐朽思想侵蚀的能力。

李鹏总理作了题为《动员起来，为实施〈中国教育改革和发展纲要〉而努力》的报告，他强调面对新的形势和要求，必须切实加强党的领导，加强和改进学校德育工作，积极探索新形势下德育工作的新思路；要用通俗易懂的方式向学生讲解马克思主义理论，进行毛泽东思想特别是邓小平同志建设有中国特色社会主义理论的教育，进行爱国主义、集体主义、社会主义思想教育，进行中国历史特别是近代史、现代史教育和国情教育，进行中华民族传统美德教育、革命传统教育和法制教育；要教育学生树立科学的世界观、正确的人生观和高尚的道德情操，以及民族自尊、自信、自强的精神；帮助学生增强抵制剥削阶级腐朽生活方式的能力，使中华民族传统美德和光荣革命传统能结合时代精神在青年一代身上发扬光大；德育要根据形势发展的要求和学生各个阶段身心发展的特点来进行，对中小学生，重点进行文明礼貌、遵纪守法、公民义务和基本道德规范教育，对高中生和大学生，要简明扼要地讲授马克思主义的基本观点，学习毛泽东同志的重要哲学著作，学习邓小平同志建设有中国特色社会主义的理论。

17 日，国务院副总理李岚清在闭幕式上代表党中央、国务院作总结讲话。关于切实加强和改进学校德育工作，李岚清指出，在加强爱国主义、社会主义、集体主义教育的同时，还要把邓小平同志建设有中国特色社会主义理论编成教材来教育青年；要重视中华民族优良道德传统的教育；开展国情教育要重点进行活的形势教育；要重视美育；要进行遵纪守法和做好一个好公民的教育，特别是宪法的教育。

7月

7月2日

首都大学生科技文化志愿服务团出发仪式在中央民族大学举行。与此同时，在天津南开大学敬业广场、上海外滩陈毅广场，也分别举行了大中专学生志愿服务队启程仪式。自此，“万支大学生志愿服务队暑期科技文化行动”拉开序幕。

7月3日

国务院发出《关于〈中国教育改革和发展纲要〉的实施意见》，明确强调要切实加强党对教育工作的领导，大力加强和改进德育工作。文件指出，要组织师生认真学习马列主义、毛泽东思想，特别是邓小平同志建设有中国特色社会主义的理论；进一步加强党的基本路线教育和爱国主义、集体主义、社会主义思想教育，进行中国历史特别是近代史、现代史教育和国情教育、法制教育，进行中华民族传统美德和革命传统教育，培养和造就德、智、体全面发展的“四有”新人。文件还强调，要遵循青少年和儿童思想品德形成发展的规律与社会发展的要求，科学地规划大、中、小学德育的目标、内容和实施途径，加强整体衔接。对中学高年级和大学的学生要简明扼要地讲授马克思主义的基本观点，组织学生认真学习毛泽东同志的重要哲学著作，特别是学习邓小平同志建设有中国特色社会主义理论；要加强学校党的建设，发挥学校党组织的政治特长，形成学校教育、社会教育、家庭教育更加紧密结合的新格局。文件还指出，各级各类学校都要进一步贯彻教育与生产劳动相结合的方针，采取多种形式促进学校教育与社会的紧密结合。要把劳动教育列入教学计划，逐步做到制度化、系列化。社会各方面要积极为学校进行劳动教育提供场所。

7月7日—11日

国家教委关心下一代工作委员会(以下简称“关工委”)、地矿部教育司和吉林省教委在长春联合召开全国部分高校关心下一代工作经验交流会。在新形势下如何坚持社会主义意识形态的主导作用，用马列主义、毛泽东思想和邓小平建设有中国特色社会主义理论教育学生成为大会的主题。会议介绍和推广了长春地质学院关工委指导该院马列主义毛泽东思想学习研究会学习马列主义理论的经验。国家教委关工委名誉会长何东昌在会上做了总结发言，强调高校关工委工作的重点是配合党团组织开展思想政治教育工作。在教育和引导大学生树立坚定正确的政治方向与科学的世界观、价值观及人生观方面，要因地制宜、因人而异地开展形式多样的教育活动。高校关工委要组织离开工作第一线的老同志，发挥他们政治强、熟悉历史、懂教育的优势，教育引导青年教师、大学生学马列，坚持走与工农相结合的道路。要结合历史和国情教育，结合改革开放的实际，开展形式多样、生动活泼的爱国主义教育和中华传统美德教育。

7月17日—20日

国家教委在清华大学召开高校“两课”教学改革试点工作会议。国家教委副主任张孝文到会并做了总结讲话，就“两课”的地位和作用、“两课”的目标、“两课”的内容，以及教改试点工作的有关问题提出了意见。关于“两课”在学校中的地位和作用问题，张孝文指出，“两课”是高校思想政治教育的主要阵地和主要渠道，是社会主义学校的本质特征之一，是每个学生必修的基础课程。张孝文认为，江泽民同志在全国教育工作会议上的讲话中非常明确和完整地表达了“两课”教育、思想教育和学校政治工作的目标，即三个方面：一是要引导和帮助青年学生树立正确的世界观、人生观、价值观，打下科学理论的基础；二是引导和帮助青年学生确立为建设有中国特色社会主义而奋斗的政治方向；三是增强青年学生抵制错误思潮和拜金主义、享乐主义、极端个人主义等腐朽思想侵蚀的能力。他还认为，李鹏同志在全国教育工作会议上的讲话中指出的“对高中生和大学生，要简明扼要地讲授马克思主义的基本观点，学习毛泽东同志的重要哲学著作，学习邓小平同志建设有中国特色社会主义的理论”，就是“两课”核心内容的明确表述。他还就关于特色理论教育与课程建设的关系问题、关于学习马克思主义基本理论教育“要精要管用”的问题、关于思想教育课程问题、关于教学时数问题、关于试点和面上工作的关系问题，以及关于试点工作的领导和试点方案的审批问题等提出了指导性意见。

7 月 30 日

《中国教育报》报道，全国高校第五届马克思主义原理教学研讨会近日在华中理工大学举行。与会代表们认为，马克思主义原理课要克服“只讲理论，不联系实际做分析”和“只讲实际问题，不讲基本原理”两种倾向，着力改革马克思主义理论教学内容和教学方法，寻找马克思主义理论教学的科学系统性与现实针对性的结合点，善于运用马克思主义的立场、观点和方法，对大学生思想中的深层问题和所关注的热点问题，进行分析与引导，增强马克思主义理论教学的说服力与感染力。科学地、贴切地运用《邓小平文选》第三卷的理论硕果，进一步改进和深化马克思主义原理课的教学，结合改革开放以来我国社会主义现代化建设的伟大实践来学习中国特色社会主义理论，这是高校马克思主义原理课教学改革的一项紧迫任务。大家还着重围绕当前在高校如何让建设有中国特色社会主义理论进课堂、进教材等问题，进行了交流和讨论。

8 月

8 月 23 日

中共中央印发《爱国主义教育实施纲要》。文件指出，在新的历史条件下，继承和发扬爱国主义传统具有十分重要的现实意义。文件共分八个部分。关于爱国主义教育的基本原则，文件指出，爱国主义教育必须以邓小平同志建设有中国特色社会主义理论和党的基本路线为指导；开展爱国主义教育的目的，是要振奋民族精神，增强民族凝聚力，树立民族自尊心和自豪感，巩固和发展最广泛的爱国统一战线；爱国主义教育必须坚持重在建设的方针；爱国主义教育必须坚持对外开放的原则；爱国主义教育必须突出时代特征。关于爱国主义教育的主要内容，文件指出，要进行中华民族悠久历史的教育；要进行中华民族优秀传统文化教育；要进行党的基本路线和社会主义现代化建设成就的教育；要进行中国国情的教育；要进行社会主义民主和法制教育；要进行国防教育和国家安全教育；要进行民族团结教育；要进行“和平统一、一国两制”方针的教育。文件还指出，爱国主义教育的重点是青少年。爱国主义教育是全民教育，重点是广大青少年；学校是对青少年进行教育的重要场所，要把爱国主义教育贯穿到幼儿园直至大学的教学、育人全过程中去，特别要发挥好课堂教学主渠道的作用；机关、企事业、乡村等基层单位直接负有培养社会主义“四有”新人的责任，要特别重视和加强对青年干部、职工、农民的爱国主义教育，把这项工作列为创建文明单位、文明村镇活动的重要内容；城镇的街道居民委员会，农村的村民委员会，各级工会、共青团、妇联等人民团体，要重视发挥家庭在青少年教育中的特殊作用，把热爱祖国作为开展五好家庭、文明家庭活动和文明市(村)民教育的重要内容；要针对青少年的特点，注意运用影视、书刊、音乐、戏剧、美术、故事会等形式，为广大青少年提供丰富、生动的爱国主义教材。文件还对搞好爱国主义教育基地的建设、创造爱国主义教育的社会氛围、提倡必要礼仪、增强爱国意识、大力宣传爱国先进典型以及加强对爱国主义教育的领导等方面进行了总体性部署。

8 月 31 日

中共中央颁布《关于进一步加强和改进学校德育工作的若干意见》，指出，要整体规划学校的德育体系；以邓小平建设有中国特色社会主义理论作为学校马克思主义理论教育的中心内容；深入持久地进行爱国主义、集体主义和社会主义思想教育；开展中华民族优良道德传统的教育；要增强适应时代发展、社会进步，以及建立社会主义市场经济体制的新要求和迫切需要的素质教育；德育工作要与关心指导学生的学习、生活相结合，与加强管理相结合；进一步发挥全体教职工的育人作用；按照不同学科特点，促进各类学科与课程同德育的有机结合；重视校园文化建设；加强实践环节；学校教育、家庭教育、社会教育紧密结合；完善德育工作管理体制；推动思想政治教育的科研与学科建设；加强德育队伍建设；保证经费投入，改善物质条件；充分发挥学校党组织和工会、共青团、少先队、学生会等组织的作用；运用法律武器保护青少年健康成长；学校德育工作要有法律保障；加强各地党委、政府对学校德育工作的领导。

9 月

9 月 3 日

国家教委主任朱开轩来到北京外国语大学作形势报告。他指出，大学教育是人生接受正规教育的最高层次，要为走向社会尽可能好地打下牢固的素质基础，其中包括：良好的政治素质，即深刻理解中国社会向何处去，学习并掌握建设有中国特色社会主义的理论，坚持“一个中心，两个基本点”的基本路线永远不动摇；优秀的思想素质，即做人处事，道德高尚，待人宽厚，严于律己，淡泊明志，宁静致远，走同人民群众相结合的道路；扎实的专业素质，即深度与广度并举，知识与能力并重，理论与实践结合，博览群书，精益求精，保持永不疲倦的刻苦学习精神；强健的身心素质，即坚持锻炼，科学用脑，每个人都要立志为祖国健康工作和服务 50 年。

9 月 15 日

共青团中央印发《关于认真学习贯彻〈爱国主义教育实施纲要〉的意见》，指出，在新的历史条件下，坚持不懈地对青少年进行爱国主义教育，引导他们树立正确的理想、信念、人生观、价值观，构筑起牢固的精神支柱，努力成长为适应跨世纪发展需要的一代新人，是摆在共青团面前的一项具有战略意义的重要任务。要抓好文件学习，领会精神实质。要把爱国主义教育作为共青团和青年工作中的基础性教育内容来抓，采取多种形式，认真组织广大团员青年尤其是团的干部和青少年思想教育工作者学习《爱国主义教育实施纲要》精神，重点领会和掌握文件中提出的基本原则、主要内容、重点对象以及一系列具体措施，把爱国主义教育同青少年的学习、工作、生活紧密结合，融会贯通到团的各项工作和活动之中，使爱国主义教育具体化、有形化。

9 月 16 日

国家教委等部门召开贯彻落实《中共中央关于进一步加强和改进学校德育工作的若干意见》座谈会。国务院副总理李岚清出席座谈会并讲话，他指出：教育和培养好青少年学生，是建设有中国特色社会主义伟大事业的奠基工程。学校德育工作事关国家和民族的未来，各级党委和政府要加强对学校德育工作的领导，各级教育部门和学校要抓紧对《中共中央关于进一步加强和改进学校德育工作的若干意见》的学习与宣传，并认真研究，制定规划，扎实工作，总结交流这方面好的经验，使之提出的各项任务逐一落实，使这项基础工程能更好地为培养优秀跨世纪人才和提高广大劳动者素质作出贡献。要遵循青少年学生思想品德形成的规律和社会发展的要求，根据德育工作的总体目标，科学规划各教育阶段的具体内容、实施途径和方法。在进行政治理论教育过程中，要向学生简明而准确地讲授马克思列宁主义的基本观点和毛主席的著作，特别要教育他们学习邓小平同志建设有中国特色社会主义理论，这要成为中心内容。要采取有效措施和生动活泼的形式加强对所有学生进行爱国主义、中国近代史和现代史教育，要加强以形势教育为主要内容的国情教育，把学生培养成关心祖国、热爱祖国、愿为祖国和人民无私奉献的爱国者。在进行爱国主义教育的同时，还要开展中华民族优良传统美德的教育，使他们成为继承和发扬优良传统的有文化素养、有高尚道德的公民。

9 月 19 日

国家教委发出《关于学习贯彻〈中共中央关于进一步加强和改进学校德育工作的若干意见〉的通知》。通知指出，这份文件是新形势下学校德育工作的纲领，是加强和改进学校德育工作的指南。文件精神的贯彻落实对于全面贯彻教育方针，推动《中国教育改革和发展纲要》的实施，进一步加强和改进学校德育工作，培养合格的社会主义事业建设者和接班人，促进全社会的精神文明建设具有重大的现实意义和深远的历史意义。

同日，全国教育系统学习《邓小平文选》和建设有中国特色社会主义理论研讨会在中山大学举行。此次研讨会围绕全面深入地理解邓小平同志关于社会主义本质的思想及其理论、实践意义，我国建立和发展社会主义市场经济体制所面临的主要理论问题与实践问题，精神文明建设在有中国特色社会主义事业中的重要地位以及邓小平同志关于有中国特色社会主义教育理论的基本内容及其对我国教育改革和发展的重要指导意义等问题进行了深入、广泛的研讨。国家教委副主任张孝文同志出席会议开幕式并讲话。他指出，建设有中国特色社会主义理论第一次比较系统地回答了中国这样的经济文化比较落后的国家如何建设社会主义、如何巩固和发展社会主义的一系列基本问题，用新的思想、观点，继承和发展了马克思主义；教育系统的理论工作者要认真领会邓小平同志的教育思想，结合教育工作的实际，推动有中国特色社会主义教育理论的研究，促进我国教育事业的发展。

9 月 20 日

共青团中央颁布《关于授予杨强、廖强和同志"见义勇为青年英雄"称号，进一步深化学习徐洪刚活动的决定》，号召广大团员青年学习杨强、廖强和同志的英雄事迹，学习他们热爱党和人民，报效祖国，为团旗增光添彩的崇高品德，学习他们以英雄徐洪刚为榜样，见义勇为，舍己为人，不怕牺牲的英雄气概。同时要求各级团组织进一步组织团员青年和青年志愿者，积极参与社会治安综合治理，广泛开展为见义勇为英雄及其家属送温暖、献爱心活动，促进英雄为人民、人民爱英雄的良好社会氛围的形成。共青团中央决定，建立见义勇为青年英雄表彰制度，及时表彰那些事迹特别突出、在较大范围内产生重大社会影响、受到省级以上表彰命名的见义勇为青年英雄。共青团中央要求各级团组织要注意发现、大力宣传、及时表彰见义勇为青年英雄。

9 月 22 日

共青团中央、全国学联联合颁布《关于成立中国大中学生志愿服务总队的决定》。文件中说，为充分发挥大中学生志愿者的作用，推动志愿服务经常化，逐步形成机制，推动青年志愿者活动深入发展，共青团中央、全国学联决定成立中国大中学生志愿服务总队，作为组织高等院校和中等学校学生志愿服务队从事社会志愿服务的全国协调性组织。总队由共青团中央指导，全国学联具体领导。首批加入总队的大中学生志愿服务队共 203 支。中国大中学生志愿服务总队将在制定长远规划、确定重点项目、协调区域整合、拓宽工作领域、落实重点任务、加强志愿服务队建设等方面，发挥对全国大中学生志愿服务活动的协调与引导作用；同时，通过就近组织和参与跨地区乃至国际志愿活动，为社区建设、扶贫开发、抢险救灾、文化教育事业发展、重点工程建设以及大型社会活动等公益事业提供服务，以倡导爱国奉献、团结互助、见义勇为的精神，推动社会保障事业的发展，推动社会主义市场经济发展和社会主义精神文明建设，培养和提高青年学生成为跨世纪社会主义事业建设者和接班人的全面素质。

同日，共青团中央、全国学联在北京师范大学举行中国大中学生志愿服务总队成立大会。总队队长由全国学联主席杨岳担任，总干事长由全国学联秘书长金东担任。大会发表了《中国大中学生志愿服务总队九月宣言》。中宣部等 9 个有关部委的领导出席了大会。联合国开发计划署为大会发来贺电，共青团中央书记处第一书记李克强在会上指出，要加快机制建设的步伐，让更多的人加入志愿者的行列，逐步形成具有中国特色的青年志愿服务体系。

9 月 23 日

国家教委发出《关于贯彻〈爱国主义教育实施纲要〉的通知》，指出，爱国主义历来是动员和鼓舞中国人民团结奋斗的一面旗帜，是推动我国社会历史前进的巨大力量，是全国各族人民共同的精神支柱。爱国主义教育是学校德育的重要内容，在新的历史条件下，加强爱国主义教育，继承和发扬爱国主义传统，对于培养广大青少年学生爱国主义情感和报效祖国的精神，激励学生为中华崛起而刻苦学习，确立为建设有中国特色社会主义而奋斗的政治方向，具有重大的意义。要以《爱国主义教育实施纲要》为指导，深入开展爱国主义教育，进一步发挥课堂教学主渠道的作用；要进一步完善升降国旗，重要集会唱国歌，在重要节日加强爱国主义教育，在校内公共场所和有关课堂悬挂中华杰出人物画像等制度；大、中、小学都要积极开展爱国主义教育的课外教育活动；要继续与有关部门、团体相配合，加强校外爱国主义教育基地的建设，继续组织编写(摄制)分别以大、中、小学生为对象的，弘扬爱国主义精神和祖国优秀传统文化的课外书籍和音像制品；在对高等学校的检查、评估和对中小学的教育督导中，要把爱国主义教育是否落实列为主要内容之一，确保爱国主义教育落到实处，收到实效。

9月28日

中国共产党第十四届中央委员会第四次全体会议通过《关于加强党的建设几个重大问题的决定》，要求学校党的建设要围绕学校的改革和发展，加强和改进德育工作，培养有理想、有道德、有文化、有纪律的社会主义事业的建设者和接班人来进行。

10月

10月8日

中共中央政治局委员、国务院副总理李岚清来到北京科技大学和北京航空航天大学视察、座谈。李岚清强调指出，各高等学校都要采取有效措施，抓紧贯彻《中共中央关于进一步加强和改进学校德育工作的若干意见》和十四届四中全会的文件，切实加强高校党的建设和思想政治工作。他还指出，建设好一支优秀的教师队伍，是办好高等教育的关键，学校领导一定要下大力气抓好教师队伍特别是教师后备队伍的建设。

10月20日

《中国教育报》报道，“中国世纪之路·国情百年爱国主义教育工程”将于11月开始实施。此项工程以中宣部近期颁布的《爱国主义教育实施纲要》为指导纲领，以百年历史教科书为线索，将近百年来中国人民为推翻旧制度、创建新中国而艰苦奋斗、顽强拼搏的历程中所涌现出的人、事，以“百”为计量单位，选出“百年百杰”“百年百事”“百年百业”“百年百战”“百年百艺”等，以全面、鲜明的形式推向社会，树立爱国主义教育的典范。为持久有效地进行爱国主义教育，这一工程将以中华民族20世纪奋斗之路为主线，结合上述典范，采用现代科技手段，在北京建成占地面积约3000亩的“中国世纪之路”，作为爱国主义教育基地。

10月24日

国家教委印发《关于高校马克思主义理论课和思想品德课教学改革的若干意见》(以下简称《意见》)，对“两课”教学的重要意义、现实需要、根本原则、中心内容、根本目标、主要内容、课程体系、教学方法改进的新形式和新途径、战略任务、科学研究和学科建设、领导保障等方面内容进行了规定。

关于“两课”教学的重要意义，《意见》指出，对青年学生系统进行马克思主义基本理论教育和思想品德教育，是社会主义大学的本质特征之一。高校“两课”是高校思想理论教育的主要渠道和主要阵地，是每个大学生的必修课程，“两课”教学为培养德、智、体等方面全面发展的社会主义事业的建设者和接班人，发挥了不可替代的功能和重要的作用。《中共中央关于进一步加强和改进学校德育工作的若干意见》《爱国主义教育实施纲要》和全国教育工作会议的有关文件，阐明了学校德育工作面临的新形势和新要求，有力地推动了学校的德育工作，为我们深入进行“两课”教学改革和建设指明了方向。

《意见》强调，“两课”教学需要深化改革。在世界风云变幻，国际竞争日趋激烈，科学技术迅速发展的形势下，在改革深化，开放扩大，尤其是建立社会主义市场经济体制及以公有制和按劳分配为主体，其他多种经济成分和分配方式并存的社会环境里，怎样帮助青年学生认清人类历史的走向和社会主义发展的前景，使他们确立坚定正确的政治方向，提高贯彻执行党的基本路线的自觉性，树立马克思主义的世界观、人生观、价值观，培养良好的道德品质，成为社会主义事业的建设者和接班人，这是“两课”教学需要研究解决的新情况和新问题。近年来，高校“两课”教学改革和建设已取得了积极的进展，但是当前在思想认识、教学内容和方法、学科建设、政策保障，尤其是师资队伍建设等方面，都还不能完全适应形势发展的新要求。继续抓好“两课”的教学改革和建设不仅是必要的，而且是十分紧迫的。

《意见》指出，“两课”教学改革应当遵循理论联系实际的根本原则。要对青年学生的思想状况做出科学的分析，运用社会主义现代化建设和改革开放丰富生动的实践，讲授马克思主义的基本原理，努力回答学生普遍关注的重要理论和实践问题；要正确把握青年学生的思想特点和心理、生理发展的特点，遵循教育的规律，简明扼要、通俗易懂、生动活泼地进行教学，着力引导他们领会马克思主义的精神实质，掌握马克思主义的立场、观点和方法，提高教学的说服力和有效性。

《意见》要求，“两课”教学要以邓小平同志建设有中国特色社会主义理论为中心内容，进一步加强马克思主义教育。党的十四大强调，建设有中国特色社会主义理论，是当代中国的马克思主义，是指引我们实现新的历史任务的强大思想武器；学习马克思列宁主义、毛泽东思想，中心内容是学习建设有中国特色社会主义理论。“两课”教学及其改革的主要任务就是要进一步加强马列主义、毛泽东思想，特别是邓小平同志建设有中国特色社会主义理论的教育。要以《邓小平同志建设有中国特色社会主义理论学习纲要》为教学纲要，把邓小平同志建设有中国特色社会主义理论编成教材，进入课堂，用以教育武装青年学生，为他们今后投身于建设有中国特色社会主义的宏伟事业奠定扎实的思想理论基础。

《意见》强调，要进一步明确“两课”教学的根本目标和主要内容。“两课”教学的根本目标，是引导和帮助学生树立马克思主义的世界观、人生观、价值观，确立为建设有中国特色社会主义而奋斗的政治方向，增强抵制错误思潮和拜金主义、享乐主义、极端个人主义等腐朽思想侵蚀的能力。“两课”教学及改革要紧紧围绕这一根本目标深入进行，其主要内容是：进行马列主义、毛泽东思想和建设有中国特色社会主义理论的教育，特别是要帮助学生掌握建设有中国特色社会主义理论这一当代中国的马克思主义的基本观点和科学体系，指导学生学习运用马克思主义的理论和方法去认识和分析现实问题；进行以中国革命史为中心的近现代历史教育、优秀革命传统教育和国情教育，培养和弘扬民族自尊、自信、自强的爱国主义情感和艰苦奋斗精神；进行以人生观、价值观、道德观为核心的思想品德教育，包括进行中华民族优秀道德传统教育和职业道德方面的教育，使学生树立高尚的理想情操和培养良好的思想品德，树立体现中华民族特色和时代精神的价值标准和道德规范；进行法制教育，增强学生的法制观念和法律意识；适时地和经常地进行形势政策教育；进行世界政治经济与国际关系基本知识的教育，帮助学生开阔视野，使他们在对外开放的环境下有坚定的立场和较强的适应能力。

《意见》要求，通过教学改革，逐步形成结构合理、功能互补的“两课”课程体系。目前，四年制本科马克思主义理论教育仍设置马克思主义基本原理课程、有中国特色社会主义建设课程、中国革命历史课程；思想品德教育仍设置思想道德修养课程、法律基础课程和形势与政策教育课程。文科类专业还应开设世界政治经济与国际关系课程，有条件的理工农医院校和专业可列入选修课。还应有针对性地进行职业道德方面的教育。综合大学和师范院校的人文社会科学理论专业、思想政治教育专业和财经政法、民族类院校的课程设置，可与本专业基础课程统筹考虑，做必要的调整。二年制和三年制大专，应分别各开设二至三门马克思主义理论教育课程和思想品德教育课程。与实行每周五天工作制的教学计划相适应，“两课”的教学时数要做适当调整。四年制本科马克思主义理论课的教学时数，文科类不少于250学时，理工农医类不少于200学时；三年制大专文理科均不少于150学时，二年制不少于100学时。四年制本科思想品德课的教学时数为教学计划内不少于85学时；专科不少于68学时；实行学分制的学校，应合理确定上述各门课程的学分，切实保证规定的学时。形势与政策课程可以不占教学计划内学时，利用政治学习时间，采取专题或讲座的形式，集中或分散安排教学，平均每周不少于1学时，并要作为必修课列入教学计划。其他层次和类型的教学可参照执行。硕士和博士研究生的思想理论教育应有更高的要求，要根据他们的特点，结合所学专业，帮助学生进一步树立正确的信念和高尚的理想情操，提高马克思主义理论水平和理论思维能力，并用以指导科学研究。要继续开好原定的课程并保证相应的学时。在开设好“两课”必修课的前提下，可根据学生特点和师资条件，逐步开设相关的人文社会科学类选修课程，使之与“两课”教学相互配合，更好地适应新时期培养合格人才的要求。国家教委和有条件的省、自治区、直辖市高教主管部门，要选定并直接指导少数基础较好的学校按照“两课”改革的基本精神，在课程设置、教学内容、教学方法等方面进行比较系统的改革，并及时总结、吸纳试点工作的经验，指导面上的工作。要深入调查研究，听取教师意见，认真总结十年课程改革和建设的基本经验，积极稳妥地推进课程改革。争取1997年形成全国高校“两课”新的教学方案，把“两课”教学改革和建设进一步引向深入。

《意见》指出，要努力改进教学方法，积极探索在新形势下有效进行思想理论教育的新形式和新途径。教师应深入地了解和分析学生的思想状况、普遍关注理论和实际问题，有针对性地进行教学。要努力丰富教学环节，活跃教学气氛，启发学生思考，指导学生阅读重要原著，精心设计和组织课堂讨论，调动学生学习的积极性，引导学生学习和运用马克思主义的基本理论和方法，明辨是非，寻求问题的答案，增强分析和解决问题的能力。要配合教学组织必要的参观、考察和利用假期进行社会调查等活动，使学生在接触社会实际中接受教育。要鼓励和组织教师开展课外教学、支持和指导学生骨干和积极分子开展课外理论学习。要充分利用影视资料，开展电化教学，有关部门要组织制作配合课程教学使用的电视教学片。要不断改进和完善考试方法，着重考查学生对所学内容的理解、接受程度和实际运用能力以及思想、政治和品德方面的表现。

《意见》强调，抓好师资队伍建设是“两课”改革和建设的一项紧迫的战略任务。推动教学改革加强学科建设的主要依靠和基本保证，在于培养和建设一支坚信马克思主义，政治上与党中央保持高度一致，有扎实的马克思主义理论基础和一定的科研能力、比较丰富的人文社会科学知识和必要的自然科学基础知识以及一定的思想政治教育经验、献身思想理论教育事业的教师队伍。国家教委和省、自治区、直辖市教育部门，要制定“两课”师资培养的长远规划，采取切实措施提高教师队伍政治、业务素质，逐步实行师资的规范要求。要拓宽培养师资的渠道，注意选拔优秀的大学生和政工干部，经过培训，充实“两课”教师队伍。要建立相应的培训体制，采取脱产进修、在职培训、挂职锻炼等形式，抓紧中青年骨干教师和“两课”教学部门负责人的培养。要加强有关“两课”的硕士和博士研究生教育，培养和造就一批出色的“两课”教师、德育专家和理论家，特别要注意跨世纪优秀人才的培养。政治和业务素质好、身体健康的老教师如确实工作需要，可通过放宽退休年龄限制和返聘等方式，继续发挥他们在课程建设和培养青年教师等方面的作用。要根据学科建设、教材建设和骨干队伍长远建设的需要，有计划地组织部分优秀教师参加多种形式的考察、讲学、研修。思想品德课还要充分发挥兼职教师的作用，通过岗前培训、教学研讨等形式，提高兼职教师的教学质量，并逐步形成一套规范的兼职教师的管理办法。要建立表彰奖励制度，增强“两课”教师队伍的事业心和使命感，并使他们的工作得到社会的高度尊重。各级教育部门和高校要切实采取措施，改善“两课”教师的工作和生活条件。“两课”教师编制，应考虑“两课”教学工作的特点，给予充分的保证。在校内课时酬金分配等问题上，要保证“两课”教师的待遇不低于或略高于校内其他任课教师的平均水平。要采取切实可行的措施和办法，使“两课”的教师职务评聘有利于教师贯彻理论联系实际的方针，做到教书育人。考虑到历史的原因，对1966年以前毕业的教师的外语要求可适当放宽。各省、自治区和直辖市及高等学校教师职务评审委员会应考虑到“两课”的特点设立相应的学科评议组，应注意吸收符合条件的“两课”教师作为评审委员会成员。在确定“两课”教师职务岗位设置时，应与校内师资、任务等情况类似的其他专业(学科)教研室(部)相当。

《意见》要求，应进一步推动“两课”的科学研究和学科建设。要把马克思主义理论教育和思想政治教育作为人文社会科学的重点学科加以建设，把“两课”作为学校的重点课程加以建设。要把课程建设和教学中的重要的理论和实际问题作为重要课题，列入国家教育科学研究规划和高校人文社会科学研究规划。各级教育部门和高校对

"两课"有关教学、科研活动以及参加社会调查所需的经费要单设项目，列入预算，足额拨付，逐步增加。

《意见》强调，各级教育部门和高等学校党政领导都要高度重视和切实加强对"两课"教学改革和建设的领导。要认真贯彻执行中央关于"两课"教学的方针、政策和国家教委有关加强和改革马克思主义理论和思想品德教学工作的有关意见，认真落实关于教学内容、课程安排、必要学时以及师资队伍建设的有关规定。要在党委统一领导和部署下，建立和完善校长及行政系统为主实施的管理体制。学校党委和行政领导要定期研究"两课"教学工作，大力推动和指导教学改革，协调有关职能部门给予积极支持和配合，切实解决"两课"教学工作和师资队伍建设中存在的问题和实际困难。提倡和鼓励高校党政领导兼教一门思想理论教育课。有条件的地区和高校可逐步建立由省、自治区、直辖市教育部门领导或高校有关领导、专家、教授参加的"两课"教学指导工作制度。要把"两课"教学的状况作为评估学校工作和各级领导干部工作实绩的重要条件，作为学校办学水平和"211 工程"评估的标准之一。

11 月

11 月 2 日

中共中央办公厅转发中宣部、中组部关于学习《邓小平文选》第一卷、第二卷的通知。通知要求各级党委要把第一卷、第二卷、第三卷作为一个整体来学习。通知还强调在学习中，要围绕什么是社会主义、怎样建设社会主义这个基本问题，深刻理解邓小平建设有中国特色社会主义理论的由来、形成和发展；要认真研读原著，掌握精神实质，把握理论的科学体系，理论联系实际，统一全党思想，坚持党的基本路线一百年不动摇。11 月 3 日，《邓小平文选》第一卷、第二卷第二版出版发行。

11 月 18 日—21 日

全国学校德育工作座谈会在山东省济南市举行。会议交流了落实《中共中央关于加强和改进学校德育工作的若干意见》精神的情况，并就《全国高校德育工作大纲》《中小学德育大纲》进行了研究，提出了修改意见。国家教委副主任张孝文到会讲话。他指出，深化改革，扩大开放，建立和发展社会主义市场经济体制，给学校培养人才的思想道德和文化素质提出了新的更高的要求，新形势下，学校德育工作的开展面临着更为复杂的环境，任务更为艰巨。因此，提高对加强和改进学校德育工作的重要性、紧迫性的认识，切实发挥德育工作的导向、动力、保证作用尤为重要。要在总结过去经验的基础上，对学校德育工作进行整体规划，从制定和修改学校德育大纲入手，规划德育体系；要抓好高校"两课"和中小学思想政治课和思想品德课的教学改革；要把邓小平建设有中国特色的社会主义理论作为高校马克思主义理论课的中心内容。高校的政治课要为实现教育和引导青年学生确立为建设有中国特色社会主义而奋斗的政治方向，引导和帮助青年学生树立正确的世界观、人生观打下科学理论基础，增强青年学生抵制错误思想侵蚀的能力。各级各类学校都要树立全员育人的意识，特别要倡导教师为人师表。要加强社会、家庭、学校教育的密切配合。讲话还涉及德育工作的体制、队伍等问题。

11 月 21 日

全国党史研究室主任会议、中国中共党史学会第四届理事会议在北京举行。中共中央政治局常委、中央书记处书记胡锦涛在讲话中强调，党史工作是党的一项重要工作，要充分发挥其以史鉴今、以史育人的作用。他指出，我们党历来十分重视党史工作和对党的历史经验的研究，并把它视为关系党的巩固、发展和人民事业取得胜利的一项重要工作。党的十一届三中全会以来，我们的各项工作之所以进展得比较顺利，我们的经济建设之所以能够取得举世瞩目的成就，我们在世界形势发生重要而复杂的变动时之所以能够经受住严峻的挑战，在一定程度上是与我们党认真总结历史经验、正确汲取经验教训分不开的；正确地对待历史，善于总结经验，这是一个郑重的马克思主义政党成熟的重要标志；中国共产党的历史是一座丰富的精神宝藏，广大党史工作者担负着以史育人的重大责任。他要求，各省、自治区、直辖市党委要进一步加强对党史工作的领导，从本地实际出发，认真做好健全机构、稳定队伍、充实力量、提高素质等工作。

12 月

12 月 7 日—9 日

全国高校思想政治教育研究会第四届代表大会暨 1994 年年会在广州市举行。会议围绕以下几个专题进行研讨：(1)邓小平德育思想是新时期德育工作的指导思想。与会代表一致认为，邓小平有关德育工作的一系列科学论述，是他建设有中国特色社会主义理论的重要组成部分，是对毛泽东德育思想的继承、发扬和创新，是新时期学校德育工作的指导思想。(2)把爱国主义教育渗透到教学、生活的各个领域。代表们一致认为，爱国主义教育是学校德育工作的重要方面。大力加强爱国主义教育不仅是坚持社会主义办学方向的要求，也是当代青年学生健康成长的要求。(3)要重视加强中华民族优良道德传统的教育。代表们一致认为，中华民族优良的道德传统是我们的宝贵精神财富，开展优良道德传统教育对加强高校德育工作具有十分重要的意义。(4)采取多种措施建设好一支德才兼备的青年教师队伍。代表们认为，青年教师是跨世纪的教师，培养跨世纪的社会主义事业接班人的重任主要由他们承担，这决定了青年教师思想政治工作的重要性。因此，要重视对青年教师思想政治状况的研究，并采取切实有效的措施，加强思想政治工作。

12 月 14 日—17 日

中宣部、中共中央党校、中共中央文献研究室、中国社会科学院、国家教委、中国人民解放军总政治部联合在京召开学习《邓小平文选》和建设有中国特色社会主义理论研讨会。中共中央政治局常委、中央书记处书记胡锦涛在研讨会开幕大会上发表重要讲话。他指出，用邓小平同志建设有中国特色社会主义理论武装全党是一项长期的战略任务，必须把这一理论的学习、研究和宣传广泛深入地开展起来、坚持下去；重点要继续抓好县以上领导干部的培训和各级党委中心组的学习，抓好广大党员的学习，抓好知识分子特别是社会科学界知识分子的学习，抓好青年的学习；理论宣传和研究要加大力度，坚持面向实际，实事求是地回答实践提出的问题，回答得越清楚、越透彻、越有说服力，它的作用就越大，也越易于使人们认识到理论的正确和学习的必要；各级党委要加强领导，要理解和爱护理论工作者，关心他们政治上、业务上的进步，帮助他们解决学习、工作和生活中的困难；要加强理论队伍的建设，特别要注意发现、培养、使用中青年优秀理论人才，努力建设一支积极研究和宣传建设有中国特色社会主义理论的跨世纪的理论队伍。

12 月 30 日

国家教委办公厅颁发《关于加强高等学校校园秩序管理的通知》。文件指出，各地教育部门和高校的领导要提高对加强高校校园秩序管理工作重要性的认识；高校要加强对校内各类娱乐服务设施的管理，规范各类娱乐、服务活动；学校举办的各类公司实体及活动、租房办厂等行为不能影响和妨碍正常的教学、科研、生活秩序；对校园内未经学校允许和批准开办的娱乐、服务设施，创办的公司实体，以及虽经批准，但从事不正常、不健康经营活动的娱乐、服务设施和公司实体，学校要坚决予以取缔，对有关责任者视情况予以处理；要加强对外来人员的管理，严格进出校门制度。

1995年

1月

1月7日—10日

中组部、共青团中央在辽宁省鞍山市联合召开"加强在青年中发展党员暨深化'推优'工作座谈会"。中组部副部长虞云耀，共青团中央书记处第一书记李克强、常务书记刘鹏到会讲话。会议总结交流了近几年来发展优秀青年入党和深化"推优"工作的经验，分析研究了当前工作中存在的问题，讨论修改了《关于进一步加强在青年中发展党员工作的意见》和《关于深入开展推荐优秀团员作党的发展对象工作的通知》两个文件。来自全国各地的党的组织部门和共青团组织系统的代表参加了会议。3月21日，中组部印发《关于进一步加强在青年中发展党员工作的意见》，具体包括了五个部分，分别是：充分认识加强在青年中发展党员工作的重要性和紧迫性；当前和今后一个时期在青年中发展党员工作的指导思想与基本要求；抓住关键环节，采取得力措施；坚持党员标准，确保新党员质量；切实加强对发展党员工作的领导和具体指导。抓紧抓好对要求入党的青年积极分子的培养教育，及时地把那些具备党员条件的先进青年吸收到党内来，是加强党的自身建设、提高党的战斗力的需要；是培养跨世纪的社会主义事业接班人，坚持党的基本路线一百年不动摇的需要；是保证党领导的社会主义事业后继有人、兴旺发达的需要。加强在青年中发展党员的工作，要注意研究新情况、解决新问题，认真做好以下几方面工作：大力加强和改进党的基层组织建设，不断提高基层党组织的战斗力、凝聚力和吸引力；强化对青年的培养教育，不断壮大入党积极分子队伍；支持和指导共青团组织积极开展推荐优秀团员作党的发展对象的工作；注意做好入党积极分子在流动过程中的培养衔接工作；重视在新经济组织中发展党员特别是发展青年党员的工作。要正确理解和掌握新时期发展党员的标准，注意考察发展对象有无坚定的社会主义、共产主义信念，是否是坚决贯彻执行党的基本路线，献身改革开放和现代化事业，诚心诚意为人民谋利益，带领群众为经济发展和社会进步做出实绩的先进分子；要坚持个别吸收的原则，成熟一个，发展一个；要加强宏观指导，正确地制订和实施发展党员工作计划。

1月10日—12日

全国教育系统首届邓小平建设有中国特色社会主义教育理论研讨会在首都师范大学举行。全国高校、教科所等单位的50多位专家、学者就邓小平关于教育思想的战略地位、人才观、德育观等问题交流了研究成果。

1月16日

国家教委召开1995年教育工作电话会议。国家教委主任朱开轩作重要讲话，强调要进一步加强和改进学校党建和德育工作。他指出，各级教育行政部门和各级各类学校，都必须把党的十四届四中全会决定、中共中央《爱国主义教育实施纲要》和中共中央《关于进一步加强和改进学校德育工作的若干意见》这三个文件作为新时期指导学校德育工作的纲领性文件，采取多种形式，开展生动活泼的学习和教育活动；要同学习、研究、宣传邓小平同志建设有中国特色社会主义理论密切结合起来，紧紧围绕全党全国工作大局，正确理解和全面把握中央关于改革和建设的大政方针；要结合纪念抗日战争和反法西斯战争胜利50周年的各项活动，大力开展爱国主义教育；1995年，国家教委将会同有关部门召开第五次全国高校党建和学校德育工作会议，并将下发《高校德育大纲》《关于高校马克思主义理论课和思想政治教育课教学改革的若干意见》等配套文件；将组织有关部门整体研究并规划学校德育体系，修改并正式颁布中小学德育大纲，对大中小学德育衔接工作进行专题研究，开展试点；要进一步提高教师队伍的政治素质与思想素质，教育广大教师关心、爱护学生，为人师表，教书育人；要着力提高学生的心理素质，培养他们不怕挫折的奋进精神。

1月16日—21日

全国宣传部长会议在北京召开。19日，中共中央总书记江泽民在中南海与出席全国宣传部长会议的同志座谈时指出：1995年宣传思想工作的基本要求是全面贯彻党的十四大和十四届三中、四中全会精神，贯彻1994年全国宣传思想工作会议精神，坚持以邓小平同志建设有中国特色社会主义理论为根本指针，以科学的理论武装人，以正确的舆论引导人，以高尚的精神塑造人，以优秀的作品鼓舞人，巩固已有成果，加强薄弱环节，提高工作水平，充分发挥党的宣传思想工作的政治优势，努力为改革和建设提供有力的思想保证和良好的舆论环境。江泽民强调，用邓小平同志建设有中国特色社会主义理论武装全党，这是一项根本任务。中央一贯强调加强爱国主义、集体主义、社会主义教育，要把这种宣传教育坚持下去，搞得更好，就需要把它同正确的世界观、人生观、价值观的宣传教育有机结合起来，引导人们树立崇高的理想和信念，正确处理个人、集体、国家的利益关系，决不允许“人为财死、鸟为食亡”、金钱至上等拜金主义、极端个人主义泛滥起来，毒害人民。要切实重视宣传思想工作队伍的建设，不断提高这支队伍的政治业务水平，努力培养一批全面掌握建设有中国特色社会主义理论、学贯中西、联系实际的理论家，一批坚持正确方向、深入反映生活，受到群众喜爱的名记者、名编辑、名主持人，一批熟悉方针政策、社会责任感强、精通业务知识的出版家，一批紧跟时代步伐、热爱祖国和人民、艺术水平精湛的作家、艺术家。

1月18日

国家教委印发《1995年工作要点》，要求认真贯彻落实中共中央《关于进一步加强和改进学校德育工作的若干意见》和中央关于加强高等学校党建工作的有关文件，大力推动学校的党建工作和德育工作；研究制定相应的配套文件；加强高校马克思主义理论课和思想政治教育课的教学改革；结合纪念抗日战争和反法西斯战争胜利50周年，深入开展爱国主义教育活动。

1月26日

共青团中央颁布《关于命名建立第二批“全国青少年教育基地”的决定》，命名建立雨花台烈士陵园、侵华日军南京大屠杀遇难同胞纪念馆、重庆歌乐山烈士陵园、攀枝花钢铁公司、华东革命烈士陵园、中国甲午战争博物馆、西柏坡党中央住址旧址、冉庄地道战遗址、瑞金革命纪念馆、共青垦殖场、辽沈战役纪念馆、刘胡兰纪念馆、大别山革命纪念馆、雷锋纪念馆、辛亥革命武昌起义纪念馆、红安革命传统教育基地、虎门炮台、宁波市镇海口海防遗迹、古田会议会址、六盘山长征纪念亭、黎平会议会址、东北抗联史迹纪念馆、东北烈士纪念馆、宋氏祖居、兰州八路军办事处纪念馆、玉门市铁人王进喜事迹纪念馆、江孜抗英遗址、乌鲁木齐烈士陵园、昆明市聂耳墓等29个教育基地为第二批“全国青少年教育基地”。文件指出，各地团组织要以此为动力，继续加强对青少年教育基地的开发、利用、建设和管理工作，切实将基地建设成为新时期青少年思想教育的重要阵地和有效载体，进一步推进跨世纪青年文明工程和跨世纪青年人才工程。

2月

2月14日

中宣部、全国人大内务司法委员会、共青团中央、国家教委、司法部联合发出《关于1995年度实施“保护明天行动”的意见》。

3 月

3 月 1 日

李岚清副总理到清华大学为全校学生作形势报告，就我国的经济形势、面临的问题和对策以及培养高素质人才等问题做了阐述。

同日，中宣部、国务院办公厅、共青团中央在京联合召开“弘扬雷锋精神广泛开展志愿行动”座谈会。座谈会上，作为全国几十万支志愿者服务队和广大青年志愿者的先进代表，北京师范大学白鸽青年志愿者服务队队员陈颖介绍了他们深入山西沁源等贫困山区义务扫盲支教的过程；广州市残疾青年杨志勇“片片亲情暖我心”的发言讲述了200多名大学生助他鼓起生命风帆，义务辅导他自学的感人故事。

3 月 2 日—6 日

国家教委在厦门大学召开“特区思想政治工作”课题组会议。

3 月 5 日—18 日

第八届全国人民代表大会第三次会议在北京举行。会议通过了《中华人民共和国教育法》，决定自1995年9月1日起施行。《中华人民共和国教育法》第五至第六条规定：“教育必须为社会主义现代化建设服务，必须与生产劳动相结合，培养德、智、体等方面全面发展的社会主义事业的建设者和接班人。国家在受教育者中进行爱国主义、集体主义、社会主义的教育，进行理想、道德、纪律、法制、国防和民族团结的教育。”

3 月 20 日

国家教委在京召开关心下一代工作表彰电话会。全国教育系统在关心下一代工作中做出优异成绩的81个先进集体和251位先进个人受到了表彰。国家教委副主任张孝文代表国家教委党组作了重要讲话。他指出，教育部门各级党政领导应重视和调动这支力量，把“关工委”的工作列入议事日程，保证“关工委”工作的正常运转，解决好“关工委”开展工作所必需的人、财、物，为他们创造必要的条件。

4 月

4 月 6 日

中宣部、国家教委、共青团中央联合发出《关于表彰1994年暑期高等学校学生社会实践活动先进集体和颁发社会实践活动组织工作奖的决定》，表彰先进集体307个，组织工作奖(单位)20个。

4 月 9 日

由中组部、北京市委和国家教委共同组织的孔繁森事迹报告会在北京大学礼堂举行。国家教委副主任张天保主持报告会并在报告会结束时作了讲话。他指出，孔繁森同志胸怀壮志，全心全意为人民服务，鞠躬尽瘁，政绩显著，深受各族人民的拥护和爱戴，是新时期党员、领导干部的楷模；我们教育战线的领导、教职工和学生，要向孔繁森同志学习；在人生旅途上面临抉择时把党和人民群众的需要作为第一选择；无论是在什么地方，无论在什么岗位，都脚踏实地，艰苦奋斗。只有这样的人生才是有价值的人生。希望通过这次报告会，在教育战线掀起学习孔繁森同志的热潮，以孔繁森同志的精神来推动我们的工作，激励广大学生为社会主义现代化事业努力学习，奋发向上。

4 月 11 日

《中国教育报》报道，国家教委近日就教育战线开展纪念中国抗日战争和世界反法西斯战争胜利50周年活动做出部署。要求各级教育部门和各级各类学校，抓住抗日战争和世界反法西斯战争胜利50周年这个契机，对广大学生进行一次深入的爱国主义教育，使广大学生了解法西斯侵略战争给世界人民带来的巨大灾难和世界人民为反法西斯侵略所付出的巨大牺牲，增强维护世界和平、反对霸权主义的观念；了解当年日本军国主义疯狂侵略中国的滔天罪行和中华民族浴血抗战的光辉业绩，增强居安思危的忧患意识，继承和发扬不畏强暴、敢于反抗外来压迫的光荣传统，树立民族自尊心、自信心和民族自豪感；了解和宣传中国共产党及其领导的抗日根据地军民是全民族团结抗战的中流砥柱，继承和发扬自力更生、艰苦奋斗、团结统一、全心全意为人民服务的延安精神，在新的历史条件下为振兴中华、建设有中国特色的社会主义国家而努力奋斗。国家教委还强调指出，在开展这项活动中，要充分地发挥学校的主导作用，做到课内外、校内外相结合，多渠道、多方式地开展教育活动；要根据学生的不同层次，注重教育的针对性和教育活动的实际效果，避免形式主义，防止加重学生负担；要因地制宜，充分利用教学主渠道和当地的条件进行教育，防止照本宣科、空洞说教；活动中要注意安全。

4月13日

爱国主义专题片《中华魂》在清华大学举行首映式。国家教委电化教育委员会和共青团中央宣传部联合发出通知，向全国推荐该片。

4月14日—19日

全国教育科学“八五”规划重点课题、哲学社会科学“八五”规划国家重点研究课题“高等学校德育大纲研究”研讨会和结题会在四川联合大学举行。

4月20日

共青团中央下发《关于开展向孔繁森同志学习活动的通知》。文件指出，全体共青团干部，特别是团的各级领导干部向孔繁森同志学习，就是要学习他顾全大局，以党和人民利益为重的坚强党性；学习他勤政为民、恪尽职守的敬业精神；学习他清正廉洁无私奉献的高尚品德；学习他拼搏进取、艰苦奋斗的优良作风。要进一步树立崇高的理想信念和正确的世界观、人生观和价值观，时刻牢记并努力实践党的全心全意为人民服务的宗旨，不断增强建设有中国特色社会主义的历史使命感和责任感，为了党的事业和人民群众的利益，勇于拼搏，甘于奉献。要教育广大共青团干部，继承和发扬党的优良传统和作风，自觉抵制拜金主义、个人主义和腐朽生活方式以及各种不正之风的侵蚀，在改革开放形势下经受考验，为团员青年做出表率。

4月22日

中共国家教委党组颁发《关于教育战线开展向孔繁森同志学习活动的通知》。该文件指出，教育战线开展向孔繁森同志的学习活动，要同深入学习邓小平同志建设有中国特色社会主义理论结合起来，同贯彻落实党的十四届四中全会精神结合起来，进一步推动中共中央《关于进一步加强和改进学校德育工作的若干意见》和《爱国主义教育实施纲要》的贯彻落实；要以孔繁森同志的事迹为生动教材，引导广大党员特别是领导干部进一步确立艰苦奋斗、廉洁奉公，全心全意为人民服务的宗旨，在广大教职员工中大力倡导恪尽职守、兢兢业业，为祖国教育事业默默奉献的敬业精神，教育和引导广大党员干部、教职员工特别是青年学生树立正确的世界观、人生观和价值观；要通过向孔繁森同志的学习活动，使广大教职员工自觉抵制拜金主义、个人主义和腐朽生活方式及各种不正之风的侵蚀，进一步振奋精神，提高信心，增强凝聚力，同心同德，为实现《中国教育改革和发展纲要》提出的教育发展的任务和目标，为我国教育事业的改革和发展作出贡献。

5月

5月8日—10日

全国高校共青团培养跨世纪青年人才座谈会在上海市华东师范大学举行。70多所高校近百位团干部，围绕“跨世纪青年人才”这个时代主题进行了广泛的交流和研讨。共青团中央书记处书记袁纯清指出，要重点抓好优秀大学生的培养，使这项工作成为高校团工作中一个新的生长点、支撑点和制高点。他要求进一步加强高校思想政治、社会实践、科技文化及课外培训活动，把“爱国、学习、实践、成长、跨世纪”作为青年大学生的行动口号，推动广大青年学生早日成才。研讨会最后达成共识：21世纪是以高科技为特征、以人才为核心的综合国力竞争时代，作为培养优秀人才重要摇篮的高校，共青团组织要将大学生普遍素质的提高和优秀大学生的培养作为工作的出发点和落脚点，并以此带动高校共青团工作的改革和发展，从而确立面向 21 世纪的工作新格局。

5 月 10 日

中共中央发出《关于印发〈邓小平同志建设有中国特色社会主义理论学习纲要〉的通知》，要求：各级党委要进一步贯彻《中共中央关于学习〈邓小平文选〉第三卷的决定》，组织干部认真深入研读邓小平同志的原著，把“纲要”的学习纳入建设有中国特色社会主义理论的学习计划；通过学习，掌握建设有中国特色社会主义理论的精神实质，增强坚持党的基本路线的自觉性和坚定性，更好地服从和服务于全党全国工作的大局，紧密团结在以江泽民同志为核心的党中央周围，为建设有中国特色社会主义的宏伟事业努力奋斗。

6 月

6 月 2 日

国家教委发出关于贯彻落实《中共中央关于印发〈邓小平同志建设有中国特色社会主义理论学习纲要〉的通知》的通知。

6 月 14 日

北京隆重举办首都大学生纪念中国人民抗日战争胜利 50 周年《黄河大合唱》万人演唱会。

6 月 29 日

国家教委办公厅颁发《关于“两课”学时调整意见的紧急通知》。文件指出，四年制本科马克思主义理论课的教学时数，文科类不少于 250 学时，理工农医类不少于 200 学时；三年制大专文理科均不少于 150 学时，二年制不少于 100 学时。实行完全学分制的学校，马克思主义理论课的学分，可根据新的教学管理规定，保证理工农医类不少于 12 学分，文科类不少于 15 学分。文件还指出，四年制本科法律基础课程和思想道德修养课程教学时数为教学计划内不少于 85 学时，专科不少于 68 学时；实行完全学分制的学校，这两门课至少安排 5 学分，形势与政策课程可以不占教学计划内学时，利用政治学习时间，平均每周不少于 1 学时，并要作为必修课列入教学计划：硕士和博士研究生的思想理论教育，仍继续开好原定的课程并保证相应的学时。

7 月

7 月 1 日

中宣部、国家教委、共青团中央发出《关于 1995 年暑期高等学校学生社会实践活动的意见》，指出，为了引导广大学生正确认识我国经济和社会发展的全局，尤其是正确认识当前改革取得的伟大成就与存在的一些问题、矛盾，加强对党和政府采取的一系列方针政策的理解和认同，进一步增强广大学生振兴中华、奋发成才的责任感和使命感，各地、各高校要组织好 1995 年的暑期社会实践活动。要注意引导青年学生正确认识改革开放和社会主义现代化建设对人才素质提出的全面要求，鼓励他们珍惜党和国家提供的良好的学习条件，抓住宝贵的发展机遇，不断提高自己的综合素质，把自己锻炼成为跨世纪的合格人才。本着“受教育、长才干、做贡献”的原则，各地、各高校要进一步加大社会实践在教育中所占的比重，把社会实践作为锻炼和提高学生综合素质的一个重要途径，同时争取把社会实践纳入正常的教学、教育计划，要认真总结经验，积极探索新形势下社会实践活动的新形式、新方法。1995 年重点组织“中国大中学生志愿者扫盲与科技文化服务行动”。

7 月 10 日—13 日

中组部、中宣部、中共国家教委党组在京联合召开第五次全国高校党建工作会议。会议的主要任务是加强高校领导班子建设，推动高等教育事业的发展。10 日，国家教委主任朱开轩作了题为《加强高校领导班子建设，进一步推动高等教育事业改革和发展》的报告，强调加强高校领导班子建设是进一步发展高等教育事业的关键。他还就高校党委当前要着重抓好的几项工作指出：第一，制定好学校改革和发展“九五”规划，并抓紧实施，提出要把党的建设、思想政治工作和德育工作纳入学校改革和发展的总体规划，一并实施。第二，组织学校党员、干部和广大师生员工深入学习邓小平同志建设有中国特色社会主义理论。第三，进一步贯彻落实中央有关加强德育工作的文件精神。近期的工作重点有两项：一是按照中共中央《关于进一步加强和改进学校德育工作的若干意见》的精神，建立和完善党委统一领导下校长及行政系统为主实施的德育管理体制，二是继续推进马克思主义理论课和思想品德课教学改革。第四，认真加强学校基层党组织的工作，包括加强党总支、党支部的建设；加强对党员干部、教师的思想政治教育；积极慎重地做好在青年教师和大学生中发展新党员的工作；加强党政管理干部队伍建设。13 日，李岚清副总理在讲话中强调，在当前形势下，学校不仅要教给学生现代科学知识和文化，更要引导和教育学生有高尚的情操和正确的人生观、价值观，有为国为民的崇高理想和社会责任感；高校党建工作首先要抓好党的领导班子建设，必须坚持用邓小平同志建设有中国特色社会主义理论重点武装好领导干部，特别是在提高思想理论素养上下功夫，正确选人和用人；高校党建工作要针对新情况、新问题，改进学校的德育工作，要建立和完善党委统一领导下校长及行政为主实施的德育管理体制，领导干部要起模范带头作用；各级党委和高校要进一步重视政工队伍建设，切实解决他们的工资待遇及在工作和生活中存在的实际问题；各省、自治区、直辖市党委对高校和高校党建工作的领导只能加强不能削弱，并把这一工作作为地方党委主要领导干部任期目标和政绩考核的重要标准。

7 月 18 日—22 日

中华全国青年联合会第八届委员会第一次会议和中华全国学生联合会第二十二次代表大会在北京举行。党和国家领导人江泽民、李鹏、乔石、李瑞环、刘华清、胡锦涛、荣毅仁等出席了大会开幕式。

7 月 18 日，胡锦涛代表党中央、国务院作了题为《为开创中华民族全面振兴的新世纪贡献青春智慧和力量》的祝词。胡锦涛强调，实现中华民族全面振兴需要青年一代树立远大理想。广大青年一定要继承和发扬爱国主义的光荣传统，进一步了解历史认识国情，树立民族自信心和自豪感，促进民族团结，维护祖国尊严，坚持祖国利益高于一切，坚定不移地走有中国特色社会主义的道路。实现中华民族全面振兴需要青年一代脚踏实地奋斗。当代青年要学习前辈艰苦创业精神，兢兢业业，埋头苦干，把远大抱负落实到实际行动中，到基层去，到艰苦的地方去，到改革开放和现代化建设最需要的地方去建功立业，在为国家发展和民族振兴的奋斗中实现自己的人生价值。实现中华民族全面振兴需要青年一代努力发奋成才。广大青年要深入学习邓小平同志建设有中国特色社会主义的理论，不断提高自身素质和解决实际问题的能力；要树立正确的世界观、人生观、价值观，自觉抵御拜金主义、享乐主义和极端个人主义等腐朽思想的侵蚀；要努力掌握现代科学技术知识和文化知识，完善知识结构，提高劳动技能，为迎接新世纪科技革命的挑战打下坚实基础；要坚持与工农群众相结合，与社会实践相结合，不断从中汲取营养，培养品质，磨炼意志，增长才干，使自己成为社会主义现代化建设和未来社会发展需要的合格人才。胡锦涛还对青联、学联以及各级党委政府提出了要求。

7 月 19 日，清华大学学生杨岳代表全国学联第二十一届委员会作了题为《高举建设有中国特色社会主义的伟大旗帜，在跨世纪的历史进程中奋发成才》的工作报告。报告强调，广大青年学生要勇敢地肩负起跨世纪的历史重任，要有振兴中华的使命感，要有从我做起的责任感，要有只争朝夕的紧迫感。广大青年学生要坚定地走建设有中国特色的社会主义的道路，大力弘扬爱国主义精神，用建设有中国特色社会主义理论武装自己，以实际行动积极促进改革、发展和稳定，做有中国特色社会主义事业勇敢的建设者。报告还号召广大青年学生要努力成为推进科教兴国的生力军，掌握先进的科学文化知识，培养创新意识和创造能力，为抢占 21 世纪科学技术的制高点奠定基础；面向经济建设主战场，注重科技与经济的紧密结合，培养把科学技术转化为现实生产力的能力；提高道德素养，更新思想观念，塑造与科技进步和社会发展相适应的精神世界；投身科教兴国的伟大实践，走与实践相结合、与工农相结合的成长道路，全面提高自身素质。

7 月 20 日，国务院副总理李岚清在中南海同出席全国学联二十二大的部分代表座谈。他希望青年学生把祖国的命运和个人的前途结合起来，树立正确的人生观、价值观，在跨世纪的历史进程中奋发成才。

7 月 19 日

国务院办公厅转发国家教委《关于深化高等教育体制改革的若干意见》。这份文件提出，要着重抓好高等教育管理体制的改革。其目标是，争取到 2000 年或稍长一点时间基本形成举办者、管理者和办学者职责分明，以财政拨款为主，多渠道经费投入，中央和省、自治区、直辖市人民政府两级管理、分工负责，以省、自治区、直辖市人民政府统筹为主，条块有机结合的体制框架。

7 月 21 日—22 日

中共中央政治局委员、国务院副总理李岚清在陕西视察工作期间，到革命圣地延安，亲切看望了正在这里参加暑假大学生延安“窑洞大学”和进行志愿者扫盲与科技文化服务行动的大学生。在与大学生座谈中，李岚清指出，延安精神是非常丰富的，我们应在学习和实践中努力理解它、掌握它，真正把它印入到我们的脑子里去；为人民服务、自力更生、艰苦奋斗、创业图强，跟改革开放并不矛盾；不同时代的青年，有不同时代的特点，具体的历史使命也不完全相同，但是正确的人生观、正确的价值观、爱国主义、热爱社会主义中国，这些是共同的。李岚清在讲话中还希望来延安“窑洞大学”学习的大学生们，第一是要把在延安感受到的延安精神带回去，发扬光大；第二是要把延安精神通过自己的体会，加以总结(他指出，延安精神其中有一条，就是知识分子与工农结合，对人民群众要有深厚的感情，脑子里处处想到人民)；第三是要对建设有中国特色的社会主义充满信心。

8 月

8 月 4 日

国家教委思想政治教育司举办的“高校学工部(处)长研讨班”在京开班。国家教委党组成员朱新均参加了开班典礼并讲话。他指出，新形势、新任务对高校思想政治工作提出了新的要求，并对德育工作者自身素质提出了更高的要求；德育工作者要深入学习邓小平同志建设有中国特色社会主义理论，贯彻落实中共中央《关于进一步加强和改进学校德育工作的若干意见》《爱国主义教育实施纲要》和 1995 年的高校党建和德育工作会议精神，推动高校德育工作上新的台阶；要把树立正确的世界观、人生观作为思想政治教育的根本问题来抓，树立正确的世界观、人生观的关键是学习、掌握马列主义、毛泽东思想和邓小平同志建设有中国特色社会主义理论；要树立共产主义的远大理想，要有坚定正确的政治方向，弘扬爱国主义、集体主义的主旋律。

8 月 6 日

中共中央军委副主席张震会见由北京大学、复旦大学、上海交通大学、浙江大学等几十所高等院校 22 名大学生组成的大学生纪念抗日战争胜利 50 周年采访团。在会见中，张震指出：要实现四个现代化的宏伟目标，要培养一代跨世纪的优秀青年人才，靠什么作为精神动力？靠民族自尊心，靠历史责任感，靠爱国主义精神，靠革命的理想信念。他希望青年人牢记历史，继承和发扬革命前辈热爱祖国、热爱人民的优良传统，按照邓小平同志向青年提出的做“四有”新人和以江泽民同志为核心的党中央领导集体对青年人的要求去做，自觉挑起建设富强、民主、文明的社会主义国家的历史重任，在建设有中国特色社会主义的事业中，向祖国和人民交出出色的答卷。

8 月 12 日

国家教委在京举办高校马列(社科)部主任讲习班。国家教委党组成员朱新均在开班典礼上强调指出，要清醒地认识马克思主义理论教育面临的新情况和新问题，紧紧围绕树立正确的世界观、人生观、价值观这一“两课”教学的根本目标，用建设有中国特色社会主义理论教育和武装学生，更好地贯彻理论联系实际的根本原则，积极推动马克思主义理论课的教学改革和建设，把改革和建设结合起来。要把理论课的师资队伍建设作为一项战略任务抓紧抓好，建立起培训体制和网络，培养和造就一批德育专家、教授、理论家。各级教育行政部门和高校党政领导要切实加强对“两课”教学改革的领导和支持。

9月

9月10日

国家教委主任朱开轩、副主任柳斌、党组成员朱新均在天津分别召开座谈会，就教育投入、师资队伍、教育和育人环境、加强校长队伍建设以及高校思想政治工作等问题，与参加教师节庆祝活动的全国优秀教师、优秀校长和优秀思想政治工作者进行座谈。

9月20日—22日

国家教委在武汉华中理工大学举行“加强高校文化素质教育试点工作研讨会”，旨在全面贯彻党的教育方针，提高高等教育的人才培养质量。来自北京大学、清华大学等多所高校的校领导、教务处长共100多人参加了会议。与会代表研讨了加强文化素质教育的重要意义，交流了各校近年来开展这一工作的情况和经验。国家教委专职委员、高教司司长周远清到会并作了总结发言。他指出，加强文化素质教育是当前世界各国高等教育改革、发展中探寻的一个热点，加强文化素质教育是为了进一步探索人才培养模式。

10月

10月12日

国家教委、共青团中央联合发出《关于表彰全国“三好学生”、“优秀学生干部”、“先进班集体”的决定》，决定对在争当“三好学生”、创“先进班集体”活动中成绩优异、事迹突出的207名三好学生、93名优秀学生干部和200个先进班集体予以表彰，并授予清华大学孙勤芳等10名同学“全国三好学生标兵”、北京大学戚立峰等3名同学“全国优秀学生干部标兵”、同济大学桥梁工程系桥梁专业92班等10个班“全国先进班集体标兵”的荣誉称号。

10月24日

国家教委印发《关于高校马克思主义理论课和思想品德课教学改革的若干意见》，围绕“两课”教学改革，从10个方面进行了说明：第一，阐发了“两课”教学的重要意义。对青年学生系统进行马克思主义基本理论教育和思想品德教育，是社会主义大学的本质特征之一。高校“两课”是高校思想理论教育的主要渠道和主要阵地，是每个大学生的必修课程，“两课”教学为培养德、智、体等方面全面发展的社会主义事业的建设者和接班人，发挥了不可替代的功能和重要的作用。第二，从国际国内出现的新情况新问题以及“两课”教学自身存在的问题，指出了“两课”教学需要深化改革。第三，“两课”教学改革应当遵循理论联系实际的根本原则。第四，“两课”教学要以邓小平同志建设有中国特色社会主义理论为中心内容，进一步加强马克思主义教育。第五，进一步明确了“两课”教学的根本目标和主要内容。“两课”教学的根本目标，是引导和帮助学生树立马克思主义的世界观、人生观、价值观，确立为建设有中国特色社会主义而奋斗的政治方向，增强抵制错误思潮和拜金主义、享乐主义、极端个人主义等腐朽思想侵蚀的能力。其主要内容是：进行马列主义、毛泽东思想和建设有中国特色社会主义理论的教育，特别是要帮助学生掌握建设有中国特色社会主义理论这一当代中国的马克思主义的基本观点和科学体系；进行以中国革命史为中心的近现代历史教育、优秀革命传统教育和国情教育；进行以人生观、价值观、道德观为核心的思想品德教育，包括进行中华民族优秀道德传统教育和职业道德方面的教育；进行法制教育；适时地和经常地进行形势政策教育；进行世界政治经济与国际关系基本知识的教育。第六，逐步形成结构合理、功能互补的“两课”课程体系。第七，要努力改进教学方法，积极探索在新形势下有效进行思想理论教育的新形式和新途径。第八，抓好师资队伍建设，培养和建设一支坚信马克思主义，政治上与党中央保持高度一致，有扎实的马克思主义理论基础和一定的科研能力、比较丰富的人文社会科学知识和必要的自然科学基础知识以及一定的思想政治教育经验、献身思想理论教育事业的教师队伍。各级教育部门和高校要切实采取措施，改善“两课”教师的工作和生活条件。第九，进一步推动“两课”的科学研究和学科建设。第十，各级教育部门和高等学校党政领导都要高度重视和切实加强对“两课”教学改革和建设的领导。

11 月

11 月 3 日

国家教委印发《关于进一步改进和加强研究生工作的若干意见》。文件指出，进一步改进和加强研究生德育工作，必须引导研究生认真地学习马克思列宁主义、毛泽东思想，特别是邓小平同志建设有中国特色社会主义理论。要积极进行研究生马克思主义理论与思想品德教育课的改革，围绕掌握科学体系和精神实质来改进教学内容和方法，提高学习的实效。要有效地强化对研究生正确的世界观、人生观、价值观的教育以及爱国主义和中华民族优良道德传统的教育，树立为国为民的崇高理想和社会责任感。要培养研究生艰苦奋斗、开拓创新、团结合作献身事业的精神和严谨的科学学风。要重视发挥导师和学术集体对研究生的思想情操和精神风貌的引导和熏陶作用，关注研究生的全面成长。各培养单位要落实并健全研究生德育工作管理体制。要加强研究生中党团组织的建设，配备得力的专(兼)职工作人员，在机构、组织、人员等方面保障研究生德育工作的实施。各有关中央部委、省级教育(学位)主管部门和培养单位的领导要经常研究在研究生工作中出现的问题，并认真予以解决。要研究和探索研究生教育的规律，不断提高研究生教育管理和领导工作的水平。

同日，国家教委办公厅印发《关于进一步组织高校教师深入学习〈邓小平同志建设有中国特色社会主义理论学习纲要〉的几点意见》，国家教委要求，要进一步调动和增强广大教师学习文件的积极性、主动性和自觉性，把学习不断地逐步引向深入；要切实重视并精心组织安排教师的学习，使学习收到实实在在的效果；各级教育部门和各高等学校要继续认真贯彻落实中央有关精神和国家教委的一系列部署，把组织学习文件作为进一步推动高校教师学习邓小平同志建设有中国特色社会主义理论、加强教师思想政治工作的一项重要任务来抓，认真落实。

11 月 5 日—10 日

全国高校爱国主义教育经验交流暨研讨会在大连舰艇学院举行。会议就爱国主义教育的地位、作用、基本要求以及进行爱国主义教育的有效形式和途径等问题进行了研讨，国家教委党组成员朱新均到会讲话。他指出，要紧密结合高校德育的根本任务开展爱国主义教育，进一步明确大学生爱国的基本要求。大学生爱国，就要在中国共产党的领导下积极投身建设有中国特色社会主义的伟大事业，坚持四项基本原则，坚持改革开放的基本方针；必须坚持独立自主、艰苦奋斗的创业精神，维护祖国的独立、主权、统一、尊严；必须学会正确处理个人与集体、国家的关系，把祖国的利益放在高于一切的地位；必须从现在做起，从小事做起，努力成为德智体全面发展的社会主义事业的建设者和接班人。要把爱国主义教育有机地渗透到学校教育的各个方面，贯穿于德育的全过程。一是把课堂作为进行爱国主义教育的主渠道和基本环节，二是开展丰富多彩的课外活动。要确保高校爱国主义教育落到实处，领导是关键，制度是保证，教师是主力，投入是保障。要狠抓落实，把高校爱国主义教育引向深入。

11 月 7 日

国家教委办公厅印发关于全国普通高等学校马克思主义理论教学以《邓小平同志建设有中国特色社会主义理论学习纲要》(以下简称《纲要》)作为教学纲要的通知。通知指出，全国普通高等学校马克思主义理论教学要把《纲要》作为教学纲要，将《纲要》的学习纳入教学计划，具体要求如下：(1)马克思主义理论教学要认真贯彻落实国家教委《关于高校马克思主义理论课和思想品德课教学改革的若干意见》关于“要以《邓小平同志建设有中国特色社会主义理论学习纲要》为教学纲要”的规定，把这一学习纳入必修课程的教学计划之中，在教学中帮助学生学习好《纲要》，进一步解决好建设有中国特色社会主义理论进入课堂的问题。(2)要认真设计、精心组织好建设有中国特色社会主义理论的教学。要紧密结合我国改革开放和社会主义现代化建设的丰富实践，注意回答学生关注的难点和热点问题，帮助学生认清中国发展的大局，增强坚持党的基本路线的自觉性和坚定性；要把理论教学同帮助学生树立正确的世界观、人生观、价值观紧密地联系起来，增强学生分辨是非、批判和抵制错误观点和剥削阶级腐朽思想影响的能力；要大力改进教学方法，增强说服力和吸引力，把建设有中国特色社会主义理论教学工作提到新水平。(3)各地教育行政部门和各高校的党政负责同志，要切实加强对建设有中国特色社会主义理论教学的领导。

11月15日

中宣部、国家教委、共青团中央联合发出通知，要求各地在“一二·九”运动和“一二·一”运动两个纪念日前后，组织青年学生开展多种形式的纪念活动。通知指出，这次纪念活动总的要求是：以邓小平同志建设有中国特色社会主义理论为指导，在新的历史条件下发扬“一二·九”运动和“一二·一”运动的爱国主义传统，增强广大青年学生的社会责任感和历史使命感，激励他们在跨世纪历史进程中奋发成才。通知要求，各高校党委和共青团、学联基层组织，要利用“一二·九”运动60周年和“一二·一”运动50周年的契机，适当组织一些纪念活动加强对学生的爱国主义教育和形势政策教育。

11月15日—17日

共青团中央在北京召开共青团十三届四中全会。会议的主要任务是以邓小平同志建设有中国特色社会主义理论和党的基本路线、基本方针为指导，研究部署在青年工作中全面贯彻落实党的十四届五中全会精神，动员和帮助广大青年为实现“九五”计划和2010年远景目标艰苦创业，在创业中成才。会议的主要议程是审议通过《关于团结带领广大团员青年为实现跨世纪宏伟目标艰苦创业的决定》和《跨世纪青年人才工程实施纲要》。

15日，共青团中央书记处第一书记李克强同志在会上作了题为《为实现党的跨世纪奋斗目标开发青年人力资源造就青年人才大军》的报告，强调要动员青年为实现党的跨世纪奋斗目标艰苦创业。

17日，中共中央政治局常委、中央书记处书记胡锦涛同志到会发表了《团结带领全国各族青年为实现党的跨世纪宏伟目标努力奋斗》的重要讲话。他指出，今后15年是新旧世纪交替，机遇和挑战并存，是全面实现第二步战略目标并向第三步战略目标迈进，为21世纪中叶基本实现现代化奠定更加坚实基础的重要时期。他强调，实现跨世纪的宏伟目标，就要团结带领广大青年艰苦奋斗，建功立业。各级团组织要引导广大青年自觉站在改革前列，正确对待改革中的利益调整，为深化改革做出积极的努力；要在社会主义精神文明建设中发挥更大作用，引导团员青年积极开展志愿服务和创建文明岗位活动，为建立文明秩序，建设文明环境，开创文明新风作出新的贡献；要继续支持贫困地区的教育事业，大力开展扫除青壮年文盲的活动；要引导团员青年增强民主法制观念，遵纪守法，自觉维护社会稳定。他还强调，培养青年人才，最根本的是要坚持用邓小平同志建设有中国特色社会主义理论武装青年，用爱国主义、社会主义、集体主义思想教育青年，用艰苦奋斗的优良传统和敬业创业精神勉励青年，用高尚的道德情操陶冶青年，帮助青年树立远大的理想和正确的世界观、人生观、价值观，引导青年在实践中增长才干，磨炼意志，展示才华。

11月22日

共青团中央颁发《关于向全国青年见义勇为先进分子学习的决定》。文件指出，广大团员青年要以青年见义勇为先进分子为榜样，学习他们热爱党、热爱祖国、热爱人民的崇高思想；把人民的利益高于一切，国家的利益高于一切作为自己的行动准则，在国家和集体利益、人民的生命财产受到危害的关键时刻，见义勇为，挺身而出，坚决同违法犯罪行为做斗争，不惜用鲜血和生命捍卫国家和人民的利益；学习他们助人为乐、无私奉献的高尚品德，模范遵守社会公德，忠实履行公民的义务和权利。文件要求，各级团组织要大力宣传青年见义勇为先进分子的事迹，通过各种形式积极引导和组织广大青少年向青年见义勇为先进分子学习，做有理想、有道德、有文化、有纪律的社会主义公民；要广泛开展为有困难的见义勇为英雄及其家属志愿服务的活动，解除他们的后顾之忧，推动学英雄、帮英雄、做英雄的良好社会氛围的形成，促进团结、友爱、互助新型人际关系的形成，为建立安全、文明、健康的社会秩序，加强社会主义精神文明建设作出新的贡献。

11 月 23 日

国家教委颁布试行《中国普通高等学校德育大纲》(以下简称《大纲》)。《大纲》由总则、德育目标、德育内容、德育原则、德育途径、德育考评、德育实施七个部分构成。关于德育目标，《大纲》指出，高等学校德育目标是：使学生热爱社会主义祖国，拥护党的领导和党的基本路线，确立献身于有中国特色社会主义事业的政治方向；努力学习马克思主义，逐步树立科学的世界观、方法论，走与实践相结合、与工农相结合的道路；努力为人民服务，具有艰苦奋斗的精神和强烈的使命感、责任感；自觉地遵纪守法，具有良好的道德品质和健康的心理素质，勤奋学习，勇于探索，努力掌握现代科学文化知识。并从学生中培养一批具有共产主义觉悟的先进分子。具体规格要求是：(1)了解中国的历史和国情；(2)正确理解和坚持党的基本路线；(3)树立社会主义民主法制观念；(4)努力学习马克思列宁主义、毛泽东思想和邓小平建设有中国特色社会主义理论；(5)树立以社会主义集体主义为核心的人生观和价值观；(6)树立正确的学习目的；(7)养成高尚的社会主义道德品质和文明行为习惯；(8)努力学习新知识；(9)具备健康、高雅的审美情趣和正确的审美观点；(10)具备良好的个性心理品质和自尊、自爱、自律、自强的优良品格，具有较强的心理调适能力。关于德育内容，《大纲》指出，高等学校德育内容包括：马克思列宁主义、毛泽东思想和邓小平建设有中国特色社会主义理论教育；爱国主义教育；党的路线、方针、政策和形势教育；民主法制教育；人生观教育；道德品质教育；学风教育；劳动教育；审美教育；心理健康教育。关于德育原则，《大纲》指出，高等学校德育原则包括：方向性原则；理论联系实际原则；继承和创新的原则；整体性原则；层次性原则；正面教育为主的原则；教育与管理相结合原则；严格要求与热情关怀相结合原则；教育与自我教育相结合的原则。关于德育途径，《大纲》指出，高校德育途径包括：马克思主义理论课和思想品德课；教书育人、管理育人、服务育人，日常思想教育工作；党团工作和学生会工作；社会实践；校园文化建设。关于德育考评，《大纲》指出，各高等学校应以德育目标和普通高等学校学生行为准则为依据，建立和完善德育考评的指标体系和考评办法，按照思想、政治、品德的分类内容及其标准进行考评；德育考评应坚持实事求是，采用科学方法和技术手段进行整体考核和综合评定，力求客观公正。应当以事实为依据，做到动态考评与静态考评相结合，定性考评与定量考评相结合，全面考评与重点考评相结合，阶段性考评与总结性考评相结合，教师考评与学生考评相结合。在考评过程中，要贯穿教育，注重实效。要激发学生参与的积极性，引导学生自我评价、自我教育。关于德育实施，《大纲》分别从健全领导体制与组织机构、加强德育队伍建设、建立与健全实施德育的规章制度、实施德育的经费及物质保证等方面做了部署。

11 月 24 日

国家教委、共青团中央在人民大会堂表彰300名全国三好学生、优秀学生干部和200个全国先进班集体。李岚清副总理到会祝贺，提出教育部门和共青团组织要按照邓小平同志“三个面向”的教育思想，采取有效措施，推动创“三好”活动扎实、深入地开展下去。

11 月 28 日

由中宣部宣传教育局、国家教委基础教育司、中宣部《时事报告》杂志社组织的百名优秀思想政治课教师评选活动结束之后，中宣部、国家教委有关负责人指出，评选表彰全国百名优秀思想政治课教师活动是落实中共中央《关于进一步加强和改进学校德育工作的若干意见》中提出“建立表彰制度，增强德育队伍的事业心和使命感，并使他们的工作得到社会的高度尊重”的重要举措，体现了党和国家对广大中学思想政治课教师辛勤劳动的充分肯定和尊重。今后，全国百名优秀思想政治课教师评选表彰活动将每两年举行一次。

12 月

12 月 8 日

共青团中央、全国青联、全国学联、北京市团市委联合在北京隆重举行纪念“一二·九”运动60周年、“一二·一”运动50周年大会。中共中央政治局常委、中央书记处书记胡锦涛同志出席大会并作了题为《为实现党的跨世纪宏伟目标艰苦奋斗建功成才》的重要讲话。胡锦涛指出，“一二·九”运动的历史经验昭示我们，青年运动只有始终坚持中国共产党的领导，高举爱国主义旗帜，把握时代脉搏，才能在推动历史发展的进程中始终保持正确的方向。胡锦涛还指出，广大青年和青年学生只有适应时代要求，把个人的理想追求同国家民族的前途命运紧密联系在一起，把个人的奋斗融汇到人民群众实现共同理想的历史创造活动中去，走与实践相结合、与工农群众相结合的成长道路，才能更好地担负起历史赋予的光荣使命。胡锦涛要求，青年和青年学生要坚定理想信念，始终把实现党的跨世纪宏伟目标作为自己的执着追求；要矢志艰苦奋斗，积极为国家的经济建设和社会发展作出贡献；要勤奋学习知识，不断增强建设社会主义现代化强国的过硬本领；要踊跃投身实践，努力在与人民群众相结合的过程中健康成长。

12 月 28 日

国家教委、中央社会治安综合治理委员会办公室、司法部联合印发《关于加强学校法制教育的意见》。文件指出，学校法制教育是学校德育的重要内容，是对学生进行社会主义民主法制教育，培养学生树立社会主义法律意识，增强法制观念的重要途径，是实现依法治国的百年大计。学校法制教育的任务，是通过向学生传授必要的法律基本常识和基础理论知识，使学生对社会主义法律制度有初步的了解和认识，增强法律意识，自觉地遵纪守法。高等学校的学生，要懂得马克思主义法学的基本观点，了解我国宪法和基本法律的主要精神和内容，充分认识加强民主法制建设的重要性、必要性、艰巨性和长期性，增强法制观念和社会责任感，正确行使公民权利，严格履行公民义务，以适应社会主义现代化建设的要求，成为有理想、有道德、有文化、有纪律的专门人才。高等学校法制教育要以培养大学生社会主义法律意识为核心。内容应包括法学基础理论、基本法律知识和法制观念教育。要通过介绍法律产生和发展的基本线索，揭示法律的本质，帮助学生认识法律是阶级社会特有的现象，是统治阶级意志的体现等马克思主义法学的基本观点；通过讲解法律的概念，揭示其特征，帮助学生掌握法律规范和其他社会规范的区别和联系，在思想上树立起法律权威；通过介绍社会主义法制的基本要求，提高学生对加强法制建设重要性的认识，同时理解法制化是一个渐进的过程，社会主义法制建设是一项长期任务。要通过讲解和介绍宪法，使学生了解宪法是民主制度的产物，帮助学生树立正确的权利义务观念，树立国家主人翁意识。还要结合不同专业，有选择地向学生介绍一些部门法，帮助学生了解其立法目的、原则和基本精神，培养学生知法、守法、护法、用法的自觉意识。对学生进行法制教育，要遵循学校教育的规律，充分利用校园这一文化传递空间，发挥各有关课程在进行法制教育方面的作用和功能，使学生在学习文化知识的过程中受到比较系统的法制教育。要以课程教学为主要渠道，形成课内课外、校内校外紧密结合的学校法制教育的网络和体系。文件还指出，要大力加强教师队伍建设，通过专、兼、聘等多种形式，形成一支以少量精干的专职教师为骨干，以有一定水平的兼职教师为主体，同时聘请部分长期从事政法工作和青少年法制教育工作的同志担任校外辅导员的学校法制教育教师队伍。要加强学校法制教育教材和参考资料建设。文件最后指出，学校法制教育要与学校的其他教育有机地结合起来，融法制教育于文化知识教育和思想教育之中，要与全民普法教育结合起来，着眼于现代人才基本素质的培养。同时，法制教育要紧密联系建设有中国特色社会主义及社会主义民主和法制建设的实际，联系学生的思想实际来进行教育。要适当增加学校法制教育的投入，在人、财、物上予以支持。

1996年

1月

1月24日

中共中央总书记、国家主席、中央军委主席江泽民在全国宣传部长工作会议上讲话指出，如何积极吸收世界优秀文明成果，同时有效地抵御国际敌对势力对我国进行“西化”、“分化”的政治图谋，帮助人们满怀信心地建设有中国特色的社会主义，如何充分发挥市场机制的积极作用，同时有效地防止拜金主义、享乐主义和极端个人主义的滋长蔓延，帮助人们树立社会主义的理想、信念和道德风尚，这是一个重大的历史课题。他就宣传思想工作如何进一步贯彻落实以科学的理论武装人，以正确的舆论引导人，以高尚的精神塑造人，以优秀的作品鼓舞人的主要任务做了深入阐述。关于以科学的理论武装人，江泽民指出，以科学的理论武装人，就是全党同志首先是各级领导干部，必须坚持不懈地学习马克思列宁主义、毛泽东思想，特别是邓小平同志建设有中国特色社会主义理论。以科学的理论武装人，还有一个重要方面，就是要引导广大党员和干部树立正确的世界观、人生观和价值观。关于以正确的舆论引导人，江泽民指出，舆论十分重要，千万不能忽视。一是要激励人民。用正确的舆论引导人，最根本的，是动员全党同志和全国各族人民为实现党的基本路线而奋斗，为实现人民群众的根本利益而奋斗，坚定不移地推进建设有中国特色社会主义事业。二是要服务大局。正确处理改革、发展、稳定三者的关系，更好地为全党全国工作大局服务，是新闻舆论工作需要十分重视和认真研究的问题。三是要加强管理。关于以高尚的精神塑造人，江泽民指出，首先要弘扬党的正气。加强党的建设，要把加强党内的思想教育特别是对领导干部的严格要求、严格管理、严格监督，放在突出地位。要深入进行爱国主义、集体主义、社会主义的宣传教育，把我们党一贯倡导的高尚精神，灌输到广大干部、群众的思想和行动中去。关于以优秀的作品鼓舞人，江泽民指出，宣传文化工作能不能团结人民、鼓舞人民，很大程度上要看有没有一大批好的精神产品。树立正确的创作思想，是出好作品的关键，宣传文化部门要切实加强对创作思想的引导。首先要解决好为谁服务的问题。我们的文艺评论，要提倡相互切磋，共同提高。希望广大宣传文化工作者走出去、走下去，深入生活、深入群众，从人民群众的改革和建设的伟大实践中汲取丰富的思想营养，创作出无愧于时代的优秀作品。我们要一手抓繁荣，一手抓管理。在发展社会主义市场经济的条件下，处理好社会效益与经济效益的关系，是精神产品生产的一个很重要的问题。要进一步研究宣传文化领域的有关政策特别是文化经济政策。要善于运用市场机制增强文化企事业单位的活力，同时要形成有利于把社会效益放在首位的环境和条件。各级党委要高度重视宣传思想工作。

2月

2月6日

国家教委印发《1996年工作要点》，强调指出1996年的重点工作之一就是坚持不懈地用邓小平同志建设有中国特色社会主义理论武装教育系统干部和师生，贯彻落实中共中央《关于进一步加强和改进学校德育工作的若干意见》和《爱国主义教育实施纲要》，切实加强学校的党建工作、思想政治工作和德育工作。《1996年工作要点》还在其他主要工作里面指出，要认真贯彻落实第五次全国高等学校党建工作会议精神，分片、分地区抓紧落实高校党建和领导班子建设的各项措施，制定高校党建工作和德育工作评估标准，并组织试点；及时处理高校改革发展过程中出现的各种热点问题，继续做好高校稳定工作，加强校园治安综合治理；进一步落实“两课”改革文件的配套措施，并抓好改革试点工作；制订马克思主义理论课新教学方案。

3月

3月18日

中共中央印发《中国共产党普通高等学校基层组织工作条例》，对高校党组织的设置、党组织的职责、党员的教育、管理与发展、干部工作、思想政治工作、党组织对群众组织的领导等做了明确规定。关于思想政治工作，文件指出，高等学校党的委员会统一领导思想政治工作，同时，要发挥行政领导和工会、共青团、学生会等群众组织的作用，共同做好思想政治工作。高等学校党组织要对师生员工进行马列主义、毛泽东思想教育，特别是邓小平同志建设有中国特色社会主义理论的教育，党的基本路线教育，爱国主义、集体主义和社会主义思想教育，中国近现代史、中共党史和国情教育，社会主义民主和法制教育，形势政策教育和中华民族优秀文化传统教育，加强和改进德育工作，帮助他们坚定走中国特色社会主义道路的信念，树立正确的世界观和人生观。思想政治工作要坚持理论联系实际的原则，紧紧围绕学校的改革和发展，密切结合教学、科研、行政管理等各项工作和师生员工的思想实际，分别不同层次，采取多种方式进行。学校党组织要积极创造条件，组织师生参加社会实践，引导他们自觉走与工农群众相结合的道路。高等学校应建立一支以专职人员为骨干、专兼职干部相结合的党务工作和思想政治工作队伍。

3月27日—30日

全国高校“两课”管理工作座谈会在中山大学举行。这次会议的任务是研讨在新形势下如何进一步强化“两课”声音，深化“两课”改革，加强“两课”管理，使“两课”改革取得突破性进展。国家教委副主任周远清在开幕式上就中国高等教育改革和“两课”改革问题发表了重要讲话。国家教委党组成员朱新均作了总结讲话。国家教委社会科学司司长奚广庆对“关于落实《关于高校马克思主义理论课和思想品德课教学改革的若干意见》几项重要工作的实施计划”做了说明。与会同志交流了领导“两课”教学改革和建设的经验与体会，并着重就课程设置改革、师资队伍建设和健全“两课”管理体制三个方面的问题进行了认真、深入的讨论，达成了共识。周远清在讲话中指出，大学教育不应只是狭窄的专业教育，应该是素质教育；加强文化素质教育与加强“两课”教学的关系是相辅相成的，文化素质教育要促进“两课”的教学，使其发挥出更好的效益，“两课”教学也要为提高学生文化素质发挥作用。教学部门，尤其是各级主管部门要充分重视，把强化“两课”声音，深化“两课”改革，加强“两课”管理，作为整个高等教育改革的重要部分。朱新均在总结讲话中指出，进行邓小平理论教育和进行马克思主义基本理论教育在本质上是一致的，它们都是高校马克思主义理论教育的重要内容和组成部分；因此，在进行高校“两课”教改时，不应把这两者对立起来或割裂开来，而应将两者有机地结合起来。

6月5日，国家教委印发了《全国高校“两课”管理工作座谈会会议纪要》，同时还带有附件，即《关于落实“两课”教学改革〈若干意见〉几项重要工作的实施计划》。这份附件文件提出：第一，按照文件的要求，认真贯彻落实党中央关于加强和改进高校思想政治教育一系列指示的精神，遵循“学马列要精，要管用”和理论联系实际的原则，以邓小平同志建设有中国特色社会主义理论为中心内容，把改革和建设结合起来，紧紧围绕“两课”教学的根本目标，深化教学内容和教学方法的改革，加强队伍和学科建设，狠抓落实，务求实效，更好地发挥高校思想理论教育的主要渠道和主要阵地的作用；第二，进一步推动邓小平同志建设有中国特色社会主义理论进课堂、进教材的工作；第三，积极、稳妥地进行马克思主义理论课新课程设置方案的制订工作；第四，把教学方法的改革和教学手段的现代化作为教改重要内容，切实加以推动；第五，加强对教学改革试点工作的指导和总结；第六，切实抓好师资队伍建设，落实培训计划。

3 月 28 日

国家教委在北京邀集上海交通大学、西安交通大学、西南交通大学和北方交通大学的负责人举行座谈会。中共中央总书记、国家主席江泽民参加座谈会并就教育的改革和发展问题发表了重要讲话。江泽民强调指出，当前我国教育工作必须进一步解决好两大重要问题：一是教育要全面适应现代化建设对各类人才培养的需要；二是要全面提高办学的质量和效益，这也可以说是当前全国教育工作面临的两个重要转变。

4 月

4 月 4 日

国家教委发出《关于要求各级各类学校在重要场合奏唱国歌的通知》。文件指出，国歌是国家尊严和主权的重要标志之一。中华人民共和国国歌是中国人民用鲜血和生命谱写出来的。在建设有中国特色的社会主义的今天，在重要场合奏唱国歌能激发人们的爱国热忱，激发人们继承发扬不怕艰难困苦、不怕流血牺牲、万众一心、前仆后继的爱国主义和革命英雄主义精神。学校在重要场合奏唱国歌，是开展爱国主义教育的有效手段之一，更能激发广大师生为建设社会主义的现代化强国奋发图强、忘我工作、勤奋学习的热情。文件要求：第一，加强对国歌的宣传教育。第二，建立健全重要场合奏唱国歌的制度。第三，学校各类联谊会、舞会等娱乐活动和商业性活动以及个人婚丧庆悼活动中，一律不得奏唱国歌。

4 月 10 日

国家教委印发《全国教育事业“九五”计划和2010 年发展规划》，指出：教育的根本任务是提高全民族素质，培养德、智、体等方面全面发展的社会主义事业的建设者和接班人；各级各类学校要全面贯彻党的教育方针，坚持社会主义方向，坚持以马列主义、毛泽东思想和建设有中国特色的社会主义理论教育学生；实行教育与生产劳动(社会应用)相结合，引导学生走与工农相结合的道路，增强对劳动人民的感情，逐步树立起科学的世界观和全心全意为人民服务的人生观；要结合不同阶段教育和学生年龄特点，不断加强和改进思想政治工作，加强国情教育，爱国主义、集体主义、社会主义教育，民族团结教育和对中小学生注重进行文明行为的养成教育，把学生培养成有理想、有道德、有文化、有纪律的一代新人。

5 月

5 月 3 日

首都高等院校纪念“五四”青年节报告会在北京大学举行。国务院副总理李岚清在会上作了题为《祖国的未来和当代青年的历史重任》的报告。为推动大学生学习邓小平同志建设有中国特色社会主义理论，全面领会“九五”计划和2010年远景目标纲要，激发大学生的爱国热情，国务院有关部委的负责同志在“五四”青年节期间，也将为首都大学生做关于“跨世纪的宏伟纲领”“国有大中型企业的改革和前景”“宏观调控与共同富裕”“科教兴国战略的实施和意义”“实施把农业放在国民经济发展首位的意义和措施”等问题的系列报告。

5 月 9 日

中国学位与研究生教育学会德育工作委员会在北京科技大学正式宣告成立。该委员会旨在研究和探讨新时期研究生德育工作的理论和实践问题，为加强研究生德育工作，培养社会主义事业建设者和接班人中的骨干力量、建设和完善有中国特色学位制度和研究生教育体系而努力。

5 月 9 日—10 日

中宣部、国家教委、共青团中央在北京联合召开青年学习邓小平建设有中国特色社会主义理论工作座谈会。国家教委党组成员朱新均出席会议并讲话。他强调，用邓小平建设有中国特色社会主义理论教育武装青年学生的工作是一项长期的战略任务。他指出：第一，各高校首先要进一步加强用邓小平理论教育大学生工作的领导，务必采取有力措施，使这一教育真正落到实处。第二，要进一步深化以邓小平理论作为中心内容的“两课”教学改革，结合学科特点，深入系统地进行邓小平理论的教学；针对学生的思想实际和热点问题，努力改革教学方法，加强实践环节和学习中的讨论、交流；进行正确的世界观、人生观、价值观的教育，坚定青年学生的社会主义信念，牢固地树立起坚持党的基本路线一百年不动摇的自觉性；要加强教师队伍的培训工作，特别要注意培养骨干教师，组织教师对教学中的难点、重点问题进行科研攻关，加强教学的针对性和科学性。第三，要继续积极组织引导好大学生的多种形式的课外学习活动。当前，各种马列学习小组、党章学习小组以及学生社团的理论学习活动都要以建设有中国特色社会主义理论为中心内容，要组织好《邓小平文选》和《邓小平同志建设有中国特色社会主义理论学习纲要》的学习，组织好对重大问题的辅导报告以及有关的研讨活动、经验交流和论文比赛等。还要注意培养学习骨干，表彰先进典型。第四，要进一步加强和改进青年教师理论学习的工作，引导和帮助他们掌握马克思主义基本观点，解决好世界观、人生观问题，做德才兼优的、既教书又育人的人民教师。

5月10日

《中国教育报》报道，国家教委日前发出通知，要求各地方人民政府和有关部委及高等学校党政领导加强对1996年高校毕业生、毕业研究生的思想教育和就业指导工作，协调好各方面的关系，为他们顺利就业创造条件。采取灵活多样、生动活泼的形式，教育毕业生正确理解国家现行毕业生就业方针和政策，通过树立榜样、宣传先进典型、主题讨论等多种方式帮助毕业生树立正确的人生观、价值观和职业道德观，在改革开放和社会主义现代化建设的伟大实践中实现自己的人生价值；要指导学生正确对待和处理毕业生就业中遇到的困难和问题，防止发生不利于学校和社会稳定的过激行动，保持高校政治稳定；各级主管毕业生工作的部门和各高等学校要积极开展毕业生文明离校活动，教育毕业生爱国爱校、奉献荣校；要加强毕业班中的党团建设，特别要注意发挥共产党员在各项工作中的先锋模范作用。

5月27日

全国第一家以道德为研究对象的研究院——中国人民大学道德科学研究院成立，中宣部副部长徐光春出席成立大会。中国人民大学道德科学研究院由原中国人民大学校长袁宝华任名誉院长，徐惟诚任院长，罗国杰任副院长、学术委员会主任。该学院得到了香港同胞、中国大百科全书出版社、牡丹电子集团公司的大力支持。香港亚洲农业研究发展基金会主席郭兆明博士向该院捐助人民币101万元。

6月

6月10日—12日

全国第七届青年工作理论研讨会在京举行。与会同志以“跨世纪青年文明工程与青年素质的培养”为主题，进行了充分的交流和研讨。共青团中央书记处书记周强到会并作了题为《认真学习邓小平青年和青年工作思想 进一步繁荣青年工作理论研究》的讲话。关于青年的社会地位和历史使命。他指出，邓小平同志从改革开放和现代化建设的宏伟目标出发，高度重视青年的社会地位和历史使命。青年是我们的未来，是我们一切事业的继承者，是实现我国跨世纪发展战略目标的最终依靠力量。关于青年一代的培养目标，他指出，邓小平同志一贯强调德、智、体全面发展的思想。必须牢固树立青年的精神支柱，精心培育青年的道德品质，大力提高青年的科学文化素质，不断增强青年的法律意识和纪律观念。这是我们的事业不断发展壮大的重要保证。关于培养教育青年和青年成长的基本途径，他指出，邓小平同志倡导尊重知识，重视教育，同时也非常重视实践的育人作用。关于教育青年的基本方法，他指出，邓小平同志认为对青年要注重思想上的引导和教育。

6 月 25 日

部分参加过抗日战争、解放战争的革命老前辈在人民大会堂与清华大学、北京大学、北京师范大学的学生代表举行座谈，共庆建党 75 周年。

8 月

8 月 22 日

国家教委办公厅发出关于印发《教育系统开展法制宣传教育的第三个五年规划》的通知。

9 月

9 月 19 日—25 日

全国教育系统第二次邓小平建设有中国特色社会主义理论研讨会在南昌大学和井冈山举行。国家教委党组成员朱新均出席会议并讲话。在研讨会期间，各位专家学者深入学习江泽民同志关于讲政治的一系列重要讲话，根据党的十四届五中全会制定的跨世纪宏伟蓝图和中共中央确定的十四届六中全会的主题，围绕跨世纪发展战略和社会主义精神文明建设这两项议题，分别从政治经济、思想文化、教育等各方面对邓小平建设有中国特色社会主义理论，特别是关于跨世纪发展战略和精神文明建设的理论展开深入的研讨。

10 月

10 月 7 日

国家教委发出《关于进一步加强高等学校“形势与政策”课程建设的意见》。文件要求，要进一步明确“形势与政策”课程的性质和重要地位，切实重视课程建设；进一步明确思想品德课改革的目的和任务，加强“形势与政策”课教学内容和方法的改革；进一步加强领导，规范“形势与政策”课教学管理工作。关于“形势与政策”课程的性质和重要地位，文件指出，“形势与政策”是高校思想品德课中的一门必修课程，是对学生进行形势与政策教育的主要渠道和主要阵地，是每个学生(包括大专生、本科生、研究生)的必修课程，是学校德育的一项重要内容。该课以马列主义、毛泽东思想和邓小平建设有中国特色社会主义理论为指导，紧密结合国际形势，特别是我国改革开放和社会主义现代化建设的形势，针对学生的思想实际开展形势与政策教育教学，对于帮助学生了解国内外重大时事，全面认识和正确理解党的基本路线、重大方针和政策，认清形势和任务，激发爱国主义精神，增强民族自信心和社会责任感，珍惜和维护国家稳定的大局，为建设有中国特色的社会主义而奋发学习、健康成长具有重要意义。关于进一步明确思想品德课改革的目的和任务，加强“形势与政策”课教学内容和方法的改革，文件指出，“形势与政策”课教学的根本目标，是帮助学生正确认识国内外形势，深刻理解党的基本路线、方针和政策，确立为建设有中国特色的社会主义而奋斗的政治方向；教学方法要继续坚持课堂讲授与形势报告、专题讲座相结合，请进来与走出去相结合，课堂教学与课外实践相结合，要注意发挥现代化教学手段在形势政策教育中的作用，充分利用现代传媒手段、影视音像资料，丰富教育资源，拓展教学的内容和空间。提倡各地教育部门和高校从实际出发，在本地区或相近学校之间加强电化教学协作，充分利用现代化教育手段和资源提高教学效果。关于进一步加强领导，规范“形势与政策”课教学管理工作，文件指出，“形势与政策”课的管理纳入思想品德课的课程管理体系；“形势与政策”课作为大学生必修课要列入大学教育全过程；“形势与政策”课教学资料的编写是一项政治性、政策性、时效性很强的工作；“形势与政策”课教学所需的各项费用均属高校德育经费投入的合理范围，高等学校要按照《中国普通高等学校德育大纲》的规定，给予切实支持和保证。

同日，国家教委办公厅发出《关于进一步做好当前高校学生形势政策教育工作的通知》。

10 月 10 日

中国共产党第十四届六中全会闭幕。全会通过《关于加强社会主义精神文明建设若干重要问题的决议》。这份重要文件指出，加强青少年思想道德教育，是关系国家命运的大事。各级各类学校都要全面贯彻党的教育方针，坚持社会主义办学方向，加强德育工作，努力培养德、智、体等方面全面发展的社会主义建设者和接班人。根据大、中、小学的不同特点，切实加强和改进思想品德课、政治理论课，把传授知识同陶冶情操、养成良好的行为习惯结合起来，把个人成才同国家前途、社会需要结合起来，形成爱党爱国、关心集体、尊敬师长、勤奋好学、团结互助、遵纪守法的风气。积极组织学生参加生产劳动和社会实践，帮助他们认识社会，了解国情，增强建设祖国、振兴中华的责任感。江泽民同志在闭幕时作重要讲话。他指出，爱国主义教育是精神文明建设的一个重要内容，加强爱国主义教育，要贯穿社会主义现代化建设的整个过程；为了把我们的事业继续推向前进，必须在全国人民特别是青少年中进一步加强爱国主义教育；我们坚持的爱国主义同狭隘的民族主义是有本质区别的；要使我们的人民懂得，坚持对外开放，认真学习世界各民族的长处，积极引进先进的科学技术和经营管理经验，增强我们自力更生的能力，加快祖国的发展，这本身就是爱国主义的重要内容；同时，在面临霸权主义、强权政治挑战的情况下，又要始终注意教育广大干部群众把国家主权与安全放在第一位，自觉地维护国家的统一、民族的团结和人民的利益；要通过各种生动活泼的形式，广泛、深入、持久地加强爱国主义教育和宣传，提高全国人民的民族自尊心和自豪感，在全社会进一步发扬以热爱祖国、贡献全部力量建设祖国为最大光荣，以损害祖国利益和尊严为最大耻辱的良好风尚。

10 月 13 日—17 日

国家教委关心下一代工作委员会首次全国工作会议在湖南省长沙市举行。国家教委副主任张天保出席会议并讲话。国家教委关心下一代工作委员会会长张文松在会上作了题为《紧紧围绕各级教委的中心工作，扎扎实实地做好关心下一代的工作》的讲话。

11 月

11 月 21 日

国家教委办公厅印发《关于在高等学校中开展爱粮节粮宣传教育活动的若干意见》。文件中指出：第一，学校是社会主义精神文明建设的重要场所，青年学生的道德素质关系着祖国的未来，而树立艰苦创业思想是实现社会主义现代化的重要保证。要通过开展爱粮节粮的宣传教育活动，在学生中深入持久地进行艰苦创业的思想教育，引导他们正确认识国情，正确认识建设有中国特色社会主义的长期性和艰巨性，自觉树立勤俭建国、勤俭办一切事业的思想。第二，学校要经常有针对性地对学生、职工进行国家有关粮食问题及粮食政策的教育宣传，并将爱粮节粮宣传教育活动与国情教育及中华民族的勤劳、俭朴的传统美德教育结合起来，提倡健康、文明的生活方式，树立爱粮节粮光荣、浪费粮食可耻的风气。第三，学校要从制定行为规范入手，建立必要的规章制度，要求学生从一言一行做起，珍惜粮食、反对浪费，弘扬劳动人民爱粮节粮的传统美德，对浪费粮食情节恶劣的事和人要进行严肃处理。第四，学校伙食部门要制定和完善节约粮食的具体措施，做好进货、存贮、制作等环节管理工作，防止人为、鼠虫、环境污染对粮食、副食品造成浪费和损失。

11 月 21 日—25 日

中国青年研究会首届三次理事会暨青年思想道德文化建设研讨会在昆明举行。会议围绕如何贯彻党的十四届六中全会精神、更进一步推进青少年思想道德文化建设这一课题进行深入研讨。共青团中央第一书记李克强在致会议的贺信中强调，如何加强青少年思想道德文化建设，事关我们国家和民族的未来，涉及社会主义市场经济的健康发展，因此，需要从理论上加以阐述和说明。李克强要求进一步加强对近几年来开展的“希望工程”“青年志愿者”“手拉手”等青少年思想道德文化建设有效形式进行研究，对其经验加以总结。

11 月 22 日

国家教委发出《关于 1997 年思想政治教育专业第二学士学位班招生工作的通知》。

11 月 29 日

中央社会治安综合治理委员会、国家教委、

公安部联合发出《关于进一步加强学校治安综合治理工作的意见》，指出，要进一步加强思想政治教育和道德法制教育，提高广大师生员工的思想道德素质，增强师生员工的遵纪守法观念；要坚持不懈地在广大师生员工中进行邓小平建设有中国特色社会主义理论教育，大力开展爱国主义、集体主义和社会主义思想教育；切实加强和改进马克思主义理论课和思想品德课教学，帮助师生树立正确的世界观和人生观；要认真落实国家的普法计划和国家教委等部门《关于加强学校法制教育的意见》，加强对大、中、小学生的宪法和法律的教育，普及法律常识，进一步提高广大师生员工的法律意识，增强民主法制观念，依法办事，依法律己，依法维护自身的合法权益，善于运用法律武器同违法犯罪的行为做斗争；要坚持对学生进行校纪校规教育和行为规范教育，引导学生模范遵守《高等学校学生行为准则（试行）》《中学生日常行为规范》和《小学生日常行为规范》，自觉维护良好的教学和生活秩序；要注意加强对师生的安全教育，增强师生的防范意识和自我保护能力。

12 月

12 月 3 日

《中国教育报》刊发教育部 1996 年高校学生思想政治状况调查报告。调查报告显示，大学生思想政治面貌呈积极、健康、向上的总态势。据调查分析，从总体上看，大学生的思想政治态度与改革开放以及社会主义物质文明和精神文明建设的要求相适应，思想主流呈稳定、健康、向上态势。大多数学生在人生价值取向的认识方面积极向上。崇尚高尚的道德情操，渴望成才的进取精神日益成为当代大学生的主流倾向，并呈现出精神追求与物质利益统一、个人与社会统一、奉献与索取平衡的显著特点。大学生的人生观、价值观正逐步与改革开放和建立社会主义市场经济体制相适应，社会责任感增强。大学生在对待个人和国家、集体之间的利益，对待人与人之间的关系方面持积极的态度；比较重视精神追求，能正确看待物质享受，对金钱的认识较客观；在人生理想上表现出较高的追求，“竞争意识”“进取精神”日益增强。在对当前中央大政方针认同的同时，大学生对社会主义现代化进程中所存在的一些重大问题，诸如反腐败问题、贫富差距问题、经济问题、社会风气和社会治安等问题均表现出极大关注。有关教育专家认为，加强学校精神文明建设，促进学生思想政治水平的不断提高，必须努力改进如下工作：一是坚持不懈地用马列主义、毛泽东思想和邓小平建设有中国特色社会主义理论武装广大教师，深化理论学习，加强针对性，提高有效性，进一步深化马克思主义理论课和思想品德课改革，做好邓小平建设有中国特色社会主义理论进教材、进课堂、进脑筋的工作；二是要采取有力措施，坚决扼制腐败现象的滋长和蔓延，真正解决长期以来人们一直反映非常强烈的社会治安、贫富悬殊、通货膨胀等一系列社会问题；三是进一步加强形势与政策教育，帮助学生正确认识社会主义现代化建设过程中所遇到的一些问题和困难，增强建设有中国特色社会主义的信心；四是高校德育工作必须重视解决新形势下出现的新情况、新问题，不断拓宽德育渠道；五是加快高等教育改革的步伐，提高学校管理工作水平，采取切实措施解决或改善学生关心的切身利益问题。

12 月 6 日

《中国教育报》报道，全国高校思想政治教育研究会日前在重庆第三军医大学进行了为期五天的研讨。国家教委副主任张天保到会讲话。他指出，高校要紧密联系学校德育工作实际，学习贯彻党的十四届六中全会决议；领导干部首先要带头吃透决议精神，在重视学生思想政治工作的同时，加强教师队伍思想建设和精神文明建设。与会代表一致认为，加强社会主义精神文明建设是党心、军心、民心所向，非常必要；坚持党的思想政治工作优良传统，不论是对军队院校还是对地方院校都是把握正确政治方向、全面实现培养目标的最重要保证。代表们还主要围绕大学生思想道德现状的分析、德育工作指导思想方面存在的困难、具体实践中面临的矛盾以及思想理论中的某些界限问题进行了研讨。

12月8日—11日

国家教委在山东省潍坊市召开贯彻党的十四届六中全会决议，加强职业学校职业道德教育研讨会。12月31日，国家教委办公厅转发该研讨会纪要。

12月11日

中宣部、国家教委、北京市委在人民大会堂联合举办模范教师事迹报告会。国家教委主任朱开轩在报告会上讲话，希望广大教育工作者以模范教师为榜样，不断自觉提高自身的思想政治业务素质和职业道德水平，勤奋努力，扎实工作，不负时代的要求。

12月12日

全国政协和中共中央统战部联合在北京召开纪念西安事变60周年大会。中共中央总书记、国家主席江泽民出席纪念大会并作重要讲话。他指出，我们要永远发扬中华民族伟大的团结精神，发展最广泛的爱国统一战线，把一切可以团结的力量都团结起来，把全民族的意志、智慧和力量集中到实现"四化"、振兴中华和完成祖国统一的总目标上来，这样，我们就会获得取之不尽的力量源泉，我们的事业就会无往而不胜。

12月24日—27日

共青团十三届五中全会在北京召开。会议学习了党的十四届六中全会精神，并通过了《共青团中央关于深化跨世纪青年文明工程的决定》。26日，中共中央政治局常委，中央书记处书记胡锦涛到会并作了题为《开风气之先，创时代业绩》的重要讲话。胡锦涛强调要学好文件，提高认识，进一步把各级团干部和广大青年的思想统一到党中央的重大决策上来。他指出，要通过学习，正确认识社会主义精神文明建设的战略地位，进一步加深对什么是社会主义、怎样建设有中国特色社会主义的全面理解；要通过学习，正确把握社会主义市场经济和社会主义精神文明的关系，进一步提高在对外开放条件下加强精神文明建设长期性和复杂性的认识；要通过学习，正确认识社会主义精神文明建设的形势，增强搞好精神文明建设的自信心和责任感；要通过学习，明确新形势下加强社会主义精神文明建设的指导思想，提高用邓小平建设有中国特色社会主义理论武装全党、教育干部和人民的自觉性；要通过学习，明确加强党的领导是搞好社会主义精神文明建设的关键，进一步提高加强党的建设的自觉性。他还指出，《关于加强社会主义精神文明建设若干重要问题的决议》还特别从关系国家命运的战略高度，强调了加强青少年思想道德教育的重要性，明确提出要发挥共青团、少先队团结和引导广大青少年进步的重要作用，充分体现了党中央对广大青少年的关怀和对共青团工作的重视。胡锦涛还强调要联系实际，突出重点，真正把精神文明建设的任务落到实处。他指出，共青团要把精神文明建设的任务落到实处，就必须紧密结合青年和共青团工作实际，把精神文明建设的总要求、总任务加以具体化。在工作中，特别要注意做到以下几点：一是要适合青少年特点。二是要加强分类指导。在学校，要围绕培养德、智、体等方面全面发展的社会主义建设者和接班人的任务，引导青少年不断陶冶思想情操，养成良好的行为习惯，切实做到爱党爱国、关心集体、尊敬师长、勤奋好学、团结互助、遵纪守法。同时，还要积极组织他们参加生产劳动和社会实践，帮助他们正确认识社会，全面了解国情，把个人成才同国家前途、社会需要结合起来。三是要发挥典型的引导作用。要注意发现和培养青少年身边可敬、可信、可亲、可学的先进典型，广泛宣传各行各业英雄模范人物的崇高思想和优秀品德，在青少年中形成崇尚先进、学习先进、争当先进的良好风气。同时，各级团组织要主动关心和爱护在革命和建设历史上作出过贡献的青年典型，继续发挥他们的积极作用。四是要深化富有实效的活动。寓教育于活动之中，是共青团在长期工作中总结出来的一条重要经验。要逐步深化活动的内涵，不断拓展活动的覆盖面，把服务社会与服务青年结合起来，把多作贡献同培育新人结合起来，进一步巩固和扩大成果。他还指出，社会主义精神文明建设，说到底是做人的工作，是武装人、教育人、提高人、培养人的工作。培养"四有"社会主义公民，提高全民族的整体素质，是精神文明建设的根本任务。

青少年是祖国的未来、民族的希望，加强青少年思想道德教育是关系国家命运的大事。各级团组织要以对党的事业、对祖国的未来高度负责的精神，把提高青少年整体素质，特别是思想道德素质，作为落实精神文明建设任务的重中之重，切实抓紧抓好。要用邓小平建设有中国特色社会主义理论武装青年，构筑青年一代的精神支柱。各级团组织要帮助广大青年学好理论，努力在科学理论的指导下，正确认识社会发展规律，树立远大理想，确立正确的世界观、人生观、价值观，坚定走建设有中国特色社会主义道路的信念。要用爱国主义精神凝聚青年，提高广大青年的爱国主义觉悟。各级团组织要帮助青年了解中国近代史、现代史及中共党史和基本国情，继承中华民族优秀传统和革命传统，促进民族团结和国家统一，维护国家尊严，坚持祖国利益高于一切。要引导青年把爱党、爱国、爱社会主义与爱集体、爱岗位、爱本职工作结合起来，激励他们以实际行动报效祖国、报效人民。要教育青年顾全大局，服从全国人民长远利益和根本利益，做坚定的、清醒的爱国者。要用为人民服务思想教育青年，培育广大青年良好的道德品质。各级团组织要在青年中大力倡导为人民服务的思想，引导广大青年树立正确的义利观，追求真善美，抵制假恶丑，弘扬传统美德和良好的社会风尚，抵御拜金主义、享乐主义和极端个人主义的侵蚀，积极促进团结互助、平等友爱、共同前进的人际关系的形成，努力做有益于人民的人，有益于社会的人。要用新时期的艰苦创业精神激励青年，增强广大青年为振兴中华而奋斗的责任感和使命感。各级团组织要在青年中深入持久地进行艰苦创业精神教育，即使今后我们国家经济发达了，条件更好了，艰苦创业的精神也不能丢。当前，要在青年中倡导勤俭节约、艰苦奋斗、自强不息、拼搏奉献的实干精神，反对和抵制贪图安逸、铺张浪费、崇洋媚外、不思进取的奢靡之风。在注重提高青少年思想道德素质的同时，还要重视提高他们的科学文化技术素质。要激励青年面向现代化、面向世界、面向未来，刻苦学习现代科学文化知识，不断提高劳动技能，勇攀科学技术高峰，努力成为适应现代化建设发展需要的有用之才。胡锦涛还强调要认清形势，把握大局，动员组织广大青年在改革、发展、稳定中发挥生力军作用。他指出，各级团组织要积极引导广大青年解放思想，实事求是，不断增强市场意识、竞争意识和效率意识，正确对待改革和发展中的困难和问题，积极支持党和国家采取的一系列重大改革措施。团组织要在推进两个根本性转变中发挥作用，就必须结合自身实际，紧紧围绕国民经济发展的重点来开展工作。各级团组织一定要把保持社会、政治稳定作为1997年把握大局的着眼点和基本要求，以高度的政治敏锐性和政治责任感积极配合党和政府，进一步做好维护社会稳定的工作。胡锦涛还强调要抓住时机，加倍努力，坚持不懈地推进团的自身建设。他指出，建设一支高素质的团干部队伍，是团组织完成各项工作任务的决定性因素，也是共青团自身建设的重要方面。建设高素质的团干部队伍，首要的是提高思想政治素质。各级团组织要紧紧抓住思想政治建设这个重点，始终坚持对团干部严格要求，严格管理，严格监督。提高团干部的思想政治素质，最根本的在于引导他们认真学习马列主义、毛泽东思想特别是邓小平建设有中国特色社会主义理论，努力在掌握理论的科学体系和精神实质上下功夫，在理论联系实际上下功夫，牢固树立正确的世界观、人生观、价值观，掌握科学的方法论。要引导团干部坚定正确的政治方向和政治立场，增强辨别重大原则是非的能力，坚决贯彻党中央的路线方针政策，自觉维护党中央的权威，在政治上、思想上、行动上同党中央保持一致。要引导团干部正确处理个人与组织、个人与集体、个人与国家的关系，正确对待权力、名利和地位，始终把自己置于党、团组织和广大青年的监督之下。要引导团干部始终坚持和实践党的全心全意为人民服务的宗旨，继承和发扬党的三大作风和艰苦奋斗的优良传统，走与工农群众相结合的道路，到改革和建设的第一线去，到艰苦和困难多的地方去，到党和人民最需要的地方去，在推进两个文明建设的实践中经受锻炼，积累经验，增长才干。要严于律己，警钟长鸣，不断提高拒腐防变能力，经受住改革开放和发展社会主义市场经济的考验。

24日，共青团中央书记处第一书记李克强作了题为《组织青年为人民群众生产生活基本需求服务》的报告。他强调，服务于人民群众生产生活基本需求是促进两个文明共同进步的现实需要。他指出，人民群众的生产生活问题，从根本上看，是一个事关建设有中国特色社会主义整个事业大局的问题；服务于人民群众生产生活基本需求，实质上是在为整个经济社会发展的全局服务；两项跨世纪青年工程和服务万村行动，都是以组织青年为人民群众生产生活基本需求服务为着力点的，不断加以深化，就能够更好地服务于两个文明建设，服务于全党全国工作大局和整个经济社会发展全局。他还强调，服务于人民群众生产生活基本需求是实践社会主义道德的客观要求。他指出，党的十四届六中全会决议明确强调，为人民服务是社会主义道德的集中体现，道德建设要以为人民服务为核心；社会主义道德建设的努力方向，是要在全社会形成团结互助、平等友爱、共同前进的新型人际关系；在全社会形成新型人际关系，需要经过长期的道德建设，而道德建设重在实践。他还强调，服务于人民群众生产生活基本需求是当代青年成长的有效途径。他指出，我们党始终强调，青少年是精神文明建设的一个工作重点；青年通过为人民服务的实践与人民群众相结合的过程，是自己锻炼成长的过程，也是形成正确的世界观、人生观、价值观的过程；服务人民群众的过程也是服务青年的过程。

12 月 25 日

《中国教育报》报道，国家教委基教司、思政司和中央教科所、中国教育报在京共同组织召开学习贯彻党的十四届六中全会决议精神座谈会。与会教育专家们所取得的共识为：各地教育部门在学习贯彻党的十四届六中全会决议精神，改进和加强学校德育工作中，要进一步高扬爱祖国、爱人民、爱劳动、爱科学、爱社会主义的“五爱”旗帜；在塑造青少年良好的行为习惯的同时，切实加强社会主义理想、信念教育，紧紧把握德育要教会学生如何做人、做社会主义好公民这个主导思想。

同日，中国人民大学马克思主义学院召开成立大会。国家教委有关部门、国务院学位办及北京大学、中国社会科学院等单位负责人出席成立大会。据人民大学马克思主义学院院长杨彦钧教授介绍，该学院同时亦称马克思主义理论教师进修学院，将要展开的主要工作包括：马克思主义发展史研究，马克思主义理论综合研究，马克思主义理论教育和思想政治教育研究，马克思主义理论专业博士、硕士培养及高校理论课教师培训，并且将协调及部分承担该校马克思主义理论课的教学工作。

12 月 28 日

共青团中央、中宣部、国家教委联合发出《关于深入持久开展大学生社会实践活动的几点意见》，指出，要结合改革开放和现代化建设历史进程对青年学生提出的客观要求，坚持不懈地把大学生社会实践活动广泛深入持久地开展下去；坚持“受教育、长才干、做贡献”的指导方针，使社会实践活动更好地为改革开放和现代化建设的大局服务，为青年学生健康成长服务，为地方经济建设和社会发展的实际需要服务；积极探索开展社会实践活动的有效形式，不断拓展社会实践活动的范围，逐步建立适应社会主义市场经济体制的社会实践活动运行机制，切实加强领导，健全和完善社会实践活动的各项制度、措施，做好社会实践活动的宣传总结和表彰工作。

1997年

1月

1月7日

由国家教委举办的直属高校精神文明建设研讨班在国家高级教育行政学院开班。国家教委副主任张天保作了专题报告。他要求委属高校的领导班子一定要带头学好《关于加强社会主义精神文明建设若干问题的决议》；要一手抓教育，一手抓管理；在重视学生思想道德建设的同时，重视教师队伍的思想道德建设。国家教委党组成员陈文博讲话时强调，高等学校在社会主义精神文明建设中有着特殊的地位和重要作用，切实把高校建设成为培养社会主义事业建设者和接班人的重要阵地、传播和创造社会主义精神文明的重要基地，乃是当前和今后一个时期的一项重要而紧迫的任务。

1月14日—15日

国家教委1997年教育工作会议在京举行。国家教委主任朱开轩出席会议并讲话。他强调，教育系统精神文明建设要努力提高教育系统广大党员、干部和全体师生的思想道德素质和科学文化素质；各级各类学校必须把培养德、智、体全面发展的社会主义事业建设者和接班人作为根本任务，这是各级各类学校必须坚持的正确办学方向，任何时候都不能动摇；要全面贯彻党的教育方针，必须坚持对学生实施全面素质教育，要突出思想道德教育在素质教育中的重要地位；高校理论战线要始终坚持马克思主义、毛泽东思想和邓小平建设有中国特色社会主义理论在高校哲学社会科学领域的主导地位，大力培养壮大高校马克思主义理论队伍。朱开轩还强调，要树立全局观念，积极主动地为整个社会的精神文明建设作贡献，充分发挥各级各类学校在社会主义精神文明建设中的重要作用。他指出，各级各类学校当前要抓好三方面工作：一是各级各类学校必须加强对学生的正面教育，注意引导学生自觉抵制社会上的各种负面影响，努力提高学生鉴别美丑、区别善恶、辨别真伪的能力，并通过创造文明校园、文明学校等活动，努力把学校建设成为社会主义精神文明建设的示范区。二是要抓住当前有利时机，努力争取社会各方面的支持，开创一个学校与社会相互支持、相互配合、齐抓共管、共同育人的新局面。三是要采取坚决措施，下决心纠正教育系统内部少数人和单位乱收费、乱办学、乱发文凭等行业不正之风，继续巩固全社会理解和支持教育的大好局面。

1月16日

国家教委主任朱开轩参加委属高校精神文明建设研讨班的座谈会并发表重要讲话。他指出，高校的社会主义精神文明也是社会主义高校的重要特征，是高校工作的重要目标，是高等教育事业改革和发展的重要保证。他还指出，高校应从三个层次上规划精神文明建设并落到实处：首先，要针对《关于加强社会主义精神文明建设若干问题的决议》提出的当前精神文明建设中应着力解决的五个方面的问题，从抓好廉政勤政、治理行业不正之风、制止社会丑恶现象以及整顿校园治安和周边环境等项工作入手，使高校成为全社会精神文明建设的示范区。其次，要以提高思想道德素质为主要内容，引导师生树立建设有中国特色社会主义的共同理想和科学的世界观、人生观、价值观。在“三观”教育中，干部教师尤其要注意言传身教。最后，要增强政治意识，即要坚持社会主义办学方向，坚持马列主义、毛泽东思想、邓小平建设有中国特色社会主义理论的指导地位，对事关政治方向、重大原则的问题，要旗帜鲜明，立场坚定，要重视和加强哲学社会科学学科建设，培养和壮大年青一代马克思主义理论队伍。

1月30日

国家教委发出通知，指出要把观看、学习和讨论电视纪录片《邓小平》作为加强理想信念教育和学校德育工作、思想政治工作的一项重要内容认真抓好。通知要求：(1)各级教育行政部门要在近期内认真组织好本单位广大党员、干部和群众观看电视纪录片《邓小平》，并结合党的十四届六中全会决议的学习，认真组织好思想教育活动；(2)各级各类学校要在寒假前后特别是开学初组织党员、干部和教职工观看电视纪录片《邓小平》，要把观看、学习《邓小平》作为党员“双学”活动的一项重要内容，要结合实际情况，对领导干部、党员和教职工提出不同的学习要求；(3)各大、中专学校开学后要认真组织大、中专学生观看电视纪录片《邓小平》，把它作为马克思主义理论课、思想品德课和进行形势教育的重要内容，认真抓好观看、学习和讨论等活动。

3月

3月1日

国务院总理李鹏在第八届全国人民代表大会第五次会议上作政府工作报告。他指出，在文化工作方面，要积极发展文学艺术、广播影视、新闻出版和哲学社会科学研究等各项事业，深化文化体制改革，促进社会主义文化全面繁荣。文艺工作者要深入群众，深入生活，努力创作出更多无愧于伟大时代的优秀作品。加强基层文化建设，发展健康文明向上的社区文化、村镇文化、企业文化和校园文化，丰富城乡群众的文化生活。广播影视、新闻出版工作要坚持正确导向，着力提高节目和出版物的质量。哲学社会科学工作者要着重研究我国改革开放和经济社会发展的重大理论和实践问题，为社会主义现代化事业服务。要重视文物保护加强文化市场管理，继续“扫黄”“打非”，促进文化事业健康发展。他还指出，社会主义思想道德建设是精神文明建设的核心部分，对我国现代化事业有巨大的能动作用。我们建设有中国特色的社会主义，不仅要有繁荣的经济、健全的民主法制，还必须有高尚的思想道德。我们要坚持不懈地用邓小平建设有中国特色社会主义的理论武装干部和人民。要深入持久地、扎扎实实地开展爱国主义、集体主义、社会主义教育，做好思想政治工作，发扬革命传统和中华民族优秀传统，加强社会公德、职业道德、家庭美德建设，树立建设有中国特色社会主义的共同理想。要学习孔繁森、马恩华、李国安、徐虎、邱娥国、李素丽、吴金印、田沛发、谭彦、吴天祥等优秀楷模的敬业精神和高尚情操，在全社会形成学先进、讲奉献、树正气的良好风尚。我国是一个发展中国家，要靠长期艰苦创业才能改变落后面貌，但现在铺张浪费现象相当严重，摆阔气、讲排场之风愈演愈烈，这是一个尖锐的矛盾。我们必须大力发扬勤俭建国，勤俭办一切事业的优良传统，这是推进加强精神文明建设的重要内容，也是推进现代化事业的重要保证。

3月20日

共青团中央颁发《关于开展“五四”纪念活动的通知》，提出各级团组织要按照共青团十三届五中全会的要求，以“发扬爱国主义精神，创造新的时代业绩”为主题，精心组织、扎实开展好各种纪念活动，为迎接香港回归和党的十五大召开创造良好氛围，进一步振奋广大团员青年的爱国主义精神。文件要求：第一，大力表彰宣传青年典型。团中央将于1997年“五四”期间首次颁发“中国青年五四奖章”，并组织对“中国青年五四奖章”获得者的学习、宣传活动。第二，组织好几项重点活动。(1)扎实开展青年志愿者城市公益服务和扶贫开发工作。(2)全面开展“青年文明号服务卡助万家”活动。(3)广泛开展青年岗位能手活动。(4)积极开展“争当光荣的共青团员”“新团员集体宣誓”活动。(5)普及和深化18岁成人仪式教育活动。第三，广泛开展群众性青少年歌咏活动。第四，总结、宣传新时期青年工作的成就和经验。团中央将召开“邓小平青年与青年工作思想研讨会”，联合中央电视台制作电视专题片，以多种形式总结和宣传新时期的青年工作。

4 月

4 月 24 日

共青团中央、全国青联联合印发《关于授予秦文贵等五名同志“中国青年五四奖章”的决定》。决定授予秦文贵、李斌、刘笑、公举东、宋芳蓉五名同志“中国青年五四奖章”，号召广大青年向秦文贵等同志学习。学习他们热爱党、热爱祖国的赤子情怀，自觉把个人的前途与党和国家的命运紧密相连，自觉把党的事业、祖国和人民的需要作为自己的第一选择；学习他们不畏艰难、自强不息的坚毅品格，以不屈不挠的勇气战胜前进中的困难和挫折，以坚忍不拔的毅力在艰苦的环境和岗位磨砺自己，建功立业；学习他们恪尽职守、忠于事业的献身精神，为在本职岗位上创造一流成绩尽心竭力，为伟大的社会主义现代化建设事业鞠躬尽瘁；学习他们扎根基层、投身实践的实干作风，在各条战线的基层了解实际，学习人民，创造实绩，在丰富的生产科研实践中经受锻炼，增长才干，成就事业；学习他们崇尚科学、敢于革新的创造勇气，立志用人类创造的一切文明成果武装自己的头脑，立志用科学技术的巨大力量加快各项事业的现代化进程。共青团中央、全国青联要求各级共青团、青联组织要把学习活动与提高广大青少年的思想道德素质，促进社会主义精神文明建设紧密结合起来，用他们闪耀着共产主义光辉的人生观、价值观来净化青少年的心灵，倡导良好的社会风尚；要把学习活动与推动共青团和青少年工作紧密结合起来，以学习活动为契机，不断深化“跨世纪青年文明工程”“跨世纪青年人才工程”。

5 月

5 月 4 日

国家教委、共青团中央、北京市委在人民大会堂联合举行首都大学生迎接我国政府对香港恢复行使主权形势报告会，新华社香港分社社长周南作了形势报告。国家教委主任朱开轩主持报告会。周南在报告中指出，大学生们要发扬五四运动的爱国主义精神，接过前一辈的火炬，紧密地团结在以江泽民同志为核心的党中央周围，坚持党的基本路线，学好本领，报效国家，做好社会主义接班人，把振兴中华和实现祖国完全统一的伟大事业进行到底。

同日，共青团中央、全国青联向获得“中国青年五四奖章”的秦文贵、李斌、刘笑、公举东、宋芳蓉颁发奖章和获奖证书。中共中央总书记、国家主席江泽民，中共中央政治局常委、中央书记处书记胡锦涛在中南海怀仁堂亲切接见“中国青年五四奖章”获得者和优秀青年代表。江泽民向获奖者表示衷心的祝贺并提出了殷切希望。胡锦涛与首届“中国青年五四奖章”获得者和优秀青年代表座谈并发表《青年要做伟大时代的创业者》的重要讲话。

5 月 9 日

共青团中央、全国青联联合下发《关于广泛开展庆祝香港回归祖国活动的通知》，要求各级共青团、青联组织要充分利用香港回归祖国的极好时机，向广大青少年广泛地进行爱国主义教育，进一步增强广大青年的民族自豪感，把爱国热情凝聚到“抓住机遇，深化改革，扩大开放，促进发展，保持稳定”的大局上来，以优异成绩迎接党的十五大的召开。文件要求：第一，开展庆祝香港回归祖国活动，要突出主题、重在教育。(1)要向广大青少年进行一次中国近现代史的教育。(2)要向广大青少年进行一次党的基本路线的教育。(3)要向广大青少年进行一次“一国两制”伟大方针的教育。(4)各级共青团、青联组织要根据上述三个方面教育的内容，把爱国主义教育贯穿到各种形式的庆祝活动中去。第二，开展庆祝香港回归祖国活动，要立足基层、面向青年。共青团中央、全国青联联合全国绿委、林业部、铁道部等部委开展的“迎香港回归”京九植绿护绿活动要继续深入广泛地展开；共青团中央将和有关部门、单位于 5 月初在北京举行以香港回归祖国为主题的报告会；中宣部将联合共青团中央等部门和单位于 5 月 24 日在北京举办“迎回归、爱祖国”大型群众性歌咏活动；共青团中央、全国少工委自1996年暑期在全国启动的“迎香港回归”千米长卷绘画活动将于6月1日在北京举行总结仪式；共青团中央、全国青联拟于8月在北京举行“二十世纪与当代中国青年的历史使命”研讨会。共青团中央、全国青联拟于6月下旬在北京举办“百面大鼓庆回归，亿万青年颂祖国”活动。第三，开展庆祝香港回归祖国活动，要加强领导、精心组织。

5月26日

中央精神文明建设指导委员会成立并召开第一次全体会议。中共中央总书记、国家主席江泽民在会上作重要讲话。他指出，邓小平建设有中国特色社会主义的理论，是我们做好精神文明建设工作的行动指南。精神文明建设的战略地位和重大意义，要经常讲，反复讲。社会主义社会是全面发展、全面进步的社会。发展社会主义精神文明，关系党和国家的前途命运，关系中华民族自尊、自信、自强地屹立于世界民族之林。精神文明建设工作必须服务于经济建设，服务于现代化建设。必须坚持用党的基本理论、基本路线教育干部和群众，在全体人民中牢固树立建设有中国特色社会主义的共同理想，深入开展爱国主义、集体主义、社会主义和艰苦创业精神的教育，加强以为人民服务为核心的社会公德、职业道德和家庭美德建设，大力培育“四有”新人，提高全民族的思想道德和科学文化素质，努力为改革开放和现代化建设提供强大的精神动力和智力支持，创造良好的社会环境。精神文明建设工作着眼点一定要放在紧贴群众利益、为群众所欢迎的事情上。

同日，共青团中央、中宣部、国家教委、全国学联联合下发《关于开展大中学生志愿者暑期文化科技卫生“三下乡”活动的通知》，要求“三下乡”活动按照文化、科技、卫生三个领域的不同特点开展，具体内容为：(1)大中学生志愿者扫盲行动。(2)大学生业余文艺演出队下乡。(3)乡镇青年科技图书站建设。(4)农业科技服务队乡村传技。(5)千家困难乡镇企业咨询会诊。(6)千名博士、硕士农村发展讲座。(7)百万农民健康状况调查。(8)乡村卫生常识普及。

5月27日

《中国教育报》报道，中宣部、文化部、广电部近日发出《关于举办中国近现代史题材优秀电影戏剧电视剧展映展演展播活动的通知》。三部委要求，这项活动要以爱国主义教育为主题，通过优秀的电影、戏剧、电视剧，进一步提高全国人民的民族自尊心和自豪感，把爱国主义热情转化为推动改革开放和现代化建设、振兴中华的强大力量。展映、展演、展播活动从6月初开始至7月上旬结束。

7月

7月6日

由共青团中央、中宣部、国家教委共同组织的中国大中学生志愿者暑期“三下乡”活动出征送行仪式在北京西客站举行。国家教委副主任柳斌向志愿者授旗，中宣部秘书长高明光向服务队赠送农村实用图书，共青团中央书记处常务书记刘鹏讲话。

7月15日

中央精神文明建设指导委员会在京召开全国“讲文明、树新风”电话会议。丁关根发表重要讲话，指出：第一，充分认识这次活动的重要意义。“讲文明、树新风”是贯彻落实十四届六中全会精神的一项重要举措，是为迎接党的十五大创造文明环境的一项重要工作，有利于形成崇尚文明、弘扬正气的社会风尚，有利于展示中华民族积极进取、奋发向上的精神风貌，有利于更好地促进改革、发展和稳定的工作大局。第二，时时刻刻想着人民群众。文明言行、环境卫生、服务质量、交通秩序，同人民群众的工作、生活息息相关。第三，自始至终贯穿思想道德教育。“讲文明、树新风”，既是改善环境的过程，也是思想道德教育的过程。要弘扬爱国主义、集体主义、社会主义和艰苦创业的精神，加强社会公德、职业道德和家庭美德建设。第四，紧密结合三大创建活动。“讲文明、树新风”，是创建文明城市、文明村镇、文明行业的一项重要内容。要把“讲文明、树新风”的目标要求融入各项群众性精神文明创建活动，形成整体效应。第五，扎扎实实地抓出成效。创建活动重在落实，贵在坚持。

同日，国家教委精神文明建设领导小组在京成立并召开第一次会议。国家教委精神文明建设领导小组组长由国家教委主任朱开轩担任，副组长由国家教委副主任柳斌、张天保，专职委员陈文博(常务)担任，成员为国家教委有关职能司局的司局长共 18 人，办公室设在国家教委思想政治司。朱开轩在讲话中谈到近期精神文明建设工作安排时指出：一是响应中央文明委开展以“优美环境、优质服务、优良秩序，提高公民思想道德素质”的“三优一提高”和中央国家机关党委提出以“优质服务、优良作风、优美环境，做人民满意的公务员”的“三优一满意”为主要目的的文明活动，开展文明校园建设，提高机关公务员素质和教师职业道德；二是进一步抓好贯彻落实第六次全国高校党建工作会议和全国中小学德育工作会议精神；三是围绕 1997 年香港回归和党的十五大召开这两件大事，深入开展爱国主义教育、国情教育和理想信念教育。

8 月

8 月 6 日

国家教委颁发《关于在教育系统开展“讲文明、树新风”活动的通知》，要求：第一，认真学习、领会中央文明委有关精神，明确“讲文明、树新风”活动的目标，增强参与这一活动的自觉性。第二，把开展“讲文明、树新风”活动纳入教育系统群众性精神文明创建活动中，认真抓落实。第三，加强领导，切实抓出成效。

9 月

9 月 12 日—18 日

中国共产党第十五次全国代表大会在北京召开。在开幕式上，中共中央总书记江泽民作了题为《高举邓小平理论伟大旗帜，把建设有中国特色社会主义事业全面推向二十一世纪》的工作报告。报告总共包括十部分，分别是：世纪之交的回顾和展望、过去五年的工作、邓小平理论的历史地位和指导意义、社会主义初级阶段的基本路线和纲领、经济体制改革和经济发展战略、政治体制改革和民主法制建设、有中国特色社会主义的文化建设、推进祖国和平统一、国际形势和对外政策、面向新世纪的中国共产党。

在第三部分邓小平理论的历史地位和指导意义中，江泽民指出，马克思列宁主义同中国实际相结合有两次历史性飞跃，产生了两大理论成果。第一次飞跃的理论成果是被实践证明了的关于中国革命和建设的正确的理论原则和经验总结，它的主要创立者是毛泽东，我们党把它称为毛泽东思想。第二次飞跃的理论成果是建设有中国特色社会主义理论，它的主要创立者是邓小平，我们党把它称为邓小平理论。这两大理论成果都是党和人民实践经验和集体智慧的结晶。他还指出，邓小平理论之所以能够成为马克思主义在中国发展的新阶段，是因为：第一，邓小平理论坚持解放思想、实事求是，在新的实践基础上继承前人又突破陈规，开拓了马克思主义的新境界；第二，邓小平理论坚持科学社会主义理论和实践的基本成果，抓住“什么是社会主义、怎样建设社会主义”这个根本问题，深刻地揭示社会主义的本质，把对社会主义的认识提高到新的科学水平；第三，邓小平理论坚持用马克思主义的宽广眼界观察世界，对当今时代特征和总体国际形势，对世界上其他社会主义国家的成败、发展中国家谋求发展的得失、发达国家发展的态势和矛盾进行正确分析，做出了新的科学判断；第四，总起来说，邓小平理论形成了新的建设有中国特色社会主义理论的科学体系。它是在和平与发展成为时代主题的历史条件下，在我国改革开放和现代化建设的实践中，在总结我国社会主义胜利和挫折的历史经验并借鉴其他社会主义国家兴衰成败历史经验的基础上，逐步形成和发展起来的。它第一次比较系统地初步回答了中国社会主义的发展道路、发展阶段、根本任务、发展动力、外部条件、政治保证、战略步骤、党的领导和依靠力量以及祖国统一等一系列基本问题，指导我们党制定了在社会主义初级阶段的基本路线。

在第四部分社会主义初级阶段的基本路线和纲领中，江泽民指出，社会主义初级阶段，是逐步摆脱不发达状态，基本实现社会主义现代化的历史阶段；是由农业人口占很大比重、主要依靠手工劳动的农业国，逐步转变为非农业人口占多数、包含现代农业和现代服务业的工业化国家的历史阶段；是由自然经济半自然经济占很大比重，逐步转变为经济市场化程度较高的历史阶段；是由文盲半文盲人口占很大比重、科技教育文化落后，逐步转变为科技教育文化比较发达的历史阶段；是由贫困人口占很大比重、人民生活水平比较低，逐步转变为全体人民比较富裕的历史阶段；是由地区经济文化很不平衡，通过有先有后的发展，逐步缩小差距的历史阶段；是通过改革和探索，建立和完善比较成熟的充满活力的社会主义市场经济体制、社会主义民主政治体制和其他方面体制的历史阶段；是广大人民牢固树立建设有中国特色社会主义共同理想，自强不息，锐意进取，艰苦奋斗，勤俭建国，在建设物质文明的同时努力建设精神文明的历史阶段；是逐步缩小同世界先进水平的差距，在社会主义基础上实现中华民族伟大复兴的历史阶段。他还指出，社会主义的根本任务是发展社会生产力；要把改革作为推进建设有中国特色社会主义事业各项工作的动力；在社会主义初级阶段，正确处理改革、发展同稳定的关系，保持稳定的政治环境和社会秩序，具有极端重要的意义。全党要毫不动摇地坚持党在社会主义初级阶段的基本路线，把以经济建设为中心同四项基本原则、改革开放这两个基本点统一于建设有中国特色社会主义的伟大实践。这是近 20 年来我们党最宝贵的经验，是我们事业胜利前进最可靠的保证。要警惕右，但主要是防止“左”，保持清醒头脑，克服各种干扰，坚持邓小平理论和基本路线不动摇。

在第七部分有中国特色社会主义的文化建设中，江泽民指出，我国现代化建设的进程，在很大程度上取决于国民素质的提高和人才资源的开发；有中国特色社会主义的文化，是凝聚和激励全国各族人民的重要力量，是综合国力的重要标志。他还指出，在全社会形成共同理想和精神支柱，是有中国特色社会主义文化建设的根本。要始终不渝地用邓小平理论教育干部和群众。深入持久地开展以为人民服务为核心、以集体主义为原则的社会主义道德教育，加强民主法制教育和纪律教育，引导人们树立正确的世界观、人生观、价值观。大力弘扬爱国主义、集体主义、社会主义和艰苦创业精神。提倡共产主义思想道德，同时把先进性要求和广泛性要求结合起来，鼓励一切有利于国家统一、民族团结、经济发展、社会进步的思想道德。发扬社会主义的人道主义精神。青少年是祖国的未来、民族的希望，要十分重视青少年思想道德建设。

9 月 19 日

中共国家教委党组发出通知，部署教育战线学习宣传贯彻党的十五大精神。通知要求：认真学习、深刻领会党的十五大的精神实质。通过学习，要正确认识党在中国革命和建设进程中的执政地位和领导作用是中国人民的历史选择，深刻理解坚持、加强和改善党的领导是我们事业成功的关键，从而更加自觉地维护党的领导，加强党的建设，进一步把党建设好；要深刻理解邓小平理论的伟大历史地位和重大现实指导意义，深刻理解只有邓小平理论能够解决社会主义的前途和命运问题，从而更加自觉地用邓小平理论指导我们的整个事业和各项工作；要正确认识我国处于并将长期处于社会主义初级阶段的基本国情，深刻理解社会主义事业的长期性和艰巨性，从而更加自觉地执行党在社会主义初级阶段的基本路线和纲领；要正确认识社会主义初级阶段有中国特色社会主义的经济、政治、文化的基本目标和基本政策；深刻理解经济体制改革、政治体制改革和文化建设的基本理论和重大举措，从而更加自觉地坚持走有中国特色的社会主义道路；要正确认识发展教育与社会主义事业全局的关系，深刻理解切实把教育摆在优先发展战略地位的重要意义，从而更加自觉地为我国教育改革和发展努力奋斗；要正确认识当今时代主题和国际形势，深刻理解我国的外交政策，从而更加自觉地维护世界和平和地区稳定，争取一个有利于我国社会主义现代化建设的良好的国际和平环境和周边环境。通知指出，高校应充分发挥“两课”的主渠道作用，将党的十五大精神融进“两课”教学中，1997 至 1998 学年第一学期“形势与政策”课要把党的十五大精神作为主要教学内容。

9月25日

中共国家教委党组印发《关于进一步加强高等学校社会主义精神文明建设的若干意见》。文件共分六个部分，包括：高校社会主义精神文明建设的重要地位和作用；高校社会主义精神文明建设面临的形势和挑战；高校社会主义精神文明建设的指导思想和奋斗目标；要突出重点，大力加强高校理论建设、师德建设和德育工作；建立和完善高校宣传思想文化建设的条件保障体系；加强和改善党对高校社会主义精神文明建设的领导。其中，关于高校社会主义精神文明建设的重要地位和作用，文件指出，高等学校是社会主义精神文明建设的重要阵地，高等学校的精神文明建设在社会主义精神文明建设中有着特殊重要的地位和作用；高等学校是培养社会主义事业建设者和接班人的重要阵地，加强思想道德文化建设是社会主义高等学校的本质要求；高等学校是传播和建设社会主义精神文明的重要基地。

关于高校社会主义精神文明建设的指导思想和奋斗目标，文件指出，高校社会主义精神文明建设的指导思想是：以马克思列宁主义、毛泽东思想和邓小平理论为指导，坚持党的基本路线和基本方针，全面贯彻落实党的十五大精神，全面贯彻落实党的教育方针和中共十四届六中全会精神，大力加强党的建设和思想政治工作，大力加强思想道德建设和科学文化建设，积极推进教育改革和发展，全面提高办学质量和效益，不断提高广大师生员工的思想道德水平和校园文明程度，努力把高等学校建设成为社会主义精神文明的重要基地和示范区。高等学校社会主义精神文明建设的奋斗目标是：经过五到十年左右的努力，在广大师生员工中牢固树立建设有中国特色社会主义的共同理想，牢固树立坚持党的基本路线不动摇的坚定信念。

关于突出重点，大力加强高校理论建设、师德建设和德育工作，文件指出，进一步用马列主义、毛泽东思想和邓小平理论武装师生员工，是高校社会主义精神文明建设的首要任务；高等学校哲学社会科学建设是学校学科建设和社会主义文化事业的重要组成部分，也是思想道德建设的基础；要进一步深化以教学内容和方法为重点的高等学校“两课”改革，更好地发挥其在大学生思想政治教育中的主渠道和主阵地作用；思想道德教育是学校德育的基本内容，要加强并不断深化爱国主义、集体主义、社会主义教育，要以建设有中国特色社会主义的共同理想为基础，以共产主义远大理想为目标，大力开展理想信念教育，要以社会实践和“两史一情”教育为依托，以社会主义现代化建设火热的实践和成就为教材，深入开展爱国主义教育，要以社会主义道德规范为要求，广泛开展爱祖国、爱人民、爱劳动、爱科学、爱社会主义教育，要加强大学生基础道德修养和法制教育；教师是教育教学工作的主体，也是高校社会主义精神文明建设的重要力量；校园文化是新形势下高校德育环境建设的重要内容，是德育工作的重要途径，也是高校社会主义精神文明建设的重要载体；群众性精神文明创建活动是高校社会主义精神文明建设得以深入、持久、广泛开展的重要基础；大力加强高校校园治安综合治理工作，不断优化育人环境。

关于建立和完善高校宣传思想文化建设的条件保障体系，文件指出，宣传思想文化工作要有必要的经费保证；宣传思想文化建设要有必要的物质条件；要按照政治强、业务精、守纪律、作风正的要求，建设一支高素质的宣传思想文化工作队伍；要大力推进高校社会主义精神文明建设的制度化进程。

关于加强和改善党对高校社会主义精神文明建设的领导，文件指出，要大力加强高校领导班子建设，提高各级领导干部特别是校级领导干部的思想政治和业务素质；高校党委对学校社会主义精神文明建设要实行统一领导，要建立和健全党委统一领导，党政主要负责人亲自抓，党政工团各方面分工负责的领导体制和工作机制，齐抓共管，形成合力；学校党委要积极开展高校社会主义精神文明建设规律和特点的研究、探索。

10月

10月8日

由国家教委社会科学司、思想政治工作司和中宣部时事报告杂志社共同主办的“两课”优秀教师评选表彰大会在北京人民大会堂举行。来自全国98所高校的101名“两课”优秀教师受到表彰。全国人大常委会副委员长雷洁琼出席表彰大会。国家教委副主任张天保在表彰大会上指出，“两课”是社会主义大学的本质特征，是高校思想理论教育的主要渠道和主要阵地，对于引导大学生树立建设有中国特色社会主义理想信念和正确的世界观、人生观、价值观起着十分重要的作用。他要求各高校思想政治工作者认真学习贯彻党的十五大精神，进一步提高认识，总结经验，以强烈的使命感和高度的责任心把“两课”教学及改革工作提高到新的水平。

10月9日

全国百名“两课”优秀教师聚集在北京理工大学，就深化“两课”建设和改革，把邓小平理论作为“两课”的中心内容畅谈体会和看法。国家教委党组书记、副主任陈至立，国家教委党组成员、国家语委党组书记朱新均等参加座谈，听取了教师们的意见，并就“两课”改革发表讲话。陈至立在讲话中指出，“两课”教学工作是整个高等学校工作的重要组成部分。她强调，高等学校不仅要传播科学知识，而且应教会学生如何做人，培养他们形成马列主义世界观、人生观、价值观。加强“两课”教学，是高举邓小平理论伟大旗帜、贯彻党的十五大精神的需要，是建设有中国特色社会主义文化的需要，是培养“四有”新人的需要。“两课”建设只能加强不能削弱，必须切实推进“两课”的改革和建设；“两课”必须以邓小平理论为中心内容，邓小平理论要进入课堂，进入教材，深入到学生头脑中去；“两课”教育要适应新情况，解决新问题，理论联系实际，与有中国特色社会主义实际相结合，与学生思想实际相结合，面向21世纪，培养跨世纪人才。

10月10日

国家教委党组召开普通高校马克思主义理论课和思想品德课改革问题讨论会。

10月13日

《中国教育报》报道，由国家教委批准的国家马克思主义理论与思想政治教育人才培养和科学研究基地日前在中国人民大学正式挂牌成立，在挂牌仪式上同时举行全国首届“两课”高级研讨班开班典礼。举办研讨班的宗旨是认真学习领会党的十五大精神，特别是提高对邓小平理论历史地位和指导意义的认识，了解“两课”及相关领域的前沿状况，准确把握改革和现代化建设的新形势，参与“两课”改革，总结“两课”改革经验，并针对“两课”的热点和难点进行深入研讨。国家教委党组成员朱新均出席开班典礼并讲话。他强调举办“两课”高级研讨班是加强“两课”师资队伍建设的重大举措，并指出：在举国上下学习宣传贯彻党的十五大精神，掀起学习马列主义、毛泽东思想和邓小平理论新高潮之际，应该努力抓住机遇，用十五大精神来指导推动“两课”教学和改革，端正学风，以良好的精神状态投入到“两课”教学和改革中去。

10月15日—17日

中宣部、国家教委、共青团中央、全国学联在湖南长沙联合召开中国大中学生志愿者暑期文化科技卫生“三下乡”活动总结表彰会。共青团中央书记处常务书记刘鹏、书记处书记孙金龙，中宣部秘书长高明光和国家教委有关负责人以及各省、自治区、直辖市团委、教委的负责人出席了会议。大会表彰了清华大学赴三峡库区“三下乡”志愿服务队等200支优秀志愿服务队，山西、辽宁等15个省、自治区、直辖市获优秀组织奖。与会代表共同总结交流了1997年暑期大中学生志愿者“三下乡”活动的经验体会，对今后如何深入持久地开展大中学生志愿者活动进行了研讨。会议高度评价1997年暑期的大中学生志愿者“三下乡”活动，要求各有关部门继续为大中学生创造条件，支持这一活动长期深入地开展下去。

11月

11月4日

《中国教育报》报道，由中央教科所德育研究中心主办、深圳东方英文书院承办的“全国首届民办学校德育工作研讨会”近日在深圳召开。国家教委副总督学王文湛，广东省教委副主任刘达中，原中宣部教育局局长陆钦仪，原中央教科所所长吴畏、副所长滕纯等20多位领导和专家到会讲话。来自全国各地的民办学校校长及德育工作者近 200 名代表，对如何加强民办学校的德育工作进行了研讨。为了今后进一步深入研究民办学校的德育工作，会议决定成立全国民办学校德育研究会筹备委员会，并推选深圳东方英文书院院长王遐昌为副会长，中央教科所德育研究中心的詹万生、齐欣，深圳东方英文书院教科所所长刘显国等为秘书组成员。

11 月 14 日—18 日

全国高校青年德育工作者理论研讨会在武汉大学举行。此次研讨会的主题是认真学习贯彻党的十五大精神，深入探讨高校师生思想道德建设的有关问题，重点研讨当前大学生思想道德状况，青年教师思想道德建设问题以及大学生德育工作中面临的思想理论问题。来自全国 20 多个省份部分高校的 50 多名青年德育工作者达成以下共识：当前高校德育工作队伍不仅要解决年龄断层问题，更要注意解决思想断层问题。要增强机遇意识和责任意识，认真学习贯彻党的十五大精神和邓小平新时期的德育思想，切实加强高校师生思想道德建设。作为邓小平理论重要组成部分的德育思想，十分强调人才的政治规格和人才素质的全面性。高举邓小平理论的伟大旗帜，在高校就是要把培养一代“四有”新人作为首要任务来完成。高校德育工作既不能丢好传统，又要开拓新境界。在经济体制发生重大变化，以公有制和按劳分配为主体，其他多种经济成分和分配方式并存的条件下，高校必须坚持社会主义意识形态的主导地位，用马列主义、毛泽东思想、邓小平理论武装青年学生头脑，引导青年教师和学生树立正确的世界观、人生观和价值观，培养良好的思想道德品质。在新时期，高校德育要以培养青年马克思主义者为最高目标，努力培养青年学生成为有中国特色社会主义事业的建设者和接班人。

11 月 17 日

国家教委、共青团中央及欧美同学会共同在京举行纪念毛主席“希望寄托在你们身上”讲话发表 40 周年座谈会。中共中央政治局常委、国务院副总理李岚清在座谈会上讲话指出，希望寄托在千百万有志气、有抱负的跨世纪一代青年的身上，青年要加强学习提高自己，努力成为先进思想的传播者、科学技术的开拓者、社会主义物质文明和精神文明的建设者、“四有”公民的培育者，同广大工人、农民在一起，为中华民族的振兴建功立业。他还指出，当代青年，特别是 21 世纪的建设者，要向老一辈学习，弘扬创业、爱国精神，肩负起民族的期望，再创跨世纪的辉煌。

11 月 18 日

中宣部、国家科委、农业部、文化部、广电部、卫生部、国家计生委等部委联合发出《关于深入开展文化科技卫生“三下乡”活动的通知》。文件要求：第一，努力做到“三下乡”常下乡。制定政策措施，鼓励引导文化科技卫生工作者到农村去。多方筹集经费，保证“三下乡”常下乡。加强农村文化科技卫生和计划生育阵地建设。第二，动员各方力量，在 1997 年冬、1998 年春集中为农民办一批实事。组织一批图书报刊下乡。送一批戏剧下乡。建立一批农村电影发行放映队。建设一批广播电视收转站。抓好一批有影响的群众性文化活动。培训一批农村科技骨干。送一批农村科技录像带。组织一批医务人员下乡。建设一批农村卫生室。建立一批乡镇青年“三下乡”综合服务站。第三，突出重点，着力解决农民迫切需要解决的问题。“三下乡”要紧扣奔小康这个主题，着力为经济建设服务。注重满足农民致富过程中的文化科技卫生需求。“三下乡”要与“八七扶贫攻坚计划”结合起来，着力为贫困地区服务。“三下乡”要着力抓好示范。第四，把“三下乡”和其他群众性精神文明创建活动结合起来。“三下乡”要同“讲文明、树新风”活动结合起来。“三下乡”要同创建文明城市、文明行业活动结合起来。“三下乡”要同创建文明村镇活动结合起来。第五，切实加强对“三下乡”工作的领导，要把“三下乡”摆上重要日程。要坚持从具体事情抓起。大力表彰“三下乡”活动中的先进集体和先进个人。努力营造良好的舆论氛围。

12 月

12 月 3 日

国家教委召开精神文明建设领导小组第二次

全体会议，要求从现在起到1998年春节前后，要按照中央文明办最近召开的电话会议所确定的“巩固、提高、延伸、辐射”的工作思路，扎扎实实开展教育系统“讲文明、树新风”第二阶段活动。教育系统精神文明建设工作要坚持“两手抓”，一手抓机关，一手抓战线。教育机关要继续开展以“三优一满意”为主要目标的精神文明创建活动；各级各类学校要继续开展以“文明校园”(高校)、“文明学校”(中小学)为重点的精神文明创建活动；加强教师职业道德建设，要集中开展对大中小学生进行文明礼貌教育；在元旦、春节期间，各级教育部门和各级各类学校要厉行节约，禁止奢侈浪费，过一个文明的节日。

12月9日

国家教委下发《关于成立国家教委普通高等学校马克思主义理论课和思想品德课教学指导委员会的通知》。文件指出，“两课”教学指导委员会是在国家教委领导下，对高等学校“两课”教学工作进行研究、咨询、评价和指导的专家组织。分别成立马克思主义理论课和思想品德课教学指导委员会。“两课”教学指导委员会的主要任务是：受国家教委委托，进行马克思主义理论和思想品德教育重要决策的前期研究，向国家教委提出意见和建议；研究和指导“两课”教学改革和学科建设，组织教学经验的总结交流，推动科学研究；进行教学改革方案、教学基本要求和教学成果的审议和鉴定，研究和参与教学质量与人才培养和科学研究基地评估工作；研究和参与教材建设和审议工作，检查教材质量；协助做好师资培训工作。

同日，国家教委和共青团中央联合在京召开“全国三好学生、优秀学生干部、先进班集体表彰大会”，178名三好学生、120名优秀学生干部和200个先进班集体受到表彰。国家教委副主任周远清在讲话中指出，青年学生要认真学习邓小平理论，继承中华民族的优良传统，发扬爱国主义精神，进一步明确自己的历史责任，脚踏实地，忘我学习，发愤图强，做一个对祖国对人民有益的跨世纪的有用人才。

12月19日

国家教委马克思主义理论课和思想品德课(简称“两课”)教学指导委员会在北京宣告成立并举行第一次工作会议。国家教委党组书记、副主任陈至立出席了成立大会并作重要讲话。她指出，我们培养的大学生，不仅应具有科学文化知识，而且要有正确的世界观、价值观，有爱国主义觉悟。我们要从实现跨世纪宏伟目标的高度，以全局的战略眼光，把高校的德育工作抓紧再抓紧。“两课”教学指导委员会当前首要的是研究和落实邓小平理论“进教材、进课堂、进头脑”的任务，同时要在课程建设、教材建设、师资培训、学科建设方面进行研究、咨询、评价和指导，为推动“两课”教学改革，提高教学效果发挥积极作用。

12月23日

由共青团中央、全国学联联合举办的全国大学生“校园文明建设周”活动在山东农业大学礼堂前启动。全国近百所高校的数十万名大学生通过各种方式投入到这一活动中。这项活动是响应中央文明委的号召，全面推进第一阶段“讲文明、树新风”活动的重要举措。

12月25日

中央精神文明建设指导委员会召开全体会议，深入学习党的十五大精神，分析形势，总结工作，明确1998年精神文明建设工作的总体要求。中共中央政治局委员、中央书记处书记、中央文明委主任丁关根主持会议并讲话。他指出，要在提高人的素质特别是培养青少年上下功夫。要紧紧抓住提高人的素质这个根本，加强爱国主义、集体主义、社会主义教育，引导人们树立正确的世界观、人生观、价值观。

1998 年

1 月

1 月 12 日—15 日

全国宣传部长会议在北京举行。会议指出，1998 年宣传思想工作总的要求和工作目标是，在以江泽民同志为核心的党中央领导下，高举邓小平理论伟大旗帜，积极、全面、准确、深入地学习、宣传、贯彻党的十五大精神，以科学的理论武装人，以正确的舆论引导人，以高尚的精神塑造人，以优秀的作品鼓舞人，把全党思想统一到十五大精神上来，把全国各族人民的力量凝聚到实现十五大确定的各项任务上来。中共中央总书记江泽民出席会议并讲话。他指出，1998 年宣传思想战线要在全党和全国各族人民中推动掀起学习邓小平理论的新高潮。江泽民要求，宣传思想战线的同志们要充分认识自己所从事的工作是无上光荣的又是十分艰巨的；因为光荣，就要特别珍惜热爱，因为艰巨，就要始终奋发进取。

1 月 15 日—17 日

中央精神文明建设指导委员会在北京召开第一次全国精神文明建设工作会议。会议指出，1998 年精神文明建设工作的指导思想是，在以江泽民同志为核心的党中央领导下高举邓小平理论伟大旗帜，坚持党的基本路线和基本方针，全面贯彻党的十五大精神，进一步落实十四届六中全会确定的各项任务，促进改革、发展、稳定，为人民服务，为社会主义服务，为全党全国工作大局服务。中共中央政治局常委、中央书记处书记尉健行出席会议并作重要讲话。他指出，全面贯彻落实党的十五大精神，必须坚持不懈地加强精神文明建设。他强调，全党一定要高度自觉，在抓好经济建设的同时，坚持把精神文明建设放在更加突出的地位，以更大的决心、更有力的措施，紧紧围绕十五大精神，进一步激发人民群众的积极性和创造性，为落实十五大确定的各项任务创造良好的社会环境。

2 月

2 月 12 日

由全国教育工会组织评选的 10 名“全国师德标兵”产生，田沛发、刘让贤、黄静华、魏书生、韩晓悟、李红兰、孜来·吾甫尔、孙维刚、王树国、王舫 10 人当选。国家教委副主任柳斌、全国总工会书记处书记李永安出席评选会并讲话。

3 月

3 月 5 日

国务院总理李鹏在第九届全国人民代表大会第一次会议上作政府工作报告。李鹏强调指出，要实施全面素质教育，加强思想品德教育和美育，改革教学内容、课程体系和教学方法，以适应社会对各类人才的需要；加强教师队伍建设，提倡尊师重教，改善教师的工作和生活条件。他还指出，用邓小平理论武装广大干部和群众，在全社会形成共同理想和精神支柱，是思想建设的一项根本性任务；要广泛开展群众性的精神文明建设活动，大力倡导社会公德、职业道德和家庭美德，宣传各个领域的先进典型，提高全民族思想道德水平；繁荣和发展文学艺术、新闻出版、广播影视等事业，积极开展哲学社会科学研究，充分发挥思想宣传工作者、文学艺术工作者和社会科学工作者的积极性和创造性。

3月26日

共青团中央印发《关于组织高校学生深入开展邓小平理论学习活动的通知》。这份文件要求，组织高校学生深入开展邓小平理论学习活动，要从社会主义初级阶段理论和国情教育入手，引导学生深入领会邓小平理论的精神实质，使青年学生坚持党的基本路线，坚定建设有中国特色社会主义道路的信念；组织高校学生深入开展邓小平理论学习要做到三个结合，即同学习贯彻党的十五大精神结合，同学习我国社会主义建设的历史结合，同我国改革开放的实践结合；高校团组织要结合共青团的特点和青年学生的实际，抓住骨干，采取措施，使深入开展邓小平理论学习活动落到实处，充分发挥业余党校、团校和学生社团的作用。倡导组织邓小平理论学习研讨班，充分发挥实践在邓小平理论学习中的作用，开展多种形式的邓小平理论学习活动；从全年工作出发，各地各校要尽早进行部署，从4、5月起形成邓小平理论学习研讨活动进一步深入发展的态势和局面，并采取措施，使学习研讨活动长期开展下去，在高校学生中掀起邓小平理论学习的新热潮。

4月

4月16日

教育部印发《教育部精神文明建设领导小组1998年工作安排》，要求全面部署和组织教育战线深入学习贯彻党的十五大精神和邓小平理论，掀起学习邓小平理论的新高潮。要坚持用邓小平理论武装教育战线广大干部和师生，发挥“两课”主渠道和主阵地作用，切实推进邓小平理论“进教材、进课堂、进头脑”工作，加强青少年学生对党的基本理论、基本路线和基本纲领的学习；把师生的思想道德教育作为社会主义精神文明建设的重点工作来抓，加强并不断深化爱国主义、集体主义、社会主义教育，引导师生树立正确的世界观、人生观、价值观，采取多种形式对青少年学生大力开展理想信念教育，社会主义、共产主义思想道德教育，帮助他们牢固树立实现建设有中国特色社会主义共同理想的坚定信念，开展形势政策教育，加强对大、中、小学生的基础文明教育；强化教师职业理想和职业道德教育，树立献身教育、敬业爱岗的师德风范，提高教师思想政治觉悟，为人师表，教书育人；组织有影响、有实效的群众性精神文明创建活动；总结经验，宣传典型；加强和改善党对精神文明建设的领导，建立和健全党委统一领导，党政主要负责人亲自抓，党政工团各方面分工负责的领导体制和工作机制，齐抓共管，形成合力。

4月20日

高等院校邓小平理论课教学座谈会在北京召开。国务院副总理李岚清出席座谈会并讲话。他指出：第一，要进一步深入学习贯彻党的十五大精神，提高自觉性，增强紧迫感。高校要下大力气实现把邓小平理论编成教材、进入课堂、教育武装大学生的目标。各级领导尤其是高等学校的党委要把用邓小平理论教育武装大学生放在十分重要的位置。只有把学生的思想统一到邓小平理论和党的基本路线上来，才能把他们培养成社会主义事业的建设者和接班人。第二，北京大学的经验和各地成功做法的最重要一点，就是切实贯彻理论联系实际原则，学以致用。政治理论课教学、邓小平理论的教学都要发挥党的十五大倡导的优良学风，即要用辩证唯物主义和历史唯物主义的基本观点为指导，理论联系实际。第三，要认真抓好师资队伍建设。第四，邓小平理论教材的编写和讲授既要系统准确，又要生动、简明。第五，要加强党委的领导。

4月28日

中宣部、教育部发出《关于普通高等学校开设“邓小平理论概论”课的通知》。文件指出，当前最迫切的任务是要下大气力把邓小平理论编成教材，进入课堂，武装大学生的头脑。文件要求，从1998年秋季开始，普通高校都要以“中国社会主义建设”课为基础，开设“邓小平理论”课，并把“马克思主义原理”中“科学社会主义论”的课程内容和“中国革命史”中关于1956年以后的课程内容融合到这一课程中统一进行讲授；要重视邓小平理论课师资队伍建设，抓紧配备好授课教师；加强教材建设，认真选好教学用书；努力改进教学方法；贯彻理论联系实际的原则，学以致用；各级党委都要加强对邓小平理论课教学的领导。

5月

5月3日

中共中央政治局常委、国家副主席胡锦涛在中南海怀仁堂亲切会见“中国青年五四奖章”获得者和青年志愿者代表，并与他们座谈。胡锦涛发表了题为《在推进伟大事业中建功成才》的讲话。他指出，广大青年要继承和发扬“五四”光荣传统，进一步增强责任感、使命感和紧迫感，振奋精神，坚定信心，为完成1998年改革、发展、稳定的各项任务作出更大的贡献。广大青年要勤奋学习，艰苦创业，甘于奉献，投身实践。勤奋学习是青年进步的重要阶梯。一是认真学习邓小平理论。二是努力掌握现代科学文化知识。艰苦创业是青年肩负的历史责任。甘于奉献是青年应有的精神境界。投身实践是青年成长的正确道路。

5月4日

中共中央总书记、国家主席、中央军委主席江泽民在庆祝北京大学建校100周年大会上发表重要讲话。他指出，大学应该成为科教兴国的强大生力军。教育应与经济社会发展紧密结合，为现代化建设提供各类人才支持和知识贡献。这是面向21世纪教育改革和发展的方向。他还指出，为了实现现代化，我国要有若干所具有世界先进水平的一流大学。这样的大学，应该是培养造就高素质的创造性人才的摇篮，应该是认识未知世界探求客观真理、为人类解决面临的重大课题提供科学依据的前沿，应该是知识创新、推动科学技术成果向现实生产力转化的重要力量，应该是民族优秀文化与世界先进文明成果交流借鉴的桥梁。江泽民向北大同学和所有高等院校的大学生、向全国各界青年提出四点希望。

第一，希望青年们坚持学习科学文化与加强思想修养的统一。首先要刻苦学习，掌握现代科学文化知识。这是成才的重要前提。要学有专长，同时努力拓宽知识面，用人类社会创造的一切优秀文明成果丰富和提高自己。求知与修养相结合，是中华民族的一个优秀文化传统。没有好的思想品德，也不可能把学到的知识真正奉献给祖国和人民，也就难以大有作为。青年时期注重思想修养，陶冶情操，努力树立正确的世界观、人生观、价值观，对自己一生的奋斗和成就将会产生长远而巨大的作用。

第二，希望青年们坚持学习书本知识与投身社会实践的统一。要健康成长，不仅要学习书本知识，而且要向社会实践学习，自觉投身于火热的改革开放和现代化建设实践。人民群众的社会实践，是知识常新和发展的源泉，是检验真理的试金石，也是青年锻炼成长的有效途径。青年人要立志到祖国和人民最需要的地方去，到条件艰苦的地方去，磨炼意志，砥砺品格，把学得的知识用于实践，在实践中继续学习提高。艰辛知人生，实践长才干。这是古往今来许多人成就一番事业的经验总结。

第三，希望青年们坚持实现自身价值与服务祖国人民的统一。青年人富有遐想和抱负，憧憬着美好的未来。这是青年的特点，也是优点。但需懂得，个人的抱负是不可能孤立地实现，只有把它同时代和人民的要求紧密结合起来，用自己的知识和本领为国家为人民服务，才能使自身价值得到充分实现。如果脱离时代、脱离人民，必将一事无成。波澜壮阔的改革开放和现代化建设，为全国各族青年展示才华、实现志向，提供了广大的舞台。生长在这样的时代是幸福的。广大青年一定要虚心向革命先辈和人民群众学习，在为祖国的竭诚奉献中焕发出青春的绚丽光彩。

第四，希望青年们坚持树立远大理想与进行艰苦奋斗的统一。青年人要有理想，还要有实现理想的坚定信念和脚踏实地、百折不挠的奋斗精神。建设有中国特色社会主义，实现中华民族的振兴，是非常艰巨的事业。我国还处于并将长期处于社会主义初级阶段，在前进道路上必然会遇到许多这样那样的困难和挑战。广大青年一定要深刻认识我们的国情，要有坚忍不拔的充分思想准备，取得成绩时不盲目乐观，遇到困难时不气馁悲观。创业维艰，奋斗以成。历史的胜利和成功永远属于具有崇高理想、坚定信念的艰苦奋斗的人们。

5月5日

中共教育部党组召开会议，学习江泽民同志4月29日考察北京大学时和5月4日在庆祝北京大学建校100周年大会上的讲话，研究部署教育战线学习贯彻江泽民同志重要讲话精神的意见和措施。

5月6日

共青团中央、全国学联在北京召开座谈会，学习江泽民同志在庆祝北京大学建校100周年大会上的讲话。来自北京大学、清华大学等10所高校的学生代表、青年学者代表等在会上发言，畅谈学习体会。

5月7日

教育部发出《关于学习、贯彻、落实李岚清副总理在高等院校邓小平理论课座谈会上的讲话精神的通知》，要求各地和高校党政领导要认真学习、深刻领会李岚清副总理的讲话精神，并在此基础上向理论课教师进行传达，组织学习；要结合李岚清副总理的讲话精神，并结合本地区和高校的实际，认真贯彻落实中宣部、教育部近日联合下发的《关于普通高等学校开设“邓小平理论概论”课的通知》，确保各普通高校从1998年秋季开始普遍开设并开好“邓小平理论概论”课程，务必要把用邓小平理论教育武装大学生工作以及“两课”的教学改革和建设工作认真抓紧、抓深、抓实、抓好。

5月8日

中宣部和中共中央党校联合在北京人民大会堂举行纪念真理标准讨论20周年座谈会。中共中央政治局常委、国家副主席胡锦涛出席会议并讲话。他指出，真理标准问题的大讨论，是十一届三中全会实现新中国成立以来我党历史上具有深远意义的伟大转折的思想先导，是20年改革开放历程的思想先导，为我们党重新确立马克思主义的思想路线、政治路线和组织路线奠定了理论基础。他还指出，20年思想解放和社会主义现代化建设的历程，积累了丰富的经验，在如何坚持马克思主义的思想路线方面，也给了我们很多深刻的启示：坚持解放思想、实事求是的思想路线，就必须以科学的态度对待马克思主义；就必须尊重实践，尊重亿万人民群众的实践，不断用实践来检验理论、路线和各项方针政策；就必须不断加深对中国国情的认识，坚持一切从社会主义初级阶段的实际出发；就必须有世界眼光，重视对当代世界经济、政治、科技、文化的研究，善于把握历史发展的潮流，走在时代前列；就必须大力加强社会主义民主政治建设。他最后要求，要进一步增强高举邓小平理论伟大旗帜的自觉性和坚定性，兴起学习邓小平理论的新高潮；要在科学理论的指导下，大胆实践，大胆探索，以解放思想、实事求是的精神解决新形势下的新课题、新矛盾；要按照党的十五大的要求，始终不渝地坚持邓小平理论，并在实践中继续丰富和创造性地发展这个理论。

5月22日

中宣部、教育部发出《关于认真学习〈邓小平教育理论学习纲要〉的通知》。文件指出，邓小平教育理论是邓小平理论的重要组成部分，是新时期我国社会主义教育事业发展的指导思想。教育部门和各高等学校党委中心组要带头学习，并组织好教育系统广大干部、党员特别是处级以上领导干部和系主任、党总支书记的学习，带动广大教职工的学习。大学生的学习可与马克思主义理论课、思想品德课的教学结合起来。学习邓小平教育理论，要同学习邓小平理论的科学体系结合起来，同学习贯彻党的十五大精神结合起来，发扬理论联系实际的学风，紧密联系建设有中国特色社会主义的实践，紧密联系我国教育事业的发展和教育改革的实践，研究教育工作面临的新情况、新问题，创造性地开展工作。通过学习，进一步高举邓小平理论伟大旗帜，增强坚持党的基本路线和基本纲领的自觉性和坚定性，面向现代化、面向世界、面向未来，奋发图强，开拓进取，把建设有中国特色社会主义教育事业全面推向21世纪。

5月24日—26日

第三次全国高校加强文化素质教育试点工作研讨会在成都四川联合大学国际会议中心举行。

此次研讨会的主题是贯彻落实第一次全国普通高等学校教学工作会议精神，总结交流两年多来加强大学生文化素质教育试点工作的经验，研究如何进一步开展试点工作。与会者认为，面对即将来临的 21 世纪，特别是知识经济所带来的挑战，高教必须加大改革力度、加快改革步伐，培养高质量高素质人才，否则将难以担当科教兴国的重任。会议强调，加强大学生文化素质教育不能只着眼几门课程的开设，要因地制宜，形式多样，要将加强文化素质教育贯穿于人才培养的全过程，将素质的养成与提高渗透到教学计划之中，渗透到专业教育之中，要防止走过场和追求轰动效应。同时，要注重提高素质与传授知识、培养能力相结合，尤其要注重素质的提高与创新精神和创新能力的培养相结合。会议决定，向全国普通高校推广试点院校的经验，成立高等学校加强文化素质教育指导委员会并建立大学生文化素质教育基地。教育部副部长周远清出席会议并讲话。他指出，教学改革要有所突破，关键是提高人才培养质量，加强文化素质教育是提高人才培养质量的重要环节。

5 月 29 日

教育部、中央电视台和中国教育报在京联合举办“首都部分高校师生代表收看《居里夫人》影片座谈会”。来自北京大学、清华大学、北京理工大学、北京电影学院和北京工业大学等 10 余所高校的 30 余名师生代表参加了会议，畅谈观看影片后的体会和感想。与会师生表示，作为大学生要刻苦学习，努力成才，为中华民族的伟大复兴而奋斗；作为教职员工要立足本职，爱岗敬业，教书育人，管理育人，服务育人，共同担负起培养青年一代的责任。教育部党组成员陈文博出席座谈会并作重要讲话。他指出，每位教育工作者特别是高校教师都要爱岗敬业，埋头苦干，淡泊名利，为培养一流的人才作贡献；每个大学生都要从我做起，从现在做起，牢记江泽民总书记在庆祝北京大学建校 100 周年大会上的讲话中对当代大学生和各界青年提出的四点希望，学习居里夫人精神，攀登科学的高峰，创造出不愧时代的业绩。

6 月

6 月 10 日

中宣部、教育部发出了《关于普通高等学校“两课”课程设置的规定及其实施工作的意见》。文件提出，适应深化“两课”教学改革的需要，进一步加强“两课”课程建设；加强普通高等学校“两课”的课程设置；关注本专科“两课”课程的基本内容；关注实施新课程方案的时间安排；认真组织实施工作。其中，关于适应深化“两课”教学改革的需要，进一步加强“两课”课程建设，文件指出，普通高等学校开设的“两课”，是对大学生系统进行思想政治教育的主渠道和主阵地，在培养他们成为社会主义事业的建设者和接班人方面具有重要作用；当前要积极贯彻落实党的十五大精神，进一步解决好邓小平理论“进教材，进课堂，进头脑”这一主要任务。“两课”课程设置要以邓小平理论为中心内容，比较系统地进行马克思主义基本原理和爱国主义、集体主义、社会主义的教育。关于普通高等学校“两课”的课程设置，文件指出，二年制专科马克思主义理论课为“马克思主义哲学原理”(36 学时)和“邓小平理论概论”(64 学时)；三年制专科马克思主义理论课为“马克思主义哲学原理”(50 学时)、“毛泽东思想概论”(40 学时)和“邓小平理论概论”(60 学时)；二年制和三年制专科思想品德课为“思想道德修养”(40 学时)和“法律基础”(28 学时)；本科马克思主义理论课为“马克思主义哲学原理”(54 学时)、“马克思主义政治经济学原理”(理工类 40 学时，文科类 36 学时)、“毛泽东思想概论”(理工类 36 学时，文科类 54 学时)、“邓小平理论概论”(70 学时)和“当代世界经济与政治”(文科类开设，36 学时)；本科思想品德课为“思想道德修养”(51 学时)和“法律基础”(34 学时)；“职业道德”课，除师范、医学等一些特殊专业要作为专业基础课纳入教学计划外，其他专业可作为选修课或作为“思想道德修养”课的一部分安排教学；硕士生马克思主义理论课为“科学社会主义理论与实践”(36 学时)、“自然辩证法概论”(理工类开设，54 学时)和“马克思主义经典著作选读”(文科类开设，72 学时)；博士生马克思主义理论课为“现代科学技术革命与马克思主义”(理工类开设，54学时)和“马克思主义与当代社会思潮”(文科类开设，54学时)。此外，各层次各科类学生都要开设“形势与政策”课。该课要列入教学计划，平均每周1学时，一般按专题进行；实行学年考核制度，纳入学籍管理。关于本专科“两课”课程的基本内容，文件指出，“马克思主义哲学原理”主要是进行辩证唯物主义和历史唯物主义基本原理的教育，学习毛泽东和邓小平哲学思想，帮助学生掌握马克思主义的科学世界观和方法论，培养分析和解决实际问题的能力，树立正确的世界观、人生观和价值观；“马克思主义政治经济学原理”主要是进行马克思主义政治经济学关于资本主义部分基本原理的教育，帮助学生理解资本主义经济制度的实质和基本矛盾，懂得资本主义产生、发展和必和然为社会主义所代替的历史规律，了解资本主义在当代的新变化、新特点及其国际经济关系，认清当代世界发展的历史趋势，坚定社会主义理想信念；“毛泽东思想概论”主要是进行毛泽东思想基本原理的教育，帮助学生理解毛泽东思想是马列主义同中国实际相结合的第一次历史性飞跃的伟大成果，掌握毛泽东思想的主要内容和活的灵魂，懂得中国近现代社会历史发展和革命运动的规律，认清只有在中国共产党领导下，坚持社会主义道路，才能救中国和发展中国；“邓小平理论概论”主要是进行建设有中国特色社会主义理论与实践的教育，帮助学生理解邓小平理论是马克思主义同当代中国实际和时代特征相结合的产物，是毛泽东思想的继承和发展，是马克思主义在中国发展的新阶段，掌握邓小平理论的科学体系和精神实质，重点搞清楚什么是社会主义、怎样建设社会主义这个根本问题，认识社会主义的本质和社会主义建设的规律，认识我国现在处于并将长期处于社会主义初级阶段的基本国情，增强高举邓小平理论伟大旗帜，执行党的基本路线和基本纲领的自觉性和坚定性；“当代世界经济与政治”主要是进行马克思主义关于当代世界经济政治和国际关系的基本观点的教育，帮助学生理解邓小平对当今时代特征和总体国际形势，对世界上其他社会主义国家的成败，发展中国家谋求发展的得失，发达国家发展的态势和矛盾的科学判断，认清霸权主义和强权政治的实质，掌握我国的外交政策，正确理解并拥护党和国家的国际战略；“思想道德修养”主要是进行以为人民服务为核心、以集体主义为原则的社会主义道德教育，以及优秀的中国传统道德和革命传统教育，培养学生高尚的理想情操和良好的道德品质，树立体现中华民族特色和时代精神的社会主义价值标准和道德规范；“法律基础”主要是进行社会主义法制教育，帮助学生掌握马克思主义法学的基本观点，了解宪法和有关专门法的基本精神和规定，增强学生的社会主义法制观念和法律意识；“形势与政策”主要是帮助学生全面正确地认识党和国家面临的形势和任务，拥护党的路线、方针和政策，增强实现改革开放和社会主义现代化建设宏伟目标的信心和社会责任感。关于实施新课程方案的时间安排，文件指出，上述课程设置方案中的“邓小平理论概论”课，中宣部、教育部已专门发出通知，要求各高等学校在1998年秋季普遍开设。其他几门课程，凡条件具备的高等学校均要在1998年秋季入学的新生中开始实行，所有高等学校原则上均要在1999年秋季入学的新生中开始实行。文件还对具体实施工作做了部署。

6月11日

中宣部、教育部联合在北京人民大会堂召开学习邓小平教育理论座谈会。国务院副总理李岚清出席座谈会并发表讲话。他指出，邓小平教育理论是邓小平理论的重要组成部分，是新时期中国社会主义教育事业发展的指导思想。它深刻揭示了中国社会主义初级阶段教育的本质和发展规律，全面阐明了教育与经济发展和社会全面进步之间相互依赖、不可分割的辩证关系，明确了教育在社会主义现代化建设事业中的重要地位和作用，确定了面向21世纪中国教育改革和发展的战略方向，成为中国社会主义教育事业发展的理论指南。他还指出，学习邓小平教育理论，最根本的是学习邓小平运用马克思主义的立场、观点和方法，研究新情况、解决新问题的科学态度和创造精神；学习他从社会主义现代化建设全局的高度重视教育、改革教育、发展教育的战略思想；学习他解放思想，实事求是，从国情出发建立有中国特色社会主义教育体系的思想路线；学习他坚持理论联系实际、脚踏实地、艰苦创业的工作方法和工作作风。

6 月 19 日—25 日

中国共产主义青年团第十四次全国代表大会在北京召开，来自全国各地的1469名团员代表参加了大会。江泽民、李鹏、朱镕基、李瑞环、胡锦涛、尉健行、李岚清等党和国家领导人出席了大会开幕式。中共中央政治局常委、国家副主席胡锦涛受中共中央委托向大会致祝词:《迈向新世纪创造新业绩》。胡锦涛强调指出，要把伟大事业全面推向新世纪，青年就必须高举伟大旗帜，坚定科学信念；必须努力学习实践，掌握过硬本领；必须培养优良品德，弘扬文明新风；必须矢志艰苦创业，勇于开拓创新。胡锦涛还指出，各级团组织，要始终坚持先进性与群众性的有机结合，要始终坚持建功与育人的有机结合，要始终坚持继承与创新的有机结合，在新的形势下要更大力弘扬爱国主义精神，积极引导青年为保持香港繁荣稳定，实现澳门顺利回归，最终解决台湾问题，完成祖国统一大业而不懈努力；建设一支高素质的团的干部队伍，是做好共青团工作的重要保证。全国妇联书记处第一书记顾秀莲代表各群众团体向大会致贺词。周强代表共青团十三届中央委员会作题为《在邓小平理论指导下团结带领各族青年为实现党的跨世纪宏伟目标而奋斗》的工作报告。大会号召各级团组织和广大团员青年，高举邓小平理论伟大旗帜，紧密团结在以江泽民同志为核心的党中央周围，坚持党的基本路线不动摇，继承和发扬我国青年运动的光荣传统，坚定地走在改革开放和现代化建设的前列，在建设有中国特色社会主义伟大事业中充分发挥生力军作用，为实现党的十五大确定的跨世纪发展目标和中华民族的伟大复兴贡献青春、智慧和力量。

6 月 22 日

中组部、中宣部、中共教育部党组联合发出通知印发《普通高等学校党建工作基本标准》。这份文件规定，积极组织学生参加社会实践，列入教学计划，在人力、财力、场所上有保证，长期坚持，效果良好。日常思想政治工作开展经常、及时。重视校园文化建设，积极开展安全文明校园建设活动，在校内形成健康向上的环境气氛，舆论导向正确，校内秩序良好。重视德育工作队伍建设，建立一支以专职人员为骨干、兼职人员为主体、专兼职相结合的德育工作队伍。

6 月 24 日

中共中央印发《关于在全党深入学习邓小平理论的通知》。文件强调，深入学习邓小平理论是一项重大而紧迫的任务。深入学习邓小平理论，关系到党和国家工作的全局，关系到中国社会主义事业的长远发展，关系到中华民族的前途命运；全党同志一定要从我们肩负的历史责任出发，按照党的十五大的要求，进一步增强学习邓小平理论的自觉性和紧迫感，努力形成学习新高潮。文件还强调要把全党的理论学习提高到新水平，指出：深入学习邓小平理论，要紧紧围绕党的十五大的主题，在全面、正确领会和掌握邓小平理论科学体系和精神实质上下功夫，在全面、正确领会和掌握党的十五大精神上下功夫；要深刻理解党的十五大把邓小平理论确立为党的指导思想并写入党章的重大意义；要深刻理解中国现在处于并将长期处于社会主义初级阶段的科学判断，准确把握基本国情；要深刻理解党的十五大关于建设有中国特色社会主义经济、政治、文化的一系列重大决策是对邓小平理论的坚持、运用和发展，具有长远的指导意义；要深刻理解实现跨世纪发展的宏伟蓝图，关键在于加强和改善党的领导；要认真研读邓小平著作，并同选学马列著作和毛泽东著作、了解党的历史和社会主义在中国发展的实践结合起来；同学习十一届三中全会以来党和国家的重要文献、江泽民同志的重要讲话，总结改革开放的新鲜经验结合起来。另外，文件强调要坚持以领导干部为重点带动全党的学习，指出：用邓小平理论武装全党，要以县级以上领导干部为重点；完善领导干部脱产进修制度；健全党委(党组)中心组理论学习制度；坚持领导干部在职自学制度；建立领导干部理论学习考核制度；1998 年和 1999 年两年要集中一段时间，在县级以上领导干部中深入进行以讲学习、讲政治、讲正气为主要内容的党性党风教育；继续在广大党员中开展学习邓小平理论、学习党章的活动，使之经常化、制度化。文件还对进一步加强对邓小平理论的研究和宣传、全党必须在学风上有一个明显进步，以及切实加强对理论学习的领导等做了具体安排和部署。

同日，中组部、中宣部、中共教育部党组做出《关于表彰1993—1998年党的建设和思想政治工作先进普通高等学校的决定》。对1993—1998年在党的建设和思想政治工作方面取得突出成绩的37所高等学校予以表彰，授予“1993—1998党的建设和思想政治工作先进高等学校”称号。要求各高等学校以受表彰学校为榜样，紧密团结在以江泽民同志为核心的党中央周围，在邓小平理论指引下，用党的十五大精神统一思想，总揽全局，推动工作，全面贯彻党和国家的教育方针，进一步解放思想，实事求是，抓住机遇，大力推进高等教育的改革和发展，为建立起适合我国社会主义现代化建设的高等教育体系，努力培养德、智、体等方面全面发展的社会主义事业的建设者和接班人，为实现党的十五大确定的跨世纪宏伟目标而努力奋斗。

同日，中组部、中宣部、中央政策研究室、中共中央党校联合在人民大会堂举行学习邓小平党的建设理论座谈会。中共中央政治局常委、国家副主席胡锦涛出席会议并作重要讲话。他指出，学习邓小平党的建设理论，要紧密联系20年来我国改革开放和现代化建设以及党的建设的生动实践，努力对理论做完整、准确地把握；要紧密联系邓小平党的建设理论重要观点、论断提出的背景和条件，对理论做历史的、辩证的理解；要紧密联系邓小平理论的整个科学体系和精神实质，对邓小平党的建设理论的内涵做系统的、深入的钻研。他强调，学习邓小平党的建设理论，最根本、最重要的，是要认真学习邓小平同志运用马克思主义立场、观点和方法，研究、解决改革开放条件下党的建设遇到的新问题的科学态度、创造精神和革命风格。

7月

7月3日

中共中央政治局常委、国务院总理朱镕基在人民大会堂就当前国内和国际经济形势，向京津高校师生代表和出席第七次全国高校党建工作会议的代表近万人作了报告。在三个多小时的报告中，朱镕基介绍了最近美国总统克林顿访华及中美关系的情况，介绍了近几年国民经济发展情况和所采取的措施以及取得的成功经验，分析了当前国民经济运行受亚洲金融危机影响所遇到的主要问题和采取的对策。朱镕基指出，“科教兴国”是党中央制定的国家发展战略，为了全面贯彻落实这一战略，国家将采取各种措施，增加投入，来保证这一战略的实施。朱镕基希望大学生们奋发努力，刻苦学习，掌握本领，为把我国建设成一个强大的社会主义现代化国家作出应有的贡献。

7月3日—5日

由中组部、中宣部、中共教育部党组联合召开的第七次全国高校党建工作会议在北京举行。会议研究部署了高教战线掀起学习马列主义、毛泽东思想特别是邓小平理论新高潮，深入贯彻《中国共产党普通高等学校基层组织工作条例》，坚持完善党委领导下的校长负责制等工作，总结交流了近年来高校党建和思想政治工作的经验，表彰了北京大学、清华大学等37所党的建设和思想政治工作先进高等学校。胡锦涛、尉健行、李岚清、丁关根等领导同志会见与会代表并出席开幕式。

李岚清在开幕式上发表了题为《高举邓小平理论伟大旗帜，开创高等学校党的建设工作新局面》的讲话。他指出，用邓小平理论武装广大师生，是加强高校党建工作的根本任务，是进一步办好高等院校，培养跨世纪的社会主义现代化事业的建设者和接班人的根本保证；深入学习邓小平理论，最重要的是全面、正确领会和掌握邓小平理论的科学体系和精神实质，特别要认真学习邓小平同志运用马克思主义的基本原理，研究新情况、解决新问题的科学态度和创造精神；学习邓小平理论必须端正学风，要坚持理论联系实际，学以致用；要以中国改革开放和现代化建设的实际问题、以我们正在做的事情为中心，密切结合学校特点，有针对性地开展学习；要把深入学习邓小平理论同学习党的十五大精神结合起来，同学习党的基本知识和党课教育结合起来，同高等教育改革和发展的实践结合起来，同解决高校师生的现实思想问题结合起来，务必讲求实效，反对形式主义、走过场；学习邓小平理论，要做到邓小平理论进教材，进课堂，进学生的头脑；做好“三进”工作，必须有一支马克思主义理论水平高的师资队伍，授课教师要对社会主义初级阶段的主要特征、基本路线、基本纲领和建设有中国特色社会主义道路有深刻的理解，能够从理论与实际结合上进行有说服力的讲授、研讨，不能只照本宣科；要大力加强青年教师工作，培育德才兼备的高素质师资队伍。他强调要开展生动活泼的思想政治工作，培养全面发展的优秀大学生。他还指出，当前加强学校思想政治工作的一个重要任务，是要充实和加强高校思想政治工作队伍，选拔那些政治上强、思想作风好、理论和业务水平高的优秀教师做专职或兼职思想政治工作，充分发挥政治辅导员的重要作用，要建立教师特别是青年教师乐于做思想政治工作的激励和轮换机制；深入学习邓小平理论，开展思想政治工作，要符合青年学生的特点，根据新情况、新形势，采取灵活多样的形式，做到生动活泼；要在高等学校中加强形势教育；各级党政领导要关心青年学生的成长，关心高等学校党的建设工作，关心高等教育的改革和发展；要加强人文科学知识的教育，这是进行全面素质教育的重要内容，也是开展思想政治教育、提高教育质量的重要基础；要进一步加强高等学校中共青团以及学生会和学生社团的工作；要坚持上好党课，培养学生知识分子队伍，使他们成为党的工作的有力助手，并将他们当中符合条件的优秀分子及时发展入党，壮大学生党员队伍。他还强调指出，高校的领导同志要提高理论学习的自觉性，认真学习邓小平理论，掌握马克思主义的基本立场、观点和方法，正确处理实践中遇到的各种矛盾和问题，要通过学习邓小平党建理论，提高自身素质，以身作则，严于律己，为广大师生做出表率；要坚持和完善党委领导下的校长负责制，既要发挥党委的领导作用，也要发挥校长的负责作用，同时要注意总结这方面的经验。李岚清还就继续推进高校管理体制改革和加快青年教师住房建设等问题发表了意见。

教育部党组书记陈至立代表中组部、中宣部和教育部党组在会上作了题为《高举邓小平理论伟大旗帜，进一步加强高校党的建设，把有中国特色社会主义的高等教育事业全面推向21世纪》的报告。她强调要认清形势，把握大局，进一步提高加强高校党建工作的自觉性，指出当前要重点抓好以下10个方面的工作：第一，高举邓小平理论伟大旗帜，用邓小平教育理论指导教育工作；第二，要从提高全民族科学文化素质的高度，坚持20世纪末实现“两基”的目标不动摇，坚持对“两基”优先投入的方针不动摇；第三，努力加大教育经费投入力度，确保教育优先发展战略地位的落实；第四，调整教育结构，优化资源配置；第五，深化高教管理体制改革，调整布局，形成高教管理体制的基本框架；第六，狠抓教育教学质量，进一步加强“211工程”建设，实施“创新人才计划”；第七，积极参与国家创新工程，在加强基础研究的同时，大力扶持高校高新技术产业的发展，实现高新技术产业化，为国民经济培育新的生长点作出应有贡献；第八，构建现代化终身教育学习体系和实施现代化远距离培训、学习计划，提高全民族科学文化素质；第九，加快高校筒子楼和旧房的改造，尽快解决青年教师的住房困难；第十，根据国务院机构改革的总体部署，认真做好教育部的机构改革工作。她还强调要认真贯彻党的十五大精神，掀起学习邓小平理论新高潮，是当前高校党建工作的首要任务，指出：要在教育战线特别是高等学校兴起学习邓小平理论的新高潮；学习邓小平理论，要与学习党的历史，特别是党的十一届三中全会以来改革开放的历史结合起来，要注重理论联系实际，发扬优良学风；要学习邓小平同志研究和处理问题的立场、观点和方法，研究新情况，解决新问题，不断丰富和发展邓小平理论；要坚持领导带头；要认真组织实施“两课”课程设置新方案，加快邓小平理论“进教材、进课堂、进学生头脑”工作的步伐；各级党委要高度重视用邓小平理论教育大学生的工作，切实加强对这项工作的领导；要认真按照中央指示精神，全面抓好“两课”教学改革和建设；要切实加强师资队伍建设；要重视教材建设；要贯彻理论联系实际的原则，大力改进教学方法，保证教学质量。另外，她还强调要加强领导，狠抓落实，继续开创高校党建工作的新局面，指出：进一步贯彻落实《中国共产党普通高等学校基层组织工作条例》，坚持和完善党委领导下的校长负责制，首先要理顺校级党政关系，重要的是加强制度建设，关键在于不断提高高校领导干部的素质，核心是发挥集体的力量来领导和管理学校，解决好学校改革和发展中所涉及的办学方向、发展战略、办学模式、改革思路等关系全局的重大问题；高校党建工作要切实保证改革和发展顺利进行，要紧紧围绕学校的中心任务来开展，第一要坚定改革的信心和决心，第二要加强领导，把握好高校改革和发展的方向，第三要充分发挥高校党组织和广大党员的作用，加强思想政治工作，第四要进一步加强党风廉政建设，进一步加强对高校党建工作的领导。

7月7日

共青团中央下发通知，要求全国各级团组织认真学习贯彻《中共中央关于在全党深入学习邓小平理论的通知》精神，首先，要高度重视，把学习贯彻中共中央通知精神作为加强团的思想政治建设的一件大事切实抓好。其次，要及时组织学习，深刻领会中共中央通知的精神实质。最后，要采取有力措施，把中共中央通知中对共青团提出的要求真正落到实处。

7月17日

经中共中央决定，中组部、中宣部联合在京召开学习邓小平理论工作会议。中共中央总书记、国家主席、中央军委主席江泽民在会上发表重要讲话。他强调要深入学习邓小平理论，必须从国际国内大局出发增强自觉性。他指出：这是我们党面向21世纪推进伟大事业的战略需要；加强理论学习，也是提高干部队伍特别是领导干部队伍思想政治素质，坚持党的基本路线不动摇的根本要求；加强理论学习，又是根据理论武装工作的实际状况提出来的。他还强调深入学习邓小平理论，必须同学习和贯彻党的十五大精神结合起来，紧紧围绕十五大的主题，在全面、正确地理解和掌握邓小平理论科学体系和精神实质上下功夫，在全面、正确地理解和掌握十五大精神上下功夫，把全党的思想和行动进一步统一到十五大精神上来，把全国各族人民的智慧和力量进一步凝聚到实现十五大确定的任务上来。他还强调深入学习邓小平理论，必须在改造客观世界的同时努力改造主观世界。他指出：邓小平理论是完整的科学体系，是我们认识和改造客观世界的强大思想武器，也是我们认识和改造主观世界的强大思想武器；深入学习邓小平理论，一定要把改造主观世界摆到重要位置，同改造客观世界更好地统一起来。在这里，他明确指出，领导干部加强主观世界的改造，要着重解决四个方面的问题：一是坚定建设有中国特色的社会主义信念，提高政治敏锐性和鉴别力，坚持党的基本路线不动摇；二是始终同党中央保持思想上、政治上的一致，坚决贯彻执行中央的方针政策和工作部署；三是增强在复杂形势下承受抵御各种风险的意识和能力，居安思危，树立长期艰苦奋斗的思想；四是密切联系群众，坚持反腐倡廉，正确行使人民赋予的权力。他还指出，改造主观世界，领导干部必须形成好的思想作风，要做到以下“三个正确对待”：第一，正确对待同志；第二，正确对待组织；第三，正确对待群众。他最后还强调深入学习邓小平理论，必须大力弘扬马克思主义学风。他指出：理论学习新高潮能不能扎扎实实地掀起来，理论武装工作能不能取得明显成效，关键在于弘扬理论联系实际的马克思主义学风；学风问题也是党风问题，是关系党的兴衰和事业成败的一个重大政治问题，历史证明，学风端正，事业兴旺，学风不正，事业受损；学习马克思主义，一定要以我国改革开放和现代化建设的实际问题、以我们正在做的事情为中心，着眼于马克思主义理论的运用，着眼于对实际问题的理论思考，着眼于新的实践和新的发展。另外，他强调各级党委特别是主要负责同志，要切实肩负起用邓小平理论武装党员、干部，掀起理论学习新高潮的责任；要以抓好领导干部的学习为重点，推动本地区、本部门、本单位的学习。

7月27日

教育部邓小平理论研究中心在北京召开座谈会，在京部分高校的学者出席座谈会，就如何结合高校及理论界的实际，贯彻《中共中央关于在全党深入学习邓小平理论的通知》精神，深入学习邓小平理论发表了各自的意见。

7 月 29 日

《中国教育报》报道，中国关心下一代工作委员会日前在黑龙江省大庆市召开“高举邓小平理论伟大旗帜，努力开创关心下一代新工作新局面”全国关心下一代工作座谈会。吉林省“关工委”介绍了他们根据青少年层次的不同，在开展学习邓小平理论方面的一些做法和经验。会议还交流了对青少年进行爱国主义教育、传统教育和培养“四有”新人，组织农村青少年学科技、奔小康和帮助城市下岗青少年再就业，配合有关方面向青少年进行法制教育和帮教失足青少年等方面的经验。

8 月

8 月 8 日

教育部召开党组扩大会议，集中传达学习江泽民同志在学习邓小平理论工作会议上的讲话；进一步贯彻落实《中共中央关于在全党深入学习邓小平理论的通知》精神，带动教育战线掀起学习邓小平理论的新高潮。

8 月 11 日

教育部办公厅下发《关于加强普通高等学校马克思主义理论课和思想品德课(公共课)教材建设及管理问题的通知》。文件指出，1998 年国家教委《关于编写出版普通高等学校马克思主义理论课(公共课)教材的暂行管理办法》及 1992 年国家教委《关于加强高等学校思想政治教育课程教材建设的管理的意见》的基本精神仍然适用；高等学校“两课”的全国通用教材，仍限于由教育部直接组织编写、审定的示范性教材和由教育部经过评审后向全国推荐的教材；全国普通高校“两课”(专科、本科和研究生层次)各门课程所需教材的编写审批出版工作，由教育部和各省(自治区、直辖市)教育主管部门，按教育部有关文件规定，分级进行规划管理；各省(自治区、直辖市)要加强对高校教材使用的指导和监督，同时尊重高校在选用推荐教材方面的自主权；各省(自治区、直辖市)教育主管部门要切实负责地加强教材管理，抓好教材建设。

8 月 29 日

第九届全国人大常委会第四次会议通过《中华人民共和国高等教育法》，以法律的形式强调了思想政治教育在高等教育中的地位和作用。其中规定：高等教育必须贯彻国家的教育方针，为社会主义现代化建设服务，与生产劳动相结合，使受教育者成为德智体等方面全面发展的社会主义事业的建设者和接班人。高等学校党委统一领导学校工作。高等学校党委的领导职责主要是：执行中国共产党的路线、方针、政策，坚持社会主义办学方向，领导学校的思想政治工作和德育工作。

9 月

9 月 10 日

中共教育部党组发出《关于做好秋季开学后高校师生形势与政策教育和思想政治工作的通知》，要求要充分利用广大军民特别是人民军队广大官兵抗洪抢险斗争的英雄事迹，在师生员工中深入进行爱国主义、集体主义和社会主义教育，使他们积极发扬“抗洪精神”，出色完成本职工作和学习任务；要进一步加强对高校师生进行国际形势和我国外交政策的教育；要进一步加强对高校师生进行国内经济形势的教育。要及时了解掌握师生思想动态，加强思想政治工作，保持学校稳定。

9 月 22 日—24 日

全国高校纪念党的十一届三中全会 20 周年理论研讨会在北京举行。这次纪念活动的主题是：通过回顾和总结党的十一届三中全会以来我国改革开放和现代化建设的巨大成就及实践经验，进一步加强对邓小平理论和党的基本路线的理解，自觉地用党的十五大精神统一自己的思想和行动，高举邓小平理论伟大旗帜，更加紧密地团结在以江泽民同志为核心的党中央周围，全面推进建设有中国特色社会主义的伟大事业。教育部部长陈至立出席开幕式并讲话。她提出要结合教育事业改革和发展的实际，用改革开放20年伟大实践的丰富经验，对广大党员、干部和全体师生员工进行一次十一届三中全会以来所确立的党的基本路线的再教育，全面、正确地把握和贯彻落实党的十五大精神，进一步掀起学习邓小平理论的新高潮。与会代表一致认为，党的十一届三中全会是我们党和国家历史上非常重要的一次会议，它重新确立了解放思想、实事求是的思想路线，实现了全党工作重点的转移，开辟了改革开放和集中力量进行社会主义现代化建设的历史新时期；党的十一届三中全会以来，我们党在理论上取得的重大成果是实现了马列主义与中国实际相结合的第二次历史性飞跃，创立了邓小平理论；党的十一届三中全会以来的20年，是不断前进、走向辉煌的20年；党的十四大以来，以江泽民同志为核心的党中央高举邓小平理论伟大旗帜，积极推进了建设有中国特色社会主义的伟大事业；党的十一届三中全会以来，在邓小平理论，特别是邓小平教育理论的指导下，我国教育战线坚持解放思想、实事求是的思想路线，开拓创新，不断进取，取得了教育改革和发展的显著成就。教育部副部长张天保在闭幕式上就深入学习邓小平理论向与会代表提出几点具体要求：要充分认识当前掀起深入学习邓小平理论新高潮的重大意义，提高自觉性，增强紧迫感；必须把邓小平理论的学习引向深入；要与学习党的十五大精神密切结合起来，在全面、正确地领会和掌握邓小平理论的科学体系和精神实质上下功夫，在全面、正确地领会和掌握十五大精神上下功夫；要着重领会解放思想、实事求是这个邓小平理论的精髓，抓住什么是社会主义、如何建设社会主义这个主题；要认真研读邓小平同志的著作，同时还要学习马列著作和毛泽东同志的著作等；要注重发扬理论联系实际的马克思主义优良学风；要进一步拓展和深化邓小平理论的教学工作，进一步深化对邓小平理论的研究工作。

9月25日

《中国教育报》编辑部在北京举办学习《中华人民共和国高等教育法》座谈会，来自北京大学、中国人民大学、北京师范大学等14所高校的领导、专家等参加座谈会。教育部副部长张天保出席座谈会并讲话。

10月

10月9日

教育部和北京市委在北京联合举办首都大学生学习抗洪抢险英雄事迹报告会，近万名首都大学生参加报告会。

10月24日

教育部在北京成立高等学校文化素质教育指导委员会。委员会由45位著名学者组成，张岂之、顾明远受聘为委员会顾问，华中理工大学校长杨叔子任主任委员。为推动高校文化素质教育工作的深入开展，教育部还决定在普通高校设立国家大学生文化素质教育基地。

11月

11月2日

中共教育部党组、共青团中央联合发出《关于普通高等学校共青团建设有关问题的通知》。文件指出，普通高等学校共青团组织是学校教育工作中的一支重要力量，在培养社会主义现代化建设合格人才、维护高校稳定等方面发挥着重要作用。要加强和改善高校党组织对共青团工作的领导；支持高校团组织按照团章独立自主地开展工作；建设一支高素质的高校团干部队伍。

11月12日

教育部与北京市委联合举办首都大学生形势报告会。国家发展计划委员会主任曾培炎在会上为1200名学生作国内经济形势报告。

11月23日

教育部与北京市委举办大学生形势报告会，来自京津地区高校的1200名学生，听取了外交部部长唐家璇所作的关于国际形势和我国外交政策的报告。

12 月

12 月 11 日—13 日

全国高校思想政治教育研究会第五届代表大会暨 1998 年年会在福建厦门大学举行。这次会议的主题是：以邓小平理论为指导，贯彻解放思想、实事求是的精神，开创学校德育的新局面。会议着重总结了高校思想政治教育实践的新经验，探讨了高校德育工作的新特点，探索了解决高校德育面临难题的新思路、新方法。第四届理事会会长陆钦仪同志代表第四届理事会作了《发扬成绩、总结经验、再创辉煌》的工作报告。这次会议还表彰了第三次全国高校思想政治教育优秀论文、专著，修订通过了《全国高校思想政治教育研究会章程》及《1999—2002 年科研选题指南》，选举产生了研究会新一届理事会，王明达同志当选为第五届理事会会长。教育部党组成员陈文博到会并讲话。教育部社政司司长顾海良就进一步加强高校思想政治教育工作提出了具体的要求。

12 月 17 日

中宣部、教育部、共青团中央联合印发《关于表彰 1998 年暑期大学生社会实践活动先进单位、优秀组织工作单位和中国大中学生志愿者暑期文化科技卫生“三下乡”活动优秀志愿服务队的决定》，授予江苏省等 20 个省级单位“社会实践优秀组织工作奖”，授予北京大学等 309 个单位为“社会实践先进单位”，授予清华大学“清华博士齐鲁行”实践队等 202 支志愿服务队为 1998 年中国大中学生志愿者暑期文化科技卫生“三下乡”活动“优秀志愿服务队”，并通报表彰。文件指出，动员和组织青年学生积极参与服务社会的实践，是青年学生成长成才的正确道路，是培养和造就社会主义现代化建设合格人才的重要途径。中宣部、教育部、共青团中央要求各地党政宣传、教育部门和共青团、学联组织，要结合学习邓小平理论和弘扬抗洪精神，认真总结 1998 年的社会实践活动经验，进一步完善机制，推动活动长期、深入地开展，努力培养和造就把建设有中国特色社会主义伟大事业全面推向 21 世纪的合格人才。

12 月 18 日

中共中央在京召开纪念党的十一届三中全会召开 20 周年大会。中共中央总书记、国家主席、中央军委主席江泽民作重要讲话时指出：必须坚持物质文明与精神文明的共同进步。社会主义社会作为人类历史上崭新的社会形态，是以经济建设为重点的，全面发展、全面进步的社会。经济、政治、文化协调发展，两个文明都搞好，才是有中国特色社会主义。坚持全面发展、全面进步的目标，要求在搞好物质文明建设的同时，把社会主义精神文明建设提到突出的地位。要切实加强思想道德建设，努力发展教育、科技、文化，以科学的理论武装人，以正确的舆论引导人，以高尚的精神塑造人，以优秀的作品鼓舞人，培育有理想、有道德、有文化、有纪律的公民，提高全民族的思想道德素质和科学文化素质。要坚持在全社会提倡社会主义、共产主义道德，大力弘扬爱国主义精神、集体主义精神、为人民服务和勇于奉献的精神，同时把先进性要求同广泛性要求结合起来，鼓励切实有利于国家统一、民族团结、经济发展、社会进步的思想道德，使广大干部和群众不仅有共同的理想和奋斗目标，而且保持强大的凝聚力和丰富的创造力。

12 月 24 日

教育部颁发《面向 21 世纪教育振兴行动计划》，指出：继续加强爱国主义、集体主义、社会主义理想教育，遵纪守法和社会公德教育，进行中华民族优秀传统和革命传统教育，实施劳动技能教育以及心理健康教育，培养学生具有良好的道德、健康的心理和高尚的情操。高举邓小平理论的伟大旗帜，加强高等学校党的建设和思想政治工作，把高等学校建设成为社会主义精神文明建设的重要阵地。认真组织实施普通高等学校公共马克思主义理论课和思想品德课课程设置新方案，加快邓小平理论“进教材、进课堂、进学生头脑”工作的步伐，用邓小平理论武装大学生。加强高等学校中华民族优秀传统教育、人文科学教育和艺术教育，通过增设选修课、举办专题讲座和各种知识性、文艺性业余活动等多种方式，提高学生的文化素质。加强高等学校的哲学社会科学研究。加强教育科学研究。要在党委的统一部署下建立和完善校长及行政系统为主实施的德育管理体制，加强高等学校思想政治工作队伍的建设，使高等学校在社会主义精神文明建设，维护生动活泼、安定团结的政治局面中发挥重要作用。

1999 年

1 月

1 月 13 日

国务院批转教育部《面向 21 世纪教育振兴行动计划》。

1 月 20 日—23 日

全国宣传部长会议在北京召开。21 日，中共中央总书记江泽民发表重要讲话，强调 1999 年宣传思想工作要继续唱响主旋律，打好主动仗。他指出，要高举邓小平理论伟大旗帜，进一步掀起学习邓小平理论新高潮；要大力加强精神文明建设，认真做好思想教育工作。

1 月 28 日

教育部印发《1999 年工作要点》，指出：要进一步掀起学习邓小平理论的新高潮，加强和改善学校的党建工作和思想政治工作，确保高校稳定的政治局面，迎接新中国成立 50 周年。深入扎实持久地开展用邓小平理论武装广大师生的工作；深入进行爱国主义、集体主义、社会主义和党的基本理论、基本路线教育，加强形势和政策教育；坚持团结鼓劲和正面宣传为主，牢牢把握正确的舆论导向，结合社会主义建设的伟大成就和改革开放的丰富实践，激发爱国热情，振奋民族精神。要重视加强和改进中小学德育工作，广泛开展多种形式的爱国主义、集体主义和社会主义教育。加强以集体主义为核心的价值观教育，开展中华民族优秀传统道德教育和革命传统教育，进行多种形式的爱国主义和社会主义教育；遵循青少年学生思想品德形成的规律和社会发展的要求，进一步改进德育工作的内容与方法；重视中小学心理健康教育，注重青少年文明行为习惯、良好道德品质和遵纪守法意识的养成；学校教育与家庭教育、社会教育紧密配合，共同形成良好的育人环境。

1 月 29 日

中共教育部党组发出《关于做好 1999 年高校思想政治工作和稳定工作的通知》，要求：正确认识和分析形势，统一思想，坚定信心，进一步提高对做好高校思想政治工作，维护我国社会政治稳定的重要性的认识；坚持以邓小平理论为指导，注重研究新情况，解决新问题，把握有利时机，切实加强和改进思想政治工作；各地教育工作部门和高等学校领导特别是党政主要负责同志，要加强对高校思想政治工作的领导，更好地承担起维护高校政治稳定的责任。

2 月

2 月 4 日

中央社会治安综合治理委员会在京召开的新闻通气会强调：动员全社会力量减少和预防青少年犯罪。学校、家庭和所在地的有关方面，特别是街道办事处、居委会、公安派出所、司法所等要密切配合，共同做好对青少年特别是闲散青少年的教育、管理工作。积极开展创建优秀“青少年维权岗”活动。广播、电视、报刊等要增加法制教育的内容。大中城市要建立长期的青少年思想道德、法制教育基地。大、中、小学校在开好法制教育必修课程的基础上，要开展好生动活泼的课外法制教育活动，尽快健全学校法制教育体系，中小学校要聘请兼职法制副校长和法制辅导员。要切实加强对影视、娱乐、音像、图书市场的管理，加大“扫黄打非”的力度。1999年上半年要集中开展一次整治校园及周边地区治安环境的行动，进一步巩固近年来的整治成果，净化青少年成长的环境。

2月10日

教育部发出《关于高等教育自学考试公共政治课课程设置改革及其实施工作的通知》，文件内容包括：积极贯彻“深化‘两课’教学改革”要求，改革高等教育自学考试公共政治课课程设置；加强公共政治课课程考试大纲、教材建设；实施新课程方案的时间安排；关于现有课程与改革后的课程衔接。

关于高等教育自学考试公共政治课课程设置，文件指出，专科和本科(基础科段)设置“马克思主义哲学原理”“邓小平理论概论”和“法律基础与思想道德修养”；本科(本科段)和独立本科段经济类专业设置“毛泽东思想概论”；本科(本科段)和独立本科段非经济类专业设置“毛泽东思想概论”和“马克思主义政治经济学原理”；“形势与政策”课的内容列入“邓小平理论概论”课程的考试大纲，并在考试中占10%的分数。

关于实施新课程方案的时间安排，文件指出，1999年为过渡期，各省(自治区、直辖市)自学考试办公室要向考生公布并广为宣传；现在的“哲学”“中国革命史”和“政治经济学”(含财经类)为最后两次考试；从2000年上半年考试开始，各地必须遵照全国高等教育自学考试指导委员会办公室2000年统考课程考试时间安排表，组织考生参加改革后的公共政治课课程考试，原则上不再安排现行公共政治课课程的考试。

关于现有课程与改革后的课程衔接，文件指出，专科和本科(基础科段)的考生，凡公共政治课已达8学分的，不再参加新课程的考试，只通过“哲学”课程考试的考生，须参加“邓小平理论概论”和“法律基础与思想道德修养”课程考试，只通过“政治经济学”课程考试的考生，须参加“马克思主义哲学原理”和“法律基础与思想道德修养”课程考试；本科(本科段)和独立本科段的考生，凡公共政治课已达4学分的，不再参加新课程的考试，凡未通过“中国革命史”课程考试的考生和新报名参加本科(本科段)和独立本科段自学考试的考生，必须按照改革后的方案，参加公共政治课的学习、考试。

3月

3月2日—5日

1999年度高校思想政治工作会议在北京举行。会议总结了1998年高校思想政治工作，交流了各地高校深入学习邓小平理论、加强思想政治工作和党建工作的经验，研究和部署了1999年高校思想政治工作。教育部部长陈至立出席会议并讲话，指出高校思想政治工作要着重抓以下几项：一是坚持不懈地用邓小平理论教育武装高校广大师生员工；二是以思想政治建设为重点，进一步加强高校党建工作；三是进一步加强形势与政策教育；四是抓住有利时机，加强正面教育、正面引导，唱响主旋律，积极、主动、生动活泼地开展思想政治工作，营造文明健康向上的育人环境；五是要努力研究新情况，解决新问题，不断加强和改进思想政治工作。陈至立在讲话中还强调，各级教育行政部门和高等学校的领导特别是党政主要负责同志，要进一步提高对做好1999年高校思想政治工作重要性的认识，增强政治意识、大局意识和责任意识，切实加强对这一工作的领导。

3月5日

国务院总理朱镕基在第九届全国人民代表大会第二次会议上作政府工作报告。朱镕基指出，科教兴国，基础在教育；要继续把教育放在优先发展的战略地位；大力推进素质教育，注重创新精神和实践能力的培养，使学生在德、智、体、美等方面全面发展。朱镕基在振兴教育事业中强调指出，要更加重视思想政治和品德教育。坚持用马克思列宁主义、毛泽东思想特别是邓小平理论教育学生，使他们树立坚定的社会主义理想和信念，努力全面提高一代新人的素质。在文化建设方面，朱镕基指出，要坚持“二为”方向，贯彻“双百”方针，促进社会主义文化建设；繁荣文学艺术，重视社会科学研究，发展新闻出版、广播影视事业，加强文物保护工作和档案工作；坚持正确的舆论导向，加强舆论监督；完善新闻媒介的自律机制；深化文化管理体制改革；整顿和规范文化市场，持续开展“扫黄打非”斗争；加大对书刊、音像盗版活动的打击力度；普及科学知识，消除愚昧现象，反对封建迷信活动；坚持两手抓、两手都要硬的方针，大力加强社会主义精神文明建设；在全社会倡导遵纪守法、爱护公物、文明礼貌、助人为乐的社会公德，进一步加强对青少年的教育，提高全民族思想道德水平。

3 月 14 日

中共中央政治局常委、国务院副总理李岚清与参加九届全国人大二次会议的甘肃团代表一起审议全国人大常委会工作报告、“两院”工作报告、宪法修正案草案等，听取代表们对政府工作的意见。他在发言中强调，振兴中西部、加快中西部地区的发展，尤其要重视科技和教育。他还强调要加快教育体制改革，积极推进素质教育。他指出，要创造素质教育的环境，既要重视提高学生的文化道德素质，也要特别重视提高学生的身体素质，要培养在德、智、体、美等方面全面发展的学生。

3 月 26 日

共青团中央印发《关于在全团深入学习邓小平理论的意见》。文件指出，第一，把用邓小平理论武装全团、教育青年放在全团工作的首位，坚持不懈地用邓小平理论武装全团、教育青年，构筑起当代青年的强大精神支柱，紧紧围绕党的十五大主题，掀起青年学习邓小平理论的新高潮，在全团大兴学习之风；第二，以团干部和青年学生为重点推动全团理论学习深入开展，各级团干部特别是团的领导干部在理论学习中肩负着重要责任，应当发挥组织和带头作用，积极推动团员青年的理论学习，积极探索适合青年特点的理论学习形式；第三，把全团的理论学习、理论研究和理论宣传有机结合起来，把邓小平理论的研究、宣传与全团的理论学习有机结合，使之相互促进，推动理论学习不断向深度和广度发展，加强邓小平理论中关于青年和青年工作思想的研究，制定和实施共青团青年和青年工作研究规划；第四，切实加强对青年各种学理论组织的指导，重视发挥青年中各种学理论组织的作用，加强对青年学理论组织的指导和管理；第五，努力形成持久开展理论学习的机制，建立健全理论学习的领导责任制，建立和完善各级团干部的学习培训制度，加强对团干部学习理论的督促检查工作；第六，坚持理论联系实际的马克思主义学风，加强青年理论工作者队伍的建设，紧密结合改革开放和现代化建设的生动实践，更好地把理论学习活动引向深入。

3 月 31 日

教育部、中共北京市委联合举办首都大学生形势报告会，全国人大常委会法制工作委员会副主任委员乔晓阳就《中华人民共和国宪法》修改问题作了报告。

4 月

4 月 7 日

中国人民解放军总政治部、共青团中央联合发出通知，要求全军官兵和全国青少年坚决响应江总书记的号召，广泛深入地开展向李向群同志学习的活动。通知指出，李向群的先进事迹和崇高精神集中起来就是牢记党的教导，胸怀远大志向，追求高尚人生，甘为人民奉献，深刻揭示了当代青年的成长规律，集中代表了新时期青年的本质和主流，充分说明在改革开放、发展社会主义市场经济环境中成长起来的一代青年，是值得依赖的一代，是大有作为的一代。要学习李向群热爱党、热爱祖国、热爱人民、热爱军队的优秀政治品质，像他那样有理想、有追求，树立正确的人生观和价值观，视祖国和人民的利益高于一切，为了党和人民的利益勇于牺牲一切，做党和人民的好青年、好战士。要学习李向群渴求知识、刻苦磨炼的强烈进取意识，像他那样努力学习政治、军事和科技文化知识，积极投身现代化建设的伟大实践，努力提高全面素质。要学习李向群爱岗敬业、恪尽职守、自觉为国家和军队建设尽心尽力的无私奉献精神，像他那样一切服从党的需要，踏实工作，艰苦奋斗，高标准地做好每项工作，创造一流的成绩。要学习李向群助人为乐、弘扬新风、服务社会的高尚道德情操，像他那样发扬我党我军优良传统和中华民族传统美德，加强修养，砥砺情操，关心他人，帮困济贫，自觉抵制各种腐朽思想文化的侵蚀和影响，大力推进群众性的精神文明建设。

4月8日

由中国史学会、北京史学会、北京市高校革命史教学研究会和教育部社科中心共同举办的“五四精神与20世纪中国的历史道路”学术研讨会在京举行。教育部党组成员陈文博在会上讲话时指出：1999年纪念活动的主题是，通过纪念五四运动80周年，正确总结我国革命和社会主义建设的历史经验，正确总结我国青年运动的历史经验，深入开展爱国主义、社会主义和党的基本理论、基本路线和基本纲领的教育，动员人民群众，特别是广大青年和青年知识分子，更加紧密地团结在以江泽民同志为核心的党中央周围，高举邓小平理论伟大旗帜，面向现代化、面向世界、面向未来，为实现党的十五大提出的各项任务而努力奋斗，把建设有中国特色社会主义事业全面推向21世纪。

4月15日

由教育部全国高校毕业生就业指导中心主办的“走向社会工程”启动仪式暨首场企业家报告会在清华大学举行。“走向社会工程”是针对毕业生就业指导工作所面临的新情况和新问题，面向高校毕业生推出的就业指导新形式，旨在通过用人单位参与高校毕业生就业指导工作的形式，让学生深入了解社会，了解企业在吸引人才、选用人才、培养人才方面的要求，以帮助大学生树立正确的人生观、价值观和择业观，克服心理障碍，正确面对抉择，成功走向社会。

4月21日

由教育部社政司、中国人民大学、高等教育出版社、《高校理论战线》编辑部、《思想理论教育导刊》编辑部联合召开的“‘五四’精神与马克思主义在中国的传播和发展学术研讨会”在京举行。与会学者回顾了五四运动以来马克思主义在中国传播与发展的历史，深入研究和探讨了新时期如何更好地继承“五四”光荣传统，弘扬“五四”精神，深入贯彻落实党的十五大精神，加强教育战线对马克思列宁主义、毛泽东思想特别是邓小平理论的学习、宣传与研究，高举邓小平理论的伟大旗帜，努力把建设有中国特色社会主义事业全面推向新世纪等问题。教育部党组成员陈文博出席研讨会并讲话，指出：教育战线的同志要继承发扬“五四”精神和光荣传统，在以江泽民同志为核心的党中央领导下，深入学习并努力贯彻邓小平教育理论、党和国家的教育方针与政策、决定，为祖国的繁荣，为民族的振兴，培养出千百万有理想、有道德、有文化、有纪律的高素质人才，并在科教兴国战略中发挥生力军的作用。

4月23日

教育部、中共北京市委联合在北京举行首都大学生形势报告会，邀请国家发展计划委员会副秘书长、新闻发言人郑新立就学习贯彻“两会”精神和政府工作报告，特别是当前大学生关心的中国经济改革和发展中的一些热点问题作报告。郑新立在报告中指出，前不久胜利闭幕的“两会”，求真务实、实事求是地总结了一年来的政府工作，有针对性地提出了深化改革、扩大开放、促进社会全面进步的政策措施，必将鼓舞全国人民为实现跨世纪的宏伟目标而努力奋斗。他还指出，1999年是我国历史发展进程中具有特殊重要意义的一年，我国的经济和社会发展既面临新的机遇，同时，也存在许多新情况和新问题。促进社会全面进步，进一步处理好改革、发展、稳定的关系，深化改革，确保社会政治稳定的任务十分繁重。为此，必须学习贯彻这次“两会”的精神。

4月25日

教育部、共青团中央联合印发《关于表彰“全国三好学生”、“全国优秀学生干部”和“全国先进班集体”及其标兵的决定》。5月3日，教育部、共青团中央在北京联合召开全国三好学生、优秀学生干部和先进集体表彰座谈会，畅谈当代青年学生在争当“三好学生”、创“先进班集体”活动中取得的新成绩，向获得“全国三好学生”“全国优秀学生干部”和“全国先进班集体”及其标兵荣誉称号的同学和班集体代表颁发荣誉证书和奖牌。教育部部长陈至立代表教育部和共青团中央发表讲话。她希望同学们树立远大理想，增强为民服务、为社会作贡献的高度责任感，努力学习马列主义毛泽东思想，特别是邓小平理论；弘扬爱国、进步、民主和科学的“五四”精神，珍惜大好时光，刻苦学习，培养创新精神，努力攀登世界科技高峰，迎接21世纪的挑战。

5 月

5 月 4 日

中宣部、教育部、共青团中央联合在北京人民大会堂隆重举行五四运动80周年纪念大会。党和国家领导人江泽民、李鹏、朱镕基、李瑞环、胡锦涛、李岚清出席大会。胡锦涛作了题为《发扬伟大的爱国主义精神为建设有中国特色社会主义努力奋斗》的重要讲话，指出：青年运动的正确方向，就是坚持党的领导，坚持同人民群众的伟大实践一道前进。广大青年要增强历史使命感，高举邓小平理论伟大旗帜，发扬伟大的“五四”精神，为实现我国的社会主义现代化不断建功立业。当代青年要肩负起时代赋予的崇高责任。要认清形势，勇于面对任何艰难险阻，经受住各种考验。广大青年应当牢固树立这样的信心和决心。在顺利的时候，不骄傲自满，始终谦虚谨慎；在挫折和困难面前，不悲观失望，始终坚忍不拔；在风云变幻之际，不随波逐流，始终坚持正确的前进方向。当代青年要肩负起时代赋予的崇高责任。第一，要坚定理想，服务人民；第二，要深入群众，投身实践；第三，要勤奋学习，勇于创造；第四，要脚踏实地，艰苦奋斗。青年是祖国和民族的未来与希望。各级党委和政府，要从社会主义事业长远发展的战略高度，热情关怀青年，正确引导青年，严格要求青年，努力把青年一代培养成为有理想、有道德、有文化、有纪律的社会主义新人。这是我们的事业兴旺发达的重要保证。共青团是党领导的先进青年的群众组织，要发挥好作为党的助手和后备军的作用，为党的事业教育、团结和带领好青年；发挥好作为国家政权的重要社会支柱的作用，积极协助政府管理好青年事务；发挥好作为党和政府联系青年群众的桥梁与纽带的作用，依法代表和维护青年的利益，反映青年的意愿和呼声。社会各方面都要热情关心青年一代的成长和发展。

5 月 5 日

共青团中央发出《关于认真学习胡锦涛同志在五四运动八十周年纪念大会上讲话的通知》，要求全团认真学习胡锦涛同志在五四运动80周年纪念大会上的讲话。要求各级团组织要按照讲话的要求，教育引导广大青年进一步增强历史使命感，发扬“五四”光荣传统，坚定理想、服务人民，深入群众、投身实践，勤奋学习、勇于创造，脚踏实地、艰苦奋斗，为实现中华民族的伟大复兴建功立业。坚持不懈地用邓小平理论武装全团、教育青年，进一步掀起学习邓小平理论的新高潮，帮助广大青年坚定信念，坚定不移地跟着党走建设有中国特色社会主义的道路。积极引导青少年崇尚科学，追求新知，锐意创新，通过大力实施青少年读书计划、青年科技创新行动，在广大青少年中掀起现代科学文化知识的持久热潮，积极推动科教兴国战略的实施。教育引导青少年把爱国主义精神发扬光大，把爱党、爱祖国、爱社会主义与爱集体、爱岗位、爱本职工作结合起来，立足本职岗位，争创一流成绩，通过大力开展青年创业行动、服务万村行动和青年岗位能手、青年星火带头人活动，积极推动两个根本性转变的实施，组织引导青年到祖国和人民最需要的地方去，到艰苦和困难多的地方去，自觉地服务人民、奉献社会，积极弘扬社会新风，通过大力开展青年志愿者和保护母亲河行动、青年文明号、青年文明社区等群众性精神文明创建活动，在推动社会进步的实践中经受锻炼、成长成才。

5 月 17 日

教育部和中共北京市委联合举行首都大学生形势报告会，中国人权研究会常务理事、北京师范大学教授张宏毅就国际人权斗争与对话形势和中国政府对人权问题的基本态度，特别是大学生非常关心的以美国为首的北约悍然用导弹袭击中国驻南联盟大使馆、对南联盟发动军事攻击等热点问题作了报告。

6月

6月3日

教育部发出《关于在各级各类学校中开展庆祝中华人民共和国成立50周年活动的通知》，要求庆祝活动要紧紧围绕爱国主义这一主题，通过开展庆祝活动，使学生了解中华民族争取独立和解放的历史，了解新中国成立50年特别是改革开放20年来社会主义建设事业取得的伟大成就，激发广大青少年热爱党、热爱社会主义祖国的感情，树立正确的世界观、人生观和价值观，坚定走建设有中国特色社会主义道路的信心和决心，增强为报效祖国、服务人民而努力学习的使命感和责任感；各级各类学校要根据各自的实际和特点，开展多种多样的庆祝活动，如文艺演出、读书会、演讲比赛、征文比赛、诗歌朗诵比赛等，组织学生学习由教育部门统一组织编写的反映中华民族革命斗争历史和新中国建设成就的有关书刊材料，把庆祝新中国成立50周年作为高等学校形势与政策教育的一项重要内容；各级各类学校的庆祝活动要按照党中央、国务院的统一部署，在各地党委和政府的领导下，由教育行政部门具体安排，要加强对这项工作的领导，精心设计庆祝活动方案，认真组织实施，确保庆祝活动既隆重热烈，安全有序，又注意节俭，不铺张浪费。

6月9日

共青团中央、教育部发出《关于做好青年志愿者扶贫接力计划支教工作的通知》，决定从1999年开始，共同组织青年志愿者扶贫接力计划支教工作。招募工作由各省(自治区、直辖市)、副省级城市团委、青年志愿者协会负责，各地教育部门和各高校积极配合，采取组织招募和社会招募相结合的方式，招募以下人员参加扶贫接力计划支教工作：在全国师范类高等学校和其他高等院校教育专业中招募具有较高师范教育水平的教师到扶贫接力计划受援点培训、轮训乡村教师，时间为半年到1年；在发达地区中小学校招募具有一定教学经验的青年教师参加扶贫接力计划，时间为1到2年；从已取得硕士研究生入学资格的大学本科生中招募志愿者组成研究生支教团，参加扶贫接力计划。受援地区原则上从国定贫困县中选定。派遣青年志愿者以就近就便为原则，以支援本省(自治区、直辖市)的国定贫困县为主。文件对组织管理、政策保障、资金募集和管理、工作要求等方面也进行了安排和部署。

6月13日

《中共中央、国务院关于深化教育改革全面推进素质教育的决定》颁发。文件中强调，各级各类学校必须更加重视德育工作，以马克思列宁主义、毛泽东思想和邓小平理论为指导，按照德育总体目标和学生成长规律，确定不同学龄阶段的德育内容和要求，在培养学生的思想品德和行为规范方面，要形成一定的目标递进层次。要加强辩证唯物主义和历史唯物主义教育，使学生树立科学的世界观和人生观。要有针对性地开展爱国主义、集体主义和社会主义教育，中华民族优秀文化传统和革命传统教育，理想、伦理道德以及文明习惯养成教育，中国近现代史、基本国情、国内外形势教育和民主法制教育。把发扬中华民族优良传统同积极学习世界上一切优秀文明成果结合起来。高等学校要进一步加强邓小平理论“进教材、进课堂、进学生头脑”的工作。职业学校要加强职业道德教育。进一步改进德育工作的方式方法，寓德育于各学科教学之中，加强学校德育与学生生活和社会实践的联系，讲究实际效果，克服形式主义倾向。针对新形势下青少年成长的特点，加强学生的心理健康教育，培养学生坚忍不拔的意志、艰苦奋斗的精神，增强青少年适应社会生活的能力。加强民族团结教育，规范国防教育，提高学生的国家安全意识，继续搞好军训工作并使之制度化。加强校园的精神文明建设，严禁一切封建迷信和其他有害于学生身心健康的活动及物品传入校园。加强共青团、少先队和学生会工作，在培养和提高学生素质方面发挥更大的作用。社会各方面要为青少年提供优秀的精神文化产品和德育活动基地，形成学校、家庭和社会共同参与德育工作的新格局。

6月14日

共青团中央、教育部、卫生部、农业部联合召开中国青年志愿者扶贫接力计划电视电话会议。会议回顾了团的十四大以来扶贫接力计划的实施情况，并对全国更大范围内深化实施扶贫接力计划做了部署。团中央书记处常务书记、中国青年志愿者协会理事长巴音朝鲁在电视电话会上发表讲话。他要求各级团组织和青年志愿者协会继续坚持办事业的精神和社会化的方式，在全国更大范围内深化实施扶贫接力计划，为实现到2000年年末基本解决农村贫困人口温饱问题的既定目标，为最终消除贫困、实现共同富裕作出应有的贡献。

6 月 15 日—18 日

改革开放以来中共中央、国务院召开的第三次全国教育工作会议在北京举行。会议的主题是：动员全党同志和全国人民，以提高民族素质和创新能力为重点，深化教育体制和结构改革，全面推进素质教育，振兴教育事业，实施科教兴国战略，为实现党的十五大确定的社会主义现代化宏伟目标而奋斗。中共中央总书记、国家主席江泽民在会上发表重要讲话，指出：各级各类学校都要把思想政治教育摆在重要地位，任何时候都不能放松和削弱。要说素质，思想政治素质是最重要的素质。不断增强学生和群众的爱国主义、集体主义、社会主义思想，是素质教育的灵魂。如果轻视思想政治教育、历史知识教育和人格培养，那就会产生很大的片面性，而这种片面性往往会影响人的一生的轨迹。我们必须全面贯彻党的教育方针，坚持教育为社会主义、为人民服务，坚持教育与社会实践相结合，以提高国民素质为根本宗旨，以培养学生的创新精神和实践能力为重点，努力造就“有理想、有道德、有文化、有纪律”的，德育、智育、体育、美育等全面发展的社会主义事业建设者和接班人。

6 月 16 日

中宣部、教育部、共青团中央、全国学联在京召开全国电视电话会议，全面部署1999年暑期大中专学生志愿者文化科技卫生“三下乡”活动。1999年活动的主题是：弘扬“五四”爱国精神，勇担强国富民重任。中宣部副部长刘鹏在会上讲话指出，大中专学生开展“三下乡”活动，要突出工作重点，满足农民需要，实实在在为农民做一些有益的事情；“三下乡”要与扶贫开发工作紧密结合起来，坚持实事求是的原则，做到尽力而为，量力而行。他指出，大中专学生开展“三下乡”活动，有利于提高农民群众的思想文化素质，有利于满足农业和农村现代化建设的迫切需要，也有利于广大学生培养爱国之情、激励报国之志、锻炼强国之才，坚定地走与工农群众相结合、与社会实践相结合的健康成长道路。他强调，各地要认真做好组织领导工作，确保大中专学生暑期“三下乡”活动圆满成功。团中央书记处常务书记巴音朝鲁对1999年大中专学生志愿者暑期“三下乡”活动进行了部署。教育部党组成员陈文博做了讲话。

6 月 18 日

教育部与中央电视台联合摄制的电视专题片《千秋基业——邓小平与中国教育》播出后，在社会上，尤其在教育战线引起了强烈反响。教育部专门召开座谈会，畅谈对该电视专题片的观后感，深切缅怀邓小平同志为我国教育事业的改革与发展建立的丰功伟绩。与会同志一致认为，该片以理论为主线，以20年教育改革与发展的实践为载体，采用政论和纪实相结合的电视专题片艺术形式，形象生动地把邓小平教育理论、邓小平对教育的重大贡献以及在邓小平教育理论指导下教育改革与发展的重大决策和过程展现了出来，应该说该片拍得是成功的。参加座谈会的同志一致表示，今后要继续学习和重温邓小平的教育理论，并以邓小平的教育理论进一步指导我国的教育工作，全面贯彻和落实刚刚结束的第三次全教会精神，努力开创新世纪中国教育事业新局面。

6 月 18 日—19 日

第八次全国高校党的建设工作会议在北京举行。会议的主题是：高举邓小平理论伟大旗帜，贯彻党的十五大精神和中央有关部署，按照以“讲学习、讲政治、讲正气”为主要内容的党性党风教育的要求，进一步加强和改进党对高校工作的领导，加强高校思想政治工作队伍建设，加强教师思想政治工作，加强各项德育工作措施的落实，为全面贯彻落实全国教育工作会议精神，推进高校的改革和发展而努力。

中共中央政治局常委、国务院副总理李岚清出席会议开幕式并作了题为《面向21世纪，进一步加强高等学校党的建设工作》的重要讲话，强调：要更加自觉地做好高校党建和思想政治工作。要进一步搞好用邓小平理论武装师生的工作；要提倡启发式、研讨式的生动活泼的教学方法，引导师生用邓小平理论分析当前国内外形势，并得出正确的结论；要进一步研究新形势带来的新情况、解决新问题，更加重视做好师生的思想政治工作；要进一步加强党务和思想政治工作干部队伍建设，加强共青团、学生会、研究生会的工作和学生骨干队伍的建设；加强高校党建关键是要加强领导班子建设，当前最主要的是深入开展"三讲"教育；要注意从高校的实际出发，把开展"三讲"教育，提高干部素质与推进当前高校的各项工作结合起来，促进高校的改革和发展。

教育部党组书记、部长陈至立代表中组部、中宣部和教育部党组，作了题为《按照"三讲"要求，加强高校党建工作，为高等教育事业的改革和发展提供坚强的政治保证》的报告，指出当前要着重抓好以下几个方面的工作：一是不断深化邓小平理论的"三进"工作，全面实施"两课"课程设置新方案；二是研究新情况和新问题，拓宽德育和思想政治工作的路子；三是进一步加强教师队伍的思想政治建设；四是进一步加强高校党务和思想政治工作队伍建设；五是正确分析形势，保持清醒头脑进一步做好维护高校稳定的工作。

8月

8月23日

中共教育部党组发布《关于开学后在高校深入开展揭批"法轮功"斗争，进一步做好思想政治工作和稳定工作的通知》，就继续贯彻落实中央关于处理和解决"法轮功"问题的一系列指示精神，深入开展揭批"法轮功"的斗争，进一步加强高校党的工作和思想政治工作等做出规定。

9月

9月5日

中共中央总书记、国家主席、中央军委主席江泽民写给北京师范大学教授白寿彝的信发表。江泽民在信中祝贺白寿彝主持编写的《中国通史》全部出版，并指出，全党全社会都应该重视对中国历史的学习，特别是要在青少年中普及中国历史的基本知识，以使他们学习掌握中华民族的优秀传统，牢固树立爱国主义精神和正确的人生观、价值观，激励他们为中华民族的伟大复兴贡献力量。

9月6日

教育部印发《关于高等教育学历文凭考试政治理论课课程设置调整及实施工作的意见》，指出，高等教育学历文凭考试政治理论课开设三门课程，即"马克思主义哲学原理""马克思主义政治经济学原理""邓小平理论概论"，1999年秋季开学后实行。

9月8日

全国教育工会在北京举行庆祝教师节暨表彰先进大会，朱全俊等100名全心全意依靠教职工、办学优秀党政领导干部和清华大学等100个先进单位在会上受到表彰。中央领导尉健行、彭珮云等出席会议，教育部副部长周远清、全国教育工会主席蒋文良在会上讲话。

9月27日—28日

认真贯彻全教会精神，加强文化素质教育工作研讨会在武汉举行。这次会议的主题是：认真学习贯彻全教会精神，进一步加强文化素质教育，全面推进高等学校素质教育工作。会议的主要议题包括：(1)如何认识全面推进高等学校的素质教育；(2)加强文化教育与全面推进素质教育的关系；(3)加强文化素质与培养创新人才的关系；(4)如何提高高校教师的文化素养；(5)如何提高高等学校的文化品位与格调；(6)对高等学校加强文化素质教育的回顾与思考。教育部副部长周远清出席研讨会并作了题为《认真学习贯彻全教会精神，开创我国高等教育新世纪》的讲话。他指出，要在21世纪把我国建成一个高等教育强国，开创我国高等教育的新世纪，至少要强调三个“意识”。第一个是国际意识，要更加面向世界，面向未来；第二个是素质意识，也就是这次全教会提出的全面推进素质教育；第三个是改革意识，走出自己的路子。关于在高等教育中进行素质教育，他指出，第一，在高等学校推进素质教育，是我们高等教育一件重大的事情，会对我国高等教育的发展，特别是长远的发展起着重大的作用。第二，高等教育不能概括为就是素质教育。第三，在高等学校或者高等教育中加强素质教育有具体的内涵。高等教育的素质教育包括思想道德素质、文化素质、业务素质和身体心理素质四个方面，并且我们明确提出思想道德素质是根本、文化素质是基础，后来还提过业务素质是本领、身心素质是本钱。第四，文化素质是基础，加强文化素质是推进素质教育的一个切入点。第五，素质教育是对党的教育方针的深刻理解。一是提出在整个教学过程，在人的培养进程中，应把德智体诸方面统一起来研究和考虑，是对党的教育方针的更深层次的认识。二是提出加强素质教育有利于更好地贯彻党的教育方针。提出加强素质教育，培养学生从知识、能力到素质，把知识内化为人的一种品格，有利于我们在人才培养过程中更好地贯彻教育方针，使人们感觉到党的教育方针摸得着、看得见，并能更好地体现在对学生培养的过程中。三是提出加强素质教育是贯彻党的教育方针的过程中教育思想的一个突破。素质教育不是一种人才培养的模式，而是一种教育思想，并且这个教育思想体现了教育方针，反映了教育方针。所以加强素质教育要贯彻到人才培养的始终或各方面。

9 月 29 日

中共中央发出《关于加强和改进思想政治工作的若干意见》。文件指出，学校的思想政治工作要围绕培养社会主义事业建设者和接班人的根本任务来进行。各级各类学校都要认真贯彻党的教育方针，坚持社会主义办学方向。要坚持以马克思主义指导教学工作，绝不能为错误思潮提供讲台和阵地。要充实和改进思想品德课和政治理论课的教学内容，把学校教育与社会实践结合起来，全面推进素质教育。要切实加强教师队伍的思想道德建设，使他们更好地担负起培养合格人才的重任。青少年是祖国的未来，民族的希望。加强对他们的思想道德教育，关系到国家的命运和民族的前途。全党全社会都要关心青少年思想道德建设，学校、家庭、社会应密切配合，为他们的健康成长创造良好环境。

12 月

12 月 2 日

教育部印发《关于加强教育法制建设的意见》，强调指出：第一，进一步认识依法治教的重要性和必要性；第二，我国教育法制建设取得显著成绩，为教育改革和发展提供了有力的支持和保障；第三，进一步明确加强教育法制建设的目标；第四，完善和加快教育立法；第五，严格做到依法行政；第六，积极推进依法治校；第七，完善教育行政执法监督机制；第八，加强教育普法工作，为依法治教创造良好环境；第九，加强教育法制工作机构和教育行政执法队伍建设；第十，切实重视和加强对教育法制建设的领导。

12 月 3 日

教育部、国务院学位委员会发出《关于开展高等学校“两课”教师在职攻读硕士学位工作的通知》，内容包括：充分认识新时期加强高等学校“两课”教师队伍建设的重要性和紧迫性；开展“两课”教师在职攻读硕士学位工作的基本目标和指导思想；在职攻读硕士学位工作的几项具体规定；加强对高等学校“两课”教师在职攻读学位工作的领导。同时还下发附件《关于高校“两课”教师在职攻读硕士学位实施工作的规定》。

12 月 14 日

共青团十四届三中全会通过《关于在新形势下加强和改进青年思想政治工作的若干意见》，指出：第一，高度重视、切实加强和改进新形势下的青年思想政治工作。在新的历史条件下加强和改进青年思想政治工作，必须坚持以马克思列宁主义、毛泽东思想和邓小平理论为指导，坚持党的领导，坚持党的基本路线和基本方针，紧紧围绕经济建设这个中心，结合青年成长成才的根本要求，用党的十五大确立的跨世纪宏伟目标激励青年，教育引导青年坚持学习科学文化与加强思想修养的统一，坚持学习书本知识与投身社会实践的统一，坚持实现自身价值与服务祖国人民的统一，坚持树立远大理想与进行艰苦奋斗的统一，努力成为有理想、有道德、有文化、有纪律的社会主义公民。第二，努力把青年培养成为有理想、有道德、有文化、有纪律的社会主义公民。坚持不懈地用邓小平理论构筑青年一代强大的精神支柱，是青年思想政治工作的首要任务；帮助青年树立远大理想和坚定信念，是青年思想政治工作的核心内容；加强社会主义道德教育，提高青年的道德素质；加强马克思主义唯物论和无神论教育，提高青年的科学文化素质；加强民主法制和维护社会稳定教育，提高青年的公民素质。第三，把青年的热情、智慧和力量凝聚到实现党的跨世纪宏伟目标上来。青年思想政治工作必须坚持以经济建设为中心，为全党全国工作的大局服务；激发青年的创造热情，推动青年创新创业；调动青年的积极性，发挥青年在改革开放和现代化建设中生力军和突击队的作用。第四，充分发挥实践在教育青年中的重要作用。抓住教育的实践环节，引导青年在实践中受教育、长才干、作贡献；引导青年走与实践相结合、与人民群众相结合的正确成长道路；大力开展生动活泼、主题鲜明的活动，寓教育于活动之中。第五，坚持教育青年与服务青年的有机结合。坚持教育和服务相结合，把服务青年作为青年思想政治工作的重要内容；努力为青年的成长成才、建功立业服务；满腔热情地关心青年，把解决思想问题和解决实际问题结合起来。第六，在继承和创新的结合中保持青年思想政治工作的生机与活力。要继承和发扬共青团组织在长期实践中形成的青年思想政治工作行之有效的做法和经验，同时要适应新形势，针对当代青年实际，进一步改进青年思想政治工作；充分发挥新闻媒体在教育引导青年中的重要作用；大力加强青年文化工作，发挥文化的社会教育功能，重视运用现代科技手段开展青年思想政治工作；努力用具有鲜明时代特征的先进典型来鼓舞和激励青年；抓住重大节日、重大活动、重大事件，加强对青年的教育和引导；进一步巩固和拓展青年思想教育阵地。第七，增强针对性，把青年思想政治工作落实到基层、落实到具体人身上。增强思想政治工作的针对性和实效；把基层青年的思想政治工作落到实处；加强社区青年的思想政治工作；针对不同青年群体的实际，拓展青年思想政治工作的覆盖面。第八，各级共青团组织要更好地担负起教育引导青年的责任。切实加强对青年思想政治工作的领导；团干部要成为青年之友和青年表率；增强基层团组织的吸引力、凝聚力和战斗力；加强对青年社团的指导和管理；发扬全团带队的光荣传统，做好少先队工作。第九，在党的领导下，依靠全社会共同做好青年思想政治工作。坚持党对青年思想政治工作的领导；积极创造青年健康成长的良好社会环境；努力形成全社会共同做好青年思想政治工作的局面。

12月30日

中共教育部党组发出《关于高等学校学习贯彻〈中共中央关于加强和改进思想政治工作的若干意见〉的通知》，指出：第一，认真学习贯彻文件精神，充分认识加强和改进高等学校思想政治工作的重要性、紧迫性。各地教育工作部门和各高等学校要结合实际，认真学习，深刻领会文件的精神实质，从实施科教兴国战略的高度，从全面提高学生的思想道德和科学文化素质，为社会主义事业培养德智体美全面发展的建设者和接班人的战略高度，深刻认识加强和改进高等学校思想政治工作的重要性和紧迫性，认真研究，切实加强和改进高等学校思想政治工作。第二，学习贯彻文件精神，必须进一步明确新形势下加强和改进高等学校思想政治工作的基本方针。新形势下加强和改进高等学校思想政治工作必须坚持以马克思列宁主义、毛泽东思想和邓小平理论为指导，坚持党的基本路线和基本方针，以理想信念教育为核心内容，教育引导广大青年学生树立建设有中国特色社会主义的共同理想，树立正确的世界观、人生观和价值观，树立爱国主义、集体主义和社会主义思想，为建设富强、民主、文明的社会主义现代化国家而团结奋斗；必须坚持以培养人才为中心，全面贯彻党的教育方针，以全面推进素质教育为目标，围绕培养社会主义事业的建设者和接班人的根本任务来进行，使受教育者坚持学习科学文化与加强思想修养的统一，坚持学习书本知识与投身社会实践的统一，坚持实现自身价值与服务祖国人民的统一，坚持树立远大理想与进行艰苦奋斗的统一；必须把用邓小平理论武装大学生作为加强和改进高等学校思想政治工作的首要任务和根本措施，坚持不懈地做好邓小平理论的“三进”工作。加强和改进高等学校思想政治工作，要从社会主义现代化建设对人才的要求出发，从社会主义初级阶段的实际出发，从教师、学生的思想实际出发，用发展的、辩证的观点，全面正确地评价当代大学生，把先进性和广泛性要求结合起来，区分层次，有的放矢，注重实效；要坚持把思想政治工作贯穿于学校教育、管理、服务工作的各个方面，贯穿于高校教学、科研和学科建设的各个环节；要注重把教育同严格管理结合起来，要坚持把解决思想问题和解决实际问题相结合，处理好青年学生政治方向、思想认识和心理品质等不同层面的问题，进一步加强思想政治教育制度建设。要进一步加强高等学校党建工作，加强马克思主义理论队伍和思想政治工作队伍的建设，依靠全体教师做好思想政治工作。要切实加强教师队伍的思想道德建设，重视师德培养，使他们更好地担负起培养合格的社会主义事业建设者和接班人的重任；要充分发挥高等学校将马克思主义理论课和思想品德课作为对大学生进行思想政治教育的主渠道和主阵地的作用，高质量地全面实施“两课”课程新方案；要进一步加强校园文化建设，为开展思想政治工作提供良好的育人环境；要充分调动和依靠社会力量来做好高等学校思想政治工作。第三，切实加强领导，制定措施，切实保证文件精神的贯彻落实。

2000 年

1 月

1 月 4 日

《人民日报》报道，中共中央总书记、国家主席、中央军委主席江泽民对宣传思想工作和精神文明建设作出重要批示并强调指出，宣传思想工作和精神文明建设，事关建设有中国特色社会主义事业的大局。越是深化改革、扩大开放，越是发展社会主义市场经济，越要重视和加强这方面的工作。这一点，要在全党特别是领导干部中经常讲、反复讲。批示指出，全党同志务必始终坚持“两手抓，两手都要硬”的方针，在做好经济工作的同时，切实加强宣传思想工作和精神文明建设。加强和改进新形势下党的思想政治工作，是全党的一件大事，也是宣传思想工作的重中之重。要深入进行邓小平理论和党的基本路线教育，深入进行马克思主义的唯物论、无神论教育和科学精神教育，树立正确的理想信念，树立正确的世界观、人生观、价值观，在全党形成讲学习、讲政治、讲正气的良好氛围，在全社会形成反对封建愚昧、抵制各种歪理邪说的健康气氛。

1 月 9 日—11 日

全国宣传部长会议在北京举行。会议强调，要把全面贯彻落实《中共中央关于加强和改进思想政治工作的若干意见》作为全年工作的重中之重，以理想信念教育为核心，大力开展党的基本理论、基本路线、基本纲领的宣传教育，大力开展爱国主义、集体主义、社会主义的宣传教育，大力开展世界观、人生观、价值观的宣传教育，大力开展讲学习、讲政治、讲正气的宣传教育，大力开展科学知识、科学思想、科学方法、科学精神的宣传教育，坚定对马克思主义的信仰，坚定对社会主义的信念，增强对改革开放和现代化建设的信心，增强对党和政府的信任。

2 月

2 月 18 日

《人民日报》报道，为了帮助广大干部群众更好地学习毛泽东、邓小平、江泽民同志关于思想政治工作的论述，认真贯彻落实《中共中央关于加强和改进思想政治工作的若干意见》，中宣部编辑了《毛泽东邓小平江泽民论思想政治工作》一书，最近由学习出版社出版，新华书店发行。该书以专题内容分类，以时间先后为序，选录了毛泽东、邓小平、江泽民同志关于思想政治工作的地位作用、方针原则、主要内容、规律办法，以及加强党对思想政治工作的领导五个方面的重要论述。

2 月 22 日

中组部、中宣部发出《关于学习〈毛泽东邓小平江泽民论思想政治工作〉的通知》，要求：学习《毛泽东邓小平江泽民论思想政治工作》，要同学习其原著结合起来，同贯彻落实党的十五大精神和《中共中央关于加强和改进思想政治工作的若干意见》文件精神结合起来，同加强和改进思想政治工作的实践结合起来，全面准确地掌握基本观点和精神实质，全面准确地掌握思想政治工作的方针原则、主要内容和方式方法；要坚持理论联系实际的马克思主义学风，适应形势发展的要求，深入研究新时期思想政治工作应该具备的新特点、新方式、新内容，增强针对性和实效性；要以理想信念教育为核心，大力开展党的基本理论、基本路线、基本纲领的宣传教育，大力开展爱国主义、集体主义、社会主义的宣传教育，大力开展世界观、人生观、价值观的宣传教育，大力开展讲学习、讲政治、讲正气的宣传教育，大力开展科学知识、科学思想、科学方法、科学精神的宣传教育，坚定对马克思主义的信仰，坚定对社会主义的信念，增强对改革开放和现代化建设的信心，增强对党和政府的信任。

2 月 25 日，中宣部召开学习《毛泽东邓小平江泽民论思想政治工作》座谈会，邀请中央有关部门负责同志，中央主要新闻单位、首都高校和企业界的代表，座谈学习《毛泽东邓小平江泽民论思想政治工作》一书。中宣部常务副部长刘云山主持座谈会并讲话，他强调指出，要坚持不懈地用党的思想政治工作理论统一全党的认识，引导广大党员干部进一步增强政治意识、大局意识、责任意识，从巩固党的执政地位、完成党的历史任务的高度，从维护改革发展稳定大局的高度，认真领会党的三代领导核心关于思想政治工作的重要论述，深刻理解思想政治工作的重要地位和作用，牢固树立“两手抓，两手都要硬”的思想，真正把思想政治工作作为全党的一件大事，抓得很紧很紧；要在党的思想政治工作理论指导下，从面临的时代和任务出发，解放思想，实事求是，认真调查研究社会各种动态以及群众思想活动的新情况新变化，积极探索新形势下做好思想政治工作的规律和办法，增强工作的针对性和实效性，使思想政治工作始终保持强大的生机和活力；要紧紧抓住理想信念教育这个核心，把工作的着力点放在基层，使思想政治工作取得明显进展，为全面实现跨世纪的宏伟目标提供强有力的思想保证。

2 月 23 日—25 日

中共中央政治局常委、国务院副总理李岚清在陕西考察科技和教育工作时强调指出：学校要把思想政治教育、品德教育、纪律教育、法制教育放在重要位置，列入教学大纲，安排必要课时，根据不同年龄段，通过生动活泼的形式和社会实践来进行教育。要通过教材、教学大纲、教学方法、教学手段、考试评价内容和方法等的改革，引导学校、教师实施素质教育。大学生不管是学什么学科的，都要学习辩证唯物主义和历史唯物主义，树立正确的世界观、人生观和价值观。对于学校的周边环境，必须认真整治；对于学生中存在的歪风邪气，学校和有关部门必须旗帜鲜明地加以反对，使学校成为有良好的纪律和充满好学上进风气的场所。要认真纠正一些地方学生课业负担过重，心理压力过大，难以承受的状况。教育是一个系统工程，学校教育、家庭教育和社会教育是教育的三大支柱，需要各方面共同努力，为青少年健康成长营造良好的环境。

3 月

3 月 1 日

《人民日报》《光明日报》和《求是》杂志全文发表江泽民总书记 2 月 1 日《关于教育问题的谈话》。教育部就此发出通知，要求教育系统认真学习、深刻领会、坚决贯彻落实江泽民总书记谈话精神，努力开创我国教育改革和发展的新局面。

3 月 2 日

中宣部、教育部、北京市委联合举行“学习贯彻江泽民同志关于教育问题的谈话报告会”。中共中央政治局常委李岚清出席报告会并作了题为《加强和改进教育工作，开创全社会关心青少年健康成长的新局面》的报告。李岚清的报告共分五个部分：第一，认真学习江泽民同志的重要谈话，提高认识，统一思想；第二，切实加强和改进教育工作；第三，一定要重视和改进家庭教育；第四，全社会都要关心青少年的健康成长；第五，各级党委和政府要加强对教育工作的领导。

3 月 3 日

江泽民总书记《关于教育问题的谈话》发表后，在全社会引起强烈反响。中宣部常务副部长刘云山就如何贯彻重要谈话精神，加强青少年学生思想教育问题接受了记者的采访。刘云山指出：一是要认真学习、宣传江泽民总书记的重要谈话精神，全面宣传党的教育方针，把全党思想统一到江总书记的重要谈话精神上来，引导全社会树立正确的教育观念、人才观念。二是配合教育部门、共青团组织切实加强青少年的思想政治教育。要在青少年学生中广泛深入地进行爱国主义、集体主义、社会主义教育，引导他们树立正确的世界观、人生观、价值观，使他们成为德、智、体、美全面发展的合格接班人。三是多出优秀作品，为青少年学生提供更多更好的精神食粮。四是要坚决贯彻“一手抓繁荣、一手抓管理”的工作方针，采取切实有效的措施，坚决清除报刊、图书、广播、电视中倾向不好、格调低下的东西。

同日，司法部、教育部、中央综治办、共青团中央发出《关于进一步加强青少年学生法制宣传教育工作的通知》，指出：(1)继续提高对青少年学生法制教育工作的认识，不断加大工作力度。(2)探索有效的教育方法，健全青少年学生法制教育网络。其一是突出法制教育的针对性，要根据不同的年龄段，联系学生学习、生活实际去宣传、普及有关的法律知识，使学生易于理解和掌握。其二是突出法制教育的实践性，除课堂教学外，要充分运用第二课堂和社会实践活动，通过播放录像、电影，举办法律知识竞赛，组织征文、模拟法庭，开设法制宣传园地，以及参观和旁听法院公开审判活动等对学生进行生动、直观的法制教育。在各地广泛开展的自护教育中，要把法制教育作为其中的重要内容。其三是突出法制教育的综合性，学校、家庭、全社会都来做，学校通过开设法制课进行经常的、系统的教育，通过开展“法律进万家”“依法治家”活动，使家长为学生做出表率，社会各界要努力创造适于青少年学生健康成长的环境，有条件的地方要建立常设性的青少年法制教育基地，为青少年学生接受法制教育提供条件。(3)切实开展依法治校工作，把学校各项工作逐步纳入法治轨道。(4)加强组织领导，搞好协调配合。

3月7日

中共中央政治局常委、国务院副总理李岚清分别参加了九届全国人大三次会议浙江、内蒙古代表团的全体会议，同代表们一起审议政府工作报告。在认真听取代表的发言后，李岚清发表了意见，指出：绝不能把加强青少年的思想品德教育，全面贯彻党的教育方针，实施全面素质教育简单化；要认真学习、全面领会、切实贯彻落实江泽民同志重要谈话精神，要站在为21世纪培养德智体美全面发展的社会主义建设者和接班人的高度，认真加强和改进对青少年的教育工作。

4月

4月4日

中共中央政治局常委、国务院副总理李岚清为中共中央党校在校学员作了题为《进一步加强和改进教育工作，促进青少年健康成长，迎接21世纪的机遇和挑战》的报告。报告分为五部分：第一，认真学习江泽民同志关于教育问题的重要谈话，提高认识，统一思想；第二，切实加强和改进教育工作；第三，要重视和改进家庭教育；第四，全社会都要关心青少年的健康成长；第五，各级党委和政府要加强对教育工作的领导。李岚清在报告中还介绍了高校管理体制和科技体制改革的情况。

4月6日

教育部颁发《关于加强和改进研究生德育工作的若干意见》。文件指出，第一，要充分认识加强和改进研究生德育工作的重要性和紧迫性。第二，要采取切实措施，加强和改进研究生德育工作。必须进一步加强马克思列宁主义、毛泽东思想和邓小平理论教育，党的基本路线教育，爱国主义、集体主义和社会主义教育。深入开展中华民族优秀文化传统和革命传统教育，民主法制教育，心理素质教育。第三，要建立和健全研究生德育工作管理体制，切实加强领导。高校党委要建立和完善以校长及行政系统为主实施的研究生德育工作管理体制，校长要对研究生的全面发展负责。要把研究生的德育工作贯通于学校教学、科研和学科建设的全过程，贯通于学校工作的各个环节，切实形成“全员育人，全方位育人”的格局。要按照提高素质、优化结构、专兼结合、功能互补、相对稳定的要求，像选拔、培养学术骨干一样，花大力气建立一支政治强、业务精、作风正的研究生德育工作队伍。要进一步加强研究生德育工作的制度建设，要建立研究生德育工作评估制度，要保证研究生德育工作的经费投入，确保工作条件。各地教育工作部门和各研究生培养单位要积极探索新形势下研究生德育工作的特点和规律。

4 月 21 日

教育部在北京召开高等学校“两课”教学方法改革与邓小平理论教学片《新时期的旗帜》教学使用研讨会，探讨进一步深化“两课”教学方法改革，推动高等学校邓小平理论“进教材、进课堂、进学生头脑”工作。教育部副部长张天保出席会议并讲话。他指出，高校“两课”教育教学具有较强的思想性、政治性、理论性和实践性，因此，“两课”教学方法改革，要提高课堂讲授效果，加强实践环节，使用现代化教学手段，改进考试方式，增强教学针对性和实效性。

5 月

5 月 11 日—13 日

全国爱国主义教育示范基地工作座谈会在石家庄召开。中宣部副部长刘鹏在讲话中提出：爱国主义教育基地是思想政治工作的重要阵地，要认真总结推广示范基地建设、管理和使用方面的经验，带动其他基地的工作，使爱国主义基地的作用得到更好的发挥。从各地实践看，示范基地要在以下五个方面进一步发挥示范作用：一是在征集保护文物史料、挖掘教育内容方面发挥示范作用。二是在改进丰富展出方式、增强教育感染力上发挥示范作用。三是在教育活动的设计、组织方面发挥示范作用。四是在拓展教育范围、扩大基地影响方面发挥示范作用。五是在传播精神文明方面发挥示范作用。

5 月 15 日

全国关心下一代工作表彰大会在北京举行。中共中央政治局候补委员、国务委员吴仪出席会议并讲话，强调：培养教育下一代、关心青少年的健康成长，是全党、全社会的共同责任，必须进一步加强对广大青少年的培养教育，努力把他们培养成为“有理想、有道德、有文化、有纪律”的社会主义事业接班人。在新的历史条件下，要切实抓好理想信念教育，广泛深入地宣传马列主义、毛泽东思想和邓小平理论，结合实际开展爱国主义、集体主义、社会主义和艰苦奋斗的教育，帮助青少年树立正确的世界观、人生观和价值观，自觉抵制资本主义腐朽思想的侵袭。要引导青少年珍惜时间，努力学习现代科学文化知识，帮助他们掌握现代科学技术，培养他们勇于探索、勇于创新和勇于实践的精神，提高他们将来服务社会、报效祖国的本领。要认真研究新形势下青少年的特点，增强工作的针对性和主动性。教育形式要多种多样，教育内容要生动活泼。

5 月 15 日—16 日

中宣部、教育部、共青团中央在北京联合召开全国青年学习邓小平理论经验交流会。中共中央政治局常委、国家副主席胡锦涛出席会议。中共中央政治局常委、国务院副总理李岚清在开幕式上发表了题为《用邓小平理论教育青年一代培养社会主义现代化事业的合格建设者》的讲话。李岚清强调指出，坚持用邓小平理论教育青年一代，是党中央的一项重大决策，一定要持之以恒地抓紧抓好。用邓小平理论教育青年一代，最根本的目的就是要引导他们掌握认识解决当代中国实际问题的强大思想武器，树立建设有中国特色社会主义的共同理想和信念，树立正确的世界观、人生观和价值观，为建设富强、民主、文明的社会主义现代化国家而努力奋斗。为此，我们必须大力弘扬马克思主义学风，进一步改造和加强我们的学习：第一，要把学习邓小平理论同贯彻落实党的十五大精神紧密结合起来；第二，要把认真研读原著同深入生动的辅导讨论紧密结合起来；第三，要把学习邓小平理论同学习马克思列宁主义、毛泽东思想紧密结合起来；第四，要把学习邓小平理论同引导青年正确认识、积极参与建设有中国特色社会主义伟大实践紧密结合起来。李岚清还强调要大力推进高校“三进”工作，改进教学方法，抓好教材和课程建设。他指出：第一，加强教材建设；第二，改进课堂教学；第三，提高师资水平。教育部党组书记、部长陈至立在闭幕式上作了题为《努力开创高校邓小平理论“三进”工作的新局面》的讲话。陈至立强调：用邓小平理论教育和武装青年大学生，是党中央做出的具有重大战略意义的决策，这既是国家振兴、民族复兴的客观需要，也是青年大学生成长成才的内在要求；用邓小平理论教育武装青年，最根本的目标，就是要引导他们掌握认识解决当代中国实际问题的强大思想武器，树立建设有中国特色社会主义的共同理想和信念，树立正确的世界观、人生观和价值观，为建设富强、民主、文明的社会主义现代化国家而努力奋斗。她还指出，当前青少年成长的外部环境发生了很大变化，一是西方敌对势力对我加紧实施“西化”“分化”，意识形态领域的斗争十分复杂；二是目前社会上出现的拜金主义、享乐主义、极端个人主义等腐朽思想及各种社会丑恶现象也给青少年带来了许多消极影响；三是因特网的使用对学校思想政治工作提出了新的挑战。陈至立还对近年来高校邓小平理论“三进”工作积累的经验做了概括，指出：各级领导的高度重视，是做好“三进”工作的根本保证；坚持理论联系实际，不断改进教学方法，是做好“三进”工作的重要条件；建设一支政治过硬、业务精湛的教师队伍，是做好“三进”工作的关键环节。陈至立最后还强调指出：提高认识，明确目标，把“三进”工作进一步引向深入，要在帮助学生树立正确的世界观、人生观、价值观上下功夫，要在帮助学生掌握邓小平理论的科学体系和精神实质上下功夫，要在理论联系实际上下功夫，提高学生用马克思主义的立场、观点、方法观察问题、分析问题、解决问题的能力；加强基础建设，不断丰富教学内容，改革教学方法，要加强“邓小平理论概论”课的课程体系研究，要继续加强教材建设，要大力倡导教学方法的改革创新；进一步加大工作力度，全面提高教师队伍的整体素质，以全面提高“两课”教师整体素质为目标，实施“两课”教师在职攻读硕士学位培养规划，以建设一支政治过硬、业务精湛的“两课”骨干教师队伍为目标，实施骨干教师培训计划。

5 月 18 日—22 日

全军院校政治工作会议在京召开。会议的主要任务是：以邓小平理论为指导，贯彻落实江泽民同志关于加强军队院校建设的一系列重要指示，集中研究新形势下加强军队院校思想政治建设问题，统一思想，明确任务，增强信心，努力开创全军院校思想政治建设的新局面。中央军委委员、总政治部主任于永波在讲话中强调，加强新形势下院校思想政治建设，要深刻领会、坚决贯彻江泽民同志关于院校教育优先发展的重要思想，研究解决新形势下院校思想政治建设面临的新情况新问题，确保建设高水平军事院校的正确方向，确保实现高素质军事人才的培养目标。他还指出，加强院校思想政治建设，必须始终坚持用马克思主义占领思想文化阵地；努力培养和造就在思想政治、科学文化、军事专业、身体心理等方面全面发展、全面过硬，具有复合的知识结构和综合能力，具有创新精神和创新能力的高素质新型军事人才，是新时期军队院校教育的中心任务；思想政治素质是新型军事人才最重要的素质；军队院校要紧紧围绕培养高素质新型军事人才这个中心开展工作。

5 月 22 日

教育部党组书记、部长陈至立在教育部党组学习会议上指出，江泽民同志关于中国共产党“三个代表”的重要论述，是马克思主义的重要文献，具有重大的现实意义和长远的指导意义。教育界的干部、党员和全体教育工作者，特别是领导干部，都要认真学习、深刻领会，并贯彻落实在实际工作中。

同日，中宣部、教育部、共青团中央、全国学联联合发出通知，部署 2000 年暑期大中专学生志愿者文化科技卫生“三下乡”社会实践活动。2000 年活动的主题是：向新世纪迈进，在实践中成才。通知要求各地抓住世纪交替的契机，通过“三下乡”社会实践活动，进一步激发青年学生成长进步、勇于实践的主动性、积极性和创造性，进一步增强青年学生建设祖国、振兴中华的责任感、使命感和紧迫感。

5 月 25 日

教育部举办的学习江泽民同志“三个代表”重要思想座谈会在北京召开。教育部副部长吕福源在讲话中强调，教育战线要深入全面地学习江泽民同志“三个代表”重要思想，以此为强大思想武器，做好思想政治工作，推进科教兴国战略的落实。

6 月

6 月 3 日

《中国教育报》刊发教育部 2000 年高校学生思想政治状况滚动调查报告。调查报告表明，当前大学生思想政治状况与前几年相比有了新的进步，突出表现在对党的高度信任以及强烈的爱国热情和社会责任感增强上。当前大学生思想主流是好的，继而显现出稳定、健康、积极向上的良好态势。此次调查表明，大学生拥护和支持党和政府的大政方针，对以江泽民同志为核心的党的第三代领导集体高度信任，对国家政治经济发展前景充满信心，对中央一年来的工作总体上给予较高评价，对中央在 1999 年开展的“三大政治斗争”给予充分肯定；对高举邓小平理论伟大旗帜、坚持中国共产党领导的若干基本理论问题的认识比较清楚；爱国主义热情持续高涨，具有强烈的民族自尊心和社会责任心，观察、分析问题客观、理智、冷静；大学生人生价值观的主流是健康的；绝大多数学生心态比较平和，积极进取，成才愿望和学习自觉性进一步增强。

6 月 6 日

中组部、教育部党组联合印发《关于加强社会力量举办学校党的建设工作的意见》，指出：社会力量举办学校党组织，要把加强思想政治工作作为重要任务常抓不懈。要切实加强教师队伍的思想道德建设，引导他们用马克思主义理论指导教学工作，全面推进素质教育，把教书与育人结合起来。要切实加强对学生的思想道德教育，引导他们树立正确的世界观、人生观和价值观，做有理想、有道德、有文化、有纪律的社会主义事业建设者和接班人。要充分发挥工会、共青团、学生会等群众组织在思想政治工作中的作用。

同日，教育部印发《国家大学生文化素质教育基地建设的实施意见》，内容包括：第一，基地建设的重要意义和指导思想。第二，基地建设的任务和目标。加强文化素质教育理论与实践的研究；组织开展文化素质教育的师资培训，组织编写文化素质教育教材和相关读物；有重点地组织开展形式多样、内容丰富的高品位的文化素质教育活动；各基地学校要开设一定的人文、艺术选修课程，使每个学生至少选修其中一门课程；建立健全文化素质教育的规章、制度，规范文化素质教育的课程设置和校园文化活动、社会实践活动，努力把文化素质教育纳入人才培养计划，使文化素质教育工作做到科学化、规范化和制度化。第三，基地的组织机构与条件建设。第四，处理好基地建设工作中的几个关系。第五，基地的评估与验收。

6 月 28 日

中央思想政治工作会议在京召开。中共中央总书记、国家主席、中央军委主席江泽民在会上发表重要讲话。江泽民指出，党的思想政治工作，是经济工作和其他一切工作的生命线，是团结全党全国各族人民实现党和国家各项任务的中心环节，是我们党和社会主义国家的重要政治优势。新形势新任务，以及思想政治工作的现实状况，要求我们必须大力加强和改进党的思想政治工作。这是保证我们党始终做到代表中国先进生产力的发展要求、代表中国先进文化的前进方向、代表中国最广大人民的根本利益的必然要求。讲话包括三个部分，即关于思想政治工作面临的新形势新情况、关于加强和改进党的思想政治工作和关于加强党对思想政治工作的领导。

在第一部分关于思想政治工作面临的新形势新情况方面，江泽民提出四个需要全党从思想上、政治上进一步取得科学认识并做出正确回答的大问题，即：第一个问题，关于如何认识社会主义发展的历史进程。江泽民指出，东欧剧变、苏联解体是世界社会主义遭受的巨大挫折。为什么苏联这样一个发展了 70 多年的社会主义国家还会解体呢？一些善良的人们产生了疑问和困惑，对世界社会主义的前途也存在这样那样的忧虑，甚至在我们一些党员、干部中也程度不同地产生了“信仰危机”。这是客观存在，我们不承认、不正视不行。认真总结东欧剧变、苏联解体的教训，以及我们发生“文化大革命”这样严重曲折的教训，深刻分析它们的原因，可以得出两条结论。一是必须坚持社会主义；二是必须进行社会主义改革，探索符合本国实际的社会主义发展道路。第二个问题，关于如何认识资本主义发展的历史进程。江泽民指出，目前，从经济、科技发展和物质文化生活水平来看，发达资本主义国家比我们这样的发展中社会主义国家要高得多。这也是客观存在，我们不承认、不正视也不行。一方面，绝不能因为资本主义社会在具体演进中产生的一些繁荣现象而否认马克思主义的基本原理和科学论断。另一方面，要加强对当代资本主义自我调节和发展的研究，做出有说服力的理论分析，进一步丰富和发展马克思主义理论。第三个问题，关于如何认识我国社会主义改革实践过程对人们思想的影响。江泽民指出，越是变革时期，越要警惕各种错误思想观念的发生及其给人们带来的消极影响，我们党的思想政治工作越要加强和改进。第四个问题，关于如何认识当今的国际环境和国际政治斗争带来的影响。江泽民指出，党的思想政治工作之所以成为经济工作和其他一切工作的生命线，这是由它的职能和作用决定的。只有充分发挥党的思想政治工作这一政治优势，才能保证经济工作和其他一切工作的正确发展方向，才能保证党的路线方针政策落实到各项工作和群众中去，才能及时排除和战胜各种错误东西的干扰，才能巩固和发展全国各族人民共同奋斗的思想政治基础，从而为经济工作和其他一切工作提供强大的动力和保证。对思想政治工作的这种重要作用和重要地位，全党同志特别是各级领导干部必须充分认识。

在第二部分关于加强和改进党的思想政治工作方面，江泽民指出，有中国特色社会主义，是物质文明和精神文明协调发展，经济、政治、文化全面推进的社会主义。党的思想政治工作的任务是：以科学的理论武装人，以正确的舆论引导人，以高尚的精神塑造人，以优秀的作品鼓舞人，不断提高全民族的思想道德素质和科学文化素质，努力培养造就有理想、有道德、有文化、有纪律的社会主义公民；发展新型的人际关系，创造良好的社会风尚，充分发挥人民群众的积极性、主动性、创造性，保证党的路线方针政策和国家的法律法规的贯彻执行，保证改革开放和现代化建设的顺利进行。江泽民还强调，面对新形势新情况，要完成上述任务，我们的思想政治工作在继承和发扬优良传统的基础上，必须在内容、形式、方式、方法、手段、机制等方面努力进行创新和改进，特别要在增强时代感和加强针对性、实效性、主动性上下功夫。这要成为我们今后加强和改进思想政治工作的重点。他指出：第一，要紧密结合我国社会主义改革和建设、国际形势发展变化的新实际，加强对马克思主义的研究和宣传，不断增强马克思主义理论的说服力和战斗力。加强和改进思想政治工作，最根本的是坚持和巩固马克思主义在我国意识形态领域的指导地位。这是保证全党全国人民加强团结、始终沿着正确方向前进的根本思想基础。我们坚持马克思主义的指导地位，要特别注意从两个方面加强工作：一是及时总结党和人民在实践中创造的新经验和获得的新认识，有力地回答现实生活提出的、干部群众关心的重大思想理论问题；二是善于运用马克思主义观点同各种错误观点进行积极斗争，帮助广大干部群众树立和坚定正确的思想理论认识。坚持马克思主义的指导地位，最基础的工作是用马克思列宁主义、毛泽东思想、邓小平理论武装全党，教育人民。坚持马克思主义的指导地位，必须坚持唱响主旋律、打好主动仗，科学生动地宣传马克思主义，引导干部群众不断克服和抵制错误、落后、腐朽的思想文化的影响和侵蚀。第二，要紧密结合干部群众在思想认识和工作生活中产生的新问题，突出加强理想信念教育，不断增强全体人民的凝聚力。理想信念教育，是党的思想政治工作的核心内容。要坚持从实际出发，把先进性要求和广泛性要求有机结合起来。最根本的，就是要坚持进行爱国主义、集体主义、社会主义教育，动员全国各族人民为建设有中国特色社会主义事业，为把我国建设成为富强民主文明的社会主义现代化国家而共同奋斗。开展思想政治工作，要注意因地制宜，因人制宜，因事制宜，因时制宜。第三，要紧密结合发展社会主义市场经济的新要求，努力加强社会主义道德教育，不断提高全体人民的思想道德素质。为了在发展社会主义市场经济的条件下更好地建设有中国特色社会主义，我们必须建立与之相适应的社会主义法律体系，同时也必须在全社会形成与之相适应的社会主义思想道德体系。法律和道德作为上层建筑的组成部分，都是维护社会秩序、规范人们思想和行为的重要手段，它们相互联系、相互补充。法治以其权威性和强制手段规范社会成员的行为，德治以其说服力和劝导力提高社会成员的思想认识和道德觉悟。道德规范和法律规范应该相互结合，统一发挥作用。建设社会主义道德体系是一个系统工程，必须坚持正确处理公平和效率的关系，坚持先进性要求和广泛性要求相结合，坚持"三个有利于"标准，坚持继承和发扬民族优秀文化传统并积极吸收外来优秀文化成果。第四，要紧密结合社会精神文化生活的新发展，努力探索出一套行之有效的方式、方法、手段、机制，不断提高思想政治工作的感召力和渗透力。开展思想政治工作，要力求做到生动活泼、群众喜闻乐见，切忌形式主义、教条主义，切忌简单生硬。信息技术特别是信息网络技术的发展，为我们开展思想政治工作提供了现代化手段，拓展了思想政治工作的空间和渠道。要重视和充分运用信息网络技术，使思想政治工作提高时效性、扩大覆盖面、增强影响力。

在第三部分关于加强党对思想政治工作的领导方面，江泽民指出，党的思想政治工作本质上是群众工作，是宣传群众、教育群众、引导群众、提高群众的工作，因此必须坚持走群众路线；我们加强和改进思想政治工作，归根结底是为社会主义经济基础服务的，要防止和纠正思想政治工作与经济工作脱节的"两张皮"现象，一定要紧密结合经济工作和各项业务工作一道去做，把工作做到人民群众物质生产和精神生产的实际活动中去；思想政治工作是全党的工作，所有党员和领导干部都要做，同时，又必须建设一支政治强、业务精、纪律严、作风正的专兼结合的思想政治工作队伍；基层思想政治工作队伍建设，要做到组织落实、人员落实、责任明确、制度健全，要培养选拔一些政治坚定、业务过硬、作风扎实、有较高文化水平的中青年同志，充实基层思想政治工作部门，优化政工干部队伍结构；党委书记主管思想政治和意识形态工作，这是我们党的一个好传统。江泽民还强调指出，大量事实证明，思想文化阵地，马克思主义、无产阶级的思想不去占领，各种非马克思主义、非无产阶级的思想甚至反马克思主义的思想就会去占领；能否掌握思想政治领域的领导权、主动权，首先要看党委自身的马克思主义理论水平及其运用能力；身教重于言教，党的思想政治工作能否做好，很大程度上还取决于我们党的自身建设和各级领导干部的言行表现；干部是党的宝贵财富，一定要非常爱惜。关心和爱护干部，是我们党的一个优良传统，不仅要关心干部的思想和工作，而且要关心干部的生活和生理、心理健康。

7月

7月3日

教育部党组印发《关于进一步加强高等学校学生思想政治工作队伍建设的若干意见》。文件指出，加强和改进高等学校思想政治工作是高等教育工作的一项十分重要的任务。各地教育工作部门、各高等学校要深刻认识加强学生思想政治工作队伍建设的重要性和紧迫性，采取切实可行的措施，努力建设一支具有马克思主义理论素养，政治坚定、专兼结合、结构合理的高素质的队伍。第一，采取切实措施，建设一支精干、高素质的学生思想政治工作队伍。要坚持德才兼备的原则和专兼结合的原则，选拔政治素质和思想作风好，学历层次高，具有较强组织管理能力，善于做群众工作的教师或高年级党员学生担任学生思想政治工作人员。第二，坚持标准，精心培养，不断提高队伍的整体素质。高等学校学生思想政治工作人员必须具有坚定正确的政治方向，坚持党在社会主义初级阶段的基本路线，具有一定的马克思主义理论基础和政策水平，有较强的政治分辨能力；热爱学生思想政治工作，具有高度的责任感和奉献精神；热爱学生，品行端正，以身作则，为人师表；努力学习并掌握从事高校学生思想政治工作必备的专业知识和技能，熟悉教育规律，具有比较广博的社会科学和自然科学知识，以及良好的文化素养；有较强的组织活动、调查研究以及语言和文字表达能力。第三，制定并落实学生思想政治工作队伍建设的政策、措施。第四，加强领导，健全制度，严格要求，严格管理。

7月5日

中组部、中宣部、中共教育部党组印发《关于表彰全国普通高等学校党的建设和思想政治教育先进工作者的决定》，对在高等学校党的建设和思想政治教育工作方面取得突出成绩的清华大学张再兴等38名先进个人予以表彰，授予“全国普通高等学校党的建设和思想政治教育先进工作者”称号。文件要求高等学校广大党务和思想政治教育工作者学习他们的工作精神和经验，高举邓小平理论伟大旗帜，紧密团结在以江泽民同志为核心的党中央周围，按照“三个代表”的要求，全面贯彻党的教育方针，进一步解放思想，实事求是，抓住机遇，大力推进高等教育的改革和发展，为培养德、智、体、美等方面全面发展的社会主义事业的建设者和接班人，为实现党的十五大确定的跨世纪宏伟目标而努力奋斗。

7月5日—7日

由中组部、中宣部和中共教育部党组联合召开的第九次全国高校党建工作会议在北京举行。此次会议的主要任务是：认真学习、贯彻江泽民同志在中央思想政治工作会议上的讲话精神，以近年来江泽民同志和中央关于加强党的建设和思想政治工作的一系列重要指示为精神，按照“三个代表”的要求，进一步认清高校党建和思想政治工作面临的新形势，总结交流高校党建和思想政治工作的新经验，研究和具体部署新形势下高校党建和思想政治工作。

教育部党组书记、部长陈至立代表中组部、中宣部和教育部党组在会议开幕式上作了题为《高举旗帜，锐意创新，努力开创新世纪高校党建和思想政治工作的新局面》的报告。她在讲话中将近年来高校党建和思想政治工作的经验概括为：加强党对高校的领导，坚持不懈地加强高校党的建设，是全面贯彻党的教育方针，坚持社会主义办学方向的根本保证；高举旗帜，坚持用邓小平理论教育青年学生、武装广大干部和教师，是高校党建和思想政治工作的首要任务；高校党建和思想政治工作必须紧密服从和服务于全国和学校的中心工作，把培养社会主义事业建设者和接班人作为根本目标，必须解放思想、实事求是，在继承的基础上锐意创新，才能保持高校党建和思想政治工作的强大生命力。陈至立在报告中强调指出，在新的形势下，高校党建和思想政治工作不但不能忽视和削弱，而且必须进一步重视和加强，重点做好以下几项工作：第一，全面加强高校领导班子的思想建设、政治建设、组织建设和作风建设；大力加强系(院、所)党总支和教师党支部等基层党组织建设；从“三个代表”的高度，认识做好在高校知识分子特别是青年知识分子和高级知识分子中发展党员工作的战略意义。第二，从“三个代表”的高度，坚持用科学的理论武装人，用马克思主义占领高校思想阵地，进一步深化邓小平理论“三进”工作，坚持先进性要求和广泛性要求相结合，大力开展爱国主义、集体主义、社会主义思想教育。第三，采取切实措施，进一步加强高校党建和思想政治工作制度建设、队伍建设，把师德建设作为当前及今后一个时期高校教师思想政治工作的重要内容。第四，进一步增强政治意识、大局意识、责任意识，积极主动地做好维护高校稳定的工作。

8月

8月16日—18日

教育部高校思想政治教育进网络工作研讨会在西安交通大学召开。这次研讨会旨在总结交流高校思想政治工作进网络的经验及做法，进一步发挥网络在高校思想政治教育中的积极作用。研讨会上，与会同志紧紧围绕如何把握网络媒体特点，增强高校思想政治工作时代感，以及如何主动出击，主动积极地利用好网络这个工具进行思想政治教育这两个主题进行了深入研讨，初步达成了共识。

8月25日

中央“三讲”教育联系会议召开全国高等学校“三讲”教育工作电视电话会议，总结交流前一段高校“三讲”教育工作经验，部署下一步工作。会议要求，高校“三讲”教育要坚持以“三个代表”重要思想为指导，与贯彻中央思想政治工作会议精神和全国高校党建工作会议精神结合起来，紧密联系高等学校面临的新形势和新任务，紧密联系学校改革、发展、稳定的实际，紧密联系思想和工作实际，努力使领导班子和领导干部在思想、政治、作风、纪律上都有一个明显的提高，更好地担负时代赋予的重任。

中央党建工作领导小组副组长、中央“三讲”教育联系会议负责人张全景在讲话中指出，高等学校的“三讲”教育要着重从以下几个方面查找和解决问题：一是理想信念问题。关键要坚定对马克思主义的信仰和对建设有中国特色社会主义的信念，树立正确的世界观、人生观、价值观。二是办学方向问题。高校党委要全面正确地理解和贯彻党的教育方针，坚持社会主义办学方向，深化教育改革，重视素质教育，培养德智体美等方面全面发展的社会主义建设者和接班人。要用马克思主义占领学校的思想阵地，坚决抵制各种错误思想和腐朽文化的侵蚀，加强和改进思想政治工作。三是党委领导下的校长负责制问题。领导班子要贯彻民主集中制原则，正确处理集体领导与个人分工负责的关系。四是全心全意为人民服务的宗旨问题。要进一步解决好“为谁办学”“为谁服务”的问题，对违反教职工和广大师生的意愿，损害群众利益的做法，如乱收费、加重学生负担等，都要认真予以纠正。领导成员要密切联系群众，改进工作作风，深入教学、科研第一线，解决实际问题，发挥好教职工在学校改革和发展中的重要作用。

教育部党组书记、部长陈至立在讲话中指出，要把“三讲”教育作为当前高校党的建设的头等大事，真正按照中央的要求搞好高校的“三讲”教育。要把全面加强党的建设和思想政治工作，坚持以马列主义、毛泽东思想、邓小平理论为指导，坚持执行党的基本路线和教育方针、政策的自觉性，坚持社会主义办学方向，增强阵地意识，为推动学校的改革和发展，培养社会主义建设者和接班人提供可靠的政治保证和组织保证，作为高校“三讲”教育的突出内容和要求。她还指出，要紧密结合本校实际和发展规划，在广泛集中群众意见的基础上，抓住党性党风方面最为突出和关键的问题进行整改，学校领导班子要分工专人负责，认真落实整改方案。各省(自治区、直辖市)高校工委和高校干部主管部门，要在省(自治区、直辖市)党委的统一领导下，精心组织和实施好高校的“三讲”教育；教育部高校“三讲”教育工作领导小组将进一步加强对直属高校“三讲”教育的领导。

8 月 28 日

《中国教育报》报道，中宣部、教育部、中国人民解放军总政治部、共青团中央最近联合发出通知，转发了海军大连舰艇学院党委《大力加强思想政治工作，培养高素质新型海军指挥人才》的经验，指出：第一，立足保持人民军队性质、本色和作风，着力提高学员的思想政治素质；第二，着眼履行军队根本职能，激励学员发奋学习现代军事科技知识；第三，适应军事实践活动对军人的特殊要求，在严格教育训练中锻造学员过硬的心理品质；第四，面对世界科技发展与军事变革的挑战，积极培养学员创新精神和创新能力。

9 月

9 月 9 日

教育部和北京市委、市政府在人民大会堂隆重举行“全国优秀教师师德报告团”首场报告会。教育部党组书记、部长陈至立代表教育部向全国广大教师致以节日的问候。她指出，随着教育的改革和发展，素质教育的全面推进，新形势和新任务对教师的思想政治素质和职业道德水平提出了新的要求。师德修养不仅直接关系到教师队伍建设，而且直接影响受教育者，因此加强教师队伍建设，首先要加强教师的职业道德建设。她强调，各级教育行政部门及学校要以这些优秀教师为榜样，采取切实措施，大力提高教师职业道德素质，积极抓好教师队伍职业道德建设，切实完成好在职教师师德培训任务；各地教育部门要积极组织教师职业道德建设卓有成效的单位和职业道德高尚的优秀教师进行巡回演讲；师范院校要把师德修养作为必修课，并在相关课程中渗透师德教育；在教师资格认定、聘用新教师和教师考核中，要把师德表现作为重要内容，对师德考核不合格者，要坚决调离教师岗位。

9月12日—13日

教育部在上海交通大学召开高校思想政治教育进网络工作会议。教育部党组成员张天保在会上指出，用正确、积极、健康的思想文化占领网络阵地，已经成为高校思想政治工作非常重要的、紧迫的课题。各级教育部门和高校都要高度重视和充分运用网络手段拓展思想政治教育的视野，把这项工作作为贯彻落实中央思想政治工作会议精神的重要任务，作为加强和改进高校思想政治工作的重要措施，对思想政治教育进网络工作要尽快做出具体规划和部署，提上学校重要议事日程。高校党委要加强领导，理顺工作体制，配备和培训必要人员，要切实增加投入；要根据师生关注的各种问题特别是热点、难点，来加强工作的针对性、吸引力和实效性；要积极建设，完善管理，加强正面引导。中国教育和科研计算机网(CERNET)各大区网节点高校以及其他部门高校代表参加会议。与会代表认为，要加速培养一支既有深厚政治理论水平、熟悉思想政治工作规律，又能有效地掌握网络技术、熟悉网络文化特点，能够在网络上有效地进行思想政治教育工作的队伍，这是做好思想政治教育进网络的重要的组织保证。

9月22日

教育部颁发《关于加强高等学校思想政治教育进网络工作的若干意见》。文件指出，要进一步增强用马克思主义占领高校思想文化阵地的政治意识，提高对思想政治教育进网络重要性和紧迫性的认识；切实加强对思想政治教育进网络工作的领导，进一步理顺管理体制，扎实推进思想政治教育进网络的各项工作；要根据教育环境和教育对象的变化情况，充分运用网络手段拓展思想政治教育的视野，用正确、积极、健康的思想文化占领网络阵地；进一步健全有关管理办法，加强对上网师生的自律教育；采取切实措施，大力加强队伍建设；各地教育部门和高校，要对思想政治教育进网络工作所需要的人员编制和必要经费、设备等方面给予切实保障，并做好硬件与软件建设的规划，认真论证技术方案，抓好落实和检查环节的工作。

9月26日

教育部、共青团中央发布《关于表彰2000年度全国大中专学生志愿者暑期“三下乡”社会实践活动暨百支博士团“三下乡”志愿服务行动优秀组织工作奖、先进单位和优秀博士服务团的决定》。

9月27日

《中国教育报》报道，由国家民委主持召开的全国民族院校思想政治工作座谈会日前在兰州结束。会议期间，来自全国12所民族院校的专家、学者畅所欲言，共同研讨新形势下抓好民族院校思想政治工作大计。与会者认为，民族院校培养的大学生是否具有坚定的理想、信念和过硬的思想政治素质关系到各民族团结进步的伟大事业，关系到民族地区的发展与稳定，关系到整个国家的前途和命运。因此，民族院校的思想政治工作具有独特而重要的意义。国家民委党组副书记、副主任牟本理在讲话时强调：要把搞好民族院校的思想政治工作同国家正在进行的西部大开发及“兴边富民”行动有机结合起来，要努力使各民族院校成为主动宣传、推进西部大开发及“兴边富民”行动实施的强有力的阵地。

10月

10月1日

教育部、共青团中央在南宁召开2000年度全国大中专学生志愿者暑期“三下乡”社会实践暨百支博士团“三下乡”志愿服务行动总结表彰会，380多个先进单位受到表彰。2000年暑期，各地学校紧紧围绕“向新世纪迈进，在实践中成才”的主题，动员组织广大青年学生广泛开展了文化科技卫生“三下乡”社会实践活动，100余万大中专学生踊跃投身农村基层，开展了科技扶贫、企业帮困、文化宣传、支教扫盲、医疗服务、环境保护等内容丰富、形式多样的志愿服务活动，受到广大群众的普遍欢迎。同时，围绕西部大开发战略的实施，2000年还重点组织了百支博士团“三下乡”志愿服务行动，2000余名博士生组成180支博士团，根据基层经济社会发展和人民群众生产生活的实际需要，开展了高层次的科技、文化、卫生服务，有效地促进了校地合作和产学研结合，产生了显著的社会效益、经济和人才效益。在“三下乡”社会实践活动中，广大青年学生进一步了解了国情，加深了对邓小平理论的理解和认识，增强了社会责任感和历史使命感，锻炼和提高了自身的全面素质。

10 月 11 日

经中国共产党第十五届中央委员会第五次全体会议通过的《中共中央关于制定国民经济和社会发展第十个五年计划的建议》指出：建设社会主义精神文明，发展有中国特色社会主义文化，是社会主义现代化建设的重要内容和保证；坚持不懈地进行党的基本理论和基本路线教育，巩固和加强马克思主义的指导地位，弘扬爱国主义、集体主义、社会主义精神，在全社会形成共同理想和精神支柱；努力建立适应社会主义市场经济发展的思想道德体系；提倡自力更生、艰苦奋斗的创业精神，形成全民族奋发向上的强大动力；大力倡导社会公德、家庭美德和职业道德，特别是加强青少年的思想政治和道德品质教育；重视对社会思潮及其表现形式的研究和引导；加强对新闻舆论、国民教育、社会文化、休闲娱乐等各种思想文化阵地尤其是新闻网站的建设和管理；加强科普宣传教育，反对封建迷信活动；大力开展群众性精神文明创建活动，倡导科学文明健康的生活方式。

11 月

11 月 28 日

共青团中央、教育部党组发出《关于加强社会力量举办的高等学校团的建设工作的意见》，指出：及时建立社会力量举办的高等学校的团组织；明确社会力量举办的高等学校团组织的职责，包括开展思想政治工作，协助学校党政培养和提高学生的素质，发挥桥梁纽带作用，加强团组织自身建设，指导学生会和学生社团开展工作；加强对社会力量举办的高等学校团建工作的领导。

同日，教育部印发《关于在高等教育自学考试社会助学中加强德育工作的意见》，指出：社会助学中的德育工作任务是，以马克思列宁主义、毛泽东思想和邓小平理论为指导，依据党和国家确立的教育方针和德育工作总体目标，以分层递进的原则，对考生进行文明习惯的养成教育、品德教育、纪律教育、法制教育和思想政治教育，对考生进行科学的世界观和正确的人生观、价值观教育，使其形成高尚的道德品质和良好的思想素质，成为有理想、有道德、有文化、有纪律的社会主义现代化建设事业的合格人才。各类社会助学组织开设思想品德教育课，应注意以下几方面：第一，与开考计划规定的公共政治课密切配合，把公共政治课作为德育工作的前导；第二，使思想品德教育课成为公共政治课的实践延伸；第三，避免知识化、形式化，力求具体化、养成化和实效化；第四，充分发挥党团组织、学生会的作用，开展形式多样的德育活动；第五，加强德育工作领导，保障德育工作实施。

12 月

12 月 19 日—22 日

共青团十四届四中全会在北京举行。中共中央政治局常委、国家副主席胡锦涛代表党中央讲话，他深刻分析了当前国际国内形势，充分肯定了近年来共青团的工作，对今后的共青团工作提出了明确要求。会议审议通过了《共青团中央关于团结带领青年为实现“十五”期间经济和社会发展目标作贡献的决定》。团中央书记处第一书记周强作了题为《培养和造就青年人才大军谱写新世纪共青团工作新篇章》的讲话。周强在讲话中强调要用邓小平理论构筑当代青年精神支柱，促进青年一代全面发展。他指出，共青团作为党的助手和后备军，在培养青年人才的工作中，必须把提高青年思想道德素质放在首位：第一，要帮助青年树立崇高理想和坚定信念；第二，要帮助青年树立正确的世界观、人生观和价值观。第三，要帮助青年养成与现代经济社会发展要求相适应的道德行为准则，为建设有中国特色社会主义事业培养和造就青年人才，在努力提高青年思想道德素质的同时，必须努力提高青年的科学文化素质，引导青年把所学科学文化知识转化为创新创业的能力和良好的技能素质。

12 月 25 日

中央精神文明建设指导委员会在北京召开全体会议，总结 2000 年工作，研究部署 2001 年工作。会议强调，要高举邓小平理论伟大旗帜，以江泽民总书记“三个代表”重要思想为指导，深入贯彻党的十五大、十五届五中全会精神，认真落实中央思想政治工作会议确定的任务，认清形势、坚定信心，统揽全局、把握重点，狠抓落实、乘势前进，努力开创新世纪精神文明建设的新局面。中共中央政治局委员、书记处书记、中央文明委主任丁关根主持会议并讲话。他强调指出，江泽民总书记“三个代表”重要思想，是面向新世纪做好精神文明建设工作的行动指南，要把“三个代表”的要求贯彻落实到精神文明建设的各项工作之中。坚持以经济建设为中心，把精神文明建设工作与城乡经济发展和各行各业的业务工作结合起来去做，努力提高人的思想道德素质和科学文化素质，为现代化建设提供精神动力和思想保证；坚持马克思主义的指导地位，拓展社会主义文化阵地，用更多更好的精神产品满足人民群众日益增长的多方面精神文化需求；坚持全心全意为人民群众服务，在精神文明建设中多做得人心、暖人心、稳人心的工作，使人民群众得到实实在在的利益。中共中央政治局委员、中央文明委副主任李铁映出席会议并讲话。他强调指出，加强新世纪精神文明建设必须始终坚持先进文化的前进方向，加快社会主义文化建设的步伐。要把满足小康社会人民群众日益增长的精神文化需求作为一项重要任务，努力推出一批团结、教育、鼓舞人民群众的精品力作，同时运用人民群众喜闻乐见的多种文化载体，提供更多内容健康、寓教于乐的精神产品，满足人民群众不同层次的文化需求；要把群众性创建活动与群众文化活动结合起来，把丰富群众文化生活作为创建文明单位、文明社区、文明村镇工作的重要内容之一，努力为人们提供更多的文体活动设施和多方面的文化服务，大力加强社区文化、村镇文化、企业文化建设，积极倡导健康文明科学的生活方式，不断提高群众的生活质量。

2001年

1月

1月4日

教育部印发教育部部长陈至立在2001年度教育工作会议上的讲话和《教育部2001年工作要点》。陈至立指出，要继续加强新时期高校思想政治工作和稳定工作。当前，主要任务是要深入贯彻中央思想政治工作会议精神，把理想教育、信念教育作为思想政治工作和德育工作的核心内容，坚持用马克思主义占领高校的思想文化阵地，高质量地全面实施马克思主义理论和思想品德课新方案，继续推进邓小平理论“三进”工作，加强制度建设和队伍建设；稳定工作要警钟长鸣，要及时化解影响稳定大局的各种矛盾，把握工作的主动权，在不断深化改革中保持高校的发展和稳定。陈至立在讲话中还强调，要用正确、积极、健康的思想文化占领网络阵地，同时也要研究如何防止极少数别有用心的人利用网络传播错误的思想和信息；要通过加强网络管理、安全监控和主动引导，使之有利于我们的工作。

《教育部2001年工作要点》指出，进一步加强德育，改进智育、体育和美育，全面贯彻教育方针；将德育融入学校教育的各个环节，认真研究社会环境变化对青少年成长的影响，切实加强德育工作的针对性、有效性和实践环节；促进教育与生产劳动和科技活动的有机结合，引导学生积极参加各种社会实践活动；发挥全国青少年校外工作联席会议的作用，加强校外活动场所建设和学校周边环境的治理，推动全社会更加关心和支持教育。要按照江泽民同志“三个代表”的要求，切实加强高校党的思想建设、组织建设和作风建设；加强和改进思想政治工作。深入贯彻中央思想政治工作会议精神，把理想信念教育作为思想政治工作和德育工作的核心内容，坚持用马克思主义占领高校的思想文化阵地，高质量地全面实施马克思主义理论课和思想品德课新方案，继续推进邓小平理论“三进”工作。加强制度建设和队伍建设，不断改进形式、方法和手段，加强对高校师生的形势与政策教育，认真抓好高校思想政治教育进网络的工作，充分运用信息网络技术，提高实效性，扩大覆盖面，增强影响力；狠抓教育系统党风廉政建设，保持和树立教育的良好形象。

1月10日

中共中央总书记、国家主席、中央军委主席江泽民在全国宣传部长会议上发表讲话，指出：一是要宣传和弘扬解放思想、实事求是的精神；二是要宣传和弘扬紧跟时代、勇于创新的精神；三是要宣传和弘扬知难而进、一往无前的精神；四是要宣传和弘扬艰苦奋斗、务求实效的精神；五是要宣传和弘扬淡泊名利、无私奉献的精神。江泽民强调，必须坚持用马列主义、毛泽东思想、邓小平理论，用爱国主义、集体主义、社会主义思想作为凝聚和团结全党全国人民的坚强精神支柱，并确立建设有中国特色社会主义的共同理想。关键在于，一定要使马克思主义的理论、建设有中国特色社会主义的思想观念和道德要求，不断灌注到并真正深入全体党员、干部和全体人民的头脑之中，成为他们自觉的思想要求和行为规范。一是必须努力把马克思主义理论、建设有中国特色社会主义的思想道德的宣传教育的一致性，与社会不同群体的特点和要求的多样性统一起来；二是必须努力把理想信念和思想道德的宣传教育的理论性，与人民群众日常工作和生活的实践性统一起来。也就是说，理论武装也好，思想政治工作也好，道德教育也好，都不能脱离我国社会经济和社会发展的现实，都不能脱离广大人民群众的实际生活，而应该努力做到形式多样，生动活泼，为群众喜闻乐见，能够回答群众中存在的思想认识问题，能够在群众的工作和奋斗中不断发挥精神支柱的巨大作用。

江泽民还明确指出，我们在建设有中国特色社会主义、发展社会主义市场经济的过程中，要坚持不懈地加强社会主义法制建设，依法治国，同时也要坚持不懈地加强社会主义道德建设，以德治国。对一个国家的治理来说，法治和德治，从来都是相辅相成、相互促进的。二者缺一不可，也不可偏废。法治属于政治建设，属于政治文明，德治属于思想建设，属于精神文明。二者范畴不同，但其地位和功能都是非常重要的。我们要把法制建设与道德建设紧密结合起来，把依法治国与以德治国紧密结合起来。宣传思想战线的同志在宣传教育工作中也要把两者结合起来。

1月18日

北京大学、清华大学、中国人民大学、北京师范大学等14所首都高校学生向全国大中专学生发出《崇尚科学，提倡文明，抵制邪教》的倡议书：第一，从我做起，不信邪教，抵制邪教；第二，影响和带动周围的人不信邪教，拒绝邪教；第三，发挥知识和智力优势，大力弘扬科学精神；第四，春节期间带头践行文明健康的生活方式，积极参加健康向上的文体活动。倡议书最后指出，广大同学要以实际行动，为维护改革、发展、稳定的大局，为推动我国社会主义物质文明和精神文明建设的发展作出积极贡献。

2月

2月1日

中共教育部党组、共青团中央印发《关于在各级各类学校广泛开展“校园拒绝邪教”活动的通知》。

2月22日

中共教育部党组印发《关于教育战线开展纪念中国共产党成立80周年活动的通知》。文件指出，要重点把握以下四个方面宣传教育的内容：宣传中国共产党的光辉历史，阐明党的领导地位和核心作用形成的客观过程和历史必然性；宣传中国共产党把马克思主义同中国实际相结合，实现两次历史性飞跃和取得两大理论成果的伟大意义；宣传江泽民同志“三个代表”重要思想，切实加强新形势下教育战线党的建设；宣传新中国成立以来特别是改革开放以来，教育战线在中国共产党的正确领导下所取得的辉煌成就。

文件要求，各级各类学校要根据各自的实际和特点，充分发挥主渠道作用，把纪念中国共产党成立80周年活动纳入学生日常教育之中，采取多种形式进行宣传教育；高等学校要把纪念中国共产党成立80周年作为“马克思主义理论”课和“思想品德”课，特别是“形势与政策”教育教学的重要主题；要通过报告会、专题讲座、演讲会、知识竞赛、征文、体育比赛、文艺演出(艺术歌曲比赛)、诗歌朗诵等丰富多彩的纪念活动，生动活泼地开展宣传教育。

文件指出，各级各类学校要充分发挥党组织、共青团、少先队、学生会组织以及校外教育机构和基地的作用。高等学校党团组织、学生会和群众性社团组织要充分利用中国共产党成立80周年的契机，开展适合大学生特点的纪念活动，充分调动学生的积极性，开展多种形式的社会实践活动，建设积极健康向上的校园文化。要充分利用校内广播、电视、网络、校报、校刊、黑板报等宣传媒体，反映中国共产党成立80年来的丰功伟绩，反映学生开展纪念活动的情况。

3月

3月5日

朱镕基总理在第九届全国人民代表大会第四次会议上指出要加强德育，尤其要重视青少年的品德教育，改进学校思想政治工作。朱镕基还指出，要巩固和加强马克思主义的指导地位，用马列主义、毛泽东思想、邓小平理论教育人民，弘扬爱国主义、集体主义、社会主义精神；在干部中深入开展“三个代表”重要思想的教育，坚持讲学习、讲政治、讲正气，树立正确的世界观、人生观、价值观；努力建立适应社会主义市场经济发展的思想道德体系，把依法治国和以德治国结合起来。

3 月 16 日

教育部印发《关于加强普通高等学校大学生心理健康教育工作的意见》。文件指出：加强大学生心理健康教育工作是新形势下全面贯彻党的教育方针、实施素质教育的重要举措，是促进大学生全面发展的重要途径和手段，是高等学校德育工作的重要组成部分。高等学校大学生心理健康教育工作的主要任务是：根据大学生的心理特点，有针对性地讲授心理健康知识，开展辅导或咨询活动，帮助大学生树立心理健康意识，优化心理品质，增强心理调适能力和社会生活的适应能力，预防和缓解心理问题。帮助他们处理好环境适应、自我管理、学习成才、人际交往、交友恋爱、求职择业、人格发展和情绪调节等方面的困惑，提高健康水平，促进德智体美等全面发展。高等学校大学生心理健康教育工作的主要内容是：宣传普及心理健康知识，使大学生认识自身，了解心理健康对成才的重要意义，树立心理健康意识；介绍增进心理健康的途径，使大学生掌握科学、有效的学习方法，养成良好的学习习惯，自觉地开发智力潜能，培养创新精神和实践能力；传授心理调适的方法，使大学生学会自我心理调适，有效消除心理困惑，自觉培养坚忍不拔的意志品质和艰苦奋斗的精神，提高承受和应对挫折的能力，以及社会生活的适应能力；解析心理异常现象，使大学生了解常见心理问题产生的原因及主要表现，以科学的态度对待各种心理问题。大学生心理健康教育工作要重在建设，立足教育。各地教育工作部门和高等学校要将心理健康教育的有关内容纳入德育工作计划。要加强高等学校大学生心理健康教育工作队伍建设。切实加强对大学生心理健康教育工作的领导，积极支持大学生心理健康教育工作的开展。

4 月

4 月 3 日

教育部和北京市委、市政府联合在北京人民大会堂举办首都高校师生形势报告会，邀请国家发展计划委员会主任曾培炎就制定“十五”计划的意义、背景及强调的几个重要问题等内容作报告。曾培炎在报告中指出，“十五”计划纲要充分体现了以发展为主题，以结构调整为主线，以改革开放和科技进步为动力，以提高人民生活水平为根本出发点的指导思想，集中代表了全国各族人民的愿望、意志和根本利益，成为我们在新世纪第一个五年宣传、动员、组织全国人民在中国共产党领导下同心同德、艰苦奋斗的行动纲领。教育部部长陈至立主持报告会并讲话。她希望当代大学生要以“胸怀祖国，服务人民”为座右铭，积极响应江总书记提出的“四个统一”号召，努力做到坚定理想、服务人民，深入群众、投身实践，勤奋学习、勇于创造，脚踏实地、艰苦奋斗，为完成“十五”计划提出的各项任务，实现中华民族的伟大复兴努力奋斗。

4 月 20 日

教育部印发《教育部精神文明建设领导小组 2001 年工作安排》。文件指出，要在师生中继续广泛深入进行爱国主义、集体主义、社会主义教育，不断提高教育战线德育工作水平；要进一步加强对教师的师德教育和教风建设，努力建设一支高素质的教师队伍，使广大教师不仅要教好书，更要育好人，人人都要成为德育工作者；要结合中等职业教育和劳动力市场发展的实际，特别要加强职业学校学生的职业道德、职业理想和创业教育，帮助学生树立正确的择业观和成才观；要积极开展高等学校思想政治教育进网络工作，用马克思主义占领高校理论阵地，用积极、健康的信息占领网络阵地。要加强形势与政策教育；加强校园文化建设，为学生健康成长营造文明、高雅的校园文化氛围。

4 月 29 日

中共中央总书记、国家主席、中央军委主席

江泽民在庆祝清华大学建校90周年大会上发表重要讲话。他指出，一流大学应该坚持正确的办学思想，注重形成优秀的办学传统，形成鲜明的办学风格，发展优势学科，努力建设一支高素质、高水平的教师队伍，为国家和民族的兴旺发达作出贡献；一流大学应该站在国际学术的最前沿，紧密结合先进生产力的发展要求，依托多学科的交叉优势，努力进行理论创新、制度创新、科技创新，特别要抓好科技的源头创新，并推动科技成果加速转化为现实生产力；一流大学应该成为继承传播民族优秀文化的重要场所和交流借鉴世界进步文化的重要窗口，成为新知识、新思想、新理论的重要摇篮，努力创造和传播新知识、新理论、新思想，不断促进社会主义文化的发展；一流大学应该成为培养人才的重要基地，不断为祖国为人民培养出具有正确的世界观、人生观、价值观，具有创造精神和实践能力的全面发展的人才。他还向全国的大学生提出五点希望，即：成为理想远大、热爱祖国的人；成为追求真理、勇于创新的人；成为德才兼备、全面发展的人；成为视野开阔、胸怀宽广的人；成为知行统一、脚踏实地的人。

5月

5月3日

第五届“中国青年五四奖章”颁授仪式在北京人民大会堂举行。10位优秀青年获中国青年最高荣誉，共青团中央书记处第一书记周强为他们颁发奖章。5月4日，中共中央政治局常委、国家副主席胡锦涛接见了获奖者，并与大家合影留念。共青团中央、全国青联指出，卢柯等10位同志是在我国改革开放和社会主义现代化建设实践中涌现出来的优秀青年典型，他们的先进事迹集中体现了当代青年报效祖国、热爱人民的崇高理想，艰苦奋斗、无私奉献的高尚情操，锐意进取、勇于探索的创新精神，不畏艰险、百折不挠的坚韧品格，爱岗敬业、脚踏实地的实干作风。他们的先进事迹充分反映了党和人民对青年一代的期望和要求，集中展现了当代青年崭新的时代风貌，昭示了在新世纪伟大征程中当代青年成长成才的必由之路。共青团中央、全国青联号召广大青年向10位获奖者学习，始终把祖国和人民的利益放在首位，把个人理想融入全民族的共同理想，把强烈的爱国热情和民族责任感化为立足岗位、自觉奉献、争创一流的实际行动，积极投身改革开放和现代化建设事业。

5月8日

教育部印发《关于认真学习江泽民同志在庆祝清华大学建校九十周年大会上的重要讲话的通知》，要求各级教育行政部门、高等学校要组织广大党员干部和师生认真学习江泽民同志重要讲话，深刻认识讲话的重要意义。要把深入学习这一讲话同学习江泽民同志关于教育问题的一系列重要讲话精神结合起来，深刻领会讲话的精神实质。要运用多种形式开展好学习宣传江泽民同志重要讲话的教育活动，推动学校的各项工作。

5月16日

共青团中央、教育部在北京人民大会堂联合举行第六届全国三好学生、优秀学生干部和先进班集体表彰会，并颁发了第四届胡楚南优秀大学生奖学金。其中，196名学生被评为全国三好学生，104名学生被评为全国优秀学生干部，199个班集体被评为全国先进班集体。共青团中央书记处第一书记周强在讲话中指出，获奖学生和班集体的先进事迹充分说明，当代青年学生是坚定地按照党的要求成长进步的，是紧跟时代、始终向前的，是大有希望、堪当重任的。他号召广大青年学生按照江泽民总书记在庆祝清华大学建校90周年大会上提出的要求，努力成长为国家需要的栋梁之材，为实现中华民族的伟大复兴贡献青春、智慧和力量。

5月22日

《中国教育报》报道，全国普通高校马克思主义理论课与思想品德课(简称“两课”)教材质量首次评估结果日前揭晓，叶敦平主编的《马克思主义哲学原理》等33本教材被评为全国高校“两课”优秀教材。评估结果表明，目前高校“两课”教材的质量是比较好的，被评为优秀教材的比例占全部送审教材的18.13%，获优秀等级“两课”教材的组编单位占全部送审教材组编单位的75%。教育部要求各省级教育主管部门以此次教材评估为契机，在教材建设上狠下功夫，有计划地对所有“两课”教材进行一次修订或修改，为实施“两课”新方案打下更为坚实的基础。

5月30日

中宣部、教育部、共青团中央、全国学联联合发出《关于组织开展2001年大中专学生志愿者暑期文化科技卫生“三下乡”社会实践活动的通知》。文件指出，2001年活动的主题是：播科学圣火，做文明使者。活动内容包括科技支农、企业帮扶、文化宣传、医疗服务、法律普及、支教扫盲、环境保护。活动要求分为：广泛动员，精心组织；突出重点，讲求实效；创造条件，提供保障；密切配合，加强宣传。

5月31日

教育部党组书记、部长陈至立主持党组学习中心组会议，深入学习领会江泽民总书记在庆祝清华大学建校90周年大会上的讲话精神。参加会议的同志认为江泽民同志的重要讲话，是继1998年在庆祝北京大学建校100周年大会上的讲话以及教育工作一系列重要讲话之后，又一篇具有鲜明时代特征、内涵深刻、论述精辟的马克思主义教育文献；讲话关于建设一流大学的重要论述，是对广大教育工作者，特别是高等教育领域贯彻“三个代表”重要思想的实践要求；讲话对大学生提出的“五点希望”，贯穿了“以德治国”的重要思想，是高校全面推进素质教育的核心内容。

6月

6月1日

《中国教育报》刊发教育部2001年高校学生思想政治状况滚动调查报告。调查报告表明，当前大学生的思想政治状况总体上积极、健康、向上，主流是好的。大学生拥护和支持党和政府的大政方针，对以江泽民同志为核心的党的第三代领导集体高度信任，对党和政府一年来的工作给予充分肯定；理性看待国家改革、发展面临的机遇和困难，对保持稳定的政治局势和经济的持续发展有信心；拥护中国共产党的领导，拥护社会主义制度，对政治理论问题的认识基本端正；热爱祖国，具有强烈的民族自尊心和社会责任感；关注学校的建设和发展，普遍拥护高等教育改革；大学生人生观、价值观主流健康积极、务实进取，成才、成功愿望和学习自觉性进一步增强。

6月6日

中宣部、教育部、共青团中央、全国学联在北京召开电视电话会议，部署2001年暑期大中专学生志愿者“三下乡”社会实践活动。中宣部副部长刘鹏、教育部副部长袁贵仁、共青团中央书记处书记胡春华出席会议并讲话。他们强调要把学习、宣传、实践“三个代表”重要思想作为首要任务，引导青年学生在实践中更好地受教育、长才干、作贡献。要通过“三下乡”活动，进一步增进青年学生对党的信任和感情；引导青年学生为农村两个文明建设多作贡献；促进青年学生不断提高综合素质。

6月14日—16日

全国高校纪念中国共产党成立80周年理论研讨会在北京举行。来自全国50多所高校的代表汇聚一起，结合高校改革发展与思想政治工作的实际，研讨和交流了中国共产党80年的光辉历程，确立并坚持党的领导的必然性；党的理论成果，毛泽东思想、邓小平理论和江泽民“三个代表”重要思想；党的建设，新中国成立以来特别是改革开放以来教育战线在党的领导下取得的辉煌成就；等等。教育部部长陈至立出席会议并指出，全国高校广大干部、教职员工要更加深刻地认识坚持江泽民同志“三个代表”重要思想的重大意义，深入学习研究宣传“三个代表”重要思想，按照“三个代表”的要求切实加强新形势下高校党的建设和思想理论建设，推动教育事业全面发展；教育战线各级党组织要把思想建设放在党的建设的首位，切实加强思想政治工作的主动性、针对性、实效性，认真做好解疑释惑、分清是非、把握正确方向、统一思想的工作。她还强调要加强高校的理论建设，指出：一是必须坚定不移地巩固和加强马克思主义的指导地位，用马克思主义占领高校的思想理论阵地；二是必须坚持理论创新，不断丰富和发展马克思主义。

6月18日—24日

教育部在西安交通大学举办首期“高校思想政治教育进网络人员培训班”。这次培训班着力分析思想政治工作在互联网时代面临的新问题，探索利用互联网创新思想政治工作内容、形式、方法、手段和机制的途径、制度建设和操作规范等，帮助高校思想政治工作者了解创办思想政治工作特色网站的基本思路、方法、过程和管理模式，掌握互联网信息安全的基本原则。

6月22日

中国高等教育学会和全国高校思想政治教育研究会在京联合召开专题座谈会，纪念中国共产党成立80周年。来自教育部和北京、天津、河北、辽宁、山东等地高校从事思想政治工作的领导及专家学者出席了会议。与会者以继承和发扬党的优良传统、加强和改进高校思想政治教育为主题进行了充分研讨，一致认为，贯彻“三个代表”重要思想，加强理想信念教育，是当前思想政治工作的主题，也是加强和改进高校思想政治教育的核心内容。高校思想政治工作要突出时代性、针对性和实效性，联系高校实际，提高思想工作把握和解决重大课题的能力和水平，把解决群众的思想认识问题与解决群众的切身利益问题紧密结合起来，使思想政治工作真正落到实处，取得实效。

7月

7月1日

中共中央举行大会，庆祝建党80周年。江泽民总书记发表重要讲话，指出：中国共产党80年奋斗的基本经验是必须始终坚持马克思主义基本原理同中国具体实际相结合，坚持科学理论的指导，坚定不移地走自己的路；必须始终紧紧依靠人民群众，诚心诚意为人民谋利益，从人民群众中汲取前进的不竭力量；必须始终自觉地加强和改进党的建设，不断增强党的创造力、凝聚力和战斗力，永葆党的生机和活力；归结起来，就是必须始终代表中国先进生产力的发展要求，代表中国先进文化的前进方向，代表中国最广大人民的根本利益。

关于“三个代表”重要思想，江泽民指出，我们党要始终代表中国先进生产力的发展要求，就是党的理论、路线、纲领、方针、政策和各项工作，必须努力符合生产力发展的规律，体现不断推动社会生产力的解放和发展的要求，尤其要体现推动先进生产力发展的要求，通过发展生产力不断提高人民群众的生活水平；我们党要始终代表中国先进文化的前进方向，就是党的理论、路线、纲领、方针、政策和各项工作，必须努力体现发展面向现代化、面向世界、面向未来的，民族的、科学的、大众的社会主义文化的要求，促进全民族思想道德素质和科学文化素质的不断提高，为我国经济发展和社会进步提供精神动力和智力支持。发展社会主义文化的根本任务，是培养一代又一代有理想、有道德、有文化、有纪律的公民。要坚持以科学的理论武装人，以正确的舆论引导人，以高尚的精神塑造人，以优秀的作品鼓舞人。坚持和巩固马克思主义的指导地位，帮助人们树立正确的世界观、人生观和价值观，坚定对马克思主义的信仰，坚定对社会主义的信念，增强对改革开放和现代化建设的信心，增强对党和政府的信任，增强自立意识、竞争意识、效率意识、民主法制意识和开拓创新精神。坚持实施科教兴国战略，进一步普及教育，提高教育素质和全社会的教育水平，大力发展科学文化事业。加强科学知识、科学方法、科学思想、科学精神的宣传教育。唱响社会主义文化的主旋律，坚持为人民服务、为社会主义服务，实行“百花齐放、百家争鸣”，是发展先进文化必须贯彻的重要方针。要努力掌握和发展各种现代传播手段，积极推动先进文化的传播。加强社会主义思想道德建设，是发展先进文化的重要内容和中心环节。我们必须认识到，如果只讲物质利益，只讲金钱，不讲理想，不讲道德，人们就会失去共同的奋斗目标，失去行为的正确规范。要把依法治国同以德治国结合起来，为社会保持良好的秩序和风尚营造高尚的思想道德基础。要在全社会倡导爱国主义、集体主义、社会主义思想，反对和抵制拜金主义、享乐主义、极端个人主义等腐朽思想，增强全国人民的民族自尊心、自信心、自豪感，激励他们为振兴中华而不懈奋斗。我们党要始终代表中国最广大人民的根本利益，就是党的理论、路线、纲领、方针、政策和各项工作，必须坚持把人民的根本利益作为出发点和归宿，充分发挥人民群众的积极性、主动性和创造性，在社会不断发展进步的基础上，使人民群众不断获得切实的经济、政治、文化利益。代表中国先进生产力的发展要求，代表中国先进文化的前进方向，代表中国最广大人民的根本利益，是统一的整体，相互联系，相互促进。发展先进的生产力，是发展先进文化，实现最广大人民根本利益的基础条件。人民群众是先进生产力和先进文化的创造主体，也是实现自身利益的根本力量。不断发展先进生产力和先进文化，归根到底都是为了满足人民群众日益增长的物质文化生活需要，不断实现最广大人民的根本利益。

同日，中共教育部党组召开座谈会，畅谈学习江泽民总书记在纪念中国共产党成立80周年大会上的重要讲话精神。教育部党组书记、部长陈至立为纪念中国共产党成立80周年，在《中国教育报》上发表题为《贯彻“三个代表”思想　推进教育改革与发展》的文章。文章指出：思想政治素质是素质教育的核心；学校要把德育放在首位，进一步加强和改进学生的思想政治工作，坚持对青年学生的爱国主义、社会主义和集体主义教育，帮助他们确立正确的世界观、人生观和价值观；要大力开展科学知识、科学思想、科学方法和科学精神的教育，从根本上解决“四信”问题，努力培养“四有”新人。

7月3日

中共教育部党组发出《关于教育战线学习贯彻江泽民同志在庆祝中国共产党成立80周年大会上重要讲话的通知》，强调指出：各地教育部门和各级各类学校要把学习贯彻江泽民同志“七一”重要讲话作为关系全局的一项大事来抓，认真学习，深刻领会，坚决贯彻；各地学习江泽民同志“七一”重要讲话要紧密结合教育战线特别是本地、本校的实际，紧密结合推动本地、本校的各项工作，特别要注意把学习江泽民同志“七一”重要讲话同解决工作中存在的突出问题和师生员工工作、学习生活中遇到的突出困难紧密结合起来；各地要充分利用校内广播、电视、网络、校报、校刊、黑板报等宣传媒体，并通过举办专题会、座谈会、报告会等多种形式，组织有声势、有深度的宣传教育活动。

7月9日

教育部召开各省、自治区、直辖市教育部门负责同志和部分高校党委书记座谈会，学习江泽民同志在庆祝中国共产党成立80周年大会上的重要讲话。中共中央政治局常委、国务院副总理李岚清出席座谈会并讲话强调，高校广大党员和师生要充分认识江泽民同志“七一”重要讲话的重大意义，自觉承担起学习、研究和实践“三个代表”重要思想的历史责任，努力做中国先进生产力的开拓者、先进文化的弘扬者和最广大人民利益的维护者。

7月26日

教育部发出《关于普通高等学校“两课”教育教学中贯彻江泽民同志“七一”重要讲话精神的通知》。文件指出，“两课”教学作为高校马克思主义理论和思想政治教育的主渠道和主阵地，要把贯彻和落实江泽民同志“七一”重要讲话精神作为一项重要的工作抓紧、抓实、抓好。文件要求：(1)加强领导，认真贯彻落实江泽民同志“七一”重要讲话精神。通过对大学生进行系统的思想理论教育和社会实践锻炼，使他们自觉地承担起学习、研究和实践“三个代表”的历史责任，努力成为中国先进生产力的开拓者、先进文化的弘扬者和最广大人民利益的维护者。(2)抓紧“两课”教师的学习和培训，在统一思想和提高理论素养上下功夫。各地和各高校要在2001年秋季开学前集中不少于三天的时间，组织全体“两课”教师认真学习江泽民同志“七一”重要讲话，全面理解和掌握其精神实质和各项要求。(3)精心部署，将贯彻江泽民同志“七一”重要讲话精神，特别是“三个代表”重要思想的要求与“两课”教育教学整体工作有机结合起来。(4)进一步高质量地全面实施高校“两课”课程新方案。

同日，教育部印发《全国教育事业第十个五年计划》，指出：改进、加强学校的德育和思想政治工作，并将其融入到学校工作的各个环节之中；培养学生树立正确的世界观、人生观和价值观，进一步加强学生的爱国主义、集体主义和社会主义教育，加强中华民族优良传统、革命传统教育和国防教育，加强促进民族团结和维护祖国统一的教育，加强社会公德和职业道德教育，倡导文明健康的生活方式；在加强科学文化基础知识教育的同时，普遍提高学生的思想道德品质、人文素养和科学素质。

8月

8月2日

教育部召开在京部分直属高校党委书记会议。教育部副部长袁贵仁出席会议并在讲话中对高等学校2001年和2002年分阶段学习、研究江泽民同志“七一”重要讲话的工作进行了部署。他指出，高等学校要继续认真组织好江泽民同志“七一”重要讲话的学习，要继续把学习贯彻江泽民同志“七一”重要讲话作为当前和今后一段时期高等学校的头等大事和首要的政治任务；要从总体上领会讲话的基本精神，对讲话内容进行系统钻研，特别要加深对新思想、新论断、新观点的理解；高校领导要带头做学习江泽民同志“七一”重要讲话的表率，尽可能学得更早一点、更深一点、更好一点，要更加自觉地加强学习，努力做好干部、师生的宣传、教育、引导工作，要特别注重学习和实践相结合，把全校干部、师生的思想行动统一到讲话中来，坚定地与党中央保持一致，把讲话精神贯彻到高校的改革、发展、稳定当中去。

8月3日

教育部举行深入学习贯彻江泽民同志“七一”重要讲话座谈会，邀请在京直属高校和北京市有关部门的同志畅谈学习讲话体会，对教育战线贯彻落实江泽民同志“七一”重要讲话做出部署。教育部党组副书记、副部长吕福源主持座谈会并讲话。他指出，高校马克思主义理论课和思想品德课教学，要把江泽民同志“七一”重要讲话精神，特别是“三个代表”重要思想充实到教学内容中去，要继续发扬理论联系实际的好学风，努力增强学习贯彻“三个代表”重要思想的针对性、实效性和主动性；要根据当前高校“两课”教育教学的实际，通过多门课程渗透的方式，将上述内容与高校现行的“两课”各门课程教学内容有机地结合起来。

8月28日

教育部印发《关于加强高等学校本科教学工作提高教学质量的若干意见》。要求高校加强师德建设；切实加强学风建设，充分调动和发挥学生学习的积极性。

9月

9月5日

中国教育工会庆祝教师节暨第二届全国师德标兵和先进个人表彰大会在北京举行。中华全国总工会主席尉健行出席会议并讲话。他指出，教师是人类灵魂的工程师，教师职业崇高而神圣。发展社会主义文化，培养一代又一代有理想、有道德、有文化、有纪律的社会主义新型劳动者，离不开教育，离不开广大教育工作者的辛勤劳动，离不开广大教职工的为人师表和言传身教。国务院副总理李岚清致信祝贺，他强调，进一步加强教师职业道德建设，不断提高教师职业道德水平，是教育系统贯彻“三个代表”重要思想和“以德治国”思想的需要，是全面推进素质教育，实现培养“四有”人才教育目标的需要。大会表彰了北京师范大学教授林崇德等10名全国师德标兵和489名全国师德先进个人。

9月12日

教育部印发《关于授予胡吉伟同学“舍己救人的优秀大学生”荣誉称号的决定》，号召全国广大学生向胡吉伟同学学习，学习他富有理想、乐于奉献、助人为乐的优秀品质；学习他勤奋学习、刻苦钻研的求知渴望；学习他挺身而出、舍生忘死的革命英雄主义精神。

9月13日

《中国教育报》报道，浙江省各高校依托学生公寓，不断推进学生思想政治工作的理论创新、制度创新、方式方法创新，使公寓真正成为提高大学生思想政治素质的新阵地。目前主要做法是：辅导员进驻学生公寓，原则上每幢校外学生公寓都要有辅导员工作室，由公寓开发商免费提供，学校选派辅导员进驻，负责该幢公寓的学生思想政治工作，与学生同吃、同住、同生活；学生党团组织建到公寓，既可以在现有党团组织体系基础上以寝室为单位建立学生党团小组，也可以根据公寓规模的大小，以一幢或几幢公寓为单位建立学生临时党团支部；把学生在公寓的表现纳入德育考评；建立学生公寓的自我管理组织，在每个学生寝室设寝室长的基础上，每层楼设层长，每幢楼设楼长，学生自我管理组织的设置可与公寓学生党团组织设置结合起来，楼长与层长一般由公寓学生党员或学生干部担任；开展以公寓为基础的校园文化活动，组建一些直接面向公寓开展活动的学生社团组织，在公寓区逐步建立各类咨询、服务机构，把思想政治工作与帮助学生排忧解难结合起来。

9 月 14 日

中宣部、教育部、共青团中央、全国学联在北京人民大会堂联合召开全国大学生“三个代表”实践服务活动汇报座谈会，总结交流活动收获和体会，动员和引导广大青年学生深入学习、宣传和实践“三个代表”重要思想。北京大学等五所学校的学生汇报了实践心得。中宣部副部长高俊良、教育部副部长袁贵仁、团中央书记处书记黄丹华出席会议并讲话。

袁贵仁在讲话中指出，青年学生们要通过马克思理论课和思想品德课，全面掌握“三个代表”重要思想，要通过社团活动、社会实践和校园文化活动，使“三个代表”的学习生动活泼、深入持久地开展下去；要把学习“三个代表”与学习马列主义、毛泽东思想特别是邓小平理论结合起来，学懂学通，学会运用；要认真总结“三个代表”实践服务活动成果，发挥带头作用，带动和影响更多的学生深入扎实地学习、宣传和贯彻“三个代表”重要思想。

黄丹华在讲话中指出，当前，高校共青团组织和学生会组织，要围绕“三个代表”进课堂、进教材、进学生头脑的工作，发挥自身优势，重点抓实践、抓社团、抓活动，大力推动学生对“三个代表”的学习。一是为同学们开辟更多的实践渠道，提供更多的实践机会，使更多的学生受到教育，在实践中加深对“三个代表”重要思想的理解；二是引导学生“三个代表”学习研究社团的发展，在内容安排、活动开展、组织建设上给予主动引导和热情支持，更好地发挥学生社团的示范带动作用；三是开展经常性的主题教育活动，通过主题团日、班会等形式广泛组织学生学习“三个代表”，努力推动大学生“三个代表”学习活动广泛深入地开展起来。

高俊良对青年学生更好地学习、宣传和贯彻“三个代表”重要思想提出希望，他要求青年学生牢记责任与使命，自觉把自身价值的实现与中华民族伟大复兴的事业结合起来；要勤奋学习，积极实践，勇于创新，全面提高综合素质，努力做中国先进生产力的开拓者、先进文化的弘扬者和最广大人民利益的维护者。

9 月 17 日

教育部在京召开“深入学习江泽民同志‘七一’讲话精神，推进‘三个代表’重要思想进课堂”座谈会。教育部副部长袁贵仁出席会议并讲话，指出：要进一步提高高校干部、教师学习和贯彻江泽民同志《在庆祝中国共产党成立 80 周年大会上的讲话》精神的自觉性和紧迫性；要努力把讲话中提出的许多新思想、新观点、新论断中蕴含的道理说充分、说清楚；要把学习讲话精神和学习马克思主义基本理论紧密结合起来，同时还要注意在教学的科学性上下功夫，使“三个代表”重要思想融洽、自然地进入课堂；要突出讲话的整体性，在实行多门渗透的同时，要指导学生正确、全面地理解把握讲话全文的精神实质、创新精神，充分感受它的气势、说服力和战斗力；要着重理解讲话中的重点问题，对一些重大理论和实践问题，要在理论、历史与逻辑的结合上讲清道理，要勇于在理论的难点上下功夫；要注重实效，“三进”工作中进教师和学生的头脑是目的，要密切结合当代的生动实践，用大量的事实说话；要加强领导，重视教师的作用，同时还要注意发挥学生的主体作用，要通过教学方法的改革和丰富多彩的课外活动及社会实践，调动学生的积极性，让学生自己教育自己。

9月20日

中共中央颁布《公民道德建设实施纲要》。这份文件指出，社会主义道德建设要坚持以为人民服务为核心，以集体主义为原则，以爱祖国、爱人民、爱劳动、爱科学、爱社会主义为基本要求，以社会公德、职业道德、家庭美德为着力点。学校是进行系统道德教育的重要阵地，各级各类学校必须认真贯彻党的教育方针，全面推进素质教育，把教书与育人紧密结合起来。要科学规划不同年龄学生及各学习阶段道德教育的具体内容，坚持贯彻学生日常行为规范，加强校纪校风建设。要发挥教师为人师表的作用，把道德教育渗透到学校教育的各个环节。要组织学生参加适当的生产劳动和社会实践活动，帮助他们认识社会、了解国情，增强社会责任感。

10月

10月8日

教育部印发《全国教育系统法制宣传教育第四个五年规划》。文件指出，教育“四五”普法工作的目标是：通过开展法制宣传教育，切实增强各级教育行政部门公务员、学校管理者及广大教师的法律素质，努力实现由提高法律意识向提高法律素质的转变，实现教育管理和学校办学从主要运用行政手段向主要依靠法律手段方向转变；使法制教育成为学校教育教学活动的重要内容和有机组成部分，努力培养各种层次的具有相应现代法制观念和法律意识的合格人才。教育“四五”普法工作的任务是：继续深入学习宣传邓小平民主法制理论和党的依法治国、建设社会主义法治国家的基本方略，学习宣传宪法和国家的基本法律，学习宣传与公民切身利益密切相关的法律法规知识；注重培养青少年学生的权利义务对等的现代法制观念，提高全社会特别是学校、教师对学生合法权利的重视程度，增强教育工作者、学生遵纪守法、维护自身合法权益和民主参与、民主监督的意识；注重提高教育系统各级领导干部依法决策、依法行政和依法管理的能力；紧紧围绕党和国家的中心工作，密切联系教育事业改革和发展的需要，积极开展法制宣传教育；坚持法制教育与法制实践相结合，全面推进依法治教；把法制教育和思想道德教育紧密结合起来，把依法治国与以德治国紧密结合起来，高度重视学校的德育工作和教师的师德建设，促进教师系统民主法制建设和精神文明建设。教育“四五”普法的对象是：教育行政部门公务员、各级各类学校的广大教职员工和学生，特别要做好教育部门的领导干部、执法人员、学校校长、教师和青少年学生的普法工作。教育“四五”普法规划从2001年开始实施，到2005年结束。

10月24日

《中国教育报》转发《人民日报》社论《加强思想道德建设的重大举措》。文章指出，各级领导一定要从全面贯彻落实江泽民同志“七一”重要讲话和“三个代表”重要思想的战略高度，充分认识加强公民道德建设的重要性、艰巨性、长期性和迫切性，把公民道德建设放在突出位置来抓，促进依法治国和以德治国紧密结合，推动经济和社会全面发展。一定要大力加强基层的公民道德教育，紧紧抓住影响人们道德观念形成和发展的重要环节，通过家庭、学校、机关、企事业单位和各个方面，坚持不懈地在全体公民中进行道德教育，使基本道德规范家喻户晓，人人皆知，使建设有中国特色社会主义的思想观念和道德要求，成为广大党员和干部群众的行为规范；一定要深入开展群众性的公民道德实践活动；一定要积极营造有利于公民道德建设的社会氛围；一定要努力为公民道德建设提供法律支持和政策保障。

10月26日

《中国教育报》报道，中宣部编辑的《毛泽东邓小平江泽民论社会主义道德建设》、中宣部宣教局组织编写的《〈公民道德建设实施纲要〉学习读本》，近日由学习出版社出版发行。中宣部日前发出通知，要求在贯彻《公民道德建设实施纲要》的过程中，认真组织学习党的三代领导核心毛泽东、邓小平、江泽民关于社会主义道德建设的重要论述。

11 月

11 月 8 日

教育部在京召开“学习《公民道德建设实施纲要》理论座谈会”。教育部副部长袁贵仁出席会议并发表讲话，指出：学校是进行系统的道德教育的重要阵地，将依法治教和以德治教紧密结合，应当成为新世纪的治教方略。各级教育行政部门和全体教育工作者，要提高以德治教的自觉性。以德治教包括学校干部、教师和学生三个主体。学校的干部要认真学习贯彻党的十五届六中全会精神，清正廉洁、勤政为民，以自己的言行发挥管理育人、服务育人的作用；教师要爱岗敬业，为人师表，以自己的道德追求、道德情感、道德规范和道德形象去引导、教育学生；学生要以德修身，通过接受教育和自身的体验践行，把“爱国守法、明礼诚信、团结友善、勤俭自强、敬业奉献”的公民基本道德规范，内化为自身的道德信念和行为准则。

11 月 9 日

中宣部、教育部、共青团中央、全国学联联合做出《关于表彰 2001 年度全国大中专学生志愿者暑期“三下乡”社会实践活动优秀组织工作奖、先进单位的决定》，授予浙江省等 18 个省级单位为 2001 年全国大中专学生志愿者暑期“三下乡”社会实践活动优秀组织工作奖，授予北京大学等 326 个单位为 2001 年全国大中专学生志愿者暑期“三下乡”社会实践活动先进单位。文件希望获得表彰的单位谦虚谨慎，戒骄戒躁，认真总结经验，不断探索创新，取得更大成绩。各地、各高校要进一步提高认识，加大工作力度，完善工作机制，不断开创活动新局面，为培养社会主义事业合格建设者和接班人作出新的更大的贡献。

11 月 15 日

教育部党组发出《关于教育战线学习贯彻〈公民道德建设实施纲要〉的通知》，要求：(1)认真组织教育战线广大党员、干部和师生员工学习领会《公民道德建设实施纲要》精神，充分认识学习贯彻这份文件对推动青少年学生道德建设的重要意义。(2)结合教育战线实际，认真研究制定贯彻落实《公民道德建设实施纲要》的规划和措施。要按照其要求，整体把握学校道德教育的科学体系，做到大、中、小学道德教育区分层次、整体衔接；进一步发挥课堂教学在青少年学生道德建设中的主阵地和主渠道作用，增强课程的渗透性；进一步加强青少年学生社会实践教育环节；加强制度建设；以教师职业道德建设为重点，进一步推动学校教职员工队伍的思想道德建设；各级教育部门和各级各类学校要努力加强与社会、家庭的密切联系，积极争取各级政府以及社会各方面对学校道德教育的支持，共同构建有利于青少年学生思想道德建设的良好环境。(3)广泛宣传，形成学习贯彻文件的良好氛围。各级教育部门和各级各类学校要充分利用广播、电视、网络、报刊、黑板报等媒体，通过多种形式，广泛宣传《公民道德建设实施纲要》的重要意义、主要精神、主要内容和基本道德规范；宣传党重视青少年学生道德建设的优良传统以及学校道德教育工作的成功经验；宣传有关地区和学校学习贯彻文件的经验和体会，营造推进文件落实的有利氛围。各级教育部门和各级各类学校可以组织理论队伍和德育工作者撰写文章或作品，深化教育战线对文件精神的学习宣传和研究。各地党委教育工作部门要加强对学习贯彻文件的指导，并在对高等学校的检查、评估和对中小学的教育督导中，把学习贯彻文件是否落实列为重要内容之一，确保青少年学生道德建设落到实处，收到实效。

11 月 22 日

《中国教育报》报道，中宣部宣传教育局、教育部基础教育司、教育部社会科学研究与思想政治工作司、共青团中央学校部、共青团中央少年部共同组织编写的《学生道德修养读本》(大、中、小学版)，近日由九州出版社出版。该系列读本把握《公民道德建设实施纲要》精神，根据小学生、中学生、大学生认知能力、发展阶段的不同特点，分为小学版、中学版和大学版。

同日，共青团中央、教育部、文化部、国务院新闻办公室、全国青联、全国学联、全国少工委、中国青少年网络协会联合召开网上发布大会，向社会正式发布《全国青少年网络文明公约》，倡议如下：要善于网上学习，不浏览不良信息；要诚实友好交流，不侮辱欺诈他人；要增强自护意识，不随意约会网友；要维护网络安全，不破坏网络秩序；要有益身心健康，不沉溺虚拟时空。

教育部副部长王湛在会上发表讲话，指出：号召广大青少年学生信守公约，共建网络文明，是学校道德建设的需要，也是促进教育事业健康发展的要求。各级教育行政部门和各级各类学校要积极行动起来，组织广大学生认真学习，通过多种形式开展宣传教育活动，引导青少年学生文明上网，促进教育事业的健康发展。网络道德教育必须与学校经常性教育工作紧密结合，要进一步发挥课堂教学对青少年学生加强网络道德建设的主渠道作用，把网络道德教育渗透到学校教育的各个环节。要切实增强网络道德教育的针对性和时效性，把《全国青少年网络文明公约》与大、中、小学不同阶段的道德教育要求紧密结合起来。要加强制度建设，将加强网络建设与加强校风、校纪、教风和学风建设结合起来，同时要在校园网中建立安全管理体系。要把在网络背景下推动学校教职工队伍的思想道德建设、师德师风建设，作为加强青少年学生道德建设的重要内容和重要环节。各级各类学校要充分利用广播、电视、网络、报刊、黑板报等媒体广泛宣传，形成信守公约的良好氛围。各级教育行政部门和学校，要以高度的责任感，深入调研，及时了解、研究网络发展过程中给教育带来的新情况和新问题。要积极引导青少年学生健康上网，努力建设安全文明网络、安全文明校园。要与社会、家庭密切配合，努力加强对青少年的网络道德教育，共同构筑起有利于青少年学生健康成长的网络空间。

12 月

12 月 24 日—25 日

教育部师范教育司、人事司、高等教育司、社会科学研究与思想政治司、基础教育司和中国教育学会等13个单位在京共同主办中国师德建设论坛。论坛主题是：以人为本，敬业奉献。来自27个省、自治区、直辖市的120余位大、中、小学教育工作者参加此次论坛。大家围绕“以人为本”的师德内涵、以德治教与师德建设、师德建设的制度保障、通过学科教育渗透道德教育、师德教育与青年教师发展等议题进行了深入研讨。教育部副部长袁贵仁出席论坛开幕式并发表讲话，指出：各级教育行政部门和各级各类学校领导要把师德建设提高到实践“三个代表”思想的高度来认识，充分认识新形势下加强教师职业道德建设的重要性和紧迫性，把教师职业道德建设纳入重要议事日程，要抓紧、抓实、抓好；要建立行之有效的规章制度，制定和健全教师职业道德规范，建立和完善教师职业道德考核、奖惩和定期表彰制度，将职业道德作为考核教师工作的重要内容和教师职务聘任的重要依据；要把师德建设与教师的成长和发展结合起来，建立年轻教师与老教师的交流、帮带机制，使优秀师德师风发扬光大。

12 月 28 日—30 日

中组部、中宣部和中共教育部党组在北京联合召开第十次全国高校党建工作会议。

中共中央政治局常委、国务院副总理李岚清在会上发表讲话，指出：高等学校要以加强和改进党的作风建设为切入点和突破口，全面加强和改进高校党建工作，为高等教育的改革和发展提供坚强有力的政治保证。当前和今后一个时期，高等学校要按照“八个坚持、八个反对”的要求，集中解决思想作风、学风、工作作风、领导作风和干部生活作风方面的突出问题，使高校党的作风有新的明显进步。一是端正思想作风，坚持以科学的态度对待马克思主义；二是改进学风，增强解决改革和发展中实际问题的能力；三是转变工作作风，实践全心全意为人民服务的宗旨；四是改善领导作风，提高决策的科学化、民主化水平；五是抓好干部生活作风，保持共产党人的高尚情操和革命气节。高校的思想政治工作只能加强，不能削弱。要进一步做好邓小平理论和“三个代表”重要思想“进课堂、进教材、进学生头脑”的工作，积极探索新形势下高校思想政治工作的形式、方法、手段和机制，加强对课堂教学、讲座报告、舆论宣传等思想文化阵地的领导和管理，积极开展网上思想政治工作，充分发挥广大教师教书育人的作用，教育和引导高校师生把思想统一到中央的路线、方针、政策上来，确保高校稳定。

教育部党组书记、部长陈至立代表中组部、中宣部和中共教育部党组作会议主报告——《以“三个代表”重要思想为指导加强和改进高校党的作风建设努力开创高校党建工作新局面》。报告指出：第一，必须始终不渝地坚持党对高校的领导，贯彻党的教育方针，坚持社会主义办学方向，切实加强和改进德育工作，全面推进素质教育，促进学生德智体美等诸方面全面发展；第二，必须始终不渝地坚持马克思主义理论的指导，把思想建设放在首位，自觉地以邓小平理论和江泽民同志“三个代表”重要思想武装头脑，指导工作，牢固树立政治意识、大局意识、责任意识，唱响主旋律，打好主动仗，不断提高思想理论教育的水平；第三，必须始终不渝地坚持解放思想、实事求是的思想路线，适应新形势、研究新情况、解决新问题，以与时俱进的思想观念和奋发有为的精神状态，不断加强和改进高校党建和思想政治工作；第四，必须始终不渝地围绕学校的根本任务和中心工作抓好党的建设，充分发挥党的思想政治工作优势，促进高等教育的改革与发展，推动人才培养、科学研究和服务经济建设中心，促进社会进步等各项工作；第五，必须始终不渝地把维护高校稳定放在压倒一切的位置，旗帜鲜明地坚持党的基本路线，准确把握师生的思想状况，坚持正面教育，及时化解各种矛盾，落实责任制，牢牢掌握工作的主动权；第六，必须始终不渝地坚持党的群众路线，重视发挥广大师生的主动性、积极性和创造性，切实维护师生的合法权益，不断改善他们的学习、工作和生活条件，关心师生的发展和成长，全心全意依靠广大师生员工办好学校。报告还指出：全面建设小康社会、加快推进社会主义现代化对高校党建和思想政治工作提出了新要求；经济全球化深入发展，特别是我国加入世界贸易组织，给高校党建和思想政治工作带来了新挑战；高等教育的改革与发展对高校党建和思想政治工作提出了新课题。关于今后的任务，报告强调，要深入学习贯彻江泽民同志“七一”重要讲话精神，以“三个代表”重要思想总揽高等教育工作全局。坚持“三个代表”重要思想，坚定社会主义办学方向；与时俱进，推进高等教育改革与创新；促进人的全面发展；充分发挥高校科技人才优势，为我们党代表中国先进生产力的发展要求作出贡献；发挥高校文化建设重要基地作用，努力为我们党代表中国先进文化的前进方向作出贡献；提高教育质量和水平，努力为我们党代表中国最广大人民的根本利益作出贡献。关于加强和改进党的作风建设，报告要求把高校党建和思想政治工作提高到新的水平。按照“八个坚持、八个反对”的要求，切实解决高校党的作风建设的突出问题；坚持民主集中制，加强高校领导班子和干部队伍建设，以作风好的领导班子带动高校党的作风建设；加强制度建设，把作风建设的各项措施落到实处；坚持解放思想、实事求是，加强和改进高校党的思想理论建设；加强载体建设，积极推进以德治教，以党风促校风；求真务实，扎实工作，进一步增强基层组织的活力、凝聚力和战斗力；增强时代感和针对性，不断扩大党建和思想政治工作的覆盖面；增强政治意识和大局意识，正确处理改革、发展、稳定之间的关系，切实做好高校的稳定工作。

2002年

1月

1月7日

教育部印发陈至立部长在2002年度教育工作会议上的讲话和《教育部2002年工作要点》。

陈至立指出，要进一步加强高校领导班子和干部队伍建设，努力提高高校领导干部的政治敏锐性和政治坚定性，加强学校党的基层组织建设，认真做好在优秀知识分子中发展党员的工作；要积极推动"三个代表"重要思想进课堂、进教材、进学生头脑的工作，坚持用富有时代特征和中国特色的当代马克思主义教育青少年一代，坚持着眼于新的实践和发展，使高等学校成为学习、宣传、研究"三个代表"重要思想的坚强阵地，要不断改进德育和思想政治工作，增强工作的针对性和实效性，在各级各类学校努力贯彻《公民道德建设实施纲要》，推动思想政治教育进网络的工作。

《教育部2002年工作要点》指出，积极推动邓小平理论和"三个代表"重要思想进课堂、进教材、进学生头脑，用马克思主义最新成果教育青年学生；学校工作要坚持把德育放在首位，切实增强针对性和实效性；在各级各类学校认真贯彻《公民道德建设实施纲要》，制定师生道德建设的具体实施措施；加强高等学校思想政治工作队伍建设，推动思想政治工作进网络，促进网络道德教育和心理健康教育；深化教育系统新闻出版改革，加强对报刊、电视、互联网站等多种媒体的统筹领导，正确引导教育新闻舆论；进一步加强高等学校领导班子和干部队伍建设，大力加强学校党的基层组织建设，认真做好在优秀知识分子中发展党员的工作。

1月11日

中共中央政治局常委、中央书记处书记胡锦涛在全国宣传部长会议上讲话指出，加强思想政治工作，核心是理想信念教育，基础是思想道德建设；做思想政治工作，要因地制宜，因人制宜，坚持一把钥匙开一把锁，不能千篇一律；要积极扩大思想政治工作的覆盖面，创新教育方法，改进引导方式，切实做到因势利导、潜移默化、春风化雨、注重实效；加强和改进思想政治工作，要十分注意把解决思想问题同解决实际问题结合起来。

1月17日

教育部印发《关于授予陈先宇同学"舍己救人的优秀大学生"荣誉称号的决定》，号召全国广大学生向陈先宇同学学习，学习他刻苦学习、严于律己、艰苦奋斗的高贵品质；学习他富有理想、弘扬正气、乐于奉献的崇高思想；学习他挺身而出、舍生忘死的革命英雄主义精神。文件要求，各地教育行政部门和各高等学校要在大学生中开展宣传教育活动，并将学习陈先宇同学与学习贯彻江泽民同志"七一"重要讲话和"三个代表"重要思想结合起来，与宣传、学习本地和本校的先进人物结合起来。要教育广大大学生进一步提高思想道德素质，努力学习科学知识，承担起中华民族伟大复兴的历史重任。

2月

2月22日

教育部印发《关于进一步加强高等学校学生

公寓管理的若干意见》，指出：(1)改进和加强学生公寓的管理是高等学校的重要任务和主要责任。学生公寓是学生日常生活与学习的重要场所，是课堂之外对学生进行思想政治工作和素质教育的重要阵地。在推进高等学校后勤社会化改革的过程中，对学生公寓内学生的管理，特别是对学生的思想政治工作和日常行为管理，始终是高等学校的一项主要责任，绝不能简单地推向社会。(2)要重视抓好对校外学生公寓的管理。(3)建立健全管理机制，全面改进和加强学生公寓的管理。各高等学校要坚持政治辅导员进学生公寓的做法，对建在校内和校外的学生公寓，有关高等学校都要按学生的人数比例，选派优秀的干部和政治辅导员与学生同住，负责学生的日常思想品德、行为规范、法律法规以及爱国主义、集体主义、社会主义教育，把学生在公寓的表现与学生品德鉴定、优秀学生评选及奖学金的评定等结合起来，引导学生开展各种健康的活动，促进学生公寓的社会主义精神文明建设。(4)切实加强学生公寓收费和服务管理工作。(5)切实加强学生公寓的安全工作。

2 月 27 日

教育部印发《关于加强学术道德建设的若干意见》，指出：(1)充分认识端正学术风气，加强学术道德建设的必要性和紧迫性。(2)端正学术风气，加强学术道德建设的基本要求。当前要通过扎实有效的工作，加强对广大教师、教育工作者和学生的学术道德教育，培养求真务实、勇于创新、坚忍不拔、严谨自律的治学态度和学术精神，努力使他们成为良好学术风气的维护者、严谨治学的力行者、优良学术道德的传承者。增强献身科教、服务社会的历史使命感和社会责任感；坚持实事求是的科学精神和严谨的治学态度；树立法制观念，保护知识产权、尊重他人劳动和权益；认真履行职责，维护学术评价的客观公正；为人师表、言传身教，加强对青年学生进行学术道德教育。(3)采取切实措施端正学术风气，加强学术道德建设。各级教育行政部门、高等学校和有关单位要高度重视学术道德建设工作。高等学校校长要亲自抓学术道德建设，形成全面动员、齐抓共管、标本兼治的工作格局。广泛深入地开展端正学术风气、加强学术道德建设教育。加大人事制度改革力度，完善人事考核制度。建立和完善科学的学术发展与评价机制，鼓励学术创新。建立学术惩戒处罚制度。加强学历文凭、学位证书的管理工作。

3 月

3 月 2 日

国务院办公厅转发教育部等部门《关于进一步深化普通高等学校毕业生就业制度改革有关问题的意见》，指出，进一步加强对高校毕业生的思想教育和就业指导，加强对高校毕业生进行正确的世界观、人生观、价值观和择业观教育，使高校毕业生树立交费上学、自主择业、勤奋创业、终身学习的观念，树立根据社会需要就业，到基层建功立业的思想，主动到祖国需要的地方干一番事业。新闻媒体要加强高校毕业生就业工作的宣传报道，提高用人单位对这项工作的认识，引导高校毕业生树立正确的择业观，宣传在基层作出突出贡献的高校毕业生的典型事迹，在全社会营造有利于高校毕业生就业，特别是到基层就业的良好社会氛围。

3 月 28 日—29 日

由中国教育报与教育部基教司、社政司，光明日报社，中共天津市委教卫工委，天津市教委共同主办，天津市教科院承办的全国“德育创新与探索”研讨会在天津召开。与会人士围绕《天津市大中小学德育规程》的制定和实施，探讨了新形势下德育工作的内容、形式、方法和途径，交流了各地德育工作经验，提出要通过积极创新，切实解决德育工作的针对性、实效性和主动性问题，更好地贯彻落实《公民道德建设实施纲要》，搞好青少年道德教育，全面提高青少年的道德素质。《天津市大中小学德育规程》旨在引导学生开展自我教育、管理和服务活动，遵循学生成长的轨迹和不同年龄段的生理、心理发育特点，确定不同的德育目标、途径与方式，由浅入深，由低到高，相互衔接；明确规定了“三必两应”，即必知、必行、必守和应知、应行。“三必”是对学生的基本要求，其中“必守”是德育要求的底线。

“两应”则是在“三必”基础上的提高，体现了先进性要求和德育的引导方向。

4月

4月1日

新华社第12届“半月谈思想政治工作创新奖”表彰颁奖会在北京举行。中共中央政治局委员、中国社会科学院院长李铁映出席颁奖会，为获奖者颁奖并发表讲话。他指出：思想政治工作是我们党工作的特点、优势和传统，要长期坚持和发扬；做好思想政治工作，特别是舆论宣传工作是现代社会的一个重要方面，与党和人民的利益息息相关；在信息化社会，这项工作尤其重要，要充分发挥作用，引导群众正确观察和认识社会。

4月22日

教育部印发《教育部精神文明建设领导小组2002年工作安排》，指出：在继续做好邓小平理论“三进”工作的基础上，总结2001年秋季以来高校推进“三个代表”重要思想进课堂的经验和典型，进一步深化“三个代表”重要思想“进教材、进课堂、进学生头脑”工作。

切实加强和改进学校思想政治工作和德育工作，积极推进师生思想道德建设，继续加强形势与政策教育工作；整体规划学校道德教育的科学体系，做到大、中、小学道德教育区分层次、整体衔接；充分发挥课堂教学在青少年学生道德建设中的主阵地和主渠道作用，把《公民道德建设实施纲要》提出的“爱国守法、明礼诚信、团结友善、勤俭自强、敬业奉献”的公民基本道德规范和有关要求融入到高校马克思主义理论课和思想品德课、职业学校职业道德与职业指导课、中学思想政治课以及小学思想品德课教育教学之中，同时结合小学“品德与生活”“品德与社会”和初中“思想品德”、高中“思想政治”等新课程标准的制定，把《公民道德建设实施纲要》对公民的有关要求分层次、有针对性地融入进去；突出抓好爱国主义教育，坚持健全升挂国旗、唱奏国歌制度，激发师生员工的爱国热情；以思想道德素质为重点，全面推进素质教育；以师德建设为龙头，强化教师队伍建设的政策导向，建立和健全有关规章制度；提高教师的思想道德素质，促进学校道德水平的提高。贯彻落实《教育部关于加强高等学校思想政治教育进网络工作的若干意见》，召开高等学校思想政治教育进网络工作研讨会，总结推广典型经验，不断增强网上思想政治工作的影响力；贯彻落实《教育部关于加强中小学心理健康教育的若干意见》《教育部关于加强普通高等学校大学生心理健康教育工作的意见》的精神，制定《普通高等学校大学生心理健康教育工作实施纲要(试行)》，规范大、中、小学生心理健康教育工作；积极推进校园文化建设工作，总结推广典型经验，拟组织开展“2002年‘五月的鲜花’——全国大学生‘我和我的祖国’大型诗歌咏唱会电视直播活动”；积极探索学校后勤社会化改革中，学生党团组织进公寓、辅导员进公寓、学生自我管理组织进公寓、校园文化进公寓、安全保卫工作进公寓的有效途径和机制；加强学校法制教育，配合有关部门做好校园周边环境的治理和整顿工作。

4月28日—29日

教育部社政司在南开大学召开高等学校思想政治教育进网络工作研讨会。教育部副部长袁贵仁出席会议并讲话。会议回顾总结了近年来高校思想政治教育进网络工作的主要经验，主要是：必须主动占领网络阵地，善于利用信息网络技术开展思想政治教育，推动高校思想政治工作的改进和创新；必须将网络文化纳入学校校园文化的总体格局，作为营造良好育人环境的重要组成部分，坚持教育、管理、服务相结合，网上工作与网下工作相结合，全面提高思想政治教育的综合效应；必须采取切实措施，建设一支懂网络、会操作、高素质的高校思想政治教育工作者队伍；必须在高校党委的统一领导下，加强对思想政治教育进网络工作的规划和部署，建立健全领导体制和工作机制，加大经费投入，加强信息网络基础建设。

会议指出当前要重点做好以下五项工作：第一，积极探索用正确、积极、健康的思想、文化和信息占领网络阵地的有效途径和方法。第二，开展网络道德教育，加强网络管理。第三，大力加强思想政治教育进网络工作的队伍建设，要努力建设一支既具有较高的政治理论水平、熟悉思想政治工作，又了解网络文化特点，能比较有效地掌握网络技术，在网上进行思想政治教育工作的队伍。第四，进一步加强领导，完善保障机制，要把高校思想政治教育进网络工作纳入高校党建和思想政治工作的总体规划，纳入校园网络建设的总体规划。第五，努力探索高校思想政治教育进网络的规律。6 月 20 日，教育部办公厅印发了会议纪要。

本月

教育部办公厅印发《普通高等学校大学生心理健康教育工作实施纲要(试行)》。包括：高等学校大学生心理健康教育工作的指导思想和主要任务，高等学校大学生心理健康教育工作的主要内容，高等学校大学生心理健康教育工作的途径和方法，高等学校大学生心理健康教育工作的领导、管理以及师资队伍建设。其中，关于高等学校大学生心理健康教育工作的指导思想和主要任务，文件指出，推进高等学校大学生心理健康教育工作，要坚持重在建设、立足教育的方针，坚持面向全体学生，坚持正面教育。普通高等学校大学生心理健康教育工作的主要任务是：根据大学生的心理特点，有针对性地讲授心理健康知识，开展辅导或咨询活动，帮助大学生树立心理健康意识，优化心理品质，增强心理调适能力和社会生活的适应能力，预防和缓解心理问题。帮助他们处理好环境适应、自我管理、学习成才、人际交往、交友恋爱、求职择业、人格发展和情绪调节等方面的困惑，提高其健康水平，促进他们在德智体美等方面全面发展。

关于高等学校大学生心理健康教育工作的主要内容，文件指出，宣传普及心理科学基础知识、心理健康知识；培训心理调适的技能，使大学生养成良好的学习习惯，掌握科学、有效的学习方法，使大学生树立积极的交往态度，掌握人际沟通的方法，使大学生自觉培养坚忍不拔的意志品质和艰苦奋斗的精神；认识与识别心理异常现象；根据大学生活不同阶段以及各层次、各学科门类学生、特殊群体学生的心理特点，有针对性地实施心理健康教育。

关于高等学校大学生心理健康教育工作的途径和方法，文件指出，大学生心理健康教育工作是一项系统工程，要以课堂教学、课外教育指导为主要渠道和基本环节，形成课内与课外、教育与指导、咨询与自助紧密结合的心理健康教育的网络和体系；在思想道德修养课中，科学安排有关心理健康教育的内容，各高等学校应创造条件，为大学生开设心理健康教育的课程或专题讲座、报告等；高等学校的教职员工，特别是教师要树立心理健康教育意识，科学实施教育教学工作，班主任、政治辅导员不仅要在日常思想政治教育中发挥作用，也要在增进大学生心理健康、提高大学生心理素质中发挥积极作用；重视开展大学生心理辅导或咨询工作；积极创造条件，运用具有较高信度与效度、适合我国国情的心理评估工具，为实现大学生心理问题的早期发现、及时干预和跟踪服务提供参考，提高大学生心理健康教育工作的科学性和针对性；充分利用高等学校广播、电视、计算机网络、校刊、校报、橱窗、板报等宣传媒体，多渠道、多形式地正面宣传、普及心理健康知识；大力开展有益于提高大学生心理健康的第二课堂活动。

关于高等学校大学生心理健康教育工作的领导、管理以及师资队伍建设，文件指出，教育部对全国普通高等学校大学生心理健康教育工作实施统一领导，统筹规划；要通过专、兼、聘等多种形式，建设一支以专职教师为骨干，专兼结合、专业互补、相对稳定、素质较高的高等学校大学生心理健康教育工作队伍；建立全国高校大学生心理健康教育教师培训中心，积极开展对从事大学生心理健康教育工作的专、兼职教师的业务培训，将培训工作列入学校师资培训计划；组织开展普通高等学校大学生心理健康教育的督导工作；教育部将进一步研究制定加强普通高等学校大学生心理健康教育工作的有关政策，组织开展大学生心理健康教育工作的课题研究和工作、学术交流。

5 月

5 月 15 日

中共中央总书记、国家主席、中央军委主席江泽民在纪念中国共产主义青年团成立 80 周年大会上发表重要讲话，指出：青年是祖国的未来，是民族的希望。一切有理想有抱负的中国青年，只有在中国共产党的领导下，同人民紧密结合，为祖国奉献青春，才能大有作为。爱国主义，始终是中国青年运动的旗帜。当代中国青年，一定要高举爱国主义旗帜，沿着党指引的道路继续奋勇前进。到20世纪中叶，基本实现现代化，把我国建设成为富强民主文明的社会主义国家，实现中华民族的伟大复兴，这是全国各族人民的奋斗目标，也是当代青年的历史使命和当代青年运动的主题。当代中国的一切有志青年，都应该以此为自己的神圣职责，以此为自己的人生理想，以此为自己的最大光荣。青年一代要承担起这个历史责任，就要坚持学习科学文化与加强思想修养的统一，坚持学习书本知识与投身社会实践的统一，坚持实现自身价值与服务祖国人民的统一，坚持树立远大理想与进行艰苦奋斗的统一，努力成长为有理想、有道德、有文化、有纪律的人，成长为对党和国家、对人民有所建树的人。希望青年们树立远大理想、坚持发奋学习、注重锤炼品德、不断开拓视野、勇于进取创新、始终艰苦奋斗。广大青年要坚持以马克思列宁主义、毛泽东思想、邓小平理论为指导，认真学习“三个代表”要求，充分认识中国共产党是代表中国先进生产力的发展要求、中国先进文化的前进方向和中国最广大人民的根本利益的马克思主义政党，是与时俱进、开拓创新的党，要坚定不移地跟党走。广大团员青年要在各行各业的本职工作中，在共青团组织开展的具有自身特点的各项活动中，努力为我国先进生产力和先进文化的发展作出自己的贡献，努力为最广大人民谋利益。马克思主义的政党只有赢得青年，才能赢得未来。青年兴则国家兴，青年强则国家强。

同日，北京大学团委举行座谈会，以“高举五四火炬，永远跟党走”为主题，学习江泽民总书记在纪念中国共产主义共青团成立80周年大会上的重要讲话精神。师生们表示要用邓小平理论和“三个代表”重要思想来构筑自己的精神支柱，自觉接受爱国主义、社会主义和集体主义教育，继承、发扬北大“爱国、进步、民主、科学”的光荣传统，实践“三个代表”的要求，创造出无愧于党和人民的新业绩。

同日，共青团中央组织座谈会，学习江泽民总书记在纪念中国共产主义青年团成立80周年大会上的重要讲话。来自北京大学、清华大学、中国人民大学、北京师范大学等首都高校及北京市一些中学的学生代表在座谈会上先后发言。学生们纷纷表示要争做“三个代表”的实践者，把个人奋斗融入中华民族复兴这一伟大目标。

5月15日—16日

全国高校学风建设研讨会在长沙举行。教育部副部长赵沁平在讲话中强调，学风建设是高等教育改革与发展中一个永恒的主题，优良的学风是保证提高高等教育质量的重要条件。

5月31日

《中国教育报》刊发2002年教育部大学生思想政治状况滚动调查报告。报告显示，当前我国大学生的思想政治状况继续呈现出稳定健康、积极向上的良好态势。调查表明，当前大学生拥护、支持党和政府的大政方针，对以江泽民同志为核心的党中央高度信任，对党和政府一年来的工作评价客观并给予充分肯定；高度关注国际国内政治经济形势，对保持政治局势的稳定和经济的持续发展充满信心；对江泽民同志“七一”讲话精神和“三个代表”重要思想的认同度较高，关注即将召开的党的十六大；普遍支持和拥护高等教育改革，对学校在提高教育教学质量、改善办学条件等方面所做的工作给予充分肯定；人生观、价值观主流取向积极健康、务实进取，心态平和。报告指出，针对2002年滚动调查所反映的大学生思想政治状况中的新情况和新特点，教育部提出要着力加强和改进以下工作：在继续推进邓小平理论“进教材、进课堂、进头脑”工作的基础上，深化“三个代表”重要思想的“三进”工作，加强理想信念教育，教育和引导广大学生坚定对马克思主义的信仰，坚定对社会主义的信念，增强对改革开放和现代化建设的信心，增强对党和政府的信任；增强时代感和针对性，不断扩大高校思想政治工作的覆盖面；适应全面推进素质教育的要求，继续深化高校的教育教学改革、后勤社会化改革，进一步提高高等教育的质量，为学生学习成才提供良好的条件；以师德、师风建设，特别是学术道德建设为重点，进一步加强高校教师队伍建设。

6月

6月18日

中宣部、教育部、共青团中央、全国学联共同召开全国电视电话会议，对2002年暑期大中专学生志愿者文化、科技、卫生“三下乡”社会实践活动做专门动员和部署，要求进一步提高认识，不断提高工作水平。

6月24日

教育部在北京召开部分直属高校社科部门负责人工作研讨会，学习贯彻江泽民同志“5·31”重要讲话和关于哲学社会科学的一系列讲话精神，共商高校哲学社会科学发展繁荣大计。教育部副部长袁贵仁出席会议并讲话。他强调，要用“三个代表”重要思想指导哲学社会科学，统领社会主义文化建设，立足于改革开放和社会主义现代化建设实践，用发展的马克思主义指导新的实践，努力促进哲学社会科学的繁荣与发展。

6月26日—28日

首届全国高校党委书记论坛在北京师范大学举行。论坛围绕“‘三个代表’重要思想与高校软环境建设”的主题，探讨新时期我国高校在党建、思想政治、学风教风、校园文化等软环境建设上所面临的挑战和举措。来自国内40多所著名大学的党委书记认为：随着国家和地方政府以及高校自身投入力度的加大，我国高校硬件条件已有比较明显的改善，与此同时，必须重视高校软环境建设，因为一流的大学必须具备一流的软环境。

6月27日

针对部分学生沉迷网络问题，教育部新闻发言人在接受新华社记者采访时指出，各级教育工作部门和学校要密切配合有关部门采取措施，加强对网络经营行为的整顿治理，密切配合家长，加强对学生的道德教育与文明上网教育，使广大青少年学生健康成长。

6月28日

教育部发出《关于进一步做好高校毕业生思想政治教育工作的通知》，要求：各地教育工作部门和各高校，要了解本地和本校的具体情况，研究制定进一步加强这项工作的具体意见，组织有政工干部、学生工作干部、团干部和广大教师参加的毕业生思想政治教育工作队伍，协调各方面力量，形成合力，齐抓共管，真正把工作落到实处；要教育毕业生敬业奉献，艰苦奋斗，树立正确的职业观，正确处理个人与国家、集体的关系，坚持以大局为重，到基层去，到西部去，到国家最需要的地方去，在改革开放和社会主义现代化建设的伟大实践中实现自己的人生价值；帮助学生全面了解专业前景，客观分析就业形势，正确处理就业与深造、职业与事业的关系，培养大学生为祖国社会主义现代化建设服务的意识；有针对性地加强心理辅导，缓解一些大学生因就业压力而产生的焦虑，切实减轻学生的心理负担，增强学生的心理承受能力。

7月

7月1日

教育部在北京召开教育界学习贯彻江泽民同志“5·31”重要讲话座谈会。教育部党组书记、部长陈至立在讲话中强调，各级教育部门和学校要把学习贯彻讲话精神作为重要的政治任务，切实抓紧抓好，要用“5·31”讲话精神指导教育工作，按照“三个代表”的要求，深入推进教育工作的理论创新、体制创新，不断开拓我国社会主义教育事业发展的新局面，以贯彻“三个代表”的新成绩迎接党的十六大召开。

7月22日—23日

2002年全国高校思想政治工作暑期研讨班在江西省南昌市举行。教育部副部长袁贵仁出席研讨班并讲话。他强调指出，当前要按照“三个代表”的要求，主动适应形势发展变化，切实加强和改进思想政治工作。一要从“三个代表”的高度，充分认识思想政治工作的重要性；二要了解当前影响人们思想状况的客观环境及其基本特点，正确审视和解决那些影响师生员工思想活动的重大理论问题和实际问题，从不断变化的实际出发，切实加强和改进思想政治工作；三要大力推进新时期思想政治工作的创新。在新时期，高校思想政治工作要以科学的理论武装人，不断深化“三个代表”重要思想的学习，把广大党员干部和师生的思想和行动统一到“三个代表”要求上来；要以扩大覆盖面为重点，改进新时期高校思想政治工作的方法，进一步推进高校思想政治教育进网络工作，不断加强大学生心理健康教育工作，积极探索后勤社会化条件下思想政治教育的有效途径和机制，大力加强校园文化建设，组织实施“大学生素质拓展计划”，重视学生中特殊群体的思想工作，进一步做好“形势与政策”教育教学工作等；要坚持讲大局、讲团结、讲稳定，切实做好维护高校稳定的工作。

7月26日

国家民委和教育部在北京联合召开第五次全国民族教育工作会议，国务院副总理李岚清在会议上强调，要切实加强和改进民族地区学校的德育工作；把民族团结教育作为学校德育工作的重点；牢固树立自觉维护国家统一、反对民族分裂的思想意识，不断巩固和发展平等、团结、互助的社会主义民族关系。

8月

8月24日

国务院印发《关于大力推进职业教育改革与发展的决定》。文件指出，要加强“爱岗敬业、诚实守信、办事公道、服务群众、奉献社会”的职业道德教育，加强文化基础教育、职业能力教育和身心健康教育，注重培养受教育者的专业技能、钻研精神、务实精神、创新精神和创业能力，培养一大批生产、服务第一线的高素质劳动者和实用人才。

8月26日

教育部印发《关于加强高等学校学生公寓安全管理的若干意见》，要求，高校在学生公寓思想政治工作和管理工作中要增强政治意识、责任意识和大局意识，充分发挥思想政治工作的传统和政治优势，结合学生学习和生活的特点，密切同学生的联系，及时掌握学生动态，开展思想政治教育和日常思想品德、行为规范教育，指导和督促学生遵守校规校纪，维护学生社区正常的生活、学习和娱乐秩序。各高校要结合本校的实际情况，选派一定比例的优秀政工干部和政治辅导员进驻学生公寓；要进一步落实党团组织进公寓；要提高学生德育考评的科学性、实效性，把学生在公寓的表现与学生品德鉴定、优秀学生评选及奖学金的评定等结合起来；要培育和发展学生公寓的自我管理组织，注意发挥这些组织在公寓安全工作中的作用，把学生公寓建成学生自我教育、自我管理、自我服务的场所；要探索以学生公寓为基地开展校园文化活动的方式和途径，引导学生开展各种健康的活动，促进学生公寓的社会主义精神文明建设；要加强安全教育与宣传，增强师生员工的安全意识。

8月29日—30日

中组部、中宣部、中共教育部党组联合在北京召开第十一次全国高校党建工作会议。中共中央政治局常委、国务院副总理李岚清在会上作形势报告，强调：全国高校要认真学习《江泽民论有中国特色社会主义》的重要论述，按照“三个代表”的要求，认清形势，统一思想，加强和改进高校党建与思想政治工作，保持高校稳定，促进高等教育改革和发展，迎接党的十六大的胜利召开。

教育部党组书记、部长陈至立代表中组部、中宣部、中共教育部党组作了题为《全面贯彻“三个代表”重要思想，加强和改进高校学生思想政治工作，以奋发有为昂扬向上的精神状态迎接党的十六大召开》的工作报告。她指出，贯彻“三个代表”重要思想，高校学生思想政治工作要紧紧围绕学校改革发展的中心工作和育人的根本任务，树立正确的发展观，明确发展思路，提高教育质量和办学效益，培养更多全面发展的高素质人才。她还指出，要通过深入细致的思想政治工作，为学校的改革发展提供可靠的思想政治保证和良好氛围；要以思想道德建设为重要内容，引导学生树立正确的世界观、人生观和价值观，倡导爱国主义、集体主义、社会主义思想；要在为广大学生的成长成才、全面发展服务上下功夫，把解决思想问题和解决实际问题结合起来，增强学生思想政治工作的实效性和说服力；要紧跟时代前进步伐，研究新情况，解决新问题，创造新经验；要积极探索思想政治工作新的载体、途径和方法，努力从观念、内容、机制等方面逐步构建具有时代特点、符合学生实际的学生思想政治工作体系。

9 月

9 月 8 日

北京师范大学建校 100 周年庆祝大会举行。中共中央总书记、国家主席、中央军委主席江泽民出席庆祝大会并发表重要讲话。江泽民强调必须不断推进教育创新，他指出，进行教育创新，首先要坚持和发展适应国家和社会发展要求的教育思想；关键是通过深化改革不断健全和完善与社会主义现代化建设要求相适应的教育体制；根本目的是推进素质教育，全面提高教育质量；必须充分利用现代科学技术手段，大力提高教育的现代化水平；必须面向现代化、面向世界、面向未来，加大教育对外开放的力度。江泽民还强调，我国广大教师要率先垂范，做先进生产力和先进文化发展的弘扬者、推动者，做青少年学生健康成长的指导者、引路人，努力成为无愧于党和人民的人类灵魂的工程师。他希望全国广大教师志存高远、爱岗敬业，为人师表、教书育人，严谨笃学、与时俱进。

同日，《中国教育报》刊登了教育部在京、津、沪、鄂等 8 省市的 74 所高校中开展高校教师思想政治状况调查的报告。调查报告表明：当前，高校教师思想政治状况总体良好，对以江泽民同志为核心的党中央高度信任，对中央一年来的工作表示满意，对江泽民同志“七一”讲话给予极大关注，对“三个代表”重要思想表示认同；对我国政治经济发展前景充满信心；爱国热情高涨，关心国内外大事，拥护、支持党和政府的大政方针；绝大多数教师认为马克思主义具有与时俱进的理论品质，坚持马克思主义就必须发展马克思主义；教师们认为，在新的历史时期要“不断增强党的阶级基础，扩大党的群众基础，不断提高中国共产党的社会影响力”；大多数教师高度关注高等教育的改革和发展，渴望事业有成；社会主义、集体主义的价值观、道德观仍占主导地位。

9 月 9 日

教育部在北京召开教育系统认真学习贯彻江泽民总书记在北京师范大学建校 100 周年庆祝大会上的讲话座谈会。与会代表表示，一定要认真学习和深刻领会讲话精神的实质，以讲话精神为指导，进一步解放思想，与时俱进，开拓创新，全面推进社会主义教育事业的伟大实践。教育部部长陈至立出席座谈会并讲话，指出，教育创新的根本目的是以培养学生创新能力与实践能力为核心，全面实施素质教育，造就全面发展的社会主义事业建设者和接班人。

教育部党组下发通知，要求教育战线认真学习贯彻江泽民同志在庆祝北京师范大学建校 100 周年大会上的重要讲话，充分认识教育思想、观念创新在教育创新中的先导作用，确立与时代发展需要相适应的新的教育观、人才观和质量观，把建立完善与社会主义现代化建设要求相适应的教育体制作为教育创新的关键环节，努力创造有利于人才培养的社会环境和保障机制，提出推进教育创新、加强教师队伍建设的新思路和新举措，把教育工作推上新台阶。

11 月

11 月 4 日

中宣部、教育部、共青团中央、全国学联印发《关于表彰 2002 年度全国大中专学生志愿者暑期“三下乡”社会实践活动优秀组织工作奖、先进集体、优秀团队的决定》，决定授予江苏省等 22 个省级单位 2002 年全国大中专学生志愿者暑期“三下乡”社会实践活动“优秀组织工作奖”，授予清华大学等 328 个单位 2002 年全国大中专学生志愿者暑期“三下乡”社会实践活动“先进单位”奖，授予北京大学博士生赴冀邢党员大学生“三个代表”实践服务团等107个团队2002年全国大中专学生志愿者暑期“三下乡”社会实践活动“优秀团队”奖。文件要求，受到表彰的单位要认真总结经验，不断探索创新，扎实推进工作，取得更大成绩。各地各高校要进一步提高认识，加大工作力度，完善机制，不断开创活动新局面，为培养社会主义事业合格建设者和接班人作出新的贡献。

11月8日—14日

中国共产党第十六次全国代表大会在北京召开。中共中央总书记、国家主席、中央军委主席江泽民作了题为《全面建设小康社会 开创中国特色社会主义事业新局面》的工作报告。报告指出：全面建设小康社会，必须大力发展社会主义文化，建设社会主义精神文明。牢牢把握先进文化的前进方向，发展面向现代化、面向世界、面向未来的，民族的、科学的、大众的社会主义文化，以不断丰富人们的精神世界，增强人们的精神力量；坚持弘扬和培育民族精神，必须把弘扬和培育民族精神纳入国民教育全过程，纳入精神文明建设全过程，使全体人民始终保持昂扬向上的精神状态；切实加强思想道德建设，建立与社会主义市场经济相适应、与社会主义法律规范相协调、与中华民族传统美德相承接的社会主义思想道德体系，特别要加强青少年的思想道德建设，加强和改进思想政治工作。

11月18日

教育部党组召开党组会议和司局级以上党员干部大会，传达学习贯彻落实党的十六大、十六届一中全会精神，教育部党组书记、部长陈至立主持会议并讲话。陈至立指出，全国教育系统要把深入学习贯彻党的十六大精神作为当前和今后一个时期的首要政治任务，切实抓紧抓好，把教育系统广大党员干部师生员工的思想行动统一到党的十六大精神上来。

11月19日

教育部党组发出《关于教育战线认真学习贯彻党的十六大精神的通知》。同日，教育部在北京召开教育系统学习贯彻党的十六大精神座谈会。教育部党组书记、部长陈至立在讲话中强调，要充分认识学习贯彻党的十六大精神的重大意义，在教育战线迅速掀起学习贯彻党的十六大精神的热潮；教育系统广大党员干部和师生要认真学习领会党的十六大精神，认清自己肩负的使命，全面开创新时期教育工作新局面。

12月

12月19日

教育部、中共北京市委联合举办首都大学生学习党的十六大精神报告会。中央十六大精神宣讲团成员、农业部副部长韩长赋，应邀为来自北京大学、清华大学、中国人民大学等十余所高校的近2000名大学生作了学习十六大精神的辅导报告。韩长赋在报告中紧紧围绕十六大主题，从“三个代表”重要思想的灵魂，到解放思想、实事求是、与时俱进的理论精髓，再到全面建设小康社会、实现中华民族伟大复兴的奋斗目标，做了深入浅出的透彻阐述，对学生们全面、准确、深入理解十六大精神，把智慧和力量凝聚到实现党的十六大确定的各项任务上具有非常重要的意义。教育部副部长袁贵仁主持报告会，勉励广大同学作为21世纪建设中国特色社会主义事业的重要力量，要努力学习科学文化知识，积极参与社会实践，不断提高创新精神和实践能力，为在全面建设小康社会的广阔舞台上，充分发挥自己的聪明才智，实现自己的人生价值，努力创造无愧于时代和人民的业绩而努力奋斗。

12月26日—27日

教育部2003年度教育工作会议在京举行。会议的主要任务是，认真学习全面贯彻党的十六大精神，以邓小平理论和“三个代表”重要思想为指导，回顾总结五年来的工作，深入分析教育工作面临的新形势和新情况，明确2003年教育工作的指导思想、主要任务和工作要求，统一思想，振奋精神，扎实工作，开创教育工作的新局面。

教育部党组书记、部长陈至立作了题为《学

习贯彻十六大精神全面开创教育工作新局面》的工作报告。报告首先回顾了五年来教育工作取得的历史性成就，指出高校党建和思想政治工作得到加强，为社会稳定作出了贡献，坚持用马克思主义占领学校思想阵地和高校理论阵地，不断推进邓小平理论和"三个代表"重要思想的"三进"工作；其次是强调要认真学习贯彻十六大精神，明确目标任务，增强做好新世纪教育工作的使命感和责任感，其中指出要全面贯彻党的教育方针，把弘扬、培育民族精神和加强思想道德建设摆在重要位置；最后就2003年工作和需要强调的几个问题做了说明，强调要进一步改进德育和思想政治工作。

2003 年

1 月

1 月 2 日

教育部印发陈至立部长在 2003 年度教育工作会议上的讲话和《教育部 2003 年工作要点》的通知。

陈至立在讲话中强调要全面贯彻党的教育方针，把弘扬、培育民族精神和加强思想道德建设摆在重要位置。她指出：一是要以党的十六大精神为指导，适应新世纪新阶段对德育工作的新要求。要用马列主义、毛泽东思想、邓小平理论和“三个代表”重要思想教育青少年学生；在学校中唱响中华民族伟大复兴的主旋律，大力弘扬民族精神，切实加强爱国主义教育；坚持以为人民服务为核心，以集体主义为原则，以诚实守信为重点，全面贯彻《公民道德建设实施纲要》，大力倡导“爱国守法、明礼诚信、团结友善、勤俭自强、敬业奉献”的基本道德规范和行为准则。二是要从学生的思想实际出发，不断增强德育工作的新活力。德育工作要反映时代的新发展、科学的新突破、生产实践和社会实践的新进步、学生生活环境的新变化；要尊重学生的成长规律，研究新时期学生思想变化的特点，注重学生的心理健康，创造丰富多样的德育形式和德育工作新的有效载体；要着眼于促进学生的全面发展和满足学生不断增长的精神需求，为青少年学生提供更多先进文化产品；要强化德育的实践环节，加强德育基地建设。三是要从德育工作实际出发，不断探索新形势下德育工作的新思路。要认真研究和分析当前德育工作各个方面存在的薄弱环节，逐一加以改进和解决。加紧做好十六大精神“进课堂、进教材、进学生头脑”的工作，进一步提高“两课”教材的编写质量，并利用信息技术大力开发“两课”教材。提高全体教师的德育工作自觉性和“两课”教师的素质。充分发挥网络及时、互动的优势，使德育和思想政治工作的内容和形式更加鲜活、更加有效。

《教育部 2003 年工作要点》要求，全面加强和改进教育系统特别是高等学校党的建设，增强党组织的创造力、影响力和凝聚力；把学习十六大精神作为高校思想政治教育教学和党团活动的重要内容，引导青年学生牢固树立中国特色社会主义的理想；继续深化邓小平理论、“三个代表”重要思想“进课堂、进教材、进学生头脑”的工作；开展学生心理咨询，促进学生身心健康；加强队伍建设，探索思想政治工作的新途径、新方法，继续推进思想政治教育进网络，加强校园文化建设，建立健全大学生公寓思想政治工作机制；改善互联网信息内容安全的管理和宣传舆论阵地的引导；始终保持清醒头脑，做好高校稳定工作。文件还指出，要加强青少年学生思想道德教育，提高德育工作的针对性、实效性，从社会实际和学生生活实际出发，把弘扬、培育民族精神和加强思想道德建设摆在重要位置，纳入国民教育全过程；加强爱国主义和社会主义教育，以为人民服务为核心、集体主义为原则、诚实守信为重点，引导青少年学生树立正确的世界观、人生观、价值观，提高思想道德水准。

1 月 5 日

《中国教育报》报道，目前大学生心理健康教育工作还存在一些带有普遍性的问题，具体表现在以下几个方面：一是重视不够，投入太少；二是队伍人数少、力量弱；三是待遇偏低；四是编制、归属不清。有关部门和高等学校应正视并解决好心理健康教育中存在的问题，按照《普通高等学校大学生心理健康教育工作实施纲要》的要求，切实做到领导责任落实、制度建设落实、工作场地落实、经费投入落实，把这项工作抓实办好。

1 月 15 日

《中国教育报》报道，江苏省高校思想政治教育门户网站——“江苏高校思政网”近日正式建成并开通。以此为标志，江苏省高校思想政治教育专题网站建设和应用取得显著成效，高校思政网络已真正成为弘扬社会主义先进文化的园地、思想教育创新的重要载体、学生喜爱的“精神家园”。江苏省委教育工委专门召开全省高校思想政治教育进网络会议，明确提出了高校思想政治教育网站建设的目标。全省各高校高度重视，普遍建立了思想政治教育网站建设领导小组，加大资金投入力度，加快了建设步伐，初步建成了高校思想政治教育的网上平台，同时切实加强网络管理。目前，该省已有近 70 所高校建成并开通了思想政治教育专题网站，建立了思想政治教育网页 100 余个，各校投入思想政治教育网站建设的专项资金累计达 800 万元。南京师范大学的阳光网、东南大学的先声网、盐城师范学院的坐标网等已成为在省内外有一定影响的网站。

1 月 24 日

中央社会治安综合治理委员会学校及周边治安综合治理工作领导小组召开 2003 年第一次全体会议。会议审议并通过了《2003 年全国学校及周边治安综合治理工作要点》，对 2003 年学校及周边治安综合治理工作做了全面部署。领导小组组长、中央政法委秘书长王胜俊同志出席会议并讲话，指出：要把开展安全文明校园创建活动作为学校及周边治安综合治理工作措施的一项重要举措，作为广泛发动广大师生和有关部门参与学校治安综合治理工作的重要载体，作为扎实推进学校校园安全文明建设，促进教学、科研工作的有效手段；进一步规范创建活动标准，做好创建活动的组织、检查、指导工作，把创建活动同解决学校师生普遍关心的实际问题紧密结合，务求实效；进一步加强对大、中、小学生的法制教育，增强青少年的遵纪守法意识，增强青少年的自我保护能力。

2 月

2 月 10 日

教育部印发《关于进一步发展繁荣高校哲学社会科学的若干意见》。这份文件分为发展繁荣高校哲学社会科学的指导思想、实施高校哲学社会科学繁荣计划和加强领导、改进管理、促进高校哲学社会科学的全面繁荣三个部分。

文件指出，建设中国特色社会主义，不仅要大力发展自然科学，而且要大力发展哲学社会科学，坚持社会科学和自然科学并重，充分发挥哲学社会科学在经济和社会发展中的重要作用，要充分认识哲学社会科学在认识世界、传承文明、创新理论、咨政育人、服务社会等方面的重要作用；发展繁荣高校哲学社会科学，必须坚持以马列主义、毛泽东思想、邓小平理论和“三个代表”重要思想为指导，把是否体现中国先进生产力的发展要求、中国先进文化的前进方向和中国最广大人民的根本利益，作为衡量高校哲学社会科学性质、方向和水平的根本尺度，要不断增强实践意识和创新意识，积极实施高校哲学社会科学人才战略，采取联合攻关的科研组织形式。

文件还明确指出教育部从 2003 年开始实施“高校哲学社会科学繁荣计划”，包括重大课题攻关计划、重点研究基地建设计划、人才培养和奖励计划、学术精品奖励计划、文科教育改革计划、基础设施和信息化建设计划，其中强调要把社会实践和社会调查作为哲学社会科学教学和“两课”教学的重要环节，为高校文科师生和“两课”教育师生深入了解社会、研究现实问题创造条件。

2 月 12 日

教育部办公厅转发《教育部关心下一代工作委员会关于进一步加强全国教育系统关心下一代工作委员会工作的意见》，要求坚持以德育为主线，开展多种教育活动。文件中说，进行政治思想教育，坚持用马克思列宁主义、毛泽东思想、邓小平理论和“三个代表”重要思想武装青少年，结合重大节日、纪念日和历史事件，联系改革开放和现代化建设的伟大实践和辉煌成就，从青少年的特点出发，进行理想信念教育，进行爱国主义、集体主义、社会主义教育，进行中华民族优秀传统、中国革命传统教育，进行中国近现代史、国情和形势任务教育；进行道德品质和民主法制教育，以“爱国守法、明礼诚信、团结友善、勤俭自强、敬业奉献”的基本道德规范为主要内容，对青少年进行社会公德职业道德、家庭美德和讲文明、树新风教育，大力宣传各种法律、法规，对青少年进行法制和纪律教育；进行共产党、共青团等基本知识教育。

同日，教育部下发《关于进一步深化“三个代表”重要思想“三进”工作的通知》，要求将“邓小平理论概论”课调整为“邓小平理论和‘三个代表’重要思想概论”课，各高校从2003年秋季开学开始普遍开设；支持、鼓励“两课”教育教学条件和基础较好的高校，进行单独形态开设“‘三个代表’重要思想概论”课的试点；在“两课”目前开设中的“马克思主义哲学原理”“马克思主义政治经济学原理”“毛泽东思想概论”“当代世界经济与政治”“思想道德修养”和“法律基础”等课程中，全面渗透“三个代表”重要思想；要积极开拓“三个代表”重要思想“三进”工作的新途径，充分发挥第二课堂、学生理论社团的作用，支持、指导学生研究“三个代表”重要思想，到社区、村镇中宣讲“三个代表”重要思想，在实践中深化对邓小平理论和“三个代表”重要思想的理解；加强教材建设，要认真总结十三届四中全会以来“两课”教材建设的经验，用党的十六大精神以及新的教学研究成果全面修订“两课”教材，不断丰富完善教材内容，进一步增强教材的吸引力、感染力和可读性；要切实抓好“两课”教师对“三个代表”重要思想的学习和培训；发扬理论联系实际的学风，努力改进教学方法；要加强对“三个代表”重要思想“三进”工作的领导；成人高等教育和民办高等教育的“两课”相关课程，参照要求进行相应的调整。

2月16日

教育部社政司印发《普通高等学校“两课”教学基本要求》，旨在适应形势发展的需要，在高校“两课”教育教学中全面贯彻党的十六大精神，加大“三个代表”重要思想“三进”工作的力度，进一步增强“两课”教育教学的针对性和实效性。《普通高等学校“两课”教学基本要求》分别对“马克思主义哲学原理”“马克思主义政治经济学原理”“毛泽东思想概论”“邓小平理论和‘三个代表’重要思想概论”“当代世界经济与政治”“思想道德修养”和“法律基础”七门课程的学习目的、教学内容等提出了指导性意见。

2月18日

教育部和新闻出版总署联合在北京召开《中华传统美德格言》出版座谈会。中共中央总书记、国家主席、中央军委主席江泽民为该书题词：“传承中华美德，培养民族精神。”李岚清副总理为该书作序。教育部部长陈至立出席会议并讲话。她指出，各级各类学校要认真学习贯彻党的十六大精神，充分认识弘扬和培育民族精神的重要意义，把弘扬和培育民族精神作为加强思想道德建设和全面推进素质教育的一项重要任务，贯穿于学校教育的全过程，落实在学校教育的各个环节，采取有力措施，切实抓紧、抓好；要根据党的十六大精神，研究制定弘扬和培育民族精神教育的实施办法；要结合学校德育课程改革，充实和强化传统美德和民族精神教育，把传统美德和民族精神教育有机地渗透到各学科教学中去，纳入学生日常行为习惯和道德品质的培养过程中；要以爱国主义教育为核心，将弘扬民族精神的教育由浅入深、坚持不懈地贯穿到幼儿园、小学、中学和大学教育的全过程；要通过选择有震撼力的教育活动，给学生留下终生难忘的教育效果；要充分运用重要纪念日、重大历史事件、重大活动、节假日以及学生第二课堂、社会实践基地等多种形式，广泛开展学生喜闻乐见的中华传统美德和民族精神教育活动；同时，要把学校教育、家庭教育、社会教育紧密结合起来，努力形成全社会关心、重视学生思想道德建设的良好氛围。陈至立还指出，各级各类学校要充分利用延安精神、红岩精神、"两弹一星"精神、抗洪精神等宝贵资源对学生进行教育；要教育学生正确认识世界、了解世界，吸收世界一切优秀文化成果；要通过民族精神的教育，使学生体会到传统美德的魅力，感受到民族精神的力量，不断增强民族自尊心、自信心和自豪感。

2月25日

教育部社政司在京召开年度工作会，全面部署2003年高校党建和思想政治工作、哲学社会科学研究工作、教育出版和教育电视工作以及维护高校稳定工作。教育部副部长袁贵仁出席会议并讲话，指出2003年要重点做好以下七个方面的工作：(1)抓好高校学习贯彻党的十六大精神工作，围绕主题、把握灵魂、狠抓落实；(2)进一步深化"三个代表"重要思想"三进"工作，高校要普遍开设"邓小平理论和'三个代表'重要思想概论"课，同时积极进行"'三个代表'重要思想概论"单独开课的试点，2003年上半年要集中对高校"两课"进行一次全面调研；(3)按照十六大的要求加强高校党的建设，积极开展党建先进高校创建活动，做好社会力量办学和中外合作办学高校的党建工作；(4)大力弘扬和培育以爱国主义为核心的团结统一、爱好和平、勤劳勇敢、自强不息的伟大民族精神，以为人民服务为核心，以集体主义为原则，以诚实守信为重点，加强高校思想道德建设，继续做好高校思想政治教育"进网络、进学生公寓、进学生社团"工作和大学生心理健康教育工作，积极推进高校思想政治工作创新；(5)落实教育部《关于进一步发展繁荣高校哲学社会科学的若干意见》，启动高校哲学社会科学繁荣计划；(6)以增强实力、提高竞争力为重点，推动教育出版和电视工作的改革和发展；(7)进一步增强政治责任感和政治敏锐性，明确职责，建立健全维护高校稳定的长效机制，保持高校持续稳定。

3月

3月5日—18日

第十届全国人民代表大会第一次会议召开，国务院总理朱镕基在政府工作报告中指出，发展社会主义民主政治，建设社会主义政治文明，实行依法治国和以德治国相结合，加强社会主义法制建设，牢牢把握先进文化的发展方向，大力加强社会主义精神文明建设。

3月20日

教育部印发《教育部精神文明建设领导小组2003年工作安排》。文件强调，要把弘扬和培育以爱国主义为核心的团结统一、爱好和平、勤劳勇敢、自强不息的伟大民族精神作为学校德育工作一项极为重要的任务，纳入学校教育的全过程。一是要组织全国有关专家研究并推出"文化素质教育阅读书目"，组织力量翻译出版"大学通识教育译丛"；二是积极探索适合不同年龄段学生特点的教育形式，利用重大节庆日、纪念日，开展丰富多彩的教育活动；三是广泛开展坚持"两个务必"的教育；四是大力弘扬雷锋精神，开展教育活动。要加强和改进学校德育工作。从社会和学生的实际出发，以为人民服务为核心、以集体主义为原则，以诚实守信为重点，加强对师生的社会公德、职业道德和家庭美德教育。一是广泛开展多种形式的诚信教育；二是将《公民道德建设实施纲要》提出的公民道德基本规范和要求融入到德育课教学中去，构建科学的学校德育工作体系；三是要建立科学的学校德育工作评价体系，加强过程性评价，形成良性的学校德育工作评估机制；四是进一步建立和健全学生日常行为规范；五是要加强法制教育、禁毒教育和工读学校建设。另外，文件强调，要继续做好学生心理健康教育工作；积极探索学生思想政治教育的规律，推进思想政治工作不断创新，继续做好高校思想政治教育"进网络、进学生公寓、进学生社团"工作；广泛深入地开展形势与政策教育。

3月26日

共青团中央、教育部、全国学联联合印发《关于进一步做好促进高校毕业生就业工作的意见》。文件要求，要大力加强思想政治工作，引导毕业生树立正确的择业观、就业观和成才观；通过组织形势报告会、开展社会实践活动等多种形式，帮助毕业生全面了解我国经济社会的发展状况和正确分析就业形势，转变计划经济下就业的陈旧观念，树立行行建功、处处立业的就业成才观，鼓励他们抓住西部大开发、小城镇和城市社区建设、产业结构调整等契机，到西部就业，到中小城市和社区就业，到中小企业就业；树立一批投身西部大开发、投身农村乡镇和城市社区建设、自主创业、在祖国最需要的地方成长成才的毕业生的先进典型，宣传一批支持子女正确择业就业创业的毕业生家长的优秀事迹；要及时了解掌握应届毕业生的状况，有针对性地开展深入细致的思想政治工作，并为毕业生排忧解难，做好相应的服务工作。

4 月

4 月 8 日

教育部下发《关于在高校中推广中南大学开展网络思想政治工作做法的通知》，指出，中南大学开展网络思想政治工作的主要做法是：不断丰富网络内容，用健康的网站吸引学生；实施网上教学，用科学的理论教育学生；开展网上活动，用高尚的精神熏陶学生；组织网上服务，用炽热的真情关心学生；大胆创新工作方法，依靠学生管理网络，使学生在网络思想政治工作中既当被教育者，也当教育者。

4 月 13 日—14 日

教育部在华中科技大学召开全国高校文化素质教育工作暨基地建设研讨会，总结交流八年来高校加强文化素质教育试点经验，研究在全国高校进一步普及和提高文化素质教育工作。教育部副部长袁贵仁出席会议并讲话，强调指出，高校应该认识到以文化素质教育为切入点，构建以提高学生素质为中心的中国特色的高等教育人才培养体系的重大意义；构建该人才体系可以通过课堂教学、校园文化建设和社会实践三个渠道，做到课内课外相结合，学校教育与社会教育相结合。袁贵仁还对今后的工作提出了五点希望：一是要提高对加强大学生文化素质教育重要性的认识；二是要着重研究在文化素质教育工作中，如何做好弘扬和培育民族精神的工作；三是要采取新的措施，深化文化素质教育；四是要根据学校的特色和定位，开展文化素质教育工作；五是要推广普及成功的经验和强化精品意识、提高质量。会上，袁贵仁等领导向包括华中科技大学在内的 32 个国家大学生文化素质教育基地单位授牌。

4 月 15 日

浙江大学文科大会召开。教育部副部长袁贵仁出席会议并讲话，就为进一步发展繁荣浙江大学哲学社会科学提出以下几点要求：一是要全面开展对“三个代表”重要思想的研究，要组织力量，联系党的历史方位去研究；联系国际国内两个大局去研究；联系党的基本经验去研究；联系两大基本问题，即什么是社会主义、怎样建设社会主义，建设一个什么样的党、怎样建设党去研究；联系三大规律，即人类社会发展规律、社会主义现代化建设规律、共产党执政规律去研究；联系三大文明建设去研究。二是要深入研究重大的理论和实践问题。三是要发挥综合交叉的学科优势，不断推动理论创新。四是要大力实施人才强校战略，努力建设一流的科研队伍。袁贵仁还指出，要像重视自然科学人才的培养、使用和奖励一样，重视哲学社会科学人才的培养、使用和奖励。

4 月 22 日

中共教育部党组就非典型肺炎预防和控制工作发出《致教育系统全体共产党员的一封信》，指出：要切实做好师生思想工作，广泛开展宣传科学防治知识，让广大师生知道非典型肺炎可防、可治、可控制，消除恐惧心理，稳定情绪，凝聚学校人心；要通过广大共产党员冲锋在前，发挥先锋模范作用的实际行动，加强思想道德教育和社会主义精神文明建设。

4 月 25 日

教育部印发《关于进一步深化教育改革，促进高校毕业生就业工作的若干意见》，提出要加强毕业生就业指导，将就业指导课作为学生思想政治教育的重要组成部分，并纳入日常教学。

4 月 28 日

中共教育部党组向各地各高校印发《发挥党

的领导、民族精神的政治优势，做好当前高校学生管理工作——致高等学校全体共产党员的信》，要求及时传达至高等学校每位共产党员，并以支部为单位组织学习贯彻，指出：第一，把党的旗帜举起来，党的声音响起来，党的形象树起来，强调越是艰难困苦，越是危急时刻，越是在严峻的考验面前，越是需要加强党的领导和思想政治工作，要求各级党组织和广大共产党员站到防治非典型肺炎工作第一线，做到哪里有师生，哪里就有党组织，哪里有危险，哪里就有共产党员，哪里有思想问题，哪里就有思想政治工作；第二，把防治非典型肺炎工作放在第一位，把学生的安危放在第一位，把维护校园秩序放在第一位；第三，越是艰难困苦，越是危急关头，越是要大力弘扬伟大的民族精神，高校的广大共产党员、干部师生，都要以邓练贤、叶欣、范信德等同志为代表的英雄人物为榜样，大力弘扬和培育在防治非典型肺炎斗争中所体现出来的万众一心、众志成城的齐心协作精神，同舟共济、共渡难关的团结友爱精神，挺身而出、冲锋在前的敬业奉献精神，依靠科学、相信科学的求真务实精神，以人为本、扶弱济困的人文关怀精神；第四，把困难估计得更严重一些，把解决问题的措施想得更充分一些，把各项工作做得更扎实一些，高校各级党组织和广大共产党员要针对当前形势和学校实际情况，按照“三贴近”的要求，把深入细致的思想政治工作和帮助师生解决实际问题结合起来，关心人、爱护人、引导人，切实增强思想政治工作的针对性、实效性和感染力、说服力。

5月

5月4日

中共中央政治局常委、国务院总理温家宝到清华大学、中国农业大学看望广大青年学生，表示节日的问候和祝贺。在清华大学，温家宝指出，纪念“五四”青年节，我们要坚持和发扬民主与科学的爱国主义精神；在当前防治非典型肺炎疾病的斗争中，我们也要发扬民主与科学精神，坚持科学民主决策，依靠群众，依靠科学，群防群控，群策群力，科学认识和掌握疾病的规律，攻克疾病防治的科学难关，最终战胜疾病。在中国农业大学，温家宝指出，广大青年学生要把爱国热情转化为报效祖国的动力，发奋学习，锻炼身体，勇攀高峰，立志成才，为国家富强和民族振兴作出自己的贡献。

6月

6月3日

教育部在8省市74所高校调查显示，大学生思想主流继续呈现出积极、健康、向上的良好态势。调查表明：大学生高度关注和积极评价党的十六大和“两会”的胜利召开，拥护“三个代表”重要思想，对全面建设小康社会的奋斗目标感到欢欣鼓舞，对以胡锦涛同志为总书记的新的中央领导集体充分信任；关注国际国内经济政治形势，对党和政府领导人民进行改革和建设取得的成绩高度肯定，对我国保持政治稳定和经济持续健康发展充满信心；关心支持高等教育改革和发展，对推动教育创新、提高教学质量、改善办学条件等寄予较高的期望；人生观、价值观主流积极向上，务实进取，竞争意识和学习自觉性明显增强，成才愿望非常强烈；整体心态比较平和，能比较客观、理智地观察分析问题。针对调查中反映出的大学生思想状况的新特点，教育部提出要在以下几方面加大工作力度：第一，进一步掀起学习“三个代表”重要思想的新高潮，努力增强大学生实践“三个代表”的自觉性和坚定性，在深入人心上下功夫，在开拓创新上下功夫，在力求实效上下功夫，要按照“三贴近”的要求，加强和改进高校学生思想政治工作，切实增强思想政治工作的针对性、实效性和吸引力、感染力；第二，以弘扬培育民族精神为重点，积极探索适合大学生特点的教育形式，开展丰富多彩的教育活动，切实增强青年学生的科学精神、人文精神和健康素质；第三，进一步深化教育教学改革，大力推进教育创新，要围绕提高学生的思想品德、实践能力和创新精神，更好地适应全面建设小康社会的需要，积极进行学科专业结构和人才培养模式的调整，加大课程设置、教学内容和方法的改革力度；第四，进一步树立以学生为本的思想，做好管理和服务工作，为学生的成长成才营造良好的校园环境。

6月10日

中宣部、中组部、中央政策研究室、中央党校、中央文献研究室、教育部、新闻出版总署、中国社会科学院联合在北京召开《“三个代表”重要思想学习纲要》出版座谈会。中宣部部长刘云山出席会议并讲话。6月12日教育部党组发出教育系统学习《“三个代表”重要思想学习纲要》的通知。通知要求，各地教育部门和各级各类学校要把这本书的学习纳入当前教育系统对“三个代表”重要思想的学习活动中；深刻认识掀起学习贯彻“三个代表”重要思想新高潮的重大意义，紧紧围绕中国特色社会主义这一主线，牢牢把握解放思想、实事求是、与时俱进这个精髓，把组织党员、干部和师生员工学习这本书与学习十六大报告和党章结合起来，与学习马克思主义发展史结合起来，与学习江泽民同志一系列重要著作和讲话结合起来，与学习以胡锦涛同志为总书记的党中央在带领全党全国人民实践“三个代表”过程中的新的理论创新结合起来，把大学生的学习与积极推进和深化“三个代表”重要思想“三进”工作结合起来，并列入2003年大学生暑期“三下乡”活动的重要内容；要充分发挥这本书在掀起学习贯彻“三个代表”新高潮中的重要辅助材料作用，充分利用广播、电视、网络、校报、校刊、黑板报等校内宣传媒体，并通过举办专题会、座谈会、报告会等多种形式，组织有声势、有深度的宣传活动；高校哲学社会科学工作者要运用学科专业优势，加强研究，深入理解，在学习辅导中发挥积极作用。

6月20日

教育部和中国人民解放军总参谋部、总政治部印发《2003—2005年全国学生军训工作发展规划》。文件共分指导思想和目的、目标任务、师资队伍建设、课程建设、经费与训练保障、组织实施与要求六个部分。文件强调，通过开展学生军训工作，使学生提高思想政治觉悟，激发爱国热情，增强国防观念和国家安全意识，树立爱国主义和革命英雄主义精神，增强组织纪律观念，培养艰苦奋斗、吃苦耐劳的作风，掌握基本军事知识和技能，提高学生的综合素质，为中国人民解放军培养合格的后备兵员和预备役军官，为国家培养社会主义事业的建设者和接班人打好基础。文件还指出，要加强普通高等学校、高级中学军事教师队伍建设，建设一支政治强、业务精、作风硬、素质高的军事教师队伍；建立一支自配军事教师与军队派遣军官相结合、专职军事教师与兼职军事教师相结合的师资队伍；各级教育行政部门、军事部门和普通高等学校、高级中学，要把加强军事教师队伍建设，纳入学校师资队伍建设的总体发展规划，认真选好、配好军事教师；普通高等学校学生军训是学生的必修课，要纳入学校整体教学计划；高级中学学生军训要统一纳入学生社会实践课程；要大力推进军事课教学改革，积极探索军事课教学的新规律、新特点，力争从教学内容和形式上适应青年学生的知识结构和身心特点，适应素质教育的新要求。

6月26日

教育部在北京召开“兴起学习贯彻‘三个代表’重要思想新思潮专家学者座谈会”，邀请北京、天津、上海部分著名哲学社会科学专家和高校“两课”教师，座谈学习《“三个代表”重要思想学习纲要》的体会，研讨贯彻落实《中共中央关于在全党兴起学习贯彻“三个代表”重要思想新高潮的通知》精神，推动“三个代表”重要思想“进教材、进课堂、进学生头脑”工作。教育部副部长袁贵仁出席并讲话。他指出，用“三个代表”重要思想教育武装大学生关系中国特色社会主义事业的前途命运；从2003年秋季开学起，高校要普遍开设“邓小平理论和‘三个代表’重要思想概论”课；要抓紧教材编写和骨干教师培训，要体现针对性和高校特色，以满足教育教学的要求；要开展高校“两课”教育教学调研，按照党中央提出的“高等学校要系统讲授‘三个代表’重要思想”要求，研究制订高校“两课”建设方案；要积极开拓“三个代表”重要思想“三进”工作的新途径，充分发挥第二课堂、学生社团的作用；要组织灵活多样的学生暑期“三下乡”活动，把学习宣传“三个代表”重要思想作为2003年活动的主要内容。座谈会上，与会专家还就《“三个代表”重要思想大学生读本》的编写进行了深入研讨。

同日，中共教育部党组发出《关于在教育战线兴起学习贯彻“三个代表”重要思想新高潮的通知》，强调要高度重视青年学生的理论武装工作，把“三个代表”重要思想全面、有机地体现和渗透在大中学校思想理论教育和人文社会科学教材建设和师资队伍建设的各项工作中，全方位推动“三个代表”重要思想“进教材、进课堂、进学生头脑”工作。高校“两课”教育教学在 2003 年秋季普遍开设“邓小平理论和‘三个代表’重要思想概论”课，要抓紧进行教材编写和骨干教师培训，特别是《学习“三个代表”重要思想重点难点问题解析》的编写工作，满足教育教学的急需；积极支持“两课”教育教学条件和基础较好的学校，单独开设“‘三个代表’重要思想概论”课，组织编写《“三个代表”重要思想大学生读本》，及时总结有关经验；开展全国普通高校“两课”教育教学调研工作，研究制订以“三个代表”重要思想教育为核心内容的新世纪新阶段高校“两课”建议方案；针对中学生的思想特点，组织编写出版《“三个代表”重要思想青少年读本》，认真贯彻落实中央关于“中学要把‘三个代表’重要思想的基本观点贯彻到相关课程的教学中”的意见；学生党团组织、社团要组织开展丰富多彩的学习实践“三个代表”重要思想的主题活动；支持大中专学生到社区、乡镇、工厂、工地等宣讲“三个代表”重要思想；组织灵活多样的大中专学生暑期“三下乡”活动，把学习宣传“三个代表”重要思想作为 2003 年暑期“三下乡”活动的重要内容。

7 月

7 月 1 日

“三个代表”重要思想理论研讨会在北京举行。会议的主要任务是：认真贯彻落实党的十六大精神，交流学习、宣传和实践“三个代表”重要思想的体会，推动全党更好地兴起学习贯彻“三个代表”重要思想新高潮。中共中央总书记胡锦涛发表重要讲话。胡锦涛指出，“三个代表”重要思想同马克思列宁主义、毛泽东思想和邓小平理论是一脉相承而又与时俱进的科学体系，是马克思主义在中国发展的最新成果。他强调：第一，“三个代表”重要思想坚持马克思主义的世界观和方法论，创造性地运用它们分析当今世界和中国的实际，为我们在新的时代条件下运用辩证唯物主义和历史唯物主义认识和把握社会发展规律、更好地推进我国社会主义事业做出了新的理论概括；第二，“三个代表”重要思想坚持党的最高纲领和最低纲领的统一，为我们坚持马克思主义的最终奋斗目标、根据实际制定和实施推动我国社会主义发展的科学战略提供了新的理论基础；第三，“三个代表”重要思想坚持马克思主义关于无产阶级政党必须植根于人民的政治立场，注重从人民群众的实践中吸取养分，为我们坚持马克思主义的群众观点、不断实现最广大人民的根本利益提出了新的理论要求；第四，“三个代表”重要思想坚持马克思主义与时俱进的理论品质，体现了马克思主义理论创新的巨大勇气，为我们坚持马克思主义基本原理、不断在实践中推进理论创新打开了新的理论视野。他还指出，“三个代表”重要思想贯穿了马克思主义的红线，在许多重大方面丰富和发展了马克思主义，为我们提供了重要启示：理论创新必须以坚持马克思主义基本原理为前提，而坚持马克思主义又要以根据实践的发展不断推进理论创新为条件；最广大人民改造世界、创造幸福生活的伟大实践是理论创新的动力和源泉。

胡锦涛指出，“三个代表”重要思想是新世纪新阶段全党全国人民继往开来、与时俱进，实现全面建设小康社会宏伟目标的根本指针。“三个代表”重要思想系统概括了我们党对社会主义建设规律的探索成果，科学预测了现代化建设的发展趋势，规划了中国特色社会主义发展的宏伟蓝图和一整套发展战略；“三个代表”重要思想依据改革开放和现代化建设的新实践，紧紧把握我国社会生活和社会结构的深刻变化，对建设中国特色社会主义的依靠力量做出了科学判断；“三个代表”重要思想全面审视当今世界格局的变化，准确判断国际形势的发展趋势，深刻分析国际社会各种力量和矛盾的交互运动，提出了我国外交工作的战略策略方针；“三个代表”重要思想把党的建设新的伟大工程同中国特色社会主义伟大事业紧密联系起来，赋予党的性质、宗旨、指导思想和任务以丰富的时代内容，确定了党的建设的总体部署。

胡锦涛指出，“三个代表”重要思想的本质是立党为公、执政为民，学习贯彻“三个代表”重要思想必须以最广大人民的根本利益为根本出发点和落脚点。相信谁、依靠谁、为了谁，是否始终站在最广大人民的立场上，是区分唯物史观和唯心史观的分水岭，也是判断马克思主义政党的试金石；始终做到“三个代表”，是我们党的立党之本、执政之基、力量之源，这里的“本”“基”“源”，说到底就是人民群众的支持和拥护；实现人民的愿望、满足人民的需要、维护人民的利益，是“三个代表”重要思想的根本出发点和落脚点。他强调，学习贯彻“三个代表”重要思想，必须牢牢把握立党为公、执政为民，这是衡量有没有真正学懂、是不是真心实践“三个代表”重要思想的最重要的标志；学习贯彻“三个代表”重要思想，必须坚持尊重社会发展规律和尊重人民历史主体地位的一致性，坚持为崇高理想奋斗和为最广大人民谋利益的一致性，坚持完成党的各项工作和实现人民利益的一致性，切实把立党为公、执政为民具体地、深入地落实到各项工作中去。胡锦涛还强调要坚持用马克思主义态度学习贯彻好“三个代表”重要思想，用“三个代表”重要思想指导新的实践，并努力在实践中继续发展马克思主义。第一，坚持学习理论和指导实践相结合；第二，坚持改造客观世界和改造主观世界相结合；第三，坚持运用理论和发展理论相结合。

7月2日

教育部党组书记、部长周济主持召开党组扩大会议，认真传达学习胡锦涛总书记在“三个代表”重要思想理论研讨会上的重要讲话精神。周济就教育系统学习胡锦涛总书记重要讲话做了如下要求：一是坚持把学习理论与发展理论相结合，用“三个代表”重要思想教育广大师生员工、全方位推动“三个代表”重要思想“进教材、进课堂、进学生头脑”工作；二是坚持学习理论与指导实践相结合，进一步树立以人为本的观念，加强和改进思想政治工作，切实解决当前师生员工在学习、工作、生活中遇到的突出问题和困难；三是要坚持学习理论与改造主观世界相结合，切实加强教育战线党的建设工作和基层党组织建设，认真解决党的建设和干部作风方面存在的突出问题，加强党员领导干部的理想信念教育，把学习贯彻“三个代表”重要思想与开展党员先进性教育结合起来。

7月4日

中宣部、中央文明办、教育部、共青团中央和全国学联在中国人民大学举行2003年大中专学生志愿者暑期文化科技卫生“三下乡”社会实践活动出征仪式。2003年活动的主题是：实践“三个代表”，弘扬民族精神。

7月8日

中共教育部党组召开教育系统学习胡锦涛总书记“七一”重要讲话座谈会。教育部党组书记、部长周济出席座谈会并讲话。他强调指出，一是要用“三个代表”重要思想武装党员干部的头脑，才能坚定对马克思主义的信仰、坚定对社会主义的信念、增强对改革开放和现代化建设的信心，树立正确的世界观、人生观和价值观。二是要牢牢把握立党为公、执政为民这个本质。这是衡量有没有真正学懂、是不是真心实践“三个代表”重要思想最重要的标志。三是要通过深入学习贯彻“三个代表”重要思想，进一步树立与时俱进、开拓创新的良好精神状态。

7月22日—26日

中国共产主义青年团第十五次全国代表大会在人民大会堂隆重举行。中共中央政治局常委吴官正代表党中央发表了题为《在全面建设小康社会的伟大实践中谱写新的青春乐章》的祝词，指出：为全面建设小康社会而奋斗，广大青年就必须树立理想、坚定信念，刻苦学习、发奋成才，与时俱进、开拓创新，脚踏实地、艰苦创业，陶冶情操、锤炼品德。7月25日，中共中央总书记、国家主席胡锦涛在中南海怀仁堂同团中央新一届领导班子成员和团十五大部分代表座谈时发表重要讲话，向全国广大青年提出三点希望：一是要勤于学习，注重学习马克思列宁主义、毛泽东思想、邓小平理论和“三个代表”重要思想，注重砥砺品格、磨炼意志，树立正确的理想信念，培养高尚的道德情操；二是要善于创造，要努力培养自己的创造能力、充分发挥自身的创造潜能，紧密结合全面建设小康社会的伟大实践，在不断认识和把握客观规律的基础上，勇于创造、善于创造、不断创造；三是要甘于奉献，要自觉把个人的命运同祖国和民族的命运紧紧联系在一起，把个人的理想追求同全面建设小康社会的伟大事业紧紧联系在一起，自觉服务祖国，无私奉献社会，艰苦奋斗，不懈进取，在火热的社会实践中创造出无悔的青春、永恒的青春。会议审议通过了共青团十四届中央委员会工作报告，通过了中国共产主义青年团第十五次全国代表大会关于《中国共产主义青年团章程(修正案)》的决议，一致同意在团章中明确规定，中国共产主义青年团以马克思列宁主义、毛泽东思想、邓小平理论和"三个代表"重要思想为行动指南。

7 月 30 日

教育部社政司和社科中心联合在北京召开高校学者学习"三个代表"重要思想和胡锦涛总书记"七一"重要讲话理论研讨会。教育部副部长袁贵仁出席座谈会并讲话，指出：高等学校一方面担负着教书育人的神圣使命，要下大气力抓好用"三个代表"重要思想武装青年学生的工作，它关系到社会主义事业的前途和命运；另一方面，高校学科门类齐全，研究力量雄厚，在研究宣传"三个代表"重要思想方面有很强的优势。这两个特点决定了高校在把掀起学习贯彻"三个代表"重要思想新高潮引向深入方面应发挥更大的作用。袁贵仁还强调，高校在掀起学习贯彻"三个代表"重要思想新高潮中应着力于三个方面：一是为学习研究宣传"三个代表"重要思想作贡献；二是为加快社会主义现代化建设作贡献；三是为发展繁荣哲学社会科学作贡献。

同日，中央宣讲团成员、教育部副部长袁贵仁在北京大学为首都高校师生做了学习贯彻"三个代表"重要思想专场报告。来自北京大学、清华大学、中国人民大学、北京师范大学等 20 多所高校的近千名大学生聆听了宣讲报告。报告指出：掀起学习贯彻"三个代表"重要思想的新高潮，要以胡锦涛同志"七一"重要讲话为指导，坚持学习理论和指导实践相结合，坚持改造客观世界和改造主观世界相结合，坚持运用理论和发展理论相结合；要坚定对马克思主义的信仰，在增强学习贯彻"三个代表"重要思想的自觉性和坚定性上下功夫；要坚持实事求是的态度和与时俱进的精神，在全面掌握"三个代表"重要思想的系统理论上下功夫；要坚持理论联系实际，在自觉运用"三个代表"重要思想指导实践上下功夫。

8 月

8 月 4 日

教育部、共青团中央印发《关于表彰全国三好学生、优秀学生干部和先进班集体及其标兵的决定》。共有 184 名学生被评为全国三好学生，112 名学生被评为全国优秀学生干部，196 个班集体被评为全国先进班集体。文件指出，全国三好学生、优秀学生干部、先进班集体，是教育部、共青团中央授予高等院校和中等职业学校学生的最高荣誉，受表彰的学生和集体是当代中国青年学生和班集体的优秀代表，他们身上集中体现了当代中国青年学生先进的思想政治觉悟和崭新的精神风貌，是全国青年学生和全国各高等院校、中等职业学校学习的典范。

8 月 7 日

教育部党组在北京召开教育部部分直属高校党委书记会议。教育部党组书记、部长周济出席会议并讲话，指出：高校党委要在掀起学习贯彻"三个代表"重要思想新高潮中进一步做好繁荣发展哲学社会科学的工作，坚持以马克思主义为指导，用"三个代表"重要思想统领高校哲学社会科学工作，把智慧和力量进一步凝聚到实现党的十六大提出的战略任务上来，为改革发展稳定和社会主义现代化建设不断作出新贡献。会议强调，高校党委要切实负起政治责任，重视并加强对意识形态工作的领导，牢牢把握意识形态工作的主动权，确保哲学社会科学的正确方向。

8 月 20 日

全国高等学校思想政治教育研究会第六次会员代表大会暨年会在北京召开。会议的主要任务是：学习胡锦涛同志"七一"重要讲话，推动掀起学习贯彻"三个代表"重要思想新高潮，总结交流高校思想政治教育工作的成功经验，与时俱进，开拓进取，开创高校思想政治教育工作的新局面。教育部副部长袁贵仁出席会议并讲话，指出：高校思想政治教育工作要紧紧围绕学校中心工作，为提高教育质量和办学效益，培养更多的全面发展的高素质人才服务；要高扬社会主义文化，在改造落后文化、抵制腐朽文化、繁荣先进文化的过程中，不断增强思想政治工作的影响力、说服力；要以满足广大师生的根本利益为出发点和归宿，多为群众办实事、办好事，在维护和实现广大师生员工的经济、政治、文化利益上下功夫；要认真总结抗击“非典”斗争中高校思想政治工作的成功经验，切实增强思想政治工作的针对性、实效性和吸引力、感染力；高校思想政治工作要富于创造性，着眼创新性，从新时期学生思想的实际出发，开展创造性的思想政治教育工作。

9 月

9 月 16 日

全国首家“三个代表”重要思想学术网站在北京师范大学开通。教育部社政司、北京市委教育工委、北师大党委有关负责同志出席网站开通仪式。据了解，以“京师在线”为站名的“三个代表”重要思想学术网站设有“三个代表”重要思想、邓小平理论、毛泽东思想、马克思列宁主义、中国共产党历史、校园党建、“两课”教育、经典名著、学术交流、校园文化、创业在线、京师读书、就业在线、考试专区等栏目，旨在以“三个代表”重要思想为指导，以学生成长成才为根本目的，以科学研究为主线，以校园文化建设为依托，为广大师生和校外各界人士的理论学习和学术交流提供了一个广阔的平台，促进了“三个代表”重要思想进网络工作的进展和高校理论教育及思想政治教育工作的创新。

9 月 24 日

全国整顿和规范市场经济秩序领导小组办公室、中宣部、中央文明办、司法部、教育部、全国总工会联合下发《关于开展社会诚信宣传教育的工作意见》，对开展社会诚信宣传教育的紧迫性和必要性、指导思想、工作目标、主要内容、具体措施、组织领导和部门分工六个方面提出了具体指导性意见。文件指出，要加强学生的诚信教育工作；学校是进行诚信教育的重要阵地，诚实守信的品德必须从小开始培养，从娃娃抓起；要从孩子懂事开始将诚实守信的品德贯穿其整个成长过程，生动活泼、深入浅出地进行系统教育；各级各类学校要把培养学生的诚实守信品质作为学校的重要工作之一，把诚信教育作为大中小学生思想道德建设的重要内容渗透到学校教育的各个环节；要结合学生学习、生活实际，组织丰富多彩的诚信教育活动，同时，要重视对教师的诚信教育，充分发挥教师为人师表的作用。

10 月

10 月 14 日

中国共产党第十六届中央委员会第三次全体会议通过《中共中央关于完善社会主义市场经济体制若干问题的决定》，第一次提出了科学发展观，即坚持以人为本，树立全面、协调、可持续的发展观，促进经济、社会和人的全面发展。文件同时指出，要加强思想政治工作，为发展社会主义市场经济提供强有力的政治保证；要大力加强社会主义文化建设，着力建立与社会主义市场经济相适应、与社会主义法律规范相协调、与中华民族传统美德相承接的社会主义思想道德体系，弘扬和培育民族精神，不断提高全民族的思想道德素质和科学文化素质，为改革和发展提供强大的精神动力和智力支持。

胡锦涛同志在十六届三中全会第二次全体会议上发表讲话，强调要树立和落实科学发展观。他指出，树立和落实科学发展观，就是要使经济更加发展、民主更加健全、科教更加进步、文化更加繁荣、社会更加和谐、人民生活更加殷实；要全面实现这个目标，必须促进社会主义物质文明、政治文明和精神文明协调发展，坚持在经济发展的基础上促进社会全面进步和人的全面发展，坚持在开发利用自然中实现人与自然的和谐相处，实现经济社会的可持续发展。

10 月 23 日

中共教育部党组发出《关于在教育战线深入

开展以弘扬载人航天精神为主题的爱国主义、民族精神和科学精神学习教育活动的通知》。文件指出：(1)要认真组织学习教育活动，引导广大师生员工深刻认识载人航天飞行圆满成功对于加快我国改革开放和社会主义现代化建设、增强我国综合国力、提高我国国际地位的重大战略意义；(2)要以首次载人航天飞行圆满成功的生动事例和为国家作出巨大贡献的科技专家的先进事迹为教材，进一步挖掘“两弹一星”精神和载人航天精神所蕴含的爱国主义、民族精神和科学精神的丰富内涵，在广大师生员工中深入开展爱国主义、民族精神和科学精神教育；(3)要充分利用各种形式和教育资源，开展形式多样、生动活泼的学习教育活动；(4)要加强对学习教育活动的领导，把学习教育活动作为当前一项重要的工作切实抓紧抓好，使广大青少年学生自觉地把个人的理想追求同祖国的前途命运紧密地联系起来，努力做到勤于学习，善于创造，甘于奉献，时刻准备着为全面建设小康社会、实现中华民族的伟大复兴贡献聪明才智。

10 月 28 日—29 日

由中组部、中宣部、中共教育部党组联合召开的第十二次全国高等学校党的建设工作会议在北京举行。会议进一步明确了新形势下加强和改进在高校学生中发展党员工作的思路，并对加强高校领导班子建设，院(系)党委、总支建设，学生和教职工党支部建设，思想政治工作队伍建设等做出具体部署。

中共中央政治局委员、书记处书记、中组部部长贺国强出席会议并讲话。他指出，要抓基层、打基础，进一步加强院(系)党委、总支和学生、教职工党支部建设，不断完善党的基层组织设置；高校党组织要积极推动学习贯彻“三个代表”重要思想新高潮的不断深入，积极探索党员教育管理的新途径新方法，建立和完善党员队伍自我纯洁机制；高校党委要科学制定、认真实施发展党员工作的中长期规划和年度规划，努力做到大学生班级“一年级有党员，二年级有党小组，三年级有党支部”，同时，吸收符合党员条件的青年教师尤其是学科带头人和学术骨干及时入党。要坚持标准，严格程序，确保发展党员质量；各级党委要把高校党建工作纳入党的建设的整体部署之中，分类指导，狠抓落实。充分利用高校的优势，努力开创高校党建工作的新局面，同时为全国党建工作提供新经验。会议强调，要以邓小平理论和“三个代表”重要思想为指导，加强对学生党员和入党积极分子的理想信念教育，把培养教育贯穿于发展党员工作的全过程，努力提高学生党员的思想政治素质；要适应高校学生党员队伍不断发展壮大的客观要求，努力实现高年级学生“支部建在班上”的工作目标。

教育部党组书记、部长周济在工作报告中指出，要本着积极和慎重的态度，加大在学生中发展党员工作的力度，提高学生党员发展工作质量，把大批优秀青年学生凝聚到党的队伍和事业中来；要把青年学生的特点同发展变化的实际结合起来，勇于探索和创新，不断总结新的经验，通过切实可行的措施和办法，保证党员发展工作真正落到实处；要充分发挥学生党员的先锋模范作用，增强学生基层党组织的凝聚力和战斗力，提高高校学生思想政治工作的主动性、针对性和实效性。

11 月

11 月 6 日

教育部、北京市委在北京联合举办首都高校师生学习载人航天精神报告会，激励广大高校师生学习航天科技工作者为我国航天事业无私奉献的先进事迹和崇高精神，激发广大师生的爱国热情、报国之志，不断增强为中华民族的伟大复兴而努力工作和学习的历史使命感、社会责任感和民族自信心。

11 月 17 日

航天英雄杨利伟等 7 位来自载人航天工程战线的功臣到清华大学，为首都教育战线 5000 多名师生作专场报告。报告会由中宣部、教育部、中国人民解放军总政治部和总装备部及北京市委等 10 家单位联合举办。

11 月 21 日

《中国教育报》报道，中宣部、教育部、中国人民解放军总政治部、共青团中央最近联合发出通知，转发第二炮兵工程学院党委用“三个代表”重要思想指导办学育人，努力培养高素质新型军事人才的经验。第二炮兵工程学院的基本经验是，坚持把用党的最新理论成果培养教育学员作为第一位的任务来抓，做到党的理论创新和实践创新每发展一步，政治理论教育就跟进一步，坚定学员对“三个代表”重要思想的政治信仰；坚持把学习贯彻“三个代表”重要思想体现到推动军事教育创新中，落实到加速培养新型军事人才上，自觉做到围绕军事斗争准备抓教改，面向部队信息化建设育人才；坚持把学习贯彻“三个代表”重要思想贯穿到办学育人的各个环节，通过加大实践教学力度、创建具有火箭兵特色的校园文化、在专业课教学中完善充实人文社会科学教学内容等措施，努力把学员培养成为既有扎实的“三个代表”重要思想理论根基，又有丰厚的现代科技知识的一代新人。

同日，教育部印发《关于追授陈野平同学“舍己救人的优秀大学生”荣誉称号的决定》。陈野平同学生前系湖南师范大学2002级学生。2003年8月3日，陈野平同学为救两名落水少年，献出了年仅19岁的生命。文件号召全国广大学生向陈野平同学学习，学习他刻苦学习、严于律己、诚实质朴的高尚品质，学习他富有理想、弘扬正气、乐于奉献的崇高思想，学习他挺身而出、舍生忘死的革命英雄主义精神。文件还指出，各地教育行政部门和各高等学校要将学习陈野平同学的英雄事迹与学习贯彻“三个代表”重要思想结合起来，与宣传、学习本地和本校的先进人物结合起来。要引导广大大学生进一步提高思想道德素质，努力学习科学知识，承担起全面建设小康社会和实现中华民族伟大复兴的历史重任。

11月25日

中宣部、教育部、共青团中央、中国人民解放军总政治部联合在北京召开全国大学生学习贯彻“三个代表”重要思想经验交流会。中共中央政治局委员、书记处书记、中宣部部长刘云山出席会议并讲话，指出：从党和国家事业后继有人的战略高度，深刻认识当代大学生学习贯彻“三个代表”重要思想的重大意义，做好当代大学生理论武装工作。青年学生应当坚定对马克思主义的信仰，坚定对中国特色社会主义的信念，把个人的奋斗和国家的前途、民族的命运紧密联系起来，积极投身全面建设小康社会的伟大实践；要把学习贯彻“三个代表”重要思想同促进学习成才结合起来，努力成为适应时代要求的高素质人才；当代大学生一定要把学习作为自己的第一任务，珍惜大好时光，发奋努力、刻苦钻研，不断加强思想修养，不断攀登科学高峰，不断提高建设现代化的本领；要把学习贯彻“三个代表”重要思想同投身社会实践结合起来，在全面建设小康社会的生动实践中受教育、长才干、作贡献，在与广大人民群众的共同奋斗中加强自身修养、提高精神境界，在自己人生奋斗历程中创造出无悔的青春。刘云山强调要加强组织领导，进一步增强政治意识、大局意识、责任意识，紧密结合当代青年的特点，让“三个代表”重要思想进教材、进课堂、进学生头脑，成为青年学生健康成长、奋发有为的行动指南和精神动力。

12月

12月5日—7日

中共中央在京召开全国宣传思想工作会议。中共中央总书记胡锦涛在会议上发表重要讲话。他强调指出，要坚持把做好思想政治工作作为宣传思想战线的基本职责，要深入开展党的基本理论、基本路线、基本纲领和基本经验教育，深入开展中国革命、建设和改革的历史教育和国情教育，引导广大干部群众正确认识社会发展规律，正确认识国家的前途和命运，树立正确的世界观、人生观和价值观，不断坚定建设中国特色社会主义的理想信念；必须坚持以人为本，既要坚持教育人、引导人、鼓舞人、鞭策人，又要做到尊重人、理解人、关心人、帮助人；思想政治工作必须结合经济工作和其他实际工作一道去做，把解决思想问题同解决实际问题紧密结合起来；要大力宣传立党为公、执政为民的要求，着力营造权为民所用、情为民所系、利为民所谋的良好氛围，深刻阐述群众利益无小事的道理，多办得人心、暖人心、稳人心的好事实事，把党和政府的温暖送到群众心坎上。

12 月 9 日—11 日

教育部邓小平理论研究中心、教育部高等学校社会科学发展研究中心、湘潭大学联合在湘潭大学召开“全国高校纪念毛泽东同志诞辰 110 周年学术研讨会”，旨在贯彻落实党中央关于举办毛泽东同志诞辰 110 周年纪念活动的通知，回顾和缅怀以毛泽东为代表的中国共产党人的丰功伟绩，推动高校理论教学和学术研究。与会学者既讨论了毛泽东与 20 世纪的中国、毛泽东与中华民族的伟大复兴、毛泽东与马克思主义中国化、毛泽东及毛泽东思想的历史地位、毛泽东对中国社会主义建设道路的探索及其现实意义、毛泽东对继承和发展中华民族精神的历史贡献等宏观问题，也对毛泽东的经济思想、政治思想、文艺思想、党建思想、民族思想、教育思想等做了多方面的阐述。

12 月 10 日

中宣部、中央文明办、教育部等 14 部委在北京召开文化科技卫生“三下乡”电视电话会议。会议表彰了在“三下乡”活动中涌现出来的先进集体和个人，总结交流了情况和经验，安排部署了工作，推动了文化科技卫生“三下乡”活动的深入开展。

12 月 15 日—16 日

共青团中央在京举办“2003 年中国青少年社会教育论坛”。教育部、文化部等有关部委负责人、国际组织和非政府组织代表、海内外青少年社会教育领域著名学者和来自全国各地的青少年宫负责人共 400 余人参加了论坛。与会专家学者呼吁，要整合和整顿青少年校外活动场所，使其恢复社会教育阵地的功能，努力消除政出多门的现象。

12 月 18 日

教育部中华人民共和国教育史研究工作小组、中国教育学会、教育部社科中心、中央教科所、中国高教学会和中国教育报刊社，联合在北京举办“毛泽东与中国教育”学术研讨会。教育部副部长王湛出席研讨会并发表讲话。他指出，重新学习和深入研究毛泽东教育思想，目的是继承和发扬毛泽东教育思想，高举邓小平理论和“三个代表”重要思想的伟大旗帜，努力推进我国教育改革与发展。

12 月 19 日

胡锦涛同志在全国人才工作会议上发表题为《大力实施人才强国战略，不断开创人才工作新局面》的重要讲话，强调要注重加强思想政治教育，促进各类人才全面发展。他指出，中国特色社会主义事业所需要的人才，不仅应具备较高的科技知识水平和能力而且应具备较高的思想政治素质；要坚持不懈地用马克思列宁主义、毛泽东思想、邓小平理论和“三个代表”重要思想武装各类人才的头脑，促进各类人才树立正确的世界观、人生观、价值观，增强爱国主义、集体主义和社会主义思想，发扬拼搏奉献精神、艰苦创业精神、团结协作精神和诚实守信精神；要根据改革开放和发展社会主义市场经济的新情况新特点，推进思想政治教育的改革创新，改进方法，丰富载体，增强实效，引导各类人才不断在实践中完善自己、在竞争中提高自己、在奋斗中充实自己。

12 月 22 日

教育部办公厅发出《关于进一步加强高校学生管理工作和心理健康教育工作的通知》。文件指出，各地各高校要充分认识当前形势下加强学生管理工作的紧迫性和重要性，以高度的政治责任感和工作责任心，切实加强对学生管理工作的领导责任制，完善各项工作制度，深入、细致、扎实地抓好各项管理工作；要强化育人意识，把教书育人、管理育人、服务育人落到实处，形成全员、全方位、全过程育人的合力，各地各高校要充分发挥高校“两课”教育教学的作用，帮助学生树立正确的成才观、苦乐观、恋爱观、择业观等思想观念，养成良好行为习惯和健康向上的精神风尚；学生辅导员、班主任和学生工作干部要深入课堂、公寓，深入了解学生的学习、生活情况，把握学生的思想特点和关心的问题，做到心中有数；专业教师要注意在教学过程中既要关心学生的专业学习，也要注意了解和把握学生的思想状况和心理特点；学生党团组织、学生会、学生社团要充分发挥身处广大学生之中的优势，广泛联系同学，通过多种方式，加强思想和感情上的联系和沟通，了解思想动态和心态。要通过高校干部和师生的共同努力，确保一旦有异常情况发生，能够做到及时发现、及时上报、及时处理，把可能出现的伤害事故解决在萌芽状态；要进一步加强学生心理健康教育工作，建立健全学校心理健康教育机构；加强教师队伍培训；抓紧进行大学生心理健康量表的研制工作，建立心理健康大学生咨询中心，进行设立心理健康档案试点；通过举办心理健康知识讲座、团体训练、学习辅导、个别咨询等方式，为学生提供心理健康指导与服务；组织编写大学生心理健康读本，加强大学生心理健康科普教育；在心理辅导或咨询中，如发现有严重心理障碍和心理疾病的学生，要及时将他们转介到专业卫生机构进行治疗。文件还强调要加强校医院(卫生科)卫生人员防治心理疾病的专业培训；对患有严重心理疾病经专业机构治疗过后返校继续学习的学生，要特别加强心理跟踪服务工作；要热情关心心理健康教育师资队伍的培养和提高，解决有关工作场地、经费投入等问题，为开展工作创造有利条件。

12 月 25 日—27 日

教育部在北京召开 2004 年度教育工作会议。会议的主要任务是：以邓小平理论和“三个代表”重要思想为指导，大力实施科教兴国战略和人才强国战略，总结 2003 年的教育工作，全面部署 2004 年和之后五年教育的改革与发展，推动教育事业持续健康协调快速发展，努力办好让人民满意的教育。

教育部党组书记、部长周济作了题为《大力实施科教兴国战略和人才强国战略推动教育事业持续健康协调快速发展》的工作报告。报告指出：加强新时期的德育和高校学生思想政治工作，把弘扬和培育民族精神贯穿教育工作的全过程；加强诚信教育、法制教育和心理健康教育。实施“高校‘两课’建设计划”；加强对校园文化活动和学生业余生活的引导和管理，提高大学生人文、科学和艺术素养；做好学生党员发展工作，努力实现高年级学生“支部建在班上”的目标，把大批优秀青年学生凝聚到党的队伍和事业中来；进一步增强高校对突发事件的应对能力，更好地维护高校的稳定。

12 月 26 日

中共中央在人民大会堂举行纪念毛泽东同志诞辰 110 周年座谈会。胡锦涛同志发表重要讲话，指出：毛泽东思想是马克思列宁主义在中国的创造性运用和发展，是被实践证明了的关于中国革命和建设的正确的理论原则和经验总结，是中国共产党集体智慧的结晶。在任何时候任何情况下，我们都要始终高举毛泽东思想的伟大旗帜。讲话还强调：我们必须始终坚持解放思想、实事求是、与时俱进，继续在新的时代条件下把马克思主义基本原理同中国具体实际相结合，不断推进马克思主义的中国化；必须始终坚持一切为了群众、一切依靠群众，坚持立党为公、执政为民，不断实现好、维护好、发展好最广大人民的根本利益；必须始终坚持独立自主地探索中国社会主义建设的道路，善于根据国情进行自主创新、又积极借鉴国外有益经验，不断开拓和发展中国特色社会主义道路。讲话还指出：要继续牢牢把握先进文化的前进方向，大力推进社会主义精神文明建设，为改革开放和社会主义现代化建设提供坚强的思想保证和智力支持；要坚持用“三个代表”重要思想武装全党、教育人民，深入进行党的基本理论、基本路线、基本纲领和基本经验的教育，坚持马克思主义在意识形态领域的指导地位，不断巩固党和人民团结奋斗的共同思想基础；要坚持弘扬和培育以爱国主义为核心的伟大民族精神，大力发扬创新精神，使全体人民始终保持昂扬向上的精神状态；要坚持依法治国和以德治国相结合，大力开展理想信念教育，切实加强思想道德建设，加强和改进新形势下的思想政治工作，广泛开展群众性的精神文明创建活动，努力建立与社会主义市场经济相适应、与社会主义法律规范相协调、与中华民族传统美德相承接的社会主义思想道德体系；深化科技教育体制改革，推动科技教育创新，大力发展科学教育事业，更好地培养德智体美全面发展的社会主义建设者和接班人，更好地发挥科学技术在促进经济社会发展中的重大作用；要深化文化体制改革，积极推进各类文化事业和文化产业的发展，为人民群众提供更多更好的文化产品和文化服务，满足人民群众日益增长的精神文化需求。讲话还就以加强党的执政能力建设为重点，全面推进党的建设新的伟大工程做了深入阐述。

同日，中共中央、国务院联合下发《关于进一步加强人才工作的决定》。要求要加强爱国主义、集体主义、社会主义教育，树立正确的世界观、人生观、价值观，发扬拼搏奉献精神、艰苦创业精神、团结协作精神和诚实守信精神，促进各类人才的全面发展。

2004年

1月

1月3日

教育部印发《教育部2004年工作要点》。文件要求：大力弘扬和培育民族精神，加强和改进学校德育工作。继续贯彻《公民道德建设实施纲要》，加强诚信教育，进一步加强青少年思想道德建设。加强法制教育和国防教育。促进学校教育、社会教育和家庭教育有机结合。做好校园及周边环境综合治理工作，创建安全文明校园。启动实施“高校‘两课’建设计划”，加强高校思想政治工作。进一步推进邓小平理论和“三个代表”重要思想进教材、进课堂、进学生头脑。推进高校“两课”课程体系、教学内容和教学方法的改革。强化对学生课外活动和生活的引导与管理，推进思想政治教育进公寓、进社团、进网络。加强校园文化建设，提高大学生的人文、科学和艺术素养。深入开展大学生社会实践活动。健全突发事件应急处置机制，维护高校稳定。要认真落实《关于进一步加强和改进在高校学生中发展党员工作的意见》，以积极而慎重的态度，加大发展工作力度，提高发展工作质量，把大批优秀青年学生凝聚到党的队伍和事业中来。加强和改进学生基层党组织建设，努力实现高年级学生“支部建在班上”的目标。要加强学生心理健康教育和青春期教育，加强预防艾滋病教育和反毒品教育；实施“高等学校哲学社会科学繁荣计划”等。

1月5日

中共中央发出《关于进一步繁荣发展哲学社会科学的意见》。文件包括了繁荣发展哲学社会科学是建设中国特色社会主义的一项重大任务、繁荣发展哲学社会科学的指导方针、繁荣发展哲学社会科学的目标、实施马克思主义理论研究和建设工程、积极推进哲学社会科学管理体制改革、造就一支高水平的哲学社会科学队伍、加强党对哲学社会科学工作的领导七个方面。明确提出要实施马克思主义理论研究和建设工程，指出：要深入研究马克思主义发展史，深入研究马克思主义基本原理，深入研究马克思主义的立场、观点和方法，深入研究马克思主义与时俱进的理论品质，破除对马克思主义的教条式理解，澄清附加在马克思主义名下的错误观点；要深入研究马克思主义中国化的历史进程和毛泽东思想、邓小平理论、“三个代表”重要思想这三大理论成果，深入研究邓小平理论和“三个代表”重要思想对马克思列宁主义、毛泽东思想的继承和发展，深入研究邓小平理论和“三个代表”重要思想在“什么是社会主义、怎样建设社会主义”和“建设什么样的党、怎样建设党”的问题上提出的新思想、新观点、新论断；组织编写全面反映邓小平理论和“三个代表”重要思想的哲学、政治经济学、科学社会主义以及政治学、社会学、法学、史学、新闻学和文学等学科的教材，进一步推动邓小平理论和“三个代表”重要思想“进教材、进课堂、进学生头脑”工作；要进一步改进邓小平理论和“三个代表”重要思想的教学工作，增强马克思主义理论课的吸引力和感染力；要抓好马克思主义理论师资队伍建设，着力培养一批中青年马克思主义理论教学骨干。

1月7日—9日

全国高校思想政治工作研究会在哈尔滨市召

开第八届高校青年德育工作者理论研讨会。研讨会为高校青年德育工作者构建了一个开阔视野、交流思想、研究问题、开发潜能的平台，鼓励高校青年德育工作者投入德育研究。此届理论研讨会要求高校青年德育工作者进一步加强宏观思考，加强前瞻性、预测性研究，从而不断提高高校德育工作的理论与实践水平。

2月

2月1日

《中国教育报》报道，华北五省(区、市)高校德育工作研讨会近日在北京举行。与会代表重点围绕如何按照“三个代表”重要思想的要求建设社会主义思想道德体系、面对“非典”等突发事件做好德育工作、大学生社会公德的教育及养成等进行了研讨。

2月17日

第七届全国三好学生、优秀学生干部、先进班集体评出。这是教育部、共青团中央授予高等院校和中等职业学校学生的最高荣誉，此次共评出全国三好学生184名，全国优秀学生干部112名，全国先进班集体196个。

3月

3月2日

教育部在北京举办第13期全国高校“形势与政策”课骨干教师培训班，旨在贯彻落实中央宣传思想工作会议精神，进一步加强高校“形势与政策”课教育教学工作。培训期间，高校“形势与政策”课教学指导组的专家与学员一道就2004年上半年高校“形势与政策”课教学内容、方式方法和教学途径进行了集体备课。培训班学员围绕教学中如何坚持理论联系实际原则，紧密结合国内外大事及本地、本校发展的实际，回答大学生普遍关心的问题，引导大学生运用马克思主义的立场、观点和方法分析看待纷繁复杂的形势，坚定对马克思主义的信仰和对中国特色社会主义的信念，增强对全面建设小康社会的信心等进行了研讨和经验交流。

3月3日

国务院批转教育部《2003—2007年教育振兴行动计划》。这份行动计划指出，要加强和改进学校德育工作。要把弘扬和培育民族精神作为重要任务，纳入国民教育全过程；制定《弘扬和培育民族精神教育实施纲要》，深入开展爱国主义、集体主义和社会主义教育；加强维护国家统一和民族团结的教育，提高法制教育和国防教育的实效；加强各级各类学校的校园及周边环境综合治理，创建安全文明校园。《2003—2007年教育振兴行动计划》还指出，要加强党的建设和思想政治工作。一是加强和改进学校党的建设工作。努力建设一支忠诚于党的教育事业、德才兼备、结构合理、高素质的高等学校领导干部队伍；切实加强和改进在高等学校学生和青年教师中发展党员工作。二是实施高等学校马克思主义理论课和思想品德课建设计划。提高大学生的理论修养，深入推动邓小平理论和“三个代表”重要思想进教材、进课堂、进学生头脑；组织开展普通高等学校马克思主义理论课和思想品德课教育教学状况调查研究，更新和完善课程体系、教学内容和方法；实施高等学校马克思主义理论课和思想品德课立体化教材建设、优秀拔尖人才培养和骨干教师培训、教学资料信息化建设、社会实践基地建设计划，不断提高教育教学的质量和水平。三是增强高等学校思想政治工作的针对性、实效性和吸引力、感染力。扩大高等学校思想政治教育的覆盖面，强化对学生课余活动和生活的引导和管理，推进思想政治工作进公寓、进社团、进网络；加强学生素质教育和校园文化建设，提高大学生的思想道德素质、人文素质、科学素质和身体心理素质；深入开展大学生社会实践活动，积极推进大学生文化科技卫生“三下乡”、青年志愿者和社会公益劳动等活动，健全突发事件快速处置机制，维护高等学校稳定。四是抓好党风廉政及行风建设，保证教育事业持续健康发展。

3月3日—6日

教育部民族教育司、西藏自治区教育工作委员会联合在成都举行内地西藏班(校)政治思想教育和德育工作培训班。培训中，教育部、外交部、西藏自治区党委宣传部等部门的专家、学者，就内地西藏班(校)办学的重大意义、中央对办好内地西藏班(校)的方针、政策，西藏当前的社会经济发展形势，西藏的反分裂斗争形势等内容举办了专题讲座。

3月5日

中共中央政治局常委、国务院总理温家宝在第十届全国人民代表大会第二次会议上作政府工作报告。报告指出，要大力发展社会主义先进文化，弘扬以爱国主义精神为核心的民族精神，特别要加强对青少年的思想道德教育。

3月9日

中宣部、教育部、中共北京市委在京联合举办2004年春季首都大学生国际形势首场报告会。外交部副部长王毅为首都10所高校的1400名大学生作了专题报告。报告指出，外交需要人民的理解和支持，首先需要中国青年的理解和支持。报告还强调，广大青年在放眼全球时，首先要立足本国国情，了解中国的发展变化，科学把握中国在国际社会中的地位和作用；实现中国和平崛起的重任归根结底要落在广大青年的身上。

3月21日

教育部发出《关于开展高校上网场所清理整顿工作进一步加强校园网管理的紧急通知》，要求：(1)统一思想，提高认识，求真务实，深入开展校内上网场所清理整顿工作；(2)认真查找管理漏洞，建立健全长效管理机制，逐级落实责任制；(3)高度重视并切实做好对校园网有害信息的专项清理整治工作，切实加强对校园网的管理和监控；(4)推进网络精神文明建设，营造积极健康的网络文化氛围。文件指出：要高度重视和大力推进思想政治教育和德育进网络工作，用正确、积极、健康的思想文化占领网络阵地；积极组织开展文明上网宣传教育活动，推进网络精神文明建设，引导、帮助学生正确处理好学习与上网的关系；加强对学生的自律教育和相关法律法规教育，增强学生上网的法制意识、责任意识、政治意识和安全意识，号召学生自觉抵制不良信息。

3月25日

教育部发出《关于做好2004年全国普通高等学校毕业生教育工作的通知》，强调要把毕业生教育工作作为高校思想政治教育工作的重要环节，精心策划，认真组织，周密安排。要集中抓好择业观教育，要通过有针对性的思想教育工作，引导高校毕业生全面认识就业形势，正确处理个人与国家、集体的关系，到基层、到西部、到祖国最需要的地方去，把自己的理想追求和祖国的前途命运紧密结合起来，在全面建设小康社会、实现中华民族复兴的伟大实践中实现自己的人生价值；高度重视并切实做好形势政策教育和就业指导；高度重视并切实做好高校毕业生心理健康教育；重视发挥毕业典礼的教育作用。

3月26日—27日

教育部在京召开加强大学生思想教育工作研讨会。教育部党组书记、部长周济出席会议并讲话，指出：一定要坚持把德育放在教育的首位，把坚持正确的政治方向摆在学校工作的首位，坚持"巩固、深化、提高、发展"的方针，坚持以人为本，以学生为主体，培养有理想、有道德、有文化、有纪律的一代新人；要本着与时俱进的精神，全面加强和改进大学生思想教育工作和高校公共理论课教学工作；强化和优化大学生思想教育的主渠道，坚持以党建为核心，巩固和扩大大学生思想教育的主阵地，集成思想教育资源，形成全方位、多层次和网络化的大学生思想教育工作体系。

3月27日

教育部召开高校专家学者座谈会，旨在进一步深入学习贯彻《中共中央关于进一步繁荣发展哲学社会科学的意见》。教育部党组书记、部长周济在座谈会上强调，高校要进一步加强对邓小平理论和"三个代表"重要思想的深入研究，认真完成中央提出的"推动邓小平理论和'三个代表'重要思想'进教材、进课堂、进学生头脑'工作"，积极组织编写全面反映邓小平理论和"三个代表"重要思想的哲学社会科学教材，努力实现中央提出的"力争用十年左右时间，形成全面反映马克思列宁主义、毛泽东思想、邓小平理论和‘三个代表’重要思想的教材体系”的宏伟目标。

3月30日

由全国高等学校思想政治教育研究会主办、北京城市学院协办的第三届民办高校思想政治教育研讨会在北京西郊宾馆召开。此次研讨会旨在贯彻中央关于加强大学生思想教育工作精神，探讨民办高校德育工作面对的新情况、新问题以及做好民办高校德育工作的新思路、新经验。教育部副部长袁贵仁出席研讨会并讲话。他强调指出，开展好民办高校德育工作要努力做到七个加强：加强公共理论课教学；加强在大学生中的党员发展工作；加强网络思想政治教育工作；加强民族精神的弘扬和培养；加强大学生心理健康教育；加强校园文化建设；加强党对德育工作的领导。

4月

4月9日—10日

由清华大学高校德育研究中心主办、马克思主义研究中心和“两课”教学部协办的高校德育主渠道建设研讨会在清华大学举办，来自全国24所高校和4个学术单位及长期从事“两课”教学和研究的专家学者，共同为加强和改进高校公共理论课献计献策，同时也提出了许多值得深思的理论问题和导向问题，包括“两课”教育教学改革的紧迫性和必要性、“两课”教育教学如何提高实效性和针对性、德育主渠道建设改革的思路等。其中，围绕德育主渠道如何提高实效性和针对性的问题，与会学者集中探讨了教师队伍、教材建设、教学方法及宏观指导几个方面的问题；围绕如何推进高校德育主渠道建设改革，与会学者集中探讨了检验公共理论课改革的标准、加强和改进高校公共理论课的实质以及公共理论课课程体系变动要慎重等问题。

4月17日

国务院办公厅印发《关于进一步做好2004年普通高等学校毕业生就业工作的通知》。文件指出，要采取多种形式，有针对性地做好毕业生的思想教育工作，引导大学生树立正确的世界观、人生观、价值观，帮助毕业生准确把握就业形势，确立符合实际的就业期望；宣传党和国家的方针、政策、法规，增强大学生的基层意识、创业意识、诚信意识、安全意识。坚持正确的舆论导向，大力宣传毕业生到基层、到西部、到祖国最需要的地方建功立业的先进典型，宣传各地区和高校的先进经验，为促进高校毕业生就业营造良好的舆论氛围。

4月27日

中央实施马克思主义理论研究和建设工程工作会议在北京人民大会堂举行。中共中央总书记、国家主席胡锦涛在会见与会代表时强调，思想理论建设是党的建设的根本。一个马克思主义政党，只有坚持以科学的理论为指导，才能制定正确的路线方针政策，才能凝聚全党全国人民为崇高的理想和目标而奋斗。他希望与会代表进一步增强责任感和使命感，满腔热忱地投身于马克思主义理论研究和建设工程，始终坚持解放思想、实事求是、与时俱进，大力弘扬理论联系实际的马克思主义学风，深入研究马克思主义基本原理，深入研究邓小平理论和“三个代表”重要思想，深入研究重大的理论和实际问题，为马克思主义在中国的发展，为全面建设小康社会、开创中国特色社会主义事业新局面作出新的更大的贡献。

4月30日

中共教育部党组召开扩大会议，认真传达学习中共中央政治局常委李长春同志4月29日在教育部调研时的重要讲话精神。教育部党组书记、部长周济就近期部党组贯彻落实工作提出明确要求：一是认真组织教育系统广大干部师生学习领会李长春同志重要讲话精神，提高认识，统一思想，增强责任感和紧迫感；二是切实发挥好学校主渠道、主阵地、主课堂的作用，出硬招、实招、好招，推进未成年人思想道德建设工作；三是加强教材建设和课程建设，把爱国主义教育、革命传统教育、中华传统美德教育和民主法制教育有机统一于教育教学中，同时，加强对大、中、小学校德育课程相衔接的研究，构建符合时代要求的学校德育课程体系；四是围绕当前未成年人思想道德建设工作中存在的较为普遍的问题开展专题调研，提出对策和建议；五是治标与治本相结合，采取切实有效措施，积极推进基础教育课程改革和评价与考试制度的改革，切实减轻学生过重的课业负担；六是按照“三贴近”的原则，改进德育的方式方法，切实提高实效性；七是加强德育工作制度化建设，抓紧制定《班主任工作条例》和建立校外辅导员制度，研究制定学校德育工作的评价制度和学生思想道德行为的考评制度，同时，建立教育部学生思想道德建设领导小组，加强学生德育工作的领导。

同日，《中国教育报》报道，近日，国务委员陈至立在北京高校调研大学生思想教育和公共理论课教学工作。陈至立在调研时指出，大学生思想教育和公共理论课教学工作要坚持以人为本的原则，以学生为本，以学生为中心，促进学生的全面发展；要根据当今世界和中国的发展变化，承认学生的发展变化，了解学生、理解学生、服务学生、引导学生、教育学生、依靠学生、相信学生，要以学生的需求、创造、智慧和力量，汇成整个学生工作的基本点；思想教育工作在时间和空间上，都要做到全方位覆盖，要通过调查研究，通过大家献计献策，构建科学的思想政治工作系统工程；要增强学生思想教育工作的预见性、主动性；要改革创新，加强工作的时效性和成效性，要贴近大学生的思想、贴近大学生的情感、贴近大学生的实际，使我们的工作充满生机和活力；要高度重视大学生的集体活动、社团活动、班级活动在培养学生素质方面的作用，引导他们参加对学校、对社会、对他人有益的活动，增强他们的责任感；要整合高校各种教育资源，调动全社会的力量做好大学生思想教育和公共理论课教学工作，把工作做细做深做实。当前，高校公共理论课的教材存在内容重复和课程设置不够合理等问题。要在调查研究和试点的基础上，以实践作为检验标准推进公共理论课的改革和创新。

5月

5月4日—6日

国务委员陈至立在上海调研时指出，要以人为本，围绕学生成长、成才开展思想政治工作，特别要重视培养学生的爱国主义精神和民族精神，教育学生树立远大理想。她强调，思想政治工作要与关心学生的思想、学习、生活、就业、心理健康等紧密结合，全方位、全过程地开展工作；为学生服务，了解学生、理解学生、信任学生、正确引导学生；学生思想政治工作要紧密贴近学生的思想、情感、实际，加强社会实践、开展丰富多彩的校园文化活动，增强针对性和实效性；要通过中华民族优秀传统文化教育提高学生的人文素养。她强调指出，“两课”教学要坚持以马列主义、毛泽东思想、邓小平理论和“三个代表”重要思想为指导，改革课程、教材、教法、手段，增强说服力和感染力。

5月8日

中央综治委、教育部、公安部印发《关于深入开展安全文明校园创建活动的意见》，指出，高等学校要结合学校传统和校训精神，利用多种手段进行宣传，建立良好的教风、学风和校风，增强师生员工的法制观念，遵纪守法形成风尚，开展安全教育周活动，增强学生安全防范能力和自我保护意识，注重学生的心理调节和教育，开展职业道德和公民道德教育，不断提高师生员工道德素质，增强学生社会公德和文明素质。

5月17日

全国大学生的公益性大型综合门户网站、全国高校思想教育示范网站——“中国大学生在线”正式开通。国务委员陈至立出席开通仪式。“中国大学生在线”是由教育部主办，上海交通大学牵头承办，全国80所高校深度共建，全国大学生广泛参与，东方网、新浪网全面支持的公益性大型综合服务类门户网站。网站的建设目标是：展示中国大学生时代风采的窗口，服务中国大学生成长成才的平台，提升中国大学生综合素质的园区，引领中国大学生舆论方向的坐标。

5 月 28 日

中共中央政治局进行第 13 次集体学习，内容是繁荣和发展我国的哲学社会科学。中共中央总书记胡锦涛在主持学习时发表了讲话，指出：哲学社会科学的发展水平，体现着一个国家和民族的思维能力、精神状况和文明素质；马克思主义是我国哲学社会科学的根本指导思想，必须坚持用马克思列宁主义、毛泽东思想、邓小平理论和“三个代表”重要思想统领我国哲学社会科学工作，保证我国哲学社会科学始终沿着正确的方向发展；紧密结合新的实践不断创新，是我国哲学社会科学繁荣发展的必由之路；造就一支高素质的哲学社会科学队伍，是繁荣发展哲学社会科学的关键。胡锦涛还强调：各级党委和政府都要努力把握哲学社会科学发展的规律，注意改进领导方式，提高领导水平；要经常就经济社会发展的重大问题听取哲学社会科学界专家的意见，在党委和政府的决策中重视运用哲学社会科学的成果；要尊重劳动、尊重知识、尊重人才、尊重创造，树立服务意识，关心哲学社会科学工作者的学习、工作和生活，充分调动他们的积极性、主动性、创造性。

同日，以“全球化趋势下的青年文化”为主题的“第十届全国青年工作理论研讨会暨第一届中国青年发展论坛”在北京青年政治学院举行。来自全国部分高校的青年工作者以及青少年研究机构的百余位专家学者出席了研讨会。

6 月

6 月 7 日

教育部发出《关于切实加强高校学生住宿管理的通知》，强调要切实加强学生宿舍和公寓的党建与思想政治工作。要求：高校应采取有力措施，将学生在宿舍和公寓内按班集体住在一起，按班集体建立党团支部，充分发挥共产党员在住宿管理中的先锋模范作用和党支部的政治核心与战斗堡垒作用；没有按班集体安排住房的，要积极创造条件，尽早做出住房调整；坚决反对按学生经济状况分配住房的做法；要以学生宿舍和公寓为基地开展校园文化活动，培养学生的集体主义观念，丰富学生宿舍和公寓文化生活，促进学生公寓的社会主义精神文明建设；要坚决落实学生公寓思想政治工作队伍建设的有关要求，切实选派足够数量的政治素质高、思想作风好、具有较强组织管理能力、善于做学生工作的辅导员进驻学生公寓，做到“同住、知情、关心、引导”，与学生同住学生公寓，了解学生思想动态，关心学生思想、生活，引导学生正确处理各种问题，开展经常性的思想政治工作；要切实落实学校班主任管理的各项规定，班主任必须每周定期到学生宿舍走访学生。

同日，《中国教育报》刊发 2004 年高校学生思想政治状况滚动调查报告。调查报告表明：当前大学生的思想主流继续呈现出积极、健康、向上的良好态势。大学生拥护中国共产党的领导和“三个代表”重要思想，高度认同以人为本和全面协调可持续的科学发展观；对以胡锦涛同志为总书记的中央领导集体非常信任，对党和政府一年来领导人民进行改革和建设取得的成绩高度肯定；关注国际国内经济政治形势，对我国保持政治稳定、经济持续快速健康发展和全面建设小康社会充满信心；关注和支持高等教育的改革和发展，对加强高校学生管理、提高教育教学质量、加快教育改革步伐等寄予较高的期望；人生观、价值观的主流积极向上、务实进取，爱国热情很高，竞争意识和维权意识明显增强，成才愿望非常强烈；整体心态平和，能够比较客观、理智地观察分析问题。针对调查中反映出的大学生思想状况的新特点，教育部提出要在以下几方面加大工作力度：坚持不懈地用邓小平理论和“三个代表”重要思想教育广大青年学生，切实提高青年学生理论武装工作的针对性和实效性；在大学生思想教育工作中，既要重视共性的一面，也要重视个性的一面，切实把工作做细做深做实，做到全方位覆盖，努力构建科学的思想教育系统工程；切实抓好思想教育进网络工作，积极探索与大学生思想教育工作相适应的网上思想教育工作体系；深入开展大学生社会实践活动，引导大学生用理论指导实践，通过实践锻炼，帮助大学生成长成才；进一步加快教育教学改革步伐，大力推动教育创新，帮助学生解决与切身利益密切相关的实际问题；整合社会资源，切实加强领导，为大学生思想教育工作营造良好的社会环境。

6月10日

中共教育部党组发出《关于学习贯彻〈中共中央关于进一步繁荣发展哲学社会科学的意见〉的通知》，要求：认真学习领会中央文件精神，进一步提高对哲学社会科学重要性的认识；明确指导思想，坚持哲学社会科学的正确方向；抓住机遇，采取切实有效的措施，推动高校哲学社会科学的繁荣发展。通知指出，各地教育部门和高校要结合实际，进一步制订和完善本单位繁荣发展哲学社会科学的计划，重点做好以下工作：积极参与马克思主义理论研究和建设工程；加强哲学社会科学的学科建设；加强哲学社会科学基础研究和应用对策研究；造就一支高水平的哲学社会科学队伍；积极推进哲学社会科学管理体制改革；加强领导，真抓实干，做到组织落实、投入落实、行动落实，为繁荣发展高校哲学社会科学创造有利条件。

6月10日—15日

中央政治局常委李长春先后到南京、扬州、常州、无锡、苏州等地，深入高等院校、城市中小学、青少年活动中心和社区，就加强和改进高校学生思想政治工作、推进未成年人思想道德建设、深化文化体制改革等进行调研。李长春在调研时强调指出，在新的历史条件下，高校学生思想政治工作要用邓小平理论和“三个代表”重要思想武装学生头脑，教育和引导他们树立正确的世界观、人生观、价值观；要坚持以人为本，把引导人与关心人结合起来，不断丰富思想政治工作的内容和形式，努力增强针对性、实效性和吸引力、感染力；采取有力措施，切实加强和改进高校公共理论课的教学，把全面体现马克思主义中国化最新成果的邓小平理论和“三个代表”重要思想充分体现到哲学社会科学的各个学科，为公共理论课教学提供有力支撑；重视开展各种社会实践活动，把大学生社会实践活动纳入教学规划，为大学生深入社会、了解国情、增长才干、培养品格提供有利条件；充分发挥互联网的积极作用，切实加强校园网建设，遵循网络特点和网上传播规律，唱响网上主旋律，打好网上主动仗，积极占领网上思想教育阵地；按照政治强、业务精、作风正的要求，加强哲学社会科学和公共理论课教师队伍的建设，加强班主任和辅导员队伍的建设，努力形成一支适应新世纪新阶段学生思想政治教育需要的优秀队伍。

6月21日—22日

教育部社会科学委员会成立大会暨第一次工作会议在京召开。教育部党组书记、部长周济出席会议并讲话，指出当前面临着三大任务：第一，凝练学科方向，使学科结构更加优化，重点更加突出，特色更加鲜明。既要继承中国优秀文化传统，也要积极吸纳当今世界哲学社会科学的有益成果，更要坚持以我国改革开放和现代化建设的实际问题、以我们正在做的事情为中心，以重大现实问题为主攻方向，以理论创新为主导，把马克思主义在中国发展的最新理论成果贯穿到哲学社会科学的学科体系和教材体系中去。第二，汇聚学科队伍，通过深化改革，形成人尽其才、人才辈出的机制。要着力培养一批马克思主义思想家和理论家，造就一批坚持正确方向、理论功底扎实、勇于开拓创新、善于联系实际的学科带头人，要使更多年富力强、政治业务素质良好、锐意进取的青年理论骨干在科学研究中脱颖而出。第三，构筑学科基地。要充分预见学科发展的趋势，瞄准科学发展前沿和重大社会实践问题，体现前瞻性；要切实发挥自身的优势，体现可能性；突破原有学科界限，通过大力推进学科交叉与融合培养新的学科增长点，体现创新性。此次大会审议了《教育部社会科学委员会章程》《高等学校哲学社会科学研究学术规范》《重大攻关项目招投标及评审方案》和《2004年度哲学社会科学重大攻关项目招投标课题》，听取了社科委秘书处所作的《“985工程”社科创新基地建设工作情况的汇报》。

6月24日

教育部直属高校大学生心理健康教育工作会议在中南大学召开。教育部副部长袁贵仁出席会议并讲话，指出：各地各高校要加强对心理健康教育工作的领导，把心理健康教育工作纳入学校德育工作管理体系中，提供必要的条件；要加强心理健康知识的宣传教育，特别重视加强心理咨询或辅导工作；要积极创造条件开展工作，建立心理问题筛查、干预、跟踪、控制一体化的工作机制，做到对大学生心理问题的早期发现、及时干预和有效控制，提高工作的科学性和针对性；要狠抓心理健康教育工作队伍的建设，建设一支以专职教师为骨干，专兼结合、专业互补、相对稳定、素质较高的高校大学生心理健康教育工作队伍；要把对心理健康教育和咨询教师的培训工作列入学校师资培训计划；要重视建立学生心理互助机制。

7 月

7 月 15 日

中央军委主席江泽民致信清华大学毕业国防生，对他们积极投身国防事业予以充分肯定，并希望他们在新的工作岗位上继续刻苦努力，陶冶情操，磨炼意志，坚忍不拔地实现自己确立的报国之志，努力为国防和军队现代化建设、为中华民族的伟大复兴建功立业。

7 月 16 日

为纪念邓小平诞辰 100 周年，由教育部社政司、四川省委教育工委、四川大学联合举办的“全国邓小平科学和教育思想理论研讨会”在四川大学召开。教育部副部长袁贵仁出席开幕式并讲话，指出，学习贯彻邓小平教育思想，一个重要方面是学习贯彻邓小平关于学生思想政治教育的思想：学校要始终把坚定正确的政治方向放在第一位，培养社会主义合格建设者和可靠接班人；学校要重视学生思想政治教育，加强和改进德育工作；思想政治教育必须坚持以马克思主义为指导，把理想信念教育作为核心内容；新时期学生思想政治教育的重点是党的基本路线教育；思想政治教育要在继承优良传统的基础上，不断创新方式方法，增强针对性和实效性；思想政治教育要从小就抓，全社会齐抓共管。袁贵仁还指出：要学习贯彻邓小平关于学生思想政治教育的思想，坚持把提高学生思想政治素质放在首位；坚持正确的导向，充分体现马克思主义中国化的最新成果；坚持以人为本，以理想信念教育为核心，以树立正确的世界观、人生观、价值观为重点，以推进学生思想道德建设为基础；坚持贴近实际、贴近生活、贴近学生，在继承优良传统的基础上不断创新思想政治教育工作；坚持大、中、小学教育的有机衔接，学校、家庭、社会教育的相互配合，努力形成思想政治教育的整体合力。

7 月 20 日

中共中央政治局常委、国务院总理温家宝致信“三下乡”大中专学生，指出：大学生走出校门，走进农村，在同农民接触中，会进一步了解国情，懂得社会，认清自己对国家和人民的责任，会在社会实践中经受锻炼，增长才干，培养实际工作的能力，这将对今后的人生道路产生深远的影响。温家宝希望他们把这项光荣而有意义的活动坚持下去。

7 月 28 日

为纪念邓小平诞辰 100 周年，教育部社政司在北京召开邓小平与当代大学生思想政治教育座谈会。教育部副部长袁贵仁出席会议并讲话，指出，学习贯彻邓小平关于思想政治教育的思想，要着重学习和把握以下几个方面：始终把坚定正确的政治方向放在第一位；深入开展理想信念教育；坚持“学马列要精，要管用”的原则；不断改进思想政治教育方法；全党全社会要共同负起责任。

8 月

8 月 12 日

教育部办公厅印发《普通高等学校本科教学工作水平评估方案（试行）》。该评估方案是对 2002 年印发的《普通高等学校本科教学工作水平评估方案（试行）》的修订，其中将学生的思想道德素养与文化、心理素质作为重要的观测点和评估指标之一。

8 月 26 日

中共中央、国务院发出《关于进一步加强和改进大学生思想政治教育的意见》。文件共分九个部分：(1)加强和改进大学生思想政治教育是一项重大而紧迫的战略任务；(2)加强和改进大学生思想政治教育的指导思想和基本原则；(3)加强和改进大学生思想政治教育的主要任务；(4)充分发挥课堂教学在大学生思想政治教育中的主导作用；(5)努力拓展新形势下大学生思想政治教育的有效途径；(6)充分发挥党团组织在大学生思想政治教育中的重要作用；(7)大力加强大学生思想政治教育工作队伍建设；(8)努力营造大学生思想政治教育工作的良好社会环境；(9)切实加强对大学生思想政治教育工作的领导。

文件指出，加强和改进大学生思想政治教育，提高他们的思想政治素质，把他们培养成中国特色社会主义事业的建设者和接班人，对于全面实施科教兴国和人才强国战略，确保我国在激烈的国际竞争中始终立于不败之地，确保实现全面建设小康社会、加快推进社会主义现代化的宏伟目标，确保中国特色社会主义事业兴旺发达、后继有人，具有重大而深远的战略意义。

文件指出，加强和改进大学生思想政治教育的指导思想是：坚持以马克思列宁主义、毛泽东思想、邓小平理论和“三个代表”重要思想为指导，深入贯彻党的十六大精神，全面落实党的教育方针，紧密结合全面建设小康社会的实际，以理想信念教育为核心，以爱国主义教育为重点，以思想道德建设为基础，以大学生全面发展为目标，解放思想、实事求是、与时俱进，坚持以人为本，贴近实际、贴近生活、贴近学生，努力提高思想政治教育的针对性、实效性和吸引力、感染力，培养德、智、体、美全面发展的社会主义合格建设者和可靠接班人。加强和改进大学生思想政治教育的基本原则是：坚持教书与育人相结合，坚持教育与自我教育相结合，坚持政治理论教育与社会实践相结合，坚持解决思想问题与解决实际问题相结合，坚持教育与管理相结合，坚持继承优良传统与改进创新相结合。

文件指出，加强和改进大学生思想政治教育的主要任务是：以理想信念教育为核心，深入进行树立正确的世界观、人生观和价值观教育；以爱国主义教育为重点，深入进行弘扬和培育民族精神教育；以基本道德规范为基础，深入进行公民道德教育；以大学生全面发展为目标，深入进行素质教育。

充分发挥课堂教学在大学生思想政治教育中的主导作用。高等学校思想政治理论课是大学生思想政治教育的主渠道；形势政策教育是思想政治教育的重要内容和途径；高等学校哲学社会科学课程负有思想政治教育的重要职责；高等学校各门课程都具有育人功能，所有教师都负有育人职责。

努力拓展新形势下大学生思想政治教育的有效途径。深入开展社会实践；大力建设校园文化；主动占领网络思想政治教育新阵地；开展深入细致的思想政治工作和心理健康教育；努力解决大学生的实际问题。

充分发挥党团组织在大学生思想政治教育中的重要作用。发挥党的政治优势和组织优势，做好大学生思想政治教育工作，要坚持把党支部建在班上，努力实现本科学生班级“低年级有党员、高年级有党支部”的目标；发挥共青团和学生组织的作用，推进大学生思想政治教育；依托班级、社团等组织形式，开展大学生思想政治教育。

大力加强大学生思想政治教育工作队伍建设。思想政治教育工作队伍是加强和改进大学生思想政治教育的组织保证，广大教职员工都负有对大学生进行思想政治教育的重要责任；完善大学生思想政治教育工作队伍的选拔、培养和管理机制，要采取有力措施，着力建设一支高水平的辅导员、班主任队伍。

关于努力营造大学生思想政治教育工作的良好社会环境。全社会都要关心大学生的健康成长，支持大学生思想政治教育工作；各级党委和政府要为高等学校创建良好的育人环境。

关于切实加强对大学生思想政治教育工作的领导。各级党委和政府要从战略和全局的高度，充分认识加强和改进大学生思想政治教育的重大意义，把“培养什么人”“如何培养人”这一重大课题始终摆在重要位置，切实加强领导；高等学校要充分发挥大学生思想政治教育主阵地、主课堂、主渠道作用；不断完善大学生思想政治教育的保障机制；加强大学生思想政治教育科学研究工作。

9 月

9 月 3 日

国务院办公厅印发《关于切实解决高校贫困家庭学生困难问题的通知》。文件要求，高校要将“资助”与“育人”有机地结合起来，培养学生自立自强、艰苦奋斗的优良作风。

9 月 9 日

全国师德论坛开幕式在北京人民大会堂隆重举行。此次师德论坛的主题是“光荣的人民教师”，主要议题为新时期师德素质要求和师德规范、师德建设的制度创新、师德建设的社会环境。教育部部长周济出席开幕式并发表题为《大力加强师德建设努力造就让人民满意的教师队伍》的讲话，指出：广大教师要做让人民满意的教师，就要志存高远，爱国爱教；就要热爱学生，教书育人；就要身正为范，为人师表；就要学高为师，终身学习。

9 月 10 日

庆祝第 20 个教师节暨全国优秀教师表彰大会在北京人民大会堂召开。中共中央总书记、国家主席胡锦涛出席会议并讲话，他指出：广大教师和教育工作者要把培养优秀人才作为自己的重大责任；要自觉加强思想道德修养，孜孜不倦地钻研业务，不断提高教书育人水平，率先垂范，为人师表，真正成为学生健康成长的引路人。各级党委和政府要满腔热情地为广大教师和教育工作者办实事、办好事，关心他们的成长进步，解决他们的实际困难，努力在全社会营造尊师重教的良好风气。

9 月 14 日

教育部、国家发展和改革委员会、财政部、人事部、劳动和社会保障部、农业部、国务院扶贫开发领导小组办公室联合印发《关于进一步加强职业教育工作的若干意见》。要求职业院校要全面实施素质教育，加强学生思想道德建设；深入开展中华传统美德和革命传统教育，不断培养青少年学生的爱国情感和民族精神；努力把职业道德培养和职业能力培养紧密结合起来，培养学生爱岗敬业、诚实守信、办事公道、服务群众、奉献社会的精神和严谨求实的作风；注重加强德育实践活动，努力提高德育工作的针对性和实效性。

9 月 23 日

教育部、国务院西部开发办印发《2004—2010 年西部地区教育事业发展规划》，指出，要全面贯彻党的十六大确定的教育方针，把学生思想政治教育和德育工作放在教育工作的首位，加强爱国主义教育，弘扬和培育民族精神，加强国家统一、民族团结和国防教育，促进民族团结和边疆稳定。

10 月

10 月 14 日—16 日

第十三次全国高等学校党的建设工作会议在北京召开。中共中央政治局常委、中央书记处书记曾庆红同参加会议的代表进行了座谈。他指出：对大学生进行思想政治教育，要注意帮助和引导他们牢固树立祖国观念、人民观念、党的观念、社会主义观念，充分发挥课堂教学在大学生思想政治教育中的主导作用，拓展新形势下大学生思想政治教育的有效途径，增强吸引力和感染力；坚持把思想政治建设放在首位，按照政治坚定、求真务实、开拓创新、勤政廉政、团结协调的要求，把高校领导班子建设成为坚持社会主义办学方向、积极推进学校改革与发展的坚强领导集体；高校的党委书记和校长对加强领导班子建设负有主要责任，对学校的改革和发展起着至关重要的作用，要按照“坚持原则、把握大局、团结同志、加强修养”的要求，在领导班子建设中起表率作用。

10 月 17 日

教育部召开学习贯彻《中共中央、国务院关于进一步加强和改进大学生思想政治教育的意见》座谈会。教育部党组书记、部长周济参加座谈会并作了总结讲话，要求：一是要提高认识，统一思想，从全局和战略的高度，切实增强做好大学生思想政治教育工作的责任感、紧迫感和使命感，把大学生思想政治教育工作抓紧抓好。二是要全面、深入、创造性地开展大学生思想政治教育。要抓好思想政治理论课、哲学社会科学课和其他各门课程建设，充分发挥课堂教学在大学生思想政治教育中的主导作用；要探索新形势下大学生思想政治教育的有效途径和方法，充分发挥校园文化建设、社会实践活动等第二课堂在大学生思想政治教育中的主阵地作用；要推动党团组织发挥在大学生思想政治教育中的重要作用。三是要求真务实，保障有力，全面开创大学生思想政治教育新局面。要大力加强大学生思想政治教育工作队伍的建设，努力营造加强和改进大学生思想政治教育的良好社会环境，切实加强对大学生思想政治教育的组织领导，认真制定贯彻落实办法和措施，狠抓落实，努力提高大学生思想政治教育的针对性、实效性和吸引力、感染力。

10 月 19 日

共青团中央、全国学联召开座谈会，学习贯彻《中共中央、国务院关于进一步加强和改进大学生思想政治教育的意见》。团中央书记处第一书记周强出席了座谈会并讲话。他指出：各级团学组织要认真学习、全面贯彻落实中央文件精神，发挥团学组织实践育人的特点，引导大学生成长成才；要深入了解大学生的特点，把握规律，使思想政治教育工作贴近大学生、贴近实际；要引导青年学生积极参加社会实践，在实践中认识国情，了解社会，坚定理想信念，自觉走“同人民紧密结合、为祖国奉献青春”的道路；要服务青年学生，围绕青年学生学习、成才、就业的实际需要，更好地为青年学生办实事、做好事、解难事；要坚持实践育人，文化育人，加强社团建设，深化大学生素质拓展计划，不断探索新的方法和途径，不断加强自身建设，为加强和改进大学生思想政治教育工作发挥应有的作用。

10 月 30 日

教育部高校校园网络信息建设与管理工作研讨会在北京国家教育行政学院召开。教育部党组书记、部长周济出席会议并讲话，指出：加强高校校园网络信息建设和管理，一要坚持以邓小平理论和“三个代表”重要思想为指导，把思想政治教育进网络工作摆在突出位置，始终坚持把网站建设成为弘扬主旋律、开展网络思想政治教育的重要阵地，把校园网络这块阵地建设好、使用好、维护好。二要遵循网络思想政治教育的规律，认真研究互联网互动交流的特点，加强正面教育和引导，增强网络思想政治教育的针对性和实效性。三要把教育融于服务之中，以丰富的内容、生动的形式为大学生提供更多的信息和服务，把思想政治教育的内容有机地渗透其中，增强网络思想政治教育的吸引力和感染力。四要加强校园网络信息规范管理，建立健全网络信息建设与管理的长效工作机制。正确运用技术、行政和法律的手段，切实加强校园网管理，严防各种有害信息在网上传播。周济还强调：要加强网络信息工作队伍建设，培养和建设一支专兼结合的网络信息工作队伍；按照属地化归口管理和“谁主管、谁负责，谁主办、谁负责”的原则进一步加强对网络工作的领导。

11 月

11 月 17 日

中宣部、中共教育部党组发出《关于认真学习〈“三个代表”重要思想教育理论学习纲要〉的通知》，要求各级宣传部门、教育工作部门要组织干部、党员认真研读江泽民同志的原著，把对原著的学习纳入“三个代表”重要思想的学习计划；教育部门和各高等学校党委中心组要带头学习，并组织好教育系统广大干部、党员，特别是处级以上领导干部和院、系负责人的学习，带动广大教职工的学习；大学生的学习可与马克思主义理论课、思想品德课的教学结合起来安排；各级宣传部门要注意推广各地区、各部门好的学习经验，并搞好宣传引导，切实推动这方面的学习。

同日，中宣部、教育部印发《关于进一步加强高等学校学生形势与政策教育的通知》，指出，当前和今后一个时期，形势和政策教育要着重进行党的基本理论、基本路线、基本纲领和基本经验教育；进行我国改革开放和社会主义现代化建设的形势、任务和发展成就教育；进行党和国家重大方针政策、重大活动和重大改革措施教育；

进行当前国际形势与国际关系的状况发展趋势和我国的对外政策，世界重大事件及我国政府的原则立场教育；进行马克思主义形势观、政策观教育。要定期编写形势与政策教育宣讲提纲，建立形势与政策教育资源库；要以规范化、制度化建设为重点，加强“形势与政策”课教学管理；积极探索新形势下开展形势与政策教育的新方式和新途径；要建设一支以精干的专职教师为骨干，以思想政治教育工作队伍为主体，专兼结合的教师队伍；要加强教师培训工作；要建立健全形势与政策教育领导体制和工作机制；建立和完善高等学校形势与政策教育保障机制；要加强高等学校形势与政策教育研究工作。

11月20日

广东大学生思想政治教育工作座谈会召开。中共中央政治局常委李长春出席会议并讲话，指出：加强和改进大学生思想政治教育，坚持育人为本是中心，抓好课堂教学是关键，健康向上的校园文化是基础，改善管理服务是条件，加强队伍建设是保证；要牢固树立“教书育人、育人为本，德智体美、德育为先”的观念，把思想政治教育贯穿到学校工作的全过程，做到全员育人、全程育人、全方位育人；要充分发挥思想政治理论课的主渠道作用，坚持马克思主义在哲学社会科学学科建设和教材建设中的指导地位，进一步推动邓小平理论和“三个代表”重要思想进教材、进课堂、进学生头脑；要加强全体教师的师德建设，加强高校思想政治教育工作队伍的建设，做到教书育人，为人师表；要积极探索建立大学生社会实践的长效机制，帮助大学生更好地深入社会、认识国情、增长才干；要全面建设体现中国特色社会主义，体现时代特征和学校特点的校园文化，形成优良的校风、教风和学风；要加强和改进校园网建设，牢牢掌握网络思想教育的主动权；要把思想政治教育与解决实际问题结合起来，加强就业指导，提高后勤管理水平，强化心理健康咨询；特别是要加强对困难大学生的资助，绝不能让他们因经济困难而放弃学业，充分体现社会公正，体现党和政府的关怀。李长春还强调指出，要建立健全党委统一领导、党政群齐抓共管、有关部门各负其责、全社会大力支持的领导体制和工作机制，在全社会形成关心支持大学生思想政治教育的强大合力。

11月25日

由教育部主办、新华网承办的“加强和改进大学生思想政治教育”网上座谈会在新华网多媒体演播室举行。这次活动的主题是“为加强和改进大学生思想政治教育献计献策”，座谈会围绕新形势下加强和改进大学生思想政治教育的重要性和紧迫性、当前影响大学生思想政治教育的因素、加强和改进大学生思想政治教育的方法、如何进一步推进大学生思想政治教育工作等问题进行讨论。座谈采用问题讲解和在线交流相结合的方式由新华网进行文字、图片、音频和视频直播，人民网、中国精神文明网、光明网、央视国际网、中青网、新浪网、搜狐网等网站同时联合播出。

12月

12月2日

教育部在京召开第二次全国普通高等学校本科教学工作会议，会议研究制定了《关于进一步加强高等学校本科教学工作的若干意见》。这份文件指出，高等学校要切实加强大学生思想政治教育，提高大学生思想政治素质，各门课程、各教学环节都要贯彻素质教育的思想；要以丰富多彩的教育教学活动，加强对大学生的法制教育、诚信教育和心理健康教育。

12月3日

《中国教育报》报道，国家教育行政学院对当前大学生思想政治教育工作的现状进行了调研。这次调研对象为参加国家教育行政学院进修和培训的高校校级领导干部和处级领导干部，共240人，调研采用了问卷调查、座谈和个别访谈的形式。调研报告就我国高校思想政治教育状况进行了分析，指出，高校思政工作整体运行正常，表现在：多数高校在班级建立了学生党支部；大部分高校做到了学生思想政治教育责任到人；92.3%的高校建立了学生思想政治教育社会实践基地；高校普遍建立起了稳定的专兼职辅导员队伍；大部分高校建立了适应本校实际的学生思想政治教育工作机制。报告还指出，制约思想政治工作健康发展的问题不容忽视，表现在：“两课”课程体系、教学方法不尽完善，教学质量有待提高；“两课”教师专业水平和教学能力亟待提高；思想政治教育工作机制尚需健全；校园网络建设需加强建设与管理；心理健康教育师资水平、考核机制有待改善。报告最后强调要提高针对性和实效性，确保长效性，具体要求为：积极推进“两课”改革；提高“两课”的针对性和实效性；建设职业化、专业化和专家化的思想政治教育队伍；建立健全工作体制和机制，确保思想政治教育工作的长效性；加强校园网管理，主动抢占网络阵地；开展心理健康教育，为学生健康成长服务。

12 月 13 日

教育部、共青团中央联合印发《关于加强和改进高等学校校园文化建设的意见》，对高等学校校园文化建设提出了总体要求：以邓小平理论和“三个代表”重要思想为指导，坚持社会主义先进文化的发展方向，遵循文化发展规律，借鉴吸收人类文明的有益成果，以实施科学文化素质教育为基础，以建设优良的校风、教风、学风为核心，以优化校园文化环境为重点，以树立正确的世界观、人生观、价值观为导向，弘扬主旋律，突出高品位，加强管理，注重积累，努力建设体现社会主义特点、时代特征和学校特色的校园文化，不断满足大学生日益增长的精神文化需求，为培养社会主义合格建设者和可靠接班人提供强大的精神动力，使高等学校成为发展中国特色社会主义先进文化的重要基地、示范区和辐射源。高等学校校园文化建设的主要任务是：(1)以理想信念教育为核心，深入进行树立正确的世界观、人生观和价值观教育，以爱国主义教育为重点，深入进行弘扬和培育民族精神教育，以基本道德规范为基础，深入进行公民道德教育，以大学生全面发展为目标，深入进行素质教育；(2)重视和加强校风建设，培育良好的教风和学风，形成对教职工具有凝聚作用、对学生具有陶冶作用、对社会具有示范作用的优良校风；(3)积极开展校园文化活动，把德育与智育、体育、美育有机结合起来，寓教育于文化活动之中，促进大学生思想道德素质、科学文化素质和健康素质协调发展；(4)加强校园人文环境和自然环境建设，建造精神内涵丰富的物质文化环境，努力营造良好的育人氛围。

12 月 14 日

中宣部、教育部、中共北京市委在人民大会堂联合举行全国优秀教师师德报告团首场报告会。报告会前，国务委员陈至立会见了报告团成员，并强调：教书育人，德育为先；教师队伍建设，师德为先。

12 月 18 日

中国残联、教育部、共青团中央、全国妇联联合印发《关于开展向李智华同学学习活动的通知》，号召广大青少年要学习李智华同学顽强拼搏，以积极向上的人生态度发愤读书、报效祖国的坚定信念；学习她心中有他人，心中有集体，心中有祖国的高尚情操；学习她珍惜美好生活，直面困难，不向厄运低头，自强进取的宝贵精神；学习她从小事做起，从自己身边的事做起，不断充实提高自己、奉献社会的优秀品格。

12 月 19 日

教育部年度工作会议在北京举行。此次会议的主要任务是：总结 2004 年教育工作，全面落实科学发展观，部署 2005 年教育工作，进一步推进我国教育事业的改革与发展。教育部党组书记、部长周济出席会议并讲话，强调把坚持“育人为本、德育为先”、全面推进素质教育作为 2005 年八项重点工作之一。

12 月 21 日—25 日

共青团中央学校部、全国学联秘书处在南昌大学举办第四期全国大中学校团组织心理咨询工作培训班，旨在贯彻落实《中共中央、国务院关于进一步加强和改进未成年人思想道德建设的意见》和《中共中央、国务院关于进一步加强和改进大学生思想政治教育的意见》精神，探索开展深入细致的思想政治工作新途径，发挥团组织在心理咨询工作中的作用，切实有效地帮助青年学生尤其是经济困难学生解决心理问题，更好地为青年学生健康成长成才服务。

12 月 23 日

《中国教育报》报道，中国人民解放军总参谋部、总政治部日前联合印发《关于加强和改进军队院校政治理论课教学的若干规定》，进一步明确了新形势下军队院校政治理论课教学的地位作用、指导思想、主要任务和方针原则，提出军队院校政治理论课教学的基本任务是：推进邓小平理论和“三个代表”重要思想进入教材、进入课堂、进入学员思想，引导帮助学员系统学习马克思列宁主义、毛泽东思想、邓小平理论和“三个代表”重要思想，打牢理论根底，坚定中国特色社会主义的理想信念；熟悉我党我军的光荣传统、优良作风和政治工作方针原则，强化党对军队绝对领导的军魂意识；树立正确的世界观、人生观、价值观，立志献身国防、建功立业；掌握科学的方法论，提高认识和解决问题的能力，做到有理想、有道德、有文化、有纪律，成为德智军体全面发展的人民军队的合格建设者和可靠接班人。这份文件还对课程设置、教学改革、教学保障、教学方法与手段的改进、政治教员队伍建设等做出要求，并强调要建设一支政治强、业务精、纪律严、作风正的政治教员队伍，同时要求各级党委和机关切实加强对政治理论课教学的领导。

12 月 28 日

教育部、共青团中央联合印发《关于进一步加强高等学校校园网络管理工作的意见》，指出：(1)充分认识加强高校校园网络管理工作的重要性和紧迫性，切实增强使命感和责任感；(2)主动占领网络新阵地，牢牢把握网络思想政治教育主动权。建设思想政治教育专题网站，构筑高校网络思想政治教育重要阵地；建设校园主网站，构筑大学生获取信息、学习知识和交流思想的主流网络平台；掌握校园网舆情，引导网上舆论。(3)综合运用技术、行政和法律手段，全面加强高校校园网络管理。加大高校校园网络信息技术防范和行政监管力度；提高高校校园网络信息预防和应急处置能力；加强对高校校园及周边网络环境的综合治理。(4)切实加强领导，建立健全高校校园网络管理的长效工作机制。加强对高校校园网络管理工作的领导，坚持属地化归口管理和“谁主管、谁负责，谁主办、谁负责”的原则；加强高校校园网络管理工作队伍建设；组织实施“绿色校园网络”计划。

2005年

1月

1月3日

中共中央印发《建立健全教育、制度、监督并重的惩治和预防腐败体系实施纲要》，要求教育行政部门、学校和共青团组织要把廉洁教育作为青少年思想道德教育的重要内容，培养青少年正确的价值观念和高尚的道德情操。

1月4日

教育部印发《教育部2005年工作要点》。文件指出，要切实把德育放在各项教育工作的首位，全面推进素质教育，促进学生德智体美全面发展；整体规划学校德育工作体系，积极探索各级各类学校德育工作相互衔接的途径和方法；科学确定德育目标和德育内容，建立和完善德育工作评价体系。要全面加强和改进大学生思想政治教育工作。加强和改进高校思想政治理论课教育，充分发挥课堂教学的主导作用，深入推动邓小平理论和“三个代表”重要思想进教材、进课堂、进大学生头脑；不断拓展思想政治教育有效途径，大力推进大学生社会实践活动，积极推动高校校园文化建设；继续做好思想政治教育进网络、进公寓、进社团工作；切实加强和改进大学生管理，进一步完善学生管理制度；积极发展大学生党员，加强大学生党组织建设；健全突发事件应急处置机制，坚决维护高校稳定。

1月7日

教育部印发《关于进一步加强高等学校本科教学工作的若干意见》，指出：高等学校要切实加强大学生思想政治教育，提高大学生的思想政治素质。各门课程、各教学环节都要贯彻素质教育的思想。要营造体现社会主义特点、时代特征和学校特色的校园文化。要以丰富多彩的教育教学活动，加强对大学生的法制教育、诚信教育和心理健康教育，培养大学生自强不息、诚实守信、勇于探索的精神，形成严谨的学术风气。

1月13日

教育部、卫生部、共青团中央联合印发《关于进一步加强和改进大学生心理健康教育的意见》，提出加强和改进大学生心理健康教育的总体要求是：以邓小平理论和“三个代表”重要思想为指导，遵循思想政治教育和大学生心理发展规律，开展心理健康教育，做好心理咨询工作，提高心理调节能力，培养良好心理品质，促进大学生思想道德素质、科学文化素质和身心健康素质协调发展。加强和改进大学生心理健康教育的基本原则是：坚持心理健康教育与思想教育相结合，坚持普及教育与个别咨询相结合，坚持课堂教育与课外活动相结合，坚持教育与自我教育相结合，坚持解决心理问题与解决实际问题相结合。加强和改进大学生心理健康教育的主要任务是：宣传普及心理健康知识，介绍增进心理健康的方法和途径，解析心理现象，传授心理调适的方法。关于努力提高大学生心理健康教育和心理咨询工作水平，文件指出，积极引导大学生保持健康向上的心理状态；切实帮助大学生解决实际问题；认真做好大学生心理辅导和咨询工作；充分发挥课堂教学在大学生心理健康教育中的重要作用；积极开展心理健康宣传教育活动；努力构建和完善大学生心理问题高危人群的预警机制。

关于大力加强大学生心理健康教育队伍建设，文件指出，建设一支以专职教师为骨干，专兼结合、专业互补、相对稳定、素质较高的大学生心理健康教育和心理咨询工作队伍；加强大学生心理健康教育和咨询工作专兼职教师的培训；高校所有教职员工都负有教育引导大学生健康成长的责任。关于切实建立和完善大学生心理健康教育领导体制与工作机制，文件指出，教育部成立全国大学生心理健康教育专家指导委员会，对全国大学生心理健康教育提供咨询与指导；高校要把大学生心理健康教育和咨询工作纳入学校思想政治教育重要议事日程，加强领导；不断完善大学生心理健康教育的保障机制。

同日，教育部、共青团中央联合印发《关于加强和改进大学生社团工作的意见》，强调高校学生社团活动是实施素质教育的重要途径和有效方式，在加强校园文化建设、提高学生综合素质、引导学生适应社会、促进学生成才就业等方面发挥着重要作用，是新形势下有效凝聚学生、开展思想政治教育的重要组织动员方式，是以班级年级为主开展学生思想政治教育的重要补充。加强和改进大学生社团工作的总体要求是：以邓小平理论和“三个代表”重要思想为指导，全面贯彻党的教育方针；以推动大学生全面发展为目标，坚持以人为本，全面推进素质教育，充分发挥学生自我教育、自我管理、自我服务的积极性；坚持建设和管理并重，积极扶持、规范运作，促进健康发展；推动学生社团在活跃校园文化、加强和改进大学生思想政治教育、服务学校改革发展稳定等方面发挥更大的作用。加强和改进大学生社团工作的主要任务是：积极支持学生社团活动，大力促进学生社团发展；切实加强对学生社团管理，引导学生社团健康发展。支持学生社团开展活动；加强对学生社团的指导；加强学生社团骨干队伍建设；加大对学生社团建设的投入。

同日，教育部印发《关于加强高等学校辅导员、班主任队伍建设的意见》。这份文件强调，加强辅导员、班主任队伍建设，是加强和改进大学生思想政治教育和维护高校稳定的重要组织保证和长效机制，对于全面贯彻党的教育方针，把大学生思想政治教育的各项任务落到实处，具有十分重要的意义。文件就认真做好辅导员、班主任队伍的选聘配备工作指出：专职辅导员总体上按1∶200的比例配备，每个班级要配备一名兼职班主任；高等学校必须坚持政治强、业务精、纪律严、作风正的标准，把德才兼备、乐于奉献、潜心教书育人、热爱大学生思想政治教育事业的人员选聘到辅导员、班主任队伍中来，专职辅导员原则上要从党员教师和党政干部中选聘，班主任应从思想素质好、业务水平高、奉献精神强的教师特别是中青年教师中选聘，原则上应具备相关学科专业背景和较强的组织管理能力。文件就大力加强辅导员、班主任队伍的培养培训工作指出，各地教育部门和高等学校要制定辅导员、班主任培训规划，建立分层次、多形式的培训体系，做到先培训后上岗，坚持日常培训和专题培训相结合；各地教育部门和高等学校要创造条件，积极组织辅导员、班主任参加社会实践和学习考察。文件还就切实为辅导员、班主任工作和发展提供政策保障指出，要切实解决好辅导员评聘教师职务问题，根据辅导员岗位职责要求，进一步完善相应的专业技术职务评聘标准；要统筹规划专职辅导员的发展；要创造条件为辅导员、班主任获取工作信息和资料提供方便；要完善辅导员、班主任评优的奖励制度；要加强对辅导员、班主任队伍的管理；要为辅导员、班主任队伍建设创造必要条件。

1月14日

教育部印发《关于进一步加强和改进师德建设的意见》。文件指出，加强和改进师德建设是全面贯彻党的教育方针的根本保证，是进一步加强和改进青少年学生思想道德建设和思想政治教育的迫切要求。加强和改进师德建设的总体要求是：以马克思列宁主义、毛泽东思想、邓小平理论和“三个代表”重要思想为指导，紧紧围绕全面实施素质教育、全面加强青少年思想道德建设和思想政治教育的目标要求，以热爱学生、教书育人为核心，以“学为人师、行为世范”为准则，以提高教师思想政治素质、职业理想和职业道德水平为重点，弘扬高尚师德，力行师德规范，强化师德教育，优化制度环境，不断提高师德水平，造就忠诚于人民教育事业、为人民服务、让人民满意的教师队伍，为培养德智体美全面发展的社会主义建设者和接班人作出新贡献。加强和改进师德建设的主要任务是：提高教师的思想政治素质，树立正确的教师职业理想，提高教师的职业道德水平，着力解决师德建设中的突出问题，积极推进师德建设工作改进创新。加强和改进师德建设的主要措施包括强化师德教育，加强师德宣传，严格考核管理，加强制度建设。

1月17日—18日

全国加强和改进大学生思想政治教育工作会议在京召开。胡锦涛同志在会上发表重要讲话，指出：培养什么人、如何培养人，是我国社会主义教育事业发展中必须解决好的根本问题。在新的历史条件下，大学生思想政治教育工作面临着许多新情况新问题，还面临着与新形势新任务不相适应的问题，存在不少薄弱环节。比如，如何更有效地用马克思主义理论武装大学生头脑，引导大学生树立正确的世界观、人生观、价值观；如何广泛深入地进行爱国主义、集体主义、社会主义教育，引导大学生坚定中国特色社会主义信念；如何针对大学生的思想特点提高思想政治理论课和哲学社会科学一些学科的针对性和实效性，增强这些课程和学科的吸引力、感染力、说服力；如何引导大学生既积极学习和正确吸收人类优秀文明成果，又自觉鉴别和抵御各种腐朽落后的思想文化；如何改进思想政治教育工作的方式、方法和手段，切实把思想政治教育工作做到大学生心坎上；如何引导大学生形成健康的心理素质，促进他们更好地应对人生和社会的各种问题和矛盾；如何积极主动地运用现代科技手段，使大学生能够通过现代信息传播渠道接受积极健康的思想文化；如何把思想政治教育工作贯穿于高校教育、管理和服务的全过程，形成大学生思想政治教育的有效机制；如何提高思想政治教育工作队伍的素质和能力，形成做好大学生思想政治教育工作的骨干力量；如何组织和协调社会有关方面的力量，形成全社会关心和支持大学生思想政治教育工作的整体合力；等等。胡锦涛在讲话中还指出，在全面做好各项工作的基础上，要深入进行以下几个方面的教育：以理想信念教育为核心，深入进行正确的世界观、人生观、价值观教育；以爱国主义教育为重点，深入进行民族精神教育；以基本道德规范为基础，深入进行公民道德教育；以大学生全面发展为目标，深入进行素质教育。关于坚持与时俱进，创造性地开展大学生思想政治教育工作，胡锦涛指出，一是要坚持育人为本、德育为先，切实加强和改进思想政治教育；二是要坚持教育与自我教育相结合，既充分发挥学校的教育引导作用，又充分调动大学生的积极性、主动性；三是要坚持政治理论教育与社会实践相结合，既搞好课堂教育，又注重引导大学生深入社会、了解社会、服务社会；四是要坚持解决思想问题与解决实际问题相结合，既以理服人又以情感人，增强思想政治教育的实际效果；五是要坚持教育与管理相结合，把思想政治教育融入学校管理之中，建立自律与他律、激励与约束有机结合的长效工作机制；六是要坚持继承优良传统与改进创新相结合，坚持党的思想政治工作的优良传统，积极探索新形势下大学生思想政治教育工作的新途径新办法。此外，胡锦涛指出，要切实把大学生思想政治教育工作摆在更加突出的位置；要形成加强和改进大学生思想政治教育工作的强大合力；要积极营造有利于大学生健康成长的良好社会环境。

1月19日

中共教育部党组召开会议，传达学习全国加强和改进大学生思想政治教育工作会议精神，专题研究部署教育系统贯彻落实会议精神的各项工作。党组会议研究审定了教育部学习贯彻落实全国加强和改进大学生思想政治教育工作会议精神的工作方案，并对教育系统学习贯彻落实工作做出了具体部署。会议强调，学习贯彻全国加强和改进大学生思想政治教育工作会议精神，一要深入推动会议精神的学习工作，二要深入推动会议精神的贯彻工作，三要深入推动会议精神的落实工作。

同日，《中国教育报》发表社论《开创大学生思想政治教育新局面》。社论指出，教育部门和高等学校要紧紧抓住育人这个核心，坚持育人为本、德育为先，把人才培养作为根本任务，把思想政治教育摆在首要位置；要围绕育人这个核心，加强思想政治理论课教学，加强高校哲学社会科学课程教学和课程、教材建设，大力加强师德建设，深入开展大学生社会实践，加强校园文化建设，主动占领网络思想政治教育新阵地，开展深入细致的思想政治工作和心理健康教育，努力解决大学生的实际问题，充分发挥高校党团组织的重要作用，切实加强大学生思想政治教育工作队伍建设；要在学校建立和完善党委统一领导、党政齐抓共管、专兼职队伍相结合、全校紧密配合、学生自我教育的领导体制和机制，真正把全员育人、全程育人、全方位育人落到实处。

1 月 20 日

中共教育部党组下发《关于学习贯彻落实全国加强和改进大学生思想政治教育工作会议精神的通知》，要求教育系统要认真学习，统一思想，进一步提高对加强和改进大学生思想政治教育重要意义的认识。各地教育部门和高校要尽快传达会议精神；组织各种学习专题会、报告会、座谈会，运用报刊、电视、广播、网络等宣传媒体开辟专栏、专题、专版开展学习讨论，同时，要支持和引导大学生自觉地学习领会会议精神；要充分利用寒假假期，组织好专题培训班或研讨班，分期分批地培训高校党政干部和共青团干部、思想政治理论课和哲学社会科学课教师、辅导员和班主任以及学生骨干。教育系统要抢抓机遇，制定措施，深入贯彻中央的决策和部署。要围绕育人这个中心，突出加强和改进思想政治理论课的教学、用当代马克思主义指导高校哲学社会科学教学、加强师德建设、开展社会实践、加强校园文化建设、发挥高校党团组织和学生组织的重要作用、加强大学生思想政治教育队伍建设七个重点，把工作做深、做细、做实；要把加强大学生思想政治教育与解决实际问题相结合，下大力气切实做好高校贫困家庭学生资助工作、毕业生就业服务指导工作、后勤管理和服务工作以及大学生心理健康教育和咨询工作，为大学生健康成长创造良好条件。

同日，《中国教育报》刊登了由教育部社政司组织有关专家学者和部分从事思想教育工作的干部编写的《〈关于进一步加强和改进大学生思想政治教育的意见〉学习辅导百问》第一期，指出，《关于进一步加强和改进大学生思想政治教育的意见》的出台，是实现全面建设小康社会宏伟目标、确保党和国家长治久安的迫切需要，是新形势下巩固马克思主义在意识形态领域指导地位的迫切需要，是解决大学生中存在的突出问题的迫切需要，是进一步推进大学生思想政治教育工作的迫切需要。

1 月 21 日

教育部社政司、中国教育报等单位在京联合召开部分高校大学生代表座谈会，邀请首都部分高校的专家学者围绕“如何用当代马克思主义指导高校哲学社会科学教学，充分发挥哲学社会科学教学在大学生思想政治教育中的主渠道作用”这一主题，进行了座谈和交流。专家学者认为，哲学社会科学在大学生思想政治教育中具有不可替代的作用；要始终坚持用当代马克思主义统领哲学社会科学，坚持把马克思主义基本理论贯穿到哲学社会科学的研究和教学之中；哲学社会科学要不断推动理论创新，回答改革开放过程中出现的重大理论和实际问题，解决大学生思想上的疑难问题，帮助他们树立坚定的社会主义信念和远大理想；充分发挥哲学社会科学教学在大学生思想政治教育中的主渠道作用，就要结合专业特点、结合社会实际、结合大学生思想实际，融入理想信念教育、爱国主义教育、公民道德教育和素质教育，同时要把学校教育与社会教育结合起来。

同日，《中国教育报》刊登了由教育部社政司组织有关专家学者和部分从事思想政治教育工作的干部编写的《〈关于进一步加强和改进大学生思想政治教育的意见〉学习辅导百问》第二期，指出，《关于进一步加强和改进大学生思想政治教育的意见》立意高远、总揽全局、体系完整，提出了许多重要思想和观点，突出的是：必须把大学生思想政治教育摆上党和政府工作的重要位置；必须坚持和发展我们党开展大学生思想政治教育的重要经验；必须把大学生思想政治教育作为系统工程并对其做出全面部署；加强和改进大学生思想政治教育必须体现时代性、把握规律性、富于创造性。

1 月 24 日

教育部社政司、中国教育电视台、中国教育

报等单位在京联合召开座谈会，学习贯彻全国加强和改进大学生思想政治教育工作会议精神。在京部分高校主管学生工作的校、院(系)负责人以及辅导员代表参加了座谈会。与会同志认为，胡锦涛总书记在讲话中再次强调了加强和改进大学生思想政治教育要坚持教育与自我教育相结合、政治理论教育与社会实践相结合、解决思想问题与解决实际问题相结合、教育与管理相结合、继承优良传统与改进创新相结合的基本原则。这几个“结合”所揭示的内容和要求从根本上反映了大学生思想政治教育的特点，即思想政治教育不是孤立的、单一的、静止的、概念化的，而是系统的、整体的、发展的、生动的，这就要求我们在实际工作中必须准确把握这些特点，妥善处理好思想政治教育主客体的关系、课内外的关系、思想与实际的关系、教育与管理的关系，在继承传统的同时勇于改革创新，努力增强思想政治教育的针对性、实效性和说服力、感染力。

1月25日

教育部社政司、中国教育电视台、中国教育报等单位在京联合召开部分高校大学生代表座谈会，学习贯彻全国加强和改进大学生思想政治教育工作会议精神。在京部分高校的学生代表参加了座谈会。与会学生认为，青年学生要树立正确的世界观、人生观和价值观，以爱国主义为重点，培养自己的民族精神，强化道德修养、道德认知和道德践行，同时紧密围绕自身的学习，培养科学精神，刻苦钻研，勇于开拓，不断创新，积极参与到丰富多彩的校园文化活动和社会实践中去，不断提高自身的创新精神和实践能力，全面提高综合素质，成为社会主义事业的合格建设者和可靠接班人。

1月31日

教育部在国家教育行政学院举办直属高校主管学生思想政治教育工作领导干部培训班，深入学习贯彻全国加强和改进大学生思想政治教育工作会议和《中共中央、国务院关于进一步加强和改进大学生思想政治教育的意见》精神，研讨加强和改进大学生思想政治教育的思路和措施。教育部党组书记、部长周济出席开班典礼并做动员报告《抢抓机遇，乘势而上，加强和改进大学生思想政治教育》。针对当前大学生思想政治教育面临的许多新情况、新问题和新挑战，报告指出，首先要全面、深入、创造性地抓好思想政治理论课、哲学社会科学课和其他各门课程建设，充分发挥课堂教学在大学生思想政治教育中的主导作用；其次要全面、深入、创造性地探索新形势下大学生思想政治教育的有效途径和方法，充分发挥第二课堂在大学生思想政治教育中的主阵地作用；最后要全面、深入、创造性地推动党、团和学生组织在大学生思想政治教育中的重要作用。报告还就进一步落实加强和改进大学生思想政治教育的保障措施指出，要重点抓好三个方面：一是大力加强队伍建设，为大学生思想政治教育的开展提供坚强的组织保证。学校党政干部和共青团干部、思想政治理论和哲学社会科学教师、辅导员和班主任是大学生思政工作的主体，要用满腔的热忱来关心学生们的成长，促进学生们的全面发展和全面成才。二是努力营造加强和改进大学生思想政治教育的良好社会环境。三是加强组织领导，健全大学生思想政治教育保障机制。高等学校要在各地党委、政府的领导下，建立和完善党委统一领导、党政齐抓共管、专兼职队伍结合、各个方面紧密配合、学生自我教育的领导体制和工作机制，把思想政治教育与教学、科研、社会服务工作密切结合起来。教育部将成立学生思想道德建设工作领导小组，统筹规划大、中、小学德育工作。

2月

2月1日

中宣部、中央文明办、教育部、共青团中央联合印发《关于进一步加强和改进大学生社会实践的意见》。文件包括六个方面：充分认识加强和改进大学生社会实践的重要意义；进一步明确大学生社会实践的总体要求和工作原则；把大学生社会实践纳入教学计划，不断丰富社会实践的内容；全面深入开展“三下乡”和“四进社区”活动；探索建立大学生社会实践的长效机制；切实加强对大学生社会实践的领导。其中，大学生社会实践的工作原则是坚持育人为本，坚持理论联系实际，坚持课内与课外相结合、集中与分散相结合，坚持受教育、长才干、做贡献，坚持整合资源。要进一步加强以教学实践、专业实习为主要内容的实践教学；认真组织军政训练深入开展社会调查；广泛开展生产劳动和社会服务；大力开展科技发明；扎实开展勤工助学；积极开展“红色之旅”学习参观。文件还就探索建立大学生社会实践的长效机制指出：要探索建立社会实践与专业学习、服务社会、勤工助学、择业就业、创新创业相结合的管理体制；建立多种形式的投入保障机制；把大学生社会实践与教师社会实践结合起来；建立相对稳定的大学生社会实践基地。

2 月 7 日

中宣部、教育部联合发出《关于进一步加强和改进高等学校思想政治理论课的意见》。文件就充分认识新形势下加强和改进高等学校思想政治理论课的重要性、全面把握加强和改进高等学校思想政治理论课的指导思想和总体要求、大力推进高等学校思想政治理论课的学科建设、不断完善高等学校思想政治理论课的课程体系、抓紧组织编写高等学校思想政治理论课教材、切实改进高等学校思想政治理论课教育教学的方式和方法、努力造就一支高素质的高等学校思想政治理论课教师队伍、切实加强和改进党对高等学校思想政治理论课的领导八个方面提出要求。文件指出：设立马克思主义一级学科，开展马克思主义理论体系研究，开展马克思主义发展史、马克思主义中国化研究，开展思想政治教育研究，为推进党的思想理论建设和巩固马克思主义在高等学校教育教学中的指导地位，为加强高校思想政治理论课建设，培养思想政治教育工作队伍提供有力的学科支撑；要以马克思主义中国化的理论成果毛泽东思想、邓小平理论和“三个代表”重要思想为中心内容，完善思想政治理论课课程体系，进一步推动邓小平理论和“三个代表”重要思想进教材、进课堂、进大学生头脑工作，开展马克思主义人生观、价值观、道德观和法制观的教育，开展中国近现代史的教育，开展党的路线、方针和政策的教育。

2 月 19 日

中共中央总书记胡锦涛在省部级主要领导干部提高构建社会主义和谐社会能力专题研讨班上发表讲话，指出：我们所要建设的社会主义和谐社会，应该是民主法治、公平正义、诚信友爱、充满活力、安定有序、人与自然和谐相处的社会。一个社会是否和谐，一个国家能否实现长治久安，很大程度上取决于全体社会成员的思想道德素质。胡锦涛强调：要切实加强社会主义先进文化建设，不断增强人们的精神力量，不断丰富人们的精神世界；要全面落实用邓小平理论和“三个代表”重要思想武装全党、教育人民的战略任务，加强马克思主义理论研究和建设，着力回答重大理论和实际问题，巩固马克思主义在我国意识形态领域的指导地位，引导全体人民坚定中国特色社会主义信念；要深入开展党的基本理论、基本路线、基本纲领、基本经验教育，弘扬以爱国主义为核心的民族精神和以改革创新为核心的时代精神，弘扬集体主义、社会主义思想，使全体人民正确认识社会发展规律和国家、民族的前途命运，始终保持昂扬向上、开拓进取的精神状态；要积极实施公民道德建设工程，广泛开展社会公德、职业道德、家庭美德教育，在全社会倡导爱国守法、明礼诚信、团结友善、勤俭自强、敬业奉献的基本道德规范，培养良好的道德品质和文明风尚；要加强思想政治工作，有针对性地解决不同社会群体的思想问题，既要以理服人、解决思想问题，又要实实在在帮助群众解决生产生活中的实际困难。

2 月 28 日

中宣部、教育部、中共重庆市委、中共北京市委联合在北京人民大会堂举行重庆开县优秀教师群体先进事迹报告会。国务委员陈至立出席报告会并讲话。她强调指出，广大教师和教育工作者要向开县优秀教师学习，学习他们站在时代的前列，践履笃行，为人民服务的精神；学习他们爱祖国、爱人民，忠诚人民教育事业的崇高思想；学习他们关爱学生、临危不惧、舍生忘死、奋不顾身、无私奉献的高尚师德。她指出，广大教师和教育工作者要以开县优秀教师为榜样，以培育优秀人才、发展先进文化、推动社会进步为己任，认真履行教书育人的神圣职责，以高尚的道德情操引导学生全面发展，促进全社会道德水平的提高，推动我国教育事业的蓬勃发展。教育部部长周济在讲话中指出，第一，没有爱就没有教育。师爱是师德的灵魂。优秀教师共同的特点是热爱祖国、热爱人民、热爱教育、热爱学生。第二，百年大计，教育为本；教育大计，教师为本。教师队伍是发展教育事业的决定性因素，必须全心全意地依靠人民教师队伍，必须坚定不移地建设好人民教师队伍。第三，要把师德建设放在教师队伍建设的首位。学高为师，德高为范。师德是教师最重要的素质。

3月

3月1日

由中组部、中宣部、中央党校、教育部、中国人民解放军总政治部联合举办的全国高校哲学社会科学教学科研骨干研修班在中央党校开班。中共中央政治局委员、书记处书记、中宣部部长刘云山出席开班仪式并讲话。他指出，用三年左右的时间，分期分批对高校哲学社会科学教学科研骨干进行系统培训，这是加强哲学社会科学队伍建设的重大举措，是加强和改进大学生思想政治教育的一项基础工程。国务委员陈至立在主持开班式时强调，研修班学员要发扬理论联系实际的优良学风，围绕深入学习贯彻邓小平理论和“三个代表”重要思想，树立落实科学发展观，加强党的执政能力建设，加强和改进大学生思想政治教育，努力建立具有中国特色、中国风格、中国气派的哲学社会科学体系，把马克思主义中国化的最新成果转化为教学内容等问题进行深入的研讨；要通过对马克思主义基本理论、党的方针政策的学习交流，进一步坚定理想信念，夯实理论基础，不断提高自己的思想水平和学术水平，真正学有所得，取得实效。

3月2日

中宣部、教育部联合下发关于印发《〈中共中央宣传部、教育部关于进一步加强和改进高等学校思想政治理论课的意见〉实施方案》的通知。这个方案对高等学校思想政治理论课的课程设置，本科、专科必修课程的基本内容，课程设置实施工作的基本要求和时间安排，教材编写、教学研究、教师培训和学科建设，以及加强实施工作的领导、认真做好各项工作五个方面进行了具体部署。

同日，教育部在北京召开高校思想政治理论课教学指导委员会全体会议。会议通报了2004年以来组织开展高校思想政治理论课调研工作的情况，介绍了中央关于加强和改进高校思想政治理论课的指导思想、基本原则、总体要求和主要任务，以及下一步的工作部署和安排，并着重就下一步工作听取了与会专家的咨询意见和建议。教育部部长周济出席会议并作重要讲话，要求充分发挥专家在高等学校思想政治理论课建设中的作用，抓紧组织好对所有任课教师的培训。

3月10日

教育部副部长袁贵仁在全国高校哲学社会科学教学科研骨干研修班上强调，高校哲学社会科学教师要深刻认识哲学社会科学在大学生思想政治教育中的重要作用，切实担负起大学生思想政治教育的职责。袁贵仁指出，在政治上，高校哲学社会科学教师要坚持正确的政治方向，坚持用马克思主义指导哲学社会科学的教学科研工作，坚持用科学的理论武装大学生；在业务上，要树立和强化育人为本、德育为先的观念，全面关心大学生的进步成长；在作风上，要自觉加强师德修养，做到教书育人，为人师表。

3月11日

高校思想政治理论课管理工作会议在京召开。会议认真学习了《中共中央宣传部、教育部关于进一步加强和改进高等学校思想政治理论课的意见》精神，研究部署了进一步加强和改进高校思想政治理论课的有关实施工作。会议强调，要大力推进思想政治理论课的学科建设。设立马克思主义一级学科，加强马克思主义一级学科建设，为思想政治理论课、思想政治教育，为全面把握马克思主义的立场、观点、方法和科学内涵、精神实质，坚持和巩固马克思主义在意识形态领域的指导地位，提供有力的学科支撑；不断完善高等学校思想政治理论课的课程体系；抓紧组织编写思想政治理论课教材；切实改进思想政治理论课教育教学的方式和方法；努力造就一支高素质的思想政治理论课教师队伍；切实加强和改进党对思想政治理论课的领导。

3 月 25 日

共青团中央、教育部、全国学联联合印发《关于表彰全国高校“优秀学生社团”及其标兵的决定》，授予北京大学爱心社、清华大学学生马克思主义学习研究会等 10 个学生社团全国高校“优秀学生社团标兵”称号，授予武汉大学春英诗社、中国科学技术大学学生科学考察探险协会等 91 个学生社团全国高校“优秀学生社团”称号。文件中说，希望受到表彰的学生社团珍惜荣誉，再接再厉，充分发挥示范带头作用，实现可持续发展，取得更加优异的成绩；全国高校学生社团要以优秀社团为榜样，进一步加强自身建设，广泛开展健康有益的活动，为广大青年学生的成长成才更好地服务。

同日，教育部颁布《高等学校学生行为准则》，从“志存高远，坚定信念”“热爱祖国，服务人民”“勤奋学习，自强不息”“遵纪守法，弘扬正气”“诚实守信，严于律己”“明礼修身，团结友爱”“勤俭节约，艰苦奋斗”“强健体魄，热爱生活”八个方面对高等学校学生做出要求。

同日，教育部发布《普通高等学校学生管理规定》，指出：高等学校学生应当努力学习马克思列宁主义、毛泽东思想、邓小平理论和“三个代表”重要思想，确立在中国共产党领导下走中国特色社会主义道路、实现中华民族伟大复兴的共同理想和坚定信念；应当树立爱国主义思想，具有团结统一、爱好和平、勤劳勇敢、自强不息的精神；应当遵守宪法、法律、法规，遵守公民道德规范，遵守《高等学校学生行为准则》，遵守学校管理制度，具有良好的道德品质和行为习惯。

3 月 27 日

由中组部、中宣部、中央党校、教育部和中国人民解放军总政治部联合举办的第一期全国高校哲学社会科学教学科研骨干研修班在中央党校举行结业典礼。教育部部长周济在结业式上发表讲话，指出：组织这样的研修是努力培养一支政治强、业务精、作风正，忠于党、忠于人民的哲学社会科学队伍的重大举措，是加强和改进大学生思想政治教育的基础工程，也是加速培养我国哲学社会科学骨干队伍的一个重要措施，充分体现了党中央对高校哲学社会科学教学科研的高度重视。组织高校哲学社会科学教学科研骨干研修，必将对高校哲学社会科学发展产生重大的影响。在研修过程中，学员们围绕如何巩固马克思主义在意识形态领域的指导地位，如何推进邓小平理论和“三个代表”重要思想进教材、进课堂、进学生头脑，如何加强和改进高校思想政治理论课进行了深入研讨。周济表示，全国高校哲学社会科学教学科研骨干研修班 2005 年将举办六期，第二期研修班将于 4 月 1 日开班。同时地方高校哲学社会科学教学科研骨干的研修也将陆续展开。

4 月

4 月 5 日—6 日

2005 年度教师教育工作会议在京召开。会议指出，2005 年的教师教育工作将以科学发展观为统领，以深化教师教育改革、全面提升教师教育质量为重点，进一步推进教师教育制度创新，进一步加强和改进师德建设，进一步加大新课程师资培训工作力度，积极推进教师现代教育技术能力培训，大力加强农村教师队伍建设，努力开创教师教育工作新局面。教育部副部长袁贵仁出席会议并作了题为《全面落实以人为本的科学发展观努力建设高素质的教师队伍》的讲话。袁贵仁在讲话中强调，要把师德建设放在教师队伍建设的首位，全面提高师德水平。他指出：一是强化师德教育。多渠道、分层次地开展各种形式的师德教育，加强和改进教师思想政治教育、职业理想教育、职业道德教育以及法制教育和心理健康教育。二是加强师德宣传。教师节要组织好师德主题教育活动，集中开展师德宣传教育活动。树立师德典型，大力褒奖人民教师的高尚师德。三是严格考核管理。加快完善教师资格认定和新教师聘用制度，把思想政治素质和道德品质作为必备条件和重要考察内容；建立师德考评制度，将师德表现作为教师年度考核、职务晋升和评优奖励的重要依据。四是加强制度建设。制定《高等学校教师职业道德规范》，建立师德建设工作评估制度，形成师德建设的长效机制。

4月8日

共青团中央、教育部联合印发《关于进一步加强和改进高等学校共青团建设的意见》，提出：要站在党的事业长远发展的战略高度，充分认识新形势下进一步加强和改进高校团的建设的重要性和紧迫性；加强和改进高校团的建设，是保证党的事业后继有人的需要，是服务大学生成长成才的需要，是团的事业适应新形势、实现新发展的需要；要以"三个代表"重要思想为指导，进一步加强和改进高校团的思想建设；要以活跃基层组织为重点，进一步加强和改进高校团的组织建设；要以提高服务能力为核心，进一步加强和改进高校团的职能建设，强化高校团组织的教育和管理职能；要坚持党建带团建，进一步加强党对高校团的建设的领导。

4月9日

共青团中央、教育部联合印发《关于进一步做好大学生勤工助学工作的意见》，强调要提高对大学生勤工助学工作重要意义的认识，倡导和组织大学生在课余时间通过参加勤工助学活动获取合法报酬，是贯彻教育与生产劳动相结合、推进素质教育全面实施、加强和改进大学生思想政治教育的重要举措。

4月10日

共青团中央印发《关于进一步加强和改进大学生思想政治教育的实施意见》，指出：共青团加强和改进大学生思想政治教育的指导思想是坚持以马克思列宁主义、毛泽东思想、邓小平理论和"三个代表"重要思想为指导，深入贯彻党的十六大精神，全面贯彻党的教育方针，紧密结合全面建设小康社会和构建社会主义和谐社会的实际，坚持以理想信念教育为核心，以爱国主义教育为重点，以思想道德建设为基础，以大学生全面发展为目标，解放思想、实事求是、与时俱进，发挥共青团的优势和特点，全面推进大学生素质拓展计划，着力培养广大学生的使命感和责任感，加强实践育人、文化育人、服务育人、组织育人，努力增强思想政治教育的针对性、实效性和吸引力、感染力，培养德、智、体、美全面发展的社会主义合格建设者和可靠接班人。实施内容包括深化理论学习教育活动、广泛开展社会实践活动、建设健康向上的校园文化、积极促进大学生就业创业、关心和服务经济困难大学生、加强大学生心理健康教育、强化网络思想教育功能、加强高校共青团和学生组织建设、加强宣传和活动阵地建设、加强理论研究10个方面。

4月17日

中共中央办公厅转发中组部、中共教育部党组、共青团中央《关于加强和改进在大学生中发展党员工作和大学生党支部建设的意见》，指出：进一步明确做好在大学生中发展党员工作和大学生党支部建设的基本要求，坚持积极而慎重地做好在大学生中发展党员工作，坚持把培养教育贯穿于在大学生中发展党员工作的全过程，坚持把大学生党支部建在班上；坚持和完善在大学生中发展党员工作的标准和程序，要把在大学生中发展党员工作的过程作为加强大学生思想政治教育的过程，要有组织有计划地做好在大学生中发展党员工作；认真做好大学生党员的教育管理工作，要以提高素质、增强党性、发挥作用为目标，建立健全新形势下大学生党员长期受教育、永葆先进性的长效工作机制；要充分发挥大学生党员在掌握科学文化知识、加强实践锻炼和日常工作生活中的先锋模范作用和在关键时刻、重大活动中的骨干带头作用，要充分发挥高校党校及其院(系)分校在培养教育大学生党员方面的重要作用；切实加强对大学生入党积极分子的早期培养教育；积极推动大学生党支部建在班上，要把大学生党支部建设成为带动学生班级团结进步和开展思想政治教育的坚强堡垒；切实加强对在大学生中发展党员工作和大学生党支部建设的领导。

4月18日

教育部印发《学习贯彻落实中发〔2004〕16号文件和全国加强和改进大学生思想政治教育工作会议精神的宣讲提纲》。从五个部分对2005年1月17—18日中共中央召开的全国加强和改进大学生思想政治教育工作会议精神进行了详细梳理。

第一部分是从总体上对这次会议精神做了概括。指出：要切实提高对加强和改进大学生思想政治教育工作重要性和紧迫性的认识；培养什么人、如何培养人是我国社会主义教育事业发展中必须解决好的根本问题；实现全面建设小康社会的宏伟目标，建设中国特色社会主义，既是伟大而光荣的任务，又是艰巨而长期的事业，需要一代又一代中华儿女为之不懈奋斗；近年来我们在大学生思想政治教育方面做了大量工作，积累了重要经验，取得了积极进展；在新的历史条件下，大学生思想政治教育工作面临着许多新情况新问题，还面临着与新形势新任务不相适应的问题，存在不少薄弱环节；加强和改进大学生思想政治教育工作，也是提高党的执政能力、巩固党的执政地位的重要要求。

第二部分是对这次会议明确提出的加强和改进大学生思想政治教育的四项主要任务做了阐发，即：一是要以理想信念教育为核心，深入进行正确的世界观、人生观、价值观教育；二是要以爱国主义教育为重点，深入进行民族精神教育；三是要以基本道德规范为基础，深入进行公民道德教育；四是要以大学生全面发展为目标，深入进行基本素质教育。

第三部分对会议提出的要坚持与时俱进，创造性地开展大学生思想政治教育工作所采取的一系列举措做了梳理，即：一是要坚持育人为本、德育为先，切实加强和改进思想政治教育；二是要坚持教育与自我教育相结合，既充分发挥学校的教育引导作用，又充分调动大学生的积极性、主动性；三是要坚持政治理论教育与社会实践相结合，既搞好课堂教育，又注重引导大学生深入社会、了解社会、服务社会；四是要坚持解决思想问题与解决实际问题相结合，既讲道理又办实事，既以理服人又以情感人，增强思想政治教育的实际效果；五是要坚持教育与管理相结合，把思想政治教育融于学校管理之中，建立自律与他律、激励与约束有机结合的长效工作机制；六是要坚持继承优良传统与改进创新相结合，坚持党的思想政治工作优良传统，积极探索新形势下大学生思想政治教育工作的新途径新办法。

第四部分对会议提出的要抓住中心，突出重点，扎实推进大学生思想政治教育的做法做了归纳，即：一是要加强和改进思想政治理论课的教学；二是要加强形势政策教育；三是要用马克思主义指导高校哲学社会科学的教学；四是要大力加强师德建设；五是要深入开展社会实践；六是要大力加强校园文化建设；七是要充分发挥高校党团和学生组织的重要作用；八是要切实加强大学生思想政治教育队伍建设。对会议提出的要加强思想政治教育与解决实际问题相结合，为大学生健康成长创造良好条件的一系列举措做了概括，即：一是要做好高校贫困家庭学生的资助工作，确保他们顺利完成学业；二是要做好毕业生就业服务指导工作，帮助大学生成才立业；三是要做好管理和服务工作，满足大学生学习生活合理需求；四是要做好大学生心理健康咨询和教育，帮助大学生培养良好的心理品质。

第五部分是对会议要求做了梳理：一是要把思想认识统一到中央对大学生思想政治教育重要性的认识上来；二是要把思想认识统一到中央对加强和改进大学生思想政治教育形势的分析判断上来；三是要把思想认识统一到中央对加强和改进大学生思想政治教育的部署上来；四是要认真学习中发〔2004〕16号文件(《中共中央、国务院关于进一步加强和改进大学生思想政治教育的意见》)和全国加强和改进大学生思想政治教育工作会议精神。对会议提出的要把各方面的积极性、主动性充分调动起来，形成加强和改进大学生思想政治教育工作的强大合力所应采取的措施做了说明，即：一是要切实把大学生思想政治教育工作摆在更加突出的位置；二是要形成加强和改进大学生思想政治教育工作的强大合力；三是要积极营造大学生健康成长的良好社会环境。

同日，教育部高校辅导员、班主任骨干培训班开班。教育部副部长袁贵仁出席开班仪式并讲话。他指出，各地各高等学校要制订辅导员、班主任培训规划，建立分层次、多形式的培训体系，通过培训，不断提高辅导员、班主任的思想政治素质和业务素质，同时从制度上保证他们工作有条件、干事有平台、发展有空间，充分调动他们的积极性和创造性。袁贵仁还对高校辅导员和班主任提出四点要求：坚持正确的政治方向，加强业务学习，加强师德修养，发挥重要作用。

4月20日

教育部印发《关于整体规划大中小学德育体系的意见》，对新形势下整体规划大中小学德育体系的重要意义、准确规范各教育阶段德育目标和内容、科学设置各教育阶段德育课程、积极开展各教育阶段德育活动、努力拓展大中小学德育的有效途径、切实加强整体规划大中小德育体系工作的领导做出规定。

4月22日

共青团中央、教育部联合下发通知，要求各高校在“五四”期间广泛开展“勤奋学习、成才报国”主题活动，进一步引导广大青年学生树立远大理想，更加坚定跟党走中国特色社会主义道路的信念，进一步加强和改进大学生思想政治教育。通知对主题活动做出了具体部署：一是开展主题教育活动；二是开展校园文体活动；三是开展学术科技活动；四是开展服务大学生就业创业活动；五是开展“相约西部、放飞梦想”主题活动。

4月25日—26日

教育部在江苏南京召开《普通高等学校学生管理规定》培训会议。与会代表表示：高校工作要强化育人为本、德育为先的基本原则，使之贯彻于管理工作的各个环节和方面，使学校管理功能与教学、服务等功能共同形成合力，培养适应新形势要求、德智体全面发展的社会主义合格建设者和可靠接班人；切实加强以考试诚信教育与管理为重点的高校学生管理工作。

5月

5月8日

中宣部、教育部联合印发《关于加强和改进高等学校哲学社会科学学科体系与教材体系建设的意见》，对加强和改进高等学校哲学社会科学学科体系与教材体系建设的重要性、加强和改进高等学校哲学社会科学学科体系与教材体系建设的指导思想和总体要求、加大高等学校哲学社会科学学科体系建设力度、全面开展高等学校哲学社会科学重点教材建设工作、完善高等学校哲学社会科学重点教材建设工作机制，以及加强高等学校哲学社会科学学科体系与教材体系建设工作的组织领导六个方面提出了指导意见。

5月18日

经中国人民解放军总政治部批准，全军院校普遍组织开展学员思想政治教育检查评估活动。这次检查评估，主要围绕院校党委和机关对学员思想政治教育的组织领导、加强和改进政治理论课教学等六个方面，分院校自查、大单位普查、总部抽查三个阶段进行。通过检查评估，全面总结近年来军队院校加强和改进学员思想政治教育的经验，分析查找存在问题，研究制定改进措施，评选和表彰一批全军学员思想政治教育先进院校，推动军队院校学员思想政治教育的全面落实和创新发展。

同日，中共中央政治局委员、书记处书记、中宣部部长刘云山与参加由中组部、中宣部、中央党校、教育部、中国社会科学院在京共同举办的高校社科系统和社科研究系统“三项学习教育”专题培训班学员座谈并讲话。

刘云山在讲话中强调指出，开展“三个代表”重要思想、马克思主义立场观点方法、职业精神和职业道德“三项学习教育”活动，是加强哲学社会科学队伍建设的重要举措；开展“三项学习教育”活动要同保持共产党员先进性教育活动结合起来，联系实际、务求实效；要始终坚持正确的政治方向，增强政治意识、大局意识、责任意识，更加自觉地为党和国家工作大局服务；要牢固树立群众观点，带着对人民群众的深厚感情开展研究，在竭诚为人民服务的过程中实现自身的价值；要认真考虑哲学社会科学工作的社会影响，把学术自由和社会责任统一起来，把做人、做事和做学问统一起来，以崇高的道德风范树立和维护哲学社会科学工作者的良好形象。

6月

6月3日

教育部办公厅下发《关于成立普通高等学校学生心理健康教育专家指导委员会的通知》，强调：为进一步加强高校学生心理健康教育工作，充分发挥专家学者对高校学生心理健康教育工作的咨询与指导作用，教育部决定成立普通高等学校学生心理健康教育专家指导委员会。有关事项通知如下：(1)普通高等学校学生心理健康教育专家指导委员会是在教育部领导下，对高等学校学生心理健康教育工作进行研究、咨询、评价和指导的专家组织。(2)普通高等学校学生心理健康教育专家指导委员会制定章程并据以开展工作。(3)普通高等学校学生心理健康教育专家指导委员会的组成人选是教育部根据有关任职条件，经过充分酝酿并广泛听取各方面意见在长期从事心理科学和心理健康教育教学、咨询和研究的高校教师中聘任，同时也聘任了部分从事高校教育管理工作的党政部门负责同志。(4)普通高等学校学生心理健康教育专家指导委员会设主任委员1人，副主任委员4人，指委会的工作由主任委员主持，副主任委员协助。指委会设秘书长1人，常务副秘书长1人，副秘书长2人，协助主任委员处理日常事务性工作。指委会委员由教育部正式颁发聘书聘任。指委会委员每届任期4年。届中根据工作需要和人员状况可适当增补。指委会设办公室，负责日常事务，办公室设在高等教育出版社。(5)普通高等学校学生心理健康教育专家指导委员会的主要任务是：受教育部委托，进行高校学生心理健康教育重要决策的前期研究，向教育部提出意见和建议；研究指导高校学生心理健康教育工作和学科建设，组织开展经验总结和交流，推动科学研究；对全国高校学生心理健康状态进行跟踪、监控和预测，定期形成评估分析报告；进行高校学生心理健康教育方面科学研究与教学实践成果的审议和鉴定。研究和参与高校学生心理健康教育方面的教材建设和审议工作；研究和参与高校学生心理健康教育师资认证工作，协助做好师资培训工作。

同日，《中国教育报》刊发教育部2005年高校学生思想政治状况滚动调查报告。调查报告表明，当前大学生思想政治状况的主流继续呈现出积极、健康、向上的良好发展态势。调查显示：大学生拥护中国共产党的领导和“三个代表”重要思想，认同构建社会主义和谐社会、以人为本的科学发展观，高度信任以胡锦涛同志为总书记的党中央领导集体，充分肯定党和政府一年来取得的工作成绩；关注国际国内经济政治形势和社会热点，对我国保持政治稳定、经济持续快速健康发展、全面建设小康社会及构建和谐社会的前景充满信心；爱国主义热情强烈，关注涉及国家主权、民族利益和尊严的国内外大事；积极支持高等教育改革，关注学校的改革和发展；思想道德状况和精神风貌积极向上，人生观、价值观务实进取，成长成才愿望迫切；整体心态较平和，能够较为客观、理智地观察分析问题。针对调查中反映出的大学生思想状况的新特点，重点要在如下几方面加大工作力度：加强思想政治理论课建设，贯彻落实思想政治理论课新课程设置方案；切实加强师德建设，制定高等学校教师职业道德规范；加强辅导员、班主任队伍建设；综合运用技术、行政和法律的手段，加强校园网络管理与舆论引导；把解决思想问题与解决实际问题结合起来，认真做好高校贫困家庭学生资助工作、毕业生就业服务指导工作以及大学生心理健康教育与咨询工作；树立大学生先进典型，积极营造有利于大学生健康成长成才的良好氛围。

6月15日

教育部印发《关于进一步加强和改进高等学校校报工作的若干意见》，指出：高校校报是高校加强思想政治教育和开展新闻宣传工作的重要阵地，是传播社会主义先进文化和精神文明建设成果的重要载体，在宣传马克思主义，坚持和巩固马克思主义在意识形态领域的指导地位，提高高校师生员工的思想政治素质等方面具有不可替代的作用；高校校报必须始终坚持以马克思列宁主义、毛泽东思想、邓小平理论和“三个代表”重要思想为指导，以科学的理论武装人，以正确的舆论引导人，以高尚的精神塑造人，以优秀的作品鼓舞人；要不断提高校报工作的水平和质量，加强校报内部工作制度和工作机制建设，加强校报队伍建设，推进中国高校校报的网络化、信息化建设；要切实加强对高校校报工作的领导。

7月

7月1日

教育部办公厅发布《关于在大中小学开展廉

洁教育试点工作的意见》，决定从2005年下半年开始，在北京、天津、上海、浙江、湖北、陕西和太原、南京、广州、深圳十省市大、中、小学开展廉洁教育试点工作。

7月10日

在中宣部宣教局、教育部社政司、山西省委宣传部、陕西省教育厅的支持下，中国教育电视台、太原理工大学、太原电视台等单位共同主办的“青春万岁——纪念中国人民抗日战争胜利60周年”大型文艺晚会在太原理工大学举行。

7月11日

教育部办公厅发出《关于进一步加强高校学生住宿管理的通知》，要求把学生宿舍和公寓的教育管理工作作为辅导员的重要职责，选好配强辅导员进宿舍和公寓开展工作，建立完善辅导员、宿舍和公寓管理人员、学生党员和骨干密切配合的教育管理服务工作体系；制定完善学生住宿管理规章制度，教育引导学生自觉遵守学校住宿管理规定；加强学校有关部门与学生的联系沟通，拓宽学生反映意见和建议的渠道，及时解决学生的实际困难，维护学生合法权益；同时，要加强学生宿舍和公寓的安全保卫工作，对极少数坚持在校外租房的学生，也要制定措施，力求做到管理相对集中，努力为学生人身和财产安全提供保障。

7月12日

中共中央总书记、国家主席、中央军委主席胡锦涛就实施大学生志愿服务西部计划作出重要指示，指出：高校毕业生是国家宝贵的人才资源。实施大学生志愿服务西部计划，有利于开辟高校毕业生健康成长的新途径，有利于推动西部地区的经济社会发展；各级党委、政府和有关部门一定要从全局和战略的高度重视这项工作，总结成功经验，完善政策措施，健全工作机制，引导和鼓励更多的高校毕业生到西部、到基层、到祖国最需要的地方去磨炼意志，增长才干，为实现全面建设小康社会的宏伟目标贡献自己的智慧和力量。

7月24日

教育部部长周济与刚刚当选的全国学联新一届主席团成员以及参加全国学联二十四大的部分代表亲切座谈。他指出，学校是对学生进行思想教育的主课堂、主阵地、主渠道，要加强和改进课堂教学，为学生成长提供优秀的精神食粮。要丰富校园生活，营造良好的育人环境。要充分发挥学生组织的优势，团结和引导广大同学高举爱国主义旗帜跟党走；广大学生要志存高远，坚定信念，热爱祖国，服务人民，勤奋学习，自强不息，艰苦奋斗，勇于实践，努力成为实现中华民族伟大复兴的一代新人。

8月

8月7日—12日

教育部举办第一期高等学校社科系统深入学习“三个代表”重要思想、马克思主义立场观点方法、职业精神和职业道德的“三项学习教育”培训班，全国110所高校的新闻学、广播电视新闻学、编辑出版学专业的负责人、教师参加了培训。中宣部、教育部有关领导和新闻界、教育界有关专家学者为学员们作了报告。结合培训班报告内容，学员们还就“高校如何为坚持和巩固马克思主义在意识形态领域的指导地位，建立具有中国特色、中国风格、中国气派的哲学社会科学体系作贡献”“如何坚守新闻工作者的职业精神和职业道德，为全面建设小康社会培养高素质的新闻人才”两个专题进行了深入讨论。

8月8日—10日

中共教育部党组在京举办教育部直属高校新任领导干部暑期培训班，学习贯彻第13次全国高校党建工作会议与全国加强和改进大学生思想政治教育工作会议精神，树立和落实科学发展观，以保持共产党员先进性教育为契机，加强高校领导班子思想政治建设、党风廉政建设和大学生思想政治教育工作。

8月13日

中共中央政治局常委、国务院总理温家宝在

中南大学调研时向广大教师和同学提出三点希望：第一，高等学校要培养热爱祖国、志存高远、勇于创新、艰苦奋斗、德智体全面发展的人才。坚持启发式教育，让学生学会动手动脑用心，善于独立思考、明辨是非、奋发向上，达到“教是为了不教”的目的。第二，高等学校要培养杰出的人才，也就是要培养拔尖人才、一流人才、领军人才。同时，学理工科的学生也要学点文学艺术，激发创造的灵感。第三，除了学习知识外，还要学习做人。要让学生懂得一个重要的道理，这就是作为天下的人，要想着天下的事。天下最大的事就是百姓的忧乐。立身要常思百姓的忧乐，行事要先天下之忧而忧，后天下之乐而乐。

8 月 20 日—21 日

由教育部邓小平理论和“三个代表”重要思想研究中心主办的第四次高校邓小平理论和“三个代表”重要思想研究中心工作交流研讨会在河南师范大学召开。教育部副部长袁贵仁就深化“十个如何”的研究，为加强和改进大学生思想政治教育提供理论支撑指出：一是要着重研究和阐述加强和改进大学生思想政治教育是一项重大而紧迫的战略任务，培养什么人、如何培养人，是我国社会主义教育事业发展中必须解决好的根本问题，正确认识和切实解决好这个问题，事关党和国家的长治久安，事关中华民族的前途命运。二是要着重研究和阐述加强和改进大学生思想政治教育的指导思想、基本原则和主要任务，始终坚持以马克思列宁主义、毛泽东思想、邓小平理论和“三个代表”重要思想为指导，坚持以理想信念教育为核心，以爱国主义教育为重点，以思想道德建设为基础，以大学生全面发展为目标，坚持“学校教育、育人为本，德智体美、德育为先”，坚持“六个结合”，培养德、智、体、美全面发展的社会主义合格建设者和可靠接班人。三是要着重研究和阐述课堂教学在大学生思想政治教育中的主导作用，推进思想政治理论课建设，发挥哲学社会科学的育人优势，强化各门课程的育人功能，引导教师教书育人，在知识传授中加强思想政治教育。四是要研究和阐述新形势下大学生思想政治教育的有效途径，深入开展社会实践，大力建设校园文化，主动占领网络教育新阵地，切实加强心理健康教育，努力解决大学生的实际问题。五是要研究和阐述党团组织在大学生思想政治教育中的重要作用，更好地把大批优秀大学生吸纳到党的队伍中来，更好地发挥共青团和学生组织作用，更好地依托班级、社团等组织对大学生进行教育引导。六是要研究和阐述加强大学生思想政治教育工作队伍建设，努力创造良好的政策环境、工作环境和生活环境，努力使思想政治教育队伍人员工作有条件、干事有平台、发展有空间，努力提高“三支队伍”人员的素质和能力。七是要研究和阐述创新领导体制和工作机制，推动在地方建立完善党委统一领导、党政群齐抓共管、有关部门各负其责、全社会大力支持的领导体制，形成全党全社会共同关心支持大学生思想政治教育的强大合力；推动在高校建立和完善党委统一领导、党政齐抓共管、专兼职队伍相结合、全校紧密配合、学生自我教育的工作体制，把思想政治教育融入教学、科研、管理、服务之中，形成全校上下共同推进的强大合力。

9 月

9 月 8 日

辽宁省盘锦市特级教师魏书生等 14 位全国师德标兵联名发出倡议书，倡议全国的教师同行：一是坚持以育人为本，引导学生全面发展、健康成长，努力形成相互激励、教学相长的师生关系，坚决反对讥讽、歧视、侮辱学生和体罚、变相体罚学生的行为；二是坚持依法执教，廉洁从教，为人师表，树立正确的职业理想，自觉履行教书育人的神圣职责；三是努力发扬优良学术风气，模范遵守学术道德，坚持求真务实、勇于创新、严谨自律的治学态度和学术精神，力争成为终身学习和锐意创新的楷模；四是不断提高师德水平，自觉加强师德修养，模范遵守职业道德规范，努力做人民满意的教师。

同日，中国教科文卫体工会与中国教育报刊社、中央教育科学研究所共同举办“师德建设研讨会”。与会专家和教育工作者认为：当前的师德建设中，应该降低教师职业道德的“重心”，用基本道德规范大多数人的日常行为，即可以不对一个人提出过高的道德要求，但必须规定他绝不可以超越的下限；教育劳动的特点决定了教师职业道德应向教师专业道德的观念转移；师德建设要与我国师道传统的创新有机结合起来，大力加强教师的文化修养，促进教师自主发展。

9月9日

第五届高等教育国家级教学成果奖颁奖大会和北京市优秀教师师德报告会在北京人民大会堂举行。中共中央政治局常委、国务院总理温家宝会见与会代表，代表党中央、国务院向全国的老师们表示热烈的祝贺和亲切的慰问。温家宝在讲话中指出，中国的教育当前面临三大任务：第一，普及义务教育；第二，发展职业教育；第三，提高高等教育的质量。温家宝着重就提高高等教育的质量提出需要做三件具体的事情，即：第一，大力推进启发式教育，培养学生独立思考和创新思维；第二，教授、名师要上课堂；第三，教书育人，教师除了教学还有另一项任务，就是育人，就是要教育学生热爱祖国、热爱人民，具有强烈的社会责任感。温家宝最后指出：千教万教，教人求真；千学万学，学做真人；我们培养的学生不单是某一个方面的专家，而应该是一个有学问的人、有道德的人、全面发展的人。

9月28日

教育部普通高等学校学生心理健康教育专家指导委员会在京成立，并讨论通过了《教育部普通高等学校学生心理健康教育专家指导委员会章程》。教育部副部长袁贵仁出席成立大会并讲话，希望专家指导委员会要在围绕大学生心理健康教育各个方面开展深入细致研究的基础上，为教育部门工作决策和高校大学生心理健康教育工作的开展提供咨询服务；要根据推动大学生心理健康教育工作的实际需要，对高校大学生心理健康教育工作进行评估督导，促进工作的规范化和专业化，逐步减少全国高校心理健康教育工作存在的不平衡；还要协助有关部门做好队伍建设的整体规划和有关培训计划，努力建设一支以专职教师为骨干，专兼结合、专业互补、相对稳定、素质较高的大学生心理健康教育和心理咨询工作队伍，进而推动高校学生心理健康教育的建设和发展。

10月

10月8日

中共中央总书记、国家主席、中央军委主席胡锦涛在中国共产党十六届五中全会上作工作报告指出，要继续实施马克思主义理论研究和建设工程，加强马克思主义理论的学习、研究、宣传，重点研究并着力回答重大理论和现实问题；加强宣传思想工作，重点做好关于加强党的执政能力建设、保持共产党员先进性教育活动、树立和落实科学发展观、构建社会主义和谐社会等重大宣传活动，开展形势政策宣传教育；认真分析思想理论领域的新情况新问题，进一步加强意识形态领域的工作；广泛开展群众性精神文明创建活动，组织实施公民道德建设工程，把爱国主义教育同集体主义、社会主义教育有机统一起来，宣传体现民族精神和时代精神的先进典型，提倡一切有利于国家富强、民族振兴、社会和谐、人民幸福的思想，为全面建设小康社会营造积极向上的浓厚社会氛围；召开全国加强和改进大学生思想政治教育工作会议，加强和改进大学生思想政治教育和高校思想政治理论课，强调教书育人、育人为本，德智体美、德育为先，做到全员育人、全程育人、全方位育人；继续加强未成年人思想道德建设，推动建立长效工作机制；广泛开展“三项学习教育”活动，组织实施“四个一批”人才培养工程；加强对民办社科研究机构、文化工作室的管理，加强对广大人民群众特别是青少年的革命传统教育；通过认真组织纪念中国人民抗日战争暨世界反法西斯战争胜利60周年等重大宣传活动，积累了结合重大节庆日、纪念日活动进行思想政治教育的经验。

10月13日

教育部办公厅印发《关于在高等学校增设国家大学生文化素质教育基地的通知》，明确指出建设基地的目的是：以马克思列宁主义、毛泽东思想、邓小平理论和“三个代表”重要思想为指导，坚持党的教育方针，继承和弘扬中华民族优秀的历史文化传统，吸收人类文明发展的优秀成果，提高大学生的文化素质，为加强和改进大学生思想政治教育服务。基地的任务是：协调本校各单位、学术团体的文化素质教育工作，组织开展重要的文化素质教育活动；培训从事文化素质教育的师资队伍；开展文化素质教育的理论研究，探索文化素质教育与教学内容和课程体系改革相结合的新路子，深化教育改革，提高教育质量，力争产生一批文化素质教育理论研究和教学实践相结合的教学成果；及时总结经验，向本地区乃至全国高校推广，起到示范和辐射作用。

10 月 23 日—24 日

纪念文化素质教育开展十周年暨高等学校第四次文化素质教育工作会议在京召开。教育部部长周济作了题为《全面贯彻党的教育方针切实推进高等学校素质教育深入开展》的报告。报告指出，全面贯彻党的教育方针，切实推进素质教育，要抓住培养什么样的人和如何培养人这个根本问题。素质教育的核心就是人的全面发展，是思想道德素质、文化素质、科学素质和身体心理素质四方面的辩证统一协调发展，文化素质是其中重要的组成部分。要把文化素质教育作为全面贯彻党的教育方针，切实推进素质教育的切入点和突破口，培养创新人才的突破口，不走过场，不搞形式主义，扎实推进，将文化素质教育渗透到大学精神的建设中。下一步要重点推动文化素质教育在全国高校中的普及，同时进一步强化示范性基地建设，在广度和深度上不断延伸，整体推进高校文化素质教育。

10 月 24 日—25 日

由清华大学高校德育研究中心、清华大学政治学系举办的“中国传统政治文化与道德教育”国际学术研讨会召开。面对中国社会转型期的道德教育困境，中国传统文化能否发挥以及如何发挥作用，成为与会代表关注的重点。

10 月 28 日

国务院印发《关于大力发展职业教育的决定》，指出：要把德育工作放在首位，全面推进素质教育，坚持育人为本，突出以诚信、敬业为重点的职业道德教育；确定一批职业教育德育工作基地，选聘一批劳动模范、技术能手作为德育辅导员；加强职业院校党团组织建设，积极发展学生党团员；要发挥学校教育、家庭教育和社会教育的作用，为学生的健康成长创造良好的社会环境。

11 月

11 月 6 日—9 日

全国部分高校帮困育人工作研讨会在华东师范大学召开。与会人员就研究新形势下大学生帮困助学的新情况、新问题和新对策，勤工助学与育人成才的互动机制以及助学贷款与诚信教育一体化等专题进行了深入探讨。与会代表认为，要从以下几方面推进帮困助学工作：一是高校应继续积极推进“奖、贷、勤、减、免、补”各项工作，建立长效工作机制。二是要整合资源，努力拓展勤工助学新空间，积极探索校内外勤工助学新载体，争取社会支持，做出效益，做出品牌。三是高校要将坚定大学生理想信念、完善知识结构等内容贯穿于帮困助学全过程，充分发挥帮困助学在高校育人中的重要作用。

11 月 7 日—8 日

全国职业教育工作会议在北京召开。这次会议的主要任务是部署贯彻《关于大力发展职业教育的决定》，统一思想，明确任务，狠抓落实，推动中国特色职业教育发展。中共中央政治局常委、国务院总理温家宝在会上发表重要讲话，强调要搞好以敬业和诚信为重点的职业道德教育。

11 月 25 日

中共中央政治局进行第 26 次集体学习。中共中央总书记胡锦涛主持会议并讲话。他强调，搞好马克思主义理论研究，很关键的一个问题是要建设一支政治强、业务精、作风正的马克思主义理论队伍，要加强对马克思主义理论拔尖人才的重点扶持，造就一批学贯中西、在国内外有广泛影响的马克思主义理论大家；加强对崭露头角的学术新秀的重点培养，造就一批各学科各专业的领军人物；加强对高校马克思主义专业人才的重点培养，造就一批具有较高素质、有志于从事马克思主义理论研究的后备人才。胡锦涛还指出，广大理论工作者要自觉把学术研究与社会责任统一起来，加强思想修养，打牢学问基础，提高研究水平，潜心钻研，严谨治学，为丰富和发展马克思主义作出新的贡献，努力成为对祖国、对人民有贡献的学问家。

12 月

12 月 2 日

为纪念“一二·九”运动 70 周年和“一二·一”运动 60 周年，中宣部、中央党史研究室、教育部、共青团中央四部门联合下发通知，决定于 2005 年“一二·九”“一二·一”前后在广大青年和青年学生中组织开展多种形式的纪念活动：12 月 3 日至 10 日，将结合增强共青团员意识主题教育活动，在广大团员青年中开展“增强团员意识、服务和谐社会”主题实践周活动；12 月 9 日前后，中央及有关部委将召开纪念大会、首都大学生纪念座谈会；12 月下旬，将举行“第八届全国三好学生，优秀学生干部和先进班集体”表彰活动；12 月底前，将举办主题为“青春相伴、和谐校园”的首届中国大学生“校园文化节”；还将举办专题晚会，摄制电视政论片。

12 月 9 日

共青团中央、全国青联、全国学联、北京团市委联合在人民大会堂举行首都青年纪念“一二·九”运动 70 周年、“一二·一”运动 60 周年大会。中共中央政治局常委李长春出席大会并作重要讲话。张洁珣、王汉斌分别代表参加过“一二·九”运动和“一二·一”运动的老同志讲话，全国学联主席刘凯代表首都各界青年和青年学生发言。同日，团中央书记处第一书记周强、团中央书记处书记杨岳在北京大学出席观看由中共北京市委宣传部、北京团市委等举办的“献给可爱的祖国”首都大学生纪念“一二·九”运动 70 周年文艺晚会。

12 月 10 日

中共教育部党组印发《关于向孟二冬同志学习的决定》，决定在全国教育系统开展向孟二冬同志学习的活动，号召广大教师和教育工作者向孟二冬同志学习。学习他处处以共产党员的先进性标准要求自己，为党和人民的教育事业淡泊名利、无私奉献的精神；学习他爱岗敬业、为人师表，为教书育人恪尽职守、呕心沥血的精神；学习他甘于寂寞、严谨治学，为追求学术锲而不舍、求真务实的精神；学习他珍爱生活、自强不息，为克服困难坚韧不屈、乐观向上的精神。22 日，人事部、教育部联合印发《关于授予孟二冬同志“全国模范教师”荣誉称号的决定》。

12 月 14 日

共青团中央办公厅、教育部办公厅下发《关于推荐并组织观看电视系列片〈神圣的使命——加强大学生思想政治教育典型实录〉的通知》，指出：要注重运用大学生中涌现的典型加强教育引导；要注重依托实例丰富教育教学，形成包括基本教材、配套教材和电子音像类教材等在内的立体化教材体系；要借助电视等手段创新教育形式，充分利用现代化的传媒手段如校园闭路电视、局域网络等方式实施多媒体教学，充分发挥高校团组织优势，通过观看电视片等，进行深入互动。

12 月 16 日

教育部印发《关于开展向洪战辉同学学习的通知》，要求各地教育行政部门和各级各类学校要迅速行动起来，组织广大学生向洪战辉同学学习，学习他自强自立、勇于进取的坚韧品格，学习他克服困难的坚强意志和战胜困难的顽强毅力，学习他面对困难不低头、面对挫折不放弃的奋斗精神，学习他刻苦学习、严于律己、诚实质朴的高尚品质，学习他乐观向上、积极进取的人生态度和高尚的思想品德。

12 月 23 日

国务院学位委员会、教育部印发《关于调整

增设马克思主义理论一级学科及所属二级学科的通知》。文件指出，根据《中共中央、国务院关于进一步加强和改进大学生思想政治教育的意见》和《中共中央关于进一步繁荣发展哲学社会科学的意见》精神，为了加强马克思主义理论体系研究、马克思主义发展史和马克思主义中国化研究、思想政治教育研究，推进党的思想理论建设和巩固马克思主义在高等学校教育教学中的指导地位，加强高校思想政治理论课建设、培养思想政治教育工作队伍，经专家论证，决定在《授予博士、硕士学位和培养研究生的学科、专业目录》中增设马克思主义理论一级学科及所属二级学科。文件规定：(1)新增设的马克思主义理论一级学科，暂设置于"法学"门类内，下设五个二级学科，即马克思主义基本原理、马克思主义发展史、马克思主义中国化研究、国外马克思主义研究、思想政治教育。(2)政治学二级学科下的"马克思主义理论与思想政治教育"二级学科调整到马克思主义理论一级学科下，分别归入"马克思主义基本原理"和"思想政治教育"二级学科。调整增设后的相关学科及代码如下：

门类代码及名称	一级学科代码及名称	二级学科代码及名称	备注
03 法学	0305 马克思主义理论	030501 马克思主义基本原理	增设
		030502 马克思主义发展史	增设
		030503 马克思主义中国化研究	增设
		030504 国外马克思主义研究	增设
		030505 思想政治教育	增设
	0302 政治学	030205 马克思主义理论与思想政治教育	取消，调整到"马克思主义理论"，拆分为两个二级学科

12 月 24 日

中组部、中宣部、中共教育部党组在北京联合召开第十四次全国高等学校党的建设工作会议，中共中央政治局委员、中央书记处书记、中组部部长贺国强出席会议并讲话。他强调指出，高校要加强思想理论建设，发挥高校在繁荣哲学社会科学中的作用，进一步推动中国化的马克思主义进教材、进课堂、进头脑的工作，不断巩固马克思主义在高校的指导地位；要坚持和完善党委领导下的校长负责制，认真贯彻执行民主集中制原则，努力形成党委统一领导、党政分工合作、协调配合的工作运行机制，不断加强党对高校的领导；要强化基层党组织的功能，创新高校党组织活动的途径和方式，使党组织的活动更加贴近党员的思想、学习和生活实际，不断增强党在高知识群体中的凝聚力、影响力；要有针对性地做好党员教育管理工作，不断提高高校党员的整体素质，切实发挥党员的先锋模范作用；要加强和改进大学生思想政治教育，努力使大学生成为德智体美全面发展的社会主义合格建设者和可靠接班人；要加强党务工作者队伍特别是专职辅导员队伍建设，从思想认识、体制机制、明确政策、培养人才等方面采取有力措施，调动他们的积极性，提高他们的工作能力和水平。

2006 年

1 月

1 月 10 日—11 日

由教育部邓小平理论和“三个代表”重要思想研究基地承办的“马克思主义理论研究和建设工程全面落实科学发展观第二次研讨会”在京举行。马克思主义理论研究和建设工程有关课题组首席专家和主要成员，全国和部分省区市、部分高校邓小平理论和“三个代表”重要思想研究中心有关负责同志及专家学者近百人出席了会议。与会代表以全面贯彻落实科学发展观为主题，围绕以人为本的重大意义、科学内涵和精神实质，以人为本与社会主义经济建设、政治建设、文化建设和社会建设的关系等问题，进行了深入研讨。会议强调，要深入研究科学发展观与马克思列宁主义、毛泽东思想、邓小平理论和“三个代表”重要思想的继承发展关系，帮助人们更加自觉地用科学发展观指导新的发展实践。教育部副部长李卫红出席会议并讲话。她强调，坚持以人为本，是解决新世纪新阶段我国教育“为谁加快发展”“怎样加快发展”和“依靠谁加快发展”三个重大问题的关键；坚持以人为本，就要促进人的全面发展，就要大力开发人力资源，就要依靠人民群众推进教育加快发展。李卫红还强调，坚持以人为本，是加快教育发展的出发点和落脚点，要努力做到“两个为本”“四个统筹”。

1 月 16 日—17 日

教育部社会科学委员会第二次工作会议在国家教育行政学院举行。此次会议的主题是：深入贯彻十六届五中全会精神，以科学发展观为统领，坚持理论创新，大力提高高校哲学社会科学研究质量，努力构建以当代中国马克思主义为指导，具有中国特色、中国风格、中国气派的哲学社会科学学科体系和教材体系。

教育部部长周济出席开幕式并讲话，强调指出，要站在科学发展观的战略高度，充分认识哲学社会科学的重要性，切实把哲学社会科学摆在更加突出的位置，着力构建高校哲学社会科学理论创新体系，着力提高高校哲学社会科学研究质量。教育部副部长吴启迪出席闭幕式并讲话，强调指出，要以科学发展观为统领，坚持理论创新，大力提高高校哲学社会科学研究质量，努力构建以当代中国马克思主义为指导，具有中国特色、中国风格、中国气派的哲学社会科学学科体系和教材体系。

1 月 23 日

教育部下发《关于撤销社会科学研究与思想政治工作司，设立思想政治工作司、社会科学司、直属高校工作司的通知》。思想政治工作司的职责是：负责高等学校学生与教师的思想政治工作，宏观指导教育系统基层党组织建设、精神文明建设以及辅导员队伍建设工作；负责高等学校稳定工作和政治保卫工作，及时反映和处理有关重大政治问题和突发事件。社会科学司的职责是：统筹规划和协调教育系统的哲学社会科学研究、马克思主义理论和思想政治课的教育工作；组织、协调高等学校承担国家重大社会科学研究项目并指导实施；负责直属高校和直属单位出版物的监督管理以及教育系统新闻舆论工作的指导和协调。直属高校工作司的职责是：综合协调直属高校工作；指导直属高校制定发展战略规划，协调直属高校管理体制调整和改革工作；配合有关司局加强高等学校领导班子思想政治建设。

1 月 26 日

教育部发出《关于建设节约型学校的通知》，提出要充分认识建设节约型学校的重要意义；各地各学校要把建设节约型学校作为学校发展战略列入“十一五”规划和中长期发展规划；要积极推进技术进步，提高资源利用率；要加强制度建设，深入推进管理体制和运行机制改革；要加强节能节约资源新技术的运用和研究开发；在学校日常工作中要加强节约管理；要加强节约资源的宣传教育，强化师生员工的节约意识。要对广大师生员工大力加强勤俭节约、艰苦奋斗的教育，提高广大师生员工的资源忧患意识，切实增强广大师生员工的节约资源和发展循环经济的紧迫感、责任感；要采取各种有效措施，加强学校领导者、各级管理人员、教师、员工和广大学生的节约意识，尤其是节水节电、节约粮食和节约教学资源的意识；在宣传中做好具体安排，要努力做到周密部署，认真组织，长期坚持，力求实效，营造良好的、同心协力建设节约型学校的校园氛围；要按照中央的要求，将建设节约型社会和节约型学校以及培养学生勤俭节约意识和行为的内容列入教学计划，并纳入学生行为守则和德育考评之中。

1 月 27 日

中宣部、教育部、新闻出版总署联合印发《关于加强高校思想政治理论课教材出版管理的通知》，就高校思想政治理论课教材出版管理做了统一规定，强调为确保高校思想政治理论课教材的科学性、权威性和严肃性，未经中宣部、教育部、新闻出版总署批准，任何部门、单位和个人不得再自行组织编写、出版发行各种名义的高校思想政治理论课教材。

2 月

2 月 7 日

教育部办公厅印发《关于进一步加强高校网络教育规范管理的通知》，要求要充分发挥学校党团组织、各有关部门和学生组织的作用，密切注视网络教育学生的思想动态，并采取切实可行的措施，严格做好学生管理和思想政治工作，把可能出现的各种不利于稳定的因素消灭在萌芽状态，保证正常教学工作秩序。

2 月 20 日

共青团中央、教育部、全国学联联合颁发《关于表彰第二届全国高校“优秀学生社团”及标兵的决定》，授予北京交通大学学生“三个代表”重要思想学习研究会等 10 个学生社团全国高校“优秀学生社团标兵”称号，授予中国人民大学陶行知研究会等 90 个学生社团全国高校“优秀学生社团”称号。文件指出，各地各高校要进一步加强和改进大学生思想政治教育，不断加强高校学生社团工作，充分发挥高校学生社团在加强校园文化建设、提高学生综合素质、引导学生适应社会、促进学生成才就业等方面的重要作用。

同日，中组部、中宣部、民政部、司法部、教育部、农业部、文化部、卫生部、人口计生委、国务院扶贫办、共青团中央、全国妇联、中国科协联合印发《关于在农村基层广泛开展志愿服务活动的意见》，指出：要继续开展文化、科技、卫生“三下乡”和对口支援活动，发挥“大学生志愿服务西部计划”“青年志愿者扶贫接力计划”等已有志愿服务项目的综合效应；鼓励在校和毕业大学生、青年志愿者、中华巾帼志愿者深入农村开展义务支教、传播文化科技知识、扶贫济困等活动。

2 月 25 日

中宣部、教育部和有关部门在北京联合举办学习孟二冬先进事迹座谈会。教育部副部长李卫红在讲话中指出，要深入学习孟二冬同志的精神，建设高素质教师队伍，就要弘扬孟二冬同志的高尚品德，切实加强师德建设；要深化人事制度改革，营造有利于孟二冬式优秀教师大量涌现的良好环境；要以学习宣传孟二冬同志先进事迹为契机，大力加强高校高层次人才队伍建设；要发扬孟二冬同志的自觉奉献精神，进一步做好教育对口支援工作。李卫红还强调，新学期伊始，各级教育行政部门和各级各类学校要把学习孟二冬同志与开展保持共产党员先进性教育活动结合起来，增强党员教师的先进意识；要把学习孟二冬同志与提高人才培养质量结合起来，引导广大教师提高思想道德水平、教书育人能力和科技创新水平；要把学习孟二冬同志与关心教师的发展、解决教师的实际困难结合起来，充分激发广大教师的积极性和创造性；要把学习孟二冬同志与树立正确舆论导向、充分发挥先进模范人物激励作用结合起来，加大对优秀教师的宣传力度，营造尊师重教的良好社会风尚。

3月

3月4日

中共中央总书记、国家主席、中央军委主席胡锦涛在看望出席全国政协十届四次会议的委员时强调指出，要把发展社会主义先进文化放到十分突出的位置，充分发挥文化启迪思想、陶冶情操、传授知识、鼓舞人心的积极作用，努力培育有理想、有道德、有文化、有纪律的社会主义公民；要引导广大干部群众特别是青少年树立社会主义荣辱观，坚持以热爱祖国为荣、以危害祖国为耻，以服务人民为荣、以背离人民为耻，以崇尚科学为荣、以愚昧无知为耻，以辛勤劳动为荣、以好逸恶劳为耻，以团结互助为荣、以损人利己为耻，以诚实守信为荣、以见利忘义为耻，以遵纪守法为荣、以违法乱纪为耻，以艰苦奋斗为荣、以骄奢淫逸为耻。

3月5日

国务院总理温家宝在第十届全国人民代表大会第四次会议上作政府工作报告时强调，要实施科教兴国战略和人才强国战略，加强文化建设。在谈到实施科教兴国战略和人才强国战略时，他指出，要进一步繁荣和发展哲学社会科学，推动理论创新；各级各类学校都要全面推进素质教育；要培养一支德才兼备的教师队伍，造就一批杰出的教育家。在谈到文化建设时，他指出，要抓好理想信念教育，特别是青少年的思想道德教育；深入开展群众性精神文明创建活动；深化文化体制改革，发展文化事业和文化产业；加强文化基础设施建设尤其是农村基层文化建设，完善公共文化服务体系；繁荣文学艺术、广播影视、新闻出版事业；加强文化遗产和自然遗产保护；大力扶持民族文化艺术，扩大国际文化交流；加强文化市场管理，坚持开展“扫黄打非”；广泛开展全民健身运动，提高竞技体育水平；继续做好北京奥运会和上海世博会的筹办工作。

3月11日

共青团中央印发《关于在青少年中大力开展社会主义荣辱观教育的通知》，要求把学习社会主义荣辱观作为当前一项重要任务来抓，通过多种行之有效的方式帮助青少年理解掌握社会主义荣辱观的时代背景、重要意义和丰富内涵，增强牢固树立社会主义荣辱观的自觉性；加强宣传，使社会主义荣辱观在广大青少年中深入人心；广泛开展道德实践活动，引导青少年在实践中牢固树立社会主义荣辱观；广大团干部要带头树立社会主义荣辱观，为青少年做出榜样。

3月12日

中共教育部党组印发《关于学习贯彻胡锦涛总书记讲话精神切实加强社会主义荣辱观教育的通知》，要求：第一，深刻认识胡锦涛总书记讲话的重大意义，引导青少年学生树立社会主义荣辱观。第二，以社会主义荣辱观教育为重点，切实加强青少年学生思想道德建设。要把社会主义荣辱观教育放到学校教育工作的重要位置，作为中小学生思想道德建设和大学生思想政治教育的一个重要内容。一是要发挥课堂教学在社会主义荣辱观教育中的主渠道作用。要把社会主义荣辱观引入教材、引入课堂，努力使社会主义荣辱观教育入耳、入脑、入心。二是要把社会主义荣辱观教育与社会实践结合起来。要在青少年学生实践教育环节中强化社会主义荣辱观教育的要求，把树立和弘扬社会主义荣辱观的客观要求内化为青少年学生的自觉行动，使学生在实践中心灵得到净化、思想得到熏陶、认识得到升华、觉悟得到提高。三是要把社会主义荣辱观教育与校园文化建设结合起来。使学生在日常学习、生活中接受先进文化的熏陶和文明风尚的感染，在良好的校园人文、自然环境中陶冶情操，促进自我全面发展和健康成长。四是要因材施教、因地制宜，注重社会主义荣辱观教育实效。五是要把社会主义荣辱观教育与学校教师队伍建设结合起来。要严格对学生思想道德教育工作队伍的选拔和任用，加强对学生辅导员、班主任的思想政治教育和培训；要在师德建设中突出开展社会主义荣辱观教育活动，提高教师队伍整体思想政治素质和道德水平。

3月13日

教育部、北京市委教育工委、北京市教委联合召开“教育系统学习贯彻胡锦涛总书记关于树立社会主义荣辱观的重要讲话”座谈会。教育部部长周济在讲话中强调指出，各地教育部门和各级各类学校要充分发挥教育系统人才资源和理论研究优势，针对当前青少年学生思想道德建设中的各种问题进行深入研究，形成一批高质量的研究成果，指导和推动社会主义荣辱观教育的深入开展；要遵循青少年学生思想品德形成的规律，把社会主义荣辱观的基本要求与大中小学生的受教育程度和认识水平结合起来，做到大中小学教育区分层次推进、整体衔接，努力增强工作的针对性、实效性和吸引力、感染力。他还要求，教育系统要在弘扬和践行社会主义荣辱观方面走在全社会的前列，切实把思想认识统一到社会主义荣辱观的具体要求上来，切实抓好未成年人的思想道德建设和大学生思想政治教育，全面推进素质教育；落实科学发展观，办好让人民满意的教育，牢固树立“育人为本，德育为先”的观念，教育引导青少年学生自觉养成“热爱祖国、服务人民、崇尚科学、热爱劳动、团结互助、诚实守信、遵纪守法、艰苦奋斗”的良好品德，成为有理想、有道德、有文化、有纪律的合格公民。

3月14日

教育部办公厅下发《关于调整学生思想道德建设工作领导小组组成人员的通知》，对学生思想道德建设工作领导小组成员进行了相应调整，将学生思想道德建设工作领导小组办公室设在思想政治工作司，思想政治工作司司长兼任办公室主任。

3月17日

中宣部、中央文明办发出通知，就在全国范围组织开展社会主义荣辱观宣传教育做出安排部署。通知指出，大力倡导以“八荣八耻”为主要内容的社会主义荣辱观，弘扬以爱国主义为核心的民族精神和以改革创新为核心的时代精神，加强社会主义思想道德建设，巩固马克思主义在意识形态领域的指导地位，打牢全国人民团结奋斗的共同思想基础，形成积极健康向上的社会风尚，具有重大的现实意义和深远的历史意义。通知要求，要发挥爱国主义教育基地等各类文化阵地的作用，运用多种形式开展宣传教育；学校要把树立社会主义荣辱观作为加强大学生思想政治教育的重要内容，渗透到课堂教学、学校管理、课外活动等各个环节，引导学生养成良好的道德品格和行为习惯。

4月

4月11日

教育部、共青团中央颁布《关于表彰全国三好学生、优秀学生干部和先进班集体及其标兵的决定》，决定授予北京大学何巍等10名同学“全国三好学生标兵”的荣誉称号，吉林大学王佐等5名同学“全国优秀学生干部标兵”的荣誉称号，中国人民大学马克思主义学院2004级博士生班等10个班集体“全国先进班集体标兵”的荣誉称号；授予北京理工大学王科等151名同学“全国三好学生”的荣誉称号，清华大学马扬飚等136名同学“全国优秀学生干部”的荣誉称号，北京师范大学文学院汉语言文学2002级1班等194个班集体“全国先进班集体”的荣誉称号。教育部、共青团中央希望广大青年学生以他们为榜样，勤于学习，善于创造，甘于奉献，大力弘扬社会主义荣辱观，努力成长为德智体美全面发展的优秀人才。

4月12日

教育部办公厅印发《关于进一步加强高等学校思想政治理论课教材编写管理、规范教材使用的通知》。文件指出，高校思想政治理论课教材的编写和使用是一项政治性很强的工作，各省(自治区、直辖市)教育部门和高校要高度重视，严肃对待；从2006级新生入学开始，全国普通高校统一使用由中宣部、教育部组织编写的，由高等教育出版社出版的“马克思主义理论研究和建设工程重点教材”，包括《马克思主义基本原理概论》《毛泽东思想、邓小平理论和“三个代表”重要思想概论》《中国近现代史纲要》《思想道德修养与法律基础》；未经中宣部、教育部、新闻出版总署批准，各省(自治区、直辖市)教育部门、高校及教师不得自行组织编写各种名义的高校思想政治理论课教材；各省(自治区、直辖市)教育部门和高校要把高校思想政治理论课教材编写的管理和使用纳入新课程方案实施的管理之中，加强督导检查，组织好新教材的征订和使用工作，确保新课程方案高质量实施；各省(自治区、直辖市)教育部门和高校要及时研究和解决新教材使用中出现的新情况、新问题，重大情况要报中宣部、教育部。

4 月 14 日

共青团中央、中组部、中宣部、教育部、人事部、全国学联在北京人民大会堂联合举办“青春的选择”大学毕业生基层创业先进事迹座谈会。中共中央政治局委员、全国人大常委会副委员长王兆国出席座谈会并发表重要讲话。王兆国在讲话中指出，当代大学生要坚持以邓小平理论、“三个代表”重要思想和科学发展观武装头脑，积极响应党的号召，把祖国的需要作为无悔的选择，自觉到基层去、到西部去、到祖国和人民最需要的地方去建功立业；要树立正确的人生观、世界观、社会主义荣辱观，把胸怀祖国、服务人民作为自己的座右铭，坚持理论联系实际，走与实践相结合、与人民群众相结合的成长道路，转变就业观念，树立行行建功、处处立业的新型择业观。他还强调指出，要加强对大学生的思想政治教育，通过开展“我与祖国共奋进”主题教育实践活动，引导大学生坚定理想信念，认清历史责任，转变就业观念；要为大学生到基层就业拓宽渠道，完善政策，建立机制，创造条件；要热情关心在基层工作的大学毕业生，为他们的工作学习和生活提供服务，促进他们在基层更好地成长和发展。

4 月 27 日

中共教育部党组印发《关于贯彻落实中办发〔2005〕25号文件精神深入开展安全文明校园建设工作的意见》，指出：(1)深入开展平安建设，维护学校安全稳定，是教育部门始终坚持的一项重要任务；(2)把安全文明校园建设与学生思想道德教育紧密结合，为学生全面发展和健康成长营造良好环境；(3)广泛开展形式多样、内容丰富的宣传教育工作，把安全文明校园建设的客观要求内化为广大师生的自觉行动；(4)推进和深化法制教育，提高广大师生的法律意识和法律素质，有效预防违法违纪行为；(5)加强学校安全防范体系和长效工作机制建设，切实提高学校安全防范水平和能力；(6)加强矛盾纠纷的排查和调处，切实维护师生切身利益；(7)加强安全文明校园的基层基础工作，形成群防群治、齐抓共管的工作格局；(8)积极发挥教师和学生思想政治工作队伍的作用，构建全员负责、人人参与的安全文明校园建设工作体系；(9)充分发挥学校及周边治安综合治理的作用和优势，持续开展学校及周边环境整治工作；(10)加强组织领导、健全保障机制，切实把安全文明校园建设的各项措施落到实处。

4 月 27 日—28 日

教育部在上海召开全国高校辅导员队伍建设工作会议。会议进一步深入贯彻落实《中共中央、国务院关于进一步加强和改进大学生思想政治教育的意见》及全国加强和改进大学生思想政治教育工作会议精神，交流总结了辅导员队伍建设工作经验，深入分析和研究了高校辅导员队伍建设中存在的问题，部署了相关工作。国务委员陈至立在会议上发表讲话，指出：要提高认识，统一思想；健全制度，长远规划；明确政策，保障有力；提高素质，开拓创新；坚持全员育人、全过程育人、全方位育人。陈至立强调，讲政治、重师德是高校辅导员的基本职业要求，必须落实到工作生活的一言一行中。教育部部长周济做了题为《切实推进高校辅导员队伍建设为加强大学生思想政治教育提供坚强的组织保证》的工作报告。

报告强调要充分认识和深刻理解加强辅导员队伍建设的重要意义，指出：加强辅导员队伍建设，是坚持育人为本、德育为先的必然要求；是统筹高等学校改革、发展和稳定的必然要求；是锻炼造就高素质人才的必然要求。报告强调辅导员队伍要在大学生思想政治教育中发挥更大作用，指出：第一，明确辅导员队伍的角色定位。辅导员是大学生日常思想政治教育和管理工作的组织者、实施者和指导者，是大学生的人生导师，是大学生健康成长的知心朋友。第二，明确辅导员队伍的工作定位。辅导员、班主任是大学生日常思想政治教育的骨干力量，辅导员要按照党委的部署有针对性地开展思想政治教育活动，侧重学生的思想辅导和日常管理、服务，班主任主要是针对一个班的学生而言，负有在思想、学习和生活等方面指导学生的职责；辅导员要组织协调班主任、组织员、学生干部等共同开展工作，并要加强与学校党政干部和共青团干部、思想政治理论课和哲学社会科学课教师的沟通。第三，明确辅导员队伍的工作职责。辅导员要做好日常思想政治教育工作，做好服务育人工作，开展深入细致的思想政治工作和心理健康教育。第四，明确辅导员队伍的素质要求。要成为一名合格的辅导员，必须按照"政治强、业务精、纪律严、作风正"的要求不断提高自身的素质。报告还强调要努力完善辅导员队伍建设的体制和机制，指出：以事业凝聚队伍，以制度促进建设；健全和完善辅导员队伍建设的领导和管理体制；健全和完善辅导员队伍建设的机制；完善辅导员队伍发展机制。另外，报告强调要切实加强对辅导员队伍建设工作的领导，指出要狠抓认识到位、组织落实、制度落实和政策落实。

5 月

5 月 10 日

教育部印发《关于树立社会主义荣辱观进一步加强学术道德建设的意见》，要求充分认识加强学术道德建设的重要性和紧迫性；加强自律，维护学者和学术尊严；建章立制，为加强学术道德建设提供制度保障；加强领导，把学术道德建设落到实处。关于加强领导，把学术道德建设落到实处，文件强调：要全面推进教育系统学风、教风、校风建设；通过广泛深入的学术道德教育，明辨是非，对坚持什么、反对什么、提倡什么、抵制什么，要旗帜鲜明；培养求真务实、勇于创新、坚忍不拔、严谨自律的治学态度和科学精神；要将职业道德、学术规范和知识产权等方面的法律法规及相关知识作为青年教师岗前培训的重要内容。

5 月 16 日

中央精神文明建设指导委员会在京召开第七次全体会议，研究部署深入学习实践社会主义荣辱观，大力加强思想道德建设工作。中共中央政治局常委、中央精神文明建设指导委员会主任李长春主持会议并讲话。李长春强调指出，要把深入持久地学习宣传贯彻社会主义荣辱观，作为加强社会主义思想道德建设的强有力思想武器和一项极为重要的任务，在深入人心上下功夫，在联系实际上下功夫，在弘扬正气上下功夫，使社会主义荣辱观广为普及，成为全体公民的广泛共识和自觉行动。他特别强调要紧紧抓住青少年这个重点，让"八荣八耻"进校园、进教材、进课堂，使广大青少年成为落实社会主义荣辱观的生力军。

5 月 19 日

中央精神文明建设指导委员会印发《关于深入学习实践社会主义荣辱观大力加强思想道德建设的意见》，要求：第一，充分认识树立和实践社会主义荣辱观的重大意义。第二，准确把握社会主义荣辱观学习实践活动的基本要求。树立社会主义荣辱观，重在深入人心，重在联系实际，重在弘扬正气。第三，深化社会主义荣辱观的学习宣传教育。要推动社会主义荣辱观教育进校园、进教材、进课堂。进一步改进学校德育工作，结合目前正在进行的课程改革和课程标准修订工作，将社会主义荣辱观的内容和要求，纳入大、中、小学的思想政治理论课和思想品德课教材之中，贯穿德育课程和相关学科的课堂教学。要以倡导社会主义荣辱观为主要内容，组织开展专题读书活动和新童谣编创传唱活动，唱响"八荣八耻"等反映社会主义荣辱观的优秀歌曲，在校园形成健康向上的良好氛围。第四，广泛开展社会主义荣辱观实践活动。要按照社会主义荣辱观的要求加强师德建设，引导广大教师学为人师、行为世范，用自己的模范言行影响和带动学生。要组织广大青少年开展各种形式的主题教育活动、社会实践、公益行动、团队生活以及校园文化活动，使他们成为实践社会主义荣辱观最活跃的群体，养成高尚的思想品质和良好的道德情操。第五，努力创造弘扬社会主义荣辱观的文化环境。第六，扎实推进以社会主义荣辱观为导向的“文明办网、文明上网”活动。第七，切实加强对社会主义荣辱观学习实践活动的领导。

5月23日

教育部学风建设委员会成立大会在北京举行。教育部部长周济做了题为《以辛勤劳动为荣，以诚实守信为荣，大力加强学术道德和学风建设》的讲话。他强调必须从严治教，切实抓好高校学术道德和学风建设，指出：要加强教育引导，提高道德自律水平，使人们不愿违背学术道德；要加强制度约束，加强规范管理，使人们不能违背学术道德；要加强社会监督，形成良好社会氛围，使人们不敢违背学术道德。他要求，高校是学术道德和学风建设的首要责任者，要把学术道德和学风建设作为学校工作的重要内容，作为师德师风的突出内容；要把学风、教风和校风建设结合起来考虑，整体推进；要动员广大师生都积极投身到学术道德和学风建设的系统工程中来。学风建设委员会是教育部社会科学委员会下设的专门委员会，是全国高校哲学社会科学学术规范、学术道德、学术风气建设的指导机构和咨询机构。

6月

6月5日

全国高校思想政治理论课管理工作会议在京召开。教育部副部长李卫红出席会议并讲话。她强调指出，2006年秋季将实施高校思想政治理论课新课程方案，各地各高校要高度重视，提高认识，统一思想，切实负起政治责任，狠抓落实，要把教师培训放在更加突出的位置，有计划、分层次地培训全国高校思想政治理论课教师，确保高校思想政治理论课新课程方案高质量地全面实施，确保用科学理论武装大学生的任务进一步落到实处。

6月26日

教育部办公厅下发《关于全国普通高校从2006级学生开始普遍开设“思想道德修养与法律基础”课的通知》，指出：经中宣部、教育部研究并报中央同意，决定从2006年秋季开学开始，全国普通高校(包括高职高专)在2006级新生中普遍开设“思想道德修养与法律基础”课，并统一使用中宣部、教育部组织编写的马克思主义理论研究和建设工程高校思想政治理论课相关教材；各教育主管部门和各高校要高度重视，加强领导，认真部署，精心组织，及时对本地、本部门、本校思想政治理论课教学计划做出必要的调整和安排，对教学机构做出适当的调整和充实，对师资队伍进行培训，切实做好开课的各项准备工作，负责并统筹协调好教材发行工作，确保按时保质开课。

7月

7月2日

中宣部、教育部联合在京召开全国高校思想政治理论课“思想道德修养与法律基础”教材征求意见座谈会。教育部党组书记、部长周济出席会议并做重要讲话。他指出：高校思想政治理论课教师要做到坚持正确的政治方向、坚信马克思主义，要有扎实系统精深的业务素养，要有创新的教学艺术和方法，要有高尚的道德情操，发挥人格力量的引导作用；要在继续修改完善教材的同时，以吃透吃准新教材基本精神为重点，抓紧组织好对所有教师的培训，要在提高认识、统一思想上下功夫，要在吃透吃准新教材基本精神上下功夫，要在征求对新教材的意见和建议上下功夫。他还指出，各省(自治区、直辖市)教育部门和各高校要高度重视，从政治高度来对待这项工作，切实把这项工作列入重要议事日程，摆在更加突出的位置，切实担负起政治责任，进一步加强和改进领导，开展有效评估，建立健全教学组织机构，切实加强教师队伍建设和长效机制建设。

同日，中共教育部党组发出通知，要求教育战线广大干部师生认真学习贯彻胡锦涛总书记在庆祝中国共产党成立85周年暨总结保持共产党员先进性教育活动大会上的讲话。通知指出，要坚持不懈地抓好理论学习，深入学习贯彻邓小平理论、“三个代表”重要思想和科学发展观；要切实加强和改进教育系统党的基层组织建设，学习贯彻党章，创新活动方式，强化组织功能，发挥党员作用，加强和改进在大学生中发展党员工作和学生党支部建设；要大力加强教育系统党员队伍的作风建设，引导干部师生模范地实践以“八荣八耻”为主要内容的社会主义荣辱观，切实加强青少年思想道德建设；要不断推进教育系统保持共产党员先进性长效机制的建设，贯彻落实中央下发的四个长效机制文件，贯彻落实第十四次全国高校党的建设工作会议精神，努力完善保持和发展党员队伍先进性的制度体系；要组织教育系统理论工作者和实际工作者，深入开展党的先进性建设理论研究。通知还提出，要注重发挥先进典型的示范引导作用；要建立健全加强教育系统党的先进性建设的工作机制和保障机制。

7月7日

2006年高校哲学社会科学科研工作会议在北京召开。教育部部长周济发表题为《以当代中国马克思主义为指导建设具有中国特色的哲学社会科学学科体系和教材体系》的讲话。他强调要把握内涵，明确责任，全面推进具有中国特色的哲学社会科学学科体系、教材体系建设，指出：坚持马克思主义的指导地位，以推进马克思主义理论创新为己任；植根实践，以深入研究重大理论和实际问题为主攻方向；承接传统，以弘扬中华民族的优秀文化为发展的重要基点；广泛借鉴，以人类文明发展的一切优秀成果为丰富养料；发挥主力军作用，全面推进学科体系和教材体系建设。他还提出：要高度重视，加强领导；加强队伍建设；建立健全科研制度；加强学风建设。教育部副部长李卫红做了题为《总结“十五”，规划“十一五”，开创高校哲学社会科学研究新局面》的工作报告。

7月17日

西安部分高校大学生心理健康教育工作座谈会在西安交大召开。教育部副部长李卫红出席会议并讲话。她要求，加强大学生心理健康教育工作要根据新的形势不断创新工作方法、总结经验、探索规律；当前，要把心理教育与社会、家庭、学校等紧密结合，与大学生的年龄、区域、民族、性别等紧密结合，研究新情况，探索新途径，培育新典型，总结新经验，把工作做深做透，做细做好。她还强调指出，做好大学生心理健康教育工作必须加强领导，高等学校党政一把手要把此项工作摆在重要位置，每学期要研究分析一次大学生心理状况，部署一次工作，并将此项工作列入学校教育教学工作考核范畴；学生工作无小事，学校各部门、各学院的负责人及班主任、辅导员要切实负起责任，努力营造人人关爱学生的育人氛围，让学生在一个充满爱心的、和谐的环境中健康成长。

7月23日

教育部发布《普通高等学校辅导员队伍建设规定》，明确指出，辅导员是高等学校教师队伍和管理队伍的重要组成部分，具有教师和干部的双重身份，是开展大学生思想政治教育的骨干力量，是大学生日常思想政治教育和管理工作的组织者、实施者和指导者，应当努力成为大学生的人生导师和健康成长的知心朋友。《普通高等学校辅导员队伍建设规定》共分总则、要求与职责、配备与选聘、培养与发展、管理与考核以及附则6章，共26条，自2006年9月1日起施行。

7月30日

教育部办公厅印发《2006—2010年普通高等学校辅导员培训计划》，对普通高等学校辅导员培训的指导思想、培训原则、培训目标、主要任务、保障措施做出规定。

8月

8月5日

全国高校思想政治理论课管理工作座谈会暨

“思想道德修养与法律基础”课教师培训班在北京举行，教育部部长周济出席开幕式并讲话。他明确指出，2006年秋季，在全国普通高校首先对一年级新生开设“思想道德修养与法律基础”课，这是实施高校思想政治理论课新课程方案的重要决策。他强调，开设“思想道德修养与法律基础”课，要以学习和实践社会主义荣辱观为主线，把“八荣八耻”的要求贯穿教学的全过程，帮助大学生澄清是非、善恶美丑的界限，明确坚持什么、反对什么、倡导什么、抵制什么，全面提高大学生的思想道德素质和法律素质；要以理想信念教育为核心，进一步引导大学生树立中国特色社会主义和中华民族伟大复兴的共同理想和坚定信念，同时要积极引导大学生不断追求更高的目标，使他们中的先进分子树立共产主义的远大理想，确立马克思主义的坚定信念。他还要求，广大教师要更新教育观念，牢固树立“育人为本、以学生为主体”的教育理念，一切为了学生的成长成才，充分调动学生的积极性和内在动力，努力实现教材内容标准化要求和教学方法创造性运用的有机结合，讲究教学艺术，以理服人，以情动人，切实提高教学的吸引力和感染力，扎实工作，努力提高教学水平和效果；各地教育部门和各高校必须将开好“思想道德修养与法律基础”课作为当前一项重要的政治任务，作为提高高等教育质量、培养高素质人才的一项重大举措，切实加强宏观指导，抓好教师培训，开展评估督导，注意总结经验、典型引路，努力营造关心和支持“思想道德修养与法律基础”课开设的良好氛围。

8月9日

《中国教育报》报道，中共中央文献编辑委员会编辑的《江泽民文选》第一卷、第二卷、第三卷已由人民出版社出版，于8月10日起在全国发行。《江泽民文选》的出版发行，是党和国家政治生活中的一件大事，也是马克思主义中国化发展进程中的一件大事，具有重大的现实意义和深远的历史意义。

8月13日

中共中央印发《关于学习〈江泽民文选〉的决定》，要求：学习《江泽民文选》，要紧密联系国内外形势的发展变化，着眼于推进党和国家的工作，进一步增强贯彻邓小平理论和“三个代表”重要思想的自觉性和坚定性，继续在武装头脑、指导实践、推动工作上下功夫；必须大力发扬理论联系实际的马克思主义学风，牢固树立尊重实践、尊重群众的科学态度，发扬求真务实、勇于创新的优良作风，坚持学习理论与指导实践相结合、改造客观世界与改造主观世界相结合、运用理论与发展理论相结合，密切联系各地区各部门的工作实际和干部群众的思想实际，使全党在思想上不断有新解放、理论上不断有新发展、实践上不断有新创造；当前要把学习《江泽民文选》摆在党的思想政治建设和党员干部理论学习培训的重要地位。

8月17日—18日

教育部邓小平理论和“三个代表”重要思想研究中心、教育部思想政治工作司和教育部高等学校社会科学研究中心在大连海事大学联合举办“新时期大学生思想政治教育研讨会”。此次会议以胡锦涛同志在全国加强和改进大学生思想政治教育工作会议上的重要讲话中提出的“十个如何”为主题，坚持理论与实际相结合，紧紧抓住目前贯彻落实《中共中央、国务院关于进一步加强和改进大学生思想政治教育的意见》过程中提出的实际问题，运用马克思主义的立场、观点和方法，深入研究加强和改进大学生思想政治教育的长效机制、思想政治理论课建设、加强辅导员班主任队伍建设、社会实践的条件和机制保障等难点、热点问题，努力探索新形势下加强和改进学生思想政治教育工作的新途径、新方法、新手段，不断增强大学生思想政治教育的针对性和实效性。教育部副部长李卫红结合近年来我国开展大学生思想政治教育工作情况，对增强大学生思想政治教育工作提出三点要求：第一，提高认识，统一思想，进一步增强做好大学生思想政治教育工作的责任感和使命感。第二，理清思路，明确任务，切实把大学生思想政治教育的各项工作落到实处。要进一步加强思想政治理论课建设，加强以辅导员队伍建设为抓手的大学生思想政治教育队伍建设，深入开展社会实践活动，大力加强校园文化建设和网络思想政治教育工作，更加重视解决大学生的实际问题，加强评估表彰与宣传培训，着力建立长效工作机制。第三，深入研究，解决新课题，把大学生思想政治教育工作提高到新水平。

8 月 23 日

教育部印发《全国教育系统法制宣传教育的第五个五年规划》，文件包括了指导思想与主要目标、主要任务、对象与要求、工作步骤与安排、组织领导和保障五个部分。文件强调青少年学生是教育系统法制宣传教育的重点对象，指出：青少年学生的法制教育要突出宪法教育；各级职业学校和技工学校要加强对学生有关职业教育法律、法规的学习和培训；高等学校要进一步加大学生法学基本理论的教育，将法律课程列入大学生必修或必选课程；加强对特殊青少年群体的教育、管理和服务；要全面落实学校法制教育的教材、课程、师资和经费的“四落实”，建立全面、系统的学校法制教育课程体系，使法制教育成为各级各类学校全面实施素质教育的重要内容；要建立和完善学校、社会、家庭相结合的法制教育网络，积极开辟第二课堂，充分利用社会资源，推进学生学法用法实践活动，通过课外教育、社会实践，以及举办法制专题讲座、开展普法大奖赛等多种形式，充分利用电台、电视台、报刊、网络等多种媒体，以及校园网、校园宣传栏，建立校园普法宣传阵地，不断丰富学校法制教育的内容，创新教育形式和手段，增强青少年法制教育的互动性、趣味性和感染力，提高普法教育的质量与效果。

9 月

9 月 3 日

《中国教育报》报道，自 2006 年秋季开始，全国高校将普遍实施思想政治理论新课程方案。作为马克思主义理论研究和建设工程重点教材的新课程方案的第一本教材《思想道德修养与法律基础》，已于最近正式出版发行。《思想道德修养与法律基础》教材以道德教育和法制教育为主体，以社会主义荣辱观为主线，以理想信念教育为核心，以爱国主义教育为重点，紧密联系大学生成长成才过程中的一系列人生课题，从理论和实际的结合上进行了阐述。

9 月 6 日

新华社播发胡锦涛总书记给全国模范教师、北京大学已故教授孟二冬女儿孟菲的回信。同日，中共教育部党组发出《关于认真学习胡锦涛总书记回信精神，做好庆祝 2006 年教师节有关工作的通知》，要求各地各校认真学习贯彻胡锦涛总书记给北京大学孟二冬同志女儿的回信精神，做好庆祝 2006 年教师节有关工作。文件要求，各级教育部门和各级各类学校要把学习贯彻回信精神作为当前的重要任务，将教师队伍建设放在更加突出的战略位置；坚定不移地将师德建设放在教师队伍建设的首位，建设德才兼备的高素质教师队伍；坚定不移地贯彻以人为本的科学发展观，大力弘扬尊师重教的良好风气，努力营造有利于促进教师成长和教师队伍建设的良好环境。全国广大教师和教育工作者要认真学习贯彻回信精神，结合社会主义荣辱观教育，深入开展向孟二冬同志学习的活动；各级教育部门和各级各类学校要在教师节前后，通过组织召开各种类型的学习会、座谈会、报告会、演讲会等，集中组织广大教师和教育工作者深入学习回信精神。

9 月 9 日

中华全国总工会在人民大会堂召开庆祝教师节暨全国师德标兵和全国师德建设先进集体表彰大会。国务委员陈至立出席大会并讲话，对广大教师和教育工作者提出五点希望：一要做敬业报国的模范。广大教师和教育工作者要发扬国家主人翁精神，爱国敬业、热爱教育、热爱学生、艰苦奋斗、勇于创新、甘于奉献，在本职工作中报效祖国、奉献社会、服务人民。要对学生加强爱国主义教育和理想信念教育，引导学生树立正确的世界观、人生观、价值观、荣辱观，树立立志报效祖国、服务人民的远大志向。二要做为人师表的模范。广大教师和教育工作者要自觉加强道德修养，率先垂范，以德修身、以德育人，以自己的高尚人格教育和影响学生，真正成为学生健康成长的指导者、引路人。三要做严谨笃学的模范。广大教师和教育工作者要严谨治学，严守学术道德。要刻苦学习、勤奋钻研，积极探索、勇于创新，求新知识，掌握新科技，不断提高业务水平和能力，为创建学习型社会、建设创新型国家贡献力量。四要做诚实守信的模范。广大教师和教育工作者要牢记“诚实是为人之本，守信是立事之先”的准则，表里如一、言行一致、诚实守信，用自己的实际行动影响和带动学生，推进社会主义精神文明建设。五要做教育创新的模范。要不断更新教育教学理念，树立科学的教育观和人才观，不断创新教育教学的方式和方法，建立符合受教育者全面发展规律、激发受教育者创造性的新型教育模式，努力创造有利于创新人才成长的良好教育环境。

9月10日

教育部统一部署，要求各地各高校以深入学习贯彻胡锦涛总书记给北京大学孟二冬同志女儿回信精神为主线，以“尊师重教，为人师表”为主题，采取多种形式，热烈庆祝第22个教师节。

9月29日

中宣部、教育部、共青团中央在北京大学联合召开大学生学习胡锦涛总书记回信精神和孟二冬教授事迹座谈会。教育部副部长李卫红出席座谈会并讲话。她指出，青年学生要认真学习总书记回信精神，学习孟二冬教授把自己有限的生命全部用来报效祖国和人民的高远志向、勤勉踏实的治学精神、教书育人的敬业精神和为人师表的高尚品德。她号召广大学生要像孟二冬那样为学，树立优良的学风，培养创新精神和创新能力，积极参加社会实践；要像孟二冬教授那样为人，自觉树立崇高的理想和信念，自觉培养爱国情怀，自觉遵守和践行公民道德规范，努力实现全面发展，自觉肩负起做社会主义事业合格建设者和可靠接班人的历史重任。她还特别对师范专业和其他立志成为人民教师的学生提出要求，即：要像孟二冬那样为师，既有学识魅力，又有人格魅力，牢固树立做人民满意的教师的崇高理想，践行社会主义荣辱观，自觉加强学识修养和师德修养。

10月

10月7日

中共中央政治局常委李长春主持召开会议，听取贯彻落实《中共中央、国务院关于进一步加强和改进大学生思想政治教育的意见》督查情况的汇报。他强调指出：各级党委政府和学校，要把思想认识进一步统一到中央精神上来，以对党和人民高度负责的精神，采取更加扎实有效的措施，全面落实育人为本、德育为先的要求，在健全长效机制上下功夫，在加强薄弱环节上下功夫，在动员全社会积极参与上下功夫，在多为青少年办实事办好事上下功夫，扎实工作，常抓不懈，不断开创青少年思想道德建设新局面；要充分发挥学校教育的主渠道作用，坚持全员育人、全程育人、全方位育人，进一步加强和改进德育工作，建立健全符合素质教育要求的学生综合素质和学校教育质量考核评价体系，促进青少年学生德智体美全面发展；要把学习贯彻胡锦涛总书记给孟二冬教授女儿回信的活动引向深入，大力推动师德建设；要加大投入，精心组织，为青少年提供更多更好的精神文化产品和服务；要强力净化社会文化环境，以网吧、网络、网游的整治为重点，严格执法，标本兼治，提倡连锁，加强监控，继续推进文明办网、文明上网活动，为青少年创造绿色网络空间；要坚持面向基层、服务基层，完善爱国主义教育基地和公益性文化设施对青少年免费优惠开放的政策措施，落实青少年校外活动场所的公益性原则，实现学校教育与校外活动的有效衔接，推动青少年活动场所更好地为广大青少年服务；要满腔热情地关爱农村青少年，加强农村文化市场管理，做好农村“留守儿童”的教育管理工作，解决好农民工子女上学难问题；要采取有效措施，进一步完善贫困大学生资助办法，切实加强民办高校大学生思想政治教育；要立足深化、着眼长远，建立健全长效机制，实现青少年思想道德建设的良性循环；要广泛宣传青少年思想道德建设的好经验、好典型，充分展示新气象、新面貌，使中央精神更加深入人心。

10 月 11 日

党的十六届六中全会审议通过《中共中央关于构建社会主义和谐社会若干重大问题的决定》。这份文件包括了八个部分：构建社会主义和谐社会的重要性和紧迫性；构建社会主义和谐社会的指导思想、目标任务和原则；坚持协调发展，加强社会事业建设；加强制度建设，保障社会公平正义；建设和谐文化，巩固社会和谐的思想道德基础；完善社会管理，保持社会安定有序；激发社会活力，增进社会团结和睦；加强党对构建社会主义和谐社会的领导。文件指出，社会和谐是中国特色社会主义的本质属性，是国家富强、民族振兴、人民幸福的重要保证。建设和谐文化是构建社会主义和谐社会的重要任务，社会主义核心价值体系是建设和谐文化的根本，必须坚持马克思主义在意识形态领域的指导地位，牢牢把握社会主义先进文化的前进方向，弘扬民族优秀文化传统，借鉴人类有益文明成果，倡导和谐理念，培育和谐精神，进一步形成全社会共同的理想信念和道德规范，打牢全党全国各族人民团结奋斗的思想道德基础；建设社会主义核心价值体系，形成全民族奋发向上的精神力量和团结和睦的精神纽带；树立社会主义荣辱观，培育文明道德风尚；坚持正确导向，营造积极健康的思想舆论氛围；广泛开展和谐创建活动，形成人人促进和谐的局面。

10 月 14 日

由教育部、北京市政府共同主办的"首都大学生纪念长征胜利 70 周年晚会"在北京举行。全国政协副主席张梅颖，教育部部长周济、副部长李卫红，北京市副市长赵凤桐出席晚会。

10 月 16 日

教育部思政司在中南大学组织召开研究生思想政治教育工作研讨会。会议代表研讨认为，各高校要切实完善研究生思想政治教育的领导体制与工作机制。要有一名校领导专门负责研究生思想政治教育，要把研究生思想政治教育纳入大学生思想政治教育整体规划，形成业务培养与思想政治教育相结合、教育与自我教育相结合的全员育人、全方位育人、全过程育人的局面。会议指出，学校要努力拓展新形势下研究生思想政治教育的有效途径。要充分发挥课堂教学在研究生思想政治教育中的主导作用，积极开展研究生学术和社会实践活动，加强研究生心理健康教育和咨询工作，在解决研究生学业、就业等实际问题上下功夫，发挥研究生在思想政治教育中的主体作用，加强研究生党建和团学组织建设。会议强调，各高校要切实加强对研究生思想政治教育工作的领导，加强研究生思想政治教育工作队伍建设，充分发挥导师在研究生思想政治教育中的突出作用，为研究生思想政治教育工作提供保障，同时注重研究生思想政治教育的科学研究，形成合力，努力开创研究生思想政治教育的新局面。

10 月 22 日

中共中央总书记、国家主席、中央军委主席胡锦涛在纪念红军长征胜利 70 周年大会上发表重要讲话。他指出：我们继承和发扬红军长征的光荣革命传统，就要大力推进马克思主义中国化，不断开拓马克思主义在当代中国发展的新境界；就要大力弘扬革命理想高于天的崇高精神，为建设中国特色社会主义提供强大精神支柱；就要大力加强全党的团结、全国各族人民的大团结，最广泛地为党和人民事业的发展凝聚智慧和力量；就要大力推进国防和军队现代化建设，有效履行新世纪新阶段人民军队的历史使命；就要大力加强党的执政能力建设和先进性建设，更好地担当起执政为民、执政兴国的历史重任。

11 月

11 月 2 日—3 日

2006 年全国地方高校哲学社会科学科研工作会议在北京召开。教育部副部长李卫红出席会议并讲话。她强调指出，建设中国特色哲学社会科学的学科体系和教材体系，必须坚持以马克思主义为指导，自觉地掌握和运用马克思主义的立场、观点和方法，围绕当代中国社会主义现代化建设和改革开放的伟大实践，准确把握时代特征和中国国情，不断发现新问题，提出新理论，创造新方法；坚持以内容创新为重点，把马克思主义的最新成果贯穿到学科建设和教材建设中；坚持以人才队伍建设为关键，努力构建地方高等学校哲学社会科学人才队伍体系，大力推进地方高校哲学社会科学教学科研骨干研修工作；坚持以科学研究为保证，通过科学研究解答学科建设中的难点、教学上的疑点和学生关心的热点问题，及时将理论创新的成果、科学研究的最新成果运用到学科建设、课堂教学、教材编写中去。

11 月 28 日—29 日

教育部思政司、中国教育报联合在北京交通大学举办"长征精神与大学生思想政治教育"研讨会。研讨会以弘扬长征精神，加强大学生思想政治教育为主要内容，围绕新时期、新形势下如何开展大学生思想政治教育工作交流经验。会议研讨内容包括：(1)长征精神的内涵和时代的意义，弘扬长征精神对于推动大学生思想政治教育的现实意义；(2)如何有效利用长征胜利 70 周年等重大纪念日开展大学生思想政治教育活动；(3)革命传统教育在大学生思想政治教育中的地位和作用。

教育部副部长李卫红出席会议并讲话。她指出：利用重大纪念日开展大学生思想政治教育，必须加强领导，精心组织，把党的教育方针贯穿于工作全过程，积极引导大学生树立正确的世界观、人生观、价值观、荣辱观；必须与时俱进，锐意创新，不断开辟工作新途径；必须求真务实，讲求实效，积极探索工作长效机制；必须以人为本，贴近学生，提高大学生主动参与的积极性。

12 月

12 月 6 日—7 日

北京市委教育工作委员会、北京市教育委员会联合在北京国际会议中心举行"北京高校十佳辅导员颁奖典礼暨辅导员工作论坛"。此次十佳辅导员评选活动经过网上、高校德育工作者以及专家投票，共评选出 10 名十佳辅导员及 327 名优秀辅导员。教育部副部长李卫红在会上讲话时指出：打造一支素质高、业务强、作风优、善于做思想政治工作的辅导员队伍，是加强大学生政治思想教育的关键；辅导员要有崇高的思想素质，要有较高的综合才能，要有团结协作的意识，要把育人工作作为一项崇高事业去追求，创造性地开展工作。她还指出：各地各高校要明确领导责任，制定完善辅导员队伍建设的相关政策，并不折不扣地落到实处，树立教书育人、管理育人、服务育人、环境育人的全员、全过程、全方位育人理念；同时，动员全社会各方面的力量参与到大学生思想政治工作中来，积极营造有利于大学生健康成长的良好社会环境。

12 月 9 日

由教育部思政司、人民网和《大学生》杂志社组建的"全国大学生优秀事迹报告团"先后在北京大学和中国人民大学举行报告会。教育部副部长李卫红和北京高校的师生代表 2500 多人参加了报告会。

12 月 13 日

北京大学第二届师德建设工作会议暨首届"蔡元培奖"颁奖大会举行，教育部副部长李卫红出席大会并讲话。她指出，要以培养德才兼备的教师队伍为目标，切实把师德建设摆在教师队伍建设前列；要努力探索新形势下师德建设的特点和规律，在内容、形式、方法、手段、机制、制度等方面不断创新，克服形式主义，完善管理措施，使师德建设更加贴近实际、贴近教师；要结合学校实际，多渠道、分类别地开展多种形式的师德教育活动，让社会主义的核心价值体系融入师德教育的全过程；要加强和改进师德建设，使之内化为每一位教师的自觉行为。

12 月 25 日

教育部办公厅印发《关于全国普通高校从 2007 年春季开始对 2006 级学生普遍开设"中国近现代史纲要"和"毛泽东思想、邓小平理论和'三个代表'重要思想概论"课的通知》。文件指出，经中宣部、教育部研究，决定从 2007 年春季开始，全国普通高校在 2006 级本科学生中普遍开设"中国近现代史纲要"和"毛泽东思想、邓小平理论和'三个代表'重要思想概论"课，在 2006 级专科(包括高职高专)学生中普遍开设"毛泽东思想、邓小平理论和‘三个代表’重要思想概论”课，并统一使用中宣部、教育部组织编写的马克思主义理论研究和建设工程高校思想政治理论课相关教材。文件要求，各地教育部门、各高校要高度重视，加强领导，认真部署，精心组织，及时对本地、本校思想政治理论课教学计划做出相应的调整和安排，对教学机构做出适当的调整和充实，对任课教师进行全面培训，切实做好开课的各项准备工作，负责并统筹协调好教材发行工作，确保按时保质开课。

12 月 26 日—27 日

中组部、中宣部、中共教育部党组在北京联合召开第十五次全国高等学校党的建设工作会议，中共中央政治局委员、书记处书记、中宣部部长刘云山做了题为《切实加强高校党的建设努力建设社会主义和谐校园》的讲话，中共中央政治局委员、书记处书记、中组部部长贺国强出席了会议，国务委员陈至立主持会议。刘云山强调，要以社会主义核心价值体系为根本推进和谐校园建设，高扬马克思主义的鲜明旗帜，牢固树立中国特色社会主义的共同理想，大力弘扬民族精神和时代精神，积极倡导和践行社会主义荣辱观。刘云山还指出，建设和谐校园，要紧紧抓住用马克思主义中国化最新成果武装头脑这个首要任务，抓住加强和改进思想政治教育这个基础，抓住心理健康教育、塑造良好心态这个重要环节，抓住校园文化这个重要载体，抓住高校发展这个主题，紧紧抓住队伍建设这个关键。

教育部副部长袁贵仁在总结讲话中指出，开创和谐校园建设的崭新局面，为完成好建设和谐校园的各项任务，必须抓住抓好以下几个重点：一是抓住学校发展这个重点。二是抓住师德建设这个重点。三是抓住大学生思想政治教育这个重点。要进一步贯彻育人为本、德育为先的理念，坚持把社会主义核心价值体系融入学校教育全过程，切实形成全员、全方位、全过程育人的工作格局。四是抓住人才队伍建设这个重点。袁贵仁还着重就高校辅导员队伍建设问题指出：各地各高校务必以建设和谐校园为契机，加大工作推进力度，按照胡锦涛总书记的指示，从思想认识、体制机制、明确政策和培养人才等方面采取有力措施，切实把高校辅导员队伍建设工作做好。教育部 2007 年将根据中央领导的指示，开展辅导员队伍建设专项督察。

2007年

1月

1月5日

教育部印发国务委员陈至立、部长周济在教育部2007年度工作会议上的讲话和《教育部2007年工作要点》。陈至立在题为《以科学发展观统领教育事业发展全局，为构建社会主义和谐社会作出新贡献》的讲话中指出，要切实加强大学生思想政治教育，充分发挥党团组织的作用，加强辅导员、班主任队伍建设，增强工作的针对性和实效性；进一步做好资助家庭经济困难学生的工作，做好大学毕业生就业指导和服务工作，解除他们的后顾之忧；积极开展学校及周边环境综合治理，努力营造安全文明、和谐的校园环境；加强管理，确保课堂、讲坛、研讨会、报告会、讲座、校报、校刊成为传播先进文化的重要阵地，决不给错误的观点和言论提供传播渠道；提高政治敏锐性，防范西方敌对势力的渗透；有效引导网上舆论，使校园网成为校园文化建设的新渠道、新平台；建立健全高校应急管理体系，认真落实责任制，妥善处置校内发生的突发性事件。

周济在题为《扎实推进教育事业持续协调健康发展》的讲话中指出，坚持育人为本、德育为先，把立德树人作为教育的根本任务。把社会主义核心价值体系融入国民教育的全过程，引导学生树立正确的世界观、人生观、价值观、荣辱观。周济还指出：继续深入贯彻落实2004年中央8号、16号文件精神，进一步加强和改进学校德育工作。深入开展理想信念教育，组织开展形式多样的社会主义荣辱观教育活动。全面落实高校思想政治理论课新课程方案，重点抓好新课程教材建设和教师培训工作，改进德育课程教学方法和综合考评办法。丰富德育活动的载体和渠道，增强德育的针对性和实效性。加强研究生思想政治教育。强化校园网络的应用与管理，牢牢掌握网络思想政治教育工作主动权。落实《普通高等学校辅导员队伍建设规定》，下大力气建设高素质的班主任辅导员队伍。

《教育部2007年工作要点》要求，要深入贯彻落实2004年中央16号文件精神，进一步加强和改进大学生思想政治教育。全面落实高校思想政治理论课新课程方案，抓好新课程教材建设、教师培训和督导检查工作。进一步加强和改进研究生思想政治教育工作，推进研究生思想政治理论课改革。加强国情和形势政策教育。强化校园网络的应用与管理，掌握网络思想政治教育工作主动权。推广校园文化建设优秀成果。建立和完善社会实践长效机制，促进社会实践与学生学习和成长的有机结合。加强大学生心理健康教育。落实《普通高等学校辅导员队伍建设规定》，建设高素质的辅导员队伍。

1月11日

中宣部、教育部联合举办的全国高校思想政治理论课“中国近现代史纲要”课教师培训班在京开班。来自全国各高校的300多名教学一线骨干教师参加了培训班。教育部部长周济出席开班式并讲话。他指出，要准确把握“中国近现代史纲要”课的定位和基本任务，紧紧围绕中国特色社会主义道路这一主题；要充分利用中国近现代史中蕴藏的丰富教育资源，在提高教学水平和艺术上下功夫，增强吸引力。他还强调：各省（自治区、直辖市）教育部门和各高校要加强领导，科学谋划，精心组织，严格培训，有效督导，省级教育部门和高校党政一把手要亲自抓，切实把开设、开好“中国近现代史纲要”课的工作抓紧抓实抓好；要精心备课，尤其是在开课前，通过部级、省级教育部门两级培训，抓紧对所有任课教师进行一次全员培训，要以高度的政治责任感和使命感，领会精神，吃透教材，钻研教法；要在教学过程中不断总结经验，创新教学方法，提高教学质量；要重视“中国近现代史纲要”教师队伍建设，抓好人才培养和学科建设，提高教师的思想素质和学术水平。

1 月 19 日—21 日

第十届全国大学生心理健康教育与心理咨询学术交流会在哈尔滨工程大学举行，来自全国各高校的 800 多名代表及国内外大学生心理健康教育方面的专家学者参加了学术交流会。国内外多所知名大学的专家学者就高校心理咨询专业化与职业化发展、发展性咨询在高校的开展、高校危机干预的策略等方面展开研讨和培训。

2 月

2 月 7 日—8 日

由中国教育学会、中国高等教育学会、中国职业技术教育学会等部门共同主办的全国校园文化建设专家研讨会在京召开。会议总结了近年来全国学校校园文化建设的理论研究成果，交流了各地校园建设的经验。在研讨会上，中国科学院院士杨福家、杨叔子，中国教育学会会长顾明远等 20 多位专家，就传统文化和校园文化、全球化与校园文化、网络化与校园文化以及音乐、服饰、建筑、网络等在校园文化建设中的作用等发表了专题演讲。

2 月 17 日

教育部印发《关于进一步深化本科教学改革全面提高教学质量的若干意见》，指出：要全面贯彻党的教育方针，坚持育人为本、德育为先，深入实施素质教育，培养适应经济社会发展需要的数以千万计的专门人才和一大批拔尖创新人才；要切实加强大学生的思想政治教育，把社会主义核心价值体系融入大学教育全过程，着力培养有理想、有道德、有文化、有纪律的大学生。文件还指出：大力推进文化素质教育，营造良好的育人环境。要把人文教育和科学教育融入到人才培养的全过程，把德育、智育、体育、美育有机结合起来，落实到教育教学各个环节，通过文理交叉、学科融合，实现课程的有机结合，促进大学生综合素质的全面提高。

3 月

3 月 12 日

全国高校辅导员队伍建设工作会议召开。教育部部长周济在会上做了题为《切实推进高校辅导员队伍建设为加强大学生思想政治教育提供坚强的组织保证》的讲话，强调了辅导员队伍建设的重要意义、辅导员队伍建设体制机制的完善路径及领导机制。

3 月 15 日

《中国教育报》报道，从 2007 年春季新学期开始，全国高校的相关思想政治理论课教学普遍采用两本新版教材——《毛泽东思想、邓小平理论和“三个代表”重要思想概论》《中国近现代史纲要》。新出版的《毛泽东思想、邓小平理论和“三个代表”重要思想概论》教材，以中国化的马克思主义为主题，既比较系统、完整地阐述了马克思主义中国化的历史进程，又把这一进程中形成的重大理论成果纳入完整的理论体系进行全面分析。教材结合当代大学生的思想实际，突出反映了毛泽东思想、邓小平理论、“三个代表”重要思想一脉相承又与时俱进的科学体系，突出反映了党的十六大以来党中央提出的科学发展观、构建社会主义和谐社会等重大战略思想，介绍了改革开放以来我国社会主义建设的重大理论探索和实践探索，引导大学生全面准确地理解马克思主义中国化的最新成果，把握中国特色社会主义的发展规律。新出版的《中国近现代史纲要》教材针对大学生关心的主要问题，在分析历史进程、历史事件和历史人物中帮助大学生掌握中国近现代历史的基本线索、发展规律和主要经验，认识中国近现代历史上的重大理论问题，提高运用科学的历史观和方法论分析历史问题的能力。

3月27日

教育部印发《关于在大中小学全面开展廉洁教育的意见》，对在大中小学全面开展廉洁教育的总体要求、方法和途径、领导机制等方面做出规定。

3月30日

教育部召开全国大中小学开展廉洁教育工作视频会议。教育部副部长、教育部廉洁教育和廉政文化建设工作领导小组组长李卫红出席会议并讲话。她指出：教育战线要从全面贯彻党的教育方针，培养社会主义事业合格建设者和可靠接班人的战略高度，充分认识在大中小学全面开展廉洁教育的重大意义；要把廉洁教育作为加强和改进青少年思想道德建设的重要内容，纳入大中小学德育体系；要紧密结合大中小学生的身心特点、思想实际和理解接受能力，分层次实施廉洁教育；要加强校园文化建设，创造丰富多彩、寓教于乐的活动形式，营造开展廉洁教育的良好氛围；要充分发挥教师在开展廉洁教育中的引导和示范作用；要加强对廉洁教育的理论研究，为在大中小学全面开展廉洁教育提供强有力的理论支撑。

4月

4月27日

中宣部、教育部联合印发《关于组织高校思想政治理论课骨干教师研修的意见》。文件指出，组织骨干教师研修，提高他们的思想政治素质、科研能力和教学水平，是确保高校思想政治理论课新课程方案高质量实施，增强思想政治理论课教育教学的针对性、实效性和吸引力、感染力，落实胡锦涛总书记提出的力争在几年内使思想政治理论课教学状况明显改善目标，提高高等教育质量的重要举措；努力培养一支政治坚定、业务精湛、师德高尚、纪律严明、作风优良，适应新世纪新阶段高校思想政治理论课教学的骨干教师队伍；研修对象为中央部委所属普通高校思想政治理论课骨干教师、思想政治理论课教学部主任，西部、中部地区部分省(区)属普通高校思想政治理论课骨干教师、思想政治理论课教学部主任；研修内容和形式包括自学原著和文件、专题报告、专题研讨、专题交流、示范、社会考察以及研修总结等。

5月

5月11日

第六期全国高校辅导员班主任骨干培训班在北京开班。教育部副部长李卫红在开班仪式上指出，广大高校辅导员和班主任要认真学习、深刻领会胡锦涛总书记向中国青年群英会致信精神，按照“四个新一代”的要求，促进大学生健康成长成才；要进一步增强责任感和使命感，不断加强自身修养，带着感情去做学生工作，努力成为新时期探索思想政治教育工作的实践者和开拓者，努力成为思想政治教育工作的能手。

5月16日

中共中央政治局常委、国务院总理温家宝在上海考察工作。在同济大学，温家宝在讲话中指出，一个国家的发展，第一要靠人，靠人才，靠人的智慧和精神，第二要靠能够调动人们积极性和创造活力的政治体制和经济体制，第三要靠先进的科学技术和创新能力，这三者都离不开人，离不开现代大学的培养。他希望师生们把学校的命运、个人的命运同民族、国家、人民的命运紧紧连在一起。不论在困难的时候，还是在顺利的时候，都要与民族、国家、人民同舟共济。我们的民族是大有希望的民族，希望同学们经常地仰望天空，学会做人，学会思考，学会知识和技能，做一个关心国家命运的人。

5月17日

由中宣部、教育部举办的2007年高校思想政治理论课骨干教师第一期研修班在京开班。研修班将连续组织5年，每年组织6期，每期100人，时间为1个月。教育部部长周济主持研修班开班仪式。中宣部常务副部长吉炳轩到会进行开班动员，全面分析了高校思想政治理论课面临的形势和任务，明确提出了提高高校思想政治理论课教学质量的要求，希望学员深入学习、坚定信仰、积极传播、模范践行党的创新理论，为深入推进马克思主义中国化的最新成果"进教材、进课堂、进学生头脑"，为坚持和巩固马克思主义在意识形态领域的指导地位，做出新的更大的贡献。之后，吉炳轩以《坚持马克思主义在意识形态领域的指导地位，巩固全党全国人民团结奋斗的共同思想基础》为题做了首场报告。

5 月 18 日

国务院批转教育部《国家教育事业发展"十一五"规划纲要》，强调要进一步加强和改进大学生思想政治教育，提高学生的思想道德素质。即以马克思主义为指导，深入开展中国特色社会主义共同理想教育，加强以爱国主义为核心的民族精神和以改革创新为核心的时代精神教育，多种形式地开展社会主义荣辱观教育；大力推进文明习惯的养成教育，继续加强国情和形势政策教育、法制教育、国防教育和民族团结教育；落实高校思想政治理论课新课程方案，推进研究生思想政治理论课改革，改进教学方法和考评办法，进一步增强吸引力、感染力和针对性、实效性；丰富和活跃校园文化生活，推广校园文化建设优秀成果；在学校全体教职员工中牢固树立育人为本的思想，不断加强学校德育和思想政治工作队伍建设，着力建设高水平的辅导员和班主任队伍；强化校园网络的应用与管理，掌握网络思想政治教育工作主动权；建立和完善学生社会实践的长效机制，促进学生学习成长与社会实践的有机结合。

5 月 18 日—20 日

中央教育科学研究所、重庆市教育委员会、重庆邮电大学联合举办全国高校网络思想政治工作研讨会，旨在进一步贯彻落实胡锦涛总书记关于加强网络文化建设重要讲话精神，进一步加强和改进大学生思想政治工作，促进网络文化健康发展。整个会议以"充分利用高校网络优势，推进网络思想政治教育"为主题，紧紧围绕高校网络思想政治教育的长效机制、舆论导向、校园文化、技术保障、资源整合、人才队伍建设、制度构建等方面进行了广泛、深入的研讨。

5 月 19 日

教育部部长周济在为高校思想政治理论课骨干教师第一期研修班学员讲课时强调，要通过组织高校思想政治理论课骨干教师集中研修，努力培养一支政治坚定、业务精湛、师德高尚、纪律严明、作风优良，适应新世纪新阶段高校思想政治理论课教学的骨干教师队伍，提高教学质量，高质量实施新方案，使思想政治理论课教学状况明显改善，成为大学生真心喜爱、终身受益的优秀课程。

5 月 25 日

中共教育部党组印发《关于加强普通高等学校基层党组织建设的意见》，指出，加强高校基层党组织建设，是保证党对高等教育坚强领导的重要举措；是坚持社会主义办学方向，培养社会主义事业合格建设者与可靠接班人的必然要求；是维护高校稳定、构建和谐校园的根本保障；是加强高校党的先进性建设和保持共产党员先进性的现实需要。院(系)党委(党总支)要充分发挥政治核心和保证监督作用，支持行政负责人独立负责地行使职权；党支部在院(系)党委(党总支)的直接领导下开展工作；改进和创新党支部的工作和活动方式。高校基层党组织要立场坚定、旗帜鲜明地坚持社会主义办学方向，坚持马克思主义的指导地位；强化基层党组织教育管理党员的功能，促进广大党员充分发挥先锋模范作用；扎实做好高校基层党组织联系和服务群众的工作；推进党内民主建设。

5 月 28 日

中宣部、教育部、共青团中央联合印发《关于学习胡锦涛总书记向中国青年群英会致信精神的通知》。文件指出，要按照"四个新一代"要求，教育和引导广大青年学生健康成长。要用中国特色社会主义的共同理想引领青年学生，帮助青年学生牢固树立振兴中华的远大理想和跟党走中国特色社会主义道路的坚定信念，牢固树立正确的世界观、人生观、价值观；要在广大青年学生中深入开展公民道德教育和民族精神教育，大力弘扬社会主义荣辱观；要以青年学生全面发展为目标，深入进行素质教育，引导青年学生在中国特色社会主义事业的伟大实践中，在时代和社会的发展进步中汲取营养，发奋学习，掌握现代科学文化知识，提高综合素质；要坚持用以改革创新为核心的时代精神激励青年学生，培养广大青年学生的爱国情怀、改革精神和创新能力。各级宣传部门要充分运用宣传舆论手段，加强对广大青年学生学习贯彻贺信精神的宣传引导，努力营造学习贯彻的浓厚氛围；各级教育部门和学校要加强素质教育，大力开展社会实践、校园文化活动，加强对在校青年学生的思想政治教育，教育引导广大在校青年学习贯彻贺信精神；各级共青团组织要充分发挥自身组织优势，组织广大团员青年开展学习贯彻贺信精神系列活动；要深入挖掘、大力宣传和表彰弘扬青年学生中涌现出的先进事迹和典型人物，用身边人身边事教育青年，感动社会。

6月

6月18日

《中国教育报》报道，教育部日前在清华大学召开大学生心理健康教育座谈研讨会。来自北京大学、清华大学、中国人民大学等10所高校主管学生工作的党委副书记、心理咨询中心主任，就当前大学生心理健康教育面临的形势、任务及存在的突出问题进行了研讨。会议认为，高校要充分发挥课堂教学在心理健康教育工作中的主渠道作用，积极做好心理健康知识的宣传教育，进一步发挥专家对大学生心理健康教育工作的指导作用；要充分发挥学生群体及个体在心理健康教育工作中的主体作用和自我教育功能，建设一批素质过硬的学生骨干队伍和作用较强的大学生社团；要大力加强大学生心理健康教师队伍建设，进一步加强高校心理健康教师队伍培训工作。

同日，共青团中央学校部在杭州举行全国高校“青年马克思主义者培养工程”座谈会。共青团中央及全国13个省、直辖市团委的负责人参加了此次座谈会。“青年马克思主义者培养工程”于2007年5月启动，主要内容包括：坚持用马克思主义中国化的最新成果武装教育青年；加强对重点青年群体的培训；深入开展各类实践活动；加大推优工作力度，推动形成规范的工作机制；培养和树立优秀青年典型；不断扩大优秀青年的对外和对港澳台交流；大力扶持高校学生理论学习社团；建设理论武装工作的网络阵地等。

6月21日

教育部办公厅印发《关于全国普通高校从2007年秋季开始对2006级学生普遍开设“马克思主义基本原理概论”课的通知》。文件指出，经中宣部、教育部研究，决定从2007年秋季开始，全国普通高校在2006级本科学生中普遍开设“马克思主义基本原理概论”课，并统一使用中宣部、教育部组织编写的马克思主义理论研究和建设工程高校思想政治理论课《马克思主义基本原理概论》教材。文件要求，各地教育部门、各高校要高度重视，加强领导，认真部署，精心组织，及时对本地、本校思想政治理论课教学计划做出相应的调整和安排，对教学机构做出适当的调整和充实，对任课教师进行全面培训，切实做好开课的各项准备工作，负责并统筹协调好教材发行工作，确保按时保质开课。

6月22日

教育部在京召开“在就业工作中加强大学生思想政治教育座谈会”。教育部副部长李卫红在座谈会上指出，要积极探索和研究在就业工作中加强大学生思想政治教育的途径、方法和内容。要突出理想信念教育，帮助大学生树立正确的就业观；要加强就业形势政策教育；要加强诚信教育，强化大学生的就业诚信意识；要加强职业道德教育，培养大学生的敬业精神；要加强创业教育，支持大学生自主创业；要加强心理健康教育，培养大学生良好的心理素质。特别是在就业工作中注重做好家庭经济困难学生的思想政治教育工作。李卫红还指出，高校在就业工作中必须大力加强大学生思想政治教育工作，引导大学生树立正确的就业观、成才观，培养优良的道德品质和积极的人生态度，以保证大学生能顺利、及时、充分就业，促进高校就业工作和大学生思想政治教育工作双丰收。

7 月

7 月 23 日—24 日

2007 年中国独立学院党建与思想教育研讨会在河北省燕山大学举行。140 多位与会代表围绕加强和改进独立学院党建与思想教育工作的新思路、新方法进行了研讨。与会专家认为，党建和思想教育工作是独立学院落实科学发展观、保持可持续健康发展的政治和组织保障；独立学院要进一步把大学生思想政治教育摆在更加突出的位置，切实抓紧抓好，在总结经验的基础上，积极探索新思路、新办法，采取有力措施，把大学生思想政治教育引向深入，把他们培养成合格的人才。研讨会上，燕山大学里仁学院党委在学生公寓建立工作委员会，开展“党员形象在公寓”活动，积极推进党组织和思想政治工作进公寓；厦门大学嘉庚学院融学生成长与学院发展于一体，在学校与家长之间搭建有效的交流平台和沟通渠道，其为做好党建与思想教育工作探寻新的理念支持等经验和做法，得到了与会代表的广泛肯定。

8 月

8 月 9 日

教育部、共青团中央联合颁布《关于表彰全国三好学生、优秀学生干部和先进班集体及其标兵的决定》，授予清华大学谷振丰等 10 名同学“全国三好学生标兵”的荣誉称号，东北师范大学李良等 5 名同学“全国优秀学生干部标兵”的荣誉称号，北京大学数学科学学院 2005 级硕士 2 班等 10 个班集体“全国先进班集体标兵”的荣誉称号；授予北京航空航天大学朱浩等 168 名同学“全国三好学生”的荣誉称号，北京师范大学王博雅等 117 名同学“全国优秀学生干部”的荣誉称号，中国人民大学环境学院 2005 级环境科学班等 192 个班集体“全国先进班集体”的荣誉称号。教育部、共青团中央希望广大青年学生以他们为榜样，勤于学习，善于创造，甘于奉献，大力弘扬社会主义荣辱观，努力成为理想远大、信念坚定的新一代，品德高尚、意志顽强的新一代，视野开阔、知识丰富的新一代，开拓进取、艰苦创业的新一代。

8 月 31 日

中共中央总书记、国家主席、中央军委主席胡锦涛在全国优秀教师代表座谈会上发表重要讲话。他指出，要坚持育人为本、德育为先，把立德树人作为教育的根本任务，加强爱国主义教育，深入开展理想信念教育，加强和改进学生思想政治工作，把社会主义核心价值体系融入国民教育体系，引导学生树立正确的世界观、人生观、价值观、荣辱观，努力培养德智体美全面发展的社会主义建设者和接班人。他还指出，要进一步在全社会弘扬尊师重教的良好风尚，把广大教师的积极性、主动性、创造性更好地发挥出来。让教师成为社会上最受尊敬的职业，让尊师重教蔚然成风。胡锦涛在讲话中还对全国广大教师提出几点希望：一是希望广大教师爱岗敬业、关爱学生；二是希望广大教师刻苦钻研、严谨笃学；三是希望广大教师勇于创新、奋发进取；四是希望广大教师淡泊名利、志存高远。当日，中共教育部党组发出通知，要求各级教育部门和各级各类学校深入学习贯彻胡锦涛总书记重要讲话精神，要以科学发展观统领教育事业发展全局，真正把教育摆在优先发展的战略地位；要更加尊师重教，把教师队伍建设摆在更加突出的战略位置，按照胡锦涛总书记“四点希望”的要求，努力造就德才兼备的高素质教师队伍。

9 月

9 月 5 日

中共中央政治局常委李长春在华中科技大学调研时强调，要认真学习贯彻胡锦涛总书记在全国优秀教师代表座谈会上的重要讲话精神，坚持以立德树人为根本，把育人为本、德育为先的思想贯彻到高校教育各方面工作中去，认真总结党的十六大以来大学生思想政治教育的成功经验，不断改进高校思想政治理论课教学，积极探索大学生思想政治教育的新途径、新办法、新领域，把大学生思想政治教育不断引向深入。李长春还指出，高校后勤管理和服务是教书育人的重要组成部分，是全方位育人的重要环节；要加强和改善学生宿舍的管理，努力以班级为单位安排学生住宿，把大学生思想政治教育贯穿于学生日常学习和生活中。

9月29日

教育部在京召开高校辅导员培训和研修基地建设工作会议，公布了首批21个教育部高校辅导员培训和研修基地。辅导员骨干攻读思想政治教育专业博士学位工作将从2008年开始，全部依托辅导员基地来实施，每年100人。教育部副部长李卫红出席会议并讲话。她指出，辅导员工作在大学生思想政治教育的第一线，对大学生的成长起着至关重要的作用，是做好大学生日常思想政治教育和管理的骨干队伍；设立教育部高校辅导员培训和研修基地，是要搭建辅导员培养培训的平台，进一步整合各方面力量，加大辅导员培训力度，加强辅导员工作研究和交流，科学规范地提升辅导员工作水平；辅导员基地要承担所在区域内高等学校辅导员的岗前培训、日常培训和骨干培训。基地对辅导员进行思想政治教育、时事政策、管理学、教育学、社会学和心理学以及就业指导、学生事务管理等方面的专业化辅导与培训，开展与辅导员工作相关的科学研究，努力完成好培养培训、理论研究和决策咨询的职责和任务，把基地建设成为培养辅导员的人才摇篮。21个教育部高校辅导员培训和研修基地为：复旦大学，北京师范大学，浙江大学，南开大学，西南交通大学，辽宁大学，中南大学、湘潭大学(联合)，福建师范大学，山东大学，哈尔滨师范大学，武汉大学，华南师范大学，南京师范大学，西南大学，东北师范大学，郑州大学，陕西师范大学、延安大学(联合)，河北师范大学，西北师范大学，安徽师范大学，广西师范大学。

10月

10月1日

由教育部社科中心、中国社会科学院马克思主义研究学部和中国教育电视台联合制作，北京大学、中国人民大学、清华大学、武汉大学和中国社会科学院的13位专家主讲的大型演播室谈话类节目《社会主义核心价值体系纵横谈》在中国教育电视台播出。该节目共8期，每期30分钟，分别从马克思主义指导思想、中国特色社会主义共同理想、以爱国主义为核心的民族精神和以改革创新为核心的时代精神、社会主义荣辱观四个方面，对社会主义核心价值体系这一党的十六届六中全会在思想文化建设上的重大理论创新做出解读。

10月15日—21日

中国共产党第十七次全国代表大会在北京举行。中共中央总书记胡锦涛代表第十六届中央委员会向大会做了题为《高举中国特色社会主义伟大旗帜，为夺取全面建设小康社会新胜利而奋斗》的报告。报告包括过去五年的工作、改革开放的伟大历史进程、深入贯彻落实科学发展观、实现全面建设小康社会奋斗目标的新要求、促进国民经济又好又快发展、坚定不移发展社会主义民主政治、推动社会主义文化大发展大繁荣、加快推进以改善民生为重点的社会建设、开创国防和军队现代化建设新局面、推进“一国两制”实践和祖国和平统一大业、始终不渝走和平发展道路、以改革创新精神全面推进党的建设新的伟大工程等12个部分。报告指出，大会的主题是高举中国特色社会主义伟大旗帜，以邓小平理论和“三个代表”重要思想为指导，深入贯彻落实科学发展观，继续解放思想，坚持改革开放，推动科学发展，促进社会和谐，为夺取全面建设小康社会新胜利而奋斗。中国特色社会主义伟大旗帜，是当代中国发展进步的旗帜，是全党全国各族人民团结奋斗的旗帜。解放思想是发展中国特色社会主义的一大法宝，改革开放是发展中国特色社会主义的强大动力，科学发展、社会和谐是发展中国特色社会主义的基本要求，全面建设小康社会是党和国家到2020年的奋斗目标，是全国各族人民的根本利益所在。

报告回顾了改革开放的伟大历史进程并指出，事实证明，改革开放是决定当代中国命运的关键抉择，是发展中国特色社会主义、实现中华民族伟大复兴的必由之路，只有社会主义才能救中国，只有改革开放才能发展中国、发展社会主义、发展马克思主义。在改革开放的历史进程中，我们党把坚持马克思主义基本原理同推进马克思主义中国化结合起来，把坚持四项基本原则同坚持改革开放结合起来，把尊重人民首创精神同加强和改善党的领导结合起来，把坚持社会主义基本制度同发展市场经济结合起来，把推动经济基础变革同推动上层建筑改革结合起来，把发展社会生产力同提高全民族文明素质结合起来，把提高效率同促进社会公平结合起来，把坚持独立自主同参与经济全球化结合起来，把促进改革发展同保持社会稳定结合起来，把推进中国特色社会主义伟大事业同推进党的建设新的伟大工程结合起来，取得了我们这样一个十几亿人口的发展中大国摆脱贫困、加快实现现代化、巩固和发展社会主义的宝贵经验。改革开放以来我们取得一切成绩和进步的根本原因，归结起来就是：开辟了中国特色社会主义道路，形成了中国特色社会主义理论体系。高举中国特色社会主义伟大旗帜，最根本的就是要坚持这条道路和这个理论体系。中国特色社会主义理论体系，就是包括邓小平理论、“三个代表”重要思想以及科学发展观等重大战略思想在内的科学理论体系。

报告强调，要深入贯彻落实科学发展观。科学发展观，是对党的三代中央领导集体关于发展的重要思想的继承和发展，是马克思主义关于发展的世界观和方法论的集中体现，是同马克思列宁主义、毛泽东思想、邓小平理论和“三个代表”重要思想既一脉相承又与时俱进的科学理论，是我国经济社会发展的重要指导方针，是发展中国特色社会主义必须坚持和贯彻的重大战略思想。科学发展观，第一要义是发展，核心是以人为本，基本要求是全面协调可持续，根本方法是统筹兼顾。深入贯彻落实科学发展观，要求我们始终坚持“一个中心、两个基本点”的基本路线，要求我们积极构建社会主义和谐社会，要求我们继续深化改革开放，要求我们切实加强和改进党的建设。

报告在第七部分指出，要推动社会主义文化大发展大繁荣。当今时代，文化越来越成为民族凝聚力和创造力的重要源泉、越来越成为综合国力竞争的重要因素，丰富精神文化生活越来越成为我国人民的热切愿望。要坚持社会主义先进文化前进方向，掀起社会主义文化建设新高潮，激发全民族文化创造活力，提高国家文化软实力，使人民基本文化权益得到更好保障，使社会文化生活更加丰富多彩，使人民精神风貌更加昂扬向上。

报告在第十二部分指出，要以改革创新精神全面推进党的建设新的伟大工程，深入学习贯彻中国特色社会主义理论体系，着力用马克思主义中国化最新成果武装全党；继续加强党的执政能力建设，着力建设高素质领导班子；积极推进党内民主建设，着力增强党的团结统一；不断深化干部人事制度改革，着力造就高素质干部队伍和人才队伍；全面巩固和发展先进性教育活动成果，着力加强基层党的建设；切实改进党的作风，着力加强反腐倡廉建设。

10 月 26 日

中共教育部党组印发《关于教育战线认真学习贯彻党的十七大精神的通知》。文件指出：第一，统一思想，充分认识学习贯彻党的十七大精神的重大意义。第二，认真学习，准确把握党的十七大的基本精神。要深刻领会党的十七大的主题，深刻领会党的十六大以来所取得的新的重大成就，深刻领会改革开放的伟大历史进程和宝贵经验，深刻领会中国特色社会主义道路和中国特色社会主义理论体系，深刻领会科学发展观的科学内涵、精神实质、根本要求，深刻领会实现全面建设小康社会奋斗目标的新要求，深刻领会社会主义经济建设、政治建设、文化建设、社会建设等方面的重大部署，深刻领会以改革创新精神全面推进党的建设新的伟大工程的重大任务。第三，联系实际，努力推进教育事业科学发展。要全面贯彻党的教育方针，全面实施素质教育，坚持育人为本、德育为先，把立德树人作为教育的根本任务，把社会主义核心价值体系融入国民教育和精神文明建设全过程。第四，加强领导，在教育战线迅速掀起学习贯彻党的十七大精神的高潮。

11 月

11 月 1 日

中共中央印发《关于认真学习宣传贯彻党的十七大精神的通知》，要求：第一，充分认识学习宣传贯彻党的十七大精神的重大意义。第二，全面准确学习领会党的十七大精神。要深刻领会党的十七大的主题，坚定不移地高举中国特色社会主义伟大旗帜；要深刻领会党的十六大以来党和国家取得的新的重大成就，更加自觉地贯彻党的理论和路线方针政策；要深刻领会改革开放的伟大历史进程和宝贵经验，深刻领会中国特色社会主义道路和中国特色社会主义理论体系；要深刻领会科学发展观的科学内涵、精神实质和根本要求，增强贯彻落实科学发展观的自觉性和坚定性；要深刻领会实现全面建设小康社会奋斗目标的新要求，为夺取全面建设小康社会新胜利而奋斗；要深刻领会社会主义经济建设、政治建设、文化建设、社会建设等方面的重大部署，努力促进各项事业协调发展、共同进步；要深刻领会以改革创新精神全面推进党的建设新的伟大工程，使党始终成为中国特色社会主义事业的坚强领导核心。第三，坚持理论联系实际，着眼武装头脑、指导实践、推动工作。第四，认真组织好党的十七大精神的宣传。第五，切实加强组织领导。

11月16日—23日

中共中央政治局常委李长春主持召开宣传思想文化工作座谈会，讨论研究深入学习贯彻党的十七大精神，进一步加强和改进宣传思想文化工作。李长春强调，要大力建设社会主义核心价值体系，把社会主义核心价值体系融入国民教育和精神文明建设全过程，纳入马克思主义理论研究和建设工程，推动社会主义核心价值体系进教材、进课堂、进学生头脑；要积极探索用社会主义核心价值体系引领社会思潮的有效途径，增强社会主义意识形态的吸引力和凝聚力；要加大教育培训和人才培养力度，造就一支政治强、业务精、纪律严、作风正的宣传思想文化工作队伍，一批适应社会主义市场经济建设、高新技术发展和文化“走出去”要求的专业人才和复合型人才。

11月22日

教育部颁发《关于追授李莹同学“全国优秀大学生”荣誉称号的决定》。文件中说，广大青年学生要向李莹同学学习，学习她热爱党、热爱人民的崇高品德，勤俭节约、勇于担当的高尚情怀，刻苦学习、热心助人的优秀品质，自觉树立跟党走，服务人民，奉献社会的坚定理想信念；各地教育工作部门和各高等学校要精心组织，加强领导，认真开展向李莹同学学习的活动，大力加强和改进大学生思想政治教育，要充分发挥先进典型的示范、引导作用，教育广大青年学生进一步提高思想道德素质，努力学习科学文化知识，服务祖国，报效社会，以实际行动贯彻落实党的十七大精神。

12月

12月10日

教育部在京召开高校校园网络文化建设和管理研讨会。教育部副部长李卫红出席会议并讲话。她强调，高校校园网络文化建设和管理工作者要深入学习贯彻党的十七大精神，把思想和行动统一到党的十七大精神上来，要坚持育人为本、德育为先，以社会主义核心价值体系为引领，努力创造文明健康、积极向上的校园网络文化。充分挖掘和发挥校园网的文化功能，用网络技术为校园文化提供传播平台和技术支持。要一手抓建设，一手抓管理，营造良好的网络环境，把校园网建设成为立德树人的新阵地，师生精神文化活动的新空间，校园文化和服务的新平台。各地教育主管部门和各高校要进一步明确校园网络文化建设和管理的努力方向，以社会主义核心价值体系为引领，努力在校园网上形成以马克思主义为指导，具有时代特征，体现高校特点，针对大学生思想实际的品位高雅的网络主流文化；进一步完善校园网络文化建设和管理体制，建立健全领导工作体制、专业培训制度、责任追究制度；进一步丰富校园网络文化内容，贯彻“三贴近”原则，努力打造特色鲜明的校园文化品牌；进一步加强网络道德教育，推广建立网络道德评价体系，增强学生的网络道德意识；进一步落实校园网络管理，积极探索建立法律规范、行政管理、师生自律、技术保障相结合的管理体制；进一步加强队伍建设，建立统一指导、各方配合、责任明确、优势互补的网络宣传、网络舆论引导、网络监管和信息员队伍等工作队伍体系。

2007年“全国高校百佳网站”也在会上揭晓，经过学生投票初选、专家评审，北京大学红旗在线网站、清华大学水木清华BBS、上海交通大学学校主页等57所高校的95个优秀网站当选。

12月11日

教育部、司法部组织的学校法制宣传教育座谈会在北京市昌平区召开。与会领导、专家肯定了北京市和昌平区开展学校法制宣传教育的成绩，提出：法制教育工作要有正确的指导思想，全面提高校长、教师素质是依法治教的重要基础；全面推进素质教育，针对未成年人，学校应采取形式多样，行之有效的教育活动，内容选择要丰富，这样才能吸引学生的注意力，使他们更愿意接受法制知识；每年的教育内容都要有一个主题，这样法制教育工作每年都有个侧重点，长期下来可以健全法制宣传内容。

12月24日—25日

中组部、中宣部、中共教育部党组在北京联合召开第十六次全国高等学校党的建设工作会议。中共中央政治局常委、中央书记处书记习近平出席会议并发表重要讲话。他强调，高校党建工作要始终高举中国特色社会主义伟大旗帜，坚定社会主义办学方向，坚持用马克思主义中国化的最新成果武装党员、教育师生，引导广大师生员工坚定不移走中国特色社会主义道路，为全面建设小康社会、实现中华民族伟大复兴贡献力量；要牢牢把握高校贯彻落实好科学发展观这个主题，以提高教育质量为重点，以办好人民满意的教育为目标，切实抓好学校领导班子建设、党组织和党员队伍的先进性建设，更好地维护和推动高校的改革发展稳定；要全面贯彻党的教育方针，坚持育人为本、德育为先，在培养德智体美全面发展的社会主义建设者和接班人、培养造就一支勇于开拓创新的高水平教师队伍方面，发挥应有的作用；要继承优良传统，深入研究新情况新问题，以改革创新的精神状态、改革创新的思维方式、改革创新的思想作风、改革创新的工作方法，大力推进党的各方面建设的创新，不断提高工作水平。

2008 年

1 月

1 月 1 日

《中国青年报》刊发党的十七大报告解读文章《在加强和改进思想政治工作中注重人文关怀和心理疏导》。文章指出，党的十七大报告提出的在加强和改进思想政治工作中注重人文关怀和心理疏导，体现了思想政治工作以人为本的宗旨和与时俱进的创新。思想政治工作是做人的工作，必须坚持以人为本，着眼于促进人的全面发展，既教育人、引导人、鼓舞人，又尊重人、理解人、关心人。同时思想政治工作要提高说服力、增强影响力，又必须注重形式和内容的创新。要根据人民群众的实际需要，从单纯注重思想政治教育，逐步转向既注重思想政治教育，又注重人文关怀和心理疏导。文章强调要做好以下几个方面的工作：一是加强心理健康教育。二是关注人们多方面的感受和需求。三是完善人文关怀和心理疏导机制。

1 月 4 日

教育部印发《教育部 2008 年工作要点》和周济部长在教育部 2008 年度工作会议上的讲话的通知，明确指出，2008 年教育工作的总体要求是：认真学习贯彻党的十七大精神，高举中国特色社会主义伟大旗帜，以邓小平理论和“三个代表”重要思想为指导，深入贯彻落实科学发展观，全面贯彻党的教育方针，提高教育质量，促进教育公平，办好人民满意的教育，努力建设人力资源强国。

《教育部 2008 年工作要点》强调，要切实推进素质教育，进一步把立德树人的任务落到实处。按照社会主义核心价值体系的要求，把德育有机融入各学科教育教学中。深入开展弘扬和培育民族精神月教育活动，积极推进以营造浓厚育人氛围为重点的校园文化建设。广泛开展与学科课程教学相衔接的社会实践活动。大力推进班主任队伍建设。要进一步加强和改进大学生思想政治教育。深入推进中国特色社会主义理论体系“三进”工作，修订高校思想政治理论课教材。抓好高校思想政治理论课教师骨干研修和全员培训工作，推动教学方法改革，高质量地实施高校思想政治理论课新课程方案。加强形势政策和国情教育。加强校园网络文化建设和管理。总结推广高校校园文化建设成果，开展大学生先进事迹巡回报告活动。加强辅导员队伍思想建设和组织建设，开展全面的多层次的培养培训。

周济部长在会议上的讲话指出：要坚持育人为本、德育为先，把立德树人作为教育的根本任务。切实加强和改进学校德育，提高德育的针对性、实效性和吸引力、感染力。按照大中小学生身心发展的特点，确定不同教育阶段的德育目标、内容和方法。将社会主义核心价值体系融入国民教育全过程，将德育有机融入各学科教育教学中，坚持以马克思主义为指导，引导学生树立中国特色社会主义的共同理想，大力弘扬以爱国主义为核心的民族精神和以改革创新为核心的时代精神，努力践行社会主义荣辱观，培养学生良好的道德修养和行为习惯。

1 月 17 日

教育部印发国务委员陈至立在教育部直属高校工作咨询委员会第十八次全体会议上的讲话的

通知。陈至立在其题为《认真学习贯彻党的十七大精神，以提高质量为核心，加快从高等教育大国向高等教育强国迈进的步伐》的讲话中指出，高校要用社会主义核心价值体系教育学生，系统地向学生传授马克思主义中国化的最新成果，宣传中国特色社会主义共同理想，帮助大学生树立正确的世界观、人才观、价值观；高校要培养造就一批马克思主义理论家，推进马克思主义理论研究和建设工程，繁荣发展哲学社会科学，进一步发挥“思想库”的作用；高校要在加强中华优秀文化传统教育，挖掘和保护中国优秀文化，倡导并培育和谐理念与和谐精神，培育文明风尚，推动我国文化成果和优秀人才走向世界方面发挥独特优势。在文化大发展大繁荣的伟大历史进程中，高等教育应该也完全能够发挥重要作用。

1月21日—23日

全国宣传思想工作会议在北京召开，胡锦涛总书记做重要讲话。他强调：在新的历史起点上开创宣传思想工作新局面，要坚持高举旗帜、围绕大局、服务人民、改革创新。高举旗帜，就是要把深入学习宣传贯彻党的十七大精神作为首要政治任务，高举中国特色社会主义伟大旗帜，坚持以邓小平理论和“三个代表”重要思想为指导，深入贯彻落实科学发展观，把坚持马克思主义基本原理同推进马克思主义中国化结合起来，用党的理论创新成果武装头脑、指导实践、推动工作，巩固马克思主义在意识形态领域的指导地位；围绕大局，就是要认真贯彻中央的决策部署，紧紧围绕经济建设这个中心，坚持正确导向，把社会效益放在首位，一手抓繁荣、一手抓管理，大力倡导一切有利于国家富强、民族振兴、人民幸福、社会和谐的思想和精神，着力推动科学发展、促进社会和谐，为改革开放和社会主义现代化建设提供有力的思想保证、营造良好舆论氛围；服务人民，就是要坚持以人为本，贴近实际、贴近生活、贴近群众，充分发挥人民主体作用，把人民是否满意作为根本标准，尊重差异、包容多样，努力满足人民多层次、多方面、多样化的精神文化需要，让人民共享文化发展成果，促进人的全面发展；改革创新，就是要用时代要求审视宣传思想工作，以改革精神推动宣传思想工作，积极创新内容形式、方法手段、体制机制，增强吸引力和感染力，努力做到体现时代性、把握规律性、富于创造性。

中共中央政治局常委李长春在讲话中指出，宣传思想文化战线要把深入学习宣传贯彻党的十七大精神，作为当前和今后一个时期的首要政治任务，在全面准确、广泛深入、务求实效上下功夫，在武装头脑、指导实践、推动工作上下功夫，进一步把全党全国各族人民的思想统一到十七大精神上来；要深入贯彻落实科学发展观，深化对文化发展规律的认识，坚持以人为本、服务群众，更加自觉地贯彻“三贴近”原则，把体现党的主张和反映人民心声统一起来，把坚持正确导向和通达社情民意统一起来，把正面宣传为主和加强舆论监督统一起来，不断增强宣传思想文化工作的针对性、实效性和吸引力、感染力；要大力建设社会主义核心价值体系，把社会主义核心价值体系融入国民教育和精神文明建设全过程，纳入马克思主义理论研究和建设工程，贯穿到媒体宣传中，寓于文艺作品创作生产中，体现到网络文化建设和管理中，善于用先进技术传播先进文化，更好地用社会主义核心价值体系引领社会思潮，巩固和发展全党全国各族人民团结奋斗的共同思想基础；大力开展“迎奥运、讲文明、树新风”活动，提高公民文明素质和社会现代文明程度；要深化文化体制改革，加强公共文化服务体系建设，大力发展文化产业，保障人民基本文化权益，满足人民日益增长的精神文化需求，推动社会主义文化大发展大繁荣，提高国家文化软实力；要加强和改进对外宣传，加大文化产品和服务“走出去”的力度，增强中华文化的国际影响力；要加强和改善党对宣传思想文化工作的领导，健全管理体制，改进方式方法，加强队伍建设，提高新形势下领导宣传思想文化工作的能力和水平。

中宣部部长刘云山就贯彻落实会议精神、做好2008年宣传思想文化工作提出明确要求。他指出：2008年宣传思想文化工作要始终贯穿学习宣传贯彻党的十七大精神这条主线，扎实做好理论武装、新闻宣传、文艺出版、思想道德建设、精神文明创建和对外宣传等各项工作，继续推进文化体制改革，推动文化大发展大繁荣，大力营造继续解放思想、勇于求真务实的良好氛围，营造深化改革开放、不断开拓创新的良好氛围，营造坚持以人为本、推动科学发展的良好氛围，营造促进社会和谐、维护安定团结的良好氛围，激励和动员全国各族人民为实现党的十七大确定的各项任务而奋斗。

1月24日

2008年共青团宣传工作会议在京召开。会议要求以深入学习宣传贯彻党的十七大精神为主线，把用社会主义核心价值体系教育引导青年的要求贯穿各个方面，重点推进“我与祖国共奋进”主题教育实践活动和青少年网络建设工程，大力加强团的理论宣传、新闻出版和文化体育等工作，立足基层，面向青年，着眼建设，推动团的宣传思想文化工作实现新发展。团中央书记处第一书记胡春华在会议讲话中要求大力加强调查研究，深入了解青少年思想教育面临的新情况新问题，把握不同青少年群体的成长规律和教育规律，创新青少年教育工作内容和工作方式，增强针对性、实效性，贴近实际、贴近生活、贴近青年，激励引导广大团员青年为实现党的十七大确定的各项任务而奋斗。会上，对“我与祖国共奋进”主题教育实践活动优秀组织单位、第九届共青团精神文明建设“五个一工程”优秀组织单位和2006年度共青团好新闻优秀组织单位进行了表彰。

2月

2月20日

中共中央政治局委员、全国人大常委会副委员长王兆国到团中央考察工作时强调指出，当代青年要经得住政治考验，始终坚持中国共产党的领导，坚定不移地走中国特色社会主义道路，旗帜鲜明地维护国家利益和民族尊严，认真学习马列主义、毛泽东思想、邓小平理论、“三个代表”重要思想，深入贯彻落实科学发展观，不断增强政治敏锐性，提高政治鉴别力，在推进中国特色社会主义事业中发挥更大的作用；要经得住事业的考验，既要有成就事业的执着追求，又要有超越自我的进取精神，不断取得新的成就，矢志不移地攀登事业的新高峰；要经得住名利的考验，加强思想道德修养，追求人格品德完善，以扎实的工作、突出的成绩来让党和人民挑选，以开阔的胸怀、淡泊的心态来对待名利得失和职务升迁；要经得住生活的考验，自觉践行社会主义荣辱观，提升精神境界，培养高尚情操，始终保持高尚品德、健康情趣和文明的生活方式，努力成为弘扬社会文明新风的先锋。他要求广大共青团干部努力成为坚定的青年马克思主义者，国家和人民事业的成功开拓者，党的宗旨的忠诚实践者，文明生活方式的引领者，为广大青年做出表率。

3月

3月5日

国务院总理温家宝在第十一届全国人民代表大会第一次会议上作政府工作报告，指出：坚持用马克思主义中国化最新成果教育人民，在全社会树立中国特色社会主义共同理想，大力弘扬以爱国主义为核心的民族精神和以改革创新为核心的时代精神，深入进行社会主义荣辱观教育；推进和谐文化建设，实施公民道德建设工程，培育文明社会风尚；特别要加强青少年思想道德建设。

4月

4月2日

国务院学位委员会、教育部印发《关于增设“中国近现代史基本问题研究”二级学科的通知》。文件强调，根据《中共中央、国务院关于进一步加强和改进大学思想政治教育的意见》和《中共中央关于进一步繁荣发展哲学社会科学的意见》精神，2005年在《授予博士、硕士学位和培养研究生的学科、专业目录》中增设了马克思主义理论一级学科及所属5个二级学科，对推进党的思想理论建设和巩固马克思主义在高等学校教育教学中的指导地位，对加强高校思想政治理论课建设、培养思想政治教育工作队伍提供了有力的学科支撑。为进一步加强和完善马克思主义理论一级学科建设，逐步形成一个研究对象明确、功能定位科学的马克思主义理论学科体系，同时，为进一步强化高等学校思想政治理论课“中国近现代史纲要”课程功能和教师队伍建设，经专家论证，决定在马克思主义理论一级学科下增设一个二级学科。新增设的二级学科名称为“中国近现代史基本问题研究”，与原有 5 个二级学科平行。增设后的相关学科及代码简介如下：

门类代码及名称	一级学科代码及名称	二级学科代码及名称	备注
03 法学	0305 马克思主义理论	030501 马克思主义基本原理	2005 年增设
		030502 马克思主义发展史	2005 年增设
		030503 马克思主义中国化研究	2005 年增设
		030504 国外马克思主义研究	2005 年增设
		030505 思想政治教育	2005 年增设
		030506 中国近现代史基本问题研究	此次增设

4 月 21 日

共青团中央、全国学联联合印发《关于开展全国大学生“强国之路，青春使命”主题教育活动的通知》，明确指出，“强国之路，青春使命”主题教育活动旨在深入学习贯彻党的十七大精神，进一步加强和改进大学生思想政治教育工作，把青年学生强烈的爱国热情转化为勤奋学习、发愤成才的实际行动。活动主要内容包括：第一，切实抓好理论武装工作，培养大学生理论学习骨干；第二，加大形势政策教育力度，坚定大学生爱党报国信念；第三，深入开展社会实践活动，鼓励大学生受教育做实事；第四，广泛组织校园文化活动，丰富大学生课余文化生活；第五，大力挖掘选树优秀典型，激发大学生奋发成才热情。有关要求为：高度重视，加强领导；精心组织，务求实效；加强宣传，注重引导。

4 月 22 日

首都高校青年学生“理性爱国，发愤成才”座谈会在北京大学举行。同学们在座谈会上纷纷表示，在反对“藏独”、支持奥运、回击西方反华势力诋毁中国形象的过程中，要合法、理性地表达爱国情感，更加勤奋地学习，以优异的成绩为维护社会稳定、促进经济发展、成功举办奥运做出应有的贡献。广大高校学生要增强维护社会稳定、促进经济发展的责任感，勤奋学习，理性地表达爱国诉求，不断提高自身素质，把强烈的爱国情感转化为刻苦学习的不竭动力，为促进社会和谐、成功举办奥运做出当代大学生应有的贡献。

4 月 23 日

教育部印发《关于追授张昊、张雪峰同学，授予林博同学“全国优秀大学生”荣誉称号的决定》，号召广大青年学生要向张昊、张雪峰、林博三位同学学习，学习他们胸怀祖国、热爱人民的优秀品德，奋不顾身、不怕牺牲的英雄气概，刻苦学习、立志成才的拼搏精神，关爱他人、甘于奉献的高尚情操。要求各地教育工作部门和各高等学校广泛开展扎实有效的学习活动，充分发挥先进典型的示范、引导作用，让广大青年学生从张昊、张雪峰、林博同学的感人事迹和高尚品质中受到鼓舞，汲取力量，激励他们进一步提高自身的思想道德素质和科学文化素质，服务祖国，报效人民，成为德智体美全面发展的社会主义合格建设者和可靠接班人。

5 月

5 月 3 日

中共中央总书记、国家主席、中央军委主席胡锦涛在北京大学师生代表座谈会上发表重要讲话，向老师和同学们提出四点希望：第一，要大力弘扬爱国主义精神；第二，要努力造就高素质人才；第三，要不断创造一流学术成果；第四，要积极培育优良校风。希望同学们志存高远，刻苦学习，勤奋钻研，努力成为党和人民事业发展需要的优秀人才。要在深入学习中国特色社会主义理论体系上狠下功夫，努力用马克思主义中国化最新成果武装头脑，牢固树立科学的世界观、人生观、价值观，牢牢把握人生的正确航向。要在提高综合素质上狠下功夫，既努力学习科学知识又积极陶冶文明素养，既努力增加知识积累又积极加强品德修养，既努力锻炼强健体魄又积极培养良好心理素质，真正实现自身的全面发展。要在提高实践本领上狠下功夫，积极参与社会实践，向人民群众学习，磨炼意志，增长才干，切实提高创造能力和创业能力，为今后走上社会、成就事业打下坚实基础。希望老师们加强师德修养，淡泊名利，甘为人梯，认认真真教书，扎扎实实治学，带头营造良好学术风气。希望同学们尊敬师长，关心同学，热爱学校，热心公益，为形成蓬勃向上、文明和谐的校园文化氛围共同努力。

5月4日

中共中央政治局常委、国务院总理温家宝应学生们的热情邀请来到中国政法大学，与大家一起共度青年节。温家宝向中国政法大学的学生提出希望，要对国家、对社会、对人民有高度的责任感，要有一颗公正的心，首先要爱这个国家。他还指出，今天讲爱国，就是要为振兴中华自强不息，开放兼容，长期奋斗。他希望广大学生要发奋学习，既要学好专业，又要开阔视野，成为现代化建设的杰出人才。

同日，中共教育部党组印发《关于学习贯彻胡锦涛总书记在北京大学师生代表座谈会上重要讲话精神的通知》，要求：(1)要以科学发展观统领教育事业发展全局，坚持优先发展教育，建设人力资源强国。(2)要高举中国特色社会主义伟大旗帜，坚持正确办学方向，加快推进创建世界一流大学和高水平大学的步伐，提升我国高等教育的整体质量。(3)要按照胡锦涛总书记提出的“四点希望”，提高各级各类学校特别是高等学校的人才培养质量。当前，要着力把广大教师学生的爱国热情转化为立足岗位、刻苦学习、发奋工作、支持奥运的实际行动，倍加珍惜我国安定团结的良好局面，自觉维护社会稳定，维护国家利益。要努力造就高素质人才。要教育、引导广大学生在深入学习中国特色社会主义理论体系上狠下功夫，在提高综合素质上狠下功夫，在提高实践本领上狠下功夫，培养党和人民事业发展需要的优秀人才。要积极培育优良校风。要把加强师德建设摆在重要位置，使广大教师做到认认真真教书，扎扎实实治学，带头营造良好的学术风气。要重视校园文化建设，开展多种形式的校园文化活动，形成蓬勃向上、文明和谐的校园文化氛围。

5月8日

中共中央政治局常委李长春在“纪念关于真理标准问题的讨论30周年”座谈会上发表重要讲话，指出：30年前关于真理标准问题的讨论，为我们党冲破“两个凡是”的严重束缚、重新确立马克思主义的思想路线奠定了理论基础；为党的十一届三中全会实现历史转折、我国迈向改革开放新时期做了思想准备；为我们党在改革开放30年中坚持和发展中国特色社会主义道路、形成中国特色社会主义理论体系提供了强大精神动力；使我们党在改革开放30年中坚持解放思想，形成了一系列行之有效的宝贵经验。李长春强调指出，在新的时代条件下、新的历史起点上、新的发展进程中，要通过继续解放思想，进一步增强高举中国特色社会主义伟大旗帜的自觉性和坚定性，毫不动摇地坚持和发展中国特色社会主义；进一步深入贯彻落实科学发展观，更好地推动科学发展、促进社会和谐；进一步深化改革、扩大开放，为发展中国特色社会主义提供强大动力；进一步推进经济、政治、文化、社会各项建设，为夺取全面建设小康社会新胜利而奋斗；进一步以改革创新精神全面推进党的建设新的伟大工程，不断提高党的执政能力、保持党的先进性。

5月17日

教育部印发《关于授予杨之亚同学“全国见义勇为优秀大学生”荣誉称号的决定》，号召广大青年学生要向杨之亚同学学习，学习他奋不顾身、不怕牺牲的英雄气概，学习他心系社会、关爱他人的广阔胸怀，学习他自强自立、奋发向上的进取精神，学习他不为名利、乐于奉献的优秀品质。文件要求：各地教育工作部门和各高等学校要精心组织，加强领导，认真开展向杨之亚同学学习的活动，大力加强和改进大学生思想政治教育；要充分发挥先进典型的示范作用，教育和引导广大青年学生自觉以英雄楷模为榜样，牢固树立科学的世界观、人生观和价值观，树立社会主义荣辱观，努力学习科学文化知识，积极加强品德修养，锻炼强健体魄，培养良好心理素质，全面提高自身素质，努力成为德智体美全面发展的社会主义建设者和接班人。

5 月 25 日

中共教育部党组印发《关于向抗震救灾英雄教师学习的决定》，决定在全国教育系统开展向抗震救灾英雄教师学习的活动，学习他们生死关头，临危不惧，舍生忘死，奋不顾身，拼死保护学生的英勇献身精神；学习他们危难时刻，坚守岗位，忠于职守，不畏艰难险阻，奋力抢救学生的拼搏奉献精神；学习他们在大灾面前，化悲痛为力量，振奋精神，不屈不挠，迅速投身重建校园，恢复正常教育教学秩序的自强不息的精神。要求全国教育系统广大教师和教育工作者要以抗震救灾英雄教师为榜样，以对学生的挚爱、对教育事业的责任，以人民教师的人格魅力和学识魅力，教书育人，为人师表，做人民满意的教师，办人民满意的教育。

6 月

6 月 5 日

中宣部、广电总局、教育部、文化部、体育总局联合印发《关于组织观看〈一个人的奥林匹克〉等五部奥运重点影片的通知》，指出：各级党委宣传部门要把观看影片作为建设社会主义核心价值体系、建设和谐文化、巩固共同理想、弘扬中华文化和推进爱国主义教育的生动教材，以迎接奥运、共享奥运为契机，引导广大党员、干部和群众为全面建设小康社会、构建和谐社会做出贡献；各级教育主管部门、文化主管部门、体育主管部门和广播影视主管部门要积极与有关方面密切合作，认真组织，精心安排，共同做好影片的发行、放映工作；各电台、电视台、报刊、网站等新闻单位要配合影片的发行放映，积极做好宣传和评论工作，借助此次放映活动，结合抗震救灾的宣传要求，进一步做好北京奥运的宣传工作。

6 月 29 日

为纪念马克思诞辰 190 周年、《共产党宣言》发表 160 周年，中共中央党校、中国马克思主义研究基金会和《理论视野》杂志社在中共中央党校举行“《共产党宣言》与中国特色社会主义”理论研讨会。与会代表结合中国特色社会主义的发展实践，深入探讨了《共产党宣言》的基本原理和当代价值、马克思主义中国化、中国特色社会主义理论体系以及如何坚持和发展马克思主义等重大理论问题。与会同志一致认为，《共产党宣言》揭示了人类社会发展的客观规律，开辟了人类历史的新纪元，当前重读《共产党宣言》对于坚持和发展中国特色社会主义有重大的意义。

7 月

7 月 8 日—9 日

中宣部、教育部在京联合召开加强和改进高校思想政治理论课工作会议。中共中央政治局常委李长春会见与会代表并做重要讲话。他强调指出：进一步加强和改进高校思想政治理论课教育，要以党的十七大精神为指导，以教材建设和学科建设为基础，以教师队伍建设为重点，以教学方法创新为关键环节，以加强组织领导为保障，全面推进高校思想政治理论课建设，争取经过若干年的努力，把高校思想政治理论课建设成为大学生真心喜爱，终身受益的优秀课程。中共中央政治局委员、国务委员刘延东在讲话中指出，要按照高举旗帜、遵循规律、改革创新、强化基础的总体思路，抓师资、抓教材、抓教法、抓指导。她还指出，要选配好、培养好教师，为加强和改进高校思想政治理论课提供人才保证；要与时俱进地完善教材体系，编写好高校哲学社会科学重点教材，进一步加强马克思主义理论学科建设，为加强和改进高校思想政治理论课打好基础；要创新课堂教学方法，加大实践教学力度，重视运用现代教学手段，改进考试考核方式，为加强和改进高校思想政治理论课提供有效手段；要把加强和改进高校思想政治理论课摆在更加重要的位置，进一步提高宏观指导的水平，努力形成整体合力和良好氛围，为加强和改进高校思想政治理论课提供坚强保障。

7月13日

中共北京市委教育工委和北京市高教学会联合成立“北京高校中国化马克思主义教学研究会”，并在京举行第一次中国化马克思主义理论研究和教学研讨会。与会同志认为，要把马克思主义中国化的最新成果——中国特色社会主义理论体系作为大学生马克思主义理论教育的中心内容，努力推进马克思主义中国化最新成果“进课堂、进教材、进学生头脑”；要在教育教学中着力阐述邓小平理论、“三个代表”重要思想和科学发展观等重大战略思想的深刻内涵；要在方法上创新，对大学生进行中国特色社会主义理论教育，绝不能脱离中国特色社会主义实践。

7月16日

教育部高校社会科学发展研究中心在广州举办“抗震救灾精神与高校思想政治教育”理论研讨会。来自全国部分省份的教育行政主管部门负责同志及高校的专家学者，就抗震救灾的精神实质及其时代特征、抗震救灾精神与加强师德建设、从抗震救灾看“80后”“90后”青年学生思想特点及成长规律、抗震救灾对创新高校宣传思想教育的启示等内容进行了深入研讨。教育部副部长李卫红出席会议并讲话。她指出：各级教育部门和学校要紧紧抓住大力弘扬抗震救灾精神这个有利契机，切实贯彻落实全国加强和改进高校思想政治理论课工作会议精神，在高校师生中弘扬抗震救灾精神，广泛开展形式多样、主题鲜明的教育活动，把教育内容渗透到教材、渗透到课堂、渗透到学生头脑中去，不断增强教育的针对性、实效性和吸引力、感染力，把高校思想政治教育提高到一个新的水平。

7月29日

《中国教育报》发布教育部2008年高校学生思想政治状况滚动调查报告。2008年是高校学生思想政治状况滚动调查的第17年。调查范围在原来京、津、沪、浙、赣、鄂、粤、滇、陕、宁、新和新疆生产建设兵团12个省级单位基础上，增加了黑、鲁、豫、川，扩大到16个省级单位。调查表明，当前高校学生思想主流继续保持积极、健康、向上的良好态势，以“80后”为主体的广大高校学生与党中央保持高度一致，表现出了高度的政治觉悟、严密的组织纪律性和强烈的爱国热情，充分说明当代大学生是热爱党、热爱祖国、热爱人民的一代，是充满理想、大有希望、值得信赖的一代，能够在新的历史起点上，承担起中华民族伟大复兴的历史使命。针对调查反映出的目前大学生思想政治状况中存在的突出问题和当前大学生思想政治教育工作中的热点、难点问题，教育部提出，要深入学习贯彻党的十七大精神，坚持育人为本、德育为先，牢牢抓住立德树人这一根本任务，不断创新工作途径和方法，采取有效措施，加大贯彻落实《中共中央、国务院关于进一步加强和改进大学生思想政治教育的意见》精神的力度，努力使大学生思想政治教育在改进中加强，在创新中发展。教育部提出：要用马克思主义中国化最新成果武装学生头脑，教育和引导学生坚定理想信念，牢固树立正确的世界观、人生观和价值观；密切结合国际国内形势变化和社会热点、难点问题，采取有效措施，增强工作的针对性，确保高校稳定；坚持以学生为本，把解决思想问题和解决实际问题结合起来，把党和政府对大学生的关怀落到实处，增强思想政治教育的针对性、实效性；加强高校教师队伍建设，完善内在运行机制，优化校内外环境，为大学生思想政治教育提供保障；采取有效措施，切实加强研究生思想政治教育，把思想政治教育渗透到研究生培养和管理的各个环节。

8月

8月6日

教育部办公厅印发《关于将高校思想政治理论课“毛泽东思想、邓小平理论和‘三个代表’重要思想概论”课程名称调整为“毛泽东思想和中国特色社会主义理论体系概论”的通知》，决定自2008年秋季学期开始，将高校思想政治理论课“毛泽东思想、邓小平理论和‘三个代表’重要思想概论”课程名称调整为“毛泽东思想和中国特色社会主义理论体系概论”。

8 月 24 日

教育部印发《关于授予谭之平同学“全国自强不息优秀大学生”荣誉称号的决定》，号召广大青年学生要积极学习谭之平同学自强不息、创业求学的进取精神，直面困难、积极向上的乐观心态，敬老行孝、回报社会的传统美德，刻苦学习、立志成才的顽强毅力。要求各地教育工作部门和各高等学校要精心组织，加强领导，认真开展向谭之平同学学习的活动，充分发挥先进典型的示范作用，教育和引导广大青年学生以先进模范为榜样，自觉践行社会主义荣辱观，大力弘扬中华民族传统美德，努力提高思想道德素质、科学文化素质和身心健康素质，自尊自信，自立自强，服务人民，报效祖国，努力成为德智体美全面发展的社会主义建设者和接班人。

8 月 26 日

教育部办公厅下发《关于庆祝 2008 年教师节有关工作的通知》，指出 2008 年教师节主题是“学习英模教师，弘扬伟大师魂”。在教师节期间，教育部将会同有关部门召开“全国教育系统抗震救灾先进典型表彰大会”；召开“第四届高等学校教学名师奖颁奖大会”；请新闻媒体深入开展改革开放 30 年全国教育系统模范教师和抗震救灾英模教师先进事迹宣传活动，讴歌新时期人民教师的高尚师德。

9 月

9 月 7 日—8 日

《思想理论教育导刊》编辑部、高校思想政治理论课教学研究中心在福建农林大学联合主办“改革开放 30 年与高校思想政治教育”理论研讨会。来自理论界和高校思想政治教育领域的 70 多位专家学者，围绕改革开放以来高校思想政治理论课程建设、马克思主义理论学科建设、大学生思想政治教育工作等专题展开了深入研讨。

9 月 10 日

中共中央政治局委员、国务委员刘延东在第四届高等学校教学名师奖颁奖会上发表讲话，向广大教师提出十字希望，即：忠诚，就是忠诚事业、忠于职责；爱心，就是热爱三尺讲台、关爱每位学生；博学，就是学识渊博、造诣高深；创新，就是思想解放、勇于探索；修养，就是为人师表、崇尚师德。

9 月 20 日

中国社会科学院马克思主义研究院在江西师范大学举办第三届全国马克思主义青年论坛。来自全国各地的 130 名专家学者，围绕改革开放的历史进程和基本经验、中国特色社会主义道路、中国特色社会主义基本理论等议题进行深入探讨和交流。与会同志认为，马克思主义中国化本质上是把马克思主义基本原理与中国实际相结合，中国特色社会主义理论体系以马克思主义的唯物辩证法为哲学基础，以解放思想、实事求是为思想路线并作为贯穿理论观点的基本线索，围绕什么是社会主义、怎样建设社会主义，建设什么样的党、怎样建设党，实现什么样的发展、怎样发展等中国特色社会主义建设的基本问题，形成了一个内容完整、结构严谨的科学理论体系。与会代表指出，中国特色社会主义理论体系与坚持走中国特色社会主义道路，建设中国特色社会主义密不可分；中国特色社会主义理论体系是中国特色社会主义的理论形态，中国特色社会主义道路是中国特色社会主义的实践形态，把握理论形态的中国特色社会主义理论体系，不能离开实践形态的中国特色社会主义道路，中国特色社会主义理论体系的形成与中国特色社会主义道路的开辟相伴随，中国特色社会主义理论体系是坚持走中国特色社会主义道路所取得的理论成果；中国特色社会主义理论体系是一个开放的体系，必将随着实践的发展而发展。

9 月 23 日

中宣部、教育部联合印发《关于进一步加强高等学校思想政治理论课教师队伍建设的意见》。文件包括了六个部分，分别是：加强高等学校思想政治理论课教师队伍建设的重要性紧迫性和总体要求、大力加强高等学校思想政治理论课教学科研组织建设、认真做好高等学校思想政治理论课教师的选聘配备工作、切实加强高等学校思想政治理论课教师队伍的培养培训工作、为高等学校思想政治理论课教师队伍建设提供学科支撑，以及切实为高等学校思想政治理论课教师队伍建设提供政策和制度保障。文件指出，思想政治理论课教师要牢固树立坚定的理想信念，不断提高为思想政治理论教育事业服务的责任感和使命感；努力学习、刻苦钻研，不断增强马克思主义理论素养和人文社会科学知识基础；深入实践，了解学生，提高教学艺术和教学能力；注重道德修养，提升精神境界，做教书育人的典范。

10 月

10 月 8 日

中共中央、国务院、中央军委在北京人民大会堂举行全国抗震救灾总结表彰大会。中共中央总书记、国家主席、中央军委主席胡锦涛在会上发表重要讲话。他指出，在波澜壮阔的抗震救灾斗争中，我们用理想凝聚力量、用信念铸就坚强、用真情凝结关爱，大力培育和弘扬了万众一心、众志成城，不畏艰险、百折不挠，以人为本、尊重科学的伟大抗震救灾精神。他还指出，抗震救灾斗争再一次证明，社会主义中国具有强大发展活力，人民是推动中国社会发展进步的真正动力，人民军队是保卫人民的钢铁长城，中国共产党是中国特色社会主义事业的坚强领导核心。他还强调指出，我们要进一步加强社会主义核心价值体系建设，切实巩固全党全军全国各族人民团结奋斗的共同思想基础，要坚持不懈地用马克思主义中国化最新成果武装全党、教育人民，用中国特色社会主义共同理想凝聚力量，用以爱国主义为核心的民族精神和以改革创新为核心的时代精神鼓舞斗志，用社会主义荣辱观引领风尚。要把抗震救灾斗争培育和弘扬的好思想、好作风作为社会主义核心价值体系建设的生动教材，引导人民进一步坚定对改革开放的信心、对中国特色社会主义的信念，为党和人民事业发展提供强大思想保证和精神支撑。

10 月 9 日

教育部办公厅下发《关于开展普通高等学校辅导员队伍建设情况自查工作的通知》，决定于2008 年 10 月至 11 月在普通高等学校中开展辅导员队伍建设情况自查工作，并对有关事项做出安排，包括检查时间、检查的主要任务、检查的主要内容、有关要求等。其中，检查的主要内容包括：制定《普通高等学校辅导员队伍建设规定》实施细则，加强辅导员队伍建设相关政策情况；专职辅导员的选聘标准、程序及配备比例等情况；设置专职辅导员的相应教师职务岗位情况；专职辅导员专业技术职务评聘情况；专职辅导员培养培训情况；就近年来高校辅导员队伍建设工作的好的经验和做法以及存在的问题和困难，分析其产生的原因，提出进一步加强高校辅导员队伍建设的意见和建议。

10 月 27 日—31 日

第七届全国民办高校德育论坛在江西蓝天学院举行，全国 50 余所民办高校与独立学院的德育工作者赴会。此次论坛就民办高校党建工作研究、民办高校辅导员队伍建设现状及对策、民办高校不稳定因素探查及维护稳定工作研究、民办高校学生教育与管理模式的改革与创新研究等开展了理论研讨。如何创新民办高校德育新载体，抢占网络新媒体平台，研究和改革学生真正愿意接受的思想政治教育，成为此次论坛的热门议题之一。

10 月 29 日

新华社全文发布《中国共产党党校工作条例》，明文指出，各级党委要把党校办成培训轮训党员领导干部，培养党的理论队伍，学习、研究和宣传马克思列宁主义、毛泽东思想、邓小平理论、“三个代表”重要思想以及科学发展观等重大战略思想的重要阵地，使之成为干部加强党性锻炼的熔炉。要围绕党校教育的目标要求，提高学员在以下五个方面的素质和能力：掌握马克思主义的立场、观点、方法，具有履行职责所需的马克思主义理论水平；具有共产主义远大理想，坚定不移地走中国特色社会主义道路，始终同党中央保持一致；坚持解放思想、实事求是、与时俱进，树立大局意识，注重调查研究，善于分析解决改革发展中的重大问题；坚持全心全意为人民服务的根本宗旨，增强立党为公、执政为民的意识，严于律己，言行一致，艰苦奋斗，清正廉洁；有强烈的事业心和责任感，具备胜任本职工作所需的基本知识和领导能力。党校教学布局要坚持以学习邓小平理论、“三个代表”重要思想以及科学发展观等重大战略思想为中心，着眼于提高党员领导干部的领导素质和执政能力，以掌握理论创新的最新成果为重点夯实学员的理论基础，以把握时代特征和国际经济政治形势为重点拓展学员的世界眼光，以强化大局意识和应对复杂局面为重点培养学员的战略思维，以坚定理想信念、增强宗旨观念和改进作风为重点加强学员的党性修养。根据形势和任务的要求，不断充实和创新教学内容，优化党校教学布局。《中国共产党党校工作条例》包括总则，党校的设置和领导体制，班次和学历，教学工作，科学研究工作，学员管理，队伍建设，机关党的工作，行政管理、后勤服务和经费保障，执行与监督，以及附则 11 章，共计 60 条。

10 月 30 日

全国党建研究会高校党建研究专业委员会在京成立，教育部副部长、党组成员、全国党建研究会副会长李卫红出席成立大会并讲话。她指出，当前，开展高校党建理论研究要注意做到“三个紧密结合”：一是紧密结合深入学习实践科学发展观活动，进一步激发开展高校党建理论研究的积极性和主动性；二是紧密结合国家中长期教育改革和发展规划纲要的研究制定工作，进一步增强高校党建理论研究的实效性和针对性；三是紧密结合纪念改革开放 30 周年和新中国成立 60 周年进一步体现高校党建理论研究的时代性和创造性。会上，李卫红就任全国党建研究会高校党建研究专业委员会主任委员。成立大会之后，举行了纪念改革开放 30 周年高校党的建设工作创新论坛。

11 月

11 月 4 日

北京市委教育工委、北京市教委在北京会议中心举行“改革开放 30 年与首都大学生思想政治教育座谈会暨《北京教育(德育)》首发仪式”。与会代表回顾了首都大学生思想政治教育 30 年的历程，总结了做好首都大学生思想政治教育工作的重要体会和宝贵经验，并就新形势下如何做好大学生思想政治教育工作提出了意见和建议。由首都大学生思想政治研究中心主办的《北京教育(德育)》是全国教育类核心期刊、北京社科类一级期刊，面向全国公开发行。教育部副部长李卫红在讲话中希望首都大学生思想政治教育工作战线认真贯彻党的十七大精神，继续深入落实《中共中央、国务院关于进一步加强和改进大学生思想政治教育的意见》部署，再接再厉、更创佳绩，为首都及全国改革开放和现代化建设提供有力的思想保障和人才支持。

11 月 6 日

共青团中央在京召开加强高校共青团工作座谈会，团中央书记处第一书记陆昊出席会议并讲话。他指出：当前高校团组织要把突出关注的重点，放在如何使团的各项工作和活动影响全体青年学生，实现对青年学生在思想上的引导上来，从而确保广大青年学生牢固树立跟党走中国特色社会主义道路的坚定信念，沿着党指引的方向健康成长；高校团组织要围绕培养学生具备必需的专业知识、合理的知识结构、比较全面的素质、良好的品德和走中国特色社会主义道路的坚定信念这一高校育人的目标体系，结合自身工作的不同基础和情况，找准工作的切入点；高校共青团作为思想性、政治性很强的组织，既要积极配合学校党政实现育人的整体目标体系，更要坚持把大学生思想引领工作作为高校共青团的根本任务，切实抓紧抓好。陆昊还强调指出，大学生思想引领工作的核心内容，是引导广大青年学生始终坚持爱国主义、社会主义的高度统一，切实把民族精神和时代精神、个人成就和社会责任结合起来。他还指出，高校的团干部要不断增强政治敏感性，提高自己从事意识形态工作的能力；要加强学习，具备学术精神，了解和把握与本校专业相关的学术成果、前沿知识以及社会领域中的各种最新思潮和动态；要熟悉社会生活，善于分析社会矛盾，引导学生正确看待社会问题和个人遇到的矛盾，把握本质；要能够贴近青年学生，根据青年学生喜欢的沟通、交流、聚集方式渗透团的工作、创新组织建设模式。

11月7日—8日

中共中央文献研究室、中国社会科学院与深圳市委、市政府联合在深圳举办“坚持改革开放，推动科学发展——中国特色社会主义理论与实践研讨会”。会议旨在全面回顾总结改革开放30年来中国特色社会主义理论的形成发展、改革开放伟大实践的重大成果，深入研讨建设中国特色社会主义的一系列重大理论与实践问题，并为深圳继续解放思想、坚持改革开放，推动科学发展，促进社会和谐，努力建设中国特色社会主义示范市注入新的强大动力。

11月8日—9日

中国高等教育学会思想政治教育分会第七次代表大会暨2008年年会在首都师范大学召开。教育部副部长李卫红出席大会并讲话，指出：当前进一步加强和改进大学生思想政治教育，必须坚持以科学发展观为指导，保证坚定正确的政治方向；必须认真总结改革开放30年来大学生思想政治教育的巨大成就，继承发展好做法、好传统；必须准确把握当代大学生群体的思想特点及成长成才规律，有针对性地开展工作；必须加强大学生思想政治教育的理论研究，促进理论与实践相结合；必须与思想政治教育学科建设结合起来，实现思想政治教育科学化。与会代表还围绕“改革开放30年和大学生思想政治教育”这一主题开展了交流研讨。

11月23日

教育部党组副书记、副部长陈希到北京航空航天大学，与高校基层党务工作者和思想政治工作者进行了面对面的交流、座谈。陈希在座谈中指出，我们要站在全面贯彻党的教育方针和坚持社会主义办学方向的高度，真正重视、关怀和爱护高校基层党务工作者和思想政治工作者队伍，既要从体制机制上为他们做好本职工作、实现自身发展进步提供保证，又要切实帮助和解决他们在学习生活中遇到的困难和问题。

11月24日—25日

“全国思想政治教育的创新与发展”研讨会在武汉大学举行。来自北京大学、中国人民大学、中山大学、南开大学、复旦大学、武汉大学等20多所高校的40余位专家学者参加了研讨会。教育部思政司、湖北省教育厅和武汉大学的相关领导也出席了会议。与会代表紧紧围绕新时期思想政治教育的创新与发展这个主题，分别从改革开放以来思想政治教育的历史发展、思想政治教育学科的创新发展、思想政治教育基础理论的创新发展，以及思想政治教育实践的创新发展等几个视角进行了广泛交流和深入探讨。

11月28日

《高校辅导员学刊》经国家新闻出版总署批准，在安徽芜湖创刊，由安徽师范大学主办。《高校辅导员学刊》是一本面向全国高校辅导员的杂志，该刊以党和国家关于加强大学生思想政治教育和辅导员队伍建设的一系列文件精神为指导，以服务于高校辅导员工作和发展的需要、提高辅导员整体素质和工作水平为宗旨，以加强和改进大学生思想政治教育和管理为目标，努力使刊物成为高校辅导员交流的平台、学习的课堂、工作的指导、研究的助手、发展的参谋。

12月

12月18日

中共中央纪念党的十一届三中全会召开30周年大会在北京人民大会堂举行。胡锦涛总书记发表重要讲话。他指出，改革开放以来我们取得一切成绩和进步的根本原因，归结起来就是：开辟了中国特色社会主义道路，形成了中国特色社会主义理论体系。在30年的创造性实践中，我们经过艰辛探索，积累了宝贵经验：必须把坚持马克思主义基本原理同推进马克思主义中国化结合起来，解放思想、实事求是、与时俱进，以实践基础上的理论创新为改革开放提供理论指导；必须把坚持四项基本原则同坚持改革开放结合起来，牢牢扭住经济建设这个中心，始终保持改革开放的正确方向；必须把尊重人民首创精神同加强和改善党的领导结合起来，坚持执政为民、紧紧依靠人民、切实造福人民，在充分发挥人民创造历史作用中体现党的领导核心作用；必须把坚持社会主义基本制度同发展市场经济结合起来，发挥社会主义制度的优越性和市场配置资源的有效性，使全社会充满改革发展的创造活力；必须把推动经济基础变革同推动上层建筑改革结合起来，不断推进政治体制改革，为改革开放和社会主义现代化建设提供制度保证和法制保障；必须把发展社会生产力同提高全民族文明素质结合起来，推动物质文明和精神文明协调发展，更加自觉、更加主动地推动文化大发展大繁荣；必须把提高效率同促进社会公平结合起来，实现在经济发展的基础上由广大人民共享改革发展成果，推动社会主义和谐社会建设；必须把坚持独立自主同参与经济全球化结合起来，统筹好国内国际两个大局，为促进人类和平与发展的崇高事业做出贡献；必须把促进改革发展同保持社会稳定结合起来，坚持改革力度、发展速度和社会可承受程度的统一，确保社会安定团结、和谐稳定；必须把推进中国特色社会主义伟大事业同推进党的建设新的伟大工程结合起来，加强党的执政能力建设和先进性建设，提高党的领导水平和执政水平、拒腐防变和抵御风险能力。胡锦涛指出：30年来，我们党的全部理论和全部实践，归结起来就是创造性地探索和回答了什么是马克思主义、怎样对待马克思主义，什么是社会主义、怎样建设社会主义，建设什么样的党、怎样建设党，实现什么样的发展、怎样发展等重大理论和实际问题；30年的历史经验归结到一点，就是把马克思主义基本原理同中国具体实际相结合，走自己的路，建设中国特色社会主义。

胡锦涛强调指出，我们一定要坚持高举中国特色社会主义伟大旗帜，继续推进马克思主义中国化；一定要坚持改革开放的正确方向，着力构建充满活力、富有效率、更加开放、有利于科学发展的体制机制；一定要坚持抓好发展这个党执政兴国的第一要务，更好地做到发展成果由人民共享；一定要坚持戒骄戒躁、艰苦奋斗，不断开创改革开放和社会主义现代化事业新局面。

12 月 18 日—20 日

中宣部、中央党校、中央文献研究室、中央党史研究室、国家发展和改革委员会、教育部、国务院发展研究中心、中国社会科学院、中国人民解放军总政治部在北京联合召开纪念党的十一届三中全会召开30周年理论研讨会。中共中央政治局常委李长春出席会议并做重要讲话。他指出，改革开放30年，是坚持把马克思主义基本原理同当代中国实际和时代特征紧密结合，在实践探索中形成和发展中国特色社会主义伟大旗帜、发展道路和理论体系的过程；是大力推进当代中国马克思主义大众化，把科学理论转化为推动事业发展强大动力的过程；是尊重人民群众的首创精神，不断总结人民群众创造的新鲜经验并升华为理论的过程；是坚持立足中国又面向世界，积极借鉴人类文明优秀成果推动理论发展的过程；是始终坚持正确方向，不断促进理论工作繁荣发展的过程。李长春还强调指出，新时期推动理论工作发展，必须做到以下几点：必须坚持以马克思主义为指导，这是理论工作繁荣发展的根本前提；必须坚持以经济建设为中心，服务全党全国工作大局，这是理论工作的首要任务；必须坚持解放思想、实事求是、与时俱进，不断推进理论创新，这是理论工作繁荣发展的根本动力；必须坚持以人为本，贴近实际、贴近生活、贴近群众，这是加强和改进理论工作的重要突破口；必须坚持“百花齐放、百家争鸣”，这是理论工作繁荣发展的重要方针；必须坚持大力弘扬中华文化，充分吸收人类文明优秀成果，这是理论工作繁荣发展的必要条件；必须坚持正确的政治方向，营造有利于创新的良好氛围，这是理论工作繁荣发展的必然要求。李长春还指出，面临新形势新任务，要进一步深化理论学习和宣传，大力推动用中国特色社会主义理论体系武装全党、教育人民；切实加强理论研究，不断深化对中国特色社会主义发展规律的认识；着眼打造精品工程，努力推动马克思主义理论研究和建设工程取得新的实质性进展；完善工作体制和机制，大力营造有利于理论创新的良好环境；加大人才培养和队伍培训力度，着力造就一支宏大的、高素质的马克思主义理论队伍。

12 月 19 日

中组部、中宣部、中共教育部党组在北京召开第十七次全国高等学校党的建设工作会议。中共中央政治局常委、中央书记处书记、国家副主席习近平出席会议并做重要讲话。他指出，30 年来高校党的建设在继承优良传统的基础上不断改革创新，积累了宝贵经验：必须始终围绕高校的改革发展，把人才培养作为根本任务；必须坚持党委领导下的校长负责制，着力完善高校领导体制；必须坚持育人为本、德育为先，切实加强和改进大学生思想政治教育；必须坚持把建设高素质领导班子作为重点任务，不断提高领导高校科学发展的能力和水平；必须着力维护高校稳定，及时化解各种矛盾；必须坚持改革创新精神，始终体现时代性、把握规律性、富于创造性。他还强调指出，要按照德才兼备和专兼结合的原则，选拔和吸引更多政治素质高、思想作风好、热爱党务工作、善于做群众工作、具有较高学术造诣和较强组织管理能力的党员干部和教师从事学校党务工作，特别要选配好党总支书记和支部书记；要建立健全辅导员和班主任队伍的选拔、培养、激励、保障机制，努力创造良好政策环境和工作生活环境，做到政治上爱护、工作上支持、生活上关心，使他们工作有条件、干事有平台、发展有空间，最大限度地调动他们的积极性和创造性。

同日，中共教育部党组印发《关于教育战线认真学习贯彻胡锦涛同志在纪念党的十一届三中全会召开 30 周年大会上的讲话的通知》，要求：(1)各地教育部门和各级各类学校要把学习贯彻胡锦涛同志的讲话作为关系全局的一件大事来抓，认真组织好讲话的学习工作；(2)学习贯彻胡锦涛同志的讲话，要紧密结合教育战线特别是本地本校实际，着力在抓好贯彻落实上下功夫；(3)要充分利用校内广播、电视、网络、校报、校刊、黑板报等宣传媒体，并通过举办专题会、座谈会、报告会等多种形式，组织有声势、有深度的宣传教育活动。

12 月 25 日

中宣部、科技部、农业部、文化部、卫生部、司法部、国家计生委、中国科协八个部门联合举办的全国文化科技卫生“三下乡”活动启动仪式在农村改革发源地之一的安徽省肥西县举行，标志着 2009 年全国“三下乡”活动正式拉开帷幕。

同日，2009 年全国共青团学校工作会议在京召开。会议深入学习贯彻党的十七大、十七届三中全会精神，按照团的十六大和团十六届二中全会的部署，就着力构建共青团学校工作总体格局，不断巩固学校团组织建设和工作的基础性战略地位，率先实现“力争使团的基层组织网络覆盖全体青年，使团的各项工作和活动影响全体青年”的目标要求进行了研究部署。团中央书记处第一书记陆昊、书记处书记卢雍政出席会议并讲话。会议强调，当前和今后一段时期，要牢牢把握学校育人的根本目标，特别强调和突出对青年学生的思想引领和成长服务，努力在加强青年学生思想政治教育、促进大学生就业创业、培养青年学生综合素质等领域做出积极探索、取得扎实成效；要通过继续深化青年马克思主义者培养工程、深入开展主题教育活动、努力构建团队一体化分层思想教育体系，引导青年学生牢固树立跟党走中国特色社会主义道路的坚定信念；要围绕青年学生最普遍、最直接、最迫切的困难和需求，切实做好促进大学生就业创业、帮扶家庭经济困难学生、心理健康教育、维护学生合法权益等服务青年学生的重点工作；要大力推进大中学生素质拓展计划，广泛开展社会实践活动，不断完善青少年科技创新工作体系，在帮助青年学生全面提高综合素质中充分发挥共青团组织的作用。

2009年

1月

1月7日

教育部印发《教育部2009年工作要点》和周济部长在教育部2009年度工作会议上的讲话。《教育部2009年工作要点》指出，2009年教育工作的总体要求是：全面贯彻党的十七大和十七届三中全会精神，以邓小平理论和“三个代表”重要思想为指导，深入贯彻落实科学发展观，全面贯彻党的教育方针，继续解放思想，坚持改革开放，谋划发展，提高质量，促进公平，加强管理，办好人民满意教育，努力建设人力资源强国。在具体工作部署方面，要切实推进素质教育，着力培养学生创新精神和实践能力，积极推动校外活动场所建设，促进家庭、社会和学校齐抓共管格局的形成。深入推进中国特色社会主义理论体系进教材、进课堂、进大学生头脑，进一步加强和改进大学生思想政治教育。全面推进高校思想政治理论课建设，以思想政治理论课教师队伍为重点，加强马克思主义理论学科建设，提高教学的针对性和实效性。深入开展世情、国情和社情教育。研究制定加强和改进研究生思想政治教育意见。推动优秀网站建设，普及辅导员博客，引领高校网络文化，加强高校辅导员培训和队伍建设。加强高校党的思想理论建设和意识形态工作。建立健全党委统一领导、各方面齐抓共管的工作格局，用中国特色社会主义理论体系武装党员干部、教育广大师生，牢牢掌握意识形态领域的主动权。充分发挥高校在推进党的理论创新中的独特作用，大力推进社会主义核心价值体系建设。加强学校领导班子和干部队伍建设。加强各级各类学校党的基层组织建设。加大净化网络工作力度，深入推进校园周边环境综合治理。

周济部长在教育部2009年度工作会议上做了题为《深入学习实践科学发展观促进教育事业优先发展科学发展》的讲话。关于2009年教育重点工作，他强调要切实推进素质教育，着力培养高素质人才，并指出：继续抓好实施素质教育目标的两大重点。一是坚持育人为本、德育为先，把立德树人作为教育根本任务。2009年是中华人民共和国成立60周年，要紧紧围绕庆祝新中国成立60周年这个主题，切实做好学校德育工作，切实落实加强和改进学校德育的各项重大政策举措。继续抓好德育课程教材建设，落实教育教学全过程育人的要求，将德育有机地融入学科教学中。加强学生世情、国情和社情教育。研究加强和改进研究生思想政治教育的意见。二是着力培养学生创新精神和实践能力，这是提高我国教育质量的紧迫任务。营造有利于青少年学生成长的良好环境。加大校园周边环境综合治理力度，进一步净化网络环境和社会环境。鼓励青少年积极参加社区服务。传播家庭教育正确理念和科学方法。建立健全齐抓共管的体制机制，促进形成家庭、社会和学校共同推进素质教育的格局。

1月12日

中央精神文明建设指导委员会召开全体会议，研究部署精神文明建设工作。中共中央政治局常委、中央精神文明建设指导委员会主任李长春主持会议并讲话。他强调指出：2009年精神文明建设工作要坚持围绕中心，服务大局，紧紧围绕促进经济社会平稳较快发展开展工作，着力统一思想、增强信心，为应对挑战、克服困难提供重要保证；要围绕开展深入学习实践科学发展观的活动，把科学发展观的要求贯穿到精神文明建设全过程，不断增强贯彻落实科学发展观的自觉性坚定性；要围绕庆祝新中国成立60周年，广泛开展“迎国庆、讲文明、树新风”活动；要精心组织全国道德模范评选表彰和学习宣传，切实加强公民道德建设；要强力净化社会文化环境，着力解决网络、网吧、荧屏、声频、出版物市场和校园周边环境存在的问题，促进未成年人健康成长；要大力宣传全国文明城市、文明村镇、文明单位的经验，深化拓展群众性精神文明创建活动；要积极推动文化大发展大繁荣，为精神文明建设创造良好的文化环境；要促进红色旅游持续健康发展，更好地发挥红色旅游的教育功能。

同日，教育部高校学生司印发《关于做好2009年招收高校辅导员在职攻读思想政治教育专业博士学位研究生工作的通知》，要求：(1)深刻认识招收高校辅导员攻读思想政治教育专业博士学位工作的重要意义。辅导员是高校教师队伍的重要组成部分，是开展大学生思想政治教育的骨干力量。(2)大力加强招收高校辅导员攻读思想政治教育专业博士学位工作的制度建设。(3)积极做好高校辅导员攻读思想政治教育专业博士学位的报名组织工作。(4)精心做好高校辅导员攻读思想政治教育专业博士学位的考试组织工作。(5)规范做好高校辅导员攻读思想政治教育专业博士学位的录取工作。

1月15日

教育部颁发《关于组织2009年高校思想政治理论课骨干教师研修的通知》，指出：研修班共分六期，分别为：第一期，2009年6月1日—6月30日，培训对象为“马克思主义基本原理概论”课骨干教师100人；第二期，2009年6月1日—6月30日，培训对象为“思想道德修养与法律基础”课骨干教师100人；第三期，2009年7月1日—7月30日，培训对象为高校思想政治理论课教学部主任100人；第四期，2009年7月1日—7月30日，培训对象为“形势与政策”“当代世界经济与政治”课骨干教师100人；第五期，2009年11月23日—12月22日，培训对象为“毛泽东思想和中国特色社会主义理论体系概论”课骨干教师100人；第六期，2009年11月23日—12月22日，培训对象为“中国近现代史纲要”课骨干教师100人。文件还对选送学员要求、报到要求等事项做了规定。

1月19日

国务院办公厅颁发《关于加强普通高等学校毕业生就业工作的通知》。文件指出，要强化高校毕业生就业服务和就业指导。高校要强化对大学生的就业指导，开设就业指导课并作为必修课程，重点帮助毕业生了解就业政策，提高求职技巧，调整就业预期。

1月21日

教育部社会科学司发布《2009年上半年高校“形势与政策”教育教学要点》。其中，国内“形势与政策”教育教学要点包括：深入学习实践科学发展观，不断增强贯彻落实科学发展观的自觉性和坚定性；认真学习贯彻中央经济工作会议精神，全面准确把握当前我国经济形势；认真学习贯彻党的十七届三中全会精神和中央农村工作会议精神，深刻认识推进农村改革发展的重要性和紧迫性；以重要纪念活动为有利契机，广泛开展主题宣传教育活动；加强对社会热点难点问题的正确引导，增强大学生自觉维护社会稳定的意识；巩固和强化两岸关系改善与发展势头，努力开创两岸关系和平发展新局面。国际“形势与政策”教育教学要点包括：正确认识全球金融危机爆发带来的影响，全面把握国际金融体系变革的大环境；深刻认识世界正在向多极化加速发展，大国关系将会更加错综复杂；把握传统安全挑战有新的发展，认识非传统安全问题成为新安全观的重要内容；明确我国外交兼顾国家利益与国际责任，充分认识我国国际形象正在不断提升。

同日，教育部思想政治工作司颁发《关于举办“2008全国高校辅导员年度人物”评选活动的通知》，对组织机构、报名时间、参选范围、报名条件、评选名额、评选程序等八个方面做了规定。关于报名条件，文件指出，具有坚定正确的政治方向，坚持以邓小平理论和“三个代表”重要思想为指导，深入贯彻落实科学发展观，全面贯彻落实党的教育方针，思想政治素质高，在思想上、政治上、行动上同党中央保持高度一致；热爱辅导员工作，尊重理解学生，关心爱护学生，品德高尚，作风正派，办事公道，爱岗敬业，为人师表，遵循大学生思想政治教育规律和人才成长规律，能创造性地开展工作，积极探索大学生思想政治教育的新方式、新载体，努力拓展工作途径，提高工作的针对性、实效性和吸引力、感染力，促进大学生健康成长成才；2008 年度在履行《普通高等学校辅导员队伍建设规定》提出的辅导员的主要工作职责和要求方面取得了突出成绩，特别是在 2008 年重大事件中有突出表现，受到充分肯定和广泛好评。

2 月

2 月 22 日

2007—2008 学年度国家奖学金颁奖大会在京召开，中共中央政治局委员、国务委员刘延东出席颁奖大会并讲话。她向广大学生提出五点希望：第一，坚定理想信念，树立远大志向，在建设中国特色社会主义事业中奉献才智。第二，勤奋刻苦学习，掌握扎实本领，在建设创新型国家中勇挑重担。第三，塑造人文情怀，培育宽广胸襟，在弘扬中华优秀文化中贡献力量。第四，坚持深入基层，开展社会实践，在服务经济社会发展中创造业绩。第五，磨砺精神品质，锤炼道德修养，在战胜困难和考验中成长成才。

2 月 22 日—23 日

2009 年度全国高校学工部长、研工部长论坛在广州举行。与会代表就“大学生思想政治教育制度化建设”“高校学生事务管理”“大学生党建与思想政治教育”等议题进行了专题讨论。教育部副部长李卫红出席会议并讲话。她指出：在新的历史起点上，我们要准确把握国际国内形势发展变化对大学生思想政治教育的深刻影响，准确把握当代大学生对全面发展的新期待，增强大学生思想政治教育的针对性、实效性和吸引力、感染力。她还要求：各地各高校要深入学习实践科学发展观，切实做好 2009 年大学生思想政治教育工作。一要唱响主旋律，弘扬爱国主义精神。要紧紧围绕庆祝新中国成立 60 周年、纪念五四运动 90 周年，加强形势政策教育，全方位举办主题形势报告会。二要抓住着力点，增强大学生思想政治教育实效性。着力抓好高校毕业生就业思想政治教育，着力抓好大学生志愿服务活动，着力抓好研究生思想政治教育。三要立足长远，努力构建长效机制。研究制定大学生思想政治教育工作测评体系，深入开展大学生志愿服务活动的意见以及大学生心理健康教育工作基本建设标准。四要常抓不懈，切实维护高校安全稳定。要根据不同时段、不同节点，突出重点，把握节奏，有针对性地做好维护高校稳定工作，创造稳定和谐的环境，以优异成绩迎接新中国成立 60 周年。

2 月 28 日

教育部部属高校深入学习实践科学发展观活动动员大会在京举行。教育部党组书记、部长、部属高校深入学习实践科学发展观活动领导小组组长周济出席大会并讲话。他指出，在高校开展深入学习实践科学发展观活动，是进一步用中国特色社会主义理论体系武装高校党员干部、教育广大师生员工的重大举措，是破解高校发展难题、推动高等教育事业又好又快发展的迫切需要，是以改革创新精神推进高校党的建设的必然要求。要正确把握学习实践活动的指导思想、主要原则和目标要求，着力解决影响和制约高校科学发展的突出问题。一是按照第一要义是发展的要求，牢牢把握发展这个硬道理，坚定不移地推动高等教育在新的历史起点上实现又好又快发展。二是按照核心是以人为本的要求，切实尊重学生和教师的主体地位，最充分地激发和调动广大师生员工的积极性、主动性、创造性。三是按照全面协调可持续的基本要求，全面把握办学规律，努力形成学校事业整体推进、持续发展的局面。四是按照根本方法是统筹兼顾的要求，妥善处理学校改革发展中的重大关系，不断开拓学校事业更为广阔的发展前景。五是按照贯彻落实科学发展观必须加强和改进党的建设的要求，坚持党对高校的领导，加强领导干部的党性修养，树立和弘扬优良作风。

3月

3月15日

教育部在京召开高校学术风气建设座谈会。教育部部长周济在会上做了题为《标本兼治惩防并举全面推进高校学术道德和学风建设》的讲话。他强调要深刻认识加强学术道德和学风建设的重要性和紧迫性，并指出：加强学术道德和学风建设，是提高科研水平、建设创新型国家的必然要求；是提高人才培养质量、建设高等教育强国的必然要求；是引领社会风尚、建设社会主义核心价值体系的必然要求。他还强调要着力构建教育、制度、监督相结合的惩防学术不端行为的工作体系，并指出：加强教育引导，提高科研人员的道德自律水平；加强制度建设，强化学术行为的制度约束；加强社会监督，营造学风建设的良好环境。他还强调要提高认识，狠抓落实，切实加强高校学风建设，并指出：要认识到位，切实增强遵守学术道德的自觉性和坚定性；要组织到位，建立健全学风建设的体制机制；要措施到位，确保学风建设取得实效。

3月18日—20日

教育部在南京大学召开全国加强和改进大学生心理健康教育工作经验交流会。会议强调，一要加强大学生心理健康教育教学体系建设，发挥课堂教学主渠道作用，根据学生需求完善课堂教学体系，使大学生在校期间都可获得良好的心理健康教育；二要加强大学生心理健康活动体系的建设；三要加强大学生心理健康服务体系建设，设立咨询室，提供咨询服务，保障专业的咨询服务；四要加强大学生心理健康预防与干预体系建设。会议指出：各高校要进一步在提高认识上下功夫，把思想认识统一到中央关于加强和改进大学生心理健康教育的决策部署和要求上来；进一步在加强宏观指导上下功夫，为加强和改进大学生心理健康教育提供政策指导；进一步在主渠道建设上下功夫，充分发挥其在大学生心理健康教育中的作用；进一步在加强大学生自我教育上下功夫，充分调动大学生的积极性主动性创造性；进一步在理论研究上下功夫，为加强和改进大学生心理健康教育提供理论指导；进一步在队伍建设上下功夫，为加强和改进大学生心理健康教育提供坚强组织保证；进一步在大学生心理危机防护上下功夫，尽最大努力减少和避免大学生的非正常死亡。

3月19日

教育部颁发《关于严肃处理高等学校学术不端行为的通知》，要求高等学校对下列学术不端行为，必须进行严肃处理：抄袭、剽窃、侵吞他人学术成果；篡改他人学术成果；伪造或者篡改数据、文献，捏造事实；伪造注释；未参加创作，在他人学术成果上署名；未经他人许可，不当使用他人署名；其他学术不端行为。

同日，团中央书记处举行第七次集体学习。这次集体学习的主题是：当代中国社会思潮的演变及影响。与会专家围绕这一主题进行了深入讲解，阐述了当前一些具有代表性的社会思潮的主要内容、形成过程和演变特点，对有针对性地加强青年思想引导提出了建议。团中央书记处第一书记陆昊在讲话中指出，要高度重视社会思潮对青年思想的影响。社会思潮不管以何种形式出现，都与青年有着紧密联系。研究观察社会思潮、引导青年思想意识，要注意把握以下原则：一是要把观察当前各种社会思潮的形成、发展和影响，与思考认识中国近代史、新中国成立60年来特别是改革开放以来取得的伟大成就，以及分析、把握社会结构变动、利益格局调整结合起来；二是要把坚定中国特色社会主义共同理想、把握各种社会思潮的本质方向，与借鉴各种思潮中的合理思想结合起来；三是要把弘扬社会主义核心价值体系、弘扬中华民族优秀文化传统，与借鉴人类社会发展的共同文明成果结合起来；四是要把学术理论逻辑与历史逻辑、现实逻辑结合起来；五是要把对青年的思想引导与对青年思想的尊重、帮助青年通过社会观察和思考形成更加理性、深刻、稳定的思想倾向结合起来。他还要求，广大团干部要努力提高引导青年的本领。一是要牢牢把握共青团组织的工作职能，高度重视社会思潮对青年思想的影响，努力提高政治意识和责任意识；二是要勤奋刻苦学习，努力提高自身的思想理论水平，加强对马克思主义理论和哲学社会科学的学习，善于运用有关学科的知识和工具开展引导工作，不能只了解思想认识的表面，而不了解思想认识的背景根源；三是要真正深入青年开展面对面的思想交流和引导，自觉深入基层、深入青年，与广大普通青年交朋友，深入了解青年的所思所想所需，把情感交流和思想交流相结合，把对青年的尊重与引导相结合，在思想工作与群众工作的相互促进中提高自身工作本领。

3 月 25 日

教育部办公厅印发《关于加强普通高等学校学生就业思想政治教育的通知》，要求：(1)提高对高校学生就业思想政治教育重要性的认识，建立健全管理体制和工作机制。(2)大力开展就业主题教育活动，唱响就业主旋律。(3)在专业教学中渗透思想政治教育，坚定学生的职业理想。(4)积极开展实践教育，帮助学生在实践中增强投身基层的信心和决心。(5)支持学生创新创业活动，加强创业教育。(6)加强毕业生心理健康教育，调整毕业生就业心态。(7)充分发挥高校辅导员作用，在职业生涯辅导中融入思想政治教育，强化就业工作导向。(8)注重发掘校友中的先进典型，树立正确择业就业榜样。(9)支持高校学生求职类社团建设，充分发挥学生自我教育、自我服务作用。(10)系统开展毕业生文明离校教育，组织好毕业典礼。

3 月 28 日—29 日

由中国社会科学出版社和浙江师范大学联合主办的第一届马克思主义创新论坛暨《中国马克思主义研究前沿》新书首发式在浙江师范大学举行。论坛围绕“马克思主义中国化与‘中国模式’”主题，就马克思主义中国化理论创新 60 年的历史进程与基本经验、中国特色社会主义理论体系对毛泽东思想的继承与创新、唯物史观与中国特色社会主义道路、全球化与资本主义和社会主义的历史命运、马克思主义经济学视野中的全球金融危机、世界发展的不确定性与中国特色社会主义的未来发展六个方面的问题展开深入探讨。与会者认为，我国改革开放 30 年之所以取得伟大成就，关键在于我们既坚持马克思主义基本原理，又根据当代中国实践和时代发展不断推进马克思主义中国化，形成和发展了中国特色社会主义理论体系，赋予当代中国马克思主义勃勃生机。与会者指出，马克思主义理论工作者要深入了解马克思主义与中国革命、建设和改革实践相结合的历史与现实，深入实际，注重解答我国社会发展中的重大理论和实际问题，推进马克思主义理论创新；深入思考中国特色社会主义未来发展必须面对的一系列复杂而深刻的社会矛盾，联系当下发生的世界金融危机，进一步深刻认识科学发展观提出的重大意义和实践价值。

3 月 30 日

教育部办公厅印发《关于在高校思想政治理论课中开展科学发展观专题教育活动的通知》。文件指出：(1)高校思想政治理论课，特别是“毛泽东思想和中国特色社会主义理论体系概论”课，要尽快对教学计划进行适当调整，安排相应的教学活动，包括组织专题讨论、演讲比赛、征文活动等，强化科学发展观理论教育，配合搞好学习实践活动。(2)在“形势与政策”课教育教学中，集中开展一次科学发展观专题教育活动，组织学生认真学习《毛泽东邓小平江泽民论科学发展》和《科学发展观重要论述摘编》，认真学习党的十七大和党中央的一系列指示精神，坚持不懈地用中国特色社会主义理论体系武装学生。(3)找准学生理论学习的兴趣点和关切点，加强对科学发展观教育教学中重点、难点问题的研究，不断增强教育教学的针对性和实效性。充分发挥第二课堂、学生理论社团的作用，支持、指导学生学习研究科学发展观，到社区、村镇宣讲科学发展观，在实践中深化对科学发展观的理解和认识。(4)各地各高校要在学习实践活动中切实抓好思想政治理论课教师的学习和培训。(5)充分发挥校内外专家学者和各有关部门同志的作用。

4 月

4 月 9 日

共青团宣传工作会议在北京召开。团中央书记处第一书记陆昊出席会议并讲话。他指出，面对新形势、新挑战，共青团在引导青年工作中必须注意把握好一些重要的原则。一要充分体现党对青年思想意识的核心要求，以坚定广大青年跟党走中国特色社会主义道路的理想信念为核心，引导青年始终坚持爱国主义、社会主义和党的领导的有机统一，把民族精神和时代精神结合起来，把个人成就和社会责任结合起来。二要符合青年思想意识的形成规律。三要把握不同青年群体的差异，认识到不同领域青年存在的思想问题各不相同，职业背景和社会阅历各不相同，思维方式和行为习惯也各不相同，进而确定不同层次、不同侧重的引导目标和引导方法，有针对性地开展工作。四要紧扣青年思想意识的关键点，找准青年的思想症结和具体的思想问题，深入分析背后的深层次原因和逻辑关系，找到解决青年思想问题的路径和方法。五要把引导青年和尊重青年结合起来，深入研究、准确把握当代青年的新特点新变化，从青年的思想实际和基本特征出发，善于运用青年喜欢的沟通、联络、交流、聚集方式，善于运用青年人喜欢的语言风格和逻辑与青年交流。六要突出时代特色，善于用青年喜欢的话语体系，善于运用互联网等新媒体，善于把时尚元素注入引导工作中来。七要把组织化引导和社会化引导结合起来。八要注重引导青年进行正确的社会观察。九要把家庭教育、学校教育和社会教育结合起来，积极探索影响家庭教育的路径，进一步发挥团组织在学校教育中的重要作用，深入分析社会上影响青少年的各种因素和源头，找准“社会”在哪里，努力探索社会教育新的路径和载体。十要把握不同层级团组织在引导青年工作中的不同侧重，基层团组织在引导青年时特别要善于创造活动载体。他还指出，广大团干部要不断提高做好引导青年工作的能力和水平。一要增强政治意识、大局意识和责任意识。二要勤于学习，不断提高思想理论水平。既要认真学习党的科学理论，深入学习贯彻科学发展观，又要加强对相关学科基本理论的学习，努力形成支持思想引导工作的合理理论背景和知识结构。三要通过学习、观察和思考，借助组织的整体力量，努力使自身形成更加理性、深刻、稳定的思想认识。四要求真务实、敢于碰硬，勇于面对青年思想意识中的深层次、根本性、关键性问题积极开展工作。五要与时俱进、着力创新。六要真正深入青年，善于和普通青年进行思想交流。

4月9日—10日

教育部思政司、社科司、社科中心、中国教育报刊社、中国教育电视台、中国大学生在线在湖南大学联合举办全国高校宣传部长论坛。教育部副部长李卫红出席论坛并讲话。她指出，2009年高校宣传思想工作要坚持围绕中心、服务大局，为高校改革发展稳定提供强大精神动力和良好舆论环境；要坚持不懈地用中国特色社会主义理论体系武装党员干部、教育广大师生；要以建设社会主义核心价值体系为根本，切实加强和改进大学生思想政治教育；要切实做好庆祝新中国成立60周年宣传工作，唱响共产党好、社会主义好、改革开放好、伟大祖国好的时代主旋律；要以学术道德建设为重点，进一步加强和改进教师思想政治工作；要大力加强校园文化建设，积极培育体现中国特色社会主义特点、时代特征和学校特色的校园文化。

4月10日

共青团中央、教育部、财政部、人力资源和社会保障部在京召开2009年大学生志愿服务西部计划电视电话会议。2009年大学生志愿服务西部计划自11日起全面启动。报名时间为4月15日至5月10日。志愿者服务期由1—2年调整为1—3年。按照国家有关规定，从2009年开始，对2009年起参加西部计划并在西部地区县以下农村基层单位履行3年服务期限的应届毕业生，实施相应的学费和助学贷款代偿。2009年西部计划将实施11个专项行动。新启动基层青年工作专项行动。将2008年开始实施的西部计划抗震救灾专项行动更名为灾后重建专项行动。继续实施支教、支医、支农、全国农村党员干部现代远程教育、西部基层检察院、西部基层法律援助、西部基层人民法院、开发性金融、西部农村平安建设等专项行动。

4月23日

在“世界读书日”来临之际，国务院总理温家宝来到国家图书馆二期新馆，与在此研习的部分青年教师和同学们交流读书体会时指出，读书决定一个人的修养和境界，关系一个民族的素质和力量，影响一个国家的前途和命运。一个不读书的人、不读书的民族，是没有希望的。他还指出，我们不仅要读书，而且要实践；不仅要学知识，而且要学技术。要“读活书、活读书、读书活”，即：不仅要学会动脑，而且要学会动手；不仅要懂得道理，而且要学会生存；不仅要提高自己的修养，而且要学会与人和谐相处。他还指出，书籍是不能改变世界的，但读书可以改变人，人是可以改变世界的。读书可以给人智慧，可以使人勇敢，可以让人温暖。知识不仅给人力量，还给人安全，给人幸福。

4 月 29 日

“2008 中国大学生年度人物”评选活动在人民大会堂举行揭晓和颁奖典礼。获得“年度人物”荣誉称号的大学生是：复旦大学学生邓贝西，北京大学学生王启宁，天津大学学生王荃，新疆大学学生王燕娜（女），北京师范大学学生李菊（女，羌族），哈尔滨工业大学学生何晓波，刘峰，清华大学学生胡凯，中国地质大学（武汉）学生袁复栋，成都信息工程学院学生蒙祖海（水族），湖北职业技术学院学生谭之平（女，土家族）。勇斗歹徒、壮烈牺牲的云南农业大学学生杨继斌获“2008 中国大学生年度人物”特别奖。

5 月

5 月 2 日

中共中央总书记、国家主席、中央军委主席胡锦涛在同中国农业大学师生代表座谈时发表重要讲话。他指出，实现中华民族伟大复兴，是五四运动以来一代又一代中国青年矢志追求并为之顽强奋斗的宏伟理想。当代青年对五四运动最好的纪念、对五四先驱最好的告慰，就是要在党的领导下，以执着的信念、优良的品德、丰富的知识、过硬的本领，勇敢地担负起历史重任，同广大人民群众一道，奋力开创中国特色社会主义事业新局面，让伟大的五四精神在振兴中华新的实践中放射出更加夺目的时代光芒。他向农大同学和全国广大青年学生提出四点希望：第一，把爱国主义作为始终高扬的光辉旗帜。在当代中国，爱国主义最鲜明的主题就是不断发展中国特色社会主义，在改革开放中加快推进社会主义现代化，全面建设小康社会，把中华民族伟大复兴的宏伟蓝图变成美好现实。第二，把勤奋学习作为人生进步的重要阶梯。不仅要刻苦钻研专业知识，而且要努力学习中国特色社会主义理论；不仅要注重学习祖国优秀传统文化，而且要广泛吸收各国优秀文明成果；不仅要认真学习知识技能，而且要注意掌握科学方法。第三，把深入实践作为成长成才的必由之路。对青年学生来说，基层一线是了解国情、增长本领的最好课堂，是磨炼意志、汲取力量的火热熔炉，是施展才华、开拓创业的广阔天地，只有深入到基层中去，深入到群众中去，才能加深对社会的认识，增进同人民群众的感情，提高解决实际问题的能力。第四，把奉献社会作为不懈追求的优良品德。自觉践行社会主义荣辱观，带头倡导社会公德、职业道德、家庭美德、个人品德，多做关心集体、热心公益、扶贫济困、见义勇为的好事，真正尽到对国家、对社会、对人民应尽的责任和义务，以自己的行动影响和带动更多的人，为发展社会主义和谐人际关系、形成文明进步的良好社会风尚贡献一份力量。

5 月 4 日

纪念五四运动 90 周年大会在北京人民大会堂举行。胡锦涛、吴邦国、温家宝、贾庆林、李长春、习近平、李克强、贺国强等党和国家领导人出席大会。中共中央政治局常委李长春在大会上讲话。他指出，90 年的历史昭示我们，坚持中国共产党的领导，始终是推动我国各项事业不断前进的根本保证；坚持马克思主义基本原理同中国具体实际相结合，不断推进马克思主义中国化，是推动我国各项事业不断前进的强大动力；坚持走中国特色社会主义道路，是实现国家富强、民族振兴、人民幸福唯一正确的选择；青年始终是我国社会中最积极、最活跃、最有生气的力量，是祖国和民族的未来，是我们事业兴旺发达的希望。他还强调指出：当代青年要自觉用中国特色社会主义理论体系武装头脑，努力成为中国特色社会主义共同理想的坚定信仰者；要积极投身全面建设小康社会的伟大实践，努力成为科学发展观的忠实执行者；要勤奋刻苦学习，努力成为党和国家事业的合格建设者；要勇于开拓创新，努力成为建设创新型国家的积极推动者；要注重道德修养，努力成为社会主义核心价值体系的模范践行者。

同日，第十三届“中国青年五四奖章”暨2008年度“全国优秀共青团员”“全国优秀共青团干部”“全国五四红旗团委(团支部)”颁奖仪式在北京人民大会堂举行。中共中央政治局委员、全国人大常委会副委员长王兆国为获奖集体和个人代表颁奖并讲话。他指出：当代青年要坚持用中国特色社会主义理论体系武装头脑，坚定走中国特色社会主义道路的理想信念，始终高扬爱国主义旗帜，勤奋学习、深入实践、奉献社会，努力成长为中国特色社会主义合格建设者和可靠接班人；要增强学习的紧迫感，只争朝夕地学习，如饥似渴地学习，持之以恒地学习，在学习中不断锤炼品格，增长才干，努力成长为素质全面的优秀人才；要坚定克服困难、应对挑战的信心，自觉地立足岗位，奋发工作，锐意创新，努力创造更加优异的业绩，在应对国际金融危机、推动我国经济又好又快发展中发挥更大作用，在全面建设小康社会、实现中华民族伟大复兴的进程中创造更加辉煌的业绩。

同日，团中央书记处与优秀青年代表、基层团干部代表召开座谈会，认真学习胡锦涛总书记5月2日在同中国农业大学师生代表座谈时的重要讲话和李长春同志在纪念五四运动90周年大会上的重要讲话。团中央书记处第一书记陆昊主持会议并讲话。他指出，各级团组织要切实把胡锦涛总书记和李长春同志的重要讲话精神贯彻落实到各项工作中，引导广大青年始终按照党指引的方向健康成长。一是要引导青年坚定理想信念。要用五四运动以来90年的历史、新中国成立以来60年的历史、改革开放以来30年的历史教育广大青年，引导他们深入了解党领导人民在革命、建设和改革的不同历史时期所取得的辉煌成就，认真学习中国特色社会主义理论体系，更加自觉地学习实践科学发展观，坚持把爱国主义、社会主义与党的领导三者统一起来，坚定跟党走中国特色社会主义道路的理想信念。二是要引导青年具备精神追求。青年只有在创造和享受物质财富的同时，具备崇高的精神追求，才能在自身成长成才的道路上不迷失方向。三是要引导青年勤奋学习、钻研技能。广大青年要成就一番事业、实现人生价值，就必须干一行、爱一行，钻一行、精一行。四是要引导青年磨炼意志品格。在当前经济社会不断进步、人们的选择日益多样化的情况下，广大青年要自觉到祖国和人民最需要的地方去、到基层和艰苦环境中去经风雨、做贡献。同样，这也是促进青年成长成才的重要途径。五是要引导青年注重培养道德品质和社会责任感。在当今社会，广大青年要按照建设社会主义核心价值体系的要求，积极践行社会主义荣辱观，不断增强社会责任感，努力提高品德修养。

同日，中共教育部党组发出通知，要求教育战线紧密结合深入学习实践科学发展观活动，认真学习贯彻胡锦涛总书记重要讲话精神。通知提出，要全面、深入、创造性地进一步加强和改进学校德育和思想政治教育，切实提高人才培养质量。培养德智体美全面发展的中国特色社会主义合格建设者和可靠接班人，是我国教育的根本任务。要紧紧围绕“培养什么人、怎样培养人”这一根本问题，深入贯彻落实《中共中央、国务院关于进一步加强和改进未成年人思想道德建设的若干意见》《中共中央、国务院关于进一步加强和改进大学生思想政治教育的意见》，坚持学校教育、育人为本，德智体美、德育为先，全面实施素质教育，深化教育教学改革，创新人才培养模式，提高人才培养质量，大力推进社会主义核心价值体系进教材、进课堂、进学生头脑，认真开展好“我爱我的祖国”主题教育活动，切实加强和谐校园建设，引导学生树立正确的世界观、人生观、价值观和荣辱观，不断增强德育和思想政治教育的针对性、实效性和吸引力、感染力。

同日，北京新文化运动纪念馆与华北电力大学“青年马克思主义者”联合培养基地在昔日五四运动的策源地——北大红楼正式揭牌。北京新文化运动纪念馆负责人在仪式上表示，如何让馆内保存的新文化运动重要史料及文物更好地服务于当代青年的成长，一直是该馆思考的课题。而华北电力大学作为教育部直属、“211工程”重点建设大学，与纪念馆方面在人才培养上有互补的优势。华北电力大学负责人指出，双方联合设立

“青年马克思主义者”培养基地，是时代赋予的光荣责任。双方将按照已制订的方案，通过该联合培养基地，着力推进“马克思主义中国化”理论研究、“五四精神宣传员”志愿服务、思想政治理论课教育教学改革创新等项目。

5 月 6 日—7 日

中共中央政治局常委、中央书记处书记、国家副主席、中央深入学习实践科学发展观活动领导小组组长习近平来到北京大学、北京航空航天大学、中央民族大学、首都师范大学、中国人民大学，对高校开展学习实践活动的情况进行调研。5 月 7 日，中央深入学习实践科学发展观活动领导小组在中国人民大学召开高校学习实践活动座谈会，习近平做了重要讲话。他指出：高校是思想、文化、科技资源的聚集地，是培养中国特色社会主义合格建设者和可靠接班人的重要阵地，要充分发挥高校思想政治理论课的主渠道作用，深入推进科学发展观进教材、进课堂、进学生头脑，帮助学生深刻领会科学发展观的科学内涵、精神实质和根本要求。坚持把师德建设放在首位，全面提高教师队伍的整体素质，着力解决高校教师队伍建设特别是高层次创造性人才队伍建设中存在的突出问题。他还指出：各高校要把加强党员干部党性修养、大力弘扬优良作风作为学习实践活动的重要内容抓实抓好；要针对高校学风建设面临的问题，把教育、制度、监督相结合的惩治和预防学术不端行为的工作体系尽快建立并有效运转起来，在学术道德和学风建设方面不断取得新进展。

5 月 7 日

教育部办公厅印发《关于积极组织参与第二届全国道德模范推荐评选活动的通知》，要求：(1)广泛动员，积极参与，主动推荐。要采取多种形式广泛进行动员，发动广大师生员工积极参与，推荐他们看得见、信得过、学得到的先进人物。(2)加强宣传，注重引导，扩大影响。要综合运用报刊、广播、电视、互联网等多种媒体，宣传这次推荐评选活动的重大意义、推荐条件、工作程序和办法，引导师生员工广泛参与到推荐评选活动中来。要对所推荐人选进行广泛宣传，深入挖掘他们的感人事迹，弘扬他们高尚的道德品质，形象生动地展示他们的风采，不断扩大他们的社会影响力。要在宣传过程中注重引导广大师生员工见贤思齐、争先创优，从我做起、从现在做起、从身边小事做起，把公民道德规范和社会主义荣辱观真正融入到工作生活实践中，不断增强评选表彰活动的激励示范效应。(3)认真组织，周密安排，务求实效。要统筹兼顾，把这次推荐评选活动与当前开展的深入学习实践科学发展观活动结合起来，与开展“迎国庆、讲文明、树新风”活动结合起来，与文明学校评选等精神文明创建活动结合起来，使推荐评选活动成为师生员工发现典型、学习典型的过程，成为师生员工自我教育、自我提高的过程，成为统一思想、凝聚力量、促进教育事业科学发展的过程，在教育系统掀起学习道德先进和争做道德模范的热潮，褒扬先进、弘扬正气，大力营造知荣辱、树正气、促和谐的良好风尚，促进学校文明程度和道德水平的不断提高。

5 月 12 日

北京师范大学学生在学习抗震救灾精神、奥运精神和胡锦涛总书记在中国农业大学的讲话精神时，向全国的大学生发出倡议。倡议指出，要用马克思主义研究最新成果武装头脑，把爱国主义作为始终高扬的光辉旗帜，深入学习、宣传以爱国主义为核心的民族精神和以改革创新为核心的时代精神，深入学习伟大的抗震救灾精神、奥运精神和五四精神；要继承五四精神，弘扬时代精神，把奉献社会作为不懈追求的优良品德；要把发奋学习作为人生进步的重要阶梯，坚定奋发学习、成才报国的决心；要发扬艰苦奋斗的优良传统，积极投身各项社会实践，把深入实践作为成长成才的必由之路。

5 月 18 日

教育部在北京师范大学召开全国高校辅导员工作座谈会。教育部部长周济出席会议并讲话。他指出，要以科学发展观为统领，坚持不懈地做好高校辅导员队伍建设工作。要进一步提高认识，切实加强领导，明确职责，开拓创新，不断提高辅导员工作水平；完善政策措施，加强培养培训，推动辅导员队伍专业化建设。要以高度的政治责任感和历史使命感，努力开创高校辅导员队伍建设工作的新局面，以加强和改进大学生思想政治教育的优异成绩迎接新中国成立60周年。

5月26日

教育部印发《关于授予付冬梅同学"舍己救人优秀学生"荣誉称号的决定》，授予付冬梅同学"舍己救人优秀学生"荣誉称号，并号召全国广大学生向付冬梅同学学习，学习她临危不惧、勇于奉献的优秀品质以及舍生忘死的革命英雄主义精神。要求各地教育行政部门和各类学校要在学生中广泛开展宣传教育活动，把学习付冬梅同学的活动与学习贯彻党的十七大精神和《中共中央、国务院关于进一步加强和改进未成年人思想道德建设的若干意见》有机结合，把付冬梅同学的感人事迹作为思想道德教育的生动教材，教育广大学生树立正确的世界观、人生观和价值观，努力学习科学文化知识，担负起中华民族伟大复兴的历史重任。

5月30日

中宣部下发《关于认真组织学习〈六个"为什么"——对几个重大问题的回答〉的通知》。文件要求，各级党委中心组要在深入学习中国特色社会主义理论体系的基础上，认真组织好《六个"为什么"》的学习。各级党委宣传部要结合扎实推进社会主义核心价值体系建设，结合庆祝新中国成立60周年宣传教育活动，组织好《六个"为什么"》的学习宣传。各级党委讲师团要围绕《六个"为什么"》的内容，组织好对党员干部和基层群众的宣讲。各高校要把《六个"为什么"》作为大学生思想政治理论课重要辅助材料，推动中国特色社会主义理论体系进教材、进课堂、进学生头脑。

5月31日，中宣部在京举行《六个"为什么——对几个重大问题的回答》出版座谈会。会议强调，要通过回答好六个"为什么"，进一步推动用中国特色社会主义理论体系武装全党、教育人民，不断增强干部群众贯彻落实科学发展观的自觉性、坚定性；进一步推动建设社会主义核心价值体系，更好地把社会主义核心价值体系贯穿到国民教育之中，贯穿到精神文明建设之中；进一步推动加强和改进大学生思想政治教育工作，不断提高大学生的思想政治素质，更好地培养中国特色社会主义合格建设者和可靠接班人。要在迎接新中国成立60周年活动中，进一步深化对六个重大问题的认识，引导人们深入了解新中国成立以来特别是改革开放30多年来的光辉历程、辉煌成就，唱响共产党好、社会主义好、伟大祖国好、各族人民好的主旋律。

6月5日，教育部在京举行高校师生学习《六个"为什么"——对几个重大问题的回答》座谈会。6月8日，共青团中央在北京师范大学举行各界青年学习《六个"为什么"——对几个重大问题的回答》座谈会。

6月

6月5日—7日

中共中央政治局常委、国务院总理温家宝就大学毕业生就业、夏粮生产和企业自主创新等在西安调研。温家宝在考察大学毕业生就业时指出，国家培养一个大学生不容易，要尽量创造条件，让企业、科研单位扩大招收规模，同时鼓励大学生到基层去，使学到的知识有用武之地。在西安交通大学，温家宝在同毕业生座谈时指出：每个人可以选择不同的道路，但必须树立这样的信念，就是要以坚定的决心和坚忍不拔的毅力，迈出人生最重要的一步。不论做什么工作都要把它做好。

6月8日

中国大学生骨干培养学校第二期学员结业式在中国青年政治学院举行。团中央书记处第一书记陆昊出席结业式并发表重要讲话。他强调指出，作为当代大学生，要树立五个层级的发展目标，一是掌握好所学专业的核心理论框架和重要知识，二是拥有合理的知识结构，三是具备比较综合全面的素质，四是养成良好的品格，五是树立坚定走中国特色社会主义道路的理想信念。他还指出，学员们毕业后，一是要坚持继续学习，要在继续完善过去知识结构的同时，一方面紧盯自己所热爱的专业领域的前沿研究成果，另一方面要加强与所从事工作相关的专业知识的学习；

二是要有高尚的精神追求；三是要敢于面对困难，磨炼意志品质，要在艰苦的环境中、在基层岗位的实践中锻炼自己。他还要求各级团组织今后加大“青年马克思主义者培养工程”的实施力度，在对大学生骨干的培养中注重“三个结合”：一是要把理论框架训练与能力结构训练结合起来，在对大家进行中国特色社会主义理论体系训练的同时，提高学员的学习研究、组织协调、人事工作能力和出思路、处理复杂问题、做好群众工作等能力；二是要把参加社会实践与进行正确的社会观察引导结合起来，找准青年学生普遍关心的理论和现实问题，紧密结合他们的思想实际，对他们的思想困惑进行有针对性、有说服力的分析和解答，帮助他们形成正确的社会观察结论；三是要把对学员的培养选拔与日后的观察、举荐、使用结合起来，通过推荐理论学习文章、定期分区域开展沟通交流活动、组织网上研讨重大问题等方式做好各届学员的跟踪培养工作。

6 月 9 日

教育部办公厅下发《关于全国高校开展“喜迎国庆 60 周年、唱响校园主旋律”主题形势报告会活动的通知》。文件要求，各地各高校要进一步建立健全形势报告会制度，围绕“喜迎国庆 60 周年、唱响校园主旋律”这一主题，积极邀请有关领导、专家学者以及离退休老干部、老战士、老专家、老教师、老模范到校作报告，并注意扩大受众覆盖面。邀请省级党政主要负责同志、学校党政领导、地方党政领导、知名企业家、社会各条战线的先进人物，结合本地本校学生关注的热点问题和思想特点，为高校学生做形势报告。文件要求，围绕庆祝新中国成立 60 周年，宣讲我国革命、建设和改革的历史进程、辉煌成就、宝贵经验和前进方向；宣讲党和国家重大方针政策、重大活动和重大改革措施；宣讲当前国际形势与国际关系的状况、发展趋势和我国的对外政策，世界重大事件及我国政府的原则立场；邀请为经济社会发展做出贡献的先进人物作报告，充分发挥先进典型的引导和示范作用。教育部确定 9 月为形势报告会活动月，各地各高校要集中组织开展形势报告会。

6 月 12 日

教育部在京举行纪念五四运动 90 周年暨共青团表彰大会。教育部 72 名“优秀共青团员”、71 名“优秀共青团干部”和 14 个“五四红旗团组织”受到表彰。教育部党组副书记、副部长、直属机关党委书记袁贵仁为获奖者颁奖并讲话。他指出：教育部团员青年要坚定理想信念，做中国特色社会主义道路的忠实拥护者；要坚持科学发展，做教育事业又好又快发展的积极推动者；要掌握过硬本领，做勤奋学习、建功立业的自觉实践者；要提升道德修养，做高尚品德、优良作风的模范践行者；要以纪念五四运动 90 周年为契机，更加自觉地用科学发展观武装头脑、指导实践、推动工作，更加主动地推进教育事业优先发展、科学发展，以优异的成绩向新中国成立 60 周年献礼。

6 月 13 日

中共中央政治局常委、国务院总理温家宝到湖南大学调研。他向青年大学生提出要记住六个字：此时、此地、此身。此时，就是现在应该做的事情，就立即做起来，不要拖延到以后；此地，就是从你所处的岗位做起，为国家和人民做出贡献，不要等到别的地方；此身，就是自己应该而且能够做的事情，就要勇于承担，不要推给别人。在与大学毕业生代表座谈时，他指出：作为一名辅导员，最重要的是要让同学们懂得做人，懂得奋斗，懂得走崎岖不平的道路，准备克服各种困难。作为天下人，应该以天下事为己任，勇敢地承担起来。条件不足畏，命运不足信，得失不足计。坚定地走好自己的道路，全心全意为老百姓服务。关于大学生创业，温家宝指出：创业的过程不仅有烦恼，有时甚至有挫折和失败。要想成功需要有彻底的觉悟、坚忍不拔的毅力、艰苦卓绝的奋斗精神，还要有知识、技能和管理经验，只有这样才能够创新和成功。

6 月 13 日—14 日

全国宣传部长座谈会在北京召开。中共中央政治局委员、中央书记处书记、中宣部部长刘云山出席会议并讲话。他指出，宣传思想文化战线要把做好应对国际金融危机冲击、保持经济平稳较快发展的宣传摆在突出位置，增强全社会迎难而上、共克时艰的精神力量。新中国60年奋斗历程和宝贵经验，是开展宣传教育最直接、最生动、最有说服力的教材。要生动展示新中国60年特别是改革开放30年的辉煌成就，热情讴歌中国共产党几代领导人的丰功伟绩，充分反映中国人民精神面貌发生的巨大变化，展现中国特色社会主义事业欣欣向荣的发展前景。他还指出：宣传思想文化战线不仅要更好地服务党和国家工作大局，而且要加快自身的改革发展。要进一步加大力度，深化文化体制改革，加快推进经营性国有文化单位转企改制步伐，推动党报党刊发行体制和广播电视节目制播分离改革，着力培育自主经营、富有活力的合格市场主体。要进一步深化公益性文化单位内部劳动人事、收入分配和社会保障制度改革，加强基层公共文化设施的建设、使用和管理，拓宽投资渠道，拓展服务领域，提高服务水平。要大力推进文化领域资源整合，发挥市场在资源配置中的基础性作用，支持文化企业以资本为纽带，进行跨地区、跨领域、跨所有制兼并重组，提高产业集中度。

6月14日—16日

教育部社会科学委员会马克思主义理论学部第一次全体会议暨马克思主义中国化和马克思主义理论学科建设研讨会在南开大学举行。与会代表围绕新中国成立60年来马克思主义理论创新的主要经验和成就，马克思主义中国化、大众化、整体性研究和马克思主义理论学科体系建设等议题进行了深入的交流。教育部副部长李卫红出席开幕式并讲话。她强调指出，要统筹协调好马克思主义理论研究、学科建设和思想政治理论课教育教学之间的关系，使三者互相促进，相得益彰；要统筹协调好各种建设力量的关系，形成马克思主义理论研究与教育的合力；要统筹协调好马克思主义理论各学科之间以及与其他相关学科的关系，整体推进学科建设；要统筹协调好各管理部门的关系，形成齐抓共管的建设格局。

6月15日—20日

团中央书记处第一书记陆昊到贵州省贵阳市调研团的工作。他指出，各级团组织一定要以每一级社会组织的根本功能和青年的根本利益诉求来设计共青团基本工作的切入点；在农村，团组织就是要围绕党在农村最核心的工作，努力带领农村青年脱贫致富。他在与贵州大学学生代表座谈时指出，大学的共青团工作一定要紧紧围绕大学培养学生的总体目标和任务来找准工作切入点，一是围绕培养学生良好的专业素养，积极引导学生具备较强的学术精神；二是围绕培养学生完善的知识结构，帮助学生提高学习能力，掌握与专业相关、与未来职业生涯相适应的知识结构；三是围绕培养学生的综合素质，通过丰富有效的工作载体，帮助学生提高组织协调、交流沟通、表达等方面的本领；四是围绕培养学生的良好品格，切实用社会主义核心价值体系引导学生；五是坚持不懈地引导学生在把握国家民族核心利益和正确发展道路的背景下，坚定中国特色社会主义的理想信念。

6月22日

教育部办公厅印发《关于开展全国高校学生“我爱我的祖国”主题暑期社会实践活动的通知》，指出此次活动的内容包括：第一，深入开展学生党员践行科学发展观活动。特别要引导即将进入毕业年级的学生党员和入党积极分子的学习实践活动，把开展学习实践活动与加强就业服务和指导结合起来，引导他们树立正确的就业观、成才观、价值观。要将把学生党员参与暑期社会实践的成果，作为检验各地各高校学习实践科学发展观活动成效的重要指标之一。第二，深入开展各种形式的志愿服务活动。要引导学生把对党和祖国的热爱化作关爱家庭、关爱他人、奉献家乡、奉献社会的实际行动，引导学生运用所学知识和技能服务人民，奉献社会，培养为人民服务的道德观，弘扬社会主义道德风尚，使志愿服务逐步成为大学生的自觉行动和生活方式。第三，深入开展社会调查和社会服务工作。各地各高校要把实践教学作为课堂教学的重要环节，组织学生紧密联系当前我国改革发展稳定的实际，开展社会调查，提出解决问题的意见和建议，形成调研成果。第四，深入开展“红色之旅”学习参观活动。另外，这份文件还提出了开展此次活动的指导思想和工作要求。

6 月 23 日

中宣部、中国人民解放军总政治部、共青团中央在北京联合召开首都高校师生代表学习蔡一清先进事迹座谈会。来自中国人民大学、北京科技大学、北京交通大学、国防大学、军事科学院、装备指挥技术学院等高校的师生代表纷纷表示，要以自己的实际行动践行“四个新一代”的要求，让青春在建设中国特色社会主义的伟大事业中放出更加绚丽的光彩。

7 月

7 月 4 日

教育部在清华大学召开“我爱我的祖国”大学生基层建功立业座谈会。中共中央政治局委员、国务委员刘延东接见座谈会上发言的六位学生代表并勉励他们要脚踏实地，从现在做起，从基层做起，深入企业、深入农村、深入部队，走与人民群众相结合的道路，奉献自己的智慧和青春，为祖国和人民做出更大的贡献。教育部党组书记、部长周济在会上做了题为《到祖国和人民最需要的地方建功立业》的讲话。他指出：引导和鼓励大学生到基层建功立业是中国特色社会主义教育的本质要求。大学生到基层建功立业是全面成长成才的必由之路。引导和鼓励大学生到基层建功立业是党和国家的重要战略部署。各地各高校要进一步增强做好高校毕业生就业工作的紧迫感和责任感，把促进高校毕业生到基层就业作为当前高校深入学习实践科学发展观活动的重要内容，作为应对国际金融危机、办好人民满意教育的重要任务，作为保增长、保民生、保稳定的重要举措，全面推进“选聘高校毕业生到村任职”“大学生志愿服务西部计划”等项目的实施。

7 月 7 日

《中国教育报》刊发教育部 2009 年高校学生思想政治状况滚动调查报告。调查表明：当前高校学生思想政治状况继续保持积极、健康、向上的良好态势，与 20 年前相比发生转折性变化。他们具有浓厚的爱国情怀，在国家大事、难事、急事面前，能够自觉担当、奋勇向前，表现出强烈的爱国热情、高度的社会责任感、崇高的奉献精神，是值得信赖、堪当重任、大有希望的一代。调查显示，高校学生坚决拥护中国共产党的领导，高度认同中国特色社会主义“一面旗帜”“一条道路”和“一个理论体系”，高度信任以胡锦涛同志为总书记的党中央，对党和政府一年来的工作特别是驾驭复杂多变局势的领导能力给予高度肯定，对我国成功应对国际金融危机充满信心。高校学生精神面貌和思想状况持续呈现可喜变化，思想道德素质进一步提升，价值观主流积极向上，学习态度端正，生活方式健康，上网逐渐成为高校学生的一种重要生活方式。高校学生对学校工作和教师队伍总体评价良好，在学术水平、学术道德、人格魅力、敬业精神等方面的满意度都超过 80%。面对就业压力，高校学生能够理性分析就业形势及原因，总体上保持着积极主动的就业心态。高校学生对党和政府促进就业工作高度评价，认为要切实解决大学生就业难问题，需要政府、社会、高校、教师和学生自身的共同努力。这次调查还总结了《中共中央、国务院关于进一步加强和改进大学生思想政治教育的意见》颁发 5 年来工作所形成的经验，即：把立德树人作为根本任务，坚持“育人为本、德育为先”；把思想政治理论课作为主渠道，日常思想教育作为主阵地，狠抓主渠道、主阵地不放松；把“三贴近”作为基本原则，不断提高大学生思想政治教育的针对性、实效性和吸引力、感染力；把马克思主义理论学科作为学理支撑，大力加强马克思主义理论一级学科特别是思想政治教育二级学科建设；把开拓创新作为根本动力，始终推动大学生思想政治教育与时俱进；把维护高校稳定作为硬任务，始终为大学生创造安定有序、和谐向上的学习和生活环境；把全党重视、全社会共同参与作为根本举措，始终不断增强大学生思想政治教育的合力。

7 月 15 日

中宣部、中央文明办、教育部、共青团中央、全国学联联合印发《关于开展 2009 年全国大中专学生志愿者暑期文化科技卫生“三下乡”社会实践活动的通知》。文件指出，2009 年活动的主题是“高扬爱国主义旗帜、投身科学发展实践”。

文件还指出，2009年全国将组织800支重点服务团队，包括：百支大学生新中国成立60周年成就宣讲团、百支大学生科学发展观实践服务团、200支大学生灾后重建服务团、百支大学生基层医疗卫生服务团、百支大学生支教服务团、百支大学生科技兴农服务团、百支大学生文化宣传服务团。文件强调，要把“三下乡”社会实践活动纳入改进大学生思想政治教育、深化大学生素质拓展、加强大学生骨干培养的工作规划，适当扩大活动覆盖面，建设稳定的实践基地和长效机制，力争使每一名学生在学期间至少参加一次以“三下乡”为主要内容的社会实践活动。

7月17日

教育部网站报道，教育部日前印发《关于深入推进学生志愿服务活动的意见》，共包括五个部分，分别是：深入推进学生志愿服务活动的指导思想和基本原则；加强教育引导，强化学生志愿服务意识；深入开展各种形式的志愿服务活动，搭建学生志愿服务平台；加大支持力度，建立深入推进学生志愿服务活动的保障和激励机制；切实加强对学生志愿服务活动的领导。这份文件要求要加强教育引导，强化学生志愿服务意识。高校要把志愿精神作为进一步加强和改进大学生思想政治教育的重要内容，纳入到思想政治理论课教育教学，在“思想道德修养与法律基础”课中安排适当课时讲授相关内容。要深入开展各种形式的志愿服务活动，搭建学生志愿服务平台。在着眼于讲文明树新风的志愿服务活动中，组织开展普及文明风尚志愿服务，组织学生参加科技、文体、法律、卫生、社会治安、保护生态环境等志愿服务；在着眼于扶危济困的志愿服务活动中，组织开展送温暖、献爱心活动，把生活困难群众和老年人、残疾人作为重点对象；在着眼于大型社会活动顺利进行的志愿服务中，开展公共秩序和赛会保障等志愿服务活动，动员学生志愿者到公共场所、道路交通和赛会场馆等重点部位，宣传文明行为规范，参加接待、咨询、联络、秩序维护等方面的工作；在着眼于应急救援的志愿服务活动中，以高校学生为主组织志愿者参与普及防灾避险、疏散安置、急救技能等应急处置知识，重大自然灾害和突发事件的抢险救援、卫生防疫、群众安置、设施抢修和心理安抚等工作；高校要积极倡导毕业生参加“三支一扶”计划和大学生志愿西部服务计划等项目。各地各校要建立健全学生志愿服务培训体系，加强对高校和高中阶段学生志愿者的培训，不断提高学生志愿者素质和服务质量。要在坚持自愿原则的基础上，鼓励学生积极参加志愿服务组织，倡导学生注册成为志愿者。要积极推动开展高校学生志愿服务认证工作，根据志愿者的岗位和工作内容设立合理的评价指标，建立以量化考核为基础的评价体系。

7月21日—22日

由中宣部、教育部组织的全国部分高校思想政治理论课骨干教师暑期参观考察活动启动仪式分别在苏州和上海举行，旨在加强高校思想政治理论课教师队伍建设，推进理论与实践的结合。来自全国3个省区市的100名思想政治理论课骨干教师组成两个团队，分别对两地进行为期一周的参观考察，同时听取专题报告、开展交流研讨。

8月

8月4日

共青团中央印发《大学生骨干培养工作实施细则》，包括了培养目标、培养格局、培养原则、培养方式、课程设置和教学管理，以及保障机制六个方面。旨在从履行共青团的根本职责出发，针对大学生骨干的成长规律和实际需求，从增强政治素质、提升思想境界、优化能力结构、锤炼作风品格等方面着手，在大学生中培养一大批用马克思主义中国化最新成果武装的、坚定跟党走中国特色社会主义道路理想信念的学生骨干，为他们逐步成长为坚定的马克思主义者奠定基础。培养方式包括理论学习、社会实践、社会观察、红色教育、能力训练、交流研讨六种；保障机制包括政策保障、队伍保障、教材保障、阵地保障、网络保障五种。

8月25日

中宣部、教育部、国家民委联合发出通知，

要求各级各类学校深入开展“民族团结教育”主题活动，进一步加强学校民族团结教育工作。通知要求：各级各类学校要在2009年秋季开学后立即开展“民族团结教育”主题活动，抓住课堂教学、社会实践、校园文化等重要环节，把教育活动开展到每一个班级、覆盖到每一个学生。通知还对各级各类学校着眼长远、进一步加强学校民族团结教育工作做了安排和部署，指出：一是扎实推进民族团结教育进教材、进课堂、进学生头脑。高校要将民族团结教育内容有机融入有关思想政治理论课教育教学。二是切实加强民族团结教育教材建设和师资队伍建设。加强民族团结教育理论和实践研究。加强对教师队伍的教育培训，更好地发挥教师在学校民族团结教育中的主导作用。三是充分运用多种形式、途径和方法开展学校民族团结教育。要组织开展生动活泼的民族团结体验活动；定期举办民族团结教育专题形势报告会；抓住重要纪念日、民族传统节日特别是少数民族传统节日等契机，组织开展形式多样的文体活动；充分利用爱国主义教育基地和民族团结进步教育基地开展专题教育和实践活动。

8月27日

教育部、中央统战部、中央政法委、国家民委联合在京召开大力加强内地民族班民族团结教育和学校管理工作会议。会议全面部署了内地西藏班(校)、新疆高中班、高校民族预科班、少数民族高层次骨干人才硕士研究生基础培训基地(简称内地民族班)民族团结教育工作，对今后内地民族班进一步加强学生爱国主义和民族团结教育提出了明确要求。会议强调，要以开展民族团结教育为契机，进一步加强和改进内地民族班思想政治教育。进一步加强基层党组织和共青团组织的建设，进一步加强班主任和辅导员队伍建设，进一步营造良好的校园环境，进一步拓展思想政治教育的有效途径，破解难点、突出重点、凸显亮点，全面推进内地民族班思想政治教育再上新台阶。要坚持管理育人、服务育人，切实加强内地民族班常规管理，高度重视做好安全稳定工作，进一步提高内地民族班管理水平和办学质量。

9月

9月8日

教育部在京召开主题为“爱国敬业，教书育人”的第四届全国师德论坛。教育部部长周济出席论坛并讲话。他指出，广大教师和教育工作者要把师德建设摆在教师队伍建设的首位，高度重视师德建设，发挥教师在师德建设中的主体作用，增强教师的事业心和责任感；着力构建师德建设长效机制，使师德建设制度化、规范化、科学化；营造有利于师德建设的良好氛围，进一步提高教师的地位和待遇，让尊师重教蔚然成风，让教师成为社会上最受尊敬、最值得羡慕的职业。

9月9日

庆祝教师节暨全国教育系统先进集体和先进个人表彰大会在北京举行。中共中央政治局委员、国务委员刘延东出席表彰大会并做了题为《国家发展希望在教育，办好教育希望在教师》的讲话。她强调指出，各级各类学校要强调德育为先，加强理想信念教育、国情教育、民族精神和时代精神教育以及社会责任教育，增强学生的法制观念和公民意识，把社会主义核心价值体系教育融入学校教育全过程，引导学生形成正确的世界观、人生观和价值观。她希望广大教师爱岗敬业，做忠诚于党的教育事业的践行者；学为人师，做学生健康成长的引导者；开拓创新，做教育改革发展的推动者；行为世范，做良好社会风尚的引领者。

10月

10月13日—14日

由全国高校辅导员工作研究会、辽宁省委高校工委、辽宁省教育厅主办的第二届全国高校辅导员工作创新论坛在大连理工大学举行。此次论坛以“科学发展观指导下的辅导员工作创新”为主题，设有“大学生日常思想工作创新”“90后大学生成才与发展”“大学生事务管理”三个分论坛。教育部副部长李卫红出席论坛并讲话。她指出，广大高校辅导员要坚定信心，振奋精神，切实增强做好大学生思想政治教育的责任感、使命感；要勇于实践，善于创新，在破解大学生思想政治教育难点上发挥主力军作用；要立足岗位，敬业爱生，努力成为大学生思想政治教育的专业人才，着力推进大学生思想政治教育工作再上新台阶。

10月20日—21日

第四届全国马克思主义青年论坛在上海师范大学举行。与会代表围绕“马克思主义与新中国60年”这一主题，就马克思主义中国化的发展历程、当前马克思主义研究中的前沿课题以及青年学者的当代使命等问题进行了深入研讨。与会代表一致表示，在新的历史条件下，广大理论工作者特别是青年学者应进一步坚定理想信念，努力做共产主义远大理想和中国特色社会主义共同理想的忠实信仰者和自觉践行者；认真学习和深入研究马克思主义经典著作，准确把握马克思主义的立场、观点、方法，着力搞清楚哪些是我们必须长期坚持的基本原理，哪些是需要结合新的实际加以丰富的论断；紧密结合改革发展实际，努力研究干部群众普遍关心的重大理论和实际问题，不断总结新的经验、做出新的理论概括，在实践中丰富和发展中国特色社会主义理论体系，不断推动马克思主义中国化、时代化、大众化。

10月22日

由教育部高等学校社会科学发展研究中心发起主办的新中国成立60周年“高校德育创新发展研究论坛”在北京师范大学举行。教育部副部长李卫红出席论坛并做了题为《以科学发展观为指导，深入推进高校思想政治教育的创新发展》的重要讲话。她强调指出，深入贯彻落实科学发展观，推进高校思想政治教育创新发展。要更加注重理论创新，进一步夯实思想政治教育理论根基。要始终坚持马克思主义在理论创新中的指导地位，始终坚持推进马克思主义中国化、时代化、大众化，始终坚持理论创新与实践应用的有机结合，培养和造就一大批中青年马克思主义理论骨干队伍；更加注重实践创新，进一步提升思想政治教育整体效能。要一以贯之地凸显学生主体地位，一以贯之地坚持“三贴近”，一以贯之地加强研究型实践。要更加注重队伍建设，进一步加强思想政治教育组织保障。要着力推进师德师风建设，着力打造骨干队伍，着力形成科学化的体制机制。要更加注重全员育人，进一步形成工作合力。要积极构建全员、全方位、全过程育人机制，积极构建思想政治教育研究合力机制，积极构建学校、家庭、社会教育网络，努力开拓高校思想政治教育创新发展的新局面。此外，在这届论坛上，2009年高校德育创新发展研究成果奖同时颁发。

10月23日

中共教育部党组发出通知，要求高等学校深入学习贯彻党的十七届四中全会精神，切实加强和改进新形势下高校党的建设。通知强调，当前和今后一个时期，各高校要按照建设马克思主义学习型政党的目标和要求努力建设学习型高校党组织，不断提高广大党员师生的思想政治水平。要充分发挥在理论创新和理论宣传普及中的优势，积极参与马克思主义理论研究和建设工程，为推进马克思主义中国化、时代化、大众化做出新的贡献。要在真学真懂真信真用上下功夫，深入推进中国特色社会主义理论体系进教材、进课堂、进头脑工作。要牢牢掌握党在高校意识形态领域的主导权，广泛开展社会主义核心价值体系学习教育，全面总结《中共中央、国务院关于进一步加强和改进大学生思想政治教育的意见》颁布实施5年来大学生思想政治教育取得的成绩和经验，深刻分析面临的新形势新任务新要求，把大学生思想政治教育不断引向深入。

10月24日

教育部副部长李卫红在石家庄召开华北地区片会，进行专题调研。她在会上总结了5年来大学生思想政治教育工作的经验，即：坚持把立德树人作为根本任务，切实“育人为本、德育为先”；坚持把思想政治理论课作为主渠道，把日常思想政治教育作为主阵地，狠抓主渠道主阵地不放松；坚持把贴近实际、贴近生活、贴近学生作为基本原则，不断提高大学生思想政治教育工作的针对性、实效性和吸引力、感染力；坚持把马克思主义理论作为学理支撑，大力加强马克思主义理论一级学科特别是思想政治教育二级学科建设；坚持把开拓创新作为根本动力，始终推动大学生思想政治教育与时俱进；坚持把大学生党建工作作为基础工程，发挥党的政治优势和组织优势，使大学生党支部成为开展思想政治教育的坚强堡垒；坚持把维护高校稳定作为硬任务和第一责任，始终为大学生创造安定有序、和谐向上的学习和生活环境；坚持把全党重视、全社会共同参与作为根本举措，始终不断增强大学生思想政治教育的合力。关于进一步加强和改进大学生思想政治教育工作，李卫红指出：要在加强领导、提高认识上下功夫；在突出重点、破解难题上下功夫；在勇于创新、与时俱进上下功夫；在完善制度、巩固成果上下功夫；在加强研究、深化工作上下功夫。

10月28日

教育部下发《关于授予徐彬程等15名同学“全国见义勇为舍己救人大学生英雄集体”荣誉称号并追授陈及时、何东旭、方招同学“全国舍己救人优秀大学生”荣誉称号的决定》，号召广大青年学生要向他们学习，学习他们奋不顾身、不怕牺牲的英雄气概，学习他们心系社会、关爱他人的广阔胸怀，学习他们自强自立、奋发向上的进取精神，学习他们不为名利、乐于奉献的优秀品质。

10月30日—31日

全国独立学院学生工作创新论坛在燕山大学里仁学院举办。与会代表就如何根据时代要求，以育人为本，围绕创新型应用型人才培养目标开展富有实效的思想政治教育工作这一现实重大课题进行了深入研讨。

11月

11月4日

教育部和湖北省委在长江大学举办学习“10·24”见义勇为舍己救人大学生英雄集体先进事迹座谈会，部署进一步推动高校优秀学生典型宣传，深化创新大学生思想政治教育工作。会上宣读了教育部授予长江大学徐彬程等15名同学“全国见义勇为舍己救人大学生英雄集体”荣誉称号，追授陈及时、何东旭、方招同学“全国舍己救人优秀大学生”荣誉称号的表彰决定。教育部副部长李卫红出席会议并讲话。她希望各地教育部门和高校认真组织学习这个英雄集体的先进事迹，进一步深化创新大学生思想政治教育工作；希望广大同学以这个英雄集体为榜样，努力成为践行社会主义核心价值体系的先锋，争做全社会的道德模范；希望广大同学以这个英雄集体的精神为激励，全面成长成才，以实际行动报效祖国。

11月12日

第四期全国内高班、协作计划预科院校德育和思想政治教育专题培训班开班典礼在新疆乌鲁木齐市举行。教育部副部长鲁昕出席开班典礼并讲话。她指出：要全面深入开展爱国主义教育、民族团结教育活动，进一步推动内高班、协作计划民族预科班德育和思想政治教育工作向前发展；要充分认识加强和改进内高班、协作计划院校民族预科班德育和思想政治教育工作的重要性和紧迫性，让民族团结教育进教材、进课堂、进学生头脑；加强教师队伍建设，提高教师思想政治教育水平和能力；积极探索符合内高班、民族预科班实际的德育和思想政治教育模式，贴近学生、贴近实际，将德育和思想政治教育贯穿于教学全过程，确保取得实效；从全局和战略高度出发，进一步做好内高班、协作计划民族预科班工作，不断提高教育教学水平和人才培养质量。

11月18日

教育部颁发《关于授予刘家霖同学“全国见义勇为优秀大学生”荣誉称号的决定》，授予刘家霖同学“全国见义勇为优秀大学生”荣誉称号。号召全国广大青年学生要向刘家霖同学学习，学习他奋不顾身、不怕牺牲的英雄气概，学习他心系社会、关爱他人的广阔胸怀，学习他刻苦学习、奋发向上的进取精神，学习他不为名利、乐于奉献的优秀品质。

11月20日

全国学联第二十四届委员会第二次全体会议

闭幕式暨中国大学生骨干培养学校第三期开班式在北京举行。团中央书记处第一书记陆昊出席会议并讲话。陆昊指出，学生会组织要结合党对青年学生和学生工作的新要求，切实履行好三大任务：第一，强化对广大同学的思想引领，帮助广大同学坚定走中国特色社会主义道路的理想信念。第二，从自身的组织特点出发找到服务同学成长的切入点。要围绕大学生成长“掌握必需的专业知识、拥有合理的知识结构、具备全面的综合素质、养成良好的意志品德、树立坚定的理想信念”五个层级目标，在帮助同学具备全面的综合素质、掌握社会化技能、养成良好的意志品德、树立坚定的理想信念上找好工作切入点。第三，善于合理有效地表达和维护同学权益。陆昊还强调指出，大学生骨干要有更高的要求和目标，即：要培养学术精神，尊重科学，增强实事求是的勇气；要强调培养学习能力，养成终身学习的习惯；要有高尚的精神追求；要培养更加全面的素质；要真正从历史、理论、现实的逻辑理解和认识中国近现代历史的演进，坚定走中国特色社会主义道路的信念。大学生骨干要成长为青年马克思主义者，要注意把握“五个结合”：把理论框架学习与能力结构训练结合起来；把参与社会实践与进行社会观察结合起来；把树立远大志向与选择正确成长路径结合起来；把参加短期集中培训和长期的自我教育、自我学习结合起来；把自信心和平和的心态、扎实的努力结合起来。

12 月

12 月 8 日—9 日

由中国马克思主义研究基金会主办的“中国马克思主义论坛・2009”在中央党校举行。此次论坛以“新中国 60 年来马克思主义中国化的历史经验”为主题。中共中央政治局常委、中央书记处书记、中央党校校长习近平向论坛致贺信。习近平在贺信中指出，党的十七届四中全会强调要大力推进马克思主义中国化、时代化、大众化。这是广大理论工作者的神圣职责。希望基金会在中央党校主管下，把中国马克思主义论坛办成发表马克思主义研究新成果，推进马克思主义中国化、时代化、大众化的有影响力的平台，为建设马克思主义学习型政党做出新贡献。出席论坛的专家学者结合新中国 60 年的发展历程，从不同角度交流了各自的研究成果。他们一致认为，新中国 60 年的伟大历程，正是中国共产党人不断把马克思主义同当代中国实践和时代特征相结合、不断“中国化”的历程；新中国 60 年取得的辉煌成就，正是中国共产党人在当代中国马克思主义指导下，带领全国各族人民披荆斩棘、艰苦奋斗取得的成就；新中国 60 年的胜利，归根结底是马克思主义中国化的胜利。他们强调指出，推进马克思主义中国化，必须始终不渝地坚持解放思想、实事求是的马克思主义思想路线，以科学的态度对待马克思主义，以与时俱进的观点发展马克思主义；必须准确把握当今世界发展大势，清醒认识我国正处于社会主义初级阶段的基本国情，把我国国情和时代特征当作理论创新的立论基础；必须注重发展社会生产力，以经济建设为中心，以发展为主题，依靠科学发展解决前进道路上的问题；必须通过改革完善社会主义制度，赋予社会主义新的生机活力；必须坚持以人为本，努力满足广大人民群众不断增长的物质文化需求，促进人的自由全面发展，不断给人民群众带来福祉；必须准确把握党的历史方位，以改革创新的精神加强执政党建设，使党始终成为带领人民建设中国特色社会主义的坚强领导核心，成为推进马克思主义中国化的中坚力量。

12 月 15 日

中国思想政治工作研究会第九次会员代表大会在京召开。中共中央政治局常委李长春出席会议并做了题为《以改革创新精神加强改进思想政治工作，为推动党和国家事业发展提供有力的思想保证和精神力量》的讲话。李长春在讲话中总结了新中国成立 60 年特别是改革开放 30 年以来思想政治工作的重要经验：一是坚持以马克思主义中国化最新成果为指导，自觉同党中央保持高度一致。这是思想政治工作始终沿着正确方向前进的根本保证。二是坚持以经济建设为中心，服从服务于全党全国工作大局。这是思想政治工作的首要任务。三是坚持以人为本、服务群众，满足人民群众日益增长的精神文化需求。这是思想政治工作的根本宗旨。四是坚持解放思想、实事求是、与时俱进，不断推进改革创新。这是做好思想政治工作的强大动力。五是坚持贴近实际、贴近生活、贴近群众，不断增强思想政治工作的感召力和渗透力。这是做好思想政治工作的有效途径。六是坚持典型引路，把先进性要求和广泛性要求紧密结合起来。这是思想政治工作的重要原则。七是坚持求真务实，把解决思想问题同解决实际问题结合起来。这是思想政治工作的基本要求。八是坚持以正面引导为主，妥善处理思想理论领域的问题。这是思想政治工作的正确方法。

李长春强调要科学分析新形势新任务，准确把握思想政治工作的新要求。他指出，夺取全面建设小康社会新胜利、实现中华民族伟大复兴，迫切需要加强改进思想政治工作；推进改革开放事业、发展社会主义市场经济，迫切需要加强改进思想政治工作；提高党的执政能力、保持和发展党的先进性，迫切需要加强改进思想政治工作；提高人民群众思想道德素质、实现人的全面发展，迫切需要加强改进思想政治工作；适应科学技术的迅猛发展、应对互联网等新兴媒体的挑战，迫切需要加强改进思想政治工作。

李长春强调要紧紧围绕党和国家中心工作，在新的历史起点上开创思想政治工作新局面。他指出，要深入开展中国特色社会主义理论体系宣传普及活动，大力推动当代中国马克思主义大众化；深入开展社会主义核心价值体系学习教育，不断增强全体人民奋发向上的精神力量；深入开展形势政策教育，着力营造有利于科学发展、和谐发展的良好氛围；深入开展爱国主义教育，最大限度地凝聚社会共识；深入开展民族团结进步宣传教育活动，大力营造各民族共同团结奋斗、共同繁荣发展的浓厚氛围。

李长春还强调要切实加强和改善党的领导，不断增强思想政治工作的针对性和实效性。他指出，要进一步提高认识，切实担负起思想政治工作的领导责任；着力加强基层思想政治工作，不断拓展工作的覆盖面；加大改革创新力度，增强思想政治工作的吸引力和感染力；加大人才培养和队伍建设力度，建设一支高素质的思想政治工作队伍。

12 月 18 日

《中国教育报》发表了国务委员刘延东给北京大学 5 位教师的回信。刘延东在信中希望广大辅导员进一步坚定信念，满怀激情充满爱心，在培养合格建设者和优秀接班人的事业中彰显人生价值；进一步提高思想政治素质，自觉坚持社会主义核心价值体系，不断加强师德修养，以坚定的理想信念和高尚的人格魅力感染、教育学生，引领学生成长成才；进一步加强业务学习，掌握思想政治教育理论与方法，优化知识结构，总结实践经验，不断提高工作的科学化水平。

同日，教育部关心下一代工作委员会和思想政治工作司在京联合召开"进一步发挥高校关工委作用，加强和改进大学生思想政治教育工作座谈会"。教育部副部长李卫红出席会议并讲话。她希望关工委和广大老同志要在大学生理想信念教育、学习生活指导、党建工作等方面进一步发挥重要作用，为大学生思想政治教育，为教育改革发展和稳定做出新的更大的贡献。

12 月 21 日

由中宣部、中央文明办、教育部、共青团中央、中共湖北省委联合举办的全国见义勇为舍己救人大学生英雄集体先进事迹报告会在北京人民大会堂举行。中共中央政治局常委李长春在会前亲切看望大学生英雄集体代表和报告团成员，并向英勇牺牲的三位大学生烈士的亲属表示亲切慰问。李长春在讲话时强调指出，当前，要把大学生见义勇为舍己救人英雄集体的先进事迹作为加强和改进青少年思想道德建设的生动教材，通过广泛深入的宣传，引导广大青少年以英雄集体为榜样，树立正确的世界观、人生观、价值观，坚定理想信念，培养高尚情操，自觉把个人的前途同国家和民族的命运紧密联系在一起，在奉献社会和服务人民的过程中实现自身价值，在全面建设小康社会、实现中华民族伟大复兴的历史征程中建功立业，努力成为中国特色社会主义合格建设者和可靠接班人。

12 月 22 日—24 日

由教育部高等学校社会科学发展研究中心主

办、哈尔滨师范大学承办的学习贯彻党的十七届四中全会精神加强高校学生党建工作理论研讨会在哈尔滨师范大学国际学术交流中心召开。此次研讨会旨在深入学习贯彻党的十七届四中全会精神，进一步深入研究新形势下高校学生党建工作前沿性和规律性问题，探索推动高校学生党建工作深入发展的新思路和新举措。与会代表围绕高校学生党建的基本经验及面临的新情况新问题、新形势下高校学生党建工作的新思路新举措、青年马克思主义骨干队伍培养与学生党建工作、高校学生党建工作与和谐校园建设等议题展开广泛深入研讨。

12 月 24 日—25 日

中组部、中宣部、中共教育部党组联合在北京召开第 18 次全国高等学校党的建设工作会议。24 日，中共中央政治局常委、中央书记处书记、国家副主席习近平在会前会见出席会议的代表并发表讲话。他强调指出，做好新形势下高校党建工作，要坚持和完善党委领导下的校长负责制；要坚持用中国特色社会主义理论体系武装党员、教育师生；要做好抓基层、打基础工作；要坚持改革创新，既继承和发展高校党的建设在长期实践中形成的成功方法，又不断创新和丰富高校党的建设有效管用的新方法，不断增强高校党建工作的生机活力。中宣部部长刘云山在讲话中指出：要按照建设马克思主义学习型政党的要求，以提高思想理论素养为重点，在推进用马克思主义中国化最新成果武装头脑、指导教学科研实践上取得新成效；要按照建设社会主义核心价值体系的要求，以坚定理想信念为重点，在加强和改进大学生思想政治教育上取得新成效；要按照围绕中心服务大局、拓宽领域强化功能的要求，以扩大覆盖、增强活力为重点，在发挥高校基层党组织战斗堡垒和党员先锋模范作用上取得新成效；要按照党要管党、从严治党的要求，以加强高校党风廉政建设为重点，在以优良党风促校风带学风上取得新成效；要按照德才兼备、以德为先的要求，以提高思想政治素质、增强办学治校能力为重点，在加强高校领导班子和干部队伍建设上取得新成效。

25 日，教育部党组书记、部长袁贵仁在会议总结讲话中强调：思想理论建设重点在学习型党组织创建、思想政治理论课建设和理论创新上下功夫，切实用中国特色社会主义理论体系武装党员、教育师生；领导班子和干部队伍建设重点在提高思想政治素质和办学治校能力上下功夫，努力建成善于推动科学发展、促进校园和谐的领导集体和骨干力量；基层党组织建设重点在扩大覆盖、强化功能、增强活力上下功夫，不断增强高校党的组织的创造力、凝聚力、战斗力；大学生思想政治教育重点在总结经验、破解难点、建立长效机制上下功夫，切实把社会主义核心价值体系融入教育教学全过程；反腐倡廉建设重点在党性党风党纪教育、惩防体系建设和学术道德建设上下功夫，大力营造风清气正的校园环境。

12 月 25 日

《马克思恩格斯文集》《列宁专题文集》出版座谈会在京举行。中共中央政治局常委李长春出席会议并讲话。他指出，中央做出实施马克思主义理论研究和建设工程的重大战略决策，具有重大的现实意义和深远的历史意义，这是作为马克思主义政党的中国共产党义不容辞的光荣职责，是进一步深化马克思主义研究的需要，是更好地运用马克思主义指导实践的需要。他强调指出，今天学习马克思主义经典著作，要把学习研究马克思主义经典著作与推进马克思主义学习型政党建设紧密结合起来，提高全党的马克思主义理论水平；要把学习研究马克思主义经典著作与把握中国国情和时代特征紧密结合起来，大力推进马克思主义中国化、时代化、大众化；要把学习研究马克思主义经典著作与研究阐释中国特色社会主义理论体系紧密结合起来，推动用马克思主义中国化最新成果武装全党；要把学习研究马克思主义经典著作与学习实践科学发展观紧密结合起来，进一步增强贯彻落实科学发展观的自觉性坚定性；要把学习研究马克思主义经典著作与开展社会主义核心价值体系学习教育紧密结合起来，进一步凝魂聚气、强基固本。

12 月 27 日

教育部在武汉举办高校新闻网创新发展论坛。论坛主题是“积极建设健康向上的高校校园网络舆论环境”。论坛围绕如何使高校新闻网贴近实际、贴近生活、贴近学生，如何发挥高校新闻网在大学生思想政治教育工作中的作用，如何运用新技术在新媒体环境下推动高校新闻网创新发展，如何完善高校新闻网领导体制及工作机制等议题进行了深入研讨。与会代表一致认为，要坚持正确舆论导向，强化高校新闻网网络舆论引领者和先进文化传播者的角色，主动用正确思想、先进文化占领高校网上思想文化阵地，掌握网络舆论宣传的主导权；要创新目标，致力于营造积极健康的校园网络舆论环境和培养大学生健康成长成才；要创新内容，树立品牌，突出高校特色，提升专业水平，形成精品栏目和特色栏目；要创新形式，利用网络新媒体技术开发具有前瞻性的网络文化产品；要创新手段，整合校内各类媒体资源，构建高校新闻全媒体发布架构，联动管理，共建共享，形成高校网络舆论环境建设合力；要加大人力和财力投入，加强专业化队伍建设，同时建立有效的部—省—校双方向协调机制和高校间的沟通交流机制，形成高校新闻网建设的长效机制。

12 月 31 日

中共中央政治局委员、国务委员刘延东来到中央民族大学和北京语言大学考察，亲切看望师生，并代表党中央、国务院向全国教育战线的广大师生员工和各国来华留学生致以新年问候与美好祝愿。刘延东回顾了过去一年教育事业取得的进步与发展，并对新的一年教育工作提出希望。刘延东指出，2010 年是实施“十一五”规划的最后一年，也是实施国家中长期教育改革和发展规划纲要的起步之年，要在以胡锦涛同志为总书记的党中央领导下，以邓小平理论和“三个代表”重要思想为指导，深入落实科学发展观，全面贯彻党的教育方针，不断提高教育现代化水平。要大力推进素质教育，着力培养学生的社会责任感、创新精神和实践能力，促进人的全面发展；要不断促进教育公平，努力办好每一所学校，培养好每一个学生；要以提高质量为核心任务，多出人才、快出人才、出好人才；要把改革创新作为强大动力，在夯实基础、调整结构、优化布局、提升内涵上下功夫，促进教育事业全面协调可持续发展，培养社会主义合格建设者和可靠接班人。

2010年

1月

1月7日

中共中央政治局委员、全国人大常委会副委员长王兆国在共青团十六届三中全会上发表重要讲话。王兆国在讲话中对过去一年共青团工作给予了充分肯定，对做好2010年的共青团工作提出了明确要求。他指出，2009年以来，团中央和各级团组织紧紧围绕党和国家工作大局，求真务实，锐意创新，做了大量富有成效的工作。一是抓住新中国成立60周年等重要契机，扎实推进“我与祖国共奋进”主题教育实践活动，在广大青少年中掀起爱国主义教育热潮；二是深入开展青年马克思主义者培养工程，部署推进分类引导青年试点工作，组织青年认真学习中国特色社会主义理论体系，深入学习实践科学发展观；三是从党政关心、社会关注、青年关切的问题入手，有力促进青年就业创业工作，带领广大团员青年投身经济建设主战场，为应对国际金融危机冲击、促进经济平稳较快发展贡献力量；四是坚持眼睛向下、重心下移，狠抓团的基层组织建设和基层工作，着力解决基层存在的突出问题和困难，努力增强基层团组织的吸引力、凝聚力和战斗力。

王兆国对共青团2010年的工作提出了明确要求，着重强调四个方面问题。第一，要切实抓好党的十七届四中全会和中央经济工作会议精神的学习贯彻。要通过深入学习，进一步认清当前形势和共青团工作面临的新情况新问题新挑战，进一步增强做好共青团工作的责任感和使命感，进一步明确共青团工作和建设的主攻方向。第二，要动员组织广大团员青年为做好改革发展稳定各项工作充分发挥生力军作用。一是要积极带领青年立足本职建功成才，二是要大力促进青年就业创业，三是要主动引导青年维护社会和谐稳定。第三，要坚持不懈地用社会主义核心价值体系教育广大青少年。一是要始终抓好青少年理想信念教育，二是要重点加强未成年人思想道德建设，三是要积极探索青少年思想教育的新途径新手段。第四，要着力加强和改进共青团自身建设，重点在于团干部队伍建设问题。团干部要不断加强党性修养，要始终做到真抓实干，要注重磨砺顽强意志。

1月7日—8日

教育部社会科学司在哈尔滨召开高校思想政治理论课建设工作研讨会，社科司司长杨光出席会议并讲话。会议强调，即将出台的国家中长期教育改革和发展规划纲要提出，下一步在相当长的阶段，高等教育的关键任务是提高教育质量。提高教育质量的核心是坚持育人为本、德育为先，培养中国特色社会主义合格建设者和可靠接班人。高校思想政治理论课是大学生思想政治教育的主渠道，承担着对大学生进行系统马克思主义理论教育的重要职责，其中最主要的任务是把马克思主义理论说清楚、讲明白，解决大学生的理想、信念和世界观、方法论两个根本问题，引导青年学生具有坚定的社会主义理想和信念，用科学的世界观、方法论分析和解决问题。高校的思想政治理论课还要联系学生的实际解决他们的思想困惑，当前最重要的是向青年学生讲清“三个必然”“四个重要是非界限”“六个为什么”等重大问题。

1 月 13 日

教育部办公厅印发《关于组织各级各类学校学生参与“给祖国母亲拜大年”活动的通知》，要求：在新中国成立第二个 60 年的开年，以“给祖国母亲拜大年”为主题，组织广大网民包括各级各类学校学生通过鞠躬、寄语等各种形式向祖国母亲拜年，祝福伟大祖国、感恩祖国母亲，以凝聚爱国报国情，增强民族凝聚力，共创祖国美好未来。活动时间为 2010 年 1 月 15 日至 2 月 19 日。活动组织主要包括：(1)预热期，1 月 15 日至 1 月 24 日。组织开展春节系列征集活动，通过中国文明网、央视网等媒体，以图片和文字形式向学生征集春节吉祥物、春联、拜年短信、各地民俗，特别是如何“给祖国母亲拜大年”的好创意。(2)高潮期，1 月 25 日至 2 月 19 日。以中国文明网、央视网为主体，推出“给祖国母亲拜大年”网上活动平台，鼓励包括各级各类学校学生在内的广大网民通过鞠躬、寄语等形式向祖国母亲拜年。

1 月 14 日—15 日

教育部 2010 年度工作会议在北京召开。中共中央政治局委员、国务委员刘延东出席会议并讲话，强调要深入落实科学发展观，以提高质量、促进公平为重点，以解放思想、改革创新为动力，以服务社会、造福人民为使命，着力夯实基础，调整结构，优化布局，提升内涵，不断提高教育事业现代化水平。

刘延东指出，要准确把握我国教育的阶段性特征，遵循教育规律教学规律和人才成长规律，科学谋划，大力推进教育改革发展。2010 年要以制定发布和启动实施国家中长期教育改革和发展规划纲要为契机，突出重点，攻坚克难，扎实做好各项工作。要把教育资源配置和工作重点集中到提高质量、特色发展和促进公平上来，促进各级各类教育协调发展，保障不同群体公平接受教育。要提高教师待遇，加强教师管理，建设高素质专业化教师队伍。要加强思想政治教育和教育系统党建工作，深入开展民族团结教育，多为师生办实事好事，积极促进高校毕业生就业，建立健全维护学校稳定的长效机制。她强调，各级教育行政部门要切实转变职能，改进作风，在决策、执行、监督各个环节上提高工作科学化水平，努力提供优质公共教育服务、维护教育秩序和公平并创造教育良好发展环境。

教育部部长袁贵仁发表主题讲话——《继续解放思想坚持改革创新努力开创教育事业科学发展新局面》，强调了三个方面的主要问题。

一、关于 2010 年教育工作的总体考虑。第一，落实中央教育工作决策部署。做好教育工作，首先要认真学习贯彻中央关于教育工作的重要思想、重要决策、重要部署。具体来讲，一是启动实施国家中长期教育改革和发展规划纲要；二是优先发展教育；三是进一步优化教育结构，促进各级各类教育科学发展；四是着力推进素质教育；五是推进教育改革；六是统筹城乡、区域教育发展；七是完善家庭经济困难学生资助政策；八是加强教师队伍建设；九是引导高校毕业生树立正确择业观，鼓励他们到城乡基层、中西部地区、中小企业就业和自主创业，高度重视解决家庭贫困的高校毕业生就业问题；十是适应群众生活多样化、个性化的需要，提高教育培训水平。第二，满足人民群众根本教育需求。第三，遵循教育基本规律。第四，体现国家中长期教育改革和发展规划纲要战略思路。

二、关于 2010 年教育工作的主要任务。2010 年教育工作的总体要求，教育部工作要点已做了全面表述，主要突出了以下几点：以中国特色社会主义理论体系为指导，深入贯彻落实科学发展观，全面贯彻落实党的教育方针；以研究制定和启动实施国家中长期教育改革和发展规划纲要为主线；以优先发展、改革创新、提高质量、促进公平为工作方针，以夯实基础、调整结构、优化布局、提升内涵为工作着力点；以进一步提高教育现代化水平，增强教育为现代化建设服务、为人民服务能力为导向，推动教育事业在新的历史起点上科学发展。袁贵仁部长着重强调了以下四点：第一，更加积极主动地适应和服务经济社会发展；第二，更加积极主动推进重点领域和关键环节改革步伐；第三，更加积极主动在促进教育公平上办好事办实事；第四，更加积极主动抓紧抓实提高质量这个核心任务。

三、关于提高推进教育事业科学发展的能力

和水平。第一，必须立足大局，明确工作定位；第二，必须突出重点，抓住关键环节；第三，必须科学调研，增强前瞻性、预见性和针对性；第四，必须转变职能，提高管理水平和执行能力；第五，必须善于协调，进一步促进全社会形成关心支持教育的合力。

1月15日

共青团中央印发《关于严格管理团的专职干部的几项规定》，要求要严格遵守党的政治纪律和组织纪律；健全学习制度；从简安排接待工作；春节等重要节日，各级团组织不得到团的领导机关拜年、走访，集中精力抓好工作；团的专职干部不得在工作日的中午饮酒。

1月28日

共青团中央印发《关于转发〈中国共产党党员领导干部廉洁从政若干准则〉的通知》。文件指出，近日中共中央印发了《中国共产党党员领导干部廉洁从政若干准则》，对规范党员领导干部从政行为提出了明确要求。团中央书记处要求全团认真学习领会，坚决贯彻落实；各级团的领导机关要组织本单位党员领导干部集中学习讨论，切实领会文件精神；广大团干部要严格遵守《廉政准则》的各项要求，坚决杜绝违反《廉政准则》行为的发生。

1月29日

教育部印发《教育部2010年工作要点》。2010年教育工作总体要求是：全面贯彻党的十七大和十七届三中、四中全会精神，以邓小平理论和“三个代表”重要思想为指导，深入贯彻落实科学发展观，全面贯彻党的教育方针，坚持优先发展、改革创新、提高质量、促进公平，以学习贯彻国家中长期教育改革和发展规划纲要和全国教育工作会议精神为主线，以夯实基础、调整结构、优化布局、提升内涵为重点，进一步提高教育现代化水平，进一步增强为现代化建设服务、为人民服务能力，推动教育事业在新的历史起点上科学发展。

《教育部2010年工作要点》强调：(1)推动教育事业优先发展、科学发展。深入推进学习实践科学发展观，启动实施国家中长期教育改革和发展规划纲要，积极促进教育与经济社会发展相适应，推动形成全社会共同关心和支持教育的新格局，提高教育系统党的建设科学化水平。(2)全面提高教育质量，进一步促进教育公平。着力推进素质教育，大力推进义务教育均衡发展，大力发展职业教育，加快普及高中阶段教育，提高高等教育质量，积极发展学前教育，加快发展继续教育，关心和支持特殊教育，加快发展民族教育事业，加强教师队伍建设，推进教育信息化和优质教育资源共享，解决好农民工子女就学问题，完善家庭经济困难学生资助政策，重视和做好高校毕业生就业工作。(3)深化教育体制改革，扩大教育对外开放。统筹推进教育体制改革及试点，改革义务教育体制，改革职业教育体制，改革高等教育体制，改革学校考试招生制度，深化办学体制改革，进一步加强教育国际交流与合作，健全教育投入保障机制，进一步转变职能，树立良好作风，坚持科学调研、科学决策、科学执政，坚持依法行政、依法治教、依法治校，加强教育系统行风和学风建设，切实维护教育系统和谐稳定，切实加强教育部机关建设。

1月30日

中组部召开农村基层党建工作座谈会。中共中央政治局委员、中央书记处书记、中组部部长李源潮出席会议并讲话。李源潮指出，选聘高校毕业生到村任职具有长远战略意义，要完善政策、健全机制，保证大学生“村官”选优、干好、流得动，使大学生“村官”工作良性循环、健康发展。选聘高校毕业生到村任职，是为了从基层和生产一线培养选拔优秀人才。要完善选聘制度，规范选聘程序，从源头保证大学生“村官”队伍的整体素质。要让大学生“村官”在干事中增长才干，培养对人民群众的感情。要建立考核机制、加强教育管理、加大培训力度，促使大学生“村官”踏实干事，在与农民群众一起摸爬滚打中汲取营养、砥砺品格。引导大学生“村官”期满后有序流动，是大学生“村官”工作健康持续发展的关键。对大学生“村官”既要有激励机制，也要有竞争机制。大学生“村官”任职期满后有留任村干部、考录公务员、自主创业、另行择业、继续学习五条出路。要引导大学生“村官”根据自己实际情况选择发展方向，组织指导推荐，特别要鼓励和扶持他们自主创业。

同日，中共中央政治局委员、全国人大常委会副委员长王兆国出席全国青联十届六次常委(扩大)会议并讲话。王兆国充分肯定了一年来青联工作取得的成绩，并对各级青联组织、青联常委和委员提出了明确要求。他指出：(1)要认清形势、坚定信念，始终把自身成长与党和国家事业发展紧密相连；(2)要锐意进取、扎实奋斗，不断发展壮大自己的事业；(3)要发挥优势、凝聚人才，努力使青联成为各领域优秀青年人才库。

2月

2月4日

中共中央政治局常委、国务院总理温家宝在省部级主要领导干部专题研讨班上就发展社会事业和改善民生发表重要讲话，提出应面向时代要求谋划教育发展。

温家宝指出，党的十六大以来，我们采取有力措施加快教育发展。第一，全面普及九年义务教育；第二，适应经济社会发展对技能人才的需要和提高青年就业能力的要求，以发展中等职业教育为重点，大力调整教育结构；第三，在发展高等教育方面，坚持稳步发展和提高质量相结合，重点放在提高质量上；第四，在非义务教育阶段建立健全国家助学制度，开展师范生免费教育试点。

关于教育改革发展，他强调三个主要方面的问题：第一，加快推进教育改革。教育要发展，根本靠改革。要解放思想，大胆突破，勇于创新，鼓励试验。树立先进教育理念，把教书和育人很好地统一起来。要对办学体制、教育内容、教育方法、考试评价制度进行系统改革，大力推进素质教育。要积极探索适应各类学校的办学体制。不同类型学校领导体制和办学模式应有所不同，不能千校一面，不能用一个模式办教育，不能用一个模式培养人才。教育应当由懂教育的人办，要倡导教育家办学，要培养一大批有志于献身教育事业的教育家。第二，努力促进教育公平。一要把义务教育办好。教育公平首先就是人人都有上学的机会。要依法确保每个孩子免费接受九年义务教育，关爱农村留守儿童，防止辍学问题发生。二要逐步解决义务教育资源配置不均衡问题。这也是促进教育公平的重要方面。要把农村义务教育作为重点。公共教育资源配置要向薄弱地区倾斜，着力推动地区之间、城乡之间、不同学校之间的教育均衡发展。三要进一步完善国家助学体系。确保每一个孩子接受教育的基本权利，无论哪个教育阶段，都不能因家庭经济困难导致孩子们辍学。第三，为经济社会发展培养大批各类人才。一要进一步办好职业教育。职业教育是面向人人、面向整个社会的教育，根本目的是让人学会技能和本领，能够就业，能够成为社会有用之才。我国正处在工业化、城镇化加快发展阶段，办好职业教育可以提高劳动者素质，有利于缓解技能型、应用型人才紧缺的矛盾，有利于农村富余劳动力转移和扩大就业。二要着力提高高等教育质量。从长远看，还要不断扩大高等教育的规模，满足群众对高等教育的需求，更重要的是必须提高办学质量。要进一步扩大高等学校办学自主权，鼓励高等学校适应就业和经济社会发展需要，调整专业和课程设置，推动高等学校人才培养与科技创新、学术发展紧密结合。要加强有特色、高水平大学建设，努力创建若干世界一流大学，为国家培养更多高质量创新人才。

2月11日

共青团中央、全国青联联合印发《关于授予宝鸡峡抢险救人青年群体“中国青年五四奖章集体”和追授冯军政、黄船钉同志“中国青年五四奖章”的决定》。文件指出，广大团员青年要向宝鸡峡抢险救人青年群体学习。学习他们不惧艰险、不怕牺牲的英雄气概和舍己救人、无私奉献的高尚情操，自觉树立祖国和人民利益高于一切的思想境界。各级共青团、青联组织要开展向宝鸡峡抢险救人青年群体学习的活动，在广大团员青年中进一步弘扬英雄楷模的崇高精神，团结带领广大团员青年更加紧密地团结在以胡锦涛同志为总书记的党中央周围，高举中国特色社会主义伟大旗帜，以邓小平理论和“三个代表”重要思想为指导，深入贯彻落实科学发展观，为夺取全面建设小康社会新胜利、实现中华民族伟大复兴再立新功。

同日，教育部成立2010—2014年高等学校思想政治理论课教学指导委员会，根据高等学校思想政治理论课课程设置，设立教学指导委员会和6个分教学指导委员会。该届教学指导委员会设顾问7名，主任委员3名，副主任委员3名。分教学指导委员会设主任委员1人，副主任委员若干人。高等学校思想政治理论课教学指导委员会的主要任务是：接受教育部委托，组织和开展高校思想政治理论课教学的理论与实践研究；进行加强和改进高校思想政治理论课重要决策前期研究，向教育部提供咨询意见和建议；研究制定高等学校思想政治理论课教学质量标准，研究和参与高校思想政治理论课教材建设；组织开展教学方法研究、教学经验总结、优秀教学成果审议鉴定和推广等工作；研究制订思想政治理论课教师队伍建设规划，参与骨干教师培养培训等工作；与相关专家组织协作，推动马克思主义理论学科建设；开展高校思想政治理论课教学情况督导、巡视、检查。

2月21日

教育部颁发《关于追授杨济源同学"全国见义勇为优秀大学生"荣誉称号的决定》，指出：广大青年学生要向杨济源同学学习，学习他临危不惧、见义勇为的传统美德，学习他奋不顾身、不怕牺牲的英雄气概，学习他富有理想、弘扬正气的崇高思想，学习他乐于奉献、甘于献身的高尚情操。要充分发挥先进典型的示范作用，把他们的先进事迹和崇高精神作为加强和改进大学生思想政治教育的生动教材，教育和引导广大学生以先进典型为榜样，努力学习科学文化知识，不断提升思想道德素质和健康素质，牢固树立正确的世界观、人生观、价值观和荣辱观，自觉践行社会主义核心价值体系，努力成为德智体美全面发展的中国特色社会主义合格建设者和可靠接班人。

2月22日

教育部颁发《关于授予王洪等4名同学"全国见义勇为优秀大学生"荣誉称号的决定》，指出：广大学生要向他们学习，学习他们忠于祖国、热爱人民的赤子情怀，学习他们临危不惧、见义勇为的传统美德，学习他们舍己救人、不怕牺牲的英雄气概，学习他们心系社会、关爱他人的优秀品德，学习他们乐于奉献、甘于献身的高尚情操。要充分发挥先进典型的示范作用，把他们的先进事迹和崇高精神作为加强和改进大学生思想政治教育的生动教材，教育和引导广大学生以先进典型为榜样，努力学习科学文化知识，不断提升思想道德素质和健康素质，牢固树立正确的世界观、人生观、价值观和荣辱观，自觉践行社会主义核心价值体系，努力成为德智体美全面发展的中国特色社会主义合格建设者和可靠接班人。

同日，教育部颁发《关于追授黄船钉同学"全国舍己救人优秀大学生"荣誉称号的决定》，指出：广大学生要向黄船钉同学学习，学习他忠于祖国、热爱人民的赤子情怀，学习他临危不惧、见义勇为的传统美德，学习他舍己救人、不怕牺牲的英雄气概，学习他心系社会、关爱他人的优秀品德，学习他乐于奉献、甘于献身的高尚情操。要充分认识开展向黄船钉同学学习的重要意义，加强领导，精心组织，把学习黄船钉同学先进事迹的活动与深入贯彻落实《中共中央、国务院关于进一步加强和改进大学生思想政治教育的意见》结合起来，深入研究大学生思想政治教育工作规律和大学生成长成才规律，科学总结加强和改进大学生思想政治教育工作的做法、成效和经验，采取更加有力措施，把大学生思想政治教育工作提高到一个新水平。

2月24日

共青团中央下发《关于在"3·5中国青年志愿者服务日"前后集中开展"迎世博迎亚运讲文明树新风——青年志愿者在行动"主题活动的通知》。文件指出，为贯彻落实中央书记处对共青团动员青年志愿者服务世博会、亚运会的指示要求和团的十六届三中全会精神，按照中央文明委"迎世博迎亚运讲文明树新风"志愿服务活动的总体安排，共青团中央、中国青年志愿者协会决定于3月5日"中国青年志愿者服务日"前后，在全国范围集中开展主题活动，同时也作为青年志愿者服务世博、服务亚运的启动。活动的主题为：迎世博迎亚运讲文明树新风——青年志愿者在行动。活动时间为：主题活动集中在 3 月 5 日前后开展，3 月 5 日当天形成活动高潮。主题活动重点围绕以下三个方面展开：(1)开展宣传世博、亚运知识志愿服务；(2)开展倡导文明风尚志愿服务；(3)开展关爱特殊困难群体志愿服务。文件要求，上海、广东要结合世博会、亚运会筹办进程重点设计开展相关的青年志愿者活动。各地可根据具体情况，在配合重点活动的基础上，围绕活动主题，自行开展丰富多彩的青年志愿者活动，为喜迎世博会、亚运会营造良好的社会氛围。

3 月

3 月 4 日

共青团中央印发《关于追授杨济源同学“全国优秀共青团员”的决定》，要求广大团员青年要向杨济源同学学习，学习他临危不惧、挺身而出的英雄气概，胸怀正义、奉献社会的高尚情操，努力成长为中国特色社会主义合格建设者和可靠接班人。各级共青团组织要引导全国广大团员青年以杨济源同学为榜样，切实肩负起社会责任和历史使命，更加紧密地团结在以胡锦涛同志为总书记的党中央周围，高举中国特色社会主义伟大旗帜，坚持以邓小平理论和“三个代表”重要思想为指导，深入贯彻落实科学发展观，坚定信心、振奋精神、刻苦学习、扎实工作，在夺取全面建设小康社会新胜利的伟大实践中创造出无愧于时代的新业绩。

3 月 5 日

共青团中央、全国青联联合印发《关于授予中国女子短道速滑队“中国青年五四奖章集体”称号和授予申雪等 4 名运动员“中国青年五四奖章”的决定》。文件指出，中国体育健儿不畏强手、顽强拼搏，团结协作、奋勇争先，实现了我国冬季项目在奥运会上新的历史性突破，谱写了中国体育事业发展的新篇章。我国体育健儿在冬奥会上的优异表现，再一次向全世界展示了中华民族自强不息、奋发有为的精神面貌，展示了中国青年积极进取、蓬勃向上的朝气和活力，他们是全国广大团员青年学习的榜样。广大团员青年要学习他们胸怀祖国、为国争光的崇高思想，自觉树立祖国和人民利益高于一切的思想境界，把个人的理想追求和中华民族伟大复兴紧密结合在一起；学习他们不畏艰难、顽强拼搏的意志品质，以百折不挠的毅力，在现代化建设的各条战线锐意进取，勇攀高峰；学习他们团结协作、顾全大局、无私奉献的高尚情操，实践和弘扬社会主义道德风尚；学习他们脚踏实地、苦练本领的扎实作风，立足本职，努力工作，不断创造一流业绩。全国广大团员青年要以为国争光的体育健儿为榜样，更加紧密地团结在以胡锦涛同志为总书记的党中央周围，高举中国特色社会主义伟大旗帜，以邓小平理论和“三个代表”重要思想为指导，深入贯彻落实科学发展观，在夺取全面建设小康社会新胜利的伟大实践中再立新功。

同日，共青团中央、全国青联联合印发《关于追授沈战东同志“中国青年五四奖章”的决定》，指出：广大团员青年要向沈战东同志学习，学习他热爱祖国、热爱人民，坚持祖国和人民利益高于一切的崇高思想；学习他坚决听党指挥、忠诚履行使命的坚定信念；学习他不畏艰险、勇挑重担、顽强拼搏的英雄气概；学习他一心为民、无私奉献的高尚情操。广大团员青年要更加紧密地团结在以胡锦涛同志为总书记的党中央周围，高举中国特色社会主义伟大旗帜，以邓小平理论和“三个代表”重要思想为指导，深入贯彻落实科学发展观，自觉维护国家安全与社会稳定，为夺取全面建设小康社会新胜利做出新的贡献。

3 月 15 日

教育部办公厅印发《关于构建全日制专业学位硕士研究生就业服务体系有关工作的通知》，要求：(1)充分认识构建全日制专业学位硕士研究生就业服务体系的重要意义；(2)把全日制专业学位硕士研究生就业工作作为高校毕业生就业工作的重要内容；(3)改革人才培养模式，积极开拓专业学位硕士研究生的就业渠道；(4)大力开展有针对性的就业指导和服务；(5)加强宣传，营造有利于全日制专业学位硕士研究生的就业环境。

3月24日

共青团中央印发《关于深入开展2010年“我与祖国共奋进”主题教育实践活动的通知》。文件指出，为认真贯彻党中央书记处重要指示精神，落实共青团十六届三中全会部署，在团员青年中进一步唱响“我与祖国共奋进”的主旋律，引导广大团员青年将个人成长奋斗融入国家发展、时代进步的潮流，不断坚定跟党走中国特色社会主义道路的信念，团中央决定在全团深入推进“我与祖国共奋进”主题教育实践活动。此次活动的总体思路是：抓住2010年上海世博会、广州亚运会和“五四”“七一”“十一”等契机，以社会主义核心价值体系为根本，以爱国主义教育、理想信念教育、成长励志教育、民族团结教育和服务世博、贡献世博为主要内容，充分运用电视、报纸、广播等传统媒体和互联网、手机等新媒体的传播渠道，充分发挥榜样典型在引导青年中的积极作用，注重运用艺术、时尚、情感的元素，积极引导青年投身社会实践，营造正面教育的强大声势，为广大青年成才发展、建功立业注入强大精神动力。此次活动的主要内容有：(1)“我与祖国共奋进”青春故事会；(2)“我与祖国共奋进”青春歌会；(3)“我与祖国共奋进”网络报告会；(4)“我与祖国共奋进”青春世博行动。具体包括：(1)我的城市我奉献——“靓角落”青年志愿者活动；(2)“青年文明号与世博同行”主题实践活动；(3)“城市，让生活更美好”——暑期大中学生主题社会实践活动；(4)“青春世博，精彩你我”中国2010年上海世博会青年周活动；(5)“魅力城市·精彩世博”网络视频征集展播活动。此次活动的工作要求是：(1)高度重视；(2)把组织化渠道和社会化渠道相结合；(3)广泛吸引青年参与。

3月30日

中共中央政治局委员、国务委员刘延东主持召开科研诚信与学风建设座谈会。刘延东强调，必须把科研诚信和学风建设作为一件大事摆在科技工作的突出位置，坚持教育引导、制度规范、监督约束、惩防结合、标本兼治。广大科研人员要弘扬科学精神，恪守科学伦理道德，践行科研行为准则，做科技创新的先锋、学术道德的楷模、社会诚信的表率。

刘延东指出，科研诚信和良好学风是科学事业发展的内在要求，是建设创新型国家的重要基础，是社会文明进步的重要标志。加强科研诚信和学风建设，党和政府高度重视，社会高度关注，科技界有高度共识，必须下大力气抓紧抓好，既重视思想认识和诚信文化等软约束，又重视监管和惩治的硬措施；既解决当前的突出问题，又构建长远的体制机制。要加强教育引导，将科学道德和诚信教育列入大学和研究生必修课程，纳入科研人员职业培训体系，为提升科学道德素质打牢基础。要加大宣传和弘扬的力度，用先进典型激励年轻科技工作者。要发挥科研机构、学术组织的自律功能，完善诚信规范，建设诚信文化，让求真务实成为科技工作者的自觉行动。要深化科技体制改革，建立开放合作、学术平等的有效机制，按照科学研究的规律完善成果评价体系，优化科研经费投入结构，引导科研人员专心致志投身科学研究和技术创新。要强化监督管理，加大对科研不端行为的惩治力度，绝不让弄虚作假、剽窃抄袭的行为有立足之地。

刘延东还强调，各部门各团体要加强宏观指导，落实工作责任，推动科研诚信立法，发挥联席会议机制作用，形成政府部门、科研机构、高等院校、行业组织齐抓共管，社会广泛参与，科研人员自觉行动的格局。

4月

4月2日

高校思想政治理论课“05方案”实施5周年座谈会在京举行。会议强调，“05方案”实施5年来，在各级教育主管部门的高度重视下，在广大思想政治理论课教师的共同努力下，高校思想政治理论课建设取得了重要的阶段性成果，朝着胡锦涛总书记“3·18”批示提出的教学状况明显改善的目标扎实推进，但目前仍然存在比较大的困难，如逆水行舟，不进则退。要解决这些困难，一是要提高认识，凝聚共识，把大家的思想和行动统一到中央的有关精神和工作部署上来，进一步加强教材的修订和完善工作；二是要加强对教学内容和教学方法的研究，加快从教材体系向教学体系的转化；三是要进一步加强思想政治理论课教师队伍建设，从根本上提高教师的思想理论素质和教学科研能力；四是要进一步加强马克思主义理论一级学科及其六个二级学科建设，为思想政治理论课提供强有力的学科支撑；五是进一步推进高校思想政治理论课教学科研部门建设，为思想政治理论课建设提供组织保障。

4 月 6 日

教育部颁发《关于组织开展教育系统"五五"普法检查验收工作的通知》。这份文件指出：(1)指导思想与主要内容。检查验收工作要以邓小平理论和"三个代表"重要思想为指导，深入贯彻落实科学发展观，全面贯彻落实党的十七大、十七届四中全会精神，全面检查验收地方各级教育行政部门、各级各类学校及其他教育机构"五五"普法以来的工作，总结经验，查找存在的问题和不足，推动教育系统"五五"普法规划的全面贯彻落实，为推进教育的改革与发展，全面实现依法治教营造良好法治环境。检查验收工作要坚持统一领导、求真务实、协调配合、分类指导的原则，在党委、政府的统一领导下，在政府普法工作机构的指导和有关部门的配合下，根据教育的实际情况与特点，全面部署、扎实推进。重点检查组织领导和机构建设情况；宪法以及国家基本法律、主要教育法律法规的宣传情况；教育行政部门领导干部、公务员，学校校长、教师学法用法的情况；青少年学生法制教育的进展与成效；深入开展依法行政、依法治校，着力提高依法治教水平的情况；法制宣传方式创新情况；等等。(2)检查步骤和时间安排。检查验收工作从 2010 年 4 月开始，年底结束，分动员部署、开展自查、组织检查、推荐典型、评比表彰等五个步骤进行。(3)工作要求。一是提高认识，加强领导；二是实事求是，保证质量；三是分工负责，相互合作；四是加强宣传，营造氛围。

4 月 10 日—12 日

"遵义会议七十五周年与马克思主义中国化——第四届全国马克思主义院长论坛"在贵州贵阳召开。在研讨中，专家们强调要继承和发扬遵义会议精神，进一步推进马克思主义中国化理论研究。会议主要议题有：(1)遵义会议在马克思主义中国化过程中的地位与价值。(2)关于马克思主义中国化的进程和原则。(3)关于马克思主义中国化与马克思主义时代化、大众化、民族化的关系。此外，与会专家还就中国模式、政治文明建设、发展方式转变、科学发展、民营经济、文化意识形态、新农村建设、执政党建设等问题进行了研讨。

4 月 15 日

共青团中央印发《关于组织动员团员青年积极投身青海玉树抗震救灾工作的紧急通知》。文件要求各级团组织要迅速行动起来，组织动员广大团员青年积极参与抗震救灾工作，发挥生力军和突击队的作用。(1)团青海省委要在党委政府的领导下，迅速动员广大团员青年组成青年突击队和青年志愿者服务队，投身抗震救灾第一线，配合相关部门全力做好现场救援、灾民安置、社会维稳、灾后重建等各项工作。(2)全国各地团组织要发挥"一方有难、八方支援"的精神，积极支援灾区团组织开展抗震救灾工作。要根据实际情况和国务院抗震救灾总指挥部的安排，招募组建有关专业志愿服务队伍，赴灾区提供专业服务。要广泛动员团员青年和社会力量，募集资金和当地急需的物资，迅速送到灾区。各地团组织开展抗震救灾工作的情况和有关志愿服务协调工作，要及时与团中央青年志愿者工作部联系。

同日，财政部印发《中央财政支持地方高校发展专项资金管理办法》。文件指出，为促进高等教育区域协调发展，提高地方高等教育质量，中央财政设立支持地方高校发展专项资金，支持地方高校的重点发展和特色办学。专项资金主要用于地方高校重点学科建设、教学实验平台建设、科研平台和专业能力实践基地建设、公共服务体系建设以及人才培养和创新团队建设等。文件还包括项目申请和审批程序、专项资金的使用管理和监督、专项资金的考核和追踪问效等内容。

4 月 21 日

共青团中央、全国青联联合颁发《关于授予驻香港部队通信站中环机务站女兵群体"中国青年五四奖章集体”称号的决定》，指出：广大团员青年要向受到表彰的先进集体学习。学习她们胸怀祖国、无私奉献的崇高思想，自觉树立祖国和人民利益高于一切的爱国信念；学习她们团结协作、顾全大局的高尚情操，实践和弘扬社会主义道德风尚；学习她们脚踏实地、苦练本领的扎实作风，立足本职，努力工作，不断创造一流业绩。全国广大团员青年要以她们为榜样，更加紧密地团结在以胡锦涛同志为总书记的党中央周围，高举中国特色社会主义伟大旗帜，以邓小平理论和“三个代表”重要思想为指导，深入贯彻落实科学发展观，在夺取全面建设小康社会新胜利的伟大实践中再立新功。

同日，共青团中央、全国青联联合颁发《关于授予中国第八支赴海地维和警察防暴队“中国青年五四奖章集体”称号的决定》，指出：广大团员青年要向受到表彰的先进集体学习。学习他们胸怀祖国、对党忠诚的理想信念，始终坚持祖国和人民利益高于一切；学习他们为国争光、献身使命的高尚情操，实践和弘扬社会主义道德风尚；学习他们立足本职、顽强拼搏、无私奉献、锐意进取的意志品质，努力工作，不断创造一流业绩。全国广大团员青年要以他们为榜样，更加紧密地团结在以胡锦涛同志为总书记的党中央周围，高举中国特色社会主义伟大旗帜，以邓小平理论和“三个代表”重要思想为指导，深入贯彻落实科学发展观，在夺取全面建设小康社会新胜利的伟大实践中再立新功。

同日，共青团中央、全国青联联合颁发《关于追授曾庆香、刘薇同志“中国青年五四奖章”的决定》，指出：广大团员青年要向曾庆香、刘薇同志学习。学习他们不惧艰险、不怕牺牲的英雄气概和舍己救人、无私奉献的高尚情操，自觉树立祖国和人民利益高于一切的信念。各级共青团、青联组织要迅速掀起学习热潮，在广大团员青年中进一步弘扬英雄楷模的崇高精神，团结带领广大团员青年更加紧密地团结在以胡锦涛同志为总书记的党中央周围，高举中国特色社会主义伟大旗帜，以邓小平理论和“三个代表”重要思想为指导，深入贯彻落实科学发展观，为夺取全面建设小康社会新胜利、实现中华民族伟大复兴再立新功。

4 月 22 日

中共中央政治局委员、国务委员刘延东在全国治理教育乱收费部际联席会议上发表题为《突出重点务求实效深入推进治理教育乱收费工作》的主题讲话。刘延东指出，在过去的一年里，治理教育乱收费向深入推进，促进了教育公平，维护了教育形象，各项工作取得新的进展：一是思想认识进一步提高；二是源头治本力度加大；三是规范办学迈出新步伐；四是规范收费成效明显；五是制度建设进展顺利；六是治理成果进一步巩固。同时也指出，当前治理教育乱收费面临一些新情况新问题，形势依然严峻，任务依然繁重：一是一些中小学择校乱收费比较突出，群众意见很大；二是学校违规收费问题更为复杂，治理难度加大；三是一些地方出现骗取教育经费的新动向；四是一些地方教育经费监管职责不到位、制度执行力不强。

刘延东指出，教育乱收费现象之所以存在，有着复杂的经济社会背景和多方面的原因：一是我国仍处于社会主义初级阶段，优质教育资源相对短缺，教育发展水平与国家经济社会发展和人民群众接受良好教育的强烈需求还存在不适应，“上好学”的问题还没有根本解决，教育发展不平衡、应试教育倾向与教育投入相对不足等问题相互影响，这些矛盾客观上为滋生教育乱收费现象提供了条件和土壤。二是我国教育改革发展进入关键时期，处于教育体制深刻变革、思想观念深刻变化的阶段，教育收费政策体系有待完善，学校办学行为有待规范，教育经费监管制度有待健全。三是随着学校与社会联系日益密切，社会上一些消极的、不健康的东西也影响到学校，一些学校领导和教师淡忘了教育工作者的神圣职责，忽略了教育的公益性，理想信念发生偏差，利用教育资源谋取私利，甚至钻国家政策的空子。四是治理教育乱收费工作本身仍存在一些薄弱环节，有的地方和部门责任不够落实，监管预防措施不到位，制度不够健全，治理工作的整体性、针对性和实效性有待提高，源头治本力度需要继续加大。我们要全面审视和正确判断形势，绝不能把取得的明显成效等同于根本好转，必须更加深刻地认识治理工作的长期性、艰巨性和复杂性。

同日，教育部在北京召开推进高等学校创新创业教育和大学生自主创业工作视频会议。教育部副部长陈希发表了题为《将创新创业教育贯穿于高校人才培养全过程》的讲话。

陈希指出，推进高等学校创新创业教育和大学生自主创业工作，是贯彻落实党的十七大提出的“提高自主创新能力，建设创新型国家”和“以创业带动就业”发展战略的重大举措，是适应国家经济社会发展、加快经济发展方式转变的必然要求，是高等教育改革和发展的迫切需要。推进高等学校创新创业教育和大学生自主创业工作，使更多大学生实现自主创业，促进我国经济协调发展和社会和谐稳定。

陈希要求，创新创业教育要面向全体学生、结合专业教育、融入人才培养全过程。要以转变教育思想、更新教育观念为先导，以提升学生的社会责任感、创新精神、创业意识和创业能力为核心，以改革人才培养模式和课程体系为重点，不断提高人才培养质量。同时，打造全方位创新创业教育和促进学生自主创业支撑平台，以国家大学科技园为主要依托全面建设100个“高校学生科技创业实习基地”，通过多种形式建立省级、地市级大学生创业实习和孵化基地。进一步落实和完善大学生自主创业的政策扶持，实施“创业引领计划”，对高校学生自主创业实行税费减免，提供小额担保贷款，落实创业补贴政策，加强创业培训和服务工作。

4 月 24 日—25 日

由教育部高等学校社会科学发展研究中心、武汉大学主办，武汉大学政治与公共管理学院承办的“马克思主义中国化、时代化、大众化与马克思主义理论创新学术研讨会”在武汉大学召开。与会专家分别就关于马克思主义中国化、时代化、大众化的几个问题，马克思主义中国化、时代化、大众化的问题意识，马克思主义理论的整体性及大众化，马克思主义大众化视野中的大学生社会主义核心价值体系教育等内容做了主题报告。与会专家还就马克思主义中国化、时代化、大众化的内涵，马克思主义中国化、时代化、大众化之间的关系，马克思主义中国化、时代化、大众化的实现路径等问题进行了深入研讨。

4 月 27 日

《人民教育》杂志社在北京召开纪念座谈会，喜迎创刊60周年，中共中央政治局委员、国务委员刘延东致信祝贺。刘延东在贺信中指出，《人民教育》杂志创刊60年来，特别是改革开放以来，认真学习宣传、贯彻执行党中央、国务院关于新闻工作和教育工作的指示精神，坚持以马克思主义新闻观指导教育新闻工作，坚持正确舆论导向，坚持政治家办刊、教育家办刊，坚持“三贴近”原则，高举旗帜，围绕大局，服务人民，改革创新，唱响主旋律，打好主动仗。《人民教育》杂志在积极宣传党和国家的教育方针政策和决策部署，宣传教育系统广大干部和师生员工投身教育改革与发展的生动实践等方面，发挥了重要的舆论引导作用，是一本让党放心、让人民满意，具有较高权威性、公信力和影响力的优秀刊物，为推动我国教育事业改革与发展做出了积极贡献。

刘延东指出，当前我国教育事业正站在一个新的历史起点上，处于新一轮改革发展的关键时期。希望《人民教育》编辑部全体同志，在教育部党组领导下，以创刊60周年为新起点，高举中国特色社会主义伟大旗帜，以邓小平理论和“三个代表”重要思想为指导，深入贯彻落实科学发展观，全面贯彻党的教育方针，坚持正确舆论导向，开拓进取，不断创新，充分发挥党和人民的喉舌作用，继续当好教育新闻事业的排头兵，在新的历史时期续写辉煌、再立新功。

4 月 28 日

共青团中央颁发《关于授予习朝峰等30名同志第十四届“中国青年五四奖章”的决定》，指出：获得奖章的同志是我国各族青年的优秀代表，在各自的工作岗位上取得了不平凡的业绩，做出了无愧于时代和人民的贡献。他们的奋斗历程和先进事迹，充分反映了党和人民对青年一代的期望和要求，深刻揭示了当代青年成长的正确道路，集中展现了当代青年热爱祖国、报效祖国的爱国情怀，不畏艰险、顽强拼搏的进取精神，崇尚科学、不懈探索的创新勇气，艰苦奋斗、无私奉献的高尚情操。他们是全国广大青年学习的榜样，各族青年要以他们为榜样，紧密团结在以胡锦涛同志为总书记的党中央周围，高举中国特色社会主义伟大旗帜，以邓小平理论和"三个代表"重要思想为指导，深入贯彻落实科学发展观，大力弘扬爱国、奋进、创新、奉献精神，勤奋学习，扎实工作，锐意创新，在夺取全面建设小康社会新胜利的伟大实践中创造新业绩。

同日，教育部办公厅颁发《关于实施青海地震灾区生源高校毕业生就业援助行动的紧急通知》，指出：(1)以高度的政治责任感做好灾区毕业生就业工作。(2)立即开展灾区毕业生就业情况摸底工作。(3)尽快开展为灾区毕业生就业送岗活动。(4)有针对性地加强就业指导和服务工作。(5)加强宣传引导工作，维护校园稳定。

4月29日

共青团中央印发《关于以党组织开展创先争优活动为契机进一步加强团的基层组织建设的通知》。文件指出，当前各级党组织正按党中央要求部署开展创先争优活动，各级团组织要认真学习党中央要求和中央领导有关批示精神，以党组织开展创先争优活动为契机，充分借助党组织的力量进一步加强团的基层组织建设。文件要求：(1)牢固树立党建带团建的意识。(2)积极主动向党组织汇报、沟通全团有关安排。一是要积极向同级党委汇报；二是要与同级党委组织部门认真沟通；三是要及时与下一级党组织沟通。(3)借助党组织的力量加强团的基层组织建设。一是要推动健全团的基层组织网络；二是要推动建立加强团的基层组织建设的制度；三是要带动团组织开展创建先进集体、争当先进个人的活动。(4)各级团组织要更加积极主动做好工作。

同日，共青团中央颁发《关于表彰2009年度"全国优秀共青团员"、"全国优秀共青团干部"、"全国五四红旗团委(团支部)"的决定》。团中央希望受到表彰的团员、团干部和基层团组织以此为新的起点，奋勇争先、再接再厉，不断取得新的成绩。全国广大团员青年、团干部和基层团组织要以此次表彰的先进个人和先进组织为榜样，更加紧密地团结在以胡锦涛同志为总书记的党中央周围，高举中国特色社会主义伟大旗帜，以邓小平理论和"三个代表"重要思想为指导，深入贯彻落实科学发展观，开拓创新、锐意进取，为夺取全面建设小康社会新胜利、实现中华民族伟大复兴做出新的更大贡献。

5月

5月2日

在五四青年节即将到来之际，中共中央总书记、国家主席、中央军委主席胡锦涛给中国农业大学师生回信，向广大青年朋友致以节日的祝贺，勉励青年和青年学生在推进社会主义现代化的奋斗实践中书写美好的人生。胡锦涛在回信中说："从你们的来信中了解到，一年来，中国农业大学认真践行服务'三农'的宗旨，教学、科研、管理等各项工作都有了新的明显进展；同学们通过刻苦努力，学业、品德、能力等方面都有了新的可喜进步，不少同学毕业后自觉到艰苦地方和基层一线去工作，以出色表现赢得了各方面的肯定。我为你们取得的成绩感到由衷的高兴。"

胡锦涛希望中国农业大学始终秉持"解民生之多艰，育天下之英才"的校训，下大气力提高教学水平、加强科研攻关、培育优秀人才，为发展现代农业做出更大贡献。希望中国农业大学的同学们牢固树立远大志向，努力掌握过硬本领，在热情服务"三农"的实践中建功立业，书写美好的人生。

同日，第四届中外大学校长论坛在南京开幕，中共中央政治局委员、国务委员刘延东出席开幕式并致辞。刘延东强调，教育是国家和民族振兴发展的根本事业。决定中国未来发展的关键在人才，基础在教育。大学是培育创新人才的高地，是新知识新思想新科技诞生的摇篮，是人类生存与发展的精神家园。中国政府确立了建设中国特色、世界水平现代高等教育的目标，将进一步彰显大学人才培养功能，改革传统培养模式和评价制度，提高人才培养质量，培育学生的创新精神、国际视野和综合能力，促进学生全面发展，探索大学与科研院所、企业联合及中外大学合作等新模式，以开放合作集聚人才培养的新优势；进一步强化大学科学研究功能，培育跨学科的教学与科研团队，支持建设联合创新平台，以资源共享开辟科学进步新领域；进一步拓展大学社会服务功能，鼓励大学主动参与区域经济社会发展，发挥思想库和智囊团作用，加快科研成果转化，积极开展人文交流，以开拓引领创造文明进步的新空间。

教育部部长袁贵仁发表题为《把提高质量作为高等教育改革发展的核心任务》的讲话。包括：(1)中国高等教育面临的形势和挑战。(2)中国高等教育的战略目标和改革创新。一是坚持以人为本的理念全面深化高等学校人才培养模式改革；二是构建科学的人才培养评价体系，提高高校人才培养与国家人才需要的契合度；三是加大政府投入力度，形成有利于人才培养成长的终身学习体制。(3)中国高等教育的对外开放和国际交流合作。

5月3日

共青团中央印发《关于组织动员团员青年积极参与维护校园安全工作的通知》。文件强调，5月3日，中央召开全国综治维稳工作电视电话会议，学习传达胡锦涛总书记等中央领导同志关于维护校园安全的重要指示精神，并做出重要部署。各级团组织要深刻领会中央领导同志的重要指示精神，坚决贯彻落实此次会议要求，充分认识维护校园安全的极端重要性和现实紧迫性，把维护校园安全作为当前和今后一个时期一项重大政治任务，迅速行动起来，按照党委政府的统一部署，发挥共青团组织作用，积极参与学校、幼儿园和青少年活动场所的安全维护工作。

文件强调：(1)积极参与排查化解矛盾纠纷工作。(2)积极参与学校及周边治安隐患整治工作。(3)积极开展自护教育活动，切实提高青少年自我保护的意识和能力。(4)切实加强对青少年宫等团属青少年活动场所的安全管理。各级团组织要按照全团的统一部署和要求，立即行动起来，切实加强组织领导，认真落实相关工作。要定期向上级团组织汇报有关安全隐患和改进措施等情况，对因措施不落实而导致发生侵害青少年人身安全案件的，要严肃追究相关人员责任。

5月4日

中共中央政治局委员、全国人大常委会副委员长王兆国会见第14届“中国青年五四奖章”获得者和2009年度“全国优秀共青团员”“全国优秀共青团干部”“全国五四红旗团委(团支部)”获奖代表，并做讲话。王兆国指出，希望团员青年坚定理想信念，掌握过硬本领，弘扬社会新风，着眼于科学发展、创新发展、区域协调发展和可持续发展，进一步激发创新活力和创造潜能，到基层去、到条件艰苦的地方去、到祖国和人民最需要的地方去艰苦创业，努力为加快转变经济发展方式贡献力量。

同日，教育部颁发《关于授予董金凤同学“全国见义勇为优秀大学生”荣誉称号的决定》，文件指出，董金凤同学用实际行动展示了当代大学生高度的社会责任感和良好的精神风貌，是当代大学生的优秀代表，是践行社会主义核心价值体系的典范；广大青年学生要向董金凤同学学习，学习她临危不惧、见义勇为的传统美德，学习她奋不顾身、不怕牺牲的英雄气概。要充分发挥先进典型的示范作用，把他们的先进事迹和崇高精神作为加强和改进大学生思想政治教育的生动教材，教育和引导广大学生以先进典型为榜样，努力学习科学文化知识，不断提升思想道德素质和健康素质，牢固树立正确的世界观、人生观、价值观和荣辱观，自觉践行社会主义核心价值体系，努力成为德智体美全面发展的中国特色社会主义合格建设者和可靠接班人。

同日，教育部印发《关于大力推进高等学校创新创业教育和大学生自主创业工作的意见》，强调，在高等学校开展创新创业教育，积极鼓励高校学生自主创业，是教育系统深入学习实践科学发展观，服务于创新型国家建设的重大战略举措；是深化高等教育教学改革，培养学生创新精神和实践能力的重要途径；是落实以创业带动就业，促进高校毕业生充分就业的重要措施。文件对大力推进高等学校创新创业教育工作，加强创业基地建设，打造全方位创业支撑平台，进一步落实和完善大学生自主创业扶持政策，加强创业指导和服务工作，加强领导，形成推进高校创业教育和大学生自主创业的工作合力做出规定。

5月5日

教育部颁发《关于授予陈永刚同学“全国见义

勇为优秀大学生"荣誉称号的决定》，指出：广大青年学生要向陈永刚同学学习，学习他临危不惧、见义勇为的传统美德，学习他奋不顾身、不怕牺牲的英雄气概。要充分认识开展向陈永刚同学学习的重要意义，加强领导，精心组织，把学习陈永刚同学先进事迹的活动与深入贯彻落实《中共中央、国务院关于进一步加强和改进大学生思想政治教育的意见》精神结合起来，深入研究大学生思想政治教育工作规律和大学生成长成才规律，科学总结加强和改进大学生思想政治教育的做法、成效和经验，认真查找薄弱环节，采取更加有力的措施，进一步提高大学生思想政治教育工作的科学化水平。

5月10日

中组部、中宣部、教育部、公安部、民政部、财政部、人力资源和社会保障部、农业部、中国人民银行、国家林业局、国务院扶贫办、共青团中央、全国妇联联合印发《关于做好大学生"村官"有序流动工作的意见》。文件指出：引导大学生"村官"期满后有序流动，是大学生"村官"工作健康持续发展的关键。为建立健全大学生"村官"有序流动机制，引导聘用期满大学生"村官"通过留村任职工作、考录公务员、自主创业发展、另行择业、继续学习深造"五条出路"有序流动，文件提出如下意见：(1)鼓励留村任职工作。一是通过选举担任村"两委"负责人。二是继续聘任留村工作。(2)择优招录乡镇和其他党政机关公务员。一是参加公务员招考。二是完善考录办法和程序。(3)扶持自主创业发展。一是鼓励创业实践。二是引导自主发展。(4)引导另行择业。一是参与企业单位招录。二是参加事业单位招聘。三是引导自主择业。(5)支持继续学习深造。一是参加研究生招考。二是通过其他渠道继续学习。

同日，教育部发送《关于授予辽宁省大学生创业教育实训基地"国家大学生创业示范基地"称号的函》，指出：辽宁省多年来一直高度重视高校毕业生就业创业工作，通过财政支持省、市建立大学生创业资金，完善创业政策体系，开展创业教育和创业培训，建立省、市、高校创业孵化基地等多种形式，为大学生创业创造条件、提供支持，取得显著成效和宝贵经验。

同日，教育部发送《关于授予徐州大学生创业园"国家大学生创业示范基地"称号的函》，指出：徐州市近年来以中国矿业大学国家大学科技园为依托，积极引导和鼓励大学生在园区自主创业，并建立了徐州大学生创业园，为大学生创业提供了良好的外部条件。为进一步发挥徐州大学生创业园的示范作用，在全国范围进一步加大力度推进大学生创业工作，决定授予徐州大学生创业园"国家大学生创业示范基地"称号。希望徐州大学生创业园以此为契机，在江苏省及徐州市政府的领导支持下，不断积极探索、开拓创新，为促进大学生自主创业做出更大贡献。

同日，教育部颁发《关于公布2009年度全国毕业生就业典型经验高校的通知》，指出：在党中央、国务院的高度重视下，经过各方面共同努力，高校毕业生就业工作取得显著成效。部分高等学校以就业和社会需求为导向积极推进教育教学改革，创新人才培养模式，不断拓宽就业渠道，为促进毕业生就业做了大量工作。

5月11日

教育部网站报道，教育部近日公布《高等学校信息公开办法》，自2010年9月1日起施行。《高等学校信息公开办法》包含总则、公开的内容、公开的途径和要求、监督和保障、附则5章，共32条。旨在保障公民、法人和其他组织依法获取高等学校信息，促进高等学校依法治校；对高等学校在开展办学活动和提供社会公共服务过程中产生、制作、获取的以一定形式记录、保存的信息按照有关法律法规进行公开；并对公开内容和要求予以规定。

同日，中共教育部党组印发《关于在教育系统党的基层组织和党员中深入开展创先争优活动的通知》。指出：(1)充分认识在教育系统党的基层组织和党员中深入开展创先争优活动的重大意义。(2)准确把握教育系统创先争优活动的总体要求、主要内容和方法步骤。总体要求是：在教育系统深入开展创先争优活动，要认真贯彻落实党的十七大和十七届三中、四中全会精神，以邓小平理论和"三个代表"重要思想为指导，以"深入学习实践科学发展观、推动教育事业又好又快发展”为主题，从优先发展教育、建设人力资源强国的高度，紧紧围绕国家中长期教育改革和发展规划纲要的发布实施，坚持从本地本部门本单位实际出发，改革创新，务求实效，统筹推进党的建设其他经常性工作，充分发挥基层党组织的战斗堡垒作用和共产党员的先锋模范作用，在推动科学发展、促进校园和谐、服务广大师生、加强基层组织中建功立业，为办好人民满意教育、培养德智体美全面发展的社会主义建设者和接班人做出积极贡献。

5 月 13 日

教育部部长袁贵仁与高校思想政治理论课骨干教师研修班全体学员座谈并发表讲话。袁贵仁强调：(1)要着力提高思想认识，把提高思想认识与解决实际问题紧密结合起来。当前对于学校而言，最重要而紧迫的工作，就是要解决好两个问题。一是机构建设；二是马克思主义理论学科建设。(2)要着力改进教学方法。改革教学方法的主体是教师，这对我们教师提出了很高的要求。一要深入地钻研教材，准确把握教材内容，在此基础上做好教材体系转化为教学体系，教学体系转化为学生的知识体系、信仰体系的工作；二要大力推动课堂教学方法改革，加强理论与实践的联系，增强课程的针对性、实效性和吸引力、感染力；三要加强总结和交流，努力提高教学方法的科学化水平。(3)要着力加强教师队伍建设。加强教师队伍建设，首先要提高教师的地位。思想政治理论课教师也要注重加强自身建设，全面提高素质，不仅要有学术魅力，还要有人格魅力。

同日，共青团中央、教育部联合颁发《关于表彰“全国三好学生”、“全国优秀学生干部”和“全国先进班集体”的决定》。文件强调，受到表彰的个人和集体是全国广大青年学生和班集体的优秀代表，集中体现了当代青年学生奋发向上的精神风貌。受到表彰的同学认真学习邓小平理论和“三个代表”重要思想，深入贯彻落实科学发展观，具有坚定正确的政治方向和优良的道德品质，勤奋学习，深入实践，甘于奉献，成绩优异，充分发挥了示范带动作用。受到表彰的先进班集体，有积极上进、遵纪守法、朝气蓬勃、文明健康的良好班风，有勤奋、务实、创新、诚信的优良学风，在社会实践、文化科技、志愿服务等活动中成绩显著。希望广大青年学生以受到表彰的个人和集体为榜样，始终按照党指引的方向，切实把爱国主义作为高扬的光辉旗帜，把勤奋学习作为人生进步的重要阶梯，把深入实践作为成长成才的必由之路，把奉献社会作为不懈追求的优良品德，努力成为中国特色社会主义共同理想的坚定信仰者、科学发展观的忠实执行者、党和国家事业的合格建设者、建设创新型国家的积极推动者、社会主义核心价值体系的模范践行者。希望受到表彰的个人和集体珍惜荣誉，戒骄戒躁，取得更大的成绩。希望各级共青团组织、教育部门和全国普通高等学校、中等职业学校，更加广泛、深入、持久地开展争创活动，大力加强对青年学生的思想政治教育，帮助学生德智体美全面发展，为培养中国特色社会主义事业合格建设者和可靠接班人做出新的贡献。

5 月 19 日

“上海世博会联合国教科文周”2010 上海国际终身学习论坛举行，中共中央政治局委员、国务委员刘延东致信祝贺。论坛围绕“让学习伴随终生——终身学习的进展、发展趋势和制度建设”的主题，从政府、社会、学习者个人，正规教育与非正规教育培训，立法和制度等多个角度，回顾终身学习国家战略实施所取得的进展与面临的挑战，分享各国建立终身学习体系的经验与最佳实践成果，同时积极推进双边、多边人文交流与教育合作，加强终身学习政策的对话与沟通，共同推动各国终身教育体系和学习型社会的建设。

刘延东指出，教育是国家发展和民族振兴的基石。中国政府高度重视教育事业发展，不断推进教育改革，建成了世界上规模最大的教育体系，保障了亿万人民的受教育权利，实现了从人口大国向人力资源大国的转变。随着知识经济时代的来临，构建终身学习体系，创建学习型社会成为国际教育发展的重要趋势。在 13 亿人口的中国，建设世界上最大规模的全民学习和终身学习社会对我国以及对世界都意义重大，影响深远。联合国教科文组织是终身学习理念的积极倡导者和热情推动者。此次论坛不仅为与会各国专家提供了交流经验、分享智慧的互动平台，而且也为国际教育界的朋友们近距离观察、认识中国和中国教育发展打开了一扇窗口。

5月20日—22日

全国高校思想政治教育研究会学术委员会在复旦大学举行“思想政治教育前沿问题研讨会”。与会专家围绕思想政治教育学科的发展方位、研究方法、研究目标和主要问题等展开热烈研讨，对于学界深化认识、明确下一步努力方向起到了积极作用。会议主要议题有：(1)对思想政治教育学科发展方位的探寻；(2)对思想政治教育学科研究的主要问题的辨析；(3)对思想政治教育学科研究方法的认识。

5月22日

教育部党组书记、部长袁贵仁出席全国治理教育乱收费部际联席会议，并发表重要讲话。袁贵仁对2009年全国治理教育乱收费的成绩做了总结，指出：(1)加大教育投入，义务教育经费保障水平进一步提高。(2)加强学校管理，中小学校办学行为进一步规范。(3)加强政策指导，教育收费政策界限进一步明晰。(4)加强监督检查，治理成果得到进一步巩固。(5)加强制度建设，教育收费行为进一步规范。(6)加强宣传引导，治理工作环境进一步优化。

同日，人力资源和社会保障部、教育部颁发《关于追授王茂华同志全国模范教师荣誉称号的决定》。文件指出，王茂华同志为人诚恳、关爱学生，注重修养、思想进步，工作认真负责，教育教学成绩突出；在危难时刻，舍生忘死，英勇救人，用实际行动诠释了社会主义核心价值观，用生命谱写了大爱之歌，充分展示了新时期人民教师的光辉形象和高尚师德。他的英雄事迹可歌可泣、令人震撼、催人奋进，在社会上引起了强烈反响，赢得了广大人民群众的高度赞扬。全国教育系统广大教师和教育工作者要以王茂华同志为榜样，在以胡锦涛同志为总书记的党中央领导下，高举中国特色社会主义伟大旗帜，深入贯彻落实科学发展观，爱岗敬业、积极进取，关爱学生、甘于奉献，学为人师、行为世范，为全面建设小康社会、实现中华民族的伟大复兴而努力奋斗。

5月23日

教育部办公厅颁发《关于贯彻落实〈关于做好大学生“村官”有序流动工作的意见〉的通知》，指出：(1)为大学生“村官”继续学习深造提供更多机会。各有关高校要积极安排一定数量的招生计划用于招收聘用期满大学生“村官”攻读工商管理硕士、农业推广硕士、公共管理硕士等专业学位硕士研究生。聘用期满的大学生“村官”，三年之内参加硕士研究生入学考试的，享受初试总分加10分的优惠政策，同等条件下优先录取。凡是达到学校复试分数线的考生，招生单位应尽量予以录取，报考单位确定不能录取的，可调剂至其他招生单位录取。同时，要将有家庭经济困难的学生纳入学校资助工作范围。具有高职(专科)学历的大学生“村官”，聘用期满后可申请免试入读成人高等教育本科专业。(2)政法干警招录培养体制改革试点计划部分用于招收大学生“村官”等基层项目人员。中央政法委、中组部等部门，从2010年起，在政法干警招录培养体制改革试点招生中，安排一定比例(10%左右)的招生计划，专项招录服务期满的大学生“村官”及“农村义务教育阶段学校教师特设岗位计划”、“三支一扶”计划和“大学生志愿服务西部计划”项目人员。各政法干警招录培养体制改革试点院校要根据当年中央政法委等有关部门下发的政法干警招录培养体制改革试点工作实施方案具体要求，积极落实相关优惠政策，确保有关招录大学生“村官”等工作的顺利实施。(3)切实为大学生“村官”提供持续支持，开展有针对性的就业指导服务。高校要与到村任职的毕业生保持联系，定期走访，关心他们的思想和生活；鼓励有条件的高校与毕业生服务地“结对子”，提供教育、科技、信息等全方位的支持，大力促进服务地新农村建设。各省级教育行政部门和高校要积极探索建立针对大学生“村官”期满后的就业指导服务体系，加强分类指导，有针对性地开展就业指导和服务。积极为大学生“村官”与用人单位牵线搭桥，为服务期满后的大学生“村官”尽可能多地提供就业岗位信息。(4)努力营造有利于大学生“村官”有序流动的舆论氛围。各省级教育行政部门和高校要大力宣传国家选聘高校毕业生到村任职的各项政策，积极宣传大学生“村官”为社会主义新农村建设发挥的重要作用，宣传大学生到农村经受锻炼成长成才的先进典型，为做好大学生“村官”聘用期满后有序流动工作营造良好的舆论氛围和就业环境。

5 月 27 日

中共教育部党组下发《关于成立教育系统创先争优活动领导小组及其办公室的通知》。文件指出，为加强对在教育系统党的基层组织和党员中深入开展创先争优活动的领导和指导，经研究，决定成立教育系统创先争优活动领导小组及其办公室。文件明确了教育系统创先争优活动领导小组人员组成名单和教育系统创先争优活动领导小组办公室人员组成名单。

同日，教育部党组书记、部长、教育系统创先争优领导小组组长袁贵仁在教育系统深入开展创先争优活动动员部署视频会议上发表重要讲话。袁贵仁强调：(1)统一思想，充分认识开展创先争优活动的重要意义。第一，深入开展创先争优活动是学习实践活动的延展和深入，是推动学习实践科学发展观向深度和广度发展的重要举措；第二，深入开展创先争优活动是中央关于教育重大决策部署贯彻落实到基层的重要抓手，是在新的起点上推进教育事业科学发展的现实需要；第三，深入开展创先争优活动是进一步加强基层组织和党员队伍建设的有效载体，是提升基层党建科学化水平的重要途径。(2)领会精神，结合实际贯彻落实中央的决策部署。第一，要准确把握总体要求。第二，要准确把握目标任务：一是在推动科学发展上取得新进展；二是在促进校园和谐上取得新成效；三是在服务广大师生上取得新进步；四是在加强基层组织上取得新突破。第三，要准确把握主要内容。创建先进基层党组织要做到“五个好”，即领导班子好、党员队伍好、工作机制好、工作业绩好、群众基础好；争做优秀共产党员要做到“五带头”，即带头学习提高、带头争创佳绩、带头服务群众、带头遵纪守法、带头弘扬正气。(3)分类指导，认真谋划和推进创先争优活动。第一，高等学校党组织要紧紧围绕推进教育改革、搞好教书育人、加强教师队伍建设开展创先争优活动；第二，中等职业学校党组织要紧紧围绕国家战略性产业发展和重点产业升级对职业教育的需求，提高教育教学质量开展创先争优活动；第三，中小学校党组织要围绕实施素质教育，促进学生全面发展开展创先争优活动；第四，部直属机关党组织要把创先争优活动与开展“讲党性、重品行、作表率”活动有机结合起来，努力建设人民满意的文明和谐机关。他特别强调了两点：一是各级各类民办学校党组织要围绕建立健全党组织、充分发挥党组织和党员作用开展创先争优活动；二是民族地区学校和民族院校党组织要在创先争优活动中，组织开展丰富多彩的民族团结宣传教育活动，加强少数民族学生思想政治教育，全面关心少数民族学生的学习和生活，切实解决他们的实际困难，坚决维护民族团结和社会稳定，促进各民族共同团结奋斗、共同繁荣发展。(4)加强领导和指导，确保创先争优活动取得实效。一是落实好责任；二是掌握好进度；三是营造好氛围。

同日，教育部办公厅颁发《关于组织开展劳模进校园活动的通知》，指出：(1)高度重视，加强领导。各地教育部门和各级各类学校要认真学习、深入领会、全面贯彻胡锦涛总书记在全国劳动模范和先进工作者表彰大会上的重要讲话精神，充分认识开展劳模进校园活动的重要意义。(2)认真组织，确保实效。各地教育部门和各级各类学校要精心组织，积极邀请在全面建设小康社会、加快推进社会主义现代化伟大实践中取得显著业绩的先进模范人物走进校园，通过做报告、座谈、对话、担任校外辅导员和学生社团指导教师等形式，引导广大青少年学生学习领会爱岗敬业、争创一流，艰苦奋斗、勇于创新，淡泊名利、甘于奉献的伟大劳模精神，激励他们崇尚先进、学习先进、争当先进，努力成长成才，在全面建设小康社会的征途中为祖国、为人民、为民族做出应有的贡献。(3)加强宣传，营造氛围。各地教育部门和各级各类学校要充分运用报刊、广播、校园网络、宣传橱窗等多种渠道，大力宣传劳动模范的先进事迹和优秀品质，宣传劳模进校园活动的意义、做法、经验、先进典型和开展成效，努力营造开展劳模进校园活动的良好氛围。

5月28日

共青团中央、中国科协、教育部、全国学联联合颁发《关于组织开展第七届“挑战杯”中国大学生创业计划竞赛的通知》，明确了竞赛时间为2010年5—9月。竞赛由共青团中央、中国科协、教育部、全国学联共同主办，吉林大学、长春市人民政府承办，参赛对象为全日制高等学校(含民办高校)在校学生。竞赛的组织机构：一是竞赛设立全国组织委员会，由主办单位、承办单位的有关负责人组成，负责竞赛组织领导工作。全国组织委员会下设秘书处，负责竞赛的日常事务。二是竞赛设立全国评审委员会，由全国组织委员会聘请经济学、管理学等学科的专家、学者，风险投资界人士和企业家组成，负责参赛作品的评审工作。三是各省(自治区、直辖市)要成立相应机构，负责本地预赛的组织领导、评审等相关工作。竞赛分预赛、复赛和决赛三个阶段进行。文件要求：(1)高度重视，加强领导；(2)建章立制，把握导向；(3)广泛动员，密切配合；(4)搞好宣传，营造氛围。

5月29日—30日

全国加强和改进大学生思想政治教育工作座谈会在北京召开。中共中央政治局常委李长春出席会议并发表重要讲话。李长春强调，大学生是党和国家的宝贵人才资源。要坚持以理想信念教育为核心，以爱国主义教育为重点，以思想道德建设为基础，以大学生全面发展为目标，着力创新方式方法，着力提高队伍素质，着力健全长效机制，着力优化育人环境，不断提高大学生思想政治教育工作水平，培养德智体美全面发展的中国特色社会主义事业合格建设者和可靠接班人，为夺取全面建设小康社会新胜利、实现中华民族伟大复兴做出更大贡献。

李长春强调，当前和今后一个时期，加强和改进大学生思想政治教育，要高举中国特色社会主义伟大旗帜，以邓小平理论和“三个代表”重要思想为指导，深入贯彻落实科学发展观，全面贯彻党的教育方针，牢固树立育人为本、德育为先的理念，解放思想、实事求是、与时俱进，贴近实际、贴近生活、贴近大学生，更加深入扎实地贯彻落实好《中共中央、国务院关于进一步加强和改进大学生思想政治教育的意见》提出的各项任务。要深入推进社会主义核心价值体系学习教育，有效引导大学生树立正确的理想信念；不断改进思想政治理论课教育教学，更好发挥大学生思想政治教育的主渠道作用；进一步创新方式方法和途径，不断增强大学生思想政治教育的针对性、实效性和亲和力、感染力；强化环境育人功能，进一步营造有利于大学生健康成长的良好氛围；加强和改善大学生管理服务工作，努力在解决实际问题过程中提高思想政治教育效果；大力加强队伍建设，切实提高大学生思想政治教育工作者的育人能力；进一步完善长效机制，不断提高大学生思想政治教育工作的科学化水平。李长春指出：加强和改进大学生思想政治教育工作，关键在领导。各级党委和政府要充分认识加强和改进大学生思想政治教育工作的重要性和紧迫性，把大学生思想政治教育工作摆在更加突出的位置，纳入党委和政府的重要议事日程，纳入科学发展考核评价体系，加强高校领导班子建设，加强统筹协调，加强督促检查，扎扎实实地推进各项工作，不断开创大学生思想政治教育工作新局面。

中共中央政治局委员、国务委员刘延东做了会议总结。刘延东强调，要加强领导，统筹协调，切实落实会议精神，把思想和行动统一到中央的要求和部署上来。进一步增强责任感和自觉性，创新理念，科学谋划，找准工作定位和方向，把握工作重点和着力点，开创大学生思想政治教育工作新局面。要紧紧围绕培养什么人、怎么培养人这一战略主题，切实掌握大学生成长规律和思想政治教育规律，坚持知识、能力培育和价值观培育相结合，课内教育与课外教育相结合，解决思想问题与解决实际问题相结合，专职教师队伍与兼职教师队伍相结合，主动服务学生与学生自我服务相结合，学校教育与家庭教育相结合，传统方法与现代手段相结合，即时应对与建立长效机制相结合，努力提高大学生思想政治教育工作科学化水平，确保思想政治教育卓有成效。

6月

6月2日

国家发展改革委、卫生部、教育部、财政部、人力资源和社会保障部联合颁发《关于印发开展农村订单定向医学生免费培养工作实施意见的通知》。文件指出：(1)从2010年起，连续三年在高等医学院校开展免费医学生培养工作，重点为乡镇卫生院及以下的医疗卫生机构培养从事全科医疗的卫生人才。(2)省级卫生、人力资源和社会保障、财政部门根据本地农村卫生队伍建设发展规划和需求，于上年11月前确定下一年度定向单位和岗位数，提出各类免费医学生需求数量计划；省级教育行政部门商卫生、发展改革部门确定开展免费医学生培养的学校，省级卫生行政部门和教育行政部门联合与学校签署免费医学生培养协议。(3)免费医学生分5年制本科和3年制专科两种，以5年制本科为主，3年制专科主要面向乡镇卫生院以下的医疗卫生岗位。(4)订单定向培养计划作为定向就业招生计划，纳入普通高等学校年度招生规模。(5)免费医学生在获取入学通知书前，须与培养学校和当地县级卫生行政部门签署定向就业协议，承诺毕业后到有关基层医疗卫生机构服务6年。(6)免费医学生在校学习期间免除学费，免缴住宿费，并补助生活费，学费、住宿费标准按照当地物价部门制定的收费标准执行，生活费补助标准由各省份结合实际确定，原则上不低于国家助学金补助标准，所需经费由省级财政在医疗卫生支出中统筹落实。(7)免费医学生按全科发展方向培养，承担培养任务的学校要根据农村卫生工作需要，制订教学计划，加强全科医学教育，强化实践教学环节，突出临床能力培养，适当增加中医学(民族医学)教学时数和计划生育技术相关内容。(8)免费医学生毕业后，应按照入学前签署的定向就业协议，到生源所在地县级卫生行政部门报到，由基层医疗卫生机构按照有关规定与之签订聘用合同，办理相关手续，实行合同管理。(9)免费医学生毕业后，按有关规定参加全科医生规范化培训等培训，并完成执业医师或执业助理医师资格考试。(10)各有关地区、部门和学校要切实负起责任，扎实工作，保证项目的顺利实施。

6月3日—4日

教育部召开2010年全国青少年廉洁教育工作交流会议。会议深入贯彻落实党的十七大和十七届三中、四中全会以及十七届中央纪委第三、四、五次全会精神，总结交流了近年来青少年廉洁教育的成功经验，进一步明确工作目标，理清工作思路，把握工作重点，创新工作方法，积极推动校园廉政文化建设，努力营造风清气正的校园环境。

6月6日

哈尔滨工业大学建校90周年。中共中央政治局常委李长春前往调研时强调，要认真贯彻全国加强和改进大学生思想政治教育工作座谈会精神，坚持育人为本、德育为先、教学为要、科研为基，把传授知识技能与坚定理想信念结合起来，把课堂教学与社会实践结合起来，把继承传统与开拓创新结合起来，大力培育优良的校风、教风、学风，不断提高大学生思想政治教育的针对性和实效性，努力培养德智体美全面发展的中国特色社会主义事业合格建设者和可靠接班人。

中共中央政治局委员、国务委员刘延东一同参加调研。刘延东指出，哈工大历史悠久、传统光荣、校风优良，始终与民族共命运，与时代同进步，走过了不平凡的发展历程，爱国敬业、无私奉献、严谨治学的传统在这里代代相传，包容开放、勇攀高峰、开拓创新的精神在这里生生不息。刘延东希望哈工大坚持科学发展，突出办学特色，提高教育质量，积极探索中国特色现代高等教育发展之路；坚持育人为本，立德树人，努力造就高素质拔尖创新人才，培养社会主义事业合格建设者和可靠接班人；坚持自主创新，大力推进知识创新、技术创新和国防科技创新，提升科研整体水平，在建设创新型国家中发挥更大作用；坚持服务社会，推进产学研用结合，为国家和区域发展提供人才和智力支持；坚持对外开放，加强国际交流合作，培养和吸引国际化人才，努力走在东北亚高水平大学前列，早日建成世界一流大学。

6月7日

共青团中央、全国青联联合颁发《关于授予中国石化集团公司胜利石油管理局川东北工委川西前线99101钻井队“中国青年五四奖章集体”称号的决定》，指出：广大团员青年要向受到表彰的先进集体学习。学习他们胸怀祖国、心系人民，甘为祖国奉献青春的理想信念；学习他们不怕困难、不怕牺牲、敢为人先、锐意进取的精神品质；学习他们特别能吃苦、特别能战斗、特别能奉献的工作作风。全国广大团员青年要以他们为榜样，更加紧密地团结在以胡锦涛同志为总书记的党中央周围，高举中国特色社会主义伟大旗帜，以邓小平理论和“三个代表”重要思想为指导，深入贯彻落实科学发展观，在夺取全面建设小康社会新胜利的伟大实践中再立新功。

6月18日

中宣部、中央文明办、教育部、共青团中央、全国学联联合颁发《关于开展2010年全国大中专学生志愿者暑期文化科技卫生“三下乡”社会实践活动的通知》。文件指出，为深入贯彻落实全国加强和改进大学生思想政治教育工作座谈会精神，进一步发挥社会实践在加强和改进大学生思想政治教育中的积极作用，引导广大青年学生在社会实践中认真学习实践科学发展观，深入了解基本国情，不断增强在夺取全面建设小康社会新胜利的伟大实践中奋发成才的使命感和责任感，坚定跟党走中国特色社会主义道路的理想信念，中宣部、中央文明办、教育部、共青团中央、全国学联决定，2010年暑期继续组织开展全国大中专学生志愿者“三下乡”社会实践活动。

文件提出：(1)活动主题为“服务三农发展建设美好家园”。(2)活动内容。2010年暑期“三下乡”社会实践活动坚持以贯彻落实科学发展观为指导，以服务新农村建设、现代农业发展、新型农民成长和帮助基层群众在各种自然灾害后建设新家园、开创新生活为重点，激发青年学生奉献才智、成才报国的热情，引导青年学生坚持理论联系实际，为基层提供力所能及的服务，明确坚定的政治方向，真正实现“受教育、长才干、作贡献”的宗旨。活动主要包括：第一，百支大中专学生科学发展观实践服务团。第二，两百支大中专学生关爱农民工子女服务团。第三，两百支大中专学生赴灾区实践服务团。第四，百支大中专学生科技兴农服务团。第五，百支大中专学生文化宣传服务团。第六，百支大中专学生基层医疗卫生服务团。(3)工作要求。各地、各高校和各有关部门要围绕全国800支重点团队的部署，按照“按需设项、据项组团、双向受益”的工作要求开展活动。要细化活动的育人目标，进一步做好前期需求调研和规划设计工作，提高针对性和实效性。要把“三下乡”社会实践活动纳入进一步加强和改进大学生思想政治教育工作体系，适当扩大活动覆盖面，建设稳定的实践基地和长效机制，力争使每一名学生在学期间至少参加一次以“三下乡”为主要内容的社会实践活动。要组织各级各类新闻媒体加大对大中专学生志愿者暑期“三下乡”社会实践活动的宣传力度，及时报道各地开展活动的进展和成效，积极营造浓厚的社会舆论氛围。

同日，教育部办公厅颁发《关于在高等学校聘请离退休老同志担任特邀党建组织员的意见》，指出：(1)充分认识聘请离退休老同志担任特邀党建组织员的重要意义。高校关工委中的老同志是学校党建工作队伍中的一支重要力量，聘请离退休老同志担任特邀党建组织员，是加强和改进在大学生中发展党员工作和大学生党支部建设的有效举措。要站在党和国家发展全局的高度，充分认识聘请离退休老同志担任特邀党建组织员的必要性和重要性，充分发挥他们在党建工作中的优势和作用，为不断开创高校党建工作新局面，培养中国特色社会主义合格建设者和可靠接班人做出新贡献。(2)认真做好特邀党建组织员的选聘工作。具体包括：第一，党建组织员是在党委领导下负责发展党员工作和党员教育管理工作的党务工作人员。第二，特邀党建组织员的基本条件是：政治素质高、敬业精神强，在政治、思想上与党中央保持一致；热爱党建工作，有较丰富的工作经验，能把握学生党建工作规律；身体健康。第三，特邀党建组织员的职责是：在学校党委的统一领导和党委组织部门的具体指导下，协助基层党组织定点联系二级院(系)做好党员的培养、教育和考察工作；协助学校党委和党委组织部门检查、指导、督促基层党组织做好发展党员工作。第四，选聘特邀党建组织员的程序是：特邀党建组织员由学校党委组织部门归口管理，在尊重个人意愿的基础上，由学校关工委和离退休干部工作部门党委（总支）推荐，院（系）党委（总支）上报学校党委组织部门审核，由学校党委批准。（3）切实为做好特邀党建组织员工作提供条件和制度保证。建立和完善特邀党建组织员工作制度，为党建组织员开展工作提供必要条件，是充分调动他们积极性和发挥他们作用，扎实做好大学生党建工作的基础和保证。要加强特邀党建组织员的学习、培训和交流。要为特邀党建组织员营造良好的工作环境，大力宣传聘请特邀党建组织员的重要意义和优秀特邀党建组织员的先进事迹，发挥其典型示范作用。

6 月 21 日

中共中央政治局召开会议审议并通过了《国家中长期教育改革和发展规划纲要（2010—2020年）》。中共中央总书记胡锦涛主持会议。

会议指出，教育是民族振兴、社会进步的基石，是提高国民素质、促进人的全面发展的根本途径，寄托着亿万家庭对美好生活的期盼。强国必先强教。中国未来发展、中华民族伟大复兴，关键靠人才，基础在教育。制定并实施国家中长期教育改革和发展规划纲要，优先发展教育，加快提高教育现代化水平，对满足人民群众接受良好教育需求，对全面实现小康社会目标、建设富强民主文明和谐的社会主义现代化国家具有决定性意义。

会议指出，党和国家历来高度重视教育事业。新中国成立特别是改革开放以来，经过全党全社会共同努力，我们开辟了中国特色社会主义教育发展道路，建成了世界最大规模的教育体系，保障了亿万人民群众受教育的权利。教育发展极大提高了全民族素质，推进了科技创新、文化繁荣，为经济发展、社会进步、民生改善做出了不可替代的重大贡献。我国实现了从人口大国向人力资源大国的转变。

会议强调，面对全面建设小康社会的新要求、人民群众的新期盼、国际竞争的新形势，必须高举中国特色社会主义伟大旗帜，以邓小平理论和“三个代表”重要思想为指导，深入贯彻落实科学发展观，全面贯彻党的教育方针，坚持社会主义办学方向，面向现代化、面向世界、面向未来，遵循教育规律和人才成长规律，认真落实优先发展、育人为本、改革创新、促进公平、提高质量的工作方针，全面推进教育事业科学发展，办好人民满意的教育，建设人力资源强国。

会议强调，在党和国家工作全局中，要坚定不移把教育摆在优先发展的战略地位，大力实施科教兴国战略和人才强国战略。要坚持以人为本、全面实施素质教育，把促进学生健康成长作为学校一切工作的出发点和落脚点，着力提高学生服务国家服务人民的社会责任感、勇于探索的创新精神和善于解决问题的实践能力，培养德智体美全面发展的社会主义建设者和接班人。要把改革创新作为教育发展的强大动力，创新人才培养体制、办学体制、教育管理体制，改革教学内容、方法、手段，扩大教育开放。要把促进公平作为国家基本教育政策，建成覆盖城乡的基本公共教育服务体系，合理配置公共教育资源，向农村地区、边远贫困地区、民族地区倾斜，努力办好每一所学校，教好每一个学生，保障公民依法享有受教育的权利。要把提高质量作为教育改革发展的核心任务，树立科学的教育质量观，注重教育内涵发展。要完善中国特色社会主义现代教育体系，基本普及学前教育，巩固提高九年义务教育水平，加快普及高中阶段教育，大力发展职业教育，全面提高高等教育质量，加快发展继续教育，重视和支持民族教育事业，关心和支持特殊教育。要切实提高教师综合素质和业务水平，鼓励优秀人才长期从教、终身从教、到艰苦贫困地区从教，努力造就师德高尚、业务精湛、结构合理、充满活力的高素质专业化教师队伍。要保障经费投入，健全以政府投入为主、多渠道筹集教育经费的体制，调动全社会办教育的积极性。

会议要求，各级党委和政府要切实加强对教育工作的领导，把落实教育优先发展、推动教育事业科学发展作为重要职责，把国家中长期教育改革和发展规划纲要各项任务措施落到实处，形成全党全社会重视、关心、支持教育发展的良好氛围。

6月22日

中国关心下一代工作委员会、中央文明办在北京人民大会堂召开纪念中国关工委成立20周年暨全国关心下一代工作表彰大会，中共中央政治局常委李长春会见全体代表。李长春指出：老干部、老战士、老专家、老教师、老模范“五老”人员具有丰富的人生阅历和深刻的人生感悟，是党和人民的宝贵财富。他们与青少年有着天然紧密的情感联系，在深入细致地对青少年进行思想道德教育方面有着不可替代的独特优势。李长春希望中国关工委进一步加强组织，充分发挥“五老”人员的积极作用，为加强和改进未成年人思想道德建设和大学生思想政治教育，推动全社会精神文明建设做出新的更大的贡献。

中共中央政治局委员、中央书记处书记、中宣部部长刘云山出席会议并讲话。刘云山指出，加强青少年思想道德建设、引导广大青少年健康成长，是关系中华民族伟大复兴的战略工程，是关系中国特色社会主义事业兴旺发达的希望工程。希望各级关工委和老同志在推进社会主义核心价值体系建设方面做出新的贡献，更好地引导青少年学习科学文化知识、增强爱国情感、树立远大志向、养成文明习惯，做社会主义核心价值体系的弘扬者和实践者。希望各级关工委和老同志在弘扬革命传统方面做出新的贡献，更好地引导青少年了解革命传统、弘扬革命精神，树立正确的世界观、人生观、价值观，立志成为中国特色社会主义事业的合格建设者和可靠接班人。希望各级关工委和老同志在营造有利于青少年健康成长的社会文化环境方面做出新的贡献，加强对社会文化环境的监督，与社会各方面共同营造积极健康向上的社会文化氛围，促进广大青少年健康成长、快乐成长。刘云山强调，各级党委政府要从中国特色社会主义事业后继有人的战略高度，切实重视青少年思想道德建设，把关心下一代工作纳入精神文明建设的总体布局。要努力为关工委开展工作创造条件，多关心老同志的身体健康，帮助解决实际困难。要大力宣传弘扬老同志关心下一代的先进事迹和崇高精神，推动形成全社会关爱青少年健康成长的良好氛围。

6月23日

教育部印发《关于深入推进学生志愿服务活动的意见》，对深入推进学生志愿服务活动的指导思想和基本原则，加强教育引导，强化学生志愿服务意识，深入开展各种形式的志愿服务活动，搭建学生志愿服务平台，加大支持力度，建立深入推进学生志愿服务活动的保障和激励机制，切实加强对学生志愿服务活动的领导做出规定。

6月28日

财政部、教育部颁发《关于对玉树地震重灾区学生实施特别资助政策的通知》，对以下内容做了明确：(1)资助范围及对象。特别资助政策的资助对象，是生源地为玉树地震重灾区的高中阶段和高等教育阶段学生，恢复重建期内迁出省外和玉树州外就读的地震重灾区的初中和高中阶段学生。(2)主要内容。第一，对生源地为玉树地震重灾区的高中阶段和高等教育阶段学生，从2010年4月至2011年7月，全部发放国家助学金或生活费补助，并免除一学年的学费。新增资金全部由中央财政负担。包括：对高中阶段学生，一是免除学费，二是补助生活费；对高等教育阶段学生，一是免除学费，二是发放国家助学金。第二，对恢复重建期内迁出省外和玉树州外就读的初中和高中阶段的重灾区学生，从2010年秋季学期起全部免除学费和住宿费，并发放生活费补助，所需资金以中央财政综合定额补助为主，迁入迁出地政府适当负担。(3)工作要求。各地区、各有关部门和学校，要高度重视对玉树地震灾区实施特别资助政策的工作。对高中阶段学校在校生、普通高校全日制本专科在校生以及2010年秋季新入学的学生，要实行“绿色通道”制度，即先办理入学注册手续，再根据核实的受灾情况，落实好有关资助政策，确保地震灾区的学生顺利就学。

7月

7月9日—10日

中共中央政治局委员、中央书记处书记、中

组部部长李源潮在湖北调研创先争优活动时指出，要充分激发基层党组织和党员创先争优内在积极性。李源潮强调，各级党委要按照胡锦涛总书记要求，紧紧围绕中心工作深入推进创先争优活动，运用党员承诺、领导点评、群众评议等有效方式，充分激发基层党组织和党员的进取心、荣誉感，营造争当先进、争创优秀的浓厚氛围。

调研期间，李源潮深入湖北农村、企业、高校、高新技术园区，与基层党组织负责人和党员相互交流，听取他们对开展创先争优活动的意见。在华中科技大学，李源潮参加了学生党员"争做党旗领航手、创先争优实践行"出征仪式，勉励他们到实践中去，加深对国情的认识，培养对人民群众的感情，努力提高自身素质，以更好地肩负起在中国今后发展中的责任。

7 月 13 日—14 日

全国教育工作会议在北京召开，中共中央总书记、国家主席、中央军委主席胡锦涛出席会议并发表重要讲话。此次会议是党中央、国务院在新世纪召开的第一次全国教育会议，会议的主要任务是：总结交流教育工作经验，分析教育工作面临的新情况新问题，动员全党全社会全面实施《国家中长期教育改革和发展规划纲要（2010—2020 年）》，坚持优先发展教育，推动教育事业科学发展，建设人力资源强国，为全面建设小康社会、加快推进社会主义现代化提供更有力的人才保证和人力资源支撑。

胡锦涛强调：(1)充分认识推进教育改革和发展的重大意义。一是教育是国家和民族发展最根本的事业，必须坚持党对教育工作的领导，明确政府发展和管理教育的责任，落实教育优先发展的战略地位，实现教育和经济社会协调发展，充分发挥教育在党和国家事业中的基础性、先导性、全局性地位和作用；二是教育的根本目的是培养德智体美全面发展的社会主义建设者和接班人，必须全面贯彻落实党的教育方针，把促进学生健康成长作为学校一切工作的出发点和落脚点；三是教育事业发展的生机活力在改革开放，必须始终按照面向现代化、面向世界、面向未来的要求，立足社会主义初级阶段基本国情，坚持继承和创新相结合，不断深化教育体制改革和教育教学改革；四是教育是改善民生、促进社会和谐的重要途径，必须坚持以人为本，促进教育公平，保障公民依法享有受教育的权利；五是教育事业发展的关键在教师，必须紧紧依靠广大教师和教育工作者，遵循教育规律办学教学，不断提高教师政治和业务素质，弘扬尊师重教的社会风气。我们必须清醒地看到，虽然我国教育事业已经取得巨大成就，但还不完全适应国家经济社会发展和人民群众接受良好教育的要求，主要问题是：有学上的问题基本解决，但上好学的问题依然突出，人民群众不断增长的多样化教育需求还不能得到很好满足；教育观念相对落后，内容方法比较陈旧，中小学生课业负担过重，素质教育推进困难；学生适应社会和就业创业能力不强，创新型、实用型、复合型人才紧缺；教育体制机制不完善，学校办学活力不足，教育结构和布局不尽合理，城乡、区域教育发展不平衡；教育投入不足，教育优先发展的战略地位尚未完全落实。我们要推动教育事业科学发展，必须着力解决这些问题。(2)全面推动我国教育事业改革和发展。第一，推动教育事业科学发展，必须优先发展教育；第二，推动教育事业科学发展，必须坚持以人为本；第三，推动教育事业科学发展，必须坚持改革创新；第四，推动教育事业科学发展，必须促进教育公平；第五，推动教育事业科学发展，必须重视教育质量。(3)全党全社会共同为推动教育事业科学发展而奋斗。第一，着力加强和改善对教育工作的领导；第二，着力动员全社会共同推动教育事业科学发展；第三，着力组织广大教师和教育工作者投身教育事业科学发展伟大实践。

中共中央政治局常委、国务院总理温家宝在会议上发表主题讲话《强国必强教　强国先强教》。温家宝强调：(1)在新的起点上全面谋划教育改革发展。第一，教育发展要面向未来；第二，教育发展要适应经济社会发展对人才需求和全面提高国民素质的要求；第三，教育发展要顺应人民群众对接受更多更好教育的新期盼；第四，教育发展要进一步深化改革。(2)大力促进教育公平。要进一步办好义务教育，要不断完善国家助学制度，要切实解决特殊群体孩子的上学问题。(3)推动教育全面协调发展。职业教育是面向人人、面向整个社会的教育，根本目的是让人学会技能和本领，能够就业，成为有用之才；高等教育要坚持稳步发展和提高质量相结合，重点放在提高质量上；学前教育在各级各类教育中是一个十分薄弱的环节，人民群众意见较多。(4)全面推进素质教育。素质教育是教育改革发展的战略主题，是贯彻党的教育方针的时代要求；古往今来的许多事例证明，素质教育是培养杰出人才的基础；推进素质教育，培养全面发展的优秀人才和杰出人才，关键要深化课程和教学改革，创新教学观念、教学内容、教学方法，着力提高学生的学习能力、实践能力、创新能力。(5)深化教育体制改革。要落实和扩大学校办学自主权，要推进学校民主管理，要倡导教育家办学，要大力发展民办教育，要扩大教育对外开放。(6)加强教师队伍建设。教育是心灵与心灵的沟通，灵魂与灵魂的交融，人格与人格的对话；建设一支高素质的教师队伍，必须办好师范教育；要特别重视加强农村教师队伍建设；尊师重教是社会文明进步的体现。

中共中央政治局委员、国务委员刘延东在全国教育工作会议上做总结讲话。刘延东强调：(1)深入学习领会会议精神，把思想和行动统一到中央的要求和部署上来。第一，提高认识，增强优先发展教育的使命感、责任感和紧迫感；第二，统一思想，坚持教育事业科学发展的方向；第三，抓住关键，落实教育改革发展的任务要求；第四，更新观念，遵循教育规律、教学规律和人才成长规律；第五，凝聚合力，明确发展教育事业是全社会的共同责任。(2)正确把握若干重要关系，提高教育工作科学化水平。第一，优先发展与服务全局的关系；第二，促进公平与注重效率的关系；第三，扩大规模与提高质量的关系；第四，政府主导与社会参与的关系；第五，整体推进与分类指导的关系；第六，尽力而为与量力而行的关系；第七，立足国情与面向世界的关系；第八，改革发展与维护稳定的关系。(3)加强领导、明确责任，把中央的要求真正落到实处。第一，落实领导责任；第二，启动项目实施；第三，推进改革试点；第四，营造良好氛围。

7月19日

由教育部思想政治工作司指导、全国高校思想政治教育研究会主办的全国加强和改进大学生思想政治教育高层论坛在吉林大学举行。教育部党组副书记、副部长陈希发表讲话。陈希指出，近年来大学生思想政治教育工作在改进中加强、在创新中发展，开创了新局面。大学生思想政治教育主渠道、主阵地建设科学谋划、系统推进，学科建设和工作研究长足发展、成果初显，工作队伍规模不断壮大、素质明显提高，全党全社会共同推进大学生思想政治教育的合力增强、环境优化，大学生群体思想政治状况的主流积极向上、令人欣慰。

加强和改进大学生思想政治教育工作要重点做好五个方面的工作：一是要进一步加强和改进高校思想政治理论课；二是要进一步创新大学生思想政治教育的方法途径；三是要进一步加强辅导员队伍专业化职业化建设；四是要进一步加强思想政治教育工作研究；五是要进一步完善长效机制，形成育人合力。

7月21日

第十七届全国青少年爱国主义读书教育活动总结大会在人民大会堂隆重举行。全国青少年爱国主义读书教育活动由全国妇联发起组织，从1993年开始，活动以每年一个主题的系列化形式坚持至今，已经成为对未成年人进行爱国主义和思想道德教育的有效载体和品牌工程。第十七届读书活动以“辉煌六十年”为主题，用生动事实介绍新中国成立60年来取得的伟大成就和丰富经验，激发广大青少年的爱国热情，增强民族自豪感，树立对祖国美好前途的信心，努力成长为新一代社会主义事业的建设者和接班人。第十八届读书活动主题为“历史的选择”。活动将以纪念建党90周年为契机，帮助广大青少年深入了解党的光荣历史和伟大业绩，进一步激发青少年的爱国之情、强国之志和报国之行。

7月22日

教育部颁发《关于追授蒋小波同学“全国无私奉献优秀大学生”荣誉称号的决定》，指出：蒋小波同学在病痛和死亡面前表现出坚定的理想信念和高尚的道德情操，在大学生中引起了广泛反响和强烈共鸣。他用实际行动展示了当代大学生的良好精神风貌，是当代大学生的优秀代表。广大青年学生要向蒋小波同学学习，学习他勤劳俭朴、自强不息的传统美德，学习他踏实做事、热心助人的优秀品德，学习他无私奉献、感恩社会的宝贵精神。

7 月 27 日

共青团中央、全国学联、中国青年志愿者协会联合颁发《关于追授赵小亭同学“中国杰出青年志愿者”的决定》，指出：赵小亭同学是当代青年学生和千千万万青年志愿者的优秀代表，在她身上集中休现了中华民族的传统美德和当代青年学生的高尚精神追求。广大团员、青年学生和青年志愿者要向赵小亭同学学习，学习她胸怀祖国、心系人民的高尚情操，学习她关爱他人、乐于奉献的良好品德，学习她脚踏实地、恪尽职守的扎实作风。各级共青团组织、学联组织和青年志愿者组织要迅速掀起学习热潮，在全社会大力弘扬“奉献、友爱、互助、进步”的志愿精神，引导广大团员青年牢固树立正确的世界观、人生观、价值观，自觉践行社会主义核心价值观，努力成长为中国特色社会主义事业的合格建设者和可靠接班人。全国广大团员青年要更加紧密地团结在以胡锦涛同志为总书记的党中央周围，高举中国特色社会主义伟大旗帜，坚持以邓小平理论和“三个代表”重要思想为指导，深入贯彻落实科学发展观，在夺取全面建设小康社会新胜利的伟大实践中创造出无愧于时代的新业绩。

7 月 30 日

共青团中央颁发《关于追授刘开瑾同学“全国优秀共青团员”的决定》，指出：刘开瑾同学是新时期青年学生的优秀代表。他富有爱心、吃苦耐劳，入学一年多来，自己生活节俭，却对青海玉树地震灾区、西南旱区多次慷慨解囊，在学校德育考核中一直名列前茅。在他身上集中体现了中华民族的传统美德和当代青年学生的高尚精神追求。广大团员青年要向刘开瑾同学学习，学习他热爱祖国、热爱人民的崇高精神，学习他不惧危险、舍生忘死的英雄气概，学习他关爱他人、无私奉献的优秀品质，努力成长为中国特色社会主义事业的合格建设者和可靠接班人。各级共青团组织要引导全国广大团员青年以刘开瑾同学为榜样，切实肩负起社会责任和历史使命，更加紧密地团结在以胡锦涛同志为总书记的党中央周围，高举中国特色社会主义伟大旗帜，坚持以邓小平理论和“三个代表”重要思想为指导，深入贯彻落实科学发展观，坚定信心，振奋精神，刻苦学习，扎实工作，在夺取全面建设小康社会新胜利的伟大实践中创造出无愧于时代的新业绩！

8 月

8 月 1 日

教育部颁发《关于追授赵小亭同学“全国无私奉献优秀大学生”荣誉称号的决定》，号召广大青年学生向赵小亭同学学习，学习她扶贫助困、甘于奉献的传统美德，学习她不畏艰苦、勇于实践的优秀品德，学习她心系社会、热心助人的宝贵精神。要充分认识开展向赵小亭同学学习的重要意义，加强领导，精心组织，把学习赵小亭同学先进事迹的活动与深入贯彻落实《中共中央、国务院关于进一步加强和改进大学生思想政治教育的意见》及全国加强和改进大学生思想政治教育工作座谈会精神结合起来，与深入开展创先争优活动结合起来，与深入贯彻落实全国教育工作会议及《国家中长期教育改革和发展规划纲要（2010—2020 年）》精神结合起来，深入研究大学生思想政治教育工作规律和大学生成长成才规律，科学总结加强和改进大学生思想政治教育工作的做法、成效和经验，采取更加有力措施，不断提高大学生思想政治教育工作科学化水平。

8 月 6 日

中宣部、教育部颁发《关于高等学校研究生思想政治理论课课程设置调整的意见》。文件指出：(1)研究生思想政治理论课课程设置调整的必要性。研究生思想政治理论课是对研究生进行系统马克思主义理论教育的公共必修课。加强和改进研究生思想政治理论课，对于贯彻党的教育方针，培养德才兼备、全面发展的高层次创新人才，巩固马克思主义在意识形态领域指导地位具有重要意义。(2)研究生思想政治理论课课程设置调整的原则。一是课程的导向性；二是课程的层次性；三是课程的实效性。(3)研究生思想政治理论课课程设置调整的内容。第一，硕士研究生思想政治理论课课程设置。硕士研究生开设1门必修课程(占2学分，36个学时)，1门选修课程(占1学分，18个学时)。必修课程："中国特色社会主义理论与实践研究"课。选修课程：硕士研究生须从"自然辩证法概论"课和"马克思主义与社会科学方法论"课中选择1门作为选修课程。第二，博士研究生思想政治理论课课程设置。博士研究生开设1门必修课程(占2学分，36个学时)，1门选修课程(列入学校博士生公共选修课)。必修课程："中国马克思主义与当代"课。选修课程："马克思主义经典著作选读"课。(4)研究生思想政治理论课课程新方案实施工作的安排。实施研究生思想政治理论课课程新方案是一项政治性、政策性很强的工作。要坚持从实际出发，尊重教育教学规律，保持正常的教学秩序，本着先试点、后推广的原则，科学规划、周密部署、分步推进，保证新方案全面顺利实施。(5)研究生思想政治理论课课程新方案实施工作的组织领导。实施研究生思想政治理论课课程新方案，是贯彻落实中央精神，进一步加强研究生思想政治教育的重要举措。各地党委宣传部门和各地教育行政部门要高度重视新方案的实施，把实施工作摆上重要议程，切实加强领导。要加强对实施工作的指导和组织协调，认真研究，及时解决研究生思想政治理论课建设与发展中遇到的新情况新问题。要把研究生思想政治理论课教学质量作为高校党建和思想政治工作、教学工作评估的重要组成部分，积极营造关心和支持研究生思想政治理论课建设的良好社会氛围。

8月16日

教育部颁发《关于做好防汛抗洪救灾和秋季开学工作的紧急通知》，要求：(1)进一步加强防汛抗洪救灾工作。(2)全力以赴做好按时开学工作。各地教育行政部门和各级各类学校要认真领会党中央、国务院关于把确保学校按时开学作为维护灾区社会稳定的重要工作抓紧抓好的要求，充分认识学校按时开学是当前教育系统防汛抗洪救灾工作中压倒一切的大事。一是充分利用假期剩下的半个月时间，抓紧受灾校舍的清理、整修，教具和仪器设备、图书的配备，为按时开学创造条件。二是及时调配师资，确保灾区复学的师资需求。三是加大对灾区学生的资助力度，开展心理关怀工作，对困难学生采取配发校服、生活学习用品、临时生活补助等办法，帮助他们渡过难关。(3)继续加强对防汛抗洪救灾工作的组织领导。要进一步加强对防汛抗洪救灾的组织领导，进一步落实防汛抗洪救灾工作责任制，在应急救灾、确保开学乃至灾后重建各个阶段，教育系统各级党政干部特别是一把手要靠前指挥、深入一线，认真履行职责。(4)完善应急值守制度，加强信息报送工作。各地教育行政部门和各级各类学校要严格落实应急值守制度，随时掌握汛期安全动态，一旦发生灾情，要第一时间启动自然灾害应急预案，及时有效开展应急救灾工作。

8月23日

教育部颁发《关于追授耿高鹏同学"全国舍己救人优秀大学生"荣誉称号的决定》。号召广大青年学生向耿高鹏同学学习，学习他忠于祖国、热爱人民的赤子情怀，学习他临危不惧、见义勇为的传统美德，学习他舍己救人、不怕牺牲的英雄气概，学习他心系社会、热心助人的优秀品德，学习他乐于奉献、甘于献身的高尚情操。要充分发挥先进典型的示范作用，把他们的先进事迹和崇高精神作为加强和改进大学生思想政治教育工作的生动教材，教育和引导广大学生以先进典型为榜样，努力学习科学文化知识，不断提升思想道德素质，牢固树立正确的世界观、人生观、价值观和荣辱观，自觉践行社会主义核心价值体系，努力成为德智体美全面发展的中国特色社会主义事业的合格建设者和可靠接班人。

同日，中共中央政治局委员、国务委员刘延东在教育部直属高校工作咨询委员会第二十次全体会议上的讲话中指出，要加快建设中国特色现代高等教育，努力实现高等教育的历史性跨域。她指出：(1)认真学习贯彻全国教育工作会议精神和《国家中长期教育改革和发展规划纲要(2010—2020年)》，把思想和行动统一到中央的要求和部署上来。第一，把教育的战略地位提升到历史新高度，明确了新世纪新阶段我国教育事业的历史方位和崇高使命。第二，系统总结了新中国成立60年教育发展的基本经验，深化了对教育改革发展的规律性认识。第三，鲜明提出了新起点上推动教育事业科学发展的努力方向，强调了“五个必须”的基本要求。第四，全面部署了未来10年的教育工作，确定了教育改革发展的重点任务和关键环节。第五，发出了振兴教育全民有责的号召，动员全党全社会共同支持教育改革发展。(2)突出重点、抓住关键，加快建设中国特色现代高等教育。第一，始终把人才培养作为根本使命。一要确保教学的中心地位。二要转变教育观念。三要深化教育教学改革。第二，始终把科技创新作为重要标志。第三，始终把服务社会作为重要职责。第四，始终把提高质量作为核心任务。第五，始终把学科建设作为战略举措。第六，始终把师资队伍作为基本依托。第七，始终把改革创新作为发展动力。一要创新管理体制，形成新型的政府与高校关系；二要深化办学体制改革，形成新型的高校与社会的关系；三要建设中国特色现代大学制度，形成新型的高校内部治理关系。第八，始终把对外开放作为有效途径。第九，始终把大学文化作为深厚土壤。(3)按照教育规律办学治校，不断提高高校管理工作的科学化水平。第一，切实加强班子建设，不断提高领导高校科学发展的能力。第二，强化高校领导的职业化意识，全身心投入高校的科学发展。第三，改进管理和服务，充分激发高校科学发展的内在活力。第四，以领导干部的作风带动校风学风教风，为高校科学发展创造良好环境。

8月24日

中华全国青年联合会第十一届委员会全体会议、中华全国学生联合会第二十五次代表大会在京开幕，中共中央总书记、国家主席、中央军委主席胡锦涛发来贺信。胡锦涛总书记充分肯定了青联和学联近年来的工作，高度赞扬了广大青年和青年学生在改革开放和社会主义现代化建设中发挥的重要作用，深刻阐述了当代青年和青年学生肩负的神圣使命，对当代青年和青年学生成长成才提出了殷切期望，为新形势下青联和学联工作指明了努力方向，并要求各级党委和政府高度重视青年和青年学生工作。胡锦涛总书记在贺信中亲切勉励广大青年和青年学生，自觉担负起时代赋予的光荣使命，以坚定远大的理想励志前行，以孜孜不倦的精神求索新知，以高尚美好的情操培育品德，以锐意创新的激情投身实践，以艰苦扎实的奋斗成就人生，不断创造新的青春业绩，为实现中华民族伟大复兴而奋发努力。

中共中央政治局委员、全国人大常委会副委员长王兆国代表党中央致辞，高度评价了广大青年和青年学生在改革开放和社会主义现代化建设中发挥的重要作用；充分肯定了各级青联和学联组织按照党的要求，团结引导广大青年和青年学生为推动科学发展、促进社会和谐做出的重要贡献；对广大青年和青年学生提出了殷切的希望，对青联和学联工作提出了明确要求，指明了前进方向。王兆国强调：第一，要坚定理想信念，筑牢共同团结奋斗的思想基础。第二，要发奋成长成才，练就适应时代要求的过硬本领。第三，要勇于创新创业，不断开辟事业发展的广阔天地。第四，要锤炼品格意志，争做社会文明进步的时代先锋。

8月27日

中共中央政治局委员、国务委员刘延东在贯彻落实全国教育工作会议精神和教育规划纲要部署实施国家教育体制改革试点工作电视电话会议上的讲话中指出：自全国教育工作会议召开和《国家中长期教育改革和发展规划纲要(2010—2020年)》发布以来，各地各部门把学习贯彻作为重要任务，紧密结合实际，做了大量卓有成效的工作：一是地方各级党委政府高度重视，切实加强组织领导。二是各部门各单位齐心协力，抓紧研究出台重大政策措施。三是教育系统积极主动，以多种形式推进学习贯彻工作深入开展。四是全社会学习宣传持续深入，营造了贯彻落实的良好氛围。

刘延东就贯彻落实全国教育工作会议精神和《国家中长期教育改革和发展规划纲要(2010—2020年)》、扎实推进教育体制改革试点工作，提出三点意见：(1)坚决贯彻落实中央关于教育体制改革的战略部署。(2)准确把握新时期新阶段推进教育改革的总体要求。第一，必须坚持改革的正确方向；第二，必须把握改革的基本原则；第三，必须抓住改革的关键环节；第四，必须掌握改革的科学方法。(3)扎扎实实推进教育体制改革试点工作。第一，加强组织领导；第二，加强方案设计；第三，加强过程指导；第四，加强宣传引导。

8月31日

中共中央政治局委员、全国人大常委会副委员长王兆国，中共中央政治局委员、中央书记处书记、中组部部长李源潮在党群共建创先争优视频会议上发表讲话，共青团中央书记处第一书记陆昊同志代表共青团中央对团组织深入开展创先争优活动做工作部署。王兆国强调：第一，各级工青妇组织要坚持在党的领导下，广泛深入地开展创先争优活动。第二，立足自身特点和优势，通过党群共建、创先争优，更好地发挥组织群众、引导群众、服务群众和维护群众合法权益的作用。第三，不断加强党领导下的工青妇组织建设，通过党群共建、创先争优，最广泛地把广大群众吸引到工青妇组织中来。第四，积极探索新形势下党的群众工作规律，通过党群共建、创先争优，进一步提高群众工作科学化水平。

李源潮指出：第一，各级党委都要深入开展创先争优活动。第二，坚持围绕中心工作推进创先争优。第三，创先争优要让人民群众得到实惠。第四，以创先争优为契机加强基层组织建设。第五，树立和宣传创先争优先进典型。

陆昊提出：第一，充分认识共青团开展创先争优活动的重要意义，牢牢把握活动的鲜明主题。第二，以创先争优活动带动广大青年为促进经济社会发展做贡献。第三，在创先争优活动中着力解决当前存在的突出问题。一是在现有组织健全的地方，着力解决增强组织活力、发挥团员作用的问题；二是在组织建设薄弱和尚未建立组织的地方，着力解决组织覆盖的问题；三是通过有效服务来影响带动青年，着力解决基层团组织对青年的吸引力和凝聚力问题；四是继续狠抓团干部作风建设。第四，采取有效措施全面推进创先争优活动。

9月

9月1日

中共中央政治局委员、国务委员刘延东在《求是》发表署名文章《指导我国教育改革发展的宏伟纲领和行动指南》。文章强调：(1)深刻认识党中央国务院颁布和实施《国家中长期教育改革和发展规划纲要(2010—2020年)》(以下简称《教育规划纲要》)的重大意义。颁布实施《教育规划纲要》，是建设人力资源强国、加快推进社会主义现代化的迫切需要，是提高综合国力、增强国际竞争力的迫切需要，是满足人民群众新期盼、努力办好人民满意教育的迫切需要，是深化教育改革、全面推进教育事业科学发展的迫切需要。(2)准确理解新世纪新阶段教育改革发展的总体要求。第一，我国教育改革发展的战略目标。《教育规划纲要》着眼于全面建成小康社会奋斗目标新要求，明确提出到2020年基本实现教育现代化、基本形成学习型社会、进入人力资源强国行列的战略目标。“两基本、一进入”战略目标，进一步分解为五个方面要求：一是实现更高水平的普及教育；二是形成惠及全民的公平教育，逐步实现基本公共教育服务均等化，缩小教育差距；三是提供更加丰富的优质教育，全面实施素质教育，整体提升各级各类教育质量，提高教育现代化水平，满足社会各方面和人民群众对高质量、多样化教育的需求；四是构建体系完备的终身教育，学历教育和非学历教育协调发展，职业教育和普通教育相互沟通，职前教育和职后教育有效衔接，终身教育体系基本形成；五是健全充满活力的教育体制，深化改革，扩大开放，全面形成与社会主义市场经济体制和全面建设小康社会目标要求相适应的充满活力、富有效率、更加开放、有利于科学发展的教育体制机制。第二，我国教育改革发展的工作方针。为了保证教育改革发展战略目标任务的顺利实施，《教育规划纲要》明确提出了“优先发展、育人为本、改革创新、促进公平、提高质量”这一指导未来我国教育改革和发展的20字工作方针。坚持把育人为本作为对教育工作的根本要求。育人为本，首先必须切实转变教育观念。坚持把促进公平和提高质量作为推动教育事业科学发展的两大重点。教育质量是教育工作的生命线，是我国教育由大变强的关键。坚持把优先发展与改革创新作为推动教育事业科学发展的两大保障。改革创新是推动教育科学发展的强大动力。(3)全面把握新世纪新阶段教育改革发展的基本任务。第一，到2020年各级各类教育事业发展的重点任务。一是积极发展学前教育，重点支持农村学前教育发展；二是巩固提高九年义务教育水平，重点是形成促进义务教育均衡发展的长效机制；三是加快普及高中阶段教育，合理确定普通高中和中等职业学校招生比例，提升我国新增劳动力受教育水平；四是把职业教育放在更加突出位置，重点是建立健全政府主导、行业指导、企业参与的办学体制，增强职业教育吸引力；五是全面提高高等教育质量，使人才培养、科学研究和社会服务整体水平显著提升，优化高等教育结构，加快创建世界一流大学和高水平大学步伐；六是发展继续教育，通过建立学分转换、完善自学考试、办好开放大学等制度措施，搭建终身学习的“立交桥”，努力建设学习型社会；七是重视和支持民族教育事业，全面提高少数民族和民族地区教育发展水平，大力推进双语教学；八是关心和支持特殊教育，完善特殊教育体系，健全特殊教育保障机制。第二，深化教育体制改革的重点领域和关键环节。一是改革人才培养体制，强调更新人才培养观念，创新人才培养模式，改革教育质量评价和人才评价制度；二是改革考试招生制度，按照政府宏观管理、学校自主招生、学生多次选择的思路，逐步形成分类考试、综合评价、多元录取的考试招生制度，加强信息公开和社会监督；三是建设中国特色现代学校制度，推进政校分开、管办分离，保障学校办学自主权，建设依法办学、自主管理、民主监督、社会参与的现代学校制度；四是改革办学体制，坚持教育公益性原则，形成政府办学为主体、全社会积极参与、公办教育与民办教育共同发展格局，大力支持、依法管理民办教育；五是改革管理体制，以转变政府职能和简政放权为重点，形成政事分开、权责明确、统筹协调、规范有序的教育管理体制，提高公共教育服务水平；六是扩大教育开放，引进优质教育资源，推动我国高水平教育机构海外办学，提高我国教育国际交流合作水平。第三，教育事业优先发展、科学发展的保障措施。一是加强教师队伍建设，努力建设一支师德高尚、业务精湛、结构合理、充满活力的教师队伍，造就一批教育家；二是保障经费投入，健全以政府投入为主、多渠道筹措教育经费的体制；三是加快教育信息化进程，以教育信息化带动教育现代化；四是推进依法治教，完善中国特色社会主义教育法律法规；五是着眼于教育改革发展全局和人民群众关心的突出问题，以加强薄弱环节和关键领域为重点，提出本届政府启动实施的10个改革试点和10项发展任务；六是加强和改善对教育工作的领导，要求党委政府切实履行推动教育事业优先发展、科学发展的职责。

9月3日

教育部颁发《关于追授刘开瑾同学“全国舍己救人优秀大学生”荣誉称号的决定》，号召广大学生向刘开瑾同学学习，学习他热爱祖国、热爱人民的崇高精神，学习他舍己救人、不怕牺牲的英雄气概，学习他心系社会、热心助人的优秀品质，学习他无私奉献、甘于献身的高尚情操。要充分认识开展向刘开瑾同学学习的重要意义，加强领导，精心组织，把学习刘开瑾同学先进事迹的活动与深入贯彻落实全国教育工作会议及《国家中长期教育改革和发展规划纲要(2010—2020年)》精神结合起来，与深入贯彻落实《中共中央、国务院关于进一步加强和改进大学生思想政治教育的意见》及全国加强和改进大学生思想政治教育工作座谈会精神结合起来，深入研究大学生思想政治教育工作规律和大学生成长成才规律，科学总结加强和改进大学生思想政治教育工作的做法、成效和经验，采取更加有力措施，不断提高大学生思想政治教育工作科学化水平。

9月10日

全国教书育人楷模颁奖大会在京举行，中共中央政治局委员、国务委员刘延东发表重要讲话，号召广大教师和教育工作者以这些楷模为榜样，努力做学生爱戴、人民满意的优秀教师。要学习他们坚持理想、坚守信念，做党和人民教育事业的奉献者，把个人理想和成长进步融入到推动国家发展、民族振兴的时代洪流中去。要学习他们为国育才、立德树人，做学生健康成长的指导者，引导和帮助学生立志为国家繁荣富强和人民幸福而学习，把一代代青少年学生培养成为社会主义合格建设者和接班人。要学习他们刻苦钻研、不懈探索，做教育教学改革的实践者，不断钻研新课程，探索新教法，在教育创新的实践中不断提高教书育人的能力和水平。要学习他们淡泊名利、志存高远，做社会文明新风的引领者，不断加强师德修养，自觉坚持社会主义核心价值体系，带头实践社会主义荣辱观，为全社会树立光辉的榜样。

同日，中共中央政治局常委、国务院总理温家宝在河北省兴隆县六道河中学与教师座谈，强调要办好农村中小学教育。温家宝指出，教育是国家发展的基石；农村教育尤为重要；提高农村教育水平，核心是农村中小学，关键是中小学教师。温家宝强调，师范教育的实习经费要保证；要建立免费师范生录取、淘汰和奖励机制；要切实保证2007级免费师范生就业；解决免费师范毕业生的继续教育问题。温家宝勉励免费师范生同学要热爱农村教育，要立志干一番事业，要有吃苦耐劳精神。

9月12日—18日

第13届推广普通话宣传周开幕，此届推普周的主题是“规范使用国家通用语言文字，弘扬中华优秀文化传统”，将围绕宣传贯彻《国家通用语言文字法》，围绕建设人力资源强国、构建和谐语言生活的战略目标，开展形式多样、丰富多彩的宣传活动。教育部副部长、国家语委主任李卫红致贺词。李卫红指出，语言文字是人类最重要的交际工具和信息载体，是文化的基础和重要组成部分。世界多极化和经济全球化的深入发展，科技进步日新月异，综合国力的竞争正以前所未有的深度和广度展开，语言作为与经济发展和国家安全紧密联系的资源越来越受到重视。为适应和服务于党的十七大提出的“促进社会和谐”的任务和目标，国家语委近年来正致力于构建主体性和多样性相统一的和谐语言生活。语言文字自身的特性使其与教育和文化唇齿相依、相辅相成。语言文字是教育和文化的重要载体和基础元素，语言文字的传承和规范也必须通过教育和文化传播的过程来实现。推广普通话，推行规范汉字，构建和谐语言生活，是国家的事业，是涉及每个公民的社会系统工程，需要全国各方面的关注和支持。

9月21日

共青团中央颁发《关于追授甘占恩同学“全国优秀共青团员”的决定》，指出：甘占恩同学入团时间不长，但他关心集体，尊敬师长，团结同学，乐于助人，能够在人民群众生命受到严重威胁的危急关头，不怕牺牲，舍己救人，充分体现了中华民族临危不惧、见义勇为的传统美德和当代青年热爱人民、无私奉献的时代风貌。广大团员青年要学习甘占恩同学不惧危险、勇于献身的英雄气概，学习他关爱他人、乐于奉献的高尚情操。各级共青团组织要以开展创先争优活动为契机，引导广大团员青年在比先进、学先进、争先进、创先进的过程中，牢固树立正确的世界观、人生观、价值观，自觉践行社会主义核心价值体系，努力成长为中国特色社会主义事业的合格建设者和可靠接班人，在夺取全面建设小康社会新胜利的伟大实践中创造出无愧于时代的新业绩。

9月25日

北京理工大学建校70周年，举行徐特立教育思想研讨会，中共中央政治局委员、国务委员刘延东致贺信，全国人大常委会副委员长陈至立出席并讲话。

刘延东指出，徐老曾担任延安自然科学院院长，开创了中国共产党培养科技人才的先河。徐老把延安精神与办学实践相结合，提出了“创造教育观”，倡导“实事求是，不自以为是”的学风，强调教育要“以群众为本位”和教育、科研、经济“三位一体”。徐老的教育思想是延安精神在教育领域的生动体现，是我国教育史上的一笔宝贵财富，应予大力弘扬。

刘延东表示，北京理工大学建校70年来，在李富春、徐特立等历任校长带领下，坚持和弘扬延安精神，努力践行党的教育方针和徐特立教育思想，始终与党和国家同呼吸共命运，服从服务国家战略需求，形成了特色鲜明的工程技术优势，为国防事业做出了重要贡献。希望学校继续以邓小平理论和“三个代表”重要思想为指导，深入贯彻落实科学发展观，坚持党的教育方针，继承和发扬徐特立先生的教育思想，贯彻落实全国教育工作会议和《国家中长期教育改革和发展规划纲要（2010—2020 年）》精神，不断开拓创新，突出自身特色，提高人才培养质量，提升科技创新能力，增强服务社会本领，努力把学校建设成为培育创新人才的高地，成为孕育先进思想、科学知识和科技成果的重要基地，为全面建设小康社会、建设创新型国家做出新的更大的贡献。

陈至立在讲话中指出，徐特立先生是勇于开拓创新、注重实践的革命教育家，是坚持群众本位、民主办学的人民教育家，是坚持“经师”与“人师”合一、倡导创造性教育的伟大教育家。他的教育思想博大精深。他毕生学而不厌、诲人不倦，堪称一代师表。陈至立希望广大教师以徐特立先生为榜样，不断提高自身素质和能力，学为人师、行为世范，坚持育人为本、德育为先，努力培养德智体美全面发展的中国特色社会主义事业合格建设者和可靠接班人。

9 月 26 日

国家人口和计划生育委员会、教育部、中国扶贫开发协会、中国科学技术协会、中国计划生育协会联合颁布《关于实施青少年健康人格工程的通知》，指出：为加强和改进青少年思想道德建设，促使其具备适应现代社会发展的良好心理素质、行为习惯和健康人格，形成有利于青少年健康成长的社会环境，拟在全国逐步实施青少年健康人格工程，并将其纳入提高人口素质、青少年儿童思想品德教育、科学知识普及、家庭文化建设和生育关怀的重要内容。

10 月

10 月 15 日—18 日

中国共产党第十七届中央委员会第五次全体会议在北京举行。会议通过中国共产党第十七届中央委员会第五次全体会议公报。全会听取和讨论了胡锦涛受中央政治局委托做的工作报告，审议通过了《中共中央关于制定国民经济和社会发展第十二个五年规划的建议》。全会提出，要深入实施科教兴国战略和人才强国战略，加快建设创新型国家，增强科技创新能力，完善科技创新体制机制，加快教育改革发展，建设人才强国，为加快转变经济发展方式、实现全面建设小康社会奋斗目标奠定坚实的科技和人力资源基础。

10 月 20 日

教育部副部长李卫红在高校推进哲学社会科学大众化、普及化工作经验座谈会上发表主题讲话——《服务国家文化建设扎实推进高校哲学社会科学大众化普及化》。李卫红指出，改革开放特别是新世纪以来，在党中央的号召和大力推动下，高校的哲学社会科学大众化、普及化工作取得了显著成绩，形成了许多可资借鉴学习的经验和做法。一是将立德树人作为根本，大力推进马克思主义中国化最新成果进课堂、进教材、进学生头脑；二是以良好的学风和文风，自觉研究、传播马克思主义理论创新成果；三是将人文素质教育作为主题，大力推进人文社会科学的知识普及；四是关注现实生活，坚持理论联系实际，积极推动哲学社会科学服务社会；五是以人文交流作为大学新使命，为跨文化交流做出积极贡献。李卫红还指出：在新的起点上，高校的哲学社会科学大众化、普及化工作还面临一些新形势新要求。首先，日益频繁的思想文化交锋，尖锐复杂的意识形态斗争迫切需要用马克思主义中国化的最新理论成果武装教育大学生。其次，新时期人民群众日益增长的精神文化需求迫切需要提供更多更好的哲学社会科学大众化、普及化作品。最后，《国家中长期教育改革和发展规划纲要（2010—2020 年）》对哲学社会科学大众化、普及化工作提出了新要求新任务。李卫红强调：面对新形势新要求，高校必须高度重视，把握方向，科学规划，创新手段，改进评价，扎实推进哲学社会科学的大众化、普及化工作。第一，高度重视，切实提高对推进哲学社会科学大众化、普及化工作重要意义的认识。第二，科学规划，切实将文件落到实处。贯彻落实全国教育工作会议精神和这份文件精神，是今后教育战线的重要任务。第三，创新手段，进一步拓展哲学社会科学大众化、普及化的途径和方式。第四，改进评价，为哲学社会科学大众化、普及化提供有利的政策环境。第五，坚持方向，正确处理哲学社会科学大众化、普及化工作中若干关系。

10月21日

共青团中央颁发《关于组织引导广大团员青年认真学习贯彻党的十七届五中全会精神的通知》。文件指出，党的十七届五中全会，是在我国即将完成“十一五”规划，进入全面建设小康社会的关键时期召开的一次十分重要的会议。胡锦涛总书记在全会上的重要讲话，科学总结党的十七届四中全会以来的工作，对贯彻落实全会精神和做好当前工作做出重要部署，为推进我国改革开放和社会主义现代化建设进一步指明了方向。全会审议通过的《中共中央关于制定国民经济和社会发展第十二个五年规划的建议》，明确提出了“十二五”时期我国经济社会发展的指导思想、总体思路、目标任务、重大举措，是今后5年我国经济社会发展的重要指导性文件。贯彻落实好全会精神，对于继续抓住和用好我国发展的重要战略机遇期、促进经济长期平稳较快发展，对于夺取全面建设小康社会新胜利、推进中国特色社会主义伟大事业，具有十分重要的意义。当前和今后一个时期，各级团组织要把组织引导广大团员青年认真学习、全面贯彻党的十七届五中全会精神，作为一项重要的政治任务抓紧抓好，切实把全团的思想统一到全会精神上来，把团员青年的力量凝聚到为实现“十二五”规划做贡献上来。一是要深刻理解、准确把握全会的精神实质。二是要在全团广泛掀起学习贯彻全会精神的热潮。三是找准结合点和切入点，切实把全会精神贯彻落实到全团重点工作之中。

10月22日

中组部、教育部、国家行政学院共同举办省部级领导干部“教育改革与发展”专题研讨班在国家行政学院举行结业式，中共中央政治局委员、国务委员刘延东出席结业式并讲话。刘延东强调，要认真学习贯彻党的十七届五中全会和全国教育工作会议精神，提高对教育的全局性、基础性、先导性和民生性的认识，把落实《国家中长期教育改革和发展规划纲要(2010—2020年)》不断引向深入，努力开创教育改革发展新局面，为实现全面建设小康社会奋斗目标提供坚实的人才和智力支撑。

刘延东强调，要深入学习领会十七届五中全会精神，把全会精神贯彻到教育工作的各个方面，坚决落实全会关于“十二五”期间教育改革发展的重要部署，使横跨十年的《国家中长期教育改革和发展规划纲要(2010—2020年)》在头一个五年圆满完成既定任务。要牢牢把握我国仍处于重要战略机遇期的重大判断，深入实施科教兴国和人才强国战略，切实把教育摆在优先发展的战略位置，做到规划优先、财政资金优先、公共资源优先，加快建设人力资源强国。要紧紧围绕转变经济发展方式，面向“十二五”期间经济社会发展的主要任务，坚持教育科学发展，合理调整结构布局，创新体制机制，完善管理模式，使教育事业和人才培养更加适应扩大内需、发展现代产业体系、促进区域协调发展、建设生态文明等战略任务的新要求。要把教育摆在改善民生、做好群众工作的突出位置，更加注重以人为本、促进教育公平，更加注重提高质量、协调城乡区域发展，抓紧制定完善加快学前教育发展、促进义务教育均衡发展、创新职业教育办学模式、提高高等教育质量以及加强民族教育、特殊教育、教师队伍建设、终身学习的学习型社会建设等方面的政策措施，努力办好人民满意的教育。要把改革创新作为教育事业发展的强大动力，注重顶层设计，突出重点领域，抓住长期困扰教育科学发展的难点问题和社会关注的热点问题集中突破。

刘延东指出，贯彻落实《国家中长期教育改革和发展规划纲要(2010—2020年)》是一项长期艰巨的任务，要深入学习领会，确保认识到位；落实配套政策，确保措施到位；扎实推进试点，确保改革到位；加大教育投入，确保保障到位；加强科学统筹，确保管理到位；完善体制机制，确保组织领导到位。要真抓实干，勇于创新，把教育改革发展任务不折不扣地落到实处。

10月24日

国务院印发《关于开展国家教育体制改革试点的通知》，指出：高举中国特色社会主义伟大旗帜，以邓小平理论和“三个代表”重要思想为指导，深入贯彻落实科学发展观，全面贯彻党的教育方针，坚持社会主义办学方向，立足基本国情，遵循教育规律，以促进公平为重点，以提高质量为核心，解放思想，勇于实践，大胆突破，激发活力，努力形成有利于教育事业科学发展的体制机制。坚持以人为本，着力解决重大现实问题。坚持因地制宜，鼓励各地各校大胆试验。

10 月 28 日—30 日

“全球化语境中的价值观教育”国际学术研讨会在北京大学召开。会议的议题范围广泛，从价值观教育及其课程论研究到价值观的全球化与本土化问题，从中国古代道德教育到西方的品格与公民教育，从中国社会主义核心价值观到与之相关的大学价值观教育课程的实践，并对信仰与宗教价值观、妇女解放、商业伦理，以及民间组织的传统文化教育运动等问题进行了探讨。此次会议体现了全球化语境中多元文化与价值的碰撞与交流，集中展示了中国、美国、日本、欧洲当代价值观教育的成就与面临的挑战，为全球化时代的价值观教育提供了有益的思考和启示。

11 月

11 月 11 日

共青团中央、中共教育部党组印发《关于从全国高等学校中选派共青团干部到县级团委挂职工作的通知》，对选派工作的总体安排包含名额分配、选派条件、选拔办法、挂职岗位人员安排等内容，并进行了具体规定。选派干部的工作任务是：认真了解情况，系统介绍经验，扎实推动工作，积极探索创新，努力锻炼提高。同时还要求积极支持选派干部开展工作，加强对选派干部的教育引导，抓好对选派工作的协调督导，注重对选派工作的宣传。

11 月 13 日

亚洲大学校长论坛开幕式在广州举行，中共中央政治局委员、国务委员刘延东出席论坛。此次论坛以“亚洲高等教育与区域经济发展”为主题，探讨当今亚洲国家和地区高等教育改革发展重大课题，推动高等教育合作与人文交流，对于发挥高等教育在区域发展中的引领作用，更好地肩负起共创繁荣和谐亚洲、建设和谐世界的历史使命与社会责任，具有重要意义。

刘延东在开幕式上致辞，指出当今亚洲在国际经济政治格局中的地位持续上升，已经成为全球稳定与繁荣的新兴力量。亚洲的高等教育各具特色、互补性强，有着近邻的区位优势，日益成为促进人文交流、社会进步的内在动力。近年来亚洲高等教育的交流合作蓬勃开展，走出了一条具有区域特色的教育交流发展道路。亚洲各国教育交流合作取得的成绩来之不易，积累的经验弥足珍贵，创造的财富影响深远。大学是教育事业的高端和创新人才培育的高地，是新知识、新思想、新科技诞生的摇篮。我们将以提高质量为核心，优化结构办出特色，促进大学与经济社会发展良性互动，努力建设中国特色、世界水平的现代高等教育。第一，坚持内涵发展，全面提升人才培养、科学研究、社会服务水平和跨文化交流能力；第二，推动改革创新，增强大学的发展活力；第三，切实增加投入，保障高等教育可持续发展；第四，实行开放办学，共享优质高等教育资源。

刘延东对亚洲的高等教育提出四点倡议：第一，立足高远，服务大局；第二，加强交流，深化合作；第三，突出重点，务求实效；第四，创新机制，持续发展。

11 月 16 日

教育部部长袁贵仁在高校思想政治理论课教师队伍建设工作会议上发表题为《努力建设一支“让党放心，让学生满意”的高素质教师队伍》的讲话。袁贵仁强调，全面贯彻落实全国加强和改进大学生思想政治教育工作座谈会精神，加强和改进大学生思想政治教育工作，要进一步加强和改进高校思想政治理论课建设，特别是要把教师队伍建设作为重中之重，采取坚决有力的措施，努力建设一支师德高尚、业务精湛、结构合理、充满活力、高素质专业化的思想政治理论课教师队伍。

袁贵仁强调，当前和今后一个时期高校思想政治理论课教师队伍建设要着力抓好七项工作。一要把思想政治理论课教师队伍建设摆在更加突出的位置；二要严格实施教师准入制度，严把政治关、业务关和师德关；三要加快完善教师培养培训体系，抓紧制定和实施未来五年教师队伍建设规划；四要进一步健全教学科研机构，尽快建立直属学校领导的独立的二级机构；五要着力加强马克思主义理论学科建设，进一步明确学科建设方向；六要提供坚实有力的政策保障，实施好《高等学校思想政治理论课课程建设标准》；七要切实加强和改善宏观管理，充分发挥各方面的积极性，不断增强执行力。

11 月 17 日

共青团中央印发《共青团"青年就业创业见习基地"管理办法(执行)》，包括了总则、见习基地的建立与管理、见习青年的报名与审核、见习期间的管理与规定、考核和评定 5 章，共 32 条。文件规范了共青团"青年就业创业见习基地"的建设与管理，明确了见习基地、服务对象、主要任务、工作机构、基本原则及各项管理规范。

同日，教育部颁发《关于进一步加强和改进研究生思想政治教育的若干意见》，指出：(1)充分认识加强和改进研究生思想政治教育的重要性和紧迫性。第一，研究生教育是高等教育人才培养的最高层次，是我国社会主义现代化建设拔尖创新人才培养的重要渠道。第二，总体上看，广大研究生的思想政治状况是积极、健康、向上的。(2)切实健全完善研究生思想政治教育的领导体制与工作机制。第一，建立健全研究生思想政治教育领导体制和工作机制。第二，完善研究生思想政治教育工作机构。(3)努力拓展新形势下研究生思想政治教育的有效途径。第一，充分发挥课堂教学在研究生思想政治教育中的主导作用。第二，加强研究生学术文化建设。第三，广泛开展社会实践和志愿服务活动。第四，加强研究生心理健康教育和咨询工作。第五，努力解决研究生的实际问题。(4)充分发挥研究生在思想政治教育中的主体作用。第一，大力加强研究生党建工作。第二，大力加强研究生团学组织和班级建设。第三，充分调动和发挥研究生自我教育的积极性、主动性。(5)切实加强研究生思想政治教育工作队伍建设。第一，研究生思想政治教育工作队伍是加强和改进研究生思想政治教育的组织保证。第二，充分发挥导师在研究生思想政治教育中首要责任人的作用。第三，建设一支以专职为骨干、专兼结合的研究生辅导员队伍。(6)为研究生思想政治教育工作持续深入开展提供保障。第一，加强对研究生思想政治教育工作的领导。第二，努力形成研究生思想政治教育工作的合力。第三，加强研究生思想政治教育的科学研究。

11 月 19 日

共青团中央印发《关于在全团开展分类引导青年工作的实施意见》。文件指出，引导青年是共青团的根本任务、战略任务。为更好地贯彻党对共青团的要求，切实履行团的基本职能，增强新形势下引导青年工作的针对性、适用性和普遍性，在总结分类引导青年试点工作经验的基础上，对全团开展分类引导青年工作提出如下实施意见。(1)准确把握目标任务。第一，主要目标。高举中国特色社会主义伟大旗帜，以邓小平理论和"三个代表"重要思想为指导，深入贯彻落实科学发展观，面向不同青年群体，生动有效地传播党的意识形态和思想主张，传播社会主义核心价值体系，努力把广大青年培养成为中国特色社会主义事业的合格建设者和可靠接班人。一是要引导青年坚定跟党走中国特色社会主义道路的信念；二是要引导青年树立积极向上的人生观、价值观。第二，基本任务。针对不同类别青年在职业背景、社会阅历、思维方式、行为习惯等方面的显著差异和具体的思想实际，确定不同层次、不同侧重、不同形式的引导内容和引导方法，将思想引导的目标要求具体化地落实到不同青年群体身上。一是对于大学生，要着重引导他们了解在党的领导下我国社会主义现代化建设取得的成就，正确认识世情、国情、党情，理性认同爱国主义、社会主义、党的领导的有机统一。二是对于进城务工青年，要着重引导他们充分认识党和政府对进城务工人员的关怀，正确理解工业化、城镇化进程中一些不可逾越的阶段性特征，增强自信心、进取心。三是对于企业青年，要着重引导他们充分认识我国经济体制改革特别是国有企业改革取得的成就，正确认识我国的基本经济制度，把个人成长与企业发展和国家建设的目标更好地统一起来。四是对于农村青年，要着重引导他们学习党的各项惠农政策和党对新农村建设的根本要求，把农民生活的变化与党的领导更加紧密地联系起来。五是对于其他领域的青年，要紧密结合所在组织的社会功能和青年具体的思想问题，合理确定引导侧重点和引导内容，注重采用符合青年具体特点的引导方法。(2)充分用好引导大纲。第一，运用团中央下发的《思想引导大纲》开展思想引导工作；第二，制定本地区、本单位引导青年的《大纲》；第三，不断修改、完善和更新《大纲》。(3)积极探索路径载体。一是面对面交流；二是实践体验；三是媒体传播；四是文化熏陶；五是典型示范。(4)融入重点品牌活动。一是"我与祖国共奋进"主题教育实践活动；二是青年马克思主义者培养工程；三是大中专学生志愿者暑期"三下乡"社会实践活动；四是青年志愿者行动；五是青年文明号创建活动；六是保护母亲河行动。(5)切实加强领导协调。一是明确领导责任，建立统筹协调工作机制；二是建立分类引导青年工作基层联系点制度；三是加强对团干部做好意识形态工作能力的培养；四是将引导青年与团的其他职能结合起来。

同日，教育部部长袁贵仁在2011年全国普通高校毕业生就业工作视频会议上发表主题讲话——《突出重点狠抓落实全力以赴做好2011年高校毕业生就业工作》。

袁贵仁指出，2010年高校毕业生就业工作目标任务圆满完成，各项重点工作扎实推进，高校毕业生就业工作呈现出四个特点：(1)党中央、国务院高度重视，各部门密切配合，各地狠抓落实，切实把高校毕业生就业摆在就业工作首位。(2)教育系统早谋划、早部署，全力以赴推动工作落实。(3)毕业生入伍预征和自主创业两项重点工作取得突破性进展。(4)鼓励大学毕业生面向基层就业的渠道和制度机制更为完善。

袁贵仁提出，要突出重点，狠抓落实，全力以赴做好2011年高校毕业生就业工作，重点强调六项要求：(1)充分认识新形势下做好高校毕业生就业工作的重要意义。第一，做好高校毕业生就业工作是建设人力资源强国的必然要求；第二，做好高校毕业生就业工作是保障和改善民生的重要内容；第三，做好高校毕业生就业工作是推动高等教育事业持续健康发展的迫切需要。(2)拓宽渠道、完善制度，大力引导毕业生到基层就业。一是继续深入实施"特岗教师"计划，配合有关部门组织实施好"到村任职""西部计划""三支一扶"等项目，切实落实服务期满有序流动的各项政策，为基层就业毕业生提供持续服务和支持；二是要开辟到基层就业新渠道；三是要着力做好首届1万余名免费师范毕业生的就业工作；四是要进一步完善政策，继续重点做好高校毕业生入伍预征工作。(3)推进高校创新创业教育和大学生自主创业工作实现新突破。一是进一步加大创业政策扶持力度；二是全面推进创新创业教育；三是加强创业实习和孵化基地建设；四是加强创业培训和指导服务。(4)全面开展"高校毕业生就业优质服务年"活动，进一步改进工作作风，提升就业指导服务水平。一是开展优质的就业信息服务；二是提供高水平的职业咨询和指导；三是高度重视就业困难群体和薄弱地区的就业帮扶和援助工作。(5)深化高等教育改革，着力提高毕业生就业创业能力。一是继续加大学科专业、类型结构调整力度；二是强化实践教学，加大实习实训力度；三是要优化高等教育结构布局，在办学特色上下功夫；四是加快建立毕业生就业状况监测系统，构建高校学科专业和人才需求预测预警机制，逐步形成就业和招生、人才培养良性互动的长效机制。(6)加强领导，全力以赴做好2011年高校毕业生就业工作。一是要切实加强组织领导；二是要抓紧出台配套政策；三是要全面加强督促检查；四是要高度重视宣传引导。

11月23日

共青团中央等七部门联合颁发《关于开展"2010年青少年法制教育宣传周"活动的通知》。文件明确了：(1)目标任务。面向广大青少年开展法制宣传教育活动，重点面向闲散青少年、有不良行为或严重不良行为青少年以及新生代农民工群体，开展宪法、未成年人保护法、预防未成年人犯罪法等法律法规的宣传教育，增强他们的法制观念，维护他们的合法权益。(2)活动时间：2010年11月29日至12月5日。(3)活动安排。第一，针对重点青少年群体开展法制宣传教育。第二，增强重点青少年群体法制宣传教育实效。

第三，推动落实《关于进一步建立和完善办理未成年人刑事案件配套工作体系的若干意见》。

同日，中纪委驻教育部纪检组长、教育部党组成员王立英在直属高校领导干部《廉政准则》培训班上发表了题为《促进高校党员领导干部廉洁从政为教育规划纲要贯彻实施提供有力保障》的主题讲话。王立英指出：(1)充分认识贯彻落实《廉政准则》的重大意义，切实增强廉洁从政的责任感、使命感。(2)正确理解和把握《直属高校党员领导干部廉洁自律“十不准”》的基本要求，切实解决涉及高校党员领导干部廉洁自律的突出问题。一是清醒认识当前高校反腐倡廉建设形势；二是深刻理解“十不准”基本要求；三是切实解决涉及高校党员领导干部廉洁自律的突出问题；四是领导干部要模范执行《廉政准则》和“十不准”，作廉洁从政的表率。(3)抓好落实，务求实效，切实提高《廉政准则》和“十不准”的执行力。一要加强组织领导；二要完善配套制度；三要强化监督检查。

11月25日

共青团中央、全国青联联合颁发《关于授予李聃等7名同志“中国青年五四奖章”的决定》。文件指出，在“嫦娥二号”任务中，我国青年航天科技工作者发挥了重要作用。以李聃等同志为代表的青年航天科技工作者，致力于我国航天事业的发展，牢记使命、科学求实、大力协同、拼搏奉献，为“嫦娥二号”实现准时发射、准确入轨、直接地月转移、成功环月，胜利完成既定的工程目标和科学目标做出了重要贡献。在他们身上，集中体现了当代青年勇于探索、锐意进取的时代风貌。广大青少年要向青年航天科技工作者学习。学习他们热爱祖国、献身航天事业的崇高追求，把祖国和人民的利益放在首位，把个人的理想同振兴中华的伟大事业紧密联系在一起；学习他们不畏艰难险阻、敢于夺取胜利的拼搏精神，以百折不挠的顽强毅力和奋发向上的昂扬姿态，积极投身建设创新型国家的伟大实践；学习他们脚踏实地、恪尽职守的扎实作风，发奋学习，勤奋工作，在改革开放和现代化建设中不断创造一流业绩。

11月29日

共青团中央印发《关于授予第八届中国青年志愿者优秀个人奖、组织奖、项目奖的决定》，指出：这次获奖的个人是广大青年志愿者中的优秀代表，他们思想上积极进步，具有强烈的社会责任感和良好的道德观念，在长期的志愿服务工作中努力践行志愿精神，乐于奉献，扎实进取，取得了良好的工作业绩，受到了被服务群众的赞誉；这次获奖的组织是各地基层志愿者组织中的先进典型，他们紧紧围绕党团中心工作，密切结合基层群众需求，动员和组织青年志愿者开展的各种志愿服务活动形成了较大的规模和声势，取得了实际的成效；这次获奖的项目是在相关志愿服务领域取得显著成效的工作典型，项目实施单位根据实际需求创造性地开展了一系列有针对性的特色志愿服务活动，组织管理到位，保障措施有力，实现了志愿服务规范化、常态化，工作富有成效并且可持续，具有很强的示范性和较高的推广价值。希望广大团员青年和青年志愿者、基层团组织和青年志愿者组织向受到表彰的先进典型学习，深入贯彻落实科学发展观，大力弘扬志愿精神，努力把志愿者的精神、热情、专长和社会的需要结合起来，再接再厉，锐意创新，不断增强基层志愿者组织的吸引力和凝聚力，不断培育和完善新的有创意、可评估、可推广的志愿服务项目，不断将创先争优活动推向深入，为实现胡锦涛总书记提出的“两个全体青年”的目标，为推进青年志愿服务事业，促进社会文明、和谐、进步做出新贡献、创造新业绩。

同日，教育部副部长李卫红出席贯彻落实《国家中长期教育改革和发展规划纲要(2010—2020年)》增强高校哲学社会科学社会服务能力专门会议，并发表题为《服务国家文化建设扎实推进高校哲学社会科学大众化、普及化》的主题讲话。李卫红指出，高校的哲学社会科学大众化、普及化工作面临着一些新形势新要求。首先，日益频繁的思想文化交锋，尖锐复杂的意识形态斗争迫切需要用马克思主义中国化的最新理论成果武装教育大学生。其次，新时期人民群众日益增长的精神文化需求迫切需要提供更多更好的哲学社会科学大众化、普及化作品。最后，文件对哲学社会科学大众化、普及化工作提出了新要求新任务。此外，从总体上来看，高校的哲学社会科学大众化、普及化工作，还有很大的拓展空间。

李卫红强调，在新的起点上，必须更好地推进高校的哲学社会科学大众化、普及化工作。第一，高度重视，切实提高对推进哲学社会科学大众化、普及化工作重要意义的认识。第二，科学规划，切实将文件精神落到实处。第三，创新手段，进一步拓展哲学社会科学大众化、普及化的途径和方式。第四，改进评价，为哲学社会科学大众化、普及化提供有利的政策环境。第五，坚持导向，正确处理哲学社会科学大众化、普及化工作中若干关系。

12 月

12 月 3 日

中共教育部党组印发《关于学习贯彻学习型党组织建设工作座谈会精神进一步抓好教育系统学习型党组织建设的通知》，指出：(1)各地教育部门、各级各类学校和部机关各司局、各直属单位要充分认识进一步推进学习型党组织建设的重要意义，按照中央的要求，紧紧围绕学习贯彻党的十七届五中全会、全国教育工作会议精神和《国家中长期教育改革和发展规划纲要(2010—2020 年)》，紧密结合本地本部门本单位实际，谋划和推动学习型党组织建设的深入开展。(2)开展形势政策宣传教育活动。(3)充分发挥领导干部的示范引领作用。(4)抓好师生的学习。(5)不断探索完善学习教育的方式和途径。(6)各级教育部门和各级各类学校要高度重视学习型党组织建设，切实把推进教育系统学习型党组织建设作为加强党的建设的中心内容，纳入党建工作责任制，列入重要议事日程。(7)扎实做好教育部直属机关学习型党组织建设工作。

12 月 9 日

中共中央政治局委员、全国人大常委会副委员长王兆国亲切接见中国大学生骨干培养学校第三期结业学员，出席全国大学生纪念“一二・九”运动 75 周年座谈会，并发表题为《努力为党的事业培养一批又一批坚定的青年马克思主义者》的重要讲话。王兆国在讲话中，结合传承“一二・九”运动的宝贵精神财富，对为什么培养青年马克思主义者、培养什么样的青年马克思主义者、怎样成为青年马克思主义者做了全面深刻的阐述，指出在新的历史条件下，青年马克思主义者的基本要求是高度的理论自觉、鲜明的实践品格、深厚的群众根基和奋进的创新精神。王兆国要求广大青年尤其是大学生骨干要在坚持不懈的学习中提升理论素养，在各种复杂环境中加强党性锻炼，在同错误观点和思潮的斗争中坚定政治立场。王兆国强调：(1)深刻认识培养青年马克思主义者的重要性、必要性和紧迫性。第一，培养青年马克思主义者，关系到党的领导和执政地位长期巩固；第二，培养青年马克思主义者，关系到中国特色社会主义道路越走越宽广；第三，培养青年马克思主义者，关系到马克思主义科学理论永葆生机与活力。(2)准确把握当代青年马克思主义者的基本要求。第一，高度的理论自觉；第二，鲜明的实践品格；第三，深厚的群众根基；第四，奋进的创新精神。(3)按照青年马克思主义者的要求奋发努力。第一，要在坚持不懈的学习中提升理论素养；第二，要在各种复杂环境中加强党性锻炼；第三，要在同错误观点和思潮的斗争中坚定政治立场。

12 月 13 日

教育部颁发《关于做好核发〈高校毕业生自主创业证〉有关工作的通知》，规定：(1)《高校毕业生自主创业证》发放对象和创业税收优惠政策享受流程。第一，《高校毕业生自主创业证》发放对象是毕业年度内在校期间创业的高校毕业生。第二，毕业年度内高校毕业生在校期间创业的，可持《高校毕业生自主创业证》向创业地县以上人力资源和社会保障部门提出认定申请，由创业地人力资源和社会保障部门核发《就业失业登记证》，一并作为当年及后续年度享受创业税收扶持政策的管理凭证。毕业年度内高校毕业生离校后创业的，可凭毕业证书直接向创业地县以上人力资源和社会保障部门提出认定申请。第三，对持《就业失业登记证》毕业生从事个体经营的，在 3 年内按每户每年 8000 元为限额依次扣减其当年实际应缴纳的营业税、城市维护建设税、教育费附加和个人所得税。(2)《高校毕业生自主创业证》的申领程序和监督管理。第一，毕业年度内高校毕业生在校期间创业的，注册登录教育部大学生创业服务网申请。第二，所在高校对毕业生提交的相关信息进行审核，并在网上提交学校所在地省级教育行政部门审核。第三，高校所在地省级教育行政部门依据学生学籍学历电子注册数据库对高校毕业生的身份、学籍学历、是否是应届高校毕业生等信息进行复核并予以确认。第四，工作流程建议。第五，规范管理。(3)加强领导，认真做好《高校毕业生自主创业证》审核和发放工作。第一，加强组织领导。第二，加强业务培训和指导。第三，做好政策宣传。

12月14日

中组部、中宣部、中共教育部党组在北京召开第十九次全国高等学校党的建设工作会议。中共中央政治局常委、中央书记处书记、国家副主席习近平会见会议代表并发表重要讲话。

习近平指出，高校在国家经济社会发展全局中居于重要地位。加强和改进高校党的建设，是促进高等教育科学发展、建设高等教育强国的根本保证，是全面贯彻党的教育方针、培养社会主义事业建设者和接班人的必然要求。要坚持和完善党委领导下的校长负责制，按照德才兼备、以德为先用人标准，把政治上坚定、业务上优秀、作风上过硬、广大师生认可的同志选配到学校领导班子中，特别要选好配强党委书记和校长，切实增强高校领导班子的整体功能，提高领导班子办学治校能力。

习近平强调，做好抓基层、打基础的工作是高校党的建设的一项基本任务。当前要认真贯彻新修订的《中国共产党普通高等学校基层组织工作条例》，适应高校改革发展建立健全高校党的各级组织，进一步明确党组织职责任务，丰富党组织活动内容，健全党组织工作制度，实现高校党的组织和党的工作全覆盖。他指出，当前正在广大基层党组织和党员中开展的创先争优活动，是加强党的基层组织建设的一项经常性工作。高校党组织要紧紧围绕高校的中心任务，努力创科学发展之先、争校园和谐之优，在高校党组织和党员中进一步营造学先进、赶先进、创先进的浓厚氛围，使创先争优活动真正成为推动高等教育科学发展的强大动力。

中共中央政治局委员、国务委员刘延东出席会议并强调，围绕中心抓党建、抓好党建促发展是高校党的建设总的要求。要按照建设中国特色现代高等教育体系的要求，把落实党的教育方针，提升人才培养、科学研究、社会服务和文化传承水平贯穿高校党建工作始终，为高等教育科学发展提供坚强保障。要坚持育人为本、德育为先，创新思想政治教育的内容和方法，牢牢把握意识形态领域的主导权，保持高校和谐稳定的良好局面。要以优良党风正校风、促教风、带学风，弘扬爱国精神、科学精神和人文精神，培育以社会主义核心价值为主体的各具特色的大学文化。她指出：《中国共产党普通高等学校基层组织工作条例》体现了中央对高校党建工作的新要求，必须结合各高校实际学习好贯彻好，要加强高校领导班子建设，创新基层党组织设置形式和活动方式，加强和改进大学生思想政治教育工作，做好新形势下高校群众工作，推动党组织和党员立足本职、创先争优、建功立业，提高高校基层党组织建设科学化水平。

12月15日

共青团中央办公厅印发《关于发放四类青年群体〈思想引导大纲(附案例集)〉和〈分类引导青年工作电教片〉的通知》，指出：(1)各类《思想引导大纲》和《分类引导青年工作电教片》采取逐级复制、发放至各自直属团委的方式，即团中央—省级团委—地市级团委—县级团委。(2)学习运用好《思想引导大纲》和《分类引导青年工作电教片》。各级团组织要组织团干部认真学习《思想引导大纲》和《分类引导青年工作电教片》，深刻领会《思想引导大纲》中提出的主要观点、思想逻辑和基本方法，深入了解《分类引导青年工作电教片》中阐述的分类引导青年的工作背景、目的意义和内容方法，并积极运用到工作实践中。基层团组织要充分利用各种形式，向青年积极宣讲《思想引导大纲》的相关内容。要特别注意结合本地区、本单位的实际情况，把《思想引导大纲》的内容充实、转化、“翻译”成更丰富的素材和生动的语言，使之更易于青年理解和接受。(3)注意事项。《思想引导大纲》和《分类引导青年工作电教片》是共青团系统内部材料，主要供团干部在开展引导青年工作时使用，不宜直接提供给团员青年。要严格按照范围发放，禁止对外传播，禁止上网。

12 月 18 日

“90 后”大学生理想信念教育专题研讨会在中国人民大学举行。与会学者围绕“90 后”大学生理想信念教育的相关问题展开了热烈讨论，主要内容为：一是准确把握理想信念的内涵和大学生理想信念教育的内容；二是大学生理想信念教育面临的挑战；三是充分认识和准确把握“90 后”大学生的群体特点；四是找准大学生理想信念教育的切入点和实施途径。

12 月 29 日—31 日

由广西民族大学政治学与国际关系学院（社科部）、中山大学马克思主义研究院、《教学与研究》编辑部、广西民族大学马克思主义理论研究基地联合主办的“中国共产党与马克思主义中国化”学术研讨会在广西民族大学召开。会议研讨了：（1）马克思主义中国化的历史研究。重视历史进程，把握发展逻辑，探寻基本规律，凸显政党建设。（2）马克思主义中国化的理论研究。聚焦基本理论的整体性，多视角研究。拓展具体理论的研究视阈。（3）马克思主义中国化的实践研究。关注现实，关注时代，关注人民的利益诉求。与会专家还从多视角、宽领域，对马克思主义大众化的历史经验、体系、路径、规律、实现机制、内容、条件和时代主题等方面进行了广泛交流与研讨。

2011年

1月

1月3日

《学习时报》刊发教育部部长袁贵仁的文章《全面推动我国教育事业实现科学发展》。文章指出，新中国成立60多年特别是改革开放30多年来，高等教育进入大众化阶段。我国教育虽然“大”但还“不强”，学生适应社会和就业创业能力不强，创新型、实用型、复合型人才紧缺。教师队伍建设是提高教育质量、促进教育事业科学发展的根本环节。要切实加强教师队伍建设，完善教师准入、退出制度，优化教师队伍总体结构，加强教风、学风、校风建设，提高教师的师德和业务水平，提高教师地位待遇，激励优秀人才长期从教、终身从教，加强和改进教师教育，健全教师培养培训体系。

1月19日

教育部颁发《关于印发〈高等学校思想政治理论课建设标准(暂行)〉的通知》，要求各省级教育部门要加强对在本地区办学的所有高校思想政治理论课的统筹协调，将各部委属高校的思想政治理论课纳入统一管理体系，组织本地区所有高校开展自查，对照有关指标逐项核对，对没有落实的项目要制定整改进度表，教育部将组织专家督查指导组进行抽查。

同日，共青团中央下发了《关于认真学习贯彻党的十七届五中全会精神团结带领广大团员青年为实现十二五时期奋斗目标作贡献的决定》。指出：要引导团员青年坚定跟党走中国特色社会主义道路的理想信念。要按照分类引导青年大纲，针对大学生、企业青年、进城务工青年、农村青年等不同类别青年群体的思想意识关键点及其形成逻辑，深入开展各种形式的分类引导工作，增强引导内容的针对性、传播方式的适用性、工作对象的普遍性。要扎实开展青年马克思主义者培养工程，注重抓好青年骨干的教育培养。牢牢把握各民族共同团结奋斗、共同繁荣发展的主题，以思想引导和服务青少年成长为主线。要善于运用情感、艺术、时尚等元素，通过互联网、手机、动漫、短视频、移动媒体、影视、音乐等手段，切实加强和改进网上青少年工作，增强引导青少年工作的时代感和实效性。

同日，共青团中央下发《关于认真学习王兆国同志在共青团十六届四中全会上讲话的通知》，要求各级团组织要认真学习、深刻领会王兆国同志的重要讲话精神，进一步增强做好新形势下党的青年群众工作的责任感和使命感，结合工作实际，认真抓好落实，努力推动团的各项工作与建设取得新发展。

1月24日—25日

2011年全国教育工作会议召开，中共中央政治局委员、国务委员刘延东，教育部部长袁贵仁发表讲话。会议强调，要加强社会主义核心价值体系建设。要坚持不懈用马克思主义中国化最新成果武装头脑、指导工作、推动实践。要坚持和巩固马克思主义在高校意识形态领域的主导地位，积极参与马克思主义理论研究和建设工程，深入推动中国特色社会主义理论体系进教材、进课堂、进学生头脑。用社会主义荣辱观引领风尚，引导学生树立正确的世界观、人生观、价值观，培养德智体美全面发展的社会主义建设者和接班人。

会议强调，要加强和改进新形势下群众工作，畅通网络、电话等渠道，切实纠正和解决损害群众利益的突出问题。要完善科学有效的利益协调机制、诉求表达机制、矛盾调处机制、权益保障机制，切实维护群众合法权益。

会议强调，要着力加强学风建设，坚决反对急功近利、弄虚作假。要完善学术规范，加强教育引导，将校风、教风、学风考核结果作为学校、教师绩效考核、评优奖励的重要依据。要创新管理机制，完善科研成果评价体系，严肃惩处学术不端行为，坚持“出重拳、零容忍”。要坚持育人为本、德育为先，引导青少年学生养成良好品质。

会议强调，要完善干部选拔任用机制，坚持正确的用人导向，建立科学规范的实绩考核评估标准，对长期不换脑筋、只说不做、推动不力的，坚决进行组织调整，决不让“只会干事、不会来事”的人吃亏，决不让敢于碰硬、勇担责任的人吃亏。

会议强调，要加强宣传。要树立大宣传意识。教育系统每一位同志尤其是每一位领导干部既要做教育改革发展的实践家，也应当做教育改革发展的宣传家。各地各高校特别是试点单位都应当有专门的通讯员、观察员、评论员和新闻发言人，按照中央关于教育工作、关于宣传工作的要求，形成横向和所有媒体密切联系，纵向各级教育部门以及各级各类学校有效对接的立体化宣传网络，形成一个宣传群众、组织群众、动员群众、依靠群众，全面落实《教育规划纲要》、共同促进科学发展的舆论氛围。

2月

2月1日

共青团中央办公厅印发《关于认真贯彻落实〈关于加强新形势下基层党建带团建工作的意见〉的通知》。文件强调，要从做好新形势下党的青年群众工作的政治高度充分认识《关于加强新形势下基层党建带团建工作的意见》的重要性。党中央书记处强调共青团要在做好党的青年群众工作上谋求更大作为；要向党委分管领导专题汇报，进一步听取做好党建带团建工作的具体要求；要积极主动地加强与党委组织部门的沟通衔接；要结合各地实际，研究制定具体实施意见。

2月12日

纪念《中华人民共和国学位条例》实施30周年纪念大会召开，中共中央政治局委员、国务委员刘延东发表讲话。刘延东强调，加快推进现代化建设，根本靠创新，基础在教育，关键在人才。学位与研究生教育作为国民教育的顶端，是高层次创新型人才的主要来源和科学研究潜力的重要标志。要坚持“完善制度、提高质量，科教结合、支撑创新，适应要求、引领未来”的基本思路，围绕国家经济社会发展大局，瞄准世界科技前沿和国家战略需求，丰富和完善学位制度；坚持质量第一，深入推进培养模式和招生制度改革，实行以科学研究为主导的导师负责制，形成符合人才成长规律、富有活力的研究生培养机制；促进科技发展与人才培养有机结合，为提升自主创新和区域发展能力提供人才智力支持；注重科学精神和人文素质培养，加强科研诚信和学术道德建设，培育优良的大学文化和学风；加大投入保障力度，确保研究生教育可持续发展；开展广泛深入的对外交流合作，提升研究生教育的国际化水平。

2月18日

教育部办公厅下发《关于调整普通高等学校学生心理健康教育专家指导委员会组成人员的通知》，指出，2005年教育部成立普通高等学校学生心理健康教育专家指导委员会以来，该指导委员会开展了大量工作，为推动高校学生心理健康教育工作做出了积极贡献。为充分发挥心理健康教育专家指导委员会的作用，进一步加强和改进高校学生心理健康教育工作，根据实际工作需要和委员会章程，教育部决定对心理健康教育专家指导委员会组成人员进行调整。调整心理健康教育专家指导委员会是贯彻落实全国教育工作会议、《教育规划纲要》及全国加强和改进大学生思想政治教育工作座谈会精神，进一步加强和改进高校学生心理健康教育工作的一项重要举措，需各地教育部门和高校对这一工作继续予以大力支持。

2月21日

中共中央总书记、国家主席、中央军委主席胡锦涛在中共中央政治局第二十六次集体学习时强调，要全面落实《教育规划纲要》，努力开创我国教育事业科学发展新局面。胡锦涛就做好当前教育改革和发展工作强调，要着力提高人才培养水平，全面贯彻党的教育方针，坚持育人为本、德育为先，把促进学生健康成长作为学校一切工作的出发点和落脚点，注重培育学生的主动精神和创造性思维。要着力建设高素质教师队伍，增强广大教师教书育人的责任感和使命感，加强教师职业理想和职业道德教育，提高教师综合素质和业务水平，在全社会倡导和形成尊师重教良好氛围。广大教师要学为人师、行为世范、教书育人，当好学生健康成长的指导者和引路人。

2月23日

教育部办公厅印发《普通高等学校学生心理健康教育工作基本建设标准(试行)》，指出：加强和改进大学生心理健康教育，促进大学生健康成长，是推动高等教育改革、加强和改进大学生思想政治教育的重要任务。要加强大学生心理健康教育体制机制建设，提升大学生心理健康教育师资队伍建设，建设一支以专职教师为骨干，专兼结合、相对稳定、素质较高的大学生心理健康教育和心理咨询工作队伍。要加强大学生心理健康教育教学体系建设，充分发挥课堂教学在大学生心理健康教育工作中的主渠道作用，完善相应的课程体系，规范教学内容，改进教学方法。要健全大学生心理健康教育活动体系建设，创新活动形式，拓展教育途径，积极营造良好氛围。要重视心理健康教育网络平台建设，开办专题网站(网页)，调动学生自我认识、自我教育、自我成长的积极性、主动性。要完善大学生心理咨询服务体系建设，根据行业要求设立心理咨询室，加强心理咨询制度建设，建立健全心理咨询的值班、预约、重点反馈等制度。要加强大学生心理危机预防与干预体系建设，坚持预防为主的原则，重视心理健康知识的普及宣传工作，充分发挥心理健康教育工作网络的作用，通过新生心理健康状况普查、心理危机定期排查等途径和方式，及时发现学生中存在的心理危机情况。要加强大学生心理健康教育工作条件建设，加强心理健康教育和咨询场地建设，保障心理健康教育工作经费，并纳入学校预算，确保大学生心理健康教育的日常工作需要。

2月24日

中宣部、中央直属机关工委、中央国家机关工委、教育部、中国人民解放军总政治部、北京市委联合在京举办热点问题形势报告会，教育部部长袁贵仁做了题为《加快教育改革和发展努力办好人民满意的教育》的报告。袁贵仁指出：要牢固确立人才培养在高校工作中的中心地位，要切实加强教师队伍建设，提高教师业务水平和地位待遇，激励优秀人才长期从教、终身从教、到艰苦贫困地区从教；要加大政府教育投入，科学配置、加强监管，充分调动全社会办教育的积极性，提高教育经费的使用效益。

3月

3月3日

教育部决定于2011年3月至4月在全国普通高校中开展辅导员队伍建设情况自查工作，规定了检查的范围、检查的主要任务、检查的主要内容和有关要求，并对专职辅导员、一线专职辅导员、兼职辅导员、班主任范围进行了明确的界定说明。这次检查旨在全面了解各地各高校贯彻落实《普通高等学校辅导员队伍建设规定》精神，加强高校辅导员队伍建设的情况，特别是在贯彻落实中采取的新举措、出台的新政策、积累的新经验、推进工作的新典型，在贯彻落实中存在的主要问题和导致问题产生的原因，以及对进一步加强此项工作的意见和建议等方面的情况。

3月16日

新华社全文播发《中华人民共和国国民经济和社会发展第十二个五年规划纲要》，文中提出了教育和人才工作发展的任务：要遵循教育规律和学生身心发展规律，坚持德育为先、能力为重，改革教学内容、方法和评价制度，促进学生德智体美全面发展。要严格教师资质，加强师德师风建设，提高校长和教师专业化水平，鼓励优秀人才终身从教。

3 月 22 日

共青团中央、全国少工委下发《关于在全国青少年中广泛开展“学党史、知党情、跟党走”主题教育活动的通知》，要求要以纪念建党 90 周年为契机，深入推进青少年思想引导工作，激发广大青少年热爱党、热爱祖国、热爱社会主义的感情，引导广大青少年坚定跟党走中国特色社会主义道路的信念，在全国青少年中广泛开展“学党史、知党情、跟党走”主题教育活动。教育内容要宣传新中国成立 60 多年来特别是改革开放 30 多年来我国社会主义现代化建设取得的重大成就和人民群众生活的新变化，要抓住“五四”“六一”“七一”等重要时间节点逐次推进，以大中学校、机关、企事业单位、农村等系统的基层团组织为单位，开展党史题材的动漫片编创和观摩活动，组织专兼职团干部深入学习党史，引导全国青年团员参与“万场党史学习交流会”，充分利用各类网站、报纸、杂志等团媒进行党史学习教育活动。

同日，共青团中央办公厅下发《关于在全国各高校组织开展“与信仰对话——万场党史报告进校园”活动的通知》，指出：为纪念中国共产党成立 90 周年，落实全团关于“学党史、知党情、跟党走”主题教育活动的安排部署，引导广大青年学生进一步坚定跟党走中国特色社会主义道路的理想信念，共青团中央决定在全国各高校组织开展“与信仰对话——万场党史报告进校园”活动。活动要求，要邀请从事与党的历史相关工作的理论工作者、作家、学者、亲历者等，到青年学生中举办面对面的报告会，由主讲人结合研究领域和自身实际阐述对党的历史的理解和认识，引导和帮助青年学生深刻认识党在革命、建设和改革各个历史时期领导人民进行的英勇奋战和取得的光辉业绩，不断加深对党的理论和路线方针政策的理解，不断坚定跟党走中国特色社会主义道路的理想信念。同时，要注重报告会内容与纪念辛亥革命 100 周年的结合。要把握阶段特点，针对青年学生的思想实际，把宣讲党史作为重点。要坚持正确导向。要严格把关，认真挑选主讲人。要突出正面引导，注重互动交流。要明确任务分工。团中央和各省(自治区、直辖市)团委要做好组织协调、抓好落实。要增强活动效果，广泛动员青年学生参与，扩大活动的覆盖面，在校园中营造浓厚氛围，让更多青年学生了解活动内容。

3 月 25 日

中共教育部党组下发《关于围绕纪念建党 90 周年在各级各类学校深入开展“永远跟党走”主题教育活动的通知》。文件指出，要紧密围绕中国共产党成立 90 年来的光辉历程，大力宣传党的光荣历史和丰功伟绩，教育引导师生深刻认识历史和人民是怎样选择了中国共产党、选择了社会主义道路、选择了改革开放，深刻理解中国特色社会主义理论体系是马克思主义中国化最新成果，深刻懂得党的建设是党领导的伟大事业不断取得胜利的重要法宝，进一步加深师生对党的感情、对祖国的热爱，进一步唱响时代主旋律。

文件还指出，要深入开展党史学习和理论研讨活动。深入开展党的重大理论和实践问题研究，通过召开研讨会，编写系列丛书，推出专版、专栏，重点推出一批高水平理论文章，集中推出一批党史党建研究学术精品。各地各学校要发挥课堂教学主渠道作用，邀请各级党政领导等为师生做形势政策报告，通过报告会、学习讨论会、发放学习资料、制作宣传图片等形式，加强党史国情教育。深入开展主题突出、特色鲜明的教育活动，突出活动的针对性，找准活动的切入点，把握活动的关键处，深入开展各种形式主题教育活动、大型文艺活动、先进典型活动和主题社会实践和志愿服务活动，引导师生深入基层、深入农村，感受家乡和人民生活发生的巨大变化，在实践中进一步坚定跟党走中国特色社会主义道路的信心和决心。

3 月 29 日

共青团中央下发《关于认真学习王兆国同志在接见第六届“中国青年创业奖”获得者时的即席讲话的通知》，指出：王兆国同志的讲话阐述了自谋职业、自主创业的重要意义，对各级共青团组织和劳动保障部门加大中国青年创业行动实施力度，对广大青年学习创业典型的先进事迹、积极投身国家建设事业提出了新的更高要求。各级团组织要进一步深化中国青年创业行动，引导广大青年积极投身创业实践。

4 月

4 月 2 日

教育系统深入开展创先争优活动经验交流视频会议召开，教育部部长袁贵仁发表讲话。袁贵仁指出，教育系统要认真贯彻中央的部署，扎实推进创先争优活动。各基层党组织通过面对面、全覆盖，做深入细致的思想工作，引导学生自觉维护校园稳定和社会稳定。通过举办专题培训班，把创先争优活动与学习贯彻高校基层党组织工作条例结合起来，推动高校党的建设。要推动基层党组织和党员以促进教育公平、提高教育质量为重点，着力解决群众反映的教育热点难点问题，着力破解制约教育事业科学发展的体制机制障碍，为人民群众提供更加多样、更加公平、更高质量的教育。要进一步加强在优秀青年骨干教师和大学生中发展党员工作，选好配强带头人特别是民办学校党组织负责人。要加强党员教育培训，广泛开展党组织和党员公开承诺、志愿服务等活动，建立健全创先争优长效机制。要利用基层党组织和党员处在学习生活一线、了解师生思想动态的组织优势，充分发挥服务群众、化解矛盾、促进和谐的作用。要认真做好形势研判，强化思想文化阵地特别是校园网络管理，落实学校及周边治安防控措施，提高应急处置能力。

袁贵仁还指出，加强学风建设，一是要根据学科的不同特性和研究成果的不同形式，实行分类指导、科学管理。要创新评价方法，改进评价手段。二是要完善学术惩戒机制，严处学术不端行为。要坚持“出重拳、零容忍”。三是要加强师德师风建设，营造良好育人氛围。四是要加强学生学风建设，提高人才培养质量。要把学生学风建设作为加强和改进大学生思想政治教育的重要内容和关键环节，纳入思想教育和学生管理的整体工作中进行谋划和部署，引导广大学生养成勤奋好学、诚实守信、严谨踏实的良好习惯。

同日，教育部办公厅印发《教育部高校辅导员培训和研修基地建设与管理办法(试行)》《教育部高校辅导员培训和研修基地建设与管理基本标准(试行)》。《教育部高校辅导员培训和研修基地建设与管理办法(试行)》强调，高校辅导员队伍是加强和改进大学生思想政治教育的骨干力量。加强辅导员基地建设与管理是加强辅导员队伍建设的重要举措，有利于提高辅导员队伍的整体水平，建设一支政治强、业务精、纪律严、作风正的高素质队伍。规定辅导员基地要承担培训、研究、咨询等方面的任务，并就其管理体制、日常建设与管理、检查考核等方面做出规定。《教育部高校辅导员培训和研修基地建设与管理基本标准(试行)》对基地建设的考核等级及一级指标、二级指标、评分标准和考核方式等做出具体规定。

4 月 23 日—24 日

高校思想政治理论课教学方法创新研讨会暨上海大学首届“思政论坛”举行，来自全国 100 多所高校的 200 余名代表参加了研讨会。与会人员集中探讨了当前高校思想政治理论课教学方法创新的热点、难点问题，展望了高校思想政治理论课教学方法创新的发展趋势，为推动高校思想政治理论课教学方法改革提供了理论和实践的借鉴。

4 月 24 日

清华大学召开庆祝建校 100 周年大会，中共中央总书记、国家主席、中央军委主席胡锦涛出席大会并发表重要讲话。胡锦涛指出，自办学以来，清华大学坚持以人才培养为根本任务，强化育人特色，大力培养高素质、高层次、多样化、创新型的人才，广大毕业生踊跃到国家重点行业和基层施展才干。学校坚持正确办学方向，坚持以人为本，遵循高等教育规律，全面实施素质教育，不断推进改革创新。

胡锦涛还指出，高等教育作为科技第一生产力和人才第一资源的重要结合点，在国家发展中具有十分重要的地位和作用。新中国成立 60 多年特别是改革开放 30 多年来，我国高等教育取得了一些成就。但从总体上看，还不完全适应经济社会发展和人民群众接受良好教育的要求，同国际先进水平相比还有明显差距。因此要全面提升高等教育质量，大力提升人才培养水平，增强科学研究能力，服务经济社会发展，推动文化传承创新。胡锦涛鼓励青年学生要把文化知识学习和思想品德修养相结合，把创新思维和社会实践相结合，把全面发展和个性发展相结合。他指出：广大教师和教育工作者是推动教育事业科学发展的生力军。要把加强教师队伍建设作为教育事业发展最重要的基础工作来抓，努力造就一支师德高尚、业务精湛、结构合理、充满活力的高素质专业化教师队伍。

4月26日

教育部办公厅印发《关于认真做好纪念建党90周年中共党史知识竞赛活动组织工作的通知》，要求各地教育部门和各高校要高度重视认真做好此次知识竞赛活动的组织工作，动员和组织广大干部教师和青少年学生积极参加到活动中来，通过活动，进一步学习和了解党的历史知识，加深对党的理论、路线、方针的理解，营造学党史、知党情、跟党走的浓厚氛围，唱好主旋律。

4月28日

共青团中央办公厅下发《关于印发〈“与信仰对话——万场党史报告进校园”活动宣讲提纲〉的通知》，指出：要在活动过程中宣讲中国新民主主义革命胜利的基本经验和伟大意义，宣讲党领导社会主义革命和建设的伟大成就及基本经验，宣讲党领导的改革开放伟大事业的巨大成就和宝贵经验。当代青年学生要学党史、知党情，不断坚定跟党走中国特色社会主义道路的理想信念。青年学生是国家的宝贵人才资源，责任重大、使命光荣，要不断增强学党史、知党情、跟党走的自觉性和主动性，把文化知识学习和思想品德修养紧密结合起来，把创新思维和社会实践紧密结合起来，把全面发展和个性发展紧密结合起来，按照党的要求健康成长，切实肩负起实现中华民族伟大复兴的历史使命。

5月

5月4日

共青团中央书记处第一书记陆昊在纪念五四运动92周年暨“中国青年五四奖章”和全国优秀团员、团干部、团组织表彰座谈会上发表讲话。他指出，广大青年学生要找准人生前进方向和成长的正确道路，需从四个方面做出努力：一是要尊重物质财富创造，又要保持精神追求。二是要加强理论学习，又要深入实践锻炼。三是要追求个人事业成就，又要履行社会责任。四是要有鲜明时代性，又要有厚重历史感。共青团是党的助手和后备军，要为党做好新形势下的青年群众工作，把党的宗旨、党的群众立场和群众观点全面地、不折不扣地贯彻到青年群众工作的实践中去。

同日，中共中央政治局委员、全国人大常委会副委员长王兆国同志在纪念五四运动92周年暨“中国青年五四奖章”和全国优秀团员、团干部、团组织表彰座谈会上发表讲话。王兆国指出，一部中国青年运动史，就是中国青年在党的领导下奋勇前进的历史，就是中国青年在革命、建设和改革事业中建功立业的历史，就是中国青年与广大人民群众紧密结合团结奋斗的历史，就是一批又一批青年马克思主义者茁壮成长的历史。在新的历史条件下，广大青年要牢牢围绕当代中国青年运动的核心，自觉坚持中国共产党的领导，在思想上坚定信念，在行动上高度自觉，努力做党的科学理论的实践者、党的大政方针的拥护者、党的决策部署的执行者。各级党委和政府要热情关心青年，正确引导青年，真心帮助青年，千方百计为青年成长成才、干事创业创造条件。要把党的宗旨、党的群众立场和群众观点全面地、不折不扣地贯彻落实到青年群众工作的实践中去，团结带领广大青年沿着正确的方向健康成长、建功立业。

5月6日

共青团中央转发了中纪委、中组部、中宣部《关于认真组织学习〈论党的群众工作——重要论述摘编〉的通知》，指出：《论党的群众工作——

重要论述摘编》分专题选编了毛泽东、邓小平、江泽民和胡锦涛关于党的群众工作的一系列重要论述，集中反映了我们党关于群众工作的思想内涵和基本精神，是推进新形势下群众工作的重要学习材料。各高校要认真学习党中央关于群众工作的一系列重要观点和重要部署，进一步增强做好新形势下党的群众工作的自觉性，要把《论党的群众工作——重要论述摘编》作为对师生进行思想政治理论教育的重要材料，结合庆祝中国共产党成立 90 周年，组织好学习宣传和使用。

5 月 9 日

教育部召开高校社科界学习贯彻胡锦涛总书记在庆祝清华大学建校 100 周年大会上的重要讲话精神座谈会，教育部副部长李卫红出席会议并讲话。李卫红指出：胡锦涛总书记的重要讲话高度肯定了百年清华取得的显著成绩，从全局和战略的高度为高等教育改革发展指明了方向，对高校全面贯彻落实《教育规划纲要》、全面提高高等教育质量提出了新的更高的要求，对青年学生和广大教师提出了殷切希望。在新的历史时期，高校哲学社会科学要通过进一步提升研究质量和创新能力来服务于人才培养、服务于经济社会发展，为推进文化传承创新做出新贡献。李卫红要求：各地各高校要科学谋划哲学社会科学繁荣发展，以高水平的哲学社会科学研究支撑高质量的高等教育。要在立德树人、教书育人上下功夫，充分发挥哲学社会科学育人功能，坚持不懈地加强和改进学生思想政治教育工作。要在切实增强科学研究能力上下功夫，深刻把握哲学社会科学的创新本质，正确认识基础研究与应用对策研究、数量和质量、本土化与国际化的关系，为国家哲学社会科学创新体系建设做出更大贡献。要在理论联系实际，解答重大现实问题上下功夫，加强学术成果转化和推广，为服务经济社会发展做出更大贡献。要高度重视人文学科建设，加强基础研究，在推进文化传承创新上下功夫。

5 月 25 日

共青团中央下发《关于认真学习贯彻胡锦涛总书记给北京大学第十二届研究生支教团成员的回信精神的通知》，指出：中共中央总书记、国家主席、中央军委主席胡锦涛给北京大学第十二届研究生支教团成员回信，对支教扶贫青年志愿者为推动西部地区教育事业发展所发挥的积极作用以及在支教扶贫实践中的成长进步，给予了充分肯定，对不断推进支教扶贫工作和青年学生在实践中锻炼成才提出了殷切希望，为当代青年特别是青年学生健康成长、为青年志愿服务事业发展进一步指明了方向。各级团组织要把组织学习胡锦涛总书记回信精神作为一项重要的政治任务来抓，通过多种形式，引导青年深刻领会向实践学习、向人民群众学习的正确成长道路。要推动青年志愿服务事业切实成为广大青年参与社会实践、引领时代风尚的重要载体。要大力宣传在西部地区、基层一线锻炼成长的优秀青年志愿者典型，大力宣传西部基层对人才的实际需求和激励措施，吸引更多青年加入到志愿服务的行列中来。

5 月 28 日

教育部办公厅印发《普通高等学校学生心理健康教育课程教学基本要求》，从课程性质与教学目标、主要教学内容、课程设置与教材使用、教学模式与教学方法、教学管理与条件支持、组织实施与教学评估六个方面规范了普通高等学校学生心理健康教育课程教学要求。要求深入贯彻落实全国教育工作会议、《教育规划纲要》以及全国加强和改进大学生思想政治教育工作座谈会精神，进一步深入贯彻落实《中共中央、国务院关于进一步加强和改进大学生思想政治教育的意见》，推进大学生心理健康教育工作科学化建设，进一步发挥课堂教学在大学生心理健康教育工作中的主渠道作用，提高大学生心理健康素质。

6 月

6 月 1 日

教育部办公厅印发《关于围绕纪念建党 90 周年进一步组织开展好“永远跟党走”主题教育活动的通知》，指出：组织开展好“永远跟党走”主题教育活动，要与学习贯彻胡锦涛总书记在清华大学百年校庆重要讲话精神结合起来、与全面落实《教育规划纲要》结合起来、与教育系统创先争优活动结合起来、与大中小学生思想政治教育工作结合起来。要结合当地实际，广泛开展丰富多彩、生动活泼的宣传教育活动。纪念活动结束后，要围绕教育主题进行系统总结，努力使教育系统纪念建党90周年活动成为加强师生思想政治教育的过程，成为激发师生投身教育改革发展的过程，成为号召师生为实现中华民族伟大复兴贡献力量的过程。各地各学校要将主题教育活动贯穿全年工作始终，分阶段分步骤扎实推进。要唱响“永远跟党走”的主旋律，为主题教育活动创造良好的舆论环境，切实保证主题教育活动的顺利开展。

同日，国务院下发《关于进一步做好普通高等学校毕业生就业工作的通知》，提出了促进高校毕业生就业的新的政策措施，明确了新的工作要求。

同日，教育部网站报道，国家文物局、教育部近日下发《关于加强高校博物馆建设与发展的通知》，指出，高校博物馆是探索和实践新型人才培养模式、实现高等教育现代化的重要机构，是开展探究式学习、参与式教学、实践教学的适宜场所。要努力提升高校博物馆在展览展示和宣传教育方面的工作水平，大力传播有益于社会进步的思想道德、科学技术和文化知识，以激励和实现知识的创造、分享、传播为中心任务，服务和支持高等教育发展。

6月2日

国务院召开全国普通高校毕业生就业工作电视电话会议，对做好今后一个时期高校毕业生就业工作进行安排部署，中共中央政治局委员、国务院副总理张德江出席会议并做重要讲话。张德江深刻阐述了做好高校毕业生就业工作的极端重要性，深入分析了当前和今后一个时期高校毕业生就业工作面临的形势，明确了进一步做好高校毕业生就业工作的目标任务和工作要求。中共中央政治局委员、国务委员刘延东就抓好贯彻落实工作提出了具体要求。

6月8日

人力资源和社会保障部印发《关于贯彻落实〈国务院关于进一步做好普通高等学校毕业生就业工作的通知〉的通知》。要求增强做好高校毕业生就业工作的责任感和紧迫感，要将高校毕业生就业摆在当前就业工作的首位，制定出台了一系列促进高校毕业生就业的政策措施。要抓紧制定实施意见，明确各项政策的具体操作办法。要突出重点，扎实做好2011年高校毕业生就业工作。要进一步加强组织领导，广泛开展政策宣传。各地人力资源和社会保障部门要在当地政府的统一领导下，充分发挥就业工作联席会议作用，建立健全高校毕业生就业工作领导机构和协调机制。

同日，中共教育部党组在《中国教育报》发表主题文章《不断提高质量是高等教育的生命线——学习胡锦涛总书记在庆祝清华大学建校100周年大会上重要讲话精神》。文章指出：从关注发展不发展到关注怎么发展，我国高等教育面临的发展问题已由快慢问题转变为质量问题。高等教育要在大众化时期谋求新的发展，来满足人民群众接受高质量、多样化教育的发展需求，要加快教育事业重要领域和关键环节的改革步伐。提升质量，内涵式发展，是时代给出的新课题，是适应高等教育由“大”到“强”阶段式特征的必然要求。各高校要把不断提高质量作为生命线，贯穿于人才培养、科学研究、文化传承等各项工作之中。

6月16日

2010中国大学生年度人物颁奖典礼举行，中共中央政治局委员、国务委员刘延东出席典礼并发表讲话。刘延东强调：青年是民族的希望和国家的未来，大学生是国家宝贵的人才资源，党中央、国务院历来重视青年的健康成长。在各地区、各部门、各高校和社会各方面的大力关心和帮助下，近年来大学生理想信念更加坚定，爱国热情持续高涨，社会责任感显著增强，在国家办好大事喜事、应对急事难事中，众多大学生用自己的责任和担当，赢得了社会各界的普遍赞誉。特别是大学生先进典型不断涌现，集中体现了当代大学生积极健康向上的精神风貌，体现了弘扬践行社会主义核心价值观的自觉追求，充分表明当代大学生是值得信赖、堪当重任的新一代，能够承担起中华民族伟大复兴的使命。希望广大青年学生坚定理想、立志成才，刻苦学习、全面发展，投身社会、积极实践，见贤思齐、奋勇争先，把个人成长成才融入国家和人民的伟大事业中，为国家现代化建设不懈奋斗。

6月18日

《人民日报》(海外版)发表教育部党组成员、国家教育行政学院院长顾海良的文章《共产党为什么能吸引青年大学生》。文章指出：据中组部公布的数据，2009年全国发展新党员297.1万名，其中大学生118.5万名。在广大大学生心目中，加入中国共产党已成为人生的重大选择。文章还指出：党对大学生有强大吸引力，已成为大学生成长的显著特点。中国共产党的奋斗历程和改革开放的辉煌成就，是吸引大学生的根本基础。党的90年奋斗历程是持续的引导力量和现实的教育资源，感动和激励着大学生。大学生成长中亲身体验的改革开放的辉煌成就，更增强了党的吸引力。从教育部2011年对大学生思想政治状况调查来看，89.6%的大学生对“党的执政能力进一步加强”表示“非常乐观”或“比较乐观”。党领导的中华民族振兴的现实，奠定了“党在我心中”的坚实基础。中国特色社会主义理论体系，是党吸引大学生的真理之光。党对大学生的吸引力，源于作为党的指导思想的马克思主义的科学性、先进性，源于马克思主义中国化、时代化和大众化的理论魅力。对大学生一直以来的重视、关心和信任，是党吸引大学生的内在动力。对未来发展远景的科学规划，是党吸引大学生的感召力量。党中央做出的大力实施人才强国战略，加强现代化建设需要的各类人才队伍建设，为大学生的成长成才创造了良好的社会环境。担当社会责任，把个人价值实现融入全面建设小康社会的伟大历史潮流，成为党吸引大学生的强大感召力量。

6月23日

第二届全国教师教育课程资源专家委员会成立大会暨第一次工作会议召开，教育部副部长刘利民发表《积极推动课程资源建设，为新时期教师教育做出贡献》的讲话。刘利民指出，全面贯彻落实《教育规划纲要》，教师队伍建设工作需要进一步加强，教师教育改革需要深入推进。具体措施：一是深化教师教育改革，创新培养模式，提高培养质量；二是加强教师培训，做好培训规划，完善培训制度，提高教师整体素质；三是健全教师管理制度，完善教师准入制度，加强岗位管理，激发教师积极性和创造性。

同日，全国高校学生“永远跟党走”主题暑期社会实践活动启动，中共中央政治局委员、国务委员刘延东出席启动仪式并讲话。刘延东指出，“永远跟党走”是一代代大学生高扬的旗帜、牢记的信念和实际的行动，凝结着大学生对党和国家的无限忠诚与挚爱之情。希望广大青年学生深入企业、农村和社区，开展社会调查和社会服务，了解国情、社情和民情，虚心向群众学习，增强奉献意识和责任意识。

6月24日

中宣部、中央文明办、教育部、共青团中央、全国学联联合下发《关于开展2011年全国大中专学生志愿者暑期文化科技卫生“三下乡”社会实践活动的通知》，指出：为贯彻落实胡锦涛总书记向青年学生发出的“向实践学习、向人民群众学习”的号召，充分发挥社会实践作为加强和改进大学生思想政治教育重要途径的优势，引导广大青年学生以纪念中国共产党成立90周年为契机，在实践中学党史、知党情，进一步坚定跟党走中国特色社会主义道路的理想信念，中宣部、中央文明办、教育部、共青团中央、全国学联决定，2011年暑期继续组织开展全国大中专学生志愿者“三下乡”社会实践活动。各地各学校要充分利用大众传媒和校园媒体特别是微博、播客、手机报等新媒体，在活动的策划、动员、实施、总结等各个阶段进行宣传推广，取得最大的育人效益和经济社会效益。要根据青年学生新的思想行为特点和成长发展需求，主动从社会实践活动的内容设计、组织方式、运作机制等方面进行探索创新，并及时做好普遍性、规律性的总结提炼。团中央等主办单位将通过编发专项工作简报等方式对各地各学校的探索创新进行推广，以工作汇编和理论研讨会的形式，对新形势下社会实践活动的深化创新等进行理论总结。

7 月

7 月 1 日

中共中央总书记、国家主席、中央军委主席胡锦涛在庆祝中国共产党成立 90 周年大会上发表重要讲话。胡锦涛强调，经过 90 年的奋斗、创造、积累，党和人民必须倍加珍惜、长期坚持、不断发展的成就是：开辟了中国特色社会主义道路，形成了中国特色社会主义理论体系，确立了中国特色社会主义制度。回顾 90 年中国的发展进步，可以得出一个基本结论：办好中国的事情，关键在党。总结 90 年的发展历程，我们党保持和发展马克思主义政党先进性的根本点是：坚持解放思想、实事求是、与时俱进，以科学态度对待马克思主义，用发展着的马克思主义指导新的实践，坚持真理、修正错误，坚定不移走自己的路，始终保持党同人民群众的血肉联系，任人唯贤、广纳人才。在世情、国情、党情发生深刻变化的新形势下，从新的实际出发，坚持以科学理论指导党的建设，以改革创新精神研究和解决党的建设面临的重大理论和实际问题。坚持解放思想、实事求是、与时俱进，大力推进马克思主义中国化、时代化、大众化，提高全党思想政治水平。马克思主义，理论源泉是实践，发展依据是实践，检验标准也是实践。任何固守本本、漠视实践、超越或落后于实际生活的做法都不会得到成功。在历史上的一些时期，我们曾经犯过错误甚至遇到严重挫折，根本原因就在于当时的指导思想脱离了中国实际。

胡锦涛强调，在新的历史条件下坚持马克思主义，关键是要及时回答实践提出的新课题，为实践提供科学指导。理论创新每前进一步，理论武装就跟进一步，这是我们党加强自身建设的一条重要经验。我们必须按照建设马克思主义学习型政党的要求，深入学习和掌握马克思列宁主义、毛泽东思想，深入学习和掌握中国特色社会主义理论体系，牢固树立辩证唯物主义和历史唯物主义世界观和方法论。全党同志特别是党的各级领导干部都要不断提高思想政治水平，坚定理想信念。全党同志和全社会都要坚持尊重劳动、尊重知识、尊重人才、尊重创造的重大方针，把社会主义核心价值体系建设融入国民教育、精神文明建设和党的建设全过程。

7 月 1 日—2 日

中组部、中宣部、中央党校、中央文献研究室、中央党史研究室、教育部、中国社会科学院、中国人民解放军总政治部在京联合召开纪念中国共产党成立 90 周年理论研讨会。2 日下午，中共中央政治局常委李长春出席研讨会并做重要讲话。李长春强调，胡锦涛总书记在庆祝中国共产党成立 90 周年大会上的重要讲话，全面回顾了我们党 90 年紧紧依靠人民完成和推进“三件大事”的奋斗历程，高度评价了 90 年来我们党团结带领全国人民创造的举世瞩目的辉煌成就，系统总结了 90 年来党领导革命、建设和改革的历史经验，明确提出了新的历史条件下提高党的建设科学化水平的目标任务，深刻阐述了在新的历史起点上把中国特色社会主义伟大事业全面推向前进的大政方针，我们一定要认真学习、深刻领会，把思想和行动统一到讲话精神上来。

李长春指出，90 年来我们党始终高度重视理论建设，重视发挥科学理论对事业发展的强有力指导作用。当今世界正处于大发展大变革大调整时期，我国改革开放和社会主义现代化建设进入新的关键时期，世情国情党情的发展变化，要求广大理论工作者进一步增强责任感、使命感，始终围绕党和国家工作大局，着力推进马克思主义中国化、时代化、大众化。要以党和国家的发展为主题，以理论武装为首要任务，以服务人民为宗旨，坚持改革创新，坚持人才培养和队伍建设，加强对中国特色社会主义政治发展道路以及党的建设方面的研究，在新的历史起点上开创党的理论建设新局面。

7 月 2 日

共青团中央发出通知，对组织引导广大团员青年和团干部认真学习贯彻胡锦涛总书记在庆祝中国共产党成立 90 周年大会上的重要讲话做出部署。通知指出，胡锦涛总书记在庆祝中国共产党成立 90 周年大会上发表的重要讲话，是一篇马克思主义的纲领性文献，要深刻领会其中的基本内容和精神实质，切实把广大团员青年和团干部的思想统一到讲话精神上来。各级团组织要广泛深入地开展丰富有效的学习宣传活动，要深刻理解党与青年的重要关系，不断增强广大团员青年在党的领导下为发展中国特色社会主义而不懈奋斗的历史责任感，全面深入地开展“学党史、知党情、跟党走”主题教育活动。集中一定时间通过组织座谈会、学习报告会、理论研讨会等进行专题学习，设计有针对性的宣讲大纲，积极运用新媒体手段，发挥各级团属新闻舆论阵地的作用，开展有深度的宣传教育，切实增强引导广大青少年的针对性、适用性和普遍性。

7月6日

全国教育投入和管理工作电视电话会议召开，中共中央政治局委员、国务委员刘延东出席会议并讲话。国家教育体制改革领导小组成员，中央有关部门负责人等在主会场出席会议。各省(自治区、直辖市)和计划单列市人民政府、新疆生产建设兵团、部分市县人民政府及有关部门负责人等在分会场出席会议。刘延东强调，教育投入是支撑国家长远发展的基础性、战略性投资，物质保障是教育事业发展的重要基础。加大财政教育投入与加强经费使用管理同等重要。各级政府要优化支出结构，科学配置、合理使用教育经费，处理好硬件建设与软件建设的关系，促进城乡、区域之间以及各级各类教育的协调发展。要突出重点，推动在教育关键领域、薄弱环节和社会关注的热点难点问题上取得突破。

7月26日

科技部、人力资源和社会保障部、教育部、中国科学院、中国工程院、国家自然科学基金委员会、中国科协下发《关于印发国家中长期科技人才发展规划(2010—2020年)的通知》。《国家中长期科技人才发展规划(2010—2020年)》指出，要高举中国特色社会主义伟大旗帜，坚持邓小平理论和“三个代表”重要思想，贯彻落实科学发展观，深入实施科教兴国战略和人才强国战略，充分发挥学校教育在科技人才培养中的基础性作用。重视培养一支业务水平高、管理能力强、具有现代科学素质、创新意识和战略眼光的复合型科技管理人才队伍。改革高等教育人才培养模式，改革教学内容方法和教学模式，建设一批创新人才培养示范基地，加强实践锻炼和教学，注重知行统一、因材施教，提高本科生和研究生的科学素质和创新能力。突出以用为本，吸纳研究生直接参与重大技术研发，增强其解决实际问题的能力。发展创新文化，倡导追求真理、勇攀高峰、宽容失败、团结协作、追求卓越的创新精神，营造科学民主、学术自由、严谨求实、开放包容的创新氛围。形成尊重劳动、尊重知识、尊重人才、尊重创造的社会环境。在全社会大力普及科学技术知识、倡导科学方法、传播科学思想，不断提高公民科学文化素质。

8月

8月2日

《求是》刊发教育部党组书记、部长袁贵仁《坚持党的领导和社会主义办学方向不断推进教育事业科学发展》的署名文章。文章指出，要完善普通本科高校、高等职业学校、中等职业学校家庭经济困难学生资助政策体系，完善助学贷款体制机制，把促进学生健康成长作为学校一切工作的出发点和落脚点。切实加强和改进未成年人思想道德建设和大学生思想政治教育工作，把社会主义核心价值体系融入教育全过程，坚定学生对中国共产党领导、社会主义制度的信念和信心，培养学生团结互助、诚实守信、遵纪守法、艰苦奋斗的良好品质。强化能力培养，着力提高学生的学习能力、实践能力、创新能力，注重培养学生的主动精神和创造性思维。牢牢把握党对学校意识形态工作的主导权，加强和改进学校思想政治工作，坚持社会主义办学方向。坚持用马克思主义中国化最新成果武装党员干部，教育广大师生，推动中国特色社会主义理论体系进教材、进课堂、进学生头脑。

8月14日—15日

教育部直属高校工作咨询委员会第21次全体会议在广东东莞召开，会议主题是学习贯彻胡锦涛总书记在纪念中国共产党成立90周年大会和庆祝清华大学建校100周年大会上的重要讲话精神，深入分析新时期新阶段高等教育面临的新形势新任务，共同谋划推进高等教育改革发展的新思路新举措。为落实胡锦涛总书记全面提高高等教育质量的要求，教育部在深入调查研究的基础上，有针对性地制定了一系列政策文件，重点就改革人才培养模式、建设现代大学制度、加强实践育人、加强师德建设、提高保障水平等提出了具体措施。会上，大家对相关文件进行了认真讨论，提出了很多很好的意见建议。

8 月 22 日

教育部办公厅下发《关于向全国高校思想政治理论课教学科研机构赠送大型文献纪录片〈旗帜〉和〈我们的旗帜〉晚会音像制品的通知》，指出，为隆重纪念中国共产党成立 90 周年，按照中央统一部署，中宣部等有关部门联合摄制了大型文献纪录片《旗帜》。根据中央领导同志指示，为进一步做好《旗帜》的学习使用宣传，将其与深入学习胡锦涛总书记在庆祝中国共产党成立 90 周年大会上的讲话精神结合起来，充分发挥教育作用，中宣部和教育部决定将此片赠送全国各普通高等学校思想政治理论课教学科研机构。各地、各高校在秋季开学后，要运用到思想政治理论课教学中，组织学生观看，充分发挥教育引导作用，努力提高思想政治理论课的感染力和吸引力。

9 月

9 月 8 日

中共中央政治局委员、国务委员刘延东在北京出席第六届高等学校教学名师奖表彰大会。刘延东在讲话中强调，要深入学习胡锦涛总书记“七一”重要讲话和在清华大学建校 100 周年庆祝大会上重要讲话精神，贯彻落实科教兴国、人才强国战略，把加强教师队伍建设作为高等教育事业的基础性工作抓好，发挥名师的教学示范、科研模范和学风典范作用，努力造就一支师德高尚、业务精湛、结构合理、充满活力的教师队伍，为提高高等教育质量提供可靠保障。她指出，提高质量是高等教育的生命线，高校教师队伍的素质和水平直接决定着高等教育质量。她希望广大教师把高尚师德当作为师之根，始终忠诚党和人民的教育事业，自觉践行社会主义核心价值体系，带头传承中华民族优秀文化和传统美德，做爱岗敬业的楷模。她号召广大教师要向名师学习，立足本职岗位，潜心教书育人，努力为国家培养出更多可堪大用、能负重任的栋梁之材。

9 月 12 日

由民进中央和北京师范大学联合主办的“2011 中国教师发展论坛”在山东省潍坊市举行。此次论坛的主题为“推进教育家办学，促进教师队伍专业化发展”。全国人大常委会副委员长、民进中央主席严隽琪，全国政协副主席、民进中央常务副主席罗富和山东省有关领导出席开幕式，教育部副部长刘利民出席开幕式并讲话。刘利民强调，当前，要全面落实《教育规划纲要》，坚持办学以教师为本，全心全意依靠广大教师队伍，充分调动广大教师教书育人的积极性、创造性。要坚持把师德建设放在首位，使广大教师真正成为无愧于党和人民的人类灵魂工程师。要坚持教师专业化的发展导向，为培养教学名师和造就一批教育家创造良好环境和条件。要坚持教师教育为基础教育服务的方向，不断推动教师教育的改革创新。要坚持鼓励和吸引优秀人才长期从教、终身从教的政策导向，不断完善教育人事制度和教师职业保障体系。

9 月 13 日

中组部、教育部、人力资源和社会保障部、共青团中央联合印发《关于〈高校毕业生基层培养计划实施方案〉的通知》，指出：要坚持政策引导，注重激励保障，建立长效机制，力争在“十二五”期间，建立一支规模适度、结构合理、素质优良、充满活力的服务基层的高校毕业生队伍，促进高校毕业生就业，培养新农村建设骨干力量，推动经济社会又好又快发展。要立足基层实际需要，把思想素质好、责任心强、有志在基层干事创业的优秀毕业生引导到基层服务岗位。高等院校特别是农业院校，要结合毕业生的特点和工作需要，开展继续教育和研究生同等学力教育。根据毕业生的特点、项目的要求和基层实际需要，坚持以政治理论和思想道德教育为基础，合理安排培训内容。要注重宣传，正面引导，注重培养、宣传高校毕业生在基层干事创业的先进典型，发挥示范引领作用。项目内容包括：(1)大学生“村官”工作；(2)农村学校教师特设岗位计划、免费师范生培养计划、免费医学生培养计划；(3)高校毕业生“三支一扶”计划；(4)大学生志愿服务西部计划。

9月22日

教育部与重庆市委、市政府在重庆联合召开了全国高校实践育人工作经验交流会。教育部副部长、党组副书记杜玉波出席会议并讲话。

杜玉波强调，抓好高校实践育人工作意义重大，是全面落实党的教育方针的必然要求，也是提高人才培养质量的必然要求。要从贯彻党的教育方针的高度，从把握教育本质、人才培养规律的角度，切实提高对高校实践育人工作重要意义的认识。杜玉波指出，当前高校实践育人工作取得了一定成绩、积累了宝贵经验，各地各部门支持实践育人工作有了新举措，实践教学工作取得了新突破，军事训练工作取得了新进展，社会实践活动形成了新机制。但同时也要看到，高校实践育人工作还存在一些问题和不足，与学生日益增长的实践需求相比还有距离。杜玉波要求，要坚持把加强实践育人工作作为提高高等教育质量的切入点和突破口，作为创新人才培养的重要途径，着力做好转观念、重保障、求实效三方面工作，积极调动整合社会各方面资源，形成实践育人合力，着力构建长效机制，努力推动高校实践育人工作取得新成效。

10月

10月11日

叶志平先进事迹报告会在北京人民大会堂举行。报告会开始前，中共中央政治局常委李长春会见了叶志平家属和报告团成员，代表胡锦涛总书记向他们表示亲切问候。李长春强调，要深入开展向叶志平学习活动，引导广大教师和教育工作者学习他忠诚于党、献身使命的崇高品质，学习他潜心育人、甘为人梯的敬业精神，学习他严谨务实、勇于创新的人生追求，学习他扎根基层、无私奉献的思想境界，以渊博的学识魅力和高尚的人格魅力教书育人，培育更多德智体美全面发展的社会主义建设者和接班人。要把学习叶志平活动与贯彻落实《教育规划纲要》结合起来，与深入推进社会主义核心价值体系建设结合起来，与加强大学生思想政治教育和未成年人思想道德建设结合起来，与教育战线开展的师德建设结合起来，与创先争优活动结合起来，在全社会大力倡导和形成爱岗敬业、尊师重教的良好氛围，推动教育事业优先发展、科学发展，为把我国建设成为人力资源强国、人才强国和创新型国家做出新的更大贡献。

10月13日

中国科协、教育部在人民大会堂举行首都高校科学道德和学风建设宣讲教育报告会。教育部党组成员、部长助理林蕙青主持报告会。林蕙青指出，科学道德和学风问题关系到人才培养、学术繁荣，也关系到国家和民族的精神与未来。教育部一直高度重视科学道德和学风建设，近年来全面规划构建弘扬优良学风的长效机制，采取一系列措施推进学风建设，营造风清气正、科学和谐的学术环境和育人环境。特别是教育部党组把2011年定为政风、行风、学风建设年，明确要求各高校全面推进高校科学道德和学风建设。研究生教育是国民教育的顶端，是高层次创新型人才的主要来源。研究生既是学生也是研究人员，是我国科研力量的生力军，代表着我国科技的未来。中国科协、教育部以研究生教育为切入点，开展科学道德和学风建设宣讲教育，进一步营造良好学习和科研风气，教育研究生更加自觉地遵守学术规范、坚守学术诚信、完善学术人格、维护学术尊严，抵制学术不端行为，努力成为优良学术道德的践行者和良好学术风气的维护者。林蕙青要求，宣讲教育要做到全覆盖、制度化、重实效。各地区要按照要求做好宣讲教育，要覆盖所有研究生培养单位的所有新入学的研究生，不能走过场，要重实效，要形成制度，把宣讲教育长期开展下去。

10月18日

中国共产党第十七届中央委员会第六次全体

会议通过《关于深化文化体制改革推动社会主义文化大发展大繁荣若干重大问题的决定》，指出：要坚持中国特色社会主义文化发展道路，努力建设社会主义文化强国。必须坚持以马克思主义为指导，坚持社会主义先进文化前进方向，坚持以人为本，贴近实际、贴近生活、贴近群众，培育有理想、有道德、有文化、有纪律的社会主义公民。要推进社会主义核心价值体系建设，巩固全党全国各族人民团结奋斗的共同思想道德基础。必须坚持马克思主义指导地位，深入推进马克思主义理论研究和建设工程，实施中国特色社会主义理论体系普及计划，加强重点学科体系和教材体系建设，推动中国特色社会主义理论体系进教材、进课堂、进头脑，加强和改进学校思想政治教育；坚定中国特色社会主义共同理想，深入开展理想信念教育，引导干部群众自觉把个人理想融入中国特色社会主义共同理想之中；弘扬以爱国主义为核心的民族精神和以改革创新为核心的时代精神，增强民族自尊心、自信心、自豪感，加强爱国主义教育基地建设，使之成为弘扬培育民族精神和时代精神的重要课堂；树立和践行社会主义荣辱观，全面加强学校德育体系建设，构建学校、家庭、社会紧密协作的教育网络，动员社会各方面共同做好青少年思想道德教育工作。要繁荣发展哲学社会科学，加快哲学社会科学成果转化，重点扶持立足中国特色社会主义实践的研究项目，整合哲学社会科学研究力量，建设一批具有专业优势的思想库，加强哲学社会科学信息化建设。要建设宏大文化人才队伍，为社会主义文化大发展大繁荣提供有力人才支撑。推动社会主义文化大发展大繁荣，队伍是基础，人才是关键。要造就高层次领军人物和高素质文化人才队伍，扶持资助优秀中青年文化人才主持重大课题、领衔重点项目，鼓励和扶持高等学校和中等职业学校优化专业结构，与文化企事业单位共建培养基地；加强职业道德建设和作风建设，鼓励文化工作者特别是文化名家、中青年骨干深入实际、深入生活、深入群众。

10 月 20 日

教育部在上海召开高水平大学本科教学改革推进会议，探讨推动本科教学改革和提高人才培养质量的经验与做法。会议强调，本科教育是高等教育的基础，高水平大学是高校的领跑团队，希望高水平大学进一步贯彻落实好胡锦涛总书记在清华大学百年校庆重要讲话精神，落实好刘延东国务委员在第 21 次直属高校咨询会上的讲话要求，加快“世界一流、国际知名”高水平大学建设的步伐，大力提高本科教学水平和质量。要实施“优势转化战略”，把“985 工程”建设形成的各种办学优势自觉地、主动地、优先地汇集转化到人才培养这一根本任务上，深入推进教育教学改革，发挥好引领示范和辐射作用。一是要进一步聚焦人才培养，转变发展理念思路，把学校的发展方向、发展重心和发展方式转变到以人才培养为核心的全面提高质量的内涵式发展上来。二是狠抓教学改革，要广泛动员，调动广大教师的积极性，更新教育理念，改革教学内容，创新教学方法。三是要大幅度提升教师教学能力，一方面出台鼓励调动教师教学积极性的政策措施，另一方面多措并举，提升教师的教学能力。四是大力推动体制机制改革，建立更加开放的人才培养体系，加强高校与企事业单位、科研院所、国际教育机构等合作育人，实现社会优质教育资源共享。五是建立健全教学质量评价保障体系，以学校自我评价为基础，建立起学校自我评价，自觉改革，不断前进的学校教学文化。六是加强学生管理，加强良好科学道德教育和优良学风建设。

10 月 21 日

教育部印发《全国教育系统开展法制宣传教育的第六个五年规划(2011—2015 年)》，文件包含以下 3 方面内容：(1)指导思想、主要目标和工作原则。教育系统第六个五年法制宣传教育工作的指导思想是必须高举中国特色社会主义伟大旗帜，以邓小平理论和“三个代表”重要思想为指导，深入贯彻落实科学发展观，落实《教育规划纲要》的要求，坚持法制宣传教育与社会主义核心价值体系教育相结合，与公民意识教育相结合，与教育法治实践相结合，深入开展法制宣传教育，深入推进依法治教、依法治校，大力弘扬社会主义法治精神，保障教育事业改革与发展的顺利进行，为构建社会主义和谐社会和全面建设小康社会营造良好的法治环境。主要目标是充分发挥教育系统的人才优势和学校教育的主渠道作用，通过内容系统深入、形式生动多样、效果扎实显著的法制教育、宣传活动和法治实践，切实提高教育系统领导干部、公务员、校长、教师、青少年学生的公民意识和法律素质，形成与培养社会主义合格公民要求相适应的教育体系与氛围，进一步提高教育行政部门依法治教、学校依法治校的水平与能力，促进社会主义法治文化建设。工作原则包括：坚持围绕中心，服务大局；坚持分类指导，突出重点；坚持普治并举，促进改革；坚持以人为本，注重实效；坚持与时俱进，开拓创新。(2)主要任务与要求。一是深化“法律进课堂”活动，切实落实青少年是法制宣传教育重中之重的要求，真正把法制教育纳入学校教育体系，进入课堂主渠道；二是深化“法律进学校”活动，营造有利于青少年学生健康成长的校园法治环境；三是深化“法律进机关”活动，全面提高教育行政部门领导干部、公务员依法行政、依法治教的能力和水平。(3)工作举措与实施保障。健全完善学校法制教育的目标、体系与实施机制，将青少年学生法制教育与公民意识教育相结合，建立高等学校法制教育的目标与要求，鼓励高等学校重视法律基础课的教学工作，重视利用互联网等传播手段，丰富青少年法制教育的途径和形式；完善学校法制宣传教育机制，实施学校依法治校能力建设工程，进一步开展“依法治校示范校”创建活动，大力推进依法治校和现代学校制度建设，加强校园法治文化建设；推进教育行政部门法制宣传教育的规范化、制度化，开展依法治教示范机关创建活动；加强领导，健全法制宣传教育的工作体制与保障机制。

10 月 25 日

由教育部、科技部联合主办的第四届全国大学生创新年会暨“大学生创新创业训练计划”启动工作会在同济大学举行。会议强调，培养大学生的创新精神和创新能力是建设创新型国家的迫切需要，是提高高等教育质量尤其是全面提高人才培养质量的必然要求。教育部一直大力推动创新人才培养，积极支持高等学校实施“大学生创新创业训练计划”，加大项目经费投入，扩大大学生参与覆盖面，将该计划纳入到高等学校的人才培养方案中，加强人才培养模式和课程体系改革，并且在此基础上推动构建国家、省、校三级大学生创新创业训练体系。高等学校要努力为培养造就更多新知识的创造者、新技术的发明者、新学科的创建者做出积极贡献。要积极营造良好环境，鼓励学生独立思考、自由探索、勇于创新，使学生创新智慧竞相迸发；要改进教学方法，注重学思结合、因材施教，激发学生的好奇心，培养学生的兴趣爱好；要创新人才培养模式，建立健全有利于创新人才脱颖而出的体制机制。

10 月 28 日

共青团中央印发《关于认真学习贯彻党的十七届六中全会精神在推动社会主义文化大发展大繁荣中充分发挥共青团组织作用的决议》，指出：要充分发挥共青团组织在社会主义文化建设中的积极作用。在青少年中深入开展理想信念教育；用社会主义核心价值体系引导青少年；帮助青少年形成积极健康向上的生活态度和奋斗精神；培养青少年良好的思想道德品质；分领域、有重点地开展青少年思想文化工作；积极探索和用好青少年思想文化工作的新载体、新手段。努力提高共青团参与文化建设的能力和水平。要始终把思想文化建设摆在共青团建设和工作的突出位置；要善于把思想文化工作与履行团的基本职能结合起来；要努力提高团干部在思想文化上引领青年的能力；要切实增强团属文化单位的整体实力和服务能力。

10 月 31 日

教育部党组书记、部长袁贵仁在《光明日报》发表《加强青少年思想道德教育工作》的主题文章。文章指出：(1)加强青少年思想道德教育工作的重要意义。加强青少年思想道德教育工作，是确保党和人民事业后继有人的战略需要，是社会主义核心价值体系建设的一项基础性工程，是在新形势下抓住机遇应对挑战的战略性任务。(2)加强青少年思想道德教育工作的主要任务。第一，加强青少年思想道德教育工作，必须整体规划学校德育课程体系，整体规划大中小学德育课程，要坚持科学性、时代性和针对性的统一。

第二，加强青少年思想道德教育工作，必须把德育融合到学校教育教学各个环节，在高等学校重点加强思想政治教育的学科建设、课程教材建设和教师队伍建设。第三，加强青少年思想道德教育工作，必须构建学校、家庭、社会紧密协作的教育网络，在高等学校建立党委领导下的专兼职队伍相结合、全校紧密配合、学生自我教育的机制，探索学校与行业企业合作共建、促进全方位育人的模式。(3)加强青少年思想道德教育工作的关键举措。进一步形成高效的领导体制和工作机制；着力建设专兼结合、高素质的德育工作队伍；建立健全科学的德育工作考核评价机制；营造全社会共同促进青少年健康成长的良好环境。

11 月

11 月 1 日

《求是》发表李长春 10 月 25 日在学习宣传贯彻党的十七届六中全会精神中央宣讲团动员会上的讲话《广泛深入宣讲党的十七届六中全会精神推动兴起学习宣传贯彻全会精神的热潮》。讲话指出，要充分认识宣讲党的十七届六中全会精神的重要意义，以高度的责任感使命感做好宣讲工作，全面准确地宣讲党的十七届六中全会精神，切实用全会精神统一思想、凝聚力量。把社会主义核心价值体系融入国民教育、精神文明建设和党的建设全过程，贯穿改革开放和社会主义现代化建设各领域，体现到精神文化产品创作生产传播各方面，坚持用社会主义核心价值体系引领社会思潮，在全党全社会形成统一指导思想、共同理想信念、强大精神力量、基本道德规范。要联系实际、贴近群众，切实增强宣讲的针对性实效性，努力扩大中央宣讲团宣讲活动的覆盖面和影响力，通过向高校发放宣讲报告会光盘等形式，把宣讲内容传播到大学生思想政治课课堂。

11 月 7 日

教育部印发《关于进一步改进高等学校哲学社会科学研究评价的意见》，要求充分认识改进哲学社会科学研究评价对促进哲学社会科学繁荣发展，建设高等教育强国的重要意义。高等学校哲学社会科学研究评价仍然存在一些亟待解决的问题，因此，必须把改进科研评价工作作为一项紧迫任务，采取切实有效的措施抓紧抓好，必须坚持以马克思列宁主义、毛泽东思想、邓小平理论和“三个代表”重要思想为指导，深入贯彻落实科学发展观，坚持以人为本、质量为先，尊重劳动、尊重知识、尊重人才、尊重创造。要牢固树立科学的质量观，以遵循社会主义先进文化前进方向为最终标准。要实施科学合理的分类评价，完善诚信公正的评价制度。各地教育行政部门和高等学校要自觉贯彻落实科学发展观，尊重哲学社会科学的特点和规律，鼓励开展健康的学术批评，营造尊重创新、宽容失败、尊重差异、包容多样的学术环境，采取有力措施将改进科研评价工作落到实处。

同日，教育部、财政部联合印发《高等学校哲学社会科学繁荣计划(2011—2020 年)》。文件指出，要积极参与马克思主义理论研究和建设工程，加强马克思主义经典著作研究，深入开展中国特色社会主义道路、理论体系、制度的研究宣传，扎实做好马克思主义理论研究和建设工程重点教材编写和使用工作，确保高校相关专业统一使用工程教材。深入推进哲学社会科学教学科研骨干和思想政治理论课骨干教师研修，加强高校马克思主义理论队伍特别是中青年理论队伍建设。推进人文社会科学重点研究基地建设，加强哲学社会科学基础研究，充分发挥高等学校基础研究实力雄厚的优势，充分发挥高等学校学科齐全的优势。加强哲学社会科学应用对策研究，加强哲学社会科学优秀成果推广普及，充分发挥高等学校高层次人才密集的优势，推动高等学校哲学社会科学走向世界，增强中国学术的国际影响力和话语权。加强哲学社会科学基础支撑和信息化建设，开展哲学社会科学优秀成果评奖和表彰，充分发挥奖励的激励和导向作用，增强高等学校哲学社会科学工作者的使命感和荣誉感。

同日，教育部印发《高等学校哲学社会科学“走出去”计划》，指出：高等学校哲学社会科学“走出去”，是中华文化“走出去”战略的重要组成部分。要坚持以推进学术交流与合作为主线，发挥高等学校在世界文化交流融合中的独特优势，坚持“走出去”与“请进来”相结合，坚持以我为主，积极稳妥。鼓励高校人文社会科学重点研究基地探索合作建立海外中国学术研究中心，促进学术精品海外推广。实施高校哲学社会科学国际高端人才资助项目，促进杰出学者访学交流，支持高等学校举办创办高层次国际学术会议。发挥港澳地区在国际学术交流领域的优势，共同推动中华学术“走出去”。各地教育行政部门和高等学校要从战略和全局高度，充分认识推动高等学校哲学社会科学“走出去”的重要意义，建立健全实施高校哲学社会科学“走出去”计划的体制机制，完善有关政策措施。

同日，教育部印发《高等学校人文社会科学重点研究基地建设计划》，文件指出，到2020年，高等学校人文社会科学重点研究基地建设总体目标是：从全面建设小康社会和高等教育事业改革发展实际需要出发，按照立足创新、提高质量、增强能力、服务国家的总体要求，继续深化科研体制改革，构建特色鲜明、优势突出、结构合理、协调发展的重点研究基地体系，为建设高等学校哲学社会科学创新体系提供强有力的支撑。文件还指出，要突出问题导向，以研究回答全面建设小康社会中的重大问题为主攻方向，形成一批国家级“智库”。要聚焦国际学术前沿，主动适应国家和社会发展需要，创新人才培养模式，提高人才培养质量，积极探索新型科研组织模式，使重点研究基地成为服务中国特色现代大学制度建设的改革实验区。

11月17日

全国高等学校哲学社会科学工作会议在京召开。中共中央政治局常委李长春做出批示。中共中央政治局委员、国务委员刘延东出席会议并讲话。

李长春在批示中希望全国高校深入贯彻落实党的十七届六中全会精神，大力开展社会主义核心价值体系宣传教育，认真实施马克思主义理论研究和建设工程，充分发挥高校哲学社会科学在教书育人方面的重要作用，帮助大学生树立正确的世界观、人生观、价值观，不断坚定中国特色社会主义理想信念，不断提高思想道德水平和科学文化素质。

李长春强调，高校哲学社会科学要坚持以重大现实问题为主攻方向，立足中国特色社会主义伟大实践进行新的理论创造，深刻阐释中国特色社会主义道路是中国共产党领导中国人民立足中国国情、借鉴人类文明优秀成果走出的创新之路，是人类文明史上的伟大创举，是中国对世界的历史性贡献。要大力推进哲学社会科学创新体系建设，建立具有鲜明时代特征的学科理论体系和体现中国特色社会主义伟大创新实践的学术话语体系，着力推出更多代表国家水准、具有世界影响、经得起实践和历史检验的优秀成果，努力建设具有中国特色、中国风格、中国气派的哲学社会科学，在全面建设小康社会、加快推进社会主义现代化的历史进程中做出新的更大贡献。

刘延东指出，高校作为我国哲学社会科学事业的主力军，长期以来在人才培养、学科建设和学术创新等方面取得显著成绩，为繁荣发展我国哲学社会科学发挥了重要作用。要深入学习贯彻十七届六中全会精神，认真落实中办、国办转发的《教育部关于深入推进高等学校哲学社会科学繁荣发展的意见》，坚持马克思主义指导地位，坚持中国特色社会主义道路、理论和制度，坚持“二为”方向和“双百”方针，大力推动社会主义核心价值体系建设，促进哲学社会科学创新体系建设，研究重大理论实践问题，增强中国哲学社会科学国际话语权，更好地发挥哲学社会科学认识世界、传承文明、创新理论、咨政育人、服务社会的重要功能。刘延东要求，各级党委政府、教育部门和各高校要切实担负起领导和推动哲学社会科学繁荣发展的责任，深化科研体制机制改革，加强人才队伍和学风建设，强化学术引导和管理，推动高校哲学社会科学健康、蓬勃发展。

11月20日

中国高等教育学会大学素质教育研究分会成立大会在北京理工大学举行。

11月23日

全国大学生村官培训班在北京市房山区韩村河村开班，中共中央政治局委员、中央书记处书记、中组部部长李源潮出席开班式并讲话。李源潮指出：选聘高校毕业生到村任职是党中央做出的一项重大决策，大学生村官要自觉把人生选择融入到党和人民的事业中去，到农村去拜人民为师，在艰苦环境中磨炼意志、砥砺品质、增长才干，培养对农民群众的深厚感情，努力成为国家与社会各行各业的骨干。

李源潮还指出，大学生村官计划是为党和国家培养可靠接班人的重大战略工程，有抱负、有知识的青年大学生要响应党的号召，主动到农村去经受锻炼和考验。要放低姿态，尊重和信任农民，虚心向农村基层干部学习。要走农户、干农活、学本领，从脚底板练起，在与农民群众以心交心、一起摸爬滚打中深入了解中国社会，培养对基层百姓的深厚感情。

李源潮说，实践长才干，历练出人才。大学生村官要充分发挥知识优势和所学专长，为建设社会主义新农村贡献力量。要从小事做起，认真负责地做好每一项工作。要了解农村和农民需求，找准发挥作用的切入点，勇于创新创业，和农民群众一起开拓致富之路。农村条件比较艰苦，但艰苦的环境更能锻炼人。大学生村官要不怕吃苦、不怕吃亏、不怕受累，经得起失败和挫折的考验，不断在农村历练中积累经验和本领，为今后人生道路打下坚实的基础。

11月28日

教育部发布《高等学校章程制定暂行办法》，自2012年1月1日起施行。这份文件指出，为完善中国特色现代大学制度，指导和规范高等学校章程建设，促进高等学校依法治校、科学发展，依据教育法、高等教育法及其他有关规定，制定本文件。高等学校制定章程应当以中国特色社会主义理论体系为指导，以宪法、法律法规为依据，坚持社会主义办学方向，遵循高等教育规律，推进高等学校科学发展；应当促进改革创新，围绕人才培养、科学研究、服务社会、推进文化传承创新的任务，依法完善内部法人治理结构，体现和保护学校改革创新的成功经验与制度成果；应当着重完善学校自主管理、自我约束的体制、机制，反映学校的办学特色。

12月

12月4日

由《中国教育报》和中国教育电视台联合主办的大型纪录片《科学家的故事》主题思想座谈会在北京召开。中国教育电视台历时一年，倾力打造了一部爱国励志人物纪录片《科学家的故事》，主要讲述了新中国第一代科学家钱学森、钱三强、钱伟长、邓稼先和华罗庚五位科学家的奋斗历程和爱国精神。辽宁省高校工委、石家庄市教育局、共青团北京市委、北京大学、清华大学、中国人民大学、人大附中和北京四中等有关单位的领导和师生到会，就纪录片《科学家的故事》的思想内涵及深远影响，畅所欲言，各抒己见。《科学家的故事》作为国庆献礼片于2011年10月1日在中国教育电视台隆重播出，播出后在社会上引起强烈反响，特别是在学校和师生间获得一致好评，被认为是一部优秀的青少年爱国励志教材，高度弘扬了社会主义核心价值观，为大学教育展现了很好的精神力。与会代表一致同意要继续发挥好《科学家的故事》纪录片的宣传教育作用，以老一辈科学家的感人故事和光辉事迹引导青年学生树立远大理想，将个人发展与国家和民族命运紧密联系在一起，爱国奉献、崇尚科学、追求真理，成长为社会主义合格建设者和可靠接班人，为中华民族的伟大复兴做出贡献。

同日，对口支援西部高校工作10周年总结大会在清华大学召开。39个典型经验集体和164名突出贡献个人受到表彰。教育部党组副书记、副部长杜玉波在会上指出，对口支援西部高校工作，是贯彻落实西部大开发战略、推进西部经济社会跨越式发展和长治久安的重要内容，是全面提高高等教育质量、促进区域高等教育协调发展的必然要求，是振兴西部高等教育、适应西部人民群众接受良好教育需求的重要举措。教育部关于开展对口支援西部高校工作的决策是完全正确的，要充分肯定10年来对口支援西部高校工作取得的成绩。10年的成绩是十分显著的，积累了很多宝贵的经验。一是坚持把完善政策作为对口支援西部高校工作的有力保障。二是坚持把提高质量作为对口支援西部高校工作的核心任务，为西部地区跨越式发展和长治久安提供人才保证和智力支撑。三是坚持把教师队伍建设作为对口支援西部高校工作的关键环节，提升受援高校教师的整体素质。四是坚持把健全机制作为对口支援西部高校工作的重要保证，建立健全有利于增强受援高校造血功能的长效机制。五是坚持把对口支援精神作为对口支援西部高校工作的不竭动力，深入学习胡锦涛总书记给孟二冬女儿的回信精神，大力宣传典型经验集体和突出贡献个人的先进事迹，不断丰富、发展和弘扬“讲政治、讲大局、讲奉献、求实效”的对口支援精神。

12 月 6 日

教育部部长袁贵仁在全国医学教育改革工作会议上发表题为《落实教育规划纲要，服务医药卫生体制改革，开创医学教育发展新局面》的讲话。袁贵仁强调：医学教育，德育为先。这既是高等教育的共性要求，也是医学教育的特殊要求。要把社会主义核心价值体系教育融入医学教育全过程，教育引导学生树立科学的世界观、人生观、价值观，增强医学生献身祖国医药卫生事业和保障人民身心健康的使命感和责任感；大力加强以医学生职业道德、职业伦理和职业态度为基本内容的职业素质教育，培养学生高尚的职业道德情操，将预防疾病、解除病痛和维护民众的健康作为自己的神圣使命；要大力加强医学生人文关怀精神和人际沟通能力的培养，使医学生具有关爱病人、尊重他人、尊重生命、团队合作的良好职业素养。高等医学教育要深化临床实践教学改革，推进实践教学内容和实践模式的改革，强化实践教学环节。要改革教学方法和学生评价方法，积极推进以问题为导向的启发式、研讨式的教学方法改革，积极探索以能力为导向的学生评价方法，大力提高学生创新意识、创新能力和实践能力。要建设一支高素质、高水平的临床教师队伍，大力加强临床教师育人为本的师德师风、医德医风建设，增强临床教师为人师表、教书育人的责任感。

同日，《中国教育报》报道，全国民办本科高校战略发展研讨会暨首届全国民办本科高校联席会近日在江苏无锡召开。来自全国 200 多所民办本科高校和独立学院的董事长、院长、党委书记及国内著名专家学者，在会上共商民办高等教育发展大计。围绕贯彻落实《教育规划纲要》，提高人才培养质量，建设高水平民办本科大学，与会代表研讨了民办本科高校办学中的热点、难点、焦点，交流民办高等教育改革发展的新思路、新举措、新经验。会上，民办本科高校共同发起倡议，成立了全国民办本科高校协作会，选举无锡太湖学院为全国民办本科高校协作会理事长单位。大会通过了《全国民办本科高校战略合作框架协议》，协作会遵循“优势互补、资源共享、互惠互利、共谋发展”的原则，以“强化内涵发展，提高培养质量”为宗旨，积极开展学科建设、师资访学、学术科研、干部交流、招生就业等领域的合作；相互开放办学资源，在课程、师资、设备等教育教学资源，实现互利、共建、共享；共同承接重大科研项目，整体提升我国民办本科高校教育教学水平和服务地方经济社会发展的能力；建立由各民办本科高校共同参与的信息网络平台。

12 月 8 日

纪念钱学森同志诞辰 100 周年座谈会在北京人民大会堂举行。中共中央政治局常委、全国政协主席贾庆林，中共中央政治局常委、国务院副总理李克强出席座谈会。贾庆林在讲话中强调，纪念钱学森同志诞辰 100 周年，就是要深切缅怀他为我国科学事业和国防现代化建设建立的卓越功勋，追思和学习他为国家富强和民族振兴不懈奋斗的崇高品德和革命精神，进一步激励海内外中华儿女同心同德、开拓进取，为推进中国特色社会主义伟大事业、实现中华民族伟大复兴而共同奋斗。要牢固树立坚定的共产主义理想信念，把个人志向融入祖国和人民的伟大事业中，坚定不移地走中国特色自主创新道路，大力提高自主创新能力，加快国家创新体系建设。要恪守社会公德、职业道德、家庭美德和个人品德，自觉践行社会主义核心价值体系，切实巩固全党全国各族人民团结奋斗的共同思想道德基础。要大力弘扬求真务实精神，坚持一切从实际出发，理论联系实际，在实现国家富强和民族振兴的壮丽征程中建功立业。

12 月 12 日

教育部、中国人民解放军总政治部联合印发《关于推荐学习山东大学开展国防生“四项教育”经验的通知》，指出，要深刻认识加强和改进包括国防生在内的大学生思想政治教育的重要意义，切实作为一项战略任务和基础工程精心筹划、科学指导、常抓不懈，坚持用社会主义核心价值体系引领和促进大学生全面发展，努力为推进中国特色社会主义伟大事业，实现中华民族伟大复兴，培养和造就更多合格建设者和可靠接班人。

12 月 21 日

2011 年中国高等教育学会思想政治教育研究分会年会暨大学生思想政治教育高层论坛在南开大学举行。会议强调，大学生思想政治教育工作面临新形势新任务，要进一步增强机遇意识、忧患意识、责任意识，从变化的形势中捕捉机遇，在有效地应对中化解挑战，发挥主观能动性、增强工作创造性，不断巩固和发展大学生思想政治教育工作的良好态势。党的十七届六中全会给大学生思想政治教育工作带来新的机遇，为大学生思政工作指明了方向。当前，要着力抓好三个方面的工作：一要把社会主义核心价值体系融入大学生思政工作全过程。要用马克思主义中国化的最新成果武装师生头脑，用中国特色社会主义共同理想凝聚师生力量，用以爱国主义为核心的民族精神和以改革创新为核心的时代精神鼓舞师生斗志，用社会主义荣辱观引领校园风尚。二要全面加强大学文化建设。要把大学文化建设纳入学校发展规划，把大学的办学优势转化为先进文化传播的优势，力求大学文化建设的特色、质量与品位不断提升。三要大力推进实践育人工作。注重转观念、重保障、求实效，积极调动整合社会各方面资源，构建长效机制，形成工作合力。

12 月 23 日

教育部、中国教科文卫体工会全国委员会联合印发《高等学校教师职业道德规范》，指出：制定并实施《高等学校教师职业道德规范》，对于加强和改进高校师德建设，引导广大教师自觉践行社会主义核心价值体系，加强自身修养，弘扬高尚师德，提高高等教育质量具有重要现实意义；对于深入开展社会主义荣辱观教育，全面加强学校德育体系建设，提高全民族文明素质也具有广泛的社会意义。它也是推动高校师德建设的指导性文件。当前和今后一段时期，要把学习贯彻文件内容作为加强高校师德建设的首要任务，与深入贯彻落实胡锦涛总书记在庆祝清华大学建校100 周年大会上讲话精神结合起来，与深入贯彻落实《教育规划纲要》、全面提高高等教育质量的实践紧密结合起来，建立健全自律与他律并重的师德建设长效机制，引导广大教师切实肩负起“立德树人、教书育人”的光荣职责。要认真抓好《高等学校教师职业道德规范》学习宣传，全面落实师德规范要求，切实加强师德教育，改进和完善师德考核，加强师德建设的组织领导。《高等学校教师职业道德规范》内容包括爱国守法、敬业爱生、教书育人、严谨治学、服务社会、为人师表六个部分。

12 月 28 日

受国务院委托，教育部党组书记、部长袁贵仁在第十一届全国人民代表大会常务委员会第二十四次会议上向全国人大常委会报告《国家中长期教育改革和发展规划纲要(2010—2020 年)》实施情况。袁贵仁指出，一年多来，全国教育战线贯彻党的教育方针，按照优先发展、育人为本、改革创新、促进公平、提高质量的要求，紧紧围绕经济社会发展的迫切需求、教育事业发展的薄弱环节、人民群众反映强烈的问题，通过重点突破带动全局工作，通过加强关键环节带动整体建设，扎实推进纲要贯彻落实工作。目前，各项政策效应正逐步显现，一些热点难点问题趋于缓解。

袁贵仁强调，要坚持优先发展，把教育放在全局工作中重点谋划和部署。坚持育人为本，把促进学生健康成长作为教育工作的出发点和落脚点。引导广大教师进一步增强教书育人的责任感和使命感。切实增强德育的针对性和实效性，坚持马克思主义在学校的指导地位，制定全国大学生思想政治教育工作测评体系。启动“整体规划大中小学德育课程”工作，根据不同年龄阶段学生的身心特点和认知规律，构建目标明确、内容科学、结构合理、学段衔接、循序渐进的大中小学德育课程教材体系。注重培养学生的创新精神和实践能力，深入实施素质教育，进一步明确能力培养的基本要求，加强实践环节和创新创业教育。坚持改革创新，激发教育事业科学发展的活力。深化人才培养体制改革，在高等教育领域，遴选19所高校启动实施“基础学科拔尖学生培养试验计划”，支持和鼓励具有创新潜质的学生立志从事基础科学研究，鼓励高校探索与有关部门、行业企业、科研院所协同创新、合作育人的新模式。探索考试招生制度改革，推进高校录取模式改革，在坚持统一入学考试的基础上，建立健全有利于优秀人才选拔的多元录取机制。建设中国特色现代学校制度，完善高校内部治理结构，推动高校逐步形成按章程规范管理学校的机制和氛围。促进办学体制改革，加快管理体制改革，进一步扩大教育开放，积极引进国外优质教育资源。坚持促进公平，切实保障人民群众接受良好教育的机会。坚持提高质量，建立健全教育质量保障体系。

袁贵仁指出：一年多来，贯彻落实纲要工作取得了积极进展，但还存在不少问题，要进一步强化责任意识，突出工作重点，认真研究提出改进措施，以高度的使命感、责任感和紧迫感，真抓实干、开拓创新，加快推进教育改革和发展，努力办好人民满意的教育。

同日，教育部办公厅印发《关于学习宣传、贯彻实施〈高等学校章程制定暂行办法〉的通知》，要求：(1)抓紧组织、深入开展学习宣传工作。各地、各高等学校要以多种形式组织开展、积极参与《高等学校章程制定暂行办法》的学习培训和章程建设的研讨活动。通过学习宣传，要进一步统一思想，明确章程建设在完善现代大学制度，推动高等学校依法治校、科学发展中的基础性地位和重要作用。(2)全面部署高等学校章程建设工作。各地要全面调查高等学校章程建设的现状，对照《高等学校章程制定暂行办法》的原则与要求，组织高等学校深入分析目前在章程建设方面存在的困难与问题，指导高等学校明确章程建设的方向、程序与时间表。(3)做好章程制定的分类指导与试点工作。各地要按照分类指导、试点推动、突出特色的原则，研究制订分类指导的方案与实施意见。(4)建立健全章程核准程序与机制。各地要结合本地实际，尽快组建本地方的高等学校章程核准委员会，建立省级教育行政部门内部的章程核准机制与程序。(5)进一步推动高等学校的依法治校工作。高等学校要将组织开展好章程建设作为近期依法治校的一项重要工作，对照《高等学校章程制定暂行办法》的要求，认真清理和修改校内的各种规章制度，完善内部决策及监督机制，依法推进内部治理结构改革，推动学校整体改革，实现依法治校的良好局面。

2012年

1月

1月4日—5日

中组部、中宣部、中共教育部党组在北京召开第二十次全国高等学校党的建设工作会议。4日，中共中央政治局常委、中央书记处书记、国家副主席习近平在会前会见会议代表并发表重要讲话。他强调，高校是教育培养青年人才的重要园地，也是用社会主义核心价值体系武装青年的重要思想阵地。高校党的建设要紧紧围绕培养中国特色社会主义事业合格建设者和可靠接班人这个根本任务，为建设能够培养高质量大学生的社会主义大学提供坚强的思想、政治和组织保证。

习近平指出，教师是人类灵魂的工程师，是青年学生成长的引路人和指导者。他们的思想政治素质和道德情操，对青年学生具有很强的影响力和感染力，在思想传播方面起着十分重要的作用。这就要求我们的高校教师以高度的社会责任感坚持教书育人、为人师表，以良好的思想道德品质给大学生以潜移默化的影响。青年教师作为高校教学的重要力量，与学生沟通互动多，对学生影响很大。要把加强青年教师队伍思想政治建设作为高校党的建设一个重大问题来抓，深入细致地做好青年教师的思想引导工作，加大在青年教师中发展党员的工作力度，优化高校党员队伍结构。

习近平还强调，2012年我们党将召开十八大，这是全党全国各族人民政治生活中的一件大事。高校党建工作要突出迎接党的十八大胜利召开和学习宣传贯彻党的十八大精神这项重要任务，更好地发挥高校党委的领导核心作用、各级党组织的战斗堡垒作用和广大党员的先锋模范作用。要深入开展高校创先争优活动，推动高校党组织和广大党员在全面落实党的教育方针、坚持内涵式发展、全面提高办学质量、加强自身建设的实践中创先争优，并使创先争优活动常态化。要以更加扎实有力的措施维护高校的和谐稳定，加强日常管理，为党的十八大胜利召开营造良好氛围。

5日，教育部党组书记、部长袁贵仁在会议总结讲话中强调：高校党建工作要紧密结合新形势，坚持以社会主义核心价值体系为统领，以为民服务创先争优为抓手，以迎接和学习贯彻党的十八大为主题，认真落实高校党建工作新任务。一是深入推动中国特色社会主义理论体系进教材、进课堂、进头脑，加强思想政治理论课建设，积极参与马克思主义理论研究和建设工程，实施好新一轮高校哲学社会科学繁荣计划，发挥思想政治教育主阵地作用，不断拓展学习践行社会主义核心价值体系的新途径。二是切实加强教师队伍特别是青年教师队伍建设。要落实新颁布的高校师德规范；加强校风建设，坚决反对不良学风；把青年教师思想政治工作摆在更加突出的位置，鼓励和支持青年教师干事业、干成事业、干好事业。三是全面推进高校基层党组织建设。要完善基层党组织设置，推动高校党建工作规范化建设，加大高校党建工作队伍培养培训力度，加强党员教育、管理和服务，加强民办高校党建工作。四是不断深化创先争优活动。要把创先争优内化到学校改革发展稳定的各项任务之中，深入开展"落实教育规划纲要、服务学生健康成长"为民服务创先争优活动。五是扎实做好维护稳定工作，深入开展平安校园、和谐校园创建活动。

袁贵仁要求各地各高校把会议精神学习好、贯彻好、落实好，及时汇报传达，落实工作措施，抓好督促检查，推动高校党建工作迈上新台阶。

1月9日

教育部召开新闻通气会，介绍近日颁布施行的《高等学校教师职业道德规范》《高等学校章程制定暂行办法》和《学校教职工代表大会规定》有关情况。《高等学校教师职业道德规范》从爱国守法、敬业爱生、教书育人、严谨治学、服务社会、为人师表六个方面，对高校教师职业责任、道德原则及职业行为提出了要求：(1)关于爱国守法。强调要热爱祖国，热爱人民，拥护中国共产党领导，拥护中国特色社会主义制度，遵守宪法和法律法规，贯彻党和国家的教育方针。明确提出“不得有损害国家利益和不利于学生健康成长的言行”。(2)关于敬业爱生。强调要树立崇高职业理想，履职尽责，真心关爱学生，严格要求学生。针对当前高校师生关系中存在的问题，突出强调“公正对待学生”，“不得损害学生和学校的合法权益”。(3)关于教书育人。强调要以育人为本，遵循教育规律，实施素质教育，促进学生全面发展。明确提出“不拒绝学生的合理要求，不得从事影响教育教学工作的兼职”。(4)关于严谨治学。强调要弘扬科学精神，勇于探索，协同创新；恪守学术规范，尊重他人劳动和学术成果。针对在科研工作中弄虚作假、抄袭剽窃，侵占他人劳动成果的不端行为，明确提出“坚决抵制学术失范和学术不端行为”。(5)关于服务社会。强调要勇担社会责任，为国家富强、民族振兴和人类进步服务。针对高校中不当使用学术资源和学术影响的现象，明确提出“坚决反对滥用学术资源和学术影响”。(6)关于为人师表。强调要学为人师，行为世范，树立优良学风教风；模范遵守社会公德，维护社会正义，引领社会风尚。明确提出“自觉抵制有损教师职业声誉的行为”。

1月10日

教育部、中宣部等七部门联合下发《关于进一步加强高校实践育人工作的若干意见》。为全面落实《国家中长期教育改革和发展规划纲要(2010—2020年)》，深入贯彻胡锦涛总书记等中央领导同志一系列重要指示精神，就进一步加强新形势下高校实践育人工作，提出：(1)充分认识高校实践育人工作的重要性。进一步加强高校实践育人工作，是全面落实党的教育方针，把社会主义核心价值体系贯穿于国民教育全过程，深入实施素质教育，大力提高高等教育质量的必然要求；(2)统筹推进实践育人各项工作；(3)切实加强对实践育人工作的组织领导。

1月10日—11日

共青团十六届五中全会在京召开。中共中央政治局委员、全国人大常委会副委员长王兆国出席会议并讲话，他强调：各级团组织要深入学习贯彻党的十七届六中全会和中央经济工作会议精神，加强和改进新形势下青年群众工作，不断提高团的建设科学化水平，团结带领广大团员青年为推动经济社会又好又快发展做贡献，以优异成绩迎接党的十八大胜利召开。王兆国还强调：要以共青团成立90周年为契机，认真总结和把握为党做好青年群众工作的经验和规律，切实加强团的自身建设，始终保持共青团的生机与活力。要牢牢把握党与团的重要政治关系，不断巩固和扩大党执政的青年群众基础；要牢牢把握“两个全体青年”的目标要求，始终坚持眼睛向下、重心下移、狠抓基层；要牢牢把握青年的变化和特点，不断增强共青团工作对青年的吸引力和影响力；要牢牢把握党对青年干部成长的重要要求，坚持不懈地加强团干部队伍建设。

1月13日

中央精神文明建设指导委员会召开全体会议，研究部署2012年精神文明建设工作。中共中央政治局常委、中央文明委主任李长春做了讲话，强调精神文明建设要认真贯彻落实中央决策部署，按照高举旗帜、围绕大局、服务人民、改革创新的总要求，着力推进社会主义核心价值体系建设，着力加快文化改革发展，着力深化群众性精神文明创建，着力提升公民思想道德素质和社会文明程度，更好地统一思想、凝聚力量，为迎接党的十八大胜利召开，为推动科学发展、促进社会和谐，开创中国特色社会主义事业新局面提供强大思想保证、精神动力和文化条件。

李长春强调：精神文明建设是中国特色社会主义事业的重要组成部分。各级党委和政府要把精神文明建设工作纳入重要议事日程，纳入科学发展考核体系，进一步健全完善党委统一领导、党政群齐抓共管、文明委组织协调、有关部门各负其责、全社会积极参与的领导体制和工作机制，最大限度地动员和凝聚各方面力量参与，不断提高精神文明建设工作科学化水平。要坚持贴近实际、贴近生活、贴近群众，多解决群众反映强烈、社会普遍关注的突出问题，多办得人心、暖人心、稳人心的好事实事，让精神文明建设成果更好地惠及广大人民群众。要深入研究新情况新问题，狠抓薄弱环节，建立长效机制，努力开创精神文明建设工作新局面。

2 月

2 月 7 日

教育部思政司印发《关于举办“2011 全国高校辅导员年度人物”评选活动的通知》。文件指出，为深入贯彻《中共中央、国务院关于进一步加强和改进大学生思想政治教育的意见》及全国加强和改进大学生思想政治教育工作座谈会精神，认真落实《普通高等学校辅导员队伍建设规定》要求，进一步加强高校辅导员队伍建设，宣传表彰一批长期以来特别是 2011 年度有突出表现的优秀辅导员，发挥先进典型的引领和示范作用，更好地调动和激励高校辅导员工作的积极性和创造性，决定举办“2011 全国高校辅导员年度人物”评选活动，并对活动的报名时间、参选范围、奖项设置、报名条件、评选程序等进行了具体规定。

2 月 10 日

教育部办公厅下发《关于研究生思想政治理论课新课程方案实施工作安排的通知》，指出，《中共中央宣传部、教育部关于高等学校研究生思想政治理论课课程设置调整的意见》印发后，中宣部、教育部组织力量，抓紧研究生政治理论课教学大纲的编写工作。鉴于目前博士生必修课“中国马克思主义与当代”和选修课“马克思主义经典著作选读”、硕士生选修课“自然辩证法概论”和“马克思主义与社会科学方法论”教学大纲还在进一步修改和送审中，经商中宣部，决定研究生思想政治理论课新课程方案的实施分两步走：一是 2012 年春季学期先在全国高校开设硕士生必修课“中国特色社会主义理论与实践研究”；二是博士生必修课“中国马克思主义与当代”和选修课“马克思主义经典著作选读”、硕士生选修课“自然辩证法概论”和“马克思主义与社会科学方法论”于 2012 年秋季开课。请做好相关教学安排和调整工作。除硕士生必修课“中国特色社会主义理论与实践研究”以外的其他四门课程，继续在相关试点高校进行试点。

2 月 15 日

中宣部、教育部联合印发《全国大学生思想政治教育工作测评体系(试行)》。文件包括：(1)测评体系构成。分为省(区、市)大学生思想政治教育工作测评体系和普通高等学校大学生思想政治教育工作测评体系。(2)测评对象。党委政府版主要用于测试省(区、市)党委、政府加强和改进大学生思想政治教育工作的进展及成效。高校版主要用于测试高校加强和改进大学生思想政治教育工作的进展及成效。(3)测评结构。党委政府版包括 4 个一级指标、12 个二级指标；高校版包括 6 个一级指标、20 个二级指标。(4)数据采集方法。主要采用材料审核和实地考察两种方法。材料审核以测评年度前两年的材料为主，各类数据取测评年度前两年的平均值。实地考察采取走访、问卷调查等方式。(5)测评结果。采用“状态描述法”，以 A、B、C、D 描述测评结果，分别对应为优秀、良好、合格、不合格。

2 月 24 日

教育系统在创先争优活动中深入开展基层组织建设年活动视频会在京召开。教育系统创先争优活动领导小组组长、教育部党组书记、部长袁贵仁出席会议并讲话。他强调，要坚决按照中央决策部署，密切联系教育系统实际，扎实做好基层组织建设年活动各项工作，大力推动创先争优活动深入开展，以优异成绩迎接党的十八大胜利召开。

袁贵仁指出，开展基层组织建设年活动，是

深化创先争优活动的重要举措，具有很强的针对性、现实性，对加强基层组织建设具有十分重要的意义。教育系统各级党组织要紧紧围绕“强组织、增活力，创先争优迎十八大”主题，按照“抓落实、全覆盖、求实效、受欢迎”的工作要求，着力实现党支部战斗力进一步提升、党支部书记素质进一步提升、党员队伍生机活力进一步提升、基层基础保障水平进一步提升、基层党建制度化水平进一步提升。

袁贵仁强调，教育系统各级党组织要按照调查摸底、分类定级，健全组织、理顺关系，对标整改、晋位升级，学习先进、创先争优的方法步骤，分步推进、有序开展基层组织建设年活动。重点抓好五项具体任务。一是选优训强一个好书记。要突出带头人队伍建设，采取调整、选派、选聘、培训等办法，选优训强党支部书记。二是研究谋划一个好思路。要结合自身实际，精心谋划好服务中心任务、促进业务工作的思路，更好地发挥战斗堡垒作用和党员先锋模范作用。三是建立完善一套好制度。要认真总结提炼创先争优活动的有效做法和经验，推动每个党支部至少建立一项务实管用的制度，促进公开承诺、领导点评、群众评议等做法规范化、长效化。四是建设管理一个好阵地。要进一步加大对基层党组织人力、财力、物力投入力度，保证党支部工作有力量、办事有经费、活动有阵地。五是健全落实一个好机制。要建立健全经费保障机制，把基层党组织工作和活动经费纳入各地各校年度预算。

同日，教育部思政司印发《关于举办“2011全国大学生年度人物”评选活动的通知》，指出：为深入贯彻党的十七届六中全会精神，全面落实《教育规划纲要》，积极培育、深入挖掘和宣传表彰大学生先进典型，在大学生中弘扬雷锋精神，集中展现当代大学生的精神风貌，充分发挥先进典型的示范引领作用，以优异成绩迎接党的十八大胜利召开，决定举办该评选活动，并对报名时间、参选对象、参选要求、报名方式等进行了具体规定。

同日，《教育系统关于在创先争优活动中深入开展基层组织建设年活动的实施意见》发布。文件指出，为贯彻落实中组部《关于在创先争优活动中开展基层组织建设年的实施意见》精神，全面加强教育系统基层党组织建设，提高党的建设科学化水平，为教育事业科学发展提供坚强保证，就教育系统在创先争优活动中深入开展基层组织建设年活动提出实施意见。按照中央关于基层党建工作各项要求和开展基层组织建设年的部署，紧紧围绕“强组织、增活力，创先争优迎十八大”主题，按照“抓落实、全覆盖、求实效、受欢迎”的工作要求，因地制宜，因校制宜，分类指导，扎实推进。抓落实，就是结合各地各学校基层党组织实际，认真落实关于加强基层党组织建设的政策措施，大力推广成功的经验做法。全覆盖，就是坚持一抓到底，推动教育系统每个党支部都积极行动起来，引导每名党员都自觉参与进来。求实效，就是着力解决教育系统基层党组织建设中的突出问题，着力增强基层党组织的创造力、凝聚力、战斗力，着力完善加强基层党组织建设的体制机制。受欢迎，就是贴近基层需求，回应师生关切，顺应群众期盼，使教育系统基层组织建设年活动让党员满意、受师生欢迎。要通过基层组织建设年活动的开展，使基层党组织推动科学发展、促进校园和谐、服务师生群众的能力进一步增强，充分发挥战斗堡垒作用，以创先争优、加强基层党组织的优异成绩迎接党的十八大胜利召开。

2月27日

中共教育部党组下发《关于印发〈教育系统深入开展学雷锋活动实施方案〉的通知》。文件指出，深入开展学雷锋活动，是党的十七届六中全会做出的重要部署。雷锋精神是中华民族精神的重要内容，体现了中华民族的传统美德，顺应了社会进步的时代潮流，彰显了我们党的先进本色，是社会主义核心价值体系的生动体现。青少年学生是学雷锋活动的重要主体，各级各类学校是学雷锋活动的重要阵地。新形势下在教育系统深入开展学雷锋活动，对于推进社会主义核心价值体系融入国民教育全过程，对于加强青少年学生思想道德教育，提高他们的社会责任感、创新精神和实践能力，成为新时期雷锋精神的传播者、弘扬者和践行者，对于凝聚师生员工的意志和力量，培养中国特色社会主义事业合格建设者和可靠接班人，办好人民满意的教育，为全面建设小康社会、实现中华民族伟大复兴做贡献，具有十分重要的意义。当前，教育系统深入开展学雷锋活动，要大力弘扬雷锋热爱党、热爱祖国、热爱社会主义的崇高理想和坚定信念，弘扬雷锋服务人民、助人为乐的奉献精神，干一行爱一行、专一行精一行的敬业精神，锐意进取、自强不息的创新精神，艰苦奋斗、勤俭节约的创业精神。要紧密结合《教育规划纲要》的贯彻落实，积极创新内容、形式和手段，推动学雷锋活动常态化、机制化，确保取得实效。

2月28日—29日

中宣部在京举行第九届中国公民道德论坛。中共中央政治局委员、中央书记处书记、中宣部部长刘云山出席论坛并讲话。他强调要认真贯彻党的十七届六中全会精神，在全社会深入开展学雷锋活动，大力弘扬雷锋精神，激扬人民心中蕴藏的美好思想品德，焕发人们建设文明风尚的巨大热情，把公民道德建设不断引向深入，为推动科学发展、促进社会和谐提供有力的思想道德支撑。

刘云山指出，雷锋是永远的榜样，雷锋精神是不朽的丰碑。雷锋精神以坚定理想信念为根本支撑，蕴含着爱党爱国爱社会主义的赤诚真情，始终具有激发人民团结奋进的强大力量。雷锋精神以人民至上为价值取向，把关爱他人、助人为乐当作最大幸福，始终具有感动人心、温暖社会的道德温度。雷锋精神以艰苦奋斗为人生品格，崇尚勤俭节约，彰显优良传统，始终具有引领社会文明风尚的长久魅力。雷锋精神以敬业奉献为不变信条，干一行、爱一行、钻一行，始终把普通工作岗位作为实现人生价值的舞台。新形势下弘扬雷锋精神，是推进社会主义核心价值体系建设的迫切要求，是时代和人民的热切呼唤。

2月—3月

教育部思政司组成高校学生党建工作和青年教师思想政治工作专项调研组，赴北京、天津、江苏、福建、广东、江西、河南、山西、四川、重庆、湖南等省市进行调研，召开了由11个地方党委教育工作部门负责人、学生党委负责人、学校基层党组织负责人和教师代表参加的座谈会，涉及不同类型高校100多所。

3月

3月1日

中宣部、中央文明办在北京召开视频会议，研究部署“弘扬雷锋精神、开展志愿服务”工作。会议强调，开展志愿服务活动是弘扬雷锋精神的有力抓手，是培育文明道德风尚的有效途径，是迎接党的十八大胜利召开的重要方式。要把志愿服务活动摆在精神文明创建工作至关重要的位置，以社会主义核心价值体系建设为根本，以弘扬雷锋精神为主题，建立完善参与广泛、形式多样、活动经常、机制健全的社会志愿服务体系，推动学雷锋活动常态化，培育我为人人、人人为我的良好风尚，为党的十八大胜利召开营造文明和谐的社会环境。要广泛普及奉献他人、提升自己的志愿服务理念，在营造浓厚社会氛围上下功夫，在引导人们自我教育、自我提高上下功夫，在进学校、进社区上下功夫，在全社会大力培育志愿服务文化。要以“迎接十八大、讲文明树新风”为主题，广泛开展“关爱他人、关爱社会、关爱自然”志愿服务活动。

3月2日

中央精神文明建设指导委员会在北京召开深入开展学雷锋活动座谈会。中共中央政治局常委、中央精神文明建设指导委员会主任李长春出席座谈会并讲话。他强调，深入开展学雷锋活动，采取措施推动学习活动常态化，是党的十七届六中全会提出的一项重要任务，是推进社会主义核心价值体系建设、打牢全党全国各族人民团结奋斗共同思想道德基础的一项重大举措。要充分认识新形势下深入开展学雷锋活动、弘扬雷锋精神的重大意义，在全社会迅速掀起学雷锋活动的热潮，最大限度地动员和凝聚各方面力量积极参与，使雷锋精神成为激励全党全国各族人民奋力开拓中国特色社会主义事业新局面、实现中华民族伟大复兴的强大精神力量。

李长春指出，雷锋精神是党和人民极为宝贵的精神财富，是以爱国主义为核心的民族精神和以改革创新为核心的时代精神的重要组成部分，是建设社会主义核心价值体系的丰厚精神资源。在新的历史条件下弘扬雷锋精神，就要学习雷锋爱党爱国的坚定信念，激励人们成为中国特色社会主义共同理想的坚定信仰者；就要学习雷锋助人为乐的宝贵品格，激励人们成为社会主义道德规范的模范践行者；就要学习雷锋敬业奉献的高尚情操，激励人们成为社会主义现代化事业的优秀建设者；就要学习雷锋锐意创新的进取精神，激励人们成为建设创新型国家的自觉推动者；就要学习雷锋艰苦奋斗的优良作风，激励人们成为全面建设小康社会的积极创业者。要采取扎实有效的措施，积极开展形式多样的学雷锋活动。要进一步深化雷锋精神学习教育，大力开展学习“当代雷锋”郭明义活动，积极发现和培育先进典型，展示雷锋精神的时代风采。要扎实推进学雷锋实践活动，使之延伸到基层单位，深入到各行各业，覆盖到各类群体。要广泛开展社会志愿服务活动，动员和引导更多社会成员和社会组织投身志愿服务。要充分发挥党员干部在学雷锋活动中的示范带动作用，为全社会学雷锋树立榜样。要充分发挥青少年在学雷锋活动中的生力军作用，坚持不懈地在青少年中开展雷锋事迹和雷锋精神的学习教育，让雷锋精神代代相传、发扬光大。要积极拓展雷锋纪念馆的社会教育功能，努力打造弘扬雷锋精神、开展思想道德教育的重要阵地。

3月5日

中共中央政治局常委李长春在参加第十一届全国人大第五次会议四川代表团审议时强调，要大力加强社会主义核心价值体系建设，为推动经济社会又好又快发展提供强大力量。李长春在发言中说，温家宝总理所做的政府工作报告，牢牢把握了主题主线，牢牢把握了稳中求进的总基调，是一个抓改革、促发展、惠民生、求实效的好报告，完全赞成这个报告。李长春对四川灾后恢复重建和经济社会发展取得的成就给予充分肯定。他说，汶川特大地震3年多来巴蜀大地的历史性变化，生动展示了中国特色社会主义集中力量办大事和“一方有难，八方支援”的制度优越性，彰显了中国共产党以人为本、执政为民理念，是加强社会主义核心价值体系建设的宝贵资源。要大力宣传抗震救灾与恢复重建的巨大成就，使之成为激励全国各族人民战胜一切艰难险阻、夺取全面建设小康社会新胜利的强大精神动力。

3月9日

中宣部、中央文明办、教育部、共青团中央在东北大学联合启动全国道德模范高校巡讲活动。3月15日、16日、17日、18日、20日、21日全国道德模范巡讲活动分别在中南大学、中南林业科技大学、华南理工大学、广州中医药大学、山东大学、山东师范大学举行。

3月16日

教育部下发《关于全面提高高等教育质量的若干意见》。文件指出，加强和改进思想政治教育，全面实施思想政治理论课课程方案，推动中国特色社会主义理论体系进教材、进课堂、进头脑。及时修订教材和教学大纲，充分反映马克思主义中国化最新成果。改进教学方法，把教材优势转化为教学优势，增强教学实效。制定思想政治理论课教师队伍建设规划，加大全员培训、骨干研修、攻读博士学位、国内外考察等工作力度。加强马克思主义理论学科建设，为思想政治理论课提供学科支撑。实施高校思想政治理论课建设标准，制定教学质量测评体系。加强形势与政策教育教学规范化、制度化建设。实施立德树人工程，提高大学生思想政治教育工作科学化水平。创新网络思想政治教育，建设一批主题教育网站、网络社区。推动高校普遍设立心理健康教育和咨询机构，开好心理健康教育课程。增强教师心理健康教育意识，关心学生心理健康。制定大学生思想政治教育工作测评体系。启动专项计划，建设一支高水平思想政治教育专家队伍，推进辅导员队伍专业化职业化。创新学生党支部设置方式，加强学生党员的教育、管理和服务，加强在学生中发展党员工作，加强组织员队伍建设。加强爱国、敬业、诚信、友善等道德规范教育，推动学雷锋活动机制化常态化。推进全员育人、全过程育人、全方位育人，引导学生自我教育、自我管理和自我服务。

同日，由教育部思想政治工作司主办，湖南

省委教育工委、省教育厅承办的全国大学生心理健康教育工作会议在长沙召开。来自全国各省、自治区、直辖市党委教育工作部门，教育厅（教委），新疆生产建设兵团教育局的相关处室负责人，以及北京大学、清华大学等近百所高校心理健康教育方面的负责人参加会议。会议介绍了2011 年大学生心理健康教育工作的总体情况，阐述了大学生心理健康教育工作面临的新形势和新任务，并就下一阶段大学生心理健康教育工作的重点做出安排和部署。会议指出，当前社会经济发展形势多变，给大学生心理带来较大的压力，高等教育事业发展和大学生群体特征的变化都对大学生心理健康教育工作提出了新要求。各地区各高校要充分发挥课堂的主渠道作用，加强大学生心理健康教育课程建设；努力提高教师专业水平，加强师资队伍建设；高度关注大学生心理危机事件，加强危机干预和预防体系建设；做好组织保障工作，进一步提升大学生心理健康教育工作的效益和水平。

3 月 20 日

高校校园文化建设优秀成果表彰暨研讨会在京举行。

3 月 21 日

教育部印发《高等教育专题规划》。其中“主要任务”提出：提高人才培养质量。坚持育人为本。坚持把促进学生健康成长作为高等学校一切工作的出发点和落脚点，把促进人的全面发展和适应社会需要作为衡量人才培养水平的根本标准，培养信念执着、品德优良、知识丰富、本领过硬的高素质专门人才和拔尖创新人才；牢固确立育人为本、德育为先、能力为重、全面发展的育人观。全面推进素质教育，把社会主义核心价值体系融入人才培养全过程，深入推动中国特色社会主义理论体系进教材、进课堂、进头脑，引导学生形成正确的世界观、人生观、价值观，着力培养学生服务国家服务人民的社会责任感、勇于探索的创新精神、善于解决问题的实践能力；牢固确立人才培养在高等学校工作中的中心地位。高等学校各项工作都要紧密围绕人才培养，资源配置优先保障人才培养。把教学作为教师考核的首要内容，把教授为本科低年级学生授课作为重要制度，建立有效的政策措施和管理机制，激励和引导教师重视教学。切实保障教学经费投入，加强图书资料、实验室、校内外实习基地、课程教材等教学基本建设。利用好校内校外、国际国内优质教育资源，为学生成人成才提供全方位的支持；牢固确立教书育人是教师的首要职责。教师要把主要精力投入到人才培养工作中，关心关爱学生，潜心教书育人，积极开展教育教学改革与实践，充分调动学生学习的积极性和主动性，激励学生刻苦学习、努力成才。

同日，教育部思政司在上海召开《大学生网络思想政治教育五年规划》研讨会。

3 月 23 日

中共中央政治局委员、国务委员刘延东在全面提高高等教育质量会议上强调，以人才培养为中心、以改革创新为动力全面提高高等教育。她指出：要深入贯彻胡锦涛总书记在清华大学百年校庆上重要讲话精神，全面落实《教育规划纲要》，树立科学的高等教育发展观，深化教育体制机制改革创新，坚定不移走以质量提升为核心的内涵式发展道路，推动我国高等教育事业迈上新台阶，实现从高等教育大国向高等教育强国的转变。刘延东指出：提高高等教育质量是立足我国现代化建设阶段性特征和国际发展潮流提出的深刻命题，是当前我国高等教育改革发展最核心最紧迫的任务。要围绕培养什么人、怎么培养人的问题，确立人才培养的中心地位，抓住一切为了学生成长成才这一关键，系统推进，务求实效。一要打造高水平师资队伍。突出教学业绩考核，改革教师评价办法；完善教师遴选和聘任制度，加大培养和引进力度，优化教师结构。二要加快教育教学改革。探索科学基础、实践能力和人文素养融合发展的培养模式，推动交叉培养和联合育人，创新教学方法和学习方式，强化师生交流互动。三要提高高校科学研究、社会服务和文化传承创新能力，形成相互支撑、整体提升质量的格局。四要建设优良校风教风学风。以社会主义核心价值体系为指导，加强学生理想信念教育，大力弘扬崇尚科学、探索真理、注重创新、奉献社会以及爱国主义精神，加强校园文化品牌和思想文化阵地建设，维护学术诚信，形成有利于人才成长的良好环境。

3月30日

教育部思政司会同高等教育出版社在天津召开心理健康教育教材编写会。

3月31日

教育部思政司印发《关于开展教育部高校辅导员培训和研修基地评估检查工作的通知》。文件指出，为进一步加强辅导员基地建设与管理，提高辅导员培训和研修质量，根据《教育部办公厅关于印发〈教育部高校辅导员培训和研修基地建设与管理办法(试行)〉等文件的通知》，经研究，决定于2012年4月开展对21个辅导员基地的评估检查工作。

4月

4月1日

《人民日报》发表教育部部长袁贵仁的署名文章《深入实施普及计划用党的理论创新成果武装高校师生》。文章强调，党的十七大提出要开展中国特色社会主义理论体系宣传普及活动，推动当代中国马克思主义大众化。党的十七届六中全会又专门做出实施中国特色社会主义理论体系普及计划的战略部署。普及党的理论创新成果，高校是重要阵地，大学生是重点群体。近年来，教育部采取多种措施，深入开展中国特色社会主义理论体系宣传普及活动，取得了积极成效。第一，强化课堂教学，以“进教材、进课堂、进头脑”的实际成效推动理论普及。充分发挥课堂教学的主渠道作用，积极推动中国特色社会主义理论体系“三进”工作。第二，拓展有效途径，以丰富多彩的校园文化和实践活动促进理论普及。开展高校校园文化建设优秀成果评选，推动高校建设体现社会主义特点、时代特征和学校特色的校园文化。第三，开展理论研究，以高水平研究成果和通俗理论读物支撑理论普及。第四，加强高校党建，以学习型党组织建设和党内集中教育强化理论普及。第五，加强队伍建设，以真学真懂真信真用的思政课教师和理论骨干保障理论普及。

4月6日

中宣部、中央文明办、教育部、新闻出版总署等部门联合印发《关于开展“弘扬雷锋精神建设心灵家园”主题读书活动的通知》。该活动阅读重点是反映雷锋光辉事迹、高尚品格、崇高境界，展示当代践行雷锋精神先进模范事迹，加强思想道德教育方面的优秀图书。主要包括：弘扬爱党爱国坚定信念的优秀图书，弘扬助人为乐宝贵品格的优秀图书，弘扬敬业奉献高尚情操的优秀图书，弘扬锐意创新进取精神的优秀图书，弘扬艰苦奋斗优良作风的优秀图书。提出如下具体要求：高度重视，加强领导；突出主题，务求实效；重在基层，贴近群众；广泛宣传，扩大影响。文件还对工作安排做了具体规定。

4月13日

高等教育学校文化育人研讨会暨第五次文化素质教育工作会议在清华大学开幕。

4月15日—26日

教育部在井冈山大学举办全国高校党校校长示范培训班。来自全国，隶属于教育部和其他部委的98所高校党校校长参加了培训。中央确定2012年为基层组织建设年，要求通过强组织、增活力，动员广大基层党组织和党员以创先争优的实际行动迎接党的十八大胜利召开。对全国高校党校校长进行培训是加强基层组织建设、提升高校党建科学化水平的一项重要专项任务，是加强高校党校教育管理队伍建设的一项重要举措。这次培训重点围绕高校基层党建工作的主要内容，开展高校党建工作的基本方法，探索高校党校教育管理的新途径新方法等内容展开，以现场教学为主，采取专家报告、专题教学、体验教学、教学演出、音像教学、激情教学、访谈教学、研讨交流等方式进行。学员普遍认为这次培训内容丰富、形式新颖，以理服人，以情动人，具有很强的实效性，是一次全新的学习，全方位、多角度接受井冈山精神的教育，留下了深刻印象。

4 月 17 日

共青团中央、教育部、财政部、人力资源和社会保障部联合召开会议，全面部署和启动 2012 年“大学生志愿服务西部计划”工作。教育部部长助理、党组成员林蕙青出席会议并讲话。她指出，“西部计划”是新时期引导高校毕业生面向基层服务的第一个中央项目，对推动高校毕业生基层就业工作具有重要的示范引领作用。各级教育部门和高校要认真贯彻中央精神，与有关部门密切配合，以更大力度做好 2012 年“西部计划”等基层项目的实施工作。要加强宣传动员和思想教育，引导广大青年学生树立正确的人生观、价值观、成才观，把个人的理想追求融入祖国和人民的伟大事业之中，以实际行动弘扬“奉献、友爱、互助、进步”的志愿服务精神，自觉走与群众相结合、与实践相结合的成长成才之路。要加大政策落实力度，与有关部门密切配合，落实好学费补偿和助学贷款代偿、报考研究生加分、高职（高专）学生免试入读成人本科等相关优惠政策，并为服务期满的毕业生提供岗位信息和就业指导等服务。

4 月 18 日—24 日

教育部在延安大学举办高校院系分党委（党总支）书记示范培训班。来自全国各高校的 112 名院系党委书记代表参加了此次培训。此次培训主要围绕深入贯彻落实《中共中央组织部关于在创先争优活动中开展基层组织建设年的实施意见》《教育系统关于在创先争优活动中深入开展基层组织建设年的实施意见》精神，以“强组织、增活力，加强基层组织建设”为主题，结合高校院系党建工作实际开展培训。培训主要采用领导报告、专家讲座、现场教学、专题研讨等形式进行。

培训班共安排了高校党建工作科学化的几个问题、党中央在延安十三年、延安精神——走向共和国的精神支柱、延安时期高等学校党建与思想政治工作、社会主义核心价值体系理论与实践的几个问题 5 场专题报告，并在延安大学校史馆、杨家岭革命旧址、南泥湾大生产展览馆、张思德纪念碑、枣园革命旧址、延安革命纪念馆等地分别开展了《发扬艰苦奋斗精神，始终保持共产党人政治本色》《为人民服务》的现场教学和讲解。培训班还组织开展了《南泥湾》《军民大生产》《保卫黄河》革命歌曲大合唱与《为人民服务》名篇诵读活动，并围绕院系党建工作开展了班级分组研讨与交流活动。

4 月 21 日—26 日

教育部思政司在临沂大学举办全国高校党建组织员示范培训班。教育部直属高校、各省（自治区、直辖市）党委教育工作部门和新疆生产建设兵团教育局选派本地高校党建组织员共 110 余人参加了此次培训。培训班主要围绕深入贯彻落实《中共中央组织部关于在创先争优活动中开展基层组织建设年的实施意见》《教育系统关于在创先争优活动中深入开展基层组织建设年的实施意见》精神，以“强组织、增活力，加强基层组织建设”为主题，结合高校党建组织员工作实际开展培训。培训主要采用领导报告、专家讲座、现场教学、专题研讨等形式进行。

培训期间，全体学员听取了沂蒙精神与社会主义核心价值体系建设、高校党建组织员职业素养与能力提升、国际形势发展与中国共产党建设等专题报告。先后到蒙阴县孟良崮党性教育基地、沂南县马牧池党性教育基地、华东革命烈士陵园、沂蒙精神展览馆等地，现场接受党性教育。通过参观临沂市城市规划展和临沂大学校园，感受沂蒙革命老区发生的翻天覆地的变化和经济社会、城市建设、高等教育等领域取得的发展成就。学员们还围绕高校基层党组织建设、组织员工作职责等进行了热烈研讨。

4 月 24 日

教育部印发《关于授予王新刚同学“全国见义勇为优秀大学生”荣誉称号的决定》，指出：王新刚同学在人民群众生命受到严重威胁的紧急关头，不怕牺牲、挺身而出的先进事迹，充分体现了中华民族临危不惧、见义勇为的传统美德，在高校和社会各界引起热烈反响。他用实际行动展示了当代大学生心系社会、关爱他人的责任意识，乐于奉献、不求回报的优秀品质，是学习弘扬雷锋精神的优秀代表，是践行社会主义核心价值体系的典范。为表彰王新刚同学的先进事迹，教育部决定授予王新刚同学“全国见义勇为优秀大学生”荣誉称号。并要求各地教育部门和高校组织广大学生向王新刚同学学习，学习他所具有的临危不惧、见义勇为的传统美德和奋不顾身、不怕牺牲的英雄气概。

4月27日

教育部思政司在江苏大学举行“2011全国高校辅导员年度人物”颁奖典礼暨第五届全国高校辅导员工作创新论坛。江苏省委教育工委及部分高校领导老师与来自全国各地的近300名辅导员参加了颁奖典礼。该颁奖典礼旨在表彰一批长期以来特别是2011年度，在为人师表、爱岗敬业、无私奉献等方面有突出表现的辅导员，发挥先进典型的示范引领作用，更好地调动高校辅导员工作的积极性和创造性，进一步加强高校辅导员队伍建设。

5月

5月4日

纪念中国共产主义青年团成立90周年大会在京隆重举行，中共中央总书记、国家主席、中央军委主席胡锦涛发表重要讲话。胡锦涛强调，祖国发展的巨大成就为青年成长进步创造了良好条件，祖国建设的艰巨任务为青年大展身手提供了广阔舞台。广大青年要以邓小平理论和“三个代表”重要思想为指导，深入贯彻落实科学发展观，牢记光荣使命，珍惜宝贵机遇，以坚定的信念、宽广的胸怀、创造的激情、务实的态度，踊跃投身改革开放和社会主义现代化建设伟大实践，努力做科学发展的奋力推动者、和谐社会的积极构建者，用自己的双手为全面建设小康社会、建成富强民主文明和谐的社会主义现代化国家奉献力量，谱写中国青年运动浓墨重彩的新篇章。

胡锦涛指出，90年前，在中国革命风云激荡的历史变革中，在伟大五四运动的深刻影响下，中国共产主义青年团宣告成立。这是中国共产党为动员广大青年投身中国社会伟大变革而采取的重大行动，表明我们党充分认识到青年在中国社会发展进步中的重要地位和作用。中国青年运动90年的历史发展，留下了极为宝贵的经验和启迪：必须始终坚持中国共产党的领导，必须始终弘扬爱国主义精神，必须始终走在时代前列，必须始终投身人民伟大实践，必须始终尊重青年主体地位。

胡锦涛给当代青年提出五点希望：希望广大青年坚持远大理想，高举中国特色社会主义伟大旗帜，坚定不移走中国特色社会主义道路，努力掌握和运用中国特色社会主义理论体系，坚信中国特色社会主义制度具有巨大优越性和强大生命力，不为任何风险所惧、不为任何干扰所惑，在为党和人民事业的奋斗中创造人生辉煌；希望广大青年坚持刻苦学习，面向现代化、面向世界、面向未来，以只争朝夕的紧迫感，不断充实自己、提高自己、丰富自己，同时自觉到基层一线去，到艰苦环境中去，到祖国和人民最需要的地方去，在实践的熔炉中增长见识、砥砺品质、强化本领；希望广大青年坚持艰苦奋斗，敢于吃苦、勇挑重担，从小事做起、从基础做起，迎难而上、百折不挠，依靠自己的辛勤努力开辟人生和事业的前进道路，用埋头苦干的行动创造实实在在的业绩，在千磨万击中历练人生、收获成功；希望广大青年坚持开拓创新，大力发扬以改革创新为核心的时代精神，有那么一种勇立潮头的浩气，有那么一种超越前人的勇气，有那么一种与时俱进的朝气，立足岗位、立足实际，讲求科学、讲求方法，为推动理论创新、制度创新、科技创新、文化创新以及其他各方面创新贡献聪明才智；希望广大青年坚持高尚品行，把正确的道德认知、自觉的道德养成、积极的道德实践紧密结合起来，提高品德修养，弘扬传统美德，倡导新风正气，争当诚实守信的模范，争当奉献社会的模范，争当促进和谐的模范，通过自己的实际行动，让爱国主义、集体主义、社会主义思想更加深入人心，让社会主义荣辱观更好引领社会风尚。

胡锦涛强调，共青团组织一定要适应新形势，以改革创新精神推进各项工作和自身建设，着力把牢正确政治方向，着力提高服务青年能力，着力创新活动方式，着力夯实基层基础，更好履行组织青年、引导青年、服务青年、维护青少年合法权益的职能，不断提高共青团工作科学化水平。要以增强政治意识、提高业务本领、转变工作作风、坚持严格自律为重点，加强团干部队伍建设，努力打造一支让党放心、让青年满意的高素质团干部队伍。他要求各级党委务必把青年工作作为一项带有根本性、战略性的工作，倾听青年心声，关心青年疾苦，鼓励青年成长，支持青年创业，及时制定和完善政策措施，尽力为青年身心健康、事业发展、生活幸福提供良好环境和条件。要加强对共青团的领导，及时研究解决共青团事业发展中的实际问题，关心帮助共青团干部锻炼成长，更好发挥共青团组织在改革发展稳定各项工作中的重要作用。

5 月 5 日

中共教育部党组印发《关于教育系统学习贯彻胡锦涛总书记在纪念中国共产主义青年团成立 90 周年大会上重要讲话的通知》。文件指出，总书记的重要讲话思想深刻、内涵丰富，语重心长、情真意切，给全国广大青年以巨大鼓舞，进一步指明了青年学生健康成长成才的方向，对新形势下进一步做好教育引导青年学生的工作，具有重大而深远的意义。各地各校要积极贯彻落实，教育和引导广大青年学生健康成长成才。一是大力推进理想信念教育。二是大力培养刻苦学习精神。三是大力践行艰苦奋斗作风。四是大力促进创新能力提升。五是大力弘扬高尚道德品行。文件要求加强组织领导，在教育系统迅速掀起学习贯彻讲话精神的高潮。

5 月 9 日

教育部思政司印发《关于公布“2011 全国高校辅导员年度人物”评选结果的通知》。此次评选活动由教育部思政司指导，全国高校辅导员工作研究会、中国教育报共同主办，新华网、中国大学生在线提供网络支持，共评选出“2011 全国高校辅导员年度人物”10 名，提名奖 40 名，入围奖 150 名，评选活动组织奖 8 项。

长春大学辅导员刘海涵、南京特殊教育职业技术学院辅导员黄珏、哈尔滨工业大学辅导员董霖、西藏职业技术学院辅导员次仁央宗、内蒙古农业大学辅导员韩瑞平、清华大学辅导员彭凌、安庆师范学院辅导员华秀梅、湖南大学辅导员王莎、复旦大学辅导员韩秀引、天津大学辅导员柳丰林被评选为“2011 全国高校辅导员年度人物”。

5 月 10 日

教育部、光明日报社联合印发《关于组织开展教书育人楷模先进事迹报告团宣讲活动的通知》，指出：为落实中央领导同志重要指示，全面贯彻党的十七届六中全会精神，大力弘扬人民教师的高尚师德，生动诠释社会主义核心价值体系，激励广大教师自觉遵守师德规范，深入开展学雷锋活动，树立教师良好职业形象，以优异成绩迎接党的十八大胜利召开，教育部、光明日报社将联合主办教书育人楷模先进事迹报告团宣讲活动。

5 月 24 日

教育部印发《关于追授曹鹏、洪志文同学“全国舍己救人优秀大学生”荣誉称号的决定》，指出：曹鹏、洪志文同学在紧急关头，不怕牺牲、挺身而出，用实际行动展示了当代大学生高度的社会责任感和良好的精神风貌，在高校和社会各界引起热烈反响。他们是学习弘扬雷锋精神的优秀代表，是践行社会主义核心价值体系的典范。为表彰他们的先进事迹，教育部决定追授曹鹏、洪志文同学“全国舍己救人优秀大学生”荣誉称号。

各地教育部门和高校要组织广大学生向曹鹏、洪志文同学学习，学习他们忠于祖国、热爱人民的赤子情怀，学习他们临危不惧、不怕牺牲的英雄气概，学习他们关爱他人、无私奉献的高尚情操。

5 月 28 日—30 日

由教育部思政司主办，中国高等教育学会辅导员工作研究分会承办的“第一届全国高校辅导员职业能力竞赛”在山东大学举行。全国 31 个省(自治区、直辖市)和新疆生产建设兵团推荐的 95 位辅导员参加了复赛决赛阶段比赛，经过激烈角逐，辽宁省代表队夺得团体总分第一名，湖南省代表队获第二名，江苏省代表队、安徽省代表队并列第三名，比赛还评出个人一等奖 3 名、二等奖 7 名、三等奖 10 名。

这届竞赛分为初选、复赛和决赛三个阶段。自2012年3月竞赛启动以来，各地各高校积极响应，各省(自治区、直辖市)教育工作部门开展了不同形式的初赛进行选拔。复赛决赛阶段，参赛辅导员通过基础知识测试、微博写作、自我介绍与展示、主题班会、案例分析、谈心谈话等环节，交流工作经验，展示职业风采。大家一致认为，开展高校辅导员职业能力竞赛是推进辅导员队伍建设的一项创新举措，是检验辅导员育人能力的一次大比武、大练兵，提高了辅导员队伍的凝聚力和战斗力，唱响了立德树人主旋律。复赛决赛阶段比赛还吸引了全国200多位辅导员代表到场观摩，大家纷纷表示，通过3天的观摩，在交流中分享经验、开拓视野、创新思路、凝心聚力，进一步增强了工作责任感、紧迫感和使命感，希望高校辅导员职业能力竞赛能定期举办，通过比赛总结提炼辅导员职业标准，不断推进辅导员队伍专业化、职业化建设。

5月30日—31日

教育部、光明日报社在上海交通大学召开全国高校博物馆育人联盟成立大会暨充分发挥高校博物馆育人功能研讨会。会议强调，博物馆作为多功能的文化复合体，是传播知识、弘扬文化、促进科研、培育精神的重要场所。高校博物馆具有文化传承、艺术熏陶、思想政治教育和教学辅助等重要功能，要充分认识高校博物馆在促进社会主义文化繁荣发展、提升高等教育质量、加强高校文化建设等方面的重要意义。

6月

6月2日

马克思主义理论研究和建设工程在京召开工作会议，对8年来的工作进行系统总结，对深入推进工程进行全面部署。中共中央政治局常委李长春出席会议并讲话。他指出，要深入贯彻党的十七届六中全会精神，以高度的理论自觉和理论自信深入推进工程，更好地推动党的思想理论建设，推动哲学社会科学繁荣发展，为党的十八大胜利召开营造良好的思想理论氛围。他还指出，实施马克思主义理论研究和建设工程，是以胡锦涛同志为总书记的党中央，从深入推进马克思主义中国化时代化大众化、坚持和发展中国特色社会主义事业的战略高度，做出的一项重大决策。工程实施8年来，在党中央的高度重视和直接领导下，取得了重要阶段性成果，为推进党和国家事业发展做出了贡献。实践证明，党中央做出实施马克思主义理论研究和建设工程的决策是完全正确的。通过工程实施，进一步高扬了马克思主义旗帜，创新了理论工作机制，打开了繁荣发展哲学社会科学的突破口，搭建了培养马克思主义理论人才的重要平台，有力促进了党的思想理论建设和哲学社会科学繁荣发展。马克思主义理论研究和建设工程，不愧是关系中国特色社会主义事业发展全局的战略工程、生命工程、基础工程。

李长春强调，深入推进马克思主义理论研究和建设工程，是新的历史起点上我们党坚持和发展马克思主义的重要举措，也是贯彻落实党的十七届六中全会精神的必然要求。我们党成立91年、在全国执政63年、领导改革开放34年以来，推动中国经济社会发生了深刻变革和快速发展，开辟和拓展了中国特色社会主义道路，创立和发展了中国特色社会主义理论体系，形成和完善了中国特色社会主义制度，这是中国共产党领导全国各族人民进行的重大创新，是人类文明史上的伟大创举。如何在学习借鉴人类文明成果的基础上，用中国的理论研究和话语体系解读中国实践、中国道路，不断概括出理论联系实际的、科学的、开放融通的新概念、新范畴、新表述，打造具有中国特色、中国风格、中国气派的哲学社会科学学术话语体系，是理论界和学术界面临的重大而紧迫的时代课题。

李长春还强调，必须充分认识深入推进工程对党和国家事业长远发展的战略意义，以对党对人民对历史高度负责的精神，把马克思主义理论研究和建设工程不断引向深入，加强理论创新和学术创新，继续推进充分反映马克思主义中国化最新成果的哲学社会科学学科体系和教材体系建设；加强对重大理论和现实问题的研究阐释，引导干部群众更好地统一思想、凝聚共识；进一步加大工程的宣传力度，充分展示党的思想理论建设的丰硕成果；深入开展对外交流，努力扩大我国在国际学术领域的话语权和影响力；继续发挥工程的纽带和桥梁作用，大力加强马克思主义理论队伍建设。各级党委和有关部门要把工程摆在重要位置，加强领导，做出部署，精心组织，使这项重大战略部署得到更好的贯彻落实。

6月5日

中国科学技术协会、教育部、中国科学院、中国社会科学院、中国工程院五部门在京联合召开全国科学道德和学风建设宣讲教育工作会议。教育部部长袁贵仁在讲话中指出，科学道德和良好学风是大学精神的集中体现，是高校立校之本、发展之魂。加强科学道德和学风建设，是全面提高高等教育质量的必然要求，必须始终贯穿于高等学校人才培养、科学研究、社会服务、文化传承创新的各项工作之中。组织开展宣讲教育活动，是加强科学道德和学风建设的有力抓手，对于形成坚守学术诚信、完善学术人格、维护学术尊严的良好氛围具有重要意义。

袁贵仁强调，要认真总结经验，按照“全覆盖、制度化、重实效”的要求，全面、扎实、深入做好2012年宣讲教育工作。一要紧紧围绕宣讲主题。大力宣讲科学精神、科学伦理道德、科学规范和科学研究方法。二要逐步扩大宣讲范围。以研究生为重点，实现全覆盖，同时把每年新入职的教师和科研人员、新上岗的研究生导师、高年级本科生纳入宣讲教育范围。三要不断提高宣讲实效。要与高校党建工作和思想政治工作结合起来，继续选聘德学双馨的专家进行宣讲，精心安排宣讲内容和方式，创新宣讲教育载体，充分调动广大学生的主动性和积极性。四要着力建立长效机制。建立健全宣讲教育工作制度体系，把集中宣讲和日常宣讲结合起来，强化考核措施，把宣讲教育活动开展情况作为学风建设的重要内容。

袁贵仁要求，高等学校要以宣讲教育为契机，全面贯彻落实《教育部关于切实加强和改进高等学校学风建设的实施意见》，促进高校学风的根本好转，努力营造积极、健康、向上的校园学术氛围。一是注重教育引导，强化政策导向。要坚持不懈地在师生中加强学风和科学道德建设教育，引导师生热爱科学、追求真理，自觉抵制浮躁风气和行为。切实改进评价考核导向，加大质量和贡献指标权重。二是加大查处力度，强化监督约束。要加强自我监督，倡导同行监督，强化行政监督，充分发挥社会监督作用。规范学术不端行为调查程序，一经查实，严肃处理，绝不姑息手软。三是明确工作职责，强化过程管理。各地教育部门要将学风建设纳入高校领导班子考核，建立问责机制，加强督察督办。高校要将学风建设工作常规化，纳入基层党组织工作范围，实现学风建设机构、学术规范制度和不端行为查处机制“三落实”和“三公开”。加强科学研究过程管理，切实增强公开性和透明度。

6月6日

国务院学位委员会印发《关于进一步加强高校马克思主义理论学科建设的意见》，共包含三方面内容：(1)马克思主义理论学科建设的意义、基本原则和目标。(2)马克思主义理论学科建设的主要任务和要求。(3)加强领导、严格管理，为学科建设提供有力保障。在马克思主义理论学科建设基本原则方面，学科建设应坚持如下原则：一是把为党的思想理论建设和为高校思想政治理论课教育教学服务作为学科建设的基本任务；二是遵循学科建设规律、马克思主义理论发展规律和思想政治理论课教育教学规律；三是注重马克思主义理论整体性研究，加强马克思主义各主要组成部分内在关系的研究和把握，加强马克思列宁主义、毛泽东思想和中国特色社会主义理论体系内在关系的研究和把握；四是以思想理论建设和思想政治理论课教育教学需求促进学科建设，以学科建设的成果服务思想理论建设和支撑思想政治理论课教育教学，使二者相互促进、共同提高。在马克思主义理论学科建设的主要任务和要求方面，要凝练学科研究方向，加强科学研究，提高学科队伍的整体素质，推进学位授权点、重点学科和重点基地建设，加强学科专业人才培养，加强学科交流。在加强领导、严格管理方面，要规范学科建设组织机构，加大学科建设经费投入，加强学科建设检查评估。

同日，由教育部思政司举办的大学生思想政治教育工作座谈会在北京科技大学召开，学习贯彻中央领导同志在《教育部加强和改进大学生思想政治教育工作简报》总第1000期上的重要批示精神。

同日，中国中共党史学会、中央党史研究室宣教局、教育部思政司等8家单位联合印发《关于组织开展“回顾辉煌历程 喜迎党的十八大”——悦达学习杯读书竞赛活动的通知》。

6月11日

教育部在京召开“学习贯彻中央领导同志重要指示精神，深入推进大学生思想政治教育工作”座谈会，专题学习贯彻中共中央政治局常委李长春在《教育部加强和改进大学生思想政治教育工作简报》总第1000期上的重要批示精神。李长春在批示中充分肯定了思政简报在宣传各地各部门各高校加强和改进大学生思想政治教育工作的好经验好做法以及树立先进典型和优秀榜样方面发挥的重要作用，并就深入贯彻落实胡锦涛总书记在纪念中国共产主义青年团成立90周年大会上的重要讲话精神，扎实推进大学生思想政治教育工作，全面提升工作科学化水平，提出了明确要求和殷切希望。

与会同志一致认为，中央16号文件《中共中央、国务院关于进一步加强和改进大学生思想政治教育的意见》颁发以来，在党中央坚强领导下，各地各部门各高校高度重视、真抓实干，大学生思想政治教育工作呈现良好发展态势。中国农业大学党委副书记秦世成说，中央16号文件是党中央对大学生思想政治教育工作的顶层设计和统筹规划，为加强和改进大学生思想政治教育提供了历史机遇，各地各部门各高校抢抓机遇，乘势而上，大学生思想政治教育工作成效显著、形势喜人。北京航空航天大学党委副书记程基伟说，中央16号文件颁发近8年来，各地各部门各高校在加强和改进大学生思想政治教育方面积累了很多好经验，应该进一步固化为制度，健全完善大学生思想政治教育工作的长效机制。与会同志表示，要深入贯彻落实胡锦涛总书记在纪念中国共产主义青年团成立90周年大会上的重要讲话精神，牢固树立育人为本、德育为先的理念，扎实推进大学生思想政治教育工作。要按照中央领导同志的重要指示精神，不断增强工作的针对性和实效性，扩大覆盖面和影响力，全面提升大学生思想政治教育工作科学化水平。

6月13日

中宣部、中央文明办、教育部、中国人民解放军总政治部、全国总工会、共青团中央、全国妇联联合召开学习时代楷模座谈会。中共中央政治局委员、中央书记处书记、中宣部部长、中央文明委副主任刘云山出席座谈会并讲话，强调要深入贯彻党的十七届六中全会精神，以社会主义核心价值体系建设为根本，掀起学习时代楷模热潮，发挥榜样引领作用，培养文明道德风尚，为党的十八大胜利召开营造良好氛围。

同日，中央文明委印发《关于广泛开展向张丽莉、吴斌、高铁成同志学习活动的通知》。

6月14日

国家质检总局、教育部、共青团中央联合印发《关于组织开展万名大学生质量安全志愿服务活动的通知》，指出：该活动主题为“弘扬雷锋精神，参与志愿行动，服务质量安全”。同时要求：(1)高度重视，加强领导。(2)精心组织，务求实效。(3)总结经验，完善机制。(4)加强宣传，培育品牌。并且对该活动的工作原则、目标任务、活动安排做了具体规定。

6月16日

教育部在江苏南京召开全国高校学生党建工作现场经验交流会。此次会议的主要任务是深入贯彻落实第二十次全国高校党建会精神，总结交流和学习推广江苏等地高校学生党建工作的好做法好经验，进一步提升高校学生党建工作科学化水平。会议从立足提升党员发展质量抓制度抓规范、立足保持先进性纯洁性抓教育抓培训、立足党员先锋模范作用抓考核抓典型、立足党的事业长远发展抓支部抓队伍四个方面总结了江苏在加强学生党建工作方面的好做法好经验，指出江苏大学生素质工程在高度重视、摸清底数、创新制度、扎实推动等方面对全国具有启示和借鉴意义。

6月18日

教育部在武汉、天津举办两期高校校园网站

建设工作培训班，来自全国各地近300所高校的校园网站建设教师骨干参加了培训。高校校园网站是高校落实《中共中央、国务院关于进一步加强和改进大学生思想政治教育的意见》精神、加强网络思想政治教育的重要阵地，也是高校网络文化建设的重要平台。培训班主要任务是明确校园网站建设的目标和任务，提高网站建设工作人员的思想认识和业务水平。培训主要围绕校园网站内容建设、技术架构、信息安全、工作团队建设等主题，以领导报告、专家讲座、经验交流等方式进行。

6 月 19 日

中共教育部党组下发《关于在教育系统广泛开展学习时代楷模活动的通知》，指出：教育系统始终高度重视先进典型的学习宣传教育，着力加强师德建设和青少年学生思想道德建设，取得了显著成效，涌现出孟二冬、殷雪梅、叶志平、石秋杰、侯伯宇、孟佩杰以及北川中学抗震救灾师生群体、长江大学见义勇为舍己救人大学生英雄集体等一大批可亲可敬、可学可鉴的先进典型。“最美教师”张丽莉在生死关头舍己救人、用无私大爱谱写的生命赞歌，诠释了人民教师的高尚师德，塑造了新时期人民教师的光辉形象，在社会上产生强烈反响，是当之无愧的“时代楷模”。广泛开展学习时代楷模活动，是全面贯彻落实党的十七届六中全会精神，深入推进社会主义核心价值体系建设，促进学雷锋活动常态化的重要举措，对于进一步提升人们的道德自觉，凝聚强大精神力量，在全社会形成见贤思齐、崇德向善的文明风尚，对于全面贯彻党的教育方针，进一步加强师德建设和青少年学生思想道德教育，培养德智体美全面发展的社会主义合格建设者和可靠接班人，具有十分重要的意义。青少年学生是民族的希望、祖国的未来，教师是青少年学生健康成长的指导者和引路人。育人为本、德育为先，立德树人是学校教育的根本任务。各地教育部门和各级各类学校要按照中央的总体要求，广泛深入开展学习张丽莉、吴斌、高铁成等时代楷模活动，教育引导广大干部师生努力成为时代楷模精神的传播者、弘扬者和践行者。

6 月 19 日—20 日

中共中央政治局常委、中央书记处书记、国家副主席习近平先后到北京大学、中国人民大学、清华大学就加强和改进高校党建工作进行调研，并召开座谈会听取意见。习近平强调，加强和改进高校党的建设要继续坚持和贯彻好正确的指导原则，紧紧围绕服务大局和促进高等教育事业科学发展这一主题来开展，围绕培养中国特色社会主义事业合格建设者和可靠接班人这一根本来推进，围绕贯彻好党委领导下的校长负责制这一领导体制来加强，围绕抓好基层打牢基础这一重要支撑来深化，为高校改革发展稳定提供坚强保证。

在北京大学调研时，习近平指出，党支部是高校教育和管理党员的基本单位，抓好了党支部建设就抓住了高校党建工作的基础一环。各高校要努力构建充满活力、覆盖面广的高校基层党组织体系，积极探索有实效、受欢迎的组织活动方式，不断增强党支部的战斗力和凝聚力。在中国人民大学，习近平认真观摩正在进行的“红船领航”新生党员马克思主义经典研习会，听取同学们学习经典著作的体会。他指出，高等学校作为研究、传播、宣传马克思主义理论的重要阵地，要引导广大师生认真学习中国特色社会主义理论体系，掌握马克思主义的世界观和方法论，坚定对中国特色社会主义的信念。19日下午，习近平视察了清华大学。他指出，高校教师尤其是青年教师的思想政治素质和道德情操对大学生具有很强的影响力和感染力，希望大家增强教书育人的责任感，真正做到“为人师表”，不仅为学生做学习传播知识的表率与楷模，还要做理想、信念和思想、道德的表率与楷模，成为学生成长的引路人和指导者。他勉励清华大学国防生要坚持把文化知识学习和思想品德修养紧密结合起来，把创新思维和社会实践紧密结合起来，把全面发展和个性发展紧密结合起来，在艰苦环境中砥砺意志，在实践锻炼中增长本领，在奉献祖国中成长成才。在听取教育部负责人和北京大学等5所高校党委书记的发言后，习近平做了讲话，指出：高校是重要的教育阵地，也是重要的思想文化阵地。各级党委要牢牢把握社会主义大学的办学方向，切实加强和改进高校思想政治工作，强化大学生思想政治教育，强化教师队伍特别是青年教师队伍的思想政治建设，加强辅导员队伍建设，加强党员队伍建设，坚持党建带团建，不断提高高校党建工作科学化水平。

6月20日

《人民日报》发表文章《高校育人，新起点上再奋进——中央16号文件印发以来加强和改进大学生思想政治教育综述》。文章指出：培养什么人、如何培养人，是我国教育事业发展中必须解决好的根本问题。大学生是国家宝贵的人才资源，是民族的希望、祖国的未来，大学生的思想政治状况、道德品质、科学文化素质和健康素质如何，关系到党和国家的前途命运。

2004年8月，以胡锦涛为总书记的党中央做出一项重大战略决策——加强和改进大学生思想政治教育，并印发中央16号文件——《中共中央、国务院关于进一步加强和改进大学生思想政治教育的意见》，提出加强和改进大学生思想政治教育的指导思想，对新时期大学生思想政治教育工作做出了周密部署和全面动员。各地各部门各高校根据自身实际，研究制订落实方案。教育部研究制定了贯彻落实中央16号文件的具体方案，中宣部、教育部、团中央等有关部门出台了17个配套文件和多个相关规定。8年来，大学生思想政治教育工作在改进中加强，在创新中发展。教育部部长袁贵仁指出：当前高校思想政治教育进入了一个新的阶段，站在了一个新的起点上。我们要按照中央16号文件和《教育规划纲要》的要求，继续在统一思想上下功夫、在明确方向上下功夫、在制度建设上下功夫、在狠抓落实上下功夫。以高校党建为龙头，发挥党的政治优势和组织优势。

6月初，高校学生思想政治状况滚动调查结果公布。调查表明，98.7%的学生认同“诚信是做人之本”；97.8%的学生认同“青年是祖国的未来、民族的希望，也是我们党的未来和希望”。学生认同“大学生应当走在公民道德建设的前列”“人生的价值在于奉献”等观点的比例逐年上升。大学生思想政治状况的主流呈现出积极、健康、向上的良好发展态势，是因为高校党建工作为大学生思想政治教育提供了强有力的组织保障。

2004年以来，中组部、中宣部、教育部连续召开了6次全国高校党建会，中央领导同志围绕不同主题，对加强高校党的建设做出全面部署。强化基层党组织的功能，坚持以社会主义核心价值体系为根本，用马克思主义中国化最新成果武装师生，用中国特色社会主义共同理想凝聚师生，用民族精神和时代精神鼓舞师生，用社会主义荣辱观引领师生……全国高校党建会统一了思想，提高了各地各高校一把手贯彻落实中央16号文件的自觉性和主动性，为进一步加强和改进大学生思想政治教育提供了有力保障。

同日，由教育部和光明日报社主办的全国教书育人楷模先进事迹报告团宣讲活动启动仪式暨首场报告会在人民大会堂举行。报告会开始前，中共中央政治局常委李长春，中共中央政治局委员、国务委员刘延东亲切看望了报告团成员和2011中国大学生年度人物，向教书育人楷模致以崇高敬意，向获奖大学生表示热烈祝贺，向全国广大师生致以诚挚问候。李长春强调，要深入宣传教书育人楷模和大学生先进人物的事迹，形成崇尚先进、学习先进、争当先进的鲜明导向，在全社会大力营造爱岗敬业、尊师重教和促进学生健康成长的良好环境，为推进社会主义核心价值体系建设、促进教育事业科学发展提供有力的思想保证、精神动力和舆论支持。

李长春指出，党的十六大以来，以胡锦涛同志为总书记的党中央高度重视青少年健康成长，对加强青少年思想道德建设和教师队伍建设做出一系列重大决策部署。各地区各部门各高校认真贯彻落实中央精神，紧紧围绕立德树人、教书育人这一根本任务，狠抓薄弱环节，创新方式方法，完善体制机制，大学生思想政治教育工作和教师队伍建设扎实推进，呈现出良好发展态势，广大师生思想政治状况主流积极健康向上，对中国特色社会主义旗帜、道路、理论体系和制度的信心信念进一步增强。近年来，教育系统涌现出一大批先进典型，赢得了全社会的广泛赞誉，教书育人楷模和大学生年度人物就是其中的优秀代表。

李长春强调，要广泛开展学习教书育人楷模和大学生年度人物活动，教育引导广大教师向教书育人楷模学习，学习他们忠诚使命、修身立德、无私奉献、教书育人的高尚品德，切实履行党和人民赋予的神圣职责，当好人类灵魂的工程师；教育引导广大青少年向大学生年度人物学习，学习他们志存高远、勤奋学习、开拓创新、服务社会的先进事迹，把个人成长与中国特色社会主义的共同理想和伟大实践紧密结合起来，努力做德智体美全面发展的中国特色社会主义事业建设者和接班人。

教育部党组副书记、副部长杜玉波主持报告会。他指出，各省(自治区、直辖市)教育部门要高度重视、大力支持教书育人楷模先进事迹报告团宣讲活动，通过宣讲活动，充分发挥教书育人楷模的引领示范作用，影响和带动更多的教师以更加饱满的工作热情、更加昂扬的精神状态、更加执着的事业追求，为推动教育事业科学发展做出更大的贡献。

首场报告会上，第五届"高等学校教学名师"、清华大学博士生导师孙宏斌，南昌大学教授石秋杰生前的同事焦晓燕，2010 年度全国教书育人楷模、天津电子计算机职业中等专业学校教师徐英杰，2011 年度全国教书育人楷模、浙江宁波达敏学校校长刘佳芬所做的报告，引起了现场首都各级各类学校师生的强烈共鸣。首场报告会后，16 名报告团成员将组成基础教育、职业教育、高等教育 3 个分团分赴石家庄、福州、天津等 15 个城市开展示范宣讲。示范宣讲活动结束后，各省(自治区、直辖市)教育部门将遴选本区域教书育人楷模到各校宣讲。

同日，中共中央政治局委员、国务委员刘延东在出席 2011 中国大学生年度人物颁奖典礼和座谈会时强调，大学生要以胡锦涛总书记在纪念中国共产主义青年团成立 90 周年大会上对青年提出的希望和要求为指引，胸怀远大理想，努力学习实践，自觉投身社会主义现代化建设，为实现中华民族伟大复兴不懈奋斗。

刘延东指出，党中央、国务院高度重视青年学生的健康成长，把加强和改进大学生思想政治教育作为培养中国特色社会主义事业合格建设者和可靠接班人、确保党和国家事业兴旺发达的战略任务，做出了一系列重大决策和部署。广大青年学生立志成才，爱国报国，积极向上，涌现出了一大批刻苦钻研、自强不息、创新创业、热心公益的先进典型，充分展现了当代大学生的爱国情怀、良好素质和精神风貌，表明了当代大学生是值得信赖、堪当重任、大有希望的一代。希望广大青年学生坚定信念、砥砺品行，始终胸怀祖国，心系民族复兴，自觉践行社会主义核心价值体系，在为国家和人民事业奋斗中有作为、做奉献；刻苦学习、勇于创新，及时更新知识，不断丰富自己，培养探索兴趣，激发创新热情，为推动理论创新、制度创新、科技创新、文化创新贡献才智；扎根人民、奉献社会，积极投身基层一线，在艰苦环境中历练人生，到祖国和人民最需要的地方建功立业，书写美好、壮丽的青春篇章。

6 月 21 日

《人民日报》以《用青春勾勒美丽人生》为题，整版刊登"2011 中国大学生年度人物"及特别奖获得者事迹。

6 月 24 日

北京大学国学研究院成立 20 周年纪念会暨《中华文明史》英译本国内首发式在京举行。全国人大常委会副委员长韩启德、教育部部长袁贵仁、国务院参事室主任陈进玉等出席并致辞。

袁贵仁在讲话中指出，当代中国正站在新的历史起点上，文化在增强人民精神力量、促进国家发展和社会进步中的作用更加广泛而深刻。党和国家做出了推动社会主义文化大发展大繁荣的决策部署，提出了建设社会主义文化强国的奋斗目标。胡锦涛总书记明确提出，全面提高高等教育质量，必须大力推进文化传承创新。高等学校是传承人类文明、建设先进文化的重要基地，北京大学以其独特的地位和优势，应当走在全国高校前列，做出示范和表率，在创建世界一流大学的进程中，为推进文化传承创新，建设社会主义先进文化，弘扬社会主义核心价值体系做出积极贡献。

袁贵仁强调，在全面建设小康社会、加快社会主义现代化建设的进程中，我们必须继承和发扬中华优秀文化传统，要从当今时代的角度，反思中国文化精神，解决好民族精神和时代精神的关系，推动优秀传统文化的现代化、大众化。要进一步加强与世界各国的人文交流合作，努力推出一批像《中华文明史》这样的学术精品。既对中华文明的核心价值、演进规律以及未来走向，做出具有前瞻性的总结与展望，也向世界充分表明，古老而博大的中华文明，对于当今时代应对人类共同面临的各种冲突和挑战，具有不可替代的重大的史鉴价值和启示意义。

袁贵仁充分肯定了北大国学研究院在传承中华文化、弘扬民族精神、传播精神文明、培养优秀人才等方面取得的显著成绩，希望北大国学研究院越办越好，不断取得更多、更辉煌的成就，为中华民族的伟大复兴，为世界的和平与发展做出新的更大的贡献。

6月25日

中宣部、中央文明办、教育部、共青团中央、全国学联联合印发《关于开展2012年全国大中专学生志愿者暑期文化科技卫生“三下乡”社会实践活动的通知》。

6月27日

《光明日报》刊发《以德为先　合力育人——中央16号文件印发以来加强和改进大学生思想政治教育工作综述》。文章指出，自2004年《中共中央、国务院关于进一步加强和改进大学生思想政治教育的意见》下发以来，大学生思想政治教育工作成效明显，高校学子精神风貌总体向好。(1)课上课下以德为先。大学生思想政治状况的主流呈现出积极、健康、向上的良好发展态势，得益于高校党建、课程建设、队伍建设为大学生思想政治教育提供的多项保障。2004年以来，中组部、中宣部、教育部连续召开8次全国高校党建会议，围绕不同主题加强高校党建部署，提高了各地各高校贯彻落实中央16号文件的自觉性。思想政治理论课是帮助大学生树立正确世界观、人生观、价值观的主渠道。近年来，教育部组织编写《马克思主义基本原理概论》《毛泽东思想、邓小平理论和“三个代表”重要思想概论》《中国近现代史纲要》和《思想道德修养与法律基础》4门高校思想政治理论课新教材，推动中国特色社会主义理论体系进教材、进课堂、进头脑。各高校把辅导员队伍建设作为加强大学生思想政治教育工作队伍建设的突破口和切入点，在思想认识、体制机制、政策待遇、选拔培养上下功夫。截至2011年，全国高校共有专职辅导员106654人，专职辅导员中本科以上学历占95%，辅导员专业化、职业化发展上了一个新台阶。(2)校内校外合力育人。改进思想政治理论课、加强形势与政策教育、加强校园网络管理、加强和改进大学生社会实践、加强和改进高校校园文化建设、加强和改进大学生心理健康教育、加强和改进大学生社团等。8年来，教育部等有关部门形成合力，为大学生思想政治教育工作提供了制度保障。

7月

7月2日

2012年全国大中专学生“三下乡”社会实践活动启动仪式在北京林业大学举行，2012年“三下乡”社会实践活动正式拉开帷幕。近千万大中专学生从这一天开始，将陆续奔赴祖国各地的乡村山寨，在社会生活中受教育、长才干、做贡献。

7月6日

教育部、共青团中央共建中国青年政治学院协议签字仪式在京举行。教育部部长袁贵仁、团中央书记处第一书记陆昊代表双方签署协议。签字仪式前，双方进行了工作会谈。

同日，教育部在上海召开“全国高校思想政治理论课教学能手表彰暨现场教学观摩会”。47名全国高校思想政治理论课教学能手受到表彰，其中4名教学能手做了现场示范教学。

7月7日—9日

教育部思政司在内蒙古呼伦贝尔召开深入推进大学生思想政治教育工作研讨会。

7月9日

教育部思政司在东北师范大学召开辅导员基地建设工作会及大学生核心价值观专家研讨会。

7月11日

全国民族院校辅导员培训班开班仪式举行，

教育部思政司司长冯刚出席并做专题报告。

同日，“最美中国”全国大学生摄影及微电影大赛在北京人民大会堂正式启动，国务院新闻办副主任、国家互联网信息办副主任钱小芊，教育部思政司司长冯刚等领导出席仪式。此次大赛由教育部思想政治工作司、国家互联网信息办公室网络宣传局指导，文汇报、人民网、中国大学生在线主办，易班网、文汇网参办。大赛以“最美中国”为主题，面向全国高校学生征集摄影及微电影作品。教育部思政司司长冯刚在讲话中指出，随着互联网等新兴媒体的快速发展，网络越来越成为大学生获取信息的重要渠道，也成为他们成长成才过程中不可缺少的重要的外部环境和发展的平台。培育健康的网络文化，形成向上的网络文化，是深入推进校园文化建设的现实需要，也是促进青年学生健康成长、全面发展的必然要求。他认为，此次大赛把传统媒体与网络新媒体强强联合在一起，也是大学生参与网络文化内容精品建设的又一重要的平台，希望广大青年学生积极参与、勇于创新，用善于发现真善美的眼睛，创作出贴近实际、贴近生活、贴近师生的最美镜头。

7 月 12 日

新一届全国教育科学规划领导小组在京召开第一次全体会议。全国教育科学规划领导小组组长、教育部部长袁贵仁出席会议并讲话。

7 月 17 日

教育部办公厅、公安部办公厅联合印发《关于开展“平安高校”建设活动的通知》。

7 月 19 日—20 日

教育部在上海召开全国民办高校党的建设工作座谈会。此次会议的主要任务是深入学习贯彻习近平同志在高校党建工作座谈会上的重要讲话精神和第二十次全国高校党建工作会议精神，总结交流《中共中央组织部、中共教育部党组关于加强民办高校党的建设工作的若干意见》颁布以来各地各校的贯彻落实情况，进一步加强和改进民办高校党的建设，推动民办高等教育事业健康发展。教育部党组副书记、副部长杜玉波出席会议并讲话，上海市委副书记殷一璀及中央组织部组织二局、教育部思想政治工作司、教育部发展规划司、上海市教卫党委有关负责同志出席了会议。

杜玉波在讲话中强调：加强和改进民办高校党的建设是民办高等教育科学发展的根本保证，要围绕人才培养、自身发展、提高高等教育质量等中心任务，发挥党组织的政治核心作用、监督保证作用和促进事业发展的凝聚作用。杜玉波指出：近年来，在教育部党组的有力推动下，各地党委教育工作部门高度重视民办高校党的建设，将民办高校党建工作摆上重要位置，列入重要议程，建立相应机构，选派党组织负责人，制定政策文件；各民办高校精心谋划，周密部署，扎实推进党的建设。在各方的共同努力下，民办高校党委领导班子建设、学生思想政治教育工作、基层党组织建设、校园安全稳定局面等得到加强，党建工作水平不断提升。

会上，北京市委教育工委、上海市教卫党委、陕西省委教育工委、上海师范大学天华学院、长春工业大学人文信息学院、山东英才学院、江西城市职业学院 7 家单位有关同志做了交流发言，31 所民办高校提交了书面交流材料。会议还印发了《全国民办高校党的建设和思想政治工作优秀成果选编》《各地民办高校党建工作情况自查报告汇编》。

7 月 24 日—28 日

第 29 期全国高校辅导员骨干培训班暨西部地区高校心理健康教育培训班在南京中医药大学举办。

8 月

8 月 3 日

由中宣部、教育部联合举办的马克思主义理论研究和建设工程新出版教材任课教师示范培训班，于 7 月 26 日、7 月 30 日和 8 月 3 日分三期在国家教育行政学院开班。教育部党组副书记、副部长杜玉波，教育部党组成员、副部长李卫红，教育部党组成员、部长助理林蕙青，教育部党组成员、国家教育行政学院院长顾海良分别出席三期培训班开班式。

8 月 10 日

教育部副部长杜占元在河海大学参加了纪念严恺院士诞辰 100 周年纪念座谈会，代表教育部表达了对严恺院士的深切怀念。他强调，发展教育事业，要始终坚持育人为本、德育为先，隆重纪念严恺院士，就是要学习他淡泊名利、为人师表、甘为人梯的高风亮节，秉承他严谨的治学作风和优良的师德风尚。

8 月 13 日—17 日

第 30 期全国高校辅导员骨干培训班在复旦大学举办。

8 月 14 日—16 日

由教育部思想政治工作司主办、教育部高校辅导员培训和研修基地(山东大学)及中国石油大学(华东)联合承办的第 31 期全国高校辅导员骨干培训班在青岛举行。此次培训对象为 2012 年高校辅导员骨干、优秀党务工作者、思想政治理论课教师出国研修项目成员。

8 月 18 日

中共中央政治局委员、国务委员刘延东向中国高教学会第六次会员代表大会致贺信，向积极投身于高等教育学术研究和改革实践的学者致以崇高的敬意。她指出，当今世界正处于大发展、大变革、大调整时期，在中国从大国向强国迈进的历史征程中，高等教育关系国计民生、影响民族长远发展，承担着重要的历史使命。多年来，中国高等教育学会作为全国高等教育机构及工作者自愿组成的群众性学术团体，紧密围绕高等教育改革发展的重大理论与实际问题，积极组织开展重大战略问题研究，努力推动群众性高等教育科学研究，广泛开展高水平学术交流和咨询服务，在引领高等教育理念创新、繁荣群众性高等教育科学研究、加强高等教育学科建设、参与高等教育治理等方面，做了大量卓有成效的工作，已成为高等教育科学研究和行政决策的智力源、思想库，成为推动高等教育改革发展的积极力量。她希望学会继续坚持正确的办会方向，围绕中心、服务大局，着眼高等教育改革发展重大理论和现实问题开展研究，推进高等教育理论创新，为全面提高高等教育质量、丰富和发展中国特色社会主义高等教育理论体系做出新贡献。

8 月 20 日—21 日

教育部直属高校工作咨询委员会第二十二次全体会议在武汉东湖国际会议中心召开。中共中央政治局委员、国务委员刘延东出席会议并讲话。她强调，要认真学习贯彻胡锦涛总书记在省部级主要领导干部专题研讨班上的重要讲话精神，深入落实科学发展观，着力推动高等教育改革发展，加快建设中国特色现代高等教育体系，为我国早日进入高等教育强国行列不懈奋斗。

刘延东指出，党的十七大以来，党中央、国务院高度重视高等教育改革发展，将高等教育定位为科技第一生产力和人才第一资源的重要结合点，确立以提高质量为核心的内涵式发展道路，提出建设有特色、高水平大学的目标要求，构建人才培养、科学研究、社会服务和文化传承创新四大功能相互支撑的格局，指明了建设中国特色社会主义现代大学制度的改革方向，推动我国高等教育战略地位不断强化，发展思路更加清晰，整体水平大幅提升，为改革和现代化建设做出了重要贡献。

刘延东强调，面对新形势新任务，要把科学发展观的总要求贯穿到办学治校的各个方面，继往开来，改革创新，推动高等教育事业实现科学发展。高等学校要坚持协调发展，主动适应经济社会发展、民生改善和建设学习型社会的需要，培养更多高素质劳动者和拔尖创新人才，加速科研成果转化，不断提高服务经济社会发展的水平。要坚持内涵发展，树立科学的质量观，完善资源配置机制，健全教育质量保障体系，稳定规模、优化结构，全面提高高等教育质量。要坚持特色发展，实行分类管理，鼓励高校合理定位，各展所长，争创一流。要坚持创新发展，深化教育体制机制改革，加强党的领导，完善学校内部治理结构，落实和扩大高校办学自主权，激发高校生机和活力。要坚持开放发展，完善高校面向科研院所、企业、地方开放合作机制，加快引进先进教育理念和优质教育资源，积极推动我国高等教育走出去。要坚持可持续发展，注重科学规划，加强制度建设，增强工作连续性、预见性、创造性和系统性，努力形成我国高等教育持续健康发展的良好局面。

同日，教育部思政司联合社科司向全国高校思想政治理论课教师和专职辅导员赠送 9.7 万册《学习活页文选》。

8 月 21 日

教育部召开全国维护高校稳定工作会议。教育部党组书记、部长袁贵仁出席会议并讲话。他指出，7 月 23 日，胡锦涛总书记在省部级主要领导干部专题研讨班上特别要求要以高度负责、奋发有为的精神做好改革发展稳定各项工作。最近，中央召开了全国维护社会稳定工作电视电话会议等一系列重要会议，对做好当前维护社会稳定工作进行了全面部署。坚决贯彻落实中央要求，维护高校和谐稳定，是当前首要政治任务和重大政治责任。要从源头上、根本上、基础上着手，做好高校和谐稳定工作。一是正确处理改革发展稳定关系，以科学发展奠基和谐稳定。要把改革创新作为高等教育科学发展的强大动力，以更大的决心和勇气推进综合改革，坚持走以提高质量为核心的内涵式发展道路。二是关注民意发扬民主，以民生改善维护和谐稳定。三是坚持为民务实清廉，以优良作风保证和谐稳定。四是加强学习调研宣传，以正确舆论促进和谐稳定。五是做好识人选人用人工作，以队伍建设支撑和谐稳定。六是加强决策执行监督，以工作实效落实和谐稳定。

袁贵仁要求，要抓部署、抓督查、抓落实，做好高校和谐稳定工作。切实做好开学工作，精心安排好开学典礼、入学教育，精心做好入学“绿色通道”、家庭经济困难学生资助及后勤服务保障工作。开展安全稳定工作检查，治理清除校内治安、交通、消防、饮食卫生等方面风险隐患。加强学校周边环境整治，开展平安校园建设活动，为学生安全和学校稳定创造良好环境。开学前后，各级教育部门和高校负责同志都要深入基层、深入学校、深入师生，抓调研，抓督查，抓协调，确保开学和十八大前各项工作落到实处。

8 月 24 日—25 日

中国高等教育学会第六次会员代表大会在京举行，选举产生新一届理事会。中共中央政治局委员、国务委员刘延东，全国人大常委会副委员长陈至立，全国政协副主席林文漪致信祝贺。教育部部长袁贵仁出席会议并讲话。

8 月 29 日

教育部、中科院在京联合启动实施“科教结合协同育人行动计划”，中共中央政治局委员、国务委员刘延东出席启动仪式并讲话。刘延东指出，实施“科教结合协同育人行动计划”，使高校育人传统和学科门类齐全与科研院所丰富的科研资源和高水平科研队伍优势互补，这是改革人才培养体制、创新人才培养模式的积极探索，有利于搭建高校与科研院所深度合作的战略平台和沟通桥梁，培育跨学科、跨领域、跨系统的教学科研团队，实现强强联合、资源共享，推动人才培养水平和创新能力的提升。刘延东强调，推进科教结合协同育人，要按照“加强统筹、试点引领、重点突破、全面推进”的原则，以培养创新人才为目标，以提高学生科研实践能力为重点，以建立高校和科研院所协同机制为保障，努力实现高水平科学研究与高质量人才培养的相互支撑。教育部和中科院要加强领导、系统谋划，完善考试招生、学位授予等方面的政策措施，把优秀科研人员、先进实验室、前沿项目等优质科研资源引入育人过程，充分发挥计划实施对教育教学改革的引领、示范和辐射作用。各有关高校和科研院所要树立开放合作、融合发展的观念，着力打破体制机制壁垒，在培养目标、教学保障、资源共享、管理运行等方面建立协同机制。科研人员和教师要把培养人才放在首位，潜心治学从教，努力培养更多创新人才。广大学生要以优秀科学家为榜样，树立科学精神，心怀报国理想，努力成长为社会主义现代化建设的栋梁之材。

本月

教育部思政司组织 2 批共 48 位高校学生工作者赴香港开展高校学生事务管理培训。

9月

9月2日

由国家质检总局、教育部、共青团中央三部门联合组织开展的万名大学生质量安全志愿服务活动在西北政法大学正式启动。此次志愿服务活动是在国务院颁布实施《质量发展纲要(2011—2020年)》的背景下启动实施的，以“弘扬雷锋精神，参与志愿行动，服务质量安全”为主题。这一活动的开展，充分发挥大学生在产品质量安全中的社会监督作用，是广大青年学生在实践中服务社会、锻炼能力、增长才干的新途径，是维护产品质量安全、促进提高质量水平的新思路，是抓质量、保安全、促发展、强质检的新举措。

9月3日

教育部部长袁贵仁专程看望了来京接受康复治疗的黑龙江省佳木斯市第十九中学教师张丽莉。他说，张丽莉老师在生死关头奋不顾身、舍己救人的英雄壮举，在平时工作中爱岗敬业、无私奉献的师德风范，在治疗过程中坚忍顽强、乐观向上的生活态度，引起全社会强烈反响，深深感动了全国人民。张丽莉老师是全国1700万教师学习的榜样，也是教育部全体干部职工学习的楷模。袁贵仁指出，张丽莉老师的先进事迹和高尚师德，充分展现了新时期人民教师的精神风貌，充分展示了中华民族的传统美德。人力资源和社会保障部、教育部决定授予张丽莉“全国模范教师”称号。全国广大教师和教育工作者要以张丽莉老师为榜样，忠诚教育事业，爱岗敬业，关爱学生，为人师表，无私奉献，以人格魅力和学识魅力教育感染学生，以实际行动践行社会主义核心价值体系，为推进教育事业科学发展做出新贡献。希望张丽莉老师安心休息、顺利康复，争取早日回到教师岗位，回到热爱的校园和学生中间，实现自己的人生理想。张丽莉老师感谢教育部的关爱和鼓励。她表示，要把大家的关怀化为生活的勇气和工作的动力，争取尽快康复，为党和国家、为教育事业继续贡献自己的力量。

同日，教育部思政司通过教育部网站发布《〈高校辅导员誓词〉公开征求意见启事》，公布了《高校辅导员誓词》(征求意见稿)，号召全国广大高校辅导员和社会各界人士积极建言献策，提出完善意见。

9月4日

张丽莉同志先进事迹报告会在北京人民大会堂举行。报告会开始前，中共中央政治局常委李长春看望了张丽莉同志和报告团全体成员，代表党中央和胡锦涛总书记对张丽莉同志表示亲切问候和崇高敬意。李长春说，张丽莉老师胸怀高远、追求进步，有着坚定的理想信念，2012年“七一”在病房中光荣地加入了中国共产党，实现了自己的人生夙愿。她临危不惧、舍己救人，在生死关头把生的希望留给学生，把危险留给自己，谱写了一曲感人肺腑的生命赞歌。她热爱教育、关爱学生，满腔热情地投入教育事业，用自己的爱心照亮了每一名学生的心灵。她潜心钻研、积极进取，以“要做就做到最好”作为自己的座右铭，把三尺讲台作为实现人生价值的舞台，努力成为一名高素质的人民教师。她乐于助人、甘于奉献，把助人为乐作为自己工作生活的重要组成部分，总是用实际行动关心帮助身边人，在传递人间真情中收获幸福和快乐。李长春指出，张丽莉老师在危急时刻的突出表现，是她忠诚于党的教育事业，关爱他人、勇于担当优秀品质的集中反映，代表着当代社会的道德高度，是我国社会思想道德主流的真实写照，是宝贵的精神财富。她的感人事迹和崇高精神，生动诠释了“学为人师、行为世范”的崇高师德，集中体现了中华民族高尚的道德情操，充分展示了当代青年和人民教师的时代风采。

李长春强调，全社会特别是广大教师和教育工作者要深入开展向张丽莉同志学习活动，大力弘扬张丽莉同志的崇高精神，用先进典型的感人事迹和高尚精神振奋人心、鼓舞士气，坚定理想信念、培养高尚情操、弘扬新风正气，努力做社会主义核心价值体系的模范践行者，做良好社会风尚的积极推动者，更加奋发有为、兢兢业业地工作，以优异成绩迎接党的十八大胜利召开。

9月5日

教育部思政司印发《关于举办第二届全国高

校优秀辅导员博客评选活动的通知》，启动评选工作。12月24日，教育部思政司印发《关于公布第二届全国高校优秀辅导员博客评选结果的通知》。

9月7日

国务院下发《关于加强教师队伍建设的意见》。文件指出，教师是教育事业发展的基础，是提高教育质量、办好人民满意教育的关键，党中央、国务院历来高度重视教师队伍建设。为深入实施科教兴国战略和人才强国战略，进一步加强教师队伍建设，提出以下意见：高举中国特色社会主义伟大旗帜，以邓小平理论和“三个代表”重要思想为指导，深入贯彻科学发展观，全面贯彻党的教育方针，认真落实《国家中长期教育改革和发展规划纲要(2010—2020年)》和《国家中长期人才发展规划纲要(2010—2020年)》，遵循教育规律和教师成长发展规律，以提高师德素养和业务能力为核心，全面加强教师队伍建设，为教育事业改革发展提供有力支撑；加强教师思想政治教育和师德建设，全面提高教师思想政治素质。坚持和完善理论学习制度，创新理论学习的方式和载体，加强中国特色社会主义理论体系教育，不断提高教师的理论修养和思想政治素质。开辟思想政治教育新阵地，增强思想政治工作的针对性和实效性，确保教师坚持正确政治方向，践行社会主义核心价值体系，帮助和引领学生形成正确的世界观、人生观和价值观。构建师德建设长效机制。建立健全教育、宣传、考核、监督与奖惩相结合的师德建设工作机制，把教师职业理想、职业道德、学术规范以及心理健康教育融入职前培养、准入、职后培训和管理的全过程。研究制定科学合理的师德考评方式，完善师德考评制度，完善学生、家长和社会参与的师德监督机制。完善高等学校科研学术规范，健全学术不端行为惩治查处机制。对有严重失德行为、影响恶劣者按有关规定予以严肃处理直至撤销教师资格。

9月11日

中共教育部党组召开会议，传达学习教师节期间胡锦涛等中央领导同志重要指示和讲话精神，研究部署贯彻落实工作。教育部党组书记、部长袁贵仁主持会议。他强调，要切实把思想和行动统一到中央的要求和部署上来，乘势而上、改革创新，开拓进取、狠抓落实，努力开创义务教育均衡发展和教师队伍建设新局面，推进教育事业科学发展，以优异成绩迎接党的十八大胜利召开。

9月14日

中共中央政治局常委、国务院总理温家宝14日应邀到清华大学看望师生，并在学校大礼堂发表演讲。温家宝说，清华大学建立以来，为共和国培养了一代又一代优秀的专家学者。他们不计名利，忧道不忧贫，始终保持高尚的境界和爱国的热忱，在艰苦的环境中传承了中华民族的优秀品质。今天我们要培养和重塑民族的道德理性，就必须汲取传统文化的精神营养，倡导心存敬畏、行己知耻、诚实守信的社会道德观，对社会要有奉献精神，对他人要有责任感，对弱者要有同情心，养成情操高尚的人格。他希望新一代清华人牢记“自强不息，厚德载物”的校训，努力学习，勤奋成才，将来为祖国的现代化建设做出更大的贡献，谱写清华大学更加辉煌的篇章。

9月19日

中共中央办公厅印发《关于在推进事业单位改革中加强和改进党的建设工作的意见》，并发出通知，要求各地区各部门结合实际认真贯彻执行。这份文件提出，要准确把握在推进事业单位改革中加强和改进党的建设工作的总体要求与目标任务。高举中国特色社会主义伟大旗帜，以邓小平理论和“三个代表”重要思想为指导，深入贯彻落实科学发展观，紧紧围绕加强党的执政能力建设和先进性建设，以确保事业单位改革正确方向、推动事业单位健康发展为目标，以改革创新为动力，全面加强事业单位党的思想、组织、作风、制度和反腐倡廉建设，着力健全事业单位党的领导体制和工作机制，不断提高事业单位党的建设科学化水平，保证党的路线方针政策在事业单位全面贯彻落实。要把党的建设工作与事业单位改革发展紧密结合起来，同步规划，同步推进，围绕分类推进事业单位改革阶段性目标要求开展党组织活动，实现党建工作平稳过渡、有序衔接，确保党的工作不间断、党组织作用不削弱，党员先锋模范作用得到充分发挥。要不断提高事业单位领导班子和领导人员推动科学发展、做好公益服务的能力水平；要着力增强事业单位基层党组织创造力、凝聚力和战斗力；要加强对事业单位党的建设工作的领导。

9 月 20 日

教育部思政司与河北省委宣传部、省委教育工委、省文明办、省教育厅联合召开创新大学生思想政治教育工作方式专题研讨会。

9 月 21 日

全国优秀“三支一扶”大学生事迹报告会在京举行，中共中央政治局委员、国务委员刘延东出席报告会并讲话。刘延东强调，选派大学生支教、支农、支医、扶贫的“三支一扶”计划实施以来，一大批高校毕业生满怀激情、奔赴农村，扎根基层、建功立业，在平凡的岗位上做出了不平凡的业绩，体现了当代大学生勇于担当的责任意识、甘于奉献的精神追求、全心全意的服务态度和锐意进取的创新激情。希望广大“三支一扶”大学生积极向先进模范人物学习，把远大理想与脚踏实地结合起来，在基层社会实践中丰富阅历、磨炼意志、增长才干，努力成为社会主义现代化的合格建设者；要不怕吃苦、勇挑重担，坚守在人民群众最需要的地方，努力成为落实国家大政方针的有力践行者；要发扬以改革创新为核心的时代精神，刻苦钻研，大胆开拓，努力成为新时期解决“三农”问题的积极探索者。她要求有关部门继续完善政策体系，构建长效机制，营造良好舆论氛围，不断改善“三支一扶”大学生的工作生活条件，确保他们下得去、待得住、干得好、流得动，吸引和支持更多高校毕业生到基层就业创业。

9 月 27 日

教育部部长袁贵仁出席北京师范大学第十二次党代会开幕式，做了题为《坚持内涵发展特色发展创新发展提高办学能力治校水平国际影响》的讲话。

9 月 28 日

全国高校廉洁教育进校园现场经验交流会暨高校廉政文化作品大赛总结表彰大会在长沙召开。教育部党组成员、中纪委驻教育部纪检组组长王立英在讲话中充分肯定了近年来各地各高校开展廉洁教育和廉政文化建设工作取得的成绩。她指出，要深刻认识社会主义廉政文化建设在推动社会主义文化大发展大繁荣中的重要性必要性，充分发挥廉政文化建设在提升高等教育质量、促进高校科学发展中的基础作用，加强文化引领，用廉洁文化引领教师队伍建设、人才培养和高校科学管理。要协同开创高校廉政文化建设新局面，增强文化自觉自信。要加强高校廉政文化建设组织领导，抓好谋篇布局，明确责任，形成整体合力，健全机制，确保工作落实。

9 月 29 日

财政部、教育部印发《研究生国家奖学金管理暂行办法》，指出，为发展中国特色研究生教育，促进研究生培养机制改革，提高研究生培养质量，根据《国家中长期教育改革和发展规划纲要(2010—2020 年)》，设立研究生国家奖学金。文件中包含奖励标准与基本条件、名额分配与预算下达、评审组织、评审程序、资金管理与监督等内容。

10 月

10 月 9 日

为深入宣传社会主义核心价值体系，回答高校师生普遍关注的重大理论和实践问题，由中宣部、教育部联合举办的高校形势报告会首场报告，在北京大学开讲。首场报告会邀请清华大学马克思主义学院教授吴潜涛做题为“社会主义核心价值体系建设的前沿问题”专题报告。报告指出，建设社会主义核心价值体系，是党的十六届六中全会提出的新论断，是我党适应新形势下国际国内形势新变化，对社会主义思想文化建设提出的重大战略任务。大学生要学好高校思想政治理论课，积极参加社会实践活动，自觉地用社会主义核心价值观的要求来规范自己的思想行为，做学习实践社会主义核心价值体系的排头兵。来自北京大学、北京师范大学等首都高校的350名师生代表参加报告会。

10月10日

教育部思想政治工作司组织召开"社交网络与大学生思政教育工作座谈研讨会"。部分高校及省市教育工作部门分管网络文化建设和管理工作的职能部门负责人参加了座谈，就如何用好社交网络加强大学生思想政治教育进行交流研讨。会议认为，网络已成为大学生思政工作的整体平台，大学生思政教育工作应有系统规划、网上网下结合整体推进。社交网络的迅猛发展，为大学生学习生活提供了极大便利，为开展大学生思想政治教育工作提供了新手段、拓展了新空间。高校应坚持积极建设、主动利用、科学应对的原则，重视运用社交网络拓展工作平台，提升大学生思想政治教育工作针对性、实效性和科学化水平。会议总结了近年来高校围绕社交网络开展大学生思政教育工作的经验，明确了进一步加强大学生思政教育工作的重点，即：积极建设网上思想文化阵地，创建由我主导的社交网络；主动加强社交网络内容建设，掌握文化育人主导权；紧跟互联网技术发展，增强网络思政教育的吸引力和影响力；加强队伍建设，提高思政工作队伍利用社交网络开展工作的能力；利用社交网络了解学生思想动态，及时应对和引导网上舆论，营造良好网络氛围；加强工作研究、基础研究和应用研究相结合，促进研究成果转化成工作实效，建议筹备建立高校网络思政工作研究会。会议还研讨了推进高校网络思政教育工作的有关意见建议。

10月11日

国家林业局、清华大学、海南省等有关单位和部门在清华大学举办鹦哥岭优秀大学生先进事迹报告会。

10月19日

由教育部思想政治工作司主办、四川省委教育工委和西南财经大学承办的"全国高校党建工作创新论坛"在成都举行。来自全国知名高校的党建工作者、教育专家就新形势下如何创新高校党建工作进行了经验交流和讨论。教育部思想政治工作司司长冯刚、四川省委教育工委书记朱世宏出席论坛并讲话。冯刚指出，新时期、新形势对高校党建工作提出了新要求。高校党建工作要系统规划、整体推行；要立标准，建机制，保证高校党建工作规范长效发展；要更加重视队伍建设，着力提高高校党建队伍的专业化素质；注重学科理论支撑，不断提升党建工作的科学化水平。此次论坛以"创新"为主题，重点研究学生党员发展的质量保障体系、青年教师思想政治工作的实效性、高校党建科学化的学科支撑，以及高校党建工作创新机制的问题，以期让高校党建工作更好地适应社会主义市场经济发展的新形势，适应对外开放条件下党建工作的新挑战，适应青年教师和大学生思想心理的新特点。

10月25日—28日

第32期全国高校辅导员骨干培训班在辽宁师范大学举办，历届全国高校辅导员年度人物参加。

10月26日—11月26日

教育部思政司组织15万首都高校师生参观"科学发展成绩辉煌"大型图片展，并向各地各高校赠送5万册图片展光盘。

10月27日

北京大学哲学系建系100周年庆典在北大百年纪念讲堂举行。教育部党组成员、副部长李卫红出席庆典并致辞。李卫红代表教育部向北大哲学系百年华诞表示热烈祝贺。她指出，党和国家始终高度重视哲学社会科学的建设和发展。胡锦涛总书记多次强调要把繁荣发展哲学社会科学作为重大紧迫的战略任务来抓。《教育规划纲要》提出要实施"高等学校哲学社会科学繁荣计划"。面对前所未有的挑战和机遇，北大哲学人应勇担责任和使命，要继续加强不同哲学分支之间的相互结合；不断推动哲学社会科学与自然科学的相互渗透；始终坚持学科建设、人才培养与国家发展、民族振兴的相互促进，在建设世界一流哲学学科的同时努力培养能担大任、挑大梁的人才，为实现中华民族的伟大复兴提供强有力的支持。会上举行了“哲学与当代中国”学术基金揭牌仪式。来自国内外的北大哲学系系友，17 个国家和地区 71 所大学的哲学院院长、系主任共 2000 多人参加了庆典。会后举行了世界哲学系主任联席会议、系列学术讲座等学术活动。

10 月 29 日—11 月 3 日

由教育部思政司主办、西北师范大学教育部辅导员培训和研修基地承办的第 34 期全国高校辅导员骨干培训班暨全国高校民族团结与校园稳定专题培训班在西北师范大学举办。来自全国 7 个省 65 所高校的 100 多名辅导员参加了培训式。此期培训班为期 6 天，是教育部为进一步加强高校辅导员队伍专业化、职业化建设，充分发挥教育部高校辅导员培训和研修基地在推进辅导员队伍建设中的积极作用而开展的 18 个培训班之一，旨在提升各高校辅导员加强民族团结和维稳工作的能力，开拓工作视野，加强辅导员工作的针对性和时效性。

10 月 31 日—11 月 4 日

第 35 期全国高校辅导员骨干培训班在延安大学举办。来自全国 8 个省、自治区和新疆生产建设兵团共 63 所高校的 70 名辅导员参加了培训。此期培训班为期 5 天，培训方式包括专题报告、现场教学、分组讨论、班务研讨、经验介绍、小组活动和参观学习等。

11 月

11 月 4 日—6 日

第 36 期全国高校辅导员骨干培训班暨高校辅导员科研能力提升专题培训班在广西师范大学举办。

11 月 4 日—7 日

第 37 期全国高校辅导员骨干培训班暨高校研究生辅导员培训班在武汉大学举办。

11 月 15 日

中共教育部党组召开教育系统部分十八大代表学习贯彻党的十八大精神座谈会，邀请部分担任高校党委书记的十八大代表，共商高等教育战线贯彻落实党的十八大精神，加强高校党建工作。教育部党组书记、部长袁贵仁要求，学习好、宣传好、贯彻好、落实好党的十八大精神，是当前和今后一个时期教育系统的头等大事和首要政治任务，思想上要高度重视，行动上要雷厉风行，工作上要紧密联系教育系统实际，迅速掀起学习贯彻十八大精神的热潮，自觉用十八大精神武装头脑、指导实践、推动工作，特别强调要以十八大精神为指导，认真筹备开好第 21 次高校党建会，统一思想，凝聚共识，为高等教育事业科学发展提供坚强保证。教育部党组副书记、副部长杜玉波主持会议并讲话。南开大学党委书记薛进文、吉林大学党委书记陈德文、哈尔滨工业大学党委书记王树权、南京大学党委书记洪银兴、浙江大学党委书记金德水、山东大学党委书记李守信、兰州大学党委书记王寒松、东北大学党委书记孙家学、湖南大学党委书记刘克利在会上先后发言。代表们一致表示，听了胡锦涛同志代表十七届中央委员会所做的报告后，深受教育，倍感振奋。代表们一致认为，党的十八大是推动中国发展承前启后、继往开来的大会，是鼓舞和动员全党全国各族人民在新的历史条件下夺取中国特色社会主义新胜利的大会，是对全面建成小康社会做出系统部署的大会；报告对教育工作给予高度重视，对办好人民满意的教育提出明确要求，为我国教育改革发展指明了方向。代表们还一致表示，大会结束后，要做好学习贯彻党的十八大精神的动员和部署工作，切实把党的十八大精神贯穿到高等教育改革发展各项工作中。

11 月 18 日

为了深入学习贯彻党的十八大精神，把教育系统广大师生员工思想和行动统一到党的十八大精神上来，把力量凝聚到实现党的十八大确定的各项任务上来，努力办好人民满意的教育，推动教育事业科学发展，中共教育部党组印发《关于教育系统认真学习贯彻党的十八大精神的通知》。要求各地教育部门和各级各类学校要精心组织，周密部署，把学习宣传贯彻党的十八大精神摆上重要议事议程，切实加强组织领导。要切实负起领导责任，牢牢把握正确导向，不断创新方式方法，紧密结合本地本校工作实际，紧密联系广大师生员工思想实际，认真制订学习宣传和贯彻落实工作方案，精心组织实施。要坚持学以致用、用以促学，全面深入地用党的十八大精神武装师生员工头脑，指导教育改革实践，推动教育事业发展。

11 月 18 日—22 日

第 38 期全国高校辅导员骨干培训班暨 2012 年骨干辅导员高级研修班在复旦大学举办。研修班提出，《教育规划纲要》对高等教育提出了全面提高质量的核心任务，大学生思想政治素质是检验高等教育质量和人才培养质量的首要标准，提升大学生思想政治教育工作质量理应成为提升高等教育质量的重要内容。加强辅导员队伍建设，提高辅导员育人水平，是提高大学生思想政治教育工作质量的重要保障。

11 月 19 日

为推动教育系统全面学习、深刻领会、准确把握党的十八大精神，部署教育系统学习宣传和贯彻落实党的十八大精神的有关工作，中共教育部党组在京召开教育系统学习贯彻党的十八大精神座谈会。会议要求，学习宣传和贯彻落实党的十八大精神，是当前全党的中心工作，也是教育系统的头等大事和首要政治任务。各地教育部门和各级各类学校要高度重视、周密部署，按照《中共教育部党组关于教育战线认真学习贯彻党的十八大精神的通知》和重点工作方案要求，迅速掀起学习宣传和贯彻落实党的十八大精神的热潮，及时把教育战线广大师生员工的思想和行动统一到党的十八大重大决策部署上来。一是要深入推动学习活动。通过举办宣讲会、讨论会、座谈会以及研讨班、培训班等形式，帮助广大师生员工开展学习、提高认识，增强推动教育事业科学发展、办好人民满意教育的自觉性、坚定性，深入领会党的十八大的精神内涵，深刻把握思想精髓，避免只做表面文章。二是要全面开展宣传工作。充分利用报刊、电视、网络等各类媒体平台开设专栏、专版，大力宣传党的十八大精神，大力宣传广大师生员工学习党的十八大精神的新思路、新举措、新做法，大力宣传教育事业改革发展的新成就、新经验、新典型，努力营造学习贯彻党的十八大精神的浓厚氛围。三是要切实加强贯彻落实。按照党的十八大精神和中央总体要求，把贯彻落实党的十八大精神与全面落实《教育规划纲要》相结合，与本地本校工作实际相结合，与广大师生员工思想实际相结合，抓紧制订完善学习宣传和贯彻落实具体方案，分解任务、落实责任，注重破解难题、注重改革创新，避免形式主义、避免脱离实际，确保取得成效。

11 月 21 日—24 日

第 39 期全国高校辅导员骨干培训班在南开大学举办。

11 月 22 日—26 日

第 40 期全国高校辅导员骨干培训班在武汉大学举办。

11 月 23 日

全国党建研究会高校专委会秘书长工作会在武汉大学召开。

11 月 26 日—29 日

第 41 期全国高校辅导员骨干培训班暨高校研究生辅导员培训班在武汉大学举办。

11 月 26 日—30 日

第 42 期全国高校辅导员骨干培训班暨大学生心理健康教育实际操作技能专题培训班在郑州大学举办。

11 月 27 日

由中宣部、中央直属机关工委、中央国家机关工委、教育部、中国人民解放军总政治部、北京市委联合举办的中央宣讲团党的十八大精神首场报告会在北京人民大会堂举行。报告会由中宣部常务副部长雒树刚主持。中央宣讲团成员，中宣部学习贯彻党的十八大精神研讨班与会同志，在京党政军机关干部、中央企业负责人和高校师生约 3000 人参加报告会。

中央宣讲团成员、中央党史研究室主任欧阳淞作了报告。他深入阐明了党的十八大的鲜明主题和历史性贡献，深入阐释了党和国家过去10年的重大成就和科学发展观的历史地位，深入论述了中国特色社会主义这条突出主线的丰富内涵，系统讲解了全面建成小康社会和全面深化改革开放的总体目标以及社会主义经济、政治、文化、社会、生态文明建设的重大部署和重大举措，全面阐释了提高党的建设科学化水平的任务和要求。

中央宣讲团在京举行首场宣讲报告会后，将于11月28日起赴全国各地宣讲。

11月28日

由教育部思政司举办的全国高校宣传部长学习贯彻党的十八大精神研讨培训班在复旦大学举行。教育部直属高校、部分其他部委属高校党委宣传部近百位主要负责同志参加了此次研讨培训。培训班围绕深入学习、全面领会、准确把握党的十八大精神，邀请中央党史研究室副主任李忠杰、复旦大学特聘教授张维为、上海市委党校教授袁秉达为培训班学员做专题辅导报告。培训班学员围绕如何贯彻落实党的十八大精神、如何结合党的十八大精神进一步推进高校宣传思想文化建设科学发展进行了热烈研讨。培训班学员认为：通过听取专家报告，进一步加深了对党的十八大精神丰富内涵和重要意义的理解；通过听取领导讲话，进一步明确了开展学习贯彻党的十八大精神工作的各项具体任务；通过交流研讨，广泛学习了兄弟高校的好经验、好做法，探讨了下一步工作的新思路、新举措；此次培训班真正做到了“学先、学深、学准、学透”，是一次及时有效的培训。学员表示：在返回各自的工作岗位之后，要进一步组织好本校的学习贯彻党的十八大精神的各项工作，进一步推动社会主义核心价值体系学习教育活动，进一步加强高校教师特别是青年教师思想政治教育，进一步推进大学文化建设和大学精神培育，进一步加强阵地建设，进一步提高高校宣传思想文化工作的科学化水平，努力开创高校宣传思想文化工作新局面。

11月29日

在全党全国上下认真学习贯彻党的十八大精神的热潮中，中共中央总书记、中央军委主席习近平和中共中央政治局常委李克强、张德江、俞正声、刘云山、王岐山、张高丽等来到国家博物馆，参观《复兴之路》基本陈列，回顾近代以来中国人民为实现民族复兴走过的历史进程，号召全党同志承前启后、继往开来，把我们的党建设好，团结全体中华儿女把我们国家建设好，把我们民族发展好，继续朝着中华民族伟大复兴的目标奋勇前进。在参观过程中，习近平发表了重要讲话。

11月30日

由中国科协、教育部、中国科学院、中国社会科学院、中国工程院联合举办的2012年首都高校科学道德和学风建设宣讲教育报告会在人民大会堂举行。教育部党组书记、部长袁贵仁主持会议。中国科协常务副主席、书记处第一书记、党组书记陈希代表主办单位致辞。袁贵仁指出，为深入学习贯彻党的十八大精神，努力培育和践行社会主义核心价值观，切实把立德树人的根本任务落到实处，进一步提高创新人才培养水平，五部门决定继续对新入学的研究生、新入职的教师和科研人员、新上岗的研究生导师，以及高年级本科生，进行科学精神、科学道德、科学伦理和科学规范的宣讲教育，对于加强学风建设、树立科学道德，培养广大青年学生、教育工作者和科技工作者的社会责任感、创新精神、实践能力，引导他们成为优秀学术道德的践行者和良好学术风气的维护者，具有重要启迪和教育意义。袁贵仁希望同学们认真学习贯彻党的十八大精神，以老一辈优秀科学家为榜样，胸怀远大理想，陶冶高尚情操，遵守学术规范，坚守学术道德，不懈钻研探索，提高创新能力，努力成为可堪大用、能负重任的栋梁之材。希望广大教育工作者和科技工作者带头践行科学道德，以身作则、言传身教，率先垂范、为人师表，切实当好学生的指导者和引路人。报告会上，90岁高龄仍奋战在手术一线的肝胆外科著名专家、2005年度国家最高科学技术奖获得者吴孟超院士，著名钢铁冶金专家、中国工程院主席团名誉主席徐匡迪院士，著名计算机专家、图灵奖获得者姚期智院士，分别以“用一生为理想去奋斗”“学习大师风范，做名副其实的科技工作者”“科学家与科学之路”为题，为首都高校和科研院所的近6000名新入学研究生做了精彩报告。

同日，为深入学习贯彻党的十八大精神，进一步明确形势和任务，努力开创高校马克思主义“三化”理论研究工作新局面，教育部高等学校社会科学发展研究中心在电子科技大学召开“学习贯彻党的十八大精神，推进高校马克思主义中国化时代化大众化理论研究工作”座谈会，教育部党组成员、副部长李卫红出席会议并讲话。李卫红要求，广大高校哲学社会科学工作者要认真学习、深刻领会，更加自觉地把思想和行动统一到党的十八大精神上来。一是要深刻领会科学发展观的历史地位和指导意义，更加自觉地以科学发展观指导高校哲学社会科学建设。二是要深刻领会坚持和发展中国特色社会主义这条主线，进一步增强繁荣发展高校哲学社会科学的自觉与自信。三是要深刻领会和主动适应全面建成小康社会和全面深化改革开放的新要求，着力提升高校哲学社会科学的社会服务水平。四是要深刻领会“努力办好人民满意的教育”的目标和任务，不断强化高校哲学社会科学的育人功能。五是要深刻领会“建设哲学社会科学创新体系”的具体要求，切实承担起推进高校哲学社会科学繁荣发展的历史使命。

12 月

12 月 1 日—4 日

第 43 期全国高校辅导员骨干培训班暨全国高校辅导员“大学生体验教育”专题培训班在安徽师范大学举办，来自山西、江苏、浙江、安徽、江西、河南 6 省选送的 85 名辅导员参加了培训。

12 月 3 日

《中国教育报》报道，为深入学习贯彻落实党的十八大精神，推进教师教育改革，教育部教师工作司全体党员干部近日来到北京师范大学，与部分教师和免费师范生代表交流座谈，了解他们对深化教师教育改革以及实施师范生免费教育工作的建议。教师工作司司长许涛认为，学习贯彻十八大精神就是要落实好国务院全国教师工作会议及其相关文件精神，把加强教师队伍建设，解决当前教师教育主要问题作为工作的突破口和着力点，着力解决义务教育中农村教师问题，学前教育、特殊教育、职业教育和高校青年教师问题，深化教师教育改革。北师大校长董奇就如何适应国家西部农村基础教育需要、推进学校体制机制创新、加强优秀教师及创新人才培养等做了发言。

12 月 5 日

全国民办高校党建研究会成立大会暨全国民办高校学习宣传贯彻党的十八大精神座谈会在京召开。教育部思政司司长冯刚、全国民办高校党建研究会理事单位党委书记参加会议。会议推举了理事会机构，由十八大代表、北京城市学院党委书记（院长）刘林担任理事长。

12 月 5 日—8 日

第 45 期全国高校辅导员骨干培训班暨科研能力提升专题培训班在东北师范大学举办。此期培训以提升辅导员科研能力为主题，以具有一定科研基础和工作经验的辅导员骨干为对象，以聚焦思想政治教育理论与实践前沿问题及辅导员科研能力提升的瓶颈问题为主要内容，规划设计了“科研基础”“科研方法”“科研成长”3 个模块 6 门课程。培训期间，邀请了相关领域具有较高学术造诣和丰富实践经验的知名专家、党政领导进行授课，以帮助学员树立科研观念，强化科研意识，学习思想政治教育研究的一般方法和学术规范。在授课的同时，还设计了研讨交流环节，组织学员进行成果交流和主题研讨，使学员了解了科研能力提升的必要性和重要性，明晰了自身科研成长的方法和途径。来自 10 个省、自治区、直辖市的 111 所高校的 345 名学员通过考核，完成了培训和研修学习。

12 月 6 日—8 日

第十五次教育部直属高校暨全国有关高校组织工作研讨会在南京农业大学召开，教育部党组成员、中纪委驻教育部纪检组组长王立英出席研讨会并讲话。103 所高校分管组织工作的负责同志参加会议，教育部人事司、江苏省委组织部、江苏省委教育工委有关负责同志出席会议。王立英强调：全面学习贯彻党的十八大精神，是当前和今后一个时期教育系统的首要政治任务。这次研讨会是高校组织系统落实教育部党组关于深入学习贯彻党的十八大精神相关部署的重要举措，也是一次学习培训会和经验交流会。各高校党委要深入贯彻落实十八大对党的建设和干部人事人才工作提出的新要求，围绕中心、服务大局，进一步深入推进高校干部人事制度改革，努力实现干部人事人才工作与学校中心工作的深度融合，为推进高校事业科学发展提供坚强的组织保证和人才支持。研讨会上，国家教育发展研究中心主任张力做了关于党的十八大精神的学习辅导报告，北京大学等 8 所高校分别做了交流发言。

12 月 7 日—11 日

第 44 期全国高校辅导员骨干培训班暨高校辅导员新媒体素养和工作创新专题培训班在福建师范大学举办。

12 月 11 日

教育部召开“贯彻党的十八大精神，加强教师队伍建设”视频会。教育部副部长刘利民出席会议并讲话。会议以学习贯彻十八大精神、落实全国教师工作会议和《国务院关于加强教师队伍建设的意见》以及 6 个配套文件要求为主要内容，交流了地方、学校贯彻落实全国教师工作会议精神、推进教师队伍建设的工作思路和政策措施，对当前和今后一个时期教师队伍建设重点工作进行了部署。刘利民在讲话中指出，教育系统要深入学习领会十八大报告关于“加强教师队伍建设”的有关论述，把贯彻落实十八大精神，准确理解教育发展新形势，切实提高师德水平和业务能力，增强教书育人荣誉感和责任感作为当前教师队伍建设的首要任务。各级教育行政部门和各级各类学校要按照全国教师工作会议部署，在“系统设计、突出重点、制度创新、示范引领、狠抓落实”等方面大做文章、做好文章。要抓全面规划，在系统设计上下功夫；抓薄弱环节，在突出重点上下功夫；抓改革试点，在制度创新上下功夫；抓重大项目，在示范引领上下功夫；抓转变管理方式，在狠抓落实上下功夫。清华大学、东北师大、江苏省教育厅、重庆市教委、河南省教育厅、天津职业技术师范大学等高校和省(市)教育行政部门负责同志做了交流发言。教育部直属高校、各省级教育行政部门和省(区、市)属有关高校、教育部有关司局和直属单位负责人等共 3000 多人在主会场和分会场参加会议。

12 月 12 日

全国党建研究会高校专委会“十七大以来全国高校党建研究成果”评审会在北京大学召开。

12 月 14 日

教育部人文社科重点研究基地清华大学高校德育研究中心、清华大学马克思主义学院与厦门大学马克思主义学院、厦门大学马克思主义与中国发展研究所，在厦门大学联合举办“全国思想政治教育高端论坛”。大会邀请我国思想政治教育学界和其他相关学界的 130 多位专家学者就“十六大以来党的思想政治教育的历史发展和基本经验研究”“马克思主义理论学科建设研究”“思想政治教育热点难点问题研究”“社会主义核心价值体系建设研究”“大学生社会主义核心价值观研究”“网络思想政治教育创新研究”“交叉学科视域下的高校德育研究”等主题展开深入研讨。教育部思政司司长冯刚出席会议并讲话。他强调指出，思想政治工作要围绕立德树人这一根本任务，不断创新高校基层党建工作，不断提升大学生思想政治教育质量，不断加强高校党建和思想政治工作理论研究，不断推动思想政治教育学科发展。

12 月 19 日—23 日

第 47 期全国高校辅导员骨干培训班暨全国大学生思想政治教育高级研修班在哈尔滨师范大学举办。来自教育部 75 所部属院校及全国 32 所省(区、市)属院校主管学生工作的副书记、副校长及学工部长参加了为期 5 天的研修。此期研修班课程内容包括理论讲授和专题研讨、班会、参观等多种实践学习形式，来自全国各地的专家、学者围绕大学生思想政治教育问题作学术报告。

12 月 21 日

全国高校廉政文化作品大赛优秀作品展在中央财经大学举办。教育部党组副书记、副部长杜玉波与首都高校师生代表一起参观了作品展。5

月至 9 月，教育部思想政治工作司、监察部驻教育部监察局联合举办了全国高校廉政文化作品大赛。全国各省(区、市)1500 余所高校近 20 万人次参加表演艺术类、书画摄影类、艺术设计类、网络新媒体类 4 个类别的比赛，创作了一大批优秀作品。为了深入学习宣传贯彻党的十八大精神，进一步加强高校廉政文化建设，推进高校廉政文化作品走出校门、深入群众，主办单位从全国高校廉政文化作品大赛参赛作品中选取了部分优秀作品向公众展示。杜玉波与师生们一起仔细观看展览，认真听取讲解员介绍。他提出，廉政文化内涵丰富，培育的是一种文化意识。高校廉政文化是大学文化的重要组成部分，要与校风、教风、学风建设相结合，贯穿到学校育人工作的全过程。

12 月 23 日—24 日

教育部社科司在国家教育行政学院举办了高校思想政治理论课贯彻落实十八大精神教师培训班。培训班邀请马克思主义理论教育和学科专家为思想政治理论课教师深入解读党的十八大精神，深入解析本科和研究生思政课教学贯彻落实党的十八大精神的重点难点。参加培训的教师就及时把党的十八大精神引入思想政治理论课课堂进行了深入研讨。教育部党组成员、国家教育行政学院院长顾海良做首场报告。来自全国 31 个省(区、市)和新疆生产建设兵团的 300 多位思政课专职教师参加了培训。

12 月 24 日—28 日

第 49 期全国高校辅导员骨干培训班暨大学生党建热点和难点问题高级研修班在西南大学举办。

12 月 25 日

中共教育部党组、共青团中央下发《关于开展全国高校学生"走基层看变化学习宣传党的十八大精神"主题寒假社会实践活动的通知》，要求各地各高校要加强领导，广泛动员，精心组织，紧密结合本地本校实际，结合不同类别、不同层次的学生实际，充分发挥师生党团组织、学生组织、学生社团的作用，充分调动学生参与社会实践的积极性、主动性、创造性，深入开展党的十八大精神宣讲、"红色之旅"学习参观、社会调查、专业社会实践、学雷锋志愿服务等形式多样的社会实践活动，推动社会实践活动深入开展。

12 月 26 日

教育部思政司印发《关于举办"2012 全国高校辅导员年度人物"评选活动的通知》，指出：为深入学习贯彻党的十八大精神，宣传高校优秀辅导员的先进事迹，积极培育和践行社会主义核心价值观，激励广大辅导员认真履行立德树人的崇高使命，努力建设一支高素质专业化职业化辅导员队伍，决定举办"2012 全国高校辅导员年度人物"评选活动。文件对评选时间、评选范围、奖项设置、报名条件、评选程序等做了具体规定。

2013年

1月

1月5日

《中国教育报》报道，北京市委教育工委日前在新浪网开设了“首都百万师生微党课”微博，创新师生思想政治教育的形式。首都各高校师生积极参与，网上网下、校内校外掀起了学习宣传党的十八大精神的热潮。“首都百万师生微党课”微博平台形式多样、内容丰富：“微讲堂”重在解读党的十八大报告，传递报告的核心内容；“微直播”把网上网下学习宣传活动相结合，及时分享精彩报告内容；“微展示”重在展示高校学习活动，交流各高校学习宣传工作的亮点等；“微观天下”及时播发中央和领导重大活动新闻事件。

1月8日

中组部、中宣部、中共教育部党组在北京召开第二十一次全国高校党的建设工作会议。会议强调，各地区各部门各高校要按照党的十八大部署要求，全面推进高校党的建设，为办好人民满意的高等教育提供坚强保证。中共中央政治局委员、国务委员刘延东主持会议。中共中央政治局委员、中宣部部长刘奇葆出席会议。中共中央政治局委员、中组部部长赵乐际讲话。赵乐际充分肯定十七大以来特别是2012年以来高校党建工作取得的成绩。他强调，高校学习贯彻十八大精神，加强党的建设，最根本的是培养造就中国特色社会主义事业合格建设者和可靠接班人。要坚持以科学理论为根本指导，以服务大局为根本原则，以立德树人为根本任务，以健全制度为根本保障，推动高等教育走内涵式发展之路。要培养选拔社会主义政治家教育家，建设善于办学理校的高素质领导班子，加强思想政治建设，推进基层服务型党组织建设，健全党建工作责任制，提高高校党的建设科学化水平，开创高等教育事业科学发展新局面。刘延东在主持会议时强调，要以求真务实作风，认真贯彻落实好十八大精神和这次全国高校党的建设工作会议精神。

1月9日

2013年全国教育工作会议在京召开。会议强调，要高举中国特色社会主义伟大旗帜，深入学习贯彻党的十八大精神，坚持以邓小平理论、“三个代表”重要思想、科学发展观为指导，全面落实《教育规划纲要》，全面贯彻党的教育方针，全面推进素质教育，把立德树人作为根本任务，把教师队伍建设作为重点内容，把转变作风作为重要保证，加快教育领域综合改革，加快转变教育发展方式，加快推进教育现代化，着力促进公平公正，着力提高质量效益，着力维护和谐稳定，努力办好人民满意的教育，为全面建成小康社会、夺取中国特色社会主义新胜利提供人才支撑和智力保证。教育部党组书记、部长袁贵仁在讲话中指出，《教育规划纲要》颁布以来，教育事业发展态势良好，各方面都取得了明显进展。他强调，要深刻把握党的十八大对教育工作的重要部署和明确要求，在2013年重点做好七项工作。一是发挥教育系统优势，把学习研究宣传贯彻党的十八大精神引向深入。要深刻领会十八大精神实质，深化十八大精神宣讲活动，深入推动十八大精神进教材、进课堂、进头脑，深入研究阐释重大理论和现实问题，深入推动教育系统党的建设。二是坚持立德树人，促进学生德智体美全面发展。把社会主义核心价值体系融入国民教育全过程，增强德育工作的针对性、实效性。提升学生身心健康水平，加强学校艺术教育。三是创新工作方式，推动教育发展走上不断提升质量的良性轨道。研究颁布实施具有中国特色、世界水平的质量评价标准和质量监测体系，加强督导，公开结果。四是加强薄弱环节，着力缩小教育差距。加强农村特别是偏远地区农村教育，加强中西部特别是贫困地区教育，保障特殊群体平等受教育权利。五是突出工作重点，推进各级各类教育协调发展。办好学前教育，均衡发展九年义务教育，基本普及高中阶段教育，加快发展现代职业教育，推动高等教育内涵式发展，积极发展继续教育。六是切实提高保障能力，为教育事业科学发展提供有力支撑。提升教师师德水平和业务水平，筹好、用好、管好教育经费，加快教育信息化建设。七是深化教育领域综合改革，确保重点领域和关键环节取得实质性突破。坚持正确方向，增强改革合力，聚焦改革重点，务求改革实效。以开放促改革，提高教育开放水平。袁贵仁还强调，加快推进教育现代化，全面深化教育综合改革，必须努力提高教育管理工作的科学化水平。要改进工作作风，大兴为民务实清廉之风；改进教育宣传，为教育改革发展营造良好氛围；改进工作方式，切实维护教育系统和谐稳定。

1月16日

“最美中国”全国大学生摄影及微电影创作大赛在上海交通大学颁奖，45幅(组)优秀摄影作品和30部优秀微电影作品脱颖而出。“最美中国”全国大学生摄影及微电影创作大赛在国家互联网信息办公室网络新闻宣传局和教育部思想政治工作司的指导下，由文汇报、人民网、中国大学生在线共同主办，体现了传统媒体与新兴媒体的互动交融。在历时近半年的大赛中，全国700余所高校、数百万大学生积极参与，最终征得摄影作品55000余幅、微电影作品2000余部，体现了百万大学生寻找、记录“最美中国”的丰硕成果，激发了大学生寻找美、歌颂美的热情，为党的十八大胜利召开营造了积极健康的网络文化氛围，以“摄影+微电影”而成的“大影像”方式，多样而集中地展现了大学生眼中的“最美中国”。大赛主题契合党的十八大提出建设“美丽中国”的号召，通过新媒体平台进一步凸显“美丽中国”的内涵，激发青年学子传播美、创造美的行动，在此次大赛中进行有益的尝试和探索，诞生了一批体现当代大学生对生活、对世界认识和感悟的优秀作品。在颁奖会上，“最美中国”微电影新锐支持计划在上海交大宣告启动。一批青年微电影人才成为首批签约团队，将集中力量创作适应新媒体时代需求、体现移动终端特点的微电影产品，提升微电影的制作质量和艺术水平，为观众呈现更加丰富多彩、喜闻乐见的网络文化样式。

1月25日

《中国教育报》报道，近日，教育部社科司在武汉大学举办了研究生思想政治理论课必修课“中国特色社会主义理论与实践研究”贯彻落实党的十八大精神教师培训班。此次培训班邀请“中国特色社会主义理论与实践研究”教学大纲编写组部分专家，就该门课程贯彻落实党的十八大精神的主要内容、具体要求和重点难点进行了全面梳理和深入解析。教育部党组成员、国家教育行政学院院长顾海良做首场报告。来自全国31个省(区、市)和新疆生产建设兵团的100多位“中国特色社会主义理论与实践研究”课专职教师参加了为期两天的专题培训。此次培训班是高校思想政治理论课贯彻落实党的十八大精神，深入推动党的十八大精神进教材、进课堂、进头脑的系列举措之一。

同日，由《党建》杂志社主编、人民出版社出版的《力量中国》《给力中国》《思想中国》《聚焦中国》新书座谈会在京举行。《党建》杂志总编辑刘汉俊介绍，这四种书的内容各有侧重：《力量中国》的作者主要是文化工作者，他们就中国的文化研究、文化发展与建设的问题，在理论上进行了探索与分析。《给力中国》中既有中央领导关于社会主义文化大发展大繁荣的宏观政策指导，又有地方政府领导就本地区的文化建设问题进行的经验总结、成果汇报，以及今后文化发展的战略规划。《思想中国》浓缩了《学习活页文选》十年的精华，荟萃了一批政治家、思想家、理论家的力作，集中呈现了十年来我国理论界热议的重大问题。《聚焦中国》则是就近年来社会普遍关注的国计民生、国防建设、教育改革、道德建设等问题，对社会各界典型代表的访谈录。人民出版社社长黄书元说，这四种书是读者了解近年来党和国家发展大局、了解百姓关注的大事以及文化改革发展成就的重要读物，也是进一步深入理解十八大精神丰富内涵的重要参考读物。来自中宣部、教育部、中国社科院、北京大学、中国人民大学、国防大学等单位的十几位专家学者和领导认为，这四种书具有丰富的思想性，切合我国思想文化战线的主旋律，对于弘扬社会主义主流价值观具有重要意义。

1 月 31 日

“我的中国梦——青春励志故事”网络文化活动正式启动，活动主页和人物主页同步上线，奏响了党的十八大后在互联网上引导全国青少年树立“三观三热爱”理想信念、践行伟大“中国梦”的青春序曲。“我的中国梦——青春励志故事”网络文化活动由国家互联网信息办公室、共青团中央联合指导，团中央网络影视中心、中国青年网主办。该活动自 7 月 31 日起持续至 12 月 31 日，中国青年网每周推出 3 个当代优秀青年典型的励志故事，中央主要新闻网站、地方重点新闻网站和主要商业网站在首页开设专栏，同步转载。“我的中国梦”除线上内容外还将举办富有青少年特色的线下活动：开展“学习贯彻十八大　青春励志中国梦”知识大赛；组织并发起“中国梦”进校园的青春励志宣讲活动；组织大学生进企业实习，学习、感受“中国梦”；等等。

2 月

2 月 22 日

为深入学习宣传贯彻党的十八大精神，全面贯彻党的教育方针，围绕立德树人根本任务，深入开展中国特色社会主义宣传教育，引导广大学生为实现国家富强、民族复兴、人民幸福的伟大“中国梦”而发奋学习、不懈奋斗，中共教育部党组下发《关于在全国各级各类学校深入开展“我的中国梦”主题教育活动的通知》，要求各地和各级各类学校以组织开展“我的中国梦”征文大赛、组织开展“我的中国梦”主题宣讲、大力推进“我的中国梦”主题校园文化建设、扎实开展“我的中国梦”主题社会实践活动、组织开展“最美中国”主题摄影及微电影创作大赛、组织开展“我的梦·中国梦”为主题的网络文化和书信文化活动、大力培育选树学生先进典型为活动内容，加强领导，精心设计方案，认真组织实施，推动“我的中国梦”主题教育活动取得实效。

2 月 26 日

教育部印发《关于勤俭节约办教育建设节约型校园的通知》，要求各地高校持续推进“光盘行动”，建设节约型校园，并决定开展为期一个月的反对餐桌浪费专项行动。教育部要求，各地各高校要高度重视此项工作，各级领导要将此次专项行动作为当前一项重要工作，亲自抓、亲自管，组织动员，深入食堂、班级、宿舍指导推动，切实抓出成效。各地各校要充分利用各种宣传渠道，大张旗鼓地开展宣传报道，集中宣传先进人物事迹，充分展示各地各校的典型经验，大力倡导节约光荣、浪费可耻的思想观念，持续营造反对铺张浪费的校园氛围。对工作不力、浪费严重的现象要坚决曝光。各地教育部门要认真部署组织此次专项行动，在自查整改基础上，进行认真总结，并对持续深入推进勤俭节约办教育、建设节约型校园工作做出制度安排，建立长效机制，持之以恒，常抓不懈。

2 月 28 日—3 月 1 日

2013 年全国部分高等学校学工部长(研工部长)学习贯彻党的十八大精神专题研讨班在南京师范大学举行，来自全国的部委属高校及部分省(区、市)属高校的 160 多位学生工作部和研究生工作部负责同志参加了研讨活动。教育部思想政治工作司司长冯刚出席开班仪式并讲话。冯刚总结了 2012 年大学生思想政治教育工作取得的新进展新成效，分析了当前大学生思想政治教育面临的新形势新任务，并对 2013 年深入学习贯彻落实党的十八大精神，推动大学生思想政治教育工作做了安排部署。研讨班上，来自复旦大学、武汉大学的专家教授做了专题报告，有关高校做了交流发言。

3 月

3 月 6 日

中组部、中宣部联合印发《关于广泛开展向全国优秀共产党员孙波同志学习活动的通知》，要求各地区各部门各单位高度重视，精心组织，通过组织生活会、中心组学习、座谈交流、专题讨论等多种方式，深入开展向孙波同志学习活动。要把学习孙波同志的先进事迹，与学习贯彻党的十八大精神结合起来，与学习中央政治局关于改进工作作风、密切联系群众的八项规定结合起来，引导广大党员、干部把思想统一到党的十八大精神上来，把力量凝聚到实现党的十八大确定的各项任务上来，紧密团结在以习近平同志为核心的党中央周围，高举中国特色社会主义伟大旗帜，满怀信心为全面建成小康社会、夺取中国特色社会主义新胜利而奋斗。

3 月 18 日—19 日

教育部思想政治工作司在厦门大学召开 2013 年全国大学生心理健康教育工作会议，各省（区、市）教育工作部门职能处室负责同志、教育部直属高校及部分省（区、市）属高校心理健康教育中心负责同志等 110 余人参加。教育部思政司司长冯刚出席会议并讲话。冯刚回顾总结了 2012 年大学生心理健康教育工作所取得的进展，系统分析了当前工作所面临的新形势和新要求，围绕推进“大学生心理健康素质提升计划”和心理健康教育、心理危机干预等各项任务，对 2013 年大学生心理健康教育相关工作做了全面部署。全国人大常委会法工委行政法室副主任黄薇同志围绕即将实施的《中华人民共和国精神卫生法》深入解读了立法思路、立法过程和主要内容，以及对大学生心理健康教育工作带来的影响。上海市教委、湖北省委高校工委、北京航空航天大学、天津大学、吉林大学、重庆大学、厦门大学、东北大学、中国药科大学、华南理工大学等单位做了大会交流发言。与会同志围绕深入学习贯彻落实党的十八大精神、推进实施《教育规划纲要》、切实加强 2013 年大学生心理健康教育各项工作等问题开展了深入研讨。会议期间，召开了中国高等教育学会大学生心理健康教育工作研究分会的筹备会，讨论研究了《中国高等教育学会大学生心理健康教育工作研究分会章程（草案）》，以及近期计划开展的工作。

3 月 25 日

教育部召开高等教育系统中国梦教育活动座谈会，要求各地各高校要精心组织“我的中国梦”主题教育活动，将其融入到中国特色社会主义学习宣传、社会实践、校园文化建设、学习和争当典型之中，为老师教书育人、学生成长成才营造良好环境，全面推动高等教育内涵式发展。来自北京大学、清华大学、中国人民大学、北京师范大学等首都高校师生代表 40 余人就如何在实现中国梦的伟大进程中推动高等教育内涵式发展进行了深入研讨。

3 月 26 日

全国党建研究会高校党建研究专业委员会年会在京举行。全国党建研究会会长虞云耀，教育部党组副书记、副部长、全国党建研究会高校党建研究专业委员会主任委员杜玉波出席会议并讲话。杜玉波强调，要按照中央精神要求，着眼对实际问题的理论思考，着眼新的实践与发展，不断开辟高校党建研究新境界。他指出，要明确定位，坚持科学指导、坚定立场、服务大局，强调实践性、突出时代性。要聚焦重点，着力研究和回应高校党建重大理论和现实问题，围绕加强党对高校的领导、师生理想信念教育、高素质高校领导干部队伍建设、高校基层党建工作创新、提升大学生党员质量、高校为民务实清廉教育实践活动等重大课题深入开展研究。虞云耀要求，高校党建研究要弘扬理论联系实际的优良学风，以求真务实、改革创新的精神，推动高校党建理论创新和实践创新，为高等教育事业内涵式发展提供有力保证。会议还为“十七大以来全国高校党建成果征集活动”特等奖获得单位和个人颁奖。

4 月

4 月 4 日

《中国教育报》报道，为全面推进依法治校、加快建设现代学校制度，日前教育部政策法规司召开贯彻落实《全面推进依法治校实施纲要》工作会议。会议要求，各地各学校要深入开展《实施纲要》的学习宣传活动，整体提升学校依法治校的意识、能力和水平；要结合实际，完善全面推进依法治校的工作方案、工作机制，通过依法治校、示范学校创建、加强评价考核等多种形式，切实提高各级各类学校运用法治思维和法治方式，深化改革、推动发展、化解矛盾、维护稳定的能力，自觉将法治原则和精神、依法治校的各项要求贯彻到学校办学、管理和社会服务的各个环节。

同日，《中国教育报》报道，由教育部指导，中国大学生在线、易班网和新浪微博共同主办的“弘扬雷锋精神微博行动”网上主题实践活动在全国高校开展。活动期间，共有超过1400所国内高校的300余万名大学生发布微博，传递正能量并领取雷锋勋章，发帖总量超过350万，另有41所国外高校、1428所中小学校的学生主动参与活动。众多网友纷纷通过微博讲述身边雷锋故事，表达爱国之心、强国之愿和报国之志。活动中，上线微博集中展示平台，聚焦各高校学雷锋精品活动和身边雷锋感人事迹。学生们在展示中相互学习、相互感染，涌现出上海交通大学“小蜻蜓学雷锋，懂感恩齐行动”、西华大学“影像雷锋”、合肥工业大学“爱心承诺七年保鲜”等一大批学雷锋精品志愿活动和感人事迹。

4月8日

中宣部、教育部、共青团中央在京召开深化中国梦宣传教育座谈会，学习贯彻习近平总书记重要讲话精神，研究和畅谈如何深化中国梦宣传教育，凝聚全面建成小康社会、实现中华民族伟大复兴的强大力量。中共中央政治局常委、中央书记处书记刘云山出席会议并讲话，强调把中国梦宣传教育不断引向深入，要在突出思想内涵、增强认知认同上下功夫，在把握实践要求、推动实际工作上下功夫，积聚团结奋进的正能量，激励人们在中国特色社会主义伟大实践中同心共筑中国梦。座谈会上，教育部、共青团中央和中央新闻单位负责人，专家学者、道德模范、基层群众和大学生代表等18位同志踊跃发言，谈认识、谈体会、谈建议，抒发理想、展望未来，交流互动深入、会场气氛热烈。大家认为，习近平总书记提出实现中华民族伟大复兴的中国梦，道出了亿万中华儿女的心声，具有强大的凝聚力感召力。中国梦是你的梦、我的梦、大家的梦，是13亿人共同的梦。大家纷纷表示要立足本职岗位，扎扎实实做好自己的工作，为实现中国梦贡献智慧和力量。

4月10日

中共教育部党组印发《关于在“五四”期间深入开展中国梦宣传教育活动的通知》，要求各地教育部门和各级各类学校抓住“五四”这个重要时间节点，认真学习贯彻习近平总书记关于中国梦一系列重要讲话和深化中国梦宣传教育座谈会精神，以“弘扬‘五四’精神，实现中国梦想”为主题，深入开展中国梦宣传教育活动，积聚团结奋进的正能量，激励师生在中国特色社会主义伟大实践中同心共筑中国梦。

4月22日

“北京大学生读书节”在京启动。读书节期间，将开展北青新讲坛、读书及经典辩论赛、图书漂流、读书节优秀活动项目评审等多项活动，还将针对大学生阅读情况进行调研。此外，各高校也将开展主题团日活动，营造浓厚的读书氛围，构建有特色的书香校园文化。

5月

5月2日

在五四青年节即将到来之际，中共中央总书记、国家主席、中央军委主席习近平给北京大学考古文博学院2009级本科团支部全体同学回信，肯定他们立志为实现中华民族伟大复兴的中国梦而奋斗的理想和追求，勉励当代青年珍惜韶华、奋发有为，勇做走在时代前面的奋进者、开拓者、奉献者。

5月3日

中共教育部党组印发《普通高等学校辅导员培训规划（2013—2017年）》。按照规划，到2017

年将基本形成适应高等教育发展需要、符合辅导员成长成才规律、规范科学的培训机制，基本构建起内容完善、形式多样、科学合理的培训体系，为全面提高辅导员队伍服务高等教育质量提升和高校学生全面发展的能力奠定坚实基础。

5 月 4 日

教育部召开全国大学生及高校辅导员年度人物座谈会，组织参会的全国大学生及高校辅导员年度人物畅谈对习近平总书记重要讲话的体会感想。教育部党组副书记、副部长杜玉波参加座谈会。清华大学博士研究生杨帆、南开大学本科生郭鑫等 9 位大学生年度人物，表示要有理想、有担当，将自己的事业与国家的事业相结合，从实际出发，为伟大中国梦的实现、中华民族伟大复兴贡献出自己的力量。北京大学金鑫、上海交通大学汪雨申等 10 位高校辅导员年度人物也表示，要在工作中培养出一批筑梦人，一批走在时代前列的奋进者、开拓者和奉献者。

同日，中组部、中宣部、中共教育部党组印发《关于加强和改进高校青年教师思想政治工作的若干意见》，要求推进青年教师师德师风建设。一是强化青年教师职业理想和职业道德教育。深入贯彻落实《高等学校教师职业道德规范》，建立健全师德建设长效机制。把学习师德规范纳入青年教师培训计划，作为新教师岗前培训和在职培训的重要内容，激发青年教师树立崇高的职业理想，严守教育教学纪律和学术规范，切实肩负起立德树人、教书育人的光荣职责。坚持学术研究无禁区、课堂讲授有纪律，杜绝有损国家利益和不利于学生健康成长的言行。定期开展教书育人楷模和师德标兵评选等活动，大力宣传优秀教师先进事迹，营造优良校风教风学风，激励青年教师爱岗敬业，以高尚师德、人格魅力、学识风范教育感染学生。二是完善青年教师师德考核机制。把师德建设作为学校工作考核和办学质量评估的重要指标，将师德表现作为教师年度考核、岗位聘任(聘用)、职称评审、评优奖励的首要标准，建立健全青年教师师德考核档案，实行师德“一票否决制”。完善师德评价内容和方法，健全学术不端行为预防查处机制，探索构建学校、教师、学生、社会参与的师德监督体系。对师德表现突出的青年教师，予以重点培养、表彰奖励；对师德表现不良的，及时劝诫、督促整改；对师德失范的，依法依规严肃处理。

5 月 5 日

中共教育部党组印发《关于教育系统学习贯彻习近平总书记五四重要讲话精神的通知》，要求迅速掀起学习总书记五四重要讲话精神的热潮。各地教育部门和各级各类学校要把学习宣传习近平总书记五四重要讲话精神作为当前重要的政治任务来抓。要加强组织领导，制订切实可行、针对性强的方案，采取扎实有效的措施，把学习贯彻讲话精神与贯彻落实党的十八大精神、习近平总书记关于中国梦一系列重要讲话精神紧密结合起来，与教育系统正在深入开展的“我的中国梦”主题教育活动紧密结合起来，与推进教育改革发展实际紧密结合起来。要广泛宣传青年师生的先进典型事迹，传播凝聚正能量。按照统一部署积极参与全国大学生年度人物优秀事迹报告团和全国高校辅导员年度人物优秀事迹报告团巡讲活动，参与结合“寻找身边的张丽莉”大型公益活动，集中展示广大青年教师特别是特岗教师扎根基层、实现梦想的青春风采。学习宣传四川“4·20”芦山强烈地震抗震救灾的优秀教师和群体的感人事迹。要综合运用各类媒体，特别是各种网络平台，加大宣传力度，迅速形成学习宣传习近平总书记重要讲话精神的强大声势，通过开展丰富多彩的学习活动，采取生动有效的学习方式，帮助广大干部师生全面理解和准确把握讲话的丰富内涵和精神实质。要充分发挥教育系统特别是高校人才资源和理论研究优势，围绕总书记重要讲话精神深入开展理论研究，为在新时期弘扬五四精神，深化中国梦宣传教育提供理论支撑。

5 月 6 日

教育部召开教育系统学习贯彻习近平总书记五四重要讲话精神座谈会。会议强调，要深刻领会习近平总书记五四重要讲话的丰富内涵和精神实质，切实把学习贯彻工作与加强青年师生工作紧密结合起来，激励引导广大青年师生牢记总书记嘱托，在中国特色社会主义伟大实践中同心共筑中国梦。座谈会上，来自地方教育部门、高校、职业学校、普通高中的负责同志和师生代表，结合各自工作学习实际，交流了学习总书记五四重要讲话的思考和体会。大家在发言中一致认为，总书记的重要讲话思想深刻，内涵丰富，语重心长，情真意切，充分体现了党中央对当代青年的亲切关怀和殷切希望，深刻阐明了青年对社会进步的重要作用，准确揭示了中国梦和青年梦的辩证关系，为当代青年健康成长指明了方向。大家纷纷表示，要把学习贯彻总书记重要讲话精神切实转化为推动改革发展、做好本职工作的强大动力和自觉行动。地方教育部门将加强理想信念教育、深化培养模式改革、培育青年才俊、营造良好环境；学校将始终坚持立德树人，大力推进实践育人；青年师生将发奋学习、砥砺品格、磨炼意志、增长才干，努力在实现中国梦的实践中放飞青春梦想。

5 月 9 日

教育部思想政治工作司在上海召开全国辅导员工作现场会，学习贯彻党的十八大和习近平总书记五四重要讲话精神，深化“中国梦”宣传教育，推进高校辅导员队伍建设。会议回顾总结了《中共中央、国务院关于进一步加强和改进大学生思想政治教育的意见》下发以来的辅导员队伍建设工作情况，研讨了辅导员队伍建设的成果和经验，表彰了第五届全国高校辅导员年度人物的获得者，发布了“高校辅导员誓词”，部署了下一阶段辅导员队伍建设的相关工作。会上，长春大学特殊教育学院辅导员刘海涵、东北林业大学机电工程学院辅导员郭婷婷、清华大学软件学院辅导员彭凌、北京大学城市与环境学院辅导员金鑫、广西大学机械工程学院辅导员程锐、上海交通大学人文学院辅导员汪雨申等优秀辅导员代表先后发言。他们结合工作学习实际，讲述了在辅导员岗位上敬业爱生、倾心育人的真实故事，分享了从事辅导员工作的成长历程和心得感悟，表达了忠诚事业、勤奋敬业、服务学生、矢志奉献的决心。

5 月 12 日

“我的中国梦·最美中国”全国大学生摄影及微电影创作大赛在京启动。大赛由教育部思政司、国家互联网信息办公室网络新闻宣传局指导，中国大学生在线、文汇报、人民网、易班网、湖南教育电视台共同主办。

5 月 13 日

《中国教育报》报道，在教育部思政司的指导下，中国大学生在线以“传递青春梦想　共话民族复兴”为主题，组织开展了“我的中国梦”百万大学生网上接力活动。活动旨在通过网络凝聚大学生的青春正能量，激励广大学生践行青春梦想，为实现中国梦贡献力量。百万大学生网上接力活动内容包括网络展示与中国梦、青春梦、报国梦和成才梦有关的图文及视频，制作体现各校特色的“大学主题日”活动专题页面，参与、表达青春梦想和强国愿望的微博互动、微话题讨论，宣传展示中国大学生年度人物和全国高校辅导员年度人物的先进事迹。活动启动以来，已有 70 多所高校的十几万名大学生直接参与到活动中，他们利用多种方式，通过中国大学生在线网上平台，展示了广大学生播种梦想、点燃梦想的风采，让更多学生敢于有梦、勇于追梦、勤于圆梦。

5 月 22 日

由教育部社会科学司主办的“全国高校马克思主义理论学科建设研讨会”在武汉大学召开。与会专家围绕新形势下如何加强高校马克思主义理论学科建设开展了热烈讨论。会议认为：2005 年马克思主义理论一级学科设立以来，全国高校马克思主义理论学科建设取得了一系列重大成就，较好地服务于高校思想政治理论课教学、人才培养以及社会发展。目前，高校马克思主义理论学科正处于一个重要的发展机遇期。同时，马克思主义理论学科作为一个新设立时间不长的一级学科，在发展中仍面临着不少问题。一是马克思主义理论学科研究内容和研究方法需要进一步明晰；二是马克思主义理论学科师资队伍结构亟待优化；三是马克思主义理论学科亟须建立学科规范，增强学科自信；四是马克思主义理论学科研究水平和服务社会能力尚待提高；五是马克思主义理论学科生源质量不高，学生培养机制需要进一步完善。

5 月 23 日

教育部办公厅印发《关于建立首批全国高校思想政治理论课教师社会实践研修基地的通知》，决定建立首批 12 个“全国高校思想政治理论课教师社会实践研修基地”，主要承担 5 项任务：一是接受教育部委托，组织开展全国高校思想政治理论课骨干教师暑期社会考察、高校思想政治理论课骨干教师研修班社会考察等教师实践研修活动；二是接受省(区、市)教育工作部门和高校委托，组织开展高校思想政治理论课骨干教师社会实践活动；三是开展各类社会实践教育资源的研究，加强相关理论探索和创新，深化教育效果，培养专门人才；四是开展高校思想政治理论课教师队伍建设等方面的专题研究，为教育部和省(区、市)教育工作部门制定相关政策提供决策咨询；五是开展各类社会实践教育资源的开发与利用，增强社会服务能力。

6 月

6 月 3 日

教育部网站报道，2013 年是高校学生思想政治状况滚动调查的第 22 年。调查工作继续在京、津、黑、沪、浙、赣、鲁、豫、鄂、粤、川、滇、陕、宁、新 15 个省(区、市)和新疆生产建设兵团进行，共有 146 所高校 25400 余名学生参与了问卷调查，1080 余名学生参与了座谈和访谈，同时在上海开展了网络调查。调查表明，当前高校学生思想主流持续呈现积极、健康、向上的状态。调查显示，广大高校学生高度信任并拥护以习近平同志为总书记的新一届中央领导集体，对实现中华民族伟大复兴中国梦充满信心。98.9％的学生对“十八届一中全会选举产生以习近平同志为总书记的新一届中央领导集体”表示关注；广大高校学生对新一届中央领导集体印象良好，排在前三位的是“亲民”“实干”和“务实”，此外，自信、坚定、朴素、清醒等选项也被许多学生用来评价新一届中央领导集体；95.8％的学生对“中央政治局做出关于改进工作作风、密切联系群众的八项规定”表示满意；93.4％的学生对“中国特色社会主义事业进一步发展，综合国力增强，国际地位提高”表示乐观。

6 月 6 日—7 日

由教育部思想政治工作司指导，全国高校思想政治教育研究会和《思想教育研究》编辑部联合主办，云南大学承办的 2013 年全国高校思想政治教育创新发展论坛在昆明举行。创新论坛的主题是：以党的十八大精神为指导，全面提升大学思想政治教育质量，为实现中华民族伟大复兴的中国梦提供学理支撑。教育部思想政治工作司司长冯刚出席会议，部分从事高校思想政治教育研究的专家学者，部分省(区、市)教育主管部门负责同志，部分高校主管领导与部门代表，思想政治理论类杂志代表，全国高校思研会各省(区、市)分会的负责人和论坛优秀论文作者共 130 余人参加了论坛。冯刚在专题报告中指出，学习贯彻党的十八大精神，加强和改进大学生思想政治教育实际工作和理论研究，要把坚持和发展中国特色社会主义这条主线作为加强和改进大学生思想政治教育的聚焦点、着力点和出发点；要围绕落实立德树人根本任务，全面实施素质教育，推动高等教育内涵式发展来推进和深化大学生思想政治教育的创新发展；要进一步加强和改进网络内容建设，体现网络时代下思想政治教育的新要求；要切实加强和创新高校基层党组织建设，发挥党组织在思想政治教育中的重要作用；要从世界眼光、中国情怀、时代特色这三个维度来统筹和谋划思想政治教育相关问题；要进一步深化教育现代化进程中的思想政治教育、网络时代的思想政治教育和思想政治教育的学科建设等问题的研究。在思想政治教育工作中，要以抓好基层、打牢基础为重点，全面提高高校基层党组织建设科学化水平；要以坚定理想信念、创新方法途径为重点，着力提升大学生思想政治教育质量；要以创新校园安全管理、深化平安校园建设为重点，切实掌握维护高校稳定工作的主动权；要以增强吸引力、唱响主旋律为重点，进一步加强高校网络文化、网络内容和网络思想政治教育的建设和管理；要以强化问题意识、推动工作创新为重点，进一步总结研究思想政治教育创新发展的规律。

6月17日

中国共产主义青年团第十七次全国代表大会在人民大会堂开幕。习近平、李克强、张德江、俞正声、王岐山、张高丽等党和国家领导人到会祝贺，刘云山代表党中央致祝词。1500多名来自全国各地的团十七大代表，肩负着8900多万共青团员的重托出席盛会。刘云山代表党中央发表了题为《在实现中国梦的伟大实践中谱写壮丽的青春篇章》的祝词。刘云山首先向大会的召开表示热烈祝贺，向全国各族青年、全体共青团员和广大青少年工作者致以亲切问候。刘云山在祝词中说：90多年来，共青团始终与党同心、与党同行，团结带领广大青年为实现民族独立、人民解放和国家富强、人民富裕奉献青春智慧，镌刻下闪光足迹。团十六大以来，各级共青团组织紧紧围绕党和国家工作大局，务实进取、开拓创新，为促进经济社会发展进步做出重要贡献，为促进青年健康成长发挥重要作用。广大青年积极响应党的号召，在改革开放和社会主义现代化建设的各条战线拼搏进取，在推动科学发展、促进社会和谐的进程中甘于奉献，在急难险重任务、重大考验面前冲锋在前，展现出坚定的理想信念、高昂的爱国热情、强烈的担当意识和良好的精神风貌。刘云山表示，实现党的十八大提出的“两个一百年”奋斗目标，实现中华民族伟大复兴的中国梦，需要一代又一代有志青年接续奋斗。希望广大青年按照习近平总书记的要求，志存高远、脚踏实地，坚定理想信念，练就过硬本领，勇于创新创造，矢志艰苦奋斗，锤炼高尚品格，努力成长为现代化建设的栋梁之材，始终走在时代发展前列，不断增强中国特色社会主义道路自信、理论自信、制度自信，在实现中国梦的伟大实践中勇做奋进者、开拓者、奉献者。

6月24日

教育部在北京召开全国高校优秀中青年思想政治理论课教师择优资助计划工作会议。教育部副部长李卫红出席会议并讲话，强调入选教师要增强责任感、使命感和荣誉感，坚定理想信念、终身学习、不断进步，努力成为全国高校思想政治理论课教学科研领军人物和学术带头人。李卫红指出：思想政治理论课教师队伍建设是一项事关党和国家事业发展、关系中国特色社会主义事业后继有人的战略工程。教育部高度重视思想政治理论课教师队伍建设，采取有效举措，为教师安心从教、潜心育人提供政策保障，基本形成了马克思主义理论学科建设、全员培训、骨干研修、在职攻读博士学位、国内学习考察、精彩教学展示等相结合，中央、地方、高校既分工负责，又相互衔接的培养培训新格局。“择优资助计划”是加强高校思想政治理论课教师队伍建设的一项重要举措，是专门针对中青年教师的一项人才培养计划。入选教师要勇于担当，始终把培养坚定的理想信念放在首位，这既是对思想政治理论课教师素质的内在要求，更是胜任思想政治理论课教学岗位的必备条件。要坚持将深化科研和强化教学结合起来，将教学实践中遇到的困难和问题作为深化理论研究的重要课题，并将研究成果及时运用到思想政治理论课教学中。要坚持将自我完善与带动示范结合起来，不仅高标准要求自己，还要勇于奉献，带领同事共同进步，努力推进培养中国特色社会主义事业建设者和接班人的事业一代又一代接力前行，在提高人才培养质量、实现育才梦的过程中，书写人生华章。

6月25日

教育部印发《普通高等学校思想政治理论课教师队伍培养规划(2013—2017年)》，提出通过全员培训、骨干研修、在职攻读学位、国内考察、国外研修、以项目选人和选人给项目等多种途径，努力造就数百名领军人物、中青年学术带头人，培养数千名教学一线骨干教师，建设数万名的专业化教师队伍。根据该文件，高校思政理论课教师队伍培养途径主要有五条：一是骨干教师研修项目。国内项目，即以中宣部、教育部名义每年联合举办6期高校骨干教师研修班；国外项目，即每年组织40名左右骨干教师，以公派访问学者身份赴国外学习研修3个月。二是示范培训项目。通过部省两级培训，对全国高校思政课教师进行全员培训。三是专项研修项目。每两年举办一次高职高专“毛泽东思想和中国特色社会主义理论体系概论”“思想道德修养与法律基础”课程培训班，适时举办中西部地区高校及各种类型高校思政课教师专题研修班。四是社会考察项目。建立一批高校思想政治理论课教师社会实践研修基地，推动骨干教师国内社会考察活动规范化、制度化建设。五是攻读博士项目。每年依托全国高校第一批19个马克思主义理论一级学科博士点，招收100名从事高校思想政治理论课教学5年以上的在岗教师攻读马克思主义理论博士学位，启动高校思想政治理论课教师博士后培训项目。文件还提出四个项目资助计划：一是思想政治理论课教学研究项目。针对思想政治理论课教学中的重点、难点、热点问题，设立相应课题。二是优秀中青年教师择优资助项目。每年选出50人，连续组织3年，共资助150人，每人共资助10万元。三是拔尖教师国内高级访学资助项目。遴选部分拔尖教师赴马克思主义理论一级学科博士点做高级访问学者，每年选出20人，组织5年，共资助100人，每人资助5万元。四是"马克思主义理论教学与研究文库"出版资助项目。每年组织一次马克思主义理论学科专著、思想政治理论课建设理论研究著作成果评选和资助出版工作。

7 月

7 月 2 日

中组部、中宣部、中共教育部党组联合印发《关于进一步加强高校学生党员发展和教育管理服务工作的若干意见》，对充分认识做好高校学生党员发展和教育管理服务工作的重要意义，严格坚持标准，提高发展学生党员质量，加强教育培养，提高学生党员思想政治素质，健全管理机制，增强学生党员队伍活力，完善服务机制，促进学生党员健康成长，加强组织领导，确保各项任务落到实处做出规定。

7 月 12 日

教育部进一步深化"我的中国梦"主题教育系列活动首场宣讲报告会"我的中国梦——第八届中国大学生年度人物先进事迹报告研讨会"在北京举行。荣获"第八届中国大学生年度人物"称号的雷声、李博亚、陈晨、吾提库尔·艾尔肯等10位大学生接受颁奖，并结合自身成长经历深情讲述了自己热爱祖国、矢志奋斗、践行梦想的先进事迹，充分展示了青年大学生积极奋进、勇于担当，为实现中国梦而努力奋斗的昂扬精神风貌。报告会后，教育部思想政治工作司邀请北京大学、北京师范大学、中国人民大学、中国青年政治学院、北京外国语大学等高校的专家学者，围绕"今天的中国需要什么样的青年"召开专题研讨会，号召广大青年学生树立崇高的理想信念，自觉将个人发展与国家需要紧密结合起来，服务国家和人民。"中国大学生年度人物"评选活动已连续举办八届，共评选出80位(个)大学生年度人物(集体)，授予大学生年度人物特别奖20名，累计参与人数达6000多万。

8 月

8 月 19 日

全国宣传思想工作会议在北京召开。中共中央总书记、国家主席、中央军委主席习近平出席会议并发表重要讲话，中共中央政治局常委、中央书记处书记刘云山出席会议并讲话。

习近平强调，宣传思想工作一定要把围绕中心、服务大局作为基本职责，胸怀大局、把握大势、着眼大事，找准工作切入点和着力点，做到因势而谋、应势而动、顺势而为。当前经济建设是党的中心工作，而意识形态工作是党的一项极端重要的工作。因此宣传思想工作就是要巩固马克思主义在意识形态领域的指导地位，巩固全党全国人民团结奋斗的共同思想基础。要深入开展中国特色社会主义宣传教育，加强社会主义核心价值体系建设，积极培育和践行社会主义核心价值观，把全党全国各族人民团结和凝聚在中国特色社会主义伟大旗帜之下。

习近平强调，要坚持党性和人民性的统一。坚持党性，核心就是坚持正确政治方向，站稳政治立场，坚定宣传党的理论和路线方针政策，坚定宣传中央重大工作部署，坚定宣传中央关于形势的重大分析判断，坚决同党中央保持高度一致，坚决维护中央权威。坚持人民性，就是要把实现好、维护好、发展好最广大人民根本利益作为出发点和落脚点，树立以人民为中心的工作导向，坚持以民为本、以人为本。

习近平指出，宣传思想工作必须遵循坚持团结稳定鼓劲、正面宣传为主的重要方针。要不断提高宣传工作的质量和水平，坚持巩固壮大主流思想舆论，弘扬主旋律，传播正能量，激发全社会团结奋进的强大力量。要认真总结以往成功经验并在实践中不断丰富和发展，继续推进文化体制改革，推动文化事业全面繁荣和文化产业快速发展、建设社会主义文化强国。

习近平指出，在全面对外开放的条件下做宣传思想工作，一项重要任务是引导人们更加全面客观地认识当代中国、看待外部世界，既要着力宣传阐释中国特色，又要积极借鉴人类文明创造的有益成果。要精心做好对外宣传工作，创新对外宣传方式，着力打造融通中外的新概念新范畴新表述，讲好中国故事，传播好中国声音。

习近平强调，各级党委要坚决负起宣传思想工作的政治责任和领导责任，加强对宣传思想领域重大问题的分析研判和重大战略性任务的统筹指导，不断提高领导宣传思想工作能力和水平。要树立大宣传的工作理念，动员各条战线各个部门一起来做，把宣传思想工作同各个领域的行政管理、行业管理、社会管理更加紧密地结合起来。

刘云山在讲话中指出，习近平总书记的重要讲话站在党和国家全局高度，深刻阐述了事关宣传思想工作长远发展的一系列重大理论问题和现实问题，进一步明确了今后工作的方向目标、重点任务和基本遵循。要深入学习领会、全面贯彻落实，切实把思想和行动统一到讲话精神上来，在新形势下围绕坚持中国道路、弘扬中国精神、凝聚中国力量，充分发挥思想引领、舆论推动、精神激励和文化支撑作用。宣传思想文化战线要以改革创新的精神推进工作，增强主动性、掌握话语权，着力建设一支高素质的宣传思想文化队伍，努力开创宣传思想文化工作新局面。

中共中央政治局委员、中宣部部长刘奇葆在总结讲话中表示，要深入开展中国特色社会主义和中国梦宣传教育，加强意识形态的引导和管理，巩固发展健康向上的主流舆论，培育和践行社会主义核心价值观，积极稳妥推进文化改革发展，推动文化走出去、提高文化软实力，不断巩固马克思主义在意识形态领域的指导地位，巩固全党全国人民团结奋斗的共同思想基础，以奋发有为的精神状态开创宣传思想工作新局面。

8月24日

中共中央政治局委员、国务院副总理刘延东在教育部直属高校工作咨询委员会第23次全体会议上讲话强调，要以党的十八大精神为指导加快建设中国特色现代大学制度，推进高等教育现代化，促进高校深化改革，提高质量，内涵发展，培养千百万合格建设者和优秀接班人，在建设中国特色社会主义伟大事业、实现“两个一百年”目标和“中国梦”的历史进程中贡献更大力量。

刘延东指出，建设中国特色现代大学制度，要处理好政府、学校、社会的关系，强化政府统筹指导、宏观布局和质量监督功能，推动高校面向社会、依法自主办学、实行民主管理，发挥社会力量在高校公共治理、评估评价等方面的作用。高校要完善内部治理结构，坚持和完善党委领导下的校长负责制，充分发挥学术组织作用，拓宽师生参与民主管理和监督的渠道，构建以大学章程为龙头的制度体系，深化人才培养、人事制度、科研及院系管理体制改革，增强高校健康发展的内生动力。高校领导班子要把握正确办学方向，掌握意识形态工作主导权，深入开展党的群众路线教育实践活动，潜心办学，开拓创新，勇于担当，不断提高治校办学水平，努力办好人民满意的高等教育。

8月31日

中共教育部党组下发《关于在全国各级各类学校深入开展“爱学习、爱劳动、爱祖国”教育的意见》。为深入学习贯彻习近平总书记讲话精神，落实立德树人根本任务，全面实施素质教育，中共教育部党组决定在全国各级各类学校深入开展爱学习、爱劳动、爱祖国(简称“三爱”)教育。文件要求：一是要充分认识开展“三爱”教育的重要意义；二是要将“三爱”教育纳入课堂教学中，不断增强广大青少年践行“三爱”的自觉性和坚定性；三是要广泛组织“三爱”主题宣讲活动；四是要以“三爱”教育引领校园文化建设；五是要把

“三爱”教育贯穿于各类社会实践活动中；六是要把“三爱”教育与入学教育结合起来；七是要将开展“三爱”教育作为评价学校工作的重要指标；八是要深入开展专题研究，为“三爱”教育有序开展提供强有力的理论支撑；九是要切实加强“三爱”教育组织领导；十是要着力营造“三爱”教育的良好氛围。

9 月

9 月 4 日

中共教育部党组下发《关于在教育系统深入学习贯彻全国宣传思想工作会议精神的通知》，强调了全国宣传思想工作会议对今后一个时期党的宣传思想文化工作做出的全面部署。习近平总书记的重要讲话，是站在党和国家事业发展全局的高度，特别强调了意识形态工作的极端重要性，深刻阐释了事关宣传思想工作长远发展的一系列重大理论和现实问题，进一步明确了宣传思想工作的方向目标、重点任务和基本遵循，蕴含着一系列新思想、新观点、新要求，体现了新一届中央领导集体的执政理念和执政方略，是在新形势下做好宣传思想工作的纲领性文献。要充分认识意识形态工作的极端重要性和现实紧迫性，通过深入学习、全面贯彻落实，把教育系统广大师生员工思想和行动统一到全国宣传思想工作会议精神上来，统一思想，凝聚共识，努力推动教育事业科学发展、办好人民满意教育。

文件提出了着力推进教育系统宣传思想工作的重点任务。一是各地党委教育工作部门和高校党委要充分认识宣传思想工作的极端重要性，切实担负起政治责任、领导责任，确保党在高校意识形态工作中的领导权、管理权、话语权。二是切实加强意识形态阵地管理，确保主流思想和舆论占领教育系统意识形态阵地。三是加强正面宣传和舆论引导，凝聚和传播促进教育改革发展的正能量。四是不断创新网络思想政治教育。五是切实抓好工作队伍建设。六是全面提升教师队伍思想政治素质和业务水平。七是扎实启动“立德树人”工程。八是广泛开展主题教育活动。九是加强以民族精神为根基的优秀传统文化教育，突出传统文化教育的道德实践导向。十是推动实践育人制度化、常态化。

9 月 5 日

中国教科文卫体工会在京举行庆祝教师节暨全国师德楷模座谈会。中华全国总工会副主席、书记处书记倪健民，教育部副部长李卫红出席座谈会，并为全国师德楷模代表颁发奖牌。此次师德楷模评选表彰活动共选出 10 名全国师德楷模、90 名全国师德标兵。座谈会上，长年坚守三尺讲台、托起大山孩子希望的福建省平和县崎岭中心小学教师曾春生，身患重病仍自学不懈并最终重返教学一线的江苏省镇江市第三中学教师金燕，三次援藏、身患癌症仍无比乐观的河北交通职业技术学院教师李玉清等师德楷模代表围绕自身工作实践，以及如何加强师德建设畅所欲言。

9 月 9 日

习近平总书记在教师节前夕向全国教师致慰问信。慰问信指出，广大教师长期以来认真贯彻党的教育方针，默默耕耘、无私奉献，用爱心、知识、智慧点亮学生心灵，培养了一批又一批优秀人才，为我国教育事业发展、为国家发展和民族振兴做出突出贡献。希望全国广大教师继续牢固树立中国特色社会主义理想信念，带头践行社会主义核心价值观，自觉增强立德树人、教书育人的荣誉感和责任感，做学生健康成长的指导者和引路人；牢固树立终身学习理念，不断提高业务能力和教育教学质量，努力成为业务精湛、学生喜爱的高素质教师；牢固树立改革创新意识，踊跃投身教育创新实践，为发展具有中国特色、世界水平的现代教育做出贡献。

慰问信要求，各级党委和政府要把加强教师队伍建设作为教育事业发展最重要的基础工作来抓，提升教师素质，改善教师待遇，关心教师健康，维护教师权益；全社会要大力弘扬尊师重教的良好风尚，使教师成为最受社会尊重的职业。

同日，中共中央政治局常委、国务院总理李克强在大连考察学校并与教师座谈。李克强在座谈中说，教师永远是天底下最受人尊敬的职业，广大教师燃烧自己、照亮别人，为国家和民族的未来带来希望，尊师重教是社会文明进步的标志。他号召大连第二十高级中学的各族教师要努力成为新疆班学生知识的导师、生活的父母，支持西部教育、促进民族团结，并鼓励学校把新疆班办出品牌、办出经验，让教育资源相对丰厚的沿海和东部更多支援中西部教育发展。

同日，中共中央政治局委员、国务院副总理刘延东与获得“全国教书育人楷模”称号的教师座谈。刘延东强调，教师是立教之本、兴教之源。要把教师队伍建设作为教育事业发展最重要的基础性工作抓实抓好，大力宣传优秀教师先进事迹，营造尊师重教的良好氛围。要强化师德师风建设，完善专业标准体系，加强教师培养培训，提高教师整体素质。要完善医疗、养老、住房等社会保障，依法维护教师特别是农村教师地位与合法权益，落实乡、村学校和教学点教师生活补助政策，为教师教书育人创造良好环境。刘延东希望广大教师弘扬高尚师德，增强专业素质，努力成为实现中国梦的弘扬者、潜心育人的传承者、教育改革发展的奋进者、高尚品德的先行者，为现代化建设和民族振兴培养更多优秀人才。

9 月 16 日

中共中央政治局委员、国家副主席李源潮在西部计划实施十周年座谈会上的讲话中指出，团中央、教育部等部门组织实施的西部计划，引导高校毕业生到西部基层服务锻炼，是中央培养大学毕业生骨干的重要决策。西部计划实施十年来取得了突出成绩，为广大有志青年服务西部基层搭建了很好的平台，对引导高校毕业生到基层锻炼起到了示范带动作用。2011 年 11 月，习近平同志对此批示要“常抓不懈、抓实抓好”。李源潮指出，要深刻领会中央领导的重要指示精神，深入实施西部计划，引导有志青年到祖国最需要的地方实现青春梦想，努力成为可堪大用、能担重任的栋梁之材。第一，鼓励有志青年把祖国和人民的需要作为人生追求，到基层、到艰苦地区、到西部地区建功立业，创造无愧于祖国、无愧于人民、无愧于时代的业绩。第二，引导有志青年到基层去创业创新创优。第三，支持青年在西部扎根奉献，实现人生价值。

9 月 23 日

中宣部、教育部联合印发《关于开展〈全国大学生思想政治教育工作测评体系(试行)〉贯彻执行情况自测自评工作的通知》，指出，中宣部、教育部决定于 2013 年 10 月—2014 年 4 月在各地高校开展测评体系贯彻执行情况自测自评工作。

9 月 26 日

中共中央政治局常委、中央书记处书记、中央精神文明建设指导委员会主任刘云山在第四届全国道德模范座谈会上做了关于学习全国道德模范、加强公民道德建设的讲话。他指出，评选表彰全国道德模范，是激励和引导广大群众参与道德实践、推进社会主义核心价值体系建设的重要举措，自 2007 年开展至今，已经取得了很好的作用，一大批德耀中华的道德模范涌现出来，弘扬了真善美，高扬了正气歌，集中展示了公民道德建设的丰硕成果和当代中国人民的良好精神风貌。

刘云山强调，要继续弘扬道德模范的崇高精神，扎实推进社会公德、职业道德、家庭美德、个人品德建设，为实现中华民族伟大复兴的中国梦凝聚起强大的精神力量和有力的道德支撑。第一，要切实重视道德力量。道德是社会关系的基石，我们党历来重视道德建设，始终把弘扬中华民族传统美德、加强社会主义思想道德教育作为极为重要的战略任务来抓。站在新的历史起点上，要从全局和战略高度充分认识道德建设的重大意义，以高度的责任感使命感推进道德建设实践，更好地弘扬中国精神、凝聚中国力量，共同创造物质富裕、精神富足的美好生活。第二，要深入学习道德模范。人民群众是道德实践的主体，崇德尚义是中华文化的鲜明底色，见贤思齐是人民群众的共同心理。要顺应社会期待，大力推动学习道德模范的生动实践，激发人民群众投身道德建设的积极性主动性创造性。第三，要培育文明道德风尚。良好的道德风尚始终是推进道德建设的重要着力点，舆论承担着引导社会风尚的重要责任。要始终坚持正确的价值取向、舆论导向，唱响主旋律、汇聚正能量，充分发挥道德模范等先进典型的示范作用，大力营造崇德向善、扶正祛邪的浓厚氛围，形成知荣辱、讲正气、做奉献、促和谐的社会风尚。第四，要形成合力推进道德建设。精神文明重在建设，要把道德建设融入改革发展各方面，融入国民教育和精神文明建设全过程，融入党的建设全过程，综合运用经济、法律、行政等多种手段，在思想道德建设上形成齐抓共管、共同推进的工作格局。

10月

10月6日

中共中央总书记、国家主席、中央军委主席习近平给中央民族大学附属中学全校学生回信，就学校迎来百年华诞向同学们和全校教职员工表示热烈的祝贺。中共中央政治局常委、国务院总理李克强也就此做出批示。习近平指出，希望学校继承光荣传统，传承各民族优秀文化，承担好立德树人、教书育人的神圣职责，着力培养造就中国特色社会主义事业合格建设者和可靠接班人。希望同学们珍惜美好时光，砥砺品德，陶冶情操，刻苦学习，全面发展，掌握真才实学，努力成为建设伟大祖国、建设美丽家乡的有用之才、栋梁之材，为促进民族团结进步、实现共同繁荣发展做出应有贡献。李克强在批示中指出，民大附中历经百年风雨，培育了一批又一批各族优秀青年。希望你们继续发扬爱国、团结、奉献的光荣传统，传承各民族优秀文化，立德树人，笃志好学，砥砺前行，造就更多维护民族团结、堪当现代化建设重任的栋梁之材。

10月11日

教育部思政司在天津召开“三爱”教育座谈交流会，围绕贯彻落实部党组通知精神，推进“三爱”教育，进一步研讨工作思路，交流工作经验。座谈中，天津市教育工委、天津市河西区教育局、天津大学、南开中学、天津市实验小学等单位负责同志分别介绍了本单位深入开展“三爱”教育的思路举措和工作进展。各校注重把“三爱”教育融入到课堂教学、校园文化建设、主题宣讲、实践育人、学生综合评价等教育教学环节，统筹谋划，系统推进。与会代表建议，“三爱”教育是深化中国梦宣传教育的重要内容，是培育和践行社会主义核心价值观的重要举措，需要建立常态长效机制，创新方法与形式，把“三爱”教育贯穿到大中小学德育的全过程和学生成长成才的各环节。

10月15日

中宣部、中央直属机关工委、中央国家机关工委、教育部、中国人民解放军总政治部、中共北京市委在京联合举办中国特色社会主义和中国梦宣传教育系列报告会第八场报告。教育部部长袁贵仁做了题为《努力让全体人民享有更好更公平的教育》的专题报告。袁贵仁指出，中国梦是国家梦、民族梦和个人梦的统一。优先发展教育事业，大力促进教育公平，保障每个人平等接受教育，成就人生梦想，既是实现中国梦的重要内容，也是加快推进社会主义现代化、实现中华民族伟大复兴中国梦的有力支撑。改革开放以来特别是近些年来，党和政府坚持把教育放在改善民生和加强社会建设的首要位置，推动教育公平迈出重大步伐，不断扩大教育规模，让人民群众“有学上”。当前我国教育公平仍面临一些困难和问题，与人民群众期待还有很大差距。今后，要深入学习贯彻党的十八大精神和习近平总书记一系列重要讲话，坚定不移地把教育摆在优先发展的战略地位，不断扩大投入；坚定不移地深化教育改革，推动建设覆盖城乡的基本公共教育服务体系，逐步实现基本公共教育服务均等化；坚定不移地把促进公平作为国家基本教育政策，把扶持最贫困地区和最困难群体作为优先任务，把合理配置教育资源作为根本措施，加快缩小城乡、区域、校际、群体教育发展差距。要兜底线，更加关注贫困地区儿童、进城务工人员子女和残疾人教育；保基本，全面改善贫困地区薄弱学校办学条件，使每一所学校都达到基本办学标准；上水平，加快推进义务教育均衡发展和教育信息化，提高农村学生进入重点大学比例，深入实施中西部高等教育振兴计划；畅渠道，深化考试招生制度改革，加快发展现代职业教育，搭建终身学习平台；建规则，加快完善教育标准体系，加强教育督导，开展教育满意度测评和教育现代化指标监测，完善保障公平的长效机制。

10 月 16 日

为深入开展党的群众路线教育实践活动，落实习近平总书记关于广泛开展向兰辉同志学习的重要批示精神，教育部直属机关团委组织召开学习兰辉同志先进事迹座谈会。来自部机关和直属单位的 15 名团员青年参加座谈。会上，大家再次学习兰辉同志的先进事迹，深情回顾与兰辉同志交流的情景，纷纷表示要像兰辉同志那样，胸怀理想、坚定信念，牢记宗旨、为民奉献，努力使自己成为广大团员青年身边模范践行党的群众路线的一面旗帜。

10 月 19 日

由教育部思政司指导，全国民办高校党建研究会主办，陕西民办教育协会和西安外事学院协办的第一届全国民办高校党建工作论坛在西安外事学院举行。来自全国 103 所民办高校的 157 位代表相聚西安共商民办高校党建工作大计。此届论坛的主题是“深入学习贯彻党的十八大精神，提升民办高校党建工作科学化水平”。论坛着重就“民办高校基层党组织建设”和“学生的培养及党员发展”两个方面展开交流讨论。

10 月 20 日

马克思主义理论研究和建设工程工作座谈会在京召开，中共中央政治局常委、中央书记处书记刘云山出席会议并讲话，强调思想理论建设是党的根本性建设，中国特色社会主义事业永不停息地向前发展，马克思主义中国化的进程也会持续不断地向前推进，要把马克思主义理论研究和建设工程作为一项长期的战略任务，为实现中华民族伟大复兴的中国梦提供理论支持。刘云山说，坚持和发展中国特色社会主义，是当今中国的时代主题，是党和国家全部工作的主线，深入实施马克思主义理论研究和建设工程必须紧紧围绕主题主线，深入研究阐释中国特色社会主义的历史渊源、科学内涵、精神实质和实践要求，进一步坚定人们的道路自信、理论自信、制度自信。深入实施马克思主义理论研究和建设工程，研究攻关是基础，转化运用是关键。要充分发挥工程成果在推进马克思主义中国化、时代化、大众化进程中的重要作用，更好地促进马克思主义与中国实际相结合，更好地反映时代精神、回答时代课题，更好地为人民大众所理解和掌握。

10 月 21 日

教育部办公厅下发通知，要求各地全面提高各级各类学校教师法律素质和依法从教意识，切实增强教师保护青少年学生人身权、受教育权等合法权益的能力，进一步加强教师法制教育工作。通知强调，要把社会主义法治理念贯穿教师法制教育工作全过程，使广大教师牢固树立民主法治、自由平等、公平公正的法治精神。各级各类学校要进一步健全考核、评价制度，把校长法律素质和依法治校能力作为校长任职和工作考核的重要内容；把教师树立社会主义法治理念、掌握法律知识、提高法律素质以及依法开展教育教学能力、维护学生合法权益等情况作为教师师德和业绩考核、岗位聘用、评优奖励的重要内容。

同日，在庆祝欧美同学会成立 100 周年大会上，中共中央总书记、国家主席、中央军委主席习近平发表了重要讲话。他指出：近代以来，我国大批留学人员负笈求学的足迹，记录着中华儿女追寻民族复兴的梦想，伴随着我国从封闭到开放、从落后到富强的伟大历史性跨越。百余年的留学史是“索我理想之中华”的奋斗史，一批又一批仁人志士出国留学、回国服务，大批归国人员投身中国共产党领导的伟大事业，在中国革命、建设、改革的历史画卷中写下了极为动人和精彩的篇章。习近平对广大留学人员提出四点希望。第一，希望大家坚守爱国主义精神。在中华民族几千年绵延发展的历史长河中，爱国主义始终是激昂的主旋律，始终是激励我国各族人民自强不息的强大力量。第二，希望大家矢志刻苦学习。学习是立身做人的永恒主题，也是报国为民的重要基础。第三，希望大家奋力创新创造。创新是一个民族进步的灵魂，是一个国家兴旺发达的不竭动力，也是中华民族最深沉的民族禀赋。第四，希望大家积极促进对外交流。中国的发展离不开世界，世界的繁荣也需要中国。我们要以更加开放的姿态，加强同世界的联系和互动，加深同各国人民的了解和友谊。

10月22日

中共中央发出《关于印发〈科学发展观学习纲要〉的通知》，要求各级党委要在组织中国特色社会主义宣传教育过程中，把纲要的学习纳入学习计划。通过学习，深刻把握科学发展观同马克思列宁主义、毛泽东思想、邓小平理论、“三个代表”重要思想既一脉相承又与时俱进的内在关系，深刻领会科学发展观的重大意义、科学内涵、精神实质和实践要求，不断增强贯彻落实科学发展观的自觉性和坚定性；把思想和行动进一步统一到坚持中国特色社会主义道路、理论体系、制度上来，把智慧和力量进一步凝聚到实现党的十八大确定的各项任务上来，紧密团结在以习近平同志为总书记的党中央周围，解放思想，改革开放，凝聚力量，攻坚克难，为全面建成小康社会、实现中华民族伟大复兴的中国梦而奋斗。

10月24日

教育部在京召开高校校园网络文化建设专项试点工作启动部署会，决定在清华大学、上海交通大学、南京大学、天津大学、中山大学、电子科技大学、中国传媒大学七所高校开展校园网络文化建设专项试点工作。会议强调指出，开展高校校园网络文化建设专项试点，是落实全国宣传思想工作会议精神和部党组部署的重要举措，是网络时代高校思想文化建设的重点任务，是一项牵一发而动全身的改革探索，将对高校综合改革起到有力助推作用。会议强调，在改革导向上，要努力实现从单向改革向综合改革、从增量改革向存量改革、从一般性改革向更加注重体制机制改革的转变。在改革内容上，要围绕创新队伍建设方式，培育网络名编名师；围绕创新组织机构设置，开办网络名站名栏；围绕创新激励评价机制，发表评选网络名篇名作。在改革推进过程中，要正确处理好网络媒体与传统媒体、专职队伍和兼职队伍、网络文化建设与相关学科建设的关系。会议要求，试点高校要加强组织领导，理顺工作机制，完善试点方案，强化条件保障，精心组织实施。学校党政领导要统筹谋划、靠前指挥，学校宣传部门要敢于担当、加强协调，学工、信息化、人事、科研等部门要积极配合、分工协作，确保试点工作平稳顺利推进。教育部相关司局要加强过程指导，提供工作支持，做好宣传推广，为试点工作营造良好舆论氛围、创造良好改革环境。

10月28日

中宣部发布《关于认真组织学习〈中国特色社会主义学习读本〉的通知》，指出：党的十八大高举中国特色社会主义伟大旗帜，对新的时代条件下推进中国特色社会主义事业做出了全面部署。十八大以来，习近平总书记发表一系列重要讲话，提出了许多富有创见的新思想、新观点、新论断，大大深化了我们党对中国特色社会主义的认识。为深入推动中国特色社会主义和中国梦的宣传普及，中宣部组织编写了《中国特色社会主义学习读本》，全面准确地阐述了中国特色社会主义的理论来源、实践历程、基本构成、总依据、总布局、总任务和夺取中国特色社会主义新胜利的基本要求，为广大党员干部和群众学习中国特色社会主义提供了重要参考。各级党委中心组要认真组织好该书的学习。各级党委宣传部门要认真做好书的宣传学习工作。各级党委讲师团要围绕书的内容，组织好对党员干部和基层群众的宣讲。各高校要把该书作为师生理论学习材料，推动中国特色社会主义进教材、进课堂、进头脑工作。

11月

11月5日

中共中央总书记、国家主席、中央军委主席习近平在视察国防科学技术大学时强调，要深入贯彻落实党在新形势下的强军目标，全面提高教学科研水平和人才培养质量，加快建设具有我军特色的世界一流大学，努力把国防科大办成高素质新型军事人才培养高地、国防科技自主创新高地，为实现中国梦、强军梦提供强有力的人才和科技支持。习近平听取了国防科大工作汇报，对近年来学校建设取得的成绩给予充分肯定。他指出，要牢牢扭住思想政治建设这个根本，紧紧围绕强军目标来进行，使思想政治建设成为实现这一目标的强大推力和助力。要把强军目标贯穿到学校建设全过程和各领域，着力在深化、具体化上下功夫。要毫不动摇坚持党对军队绝对领导的根本原则和制度，加强军魂教育，强化官兵政治意识、政权意识，增强思想政治工作的主动性、针对性、实效性，做到始终同党中央、中央军委保持高度一致，坚决听从党中央、中央军委指挥。

同日，纪念蒋南翔同志诞辰100周年座谈会在京举行。中共中央政治局委员、国务院副总理刘延东出席座谈会并讲话。刘延东强调，纪念蒋南翔同志，就是要学习他理想信念坚定、忠诚党的教育事业的崇高品质，学习他坚持正确办学方向，为人民、为社会主义事业服务的根本立场，学习他以人才培养为根本、引导学生德智体美全面发展的育人理念，学习他遵循教育规律、创造性开展工作的科学精神，学习他践行群众路线、团结凝聚各方面力量办学的优良作风，深入贯彻科教兴国和人才强国战略，进一步推动教育改革发展，培养亿万德智体美全面发展的社会主义事业的建设者和接班人，为实现中华民族伟大复兴的中国梦做出更大贡献。

11月15日

教育部办公厅发布《关于配合做好中国社会科学院“马克思主义理论骨干人才计划”招生报名工作的通知》，指出：为深入贯彻落实《中宣部、教育部关于加强和改进高等学校哲学社会科学学科体系与教材体系建设的意见》和《关于加强和改进高校青年教师思想政治工作的若干意见》精神，进一步加强高校马克思主义理论队伍建设，从2014年开始，中国社会科学院实施“马克思主义理论骨干人才计划”，从高等院校招收具有马克思主义理论素养的青年教职工，通过定向培养方式攻读博士学位，为高校培养马克思主义理论骨干人才。“马克思主义理论骨干人才计划”每年招收100名博士研究生，在中国社会科学院研究生院进行学制为3年的培养，通过课程考试和学位论文答辩，成绩合格后，颁发毕业证书、学位证书。

11月17日

清华大学“双肩挑”政治辅导员制度建立60周年纪念大会举行。清华大学党委书记胡和平说，“双肩挑”政治辅导员制度是在1953年由时任清华校长的蒋南翔同志提出并建立的，蕴含着深刻的教育理念，60年来始终传承、历久弥新。这一制度之所以自形成以来始终焕发着旺盛的生命力，正是因为它深刻把握了社会主义大学人才培养方向的本质要求，深刻把握了因材施教、朋辈激励的教育规律，深刻把握了时代前进和辅导员成长的发展需要。

教育部思政司司长冯刚表示，清华大学的“双肩挑”辅导员制度选拔优秀的学生“一个肩膀挑业务学习，一个肩膀挑思想政治工作”，做到“双肩挑，两促进”，是中国高等教育制度的一个创举，在全国高校辅导员制度建立和发展的过程中发挥了龙头性的带动作用，时至今日仍然在队伍建设各个方面对加强全国高校辅导员工作有着较大的启发意义。大会以“我们的青春双肩挑”为主题，邀请不同年代的辅导员校友分享了他们当年担任政治辅导员的经历和走向社会后的人生感悟。大会还为1953年的首批辅导员赠送了纪念牌，并表彰了2012—2013学年度清华大学优秀辅导员。

11月18日

中共中央政治局委员、国务院副总理刘延东在中美高水平大学校长圆桌会上做《携手共创中美两国大学的美好未来》主旨发言。她指出，中国共产党十八届三中全会对深化教育领域综合改革做出了新部署，我们将抓住机遇，推动高等教育加快改革步伐，实现内涵发展。一是以提高质量为核心，改革人才选拔和培养模式。我们把质量作为高等教育发展的生命线，着力提升人才培养、科学研究、社会服务和文化传承创新水平。二是以促进公平为导向，改革资源配置方式。我们坚定不移地把促进公平作为国家基本教育政策。三是以优化结构为重点，促进高校特色发展。有特色、高水平是中国高等教育追求的重要目标。我们将完善培养层次，优化专业结构和区域布局，加强分类管理，健全现代高等教育体系，推动不同学校在各自层次上办出特色、办出水平。四是以简政放权为突破口，建设现代大学制度。我们坚持推动高校面向社会、依法自主办学、实行民主管理。

11 月 22 日

教育部中国特色社会主义理论体系研究中心和教育部高等学校社会科学发展研究中心在京举办高校专家学者学习贯彻党的十八届三中全会精神座谈会。

11 月 25 日

中共教育部党组发布《关于认真学习贯彻党的十八届三中全会精神的通知》，要求：(1)提高认识，把思想统一到全会的决策部署上来。党的十八届三中全会的召开，是我们党坚定不移高举改革开放大旗的重要宣示，是全面深化改革开放的一次总动员、总部署，对于顺利实现十八大确定的战略部署，全面建成小康社会、实现中华民族伟大复兴的中国梦，对于深化教育领域综合改革，落实立德树人的根本任务、努力办好人民满意的教育，都具有重要而深远的意义。(2)狠抓落实，不断深化教育领域综合改革。贯彻落实全会精神、深化教育领域综合改革，要全面贯彻党的教育方针，坚持立德树人基本导向，促进学生全面发展；贯彻落实全会精神、深化教育领域综合改革，要优化资源配置，大力促进教育公平，提高教育质量；贯彻落实全会精神、深化教育领域综合改革，要深化考试招生制度改革，拓宽学生发展通道；贯彻落实全会精神、深化教育领域综合改革，要加快职能转变和简政放权，构建政府学校社会新型关系。(3)精心谋划，迅速掀起学习宣传贯彻全会精神的热潮。各地教育部门和各级各类学校要切实加强组织领导，把学习贯彻全会精神作为重大政治任务摆上重要议事日程。要持续深入开展形式多样的宣传活动，努力营造学习贯彻全会精神的浓厚氛围。要把学习贯彻全会精神与当前重点工作结合起来，特别是要把贯彻落实全会精神与党的群众路线教育实践活动结合起来，与深入贯彻落实《教育规划纲要》、推进教育事业科学发展的实践结合起来。

11 月 26 日

中共中央总书记、国家主席、中央军委主席习近平在山东考察时强调，国无德不兴，人无德不立。必须加强全社会的思想道德建设，激发人们形成善良的道德意愿、道德情感，培育正确的道德判断和道德责任，提高道德实践能力尤其是自觉践行能力，引导人们向往和追求讲道德、尊道德、守道德的生活，形成向上的力量、向善的力量。只要中华民族一代接着一代追求美好崇高的道德境界，我们的民族就永远充满希望。

同日，中组部、中宣部联合发出通知，要求组织对党员干部进行党的十八届三中全会精神学习培训。通知强调，各地各部门要把深入学习宣传贯彻党的十八届三中全会精神，作为当前一项重大政治任务，加强对党员干部的学习培训，掀起学习宣传贯彻全会精神的热潮。要制订专门计划，采取多种有效形式，发挥党校、行政学院、干部学院的主渠道作用，对党员干部进行多层次全覆盖的学习培训。要把国有企业负责人和有关民营企业负责人纳入培训计划，满足他们学习全会精神的需求。要在原原本本学习领会全会精神上下功夫，组织党员干部认真研读习近平总书记在全会上的重要讲话和全会文件，全面准确把握全会精神的基本内容和核心要义。要参照中央宣讲团的做法，广泛开展面向基层的宣讲活动，组织上下结合的宣讲团，领导干部带头宣讲，力求联系实际、研机析理、解疑释惑，把全会精神讲全、讲透、讲实，推动全会精神进基层、进群众、进工作。要紧紧围绕全会提出的新思想新论断新举措，围绕干部群众在学习贯彻过程中提出的热点难点问题，有针对性地做好宣传阐释工作，帮助人们准确理解和把握全会精神。

11 月 27 日

全国高校社会科学科研管理研究会 2013 年度工作会议在四川大学召开。此次会议旨在学习贯彻十八届三中全会精神，深化科研领域综合改革，推进高校哲学社会科学创新体系建设。教育部副部长李卫红出席会议并讲话。李卫红指出，学习贯彻十八届三中全会精神是教育系统当前和今后一个时期的重要政治任务，要切实把思想和行动统一到全会精神和重大决策部署上来，把力量凝聚到落实全面深化教育改革的主要任务和重大举措上来，按照中央关于深化教育领域综合改革的决策部署，统一思想、凝聚共识，全力以赴打好教育领域综合改革攻坚战，努力办好人民满意的教育。高校社科界要迅速掀起学习贯彻十八届三中全会精神的热潮高潮，把学习全会精神转化为推进科研领域综合改革的强大能力和实际行动，全力以赴抓落实，坚定不移实现中央改革决策部署。会议要求，要加强十八届三中全会的学习宣传研究，迅速掀起学习宣传贯彻落实全会精神的热潮；要把握改革方向，牢牢掌握高校意识形态工作的领导权、管理权和话语权；要抓紧制定改革配套措施，进一步增强改革的系统性、整体性、协同性和操作性；要明确改革路线图时间表，鼓励大胆探索。

11月28日

中共教育部党组发布《关于教育系统深入学习贯彻习近平总书记系列讲话精神的意见》，提出：(1)充分认识深入学习贯彻习近平总书记系列讲话精神的重大意义，切实增强学习贯彻的自觉性主动性。深入学习贯彻讲话精神，是在思想上政治上行动上同以习近平同志为总书记的党中央保持高度一致的迫切需要；深入学习贯彻讲话精神，是落实立德树人根本任务、培养社会主义建设者和接班人的迫切需要；深入学习贯彻讲话精神，是提高党员干部素养、激发奋进斗志和创造热情的迫切需要；深入学习贯彻讲话精神，是进一步推进教育事业科学发展、努力办好人民满意的教育的迫切需要。(2)全面准确学习领会习近平总书记系列讲话精神的基本内涵，深刻把握贯穿其中的立场观点方法。(3)深入学习领会习近平总书记关于教育工作的重要论述，着力推进教育事业科学发展。深入学习领会习近平总书记关于促进青少年学生全面健康成长的重要论述，全面落实立德树人根本任务；深入学习领会习近平总书记关于教育优先发展的重要论述，始终把教育摆在优先发展战略位置；深入学习领会习近平总书记关于改革的重要论述，全面深化教育领域综合改革；深入学习领会习近平总书记关于大力促进教育公平的重要论述，建设惠及全民的公平教育；深入学习领会习近平总书记关于不断提高教育质量的重要论述，培养更多高素质的人才；深入学习领会习近平总书记关于加强教师队伍建设的重要论述，不断提高教师队伍整体水平；深入学习领会习近平总书记关于加强教育交流与开放的重要论述，努力开创教育对外交流合作工作新局面。(4)切实加强组织领导，推动学习贯彻习近平总书记系列讲话精神不断向深度和广度拓展。把讲话精神作为党委(党组)中心组学习和基层党组织政治学习的重中之重；扎实推动讲话精神进教材、进课堂、进头脑；切实将学习讲话精神与推动实际工作紧密结合起来；大力加强对讲话精神的研究阐释；积极营造学习讲话精神的浓厚氛围。

12月

12月2日

教育部、中国科学院在中国科学院大学联合召开“科教结合协同育人行动计划”工作交流会。会议指出，党的十八届三中全会对在新的历史起点上全面深化改革做出了战略部署，在教育和科技改革方面，明确提出“建立产学研协同创新机制”“创新高校人才培养机制，促进高校办出特色争创一流”。一年来教育部和中科院完善了协同推进计划的工作机制，各相关高校与科研院所也都积极合作协同育人，目前计划已经取得了积极进展和良好成效。会议强调，相关高校和科研院所要继续深入实施计划协同育人，站在培养创新人才、建设创新型国家的战略高度，深刻领会这项工作的重要意义，充分发挥主动性和创造性，拓宽合作领域，丰富合作形式，增强合作内涵，实现合作共赢；要深入研究和探索将高校与科研院所优势结合起来的人才培养机制、培养模式，着眼于建立长效机制，进一步完善培养目标协同机制、教师队伍协同机制、资源共享协同机制和管理服务协同机制，调动名师大家和一线科研人员的积极性，整合教学和科研资源，共同支持人才培养工作；要加强交流，相互学习借鉴，把带有共性的、规律性的好做法提炼出来，发挥先进典型在推进教学改革、加强教学建设、提高人才培养质量上的引领、示范和辐射作用。

12月5日

在中国青年志愿者行动实施20周年暨第二十八个国际志愿者日之际，中共中央总书记、国家主席、中央军委主席习近平给华中农业大学“本禹志愿服务队”回信，肯定他们在服务他人、奉献社会中取得的成绩和进步，勉励他们弘扬志愿精神，为实现中华民族伟大复兴的中国梦做出新的更大贡献，并向这支志愿服务队和全国广大青年志愿者致以诚挚问候和崇高敬意。

同日，由中国教育学会、中国高等教育学会联合举办的“《温家宝谈教育》学习座谈会”在北京举行。此次会议旨在交流学习《温家宝谈教育》的体会，贯彻党的十八大和十八届三中全会精神，进一步推进教育改革与发展。教育部党组副书记、副部长杜玉波在发言中讲道：《温家宝谈教育》一书充分体现了党中央国务院对教育工作的高度重视，全面反映了十多年来我国教育事业改革发展取得的巨大成就，饱含了对广大教师和青少年学生的亲切关怀和殷切期望，凝练了推动教育事业改革发展的系统思考和重要理念，对学习贯彻党的十八大以来中央关于教育的决策部署具有重要作用。我们要进一步深化对习近平总书记系列讲话精神以及党的十八大、十八届三中全会精神的认识和理解，自觉遵循教育规律和人才成长规律，坚持教育优先发展，着力推进立德树人，大力促进教育公平，不断提高教育质量，全面深化教育改革，不断开创教育事业科学发展的新局面。

12 月 9 日

教育部在京召开马克思主义理论研究和建设工程重点教材编写工作座谈会，传达学习习近平总书记关于加强和改进高校思想政治理论课的重要批示精神、中央关于深入实施马克思主义理论研究和建设工程的新决策新要求，研究部署下一阶段教育部负责的工程重点教材编写和审议工作。教育部党组书记、部长袁贵仁主持会议并讲话。他强调，教育系统要把思想、认识和行动统一到中央要求上来，按照办好思想政治理论课、编好教材、建设好教师队伍、改革好教学方法的总要求，切实把工程摆在更加重要位置，纳入高等教育改革发展总体规划，纳入高校意识形态工作总体布局，高质量完成教育部负责的工程各项工作。他指出，马克思主义理论研究和建设工程，是我们党实施的一项具有深远影响的思想理论建设工程。要以更加强烈的责任感、使命感和紧迫感，加大工作力度，加快工作速度，把好编写、审议的政治关和学术关，力争用两年时间，到 2015 年年底基本完成教育部负责的 96 种工程重点教材编写出版工作。要更好发挥思政课作为大学生思想政治教育主渠道、主阵地作用，进一步加强工程重点教材在高校的统一使用，系统推动中国特色社会主义理论体系进教材、进课堂、进学生头脑。

12 月 12 日

全国高校校园网站联盟成立暨中国大学生在线理事会换届会议在京召开。教育部党组副书记、副部长杜玉波出席会议并讲话。他指出，加强高校网络建设和管理是贯彻落实中央精神的重要举措，是创新大学生思想政治教育的重要方式，是推动高校综合改革的有益探索，要把网建好、把网用好、把网管好，牢牢掌握高校网络教育宣传主动权、话语权和管理权。他要求，各高校要以联盟成立为契机，主动开放本校优质网络资源，认真借鉴其他高校先进经验，培育具有学校特色的网络文化品牌。联盟要搭建全国高校校园网络资源共享、工作协助和信息交流平台，努力成为高校校园网络信息资源的集散库、思想文化的策源地和宣传舆论的风向标。教育部相关司局要加强对联盟工作的指导和支持，为高校校园网站建设和联盟工作开展积极营造环境、创造条件。会议审议通过了全国高校校园网站联盟章程，选举产生了以中国人民大学党委书记靳诺为理事长，由 143 所高校和教育系统有关单位负责人组成的第一届联盟理事会。联盟理事会同时作为新一届中国大学生在线理事会。

12 月 16 日

教育部办公厅印发《关于加强高校辅导员基层实践锻炼的通知》，要求：(1)充分认识加强辅导员基层实践锻炼的重要性。辅导员是高校教师队伍和管理干部的组成部分，是离大学生最近的人，是大学生的人生导师和知心朋友，在高校育人过程中发挥着至关重要的作用。(2)注重在具有基层工作经验的青年人才中选拔配备辅导员。各地各高校要树立正确选人用人导向，突出选优配强，注重实践经验的特点，进一步完善辅导员队伍组成结构，注重从参加过大学生志愿服务西部计划、大学生村官计划、“三支一扶”计划、特岗教师计划等基层服务项目，具有丰富基层实践经验的优秀人才中选拔一定比例的辅导员，着力提高辅导员队伍中具有基层实践经历人员的结构比例，形成注重基层工作、重视实践经验的高校辅导员选拔使用工作体系。(3)注重在基层实践锻炼中加强辅导员培养。各地各高校要积极推动辅导员参加基层实践锻炼，重点选派新任辅导员参加基层服务项目和援藏援疆援青等工作。(4)建立健全辅导员基层实践锻炼的长效机制。各地各高校要按照教育部统一部署，结合自身实际，研究制订加强高校辅导员基层实践锻炼的工作方案，将基层实践锻炼作为加强辅导员队伍建设的重要举措和学校培养后备干部的有效手段坚持抓下去。

12 月 21 日

教育部办公厅发布《关于进一步加强职业院校关心下一代工作委员会建设的若干意见》，要求：(1)进一步提高思想认识。职业教育是我国教育事业的重要组成部分，加强职业院校学生思想政治教育，对于全面实施科教兴国战略和人才强国战略，提高劳动者素质，培养中国特色社会主义事业合格建设者和可靠接班人，具有重大而深远的战略意义。(2)把握对象特点。当前职业院校在校学生思想主流积极向上、思维活跃、动手能力强，但少数学生团结协作、艰苦奋斗精神不足，心理素质欠佳，抗挫折能力较弱。(3)突出工作重点。职业院校关工委要充分发挥老同志的政治、威望、阅历、经验等优势，为加强职业院校德育工作，形成德育工作的合力，促进学生全面发展和健康成长贡献力量。(4)拓展工作领域。深入推进实施“青蓝工程”，继续在德育课教学、技能实训指导、校园文化建设、法制教育、民族团结进步教育、学生党团建设和社团指导、社会实践、职业生涯规划、家庭教育指导、扶贫助困等方面发挥作用，不断创新活动载体和工作平台，实现学校、家庭、社会教育的有机结合。(5)完善职业院校关工委组织机构。各职业院校要有现职领导担任关工委领导职务；各职业院校党组织要根据实际，及时调整充实关工委领导班子和日常办事机构，特别要选配好领导班子和日常办事机构主要负责同志，要选派经验丰富、热心关工委工作的同志负责日常工作。(6)进一步加强职业院校关工委队伍建设。积极联系本区域老龄工作部门，准确掌握本单位本区域离退休老同志情况，打破部门、行业、区域和校际界限，根据各职业院校自身特点，积极组织各行业离退休老干部、老战士、老教师、老专家、老模范参加关工委工作，及时联系新退休的老同志加入关工委工作，不断改善关心下一代工作队伍的年龄结构、知识结构、专业结构。(7)健全关工委工作长效机制。各级关工委要从实际出发，以建设学习型、服务型、创新型关工委为目标，逐步建立健全适合职业院校特点的制度办法、保障机制和考核机制，加强与业务部门的沟通联络与工作协调，实现关工委工作的常态化、规范化。(8)加强关工委工作的交流宣传。要加大宣传力度，积极选树典型，深入挖掘和推广各地各职业院校关工委工作经验，宣传报道参加关工委工作的老同志们的先进事迹，为职业院校关工委工作创造良好的舆论环境。要加强各地各职业院校关工委工作信息交流平台建设，定期组织关工委工作交流培训。(9)加强对职业院校关工委工作的领导。职业院校党组织要把关工委工作列入议事日程和工作计划，定期听取汇报，及时研究解决工作中的困难和问题。(10)大力支持职业院校关工委开展工作。各地各职业院校要为关工委开展工作提供必要的工作条件和经费支持，要及时传达通报有关重要文件和工作，重要工作会议和有关德育、思想政治工作、学生党建等的专题性会议，应请关工委负责同志列席。

12 月 23 日

教育部办公厅发布《关于进一步加强和规范高校人才引进工作的若干意见》，指出：(1)加强人才队伍建设的统筹。紧紧围绕国家发展战略需要和经济社会发展需求，统筹人才引进、培养和使用，开发利用好国际国内人才资源，走育引并举之路。(2)大力引进海外高层次人才。充分发挥学校的主体作用，集成各类人才计划项目与政策资源，进一步加大海外引才工作力度。(3)加大引才审核工作力度。严格引进人才审核，全方位核准核实其教育背景、工作经历、任职资格、师德师风、学术业绩、学术道德、政治方向和政治立场等，确保信息真实性，防止弄虚作假。(4)规范招才引才行为。全面实行公开招聘制度，坚持“双方自愿、平等协商、程序规范、手续完备”的原则，促进人才合理流动和有效配置，支持高层次人才向中西部高校流动，东部高校不得到中西部高校招聘长江学者。(5)加强聘用合同管理。聘用合同要明确学校与受聘人的权利义务关系，做到格式规范、内容完备、条款明晰、目标合理。(6)改进和完善聘期考核制度。健全以岗位职责为基础，以品德、能力和业绩为导向的考核评价机制，克服单纯以论文、专利、项目和经费数量评价人才的倾向。(7)做好引进人才服务和支撑工作。围绕引进人才实际需要，加强配套条件保障和团队建设，使人才尽快开展科学研究和人才培养工作。(8)严格规范兼职兼薪行为。按照“本职优先、分类管理、突出重点、逐步规范”的原则，加强对全职人才兼职兼薪行为的规范管理和监督检查。(9)加强对人才引进工作的领导。落实党管人才原则，学校党委要加强对引才工作的领导、统筹和协调，明确学校、院系和职能部门的职责权限，健全人才工作机构，加强人才工作队伍建设。

同日，中共中央办公厅印发《关于培育和践行社会主义核心价值观的意见》，指出：(1)培育和践行社会主义核心价值观的重要意义和指导思想。培育和践行社会主义核心价值观，是推进中国特色社会主义伟大事业、实现中华民族伟大复兴中国梦的战略任务。(2)把培育和践行社会主义核心价值观融入国民教育全过程。培育和践行社会主义核心价值观要从小抓起、从学校抓起；拓展青少年培育和践行社会主义核心价值观的有效途径；建设师德高尚、业务精湛的高素质教师队伍。(3)把培育和践行社会主义核心价值观落实到经济发展实践和社会治理中。(4)加强社会主义核心价值观宣传教育。用社会主义核心价值观引领社会思潮、凝聚社会共识；新闻媒体要发挥传播社会主流价值的主渠道作用；建设社会主义核心价值观的网上传播阵地；发挥精神文化产品育人化人的重要功能。(5)开展涵养社会主义核心价值观的实践活动。广泛开展道德实践活动；深化学雷锋志愿服务活动；深化群众性精神文明创建活动；发挥优秀传统文化怡情养志、涵育文明的重要作用；发挥重要节庆日传播社会主流价值的独特优势；运用公益广告传播社会主流价值、引领文明风尚。(6)加强对培育和践行社会主义核心价值观的组织领导。各级党委和政府要充分认识培育和践行社会主义核心价值观的重要性，把这项任务摆上重要位置，把握方向，制定政策，营造环境，切实负起政治责任和领导责任；党员、干部要做培育和践行社会主义核心价值观的模范；培育和践行社会主义核心价值观是全社会的共同责任；把培育和践行社会主义核心价值观的任务落实到基层。

12月24日—25日

中组部、中宣部、中共教育部党组在北京召开第二十二次全国高校党的建设工作会议。会议强调，要以推进党的思想理论进教材进课堂进头脑为主线，坚持立德树人，坚定理想信念，巩固马克思主义在高校意识形态领域的指导地位，激励高校师生为实现中华民族伟大复兴的中国梦学习奋斗。

中共中央政治局委员、中宣部部长刘奇葆出席会议并讲话。他强调，要抓好大学生理想信念教育这个核心任务，把学习习近平总书记系列讲话精神作为重点内容，增强大学生走中国道路、建设中国特色社会主义的信心信念，焕发投身改革开放的巨大热情，在实现中国梦的奋斗中追逐青春梦想。要加强大学生社会主义核心价值观教育，在结合融入上下功夫，弘扬中华优秀传统文化，加强和改进高校思想政治工作，办好思想政治理论课，发挥校园文化熏陶作用，提高大学生思想道德素质。要强化和落实领导责任，加强教师队伍建设，牢牢掌握高校意识形态工作的领导权管理权话语权。

中共中央政治局委员、国务院副总理刘延东在主持会议时强调，各地各高校要以高度的责任感和紧迫感，切实加强高校思想理论建设，筑牢高校党建工作的坚实基础。

中组部常务副部长陈希在总结讲话中指出：要以党的十八大和十八届三中全会精神以及习近平总书记系列讲话精神为指导，深入贯彻落实中央领导同志讲话精神，以改革创新精神抓好这次会议精神的落实，切实加强高校意识形态工作，扎实推动高校党的建设迈上新台阶。他强调，高校党委要肩负起抓好意识形态工作的政治责任，强化自觉性、增强坚定性、提高战斗性。坚持马克思主义在高校的指导地位，加强马克思主义理论体系学习教育，广泛开展社会主义核心价值观学习教育，深入开展中国梦宣传教育，着力培养社会主义事业合格建设者和可靠接班人。要努力建设高素质的教师队伍和思想政治工作队伍，加强教育教学阵地建设和管理，建好管好用好网络阵地，不断创新意识形态工作话语体系，创新思想政治工作方式方法，创新高校新闻宣传方式。他要求，各级党委都要把高校意识形态工作纳入本地区本部门党建工作整体安排，摆上突出位置，完善工作机制，构建齐抓共管新格局。要按照中央领导同志讲话精神要求，结合各自实际，研究提出贯彻落实会议精神的具体措施，确保把会议提出的各项任务落到实处。

12 月 25 日

中宣部、中组部联合发出通知，要求认真组织学习《马克思主义哲学十讲(党员干部读本)》。通知要求，各级党组织要把组织读本的学习作为推进学习型马克思主义执政党建设、学习型党组织创建的基本内容。各级党委(党组)中心组要认真组织好读本的学习，结合实际组织研读经典著作，不断提高战略思维能力、综合决策能力、驾驭全局能力。各级各类党校、行政学院和干部学院要把读本纳入培训教学内容，各高校要把读本作为师生理论学习教材。各级党委讲师团要围绕读本的内容，组织好对党员干部和基层群众的宣讲活动。

同日，教育部在京召开创新高校人才培养机制座谈会。会议提出，创新高校人才培养机制，是十八届三中全会对高等教育改革发展提出的最直接、最明确的要求。目前必须紧紧围绕党和国家事业发展的新要求，特别是主动适应十八届三中全会提出的“加快发展社会主义市场经济、民主政治、先进文化、和谐社会、生态文明”的新要求，针对人才培养的薄弱环节选准突破口，进行系统性整体性协同性的人才培养机制改革，形成重点突破与整体推进高校人才培养模式创新的良好局面。要发挥基础学科拔尖学生培养试验计划(简称“拔尖计划”)对创新高校人才培养机制的示范辐射作用。“拔尖计划”实施四年来，高校在体制机制和教育教学上先行先试，以“领跑者”的理念建立拔尖人才培养试验区，以“圈”“放”结合探索拔尖学生选拔方式，以“一制三化”探索因材施教模式，在选拔拔尖学生、开展因材施教、吸引学术大师参与以及加强国际化培养等方面初步形成了一套有效机制，带动了本科教育质量整体提升。要进一步深化拔尖创新人才培养机制改革，坚持“少而精、高层次、国际化”的原则，完善拔尖学生选拔机制、创新人才个性化成长机制、科教结合协同育人机制、国内国外合作培养机制。高校要深入推进试验区综合改革，合理控制规模和学科范围，加强拔尖人才培养规律研究，将“拔尖计划”改革成果制度化，形成推进教育教学改革的长效机制。

12 月 29 日

由中国马克思主义研究基金会主办的“中国马克思主义论坛 2013”在中央党校举行。论坛围绕学习贯彻党的十八届三中全会精神，以“改革进行时：理论、方法与实践”为主题展开。与会专家认为，中国特色社会主义命题，是在改革开放的伟大实践中提出来的；中国特色社会主义道路，是在改革开放的伟大实践中逐步开辟、拓展并越走越宽阔的；中国特色社会主义理论体系，是在改革开放的伟大实践中逐步形成和不断丰富、发展的；中国特色社会主义制度，是在改革开放的伟大实践中不断健全和完善的。中国特色社会主义与改革开放，就是这样内在地、有机地、不可分离地紧紧联系在一起的。与会专家强调，十八届三中全会以前所未有的广度、力度和深度对全面深化改革做出总体部署，这是以习近平同志为总书记的党中央坚定不移高举改革开放旗帜的重要体现，也是党中央坚定不移坚持和发展中国特色社会主义的生动体现。

2014年

1月

1月3日

全国宣传部长会议在北京召开。中共中央政治局常委、中央书记处书记刘云山出席会议并讲话。他强调要深入贯彻党的十八大和十八届二中、三中全会精神，贯彻习近平总书记系列讲话精神，贯彻全国宣传思想工作会议精神，坚持稳中求进，坚持改革创新，紧紧围绕实现中华民族伟大复兴的中国梦，围绕“两个巩固”的根本任务，扎实做好宣传思想工作，为促进全面深化改革、推动经济持续健康发展、维护社会和谐稳定提供有力的思想保证、舆论支持、精神动力和文化条件。

刘云山指出，宣传思想战线要胸怀大局、把握大势、着眼大事，更加积极主动、奋发有为做好各项工作。要突出抓好思想理论建设这个根本，老祖宗不能丢、大道理还要讲，切实加强马克思列宁主义、毛泽东思想的学习，加强邓小平理论、“三个代表”重要思想、科学发展观的学习，加强习近平总书记系列讲话精神的学习，努力做到真、深、实，坚定理想信念、筑牢思想根基。要把提高舆论引导能力作为推进国家治理体系和治理能力现代化的重要方面，坚持党管媒体，把握正确导向，有效引导社会热点，培育健康向上的网络舆论生态，唱响主旋律、激发正能量。要大力培育和践行社会主义核心价值观，坚持知行统一，从中华优秀传统文化中汲取崇德向善的力量，建设全民族共有精神家园。要从五位一体全方位改革高度继续深化文化体制改革，确立新目标、提出新举措，进一步解放和发展文化生产力、解放和激发全民族文化创造活力。

刘云山指出，做好新形势下宣传思想工作必须使宣传部门强起来，坚持守土有责、增强政治定力、树立担当精神、培养过硬作风。各级党委要切实加强对宣传思想工作的领导，选好配强宣传部门领导班子，动员各方面共同做好宣传思想工作，努力形成大宣传工作格局。

1月4日

培育和践行社会主义核心价值观座谈会在京召开。中共中央政治局常委、中央书记处书记刘云山出席会议并讲话，强调培育和践行社会主义核心价值观是凝魂聚气、强基固本的战略任务，是提升国家文化软实力的根本举措，要认真贯彻习近平总书记系列讲话精神，切实抓好中共中央办公厅《关于培育和践行社会主义核心价值观的意见》的落实，着力建设中华民族共有精神家园，推动形成奋发向上、崇德向善的强大力量。

刘云山指出，社会主义核心价值观倡导的富强、民主、文明、和谐，自由、平等、公正、法治，爱国、敬业、诚信、友善，明确了国家、社会、公民三个层面的价值目标、价值取向、价值准则，是社会主义核心价值体系的凝练表达。培育和践行社会主义核心价值观，有利于更好地弘扬共同理想、凝聚精神力量、建设道德风尚，使我们国家、民族、人民在思想和精神上强起来。要把贯彻《关于培育和践行社会主义核心价值观的意见》作为重要契机，扎实做好各项工作。

刘云山指出，培育和践行社会主义核心价值观，重在认知认同、做到知行统一。要深入开展宣传教育，使“三个倡导”日益深入人心，着力增强人们的价值判断力和道德责任感。要坚持从小抓起，融入国民教育全过程，贯穿到学校教育、家庭教育、社会教育的各个环节和各个方面。要以优秀传统文化为根基，弘扬中华文化思想精华、道德精髓，努力做到以文化人、以文育人。要扎实开展形式多样的主题实践活动，加强对道德领域突出问题的专项整治，形成人人参与、人人实践的生动局面。要把核心价值观的要求体现到各方面政策制定和实施之中，形成正确政策导向和良好社会环境。

刘云山强调，党风促政风、带民风，党员干部做出表率就是鲜明的导向和最有说服力的教育。要引导党员干部带头践行社会主义核心价值观，坚定理想信念、保持良好道德情操，做时代先锋、社会楷模。重德是我们党选人用人的一个重要原则，要把践行核心价值观情况作为考核评价、选拔任用干部的重要依据，形成以德为先的用人导向。

1 月 5 日

中共中央政治局常委、中央书记处书记、中央党的群众路线教育实践活动领导小组组长刘云山在京主持召开中央党的群众路线教育实践活动领导小组第七次会议，学习贯彻习近平总书记重要指示精神，研究部署第一批教育实践活动总结工作和第二批教育实践活动准备工作。

刘云山说，第一批教育实践活动处于总结阶段，是检验活动成效的关键时候。一定要敬终如始，以认真的态度、一鼓作气的劲头抓好各项工作。已经整改的要巩固成果、防止反弹，正在整改的要加大力度、抓紧抓好，尚未整改的要尽快整改、落实到位。要切实抓好制度建设，增强针对性、适用性、可操作性，确保行得通、指导力强、能长期管用。要认真做好第一批活动总结工作，坚持实事求是，加强理性思考，深化规律性认识，使教育实践活动的有益探索和新鲜经验转化为党的建设的宝贵财富。

刘云山说，第二批教育实践活动即将开展，要注意研究把握第二批活动单位的特点，认真做好准备工作。要深入调查研究，广泛听取意见，抓紧制定分类实施方案，做到贴近基层、切合实际。实施方案要突出学习教育，着力增强广大党员干部的理想信念、宗旨意识、群众观点；突出问题导向，坚持聚焦“四风”，下大气力解决发生在群众身边的不良作风问题；突出服务群众，增强直接服务群众的本领，提升服务水平，确保服务到位，努力把活动成效落实到最基层；突出领导示范，充分发挥领导机关、领导干部模范带动作用。要统筹第一批活动与第二批活动的关系，统筹市县区活动与乡镇村活动的关系，注意前后衔接、上下联动，做到上级指导带动下级、下级监督评判上级。

刘云山强调，开展教育实践活动、抓作风改作风，目的是更好地推进改革发展。要把开展教育实践活动同贯彻党的十八届三中全会精神结合起来，引导广大党员干部坚定信心、凝聚共识、狠抓落实，把活动中激发出来的热情，转化为全面深化改革、促进经济社会持续健康发展的强大动力。春节将至，要严格执行中央八项规定精神，认真贯彻党政机关厉行节约反对浪费条例，切实加强正风肃纪工作。对顶风违纪的要严肃查处，及时公开曝光，切实巩固整治“四风”的工作成果。

1 月 7 日

《光明日报》报道，来自北京 60 多所高校的学生社团联合会代表、社团代表 300 多人，日前汇聚北京化工大学，参加了由北京团市委、市学联等主办的第五届北京高校社团工作交流会。此次交流会旨在进一步促进社团经验交流，创新社团活动形式。清华大学、北京化工大学等高校代表在会上分别介绍了“职业生涯教练计划”“节能环保”社团的特色成果。据悉，首都高校社团组织已有 3500 多个。

1 月 18 日

《人民日报》报道，马年春节来临之际，中共中央总书记、国家主席、中央军委主席习近平 1 月 16 日给全体在德留学人员回信，肯定他们心系祖国、报国为民的爱国情怀，勉励他们早日用所学所得报效祖国和人民，并向所有海外学子及其家人致以节日问候。据悉，2013 年 10 月 21 日，习近平在欧美同学会成立 100 周年庆祝大会上发表重要讲话，在我国广大留学人员当中引起热烈反响。留德学子以全体在德留学人员名义给习近平写信，汇报了他们对个人梦、强国梦、复兴梦的感悟和体会，表达了立志为实现中华民族伟大复兴的中国梦而奋斗的决心和信心。

1 月 19 日—21 日

在教育部社会科学司的指导下，全国高校思想政治理论课教学指导委员会、“思想道德修养与法律基础”分教学指导委员会主办，中央财经大学和高等教育出版社承办的全国高校“思想道德修养与法律基础”课教学研讨观摩会在中央财经大学召开。教育部社科司有关负责同志，全国高校思想政治理论课教学指导委员会“思想道德修养与法律基础”分教学指导委员会委员与会，来自全国 30 个省(区、市)的 60 名正式代表、北京市部分高校代表参加了观摩会。会议针对新版“思想道德修养与法律基础”课教材的重点、难点问题，实现了教学研讨观摩主题对教材主要内容的全覆盖。为增强此次教学研讨观摩会的针对性和实效性，在研讨观摩会筹备过程中，“思想道德修养与法律基础”课分教学指导委员会多次组织专家和一线教师围绕该课 2013 年版教材的重难点问题进行讨论，并结合新教材首轮使用情况，最终确定了 19 个教学研讨观摩选题。这 19 个选题基本覆盖了教材的重点、难点问题，较好地体现了“思想道德修养与法律基础”课教学要求。由全国 30 个省(区、市)推荐的 60 名正式代表围绕 19 个教学观摩选题进行了教学设计和相关准备。根据教师代表提供的有关教学材料，经专家讨论选拔，20 位代表作为主讲教师在研讨观摩会上进行了教学。教学展示做到了 19 个教学重难点问题的全覆盖，反映了一线优秀的“思想道德修养与法律基础”课教师对教学中重点、难点问题的把握情况，起到了较好的示范作用。

1 月 23 日

教育部公布《教育部 2014 年工作要点》，指出：要改革人才培养方式，把立德树人的根本任务贯彻始终。具体包括：深化中国特色社会主义和中国梦宣传教育。深入开展社会主义核心价值体系教育，积极培育和践行社会主义核心价值观，制订实施完善中华优秀传统文化教育指导纲要。深入开展“爱学习、爱劳动、爱祖国”和“节粮、节水、节电”教育活动。制定印发加强高校宣传思想工作意见。推进大学生思想政治教育质量提升工程。启动辅导员访学研修计划。研究制定普通高等学校辅导员职业能力标准。建设高校实践育人共同体。启动实施思想政治教育中青年杰出人才百人工程。加强思想政治理论课建设，实施高校思想政治理论课建设体系创新计划、思想政治理论课教学方法改革项目择优推广计划，启动名师名家示范课工程。出台加强高校师德建设的意见。深入推进大学生心理健康素质提升计划。加强网络思想政治教育，组织开展高校校园网络文化建设专项试点。启动实施中国大学生在线引领工程、易班推广行动计划。印发《关于全面深化课程改革落实立德树人根本任务的意见》。研究构建大中小学生发展核心素养体系。

1 月 24 日

共青团中央办公厅、教育部办公厅联合印发《关于转发〈中华全国学生联合会关于加强和改进高校学生会研究生会建设的指导意见〉的通知》。文件指出，《中华全国学生联合会关于加强和改进高校学生会研究生会建设的指导意见》就加强和改进高校学生会和研究生会建设的总体目标、原则和工作任务，坚持和完善学生代表大会制度，加强高校学生会和研究生会自身建设等方面进行指导。文件强调，各地党委教育部门、教育厅(教委)、团组织要对本地区各级学联组织及高校学生会和研究生会建设给予充分重视，加强工作指导，帮助学联组织及高校学生会和研究生会增强工作活力、促进工作创新，充分发挥在加强和改进大学生思想政治教育、服务大学生全面发展等方面的重要作用。要针对本地区各高校贯彻落实学联的这份文件情况进行检查督导；特别是对于存在未能按期召开学生代表大会、主要学生干部没有以公开竞争方式产生等情况的高校，应限期改正。高校党委要将学生会和研究生会建设作为做好新形势下青年学生工作、促进学校建设发展的重要组成部分，摆上议事日程，纳入整体规划，在完善学校内部治理机构、服务学生成长成才等方面充分发挥学生会和研究生会的桥梁纽带作用。要注重从制度建设、程序规范、经费保障等方面，切实加强对学生会和研究生会的领导、支持与帮助；针对当前高校中研究生会隶属关系不一的现象，要按照有关文件要求，尽快加以理顺和调整，统一归由学校团委管理，确保研究生会在党的领导和共青团的指导下，有效开展工作、发挥积极作用。要明确学校团学工作格局，突出团组织的核心地位以及对学生会和研究生会的指导、对学生社团的管理职能，同时充分发挥学生会和研究生会作为学生“自我服务、自我管理、自我教育”主体组织、学生社团作为活跃校园文化骨干力量的积极作用。高校团委要在党委领导下，切实担负起对学生会和研究生会的指导职能，既要把握学生会和研究生会建设、发展的方向，又要充分尊重、热情鼓励学生会和研究生会独立自主开展工作。要指导学生会和研究生会认真落实要求，特别是要严格执行学生代表大会制度的有关规定；结合自身实际及学生需求，确保学生会和研究生会的正常经费划拨和必要经费支持。对于不符合相关精神的做法，要尽快采取措施予以纠正。

1月28日

中共中央总书记、国家主席、中央军委主席习近平给烟台市福山区福新街道垆上村大学生村官张广秀复信，对她病愈重返工作岗位表示慰问，对全国大学生村官提出殷切期望，希望他们热爱基层、扎根基层，增长见识、增长才干，促农村发展，让农民受益，让青春无悔。张广秀是2009年9月选聘到垆上村任职的女大学生村官，2010年9月身患急性白血病仍不忘工作。在习近平等中央领导同志的亲切关怀下，她到北京接受治疗后于2013年6月重回村官岗位。

2月

2月8日

共青团中央发布《认真学习贯彻习近平总书记给大学生村官张广秀复信精神的通知》，要求各级团组织要认真抓好习近平总书记复信精神的学习宣传，特别是要把复信精神原原本本地传递到大学生村官之中，使他们真正感受到习近平总书记的关怀和嘱托。要引导广大团员青年特别是大学生村官牢记习近平总书记的殷切期望，牢固树立到基层去、到祖国最需要的地方去建功立业的青春志向，牢固树立热爱基层、扎根基层的坚定信心，努力以实际行动促农村发展、让农民受益、让青春无悔。要以学习贯彻习近平总书记复信精神为契机，积极配合组织部门，进一步做好联系和服务大学生村官工作，帮助他们愉快工作、健康成长。第一，要关心大学生村官的日常生活，充分发挥基层团组织的作用，通过开展文体娱乐、交友联谊等活动，帮助他们解决现实困难。第二，要把大学生村官组织起来，通过吸收大学生村官担任兼职团干部、组建大学生村官团组织等多种形式，有组织地发挥好大学生村官在农村共青团工作中的整体性作用。第三，要服务大学生村官就业创业，通过政策支持、资金扶持、技能培训等途径，帮助他们立足农村实际创出事业新天地。第四，要注重从大学生村官中发现基层需要的青年人才，积极向基层党政部门做推介。第五，要积极做好大学生村官典型选树工作，广泛宣传他们的先进事迹。

2月11日

《人民日报》报道，由中共中央办公厅印发的《关于培育和践行社会主义核心价值观的意见》单行本，近日已由人民出版社出版，在全国新华书店发行。

2月21日

教育部、财政部联合印发《普通高等学校研究生国家奖学金评审办法》，以规范普通高等学校研究生国家奖学金评审行为，保证评审工作公开、公平、公正、依法依章开展，确保评审质量和评审结果的权威性。

2月24日

中共中央政治局就培育和弘扬社会主义核心价值观、弘扬中华传统美德进行第十三次集体学习。中共中央总书记习近平在主持学习时强调，把培育和弘扬社会主义核心价值观作为凝魂聚气、强基固本的基础工程，继承和发扬中华优秀传统文化和传统美德，广泛开展社会主义核心价值观宣传教育，积极引导人们讲道德、尊道德、守道德，追求高尚的道德理想，不断夯实中国特色社会主义的思想道德基础。

习近平在主持学习时发表了讲话。他指出，核心价值观是文化软实力的灵魂、文化软实力建设的重点。这是决定文化性质和方向的最深层次要素。一个国家的文化软实力，从根本上说，取决于其核心价值观的生命力、凝聚力、感召力。培育和弘扬核心价值观，有效整合社会意识，是社会系统得以正常运转、社会秩序得以有效维护的重要途径，也是国家治理体系和治理能力的重要方面。历史和现实都表明，构建具有强大感召力的核心价值观，关系社会和谐稳定，关系国家长治久安。

习近平强调，培育和弘扬社会主义核心价值观必须立足中华优秀传统文化。牢固的核心价值观，都有其固有的根本。抛弃传统、丢掉根本，就等于割断了自己的精神命脉。博大精深的中华优秀传统文化是我们在世界文化激荡中站稳脚跟的根基。中华文化源远流长，积淀着中华民族最深层的精神追求，代表着中华民族独特的精神标识，为中华民族生生不息、发展壮大提供了丰厚滋养。中华传统美德是中华文化精髓，蕴含着丰富的思想道德资源。不忘本来才能开辟未来，善于继承才能更好创新。对历史文化特别是先人传承下来的价值理念和道德规范，要坚持古为今用、推陈出新，有鉴别地加以对待，有扬弃地予以继承，努力用中华民族创造的一切精神财富来以文化人、以文育人。

习近平指出，要讲清楚中华优秀传统文化的历史渊源、发展脉络、基本走向，讲清楚中华文化的独特创造、价值理念、鲜明特色，增强文化自信和价值观自信。要认真汲取中华优秀传统文化的思想精华和道德精髓，大力弘扬以爱国主义为核心的民族精神和以改革创新为核心的时代精神，深入挖掘和阐发中华优秀传统文化讲仁爱、重民本、守诚信、崇正义、尚和合、求大同的时代价值，使中华优秀传统文化成为涵养社会主义核心价值观的重要源泉。要处理好继承和创造性发展的关系，重点做好创造性转化和创新性发展。

习近平强调，要切实把社会主义核心价值观贯穿于社会生活方方面面。要通过教育引导、舆论宣传、文化熏陶、实践养成、制度保障等，使社会主义核心价值观内化为人们的精神追求，外化为人们的自觉行动。榜样的力量是无穷的，广大党员、干部必须带头学习和弘扬社会主义核心价值观，用自己的模范行为和高尚人格感召群众、带动群众。要从娃娃抓起、从学校抓起，做到进教材、进课堂、进头脑。要润物细无声，运用各类文化形式，生动具体地表现社会主义核心价值观，用高质量高水平的作品形象地告诉人们什么是真善美，什么是假恶丑，什么是值得肯定和赞扬的，什么是必须反对和否定的。

习近平指出，一种价值观要真正发挥作用，必须融入社会生活，让人们在实践中感知它、领悟它。要注意把我们所提倡的与人们日常生活紧密联系起来，在落细、落小、落实上下功夫。要按照社会主义核心价值观的基本要求，健全各行各业规章制度，完善市民公约、乡规民约、学生守则等行为准则，使社会主义核心价值观成为人们日常工作生活的基本遵循。要建立和规范一些礼仪制度，组织开展形式多样的纪念庆典活动，传播主流价值，增强人们的认同感和归属感。要把社会主义核心价值观的要求融入各种精神文明创建活动之中，吸引群众广泛参与，推动人们在为家庭谋幸福、为他人送温暖、为社会做贡献的过程中提高精神境界、培育文明风尚。要利用各种时机和场合，形成有利于培育和弘扬社会主义核心价值观的生活情景和社会氛围，使核心价值观的影响像空气一样无所不在、无时不有。

习近平强调，要发挥政策导向作用，使经济、政治、文化、社会等方方面面政策都有利于社会主义核心价值观的培育。要用法律来推动核心价值观建设。各种社会管理要承担起倡导社会主义核心价值观的责任，注重在日常管理中体现价值导向，使符合核心价值观的行为得到鼓励、违背核心价值观的行为受到制约。

2 月 25 日

教育部党组书记、部长袁贵仁主持召开党组会议，传达学习习近平总书记给大学生村官张广秀复信精神及中央领导同志关于做好高校毕业生就业工作的批示精神，研究部署2014 年高校毕业生就业工作。

会议指出，以习近平同志为总书记的党中央

高度重视高校毕业生就业工作。习近平总书记的复信，语重心长、情真意切，充分体现了党中央对大学生村官集体和广大高校毕业生的亲切关怀和殷切期望，是对大学生村官集体和高校毕业生的巨大鼓舞和鞭策，为进一步做好高校毕业生就业工作指明了方向。会议强调：当前正值高校毕业生求职择业关键时期，要结合学习贯彻习近平总书记复信和中央领导同志重要批示精神，重点抓好六方面工作。一是抓好政策制定和宣传。配合有关部门制定更加积极的就业政策，重点实施好“大学生就业促进计划”和“大学生创业引领计划”。通过多种形式大力宣传高校毕业生就业政策，确保每一名毕业生都知晓和用好政策。二是积极引导和鼓励毕业生到基层就业。健全基层就业服务保障机制，扩大政策受益面，鼓励各地各高校为到西部基层就业的毕业生设立奖励资金，为服务期满的毕业生提供有效就业指导和服务。扩大基层就业项目规模和范围，继续实施好“西部计划”“‘三支一扶’计划”“到村任职”和“农村教师特岗计划”等基层项目。配合启动实施“农业技术推广服务特设岗位计划”等新项目。开展二、三线城市面向高校毕业生的网上招聘活动。三是大力推进高校毕业生自主创业。一揽子推动创业政策、创业资金、创业场地、创业教育、创业指导和服务等各项工作。开展多种形式的创业实践活动，加强大学生创业示范基地和示范高校建设，力争2014年创业和参与创业的大学生人数进一步提高。四是加强就业状况反馈和引导。要深化改革，发挥就业状况反馈作用，完善就业与招生计划、人才培养、经费拨款、院校设置的联动机制。抓好就业质量年度报告编制和发布工作，启动就业数据库与学籍数据库的互联互通，积极引入第三方评价。五是抓好大学生参军入伍工作。4月启动大学生征兵报名工作，力争6月底前完成报名应征大学生的体检和政审工作，落实好学费补偿代偿政策。六是着力做好困难帮扶和就业援助。对家庭经济困难和就业困难毕业生实行分类指导、重点服务、重点推荐。落实好求职补贴，切实缓解困难群体毕业生的求职经济压力。加强对农村大学生的就业服务，积极促进农村生源毕业生实现就业。

2月27日

为了牢记历史，铭记中国人民反抗日本帝国主义侵略的艰苦卓绝的斗争，缅怀在中国人民抗日战争中英勇献身的英烈和所有为中国人民抗日战争胜利做出贡献的人们，彰显中国人民抗日战争在世界反法西斯战争中的重要地位，表明中国人民坚决维护国家主权、领土完整和世界和平的坚定立场，弘扬以爱国主义为核心的伟大民族精神，激励全国各族人民为实现中华民族伟大复兴的中国梦而共同奋斗，第十二届全国人民代表大会常务委员会第七次会议决定：将9月3日确定为中国人民抗日战争胜利纪念日。每年9月3日国家举行纪念活动。历史上，中华人民共和国成立后，中央人民政府政务院、国务院曾先后将1945年9月2日日本政府签署投降书的次日即9月3日设定为“九三抗战胜利纪念日”。

3月

3月2日

中宣部在北京举办第十一届中国公民道德论坛。中共中央政治局委员、中宣部部长刘奇葆出席会议并讲话，强调要深入学习贯彻党的十八大和十八届三中全会精神，学习贯彻习近平总书记系列讲话精神，把培育和践行社会主义核心价值观作为凝魂聚气、强基固本的基础工程、战略工程，作为一项根本任务，加强教育引导、舆论宣传、文化熏陶、实践养成、政策制定、制度保障，推动社会主义核心价值观内化于心外化于行，巩固全党全国各族人民团结奋斗的共同思想基础。

刘奇葆指出，培育和践行社会主义核心价值观，必须在国家发展总的目标下与各方面工作紧密结合起来，围绕国家、社会、公民三个层面开展宣传教育。首先要在全社会叫响“三个倡导”24个字，同时要全面系统、分层面、有重点地开展宣传教育，引导人们不断加深理解认同，成为人们的精神追求和自觉行动。要弘扬中华优秀传统文化和传统美德，加强道德教育实践，深化学雷锋志愿服务活动，开展孝敬、诚信、勤劳、节俭教育。要在抓好融入上下功夫，推动社会主义核心价值观融入各行各业实际工作，融入大众日常生活，融入政策制度、法律法规的制定实施，把培育和践行社会主义核心价值观的任务落到实处。

3月4日

在3月5日学雷锋日到来之际，中共中央总书记、国家主席、中央军委主席习近平给“郭明义爱心团队”回信，对他们服务社会、助人为乐、爱岗敬业给予充分肯定，并向全国广大志愿者和爱心人士致以崇高敬意。

习近平在信中表示，得知你们“跟着郭明义学雷锋”，用爱心温暖需要帮助的人，在服务社会、助人为乐、爱岗敬业中提升人生境界，感到很欣慰。习近平指出，雷锋精神，人人可学；奉献爱心，处处可为。积小善为大善，善莫大焉。当有人需要帮助时，大家搭把手、出份力，社会将变得更加美好。习近平强调，我国工人阶级应该为全社会学雷锋、树新风做出榜样，让学习雷锋精神在祖国大地蔚然成风。他希望“爱心团队”努力践行社会主义核心价值观，积极向上向善，从“赠人玫瑰、手有余香”中感受善的力量，以实际行动书写新时代的雷锋故事，为实现中国梦有一分热发一分光。

同日，中共中央政治局常委、中央书记处书记刘云山看望出席全国政协十二届二次会议的委员并参加分组讨论。在社会科学界、新闻出版界委员联组会上，委员们围绕全面深化改革、培育弘扬社会主义核心价值观等建言献策。刘云山在听取委员们发言后说，全面深化改革，推动经济发展和社会进步，都有一个价值体系建设问题。培育弘扬核心价值观，要坚持认知认同与自觉践行相统一、道德教育与价值引领相统一、弘扬传统与改进创新相统一、树立正气与抵制歪风相统一。要通过坚持不懈的宣传教育，引导人们讲道德、尊道德、守道德，形成奋发向上、崇德向善的正能量。要发挥政策的激励和约束作用，发挥舆论的引导和监督作用，弘扬真善美，贬斥假恶丑，唱响时代正气歌。刘云山希望社会科学界、新闻出版界深化理论研究，加强大众化阐释，推出更多表现主流价值的好文章、好报道、好节目、好图书，为培育弘扬核心价值观贡献智慧和力量。政协委员是知名人士，一言一行都容易成为风向标，希望大家更好地立德、立学、立言、立行，用模范行动影响和带动全社会。

3月5日

“向上向善进行时——全国大学生道德实践成果网络巡礼”活动首项活动“敬礼雷锋”在中国大学生在线、易班网、人民网、新浪网和腾讯网上线启动，短短一天时间，吸引数万名高校师生参与。该活动由教育部思想政治工作司和国家互联网信息办公室网络新闻宣传局共同指导，全国高校校园网站联盟主办，旨在围绕立德树人根本任务，通过致敬道德榜样、感悟道德内涵、践行道德规范，凝聚高校校园奋发向上、崇德向善力量，提高大学生道德实践能力，推动社会主义核心价值观培育践行。

3月17日

为深入贯彻落实中央《关于培育和践行社会主义核心价值观的意见》，共青团中央决定在广大青少年中深入开展社会主义核心价值观宣传教育和实践活动，包括开展宣传教育、道德实践活动、选树青少年典型、实施文化引领等内容。

3月19日

共青团中央办公厅印发《关于深入开展“青年好声音”网络文化行动的通知》，指出，为深入贯彻落实习近平总书记和党中央对共青团加强网络宣传引导工作的重要要求，努力实现共青团在网络新媒体领域不仅“有阵地”“建队伍”，而且“发声音”，在网络上唱响青年思想引导的主旋律，形成强劲的青春正能量，共青团中央决定从2014年起，按照正面宣传教育为主、与有针对性的网络舆论斗争相结合的思路，发动全团大力开展“青年好声音”网络文化行动。要结合各类重大时间节点，以编创传播内涵丰富、形式时尚的网文、动漫、图片、微访谈、微视频等网络文化产品为基本途径和载体，集中传播“青年好声音”，并对传播渠道、工作力量和推进步骤等进行了布置。

3月21日

《光明日报》报道，全国首个思想政治理论类的混合式共享课平台日前在复旦大学、北京大学开讲。此次开讲的“思想道德修养与法律基础”“慕课”是由上海高校课程共享中心组织，复旦大学牵头，包括北京大学在内的近10所高校23名教师参与跨校联合共建。全国共有24所高校近5000名学生通过共享课平台选修了这次推出的思修课。

3月25日—26日

2014年全国大学生心理健康教育工作专题研讨会在华中师范大学召开。会议由教育部思政司指导、全国大学生心理健康教育工作研究分会(筹)主办，各省(区、市)教育工作部门相关职能处室负责同志、教育部直属高校心理健康教育中心主要负责同志等110余人参加。教育部思政司司长冯刚在会议讲话中回顾总结了2013年大学生心理健康教育工作取得的成绩和进展，系统分析了当前工作面临的形势和任务，强调指出要围绕构建中国特色大学生心理健康教育工作体系，建立中国特色的大学生心理健康教育工作标准，切实加强心理健康教育和大学生心理危机预防干预，并对2014年大学生心理健康教育工作进行了全面部署。北京大学、清华大学、天津大学、南京大学、华中师范大学、西安电子科技大学六个全国高校心理健康教育与咨询示范中心培育建设试点工作单位结合工作开展情况，就如何发挥示范中心的展示、引领、辐射功能进行了大会交流发言。

3月26日

由光明日报社、中央电视台、中国伦理学会联合主办的“以家风家教弘扬社会主义核心价值观”研讨会在北京举行。与会者强调，家庭是社会的细胞，是连接个体与社会的桥梁。优良的家风家教，可以使个人获得进入社会的基本品质，在道德观念上进行自我约束，尤其对于弘扬和践行社会主义核心价值观、促进社会和谐稳定、树立道德自信、实现中华民族伟大复兴的中国梦，具有独特作用。会议认为，做好家风家教的宣传，是弘扬社会主义核心价值观的重要抓手。中央电视台、光明日报社进行的家风家教报道和“家风家教大家谈”征文活动，通过家风家教这个小切口，以多种方式互动传播带动同频共振，把宏大凝练的核心价值观阐释得更加具象、丰满、生动，让每个人都能看到并参与讨论，弘扬了主旋律、传递了正能量，非常契合当代社会思想传播的新要求、新特点，有效发挥了中央主流新闻媒体的舆论引领作用。会议提出：在新的历史时期，以家风家教弘扬社会主义核心价值观，面临功利主义思想在社会的蔓延和渗透，家庭结构变化导致的传统家风家教资源流失，我国成年人教育传统的缺失，以及电子产品对家庭日常交流时间的挤压等具体和现实的挑战。因此，倡导和培育优良的家风，让千家万户的日子越过越好，是最深层次的民生工程。

3月28日

“中俄青年友好交流年”开幕式在俄罗斯圣彼得堡隆重举行。中国国家主席习近平和俄罗斯总统普京专门致信祝贺。习近平在贺信中表示：我和普京总统共同决定今明两年举办中俄青年友好交流年，是要推动中俄全面战略协作伙伴关系继续在高水平上运行，促进中俄世代友好，带动双方各领域务实合作。举办这项活动是两国领导人着眼中俄关系长远发展采取的重大举措。青年是国家的未来，是中俄关系和中俄两国人民友谊的未来。希望两国青年与时代同步，顺应中俄全面战略协作伙伴关系发展大势，把自己的梦想融入推动中俄两国共同发展、共同繁荣的事业中来，为中俄两国和两国人民的友好事业和美好未来作出积极贡献。

3月30日

中央党的群众路线教育实践活动领导小组印发《关于在教育实践活动中学习弘扬焦裕禄精神、践行“三严三实”要求的通知》，要求各级党委(党组)认真落实习近平总书记讲话精神，推动党员干部大力学习弘扬焦裕禄精神、自觉践行“三严三实”要求，确保教育实践活动取得实效。

3 月 31 日

教育部网站报道，为进一步加强高校辅导员队伍建设，推动高校辅导员队伍专业化、职业化发展，教育部日前印发《高等学校辅导员职业能力标准(暂行)》，对高校辅导员职业概况、基本要求和各级能力标准进行了规范与要求。文件指出，高校辅导员是高校教师队伍和管理队伍的重要组成部分，具有教师和干部的双重身份，是开展大学生思想政治教育的骨干力量，是高校学生日常思想政治教育和管理工作的组织者、实施者和指导者，应将爱国守法、敬业爱生、育人为本、终身学习、为人师表作为职业守则，不断拓宽知识储备，努力提高职业素养和职业能力。文件从初、中、高三个能力级别，对高校辅导员在思想政治教育、党团和班级建设、学业指导、日常事务管理、心理健康教育与咨询、网络思想政治教育、危机事件应对、职业规划与就业指导、理论与实践研究九方面辅导员职业功能的工作内容进行了梳理和规范，对辅导员在不同职业功能上应具备的能力和理论知识储备提出了明确要求。文件的制定和实施，旨在进一步增强辅导员职业的社会认同，确立辅导员职业概念，提升辅导员职业地位和职业公信力；旨在进一步强化辅导员队伍建设的政策导向，推动各级部门进一步制定完善辅导员队伍准入、考核、培养、发展、退出机制；旨在进一步充实丰富辅导员工作的专业内涵，为辅导员主动提升专业素养和职业能力指出路径和方向；旨在进一步规范辅导员的工作范畴，增强辅导员的职业自信心和职业归属感。

4 月

4 月 4 日

《人民日报》报道，中央党的群众路线教育实践活动领导小组办公室近日印发通知，要求各地区各部门各单位认真组织学习《习近平关于党的群众路线教育实践活动论述摘编》。为配合开展好第二批党的群众路线教育实践活动，便于基层党组织和广大党员干部学习领会习近平总书记一系列重要讲话和指示精神，经中央同意，中央文献研究室和中央教育实践活动办公室编辑了《习近平关于党的群众路线教育实践活动论述摘编》，作为参加第二批教育实践活动的基层党组织和党员干部的学习用书。

4 月 10 日

由光明日报社、中华书局主办的“中国传统美德与时代精神”研讨会在京举行。与会专家学者认为，中华传统美德是中华文化精髓，蕴含着丰富的思想道德资源，培育和践行社会主义核心价值观应深入挖掘中华传统美德的当代价值。

4 月 14 日—15 日

由教育部社会科学司指导、《时事报告》杂志社主办、河南农业大学承办的高校“形势与政策”课教育教学研讨暨“高校形势与政策教育教学研究”课题结题工作会议在郑州举行。会议就新形势下加强“形势与政策”课规范化建设，推动“形势与政策”课创新发展进行了深入研讨，对“高校形势与政策教育教学研究”课题报告撰写工作做了充分交流。会议认为，“形势与政策”课是高校思想政治理论课的重要组成部分，是对大学生进行形势与政策教育的主渠道、主阵地，各地各高校要像重视思想政治理论课其他课程那样重视“形势与政策”课建设，要紧紧抓住教材、教师、教学等关键环节，充分运用“高校形势与政策教育教学研究”课题的研究成果，增强“形势与政策”课教育教学的针对性，加强课程规范化建设，推动高校“形势与政策”课创新发展。

4 月 19 日

历时 5 年编纂，以整体性视角编写的大型马克思主义辞书《马克思主义大辞典》在京举行首发式。首发式暨出版座谈会由中共湖北省委宣传部、湖北省新闻出版广电局、武汉大学联合举办，武汉大学马克思主义理论与中国实践协同创新中心、长江传媒·崇文书局联合承办。

4 月 21 日

共青团中央、教育部、财政部、人力资源和社会保障部联合召开 2014 年大学生志愿服务西部计划视讯会议。教育部党组成员、部长助理林蕙青出席会议并讲话，对教育系统做好 2014 年大学生志愿服务西部计划进行部署。

4月23日

“大学悦读·阅读大学”中国高校出版社精品图书巡展启动仪式暨中华优秀传统文化专场在中国人民大学举行，当天正是第19个“世界读书日”。中国人民大学出版社、外语教学与研究出版社等20余家大学出版社参与。

4月28日

中宣部会同国家林业局在中央电视台向全社会公开发布“时代楷模”苏和、塞罕坝机械林场的先进事迹。“时代楷模”发布活动以“我们的价值观、我们的中国梦”为主题，现场发布了苏和、塞罕坝机械林场的先进事迹，并播放了视频短片，苏和、塞罕坝机械林场干部职工代表与主持人现场互动交流，并领取“时代楷模”纪念章和荣誉证书。发布单位有关负责同志、“时代楷模”的亲友及同事、当地干部群众代表等参加了发布活动。

5月

5月3日

在五四青年节即将到来之际，中共中央总书记、国家主席、中央军委主席习近平给河北保定学院西部支教毕业生群体代表回信，向青年朋友致以节日的问候。习近平在信中表示：你们响应国家号召，怀着执着的理想，奔赴条件艰苦的西部和边疆地区，扎根基层教书育人，十几年如一日，写下了充满激情和奋斗的人生历程。你们的坚守、你们的事迹，令人感动。习近平强调：同人民一道拼搏、同祖国一道前进，服务人民、奉献祖国，是当代中国青年的正确方向。好儿女志在四方，有志者奋斗无悔。希望越来越多的青年人以你们为榜样，到基层和人民中去建功立业，让青春之花绽放在祖国最需要的地方，在实现中国梦的伟大实践中书写别样精彩的人生。

5月4日

在五四青年节这个属于青春的节日，中共中央总书记、国家主席、中央军委主席习近平来到北京大学考察。习近平代表党中央，向全国各族青年致以节日问候，向全国广大教育工作者和青年工作者致以崇高敬意。他强调，核心价值观承载着一个民族、一个国家的精神追求，是最持久、最深层的力量。广大青年要从现在做起，从自己做起，勤学、修德、明辨、笃实，使社会主义核心价值观成为自己的基本遵循，并身体力行大力将其推广到全社会去，努力在实现中国梦的伟大实践中创造自己的精彩人生。习近平强调，每个时代都有每个时代的精神，每个时代都有每个时代的价值观念。一个民族、一个国家的核心价值观必须同这个民族、这个国家的历史文化相契合，同这个民族、这个国家的人民正在进行的奋斗相结合，同这个民族、这个国家需要解决的时代问题相适应。习近平指出，确立反映全国各族人民共同认同的价值观，关乎国家前途命运，关乎人民幸福安康。我们提出要倡导富强、民主、文明、和谐，倡导自由、平等、公正、法治，倡导爱国、敬业、诚信、友善，积极培育和践行社会主义核心价值观。社会主义核心价值观把涉及国家、社会、公民的价值要求融为一体，既体现了社会主义本质要求，继承了中华优秀传统文化，也吸收了世界文明有益成果，体现了时代精神。中华文明绵延数千年，有其独特的价值体系，我们提倡和弘扬社会主义核心价值观，必须从中汲取丰富营养，否则就不会有生命力和影响力。要在全社会牢固树立社会主义核心价值观，全体人民一起努力，通过持之以恒的奋斗，把我们的国家建设得更加富强、更加民主、更加文明、更加和谐、更加美丽，让中华民族以更加自信、更加自强的姿态屹立于世界民族之林。习近平强调，青年的价值取向决定了未来整个社会的价值取向，而青年又处在价值观形成和确立的时期，抓好这一时期的价值观养成十分重要。这就像穿衣服扣扣子一样，如果第一粒扣子扣错了，剩余的扣子都会扣错。人生的扣子从一开始就要扣好。核心价值观的养成绝非一日之功，要坚持由易到难、由近及远，努力把核心价值观的要求变成日常的行为准则，进而形成自觉奉行的信念理念。广大青年树立和培育社会主义核心价值观，要在勤学、修德、明辨、笃实上下功夫，下得苦功夫、求得真学问，加强道德修养、注重道德实践，善于明辨是非、善于决断选择，扎扎实实干事、踏踏实实做人，立志报效祖国、服务人民，于实处用力，从知行合一上下功夫。习近平强调指出，党中央做出了建设世界一流大学的战略决策，我们要朝着这个目标坚定不移前进，不断深化教育体制改革。办好中国的世界一流大学，必须有中国特色。各级党委和政府要高度重视高校工作，始终关心和爱护学生成长。要全面深化改革，营造公平公正的社会环境，不断激发广大青年的活力和创造力。要强化就业创业服务体系建设，支持帮助学生们迈好走向社会的第一步。教师承担着最庄严、最神圣的使命，要时刻铭记教书育人的使命，以人格魅力引导学生心灵，以学术造诣开启学生的智慧之门。

同日，共青团中央在北京召开“我的中国梦——奋斗的青春最美丽”优秀青年座谈会。中共中央政治局委员、国家副主席李源潮希望广大青年牢记习近平总书记要求，弘扬五四精神，树立和培育社会主义核心价值观，做有理想、有信念、有奋斗、有贡献的新时代青年，为实现中国梦齐心奋斗。第18届“中国青年五四奖章”获得者和“中国青年五四奖章集体”“全国优秀共青团员”“全国优秀团干部”“全国五四红旗团委”的代表参加了座谈会。

同日，中共中央政治局委员、国务院副总理刘延东在2014年大学生和高校辅导员年度人物座谈会上强调，广大青年师生要深入学习贯彻习近平总书记在北大纪念五四运动95周年座谈会上的重要讲话精神，坚定理想信念，践行社会主义核心价值观，勤于学习实践，强化责任担当，勇做走在时代前列的奋进者、开拓者、奉献者，为实现中国梦贡献青春智慧和力量。

5月5日

北京大学举行学习习近平总书记“五四”讲话精神座谈会，与会师生表示将深刻领会总书记“五四”讲话精神，为践行、引领社会主义核心价值观和建设世界一流大学做出努力。座谈会上，北大师生对习总书记“五四”讲话中提出的践行社会主义核心价值观进行了讨论。大家表示，讲话不仅对北大学子，而且对全国青年乃至全社会如何坚守中国人民和中华民族近代以来追求的先进价值观“爱国、进步、民主、科学”提出要求，同时对如何在新的历史时期拥有更高的精神追求提出要求。以北京大学为代表的中国大学，要以历史的眼光认识大学的使命，在核心价值观上率先有更好的把握和认识，更强的自觉，更模范的引领和行动，引导学生拥有更高的精神追求和文化自信，进而引领全社会拥有更高的精神追求和文化自信。

同日，教育部召开教育系统学习贯彻习近平总书记“五四”重要讲话精神、培育和践行社会主义核心价值观座谈会。座谈会上，来自北京大学等高校的师生代表结合各自工作学习实际，交流了学习总书记“五四”重要讲话的思考和体会。

同日，教育部党组书记、部长袁贵仁主持召开党组会，传达学习习近平总书记5月4日考察北京大学、与师生代表座谈时的重要讲话，以及五四前夕给河北保定学院西部支教毕业生群体代表回信精神，研究部署贯彻落实工作。会议强调，要认真学习领会、准确认识把握、全面贯彻落实习近平总书记重要讲话精神，以重要讲话精神为指引，切实把培育和践行社会主义核心价值观融入国民教育全过程，全面落实立德树人根本任务，为全面建成小康社会提供坚强有力的人才支撑和智力支持。

同日，教育部在北京师范大学和北京林业大学举办了两场“保定学院西部支教毕业生群体先进事迹报告会”，近千名高校师生聆听报告。在两场报告会上，保定学院外语系党总支书记刘世斌、思想政治理论教研部主任赵云耕、中文系副教授王佳玲、宣传部部长马丽娟以及毕业生代表李桂枝等讲述了该校毕业生扎根边疆教育事业的感人事迹。报告会引发了广大高校师生的热烈讨论。参加报告会的中国著名数学家、保定学院签约院士王梓坤说：“这些学生的精神值得大家学习和赞赏，这是学校和老师培养教育的结果。西部地域广阔，需要人才，更需要这种精神。”

同日，由教育部社会科学司指导、教育部高校思想政治理论课教学指导委员会和《思想理论教育导刊》编辑部主办的“高校思想政治理论课教师2013年度影响力人物”评选揭晓，共推选出“高校思想政治理论课教师2013年度影响力标兵人物”10名，“年度影响力人物”29名，“年度影响力提名人物”59名。

5月6日

中共教育部党组发出通知，要求各地教育部门和高校深入学习领会、全面贯彻落实习近平总书记五四重要讲话精神。通知指出，习近平总书记的重要讲话，站在建设富强民主文明和谐的社会主义现代化国家、实现中华民族伟大复兴中国梦的战略高度，深入论述了社会主义核心价值观的重大意义、丰富内涵、历史渊源和实践要求，深刻指出了当代青年树立和培育社会主义核心价值观的时代责任和努力方向，鲜明回答了坚持立德树人、深化教育改革的重大理论和实践问题，是当代青年学生健康成长、建功立业的科学行动指南，是全面推进教育改革发展的强大思想武器。学习好、贯彻好、落实好讲话精神，对于落实立德树人根本任务、深化教育领域综合改革、完善和发展中国特色社会主义教育制度、培养德智体美全面发展的社会主义建设者和接班人，具有重大而深远的意义。

5月7日

共青团中央发布《关于组织引导广大团员青年认真学习宣传贯彻习近平总书记在北京大学师生座谈会上重要讲话的通知》，要求：各级共青团组织要高度重视、迅速行动，把组织引导广大团员青年和团干部学习宣传贯彻习近平总书记重要讲话精神摆在突出位置，切实抓紧抓好。提出：要充分认识习近平总书记重要讲话的重大意义，切实把思想和行动统一到讲话精神上来。各级团组织、团干部和广大团员青年要深入学习习近平总书记重要讲话精神，深刻把握讲话的丰富内涵和精神实质。要深刻领会培育和弘扬社会主义核心价值观的战略意义，充分认识对一个民族、一个国家来说，最持久、最深层的力量是全社会共同认可的核心价值观，确立反映全国各族人民共同认同的价值观关乎国家前途命运，关乎人民幸福安康。要深刻领会社会主义核心价值观的基本内涵，理解社会主义核心价值观与五四精神一脉相承的内在联系，充分认识到广大青年对五四运动的最好纪念，就是在党的领导下，勇做走在时代前列的奋进者、开拓者、奉献者，同全国各族人民一道，担负起历史重任，让五四精神放射出更加夺目的时代光芒。要深刻领会社会主义核心价值观的民族特色，充分认识一个民族、一个国家的核心价值观必须同这个民族、这个国家的历史文化相契合，同这个民族、这个国家的人民正在进行的奋斗相结合，同这个民族、这个国家需要解决的时代问题相适应，培育和践行社会主义核心价值观就是要大力弘扬中华优秀传统文化，让中华民族以更加自信、自强的姿态屹立于世界民族之林。要深刻领会青年树立和培育社会主义核心价值观的时代责任和努力方向，充分认识青年的价值取向决定了未来整个社会的价值取向，青年处在价值观形成和确立的时期，必须把勤学、修德、明辨、笃实作为立身处世的座右铭，下得苦功夫、求得真学问，加强道德修养、注重道德实践，善于明辨是非、善于决断选择，扎扎实实干事、踏踏实实做人，努力把社会主义核心价值观的要求内化为日常行为准则，形成自觉奉行的信念理念。

同日，全国大学生“道德力量　筑梦基石”网络主题教育活动在京举行。此次活动是教育部、国信办指导的“向上向善进行时——全国大学生道德实践成果网络巡礼”活动的重要环节。巡礼活动自3月5日启动以来，迅速在全国大学生中掀起了致敬道德榜样、感悟道德内涵、践行道德规范的热潮，已涌现出200多名(个)大学生道德实践先进个人和团体，近百万大学生参与了网上活动。

5月9日

全国高校辅导员工作现场会在山东大学召开。会议回顾总结了《中共中央、国务院关于进一步加强和改进大学生思想政治教育的意见》颁布十年来高校辅导员队伍建设工作的成绩和经验，宣传展示了第六届全国高校辅导员年度人物和第三届全国高校辅导员职业能力大赛获奖选手的优秀事迹和职业风采。会上，北京航空航天大学辅导员宋晓东、郑州大学辅导员张珂等优秀辅导员代表先后发言。现场全体辅导员还共同宣读了辅导员誓词，表达了献身教育事业、恪守职业规范、提升专业素养、服务学生成长的信心和决心。

5 月 13 日

为深入学习贯彻习近平总书记五四重要讲话精神，积极培育和践行社会主义核心价值观，进一步提升高校校园文化建设科学化水平，教育部思想政治工作司在成都组织召开全国高校校园文化建设工作推进现场会。会上，北京大学、清华大学等 10 家获评校园文化建设优秀成果特等奖单位的有关负责同志做了大会交流发言，并展示了本单位的校园文化优秀成果视频。保定学院结合西部支教毕业生群体先进事迹做了培育和践行社会主义核心价值观专题发言。与会代表还分别现场观摩了四川大学、电子科技大学、西南交通大学、西南民族大学等高校的校园文化建设经验成果，并就有关工作进行了深入研讨。教育部思政司司长冯刚对培育和践行社会主义核心价值观、深入推进校园文化建设进行了安排部署，强调各地各高校要认真学习贯彻习近平总书记五四重要讲话精神，深刻认识培育和践行社会主义核心价值观的重要意义、精神实质、丰富内涵、基本要求和主要任务，要坚持用社会主义核心价值观引领校园文化建设，着力打造体现中国梦和社会主义核心价值观的优秀文化品牌。

5 月 15 日

《光明日报》报道，为深入贯彻落实中共中央办公厅《关于培育和践行社会主义核心价值观的意见》和习近平总书记关于弘扬中华优秀传统文化有关重要讲话精神，教育部与光明日报社近日联合启动“礼敬中华优秀传统文化”系列活动。活动拟在全国高校范围内开展，以“文化根 · 民族魂 · 中国梦”为主题，以推进校园文化建设为载体，旨在教育引导高校学生领悟优秀传统文化精华，探索爱学习、爱劳动、爱祖国活动的有效形式和长效机制。此次活动将充分利用各高校教学优势和学科特色，充分利用校内博物馆、校史馆、图书馆、档案馆、展览馆、纪念馆、美术馆等育人载体，深入挖掘校内的故居旧址、历史遗迹、文化遗产、景观景点和校史、院史、学科史、人物史等丰富的教育资源，通过形式多样、载体多样、内容多样的活动来体现“家国情怀、社会关爱、人格修养”等教育内容，切实发挥其独特的文化育人和精神陶冶作用。同时，活动还将注重利用和引进社会资源，推进中华优秀传统文化进校园工作。

5 月 23 日

新华网报道，中共中央总书记、国家主席、中央军委主席习近平在北京大学师生座谈会上的讲话《青年要自觉践行社会主义核心价值观》单行本近日由人民出版社出版。

5 月 26 日

教育部发布高校学生思想政治状况滚动调查结果。调查工作继续在京、津、黑、沪、浙、赣、鲁、豫、鄂、粤、川、滇、陕、宁、新 15 个省(区、市)和新疆生产建设兵团开展，共有 148 所高校 25400 余名学生参与了问卷调查，1080 余名学生参与了座谈和访谈，上海等地 10 所高校 2500 余名学生参加网络在线调查。调查表明，当前高校学生思想主流继续呈现积极、健康、向上的状态。

5 月 27 日

中宣部在中央电视台向全社会公开发布“时代楷模”赵亚夫、徐克成的先进事迹。“时代楷模”发布活动以“我们的价值观、我们的中国梦”为主题，现场发布了赵亚夫和徐克成的先进事迹，播放了视频短片，展示了由中国楹联学会和中华诗词学会组织创作的反映他们先进事迹的楹联和诗词。

5 月 28 日

新华网报道，由中共中央文献研究室编辑的《习近平关于全面深化改革论述摘编》一书，近日由中央文献出版社出版，在全国发行。《习近平关于全面深化改革论述摘编》共分 12 个专题，收入 274 段论述，摘自习近平同志 2012 年 11 月 15 日至 2014 年 4 月 1 日期间的讲话、演讲、批示、指示等 70 多篇重要文献。其中部分论述是第一次公开发表。

6月

6月5日

中宣部、中央文明办、教育部、共青团中央、全国学联联合发出《关于开展2014年全国大中专学生志愿者暑期文化科技卫生“三下乡”社会实践活动的通知》，标志着一年一度的全国大中专学生暑期“三下乡”社会实践活动拉开帷幕。2014年，全国层面将选拔组建900支国家级重点团队，包括百支理论政策宣讲团、百支深化改革观察团、百支科技支农帮扶团、百支教育关爱服务团等，分别奔赴全国的县域基层开展内容丰富的暑期社会实践活动。

6月12日

共青团中央、全国妇联、中国科协、中国侨联在北京召开培育和践行社会主义核心价值观交流会。中共中央政治局委员、国家副主席李源潮出席会议并讲话。他指出，要深入贯彻党中央和习近平总书记要求，发挥组织优势，体现群众性特点，做好重点群体工作，为推动培育和践行社会主义核心价值观做出贡献。讨论中大家一致认为，党中央和习近平总书记对青年、妇女、少年儿童、科技工作者等培育和践行社会主义核心价值观提出了殷切期望，人民团体要充分认识肩负的责任，把这一重大任务抓紧抓实抓好。

6月16日

《光明日报》报道，近日，由中宣部《时事报告》杂志社组织编写的《中华传统美德教育读本》出版。读本的编写，旨在落实教育部印发的《完善中华优秀传统文化教育指导纲要》的要求，在高校“形势与政策”课教育教学中加强中华传统美德教育，为高校开展中华传统美德教育提供全面、准确、管用的辅助读物。

同日，教育部直属高校领导干部学习贯彻习近平总书记系列讲话精神集中轮训班在国家教育行政学院开班。教育部党组书记、部长袁贵仁出席开班式并做首场报告。在报告中，袁贵仁结合对习近平总书记系列重要讲话精神的深刻理解，围绕当前教育改革发展的主要工作，重点就全面贯彻党的教育方针、坚持立德树人、加强社会主义核心价值观教育、完善中华优秀传统文化教育等方面，与学员们进行了探讨交流。袁贵仁希望全体学员认真学习、深入领会习近平总书记系列重要讲话精神，努力做到学有所用、学有所成，为深化教育领域综合改革、推进教育治理体系和治理能力现代化做出应有贡献。来自教育部直属高校领导干部学习贯彻习近平总书记系列讲话精神集中轮训班、第42期高校中青年干部培训班和第7期高校中层干部专题研修班的450余名学员参加了开班式。

6月17日

中共中央政治局委员、国家副主席李源潮主持召开群团组织培育和践行社会主义核心价值观汇报交流会并发表了题为《发挥组织优势、体现群众性特点，为培育和践行社会主义核心价值观作出贡献》的重要讲话。

6月18日

为深入挖掘电视政论片《百年潮·中国梦》的思想内涵和艺术价值，进一步做好宣传推广工作，由中宣部组织的《百年潮·中国梦》研讨会在京举办。与会专家学者围绕《百年潮·中国梦》的思想内涵、价值导向、艺术风格、表现手法等进行了深入研讨。他们认为这部政论片追思历史、观照当下、憧憬美好未来，多维度诠释了中国梦的历史成因和时代内涵，是一部全面、生动解读中国梦的精品力作。《百年潮·中国梦》条理清晰，论理精辟，深入浅出，全方位地解读了中国梦的内涵与实质，拓宽了中国梦的价值诠释空间，有利于人们正确认识中国梦、充分了解中国梦。

6月21日

“传统文化与大学教育”高层论坛在天津举行，来自北京大学、清华大学、南开大学、中国人民大学、复旦大学、浙江大学、南京大学、中山大学、武汉大学等41所高校的教育工作者向全国同行发出倡议：在大学教育中弘扬中华优秀传统文化。

6 月 23 日

为推动全党深入学习贯彻习近平总书记系列重要讲话精神，切实用讲话精神武装头脑、指导实践、推动工作，中宣部组织编写了《习近平总书记系列重要讲话读本》。该书由学习出版社、人民出版社联合出版，即日起在全国新华书店发行。中宣部、中组部发出通知，要求认真组织好该书的学习。该书分 12 个专题，全面准确阐述了习近平总书记系列重要讲话的重大意义、科学内涵、精神实质和实践要求，阐述了讲话提出的一系列重大战略思想和重大理论观点。该书框架结构是在深入领会和梳理习近平总书记系列重要讲话基础上设计的，全书主要观点和论述忠实于原著。该书为广大党员、干部、群众学习讲话精神提供了重要辅助材料。

6 月 24 日

“大学校训与社会主义核心价值观”研讨会在上海理工大学举行。研讨会上，来自 10 所大学的专家学者和师生代表就挖掘和践行校训精神，培育和践行社会主义核心价值观展开深入讨论。

6 月 26 日

教育部在京召开高校哲学社会科学第三批名栏建设座谈会。教育部社会科学司负责同志、第三批名栏建设入选学报的主管校领导及主编参会。

7 月

7 月 1 日

思想政治教育研究范式学术研讨会在安徽芜湖召开。此次会议旨在纪念思想政治教育学科创立 30 周年，运用范式的思维方式总结梳理思政教育研究的历史经验与现状，探讨其范式优化建构等重要议题。

7 月 7 日

在全民族抗战爆发 77 周年之际，首都各界在中国人民抗日战争纪念馆隆重集会。中共中央总书记、国家主席、中央军委主席习近平发表重要讲话，强调中国人民对战争带来的苦难有着刻骨铭心的记忆，对和平有着孜孜不倦的追求。纵观世界历史，依靠武力对外侵略扩张最终都是要失败的。这是历史规律。中国将坚定不移走和平发展道路，并且希望世界各国共同走和平发展道路，让和平的阳光永远普照人类生活的星球。中共中央政治局常委、全国政协主席俞正声主持纪念仪式。

习近平指出，伟大的中国人民抗日战争，是中国人民近代以来争取独立自由史册上可歌可泣的一页，是中华民族历史发展进程中饱经沧桑的一章。伟大的中国人民抗日战争，使中华民族的觉醒和团结达到了前所未有的高度。伟大的中国人民抗日战争，开辟了世界反法西斯战争的东方主战场，为挽救民族危亡、实现民族独立和人民解放，为争取世界和平的伟大事业，做出了彪炳史册的贡献。

习近平指出，中国人民抗日战争的胜利证明，中华民族是具有顽强生命力和非凡创造力的民族，只要我们紧密团结起来，就没有克服不了的困难。新的历史条件下，全党全国各族人民要大力弘扬伟大抗战精神，不断增强团结一心的精神纽带、自强不息的精神动力，继续朝着中华民族伟大复兴的中国梦奋勇前进，不断以坚持和发展中国特色社会主义的新成就告慰我们的前辈和英烈。

7 月 8 日

教育部发布《严禁教师违规收受学生及家长礼品礼金等行为的规定》，明确了 6 条“红线”：一是严禁以任何方式索要或接受学生及家长赠送的礼品礼金、有价证券和支付凭证等财物；二是严禁参加由学生及家长安排的可能影响考试、考核评价的宴请；三是严禁参加由学生及家长安排支付费用的旅游、健身休闲等娱乐活动；四是严禁让学生及家长支付或报销应由教师个人或亲属承担的费用；五是严禁通过向学生推销图书、报刊、生活用品、社会保险等商业服务获取回扣；六是严禁利用职务之便谋取不正当利益的其他行为。教育部对各地教育部门和学校做好文件的贯彻落实工作提出了明确要求。

7月9日

北京高校中国化马克思主义教学研究会在京召开，与会人员深入研讨推动习近平总书记系列重要讲话精神“三进”工作。会议认为，系列重要讲话深刻回答了新形势下党和国家事业发展的一系列重大理论和现实问题，提出了许多富有创见的新思想新观点新论断新要求，大力推动系列重要讲话精神进教材、进课堂、进头脑，是当前高校思想政治理论课教学的重要任务。会议强调，高校思想政治理论课教学改革只有抓住教材、教师、教学这三个关键环节，才能使思想政治理论课成为大学生真心喜爱、终身受益的课程。教学是一种建立在科学基础上的艺术，高校思想政治理论课教学改革要走科研与教学并重的路子，教师要努力提高科研水平，用科研成果支撑教学，这样才能讲出自信、讲得自如，让学生爱听、听得进去。

7月11日—14日

由全国高等农林院校思想政治理论课教学协作组主办的“全国高等农林院校思想政治理论课创新研讨会”在西北农林科技大学召开。来自全国23所高等农林院校的90多名思想政治理论课教师代表围绕农林高校在思想政治理论课课程建设、教育教学理论创新、实践教学模式创新等方面进行了交流讨论。会议指出，农林高校思想政治理论课教师要以党的十八大精神和习近平总书记系列重要讲话精神为指导，针对农林高校学生特点，把立德树人作为根本任务，加强思想政治理论课教学和马克思主义学科建设，将社会主义核心价值观融入思想政治理论课教学科研实践中，着力促进思想政治理论课教育教学创新发展和现代化建设。

7月18日

教育部在京召开了全国高校党的群众路线理论研讨会。会议强调，教育系统要用习近平同志系列重要讲话精神统一思想和行动，提高对作风建设重要性的认识，切实巩固教育实践活动成效，不断深化对党的群众路线理论研究，在研究贯彻党的群众路线上走在前面。会议指出，全面推进党的群众路线理论研究和创新发展，既是全党重大而紧迫的战略任务，也是包括高校在内的广大理论工作者的责任担当和历史使命。教育系统要围绕“坚持党的群众路线，办好人民满意教育”的主题，坚持立德树人，破解发展难题，深入推进改革，加强作风建设，用理论创新成果更好地指导和推动教育实践活动取得更加丰富的实践成果、制度成果。

7月20日

中组部印发《关于在干部教育培训中加强理想信念和道德品行教育的通知》，要求各地区各部门加强理想信念和道德品行教育，引导和帮助干部始终坚定共产主义理想和中国特色社会主义信念，始终坚守共产党人的精神家园。开展理想信念教育，关键是要引导干部把理想信念建立在对科学理论的理性认同上、对历史规律的正确认识上、对基本国情的准确把握上。开展道德品行教育，关键是要引导干部明大德、守公德，成为一个高尚的人、一个纯粹的人、一个有道德的人、一个脱离了低级趣味的人、一个有益于人民的人。各级党校、行政学院、干部学院要把理想信念和道德品行教育作为必修内容；在主体班次中建立学员党支部，有针对性地开展支部活动，严格党内生活，强化教育管理；学制1个月以上的主体班次，都要进行党性分析并撰写报告。其他干部教育培训机构也要做出相应安排。在教育培训中，要坚持务实管用原则，灵活运用各种方式方法，增强理想信念和道德品行教育的说服力感染力。这份文件还对理想信念和道德品行教育的能力建设、长效机制等提出了要求。

7月25日

全国高校实践育人工作现场会在河北省张家口市召开。会议强调，要紧紧围绕落实立德树人这一根本任务，围绕培育和践行社会主义核心价值观这一主要目标，推动实践育人制度化常态化科学化，不断开创实践育人工作新局面。会议指出，以习近平同志为总书记的党中央高度重视社会实践在人才培养过程中的重要作用。深化实践育人是提高人才培养质量的重要举措，是大学生思想政治教育创新发展的重要路径，是全面深化高等教育综合改革的重要任务。要不断优化实践教学环节，不断拓展实践育人基地，不断加强实践育人队伍建设，不断完善政策保障体系，不断推进实践育人理论研究。要整合力量，统筹资源，形成社会各方面共同支持、全面推进的良好局面。

8月

8月20日

中共中央在人民大会堂举行座谈会，纪念邓小平同志诞辰110周年。中共中央总书记、国家主席、中央军委主席习近平发表重要讲话，强调邓小平同志为我们擘画的社会主义现代化蓝图正在一步步变成美好现实，我们伟大的祖国正在天天走向繁荣富强，中华民族正在一步步走向伟大复兴。我们相信，在20世纪赢得了伟大历史性胜利的中国共产党和中国人民，必将在21世纪赢得更伟大的历史性胜利。中共中央政治局常委李克强、张德江、俞正声、王岐山、张高丽出席座谈会，中共中央政治局常委刘云山主持座谈会。

习近平在讲话中回顾了邓小平同志一生的丰功伟绩，总结了邓小平同志为我国革命、建设、改革做出的卓越贡献，强调邓小平同志为中华民族独立、繁荣、振兴和中国人民解放、自由、幸福奋斗的辉煌人生和伟大贡献，将永远书写在祖国辽阔的大地之上。邓小平同志始终在人民中间，也始终在人民心间。

习近平强调，信念坚定，是邓小平同志一生最鲜明的政治品格，也永远是中国共产党人应该挺起的精神脊梁。革命理想高于天。没有一大批具有坚定共产主义理想的中华儿女，就没有中国共产党，也就没有新中国，更没有今天我国的发展进步。要把我国发展得更好，离不开理想信念的力量。我们共产党人锤炼党性，首要的就是坚定共产主义远大理想和中国特色社会主义共同理想，坚忍不拔、风雨无阻朝着我们的目标奋勇前进。

习近平强调，实事求是，是邓小平同志一生最重要的思想特点，也永远是中国共产党人应该遵循的思想方法。事实是真理的依据，实干是成就事业的必由之路。我国革命、建设、改革的历史反复证明，只有制定符合实际的政策措施，采取符合实际的工作方法，党和人民事业才能走上正确轨道，才能取得人民满意的成效。我们要善于运用辩证唯物主义和历史唯物主义观察世界、处理问题，掌握真实情况，把握客观规律，发扬务实高效、不尚空谈的工作作风，踏踏实实把党的基本理论、基本路线、基本纲领、基本经验、基本要求贯彻落实好。

习近平指出，开拓创新，是邓小平同志一生最鲜明的领导风范，也永远是中国共产党人应该具有的历史担当。越是伟大的事业，往往越是充满艰难险阻，越是需要开拓创新。中国特色社会主义是前无古人的伟大事业，改革开放和社会主义现代化建设还有很长的路要走。在前进道路上，我们将进行许多具有新的历史特点的伟大斗争。我们要细心观察新的实践和新的发展，尊重地方、基层、群众首创精神，果断做出决策，把开拓创新作为一种常态，不断用发展着的马克思主义指导新的实践，又从实践中做出新的理论概括，敢破敢立、敢闯敢试，义无反顾把改革开放不断向前推进。

习近平强调，邓小平同志留给我们的最重要的思想和政治遗产，就是他带领党和人民开创的中国特色社会主义，就是他创立的邓小平理论。邓小平同志最鲜明的思想和实践特点，就是从实际出发、从世界大势出发、从国情出发，始终坚持我们党一贯倡导的实事求是、群众路线、独立自主。中国特色社会主义是适合中国国情、符合中国特点、顺应时代发展要求的理论和实践，所以才能取得成功，并将继续取得成功。我们的国权，我们的国格，我们的民族自尊心，我们的民族独立，关键是道路、理论、制度的独立。

同日，为贯彻落实中共中央办公厅《关于培育和践行社会主义核心价值观的意见》精神及有关部委的部署要求，切实引导和帮助大中学生以习近平总书记系列重要讲话精神为根本遵循，自觉将社会主义核心价值观内化于心、外化于行，共青团中央、全国学联决定在大中学生中深入开展培育和践行社会主义核心价值观活动。活动主要包括：集中开展“社会主义核心价值观主题宣传月”活动，深入开展“我为核心价值观代言”活动，广泛开展践行社会主义核心价值观主题社会实践和志愿公益活动，积极开展社会主义核心价值观主题文化作品征集传播活动，大力开展弘扬中华民族优秀传统文化和传统美德活动，积极开展践行社会主义核心价值观先进个人寻访、优秀集体创建活动。

9月

9月2日

教育部揭晓2014年度全国教书育人楷模，厦门大学教授潘懋元等10位优秀教师榜上有名。

9月3日

中共中央、国务院、中央军委在人民大会堂举行座谈会，纪念中国人民抗日战争暨世界反法西斯战争胜利69周年。中共中央总书记、国家主席、中央军委主席习近平发表重要讲话，强调历史无法重来，未来可以开创。站在新的历史起点上，我们纪念中国人民抗日战争暨世界反法西斯战争的伟大胜利，就是要铭记历史、警示未来，动员全党全军全国各族人民肩负起历史重任，动员全党全军全国各族人民更加奋发有为地为实现中华民族伟大复兴而奋斗。中共中央政治局常委、国务院总理李克强出席座谈会，中共中央政治局常委、中央书记处书记刘云山主持座谈会。

习近平指出，中华民族是一个有着5000多年文明史的伟大民族，为人类文明进步做出了不可磨灭的贡献。进入近代以后，由于列强的入侵和封建统治的腐败，中国落伍了，一步步成为半殖民地半封建社会。特别是由于日本军国主义的野蛮入侵，中华民族濒临亡国灭种的境地。日本军国主义的野蛮侵略，激起中国人民的奋勇抵抗。九一八事变成为中国人民抗日战争的起点，并揭开了世界反法西斯战争的序幕。七七事变成为中国全民族抗战的开端，由此开辟了世界反法西斯战争的东方主战场。

习近平强调，中国人民抗日战争的伟大胜利，彻底粉碎了日本军国主义殖民奴役中国的图谋，捍卫了国家主权和领土完整，彻底洗刷了近代以来抗击外来侵略屡战屡败的民族耻辱，重新确立了中国在世界上的大国地位，开辟了中华民族伟大复兴的光明前景。

习近平强调，在中国人民抗日战争的壮阔进程中，形成了伟大的抗战精神，中国人民向世界展示了天下兴亡、匹夫有责的爱国情怀，视死如归、宁死不屈的民族气节，不畏强暴、血战到底的英雄气概，百折不挠、坚忍不拔的必胜信念。伟大的抗战精神，是中国人民弥足珍贵的精神财富，永远是激励中国人民克服一切艰难险阻、为实现中华民族伟大复兴而奋斗的强大精神动力。

习近平指出，中国人民抗日战争胜利69年来，中国发生了翻天覆地的变化。实现我们的奋斗目标，逐步实现全体人民共同富裕，实现中华民族伟大复兴的中国梦，必须准备进行具有许多新的历史特点的伟大斗争。在前进的征程上，必须坚定不移走中国特色社会主义道路，必须坚定不移把发展作为党执政兴国的第一要务，必须坚定不移全面深化改革，必须坚定不移走和平发展道路。

9月9日

庆祝第三十个教师节暨全国教育系统先进集体和先进个人表彰大会在京举行。中共中央总书记、国家主席、中央军委主席习近平在人民大会堂亲切会见受表彰代表，代表党中央、国务院，向受到表彰的先进集体和先进个人表示热烈祝贺，向全国广大教师和教育工作者致以节日的问候。中共中央政治局常委、国务院总理李克强，中共中央政治局常委、中央书记处书记刘云山，中共中央政治局常委、国务院副总理张高丽参加会见。

同日，中共中央总书记、国家主席、中央军委主席习近平来到北京师范大学，看望教师学生，观摩课堂教学，进行座谈交流，向全国广大教师和教育工作者致以崇高的节日敬礼和祝贺。

习近平在考察中强调，百年大计，教育为本。教育大计，教师为本。国家繁荣、民族振兴、教育发展，需要我们大力培养造就一支师德高尚、业务精湛、结构合理、充满活力的高素质专业化教师队伍，需要涌现一大批好老师。全国广大教师要做有理想信念、有道德情操、有扎实知识、有仁爱之心的好老师，为发展具有中国特色、世界水平的现代教育，培养社会主义事业建设者和接班人做出更大贡献。各级党委和政府要坚持把教育放在优先发展的战略位置，继续大力推动教育改革发展，使我国教育越办越好、越办越强。

习近平表示，“长期以来，广大教师自觉贯彻党的教育方针，教书育人，呕心沥血，默默奉献，为国家发展和民族振兴作出了巨大贡献，赢得了全社会广泛赞誉和普遍尊重。教过我的老师很多，至今我都能记得他们的样子，他们教给我知识、教给我做人的道理，让我受益无穷”。

习近平指出，学为人师，行为世范。做好老师，要有理想信念。广大教师要始终同党和人民站在一起，自觉做中国特色社会主义的坚定信仰者和忠实实践者，忠诚于党和人民的教育事业。要用好课堂讲坛，用好校园阵地，用自己的行动倡导社会主义核心价值观，用自己的学识、阅历、经验点燃学生对真善美的向往。做好老师，要有道德情操。老师对学生的影响，离不开老师的学识和能力，更离不开老师为人处世、于国于民、于公于私所持的价值观。老师是学生道德修养的镜子。好老师应该取法乎上、见贤思齐，不断提高道德修养，提升人格品质，并把正确的道德观传授给学生。

习近平强调，做好老师，要有扎实学识。扎实的知识功底、过硬的教学能力、勤勉的教学态度、科学的教学方法是老师的基本素质，其中知识是根本基础。好老师还应该是智慧型的老师，具备学习、处世、生活、育人的智慧，能够在各个方面给学生以帮助和指导。做好老师，要有仁爱之心。爱是教育的灵魂，没有爱就没有教育。好老师要用爱培育爱、激发爱、传播爱，通过真情、真心、真诚拉近同学生的距离，滋润学生的心田。好老师应该把自己的温暖和情感倾注到每一个学生身上，用欣赏增强学生的信心，用信任树立学生的自尊，让每一个学生都健康成长，让每一个学生都享受成功的喜悦。

习近平指出，“我看了不少优秀教师的事迹，很多老师一生中忘了自己、把全部身心扑在学生身上，有的老师把自己有限的工资用来资助贫困学生、深恐学生失学，有的老师把自己的收入用来购买教学用具，有的老师背着学生上学、牵着学生的手过急流、走险路，有的老师拖着残疾之躯坚守在岗位上，很多事迹感人至深、催人泪下。这就是人间大爱。我们要在广大教师中、在全社会大力宣传和弘扬优秀教师的先进事迹和高尚品德”。

习近平强调，各级党委和政府要从战略高度来认识教师工作的极端重要性，把加强教师队伍建设作为基础工作来抓，满腔热情关心教师，改善教师待遇，关心教师健康，维护教师权益，使教师成为最受社会尊重的职业。要加强教师教育体系建设，加大对师范院校的支持力度，不断提高教师培养培训的质量。要让全社会广泛了解教师工作的重要性和特殊性，让尊师重教蔚然成风。

习近平最后强调，今天的学生就是未来实现中华民族伟大复兴中国梦的主力军，广大教师就是打造这支中华民族“梦之队”的筑梦人。希望全国广大教师把全部精力和满腔真情献给教育事业，在教书育人的工作中不断创造新业绩。

9 月 12 日

“全国教书育人楷模”先进事迹报告会在教育部举行。报告会上，黑龙江省伊春市铁力市工农乡中心小学教师仲威平、江西省萍乡市武功山职业中等专业学校教师王祖德，分别做了题为《教育需要执着的坚守》《漫漫求索路——我的教书育人心得》的报告。会议强调，教育系统要深入学习贯彻习近平总书记同北师大师生代表座谈时的重要讲话精神，要推动党员干部立足本职岗位做贡献，要在直属机关大力营造践行社会主义核心价值观的良好氛围。

9 月 16 日

青年文明号开展 20 周年交流展示活动在北京举办。中共中央政治局委员、国家副主席李源潮希望青年文明号牢记党中央和习近平总书记要求，服务国家、服务青年、服务社会，让青年文明号成为弘扬社会主义核心价值观的具体行动。

9 月 19 日

抓住中华人民共和国成立 65 周年纪念日这一重大契机在青少年中广泛开展主题活动，对于加强青少年思想教育，积极培育和践行社会主义核心价值观，激励广大团员青年踊跃投身全面深化改革、实现中国梦的伟大实践，具有重要意义。为此，共青团中央决定部署开展“庆祝新中国65华诞　青春践行核心价值观”主题活动。主要包括：开展主题团日活动、开展主题实践活动、开展全媒体宣传活动。

9月25日

青海省高校思想政治理论课特聘教授聘任仪式在西宁启动。会议指出，思想政治理论课特聘教授是整合社会资源和力量，加强思想政治理论课教师队伍建设的创新举措，对于提高思想政治理论课教学质量和水平必将产生积极的促进作用。会议强调，做好思想政治理论课特聘教授工作要遵循四个原则：一是目标明确，二是抓住关键，三是广泛动员，四是扎实工作。

9月28日

由国务院新闻办公室会同中央文献研究室、中国外文局编辑的《习近平谈治国理政》一书，由外文出版社以中、英、法、俄、阿、西、葡、德、日等多语种出版发行。《习近平谈治国理政》多语种图书在2014年10月8日开展的法兰克福国际书展上举行首发式，向国际社会更好地介绍中国的治国理念和执政方略。

9月29日

中共中央政治局委员、国家副主席李源潮在北京与全国青联常委座谈，他指出，全国青联要高举爱国主义和中国特色社会主义旗帜，更好地把各族各界青年凝聚起来，为实现中华民族伟大复兴的中国梦而奋斗。李源潮说，希望青联把握中国青年运动时代主题，用中国梦凝结当代青年爱国报国的精神纽带，激发广大青年投身中国特色社会主义事业。广泛开展“民族青少年手拉手”“心连心艺术团”以及结对帮扶等活动，为推动民族团结进步、维护中华民族根本利益多做贡献。国家正处于转型发展、创新发展的关键期，希望发挥青联委员优势，为青年人创新创业做榜样、当指导、给帮助；带领广大青年共同为改革想招，一起为改革发力，凝聚改革正能量；带头践行社会主义核心价值观，以德修身、严以自律，引领广大青年在全社会弘扬新风正气。

10月

10月9日

为深入贯彻习近平总书记9月9日同北京师范大学师生代表座谈时的重要讲话精神，积极引导广大高校教师做有理想信念、有道德情操、有扎实学识、有仁爱之心的党和人民满意的好老师，大力加强和改进师德建设，努力培养造就一支师德高尚、业务精湛、结构合理、充满活力的高素质专业化高校教师队伍，教育部公布《关于建立健全高校师德建设长效机制的意见》。具体内容包括：(1)深刻认识新时期建立健全高校师德建设长效机制的重要性和紧迫性。(2)建立健全高校师德建设长效机制的原则和要求。(3)建立健全高校师德建设长效机制的主要举措。(4)充分激发高校教师加强师德建设的自觉性。(5)切实明确高校师德建设工作的责任主体。

在文件中，教育部首次划出高校教师师德禁行行为“红七条”，并建立问责机制，强调对教师严重违反师德行为造成不良影响或严重后果的，追究高校主要负责人责任。“红七条”具体包括：损害国家利益，损害学生和学校合法权益的行为；在教育教学活动中有违背党的路线方针政策的言行；在科研工作中弄虚作假、抄袭剽窃、篡改侵吞他人学术成果、违规使用科研经费以及滥用学术资源和学术影响；影响正常教育教学工作的兼职兼薪行为；在招生、考试、学生推优、保研等工作中徇私舞弊；索要或收受学生及家长的礼品、礼金、有价证券、支付凭证等财物；对学生实施性骚扰或与学生发生不正当关系，以及其他违反高校教师职业道德的行为。

10月15日

教育部在珠海召开高校出版管理工作座谈会。与会代表分别从促进高校出版事业健康发展、推进高校出版体制改革和机制创新等角度发表了意见建议。会议指出，要把坚持正确的出版导向作为高校出版事业健康发展的生命线。高校出版是我国教育事业和出版事业的重要组成部分，必须始终坚持党的教育方针和出版工作方针，坚持正确的出版方向和舆论导向，坚持把社会效益放在首位、社会效益和经济效益相统一的原则，努力培育和践行社会主义核心价值观。要进一步强化出版社社长、总编辑责任意识，不断巩固马克思主义在高校意识形态领域的指导地位。

10月28日

教育部做出关于追授兰州理工大学能源与动力工程学院2013级学生魏玉川同学“全国优秀大学生”荣誉称号的决定。

本月

《思想政治教育学科30年发展研究报告》由光明日报出版社正式出版。该书系统回顾了30年来思想政治教育学科的发展历程，全面梳理学科建设的理论成果，深入总结学科建设的宝贵经验，科学研判学科建设的发展趋势，对推进思想政治教育学科建设与发展具有重要意义。

11月

11月13日

教育部、光明日报社联合召开高校思想政治理论课教师学习贯彻党的十八届四中全会精神座谈会。会议认为，党的十八届四中全会是我们党在全面深化改革进入关键阶段召开的一次十分重要的会议，为坚持和发展中国特色社会主义法治道路指明了方向，对高校思想政治理论课建设具有重大的指导意义。围绕十八届四中全会提出的一系列新思想、新观点、新论断，思想政治理论课教师代表就如何将全会精神融入思想政治理论课教育教学、融入《思想道德修养与法律基础》教材修订、融入马克思主义理论研究等问题进行了深入的研讨。

同日，高校思想政治理论课教研创新论坛(2014)在京拉开帷幕。各地教育部门职能处负责同志、高校思想政治理论课教学指导委员会部分专家、2013年度高校思想政治理论课影响力人物代表、社会主义核心价值观教学展示活动“教学能手”代表等100余人齐聚一堂，共同探讨思想政治理论课教研创新问题。会议认为，要充分认识思想政治理论课教学的地位和作用，认真落实中央关于办好高校思想政治理论课的要求，坚持以马克思主义为指导，以推进中国马克思主义理论创新和理论武装为主线，深化理论研究，从而进一步提高思想政治理论课教学理论阐释力；要明确思想政治理论课建设的根本目的是服务学生健康成长、培养中国特色社会主义事业合格接班人，并以此为出发点推进思想政治理论课改革创新。

11月22日—23日

中央网信办、教育部在上海联合召开创新网络思想政治教育现场经验交流会。会议强调，党的十八大以来，习近平总书记多次就网络安全和信息化建设发表重要讲话、做出重要批示，深刻阐述了网络安全和信息化工作的重大意义、战略目标和重要举措，是做好新形势下网络建设和管理，创新推进高校网络思想政治教育的重要遵循。各地各高校要认真按照中央的决策部署，大力宣传推广示范性网络互动社区建设经验，切实加强网络教育主阵地、主平台、主渠道建设，创新推进高校网络思想政治教育，不断开创网络育人新局面。会议指出，要遵循网络发展规律和大学生成长成才规律，大胆探索实践，明确推广思路，引领带动高校学生主题教育网站和网络互动社区建设，增强校园网络吸引力。要以把好正确导向和强化内容建设为重点，着力提升网络互动社区建设内涵，加强互动性、增强黏着度，唱响主旋律、弘扬正能量。

11月24日

首届“全国高校马克思主义学院院长高端论坛”在京举办，来自全国数十所高校的近百位马克思主义学院院长聚首清华大学，共论高校马克思主义学院建设与发展。会议指出，要站在战略和全局的高度，充分认识高校马克思主义学院建设在意识形态工作中的重要地位和作用，把马克思主义学院建设成为马克思主义理论教学、研究、宣传和人才培养的坚强阵地，马克思主义学院院长要努力成为高校马克思主义研究和建设的实践者、推动者和引领者。此外，全国首份关于高校马克思主义理论学科的年度发展报告——《高校马克思主义理论学科发展报告(2013)》同期发布。

11月25日

《光明日报》报道，《平易近人——习近平的语言力量》一书日前正式出版发行。该书从习近平总书记系列重要讲话的语言风格入手，辑录了党的十八大以来至2014年5月，习近平总书记在各种场合发表的重要讲话中富有特色的引文引言，进行简明扼要的阐释，以期为广大干部群众学习习近平总书记系列重要讲话精神，提供一个新颖的、可读性强的、“接地气”的读本。该书由上海交通大学出版社出版发行，是上海组织策划的一本学习习近平总书记系列重要讲话精神的通俗理论读本。

11月27日

纪念思想政治教育学科设立30周年暨高校思想政治教育创新发展论坛在北京师范大学举行。会议由教育部思想政治工作司指导，全国高校思想政治教育研究会、北京师范大学主办。中共中央政治局委员、国务院副总理刘延东在会前给全国高等学校思想政治教育研究会回信，充分肯定思研会成立以来所发挥的积极作用，并对思研会下一步建设发展提出了明确要求。会议强调，要深入学习贯彻刘延东副总理回信精神，进一步推动思想政治教育理论创新，加强和改进新形势下大学生思想政治教育工作。要把立德树人作为思想政治教育研究的基本导向，贯彻好“育人为本、德育为先、能力为重、全面发展”的育人理念，着力研究将社会主义核心价值观的内涵融入到“德”的要求中，注重把握好理论创新过程中政治性和学术性的高度统一。要把回应重大理论现实问题作为思想政治教育研究的根本路径，围绕贯彻落实十八届四中全会精神开展研究，积极为深化高等教育综合改革建言献策，密切关注高校意识形态领域的复杂尖锐斗争。要把网络文化建设作为思想政治教育研究的重要内容，研究如何把网络用好、把网络建好、把网络管好。

12月

12月5日

全国教师志愿服务联盟成立大会在北京师范大学举行。会议认为，全国教师志愿服务联盟要发挥好教师社团组织的纽带作用，设计出更多更好的教师志愿服务项目；加快建立教师志愿服务“绩分银行”，形成教师志愿服务长效机制。北京大学、清华大学、中国人民大学等首批24家成员单位以及天津、河北、山东师范院校的负责人也参加了启动仪式。

12月12日

《沂蒙精神学习读本》出版座谈会在北京召开。座谈会重点研讨深入学习贯彻习近平总书记视察山东时关于“沂蒙精神要大力弘扬”的重要讲话精神。会议认为，习近平总书记的讲话，从新的高度揭示了沂蒙精神的本质内涵，把学习和弘扬沂蒙精神提升到一个新境界。进一步学习宣传弘扬沂蒙精神，对于全党进一步密切党群干群关系，提高党的凝聚力、战斗力，进一步传承红色文化、弘扬革命精神具有十分重要的意义。

12月22日

由北京市委教育工委主办、中国人民大学马克思主义学院和北京高校思想政治理论课名师工作室王易工作室承办的“高校思想政治理论课培育和践行社会主义核心价值观”专题教学论坛在中国人民大学举行。来自北京大学、清华大学、中国人民大学、北京师范大学等50多所在京高校的150多位思想政治理论课教师到会研讨。会议认为，应深入领会党的十八大、十八届三中全会、十八届四中全会和习近平总书记系列重要讲话精神，在思想政治理论课教育教学中把社会主义核心价值观的理论渊源、形成脉络、精神实质、地位作用、实践要求等讲清楚、讲透彻、讲生动，特别是要梳理清楚社会主义核心价值观与传统文化、与社会主义核心价值体系的关系；区分清楚作为一般与特殊的、客观精神和主观精神的、制度建构原则和公民行为规范的核心价值观；规约清楚不同教育对象社会主义核心价值观培育和践行的不同目标、不同内容和不同方法。会上还进行了教学展示与交流。

12 月 28 日—29 日

第二十三次全国高等学校党的建设工作会议在京召开。中共中央总书记、国家主席、中央军委主席习近平做出重要指示，强调高校肩负着学习研究宣传马克思主义、培养中国特色社会主义事业建设者和接班人的重大任务。加强党对高校的领导，加强和改进高校党的建设，是办好中国特色社会主义大学的根本保证。

习近平指出，办好中国特色社会主义大学，要坚持立德树人，把培育和践行社会主义核心价值观融入教书育人全过程；强化思想引领，牢牢把握高校意识形态工作领导权；坚持和完善党委领导下的校长负责制，不断改革和完善高校体制机制；全面推进党的建设各项工作，有效发挥基层党组织战斗堡垒作用和共产党员先锋模范作用。各级党委和宣传思想部门、组织部门、教育部门要加强对高校党的建设工作的领导和指导，坚持党的教育方针，坚持社会主义办学方向，加强和改进思想政治工作，切实把党要管党、从严治党落到实处。

中共中央政治局委员、中组部部长赵乐际主持会议并宣读了习近平总书记重要指示。中共中央政治局委员、国务院副总理刘延东在会上做主报告。她指出，要认真贯彻落实习近平总书记关于高校党建工作重要指示精神，切实加强和改进高校党建工作，充分发挥高校党委在深化综合改革、建设中国特色现代大学制度中的领导核心作用。坚持正确办学方向，深化改革创新，加强制度建设，夯实基层基础，狠抓作风建设，推动制度治党和依法治校有机结合，扎实开展党风廉政建设，不断凝聚高校内涵发展的强大动力，努力开创高校党的建设工作新局面。

2015年

1月

1月5日

全国宣传部长会议在北京召开。中共中央政治局常委、中央书记处书记刘云山出席会议并讲话，强调要顺应党和国家事业发展新要求，扎实做好宣传思想工作，为全面建成小康社会、全面深化改革、全面依法治国、全面从严治党提供有力思想舆论支持。刘云山指出，做好宣传思想工作，最根本的是用中国特色社会主义凝聚思想共识。要持续深入地学习宣传贯彻习近平总书记系列重要讲话精神，在领会精神实质上下功夫，在入脑入心上下功夫，做到学而信、学而用、学而行。刘云山强调，宣传思想工作服务大局，要紧紧围绕“四个全面”战略部署，把握正确舆论导向，加强宣传阐释、营造良好氛围，推动中央决策部署贯彻落实。要深入推进社会主义核心价值观建设，注重典型引领、注重以文化人、注重制度规范，不断巩固各族人民团结奋斗的思想道德基础。要坚持以人民为中心的创作导向，推动作家艺术家更好扎根人民、扎根生活，创作更多充满真情、打动人心的文艺作品，尤其要提高作品质量、讲求社会效益，防止唯票房、唯收视率、唯点击量。要着眼提升国家文化软实力，主动精彩讲好中国故事，加强国际传播能力建设，推动文化走出去提质增效，努力营造良好国际舆论环境。做好宣传思想工作，要坚持党管宣传、党管意识形态，切实掌握工作的领导权和主动权。各级党委要对意识形态工作负总责，履行好把握正确方向、部署指导工作、加强督促检查、抓好队伍建设等责任；党委书记要承担起第一责任人的责任，带头履职尽责；各相关部门和单位要结合各自职能，把应尽的责任细化、实化、具体化。

1月11日

新华网报道，由中共中央纪律检查委员会、中共中央文献研究室编辑的《习近平关于党风廉政建设和反腐败斗争论述摘编》一书，近日由中央文献出版社、中国方正出版社出版，在全国发行。该书共分9个专题，收入216段论述，摘自习近平同志2012年11月15日至2014年10月23日期间的讲话、文章、批示等40多篇重要文献。其中许多论述是第一次公开发表。

1月14日

财政部、教育部颁布《关于完善中国政府奖学金资助体系和提高资助标准的通知》，主要包括奖学金资助体系的完善、标准的提高、发放与管理机制的健全三方面内容。提高标准综合考虑了近年来经济社会发展和物价变化、高校培养成本等因素，旨在进一步促进来华留学事业持续健康发展，资助中国政府奖学金生更好地完成学业。从2014年9月1日起，提高奖学金资助标准。奖学金分为三个档次，根据学科类别对应相应的资助标准。其中，一类包括哲学、经济学、法学、教育学、文学(除文艺类外)、历史学、管理学；二类包括理学、工学、农学；三类包括文学(文艺类)、医学。此外，针对特定人群和特定目标设立的特别奖学金项目资助标准将另行制定。学业表现特别优秀的奖学金生还可以享受优秀留学生奖励金。

1月15日

中共中央党校举行2014年秋季学期毕业典

礼。中共中央政治局常委、中央党校校长刘云山出席毕业典礼，并为学员颁发毕业证书。828 名毕业学员普遍反映，习近平总书记同中央党校第一期县委书记研修班全体学员座谈并发表重要讲话，既是对县委书记的谆谆嘱托，也是对党校全体学员和全国党员领导干部的殷切期望。在党校培训期间，通过学习深化了对党的基本理论特别是习近平总书记系列重要讲话精神的理解，提升了理论素养；深化了对党校开展党性教育必要性重要性的认识，增强了党性修养；深化了对党中央大政方针和重大决策部署的认识，增强了贯彻落实的自觉性和坚定性；深化了对教学相长、学学相长的认识，学到了经验，收获了友谊。

同日，教育部下发《关于做好 2015 年高校部分特殊类型招生工作的通知》，规定经批准开展综合评价招生试点的省份和高校，要进一步明晰试点定位，主要探索基于统一高考和高中学业水平考试成绩、参考综合素质评价的多元录取机制，不得采用自主招生办法招生。从 2015 年起，高校考核原则上安排在高考结束后、高考成绩公布前进行，高考前不得以任何形式开展与综合评价招生挂钩的考核活动。

1 月 19 日

新华网报道，中共中央办公厅、国务院办公厅最近印发《关于进一步加强和改进新形势下高校宣传思想工作的意见》，站在全局和战略高度，对高校意识形态工作做出了全面部署。文件强调指出，意识形态工作是党和国家一项极端重要的工作，高校作为意识形态工作前沿阵地，肩负着学习研究宣传马克思主义，培育和弘扬社会主义核心价值观，为实现中华民族伟大复兴的中国梦提供人才保障和智力支持的重要任务。做好高校宣传思想工作，加强高校意识形态阵地建设，是一项战略工程、固本工程、铸魂工程，事关党对高校的领导，事关全面贯彻党的教育方针，事关中国特色社会主义事业后继有人，对于巩固马克思主义在意识形态领域的指导地位，巩固全党全国人民团结奋斗的共同思想基础，具有十分重要而深远的意义。文件分七个部分：(1)加强和改进高校宣传思想工作是一项重大而紧迫的战略任务；(2)指导思想、基本原则和主要任务；(3)切实推动中国特色社会主义理论体系进教材进课堂进头脑；(4)大力提高高校教师队伍思想政治素质；(5)不断壮大高校主流思想舆论；(6)着力加强高校宣传思想阵地管理；(7)切实加强党对高校宣传思想工作的领导。

1 月 20 日

教育部主要负责同志就如何学习贯彻落实《关于进一步加强和改进新形势下高校宣传思想工作的意见》精神，从文件制定印发的重要意义和体现的思路，加强和改进新形势下高校宣传思想工作的指导思想、基本原则、主要任务、基本要求、保障措施等方面，回答了记者提问。相关负责人指出，文件深入贯彻落实党的十八大和十八届二中、三中全会精神，深入贯彻落实习近平总书记系列重要讲话精神，就进一步加强和改进新形势下高校宣传思想工作、全面推进高校意识形态工作做了全面部署，是对加强高校宣传思想工作的总动员，是指导我们加强和改进新形势下高校宣传思想工作的纲领性文献。文件的颁布实施，充分体现了以习近平同志为总书记的党中央对高校宣传思想工作的高度重视。学习贯彻落实好文件精神是当前和今后一段时期高校的重点任务。

同日，《习近平关于实现中华民族伟大复兴的中国梦论述摘编》研讨会在保加利亚首都索非亚举行，保加利亚前副总统马林和来自保政界、学术界、媒体、出版界的 20 多位专家学者出席了研讨会。

1 月 22 日

在宾夕法尼亚大学詹姆斯·麦甘主持完成的《全球智库报告 2014》中，我国共 7 家智库入围“全球顶级智库前 150 位”，分别为中国社会科学院、中国国际问题研究院、中国现代国际关系研究院、国务院发展研究中心、北京大学国际战略研究院、上海国际问题研究所和中国人民大学重阳金融研究院。与 2014 年相比，新增中国人民大学重阳金融研究院一家。

1 月 23 日

由太湖世界文化论坛主办，以“传承和弘扬

中华美学精神、推动社会主义文化繁荣发展”为主题的太湖世界文化论坛中华美学精神高层研讨会在京举行。会议围绕“中华美学精神的内涵、源流与发展历程”“中华美学精神的当代价值”“传承、弘扬中华美学精神的实践探索”等展开。会议认为，习近平总书记在文艺座谈会上的讲话中谈到文艺创作要“传承和弘扬中华美学精神”，是涵养社会主义核心价值观、促进中国特色社会主义文艺健康持续繁荣发展的重要条件之一。不能单纯地把中华美学精神当作一般的手法、技巧或风格来看待，不能把它作为排除于当代社会主义意识形态、中国特色社会主义文化的总体格局和结构体系之外的纯粹的美学和文化传统来进行研究。

1 月 30 日

由中宣部指导，光明日报社、中国人民大学、中国伦理学会共同主办的“核心价值观百场讲坛”第十四场在广西百色举行。中共中央党校副教育长、哲学部主任韩庆祥做了题为《核心价值观与中国人精神世界重建》的演讲，主要围绕培育和践行社会主义核心价值观的目标，如何从整体上把握，怎样做到“内化于心、外化于行”三个问题而展开。

2 月

2 月 2 日

《习近平谈治国理政》推介研讨会在柬埔寨首都金边举行，柬埔寨副首相兼内阁大臣索安、中国驻柬埔寨大使布建国、柬埔寨王家研究院院长克洛堤达以及当地官员、学者等数百人共同出席了此次研讨会。布建国表示，《习近平谈治国理政》一书全面系统地回答了新的时代条件下中国发展的重大理论和现实问题，同时集中展示了中国领导人的治国理念和执政方略，是国际社会了解当代中国的重要窗口和寻找中国问题答案的一把钥匙。

2 月 11 日

《人民日报》报道，《人民日报》记者就《关于进一步加强和改进新形势下高校宣传思想工作的意见》采访了北京师范大学党委书记刘川生、西南大学党委书记黄蓉生、中国人民大学学工部部长宋大我，共话新形势下如何进一步加强大学生思想政治教育，引导青年人树立坚定的理想信念。

2 月 12 日

为适应新的改革形势和发展要求，中科院对办院方针进行了调整，确定了“三个面向”“四个率先”的新方针，即“面向世界科技前沿，面向国家重大需求，面向国民经济主战场，率先实现科学技术跨越发展，率先建成国家创新人才高地，率先建成国家高水平科技智库，率先建设国际一流科研机构”。中科院是我国自然科学最高学术机构、科学技术最高咨询机构、自然科学与高技术综合研究发展中心，此前，在历史上的不同发展时期，中科院先后提出过 5 个办院方针。

2 月 13 日

《习近平谈治国理政》研讨会在巴黎举办，吸引了法国众多政界、商界、学术界精英人士和媒体记者参加。中国驻法国大使翟隽在研讨会上说，《习近平谈治国理政》一书汇集了习近平主席对中国、对世界的体悟。他经历了新中国发展的不同阶段，对中国有深刻的理解，他代表了中国一代人对中国和世界的思考。可以说，这本书向外界提供了了解中国领导人所思所虑以及了解当代中国的途径。

2 月 26 日

国务院教育督导委员会办公室公布《教育督导报告发布暂行办法》，规定教育督导报告及时采取政府网站、新闻发布会、报刊、广播、电视等方式向社会发布。教育督导报告将作为对被督导单位及其主要负责人进行考核、奖惩、问责的重要依据。新措施将教育督导报告分为专项督导报告、综合督导报告和年度督导报告三类。明确了教育督导报告分为督导过程、督导意见、整改情况三部分，主要包括教育督导机构开展督导工作情况、被督导单位和有关部门工作情况，督导中发现的问题以及整改要求、被督导单位整改情况等内容。

同日，第69届联合国大会召开全会，协商一致通过关于纪念世界反法西斯战争胜利70周年的决议。该决议决定联大将于2015年5月召开纪念世界反法西斯战争胜利70周年特别会议，认可各会员国对反法西斯战争有各自的胜利纪念日，认为第二次世界大战对全人类，特别是亚洲、欧洲等地区民众造成了深重苦难。中国常驻联合国代表刘结一大使在决议通过后表示，2015年是世界反法西斯战争胜利和联合国成立70周年，联合国将举行一系列纪念活动，联大通过上述决议具有重要历史和现实意义。

2月28日

中国共产党新闻网报道，由人民日报社组织编写的《习近平用典》一书近日由人民日报出版社出版，面向全国公开发行。全书26万字，从习近平总书记数百篇讲话和文章中遴选出使用频率高、影响深远、最能体现他治国理政理念的典故135则，分敬民、为政、立德、修身、任贤、天下、信念、法治等13个篇章，推陈出新，给“故纸堆”里的典故赋予了“新生命”，把古人治理智慧运用于治理现代化的当代实践。针对每则典故，解读部分阐述了总书记用典的现实意义，释义部分诠释了古典名句的深邃寓意。

3月

3月1日

中共中央党校举行2015年春季学期开学典礼。中共中央政治局常委、中央党校校长刘云山出席开学典礼并讲话，就深入学习贯彻习近平总书记系列重要讲话精神，领导干部做到对党忠诚、个人干净、敢于担当提出要求。刘云山指出，忠诚干净担当与好干部标准、“三严三实”和“四有”要求是内在一致的，是领导干部的为政之魂、立身之本，对于锻造党的执政骨干队伍具有重要意义。要推动党员干部严格遵守党内政治生活准则，增强党内生活的政治性原则性战斗性，坚决反对形形色色的潜规则、大大小小的关系网，激发党员干部队伍的正能量和精气神。要加强忠诚干净担当教育、发挥好正反两方面典型案例的教育警示作用，推动领导干部加强党性修养、改进工作作风，做良好政治生态的建设者和促进者。要把忠诚干净担当作为选人用人的重要导向，作为严明吏治、严格干部管理的重要内容，作为考核评价干部的重要依据，鲜明有力地确立起来，认认真真地贯彻下去，形成干部工作的清风正气，让党和人民需要的好干部大量涌现出来。

3月4日

由中央文献研究室、中央党史研究室、全国党建研究会联合主办的“学习周恩来同志的优良作风和优秀品德”座谈会在北京举行。与会者的发言从不同角度和侧面展现了周恩来的精神风范和高贵品格，论述了学习周恩来优良作风和优秀品德的心得体会。与会者一致认为，周恩来以身作则、率先垂范，守纪律、讲规矩、不搞特殊化、做任何事情都以国家和人民的利益为重等优良作风和优秀品德，在今天仍然具有很强的教育意义。与会者表示，学习周恩来的精神风范，要学习他对党、对国家、对人民的无限忠诚，学习他严以修身、严以用权、严以律己的优秀品德，学习他实事求是的精神、求真务实的作风和以诚待人的品格。纪念周恩来就要像他那样在党言党、在党忧党、在党为党、在党护党，不断加强党性锻炼、提高党性修养，同心同德、勇于担当、开拓创新、锐意进取，努力把老一辈革命家的美好理想变成现实，把我国建设成为富强民主文明和谐的社会主义现代化国家。

3月14日

《人民日报》报道，“世界水日”到来前夕，2015“清洁节水青春行”全国高校节水宣传系列活动拉开帷幕。首批活动在北京、江苏、四川、黑龙江等地的13所高校同时开展，接下来将扩大到全国近50所高校。自2012年起，环境保护部宣传教育中心与花王(中国)投资有限公司于“世界水日”期间，连续三年在北京、上海、广州、成都等地开展节水宣传活动，旨在唤起公众节水意识，倡导节水行动乃至清洁绿色生活方式。

3月19日

《人民日报》报道，由人民日报社组织编写的

《“四个全面”学习读本》一书，近日由人民出版社出版，面向全国公开发行。2015 年两会前夕，《人民日报》推出一组五篇系列评论员文章“论协调推进‘四个全面’”，引起社会各界强烈关注。《“四个全面”学习读本》一书，在收录这五篇评论员文章的基础上，首次系统梳理了习近平总书记的公开讲话、出版图书中关于“四个全面”的精辟论述，并进行分类整理；同时全面、系统地解读了“四个全面”的思想脉络和深刻内涵，对每一个“全面”都以近万字的篇幅进行了深入诠释。“四个全面”的提出，标志着以习近平同志为总书记的党中央治国理政总体框架更加完整、日臻成熟。

3 月 25 日

纪念彭冲同志诞辰 100 周年座谈会在北京举行。中共中央政治局常委、全国人大常委会委员长张德江出席座谈会，并会见了彭冲同志亲属。彭冲同志是中国共产党第九、十届中央候补委员，第十一至十三届中央委员，第十一届中央政治局委员、中央书记处书记，第五届全国政协副主席，第五至七届全国人大常委会副委员长。中共中央政治局委员、全国人大常委会副委员长李建国在座谈会上缅怀了彭冲同志为中国革命、建设、改革事业，为社会主义民主法治建设做出的历史贡献，强调要学习他的革命精神和优良作风，紧密团结在以习近平同志为总书记的党中央周围，同心协力、扎实工作，为实现中国梦而努力奋斗。

3 月 26 日

由中宣部指导，光明日报社、中国人民大学、中国伦理学会共同主办的“核心价值观百场讲坛”第十五场在凤凰网举行。中国发展模式研究中心主任、上海社会科学院中国学研究所所长张维为做了题为《国际视野下的中国道路》的演讲，并与现场观众和网友进行了互动。张维为认为，与发展中国家相比，中国过去 30 多年的成绩超过了其他发展中国家成绩的总和；与转型经济国家相比，我们所取得的成绩也超过了这些国家成绩的总和。

3 月 30 日

第四届全国高校马克思主义学院院长论坛在北京大学英杰国际交流中心阳光大厅举行。全国高校 150 余位马克思主义学院院长参加了论坛的研讨。论坛围绕习近平总书记系列讲话精神和《关于进一步加强和改进新形势下高校宣传思想工作的意见》，探讨当前形势下如何加强高校马克思主义学院和思想政治理论课建设，探讨研究如何讲好思想政治理论课。

4 月

4 月 3 日

新华网报道，国务院总理李克强 2015 年 3 月 5 日在第十二届全国人民代表大会第三次会议上所做的政府工作报告的蒙古、藏、维吾尔、哈萨克、朝鲜、彝、壮等 7 种少数民族文字单行本已由中国民族语文翻译局翻译，民族出版社出版，即日起向全国公开发行。

同日，“清明祭英烈共铸中华魂”主题团日活动暨江西青少年“万人重走红军路”活动在井冈山启动。来自江西各地的青年网络文明志愿者、青年环保社团成员、青年企业家、少先队员和大学生等 300 名青少年成为“重走红军路”首批队员。全国青少年井冈山革命传统教育管理中心、共青团江西省委和江西省委网信办有关领导为江西青少年“万人重走红军路”三支队伍授旗。8 名青少年代表面对国旗庄严宣誓，表达对革命先烈的崇高敬意和为社会主义事业奉献青春的坚强决心。300 名青少年依次在“点赞墙”上按下手印，点赞英雄，歌颂祖国。启动仪式结束后，在青少年基地授课老师的带领下，全体队员一起向烈士敬献花圈、默哀，重温入团(队)誓词，现场聆听井冈山革命先辈的英雄事迹。

4 月 8 日—9 日

全国党史研究室主任会议在北京召开。中共中央政治局委员、中央书记处书记、中央办公厅主任栗战书出席会议并讲话。栗战书强调，要深入学习贯彻习近平总书记关于党的历史和党史工作的重要论述精神，不断开创党史工作新局面。

要深入学习贯彻习近平总书记关于党的历史和党史工作地位作用的重要论述，充分认识做好新形势下党史工作的重要意义，牢牢把握党史工作的正确方向，统筹推进党史工作全面发展，掌握做好党史工作的看家本领。党史工作要坚持党性原则，首要的是坚持以科学理论为指导，核心是同以习近平同志为总书记的党中央保持高度一致，关键是严格遵守党的政治纪律、政治规矩。党史研究要坚持“一突出”“两跟进”，进一步突出开创和发展中国特色社会主义时间段历史研究，即时跟进十八大以来党中央的决策部署，即时跟进以习近平同志为总书记的党中央的理论发展。各级党委和党史部门要站在坚持和发展中国特色社会主义、实现中华民族伟大复兴中国梦的高度，进一步坚定对党的历史伟业的自信心和自豪感，增强做好党史工作的责任感、使命感和紧迫感，更好地肩负起以史鉴今、资政育人的历史责任和历史使命。

4 月 15 日

由中国驻英国大使馆、中国外文局共同主办的《习近平谈治国理政》推介会在中国驻英大使馆成功举办，英国政、商、学界多位知名人士高度评价该书对于推动中英关系发展的作用。《习近平谈治国理政》多文种版图书亮相享誉国际的伦敦国际书展。时值中英两国正式启动 2015 中英文化交流年英国文化季，此次图书推介会引起英国各界人士极大兴趣，到会嘉宾有百余人。

4 月 17 日

纪念马叙伦同志诞辰 130 周年座谈会在京召开。全国人大常委会副委员长、民进中央主席严隽琪出席会议并讲话。全国人大常委会原副委员长、民进中央原主席许嘉璐，全国政协副主席、民进中央常务副主席罗富和，全国政协原副主席、民进中央原第一副主席张怀西出席会议。座谈会由罗富和主持。

4 月 20 日

由中宣部指导，光明日报社、中国人民大学、中国伦理学会共同主办的“核心价值观百场讲坛”第十八场在中南大学举行。中南大学教授、中国村落文化研究中心主任胡彬彬做题为《乡贤文化与核心价值观》的演讲。胡彬彬围绕核心价值观中“爱国、敬业、诚信、友善”几个关键词，引经据典讲述了乡贤文化中所包含的社会主义核心价值观。他认为，中国传统乡贤文化是当代中国社会主义核心价值观培育和践行极其珍贵的思想资源，它与社会主义核心价值观有着共同的终极追求；“爱国”是中国传统乡贤文化的最终落脚点；在实际践行社会主义核心价值观的过程中，应该从友善出发，进而诚信，以此为基本原则，本分行事，即为“敬业”。

同日，纪念康世恩同志诞辰 100 周年座谈会在京举行。中共中央政治局常委、国务院副总理张高丽出席座谈会，并在会前会见了康世恩同志亲属。康世恩同志是中国共产党第十一届、十二届中央委员，原中共中央顾问委员会常委，国务院原副总理。中共中央政治局委员、国务院副总理马凯在座谈会上回顾了康世恩同志的光辉业绩和卓越贡献，强调要学习他理想信念坚定、对党无限忠诚的革命意志，艰苦奋斗、开拓创新的革命精神，实事求是、密切联系群众的工作作风，艰苦朴素、廉洁奉公的优良品质，并指出要继承发扬老一辈无产阶级革命家的光荣传统，同心协力，开拓进取，扎实工作，为实现中华民族伟大复兴的中国梦做出更大贡献。

4 月 28 日

《人民日报》报道，由中共中央文献研究室编辑的《习近平关于全面依法治国论述摘编》一书，近日由中央文献出版社出版，在全国发行。《习近平关于全面依法治国论述摘编》共分 8 个专题，收入 193 段论述，摘自习近平同志 2012 年 12 月 4 日至 2015 年 2 月 2 日期间的讲话、报告、批示、指示等 30 多篇重要文献。其中部分论述是第一次公开发表。

5 月

5 月 3 日

共青团中央、全国青联决定，授予丁赟等 25 人第十九届“中国青年五四奖章”，授予保定学院西部支教毕业生群体等 3 个青年集体“中国青年五四奖章集体”。

荣获第十九届“中国青年五四奖章”的包括：陕西省南郑县新集镇木坪村村民丁赟(女)，云南大学生命科学学院副院长、研究员于黎(女)，四川省木里藏族自治县俄亚纳西族乡九年制学校校长、中学高级教师王偏初(藏族)，北京航空航天大学自动化科学与电气工程学院副院长、教授、博士生导师段海滨，南开大学周恩来政府管理学院政治学与行政学专业本科四年级学生、天津高维创业岛运营管理有限公司董事长郭鑫(藏族)，中科院理化所激光物理与技术研究中心主任、研究员、博士生导师彭钦军等 25 人。

荣获“中国青年五四奖章集体”的分别是：保定学院西部支教毕业生群体、中国移动通信集团海南有限公司三沙网络建设维护团队、中国人民解放军海军 372 潜艇。此外，王俊、叶虎林、刘运宝、程然(女)、薛龙超 5 人荣获“中国青年五四奖章”提名奖。

共青团中央还做出决定，授予邵博韬等 197 名同志 2014 年度“全国优秀共青团员”称号，授予陈皞等 138 名同志 2014 年度“全国优秀共青团干部”称号，授予北京市朝阳区朝外街道团工委等 399 个基层团组织 2014 年度“全国五四红旗团委(团支部)”称号。

5 月 5 日

由中宣部指导，光明日报社、中国人民大学、中国伦理学会共同主办的“核心价值观百场讲坛”第二十场活动在四川泸州举行。中国人民大学国学院教授韩星做题为《中国传统文化的基本精神与现代传承》的演讲，并与现场观众和网友进行了互动。韩星从国学和文化的角度出发，运用大量的古籍文献，引经据典地阐述了中国文化基本精神的踪迹与融合过程，并详细论述了这些精神的新意义和新发展。

5 月 6 日

由中国人民大学、俄罗斯联邦驻华大使馆和俄通社-塔斯社联合举办的“纪念世界反法西斯战争胜利 70 周年”图片展在中国人民大学图书馆开幕。展览分为“胜利 1945：70 周年伟大节日的历史”和“满洲里：共同胜利的历史”两部分。俄罗斯驻华大使杰尼索夫表示，希望此次图片展能让人们更了解“二战”历史，更深刻地认识到取得世界反法西斯战争胜利的重要意义。

5 月 12 日

中共中央政治局委员、中宣部部长、全国哲学社会科学规划领导小组组长刘奇葆出席 2015 年国家社科基金项目评审工作会议，强调哲学社会科学战线要深入学习贯彻习近平总书记系列重要讲话精神，立足当代中国实践，汲取中华文化精华，瞄准世界学术前沿，着力提升学术原创能力，推进我国学术理论创新，为协调推进“四个全面”战略布局，促进经济社会持续健康发展提供有力理论支撑。刘奇葆强调，要牢牢把握研究方向和主题，紧紧围绕中国特色社会主义来展开来推进，从理论上深入总结中国经验、诠释中国道路，增强人们的道路自信、理论自信、制度自信。要把研究阐释习近平总书记系列重要讲话精神作为首要任务，在全面准确、深入透彻、联系实际上下功夫，着力用讲话精神武装头脑、指导实践、推动工作。创新是哲学社会科学的本质和生命力所在，要把创新贯穿到研究的方方面面，力争在一些重大基础理论问题研究上取得突破，推动形成具有中国特色的学术体系和话语体系。要加强中国特色新型智库建设，打造一批高端智库，充分发挥哲学社会科学的思想库作用。要坚持尊重规律、科学管理，培育良好学风，健全学术评价标准，加强成果宣传推介，推动哲学社会科学健康发展。

5 月 13 日

国务院办公厅印发《关于深化高等学校创新创业教育改革的实施意见》，全面部署深化高校创新创业教育改革工作。文件指出，近年来，高校创新创业教育不断加强，但也存在一些不容忽视的突出问题，主要是：一些地方和高校创新创业教育理念滞后，与专业教育结合不紧，与实践脱节；教师开展创新创业教育的意识和能力欠缺，教学方式方法单一，针对性实效性不强；实践平台短缺，指导帮扶不到位，创新创业教育体系亟待健全。针对这些问题，明确了 9 个重点任务：一是完善人才培养质量标准。二是创新人才培养机制。三是健全创新创业教育课程体系。四是改革教学方法和考核方式。五是强化创新创业实践。六是改革教学和学籍管理制度。七是加强教师创新创业教育教学能力建设。八是改进学生创业指导服务。九是完善创新创业资金支持和政策保障体系。

5 月 15 日

由中宣部指导，光明日报社、中国人民大学、中国伦理学会共同主办的“核心价值观百场讲坛”第二十一场活动在福建省福州市举行。中国前驻哈萨克斯坦、乌克兰大使姚培生做题为《宏伟的对接工程广阔的外交舞台——一带一路与中国外交》的演讲，并与现场观众和网友进行了互动。姚培生指出，“一带一路”是一项世纪性倡议，是使中国从大国加快走向强国的助推器。我国主张建立以互利共赢为核心的国际关系，这是各国携手构建“一带一路”的共同原则。

5 月 18 日

由教育部思想政治工作司、光明日报社教育部主办，全国高校辅导员工作研究会、中共重庆市委教育工委、重庆师范大学承办的全国高校辅导员工作现场会在重庆师范大学召开。教育部思想政治工作司司长冯刚出席会议并强调，全国高校辅导员工作现场会旨在进一步推进辅导员专业化、职业化建设，增强大学生思想政治教育的针对性和实效性，提升高校辅导员思想政治工作能力。会议宣布第七届全国高校辅导员年度人物评选结果，重庆师范大学毛霞、西南民族大学王高凤、北京邮电大学艾克热木·艾尔肯、浙江大学应伟清、中南大学张金学、陕西科技大学李萌、中国矿业大学李琳、北京科技大学李磊、石河子大学姜汪维、复旦大学钟妮、山东大学高弟共 11 名辅导员获此殊荣，冯刚等领导先后为年度人物颁奖。

同日，中宣部出版局、国家新闻出版广电总局新闻报刊司主办的社会主义核心价值观宣传研究座谈会在京召开。座谈会上，《求是》《光明日报》《中国人民大学学报》《思想理论教育导刊》等报刊的负责人介绍了宣传研究社会主义核心价值观取得的成绩和经验。北京大学马克思主义学院郭建宁教授、清华大学马克思主义学院吴潜涛教授，就社会主义核心价值观研究现状进行了分析解读。国家新闻出版广电总局副局长吴尚之、中宣部出版局局长郭义强对进一步深化社会主义核心价值观研究宣传提出了具体要求。此次座谈会发布了《2014 年我国学术理论报刊关于社会主义核心价值观宣传研究专题审读报告》。该报告由国家新闻出版广电总局新闻报刊司委托中国人民大学书报资料中心撰写。

5 月 19 日

中宣部在山东省菏泽市召开“抗日根据地的共产党人”宣传座谈会。90 多岁的抗战老党员、老战士代表盛金庭、章一笔回忆了在冀鲁豫抗日根据地浴血奋战的英雄事迹。来自全国 19 块抗日根据地及 25 个省(区、市)党委宣传部和党史研究部门、42 个抗战重点城市、33 个抗战纪念馆的负责人参加会议。会议要求，各地要深入挖掘抗日根据地的丰富资源，认真组织“抗日根据地百位杰出共产党人”主题宣传，广泛开展富有庄严感和仪式感的群众性活动，抓住契机、突出重点，精心创作、广泛传播，弘扬伟大的民族精神、抗战精神，引导人们培育和践行社会主义核心价值观，凝聚起共圆中国梦的强大正能量。

5 月 21 日

《人民日报》报道，为纪念中国人民抗日战争暨世界反法西斯战争胜利 70 周年，中央马克思主义理论研究和建设工程办公室组织专家学者撰写了《中国抗日战争史简明读本》。近日，该书已由人民出版社出版，在全国新华书店发行。该书以客观的立场、翔实的史料，立体式呈现了波澜壮阔的中国抗日战争史，深刻表明中国共产党是中华民族团结抗战的中流砥柱，中国抗日战争是世界反法西斯战争的重要组成部分和东方主战场，中国人民和中国共产党人为赢得抗日战争和世界反法西斯战争胜利付出巨大牺牲、做出重大贡献。该书还充分采用近年来学术界研究发掘的新观点、新史料和新数据，对于近年来在抗战史问题上出现的一些模糊认识和错误观点，做出有理有据的阐释和回应，是开展“勿忘国耻、圆梦中华”教育的重要教材。

5月23日

国际教育信息化大会在山东青岛开幕。国家主席习近平发来贺信，强调适应信息技术的发展，推动教育变革和创新，构建网络化、数字化、个性化、终身化的教育体系，建设“人人皆学、处处能学、时时可学”的学习型社会，培养大批创新人才，是人类共同面临的重大课题。习近平强调，人才决定未来，教育成就梦想。中国愿同世界各国一道，开拓更加广阔的国际交流合作平台，积极推动信息技术与教育融合创新发展，共同探索教育可持续发展之路，共同开创人类更加美好的未来。

5月27日

由中宣部指导，光明日报社、中国人民大学、中国伦理学会共同主办的“核心价值观百场讲坛”第二十二场活动在重庆忠县举行。南京图书馆馆长、南京大学哲学系教授徐小跃做题为《论忠德的多重价值与意义》的演讲。徐小跃从忠德在中国传统道德文化中的地位出发，引经据典地论述了忠德的内涵和价值。他认为，如果能将忠德所蕴含的全部意义揭示和呈现出来，中华传统文化特别是儒家文化的主要精神就可以得到全面展现。

5月29日

教育部发布2015年高校学生思想政治状况调查结果。调查显示，在近3万名调查对象中，对全面深化改革、全面从严治党、全面依法治国表示乐观的学生占比分别为84.7%、84.5%和81.9%。93.9%的学生对“中国特色社会主义事业进一步发展，综合国力不断增强，国际地位明显提高”表示乐观。对“大学生应成为社会主义核心价值观的积极传播者和践行者”“诚信是做人之本”等理念的认同度均在90%以上。

5月30日

“第十届中国大学生年度人物”评选活动由中宣部、教育部、共青团中央、人民日报社共同指导，人民网、大学生杂志社联合主办，活动评选出10名“第十届中国大学生年度人物”、20名年度人物提名奖和1名特别奖。活动旨在深入贯彻党的十八大和十八届三中、四中全会及习近平总书记系列重要讲话精神，围绕立德树人根本任务，积极培育和践行社会主义核心价值观，深入挖掘和宣传表彰大学生先进典型，集中展现当代大学生的精神风貌，充分发挥先进典型的示范引领作用，在全社会营造促进大学生健康成长的良好环境。

6月

6月2日

教育部在北京召开深化高等学校创新创业教育改革视频会议，对深化高校创新创业教育改革工作进行动员部署。教育部党组书记、部长袁贵仁出席会议并讲话。他强调，深化高校创新创业教育改革是当前和今后一个时期推进高等教育综合改革的重要内容，要认真抓好六项重点任务。一是修订人才培养方案。要坚持立德树人基本导向，开展人才培养观念主题大讨论，明确创新创业教育目标要求，完善创新创业教育课程体系。二是推进协同育人。要推进人才培养与社会需求间的协同，推进高校与高校，高校与政府、社会间的协同，推进学科专业间的协同，建立结构调整、多样合作、交叉培养新机制。三是强化创新创业实践。要加强实验教学资源建设和共享，广泛搭建实习实训平台，办好各级各类创新创业竞赛。四是改革教学管理制度。要建立个性化培养教学管理制度，推行休学创新创业，建立创新创业学分积累与转换制度，改革学生学业考核评价办法。五是提升教师创新创业教育教学能力。要坚持全员参加、专兼结合，配齐配强创新创业教育教师队伍。要改革教学内容和方式方法，组织开展专门培训。六是建设校园创新创业文化。要把创新创业文化作为大学文化建设的重要内容，有重点、分层次举办讲座论坛，全方位、多方面开展主题活动。要加大创新创业价值宣传，发掘树立创新创业先进典型。

6月6日

“学习习近平总书记系列重要讲话弘扬愚公移山精神暨纪念毛泽东同志《愚公移山》发表70周

年座谈会”在中央党校召开。座谈会由中央党校中共党史教研部、光明日报社理论部与中共河南济源市委联合举办，部分离退休老干部及来自政府部门、教育界、学术界的代表约100人出席座谈会，对愚公移山精神的时代内涵和价值进行了深入的探讨。与会者认为，推进中国特色社会主义事业，需要把愚公移山的艰苦奋斗精神和改革创新的时代精神结合起来，挖掘愚公移山精神的时代内涵和价值，更好地发挥其在推进“四个全面”战略布局，实现中华民族伟大复兴征程中的鼓舞和激励作用。

6 月 11 日

《人民日报》报道，为纪念陈云同志诞辰110周年，经中共中央批准，中共中央文献研究室编撰的《陈云年谱(修订本)》，近日由中央文献出版社出版，在全国发行。该书在2000年出版的《陈云年谱》基础上，增补了近年来发现的有关陈云同志思想生平的许多新史料、新文献，全面反映了陈云同志的革命生涯、历史贡献、重要思想观点和崇高风范。全书新增加了26万字，仍为三卷本。增补后的年谱内容更加丰富、翔实，融资料性、学术性、思想性、传记性于一体，是研究陈云同志的基础著作，也是研究党史国史特别是新中国经济建设发展历程的重要参考书籍。这本年谱的出版，对于进一步深入研究陈云同志的思想理论和精神品格，更好地了解中国革命、建设和改革的历史，具有重要作用。2005年出版的《陈云传》同时再版发行。

同日，党史学界纪念党的七大召开70周年座谈会在北京举行。座谈会由中央党史研究室举办，来自中央党史研究室、中国中共党史学会、中国延安干部学院的80余名领导干部、党史专家学者参加会议，就“中共七大胜利召开的历史意义”进行了深入的探讨。中央党史研究室主任曲青山在发言中指出，党的七大从历史与现实、理论与实践结合的高度，深刻阐述了中国共产党在中国人民争取民族独立、人民解放事业中的领导核心地位和作用，为实现中华民族伟大复兴确立了领导力量。中国中共党史学会会长、中央党史研究室原主任欧阳淞在会上发言强调，弘扬从严从实优良作风，是党的七大得以顺利召开、取得圆满成功的一个重要原因，也是七大的一个重要特色。

6 月 12 日

中共中央在人民大会堂举行座谈会，纪念陈云同志诞辰110周年。中共中央总书记、国家主席、中央军委主席习近平发表重要讲话，强调伟大的事业呼唤着我们，庄严的使命激励着我们。我们一定要坚定不移把老一辈革命家开创的伟大事业继续推向前进。这是我们的历史责任，也是对老一辈革命家的最好纪念。

同日，由中宣部指导，光明日报社、中国人民大学、中国伦理学会共同主办的“核心价值观百场讲坛”第二十三场活动在河南商丘应天书院举行。北京交通大学人文社会科学学院院长、马克思主义学院院长韩振峰做题为《共和国英模精神与核心价值观》的演讲。“英模精神的最典型特征就是具有坚定的共产主义信念和大爱无疆的精神，这也是核心价值观的重要内涵之一。”韩振峰认为，弘扬社会主义核心价值观应以英模精神为抓手，以宣传“凡人善举”为载体，把英模精神和社会主义核心价值观融入电影、戏曲、电视剧、小说等文艺形式中。要加大教育力度，让英模精神、社会主义核心价值观在青少年心目中化成思想价值观念，领导干部也要带头学习践行。

6 月 16 日

全国教师志愿服务联盟在北京师范大学启动“名师大家公益讲堂”活动，并发出倡议号召全国广大教师积极参与义务值守、免费辅导、生活帮扶等志愿活动，把新时期好老师的理想信念、道德情操、扎实学识、仁爱之心传递到社会各方。活动旨在荟萃教育系统名师资源，通过信息技术手段，更多更好地向社会大众普及中华优秀传统文化和传统美德，向师生传播先进教育理念和科学学习方法，向家长宣传正确的育人观、成长观。

6 月 18 日

为深入学习贯彻习近平总书记在纪念陈云同志诞辰110周年座谈会上的重要讲话，中共中央文献研究室、中国中共文献研究会在北京举办

“陈云思想生平研究会成立大会暨纪念陈云同志诞辰110周年学术研讨会”。研讨会围绕习近平总书记在纪念陈云同志诞辰110周年座谈会上的重要讲话深入学习交流。与会者表示，把老一辈革命家研究好、宣传好、维护好，对于推动党和国家事业发展，巩固党的执政地位，增强中国特色社会主义道路自信、理论自信、制度自信，具有十分重要的意义。

6月23日

马克思主义理论研究和建设工程工作座谈会在北京召开，中共中央政治局常委、中央书记处书记刘云山出席并讲话，强调实施马克思主义理论研究和建设工程是党的一项根本性建设，是强基固本的工作，要深入落实党中央部署，提升理论自觉，突出主攻方向，强化问题导向，把工程工作引向深入，更好地推动马克思主义中国化时代化大众化。刘云山指出，深入实施工程不是权宜之计，而是全面推进马克思主义理论学习研究宣传。要联系新的实际，继续加强马克思列宁主义、毛泽东思想、邓小平理论、“三个代表”重要思想、科学发展观的研究，引导干部群众坚定道路自信、理论自信、制度自信。要紧跟党的理论创新步伐，深入研究阐释习近平总书记系列重要讲话的重大意义，研究阐释讲话蕴含的新思想新观点新论断，帮助人们领会精神实质；围绕讲话精神设立一批重大课题，组织力量综合研究、专题研究，与理论学习和理论宣传贯通起来，更好地用讲话精神武装头脑、指导实践、推动工作。

7月

7月8日

“播种希望与未来——乡村特岗教师巡回报告团”首场报告会走进华中师范大学。报告会上，来自湖北、贵州、云南、陕西的5位特岗教师代表分享了在乡村从教经历。华中师范大学师范生代表及湖北省其他高校学生代表300余人参加了报告会。报告会由教育部教师工作司、人民网联合主办，湖北省教育厅、华中师范大学承办。

同日，新华网报道，由刘少奇思想生平研究会编辑的《提高党员修养是党的建设的永久性课题——纪念刘少奇〈论共产党员的修养〉发表75周年学术研讨会论文集》，近日由中央文献出版社出版。该书收入了2014年11月在河南渑池举办的“党员修养与党的建设”学术研讨会的研究成果。这些成果对《论共产党员的修养》的历史地位和深远影响、思想内涵和理论价值、现实意义和指导作用等进行了深入研讨，对于深刻理解习近平总书记关于党性修养的重要论述，更加有力地贯彻执行中央关于作风建设的决策部署和深入开展“三严三实”专题教育，都具有重要参考价值。

7月10日

由中宣部指导，光明日报社、中国人民大学、中国伦理学会共同主办的“核心价值观百场讲坛”第二十六场活动在河南淅川县举行。河南省委原书记徐光春以学者身份，做了题为《社会主义核心价值观与移民精神》的演讲，并回答了观众、微信网友的现场提问。徐光春从社会主义核心价值观、南水北调工程的移民精神、新时代培育和践行社会主义核心价值观的启示三个方面进行了阐释。

7月11日

在教育部和山东省委、省政府指导推动下，山东高校思想政治理论课特聘教授师资库建设正式启动。

7月13日

由中国青年政治学院、中共中央编译局主办的“贯彻落实‘四个全面’战略布局理论与实践”研讨会暨第五届中国青年学术论坛在北京举行。研讨会旨在加强对“四个全面”战略布局的深入研究和探讨，更加清晰地理解“四个全面”战略布局的重大意义、科学内涵、主要任务、实施途径及其与当代中国青年发展的关系。

7月14日

教育部在广州召开2015年教育新闻宣传工作现场推进会。会议指出，教育新闻宣传工作是教育事业的重要组成部分，责任大、任务重、要求高。近年来，各地各高校深入贯彻落实中央关于新闻宣传工作的重要部署，按照教育部党组的要求，健全新闻宣传制度、提升主动宣传水平、加强新媒体建设、构建新闻宣传大格局，教育新闻宣传工作取得了新成效、新进展。会议强调，当前教育改革不断深化，思想文化交流频繁，媒体融合更加紧密。要准确把握形势、积极应对挑战，不断加强和改进新形势下的教育新闻宣传工作。一是全员动手、各司其职，解决好“谁来抓”的问题。二是弘扬主旋律，传播正能量，解决好“抓什么”的问题。三是因势而谋，顺势而为，解决好“怎么抓”的问题。

7 月 15 日

中共中央党校举行 2015 年春季学期毕业典礼。中共中央政治局常委、中央党校校长刘云山出席毕业典礼，并为学员颁发毕业证书。中央党校此期毕业学员 1161 人。毕业典礼上，8 位毕业学员代表做了发言。学员们普遍反映，通过党校学习培训，对习近平总书记系列重要讲话精神学习理解进一步深化，提高了理论素养、增强了党性修养、开阔了眼界视野，精神上补了“钙”、思想上充了“电”、工作上加了“油”，理想信念进一步坚定、“三个自信”进一步增强。大家表示，一定把在党校的学习收获转化为进一步做好工作的责任和本领，以“三严三实”要求修身做人、干事创业，在各自的岗位上做出新的贡献。

7 月 22 日

《习仲勋与群众路线》(上册)出版座谈会在中央党校举行。《习仲勋与群众路线》(上册)是一本采访实录，包括 31 位曾经在习仲勋同志身边工作或者近距离接触过他的干部、群众的 25 篇采访记录，42 万多字，100 多幅图片，其中许多图片是首次公开发表。发言同志一致认为，《习仲勋与群众路线》(上册)选取“由群众评说群众领袖”这样一个独特视角，采用访谈形式，通过讲述人的回忆，真实还原了习仲勋同志深入群众、扎根群众、奉献群众的鲜活历史场景，生动再现了他践行党的群众路线的朴实无华人生。通过阅读这些访谈，读者仿佛跟随习仲勋同志的足迹，重新走过了一段贴近群众之旅，重新经受了一次精神净化之行。

7 月 23 日

教育部直属高校工作咨询委员会第 25 次会议在京召开，中共中央政治局委员、国务院副总理刘延东出席会议并讲话。刘延东强调，高校要围绕“四个全面”战略布局，认真贯彻党中央、国务院决策部署，增强责任感和紧迫感，把全面提升创新能力摆在高等教育综合改革的核心位置，为实施创新驱动发展战略和建设创新型国家贡献力量。会议紧扣时代脉搏，聚焦“全面提升高等学校创新能力，引领支撑创新驱动发展战略实施”主题，深入交流分析了高校引领支撑创新驱动发展战略的机遇和挑战。清华大学、上海交通大学、中国人民大学、中南大学、东北大学等 8 所高校围绕会议主题，结合本校办学特色分别做了经验交流发言。

同日，中组部、中宣部、教育部联合印发《关于领导干部上讲台开展思想政治教育的意见》，推动领导干部上讲台实现制度化和常态化。文件指出，上讲台的领导干部包括各省(区、市)党政领导班子成员，各省(区、市)有关部门、地市的主要负责同志，重点是省级领导干部。每个领导干部每学期至少上一次讲台。保证每所高校的学生每学期至少听一次地市级以上领导干部的报告或形势与政策课。文件还指出，领导干部上讲台的主要任务是深入开展习近平总书记系列重要讲话精神学习宣传教育；开展中国特色社会主义和中国梦的宣传教育；开展协调推进“四个全面”战略布局的宣传教育；结合国家和本地区本部门发展的实际，宣讲改革开放和社会主义现代化建设的新成就新变化，宣讲党和国家重大方针政策、重大活动和重大改革措施；开展经济发展新常态下的新形势、新特点、新任务教育；开展当前国际形势与国际关系的状况、发展趋势和我国的对外政策，世界重大事件及我国政府的原则立场教育；开展培育和弘扬社会主义核心价值观教育；开展各民族共同团结进步、共同繁荣发展的民族大团结教育；回答高校师生关注的重大理论和实践问题，帮助青年学生自觉划清思想理论上的是非界限。

同日，北京高校中国化马克思主义教学研究会在京召开，来自北京高校的百余名专家学者围绕“马克思主义中国化与毛泽东思想和中国特色社会主义理论体系概论课程教学”和“抗日战争与马克思主义中国化”两大主题进行专题研讨。

7 月 24 日

中华全国青年联合会第十二届委员会全体会议、中华全国学生联合会第二十六次代表大会在北京人民大会堂开幕。中共中央总书记、国家主席、中央军委主席习近平发来贺信，代表党中央向大会召开表示热烈祝贺，向全国各族各界青年和青年学生、向广大海外中华青年表示诚挚问候。

习近平在贺信中说，紧跟时代砥砺前行，担当责任奋发有为，是我国青年的光荣传统，也是党和人民对广大青年的殷切期望。5 年来，在党的坚强领导和共青团帮助指导下，各级青联和学联组织围绕中心、服务大局，积极组织青年、宣传青年、教育青年、引导青年，各项工作取得可喜成绩。广大青年和青年学生响应党的号召，胸怀祖国和人民，奉献社会和他人，积极投身坚持和发展中国特色社会主义伟大实践，以实际行动证明，当代中国青年不愧为大有希望、大有作为的一代。

习近平指出，国家的前途，民族的命运，人民的幸福，是当代中国青年必须和必将承担的重任。当代中国青年要有所作为，就必须投身人民的伟大奋斗。前进要奋力，干事要努力。当代中国青年要自觉按照党和人民的要求锤炼自己、提高自己，做到志存高远、德才并重、情理兼修、勇于开拓，在火热的青春中放飞人生梦想，在拼搏的青春中成就事业华章。

习近平强调，青联和学联事业是党的群团事业的重要组成部分，青联和学联组织一定要不断保持和增强政治性、先进性、群众性，不断推进自身改革，认真履行自身职能，更好组织动员广大青年坚定地跟党走。

习近平指出，祖国的未来属于青年，重视青年就是重视未来。各级党委和政府要加强对青年工作的领导，为广大青年成长成才、建功立业创造良好环境和条件，帮助和支持广大青年在时代的舞台上展现风采、发光发热，努力为实现“两个一百年”奋斗目标、实现中华民族伟大复兴的中国梦贡献青春的激情和力量。

7 月 25 日

全国青联十二届全委会、全国学联二十六大圆满完成各项议程，在京闭幕。会议期间，全国青联十二届全委会审议通过了全国青联第十一届常委会工作报告和《关于中华全国青年联合会章程(修正案)的决议》。会议选举产生了全国青联新一届领导机构，团中央书记处常务书记、十一届全国青联主席贺军科当选为十二届全国青联主席，罗梅等 20 人当选为全国青联副主席。会议还选举产生了 222 名全国青联十二届常委会委员。全国学联二十六大审议通过了《关于中华全国学生联合会第二十五届委员会工作报告的决议》和《关于中华全国学生联合会章程修正案的决议》，通过了《关于践行“勤学修德明辨笃实”要求大力弘扬社会主义核心价值观的决议》和中华全国学生联合会会徽，选举产生了全国学联第二十六届委员会和主席团，北京大学学生会当选为全国学联第二十六届主席团体，北京大学学生王圣博当选为第二十六届全国学联主席。

7 月 27 日

中共中央政治局常委、国务院总理李克强出席国家科技战略座谈会并做重要讲话。他代表党中央、国务院对中国科学院学部成立 60 周年表示热烈祝贺，向全体院士和全国广大科技工作者致以问候和敬意。李克强强调，要把科技与人民群众的创造力在更大范围、更深程度、更高层次上融合起来，既要“顶天”，努力突破核心关键技术，勇攀世界科技高峰，又要“立地”，通过大众创业、万众创新将科技成果转化为现实生产力。为此，一要持续释放改革这个最大红利。进一步推进简政放权、放管结合、优化服务等改革，坚决破除对创业创新的不合理束缚，创新科研投入、科技管理、收益分配、科研协同和政府服务等机制，使广大科研人员能够自主决策、潜心研究。二要依托“互联网＋”等新技术新模式构建最广泛的创新平台。鼓励发展众创、众包、众扶、众筹等，使创新资源配置更灵活、更精准，凝聚大众智慧，形成内脑与外脑结合、企业与个人协同的创新新格局。同时，通过创新监管模式营造公开公平的竞争环境。三要用好我国人力资源这个最丰富的"本钱"。尊重知识、尊重人才，使创业创新者贡献有回报、权益有保护、社会有地位，增强全社会持久创新的动力，在创业创新实践中造就高素质的人才大军。

同日，中宣部、教育部联合印发《普通高校思想政治理论课建设体系创新计划》，强调要整体推进教材、教师、教学等方面综合改革创新，编写充分反映马克思主义中国化最新成果、教师好用学生爱读的系列教材，建设一支对马克思主义理论真学、真懂、真信、真用的教师队伍，培育推广理论联系实际、富有吸引力感染力的多种教学方法，重点建设一批教学科研皆强的马克思主义学院，逐步构建重点突出、载体丰富、协同创新的思想政治理论课建设体系，不断深化中国特色社会主义和中国梦教育，深入开展社会主义核心价值观教育，加强法治教育，坚持不懈地推动中国特色社会主义理论体系进教材、进课堂、进头脑，不断改善思想政治理论课教学状况，努力把思想政治理论课建设成为学生真心喜爱、终身受益、毕生难忘的优秀课程。根据这份计划，实施高校思想政治理论课建设体系创新计划的主要任务包括：推进统编教材编写使用，构建面向教师和学生不同对象，辐射本专科生、研究生各个层次，涵盖纸质和数字化等多种载体，体现思想性、科学性、可读性相统一的立体化教材体系；提高专职教师队伍整体素质，建设一支理想信念坚定、师德高尚、理论功底扎实、教学效果良好的高水平思想政治理论课教师队伍，形成专兼结合、结构合理的教学人才体系；改革教学方法，创新教学艺术，形成第一课堂与第二课堂、理论教学与实践教学、课堂教学与网络教学相互支撑，理念手段先进、方式方法多样、组织管理高效的思想政治理论课教学体系；加强马克思主义理论学科规范化建设，把马克思主义理论学科建设成为哲学社会科学优势学科，构建以马克思主义理论学科为引领，相关学科为补充，有效支撑思想政治理论课建设的学科体系；健全完善评价标准，紧密结合思想政治理论课教材、教师、教学等实际，构建有利于激发各方面积极性，全面系统、科学规范、运行有效的综合评价体系；建强独立二级机构，重点建设一批马克思主义学院。

同日，教育部印发《关于深化职业教育教学改革全面提高人才培养质量的若干意见》，从落实立德树人根本任务、改善专业结构和布局、提升系统化培养水平、推进产教深度融合、强化教学规范管理、完善教学保障机制六个方面提出了具体政策措施。

7 月 30 日

中共中央政治局就中国人民抗日战争的回顾和思考进行第二十五次集体学习。中共中央总书记习近平主持学习并强调，深入开展中国人民抗日战争研究，必须坚持正确历史观、加强规划和力量整合、加强史料收集和整理、加强舆论宣传工作，让历史说话，用史实发言，着力研究和深入阐释中国人民抗日战争的伟大意义、中国人民抗日战争在世界反法西斯战争中的重要地位、中国共产党的中流砥柱作用是中国人民抗日战争胜利的关键等重大问题。

习近平强调，要坚持用唯物史观来认识和记述历史，把历史结论建立在翔实准确的史料支撑和深入细致的研究分析的基础之上。要坚持正确方向、把握正确导向，准确把握中国人民抗日战争的历史进程、主流、本质，正确评价重大事件、重要党派、重要人物。要从总体上把握局部抗战和全国性抗战、正面战场和敌后战场、中国人民抗日战争和世界反法西斯战争等重大关系。我们不仅要研究七七事变后全面抗战 8 年的历史，而且要注重研究九一八事变后 14 年抗战的历史，14 年要贯通下来统一研究。要以事实批驳歪曲历史、否认和美化侵略战争的错误言论。

习近平指出，要通过多种形式的宣传阐释和主题教育活动，使全国各族人民牢记由鲜血和生命铸就的中国人民抗日战争的伟大历史，牢记中国人民为维护民族独立和自由、捍卫祖国主权和尊严建立的伟大功勋，牢记中国人民为世界反法西斯战争胜利做出的伟大贡献，弘扬伟大抗战精神。要加强抗战遗迹保护开发，发挥各类抗战纪念设施作用，为开展抗战研究、展示研究成果、进行爱国主义教育提供阵地。要推动国际社会正确认识中国人民抗日战争在世界反法西斯战争中的地位和作用。要加强抗战研究的国际学术交流。要推动海峡两岸史学界共享史料、共写史书，共同捍卫民族尊严和荣誉。

同日，教育部在北京召开2015年度全国毕业生就业典型经验高校座谈会。会议强调，当前高校毕业生就业创业工作机遇与挑战并存，各地各高校要抓住机遇，认真贯彻落实中央领导一系列重要指示和国务院文件精神，坚持创新引领创业、创业带动就业，全面深化创新创业教育改革，大力促进创业就业工作，扎实做好大学生参军入伍工作，全面提升创业就业服务水平和质量。

7月30日—31日

全国高校实践育人暨创新创业现场推进会在湖北省黄冈市召开。会议要求重点抓好协同育人机制、实习实训工作、创新创业教育、提供政策支持、加强组织领导五个方面工作，切实增强大学生创新精神、创业意识和创新创业能力。教育部、人力资源和社会保障部、国务院国有资产监督管理委员会联合为清华大学等50家首批“全国高校实践育人创新创业基地”授牌。

8月

8月4日

2015年教育部中国大学生在线总结表彰大会暨经验交流会在中国矿业大学举行。全国60余所高校的130位师生齐聚矿大，交流校园网络宣传工作经验，探讨进一步建设好中国大学生在线，共同创建高雅校园网络文化相关议题。教育部思政司司长冯刚、中国矿业大学党委书记邹放鸣、中国大学生在线发展中心常务副主任王卫权等出席大会，并为获得十佳校园网络通讯站、优秀校园网络通讯站、优秀校网通讯站指导教师、校网通十佳通讯员、校网通优秀通讯员的先进集体和个人颁奖。冯刚强调，在加强高校网络文化建设方面，一是学校在机制建设上要高度重视，加大支持力度；二是工作系统要进一步强化；三是既要强调分工协作，也要强调归口管理。冯刚希望教育部中国大学生在线充分发挥网络文化成果展示、评选、示范引领的作用，促进高校网络文化建设一线成果传播得更广、示范性更强、影响力更大。

8月5日

教育部发布《特殊教育教师专业标准》征求意见稿，向社会公开征求意见。这份标准从不同维度对特殊教育教师的专业理念与师德、专业知识、专业能力等进行了详细要求，是特殊教育教师的基本专业要求，是特殊教育教师实施教育教学行为的基本规范，是引领特殊教育教师专业发展的基本准则，是特殊教育教师培养、准入、培训、考核等工作的重要依据。

8月12日

教育部发布《国家学生资助政策体系简介(2015)》，指出党和国家高度重视家庭经济困难学生上学问题，近些年中央有关部门密集出台相关资助政策措施，目前已建立起覆盖学前教育至研究生教育的学生资助政策体系，从制度上保障了不让一个学生因家庭经济困难而失学。

8月17日

新华网刊发《同在蓝天下　共沐春风里——我国民族教育发展成就综述》，总结了我国民族地区教育质量的提升措施、技能培训、师资队伍建设等方面的工作进展。教育部有关负责人表示，今后一段时期，民族教育要以制度建设为基础，以结构调整和质量提升为重点，完善普惠政策，采取特惠措施，扎实推进民族教育全面协调可持续发展。一要完善民族教育优先发展的保障机制，二要加强民族地区教育基本公共服务能力建设，三要提高民族团结教育的针对性和实效性，四要坚定不移推进双语教育，五要加快现代职业教育体系建设，六要推进各级各类教育协调发展，七要加快高素质教师队伍建设。

8月18日

中共中央总书记、国家主席、中央军委主席、中央全面深化改革领导小组组长习近平主持召开中央全面深化改革领导小组第十五次会议，审议通过《统筹推进世界一流大学和一流学科建设总体方案》《全面改善贫困地区义务教育薄弱学校基本办学条件工作专项督导办法》。

会议强调，要全面贯彻党的教育方针，遵循教育规律，以立德树人为根本，以中国特色为统领，以支撑创新驱动发展战略、服务经济社会为导向，推动一批高水平大学和学科进入世界一流行列或前列，提升我国高等教育综合实力和国际竞争力，培养一流人才，产出一流成果。要引导和支持高等院校优化学科结构，凝练学科发展方向，突出学科建设重点，通过体制机制改革激发高校内生动力和活力。

会议指出，全面改善贫困地区义务教育学校基本办学条件，要落实政府主体责任。要依法依规开展对全面改善贫困地区义务教育薄弱学校基本办学条件工作的专项督导，明确督导内容、程序、结果应用方式，重点监督经费保障、质量管理、进展成效、社会监督等情况，建立评价、激励、问责机制，推动地方政府履行责任，保障工作进度和成效。

同日，教育部发布《2014 年中国学生资助发展报告》，指出：学前教育幼儿资助金额 52.77 亿元，比上年增加 12.22 亿元，增幅 30.14%；义务教育寄宿生生活补助资助金额 173.64 亿元，比上年增加 5.13 亿元，增幅 3.04%；中职学校学生资助金额 362.89 亿元，比上年增加 68.27 亿元，增幅 23.17%；普通高中学生资助金额 115.12 亿元，比上年增加 7.76 亿元，增幅 7.23%；普通高校学生资助金额 716.86 亿元，比上年增加 142.75 亿元，增幅 24.86%。在资助政策方面，自 2014 年 7 月 1 日起，高等教育本专科生国家助学贷款最高标准限额由 6000 元提高到 8000 元；研究生国家助学贷款最高限额由 6000 元提高到 12000 元。相应提高高校学生应征入伍服义务兵役和中央部属高校毕业生赴基层单位就业学费补偿贷款代偿标准，相应提高退役士兵考入高校的教育资助标准。此外，自 2014 年起，国家调整中等职业教育免学费财政补助方式，进一步加大财政投入力度，对中等职业学校全日制正式学籍一、二、三年级在校生中所有农村（含县镇）学生、城市涉农专业学生和家庭经济困难学生免除学费（艺术类相关表演专业学生除外）。

8 月 20 日

来自首都 35 所高校的 37 名学生记者开启了为期 10 天的重走西南联大和抗大寻根之旅，他们将奔赴长沙、昆明、延安等地，探访抗战期间西南联大和中国人民抗日军政大学旧址。

8 月 21 日

光明日报社理论部、中共山东省济南市委宣传部共同主办的“培育和践行社会主义核心价值观高层论坛”在山东济南举行。与会者围绕营造培育和践行社会主义核心价值观的浓厚氛围、促进社会主义核心价值观在全社会落地生根等问题展开研讨。

8 月 24 日

海峡两岸纪念中国人民抗日战争暨世界反法西斯战争胜利 70 周年学术研讨会在北京召开，主题为“全民族抗战和中华民族伟大复兴”。全国政协副主席、台盟中央主席林文漪在开幕式上致辞。林文漪强调，以爱国主义为核心的伟大民族精神是中国人民抗日战争胜利的决定因素。在新的历史条件下，两岸同胞应以心相交、尊重差异、增进理解，共同传承中华文化优秀传统，不断增强民族认同、文化认同、国家认同。要坚定不移走两岸关系和平发展道路，坚持“九二共识”、反对“台独”的共同政治基础，坚持开展两岸协商谈判、推进各领域交流合作，坚持为两岸民众谋福祉。

8 月 24 日—29 日

第十二届全国人大常委会第十六次会议在京召开，已经国务院第 77 次常务会议讨论通过的《教育法律一揽子修正案（草案）》首次列入全国人大常委会会议议程，正式进入立法程序。《教育法律一揽子修正案（草案）》对完善教育基本制度有明确表述，增加教育应当坚持立德树人，对受教育者加强社会主义核心价值体系教育，增强受教育者的社会责任感、创新精神和实践能力的规定；增加国家采取措施促进教育公平，逐步缩小区域、城乡、校际差距的规定；增加关于完善现代国民教育体系、加快普及学前教育、推进教育信息化和国际化等内容。

8月25日

纪念中国关心下一代工作委员会成立25周年暨全国关心下一代工作表彰大会在京召开。中共中央总书记、国家主席、中央军委主席习近平做出重要指示，代表党中央，向受到表彰的先进集体和先进个人致以衷心的祝贺，向全国从事关心下一代工作的广大老同志和关工委干部表示诚挚的问候。习近平指出，十年树木，百年树人。祖国的未来属于下一代。做好关心下一代工作，关系中华民族伟大复兴。中国关工委成立25年来，为促进青少年健康成长做了大量工作。希望同志们坚持服务青少年的正确方向，着力加强青少年思想道德建设，引导青少年树立和践行社会主义核心价值观，支持和帮助青少年成长成才，团结教育广大青少年听党话、跟党走。广大老干部、老战士、老专家、老教师、老模范等离退休老同志是党和人民的宝贵财富。我们要弘扬“五老”精神，尊重“五老”，爱护“五老”，学习“五老”，重视发挥“五老”作用，推动关心下一代事业更好发展。

8月27日

中宣部、教育部联合下发通知，强调要在2015年秋季利用新生教育、入学教育的契机，以“勿忘国耻圆梦中华”为主题，在大中小学校组织开展“开学第一课”活动，广泛进行抗战历史、抗战精神教育，引导广大青少年铭记历史、缅怀先烈、珍爱和平、开创未来，传承弘扬伟大的抗战精神，积极培育和践行社会主义核心价值观，树立崇高理想信念，勤奋学习、崇德向善，在实现“两个一百年”奋斗目标、实现民族复兴中国梦的伟大实践中创造自己的精彩人生。

同日，由中宣部指导，光明日报社、中国人民大学、中国伦理学会共同主办的“核心价值观百场讲坛”第二十九场在陕西榆林举行。中央党校哲学教研部教授、中外哲学教研室副主任王杰做了题为《传统文化与官德修养》的演讲，并与现场观众和网友进行了互动交流。

同日，为纪念中国人民抗日战争暨世界反法西斯战争胜利70周年，进一步加强中央国家机关党员干部爱国主义教育和党性锻炼，培育和践行社会主义核心价值观，中央国家机关工委从全国爱国主义教育示范基地中，最终确定了10个基地作为中央国家机关爱国主义教育基地，陆续进行命名授牌。10个爱国主义教育基地分别是：“九·一八”历史博物馆、侵华日军南京大屠杀遇难同胞纪念馆、八路军太行纪念馆、延安革命纪念地、韶山毛泽东同志纪念馆、苏区中央机关党总支旧址、遵义会议—四渡赤水纪念地、焦裕禄纪念园、红旗渠纪念馆、中国海关博物馆。

9月

9月6日

教育部公布第六届全国教书育人楷模名单，李银环等10人榜上有名。第六届全国教书育人楷模推选活动由中央媒体开展，经过各省(区、市)推荐、媒体展示、公众投票、组委会推选，历时5个月。10位楷模分别是：北京市通州区培智学校教师李银环(女)；天津市河东区第一幼儿园园长高歌今(女)；上海信息技术学校教师王培坚；江苏省南通市启秀中学教师李庚南(女)；浙江工业大学教授程惠芳(女)；山东省枣庄职业学院教师王其平；海南省澄迈县永发中心学校儒林小学教师曾维奋；云南省麻栗坡县董干镇上弄小学教师熊照才(苗族)；西安交通大学教授何雅玲(女)；宁夏吴忠市利通区马连渠乡汉渠学校教师杨再明(回族)。10位全国教书育人楷模涵盖高等教育、职业教育、基础教育、学前教育、特殊教育等各级各类教育，全部获得过省部级以上奖励，在师德师风、教书育人等方面均有突出表现。他们的先进事迹集中体现了新时期广大教师争做党和人民满意的“四有”好老师，弘扬和践行社会主义核心价值观的新形象新风貌。

同日，《习近平在纪念中国人民抗日战争暨世界反法西斯战争胜利70周年系列活动上的讲话》一书由人民出版社出版，即日起在全国新华书店发行。该书收录了中共中央总书记、国家主席、中央军委主席习近平《在纪念中国人民抗日战争暨世界反法西斯战争胜利70周年大会上的讲话》《在纪念中国人民抗日战争暨世界反法西斯战争胜利70周年招待会上的讲话》和《在颁发“中国人民抗日战争胜利70周年”纪念章仪式上的讲话》

三篇重要讲话。

同日，教育部召开直属机关“三严三实”专题教育座谈会，总结交流专题教育进展情况，研究部署深入推进专题教育有关工作。教育部党组书记、部长袁贵仁出席会议并讲话。他强调，要深入学习领会习近平总书记系列重要讲话精神特别是关于“三严三实”专题教育的重要指示，坚持在推动教育改革发展稳定中深化专题教育，用专题教育的成效来保证中心工作顺利推进，用教育改革发展的业绩来衡量专题教育的成效。

9 月 7 日

中共中央党校举行 2015 年秋季学期开学典礼。中共中央政治局常委、中央党校校长刘云山出席并讲话，就深入学习贯彻习近平总书记系列重要讲话精神、坚持党校姓党提出要求。刘云山指出，党校姓党是党校工作的根本原则。坚持党校姓党，重要的是坚持坚定正确的政治方向、贯彻实事求是的思想路线、落实从严治校的基本方针。要把党的基本理论教育和党性党风教育作为主课，深化中国特色社会主义理论体系学习教育，深化对习近平总书记系列重要讲话精神的学习教育，深化党章和党纪党规的学习教育。要坚持实事求是的思想方法和工作方法，弘扬理论联系实际的学风，提高教学和科研工作的针对性实效性。要严明制度、严肃纪律，把从严治校要求体现到党校工作和学员管理各方面，使党校成为不正之风的“净化器”。

9 月 8 日

在第三十一个教师节来临前夕，中共中央政治局常委、国务院总理李克强在北京会见全国教书育人楷模及优秀乡村教师代表并做重要讲话。李克强向获得表彰的代表表示祝贺，向全国广大教师和教育工作者致以节日问候。李克强说，教育承载民族的希望和未来，教师是国家大厦的基石。全国 1500 多万教师支撑起世界最大规模的教育体系，是最宝贵的社会财富。我国各领域发展取得的显著成就，归根结底都得益于科学知识的普及和亿万劳动者素质的提高，这都离不开广大教师的辛勤耕耘和无私奉献。李克强强调，乡村教师扎根农村，甘于清贫，不计名利。正是他们无怨无悔的坚持和付出，才使知识的甘露遍泽祖国的每个角落，让农村孩子和城里孩子一样受到良好教育，也让众多贫困家庭拥有过上更好日子的希望，这也是缩小城乡区域发展差距、逐步实现共同富裕的关键之举。要切实落实好乡村教师支持计划，使广大执教农村的教师受尊重、有回报、得发展。

同日，教育部召开全国教书育人楷模及优秀乡村教师代表座谈会，并为 2015 年度全国教书育人楷模颁奖。教育部党组书记、部长袁贵仁出席会议并讲话。他强调，广大教师要肩负历史使命和时代责任，按照习近平总书记提出的“四有”好老师要求，做让党放心、人民满意、学生永远铭记的高素质专业化的新时期好老师。座谈会上，优秀教师代表结合各自从教经历，畅谈教书育人的体会感想。大家纷纷表示，党和国家始终高度重视教育事业，关爱广大教师，让他们深受感动、备受鼓舞。今后将继续践行“四有”好老师的要求，积极进取、勇于创新，在工作中不断创造新的更大业绩，培养更多的社会主义合格建设者和接班人。

9 月 9 日

第三十一个教师节来临之际，中共中央总书记、国家主席、中央军委主席习近平给“国培计划(2014)”北京师范大学贵州研修班全体参训教师回信，对他们提出殷切希望，并向全国广大教师致以节日的祝贺和诚挚的祝福。

习近平在回信中表示，“一年前，在北京师范大学‘国培’课堂上，我同大家座谈，你们对教育的执着、对知识的渴望、对学生的关爱，给我留下了深刻印象。一年来，你们取得了新的进步，我感到很高兴”。

习近平指出，到 2020 年全面建成小康社会，最艰巨的任务在贫困地区，我们必须补上这个短板。扶贫必扶智。让贫困地区的孩子们接受良好教育，是扶贫开发的重要任务，也是阻断贫困代际传递的重要途径。党和国家已经采取了一系列措施，推动贫困地区教育事业加快发展、教师队伍素质能力不断提高，让贫困地区每一个孩子都能接受良好教育，实现德智体美全面发展，成为社会有用之才。

习近平强调，发展教育事业，广大教师责任重大、使命光荣。希望你们牢记使命、不忘初衷，扎根西部、服务学生，努力做教育改革的奋进者、教育扶贫的先行者、学生成长的引导者，为贫困地区教育事业发展、为祖国下一代健康成长继续做出自己的贡献。

同日，中宣部、中共教育部党组联合印发《关于加强和改进高校宣传思想工作队伍建设的意见》，就加强和改进高校宣传思想工作队伍建设做出全面部署。文件指出，高校宣传思想工作队伍是党的宣传思想工作的一支重要力量。统筹推进高校党政干部和共青团干部、思想政治理论课教师和哲学社会科学课教师、辅导员和班主任、心理健康教育教师和学生骨干等宣传思想工作队伍建设，培育建设网络评论队伍，是全面落实新形势下高校宣传思想工作战略任务的基础工程。加强和改进高校宣传思想工作队伍，要坚持党管宣传、强化责任，坚持德才兼备、全面发展，坚持统筹规划、分类指导，坚持从严从实、改革创新，以加强思想理论建设为根本，以配齐建强队伍为重点，以提高工作能力为核心，以改革完善激励机制为保障，努力建设一支信念坚定、数量充足、结构合理、能力突出、勇于担当的高素质宣传思想工作队伍。文件强调，高校党委要把明晰宣传部门职能、加强宣传力量配备作为一项重点工作，进一步明确党委宣传部门在统筹意识形态工作、统筹推进培育和践行社会主义核心价值观、统筹校园文化建设、统筹新闻宣传舆论引导、统筹网络文化建设和管理、统筹教师思想政治工作等方面的职责任务，科学核定并合理配置人员，真正将宣传部门牵头抓总的职能要求落到实处。要把政治标准作为高校宣传思想工作人员聘用、考核的首要标准，把政治坚定和在理论上、笔头上、口才上有专长的优秀干部充实到宣传思想工作重要岗位。

9 月 10 日

教育部对 2011 年《高等学校思想政治理论课建设标准(暂行)》进行了修订，印发《高等学校思想政治理论课建设标准》。修订后的标准进一步加强了高校思想政治理论课的宏观指导，规范了组织管理、教学管理、队伍管理和学科建设。

9 月 17 日

由中宣部指导，光明日报社、中国人民大学、中国伦理学会共同主办的“核心价值观百场讲坛”第三十场活动在河南洛阳举行。清华大学历史系教授、中国经学研究中心主任彭林做题为《周公“制礼作乐”与当今的道德建设》的演讲，并与现场观众和网友进行了互动。彭林从中国的农业文明讲起，以周公“制礼作乐”为视角，通过引用古代经典著述，总结历史经验，讲述了当今社会的道德建设。

9 月 20 日

由共青团中央、教育部、国家体育总局、全国学联联合主办的“走下网络、走出宿舍、走向操场”——《“三走”如何“走”》新书发布暨 2015 年全国大学生“‘三走’赢未来”户外运动团队挑战赛启动仪式在首都体育学院举行。活动发布了由共青团中央学校部、全国学校共青团研究中心编著的“三走”活动辅导教程《“三走”如何“走”》。该书以秦宜智同志在大学生“走下网络、走出宿舍、走向操场”主题群众性课外体育锻炼活动推进会上的讲话为序，以共青团中央、教育部、国家体育总局、全国学联联合下发的《关于深入开展大学生“走下网络、走出宿舍、走向操场”主题群众性课外体育锻炼活动的指导意见》为依据，选编了各地各高校开展“三走”活动的典型案例，总结了已有的成功经验，是高校团干深入推进“三走”活动的“参考书”。活动上正式启动 2015 年全国大学生“‘三走’赢未来”户外运动团队挑战赛。

9 月 21 日

“万众创新 · 赢在金华”2015 年中国青少年新媒体训练营暨大学生互联网创新创业之星培育扶持项目在清华大学正式启动。该项目将在国内高校开展招募，选拔 150 个项目、300 位学员进入最后集中训练营，争夺百万现金大奖以及近亿元的创业基金。

9 月 22 日

由中宣部指导，光明日报社、中国人民大学、中国伦理学会共同主办的“核心价值观百场讲坛”第三十一场活动在福建龙岩举行。活动现场，北京大学中文系教授、博士生导师韩毓海做了题为《马克思主义与中华文明伟大复兴》的演讲，通过理论联系实际，历史结合现实，深入浅出地阐述了马克思主义理论的核心和精髓，着重点明了马克思主义在中国革命过程中的伟大意义。

9 月 23 日

2015 年“创青春”中国青年互联网创业大赛在浙江杭州落幕。经过比拼，10 个金奖、20 个银奖、70 个铜奖和 89 个优秀奖共同分享了总额 296.5 万元的奖金。大赛主办方还为获奖项目安排了风投资金，提供了入驻梦想小镇等奖励措施，对创业项目进行跟踪服务、培育孵化，倾情助力青年在互联网领域创业。从参赛项目类型来看，电子商务类、网络服务类、互联网设备类、网络社交类、网络媒体类、网络游戏类、网络视频类、搜索引擎类项目分别占 47%、28%、13%、7%、2%、1.3%、1%、0.7%。

10 月

10 月 11 日

教育部印发《关于加强家庭教育工作的指导意见》，指导各地积极发挥家庭教育在少年儿童成长过程中的重要作用，提升对家庭教育工作的重视程度，提高家庭教育工作的水平，为每一个孩子打造适合健康成长和全面发展的家庭环境，构建学校教育、家庭教育和社会教育有机融合的现代教育体系。要加强家庭教育工作首先要明确家长在家庭教育中的主体责任。广大家长要依法履行家庭教育职责，严格遵循孩子成长规律，不断提升家庭教育水平。

10 月 13 日

第五届全国道德模范座谈会在京召开。中共中央总书记、国家主席、中央军委主席习近平做出重要批示，向受表彰的全国道德模范致以热烈祝贺和崇高敬意。习近平指出，隆重表彰全国道德模范，对展示社会主义思想道德建设的丰硕成果，彰显中华民族昂扬向上的精神风貌，凝聚全国各族人民团结奋进的力量，具有重要意义。他强调，道德模范是道德实践的榜样。要深入开展宣传学习活动，创新形式、注重实效，把道德模范的榜样力量转化为亿万群众的生动实践，在全社会形成崇德向善、见贤思齐、德行天下的浓厚氛围。要持续深化社会主义思想道德建设，弘扬中华传统美德，弘扬时代新风，用社会主义核心价值观凝魂聚力，更好构筑中国精神、中国价值、中国力量，为中国特色社会主义事业提供源源不断的精神动力和道德滋养。

同日，首届全国大学生网络文化节上海地区成果展示及工作推进会在上海大学召开。教育部思想政治工作司司长冯刚、国家网信办网络社会工作局副局长孙爱萍出席会议并讲话。与会各高校代表认为，网络文化节是推进高校网络文化建设的重要载体，是一次集聚青年大学生积极向上向善的力量、共建网络文明的有效尝试。在网络文化作品创作生产过程中，要注重把握思想性，不断丰富网络文化产品内涵，多从中华优秀传统文化中发现和汲取精华，以接地气的方式传播社会主义核心价值观，立足全媒体宣传，推动校园和社会网络空间进一步清朗起来。

10 月 15 日

中宣部在河北省秦皇岛市召开理想信念教育工作经验交流会。会议强调，要深入开展理想信念教育工作，大力弘扬和践行社会主义核心价值观，促进理想信念成为党员干部内化于心、外化于行的高度自觉。会议指出，理想信念是团结奋斗的精神旗帜，是改革发展的思想根基，是共产党人的精神之“钙”，要牢牢抓住理想信念这个总开关，坚持不懈地开展理想信念教育工作，着力在“学”字上下功夫，通过春风化雨，润物无声地教育引导，让理想信念成为全社会共同的价值指引和行动向导。要将理想信念教育与社会发展实践相结合，与党员干部的思想实际相结合，用理想信念激发党员干部的干事创业热情，用发展成果印证理想信念的强大力量。要将理想信念教育工作打造成民心工程，坚持把服务群众作为根本出发点和落脚点，矢志不渝地为民履职、担责、造福，夯实理想信念教育工作的群众基础。

10 月 17 日

《中国教育报》报道，北京市近日出台《关于全面加强北京高校马克思主义理论学习研究宣传的实施意见》，着力在学科建设、课堂教学、人才队伍等各方面创新工作机制，以发挥高校在学习、研究、宣传马克思主义理论中的引领作用。北京将从 2015 年起每年投入 2 亿元，推进北京高校学习研究宣传马克思主义工作，建设一批重点马克思主义理论学科和有示范影响力的马克思主义学院。各高校党委要高度重视，强化政治责任和领导责任，要把马克思主义理论学科、思想政治理论课建设特别是经费保障、人事编制、职称待遇等相关工作落实情况，作为党委书记党建述职的重要内容。

10 月 19 日

中共中央总书记、国家主席、中央军委主席习近平《在文艺工作座谈会上的讲话》单行本已由人民出版社正式出版，即日起在全国新华书店发行。

同日，教育部印发《高等职业教育创新发展行动计划(2015—2018 年)》，明确提出，将通过 3 年建设，高等职业教育整体实力显著增强，人才培养结构更加合理、质量持续提高，服务“中国制造 2025”的能力和服务经济社会发展水平显著提升，促使高等教育结构优化成效更加明显，推动现代职业教育体系日臻完善。这份文件明确了高职创新发展的六个方面：一是发展动力由政府主导向院校自主的转变，二是发展模式从规模扩张向内涵建设转变，三是办学状态从相对封闭向全面开放转变，四是评价体系从硬件指标为主向内涵指标为主转变，五是教师队伍从注重高学历高职称向注重双师结构转变，六是社会服务从由教学培训为主向教学培训与应用研发并重转变。

10 月 19 日—20 日

首届中国“互联网＋”大学生创新创业大赛总决赛在吉林长春举行。中共中央政治局常委、国务院总理李克强对大赛做出重要批示。批示指出：大学生是实施创新驱动发展战略和推进大众创业、万众创新的生力军，既要认真扎实学习、掌握更多知识，也要投身创新创业、提高实践能力。中国“互联网＋”大学生创新创业大赛，紧扣国家发展战略，是促进学生全面发展的重要平台，也是推动产学研用结合的关键纽带。教育部门和广大教育工作者要认真贯彻国家决策部署，积极开展教学改革探索，把创新创业教育融入人才培养，切实增强学生的创业意识、创新精神和创造能力，厚植大众创业、万众创新土壤，为建设创新型国家提供源源不断的人才智力支撑。大赛共有来自 1800 余所高校的 57000 多支团队 20 万名大学生参赛，并带动百万学生参与。

10 月 20 日

繁荣发展社会主义文艺推进会在京召开。中共中央政治局常委、中央书记处书记刘云山出席会议并讲话，强调要深入贯彻习近平总书记在文艺工作座谈会上的重要讲话精神，贯彻党中央关于繁荣发展社会主义文艺的意见，提高思想认识，强化文化担当，深化落实措施，巩固文艺繁荣发展的良好局面。刘云山指出，推进文艺繁荣发展，要强化以人民为中心的创作导向，切实解决群众立场和群众感情问题，完善保障长期深入生活的具体经济政策，把深入生活作为文艺工作者业务考核的重要依据，建立常下基层、常在基层的长效机制。要把社会主义核心价值观生动体现在文艺创作之中，以正确历史观反映和表现历史，以正确英雄观描写和塑造英雄，激发团结奋进的精神力量。要深入实施中华文化传承工程，加强总体规划，加大政策扶持，抓好重点项目的实施，推出一批彰显中华文化精神的优秀成果，更好构筑中华民族共有精神家园。

同日，深入推进高校创新创业教育改革座谈会在吉林省长春市召开。中共中央政治局委员、国务院副总理刘延东强调，深入推进高校创新创业教育改革是一项艰巨的历史任务和复杂的系统工程。要围绕全面提高人才培养质量这个核心任务，遵循人才培养和人才成长规律，抓住重点领域和关键环节，凝心聚力，不打折扣地将改革任务落到实处，推动改革向纵深发展，形成创新资源集聚、创新人才辈出、创新活力迸发的生动局面。

10月21日

《习近平谈治国理政》韩文版首发式在韩国首尔举行。中宣部副部长庹震、中国驻韩大使邱国洪、中国外文局副局长方正辉、韩国国会议员赵源震、韩中亲善协会会长李世基及中韩各界人士200多人出席了首发式。《习近平谈治国理政》韩文版由中国外文出版社与韩国未来恩出版集团合作翻译出版。

10月24日—25日

全国高职高专党委书记论坛2015年年会在重庆工程职业技术学院举行。来自全国125所高职高专的党委书记和专家学者，就如何更好地推动高职高专思想政治工作创新与发展，进行了研究和探讨。教育部思政司司长冯刚应邀做《高职高专宣传思想工作发展与创新》的专题报告。与会专家学者和代表就“搭建高职高专院校党委书记和党务工作者联络沟通和交流探讨平台”“互联网思维与高职党建创新”等主题，进行了广泛深入的交流。

10月29日

由中宣部指导，光明日报社、中国人民大学、中国伦理学会共同主办的“核心价值观百场讲坛”第三十三场活动在四川德阳旌阳区举行。湖南城市学院党委书记、中南大学公共管理学院名誉院长、中国伦理学会副会长李建华做题为《让道德滋养法治精神》的演讲，从道德建设到法治建设，理论联系实际，并结合德阳旌阳区厚重的德孝文化，深入浅出地阐述了德治与法治的关系，以更好弘扬社会主义核心价值观。

同日，中国共产党第十八届中央委员会第五次全体会议通过的《中国共产党第十八届中央委员会第五次全体会议公报》单行本，由人民出版社出版，即日起在全国新华书店发行。该书收录了会议公报全文和《人民日报》社论《奋力夺取全面建成小康社会的伟大胜利》。

11月

11月3日

教育部职业教育与成人教育司负责人就《高等职业教育创新发展行动计划（2015—2018年）》答记者问。针对行动计划的出台背景和意义、起草过程和征求意见情况、整体构架和主要内容、特征和设计初衷、“创新”主题体现、贯彻落实、保障机制等方面问题进行了详细解答。

11月4日

《中共中央关于制定国民经济和社会发展第十三个五年规划的建议》以“提高教育质量”为主题，提出覆盖各级各类教育的发展目标和任务。教育部教育发展研究中心主任张力在接受记者专访时表示，未来5年我们要坚持把提高质量作为教育改革发展的核心任务，牢固树立以提高质量为核心的教育发展观，为如期全面建成小康社会提供可靠的人力资源支持。张力指出，该文件最突出的有六大亮点：一是明确要求加强社会主义核心价值观教育，把增强学生社会责任感、创新精神、实践能力作为重点任务贯彻到国民教育全过程，这是围绕全面贯彻党的教育方针、落实立德树人根本任务的新的更高要求。二是将高中阶段教育从“基本普及”提升为“普及”，大幅提高从中等职业教育到普通高中渐进式免除学杂费的进程。三是多措并举促进教育公平，积极回应群众期盼，重点抓均衡、抓普惠、抓资助，努力让所有学子都能有平等受教育机会。四是提高高校教学水平和创新能力，继续重视建设现代职业教育体系，加快形成人才培养主动适应经济社会发展需求的机制。五是落实并深化考试招生制度改革和教育教学改革，强调探索建立个人学习账号和学分累计制度，畅通继续教育、终身学习通道，为显著提高国民素质和社会文明程度打下良好基础。六是支持和规范民办教育发展，鼓励社会力量和民间资本提供多样化教育服务，努力开辟调动多方资源发展教育的新局面。

同日，《习近平谈治国理政》越南文版在越南河内出版发行。《习近平谈治国理政》越南文版由中国外文出版社与越南国家政治出版社合作翻译出版。《习近平谈治国理政》越南文版是继韩文版之后第二个中方与外国出版机构合作翻译出版的版本，越方组织了国内顶尖翻译出版团队参与翻译出版工作。

11月5日

根据党中央、国务院做出的重大战略决策，国务院公布《统筹推进世界一流大学和一流学科建设总体方案》。方案坚持以中国特色、世界一流为核心，以立德树人为根本，以支撑创新驱动发展战略、服务经济社会发展为导向，加快建成一批世界一流大学和一流学科，提升我国高等教育综合实力和国际竞争力。方案要求，对世界一流大学和一流学科建设加强总体规划，鼓励和支持不同类型的高水平大学和学科差别化发展。每5年一个周期，2016年开始新一轮建设。建立健全绩效评价机制，积极采用第三方评价，提高科学性和公信度。

11月6日

由中宣部指导，光明日报社、中国人民大学、中国伦理学会共同主办的“核心价值观百场讲坛”第三十四场活动在江苏淮安举行。南京师范大学马克思主义研究院院长、南京师范大学公共管理学院教授委员会主任王小锡，做题为《道德力与社会进步》的演讲，结合习近平总书记的一系列讲话精神，从何为道德与道德力、道德在经济社会发展中的作用等方面详细地论述了道德力对社会进步的促进作用。

11月9日

教育部、国家互联网信息办公室在中国人民大学召开“网络文明进校园”暨高校网络文化建设推进会。会议强调，教育部党组高度重视高校网络文化建设，注重提升师生网络文明素养，并把这项工作作为提升思想政治教育针对性实效性的重要举措，作为新形势下深化高等教育综合改革的重要内容。

11月13日

由中央网信办网络综合协调管理和执法督查局、教育部思想政治工作司联合举办的全国高校网络文化建设工作研讨会在厦门大学召开。会议就新形势下高校网络文化建设与思想政治教育工作进行了深入交流研讨。会议指出，在全国上下深入学习贯彻党的十八届五中全会精神的新形势下，各地各高校进一步加强和改进宣传思想工作和高校网络文化建设，取得了一系列可借鉴、可推广的经验和成果，展现出“百花齐放、百家争鸣”的良好态势。会议强调，各地各高校要紧密围绕立德树人根本任务，高度重视网络文化建设工作，通过开展形式多样的校园网络文化活动，积极培育和践行社会主义核心价值观。要立足青年学生特点，丰富网络文化产品供给，激发广大师生参与网络文化建设的内生动力。要营造文明健康、积极向上的网络育人环境，推动创新高校网络思想政治教育。要积极向网络文化建设方面有突出成绩的高校和先进单位学习，加大推广力度，共建共享优势资源，共同推动高校网络文化建设。

11月15日

北京大学、清华大学、复旦大学和中山大学发起成立“大学通识教育联盟”，希望为高校面临的共同问题和困惑找到出路。来自70多所高校的200多名代表，参加了“大学通识教育联盟”成立仪式以及随后举办的复旦大学通识教育十周年研讨会。专家们认为，通识教育不仅意味着一批高质量的核心课程，也意味着大学教师要深度参与学生的课外生活，将课外生活看作学生教育的重要部分。

11月18日

由中国宋庆龄基金会主办的“第二期星巴克青年领导力项目”在北京宋庆龄故居正式启动。来自10所高校的500名大学生新学员将展开为期近一年的青年领导力培训，通过公益实践与领导力项目培训，帮助他们更好地融入社会、掌握未来。

11月19日

中共中央政治局委员、国务院副总理刘延东出席第二次全国教育信息化工作电视电话会议时强调，要认真学习贯彻十八届五中全会精神，大力推进信息技术与教育教学、创新创业的融合发展，促进教育公平，提高教育质量，为培养现代化建设所需高素质人才提供有力支撑。刘延东强调，“十三五”时期，要大力推进教育信息化，运用现代信息技术，让农村、边远、贫困和民族地区的孩子们共享优质教育资源，缩小区域、城乡、校际差距。要提高教师运用信息技术的能力，创新教育理念和教学模式，提高人才培养质量。要把握“互联网＋”潮流，通过开放共享教育、科技资源，为创客、众创等创新活动提供有力支持，为全民学习、终身学习提供教育公共服务。要推进学生、教职工、教育机构等管理信息系统建设，形成覆盖全国、互联互通的云服务体系，深化改革、创新机制，提升教育治理能力。

同日，为纪念胡耀邦同志诞辰100周年，由中共中央文献编辑委员会编辑的《胡耀邦文选》由人民出版社出版，即日起在全国发行。这部文选，收录了胡耀邦同志1952年5月至1986年10月这段时间内的重要著作77篇，约49万字，包括文章、讲话、报告、谈话、批示、书信、题词等，相当一部分是第一次公开发表。《胡耀邦文选》的出版发行，对于广大干部群众深入了解胡耀邦同志的思想业绩和革命精神，深入学习新中国成立后特别是改革开放新时期党的路线方针政策，深刻理解中国特色社会主义的理论和实践历程，为实现中华民族伟大复兴的中国梦努力奋斗，具有重要意义。同时，这部文选也为党史、国史研究提供了重要的文献资料。

11月20日

中共中央在人民大会堂举行座谈会，纪念胡耀邦同志诞辰100周年。中共中央总书记、国家主席、中央军委主席习近平发表重要讲话，强调一切伟大的成就都是接续奋斗、接力探索的结果，一切伟大的事业都需要在承前启后、继往开来中推进。我们要团结一心、锐意进取，努力创造无愧于时代、无愧于人民、无愧于先辈的新业绩。这是我们对老一辈革命家的最好纪念。

习近平在讲话中回顾了胡耀邦同志一生的丰功伟绩，总结了胡耀邦同志为我国革命、建设、改革做出的卓越贡献，强调胡耀邦同志是久经考验的忠诚的共产主义战士，伟大的无产阶级革命家、政治家，我军杰出的政治工作者，长期担任党的重要领导职务的卓越领导人，为中华民族独立和解放、为社会主义革命和建设、为中国特色社会主义探索和开创建立了不朽功勋。

习近平指出，胡耀邦同志把自己的一生献给了党和人民。他的一生，是光辉的一生、战斗的一生。在为党和人民事业的不懈奋斗中，他夙夜在公、呕心沥血，鞠躬尽瘁、死而后已，书写了无愧于共产党员称号的人生。

习近平强调，我们纪念胡耀邦同志，就是要学习他坚守信仰、献身理想的高尚品格，就是要学习他实事求是、勇于开拓的探索精神，就是要学习他公道正派、廉洁自律的崇高风范。

11月23日—12月6日

人力资源和社会保障部举办2015年全国人力资源市场高校毕业生就业服务周活动。高校毕业生就业服务周活动是人力资源社会保障部门在全国范围内统一部署、统一组织开展的，主要面向应届高校毕业生的专项就业服务活动，已成功举办十二届，2015年是第十三届。服务周期间，各地人力资源社会保障部门、各级公共就业和人才服务机构，以及参加此次活动的其他各类人力资源服务机构，将集中开展网络招聘会、现场招聘会、人力资源服务产业园专场招聘、就业创业指导、万名企业人力资源经理进校园、就业创业政策措施宣传等活动，为高校毕业生提供多样化的就业服务。服务周上述活动对高校毕业生一律免费，并设立监督电话。参加此次活动的各类人力资源服务机构共计150个。

11月24日—25日

第二次全国高校统战工作会议在北京召开。中共中央政治局常委、全国政协主席俞正声会见全体代表，充分肯定这些年来高校统战工作取得的显著成绩。他强调，高校党外知识分子集中，是统战工作的战略要地。做好新形势下的高校统战工作，不仅对于推进高校改革发展、巩固壮大统一战线，而且对于如期全面建成小康社会、维护社会和谐稳定、巩固党的执政地位，都具有重要意义。俞正声指出，要认真贯彻中央统战工作会议特别是习近平总书记重要讲话精神，全面落实《中国共产党统一战线工作条例(试行)》，深入研究解决突出问题，在新的起点上将高校统战工作推向前进。做党外知识分子的团结引导工作，要坚持原则性与灵活性的统一，体现尊重包容，既注重摆事实、讲道理，又善于联谊交友，帮助解决具体困难。高校是培养党外代表人士的基地，要支持他们加强政治理论学习，帮助他们在实践中增长才干，多为他们提供不同岗位历练的机会和成长进步的平台。充分发挥党外人士作用的前提是充分信任、重要条件是大力支持，要敢于给优秀党外人才交重任、压重担，支持他们立足岗位建功立业，引导他们积极议政建言，鼓励他们创新创造，当好党和政府的智库，为协调推进"四个全面"战略布局、实现中华民族伟大复兴中国梦做出贡献。俞正声要求各级党委、政府和统战、教育工作部门加强对高校统战工作的领导和支持，高校党委切实履行好统战工作的主体责任，真正把党中央关于统一战线的方针政策落到实处，努力开创高校统战工作新局面。

11 月 25 日

纪念邓力群同志诞辰 100 周年座谈会在京举行。中共中央政治局常委、中央书记处书记刘云山出席座谈会，并在会前会见了邓力群同志亲属。邓力群同志是中国共产党第十二届中央委员、中央书记处书记，原中央顾问委员会委员。中共中央政治局委员、中央书记处书记、中宣部部长刘奇葆在座谈会上深切缅怀了邓力群同志的崇高品格和革命风范，强调要学习他坚守崇高理想信念的革命精神、坚持理论联系实际的优良作风、刻苦学习敏于求知的可贵品质、严于律己廉洁奉公的高尚情操。强调要紧密团结在以习近平同志为总书记的党中央周围，万众一心、艰苦奋斗，为实现中华民族伟大复兴的中国梦做出更大贡献。

同日，2015 年度人民网奖学金颁奖典礼在人民日报社新媒体大厦举行。共有来自 12 所院校的 58 位同学获得人民网奖学金，132 人分别获得优秀论文、优秀技术课题研究、优秀设计作品奖。人民网奖学金设立于 2008 年，迄今已颁发奖金近 300 万元，旨在通过奖励优秀学生、优秀论文、优秀技术课题、优秀设计作品等形式，激励在校大学生关注传媒业发展，探索媒体技术变革。

11 月 28 日

中国慕课大学先修课理事会在京成立，包括清华大学、复旦大学、南京大学、哈尔滨工业大学、西安交通大学、中国科学技术大学、中国人民大学在内的多所高校参与其中，这标志着我国慕课大学先修课建设正式启动。目前，已经有包括"微积分""线性代数""概率论与数理统计""大学物理""大学化学""普通生物学"在内的首批 6 门学术志趣类课程在"学堂在线"平台上推出。未来，包括素质拓展类和专业导论类课程在内的具有中国特色的慕课大学先修课将陆续建设推出。

11 月 29 日

来自西部 10 多个省份高校的 54 名青年教师，会聚华中师范大学教师教育学院，参加为期一周的 2015 年西部高校青年教师教学能力提升培训。培训方式是"理论+实践"，以实践为主，邀请知名教授做专题报告，进行理论引领和问题梳理诊断；邀请教学名师与学员互动交流，畅谈教学体会、分享教学经验；安排形式多样的教学实践活动，如课堂观摩、圆桌论坛、文化考察、微课比赛等，帮助参训教师扩展现代化的教学视野，启发教育教学新思维，提升教育教学实战能力。学员还可以到相关学院进行现场听课、观课。2015 年 10 月我国启动了高校教师"国培计划"项目，开始了对高校教师尤其是青年教师教学能力的国家级培训，培养造就高素质专业化的高校教师队伍。

11 月 30 日

《中国高等教育舆情报告(2015)》蓝皮书发布。《中国高等教育舆情报告(2015)》是对 2014 年中国高等教育舆情发展景观的全面展示，是高等教育研究者和管理者进一步研究高等教育舆情的重要参考，具有五个特点：突出高教治理主题；强调技术自主创新；注重用大数据说话；坚持跨学科研究；体现专业化水准。全书 30 万字，共 18 章，分三个部分：第一部分为背景分析与技术说明；第二部分为总报告，包括高校网络舆情调查报告、2014 年度高等教育舆情报告和 2014 年中国高等教育10大热点事件分析；第三部分为专题报告，包括方针政策、体制改革、科学研究、学科专业、教师发展等13个主题，分析了具体领域舆情发展。

12 月

12 月 1 日

教育部印发《关于颁发第七届高等学校科学研究优秀成果奖(人文社会科学)的决定》，正式公布第七届高等学校科学研究优秀成果奖(人文社会科学)获奖名单。此届评奖经严格组织专家评审、面向社会公示和奖励委员会审核通过，共产生获奖成果908项，其中一等奖50项，二等奖251项，三等奖596项，成果普及奖11项。

12 月 3 日

国务院办公厅印发《关于改革完善博士后制度的意见》，强调要牢固树立并切实贯彻创新、协调、绿色、开放、共享的发展理念，深入实施创新驱动发展战略和人才优先发展战略，推进人才发展体制改革和政策创新，以解决制约博士后事业发展的重大问题为导向，以提高博士后研究人员培养质量为核心，创新符合青年人才成长规律及博士后研究人员特点的管理制度，完善体制机制，健全服务体系，提升国际化水平，推动博士后事业科学发展。

12 月 4 日

《中国教育报》报道，为弘扬科学精神，加强抵制学术不端行为，重申和明确科技工作者在发表学术论文过程中的科学道德行为规范，中国科协、教育部、科技部、国家卫生计生委、中国科学院、中国工程院、国家自然科学基金委员会共同研究制定并于近日发布了《发表学术论文"五不准"》。"五不准"包括：不准由"第三方"代写论文；不准由"第三方"代投论文；不准由"第三方"对论文内容进行修改；不准提供虚假同行评审人信息；不准违反论文署名规范。《发表学术论文"五不准"》明确指出，"五不准"中所述"第三方"指除作者和期刊以外的任何机构和个人。"论文代写"指论文署名作者未亲自完成论文撰写而由他人代理的行为。"论文代投"指论文署名作者未亲自完成提交论文、回应评审意见等全过程而由他人代理的行为。七部门要求广大科技工作者加强道德自律，共同遵守"五不准"。认真开展自查，发现存在违反"五不准"的行为要主动申请撤稿，坚决抵制"第三方"学术不端行为。各全国学会(协会、研究会)要发挥科学共同体作用，做好教育引导，捍卫学术尊严，维护良好学风。

12 月 5 日—6 日

以"伦理学与中国发展"为主题的中国伦理学会2015年年会在北京京西宾馆举行。大会同时设置了"慈孝文化与养老""21世纪中国慈善伦理的变革""德性伦理学与当代德性问题研究"三个分论坛和六个讨论组，与会伦理学专家、学者围绕伦理学与中国发展中的道德建设、改善社会道德风尚、践行和培育社会主义核心价值观等热点问题进行了热烈讨论与交流。

12 月 8 日

《人民日报》报道，首届中国教育创新成果公益博览会在北京师范大学闭幕。为期两天半的博览会以"十三五"规划发展理念为引领，以"共建共享教育创新成果"为主题，旨在通过发现和推广优秀教育创新成果，并惠及学校、师生及家长等，从而促进教育公平。

12 月 9 日

中共中央政治局委员、国家副主席李源潮在清华大学出席全国大学生纪念"一二·九"运动80周年座谈会。他希望当代青年学生在以习近平同志为总书记的党中央领导下，继承"一二·九"运动光荣传统，以朝气蓬勃的理想和才华为实现中国梦接力奋斗。座谈会由团中央和全国学联举办，100多名全国大学生代表参加，大家缅怀"一二·九"运动光荣历史，表示要沿着党指引的中国特色社会主义青年运动方向前进，把青春奋斗融入国家和民族的发展进步。

同日，中共中央总书记、国家主席、中央军委主席习近平《在纪念胡耀邦同志诞辰100周年座谈会上的讲话》单行本由人民出版社出版，即日起在全国新华书店发行。

12 月 11 日

教育部在京召开全国高校思想政治理论课建设工作会议。会议强调，要深入学习贯彻习近平总书记重要讲话精神，全面落实《普通高校思想政治理论课建设体系创新计划》，扎实推进高校思想政治理论课综合改革创新，不断提高思想政治理论课教育教学质量，真正使思想政治理论课成为大学生真心喜爱、终身受益的课程，为加强和改进大学生思想政治教育、维护高校改革发展稳定大局做出更大贡献。

12 月 11 日—12 日

全国党校工作会议在北京召开。中共中央总书记、国家主席、中央军委主席习近平出席会议并发表重要讲话。他强调，实现全面建成小康社会奋斗目标、实现中华民族伟大复兴的中国梦，关键在于培养造就一支具有铁一般信仰、铁一般信念、铁一般纪律、铁一般担当的干部队伍。党校承担着为领导干部补钙壮骨、立根固本的重要任务，必须坚持党校姓党这个党校工作根本原则，更加重视干部教育培训工作，切实做好新形势下党校工作。

12 月 14 日

教育部召开党组会，传达学习全国党校工作会议精神，研究部署贯彻落实工作。会议指出，党校事业是党的事业的重要组成部分，加强和改进党校工作是协调推进“四个全面”战略布局的迫切需要，是落实全面从严治党的内在要求，是促进党校事业健康发展的紧迫课题。习近平总书记的重要讲话从加强党的建设、更好实现党的执政使命的战略高度，紧紧围绕坚持党校姓党，深刻回答了事关党校事业长远发展的一系列重大问题，是指导做好新形势下党校工作的纲领性文献。我们要紧密结合教育工作实际，深入学习领会、全面贯彻落实。

12 月 20 日

以“纪念抗日战争暨世界反法西斯战争胜利 70 周年与党报新闻宣传”为主题的“人民共和国党报论坛”第十二届(2015)年会在中国传媒大学举行。来自人民日报、新华社、中央电视台、北京日报、经济日报、鞍山日报等十几家媒体，中国传媒大学、北京大学、南开大学、吉林大学、中国社会科学院等十几所高校及相关科研机构的 80 余位专家、学者围绕年会主题，观察思考以《人民日报》为代表的党报在这一重大主题宣传中的好做法、好经验，梳理规律性认识，为进一步提升各级党报对重大事件报道的舆论引导能力，提供一定的借鉴。此届党报学术年会由中国传媒大学党报党刊研究中心、桂林日报社、中国环境报社联合举办。

12 月 22 日

由北京大学马克思主义学院、北京大学中国道路与中国化马克思主义协同创新中心举办的《马克思主义理论学科学术发展报告》编撰研讨会在北京大学马克思主义学院召开。会议围绕编撰《马克思主义理论学科学术发展报告》的原则、内容框架、组织架构、编写体例等问题展开了深入讨论，初步确定了由北京大学、清华大学、中国人民大学、北京师范大学、复旦大学等 15 所高校的知名学者组成的各二级学科领衔专家。《马克思主义理论学科学术发展报告》是对当年马克思主义理论学科的学术进展与思想政治理论课程建设发展的研究报告，将由北京大学马克思主义学院组织编写，由以 9 家重点马克思主义学院为主体的国内多家知名高校马克思主义学院共同完成。

12 月 25 日

《人民日报》报道，中央编译局与山东师范大学联合主办的“第十二届全国马克思主义论坛”近日在山东省济南市召开。与会者围绕“马克思主义与中国传统文化”这一主题进行了研讨。与会者认为，深入研究、科学把握马克思主义与中国传统文化的关系，应坚持唯物辩证的观点，不能把二者割裂开来甚至对立起来。

12 月 30 日

中共中央政治局就中华民族爱国主义精神的历史形成和发展进行第二十九次集体学习。中共中央总书记习近平在主持学习时强调，伟大的事业需要伟大的精神。实现中华民族伟大复兴的中国梦，是当代中国爱国主义的鲜明主题。要大力弘扬伟大爱国主义精神，大力弘扬以改革创新为核心的时代精神，为实现中华民族伟大复兴的中国梦提供共同精神支柱和强大精神动力。清华大学陈来教授就这个问题进行讲解，并谈了意见和建议。中共中央政治局各位同志认真听取了他的讲解。

2016 年

1 月

1 月 5 日

全国宣传部长会议在京召开，中共中央政治局常委、中央书记处书记刘云山出席并讲话，强调要充分认识协调推进“四个全面”战略布局、决胜全面建成小康社会对宣传思想工作的新要求，牢牢把握“两个巩固”的根本任务，以强烈的责任担当做好工作，为“十三五”时期开好局起好步提供有力思想舆论支持。刘云山指出，按照党中央部署推进宣传思想工作，重要的是坚持正确政治方向，把握工作规律，弘扬改革创新精神。要高举党的旗帜，强化看齐意识，在思想上政治上行动上同以习近平同志为总书记的党中央保持高度一致，严守党的政治纪律和政治规矩，紧紧围绕大局开展工作。要统筹建设和管理，统筹理论和舆论，统筹内宣和外宣，统筹网上和网下，统筹时、度、效，提高工作科学化水平。要坚持创新为要，大力推进宣传思想工作理念创新、内容创新、手段创新，更好以创新增活力。

1 月 7 日

由中共中央文献研究室编辑的《周恩来答问录》一书，已由人民出版社出版。这部答问录收入了周恩来同志 1936 年至 1971 年期间接受中外记者采访以及在记者招待会上的谈话、答问、散发的声明等文稿 64 篇，约 30 万字，从一个侧面反映了周恩来同志为推动中国革命和社会主义建设所做出的历史贡献，反映了他坚定的共产主义信念、博大的胸怀、高尚的情操和睿智豁达、灵活高超的交往艺术。该书为广大党员干部和青少年学习周恩来同志的优良作风和优秀品德，提供了一个生动文本。

1 月 10 日

《习近平谈治国理政》研讨会在印度首都新德里第二十四届世界图书博览会上举办。《习近平谈治国理政》多语种版由国务院新闻办公室会同中共中央文献研究室、中国外文局编辑，包括中、英、法、西、俄、阿、德、日、葡、韩、越和中文繁体共 11 种文字、12 个版本，于 2014 年 9 月由外文出版社正式出版发行。该书收录了习近平在 2012 年 11 月至 2014 年 6 月间的讲话、谈话、演讲、答问、批示、贺信等 79 篇，分为 18 个专题。

1 月 15 日

2016 年全国教育工作会议在京召开。会议强调，要全面贯彻党的十八大和十八届三中、四中、五中全会精神，以邓小平理论、“三个代表”重要思想、科学发展观为指导，深入贯彻习近平总书记系列重要讲话精神，按照“五位一体”总体布局和“四个全面”战略布局，牢固树立和贯彻落实创新、协调、绿色、开放、共享的发展理念，全面贯彻党的教育方针，紧紧围绕提高教育质量这一战略主题，以立德树人为根本任务，以促进公平为基本要求，以优化结构为主攻方向，以深化改革为根本动力，以加强法治为可靠保障，以党的领导为坚强保证，加快推进教育现代化，为全面建成小康社会发挥关键支撑作用。

会议强调，“十三五”时期是全面建成小康社会、实现第一个百年奋斗目标的决胜阶段。我们要牢固树立、全面贯彻五大发展理念，以创新发展激发教育活力，以协调发展优化教育结构，以绿色发展引领教育风尚，以开放发展拓展教育资源，以共享发展促进教育公平。要实实在在地把质量作为新时期我国教育工作的主题，把时间、精力和资源更多地用在内涵建设上，实现我国教育更高质量、更有效率、更加公平、更可持续的发展。要把促进人的全面发展、适应经济社会发展需要作为根本标准，提升学校办学综合实力、学生成长成才能力、社会贡献力、国际竞争力。

会议指出，2016 年是“十三五”开局之年，教育系统要在国家总体战略和宏伟蓝图指引下，牢牢把握提高教育质量的重点任务。其中包括：落实立德树人的根本任务。要坚定不移加强理想信念教育，千方百计促进学生身心健康，多种形式提高学生实践能力。

2 月

2 月 3 日

中共中央总书记、国家主席、中央军委主席习近平在南昌大学考察时指出，高校作为科技创新的生力军，要创新人才培养机制和教育方法，为国家现代化建设培养造就更多的合格人才、创新人才。习近平希望当代大学生珍惜韶华，把学习成长同党和国家的事业紧紧联系起来、同社会和人民的需要密切结合起来，用青春铺路，让理想延伸。

2 月 5 日

教育部发布《教育部 2016 年工作要点》，指出：要始终贯彻落实立德树人根本任务，着力提高教育质量。为此，要加强和改进德育工作，深化课程改革，切实加强学校体育美育工作，优化高校人才培养机制，深入推进高校创新创业教育改革，培养造就高素质专业化教师队伍，加快推进教育信息化等。强调要加强和改进德育工作。把培育践行社会主义核心价值观，增强学生社会责任感、创新精神、实践能力作为重点任务贯彻到国民教育全过程。启动实施大学生思想政治教育质量提升工程。修订《普通高等学校辅导员队伍建设规定》，完善《高等学校辅导员职业能力标准(暂行)》，落实《普通高等学校辅导员培训规划》。实施“思想政治教育中青年杰出人才支持计划”。启动新一轮全国大学生思想政治教育测评工作。指导支持关心下一代工作。

2 月 19 日

中共中央政治局委员、中组部部长赵乐际在中国浦东、井冈山、延安干部学院和全国组织干部学院工作座谈会上强调，要深入学习贯彻习近平总书记系列重要讲话精神，特别是在全国党校工作会议上的重要讲话精神，增强看齐意识，自觉在思想上政治上行动上同以习近平同志为总书记的党中央保持高度一致，用“党校姓党”统领教学科研办学一切工作，为培养造就一支具有铁一般信仰、铁一般信念、铁一般纪律、铁一般担当的干部队伍贡献力量。

赵乐际指出，要加强理论教育和党性教育，突出习近平总书记系列重要讲话精神学习培训，引导学员深刻领会治国理政新理念新思想新战略，掌握贯穿其中的马克思主义立场观点方法。抓好党章、廉洁自律准则和党纪处分条例的学习培训，强化学员党的意识、纪律意识、规矩意识，引导学员自觉用党章党规党纪约束言行、检身正己。坚持质量立院、开门办院、特色强院，不断提高教学科研能力和水平。落实“三严三实”要求，坚持严以治院、严以治教、严以治学，真情关怀、加强培养，营造尊师重教氛围，打造党性过硬、作风过硬、业务过硬的“安专迷”师资队伍，形成党的干部教育培训机构应有的政治品格、风骨气韵。

2 月 22 日

共青团中央召开全团“学习总书记讲话　做合格共青团员”教育实践动员部署电视电话会议。团中央书记处第一书记秦宜智指出，在全体共青团员中集中开展“一学一做”教育实践，是党中央着眼于党的事业薪火相传、全面从严治党向基层延伸而批准的一项重要工作部署。各级团组织和广大团干部、团员要更加紧密地团结在以习近平同志为核心的党中央周围，牢固树立“四个意识”，扎实开展“一学一做”教育实践，全面推进改革攻坚、从严治团各项工作，撸起袖子加油干，以扎实业绩迎接党的十九大胜利召开。

2月25日

教育部召开党组会，专题研究部署贯彻落实工作。会议指出，习近平总书记在党的新闻舆论工作座谈会上的重要讲话，从党和国家事业发展全局和战略高度，深刻阐述了党的新闻舆论工作的历史地位和重大作用，深刻阐明了党的新闻舆论工作的职责使命、目标任务和原则要求，科学回答了事关新闻事业长远发展的一系列带有根本性、战略性、全局性的重大问题，具有里程碑意义，是指导做好新形势下党的新闻舆论工作的纲领性文献。讲话特别强调，媒体竞争关键是人才竞争，媒体优势核心是人才优势，要加快培养造就一支政治坚定、业务精湛、作风优良、党和人民放心的新闻舆论工作队伍，为深化高等新闻传播教育综合改革、提高新闻传播人才培养质量指明了努力方向、提供了根本遵循。会议强调，要深入学习领会、全面贯彻落实习近平总书记重要讲话精神，牢牢坚持党性原则，牢牢坚持马克思主义新闻观，遵循高等新闻传播教育规律和人才成长规律，深入实施卓越新闻传播人才教育培养计划，进一步深化高等新闻传播教育综合改革、提高新闻传播人才培养质量，努力为提高党的新闻舆论传播力、引导力、影响力、公信力提供更加有力的人才智力支撑。

2月26日

为落实习近平总书记就学习毛泽东同志《党委会的工作方法》做出的重要批示，配合中组部印发的《关于学习贯彻习近平总书记重要批示精神加强党委(党组)领导班子建设的通知》要求，方便广大党员领导干部学习重温毛泽东同志这篇著作，《党委会的工作方法》单行本已由人民出版社出版，即日起在全国新华书店发行。

3月

3月1日

中共中央党校举行2016年春季学期开学典礼。中共中央政治局常委、中央党校校长刘云山出席开学典礼并讲话，强调领导干部要深入学习贯彻习近平总书记系列重要讲话精神，在增强政治意识、大局意识、核心意识、看齐意识上带好头做表率，切实把向党中央看齐体现在思想和工作的各个方面。刘云山说，看齐是重大的政治原则，是党的力量所在、优势所在。协调推进“四个全面”战略布局，贯彻落实好五大发展理念，决胜全面建成小康社会，关键在党，在党中央集中统一领导，在全党队列整齐、步调一致。讲看齐，对党员干部来说，不是个人的小事，而是事关政治方向的大事；不是一般的品行要求，而是党性要求。刘云山强调，增强看齐意识，最根本的是在思想上政治上行动上同以习近平同志为总书记的党中央保持高度一致。要坚持不懈地用党的理论创新成果武装头脑，深刻领会党的十八大以来党中央治国理政新理念新思想新战略，掌握贯穿其中的马克思主义立场观点方法。要坚持坚定正确的政治方向，保持对党忠诚的政治品格，无论在什么岗位工作，都要铭记共产党人的政治身份，在坚持什么、反对什么上旗帜鲜明、是非分明，做政治上的明白人。看齐既要见思想，更要见行动，不折不扣地落实党中央部署，以“三严三实”要求履行好党和人民赋予的职责使命。

刘云山指出，做到经常、主动向党中央看齐，要靠理想、靠党性、靠纪律。各级领导干部要把理想信念作为“主心骨”，越是社会思潮多元多变，越要忠诚于党的信仰信念，坚守共产党人的命脉和灵魂，坚定中国特色社会主义道路自信、理论自信、制度自信。要把锤炼党性作为终身课题，自觉接受党内政治生活锻炼，用好民主生活会这个平台，用好批评和自我批评这一武器，随时修正错误、改正缺点。要认真学习贯彻党章和各项党规党纪，严守党的政治纪律和政治规矩，深刻汲取周永康、薄熙来、徐才厚、郭伯雄、令计划等人的反面教训，知敬畏、明底线，更好规范自己的行为。各级党委要把看齐意识作为干部教育的重要内容，作为干部选拔任用的重要标准，推动领导干部在思想政治素养上有一个大的提高。

3月5日

李克强总理代表国务院在十二届全国人大四次会议上作政府工作报告。报告指出，发展更高质量更加公平的教育。教育承载着国家的未来、人民的期盼。公共教育投入要加大向中西部和边远、贫困地区倾斜力度。统一城乡义务教育经费保障机制，改善薄弱学校和寄宿制学校办学条件。支持普惠性幼儿园发展。办好特殊教育。加快健全现代职业教育体系，分类推进中等职业教育免除学杂费。对贫困家庭学生率先免除普通高中学杂费。落实提高乡村教师待遇政策。加快推进远程教育，扩大优质教育资源覆盖面。提升高校教学水平和创新能力，推动具备条件的普通本科高校向应用型转变。继续扩大重点高校面向贫困地区农村招生规模，落实和完善农民工随迁子女在当地就学和升学考试政策。支持和规范民办教育发展。教育要促进学生德智体美全面发展，注重培养各类高素质创新型人才。从家庭到学校、从政府到社会，都要为孩子们的安全健康、成长成才担起责任，共同托起明天的希望。

3 月 6 日

《人民日报》刊发《国民经济和社会发展第十三个五年规划纲要(草案)》(摘编)。规划纲要(草案)提出，坚持社会主义先进文化前进方向，坚持以人民为中心的工作导向，坚持把社会效益放在首位、社会效益和经济效益相统一，加快文化改革发展，推动物质文明和精神文明协调发展，建设社会主义文化强国。

规划纲要(草案)提出，要提升国民文明素质，以社会主义核心价值观为引领，加强思想道德建设和社会诚信建设，弘扬中华传统美德和时代新风，倡导科学精神和人文精神，全面提高国民素质和社会文明程度。培育和践行社会主义核心价值观，推进哲学社会科学创新，传承发展优秀传统文化，深化群众性精神文明创建活动。

3 月 8 日

教育部部长袁贵仁出席全国政协教育界别联组会，听取政协委员对教育工作的意见和建议，并与委员们坦诚交流。14 位委员就教育精准扶贫、扩大高校办学自主权、青年教师专业成长、加大学前教育投入、民办教育分类管理等话题依次发言。针对“未来 5 年教育的挑战在哪里？立德树人工作如何更有实效？一管就死、一放就乱怎么办?”等问题，会议指出“九大发展项目点明攻坚重点难点、把学生的兴趣点作为工作切入点、简政放权、放管结合、优化服务”等，回应教育热点，支招教育难点。

3 月 14 日

中共教育部党组就关于做好高等学校“学党章党规、学系列讲话，做合格党员”学习教育工作发出通知，要求各地要紧密结合高校实际，坚决贯彻落实中央决策部署，推进高校“两学一做”学习教育取得实实在在的成效。

通知指出，在高等学校深入开展“两学一做”学习教育，是 2016 年高校党的建设工作的龙头任务，也是加强党对高校领导的有力抓手。各地党委教育工作部门和高校党委要站在协调推进“五位一体”总体布局和“四个全面”战略布局、贯彻落实五大发展理念的战略高度，深刻认识和准确把握开展学习教育的重要性和必要性，增强责任感和使命感，切实把思想和行动统一到中央部署要求上来。

各地要将学习教育与全面贯彻党的教育方针结合起来，与落实立德树人根本任务结合起来，与提高教育质量结合起来，坚持把思想建设放在首位，进一步推动全面从严治党要求落实到高校基层党建工作的各个方面，进一步解决党员队伍在思想、组织、作风、纪律等方面存在的问题，激励高校基层党组织和党员干事创业、开拓进取，努力培养中国特色社会主义事业合格建设者和可靠接班人，为加快推进教育现代化，为全面建成小康社会发挥关键支撑作用提供坚强组织保证。

通知要求，各地要坚决贯彻落实中央决策部署，推进高校“两学一做”学习教育取得实实在在的成效。一是准确把握目标要求。二是聚焦学习教育内容。三是有效把握方法措施。四是推动解决突出问题。通知强调，各地要用心组织，切实加强对高校开展“两学一做”学习教育工作的领导。一是加强组织领导。二是突出责任落实。三是加强宣传引导。

3 月 16 日

十二届全国人大四次会议表决通过了关于国民经济和社会发展第十三个五年规划纲要的决

议，决定批准这个规划纲要。规划纲要共分为20篇。在第五十九章"推进教育现代化"中，规划纲要提出，全面贯彻党的教育方针，坚持教育优先发展，加快完善现代教育体系，全面提高教育质量，促进教育公平，培养德智体美全面发展的社会主义建设者和接班人。提升大学创新人才培养能力。推进现代大学制度建设，完善学校内部治理结构。建设一流师资队伍，用新理论、新知识、新技术更新教学内容。完善高等教育质量保障体系。推进高等教育分类管理和高等学校综合改革，优化学科专业布局，改革人才培养机制，实行学术人才和应用人才分类、通识教育和专业教育相结合的培养制度，强化实践教学，着力培养学生创意创新创业能力。深入实施中西部高等教育振兴计划，扩大重点高校对中西部和农村地区招生规模。全面提高高校创新能力，统筹推进世界一流大学和一流学科建设。增强教育改革发展活力。深化教育改革，增强学生社会责任感、法治意识、创新精神、实践能力，全面加强体育卫生、心理健康、艺术审美教育，培养创新兴趣和科学素养。

3月17日

教育部印发《关于加强师范生教育实践的意见》，指出，师范生教育实践是教师教育课程的重要组成部分，是教师培养的必要环节。举办教师教育的院校要围绕培养适应中小学教育教学需要、高素质专业化的"四有"好教师的目标要求，通过系统设计和有效指导下的教育实践，促进师范生深入体验教育教学工作，逐步形成良好的师德素养和职业认同，更好地理解教育教学专业知识，掌握必要的教育教学设计与实施、班级管理与学生指导等能力，为从事中小学教育教学工作和持续的专业发展奠定扎实的基础。

同时，要构建全方位的教育实践内容体系。举办教师教育的院校要坚持把社会主义核心价值观融入教育实践全过程，将教育实践贯穿教师培养全过程，整体设计、分阶段安排教育实践的内容，精心组织体验与反思，促进理论与实践的深度融合。在师范生培养方案中设置足量的教育实践课程，以教育见习、实习和研习为主要模块，构建包括师德体验、教学实践、班级管理实践、教研实践等全方位的教育实践内容体系，切实落实师范生教育实践累计不少于1个学期制度。

3月19日

"尧舜禹文化与当代社会核心价值"研讨会在北京举行。来自中央政策研究室、清华大学等机构和高校的40余名知名专家学者参加了研讨会。

研讨会围绕尧舜禹与"古中国"、尧舜禹与核心价值观、尧舜禹与德孝文化三个方面课题进行了学术交流和研讨商榷，深入研究了晋南"古中国"文化的丰富内涵，从尧舜禹文化中深挖"德、孝、公、廉、敬、忠"等社会主义核心价值观的文化基因。专家学者们认为，应当加强中华优秀传统文化研究，从尧舜禹与"古中国"的思想文化宝库中进一步寻找中华民族文化基因的"根"和"源"，汲取营养智慧，提炼思想精髓，为培育和践行社会主义核心价值观服务，不断提升文化软实力和影响力，广泛凝聚全面建成小康社会的强大正能量。

同日，"罗国杰教授思想研讨暨《罗国杰文集》出版发布会"在中国人民大学举行。《罗国杰文集》同时出版。

3月23日

全国党建研究会第六次会员代表大会在京召开。中共中央总书记、国家主席、中央军委主席习近平做出重要指示，向大会召开表示热烈祝贺，向全国广大党建研究工作者致以诚挚问候，希望全国党建研究会坚持正确政治方向，发挥党建高端智库作用，发扬成绩，发挥优势，围绕协调推进"五位一体"总体布局和"四个全面"战略布局，深入研究党建理论和实际问题，深入总结全面从严治党实践经验，为构建中国化的马克思主义党建理论体系，为加强和改善党的领导、确保党始终成为中国特色社会主义事业的坚强领导核心做出新的更大的贡献。

中共中央政治局常委、中央书记处书记刘云山在会见与会代表时说，习近平总书记的重要指示充分体现了对党建研究工作的高度重视，深刻阐明了党建研究会的职责定位，阐明了党建研究工作的根本遵循和主要任务，具有很强的政治性、指导性和针对性，我们要深入学习领会、认真贯彻落实。刘云山指出，做好新形势下的党建研究工作，重要的是把握政治方向、体现高端特色、坚持问题导向。要深入学习贯彻习近平总书记系列重要讲话精神，深入领会党中央治国理政新理念新思想新战略，无论是制定研究规划，还是开展课题研究，都要体现好党中央的决策部署，体现好全面从严治党的要求。要围绕推进党的建设新的伟大工程，凝练主攻方向，注重研究质量，推出更多高水平的研究成果，在构建中国化的马克思主义党建理论体系上取得新进展。要坚持理论联系实际，带着问题研究，对准问题思考，深入研究党的建设的重大理论和实际问题，深入总结党的十八大以来党的建设的新鲜经验，为加强新形势下党的建设提供有力理论支撑。

中共中央政治局委员、中组部部长赵乐际在参加会见时传达了习近平总书记的重要指示，并在代表大会上讲话。他指出，习近平总书记党建思想是马克思主义党建学说的创新发展，是新的历史条件下坚持党的领导、加强党的建设、全面从严治党的根本遵循。要深入学习领会习近平总书记党建思想的丰富内涵、立场观点方法、实践意义，贯彻落实到党的建设和党建研究的各方面。要加强党建研究人才培养和集聚，下功夫研究解决党的建设理论和实践问题，为全面从严治党提供有力支撑。

3 月 31 日

共青团中央、中央网信办下发通知，要求各地在清明节期间集中开展“清明祭英烈　共铸中华魂”主题宣传教育活动。

通知指出，2017 年，我们党将召开第十九次全国代表大会。举办此次主题宣传活动，旨在大力培育和践行社会主义核心价值观，进一步推进争做中国好网民工程和青年网络文明志愿行动，引导广大青少年缅怀先烈、铭记历史，传承民族精神，激发奋斗力量，唱响“青春喜迎十九大·不忘初心跟党走”的主旋律。

通知要求，4 月 3 日至 6 日，各级团组织、网信办要集中开展“清明祭英烈　共铸中华魂”主题宣传教育活动。在线上集中开展“网上祭英烈”网页献花留言、微博微信平台话题讨论、“清明祭英烈·火种传递”手机端互动、网络文化产品编创推广等活动，发动广大团员和青年网民，通过互动献花、话题讨论、联动转发、文化产品推广等形式，引导广大青年铭记先烈、传承精神；各地团组织特别是基层团组织要在线下广泛开展祭扫烈士陵园、革命传统教育讲座、英烈事迹展览、红色故事讲述、烈士诗抄朗诵、主题团日、入团入队仪式等丰富多样的纪念活动，使团员青年普遍接受一次爱国主义和革命传统教育。

4 月

4 月 5 日

中宣部组织编写的《习近平总书记系列重要讲话读本(2016 年版)》一书，由学习出版社、人民出版社出版，即日起在全国各地新华书店发行。《习近平总书记系列重要讲话读本(2016 年版)》，围绕实现中华民族伟大复兴的中国梦、坚持和发展中国特色社会主义，围绕协调推进全面建成小康社会、全面深化改革、全面依法治国、全面从严治党“四个全面”战略布局，围绕牢固树立创新、协调、绿色、开放、共享的发展理念，统筹推进经济、政治、文化、社会、生态文明五位一体建设，围绕加强国防和军队建设，推动构建以合作共赢为核心的新型国际关系，学习掌握科学的思想方法和工作方法等十六个专题，全面准确深入阐释了以习近平同志为总书记的党中央治国理政新理念新思想新战略。

4 月 7 日

《人民日报》报道，清华大学、北京大学、中国人民大学等高校日前陆续公布 2016 年专门针对农村贫困生的专项招生计划。该计划面向边远、贫困、民族等地区县(含县级市)及县以下高中的农村学生开放申请，旨在促进教育公平，使更多来自农村和贫困地区的优秀学子能享受优质教育资源。

同日，教育部高等教育教学评估中心发布《中国高等教育质量报告》，实现了两个“首次”：这是中国首次发布《中国高等教育质量报告》，这也是世界上首次发布高等教育质量的“国家报告”。对中国高等教育发展和改革，对世界高等教育发展和改革来讲，这都是一个创举，具有里程碑意义。

4月13日

《人民日报》报道，青海西宁市目前制定出台《贫困家庭大学生资助实施办法》，弥补教育救助政策“短板”，对贫困家庭大学生在校期间实施全程资助，让贫困家庭学生有更多的机会接受高等教育。《贫困家庭大学生资助实施办法》把此前的一次性借款修定为全程资助，到大学本科毕业(最长4年、医学专业除外)，资助标准大幅度提升，考入一本、二本和三本院校、专科及高等职业教育院校的每人每年资助学费分别为7000元、6000元和5000元。资助内容包括学费和生活费，受学费资助的大学生按照全额城市低保标准，纳入城市低保范围，按月资助生活费；不符合学费资助条件但符合生活费资助的学生纳入全额城市低保范围享受生活费资助，标准随最低生活保障标准的变化而调整。据悉，实施贫困大学生全程学费和生活费资助，每年资助人数800人左右，需资助金867万元左右。

4月14日

团中央实施中长期青年发展规划领导小组第一次会议在北京召开。团中央书记处第一书记、团中央实施中长期青年发展规划领导小组组长秦宜智主持会议并讲话。会议强调，制定实施《中长期青年发展规划(2016—2025年)》，在新中国历史上是第一次，充分体现了以习近平同志为核心的党中央对青年一代的亲切关心、对青年工作的高度重视。共青团要始终坚持党管青年原则，不断强化责任意识、机遇意识、担当意识，切实肩负起在规划实施中承担的重大责任，不辜负党中央的信任与重托。

会议指出，中长期青年发展规划是党和国家青年工作的行动纲领，在我国青年发展事业进程中具有重要里程碑意义。中长期青年发展规划从原则到理念、政策、机制，第一次完整地描绘了在党的领导下动员各方力量共同促进青年发展的蓝图，使我们有了服务青年的国家机制，有了党委领导，政府、群团、社会协同，齐抓共管青年事务的重要制度保障。制定实施青年发展规划，为共青团更好承担党的青年工作职责奠定了重要的制度基础，是共青团拓展职能的重大创新、改革发展的重要标志、事业前进的强劲动力。

会议指出，共青团是党的助手和后备军，是党的青年工作的重要承担者，在规划实施工作中，要明确自身的职能定位，主动作为。要履行好协调者的责任，积极承担规划落实部际联席会议机制的日常工作职责，加强沟通协调，调动各方面积极性共同推动规划实施落地。要肩负起实施者的任务，坚持更高的标准不折不扣抓好共青团牵头任务的落实，努力把共青团服务青年工作提高到一个新的水平。要发挥好桥梁的作用，既注重推动已有的青年发展政策落到实处，又不断完善和丰富青年发展政策体系，使得规划实施跟上青年发展的时代步伐，真正让青年感受到党的关心和温暖。

会议强调，实施好规划、促进青年全面发展，是一项系统工程。从共青团来讲，这是全团的责任，需要形成层层抓落实的工作合力。团中央决定成立由书记处全体同志参加的实施中长期青年发展规划领导小组，下设办公室，统筹做好联席会议机制运行、监测指标体系建设、规划实施评估、年度工作计划制订、地方规划体系建设指导、考核等工作。各地团组织要加强学习、抓好落实，启动本地区青年发展规划的编制工作，按照中央要求抓紧建立青年工作联席会议机制，着手研究建立省级青年发展数据库。

4月15日

中共中央政治局常委、国务院总理李克强到清华大学和北京大学就教育改革发展和实施创新驱动发展战略进行考察。李克强指出，经济社会发展面临不少多难选择，宏观调控、升级发展等都需要在理论与实践上不断提高和创新。新经济发展能够带动大量就业，也会为传统动能改造提升创造条件。

4月16日

《中国教育报》报道，教育部社会科学委员会秘书处组织、中国人民大学刘大椿教授主持编写的《高等学校哲学社会科学研究评价指南》，最近由高等教育出版社正式出版发行。

4 月 18 日

中共中央总书记、国家主席、中央军委主席、中央全面深化改革领导小组组长习近平主持召开中央全面深化改革领导小组第二十三次会议并发表重要讲话。会议审议通过了《关于加强民办学校党的建设工作的意见(试行)》《民办学校分类登记实施细则》《营利性民办学校监督管理实施细则》。会议强调，支持和规范民办教育发展，要坚持和加强党对民办学校的领导，设立民办学校要做到党的建设同步谋划、党的组织同步设置、党的工作同步开展，确保民办学校始终坚持社会主义办学方向。要建立营利性和非营利性民办学校分类登记、分类管理制度，提高教育质量。

同日，全国党建研究会学习贯彻习近平总书记重要指示精神座谈会在京召开。与会同志认真学习了习近平总书记就全国党建研究会第六次会员代表大会召开做出的重要指示，围绕深入学习领会习近平总书记的重要指示精神，进一步做好党建研究工作进行了研讨交流。

4 月 19 日

由中宣部宣教局、中央新闻纪录电影制片厂(集团)共同主办的社会主义核心价值观主题微电影征集展示活动启动仪式在京举行。

4 月 20 日

“展望十三五”系列报告会第九场报告会在京举行，教育部党组书记、部长袁贵仁做了题为《推进教育现代化提升全民教育水平为全面建成小康社会发挥关键支撑作用》的报告。报告强调，增强学生社会责任感、创新精神、实践能力。引导学生牢固树立和自觉践行社会主义核心价值观，培养社会主义合格建设者和接班人。提高学生创造创业创新能力，全面加强体育、美育、劳动教育和心理健康教育，促进学生安全健康、成长成才，是“十三五”时期我国教育改革发展面临的具体任务之一。同时，加强教师队伍建设。要落实好《乡村教师支持计划》，全面推开中小学教师职称制度改革，加强职业教育双师型教师队伍建设，深入推进高校教师考核评价制度改革，加强师德建设。

同日，全团青年发展工作研讨推进会在西安召开。会议指出，2016 年青年发展工作总体思路就是，按照团的六中全会确定的“稳中求进”工作总基调，着力改革攻坚、推进从严治团，以实施《中长期青年发展规划(2016—2025 年)》统领青年发展工作，进一步构建与规划要求相适应的青年发展工作体系，推动青年发展工作系统化、规范化、常态化、专业化。

会议强调，要把握改革攻坚、中长期青年发展规划两大工作形势，增强做好青年发展工作的责任感和使命感。要解决好改革过渡阶段凝聚共识、传导信号、推进工作的问题，改革不能停，工作不能断。要深入学习领会习近平总书记青年工作思想，认真学习中央印发的中长期青年发展规划，不断强化责任意识、机遇意识、担当意识。各省级团委要对标中央印发的规划，启动本地区青年发展规划编制和调整工作，建立跨部门联席会议协调机制，建立省级青年发展监测数据库。

会议指出，要围绕青年职业发展关键环节，构建更加有效的工作项目体系。要对应就业、立业、置业、创业等职业青年不同阶段发展需求，全链条提供服务。更加重视就业工作，把就业工作和创业工作放在同等重要的位置，抓好中长期青年发展规划重点项目青年就业见习计划的落实。更加重视电商扶贫，突出人才培育和精准扶贫两条主线，不断深化“农村青年电商培育工程”和“脱贫攻坚青春建功行动”，做强中国青年电商联盟。更加重视平台思维，发挥好“共青团搭台，青年唱戏”作用，充分展现组织作为、体现组织价值。更加重视技能育才，不能把服务工作简单地做成事务性工作，忽视引导功能、育人功能。更加重视婚恋服务，以地市、区县层面为主，省级层面抓好统筹。

4 月 22 日

中共中央总书记、国家主席、中央军委主席习近平 22 日致信祝贺清华大学建校 105 周年，向全体师生员工和广大校友致以热烈的祝贺和诚挚的问候。习近平在贺信中指出，清华大学是我国高等教育的一面旗帜。105 年来，清华大学秉承

“自强不息、厚德载物”的校训，开创了中西融汇、古今贯通、文理渗透的办学风格，形成了爱国奉献、追求卓越的精神和又红又专、全面发展的培养特色，培养了大批学术大师、兴业英才、治国人才，为国家、为民族做出了重要贡献。习近平强调，办好高等教育，事关国家发展、事关民族未来。我国高等教育要紧紧围绕实现“两个一百年”奋斗目标、实现中华民族伟大复兴的中国梦，源源不断培养大批德才兼备的优秀人才。站在新的起点上，清华大学要坚持正确方向、坚持立德树人、坚持服务国家、坚持改革创新，面向世界、勇于进取，树立自信、保持特色，广育祖国和人民需要的各类人才，深度参与创新驱动发展战略实施，努力在创建世界一流大学方面走在前列，为国家发展、人民幸福、人类文明进步做出新的更大的贡献。

同日，首都大学生《习近平谈治国理政》读书研讨会暨“读书读经典”系列活动在京启动。此举旨在深入学习习近平总书记系列重要讲话精神，大力培育和践行社会主义核心价值观，推进“书香中国·北京阅读季”和书香校园建设。“读书读经典”系列活动首批推荐书目包括《习近平谈治国理政》《习近平用典》《知之深爱之切》《大数据时代》《平凡的世界》等，共计20本。

4月26日

共青团中央、教育部、财政部、人力资源和社会保障部在北京召开视讯会议，正式启动2017年大学生志愿服务西部计划工作。会议指出，西部计划是落实人才强国战略推进西部治理的精品项目，是助推高校思想政治工作彰显立德树人的重大举措，是适应志愿服务发展新态势提升青年志愿服务水平的品牌工程。各级项目办要牢固树立新发展理念，贯彻落实统筹推进“五位一体”总体布局，协调推进“四个全面”战略布局，全面落实中共中央办公厅、国务院办公厅《关于进一步引导和鼓励高校毕业生到基层工作的意见》和《中长期青年发展规划(2016—2025年)》等文件精神，从全面深化改革和全面从严治团的大局出发，深刻认识西部计划的新形势、新任务，深入提升项目实施的新水平、新贡献。

4月29日

中共教育部党组发出通知，要求各地教育部门和高校利用“五四”前后一段时期，深入学习贯彻习近平总书记有关教育工作和青年成长成才重要论述，广泛开展主题教育活动，教育引导广大青年师生弘扬五四精神，凝聚青春力量，为全面建成小康社会和实现中华民族伟大复兴中国梦而奋斗。通知要求，各地要积极组织广大青年师生广泛开展五四系列主题教育活动。一是深入开展以“坚定理想信念，立志成才报国”为主题的党日团日活动；二是深入开展以“传承中华文化、践行核心价值”为主题的理论研讨和学习宣讲活动；三是深入开展以“凝聚青春力量、展示青春风采”为主题的校园文化建设活动；四是深入开展以“矢志艰苦奋斗，勇于创新创造”为主题的社会实践活动；五是深入开展以“传播正能量、弘扬主旋律”为主题的网络文明教育活动。

5月

5月4日

共青团中央在北京召开“不忘初心跟党走”团员青年座谈会，学习领会习近平总书记5月3日向青年学生发表的重要讲话。中共中央政治局委员、国家副主席李源潮出席座谈会并讲话。他指出，要认真学习贯彻习近平总书记重要讲话精神，弘扬共青团光荣传统，带领团员青年不忘初心跟党走，为实现“两个一百年”目标和中华民族伟大复兴的中国梦努力奋斗。

同日，共青团中央书记处第一书记秦宜智主持召开书记处扩大会议，专题传达学习习近平总书记在中国政法大学考察时重要讲话精神，研究部署全团学习宣传贯彻措施。

5月6日

国务院办公厅印发《关于强化学校体育促进学生身心健康全面发展的意见》，就推动学校体育改革发展和强化学校体育工作做出全面部署。

文件强调，要坚持课堂教学与课外活动相衔接、培养兴趣与提高技能相促进、群体活动与运动竞赛相协调、全面推进与分类指导相结合的原则，改革创新体制机制，全面提升体育教育质量，健全学生人格品质，切实发挥体育在培育和践行社会主义核心价值观、推进素质教育中的综合作用。到2020年，体育教学质量明显提高，学生体育锻炼习惯基本养成，运动技能和体质健康水平明显提升，规则意识、合作精神和意志品质显著增强，基本形成体系健全、制度完善、充满活力、注重实效的中国特色学校体育发展格局。

文件提出，一是要深化教学改革，强化体育课和课外锻炼。以培养学生兴趣、养成锻炼习惯、掌握运动技能、增强学生体质为主线，建立大中小学体育课程衔接体系。严禁削减、挤占体育课时间，切实保证学生每天一小时校园体育活动。鼓励学生积极参加校外全民健身运动，家长、社区要为学生体育活动创造便利条件。二是要注重教体结合，完善训练和竞赛体系。学校要积极开展课余体育训练，为有体育特长的学生提供成才路径。进一步完善竞赛体系，建设常态化的校园体育竞赛机制。三是要增强基础能力，提升学校体育保障水平。加强体育教师队伍建设，着力培养一大批体育骨干教师和体育名师等领军人才。大力推进体育设施建设和综合利用，多渠道增加学校体育投入。四是要加强评价监测，促进学校体育健康发展。完善考试评价办法，构建课内外相结合、各学段相衔接的学校体育考核评价体系。五是要强化学校体育的组织实施。进一步加强青少年体育工作部际联席会议制度，把学校体育工作列入政府政绩考核指标、教育行政部门与学校负责人业绩考核评价指标。对学生体质健康水平持续三年下降的地区和学校，在教育工作评估中实行“一票否决”。

同日，国务院法制办就《志愿服务条例(征求意见稿)》公开征求意见。根据意见稿，国家鼓励有关组织、单位为促进志愿服务事业提供便利条件，学生参与志愿服务可纳入高校实践学分管理。意见稿明确，学校、家庭和社会应当培养青少年的志愿服务意识，鼓励和支持青少年参与力所能及的志愿服务。县级以上人民政府教育行政部门应当会同有关单位制定各级各类学校学生志愿服务工作综合考评办法；高等学校可以将学生参与志愿服务纳入实践学分管理。

5月8日

团中央直属机关举办纪念建团95周年表彰会，对黄永胜等53名优秀共青团员、刘恺等30名优秀共青团干部、中国青年报社团委等26个五四红旗团组织予以表彰。

5月16日

中共中央党校举行2016年春季学期第二批入学学员开学典礼。中共中央政治局常委、中央党校校长刘云山出席开学典礼并讲话，强调领导干部要按照党中央关于“两学一做”学习教育部署，带头深入学习贯彻习近平总书记系列重要讲话，发挥好示范带动作用，发挥好领学促学作用，更好用党的理论创新成果武装头脑、指导实践。

5月17日

中共中央总书记、国家主席、中央军委主席习近平在京主持召开哲学社会科学工作座谈会并发表重要讲话。他强调，一个没有发达的自然科学的国家不可能走在世界前列，一个没有繁荣的哲学社会科学的国家也不可能走在世界前列。坚持和发展中国特色社会主义，哲学社会科学具有不可替代的重要地位，哲学社会科学工作者具有不可替代的重要作用。坚持和发展中国特色社会主义，必须高度重视哲学社会科学，结合中国特色社会主义伟大实践，加快构建中国特色哲学社会科学。

习近平强调，观察当代中国哲学社会科学，需要有一个宽广的视角，需要放到世界和我国发展大历史中去看。人类社会每一次重大跃进，人类文明每一次重大发展，都离不开哲学社会科学的知识变革和思想先导。现在，我国哲学社会科学学科体系不断健全，研究队伍不断壮大，研究水平和创新能力不断提高，马克思主义理论研究和建设工程取得丰硕成果。广大哲学社会科学工作者坚持以马克思主义为指导，深入研究和回答我国发展和我们党执政面临的重大理论和实践问题，推出一大批重要学术成果，为坚持和发展中国特色社会主义做出了重大贡献。

习近平指出，新形势下，我国哲学社会科学地位更加重要、任务更加繁重。历史表明，社会大变革的时代，一定是哲学社会科学大发展的时代。当代中国正经历着我国历史上最为广泛而深刻的社会变革，也正在进行着人类历史上最为宏大而独特的实践创新。这种前无古人的伟大实践，必将给理论创造、学术繁荣提供强大动力和广阔空间。这是一个需要理论而且一定能够产生理论的时代，这是一个需要思想而且一定能够产生思想的时代。一切有理想、有抱负的哲学社会科学工作者都应该立时代之潮头、通古今之变化、发思想之先声，积极为党和人民述学立论、建言献策，担负起历史赋予的光荣使命。

习近平强调，坚持以马克思主义为指导，是当代中国哲学社会科学区别于其他哲学社会科学的根本标志，必须旗帜鲜明加以坚持。我国哲学社会科学的一项重要任务就是继续推进马克思主义中国化、时代化、大众化，继续发展21世纪马克思主义、当代中国马克思主义。我国广大哲学社会科学工作者要自觉坚持以马克思主义为指导，自觉把中国特色社会主义理论体系贯穿研究和教学全过程，转化为清醒的理论自觉、坚定的政治信念、科学的思维方法。

习近平指出，坚持以马克思主义为指导，首先要解决真懂真信的问题，核心要解决好为什么人的问题，最终要落实到怎么用上来。我国哲学社会科学要有所作为，就必须坚持以人民为中心的研究导向。脱离了人民，哲学社会科学就不会有吸引力、感染力、影响力、生命力。我国广大哲学社会科学工作者要坚持人民是历史创造者的观点，树立为人民做学问的理想，尊重人民主体地位，聚焦人民实践创造，自觉把个人学术追求同国家和民族发展紧紧联系在一起，努力多出经得起实践、人民、历史检验的研究成果。马克思主义是随着时代、实践、科学发展而不断发展的开放的理论体系，它并没有结束真理，而是开辟了通向真理的道路。把坚持马克思主义和发展马克思主义统一起来，结合新的实践不断做出新的理论创造，这是马克思主义永葆生机活力的奥妙所在。

习近平强调，要加快构建中国特色哲学社会科学，按照立足中国、借鉴国外，挖掘历史、把握当代，关怀人类、面向未来的思路，着力构建中国特色哲学社会科学，在指导思想、学科体系、学术体系、话语体系等方面充分体现中国特色、中国风格、中国气派。

习近平指出，构建中国特色哲学社会科学，一是要体现继承性、民族性。要善于融通马克思主义的资源、中华优秀传统文化的资源、国外哲学社会科学的资源，坚持不忘本来、吸收外来、面向未来。坚定中国特色社会主义道路自信、理论自信、制度自信，说到底是要坚定文化自信，文化自信是更基本、更深沉、更持久的力量。二是要体现原创性、时代性。我们的哲学社会科学有没有中国特色，归根结底要看有没有主体性、原创性。只有以我国实际为研究起点，提出具有主体性、原创性的理论观点，构建具有自身特质的学科体系、学术体系、话语体系，我国哲学社会科学才能形成自己的特色和优势。我国哲学社会科学应该以我们正在做的事情为中心，从我国改革发展的实践中挖掘新材料、发现新问题、提出新观点、构建新理论，加强对改革开放和社会主义现代化建设实践经验的系统总结，加强对发展社会主义市场经济、民主政治、先进文化、和谐社会、生态文明以及党的执政能力建设等领域的分析研究，加强对党中央治国理政新理念新思想新战略的研究阐释，提炼出有学理性的新理论，概括出有规律性的新实践。三是要体现系统性、专业性。中国特色哲学社会科学应该涵盖历史、经济、政治、文化、社会、生态、军事、党建等各领域，囊括传统学科、新兴学科、前沿学科、交叉学科、冷门学科等诸多学科，不断推进学科体系、学术体系、话语体系建设和创新，努力构建一个全方位、全领域、全要素的哲学社会科学体系。要抓好教材体系建设，形成适应中国特色社会主义发展要求、立足国际学术前沿、门类齐全的哲学社会科学教材体系。

习近平强调，构建中国特色哲学社会科学是一个系统工程，是一项极其繁重的任务，要加强顶层设计，统筹各方面力量协同推进。

习近平指出，加强和改善党对哲学社会科学工作的领导，是繁荣发展我国哲学社会科学事业的根本保证。各级党委要把哲学社会科学工作纳入重要议事日程，加强政治领导和工作指导，一手抓繁荣发展、一手抓引导管理。各级领导干部特别是主要负责同志，既要有比较丰富的自然科学知识，又要有比较丰富的社会科学知识，以不断提高决策和领导水平。要加强中国特色新型智库建设，建立健全决策咨询制度。

习近平强调，哲学社会科学领域是知识分子密集的地方，要把这支队伍关心好、培养好、使用好，让广大哲学社会科学工作者成为先进思想的倡导者、学术研究的开拓者、社会风尚的引领者、党执政的坚定支持者。要实施以育人育才为中心的哲学社会科学整体发展战略，构筑学生、学术、学科一体的综合发展体系。要实施哲学社会科学人才工程，着力发现、培养、集聚一批有深厚马克思主义理论素养、学贯中西的思想家和理论家，一批理论功底扎实、勇于开拓创新的学科带头人，一批年富力强、锐意进取的中青年学术骨干，构建种类齐全、梯队衔接的哲学社会科学人才体系。要认真贯彻党的知识分子政策，做到政治上充分信任、思想上主动引导、工作上创造条件、生活上关心照顾。领导干部要主动同专家学者打交道、交朋友，多听取他们的意见和建议。要加强哲学社会科学优秀人才使用，让德才兼备的人才在重要岗位上发挥作用。

习近平指出，要提倡理论创新和知识创新，鼓励大胆探索，开展平等、健康、活泼和充分说理的学术争鸣，活跃学术空气。要大力弘扬优良学风，推动形成崇尚精品、严谨治学、注重诚信、讲求责任的优良学风，营造风清气正、互学互鉴、积极向上的学术生态。广大哲学社会科学工作者要立志做大学问、做真学问，严肃对待学术研究的社会效果，以深厚的学识修养赢得尊重，以高尚的人格魅力引领风气，在为祖国、为人民立德立言中成就自我、实现价值。

同日，国务院新闻办举行《中长期青年发展规划(2016—2025 年)》新闻发布会，共青团中央书记处第一书记秦宜智应邀出席。发布会上，秦宜智介绍了规划制定与实施的有关情况，并就规划的意义和特点以及规划将如何保障和激励青年创新创业等问题回答了记者提问。据介绍，规划是在习近平总书记的亲自关心下制定的，充分体现了党和政府对青年的关心、对青年工作的重视。规划起草工作始终在党中央统一领导下推进，中央政治局常委会会议、国务院常务会议、中央书记处会议研究审议规划稿，十二届全国人大四次会议审议通过的“十三五”规划纲要明确写入了“制定实施青年发展规划”，这些都为青年发展规划制定出台指明了方向，提供了遵循。

5 月 19 日

由共青团中央宣传部、中国青少年研究中心、共青团广东省委联合主办的纪念中国共青团成立 95 周年理论研讨会在广州开幕。会议强调，要充分发挥中国共青团和青年运动史的资政育人作用，进一步凝聚推动共青团改革发展的强大动力。从事共青团和青年运动研究的理论工作者，肩负着以史鉴今、解疑释惑的重要责任，要进一步深化历史研究，提升研究水平，推进成果转化，让更多的青少年和青少年工作者在学史用史中受到教育，得到启迪。

5 月 25 日

教育系统在京召开座谈会，学习贯彻习近平总书记在哲学社会科学工作座谈会上重要讲话精神。中共中央政治局委员、国务院副总理刘延东出席会议并讲话。她强调，要深入学习贯彻习近平总书记重要讲话精神，积极完善学科体系、教材体系、学术体系、话语体系和人才培养体系，提高高校哲学社会科学学术水准和影响力，为加快构建中国特色哲学社会科学、培养社会主义合格建设者接班人提供支撑。

刘延东指出，高校作为我国哲学社会科学的一支主力军和重要阵地，要深刻领会习近平总书记重要讲话的丰富内涵，把握核心要义，切实增强做好哲学社会科学工作的思想自觉和行动自觉。

刘延东强调，要高举旗帜、引领方向，坚持和巩固马克思主义在高校哲学社会科学领域的指导地位。要实施以育人育才为中心的哲学社会科学整体发展战略，加强教材建设，构筑学生、学术、学科一体的综合发展体系。要深化科研管理体制改革，发挥高校人才、智力和学科优势，提升学术原创能力，激发创新创造活力，建设中国特色新型高校智库。要以人为本，从人抓起，积极实施人才工程，构建种类齐全、梯队衔接的高校哲学社会科学人才体系。要加强组织领导、做好统筹规划、营造良好学术生态，形成统筹推进高校哲学社会科学发展新格局。

5月26日

中宣部在中央电视台向全社会公开发布“时代楷模”李保国和万少华的先进事迹。“时代楷模”发布以“我们的价值观、我们的中国梦”为主题，现场发布了李保国、万少华的先进事迹，宣读了《中共中央宣传部关于“时代楷模”李保国和万少华的表彰决定》，播放了反映他们先进事迹的短片，展示了中国楹联学会、中华诗词学会创作的反映他们先进事迹的楹联、诗词和小传，颁发了“时代楷模”纪念章和荣誉证书。中宣部有关负责同志，“时代楷模”的亲属及社会各界代表等参加。

5月31日

教育部公布全国大学生思想政治教育发展研究中心于2016年1月至5月开展的“2016年大学生思想政治状况滚动调查”结果。调查表明，当前大学生思想主流继续保持积极健康、向上向好的良好态势。调查显示，大学生充分肯定2015年党和政府工作，高度认同以习近平同志为核心的党中央治国理政新理念新思想新战略。大学生对调查所列举的2015年以来的9项年度重大决策部署均保持较高满意度，其中对推进社会主义法治国家建设、持之以恒落实中央八项规定、制定“互联网+”行动计划的满意度居前三位。86.3%的学生认为“到2020年，国家治理体系和治理能力现代化将取得重大进展”，86.6%的学生对“党的创造力、凝聚力、战斗力进一步增强”表示乐观，分别比2015年上升1.9个和2.5个百分点。以习近平同志为总书记的党中央在大学生心目中的形象更加鲜活、更加丰满，“亲民”“实干”“廉洁”“务实”等深刻印象连续三年排在前列。

调查表明，大学生中国特色社会主义道路自信、理论自信、制度自信进一步坚定，对党和国家的未来充满信心。广大高校学生衷心拥护党的领导，拥护社会主义制度，对全面建成小康社会和实现中华民族伟大复兴的中国梦充满信心和期待。分别有89.9%、81.0%、83.7%的学生赞同我国必须坚持“走中国特色社会主义道路”“人民代表大会制度”“公有制为主体、多种所有制经济共同发展的基本经济制度”，分别比2015年上升1.9个、3.7个和1.9个百分点。95.4%的学生认可“中国特色社会主义事业进一步发展，综合国力不断增强，国际地位明显提高”。对“经济将保持中高速增长，产业将迈向中高端水平”“2020年我国将全面建成小康社会”等未来发展趋势持乐观态度的学生也保持较高比例。

调查显示，大学生普遍关注国内外政治经济热点问题，高度评价党和国家在应对国际事务及处理国内复杂问题中的表现。高校学生对调查所列的12个时事热点问题均表示高度关注，九成以上的学生对“习近平总书记赴美、英等多国进行国事访问，开启中国大外交时代”“抗日战争胜利70周年”“北京成功申获2022年冬奥会举办权”“屠呦呦获2015年诺贝尔生理学或医学奖”表示关注。访谈中，大学生普遍表示，以习近平同志为总书记的党中央全方位推进中国特色大国外交，积极参与全球治理，倡导打造人类命运共同体，极大地增强了国人的民族自信心和自豪感。

调查表明，大学生积极培育和践行社会主义核心价值观，立志成长成才、提升道德素养、投身社会实践的意识进一步增强。91.2%的学生赞同“核心价值观是一个民族赖以维系的精神纽带，是一个国家共同的思想道德基础”。92.8%的学生赞同“大学生应成为社会主义核心价值观的积极传播者和践行者”，98.0%的学生赞同“诚信是做人之本”，与2015年相比分别增加了1.4个和1.1个百分点，广大学生对社会主义核心价值观的知晓率、认同度不断提升，培育和践行核心价值观的积极性明显提升。

调查显示，大学生充分肯定高等教育事业改革与发展成绩，对学校落实立德树人根本任务的各项工作高度认可。80.1%的学生对“国务院印发《统筹推进世界一流大学和一流学科建设总体方案》，要求加快建成一批世界一流大学和一流学科，提升我国高等教育综合实力和国际竞争力”表示满意。超过八成学生对学校师德师风建设、辅导员工作、校园安全稳定工作、思想政治理论课等表示满意。

6月

6月5日

新华网报道，由中共中央文献研究室编辑的《习近平关于全面建成小康社会论述摘编》一书，近日由中央文献出版社出版，在全国发行。该书共分7个专题：全面建成小康社会是实现中华民族伟大复兴中国梦的关键一步；主动把握和积极引领经济发展新常态，坚持用新发展理念引领和推动经济发展；坚持从国情出发设计和发展国家政治制度，使各方面制度更加成熟更加定型；推进社会主义文化强国建设，显著提高国民素质和社会文明程度；保障和改善民生，维护国家安全和社会稳定；建设美丽中国，为人民创造良好生产生活环境；提高党领导发展的能力和水平，确保全面建成小康社会各项任务落到实处。书中收录332段论述，摘自习近平2012年11月15日至2016年3月10日期间的讲话、谈话、演讲、贺信、指示等130多篇重要文献。其中部分论述是第一次公开发表。

6月13日

教育部印发《关于中央部门所属高校深化教育教学改革的指导意见》，决定在“十三五”期间实施中央高校教育教学改革专项，提高高校教学水平、创新能力和人才培养质量。

6月14日

经中共中央批准，中共中央文献研究室编辑的《十八大以来重要文献选编》中册，已由中央文献出版社出版，即日起在全国各地发行。《十八大以来重要文献选编》中册，收入自2014年3月十二届全国人大二次会议后至2015年10月党的十八届五中全会这段时间内的重要文献，共67篇，约51万字。其中，习近平总书记的文稿26篇，其他中央领导同志的文稿17篇，中共中央、全国人大、国务院的有关文件24篇，有14篇重要文献是第一次公开发表。

6月16日

教育部令第40号发布《高等学校预防与处理学术不端行为办法》。这是教育部第一次以部门规章的形式对高等学校预防与处理学术不端行为做出规定。该文件依据新修订的《中华人民共和国高等教育法》，深入贯彻党的十八大和十八届三中、四中、五中全会精神，对预防与处理学术不端行为的工作机制和工作原则、预防措施、学术不端行为的类型、学术不端案件的受理和调查、学术不端行为的认定和处理以及救济与监督等内容做了全面规定，提出了许多重要的制度举措。一是明确了高等学校预防与处理学术不端行为的主体责任，规定高等学校应当建立集教育、预防、监督、惩治于一体的学术诚信体系。二是突出了预防为主、教育与惩戒相结合的原则。文件单列“教育与预防”一章，突出预防为主的要求，要求高等学校完善学术治理体系和学术评价、学术发展制度，营造鼓励创新、宽容失败、不骄不躁、风清气正的学术环境，要求加强对教学科研人员、管理人员和学生的教育，建立培训制度、学术诚信记录制度、科研过程管理制度、科研成果公示制度等。三是健全了学术不端案件举报受理机制。要求高等学校明确具体部门负责受理对学术不端行为的举报，并明确规定事实清楚、证据充分或线索明确的匿名举报，或者媒体公开报道的案件，高等学校应予受理或主动调查处理。四是明确了学术不端案件的调查、认定程序。文件依照《中华人民共和国高等教育法》，明确和落实了高校学术委员会调查、认定学术不端的职责，细化了调查程序、回避规则、调查方式、当事人陈述申辩权、保密义务等规范，为法律规定的具体落实提供了保障。五是明确了学术不端行为的类型。文件明确了六类学术不端行为，包括：剽窃、抄袭、侵占他人学术成果，篡改他人研究成果，伪造数据或捏造事实，不当署名，提供虚假学术信息，买卖或代写论文等。同时授权高等学校可以结合学校实际，自行规定六类之外的学术不端行为。六是规定了学术不端行为的处理方式与救济途径。文件规定，高等学校依职权和规定程序，结合学术不端行为性质和情节轻重，可对责任人给予辞退(解聘)或撤职、开除等处理。有关当事人对处理结果不服的，可以提出异议或申请复核。七是规定了查处学术不端行为的监督机制。针对实践中可能存在的查处不力、隐瞒包庇、处理不公等问题，文件规定：高等学校处理学术不端行为推诿塞责、隐瞒包庇、查处不力的，主管部门可以直接组织或者委托相关机构查处；高等学校对本校发生的学术不端行为，未能及时查处并做出公正结论，造成恶劣影响的，主管部门应当追究学校相关领导的责任，并进行通报。

6 月 19 日—20 日

中共中央政治局常委、中央书记处书记刘云山在上海调研。在上海交通大学、复旦大学，刘云山实地考察高校教学、科研情况，就马克思主义理论教学、大学生思想政治教育等与师生深入交流，并召开部分高校思想政治工作和党的建设座谈会。刘云山指出，高校思想政治工作关系培养什么人的根本问题，要牢牢把握社会主义办学方向，加强和改善党的领导，按照又红又专、德才兼备、全面发展的要求，努力培养合格建设者和可靠接班人。要用好马克思主义的真理力量，用好中国特色社会主义的实践力量，用好五千年历史传承的文化力量，引导师生坚定对中国道路、理论和制度的信念，保持对中华文化和中国价值的自信。要贴近师生的思想特点和实际需求，创新工作机制和方式方法，积极运用互联网等新的手段载体，使思想教育工作更接地气、更有活力。

6 月 26 日

在中国共产党成立 95 周年之际，经党中央批准，由中共中央党史研究室编写的《中国共产党的九十年》正式出版发行。该书记述了中国共产党从 1921 年成立至 2012 年十八大召开 90 多年的历史，准确生动地展现了中国共产党 90 多年的奋斗历程、光荣传统、优良作风、宝贵经验和伟大成就。90 多年来，党团结带领全国各族人民，完成和推进了三件大事：完成了新民主主义革命，实现了民族独立、人民解放；完成了社会主义革命，确立了社会主义基本制度；进行了改革开放新的伟大革命，开创、坚持、发展了中国特色社会主义。中国特色社会主义是党和人民 90 多年奋斗、创造、积累的根本成就，是贯穿党的全部历史的一条红线，也是贯穿编写工作的一条红线。

同日，教育部核准了北京交通大学等 20 所高等学校章程。自 2013 年 11 月核准发布中国人民大学等 6 所高校章程以来，教育部已先后分 7 批次，核准发布 84 所中央部门所属“211 工程”高校章程。同时，各地的 28 所“211 工程”高校章程近期也全部通过核准。自此，全国 112 所“211 工程”高校(含 38 所“985 工程”高校，军事院校除外)章程率先全部完成核准发布工作，高等学校章程建设取得标志性成果。我国高等学校依法办学、依章程治校取得重要进展。

6 月 29 日

教育部思政司批准全国 8 所高校建立全国高校辅导员发展研究中心。这 8 所高校分别是：中国矿业大学、贵州大学、江西师范大学、云南民族大学、华中师范大学、新疆师范大学、广西师范学院、大连海事大学。

同日，教育部发出通知，要求各地各学校做好暑期学生安全工作，要全力防灾减灾，积极预防学生溺水事故，切实做好暑期留校和参加校外活动学生的安全工作，集中开展学生安全教育。通知提出，各地教育部门和学校要在当地政府统一领导下，积极预防和应对自然灾害，必要时可采取停课、调整考试时间、提前放假或将学生转移到安全场所上课等措施，全力保障学生安全，坚决防止山洪、泥石流、山体滑坡等造成学生群死群伤事故。各地教育部门和学校要在放假前全面排查风险隐患，发现危房要立即停用并做好维修加固工作，严禁使用存在安全隐患的校舍。通知强调，各地教育部门和学校要在暑假前对全体学生集中开展一次安全教育，结合当地实际，有针对性地帮助学生了解掌握防交通事故、防拥挤踩踏、防火、防溺水、防台风、防洪水、防泥石流、防地震等安全常识，切实提高学生的安全防范意识和应急避险能力。

7 月

7 月 1 日

庆祝中国共产党成立 95 周年大会在北京人民大会堂隆重举行。中共中央总书记、国家主席、中央军委主席习近平在会上发表重要讲话，强调我们党已经走过了95年的历程，但我们要永远保持建党时中国共产党人的奋斗精神，永远保持对人民的赤子之心。一切向前走，都不能忘记走过的路；走得再远、走到再光辉的未来，也不能忘记走过的过去，不能忘记为什么出发。面向未来，面对挑战，全党同志一定要不忘初心、继续前进。

7月2日

中共中央总书记、国家主席、中央军委主席习近平《在庆祝中国共产党成立95周年大会上的讲话》单行本，已由人民出版社出版，即日起在全国新华书店发行。

同日，第七届中国社会治理论坛在北京举行。第十届全国人大常委会副委员长顾秀莲，第十一届全国政协副主席李金华、陈宗兴，全国妇联原党组书记黄晴宜，北京师范大学党委书记程建平、校长董奇，北京市副市长王宁等出席论坛。论坛上《中国青年诚信建设新探索》一书发布，旨在进一步推动青年诚信建设，宣传交流青年信用体系建设研究成果和实践经验，国务院研究室原主任、北京师范大学中国社会管理研究院/社会学院院长魏礼群主编，共青团中央书记处第一书记秦宜智作序，中国言实出版社出版。

7月4日

纪念中国共产党建党95周年座谈会在泰国曼谷举行。座谈会由曼谷中国文化中心、泰中文化促进委员会和泰中记者协会联合主办，泰国前副总理、泰中文化促进委员会主席披尼·扎禄颂巴，中国驻泰国大使馆文化参赞陈疆等出席并致辞。

7月5日

教育部党组书记、部长陈宝生主持召开党组会，传达学习习近平总书记在庆祝中国共产党成立95周年大会上重要讲话精神，研究部署贯彻落实工作。会议指出，习近平总书记在庆祝中国共产党成立95周年大会上发表重要讲话，高度评价我们党为中华民族做出的伟大历史贡献，科学概括历史给予我们的深刻启示，号召全党同志在回顾历史中增强开拓前进的勇气和力量，在面向未来中坚持不忘初心、继续前进。讲话令人鼓舞、催人奋进，是一篇马克思主义的光辉文献，是指引中国共产党更好担负历史使命的行动指南。教育系统党员干部和师生员工要认真学习贯彻重要讲话精神，不忘初心、继续前进，满怀信心地为实现“两个一百年”奋斗目标、实现中华民族伟大复兴的中国梦而奋斗。

会议强调，教育系统是党的思想理论建设前沿阵地和主力部队，学习宣传贯彻习近平总书记“七一”重要讲话精神使命光荣、责任重大。要紧密结合教育工作实际、突出教育特色，把学习贯彻讲话精神贯穿到“两学一做”学习教育全过程，贯穿到教育改革发展稳定各方面。一是系统化学习。要站在中国特色社会主义理论体系的高度来组织推进学习贯彻工作，把学习贯彻“七一”重要讲话精神与学习贯彻习近平总书记系列重要讲话、党的思想理论建设最新成果打通学、融会学，深刻理解精髓要义，进一步增强政治意识、大局意识、核心意识、看齐意识。二是体系化研究。要充分发挥教育系统学科优势、人才优势、智力优势，围绕“七一”重要讲话提出的一系列新思想新观点新论断，推出一批有深度有分量的研究成果，为不断丰富发展中国特色社会主义理论体系做出应有的贡献。三是结合式讨论。要组织广大党员干部结合工作岗位和思想实际开展学习讨论，坚持问题导向，抓住工作关键，确保讲话精神走进党员内心、解决思想疑惑。四是典型式引导。要广泛组织向李保国同志及全国“两优一先”等先进典型学习活动，引导广大党员干部和师生员工在学模范、争先进中深刻学习领会“七一”重要讲话精神，激励大家立足岗位做贡献，营造干事创业的良好氛围。五是操作性落实。要力戒形式主义，把学习贯彻工作具体化、可操作化，确保各项举措都有实实在在的内容，取得实实在在的成效，切实做到以“七一”讲话精神为指导解决问题、推进工作。六是针对性解读。要组织知名高校专家学者全面系统阐释解读“七一”重要讲话的新思想新观点新论断，着力回答中国特色社会主义重大理论和实践问题，真正做到解疑释惑、凝聚共识。

同日，《人民日报》报道，被中宣部、国家新闻出版广电总局确定为2016年主题出版重点出版物的“学习党章系列丛书”，经中国方正出版社约请部分党史专家，历时两年倾力打造，于“七一”前夕陆续与广大读者见面。该系列丛书包括《从党章发展看中国共产党成功之道》《党章中的纪律》《党章精读》《党章历程》和《党章故事》五种。丛书既对党章本身深度解读，又对党章脉络系统梳理，既阐释党建理论，又讲述党史故事，有助于广大党员、干部学习把握贯彻党章，从而强化党章意识和党的观念，以党章修身、以党章律己，将党章内化于心、外化于行。

同日，教育部印发《关于成立2016—2020年高等学校思想政治理论课教学指导委员会的通知》。

7月7日

纪念全民族抗战爆发79周年仪式在中国人民抗日战争纪念馆举行。中共中央政治局委员、北京市委书记郭金龙主持纪念仪式。中央有关部门、北京市和中央军委政治工作部负责同志，参加过抗日战争的老战士代表、抗战将领亲属代表，以及“时代楷模”代表、机关干部和群众代表、部队代表、学生代表约500人出席仪式，并参观了在中国人民抗日战争纪念馆展出的“民族先锋　中流砥柱——中国共产党抗战英烈事迹展”。

7月11日

《人民日报》报道，中组部、中宣部、中央党史研究室、教育部近日联合发出《关于认真组织学习宣传〈中国共产党的九十年〉的通知》，要求各地区各部门各单位充分认识学习党史运用党史的必要性和重要性，以《中国共产党的九十年》的出版为契机，组织引导广大党员、干部、群众和青少年学习党史、铭记党史，做到知史爱党、知史爱国。由中央党史研究室编写的《中国共产党的九十年》记述了中国共产党从1921年成立至2012年十八大召开90多年的历史，准确生动地展现了中国共产党90多年的奋斗历程、光荣传统、宝贵经验和伟大成就，是迄今为止国内公开出版的权威著作中反映党的历史时间跨度最长、内容最为系统完整的一部党史通史基本著作，为广大党员、干部、群众和青少年提供了学习党史的最新权威读本。

7月13日

《人民日报》报道，在中央领导同志的关心下，全面、系统汇集丁关根同志关于宣传思想文化工作论述的《把良好基础带入新世纪》一书(上下两册)，近日已由学习出版社、人民日报出版社出版。

7月14日

工业和信息化部在京召开思想政治工作创新研讨会。部党组成员、办公厅主任莫玮出席研讨会并做总结讲话，南京航空航天大学能源与动力学院党委副书记徐川应邀讲党课，中组部和中央国家机关工委有关部门领导到会指导。

同日，由团中央学校部、全国学联秘书处联合白山市委、市政府举办的“印象长白山·筑梦十三五”百所高校进白山大学生暑期社会实践活动启动仪式在白山市长白山广场举行。团中央学校部部长杜汇良，白山市委书记张志军，市长王志厚，市委常委、副市长石新明，团吉林省委副书记高地，以及来自全国百所高校的师生代表，白山市团员“帮客”代表共500余人参加了启动仪式。

同日，2016年中央国家机关大学生(“紫光阁”)实习计划启动会在团中央机关举行。团中央学校部、中央国家机关团工委、中央国家机关参与部委机关团委、在京参与高校团委负责同志及参与实习学生共170余人参加会议。

7月20日

2016—2020年教育部高校思想政治理论课教学指导委员会成立大会暨工作会议在京举行。

7月21日

2017年大学生志愿服务西部计划志愿者出征仪式在北京西站举行。团中央书记处书记尹冬梅在北京开往乌鲁木齐的Z69次列车站台，为来自北京大学、中国政法大学等18所在京高校的82名西部计划志愿者送行。共青团中央、教育部、财政部、人力资源和社会保障部等西部计划主办部委有关负责同志，北京团市委及全国铁道团委有关负责同志参加活动。

7 月 28 日

共青团中央、全国青联、全国学联、全国少工委召开座谈会，认真学习习近平总书记在省部级主要领导干部“学习习近平总书记重要讲话精神，迎接党的十九大”专题研讨班开班式上的重要讲话精神。

7 月 29 日

教育部印发《高等学校思想政治理论课教学指导委员会章程》。

同日，教育部印发《督学管理暂行办法》。

8 月

8 月 9 日

由共青团中央、中共吉林省委、全国学联主办的中国大学生骨干培养学校第十期学员实践锻炼活动总结分享会在长春理工大学举行。团中央书记处书记傅振邦出席会议并讲话。团中央学校部、团吉林省委、长春理工大学等负责同志出席活动。中国大学生骨干培养学校第十期学员、全国学联主席团领导力培训学员共 220 人参加总结分享会。

8 月 12 日

由共青团中央、教育部、人力资源和社会保障部、中国科协、全国学联、福建省人民政府共同主办，共青团福建省委、福建省教育厅、福建省人力资源和社会保障厅、福建省科协、福建省学联、福州市人民政府、福建师范大学共同承办的 2016 年“挑战杯——彩虹人生”全国职业学校创新创效创业大赛决赛在福州开幕。

8 月 13 日

全国高职共青团工作研讨会在福州召开。会议传达学习了《共青团中央改革方案》精神，深入研讨当代高职教育的发展趋势、面临的机遇和挑战以及高职共青团的新特点和新规律，并就发挥高职共青团在思想政治引领和价值引领中的作用，大力推进高职共青团组织创新和工作创新，切实加强高职共青团自身建设进行研究部署。团中央书记处书记傅振邦出席研讨会并讲话。

8 月 17 日

全国学联在京召开座谈会，专题学习习近平总书记给第三届中国“互联网＋”大学生创新创业大赛“青年红色筑梦之旅”的大学生的回信。团中央书记处书记傅振邦出席座谈会并讲话。北京科技大学“孟子居”创业团队负责人杨国庆和首都体育学院“中礼”团队红色旅游文化产品开发项目负责人魏梓萌受邀参会。团中央学校部相关负责同志，清华大学、东北大学团委负责同志，北京、天津、河北、广东、四川等省级学联负责同学，南京大学研究生会、内蒙古大学学生会、南开大学学生会、厦门大学学生会负责同学参加会议。会议由全国学联驻会执行主席王泰蒙主持。

8 月 19 日

2016 年中央国家机关大学生（“紫光阁”）实习计划总结交流会在团中央机关举行。团中央书记处书记傅振邦出席会议并讲话。团中央学校部、中央国家机关团工委、16 个中央国家机关部委团委、16 所在京参与高校团委负责同志及来自全国 32 所高校的 136 名实习学生参加会议。

8 月 25 日

教育部印发《关于深化高校教师考核评价制度改革的指导意见》。考核评价是高校教师选聘、任用、薪酬、奖惩等人事管理的基础和依据，文件旨在深化高等教育领域综合改革，破除束缚高校教师发展的体制机制障碍。

8 月 31 日

2016 年全国教书育人楷模名单揭晓。这 10 位楷模分别是：北京市丰台区第二幼儿园园长游向红（女）；沈阳农业大学教授李天来；江西省宜春市奉新县澡下镇白洋教学点教师支月英（女）；河南省洛阳市老城区培智学校教师刘文婷（女）；湖北省武汉市第二轻工业学校教师禹诚（女）；广东水利电力职业技术学院教师林冬妹（女）；广西南宁市第二中学教师徐华；昆明医科大学教授何黎（女，彝族）；四川省广元市青川县红光小学教师文天立；青海省玉树藏族自治州称多县歇武镇中心寄宿制学校教师王宏(藏族)。

同日，人民网报道，经人民出版社授权，“马克思主义理论研究和建设工程重点教材”之一——《国际共产主义运动史》俄文版近日在俄罗斯出版，这是“马工程”教材首次输出外文版权。“《国际共产主义运动史》俄文版首发式”日前在北京举行。

9月

9月1日

教育部基础教育课程教材专家工作委员会主任委员王湛就义务教育道德与法治、语文、历史三科教材审查工作答记者问。他表示，教材审查具有很强的政治性、政策性、科学性和专业性。三科教材审查从根本上就是要把好教材政治关、理念关和科学关。

第一，要把好教材政治关。首先要坚持正确的政治方向，牢牢把握好教材的政治思想性，确保国家意识形态安全。教材要与党的教育方针保持高度一致，落实立德树人根本任务，全面有机融入社会主义核心价值观、中华优秀传统文化、革命传统、法治教育和国家安全教育等要求，突出强调了要培养学生热爱中国共产党、热爱社会主义的情感，使其成为中国特色社会主义事业的建设者和接班人。

第二，要把好教材理念关。教材要坚持“以人为本”“德育为先”“能力为重”“全面发展”的理念。要注重学思结合，既要使学生掌握基本知识和技能，又要注重激发学生的学习兴趣，鼓励独立思考，深入探究。注重知行合一，在重视知识学习的同时，要重视和鼓励社会实践，学以致用，帮助学生学会生存生活，学会做人做事，学会适应社会。要注重以学生为本，既要方便教师教，更要方便学生学，能激发学生主动学习的热情，有利于培养学生自主学习的能力。

第三，要把好教材科学关。教材要科学严谨，既尊重学科规律，又符合学生认知规律，凸显时代性，增强适宜性。教材向学生传递科学与真理，精选学生终身发展必备的最基本内容和社会发展的新成果，容量适当，难度适宜，不给学生造成过重的课业负担。教材编排要体现整体性和系统性，由浅入深、循序渐进、螺旋式上升，各年级、学段有序衔接，各学科间有机融通，避免简单交叉重复。

9月2日

纪念中国人民抗日战争暨世界反法西斯战争胜利71周年座谈会在北京举行，中共中央政治局委员、中央书记处书记、中宣部部长刘奇葆出席。

9月12日

教育部党组书记、部长陈宝生主持召开党组会，传达学习习近平总书记教师节前夕到北京市八一学校看望慰问师生时做出的重要讲话精神，研究部署贯彻落实工作。会议指出，习近平总书记的重要讲话，站在实现“两个一百年”奋斗目标和中华民族伟大复兴中国梦的高度，深刻阐释了教育的重要地位特别是基础教育的基础性、先导性地位，对教师提出了做“四个引路人”的殷切期望，是党的十八大以来又一篇加强教育和教师工作的重要文献，是深入推进教育改革发展的行动指南。教育系统要把学习贯彻习近平总书记重要讲话精神不断引向深入，全面贯彻党的教育方针，加快推进教育现代化，为全面建成小康社会发挥关键支撑作用。

会议强调，学习贯彻习近平总书记教师节重要讲话精神，要在学习、阐释、转化三个方面下功夫。一要抓好学习。要把学习贯彻讲话精神与学习十八大以来党中央治国理政新理念新思想新战略紧密结合起来，与“两学一做”学习教育紧密结合起来，切实加强领导，做出专题部署，提出明确要求。二要抓好阐释。要精心组织新闻宣传、研修培训、座谈研讨、专家解读等多种方式，大力宣传讲话在广大干部师生中引起的强烈反响，反映各地各校贯彻讲话精神、解决实际问题的具体举措和工作成效，营造学习贯彻讲话精神的浓厚氛围。三要抓好转化。要把贯彻讲话精神落实到教育改革发展稳定的各项政策制定、决策部署和工作安排中去，推动教育提质发展。要坚持文化自信，好的经验要坚持并总结推广，不足的要有针对性地加以解决和补齐，努力走出具有中国特色的办学之路。

同日，由共青团中央、全国学联主办，团广东省委、广东省学联承办的 2016 年秋季新学期全国大中学生培育和践行社会主义核心价值观主题宣传月启动仪式暨全国中学生志愿服务示范学校创建单位发布活动在广州举行，团中央书记处书记傅振邦、广东省副省长蓝佛安出席活动并讲话。

9 月 13 日

共青团中央、全国青联、全国学联、全国少工委在京举办学习《习近平关于青少年和共青团工作论述摘编》主题读书班，集中学习《习近平关于青少年和共青团工作论述摘编》《习近平关于社会主义政治建设论述摘编》，读《习近平的七年知青岁月》。

同日，《中国学生发展核心素养》研究成果在京发布。核心素养以培养“全面发展的人”为核心，分为文化基础、自主发展、社会参与 3 个方面，综合表现为人文底蕴、科学精神、学会学习、健康生活、责任担当、实践创新 6 大素养，具体细化为国家认同等 18 个基本要点。该成果是教育部委托北京师范大学，联合国内高校近百位专家成立课题组，历时 3 年完成。

9 月 18 日

高校共青团“第二课堂成绩单”制度试点工作推进会在北京科技大学召开。团中央书记处书记傅振邦出席会议并讲话。团中央学校部、北京科技大学等负责同志，全国 38 家试点单位负责人、25 个研究课题负责人及京内外部分高校团委书记 130 余人参加会议。

9 月 19 日

在北京大学百周年纪念讲堂举行的 2016 年首场“阳光跟帖行动”阳光公开课活动上，百名青年学子通过联合签名的形式，写下了阳光跟帖的承诺。

同日，共青团中央、国家发展改革委、中国人民银行在京举办《关于实施优秀青年志愿者守信联合激励加快推进青年信用体系建设的行动计划》发布会暨中国青年诚信行动启动仪式。

同日，中共中央文献编辑委员会编辑的《胡锦涛文选》第一卷、第二卷、第三卷已由人民出版社出版，即日起在全国发行。

9 月 23 日

国家发展改革委网站报道，目前，国家发展改革委、中国人民银行、共青团中央等 51 个部门共同签署《关于实施优秀青年志愿者守信联合激励加快推进青年信用体系建设的行动计划》，在教育服务和管理、就业和创新创业服务、社会保障服务、融资租赁服务、文化生活服务、评先树优等领域对优秀青年志愿者实施守信联合激励。该行动计划是全国首个针对自然人的守信联合激励政策，是贯彻落实国务院《关于建立完善守信联合激励和失信联合惩戒制度加快推进社会诚信建设的指导意见》、加快推进青年信用体系建设的具体举措，将有利于在广大青年中树立激励诚信的价值导向，营造弘扬诚信的社会氛围，让诚实守信的青年体会到获得感。

同日，“英雄史诗不朽丰碑——纪念中国工农红军长征胜利 80 周年主题展览”开幕式在中国人民革命军事博物馆举行。中共中央政治局常委、中央书记处书记刘云山发表讲话并宣布展览开幕。

9 月 27 日

“新疆学子百村行”大中专学生暑期社会实践活动总结交流会在新疆大学举行。团中央书记处书记傅振邦出席会议并讲话。团新疆自治区委、新疆生产建设兵团团委、新疆大学、新疆农业大学、伊犁师范学院等有关负责同志及来自新疆财经大学、塔里木大学的学生代表通过文字、视频、图片等形式介绍了开展活动的做法和经验，分享了参与活动的收获感悟。

9 月 28 日

2016 年度寻访“中国大学生自强之星”活动启动仪式在北京航空航天大学举行。此次活动由共青团中央、全国学联主办，中国青年报社、中国高校传媒联盟承办，新东方教育科技集团协办。活动现场，团中央书记处书记傅振邦、新东方教育科技集团董事长俞敏洪与前 9 届的 9 位“中国大学生自强之星标兵”代表共同启动了2016年寻访“中国大学生自强之星”活动。

同日，团中央学校部、全国学联秘书处联合发出通知，部署开展“与信仰对话：青年的楷模，学习的榜样”全国大中学生《习近平的七年知青岁月》主题学习活动。

9月30日

团中央书记处第一书记秦宜智主持召开书记处会议，传达学习习近平总书记在学习《胡锦涛文选》报告会上的重要讲话和《中共中央关于学习〈胡锦涛文选〉的决定》，做出关于组织广大团员青年学习《胡锦涛文选》的决定，对全团学习《胡锦涛文选》做出部署。

10月

10月8日

中共中央总书记、国家主席、中央军委主席习近平《在学习〈胡锦涛文选〉报告会上的讲话》单行本，已由人民出版社出版，即日起在全国新华书店发行。

10月13日

共青团中央在2016年全国大众创业万众创新活动周深圳主会场举办“创青春·中国青年创新创业系列活动”。团中央书记处书记徐晓出席活动并讲话，来自全国各地的青年创客代表、知名青年创业领袖、创投机构和创业服务机构负责人、知名企业高管、科技人员、专家学者、深港青年大学生等共240余人参加活动。

10月14日

团十七届中央书记处举行第三十四次集体学习，团中央书记处第一书记秦宜智主持集体学习并讲话。他强调，全团要认真学习习近平总书记关于中华文化的重要论述，大力传承和弘扬优秀中华文化，引导广大青少年筑牢文化自信的根基。清华大学国学研究院院长陈来教授围绕主题进行了讲解。

10月17日

以“践行发展新理念、共建网络新生态”为主题的第十六届中国网络媒体论坛在贵阳举行，团中央书记处第一书记秦宜智在开幕式上的演讲中，用“主力军”“塑造者”“网生代”生动地阐释了青年与网络的关系。

同日，由团中央学校部、人力资源和社会保障部职业能力建设司联合举办的首期全国技工院校团委书记培训班在全国青少年井冈山革命传统教育基地开班。团中央书记处书记傅振邦通过视频方式发表讲话，指出在纪念红军长征胜利80周年之际，技工院校团委书记有机会来到中国革命摇篮井冈山，在红色圣地深切感受艰苦卓绝的光辉历程，从烽火连天的革命岁月中感受信仰的力量，必将汲取前进的动力。人力资源和社会保障部职业能力建设司副司长王晓君，全国青少年井冈山革命传统教育基地管理中心党委书记、主任王学坤出席开班式并讲话。来自29个省(区、市)和新疆生产建设兵团的200所技工院校团委书记参加了培训。

10月20日—21日

第十二届中国青少年发展论坛(2016)在四川成都举行。团中央书记处书记徐晓，四川省政协副主席赵振铣等领导出席论坛。

10月21日

纪念红军长征胜利80周年大会在北京人民大会堂隆重举行。中共中央总书记、国家主席、中央军委主席习近平在会上发表重要讲话，强调历史是不断向前的，要达到理想的彼岸，就要沿着我们确定的道路不断前进。每一代人有每一代人的长征路，每一代人都要走好自己的长征路。今天，我们这一代人的长征，就是要实现“两个一百年”奋斗目标、实现中华民族伟大复兴的中国梦。长征永远在路上。不论我们的事业发展到哪一步，不论我们取得了多大成就，我们都要大力弘扬伟大长征精神，在新的长征路上继续奋勇前进。

同日，团中央在安徽合肥召开“青少年权益工作创新”试点总结推广会议。会议深入贯彻落实中央党的群团工作会议精神，对照团中央改革方案要求，全面总结为期2年的“青少年权益工作创新”试点经验，对今后一个时期的共青团权益工作做出安排部署。安徽省人大常委会副主任王翠凤出席会议并致辞，团中央书记处书记汪鸿雁出席会议并讲话。

10 月 24 日

中共中央总书记、国家主席、中央军委主席习近平《在纪念红军长征胜利 80 周年大会上的讲话》单行本，已由人民出版社出版，即日起在全国新华书店发行。

10 月 26 日

财政部、教育部联合印发《高等学校哲学社会科学繁荣计划专项资金管理办法》。

10 月 28 日

教育部、财政部联合印发《关于实施职业院校教师素质提高计划(2017—2020 年)的意见》，开启新一周期的职业院校教师素质提高计划，将重点加强“双师型”教师培养培训，提升中高职教师素质协同发展能力，推进校企人员双向交流合作。

11 月

11 月 1 日

全国学校共青团改革研讨班在全国青少年井冈山革命传统教育基地开班。团中央书记处书记傅振邦出席开班式并做报告。团上海、重庆市委有关负责同志介绍了当地改革试点有关情况。

11 月 7 日

团中央书记处常务书记贺军科参加中央团校青少年工作系 2016 级硕士研究生党支部“学习党的十九大精神，做担当民族复兴大任的时代新人”学习交流会，宣讲党的十九大精神。

11 月 8 日

国务院学位委员会第三十二次会议在京召开，中共中央政治局委员、国务院副总理、国务院学位委员会主任委员刘延东在会上强调，要按照“四个全面”战略布局和“五个发展”理念，以提高质量为中心，突出结构调整优化和培养模式转变，构建良好学术生态环境，使学位与研究生教育实现更高质量、更有效率发展，为全面建成小康社会培养高素质人才。

11 月 15 日

中共中央总书记、国家主席、中央军委主席习近平《在纪念孙中山先生诞辰 150 周年大会上的讲话》单行本，已由人民出版社出版，即日起在全国新华书店发行。

11 月 16 日

高校共青团改革座谈会在上海召开。团中央书记处常务书记贺军科出席会议并讲话。团中央书记处书记傅振邦主持座谈会。全国学联、团中央学校部、教育部思政司、部分高校党委负责同志和各团省委相关负责同志、学校部部长、部分高校团委书记参加座谈会。

11 月 17 日

《中国妇女报》报道，全国妇联、教育部等 9 部门近日共同印发了《关于指导推进家庭教育的五年规划(2016—2020 年)》，明确了家庭教育工作必须坚持立德树人、需求导向、家长尽责、政府主导、创新发展五项基本原则。这五项原则是文件主旨和基本精神的集中体现，清晰地表达了我国家庭教育事业未来发展的价值准则。

11 月 18 日

以“互联网时代青年的机遇与责任”为主题的第三届世界互联网大会互联网青年论坛在乌镇举办，团中央书记处第一书记秦宜智发表重要讲话。

同日，学校共青团改革部署会在四川大学召开。团中央书记处书记傅振邦出席会议并讲话。傅振邦强调，各级团学组织和广大团学干部要以党的十八届六中全会精神为指引，落实全团部署安排，以坚定的信心、积极的担当实施学校共青团改革，坚决推动团学组织创新和工作创新，努力在全团改革中走在前列。

11月24日

教育部发布《高等学校哲学社会科学繁荣计划专项资金管理办法》简明指南，就项目依托学校和项目负责人职责、专项资金支出范围、研究项目资金支出范围、直接费用、间接费用、会议费/差旅费/国际合作与交流费、专家咨询费、劳务费、非研究项目资金管理要求、预算调剂要求、转拨资金管理、资金结算方式、结转结余资金管理、项目资金决算、资金使用额约束性要求做出具体规定。

11月24日—25日

全国学联第二十六届主席团第五次会议在北京召开。会议就各级学联学生会组织深入学习宣传贯彻党的十九大精神进行了部署，对深入推进学联学生会组织改革进行了研究。团中央书记处书记傅振邦出席会议并讲话。会议审议通过了《全国学联主席团关于深入学习宣传贯彻党的十九大精神团结带领广大青年学生争做担当民族复兴大任的时代新人的决议》。

12月

12月2日

第三个国家宪法日暨教育系统宪法学习日主题教育活动在北京举行，全国各省区市和计划单列市设立分会场，全国数万所学校接入网络观看并参加活动。

12月5日

全国普通高校美育改革发展座谈会在清华大学举行。

12月6日

第十三届中国青少年发展论坛(2017)在江苏南京开幕。此届论坛由中国青少年研究中心、中国青少年研究会、中央团校、共青团江苏省委共同主办，南京师范大学、江苏省青年研究会协办。论坛以“学习贯彻党的十九大精神促进新时代青年全面发展——中长期青年发展规划的理论和实践”为主题。团中央书记处书记尹冬梅、江苏省人民政府副省长王江出席论坛并讲话。

12月7日

《人民日报》刊发《党的十八大以来高校思想政治工作综述》，指出：截至2016年6月30日，全国高校在校大学生党员总数逾211万人，占全国高校学生总数的7.7%，共有学生党支部7.96万个；全国高校教职工党员总数为125万人，占高校教职工总数的56.0%，共有教职工党支部10.06万个。党的十八大以来，各地各高校全面贯彻党的教育方针，紧紧围绕立德树人这一根本任务，坚定理想信念，增强“四个意识”，不断推动高校思想政治工作创新发展，不断巩固马克思主义在高校的指导地位，高校思想政治工作成效显著。高校师生思想状况主流积极向上，对党的领导衷心拥护，对以习近平同志为核心的党中央充分信赖，对“四个全面”战略布局高度认同，对中国特色社会主义的道路自信、理论自信、制度自信和文化自信更加坚定，对实现中华民族伟大复兴中国梦充满信心。

12月7日—8日

全国高校思想政治工作会议在北京召开。中共中央总书记、国家主席、中央军委主席习近平出席会议并发表重要讲话。他强调，高校思想政治工作关系高校培养什么样的人、如何培养人以及为谁培养人这个根本问题。要坚持把立德树人作为中心环节，把思想政治工作贯穿教育教学全过程，实现全程育人、全方位育人，努力开创我国高等教育事业发展新局面。

习近平指出，我国高等教育肩负着培养德智体美全面发展的社会主义事业建设者和接班人的重大任务，必须坚持正确政治方向。高校立身之本在于立德树人。只有培养出一流人才的高校，才能够成为世界一流大学。办好我国高校，办出世界一流大学，必须牢牢抓住全面提高人才培养能力这个核心点，并以此来带动高校其他工作。习近平强调，我们的高校是党领导下的高校，是中国特色社会主义高校。办好我们的高校，必须坚持以马克思主义为指导，全面贯彻党的教育方针。要坚持不懈传播马克思主义科学理论，抓好马克思主义理论教育，为学生一生成长奠定科学的思想基础。要坚持不懈培育和弘扬社会主义核心价值观，引导广大师生做社会主义核心价值观的坚定信仰者、积极传播者、模范践行者。要坚持不懈促进高校和谐稳定，培育理性平和的健康心态，加强人文关怀和心理疏导，把高校建设成为安定团结的模范之地。要坚持不懈培育优良校风和学风，使高校发展做到治理有方、管理到位、风清气正。

习近平指出，思想政治工作从根本上说是做人的工作，必须围绕学生、关照学生、服务学生，不断提高学生思想水平、政治觉悟、道德品质、文化素养，让学生成为德才兼备、全面发展的人才。习近平强调，要教育引导学生正确认识世界和中国发展大势，从我们党探索中国特色社会主义历史发展和伟大实践中，认识和把握人类社会发展的历史必然性，认识和把握中国特色社会主义的历史必然性，不断树立为共产主义远大理想和中国特色社会主义共同理想而奋斗的信念和信心；正确认识中国特色和国际比较，全面客观认识当代中国、看待外部世界；正确认识时代责任和历史使命，用中国梦激扬青春梦，为学生点亮理想的灯、照亮前行的路，激励学生自觉把个人的理想追求融入国家和民族的事业中，勇做走在时代前列的奋进者、开拓者；正确认识远大抱负和脚踏实地，珍惜韶华、脚踏实地，把远大抱负落实到实际行动中，让勤奋学习成为青春飞扬的动力，让增长本领成为青春搏击的能量。

习近平指出，做好高校思想政治工作，要因事而化、因时而进、因势而新。要遵循思想政治工作规律，遵循教书育人规律，遵循学生成长规律，不断提高工作能力和水平。要用好课堂教学这个主渠道，思想政治理论课要坚持在改进中加强，提升思想政治教育亲和力和针对性，满足学生成长发展需求和期待，其他各门课都要守好一段渠、种好责任田，使各类课程与思想政治理论课同向同行，形成协同效应。要加快构建中国特色哲学社会科学学科体系和教材体系，推出更多高水平教材，创新学术话语体系，建立科学权威、公开透明的哲学社会科学成果评价体系，努力构建全方位、全领域、全要素的哲学社会科学体系。要更加注重以文化人以文育人，广泛开展文明校园创建，开展形式多样、健康向上、格调高雅的校园文化活动，广泛开展各类社会实践。要运用新媒体新技术使工作活起来，推动思想政治工作传统优势同信息技术高度融合，增强时代感和吸引力。

习近平指出，办好我国高等教育，必须坚持党的领导，牢牢掌握党对高校工作的领导权，使高校成为坚持党的领导的坚强阵地。党委要保证高校正确办学方向，掌握高校思想政治工作主导权，保证高校始终成为培养社会主义事业建设者和接班人的坚强阵地。各级党委要把高校思想政治工作摆在重要位置，加强领导和指导，形成党委统一领导、各部门各方面齐抓共管的工作格局。各地党委书记和有关部门党组书记要多到高校走走，多同师生接触，多去高校做报告，回答师生关注的理论和现实问题。要加强同高校知识分子的联系，多关心、多交流、多鼓励，善交朋友、广交朋友、深交朋友，多听他们的意见，真听他们的意见。习近平强调，高校党委对学校工作实行全面领导，承担管党治党、办学治校主体责任，把方向、管大局、做决策、保落实。要加强高校党的基层组织建设，创新体制机制，改进工作方式，提高党的基层组织做思想政治工作能力。要做好在高校教师和学生中发展党员工作，加强党员队伍教育管理，使每个师生党员都做到在党爱党、在党言党、在党为党。

12 月 8 日

教育部召开党组会，传达学习全国高校思想政治工作会议精神，研究部署贯彻落实工作。会议强调，要坚持以马克思主义为指导，全面贯彻党的教育方针，坚持社会主义办学方向，落实立德树人根本任务，切实加强和改进新形势下高校思想政治工作，为实现“两个一百年”奋斗目标、实现中华民族伟大复兴中国梦，培养又红又专、德才兼备、全面发展的中国特色社会主义合格建设者和可靠接班人。

12 月 9 日

中共中央政治局委员、国务院副总理刘延东出席教育部直属高校工作咨询委员会第 26 次全体会议时强调，高校要深入学习贯彻党的十八届六中全会和习近平总书记系列重要讲话精神，认真落实全国高校思想政治工作会议精神，按照党中央、国务院决策部署，坚持正确方向、坚持立德树人、坚持服务大局、坚持改革创新，办好中国特色社会主义高校，为全面建成小康社会、实现中国梦提供坚实的人才支撑。

同日，在"一二·九"运动81周年之际，为贯彻落实习近平总书记系列重要讲话、党的十八届六中全会和全国高校思想政治工作会议精神，深化实施青年马克思主义者培养工程，共青团中央、全国学联在京举行中国大学生骨干培养学校第九期学员结业暨第十期学员开班式。共青团中央书记处第一书记、中国大学生骨干培养学校校长秦宜智出席并讲话，书记处书记傅振邦主持会议。

同日，共青团中央书记处第一书记秦宜智主持召开书记处会议，认真传达学习全国高校思想政治工作会议精神，结合共青团改革实践，研究贯彻落实的具体举措。会议强调，各级团组织要把学习贯彻习近平总书记在全国高校思想政治工作会议上的重要讲话作为一项重要政治任务，作为高校共青团改革与工作的重要指引，紧紧围绕立德树人这一中心环节，充分发挥共青团在全程育人、全方位育人中的积极作用，引领广大青年学生坚定不移听党话、跟党走。

12月13日

中国共产党新闻网报道，由中共中央文献研究室编辑的《习近平关于全面从严治党论述摘编》一书，近日由中央文献出版社出版，在全国发行。书中收入371段论述，摘自习近平同志2012年11月15日至2016年10月27日期间的讲话、文章等80多篇重要文献。

同日，学校共青团学习贯彻全国高校思想政治工作会议精神座谈会在团中央机关召开。

12月16日

教育部办公厅公布全国师德建设优秀工作案例。为认真学习贯彻习近平总书记在全国高校思想政治工作会议上的重要讲话精神，进一步加强师德师风建设，建立健全师德建设长效机制，引导广大教师以德立身、以德立学、以德施教，教育部在全国范围内开展了师德建设优秀工作案例申报和评选工作，经过各地各校推荐、资格审核、专家评选等环节，共遴选出天津市和平区"人人讲师德、弘扬正能量"、天津大学以"青椒会"为载体加强青年教师师德建设等30个师德建设优秀工作案例。

12月21日

"奋进新时代　逐梦新征程"——中国首届"互联网＋"青少年发展大会在国家会议中心召开。团中央书记处书记傅振邦、中国互联网发展基金会理事长马利出席开幕式并致辞。

12月22日

中组部、共青团中央在京举办第十八批博士服务团行前培训会。来自中央和国家机关、企事业单位的405名博士参加培训。

12月28日

李克强总理主持召开国务院常务会议通过国家教育事业发展"十三五"规划。"十三五"继续把教育摆在优先发展战略地位，推进教育现代化为国家建设提供人才支撑。

12月29日

团中央印发通知，部署全团持续深入开展"践行社会主义核心价值观　争做向上向善好青年"主题活动，把在青少年中培育和践行社会主义核心价值观的工作不断引向深入。

2017年

1月

1月5日

教育部党组贯彻落实全国高校思想政治工作会议精神座谈会召开，教育部党组书记、部长陈宝生主持，河北省委教育工委、上海市教卫工作党委、湖北省委高校工委、北京大学、中国人民大学、南开大学、山东大学、东北师范大学主要负责人做交流发言。会议强调，学习宣传贯彻习近平总书记在全国高校思想政治工作会议上的重要讲话精神，是当前和今后一个时期教育系统的首要政治任务，要牢固树立“四个意识”，集全教育战线之力把习近平总书记重要讲话精神学习好贯彻好落实好，不断开创高等教育改革发展新局面。

在总结讲话中，陈宝生强调，全国高校思想政治工作会议召开近一个月以来，各地各高校迅速掀起学习贯彻习近平总书记重要讲话精神热潮，统一思想，形成共识，对学习贯彻进行全面部署。下一阶段，将贯彻落实工作进一步推向深入，需要在更深层次解决怎么看、怎么学、怎么干、怎么评这四个关键问题。

一是怎么看。要集中精力看根本方向，坚持社会主义办学方向不动摇；要旗帜鲜明看根本任务，把立德树人和“四个服务”落实在学校工作的方方面面；要立场坚定看根本保证，全面加强党对高校的领导和党的建设；要与时俱进看改革创新，将改革创新作为加强和改进高校思想政治工作和高等教育发展的根本动力。

二是怎么学。要改进学习的方式方法，改进学风，聚焦习近平总书记重要讲话的核心要义、精神实质，进行系统化深入学习；要准确把握习近平总书记系列重要讲话精神的主线，学习讲话对坚持社会主义办学方向、坚持党的领导和中国特色社会主义教育发展道路的全面阐释，学习讲话以人民为中心的发展思想在教育领域的集中体现；要向总书记系列重要讲话学理论、学立场、学国情、学方法、学语言。

三是怎么干。要坚持问题导向、目标导向，着眼于加强和改进高校思想政治工作，抓好坚持和完善党委领导下的校长负责制，抓好高校基层党组织建设，抓好高校思想政治理论课建设，理顺指挥系统，夯实基础保障，加快改革创新。

四是怎么评。要从高校思想政治工作的供给侧、需求侧和管理层入手，健全责任体系和制度保障，聚焦思政工作的供给与落地，评工作效果。

1月11日

中共中央党校举行2016年秋季学期毕业典礼。中共中央政治局常委、中央党校校长刘云山出席毕业典礼，并为学员颁发毕业证书。

毕业典礼上，7位毕业学员代表做了发言。学员们普遍反映，通过党校学习培训，进一步增强了同以习近平同志为核心的党中央保持高度一致的自觉性和坚定性，牢固树立了政治意识、大局意识、核心意识、看齐意识；进一步深化了对马克思主义基本原理的理解和掌握，坚定了理想信念；进一步强化了党性锻炼，筑牢了安身立命之本；进一步增长了知识，开阔了视野，增强了履职尽责本领。大家表示，回到工作岗位后，一定把在中央党校的学习成果转化为干好工作的精神力量和物质力量，把党的十八届六中全会精神和习近平总书记系列重要讲话精神学习贯彻好，把中央决策部署落到实处，以优异工作成绩迎接党的十九大胜利召开。

同日，教育部组织部署教材修改工作，此次修改要求覆盖大中小所有学段、所有相关学科、所有国家课程和地方课程的教材。要求将8年抗战一律改为14年抗战，全面反映日本侵华罪行，强调九一八事变后的14年抗战历史是前后贯通的整体，应在课程教材中予以系统、准确体现，在2017年春季教材中全面落实14年抗战概念；并要求全面体现中国共产党在抗战中的中流砥柱作用，强调中国战场是世界反法西斯战争的东方主战场，凸显中华民族不畏强暴、英勇抗击侵略的伟大民族精神。

1月13日—14日

全国教育工作会议在北京召开。会议强调，要高举中国特色社会主义伟大旗帜，全面贯彻党的十八大和十八届三中、四中、五中、六中全会精神，深入学习贯彻习近平总书记系列重要讲话精神和治国理政新理念新思想新战略，主动适应经济发展新常态，全面贯彻党的教育方针，坚持稳中求进工作总基调，注重内涵发展，坚持发展抓公平、改革抓体制、安全抓责任、整体抓质量、保证抓党建，坚定不移沿着中国特色社会主义教育道路前进，加快推进教育现代化，以优异的成绩迎接党的十九大胜利召开。

1月16日

“加强和改进新形势下高校思想政治工作专题研讨班”在北京开班，中共中央政治局委员、国务院副总理刘延东在北京出席开班式并发表讲话。她强调，要深入学习贯彻习近平总书记系列重要讲话精神，围绕培养什么人、如何培养人、为谁培养人这一根本问题，加强和改进高校思想政治工作，努力开创高等教育发展新局面。

1月18日

国务院印发《关于鼓励社会力量兴办教育促进民办教育健康发展的若干意见》，对民办教育改革发展做出全面部署。文件指出，发展民办教育要坚持“育人为本、德育为先”的原则。要加强党对民办学校的领导。切实加强民办学校党的建设，发挥党组织的政治核心作用。加强和改进思想政治教育，把社会主义核心价值观融入教育教学全过程、教书育人各环节，不断增强广大师生中国特色社会主义道路自信、理论自信、制度自信、文化自信。要提高教育教学质量。引导学校科学定位，深化教育教学改革，创新人才培养机制，积极培育优质教育资源和品牌。加强教师队伍建设，全面提升教师师德素养和业务能力水平，吸引各类高层次人才到民办学校任教。

同日，教育部召开新闻发布会，介绍《关于鼓励社会力量兴办教育促进民办教育健康发展的若干意见》以及配套文件有关情况。

1月19日

国务院印发《国家教育事业发展“十三五”规划》，确定了“十三五”时期教育改革发展的指导思想、主要目标、战略任务和保障措施，是“十三五”时期我国教育改革发展的行动纲领和指导性文件。

同日，教育部有关负责人就《国家教育事业发展“十三五”规划》答记者问。

1月24日

新华网报道，中共中央办公厅、国务院办公厅近日印发《关于进一步引导和鼓励高校毕业生到基层工作的意见》。文件指出，要坚持市场主导和政府推动相结合的基本原则。充分发挥市场在人力资源配置中的决定性作用和更好发挥政府作用，健全统一规范的人力资源市场，加强对在校大学生的思想引导，实施基层服务示范引领项目，建立健全有利于高校毕业生向基层流动的长效机制。文件指出，要强化教育引导。教育部门和高校要强化对在校大学生的理想信念教育和思想教育，引导高校毕业生切实转变择业观念，树立科学的就业观和成才观。要完善引导在校大学生基层服务和基层实践体系，积极组织在校大学生到基层开展实习实践、志愿服务、社会公益等活动，增强对国情、社情、民情的了解，自觉把个人理想同国家与社会需要紧密结合起来，激发高校毕业生到基层就业创业的热情。

1月25日

中共中央政治局委员、国务院副总理刘延东到中央民族大学考察，看望问候留校师生员工。她强调，高等教育是传播科学知识、培养卓越人才的重要阵地，广大青年学生要珍惜机遇、勇担使命、努力奋斗，为全面建成小康社会和实现中华民族伟大复兴中国梦贡献力量。

2月

2月5日

《求是》杂志发表教育部党组书记、部长陈宝生文章《高校必须坚持正确政治方向》。文章指出，习近平总书记在全国高校思想政治工作会议上的重要讲话，深刻回答了事关高等教育事业长远发展的一系列方向性重大问题，深刻阐明了高校思想政治工作的一系列重大理论和实践问题，是做好新形势下高校思想政治工作的行动指南。教育战线要学习好贯彻好落实好讲话精神，始终坚持正确的政治方向，扎实办好中国特色社会主义高校。

2月27日

新华网报道，中共中央、国务院近日印发《关于加强和改进新形势下高校思想政治工作的意见》，指出：高校肩负着人才培养、科学研究、社会服务、文化传承创新、国际交流合作的重要使命。加强和改进高校思想政治工作，事关办什么样的大学、怎样办大学的根本问题，事关党对高校的领导，事关中国特色社会主义事业后继有人，是一项重大的政治任务和战略工程。

该文件分为七个部分：(1)重要意义和总体要求；(2)强化思想理论教育和价值引领；(3)发挥哲学社会科学育人功能；(4)加强对课堂教学和各类思想文化阵地的建设管理；(5)加强教师队伍和专门力量建设；(6)推进高校思想政治工作改革创新；(7)加强和改善党对高校的领导。

文件指出，我们党历来高度重视高校思想政治工作，探索形成了一系列基本方针原则和工作遵循。党的十八大以来，以习近平同志为核心的党中央把高校思想政治工作摆在突出位置，做出一系列重大决策部署，各地区各有关部门各高校采取有力有效措施，积极主动开展工作，创造了许多成功做法，积累了许多宝贵经验。大学生思想政治教育成效显著，教师思想政治素质明显提高，各类思想文化阵地建设和管理不断加强，中国特色社会主义理论体系进教材、进课堂、进头脑工作扎实有效，社会主义核心价值观建设持续推进，高校意识形态领域主流积极健康向上，广大师生对以习近平同志为核心的党中央拥护信任，对党中央治国理政新理念新思想新战略高度认同，对中国特色社会主义和中华民族伟大复兴中国梦充满信心。总体上看，高校思想政治工作持续加强和改进，呈现出良好发展态势，为保证高等教育改革发展、服务党和国家工作大局做出了重要贡献。

文件指出，加强和改进高校思想政治工作的指导思想是：高举中国特色社会主义伟大旗帜，全面贯彻党的十八大和十八届三中、四中、五中、六中全会精神，以马克思列宁主义、毛泽东思想、邓小平理论、“三个代表”重要思想、科学发展观为指导，深入学习贯彻习近平总书记系列重要讲话精神和治国理政新理念新思想新战略，全面贯彻党的教育方针，坚持社会主义办学方向，扎根中国大地办大学，以立德树人为根本，以理想信念教育为核心，以社会主义核心价值观为引领，切实抓好各方面基础性建设和基础性工作，切实加强和改善党的领导，全面提升思想政治工作水平，紧密团结在以习近平同志为核心的党中央周围，牢固树立政治意识、大局意识、核心意识、看齐意识，坚定不移维护党中央权威和党中央集中统一领导，为实现“两个一百年”奋斗目标、实现中华民族伟大复兴的中国梦，培养又红又专、德才兼备、全面发展的中国特色社会主义合格建设者和可靠接班人。

文件指出，加强和改进高校思想政治工作的基本原则是：(1)坚持党对高校的领导。落实全面从严治党要求，把党的建设贯穿始终，着力解决突出问题，维护党中央权威、保证党的团结统一，牢牢掌握党对高校的领导权。(2)坚持社会主义办学方向。坚持马克思主义指导地位，坚持以人民为中心的发展思想，更好为改革开放和社会主义现代化建设服务、为人民服务。(3)坚持全员全过程全方位育人。把思想价值引领贯穿教育教学全过程和各环节，形成教书育人、科研育人、实践育人、管理育人、服务育人、文化育人、组织育人长效机制。(4)坚持遵循教育规律、思想政治工作规律、学生成长规律。把握师生思想特点和发展需求，注重理论教育和实践活动相结合、普遍要求和分类指导相结合，提高工作科学化精细化水平。(5)坚持改革创新。推进理念思路、内容形式、方法手段创新，增强工作时代感和实效性。

文件指出，要强化思想理论教育和价值引领。把理想信念教育放在首位，切实抓好马克思列宁主义、毛泽东思想学习教育，广泛开展中国特色社会主义理论体系学习教育，深入学习习近平总书记系列重要讲话精神，引导师生深刻领会党中央治国理政新理念新思想新战略，坚定中国特色社会主义道路自信、理论自信、制度自信、文化自信。要培育和践行社会主义核心价值观，把社会主义核心价值观体现到教书育人全过程，引导师生树立正确的世界观、人生观、价值观，加强国家意识、法治意识、社会责任意识教育，加强民族团结进步教育、国家安全教育、科学精神教育，以诚信建设为重点，加强社会公德、职业道德、家庭美德、个人品德教育，提升师生道德素养。要弘扬中华优秀传统文化和革命文化、社会主义先进文化，实施中华文化传承工程，推动中华优秀传统文化融入教育教学，加强革命文化和社会主义先进文化教育。要进一步办好高校思想政治理论课，充分发挥思想政治理论课的主渠道作用，深入实施高校思想政治理论课建设体系创新计划，完善教材体系，提高教师素质，创新教学方法，增强教学的吸引力、说服力、感染力。要加强高校马克思主义学院建设，打造马克思主义理论教学、研究、宣传和人才培养的坚强阵地，支持有条件的高校设置马克思主义理论专业，深入实施马克思主义理论研究和建设工程。

文件指出，要发挥哲学社会科学育人功能。强调要加强哲学社会科学学科体系建设，积极构建中国特色、中国风格、中国气派的哲学社会科学学科体系，强化马克思主义理论学科的引领作用，支持有条件的高校在马克思主义理论一级学科下设置党的建设二级学科，实施高校马克思主义理论人才支持培养计划，积极推进学术话语体系创新，加快完善具有中国特色和国际视野的哲学、历史学、经济学、政治学、法学、社会学、民族学、新闻学、人口学、宗教学、心理学等学科，努力建设一批中国特色、世界一流的哲学社会科学学科。加快建设一批哲学社会科学专业核心课程教材。要规范哲学社会科学教材选用，建立国家优秀教材评选奖励制度，完善学术评价体系和评价标准，建立科学权威、公开透明的哲学社会科学成果评价体系，健全优秀成果评选推广机制，提高高校学术委员会建设水平。

文件指出，要加强对课堂教学和各类思想文化阵地的建设管理。充分发掘和运用各学科蕴含的思想政治教育资源，健全高校课堂教学管理办法。要加强对校园各类思想文化阵地的规范管理，加强校园网络安全管理，营造风清气正的网络环境。

文件指出，要加强教师队伍和专门力量建设。强调要提升教师思想政治素质，加强思想政治工作，建立中青年教师社会实践和校外挂职制度，加强师德师风建设，增强教师教书育人的责任担当。要完善教师评聘和考核机制，增加课堂教学权重，引导教师将更多精力投入到课堂教学上，完善教师职业道德规范，实施师德“一票否决”。高校思想政治工作队伍和党务工作队伍具有教师和管理人员双重身份，要纳入高校人才队伍建设总体规划，形成一支专职为主、专兼结合、数量充足、素质优良的工作力量。

文件指出，要推进高校思想政治工作改革创新。强调要贴近师生思想实际，以改革创新精神做好高校思想政治工作，建立健全校领导、院(系)领导联系师生、谈心谈话制度，在平等沟通、民主讨论、互动交流中进行思想引导，有的放矢、生动活泼地开展工作，发挥师德楷模、名师大家、学术带头人等的示范引领作用。要加强互联网思想政治工作载体建设，加强学生互动社区、主题教育网站、专业学术网站和“两微一端”建设，运用大学生喜欢的表达方式开展思想政治教育。要强化社会实践育人，提高实践教学比重，组织师生参加社会实践活动，完善科教融合、校企联合等协同育人模式，加强实践教学基地建设，建立健全国家机关、企事业单位、社会团体接收大学生实习实训制度，开设创新创业教育专门课程，增强军事训练实效，建立健全学雷锋志愿服务制度。要在服务引导中加强思想教育，把解决思想问题与解决实际问题结合起来，做到既讲道理又办实事，加强学生学业就业指导，帮助大学生顺利完成学业，加强人文关怀和心理疏导，促进大学生身心和人格健康发展，加强对家庭经济困难学生的资助工作，积极帮助解决教师的合理诉求。积极发挥共青团、学生会组织和学生社团作用。要健全高校思想政治工作评价体系，研究制定内容全面、指标合理、方法科学的评价体系，推动高校思想政治工作制度化。

文件最后强调，要加强和改善党对高校的领导。要完善高校党的领导体制，坚持和完善普通高校党委领导下的校长负责制，高校党委对本校工作实行全面领导，履行管党治党、办学治校的主体责任，切实发挥领导核心作用。按照社会主义政治家、教育家标准，选好配强高校领导班子特别是党委书记和校长。高校党委书记主持党委全面工作，履行高校思想政治工作和党的建设第一责任人的职责。校长是学校的法人代表，在党委领导下组织实施党委有关决议，行使高等教育法等规定的各项职权。其他党委班子成员履行“一岗双责”，结合业务分工抓好思想政治工作和党的建设工作。要强化院（系）党的领导，发挥院（系）党委（党总支）的政治核心作用，履行政治责任，保证监督党的路线方针政策及上级党组织决定的贯彻执行。认真执行民主集中制原则，通过院（系）党政联席会议讨论和决定本单位重要事项，健全院（系）集体领导、党政分工合作、协调运行的工作机制，提升班子整体功能和议事决策水平。要加强高校基层党建工作，建立健全高校基层党组织，加强教师党支部、学生党支部特别是研究生党支部建设，充分发挥党支部战斗堡垒作用。坚持党的组织生活各项制度，组织党员深入开展“两学一做”学习教育，认真做好在高校优秀青年教师、高校学生中发展党员工作，加强党员日常管理监督。要健全地方党委抓高校思想政治工作制度，切实加强组织领导和工作指导，坚持和完善党委定期研究、领导干部联系高校等制度，建立部门协作常态机制，形成党委统一领导、党政齐抓共管、职能部门组织协调、社会各方积极参与的工作格局。高度重视民办高校、中外合作办学中党的建设和思想政治工作，探索党组织发挥政治核心作用的有效途径，完善政策保障和经费支持，为加强和改进高校思想政治工作创造良好条件。

同日，全国党建研究会第六届理事会第二次全体会议在北京召开。

2 月 28 日

中宣部、中央文明办在北京召开全国学雷锋志愿服务工作座谈会。会议强调，要全面贯彻党的十八大和十八届三中、四中、五中、六中全会精神，深入学习贯彻习近平总书记系列重要讲话精神和治国理政新理念新思想新战略，紧紧围绕统筹推进“五位一体”总体布局和协调推进“四个全面”战略布局，围绕迎接、宣传、贯彻党的十九大这条主线，坚持以培育和践行社会主义核心价值观为根本，大力弘扬奉献友爱互助进步的志愿精神，着力推进学雷锋志愿服务制度化常态化，着力扩大覆盖面和影响力，努力为促进国民素质和社会文明程度显著提升做出新的贡献。

同日，中宣部、中组部、教育部负责人就《关于加强和改进新形势下高校思想政治工作的意见》答记者问。相关负责人就其制定实施背景、加强和改进高校思想政治工作的总体要求、哲学社会科学的育人功能、高校思想政治工作的改革创新、党对高校的领导等方面进行问答。

同日，中共教育部党组印发《普通高等学校学生党建工作标准》，这是教育部党组全面贯彻落实 2016 年全国高校思想政治工作会议精神的政治要求，是深化全面从严治党要求向高校基层延伸的重要举措，是落实部党组“四个合格”目标要求的一项制度安排，也是加强高校基层党建工作、解决学生党建突出问题的内在要求。

高校学生党建工作标准，共设置了组织领导、教育培养、发展党员、党员管理、作用发挥和条件保障 6 个一级指标，涵盖了党建工作的主要方面。每个一级指标下设 2 至 5 个二级指标，共 20 个二级指标。“组织领导”对学生党建工作的体制机制、党组织设置和队伍建设提出明确要求；“教育培养”明确了党员入党前和入党后各个阶段的教育培养工作的具体要求；“发展党员”进一步细化了党员发展工作的程序和质量要求；“党员管理”针对党内组织生活、党内日常教育管理、党员权利保障等方面提出了明确的要求；“作用发挥”贯穿了“四个合格”目标要求，对党组织和党员如何发挥作用进行了具体阐述；“条件保障”从制度建设、经费保障和平台建设三方面提出规范性要求。该标准对加强和改善党对高校的领导、加强和规范基层党建工作提出明确意见，要求把从严治党贯穿于高校党建全过程。强调高校要认真贯彻落实中央要求，加强顶层设计，统筹谋划，完善制度安排，立标准、打基础，推进学生党建工作规范化。

本月

为负责学校教师思想政治工作、师德师风建设、教师培训和教师职业发展相关工作，西南交通大学成立党委教师工作部，党委教师工作部与教师发展中心合署办公，以“两块牌子、一套人马”模式运行。

3 月

3 月 1 日

2017 年教育系统党风廉政建设工作视频会议在京召开。教育部党组副书记、副部长沈晓明主持会议，教育部党组书记、部长陈宝生出席会议并讲话，教育部党组成员、中央纪委驻教育部纪检组组长王立英总结了 2016 年教育系统党风廉政建设和反腐败工作，并对 2017 年工作提出了要求。

同日，中共中央党校举行 2017 年春季学期开学典礼。中共中央政治局常委、中央党校校长刘云山出席开学典礼并讲话，强调领导干部要深入学习贯彻习近平总书记系列重要讲话精神，以高度的政治自觉建设良好的党内政治文化，促进党内政治生活健康发展、涵养风清气正的政治生态。

3 月 2 日

国防部网站报道，中央军委委员、国务委员兼国防部长常万全在广东调研全民国防教育工作。他强调，要深刻领悟习主席关于加强全民国防教育的一系列重要指示精神，坚决贯彻党中央、国务院、中央军委决策部署，不断强化政治意识、大局意识、核心意识、看齐意识，以强烈的政治责任感紧迫感开拓创新，狠抓落实，持续推动全民国防教育普及深入。

3 月 4 日

中共中央总书记、国家主席、中央军委主席习近平看望了参加全国政协十二届五次会议的民进党、农工党和九三学社委员，并参加联组会，听取意见和建议。他强调，伟大的事业，决定了我们更加需要知识和知识分子，更加需要知识分子为国家富强、民族振兴、人民幸福多做贡献。我国广大知识分子要以时不我待的紧迫感、舍我其谁的责任感，主动担当，积极作为，刻苦钻研，勤奋工作，为全面建成小康社会、建设世界科技强国做出更大贡献。

习近平指出，中国共产党历来高度重视知识分子。我国广大知识分子是社会的精英、国家的栋梁、人民的骄傲，也是国家的宝贵财富。我国知识分子历来有浓厚的家国情怀，有强烈的社会责任感，重道义、勇担当。一代又一代知识分子为我国革命、建设、改革事业贡献智慧和力量，有的甚至献出宝贵生命，留下了可歌可泣的事迹。

习近平强调，全社会都要关心知识分子、尊重知识分子，营造尊重知识、尊重知识分子的良好社会氛围。要以识才的慧眼、爱才的诚意、用才的胆识、容才的雅量、聚才的良方，广开进贤之路，把各方面知识分子凝聚起来，聚天下英才而用之。各级领导干部要善于同知识分子打交道，做知识分子的挚友、诤友。要充分信任知识分子，重要工作和重大决策要征求知识分子意见和建议。对来自知识分子的意见和批评，只要出发点是好的，就要热忱欢迎，对的就积极采纳。即使个别意见有偏差甚至是错误的，也要多一些包涵、多一些宽容。要为广大知识分子工作学习创造更好条件，加快形成有利于知识分子干事创业的体制机制，遵循知识分子工作特点和规律，让知识分子把更多精力集中于本职工作，把自己的才华和能量充分释放出来。

3 月 10 日

教育部党组召开座谈会，传达学习习近平总书记关于知识分子工作重要讲话精神，研究部署贯彻落实工作。教育部党组成员分别结合各自分管领域，谈了学习总书记重要讲话精神的认识体会。北京市、天津市、河北省教育工委和北京大学、天津大学、河北农业大学做交流发言。教育部党组书记、部长陈宝生主持会议并讲话。他强调，要更加深刻认识教育系统肩负的历史使命，下大力气创新知识分子工作体制机制，切实加强和改进教育系统知识分子工作。

3 月 12 日

十二届全国人大五次会议记者会上，教育部部长陈宝生回应了相关热点问题。对于目前高校思想政治教育中存在亲和力不够、针对性不强的问题，陈宝生认为，原因在于思政课的“配方”比较陈旧、“工艺”比较粗糙、“包装”不够时尚。陈宝生说，进一步加强和改进思政工作，要做到 4 个结合。一是理论和实践相结合，要让学生感受到党的基本理论是能够指导当代中国实践的；二是育德和育心相结合，以社会主义核心价值观为统领，让他们成为健康的人、全面发展的人；三是课内和课外相结合，要改革思政课的内容和授课方式，要加强校园文化建设；四是线上和线下相结合，运用好网络阵地，给大学生源源不断输送养料。

同日，首都各界人士会聚北京中山公园中山堂，纪念孙中山先生逝世 92 周年，深切缅怀这位伟大的民主革命先行者。

3 月 17 日

中央统战部在北京召开党外人士座谈会，学习贯彻习近平总书记在看望参加全国政协十二届五次会议的民进党、农工党、九三学社委员时的重要讲话。陈昌智、万鄂湘、张宝文、陈竺、万钢、林文漪、罗富和、齐续春、陈晓光、马培华、刘晓峰、王钦敏等出席座谈会，各民主党派中央、全国工商联负责人和无党派人士代表参加会议，中共中央政治局委员、中央统战部部长孙春兰出席会议并讲话。

同日，中华优秀传统文化传承发展工作座谈会召开，中共中央政治局委员、中央书记处书记、中宣部部长刘奇葆出席会议并强调，要深入学习贯彻习近平总书记关于传承发展优秀传统文化的重要论述精神，贯彻落实《关于实施中华优秀传统文化传承发展工程的意见》，进一步坚定文化自信，坚持创造性转化、创新性发展，在扬弃继承、转化创新中传承发展优秀传统文化，不断推动中华文化现代化。

3 月 20 日

新华网报道，中共中央办公厅近日印发《中国文联深化改革方案》，从 3 个方面提出了 40 多项具体改革措施。该方案强调，文联是党领导的文艺界人民团体，是党和政府联系文艺工作者的桥梁纽带，是繁荣发展社会主义文艺事业的重要力量。面对新形势新任务，文联组织必须直面问题，自我革新，顺势而为，勇于担当，通过全面深化改革，加快转型，创新发展。

3 月 23 日

中国社会科学院调研座谈会召开，中共中央政治局委员、国务院副总理刘延东出席会议并讲话。她强调，要深入学习贯彻习近平总书记系列重要讲话精神，坚持以马克思主义为指导，树立以人民为中心的研究导向，紧紧围绕解决我国发展和我们党执政面临的重大理论和实践问题，为加快构建中国特色哲学社会科学再立新功。

3 月 28 日

新华网报道，中共中央办公厅近日印发《关于推进“两学一做”学习教育常态化制度化的意见》，并发出通知，要求各地区各部门认真贯彻落实。

3 月 30 日

由中宣部宣教局、光明日报社共同主办的“核心价值观百场讲坛”第五十二场活动在浙江温州举行。中共十八届中央委员、全国政协文史和学习委员会副主任叶小文做了《践行核心价值观画出最大同心圆》的讲座，来自当地的 600 余位基层干部到现场聆听了讲座，全国 302 万名网友收看了节目，65.7万名网友通过微博、论坛等参与了交流互动。

同日，教育部网站报道，国务院学位委员会近日印发《博士硕士学位授权审核办法》。国务院学位委员会办公室负责人就《博士硕士学位授权审核办法》答记者问，分别对《博士硕士学位授权审核办法》的出台背景和意义、总体思路、制定过程、主要内容、制度创新、后续工作安排等进行介绍。

同日，新华网报道，2017年通俗理论读物《全面从严治党面对面》出版发行。该书由中央宣传部理论局组织中央有关部门和专家学者撰写，学习出版社、人民出版社联合出版，是“理论热点面对面”系列的最新读本，秉承其一贯特点和风格，集中回答干部群众在学习贯彻中央全会精神过程中提出的热点难点问题。

4月

4月3日

为推动生命教育的普及和发展，促使人们形成更加科学的“生死观”，北京市八宝山殡仪馆与中国人民大学以及北京社会管理职业学院、民政部一零一研究所等多家教学科研机构建立合作关系，共同搭建了“学生实践和生命文化研究教育基地”“北京市社会工作实务实习实训基地”等平台。

4月5日

新华网报道，中央精神文明建设指导委员会近日印发《关于深化群众性精神文明创建活动的指导意见》，强调：文明校园创建要全面贯彻党的教育方针，坚持立德树人，以社会主义核心价值观引领知识教育，强化教书育人、管理育人、环境育人，培养德智体美全面发展的社会主义事业建设者和接班人。加强大学生思想政治教育和未成年人思想道德建设，改进高等学校思想政治工作和中小学校思想品德教育，构建符合青少年成长特点和规律的德育体系，提升思想政治教育亲和力和针对性。加强师德师风建设，引导广大教师学为人师、行为世范，做学生锤炼品格、学习知识、创新思维、奉献祖国的引路人。开展形式多样、健康向上、格调高雅的校园文化活动，弘扬良好校训校风，开展文明班级、文明宿舍创建，形成良好育人氛围。

4月6日

教育部有关部门负责人就《关于深化高等教育领域简政放权放管结合优化服务改革的若干意见》答记者问。

就高校教师职称评审的改革点，有关负责人表示，这份文件提出改进高校教师职称评审机制，主要包括下放高校教师职称评审审批权和改进教师职称评审方法。改革前，根据2012年9月《国务院关于第六批取消和调整行政审批项目的决定》，高校副教授评审权的审批工作由教育部下放到省级人民政府教育行政部门实施。多数省份逐步将评审权下放到高校，由高校自主评聘，不具备评审权的高校参加省级政府部门组织的职称评审。2017年1月，《国务院关于第三批取消中央指定地方实施行政许可事项的决定》取消了高等学校副教授评审权审批，高校可以自主评审副教授。根据1994年《国家教育委员会、人事部关于进一步做好授予高等学校教授、副教授任职资格评审权工作的通知》和2004年《国务院对确需保留的行政审批项目设定行政许可的决定》，高校教授评审权的审批工作由教育部实施。具备评审权的高校自主评聘，不具备评审权的高校参加省级政府部门组织的职称评审。在评审方法方面，不同程度地存在对师德、教学业绩考核重视不够，科研成果重数量轻质量，科学合理的分类评价标准尚未完全建立的情况。

实施改革后，高校教师职称评审权将全部直接下放至高校，由高校自主组织职称评审、自主评价、按岗聘用。条件不具备、尚不能独立组织评审的高校，可采取联合评审的方式。教育、人力资源和社会保障等部门在各自职责范围内加强监管。在评审方法方面，强调将师德表现作为评聘的首要条件，提高教学业绩在评聘中的比重。针对不同类型、不同层次教师，按照哲学社会科学、自然科学等不同学科领域，基础研究、应用研究等不同研究类型，建立分类评价标准。完善同行专家评价机制，建立以“代表性成果”和实际贡献为主要内容的评价方式。

4 月 7 日

由中国国务院新闻办公室、中国外文局、中国驻泰王国大使馆共同主办的《习近平谈治国理政》泰文版首发式在泰国曼谷国会大厦举行，包括泰国政要、文化界和新闻出版界等约 300 人出席首发式。

4 月 10 日

《人民日报》报道，教育部中国特色社会主义理论体系研究中心、教育部高等学校社会科学发展研究中心、武汉大学联合主办的“全国高校意识形态工作主导权理论研讨会”日前在湖北省武汉市召开。

4 月 11 日

张纯如纪念馆在江苏淮安开馆，这是世界范围内第二个南京大屠杀题材的纪念馆，也是全球首家全景式展示张纯如一生业绩的专题馆。纪念馆坐落于淮阴区古淮河北岸，占地面积 3.6 万平方米，布展面积约 1000 平方米。张纯如祖籍淮安，1968 年出生于美国，代表作《南京大屠杀》是首部向西方世界揭露“南京大屠杀”史实的英文专著。

同日，由中国国务院新闻办公室、中国外文局、中国驻柬埔寨王国大使馆共同主办的《习近平谈治国理政》柬文版首发式在柬埔寨首都金边的首相府和平大厦隆重举行。柬埔寨首相洪森出席了首发式，来自中柬两国政界、学界、企业界以及大学生代表约 700 人参加活动。

同日，财政部、教育部、中国人民银行、银监会联合发布通知，进一步加强和规范高等教育学生资助工作，确保学生资助政策落实到位。

4 月 13 日

中宣部、中央政法委召开贯彻落实《关于进一步把社会主义核心价值观融入法治建设的指导意见》电视电话会议。中共中央政治局委员、中央书记处书记、中宣部部长刘奇葆出席会议并讲话，强调要深入学习贯彻习近平总书记系列重要讲话精神和治国理政新理念新思想新战略，坚持依法治国和以德治国相结合，扎实推进核心价值观融入法治建设，强化道德对法治建设的支撑作用，强化法律对道德建设的促进作用，使法治与德治互为支撑、相向而行，推动核心价值观内化于心、外化于行。

4 月 14 日

新华网报道，近日，中共中央、国务院印发《中长期青年发展规划(2016—2025 年)》，并发出通知，要求各地区各部门结合实际认真贯彻落实。

同日，由中国国务院新闻办公室、中国外文局、中国驻巴基斯坦大使馆共同主办的《习近平谈治国理政》乌尔都文版首发式在巴基斯坦首都伊斯兰堡的总理办公大楼隆重举行。巴基斯坦总理谢里夫，中宣部副部长、国务院新闻办公室主任蒋建国等一同为新书揭幕，来自中巴两国政界、文化界、新闻出版界等共 300 多人参加活动。

4 月 15 日

中共中央政治局常委、国务院总理李克强在北京召开高等教育改革创新座谈会，并做重要讲话。53 所在京的部属、市属、民办高校和有关部门负责人参加会议。李克强指出，高等教育要着力围绕服务国家创新发展，促进大众创业、万众创新，培育更多创新型人才。注重培养学生创新特别是原始创新意识，开展启发式、讨论式、探究式教学，激发他们丰富的想象力，打牢知识根基，拓宽学术视野，推动科技创新。注重增强学生实践能力，培育工匠精神，践行知行合一，多为学生提供动手机会，提高解决实际问题的能力，助力提升中国产品的质量。注重推动教育公平，继续对农村和贫困地区学生上重点大学实行倾斜，让更多困难家庭孩子能够受到良好教育，在平等竞争中拥有上升通道、释放创造潜能。

同日，第四届“中国社会科学院毛泽东思想论坛”在京举行，此届论坛主题为“毛泽东与中国共产党的理论创新”。

4 月 16 日

北京明远教育书院、中信出版集团《比较》编辑室、青岛伟东云教育集团联合主办“中国的经济转型和教育转型”主题读书会，著名教育学家顾明远先生和清华大学经济管理学院院长钱颖一教授就教育的本质、大学之道、我国经济转型期的创新人才培养等问题进行对话。

4月17日

《习近平谈治国理政》土耳其文版首发式在土耳其首都安卡拉举行。正在对土耳其进行正式访问的国务院副总理刘延东和土耳其副总理希姆谢克共同出席首发式并致辞。

4月18日

习近平主持召开中央全面深化改革领导小组第三十四次会议。会议审议通过《对省级人民政府履行教育职责的评价办法》。会议强调，对省级人民政府履行教育职责进行评价，要坚持以提高教育教学质量为中心，重点评价政府领导、管理、保障、推进本行政领域区域内教育事业改革发展稳定工作有关情况。评价结果作为对省级人民政府及其有关部门干部进行考核、奖惩的重要依据。

同日，光明日报思想理论融媒体传播工程发布会暨光明智库成立大会在京召开。来自全国思想理论领域的100多位专家学者出席会议。

4月20日

教育部党组、清华大学党委创新形式，在清华大学开展理论学习中心组联合学习，现场观摩党的十八届六中全会和全国高校思想政治工作会议精神在高校贯彻落实的新进展新成效，共同会诊贯彻落实中出现的新情况新问题，就进一步深入贯彻落实进行研究、提出意见。教育部党组书记、部长陈宝生和清华大学党委书记陈旭联合主持集体学习研讨。中央国家机关工委副书记陈存根出席集体学习研讨。

4月22日—23日

“全国马克思列宁主义经济学说史学会第十六次学术研讨会暨学会成立30周年纪念大会”在河南大学举行。与会者围绕纪念《资本论》出版150周年与发展中国特色社会主义政治经济学等主题进行了研讨。

4月24日

《习近平谈治国理政》匈牙利文版首发式在匈牙利首都布达佩斯举行。中共中央政治局委员、中央书记处书记、中宣部部长刘奇葆和匈牙利国会常务副主席玛特劳伊共同出席首发式并致辞。

4月25日

中宣部在浙江省杭州市召开治国理政论坛“‘四个全面’战略布局系列理论研讨会”第二场研讨会，这次会议的主题是“全面深化改革”。中央有关部门、社科研究单位、高校、思想理论工作“四大平台”、浙江省社科理论界部分专家学者以及部分地方负责同志共120多人参加了研讨会。

4月26日

共青团中央、教育部、财政部、人力资源和社会保障部在北京召开会议，正式启动2017年大学生志愿服务西部计划工作。

同日，由中国国家新闻出版广电总局、中国驻阿联酋大使馆、中国外文局共同主办的《习近平谈治国理政》阿文版研讨推介会在第二十七届阿布扎比国际书展中国主宾国活动上举行。国家新闻出版广电总局副局长吴尚之、中国驻阿联酋大使倪坚出席会议并致辞。

本月

为加强教师思想政治教育，强化师德师风建设，做好有关奖励及荣誉称号的评选、表彰和宣传，中央财经大学、浙江大学成立党委教师工作部。

5月

5月2日

教育部印发通知，要求各地各高校把积极引导毕业生到基层工作摆上重要议程，实施“一把手工程”，会同有关部门建立和完善激励大学生到基层干事创业的长效机制，使大学生能够下得去、留得住、干得好、流得动，到国家最需要的地方去建功立业，报效祖国。

5 月 3 日

中共中央总书记、国家主席、中央军委主席习近平来到中国政法大学考察。王沪宁、刘延东、孟建柱、栗战书、郭金龙及中央和国家机关有关部门负责同志陪同考察。习近平代表党中央，向全国各族青年致以节日的问候，向全国广大教育工作者、青年工作者、法治工作者致以诚挚的问候。他强调，全面推进依法治国是一项长期而重大的历史任务，要坚持中国特色社会主义法治道路，坚持以马克思主义法学思想和中国特色社会主义法治理论为指导，立德树人，德法兼修，培养大批高素质法治人才。

习近平强调，中国的未来属于青年，中华民族的未来也属于青年。青年一代的理想信念、精神状态、综合素质，是一个国家发展活力的重要体现，也是一个国家核心竞争力的重要因素。当代青年要树立与这个时代主题同心同向的理想信念，勇于担当这个时代赋予的历史责任，励志勤学、刻苦磨炼，在激情奋斗中绽放青春光芒、健康成长进步。

同日，共青团中央、全国青联决定，授予大连理工大学物理学院副院长王正泅等 20 人第 21 届“中国青年五四奖章”，授予内蒙古自治区额济纳旗算井子公安边防派出所等 8 个青年集体“中国青年五四奖章集体”。同时，共青团中央公布了 2017 年“全国向上向善好青年”推选结果。天津师范大学新闻传播学院教师陈娜等 20 人被推选为爱岗敬业好青年。

同日，吉林省大学生马克思主义自学组织联盟成立大会在吉林大学举行。大学生马克思主义自学组织是吉林省高校大学生自发形成，以学习马克思主义经典理论和马克思主义中国化最新成果为主要内容的社团组织。1983 年，吉林省第一个大学生马克思主义自学组织“M·M 学习小组”在原长春地质学院(现吉林大学朝阳校区)成立。30 多年来，全省许多高校相继建立了各具特色的大学生马克思主义自学组织。

5 月 7 日

新华网报道，近日，中共中央办公厅、国务院办公厅印发《国家“十三五”时期文化发展改革规划纲要》。

5 月 8 日

第十届全国职业院校技能大赛开幕式在天津举行。中共中央政治局常委、国务院总理李克强对大赛做出重要批示。批示指出，提升职业教育水平是我国教育事业发展的重要内容。当前，我国经济正处于转型升级的关键时期，迫切需要培养大批技术技能人才。希望技能大赛贯彻新发展理念，充分发挥引领示范作用，推动职业教育进一步坚持面向市场、服务发展、促进就业的办学方向，坚持工学结合、知行合一、德技并修，坚持培育和弘扬工匠精神，努力造就源源不断的高素质产业大军，投身大众创业万众创新，为更好发挥我国人力人才资源优势、推动中国品牌走向世界、促进实体经济迈向中高端做出新的更大贡献。中共中央政治局委员、国务院副总理刘延东出席开幕式并讲话。刘延东指出，要坚持立德树人，把社会主义核心价值观教育融入全过程，做好职业启蒙，弘扬工匠精神，加强“双师型”教师队伍建设，提升现代职业教育质量，培育更多新时代的大国工匠、能工巧匠。

5 月 10 日

全国就业创业工作暨 2017 年普通高等学校毕业生就业创业工作电视电话会议在北京召开。会议传达了中共中央政治局常委、国务院总理李克强关于促进就业创业的重要批示，中共中央政治局委员、国务院副总理刘延东，中共中央政治局委员、国务院副总理马凯出席会议并讲话。

5 月 11 日

第十二届“中国大学生年度人物”评选活动结果揭晓。入选大学生奋发向上，赢得了社会的肯定和称赞，是大学生群体中的杰出代表，彰显了当代大学生敢于担当的时代风貌。

同日，教育部社科司负责人就《2017 年高校思想政治理论课教学质量年专项工作总体方案》答记者问。负责人就该方案的制订实施背景、思路、原则、“大调研”安排、“大提升”任务、“大格局”考虑、落实要求及预期成效进行回答。

5月16日

中共中央印发《关于加快构建中国特色哲学社会科学的意见》，强调要坚持和发展中国特色社会主义，必须加快构建中国特色哲学社会科学。要高举中国特色社会主义伟大旗帜，深入贯彻习近平总书记系列重要讲话精神和治国理政新理念新思想新战略，坚持为人民服务、为社会主义服务，坚持“百花齐放、百家争鸣”，立足中国、借鉴国外，挖掘历史、把握当代，关怀人类、面向未来，充分体现继承性、民族性、原创性、时代性、系统性、专业性，创新发展哲学社会科学，为实现“两个一百年”奋斗目标、实现中华民族伟大复兴的中国梦提供强大思想理论支撑。

5月17日

中共中央总书记、国家主席、中央军委主席习近平致信祝贺中国社会科学院建院40周年，向全国广大哲学社会科学工作者致以诚挚问候。

习近平在贺信中指出，40年来，在党的领导下，中国社会科学院与时代同发展、与人民齐奋进，努力建设马克思主义理论阵地，发挥为党和国家决策服务的思想库作用，不断出成果、出人才，为推进马克思主义中国化、繁荣发展我国哲学社会科学做出了重要贡献。

习近平强调，坚持和发展中国特色社会主义，是理论和实践的双重探索。希望中国社会科学院的同志们和广大哲学社会科学工作者，紧紧围绕坚持和发展中国特色社会主义，坚持马克思主义指导地位，贯彻“百花齐放、百家争鸣”方针，坚持为人民做学问理念，以研究我国改革发展稳定重大理论和实践问题为主攻方向，立时代潮头，通古今变化，发思想先声，繁荣中国学术，发展中国理论，传播中国思想，努力为发展21世纪马克思主义、当代中国马克思主义，构建中国特色哲学社会科学学科体系、学术体系、话语体系，增强我国哲学社会科学国际影响力做出新的更大的贡献。

同日，中国社会科学院建院40周年庆祝大会在京举行。中共中央政治局委员、国务院副总理刘延东出席会议并宣读了习近平总书记的贺信。中共中央政治局委员、中央书记处书记、中宣部部长刘奇葆主持会议并讲话。他说，要认真学习贯彻习近平总书记哲学社会科学工作座谈会重要讲话精神和贺信提出的要求，贯彻落实党中央关于加快构建中国特色哲学社会科学的意见，始终坚持以马克思主义为指导，把学习研究阐释当代中国马克思主义最新成果作为重中之重，以重大理论和现实问题为主攻方向，集聚优势、创新发展，更好地出成果出人才，不断繁荣发展哲学社会科学。

同日，在习近平总书记在哲学社会科学工作座谈会上的重要讲话发表一周年之际，中宣部在京召开构建中国特色哲学社会科学工作座谈会暨2017年度国家社科基金项目评审工作会议。

5月23日

中共中央总书记、国家主席、中央军委主席、中央全面深化改革领导小组组长习近平主持召开中央全面深化改革领导小组第三十五次会议并发表重要讲话。会议审议通过了《关于深化教育体制机制改革的意见》。会议指出，深化教育体制机制改革，要全面贯彻党的教育方针，坚持社会主义办学方向，全面落实立德树人根本任务，构建以社会主义核心价值观为引领的大中小幼一体化德育体系，注重培养学生终身学习发展、创新性思维、适应时代要求的关键能力，统筹推进育人方式、办学模式、管理体制、保障机制改革，使各级各类教育更加符合教育规律和人才成长规律，更能促进人的全面发展，着力培养德智体美全面发展的社会主义事业建设者和接班人。

5月25日

由中国侨联主办的黄大年先进事迹报告会在北京举行。来自首都各区县的归侨侨眷、学生代表等约2000余人聆听报告会，被黄大年的先进事迹深深打动。

5月26日

教育部召开贯彻习近平总书记重要指示学习黄大年同志先进事迹座谈会。会议首先传达了习近平总书记对黄大年先进事迹做出的重要指示。与会同志一致认为，总书记的重要指示，高度评价了黄大年同志的高尚品格、奉献精神和卓越贡献，充分体现了党中央对教育教师工作的关心和重视，是对全国广大教育工作者的极大激励和鞭策。来自吉林省教育厅、北京大学、清华大学、中国地质大学(北京)、吉林大学、西南石油大学、东北师范大学等单位的 8 名代表发言，畅谈学习黄大年先进事迹的心得体会。大家纷纷表示，黄大年同志把为祖国富强、民族振兴、人民幸福贡献力量作为毕生追求的事迹感人肺腑，一定要以他为榜样，从本职岗位做起，为实现中华民族伟大复兴的中国梦贡献智慧和力量。

本月

上海交通大学、华北电力大学成立党委教师工作部。

为深入贯彻落实全国高校思想政治工作会议精神，把思政课建设作为检验高校贯彻全国高校思想政治工作会议精神的试金石，教育部党组研究决定，将 2017 年定为“高校思政课教学质量年”，审议通过了《2017 年高校思想政治理论课教学质量年专项工作总体方案》。

6 月

6 月 2 日

共青团中央、教育部联合印发《关于加强和改进新形势下高校共青团思想政治工作的意见》，指出，党的十八大以来，以习近平同志为核心的党中央把高校思想政治工作作为一项重大政治任务和战略工程，做出一系列重大决策部署，为高校共青团做好思想政治工作指明了前进方向、提供了根本遵循。要加强和改进高校共青团思想政治工作的指导思想和基本原则。高校共青团要突出核心任务，加强理想信念教育、培育和践行社会主义核心价值观、深化实施青年马克思主义者培养工程，着力加强大学生思想政治引领和价值引领。要强化组织育人，构建和完善党领导下的“一心双环”团学组织格局、加强基层团组织建设、加强团员先进性建设、加强学生会和研究生会建设，不断提升团学组织的吸引力凝聚力。要强化实践育人，推行实施高校共青团“第二课堂成绩单”制度、广泛开展社会实践活动、大力开展大学生志愿服务活动，积极促进大学生素质提升、全面发展。要强化文化育人，弘扬中华优秀传统文化和革命文化以及社会主义先进文化、建设健康向上的校园文化、正确发挥学生社团的应有作用，努力在校园中弘扬主旋律、传播正能量。要强化网络育人，加强工作阵地平台建设、加强网络内容产品建设、加强网络舆论引导工作，大力创新推动网络思想政治工作。要强化服务育人，促进大学生创新创业创优、关心帮扶特定学生群体、代表和维护大学生权益，坚持将解决思想问题与解决实际问题紧密结合。要强化保障支持，加强党的领导、加强团教协同、加强全团齐抓共管、加强工作队伍建设、加强制度机制建设，开创协同推进高校共青团思想政治工作的良好局面。

6 月 5 日

共青团中央、教育部召开全国高校共青团思想政治工作电视电话会议，中共中央政治局委员、国家副主席李源潮出席会议并讲话。他指出，要认真学习贯彻习近平总书记系列重要讲话精神和中共中央、国务院下发的《关于加强和改进新形势下高校思想政治工作的意见》，深化高校共青团改革，加强和改进高校共青团思想政治工作，以优异成绩迎接党的十九大召开。李源潮充分肯定高校共青团思想政治工作方面的有效经验。他指出，要深入学习贯彻习近平总书记系列重要讲话精神，坚持党对高校共青团工作的领导，把握加强和改进高校共青团思想政治工作的正确方向。要围绕立德树人根本任务，充分发挥高校共青团的育人作用，把加强思想政治引领摆在首要位置，把社会主义核心价值观教育贯穿高校共青团育人全过程，为党培养信仰坚定的青年马克思主义者。要发挥高校共青团“第二课堂”实践育人独特作用，让学生认识国情、了解社会，受教育、长才干。大力建设高校“网上共青团”，为高校共青团工作插上互联网的翅膀。各级党委和政府特别是共青团、教育部门要强化责任、狠抓落实，推动高校共青团思想政治工作改革创新。

同日，《习近平谈治国理政》哈萨克文版首发式在哈萨克斯坦首都阿斯塔纳举行。中宣部副部长庹震、中国驻哈萨克斯坦大使张汉晖、哈萨克斯坦总统办公厅副主任铁穆尔布拉特·巴赫提剑、哈萨克斯坦首任总统基金会世界经济与政治研究所所长萨尔特巴耶夫·叶尔剑等在首发式上致辞，中哈各界人士共200余人出席。

6月8日

中共中央政治局委员、国务院副总理刘延东在山东调研时强调，要按照党中央、国务院决策部署，坚持创新驱动发展战略，不断增强自主创新能力，深化教育体制机制改革，全面提高人才培养质量，为经济社会发展提供有力支撑。要围绕立德树人根本任务，创新人才培养模式，强化创新创业实践，实现全过程、全方位育人，让学生成为德才兼备、全面发展的人才。要加大高校科研支持，创新组织模式，激发创新活力。要统筹推进世界一流大学和一流学科建设，提升高等教育发展水平，为增强国家核心竞争力做出新贡献。

6月9日

中组部、中宣部、中共教育部党组联合印发通知，要求广大党员、干部和教育、科技工作者认真学习贯彻习近平总书记重要指示，广泛开展向黄大年同志学习活动。

同日，《人民日报》报道，人民日报社组织编写的《习近平讲故事》一书，近日由人民出版社出版发行。该书从习近平总书记数百篇讲话和文章中，精选出体现他治国理政新理念新思想新战略的百余则故事，加以完整呈现和解读。

6月12日

中央党校哲学部主办的“学习《关于加快构建中国特色哲学社会科学的意见》理论座谈会”在北京举行，与会者围绕“加快构建中国特色哲学学科体系、学术体系、话语体系”这一主题进行了研讨。

6月16日

由中宣部宣教局、光明日报社共同主办的“核心价值观百场讲坛”第五十三场活动在江苏南京举行。中国人民大学法学院教授、河北经贸大学副校长、中国立法学研究会副会长兼秘书长冯玉军，做题为《社会主义核心价值观融入法治建设的要义和途径》的讲座。

6月24日—26日

首届中国高校创新创业教育联盟年会在郑州大学召开。会上，《中国高校创新创业教育蓝皮书(2016)》和《中国高校创新创业教育学情报告(2016)》发布。在肯定了2016年各高校创新创业教育取得的丰硕成果的同时，报告指出，当前国内高校创新创业教育仍存在一些问题，不少高校将创新创业教育视作少部分具有创业意愿和创业理念的学生的培养工作，忽视了将创新创业教育融入整个人才培养体系。与会专家一致认为，经过我国高校创业教育从无到有、从零散走向系统的过程，2017年的高校创新创业教育需要冷静回望、审慎思考，亟待转型升级。

6月25日

中央文明办、教育部在山东淄博召开全国文明校园创建工作推进会，就广泛开展全国文明校园创建做出全面安排。会议强调要深入学习贯彻习近平总书记系列重要讲话精神和治国理政新理念新思想新战略，贯彻落实中央关于教育工作和深化群众性精神文明创建活动的重大决策部署，推动全国大中小学广泛深入开展文明校园创建活动，着力培育和践行社会主义核心价值观，着力加强和改进青少年思想道德建设，着力提升师生文明素养和校园文明程度。

6月28日

中共中央政治局召开会议，审议《关于巡视31所中管高校党委情况的专题报告》。中共中央总书记习近平主持会议。会议指出，党的十八大以来，以习近平同志为核心的党中央高度重视巡视工作，全面推进巡视实践、理论、制度创新。巡视利剑经过5年磨砺，威力更加彰显，成为党内监督制度化的重要成果，对推进全面从严治党具有重大意义。会议强调，要全面总结十八届中央巡视工作，进一步创新组织制度和方式方法，推动巡视工作向纵深发展。会议指出，我国高校肩负着培养社会主义事业建设者和接班人的重大任务，是巩固和发展马克思主义的重要阵地。巡视对31所中管高校进行了全面政治体检，加强了党对高校的领导，促进了高校管党治党、办学治校各项工作，发挥了标本兼治作用。会议强调，办好中国特色社会主义高等教育，必须旗帜鲜明坚持党对高校工作的领导。高校党委要增强“四个意识”，落实管党治党、办学治校主体责任，坚定“四个自信”，贯彻党的教育方针政策，坚持社会主义办学方向，把立德树人作为根本任务，以实际行动维护党中央权威和集中统一领导。要深入研究高校党建工作特点和规律，创新体制机制和方式方法，推动形成党委统一领导、各部门各方面齐抓共管的工作格局，提高党建工作针对性和实效性，有效发挥基层党组织战斗堡垒作用和党员先锋模范作用。要以巡视整改为契机，严肃党内政治生活，加强高校领导班子建设，切实防范廉洁风险，营造风清气正的教书育人环境。要坚持问题导向，把深化高校改革和全面从严治党结合起来，明晰责任、完善制度、堵塞漏洞，确保高等教育事业始终沿着正确方向健康发展，为实现“两个一百年”奋斗目标和中华民族伟大复兴的中国梦提供人才保障和智力支持。

6月30日

教育部在京召开第二批学校美育改革发展备忘录签署暨全国学校美育工作推进会，与天津、河北、内蒙古、辽宁、吉林、黑龙江、浙江、安徽、江西、河南、湖北、广东、陕西13个省(区、市)签署学校美育改革发展备忘录，交流各地经验做法，对下一阶段推进学校美育改革发展进行动员部署。

本月

兰州大学成立党委教师工作部。该部门的主要职责是做好教师培养、培训及思想政治教育工作的总体规划、统筹协调和督促落实，将教师思想政治教育工作融入人才队伍建设全过程；负责全校教师师德师风建设，完善师德考核评价制度。该校党委书记袁占亭表示，党委教师工作部将主动开展工作，统筹好教师思想政治工作。特别是针对教师的特点开展活动，搭建平台，增强老师们的组织归属感。动员广大教师一对一指导帮扶学生，更好地履行教书育人的职责。

7月

7月3日

北京高校中国特色社会主义理论研究协同创新中心与首都师范大学马克思主义学院举办“思想政治理论课教学质量年专题工作研讨会”。与会专家学者围绕“思政课教师的自信与责任”“提高研究生思政课教学质量的着力点”等问题进行了深入探讨。

同日，黄大年同志先进事迹报告会在人民大会堂举行。报告会前，中共中央政治局常委、中央书记处书记刘云山会见了报告团成员，代表习近平总书记，代表党中央，向黄大年同志家属表示亲切慰问，并颁发党中央追授黄大年同志“全国优秀共产党员”证书、奖章。

7月5日

中共中央政治局委员、国务院副总理、国家教材委员会主任刘延东在出席国家教材委员会第一次全体会议时强调，要落实党中央、国务院决策部署，坚持社会主义办学方向，推进大中小学教材建设，服务学生德智体美全面发展，为培养中国特色社会主义事业合格建设者和可靠接班人提供有力保障。刘延东强调，教材建设是事关未来的战略工程、基础工程，教材体现国家意志。要坚持党的教育方针，把握正确方向和价值导向，加强社会主义核心价值观和优秀传统文化、民族精神教育，帮助学生扣好人生第一粒扣子。要尊重教育规律和学生成长规律，提升教材思想性、科学性、时代性，逐步形成适应中国特色社会主义发展要求、立足国际学术前沿、门类齐全、学段衔接的教材体系。要深化改革创新，加强完善教材各环节管理，使教材建设规范有序。

7月6日

教育部召开党组会，学习6月28日中共中央政治局关于审议巡视中管高校党委情况的会议精神，研究贯彻落实工作。会议明确提出了中管高校巡视整改的重点。一是抓站位，坚持“四个意识”“四个全面”“四个自信”，政治站位要人人过关。二是摆进去，针对巡视发现的问题，联系实际把自己摆进去，深入整改。三是纠偏差，聚焦问题，深入分析，科学诊断，切实纠正在政治方向、办学方针等方面存在的偏差。四是反特殊，指导工作既要充分考虑教育战线、知识分子的特殊性，又要防止将专业特点演化为规避政治约束的资本和工具。五是查角色，完善高校党委领导下的校长负责制的履职责任、制度安排和制衡机制。六是建生态，在建立高校发展良好的政治生态方面下功夫。七是强基础，在抓好高校领导班子建设的同时，加强院系基层党组织建设。八是攻难关，针对巡视反映出的高校管理体制、校办企业等方面存在的突出问题，集中发力，攻坚克难。

同日，黄大年同志先进事迹报告会在南京大学举行，南京高校师生代表近1200人参加了报告会。为认真学习习近平总书记重要指示精神，广泛开展向黄大年同志学习活动，由中央组织部、中央宣传部、教育部、科技部、中国科协和中共吉林省委联合组织的黄大年同志先进事迹报告团，在北京举行首场报告会后，赴江苏、上海、湖北、广西、陕西5省(区、市)做巡回报告。

7月7日

纪念全民族抗战爆发80周年仪式在中国人民抗日战争纪念馆举行。中共中央政治局常委、中央书记处书记刘云山出席仪式并讲话。

同日，黄大年同志先进事迹报告团走进复旦大学。报告团成员分别从不同角度、不同侧面，深情讲述了黄大年同志的感人事迹，真实再现了黄大年同志崇高的精神品格。黄大年同志报国的决心、科研的激情、育人的热情，感染并激励着现场每一个人。

7月10日

共青团中央、人力资源和社会保障部联合印发《关于加强技工院校共青团工作的意见》。对切实加强和改进技工院校共青团工作做出具体部署。

同日，中共天津市委宣传部、市社科联和南开大学联合主办的“第二届天津当代中国马克思主义论坛”在天津举行，与会者围绕“习近平治国理政新理念新思想新战略——当代中国马克思主义理论与实践”这一主题进行了研讨。

同日，黄大年同志先进事迹报告会在武汉大学举行。报告团成员从不同角度讲述了黄大年同志的先进事迹。华中科技大学、武汉理工大学等湖北地区高校师生代表以及武汉大学长江学者、千人计划学者等近千人参加。

7月11日

《人民日报》刊发《2017年全国教书育人楷模推选活动启事》《2017年度全国教书育人楷模推选活动投票规则》《全国教书育人楷模候选人事迹简介》。共推选出64名候选人，安徽师范大学教授路丙辉、中山大学教授黄天骥、海南师范大学教授林明祥候选。

7月12日

共青团中央、人力资源和社会保障部在京召开推进技工院校共青团工作座谈会，团中央书记处书记傅振邦出席会议并讲话。他指出，要认真学习贯彻团中央、人力资源和社会保障部联合印发的《关于加强技工院校共青团工作的意见》，推进技工院校共青团改革发展，以优异成绩迎接党的十九大胜利召开。

同日，黄大年同志先进事迹报告会在广西大学举行。报告团成员从不同侧面讲述了黄大年同志心有大我、至诚报国的爱国情怀，教书育人、敢为人先的敬业精神，淡泊名利、甘于奉献的高尚情操，真实再现了黄大年同志可歌可泣、可钦可敬的一生。报告感人至深，催人奋进，使听众深受教育和感动。

7月14日

黄大年同志先进事迹报告会在西安交通大学举行。来自陕西15所高校的1400余名师生代表在现场聆听了报告。

7月23日

中共中央印发《关于追授黄大年同志“全国优秀共产党员”称号的决定》。为深入学习贯彻习近平总书记重要指示精神，表彰先进、弘扬正气，引导广大党员、干部胸怀理想、坚定信念，开拓进取、敬业奉献，在改革开放和社会主义现代化建设各项事业中发挥先锋模范作用，党中央决定，追授黄大年同志“全国优秀共产党员”称号。

7 月 25 日

中共教育部党组印发《关于加快直属高校高层次人才发展的指导意见》，提出今后直属高校高层次人才发展要坚持党管人才、服务发展大局、突出育人导向、激发人才活力、优化人才布局和扩大人才开放 6 条基本原则，到 2020 年实现高层次人才队伍规模、结构和质量适应事业发展需求，服务创新驱动发展战略、推动国家经济社会发展的示范引领作用进一步增强，推动形成具有中国特色和国际竞争力的高校人才制度体系和发展环境。

7 月 26 日

“穿越千年丝路　探寻中国印记”2017 首都大学生记者团集体采访活动启动。44 名首都高校的大学生组成采访团，重新踏上古丝绸之路，对沿线地区进行参观、学习和交流。在 8 天时间里，他们将奔赴西安、杨陵、兰州、敦煌、张掖等地，深入了解“一带一路”倡议背后深厚的文化内涵，感悟“和平合作、开放包容、互学互鉴、互利共赢”的丝路精神。“首都大学生记者团集体采访活动”由人民网和北京市委教育工委联合主办，于 2012 年启动。从 2013 年的“最美中国梦”、2014 年的“追寻红色记忆”、2015 年的“重走西南联大之路”、2016 年的“重走长征路，青春跟党走”，到 2017 年的“穿越千年丝路　探寻中国印记”，已经连续举办 5 届，成为首都高校的品牌活动。

7 月 31 日

教育部召开党组扩大会，学习贯彻习近平总书记在省部级主要领导干部专题研讨班上重要讲话精神，研究部署贯彻落实工作。会议指出，习近平总书记在专题研讨班上的重要讲话，为党的十九大胜利召开奠定了重要的政治、思想和理论基础。深入学习贯彻习近平总书记这一重要讲话精神，是当前和今后一个时期教育系统的重大政治任务。各地教育部门和各级各类学校要切实提高政治站位，迅速掀起学习热潮。要加强组织领导，开展系统培训，增强宣传力度，深化理论研究，深入学习领会总书记重要讲话的丰富内涵和重大意义，切实把思想和行动统一到总书记重要讲话精神上来，更加自觉地在思想上政治上行动上同以习近平同志为核心的党中央保持高度一致，把思想和行动统一到党中央对教育改革发展的新要求新任务上来。

8 月

8 月 4 日

人民出版社出版习近平《在庆祝中国人民解放军建军 90 周年大会上的讲话》单行本，即日起在全国新华书店发行。

8 月 15 日

《人民日报》刊发《习近平总书记给第三届中国“互联网＋”大学生创新创业大赛“青年红色筑梦之旅”的大学生的回信》。习近平总书记指出，实现全面建成小康社会奋斗目标，实现社会主义现代化，实现中华民族伟大复兴，需要一批又一批德才兼备的有为人才为之奋斗。艰难困苦，玉汝于成。今天，我们比历史上任何时期都更接近实现中华民族伟大复兴的光辉目标。祖国的青年一代有理想、有追求、有担当，实现中华民族伟大复兴就有源源不断的青春力量。希望你们扎根中国大地了解国情民情，在创新创业中增长智慧才干，在艰苦奋斗中锤炼意志品质，在亿万人民为实现中国梦而进行的伟大奋斗中实现人生价值，用青春书写无愧于时代、无愧于历史的华彩篇章。

8 月 16 日

《求是》杂志刊发署名中共教育部党组文章《发展具有中国特色世界水平的现代教育——党的十八大以来教育改革发展的成就和经验》。文章指出，党的十八大以来，以习近平同志为核心的党中央坚持把教育摆在优先发展战略地位，强调扎根中国、融通中外、立足时代、面向未来，对教育工作做出一系列重大决策部署。教育系统深入学习贯彻习近平总书记系列重要讲话精神和治国理政新理念新思想新战略，牢固树立新发展理念，坚持发展抓公平、改革抓体制、安全抓责任、整体抓质量、保证抓党建，加快推进教育现代化，13亿多人享有更好更公平的教育梦正逐步成为现实。文章指出，党的十八大以来教育改革发展的成就和经验包括：一是始终坚持党的领导，牢牢把握社会主义办学方向；二是落实立德树人根本任务，促进广大青少年德智体美全面发展；三是保障人人享有受教育机会，教育总体发展水平进入世界中上行列；四是牢固树立以人民为中心的发展思想，人民群众教育获得感明显增强；五是把提高质量作为教育的生命线，教育的社会贡献力显著提升；六是注重教育综合性改革，以改革激发活力注入动力；七是深化教育对外开放，中国教育国际竞争力日益增强；八是全面加强教师队伍建设，以最优秀的人培养更优秀的人。

8月17日

教育部召开党组会，传达学习习近平总书记给第三届中国“互联网+”大学生创新创业大赛“青年红色筑梦之旅”大学生重要回信精神，研究部署贯彻落实工作。会议强调，要充分认识总书记重要回信的深刻内涵和重大意义，自觉把思想和行动统一到回信精神上来，切实加强理想信念教育，全面提高人才培养能力，着力强化社会实践育人，深入推进高校创新创业教育改革，以优异成绩迎接党的十九大胜利召开。会议要求，要以学习贯彻回信精神为重大契机，切实抓好关键环节和重点领域，努力推动各项工作迈上新台阶。一是切实加强理想信念教育。二是全面提高人才培养能力。三是着力强化社会实践育人。四是深入推进高校创新创业教育改革。

8月18日

2017年中央国家机关大学生(“紫光阁”)实习计划总结交流会在北京邮电大学举行。团中央书记处书记傅振邦出席会议并讲话。中央国家机关团工委、团中央学校部负责同志，32个中央国家机关部委团委、23所在京相关高校团委负责人及来自全国59所高校的216名实习学生参加会议。

8月23日

由外文出版社翻译出版的习近平重要著作《摆脱贫困》英文版、法文版在第二十四届北京国际图书博览会上举行国内首发。

同日，《习近平谈治国理政》国际出版成果展示会在第二十四届北京国际图书博览会上举行。《习近平谈治国理政》自2014年9月出版发行以来，在国内外引起热烈反响，目前已出版21个语种，累计发行642万册，发行到世界160多个国家和地区。

8月27日

新华网报道，中央文献出版社近日出版由中共中央文献研究室编辑的《习近平关于社会主义政治建设论述摘编》一书，在全国发行。书中收录330段论述，摘自习近平同志2012年11月15日至2017年5月3日期间的讲话、报告、谈话、指示等70多篇重要文献。其中许多论述是第一次公开发表。

8月29日

中宣部、中央直属机关工委、中央国家机关工委、教育部、中央军委政治工作部、北京市委在京举行“砥砺奋进的五年”系列报告会第三场报告。报告会由中央国家机关工委副书记陈存根主持，在京党政军机关干部、中央企业负责人、高校师生和首都各界群众约800人参加了报告会。邀请外交部部长王毅做了题为《学习贯彻习近平总书记外交思想奋力开拓中国特色大国外交新局面》的专题报告。

8月30日

共青团中央办公厅和全国学联秘书处联合印发《高校学生代表大会工作规则》，共有6章32条，对学生代表大会的组织和职权，代表的产生、权利、义务、资格终止，代表会议组织，提案的要求和处理等进行了明确和细化。《高校学生代表大会工作规则》强调，学生代表大会制度是学生会组织自我教育、自我管理、自我服务、自我监督的重要制度，是同学在校园体验社会主义民主政治的重要途径，是体现学生会组织合法性、权威性的基础和保证。学生代表大会是学生会、研究生会等学生会组织的最高权力机关，全校同学通过学生代表大会依法行使民主权利，参与学校治理和监督。学生会组织按照民主集中制的组织原则，在学校党委的领导和学校团委的指导下，依照国家法律法规、学校规章制度和本组织的章程，独立自主地开展工作。

同日，共青团中央办公厅和全国学联秘书处联合印发通知，就贯彻落实《高校学生会组织章程制定办法》的有关要求做出部署，对于深入贯彻落实《学联学生会组织改革方案》和《关于加强和改进高校学生会研究生会建设的指导意见》有关要求，对指导和规范我国普通高等学校学生会、研究生会，推动学生会组织制度化规范化发展，具有十分重要的意义。

本月

中南大学党委教师工作部成立，与人事处合署办公。

9 月

9 月 1 日

2017 年全国教书育人楷模名单揭晓，黄大年等 10＋1 人榜上有名。这 10＋1 名楷模分别是：被追授“全国教书育人楷模特别奖”的吉林大学教授黄大年以及清华大学教授钱易(女)、天津大学教授王静康(女)等另外 10 名楷模。

同日，中共中央党校举行 2017 年秋季学期开学典礼。中共中央政治局常委、中央党校校长刘云山出席开学典礼并讲话。刘云山强调，领导干部要带头深入学习贯彻习近平总书记“7・26”重要讲话精神，学习贯彻习总书记关于提高政治能力的重要思想，努力使政治能力有一个大的提升，更好适应新形势新任务的要求，促进党和国家事业发展。

9 月 3 日

纪念中国人民抗日战争暨世界反法西斯战争胜利 72 周年座谈会在北京举行，中共中央政治局委员、中央统战部部长孙春兰出席。座谈会上，来自中央统战部、中央党史研究室、中央军委政治工作部的有关负责同志和抗战老战士、青年学生代表先后发言，从不同角度深刻阐释了中国人民抗日战争暨世界反法西斯战争胜利的伟大意义。

同日，全国学校体育工作座谈会在京召开，中共中央政治局委员、国务院副总理刘延东出席会议并讲话。刘延东强调，要认真贯彻习近平总书记关于建设体育强国、教育强国重要论述，大力推进学校体育改革发展，强化体育课和课外锻炼，促进青少年身心健康、体魄强健、全面发展，培养堪当重任的中国特色社会主义事业建设者和接班人。

9 月 4 日

共青团中央办公厅印发《中国共产主义青年团普通高等学校基层组织工作条例(试行)》和《中国共产主义青年团职业院校基层组织工作条例(试行)》。两个文件深入贯彻习近平总书记系列重要讲话精神和治国理政新理念新思想新战略，认真落实中央党的群团工作会议、全国高校思想政治工作会议精神和《共青团中央改革方案》要求，聚焦根本任务，突出基本职责，明确了普通高校、职业院校共青团工作的指导思想、工作原则、组织设置、基本职责和工作保障，是相关基层团组织的职能清单、基层团干部的工作指南、基层团的工作的考核依据。

9 月 5 日

中宣部、中央直属机关工委、中央国家机关工委、教育部、中央军委政治工作部、北京市委在京举办“砥砺奋进的五年”系列报告会第四场报告，邀请中央统战部常务副部长张裔炯做了题为《党的十八大以来中国特色社会主义民主政治建设的伟大成就》的专题报告。

9 月 8 日

《光明日报》刊发署名为中共教育部党组的文章《深入学习贯彻习近平总书记关于青年学生成长成才重要思想大力培养中国特色社会主义建设者和接班人》。文章提出，党的十八大以来，习近平总书记从坚持和发展中国特色社会主义、实现中华民族伟大复兴中国梦的全局高度，从国家长治久安、党长期执政的战略高度，对青年学生成长成才提出了一系列富有创意的新思想新观点新论断新要求，深刻回答了“培养什么样的人、如何培养人、为谁培养人”“如何认识青年学生、如何教育引领青年学生、如何发挥青年学生作用”等一系列重大问题，形成了思想深邃、内涵丰富、科学完整的思想理论体系，是对中国特色社会主义教育理论的进一步丰富和发展。

9月10日

新华网报道，中央文献出版社近日出版由中共中央文献研究室编辑的《习近平关于青少年和共青团工作论述摘编》一书，在全国发行。书中收录189段论述，摘自习近平同志2012年11月29日至2017年5月3日期间的讲话、演讲、批示、贺信、回信等40多篇重要文献。其中部分论述是第一次公开发表。

9月11日

国防大学举办的“深入学习习主席重要讲话，迎接党的十九大召开”专题研讨会在北京举行。与会者围绕习主席在省部级主要领导干部专题研讨班上、庆祝中国人民解放军建军90周年大会上和阅兵时的重要讲话进行了深入学习、研讨和交流。

9月14日

中组部、教育部在京召开中管高校党的建设工作推进会，认真学习贯彻习近平总书记关于抓好中管高校巡视整改、加强高校党的建设、推动高等教育事业发展等重要讲话重要指示精神，深入贯彻落实全国高校思想政治工作会议各项部署要求，聚焦巡视发现的党的建设突出问题，深入分析原因，研究具体措施，推动中管高校党建工作上新水平，为建设世界一流大学、一流学科提供坚强政治思想保证和组织保证。

会议强调，习近平总书记关于高等教育事业发展和高校党的建设重要论述，特别是要努力提高高等教育发展水平、加强党对高校的领导、坚持社会主义办学方向、做好高校思想政治工作、落实高校管党治党责任等一系列重要指示精神，是中管高校深化巡视整改、加强党的建设的基本要求和根本遵循，必须熟记在心，坚决贯彻落实。中管高校作为高校的标杆，党建也应该是标杆，要深刻把握重要地位和职责使命，把抓整改、强党建作为落实全面从严治党要求的紧迫任务，与推进高校改革发展稳定和“双一流”建设有机结合，确保成为坚持党的领导、培养中国特色社会主义事业合格建设者和接班人的坚强阵地。

会议强调，中管高校要增强“四个意识”，提高政治站位，把坚决贯彻党的理论路线方针政策和中央重大决策部署，作为首要职责任务抓紧抓好。要充分发挥高校党委领导核心作用，正确处理党委领导和校长负责的关系，健全贯彻执行民主集中制的具体制度。要加强高校领导班子和干部队伍建设，坚持用习近平总书记系列重要讲话精神和治国理政新理念新思想新战略武装头脑，按照更加科学、更加严密、更加有效的要求选干部配班子，坚持依法依规治校，真正使思想政治建设严起来、选人用人严起来、日常管理监督严起来。要强化院系党组织政治功能，以教师党支部为重点着力解决基层党组织软弱涣散问题，做好高校青年教师入党工作，配强党务工作力量，推动高校基层党建全面进步、全面过硬。

会议要求，中管高校党委要切实履行主体责任，以强烈的政治担当，加力推进整改，把管党治校、加强党建的责任和措施落到底。有关部门要认真担起分内之责，加强指导推动。地方党委要担负属地管理责任，及时研究解决重要问题。继续开展好基层党建述职评议考核工作，把整改责任落到抓常抓长上，健全长效机制，从根本上解决问题。

9月15日

中宣部、中央直属机关工委、中央国家机关工委、教育部、中央军委政治工作部、北京市委在京举办“砥砺奋进的五年”系列报告会第六场报告会。报告会由中央直属机关工委副书记侯凯主持，在京党政军机关干部、中央企业负责人、高校师生和首都各界群众约800人参加了报告会。邀请中宣部常务副部长、中央文明办主任黄坤明做了题为《坚定文化自信　建设社会主义文化强国》的专题报告。

9 月 19 日

中共中央政治局委员、国务院副总理刘延东在陕西出席第三届中国“互联网＋”大学生创新创业大赛，接见参加“青年红色筑梦之旅”的大学生代表，出席杨凌农业高新技术产业示范区成立 20 周年总结会，强调要认真学习贯彻习近平总书记系列重要讲话精神和治国理政新理念新思想新战略，按照李克强总理关于做好创新创业工作要求，深入实施创新驱动发展战略，深化教育教学改革，培养更多德才兼备的有为人才，在全面建成小康社会、实现“两个一百年”奋斗目标进程中发挥科教引领作用和人才支撑作用。

9 月 20 日

中宣部、中央直属机关工委、中央国家机关工委、教育部、中央军委政治工作部、北京市委在京举办“砥砺奋进的五年”系列报告会第七场报告会。报告会由中宣部副部长庹震主持，在京党政军机关干部、中央企业负责人、高校师生和首都各界群众约 800 人参加了报告会。邀请中央改革办常务副主任穆虹做了题为《党的十八大以来全面深化改革取得重大成就》的专题报告。

同日，《习近平谈治国理政》意大利文版和阿尔巴尼亚文版首发式分别在意大利首都罗马和阿尔巴尼亚首都地拉那举行。意大利和阿尔巴尼亚两国政要分别在首发式上致辞并为新书揭幕，两国政界、经济界、文化界、新闻出版界人士出席首发式。首发式活动在两国引起热烈反响。

9 月 21 日

教育部、财政部、国家发展改革委公布世界一流大学和一流学科(简称“双一流”)建设高校及建设学科名单。共有 137 所高校入围，其中，一流大学建设高校共计 42 所，其中包括北京大学、清华大学、中国人民大学、北京师范大学等 A 类高校 36 所，东北大学、郑州大学、湖南大学等 B 类高校 6 所。一流学科建设高校共计 95 所，包括北京交通大学、北京工业大学、北京科技大学等。

同日，教育部修订出台了《普通高等学校辅导员队伍建设规定》。

9 月 23 日

“中国共产党创办新型高等教育八十年——扎根中国大地办大学的理论与实践”论坛在中国人民大学举办。教育部党组书记、部长陈宝生出席论坛并讲话。

9 月 24 日

新华网报道，近日，中共中央办公厅、国务院办公厅印发《关于深化教育体制机制改革的意见》，并发出通知，要求各地区各部门结合实际认真贯彻落实。文件指出，要健全立德树人系统化落实机制。强调要构建以社会主义核心价值观为引领的大中小幼一体化德育体系。深入开展理想信念教育，引导学生坚定拥护中国共产党领导，树立中国特色社会主义共同理想。深入开展以爱国主义为核心的民族精神和以改革创新为核心的时代精神教育、道德教育、社会责任教育、法治教育，加强中华优秀传统文化和革命文化、社会主义先进文化教育。健全全员育人、全过程育人、全方位育人的体制机制。创新思想政治教育方式方法，注重理论与实践相结合、育德与育心相结合、课内与课外相结合、线上与线下相结合、解决思想问题与解决实际问题相结合。加强学校教育、家庭教育、社会教育的有机结合，构建各级党政机关、社会团体、企事业单位及街道、社区、镇村、家庭共同育人的格局。要注重培养支撑终身发展、适应时代要求的关键能力。培养认知能力、合作能力、创新能力和职业能力。要建立促进学生身心健康、全面发展的长效机制。切实加强和改进体育，改变美育薄弱局面，深入开展劳动教育，加强心理健康教育和国防教育。

9 月 25 日

刘延东出席 2017 年全国教书育人楷模及优秀教师座谈会并发表讲话。

9 月 29 日

新华网报道，中央文献出版社近日出版由中共中央文献研究室编辑的《习近平关于社会主义生态文明建设论述摘编》一书，在全国发行。书中收录259段论述，摘自习近平同志2012年11月15日至2017年9月11日期间的讲话、报告、谈话、指示、批示、贺信等80多篇重要文献。其中许多论述是第一次公开发表。

10月

10月3日

中共中央总书记、国家主席、中央军委主席习近平致信祝贺中国人民大学建校80周年，向全体师生员工和广大校友致以热烈的祝贺。

习近平在贺信中指出，中国人民大学是我们党创办的第一所新型正规大学。建校以来，中国人民大学始终坚持党的领导，坚持马克思主义指导地位，坚持为党和人民事业服务，形成了鲜明办学特色，在我国人文社会科学领域独树一帜，为我国革命、建设、改革事业培养输送了一批又一批优秀人才。

习近平强调，当前，党和国家事业正处在一个关键时期，我们对高等教育的需要比以往任何时候都更加迫切，对科学知识和卓越人才的渴求比以往任何时候都更加强烈。希望中国人民大学以建校80周年为新的起点，围绕解决好为谁培养人、培养什么样的人、怎样培养人这个根本问题，坚持立德树人，遵循教育规律，弘扬优良传统，扎根中国大地办大学，努力建设世界一流大学和一流学科，为我国高等教育事业繁荣发展，为实现“两个一百年”奋斗目标、实现中华民族伟大复兴的中国梦做出新的更大贡献。

同日，中国人民大学建校80周年庆祝大会在京举行。中共中央政治局委员、国务院副总理刘延东在会上宣读了习近平的贺信并致辞。她表示，要深入落实习近平总书记重要指示精神，贯彻党的教育方针，围绕立德树人根本任务，弘扬立学为民、治学报国传统，深化教育综合改革，不断提高办学水平，在建设世界一流大学和一流学科征程上迈出坚实步伐，为国家发展和民族复兴培养更多优秀人才。

10月5日

新华网报道，人民出版社近日出版由中共中央编译局编译的《列宁全集》第二版增订版60卷。增订版是马克思主义理论研究和建设工程的重点项目，由国家出版基金资助出版，旨在为深入学习和研究马克思列宁主义理论、推进中国特色社会主义事业提供更加完整、丰富、精准、翔实的基础文本。

10月8日

新华网报道，中央文献出版社近日出版由中共中央文献研究室编辑的《习近平关于社会主义社会建设论述摘编》一书，在全国发行。书中收录326段论述，摘自习近平同志2012年11月15日至2017年9月19日期间的讲话、报告、演讲、指示、批示、贺信等140篇重要文献。其中许多论述是第一次公开发表。

10月9日

中共中央政治局委员、国务院副总理刘延东在贯彻落实《关于深化教育体制机制改革的意见》电视电话会议上强调，要深入贯彻习近平总书记系列重要讲话精神，落实党中央、国务院部署，深化教育改革，推进教育现代化和教育强国建设，为决胜全面小康社会、实现中国梦奠定坚实基础。

10月11日

云南省人力资源和社会保障厅与省教育厅印发《云南省高等学校教师职称评审条件》，增加了从事就业创业指导、技能实践和学生思想政治工作教师的评价条件，并首次把高校辅导员纳入高校教师职称评审范围。

10月18日

中国共产党第十九次全国代表大会在北京人民大会堂开幕。习近平代表第十八届中央委员会向大会做报告。

习近平强调，实现伟大梦想，必须进行伟大斗争；实现伟大梦想，必须建设伟大工程；实现伟大梦想，必须推进伟大事业。伟大斗争，伟大工程，伟大事业，伟大梦想，紧密联系、相互贯通、相互作用，其中起决定性作用的是党的建设新的伟大工程。

习近平用“八个明确”对新时代中国特色社会

主义思想进行了阐述。他说，新时代中国特色社会主义思想明确坚持和发展中国特色社会主义，总任务是实现社会主义现代化和中华民族伟大复兴，在全面建成小康社会的基础上，分两步走，在本世纪中叶建成富强民主文明和谐美丽的社会主义现代化强国。

习近平指出，新时代中国特色社会主义思想，是对马克思列宁主义、毛泽东思想、邓小平理论、“三个代表”重要思想、科学发展观的继承和发展，是马克思主义中国化最新成果，是党和人民实践经验和集体智慧的结晶，是中国特色社会主义理论体系的重要组成部分，是全党全国人民为实现中华民族伟大复兴而奋斗的行动指南，必须长期坚持并不断发展。

习近平指出，要坚定文化自信，推动社会主义文化繁荣兴盛。牢牢掌握意识形态工作领导权；培育和践行社会主义核心价值观；加强思想道德建设；繁荣发展社会主义文艺；推动文化事业和文化产业发展。

习近平在“提高保障和改善民生水平，加强和创新社会治理”部分，首先谈道：优先发展教育事业。建设教育强国是中华民族伟大复兴的基础工程，必须把教育事业放在优先位置，加快教育现代化，办好人民满意的教育。要全面贯彻党的教育方针，落实立德树人根本任务，发展素质教育，推进教育公平，培养德智体美全面发展的社会主义建设者和接班人。推动城乡义务教育一体化发展，高度重视农村义务教育，办好学前教育、特殊教育和网络教育，普及高中阶段教育，努力让每个孩子都能享有公平而有质量的教育。完善职业教育和培训体系，深化产教融合、校企合作。加快一流大学和一流学科建设，实现高等教育内涵式发展。健全学生资助制度，使绝大多数城乡新增劳动力接受高中阶段教育、更多接受高等教育。支持和规范社会力量兴办教育。加强师德师风建设，培养高素质教师队伍，倡导全社会尊师重教。办好继续教育，加快建设学习型社会，大力提高国民素质。

10 月 19 日

十九大中央国家机关代表团会议讨论向中外记者开放。十九大代表、教育部部长陈宝生在发言中表示，我国教育体制“四梁八柱”的改革方案基本建立，教育改革进入“全面施工内部装修”阶段。陈宝生最后强调，接下来我们会按照十九大报告的要求，承担起教育在中国特色社会主义新时代的历史使命，全面落实教育方针，落实好立德树人的根本任务，发展素质教育，推进教育公平，建设教育强国，加快教育现代化，办好人民满意的教育。

10 月 23 日

由北京师范大学思想政治工作研究院院长冯刚教授担任首席专家的 2017 年度国家社科基金教育学重大项目“高校思想政治教育工作质量评价体系研究”开题研讨会在北京师范大学顺利召开。

10 月 24 日

中国共产党第十九次全国代表大会在北京人民大会堂胜利闭幕。习近平同志主持大会。

大会通过了关于十八届中央委员会报告的决议。大会批准习近平同志代表十八届中央委员会所做的报告。决议指出，报告描绘了决胜全面建成小康社会、夺取新时代中国特色社会主义伟大胜利的宏伟蓝图，进一步指明了党和国家事业的前进方向，是全党全国各族人民智慧的结晶，是我们党团结带领全国各族人民在新时代坚持和发展中国特色社会主义的政治宣言和行动纲领，是马克思主义的纲领性文献。

大会强调，经过长期努力，中国特色社会主义进入了新时代，这是我国发展新的历史方位。中国特色社会主义进入新时代，我国社会主要矛盾已经转化为人民日益增长的美好生活需要和不平衡不充分的发展之间的矛盾。我国社会主要矛盾的变化是关系全局的历史性变化，对党和国家工作提出了许多新要求。

大会强调，围绕回答新时代坚持和发展什么样的中国特色社会主义、怎样坚持和发展中国特色社会主义这个重大时代课题，我们党以全新的视野深化对共产党执政规律、社会主义建设规律、人类社会发展规律的认识，进行艰辛理论探索，取得重大理论创新成果，创立了习近平新时代中国特色社会主义思想。习近平新时代中国特色社会主义思想，是对马克思列宁主义、毛泽东思想、邓小平理论、“三个代表”重要思想、科学发展观的继承和发展，是马克思主义中国化最新成果，是党和人民实践经验和集体智慧的结晶，是中国特色社会主义理论体系的重要组成部分，是全党全国人民为实现中华民族伟大复兴而奋斗的行动指南，必须长期坚持并不断发展。

大会强调，坚持党对一切工作的领导，坚持以人民为中心，坚持全面深化改革，坚持新发展理念，坚持人民当家做主，坚持全面依法治国，坚持社会主义核心价值体系，坚持在发展中保障和改善民生，坚持人与自然和谐共生，坚持总体国家安全观，坚持党对人民军队的绝对领导，坚持“一国两制”和推进祖国统一，坚持推动构建人类命运共同体，坚持全面从严治党，这十四条构成新时代坚持和发展中国特色社会主义的基本方略。全党同志必须全面贯彻党的基本理论、基本路线、基本方略，更好引领党和人民事业发展。

大会强调，打铁必须自身硬。新时代党的建设总要求是：坚持和加强党的全面领导，坚持党要管党、全面从严治党，以加强党的长期执政能力建设、先进性和纯洁性建设为主线，以党的政治建设为统领，以坚定理想信念宗旨为根基，以调动全党积极性、主动性、创造性为着力点，全面推进党的政治建设、思想建设、组织建设、作风建设、纪律建设，把制度建设贯穿其中，深入推进反腐败斗争，不断提高党的建设质量，把党建设成为始终走在时代前列、人民衷心拥护、勇于自我革命、经得起各种风浪考验、朝气蓬勃的马克思主义执政党。

大会强调，全党必须增强政治意识、大局意识、核心意识、看齐意识，坚持党中央权威和集中统一领导，坚定执行党的政治路线，严格遵守政治纪律和政治规矩，在政治立场、政治方向、政治原则、政治道路上同党中央保持高度一致。

大会一致同意，在党章中把习近平新时代中国特色社会主义思想同马克思列宁主义、毛泽东思想、邓小平理论、“三个代表”重要思想、科学发展观一道确立为党的行动指南。大会要求全党以习近平新时代中国特色社会主义思想统一思想和行动，增强学习贯彻的自觉性和坚定性，把习近平新时代中国特色社会主义思想贯彻到社会主义现代化建设全过程、体现到党的建设各方面。

大会同意把中国特色社会主义文化同中国特色社会主义道路、中国特色社会主义理论体系、中国特色社会主义制度一道写入党章，这有利于全党深化对中国特色社会主义的认识、全面把握中国特色社会主义内涵。大会强调，全党同志要倍加珍惜、长期坚持和不断发展党历经艰辛开创的这条道路、这个理论体系、这个制度、这个文化，高举中国特色社会主义伟大旗帜，坚定道路自信、理论自信、制度自信、文化自信，贯彻党的基本理论、基本路线、基本方略。

大会认为，实现中华民族伟大复兴是近代以来中华民族最伟大的梦想，是我们党向人民、向历史做出的庄严承诺。大会同意在党章中明确实现“两个一百年”奋斗目标、实现中华民族伟大复兴的中国梦的宏伟目标。

同日，上海高校全面启动党的十九大精神进思想政治理论课集体备课会，思政理论课教师先学一步、学深一步，推动十九大精神进课堂。上海15名高校领导、200多名高校思政课骨干教师分别在复旦大学、同济大学等7所高校分课程同步开展集体备课会。与会人员就思政课各门课程落实十九大精神的教学重点、热点和难点，十九大精神进高校思政课的有效途径和方法等进行研讨。上海市教卫工作党委、市教委将面向教师，开展覆盖全体思政课教师的专题培训班，分层次分批次开展培训，通过机制化推进集体备课活动，建立起“市级备课＋校际协同＋学校推进”三级备课体系，从教学总目标出发，聚焦到每个章节，确保党的十九大精神全面有机地融入思想政治理论课教学体系。

10月25日

中国人民大学成立“习近平新时代中国特色社会主义思想研究中心”。该中心是全国成立的首家进行习近平新时代中国特色社会主义思想研究的专业学术机构。

10月27日

中共中央总书记习近平主持召开十九届中共中央政治局会议，研究部署学习宣传贯彻党的十九大精神，审议《中共中央政治局关于加强和维护党中央集中统一领导的若干规定》和《中共中央政治局贯彻落实中央八项规定的实施细则》。

会议强调，要把学习党的十九大精神作为党的理论武装工作的重点任务，面向全体党员开展多形式、分层次、全覆盖的学习培训。要把学习党的十九大精神作为党校、干部学院、行政学院教育培训的必修课，作为学校思想政治教育和课堂教学的重要内容。要组织开展内容丰富、形式多样的宣传教育活动，注重宣传各地区各部门学习贯彻的具体举措和实际行动，注重反映基层干部群众学习贯彻的典型事迹和良好风貌，广泛吸引干部群众积极参与，在全社会形成学习贯彻党的十九大精神的浓厚氛围。要加强对外宣传，针对国际社会关切，积极宣介党的十九大精神。

会议指出，要组织开展集中宣讲活动，推动党的十九大精神进企业、进农村、进机关、进校园、进社区、进军营、进网站。领导干部要带头学、带头讲、带头干，把党的十九大精神讲清楚、讲明白，让老百姓听得懂、能领会、可落实，推动党的理论创新成果走近群众，凝聚党心民心、扩大社会共识。

11 月

11 月 1 日

教育部党组召开教育系统学习贯彻十九大精神座谈会，深入交流学习贯彻党的十九大精神、贯彻落实习近平新时代中国特色社会主义思想情况，深化十九大精神学习宣传贯彻工作。教育部党组成员、副部长朱之文主持会议并讲话。

同日，教育部直属系统“学习贯彻党的十九大精神集中轮训班”首期班开始集中面授课程，共 270 余人参加，中央党校、国家行政学院、国防大学、中国人民大学等单位知名专家学者将为学员授课。

11 月 2 日

教育部党组召开高校社科界学习贯彻党的十九大精神座谈会。与会同志围绕学习领会习近平新时代中国特色社会主义思想、中国特色社会主义进入新时代的新论断、我国社会主要矛盾新变化和“两步走”新目标、构建人类命运共同体、习近平教育思想、牢牢掌握意识工作领导权、培育和践行社会主义核心价值观、落实立德树人根本任务、党的建设新要求等做了交流发言，并就推动习近平新时代中国特色社会主义思想进教材进课堂进头脑、推进教育现代化建设教育强国、加快构建中国特色哲学社会科学、加强和改进高校思想政治工作等畅谈了思路举措。

同日，教育部党组印发通知，要求各地教育部门和各级各类学校紧密团结在以习近平同志为核心的党中央周围，不忘初心、牢记使命，把广大党员干部和师生员工的思想和行动统一到党的十九大精神上来，把智慧和力量凝聚到落实党的十九大确定的各项任务上来，从教育实际出发，着眼于解决人民群众关心的实际问题，着眼于推进教育现代化，着眼于当前的重点工作。

通知要求，要扎实推动党的十九大精神学习研究宣传全覆盖，自觉用习近平新时代中国特色社会主义思想武装广大干部师生头脑。要系统推进学习培训。实现“上率下”全员学习，开展“部省校”专题培训，实现所有干部教师全覆盖。要开展“百千万”宣讲对谈和组织“高精尖”专项研究。要切实做好习近平新时代中国特色社会主义思想进学术、进学科、进课程、进培训、进读本的“五进”。

通知强调，要认真落实党的十九大提出的任务要求，浓墨重彩书写好教育系统“奋进之笔”。各级教育部门和各级各类学校要积极回应人民群众对教育的新期待，集中力量推出一批“亮点工程”，切实把党的十九大精神转化为推动各项工作创新发展的强大动力。要落实立德树人根本任务，积极培育和践行社会主义核心价值观，把社会主义核心价值观转化为师生的情感认同和行为习惯。要加快推进教育现代化。对落实优先发展教育事业、加快教育现代化、建设教育强国做出全面安排。完善教育现代化顶层设计，统筹推进世界一流大学和一流学科建设，着力振兴中西部高等教育，全面加强“一带一路”沿线国家教育合作。要打好教育改革攻坚战。要积极回应人民教育关切，加强师德师风建设。要建设“基层党建质量年”，强化思想武装，深入推进“两学一做”学习教育常态化制度化。

11月4日

习近平同志2017年10月18日在中国共产党第十九次全国代表大会上所做的报告《决胜全面建成小康社会　夺取新时代中国特色社会主义伟大胜利》的蒙古、藏、维吾尔、哈萨克、朝鲜、彝、壮7种少数民族文字单行本已由中国民族语文翻译局翻译，民族出版社出版，即日起向全国公开发行。

同日，中国共产党第十九次全国代表大会审议通过的《中国共产党章程》的蒙古、藏、维吾尔、哈萨克、朝鲜、彝、壮7种少数民族文字单行本已由中国民族语文翻译局翻译，民族出版社出版，即日起向全国公开发行。

11月7日

教育部网站报道，日前，教育部印发《学校体育美育兼职教师管理办法》。教育部体育卫生与艺术教育司负责人就这个文件的有关问题回答了记者提问。有关负责人指出，要充分吸收与利用社会各方体育美育师资资源，充实学校体育美育教学力量。联合与依托体育、文化等相关部门，鼓励和引导思想政治素质好、具有良好职业道德、具备较高体育和艺术专业水平的人士担任体育美育兼职教师。

同日，新华网报道，外文出版社近日以中英文版出版中宣部(国务院新闻办公室)会同中央文献研究室、中国外文局编辑的《习近平谈治国理政》第二卷，面向海内外发行。《习近平谈治国理政》第二卷收录了习近平总书记在2014年8月18日至2017年9月29日期间的讲话、谈话、演讲、批示、贺电等99篇，分为17个专题。为便于读者阅读，该书做了必要注释。该书还收录了习近平总书记这段时间内的图片29幅。

11月8日

教育部党组召开教师工作战线学习贯彻党的十九大精神座谈会。教育部党组成员、副部长孙尧出席会议并讲话。与会同志表示，党的十九大报告明确提出，加强师德师风建设，培养高素质教师队伍，倡导全社会尊师重教。报告对新时期加强教师队伍建设提出了新方向、新命题和新要求。为落实十九大精神，国家将出台加强教师队伍建设的意见。下一步，各地要以贯彻党的十九大精神、落实加强教师队伍建设意见为契机，高站位、促改革、抓落实，举旗铸魂，坚持党对教师队伍建设的领导；务求实效，全面加强师德师风建设；提升素质，全面振兴教师教育；多措并举，全面深化教师管理改革；补强配优，全面加强乡村教师队伍建设；尊师重教，全面提升教师地位待遇，全面开启新时代教师队伍建设的新征程。孙尧希望，广大教师要结合自身学习生活、教书育人、研究服务的实践，将党的十九大精神特别是习近平新时代中国特色社会主义思想，切实转化为提升思想政治素养和教育理论素养的学习行动，切实转化为提高教育教学水平的立德树人行动，切实转化为推动教育改革发展的落实行动，切实转化为建设创新型国家的科研行动，切实转化为推动经济社会发展的服务行动。

同日，新华网报道，党的十九大报告单行本中文繁体版10月31日在香港上架开售，掀起销售热潮。截至11月3日，累计发行近15000册，创时政类图书发行量历史新高。香港联合出版(集团)有限公司董事兼副总裁李济平8日接受记者采访时表示，党的十九大报告单行本中文繁体版上市后，深受香港各界欢迎。不少社团组织、研究机构、政府部门等积极预订，读者反响热烈，形成一股关注、了解和学习十九大精神的热潮。一些读者表示，对于能够快速拿到单行本非常激动，认为十九大报告以单行本的形式如此快速送到民众手中，在香港前所未有。

11月9日

由中国国务院新闻办公室、中国外文局、中国驻老挝大使馆主办的《习近平谈治国理政》老挝文版首发式在老挝首都万象举行。

11月13日

《光明日报》刊发教育部党组书记、部长陈宝生文章《坚定不移办好中国特色社会主义教育》。文章指出，党的十九大高举中国特色社会主义伟大旗帜，把习近平新时代中国特色社会主义思想写入党章，确立为党必须长期坚持的指导思想，明确了新时代中国共产党的历史使命，开启了全面建设社会主义现代化国家新征程。教育系统将深入学习宣传贯彻党的十九大精神，自觉用习近平新时代中国特色社会主义思想武装头脑、指导实践、推动工作，全面贯彻党的教育方针，落实立德树人根本任务，加快建设教育强国，办好中国特色社会主义教育。教育部党组研究决定，启动实施“写好教育奋进之笔行动”，把习近平新时代中国特色社会主义思想转化为优先发展教育事业的生动实践。

11 月 21 日

教育部决定成立“百人宣讲团”，启动教育系统学习宣传贯彻党的十九大精神宣讲对谈活动。“百人宣讲团”将面向教育系统领导干部和师生员工充分宣传党的十九大精神，有机宣传十八大以来教育事业改革发展取得的巨大成就，有机宣传优先发展教育事业部署要求和教育系统学习宣传贯彻十九大精神“写好教育奋进之笔行动”。“百人宣讲团”成员由教育部党组成员、中管高校党委书记、部分教育系统十九大党代表、地方党委教育工作部门负责同志及数十名高校哲学社会科学专家组成，教育部党组书记、部长陈宝生担任团长。

教育系统“百人宣讲团”将在全国各地开展面对面宣讲、互动化对谈。教育部要求，各地党委教育工作部门切实担负起“百人宣讲团”本地成员宣讲对谈活动的主体责任，主要负责同志要承担起第一责任人的责任，带头完成好“百人宣讲团”宣讲对谈任务。地方党委教育工作部门负责同志、中管高校党委书记、十九大党代表、高校哲学社会科学专家等宣讲团成员由地方党委教育工作部门牵头统筹安排，按照属地和就近原则开展宣讲对谈；高校哲学社会科学专家也可受邀在全国范围内开展宣讲对谈。

11 月 30 日

国务院新闻办公室举行第四个国家宪法日活动及全民普法工作发布会。发布会上，教育部副部长田学军回答了记者关于宪法日主题教育活动、做好青少年法治教育等问题。

12 月

12 月 6 日

教育部发布《高校思想政治工作质量提升工程实施纲要》。

12 月 7 日

北京市委教育工委在北京会议中心举办新时代高校思想政治工作创新发展研讨会暨北京高校思想政治工作研究中心揭牌仪式。

12 月 11 日—14 日

团中央社会联络部在上海团校举办全国青少年事务社会工作专业人才学习党的十九大精神专题培训班。

12 月 14 日

在习近平总书记出席全国高校思想政治工作会议并发表重要讲话一周年之际，中宣部、中组部、教育部党组在京召开加强和改进高校思想政治工作座谈会。会议强调，要深入学习贯彻习近平新时代中国特色社会主义思想和党的十九大精神，深入贯彻落实习近平总书记关于加强和改进高校思想政治工作的重要论述，努力开创新时代高校思想政治工作新局面。国务院副总理刘延东主持会议。中共中央政治局委员、中组部部长陈希出席。中共中央政治局委员、中宣部部长黄坤明讲话。

12 月 15 日

《人民日报》报道，教育部组织开展的“学习宣传贯彻党的十九大精神——千名高校优秀辅导员‘校园巡讲’和‘网络巡礼’活动”，在“线下”，由教育部组织 30 名优秀辅导员组成全国报告团，分成 6 组奔赴 31 个省(区、市)开展示范巡讲，各省(区、市)组织本地区优秀辅导员到省属高校开展区域巡讲；在“线上”，人民网、光明网等媒体开设“辅导员双巡”活动专题，进行在线学习交流，推动实现学习宣传全覆盖。全国示范性集中巡讲历时 10 余天，3 万多名学生现场聆听了报告，100 多万学生在线收看了报告。据悉，全国报告团示范性巡讲结束后，各地第一时间制订了“双巡”工作方案，组建本地“双巡”报告团，1000余名高校优秀辅导员将在1个月左右的时间里完成500多场巡讲报告，50余万名学生现场听报告、1000多万名学生通过在线直播收看报告。

12月18日

新华网报道，中共中央总书记、国家主席习近平《携手建设更加美好的世界——在中国共产党与世界政党高层对话会上的主旨讲话》单行本，已由人民出版社出版，即日起在全国新华书店发行。

12月22日

教育部面向教育系统各级各类学校，通过建设“百人宣讲团”专家的“权威示范课堂”、高校思政课骨干教师的“名师示范课堂”、大中小学优秀教师的“特色示范课堂”，打造万个学习贯彻党的十九大精神的示范课堂。“万个示范课堂”覆盖不同群体、不同学段、不同课程，确保教育教学充分体现习近平新时代中国特色社会主义思想，引导教育系统广大党员领导干部和师生员工牢固树立“四个意识”，坚定“四个自信”，坚持“四个服务”，把思想统一到党的十九大精神上来，把力量凝聚到党的十九大确定的各项任务上来。

教育部要求，各地党委教育工作部门要高度重视、扎实推进，将“万个示范课堂”建设纳入学习宣传贯彻党的十九大精神总体安排。各级各类学校作为建设主体，负责组织教师开展各项具体工作。要紧密结合实际，根据不同地区、不同群体、不同学段、不同课程的特点，将学习贯彻党的十九大精神与日常教学工作有机结合，有机融入、择优建设。

同日，国务院副总理刘延东出席教育部直属高校工作咨询委员会第27次会议时强调，要深入学习贯彻习近平新时代中国特色社会主义思想和党的十九大精神，扎根中国大地办大学，培养担当民族复兴大任的时代新人，为全面建成社会主义现代化强国做出新贡献。刘延东指出，党的十八大以来，我国高等教育体系更趋完备，教育公平迈出重大步伐，综合改革纵深推进，人才培养质量和科学研究水平稳步提升，为经济社会发展提供了重要支撑。

12月25日

在大学生“三下乡”社会实践活动开展20周年之际，2017年大学生“三下乡”社会实践活动总结暨工作研讨会在清华大学召开。团中央书记处书记傅振邦出席会议并讲话。全国学联、中宣部宣教局、中央文明办三局、教育部思政司、团中央学校部、团中央网络影视中心以及有关高校党委负责同志和部分高校团委书记、学生代表参加研讨会。

12月25日—26日

团中央召开“学习十九大　改革再出发”研讨会，标志着共青团学习宣传贯彻党的十九大精神转入深入研究贯彻措施阶段。团中央书记处常务书记贺军科主持会议并讲话。会议强调，学习宣传贯彻党的十九大精神，对于共青团来讲，落到行动的最重要体现就是在习近平新时代中国特色社会主义思想指导下深化共青团改革，真正让共青团更好发挥组织功能、更好焕发生机活力。

12月28日

由人民日报社指导，人民论坛杂志社、《国家治理》周刊等单位联合主办的习近平新时代中国特色社会主义思想研讨会暨2017第四届国家治理高峰论坛年会在北京举行。全国政协副主席王家瑞、人民日报社副总编辑张首映等致辞。与会者围绕“新思想的时代坐标”“习近平精准扶贫思想”“国家治理体系现代化与信用中国”等议题进行了深入研讨和交流。与会者一致认为，习近平新时代中国特色社会主义思想是我们置身新时代、站在新起点、迈向新征程、实现新目标的思想指引，当前最重要的就是切实以习近平新时代中国特色社会主义思想武装头脑、指导实践、推动工作，不断推进国家治理体系和治理能力现代化。

12月31日

中共教育部党组印发《关于认真学习贯彻习近平总书记给莫斯科大学中国留学生重要回信精神的通知》，指出：要充分认识习近平总书记重要回信精神的丰富内涵和重大意义。习近平总书记的重要回信情真意切、语重心长、思想深刻、内涵丰富、催人奋进，为教育系统全面落实立德树人根本任务，大力培养担当民族复兴大任的时代新人进一步指明了前进方向，提供了根本遵循。要深刻把握总书记重要回信蕴含的重大历史意义。要深刻把握总书记重要回信体现的新时代青年学生成长成才应当肩负的使命担当。要深刻把握总书记重要回信指出的新时代青年学生成长成才应当坚持的正确方向。要深刻把握总书记重要回信强调的新时代青年学生成长成才应当依循的科学路径。

全面贯彻落实习近平总书记重要回信精神。要把学习贯彻习近平总书记重要回信精神与学习贯彻党的十九大精神结合起来，扎实推进习近平新时代中国特色社会主义思想“三进”。要把学习贯彻习近平总书记重要回信精神与切实提升高校思想政治工作质量结合起来，大力促进青年学生健康成长。要把学习贯彻习近平总书记重要回信精神与推进教育强国建设结合起来，切实提升高校人才培养能力。各地各高校要切实把回信精神转化为推动本地本校教育事业改革发展的实际行动，围绕学生、关照学生、服务学生，为青年学生人生出彩搭建广阔舞台，为实现“两个一百年”奋斗目标、实现中华民族伟大复兴的中国梦提供强大的智力支持和人才支撑。

2018 年

1 月

1 月 1 日

《人民日报》报道，习近平总书记 2017 年 12 月 30 日给莫斯科大学的中国留学生回信，勉励他们胸怀大志、刻苦学习、早日成才，并向所有海外学人致以节日问候。欧美同学会（中国留学人员联谊会）2017 年 12 月 31 日在京举行学习习近平总书记给莫斯科大学中国留学生回信精神座谈会。近百位来自不同领域、行业的留学人员出席座谈会。全国人大常委会副委员长、欧美同学会会长陈竺从外地致信，号召广大留学人员，要在习近平新时代中国特色社会主义思想指引下坚定理想信念，志存高远、脚踏实地，在实现中国梦的生动实践中放飞青春梦想。他要求欧美同学会动员广大会员，并向海外留学人员发出号召，认真学习贯彻习近平总书记给莫斯科大学中国留学生回信精神，不忘初心，牢记使命，不断开创留学报国事业新局面。

1 月 3 日

中共中央政治局常委、中央书记处书记王沪宁在全国宣传部长会议讲话中指出，要坚持以习近平新时代中国特色社会主义思想为指导，增强政治意识、大局意识、核心意识、看齐意识，紧紧围绕学习宣传贯彻党的十九大精神这条主线，扎实做好宣传思想文化工作，为在新的历史起点上进行伟大斗争、建设伟大工程、推进伟大事业、实现伟大梦想提供坚强思想保证和强大精神力量。他强调，做好 2018 年宣传思想文化工作，重中之重是落实用习近平新时代中国特色社会主义思想武装头脑的战略任务。要按照学懂、弄通、做实的要求，深化学习教育和宣传阐释，推动习近平新时代中国特色社会主义思想深入人心，引导干部群众增强维护习近平总书记核心地位、维护党中央权威和集中统一领导的自觉性坚定性。要牢牢把握正确政治方向、舆论导向、价值取向，坚持立破并举，突出工作重点，建设具有强大凝聚力和引领力的社会主义意识形态。要加强党对宣传思想文化工作的全面领导，坚持以党的政治建设为统领，落实好意识形态工作责任制，加强干部和人才队伍建设。

中共中央政治局委员、中宣部部长黄坤明主持会议并做工作部署，强调要增强做好新时代宣传思想文化工作的自信自觉，把学习宣传贯彻习近平新时代中国特色社会主义思想和十九大精神引向深入。着眼深入人心，坚持用习近平新时代中国特色社会主义思想武装全党、教育人民；着眼凝心聚力，营造决胜全面建成小康社会的浓厚舆论氛围；着眼以文化人，繁荣发展社会主义文化；着眼成风化俗，提高人民文明素养和全社会文明程度。坚持和加强党对意识形态工作的全面领导，牢牢掌握工作领导权。落实全面从严治党要求，加强宣传思想文化战线党的建设。

1 月 4 日

全国高校思想政治工作网（www. sizheng-wang. cn）上线开通启动会在北京举行。教育部党组书记、部长陈宝生强调，办好高校思想政治工作网，切实发挥其在提升高校思政工作质量、构建一体化育人体系方面的重要作用，需要在六个方面下功夫。一是立好办网之魂。要以习近平新时代中国特色社会主义思想为指导思想，以习近平总书记关于网络工作的系列重要论述为根本遵循和办网灵魂，积极应对意识形态工作新挑战，发展壮大网络思政力量。二是强化能力建设。关键是要提高运用网络落实立德树人根本任务的能力，把握好“能力＋技术＝网络实力”的内涵要求，切实增强服务师生能力、信息传播能力、接地气能力和把握节奏能力，不断提升网站的影响力和战斗力。三是巩固壮大阵地。要把网站建设成全国高校思政工作的新阵地、主阵地，基于网络特点，线上线下结合，统筹规划布局。四是有效利用资源。要充分调动各方积极性，统筹运用各类资源，创新手段方式，把高校思政网建设成为新时代思政工作的优质资源，增强网站核心竞争力，以优质资源吸引资源、配置资源、创造新的资源。五是改进传播方法。要及时研究总结高校思政网的呈现方式、表达方式、语言特点，学会用网络的、校园的、青年的传播方法，做好网站建设的各项工作，形成独具特色的方法体系，不断增强高校思政网的吸引力和凝聚力。六是敢于担当责任。既要担当起办好网站的责任，也要担当起确保网络安全的责任，更要担当起开创思政工作新局面、守好意识形态阵地的重要责任。

同日，《人民日报》发布天津市加强高校思想政治教育纪实。2017 年年初，在对全市高校思政课开展专项调研后，天津相继出台了队伍培养、职称晋升、社会考察、专项科研等方面的促进政策，形成了完善的思想政治工作制度体系。天津市委教育工委、天津市教委协调市编办为高校增加了 1300 个专职思政课教师、辅导员编制，充实思政工作队伍。在 2016 年“十三五”综合投资投入 4000 万元的基础上，2017 年天津新设立 1 亿元高校思想政治工作专项经费，为提升思政工作质量提供充足财力支撑，让思政课不再被边缘化。同时，思政课教师更加有自信、有动力推进教学改革，努力探索提升思政课魅力，让学生真正爱上思政课，涌现出天津科技大学“安力群大学生创新实验室”、思政教育“超级校园”手机应用平台等成果。

1 月 5 日

《中国青年报》报道，从 2015 年春季开始，广东有 1600 多人次的高校党委书记和校长走上讲台，为大学生讲授第一堂思想政治理论课。2017 年秋季学期起，广东省教育厅将每学期上“第一课”的范围拓展到高校院（系）党组织书记、院长（系主任），形成学校党委书记、校长主动带头，院（系）党组织书记、院长（系主任）积极行动的“第一课”工作态势。

同日，《光明日报》报道，党的十九大召开后，全国教育系统通过“写好教育奋进之笔行动”“百千万宣讲对谈”等形式多样的宣讲活动和载体，掀起广大干部师生学习贯彻习近平新时代中国特色社会主义思想的热潮。除了实施“十九大精神学习研究宣传全覆盖”行动外，教育部还将实施“习近平新时代中国特色社会主义思想‘五进’”“基层党建质量年”“教育改革攻坚战”“答好人民关切题”和“加快教育现代化”等五大行动，切实推动习近平新时代中国特色社会主义思想在教育领域落地生根。

同日，教育部发布《关于公布首批全国高校黄大年式教师团队的通知》，吉林大学地球探测与信息技术教师团队等团队入选首批“全国高校黄大年式教师团队”。

1 月 12 日

教育部办公厅发布关于印发《贯彻落实〈高校思想政治工作质量提升工程实施纲要〉部内分工方案》的通知。这个方案将相关工作分为以下 14 个方面并规定了相应负责部门：(1)统筹推进课程育人；(2)着力加强科研育人；(3)扎实推动实践育人；(4)深入推进文化育人；(5)创新推动网络育人；(6)大力促进心理育人；(7)切实强化管理育人；(8)不断深化服务育人；(9)全面推进资助育人；(10)积极优化组织育人；(11)强化改革驱动；(12)搭建工作平台；(13)建强工作队伍；(14)强化组织保障。

同日，第三次全国高校网络文化建设工作推进会在中山大学召开。会议系统总结了近年来中央网信办与教育部紧密合作、各级网信部门和教育系统协调联动，在创新高校思想政治教育、加强高校网络文化建设、推进争做中国好网民工程等方面采取的系列举措和取得的成绩，围绕新时代网络文化建设和网络育人工作进行了深入研讨交流，并表彰了第二届全国大学生网络文化节、全国高校网络宣传优秀成果推选展示活动中的优秀作品。

1月15日

学习宣传贯彻习近平新时代中国特色社会主义思想系列研讨会首场研讨会在京召开，中共中央政治局委员、中宣部部长黄坤明出席会议并讲话，强调要深刻把握习近平新时代中国特色社会主义思想的政治意义、历史意义、理论意义、实践意义，切实增强学习宣传贯彻的政治自觉、思想自觉、行动自觉。

1月15日—16日

共青团十七届七中全会在北京召开。全会深入学习贯彻习近平新时代中国特色社会主义思想和党的十九大精神，认真学习贯彻习近平总书记关于党的群团工作的重要思想，认真学习贯彻党中央书记处和王沪宁同志对共青团工作的指示要求，总结过去一年全团工作，研究部署2018年共青团工作。会议强调，旗帜鲜明讲政治，是共青团作为党的助手和后备军的本质体现。要坚决维护以习近平同志为核心的党中央权威和集中统一领导，真正把拥护习近平总书记作为全党核心、人民领袖、军队统帅的态度全面落实到做好党的青年群众工作上、体现在把青年最广泛最紧密地团结在以习近平同志为核心的党中央周围上。要紧紧围绕“广大青年在实践中学习中国特色社会主义和共产主义的学校”这一定位，积极传播党的创新理论，让习近平新时代中国特色社会主义思想在团员青年中入脑入心见行动，增强“四个意识”、坚定“四个自信”。要紧紧围绕增强党在青少年中的组织力，建强后备军，培养青年马克思主义者，抓好“推优入党”工作，切实承担起为党源源不断输送新鲜血液这一重大政治责任，确保党的事业薪火相传、后继有人。要尊重政治工作的内在逻辑和规律，把争取人心作为一切工作出发点落脚点，防止将政治工作干成简单的事务性工作。

1月16日

教育部党组在上海召开加强新时代高校思想政治理论课建设现场推进会。教育部党组书记、部长陈宝生在讲话中指出，全国高校思想政治工作会议召开之后，教育部党组积极部署贯彻落实会议精神，提出打一场提高思政课质量和水平的攻坚战，强调思路、师资、教材、教法、机制攻坚，各地各高校思政课呈现出可喜局面，攻坚战取得明显成效。他强调，党的十九大之后，高等教育战线要进一步提高认识，继续加强和改进高校思政课建设。

1月18日

教育部发布《关于全面落实研究生导师立德树人职责的意见》，明确了研究生导师立德树人职责，具体包括提升研究生思想政治素质、培养研究生学术创新能力、培养研究生实践创新能力、增强研究生社会责任感、指导研究生恪守学术道德规范、优化研究生培养条件、注重对研究生人文关怀等七个方面。

1月20日

中共中央、国务院颁发《关于全面深化新时代教师队伍建设改革的意见》。文件包含6个方面内容：坚持兴国必先强师，深刻认识教师队伍建设的重要意义和总体要求；着力提升思想政治素质，全面加强师德师风建设；大力振兴教师教育，不断提升教师专业素质能力；深化教师管理综合改革，切实理顺体制机制；不断提高地位待遇，真正让教师成为令人羡慕的职业；切实加强党的领导，全力确保政策举措落地见效。在提升思想政治素质与加强师德师风建设方面，文件强调，加强教师党支部和党员队伍建设。配齐建强高等学校思想政治工作队伍和党务工作队伍，完善选拔、培养、激励机制，形成一支专职为主、专兼结合、数量充足、素质优良的工作力量。把从事学生思想政治教育计入高等学校思想政治工作兼职教师的工作量，作为职称评审的重要依据，进一步增强开展思想政治工作的积极性和主动性。加强理想信念教育，深入学习领会习近平新时代中国特色社会主义思想，引导教师树立正确的历史观、民族观、国家观、文化观，坚定中国特色社会主义道路自信、理论自信、制度自信、文化自信。创新教师思想政治工作方式方法，开辟思想政治教育新阵地，利用思想政治教育新载体，强化教师社会实践参与，推动教师充分了解党情、国情、社情、民情，增强思想政治工作的针对性和实效性，弘扬高尚师德。

同日，内蒙古自治区党委宣传部、组织部、高校工委联合召开全区高校思想政治工作座谈会。

1 月 23 日

《人民日报》报道，教育部中国特色社会主义理论体系研究中心和嘉兴学院等单位联合举办的“红船精神与习近平新时代中国特色社会主义思想学术研讨会”近日在浙江嘉兴举行。

1 月 23 日—24 日

2018 年全国教育工作会议在北京召开。教育部党组书记、部长陈宝生作工作报告，他指出，解决教育发展不平衡不充分的问题将是我们长期要面对的工作主题。要以问题为导向，将其作为实施“奋进之笔”的着力点和主攻方向。一是聚焦根本保证，坚持和加强党对教育工作的领导。要把党的政治建设摆在首位，狠抓大抓基层党组织建设，持之以恒正风肃纪，抓好意识形态工作。二是聚焦根本任务，系统推进立德树人。要把德育摆在更加重要的位置，坚定青少年理想信念，改进和加强思想政治工作，大力发展素质教育，加强语言文字工作。三是聚焦人民群众关切，不断完善公共教育服务体系。四是聚焦提升贡献力，大力促进教育内涵发展。五是聚焦激发活力，纵深推进教育改革。六是聚焦高素质专业化，全面加强教师队伍建设。七是聚焦保障机制，夯实教育事业基础。

1 月 25 日

教育部在北京召开普通高等学校师范类专业认证工作视频会议。会议指出，教育战线要努力将中央决策部署落到实处，书写教师队伍建设改革“奋进之笔”。

1 月 29 日

教育部习近平新时代中国特色社会主义思想研究中心专家委员会第一次全体会议在北京召开。会议指出，作为教育系统研究阐释习近平新时代中国特色社会主义思想重大任务的重要组成部分，研究中心(院)的成立为教育系统干部师生切实提高政治站位、全面准确把握习近平新时代中国特色社会主义思想的深刻内涵提供了平台。

1 月 31 日

教育部召开教师工作战线学习“西迁精神”座谈会。教育部党组成员、副部长孙尧在讲话中强调，全国广大教师和教育工作者要充分认识学习传承“西迁精神”的重大意义。

2 月

2 月 2 日

教育部发布《关于公布 2017 年国防教育特色学校名单的通知》，综合认定北京大学等 4382 所学校为“国防教育特色学校”。其中，本科院校 196 所，高职(专科)院校 133 所，普通高中 1160 所，中等职业学校 700 所，义务教育阶段学校 2193 所。

2 月 3 日

全国民办教育党建工作推进会在无锡太湖学院举行。教育部党组成员、副部长孙尧在讲话中指出，要提高政治站位，深刻理解和把握习近平新时代中国特色社会主义思想及习近平教育思想，把十九大精神落到实处。

2 月 5 日

中央精神文明建设指导委员会召开第一次全体会议，中共中央政治局常委、中央书记处书记、中央精神文明建设指导委员会主任王沪宁主持会议并讲话。

2 月 6 日

《中国教育报》报道，2018 年第一期“思想政治理论课青椒论坛”日前在中国人民大学开讲。“青椒论坛”是北京高校思想政治理论课高精尖创新中心举办的思政课教学系列讲座论坛之一，该中心以中国人民大学为牵头单位，通过搭建思政课资源平台、培养优秀学生和优质师资等途径，积极建设学生真心喜爱、终身受益的思想政治理论课。

2月7日

《中国教育报》报道，青海自2014年9月起实施了全省高校思想政治理论课“特聘教授”制度，即以“特聘”形式从党政机关、企事业单位、科研机构邀请专家、学者，为省内各高校师生讲思想政治理论课。

2月9日

教育部办公厅发布《组织2018年高校思想政治理论课骨干教师研修的通知》，指出，为深入学习贯彻习近平新时代中国特色社会主义思想和党的十九大精神，深入贯彻落实全国高校思想政治工作会议精神和《中共中央、国务院关于加强和改进新形势下高校思想政治工作的意见》，继续打好提高思政课质量和水平攻坚战，进一步加强“师资攻坚”，努力建设一支高素质思政课教师队伍，全面推动习近平新时代中国特色社会主义思想进教材进课堂进头脑，2018年中宣部、教育部将继续安排高校思政课骨干教师研修。

2月13日

教育部马克思主义理论研究和建设工程重点教材修订工作推进会在京举行。

2月27日

中共中央办公厅、国务院办公厅印发《关于分类推进人才评价机制改革的指导意见》，就分类健全人才评价标准，改进和创新人才评价方式，加快推进重点领域人才评价改革，健全完善人才评价管理服务制度等方面的工作提出了具体意见。就健全教育人才评价体系提出了明确要求，提出要坚持立德树人，把教书育人作为教育人才评价的核心内容。

2月28日

《中国教育报》报道，天津市高校700余名思政课教师分别走进南开大学、天津大学、天津师范大学、天津工业大学，参加习近平新时代中国特色社会主义思想融入四门思政课的专题培训。

本月

由北京师范大学思想政治工作研究院院长冯刚教授、马克思主义学院院长王树荫教授主编的《思想政治教育研究热点年度发布(2017)》出版发行。该书阐明了2017年思想政治教育研究热点的年度特征：坚定正确研究方向，适应新时代发展需要；符合经济社会发展阶段性特征，满足思想政治教育创新发展新要求；研究纵深持续深入，研究视域不断丰富；研究方法灵活多样，研究方法不断完善。该书揭示了思想政治教育研究热点的发展规律：在理论的深化与延伸中把握研究热点；在实践的发展与需求中把握研究热点；深刻理解热点研究与学科发展的双向互动机制。

3月

3月1日

全国学校安全工作电视电话会议在京召开。教育部党组书记、部长陈宝生，公安部部长助理王俭出席会议并讲话。陈宝生强调，必须认真学习贯彻习近平总书记关于安全工作的重要思想，把安全工作摆在教育强国建设更突出位置，时刻把广大师生生命安全放在第一位。一是深刻认识新时代学校安全工作的重要性，健全落实安全管理责任制，完善防控体系，突出安全教育，加强源头治理，加强应急救援，坚决遏制重特大安全事故发生。二是认真分析学校安全工作出现的新情况、新特点、新问题，关注新兴安全领域，认清暴力恐怖主义、民族分裂势力、宗教极端势力和西方意识形态对我国家主权和政治安全的严重威胁。掌握教育舆情主动权，引导舆论理性表达，营造良好舆论生态。三是认真研究学校安全工作面临的新形势，强化依法治理，通过法治途径和方式解决涉校涉生安全事件。四是建立健全校园安全风险防控体系，将安全教育全面纳入国民教育体系，会同有关部门及时为学校提供安全风险提示。五是加强学校安全基础设施建设，做好防溺水、上下学交通、卫生和食品安全等常规安全管理，强化校园欺凌与暴力、校园贷等热点难点治理。同时，加强对学校安全工作的督导检查，及时通报检查情况，及时落实整改措施。

同日，教育部下发通知，2018年全年在全国校园开展“师生健康　中国健康”主题健康教育活动，旨在帮助广大师生牢固树立“健康第一”理念，把健康教育融入学校教育教学各个环节，引导学生树立正确健康观，形成健康的行为和生活方式。

同日，据教育部网站消息，教育部日前授予思政课教师曲建武“全国优秀教师”荣誉称号，并号召全国广大教师和教育工作者以曲建武同志为榜样，深入学习贯彻习近平新时代中国特色社会主义思想和党的十九大精神，深入贯彻落实习近平总书记在全国高校思想政治工作会议上的重要讲话精神，以德立身、以德立学、以德施教，当好青年学生健康成长的指导者和引路人。

3月3日

《中国教育报》刊发全国教育系统学习贯彻习近平新时代中国特色社会主义思想纪实。党的十九大闭幕后，全国教育系统迅速掀起学习贯彻习近平新时代中国特色社会主义思想和党的十九大精神的热潮。(1)全员学习，宣讲对谈，专题培训，集中宣传——大兴学习之风；(2)把准思想，提高站位，上下结合，学深悟透——大兴调研之风；(3)学以致知，学以力行，凝心聚力，守正笃实——大兴实干之风。

同日，《人民日报》报道，中宣部命名第四批50个全国学雷锋活动示范点和50名全国岗位学雷锋标兵。此次命名的全国学雷锋活动示范点和岗位学雷锋标兵，是全社会模范传承雷锋精神、带头践行社会主义核心价值观的突出代表。中宣部强调，要深入学习贯彻习近平新时代中国特色社会主义思想和党的十九大精神，切实增强“四个意识”，牢固树立“四个自信”，围绕社会主义核心价值观建设这一根本任务，抓住提高公民道德素质和社会文明程度这一中心环节，大力弘扬雷锋精神，深入开展学雷锋活动，使学雷锋活动成为推动社会主义核心价值观建设生动载体，不断提升公民道德素质和社会文明程度。

3月5日

国务院总理李克强在第十三届全国人民代表大会第一次会议上作政府工作报告。报告指出，发展公平而有质量的教育。要办好人民满意的教育，让每个人都有平等机会通过教育改变自身命运、成就人生梦想。

3月6日

教育部党组书记、部长陈宝生参加全国政协十三届一次会议教育界别联组会时，就“各个学科课程标准与社会主义核心价值观的具体落实”问题指出，核心价值观要贯穿从幼教到高等教育的全过程，突出各个学段的特点，使社会主义核心价值观在灵魂的塑造、人格的养成、道德教育方面发挥主体性、主导性作用，这正是我们教育要打的硬仗。

3月8日—9日

“新时代·新思想·新学术·新实践”——全国学校共青团2018年学术年会在北京科技大学举办。来自全国各地的300余名学校战线团干部和相关领域理论工作者，从学术角度、理论高度深入学习党的十九大精神和习近平新时代中国特色社会主义思想，深入探索新形势下学校共青团改革攻坚、从严治团的新理念、新思路和新举措。此次年会举行了《高校共青团研究》(辑刊)发布仪式，正式推出《高校共青团研究》第1辑。辑刊由全国学校共青团研究中心、中国青少年研究会合办，按季度发行，设置政策解读、理论探讨、实证调研、实践探索四个固定栏目，根据高校共青团阶段重点工作和来稿情况设置思想引领、权益服务、组织提升等专题栏目，并定期发布团中央书记处、团中央学校部领导重要讲话和政策文件。

3月9日

教育部发布《关于举办第四届中国“互联网+”大学生创新创业大赛的通知》，指出，大赛以“勇立时代潮头敢闯会创　扎根中国大地书写人生华章”为主题，重在把大赛作为深化创新创业教育改革的重要抓手，引导各地各高校主动服务国家战略和区域发展，积极开展教育教学改革探索，切实提高高校学生的创新精神、创业意识和创新创业能力。推动创新创业教育与思想政治教育紧密结合、与专业教育深度融合，促进学生全面发展，努力成为德才兼备的有为人才。推动赛事成果转化和产学研用紧密结合，促进“互联网+”新业态形成，服务经济高质量发展。

同日，共青团中央印发《关于在全团实施“青年大学习”行动的方案》，强调要构建“导学、讲学、研学、比学、践学、督学”六位一体的学习体系。“导学”要领导带头学，指导基层学，培训引导学。“讲学”，团干部面向团员青年开展宣讲，开展集中性宣讲交流活动，抓好面向不同青年群体的宣讲。“研学”要推动全团深入开展调查研究，着力提升全团理论研究水平，开展青年主题研讨交流。“比学”，广泛开展青年学习答题和竞赛，组织青年向典型模范学习，引导青年在今昔对比、中外对比中学习。“践学”，动员广大青年在践行文明新风的行动中提升素养，带领广大青年在深入基层一线的实践中锤炼本领，引导广大青年在创新创业创优的奋斗中实现价值。“督学”，面向团干部分阶段开展学习检验，加强对“青年大学习”的督导考核。

3 月 13 日

由北京师范大学思想政治工作研究院指导的微信公众号“思政热点”正式推出。“思政热点”关注思想政治教育研究热点，把握思想政治教育理论前沿，引领思想政治教育研究趋势，展示思想政治教育理论与实践研究最新成果，打造思想政治教育交叉学科、协同育人、辅导员队伍专业化建设相关研究的新媒体平台。

3 月 14 日

《中国教育报》报道，中宣部、教育部联合举办的 2018 年第 1、2 期高校思政课教师专题轮训班日前在国家教育行政学院开班。来自全国 31 个省(区、市)和新疆生产建设兵团的 200 名“毛泽东思想和中国特色社会主义理论体系概论”“思想道德修养与法律基础”课骨干教师参加为期三周的培训。据悉，2018 年将通过国家示范培训、省级分批培训、学校“三集三提”及网络培训等，分层次分课程多形式开展思政课教师学习贯彻习近平新时代中国特色社会主义思想专题轮训。

3 月 15 日

教育部办公厅发布《关于举办“第十届全国高校辅导员年度人物”推选展示活动的通知》，指出：为深入学习宣传贯彻习近平新时代中国特色社会主义思想和党的十九大精神，全面贯彻落实全国高校思想政治工作会议精神和《中共中央、国务院关于加强和改进新形势下高校思想政治工作的意见》要求，推动高校思想政治工作专门力量建设，教育部决定继续组织开展“全国高校辅导员年度人物”推选展示活动，选树一批辅导员先进人物，宣传一批辅导员典型事迹，充分发挥引领示范和辐射带动作用，以引领广大高校辅导员增强素质能力，提升专业水平，提高工作质量。

3 月 16 日

共青团中央印发《关于推进青年志愿服务工作改革发展的意见》，强调要着力构建事业化推进青年志愿服务的工作格局，把培育、发展青年志愿服务组织作为基础性工作，充分借助互联网、社区等平台实现青年就近就便参与志愿服务，推动青年志愿服务法治化、规范化。这份文件对工作内容进行了部署，第一，加强青年志愿服务组织建设，夯实青年志愿服务发展基础。第二，加强青年志愿者队伍建设，不断壮大青年志愿服务力量。第三，以参与志愿服务为载体，加强对广大青少年的思想引领和价值引领。第四，巩固创新志愿服务项目体系，提升服务党政工作大局的能力。第五，完善体制机制，促进青年志愿服务法治化、规范化发展。

同日，2018 年度全国职业教育与继续教育工作视频会议在北京召开。这次会议的主要任务是贯彻落实习近平新时代中国特色社会主义思想和党的十九大精神，总结工作经验，部署 2018 年重点工作，推动中央决策部署在职业教育与继续教育领域形成生动实践，写好新时代职业教育与继续教育“奋进之笔”。

3 月 20 日

教育部召开党组扩大会，传达学习贯彻十三

届全国人大一次会议和全国政协十三届一次会议精神。会议重点传达了习近平总书记重要讲话精神，其他中央领导同志关于教育的讲话精神，宪法修改、机构改革和职能转变相关内容，政府工作报告关于教育的部署，全国人大常委会、全国政协常委会报告中有关教育的主要内容，两会代表、委员对教育的意见建议等，并对深入贯彻落实两会精神做了全面部署。

3 月 21 日

共青团中央书记处常务书记贺军科主持召开书记处扩大会议，传达学习全国两会精神，部署全团学习宣传贯彻工作。会议要求，全团要学习好、宣传好、贯彻好宪法和其他各项法律。积极利用宪法为共青团做好青少年思想政治引导工作提供了充分法理依据的有利形势，牢牢把握"普及宣传宪法就是普及宣传中国特色社会主义制度"的基本思路，面向广大青少年理直气壮地传播党的意识形态、开展社会主义核心价值观教育。要深入学习政府工作报告、全国人大常委会工作报告、全国政协常委会工作报告等文件，找准共青团工作的结合点、切入点，发挥好广大团员青年的生力军和突击队作用，发挥好共青团组织的桥梁和纽带作用，发挥好政治参与、政治协商的制度化渠道作用。

3 月 23 日

中共中央政治局委员、中宣部部长黄坤明同宣传思想文化系统学习贯彻习近平新时代中国特色社会主义思想和党的十九大精神第一期培训班学员座谈时指出，要下大功夫、真功夫、细功夫，持之以恒、久久为功，推动习近平新时代中国特色社会主义思想深入人心、落地生根，凝聚民族复兴的坚定意志和磅礴力量。他还强调，宣传思想文化工作的主线和首要任务，就是坚持不懈用科学理论武装全党、教育人民，坚持学思用相结合、知信行相统一，做实大学习、抓好大普及、推动大践行。要创新形式载体，融入日常生活，激发群众活力，讲好精彩故事，让科学理论入耳入脑入心，切实转化为人们的自觉行动和生动的社会实践。

3 月 26 日

教育部网站报道，中共教育部党组日前印发《关于加强落实工作的意见》，指出 2018 年要坚持稳中求进总基调、狠抓落实总基点、攻坚克难总要求、"奋进之笔"总抓手，以时不我待、只争朝夕的要求加强落实工作，确保每一项"奋进之笔"都出成果、见实效，交出"得意之作"。一是健全落实责任分工机制。二是健全落实统筹协调机制。三是健全落实法治保障机制。四是健全落实督查督导机制。五是健全落实评估监测机制。六是健全落实奖惩机制。加强落实工作，要全面增强落实本领，加强理论学习，树立正确的政绩观，认真落实中央八项规定精神，发扬钉钉子精神，坚持一张蓝图绘到底，保持政策稳定性和工作连续性，在常和长、严和实、深和细上下功夫，切实提高执行力。

同日，教育部网站报道，中共教育部党组日前印发《关于在教育系统大兴调查研究之风的意见》，决定把 2018 年作为教育系统"调查研究年"，旨在推动在教育系统大兴调查研究之风，写好教育"奋进之笔"。

同日，团十七届中央书记处举行第四十四次集体学习，团中央书记处常务书记贺军科主持集体学习并讲话。他强调，各级团组织要充分认识这次宪法修改的重大意义，全面准确领会和把握核心要义，广泛深入做好学习宣传贯彻宪法的工作，切实引导广大青少年从小掌握宪法法律知识、树立宪法法律意识、养成遵法守法习惯。

3 月 27 日

深入学习宣传和贯彻实施宪法座谈会在京召开。中共中央政治局常委、全国人大常委会委员长栗战书出席会议并讲话。他强调，修改宪法是为了更好地实施宪法，让文本上的宪法"活起来""落下去"，充分发挥国家根本法的作用。要按照党中央统一部署，以习近平新时代中国特色社会主义思想为指导，在全社会开展深入学习宣传和贯彻实施宪法活动，普及宪法知识，弘扬宪法精神，使全体人民成为宪法的忠实崇尚者、自觉遵守者、坚定捍卫者。

3月29日

教育部办公厅发布《关于做好2018年深化创新创业教育改革示范高校建设工作的通知》，要求坚持强化关键领域、优化资源配置、凸显示范引领，以深化课程、师资等重点领域改革为主线，深入推进创新创业教育与专业教育、思想政治教育、职业道德教育紧密结合，深层次融入人才培养全过程。2018年，各示范校在继续落实好《国务院办公厅关于深化高等学校创新创业教育改革的实施意见》明确的9项改革任务的基础上，重点抓好三方面工作：第一，着力建设创新创业教育优质课程。各示范校要面向全体学生开好创新创业教育专门课程，全面打造依次递进、有机衔接、科学合理的专门课程群。每所示范校要建成不少于5门创新创业教育线下精品课程和2门线上精品课程。第二，着力提升教师创新创业教育能力。各示范校要进一步完善专业技术职务评聘和绩效考核标准，强化全体教师创新创业教育责任。第三，着力开展“青年红色筑梦之旅”活动。各示范校要主动联系当地政府农业和扶贫工作有关部门，摸清乡村振兴和精准扶贫脱贫需求，认真研究制订方案，牵头组建不少于2支“青年红色筑梦之旅”团队，组织学生赴革命老区、贫困地区开展相关活动，接受思想洗礼、学习革命精神、传承红色基因、提高实践能力，用创新创业成果服务乡村振兴战略、助力精准扶贫，全力打造覆盖全国范围、具有全局影响的大学生思想政治教育“大课堂”。

同日，《人民日报》刊发评论员文章《找到从“思政课程”到“课程思政”的密钥》。文章指出，推动“思政课程”向“课程思政”的转变，首先要仔细梳理各专业课程的“思政元素”，将其列入教学计划的重要条目和课堂讲授的重要内容，将知识教育同价值观教育结合起来，使各类课程与思政理论类课程同向同行，形成协同效应，构建起全课程育人的格局。在“思政课程”向“课程思政”推进过程中，还要做好几个结合：要结合立德树人这一根本任务，既提升思政课程主渠道作用，又发挥通识课程和第二课堂的育人功能；要结合教职工思想政治工作，提高“课程门门有思政，教师人人讲育人”的责任认知；要结合办学特点和教育规律，依托地域文化，结合大学生成长成才需要，遵循规律，做好教学实施工作；要结合德育和思政工作能力提升，加强队伍建设，全方位打造有理想信念、道德情操、扎实知识和仁爱之心的教师队伍。

3月30日

全国“青年红色筑梦之旅”活动在福建上杭县古田会址启动，将努力把“青年红色筑梦之旅”活动打造成为全国最大最生动的一堂思政课，提高高校思想政治工作的亲和力和针对性，并固化为每年创新创业大赛的制度安排。在活动形式上，要求各地各高校推动创新创业教育与专业教育相融通，组织理工、农林、医学、师范、法律、新闻等人文社科各专业的大学生以及企业家、投资人一起，以“科技中国小分队”“幸福中国小分队”“健康中国小分队”“教育中国小分队”“法治中国小分队”“十九大宣讲小分队”或项目团队组团等形式，走进革命老区、农村地区，接受思想洗礼、学习革命精神、传承红色基因，将高校的智力、技术和项目资源辐射到广大农村地区，推动当地社会经济建设，助力精准扶贫和乡村振兴。

3月30日—31日

中宣部在上海召开学习宣传贯彻习近平新时代中国特色社会主义思想系列研讨会第二场研讨会，这次会议的主题是“新时代　新目标　新征程”。中央有关部门、社科研究单位、高校、习近平新时代中国特色社会主义思想研究中心(院)、理论工作“四大平台”、上海市社科理论界部分专家学者以及地方负责同志共120多人参加了研讨会。与会专家学者围绕深入学习宣传贯彻党的十九大精神进行了热烈深入的研讨，一致认为，必须深刻领会、准确把握党的十九大提出的新的重大思想、重大判断、重大战略和重大任务，激发拥抱新时代、实现新目标、奋斗新征程的动力和热情。

3月31日

由《思想理论教育导刊》编辑部主办、江南大学马克思主义学院承办的第二届全国高校思政课“江南论坛”暨“高校思政课与新媒体新技术高度融合”研讨会在江南大学召开。会议的主题是，以推动全国高校思想政治理论课与新媒体新技术高度融合为切入点，全面提升教师信息技术应用能力，真正发挥教育信息化的支撑作用，用信息技术改造传统思政课教学，进一步提升高校思政课教学质量和水平。来自中南大学、中央民族大学等高校30多位马克思主义学院院长出席会议，《思想理论教育导刊》副主编查朱和，教育部高校思想政治理论课教学指导委员会委员、吉林大学党委宣传部部长韩喜平，北京师范大学思想政治工作研究院院长冯刚等分别致辞。与会代表就如何使新媒体新技术与高校思政课有效高度融合，推进思政课教学改革，进一步提高思政课教学效果，实现思政课教学“由全面施工到内部精装修”，使内容实起来、师生动起来、课堂活起来等问题进行了深入探讨。

同日，由广东省高等院校思想政治教育研究会、《思想教育研究》编辑部主办，华南理工大学马克思主义学院、新岭南文化中心研究基地承办，广东文华在线教育有限责任公司、高等教育出版社、广东蓝色畅想文化投资有限公司协办的“全国高校思想政治理论课教育教学改革创新研讨会”在华南理工大学召开。与会代表就新时代高校思想政治理论课教育教学改革的意义与基本路径、模式创新、方法研究等问题进行了深入探讨。

4月

4月1日

香港文理书院、风采中学、基智中学等10余所学校的180余名学生，来到“原中央苏区北大门”江西广昌开展“香港青少年红色之旅江西行2018”活动。学生们通过参观河东雁塔、广昌路上红色群雕园等景区，聆听老一辈无产阶级革命家在广昌光辉的革命战斗故事等，现场感受红色历史文化，接受红色革命传统教育。

4月2日

《人民日报》发表评论员文章《思政课如何赢得青年》。文章指出，高校思政教育首先要讲传统的传承，传统就是我们选择什么样道路的问题，它是一个民族、国家之所以走到今天的源泉，也是走向未来的不竭动力。只有明白了我们从哪里来、到哪里去，才能使思政工作不浮于表面。有内容也要有方法，与时俱进、敢于创新，才能增强思政教育的吸引力和感染力，否则只会陷入模式化、概念化。做好高校思政工作，必须把优良传统讲活，将传承教育与专业学习结合起来，真正做到理念创新、手段创新、工作创新。善用春风化雨、润物无声的方式，思政工作才能融入到青年人的精神血脉中，进而鼓舞他们伴随新时代的号角，树立起与这个时代主题同心同向的理想信念。

同日，教育部办公厅发布《关于举办2018年度学校体育艺术教育工作专题研讨班的通知》，决定2018年度继续举办学校体育艺术教育工作专题研讨班，旨在提升教育行政部门和学校领导干部的体育和美育工作的理论修养、领导能力和决策水平，推进学校体育和校园足球、学校美育和艺术教育工作创新发展，写好教育“奋进之笔”。

同日，教育部办公厅印发《关于实施2018年“高校思想政治理论课教师队伍后备人才培养专项支持计划”的通知》。教育部决定在继续实施“高校思想政治理论课教师在职攻读马克思主义理论博士学位专项计划”的同时，自2018年开始实施“高校思想政治理论课教师队伍后备人才培养专项支持计划”。文件对专项计划性质、增招额度、承担单位、招生管理等做了具体规定。关于专项计划的性质，文件指出，专项计划为国家非定向培养的全日制专项招生计划，是“国家急需学科高层次人才培养支持计划”的重要组成部分。关于增招额度，文件强调，2018年专项计划招生额度是各有关招生单位在2017年马克思主义理论学科博士、硕士研究生招生人数基础上的增加数，在2018年全国研究生招生总规模之内单列下达，专门用于相关高校马克思主义理论学科博士、硕士研究生招生，不得挪作他用。2018年计划增加招生1490人，其中，博士研究生500人，硕士研究生990人。关于承担单位，文件指出，2018年专项计划招生培养任务由50所高校共同承担。承担单位要根据专项计划人才培养目标，结合自身学科优势和专业特点，突出担任助教要求(博士研究生不少于一年，硕士研究生不少于半年)，制订完善相应的培养方案。

4月4日

中国研究生创新实践系列大赛(2018)启动会在北京邮电大学举行。教育部党组成员、副部长杜占元在讲话中指出，进一步办好“中国研究生创新实践系列大赛”，要在新时代大背景下提高站位、深化认识，准确把握研究生教育的新使命。要自觉以习近平新时代中国特色社会主义思想为指导，将办好系列大赛聚焦到党的十九大的重大部署上来，聚焦到研究生教育高质量发展的时代命题上来，为广大研究生参与科技创新和社会实践提供更多的机会，搭建更好的平台。要坚持立德树人的办赛方向，坚持服务国家需求的导向，坚持发挥社会各个方面的作用，坚持以赛促教、以赛促改，将系列大赛努力打造成研究生中有吸引力、业界中有影响力、社会中有贡献力的品牌赛事。

4月9日

教育部召开教育部哲学社会科学工作领导小组第一次会议，审议领导小组2018年工作要点和领导小组会议议事规则，对2018年工作做出安排部署。会议强调，2018年教育战线哲学社会科学工作，要以学习宣传贯彻习近平新时代中国特色社会主义思想和党的十九大精神为鲜明主题主线，把高校哲学社会科学工作做出味道、形成气候，做到“六个好”。一是举好旗。高举习近平新时代中国特色社会主义思想伟大旗帜，全面贯彻党的十九大精神，把教育战线哲学社会科学工作纳入党的思想理论建设大格局，强化“四个意识”，增强“四个自信”，立足于新中国成立以来、改革开放以来特别是党的十八大以来我们党治国理政的丰富实践经验，在习近平新时代中国特色社会主义思想系统化学理化学科化研究宣传阐释上做出贡献。二是开好局。行动的秘密在于理论优先，理论的秘密在于实践第一。要找准新时代哲学社会科学工作的突破口、聚焦点、主旋律，为决胜全面建成小康社会、夺取新时代中国特色社会主义伟大胜利、实现中华民族伟大复兴中国梦提供思想贡献和理论支撑。三是破好题。坚持问题导向和目标导向相结合，系统回答党和国家事业发展对哲学社会科学提出的时代课题，把党中央的决策部署转化为推动教育战线加快构建中国特色哲学社会科学的实际行动。四是答好卷。努力解答好哲学社会科学发展中全局性、方向性和根本性问题，采取适宜的研究方法，遵循适宜的理论范式，把理论、方法、政策措施有机结合起来，拿出高质量研究成果。五是定好位。明确教育战线哲学社会科学队伍在党的理论工作队伍中的定位，明确教育战线哲学社会科学在全国哲学社会科学“五路大军”中的定位，加快构建中国特色哲学社会科学学科体系、学术体系、话语体系、教材体系、评价体系，服务于党的思想理论建设，服务于教育事业改革发展。六是育好人。充分发挥哲学社会科学育人功能，构筑学生、学术、学科一体的综合发展体系，实施哲学社会科学人才工程，为哲学社会科学领域高端人才创造良好条件和生态，促进优秀人才不断成长。

同日，教育部印发《关于加强大中小学国家安全教育的实施意见》，要求各地学校结合教育系统实际，做好大中小学国家安全教育相关工作，使广大学生牢固树立总体国家安全观，增强国家安全意识。明确了构建完善国家安全教育内容体系、研究开发国家安全教育教材、推动国家安全学学科建设、改进国家安全教育教学活动、推进国家安全教育实践基地建设、丰富国家安全教育资源、加强国家安全教育师资队伍建设、建立健全国家安全教育教学评价机制等八项大中小学国家安全教育重点工作。

4月10日

全国青年文明号活动组委会办公室工作会议在京召开。会议围绕组织引导青年文明号集体学习宣传贯彻党的十九大精神，助力行业改革发展，加强品牌机制建设等议题进行集中研讨。来自最高人民法院、国家发展改革委、公安部等27个全国青年文明号活动组委会成员单位和支持单位相关处级负责同志参会，部分中央金融机构、中央企业团委负责同志列席会议。团中央青年发展部负责同志出席会议并讲话。会议回顾总结了2017年以来青年文明号创建工作总体情况，重点部署了以“建功新时代·展现新作为”为主题的“青年文明号开放周”实践活动，提出适应党政大局、青年发展、群众期待新要求。

同日，北京高校“京师辅导员讲堂”第 23 场报告会在北京师范大学英东学术会堂成功举办。北京师范大学思想政治工作研究院院长、马克思主义学院博士生导师冯刚教授应邀做了题为“把握思想政治教育热点研究的特点和规律”的主题报告。来自北京各高校的 200 余位辅导员参加了报告会。本次报告会为辅导员的工作和研究开拓了思路，有利于提升辅导员的理论与实践研究水平，也为辅导员的论文写作及课题申请提供了重要参考。北京高校“京师辅导员讲堂”活动是由北京市教工委主办、北京师范大学辅导员培训研修基地承办、面向北京高校辅导员免费开放的公益性培训平台。

4 月 11 日

教育部党组在京召开巡视工作动员部署会，学习贯彻习近平新时代中国特色社会主义思想和党的十九大精神，启动新一轮巡视，对 2018 年上半年巡视工作做动员部署。

会议强调，教育巡视工作要继续高举巡视政治旗帜，把握新形势，落实新要求，抓好五个关键词。一是“主旋律”。要牢牢把握深化政治巡视这一总基调，唱响教育巡视主旋律。二是“监督网”。要完善顶层设计，打通中间链条，抓住底端触角，构建巡视巡察“全链接”，织牢上下联动“监督网”。三是“高质量”。要强化全覆盖任务、发现问题、巡视报告、整改运用的高质量。四是“后半篇”。要抓责任、抓转办、抓督查、抓共享，强化整改落实和成果运用，确保巡视整改经得起历史的检验。五是“自身硬”。巡视干部政治上要突出“忠”，本领上要突出“强”，作风上要突出“实”，纪律上要突出“严”。

会议要求，新一轮巡视正式启动后，教育系统要按照中央“六围绕、一加强”的要求，扎实做好 2018 年教育巡视工作。一是围绕党的政治建设，重点检查维护党中央权威和集中统一领导情况。二是围绕党的思想建设，重点检查学习贯彻习近平新时代中国特色社会主义思想情况。三是围绕党的组织建设，重点检查选人用人和基层党组织建设情况。四是围绕党的作风建设，重点检查整治“四风”问题的情况。五是围绕党的纪律建设，重点检查党规党纪执行情况。六是围绕夺取反腐败斗争压倒性胜利，重点检查领导干部廉洁自律和整治群众身边腐败问题情况。七是加强对巡视整改情况的监督检查。

4 月 12 日

教育部办公厅发布《关于公布第四届“礼敬中华优秀传统文化”系列活动示范项目和特色展示项目的通知》，指出，教育部与光明日报社以“传承发展·自信担当”为主题，组织开展了第四届“礼敬中华优秀传统文化”系列活动。各高校结合实际，立足立德树人根本任务，不断增强师生“四个自信”，围绕中华优秀传统文化传承发展这条主线，突出地域特色、学校特色、专业特色，打造了一批富有时代气息、体现文化内涵、具有价值导向的品牌活动。根据活动工作方案，经高校自主申报、专家推荐、网上公示，共确定第四届“礼敬中华优秀传统文化”示范项目 10 项、特色展示项目 30 项。

同日，“盐商杯”第五届“创青春”中国青年创新创业大赛在江苏省苏州高新区启动。共青团中央书记处书记汪鸿雁在讲话中提到，希望广大创业青年坚持新发展理念，勇当创新发展、协调发展、绿色发展、开放发展、共享发展的先锋。她要求各级共青团组织架起青年与党政、与社会、与导师、与投资人之间的桥梁，让更多青年建功新时代、展现新作为，为实现中华民族伟大复兴中国梦贡献青春力量。

4 月 13 日

教育部发布《关于印发〈新时代高校思想政治理论课教学工作基本要求〉的通知》，指出要把高校思想政治理论课教学工作摆在更加突出的位置，新时代高校思想政治理论课教学工作应遵循以下基本原则：(1)坚持正确政治方向，强化思想政治理论课价值引领功能；(2)坚持全流程管理，贯穿思想政治理论课课前、课中、课后各环节；(3)坚持规范化建设，不断健全思想政治理论课教学工作制度；(4)坚持增强获得感，促进思想政治理论课教学有虚有实、有棱有角、有情有义、有滋有味。

4月16日

新华网报道，近年来，中国特色慕课建设与应用，为破解校际教学质量差距大、区域之间发展不平衡等问题提供了有效方案，推进了教育公平，促进了教育质量提升，已经成为新时代加速高等教育教学改革的重要引擎，是实现中国高等教育“变轨超车”的关键一招。5年来，我国慕课建设与应用始终坚持立德树人、德学兼修，将社会主义核心价值观寓于教育教学全过程，促进专业教育与思想道德教育的紧密结合，已经成为思想政治工作的重要平台，让思政课堂焕然一新。

4月17日

《人民日报》报道，近年来，一些高校积极探索基于慕课的混合式教学模式讲授思政课，特别是在全国高校思想政治工作会议后，思政课慕课应用数量快速增长。迄今，中国大学MOOC平台上线19门思政课慕课，开课34期，选课近40万人次；清华大学“学堂在线”平台4门思政课慕课，供150余所高校选用，累计覆盖45万学生。课程讨论区、QQ群、微信公众号……随处都有“新型思政课”，在这个以慕课为核心的立体学习社区中，教学相长、生生互动，传统思政课变得“有虚有实、有棱有角、有情有义、有滋有味”。

同日，2018年全团青年发展工作研讨推进会在苏州召开。会议确立了2018年共青团青年发展工作思路，强调要旗帜鲜明讲政治，用习近平新时代中国特色社会主义思想武装头脑、引领方向、指导工作，做到思想上学懂弄通、政治上对标看齐、行动上坚决贯彻。各地要按全团统一部署，结合实际开展好“不忘初心、牢记使命”主题教育和“青年大学习”行动，引导职业青年树立“四个意识”，增强“四个自信”，坚定理想信念。

4月18日

“全国高校黄大年式教师团队”牌匾和证书颁发活动在北京外国语大学举行，北京大学“环境科学与工程教师团队”等27个全国高校黄大年式教师团队负责人作为代表参加了活动。创建“全国高校黄大年式教师团队”旨在引导广大教师持续向黄大年同志学习，以团队建设形成长效机制，使崇敬典型、争做先进成为教育系统的常态。颁发活动上，北京外国语大学教师代表提出高校教师团队建设四条倡议：一是坚持正确方向，坚定理想信念；二是潜心教书育人，增强育人实效；三是推进科研创新，优化社会服务；四是加强职业自律，优化师德师风。

4月19日

新华网报道，中共中央办公厅、国务院办公厅近日联合印发《中央团校改革方案》，强调中央团校工作是共青团工作的重要组成部分，承担着为党的青年群众工作教育培养干部骨干的重要使命。《中央团校改革方案》明确了中央团校改革的总体思路，提出要着眼党的青年工作大局，把握建设党在青年工作领域特色鲜明的政治学校这一根本定位，聚焦团干部教育主责主业，通过剥离学历教育、创新办学方式，突出政治培训，努力为新时代党的青年群众工作和共青团建设提供人才智力支持。中央团校改革要牢牢把握团校姓党的根本原则。要坚持党的领导，坚定正确的政治方向，坚决维护以习近平同志为核心的党中央权威和集中统一领导，自觉在政治立场、政治方向、政治原则、政治道路上同党中央保持高度一致。要坚持以马克思主义为指导，始终高扬理想旗帜，把用党的科学理论特别是习近平新时代中国特色社会主义思想武装团干部作为根本任务，加强对团干部的党性培养和作风锻炼。要坚持从严治校，以团的领导干部为主要对象，以政治培训为主要内容，以建设政治强、业务精、作风好的师资队伍为保障，严以治校、严以治教、严以治学，努力把中央团校办成党培养团干部和年轻干部的阵地。《中央团校改革方案》从培训内容、师资队伍、教学组织管理和办学体制机制等4个方面提出了中央团校改革的主要内容。

4月20日

教育部办公厅发布《关于公布第六届全国高校廉政文化作品征集暨廉洁教育系列活动结果的通知》，公布了表演艺术类、书画摄影类、艺术设计类、网络新媒体类入选名单及优秀组织单位、全国大学生廉洁知识网上问答活动先进个人名单，并希望各地各高校认真总结经验，加强宣传展示力度，进一步推动高校廉政文化建设和廉洁教育活动深入全面开展。

同日，2018 年“大学悦读·阅读大学”系列活动在北京师范大学启动。该活动由教育部社会科学司指导，中国大学生在线、中国高校教材图书网主办，是深入学习宣传贯彻习近平新时代中国特色社会主义思想和党的十九大精神，构建大学阅读推广服务体系，服务书香校园建设的一项重要举措。据悉，2018 年“大学悦读·阅读大学”系列活动，除继续举办中国高校出版社精品图书巡展和读书知识竞赛外，还将开展大学生共读精品名篇、录制“悦读微讲坛”音视频作品等更贴近学生的读书活动。

4 月 20 日—21 日

全国网络安全和信息化工作会议在北京召开。中共中央总书记、国家主席、中央军委主席、中央网络安全和信息化委员会主任习近平出席会议并发表重要讲话。习近平指出，要加强网上正面宣传，旗帜鲜明坚持正确政治方向、舆论导向、价值取向，用新时代中国特色社会主义思想和党的十九大精神团结、凝聚亿万网民，深入开展理想信念教育，深化新时代中国特色社会主义和中国梦宣传教育，积极培育和践行社会主义核心价值观，推进网上宣传理念、内容、形式、方法、手段等创新，把握好时度效，构建网上网下同心圆，更好凝聚社会共识，巩固全党全国人民团结奋斗的共同思想基础。

4 月 20 日—22 日

“改革开放四十年高校思想政治理论课建设的回顾与展望”学术研讨会在南昌召开。此次会议由《思想理论教育导刊》编辑部和南昌大学联合主办，江西省大学生思想政治教育研究中心与江西省大学生思想政治教育(德育)协同创新中心承办。来自北京大学、中国人民大学、武汉大学等 40 余所高校的 80 多位专家学者参加了学术研讨会。与会学者围绕新形势下习近平新时代中国特色社会主义思想“三进”、改革开放以来高校思想政治理论课建设的基本经验、高校思想政治理论课建设改革创新等问题进行了深入交流与探讨。

4 月 21 日

北京师范大学思想政治工作研究院、《学校党建与思想教育》编辑部和辽宁大学马克思主义学院共同主办的“新时代高校思想政治教育工作质量评价研究”专题研讨会在辽宁大学顺利召开。辽宁省省委宣传部、辽宁大学相关负责同志发表致辞。冯刚、刘建军、秦在东、佘双好等专家和高校思想政治教育工作的负责同志、思想政治理论课教师、研究生以及《思想理论教育》《思想教育研究》《学校党建与思想教育》《思想政治教育研究》等杂志的有关负责同志出席会议。参会者就新时代高校思想政治教育工作质量评价的重要意义、基本内涵、实施路径、基本原则、重要内容、方式方法及存在的问题展开研究，并结合国家社会科学教育学重大研究项目“高校思想政治教育工作质量评价体系研究”进展进行了深入讨论。

同日，全国学校美育工作会议暨第三批学校美育改革发展备忘录签署仪式在上海举行。教育部党组书记、部长陈宝生出席会议并在讲话中强调，要以习近平新时代中国特色社会主义思想为指引，扎实推进新时代学校美育工作创新发展。一是讲政治，把方向。二是重创新，扩资源。三是建机制，提质量。四是夯根基，强师资。五是善统筹，促均衡。

同日，以“理想与信念”为主题的全国第五届大学生艺术展演活动在上海落下帷幕。教育部党组书记、部长陈宝生在讲话中提出，希望同学们怀揣对美的追求和梦想，加强学习，迈向更美好的人生。希望高校美育工作者高度重视美育在育人中的基础性作用，砥砺奋进、潜心钻研，成为德艺双馨的艺术大师，创作更多优秀文艺作品，培养更多优秀艺术人才。希望各级教育部门和高校为师生提供更多更广的平台，推动艺术教育面向大众、服务社会。

4 月 22 日

共青团中央中国特色社会主义理论体系研究中心在京举办“习近平新时代中国特色社会主义思想暨党的群众工作创新”研讨会。团中央书记处常务书记贺军科在讲话中指出，要根据团中央中国特色社会主义理论体系研究中心的职责定位，结合工作任务的性质、工作对象的特点，找准具体方向和着力点。要推动理论武装工作青年化，根据青年的认知基础和认知特点，努力拿出一批能在青年中传得开的理论成果。要注重理论武装工作时代化，充分考量和体现时代的进步变化，有理有据有效帮助青年释疑解惑。要在理论武装工作中讲求策略，针对不同青年对象、不同时段、不同场合、不同宣传平台，用心研究重点讲什么、怎么讲。要在理论武装工作中突出政策解读，通过解读党和国家政策，诠释传播党的科学理论。要在理论武装工作中突出学术性，从学理支撑、学术范畴、学术逻辑等方面入手，为诠释宣传习近平新时代中国特色社会主义思想做出积极贡献。

同日，教育部、上海市人民政府在沪召开深化上海教育综合改革2018年度工作推进会，回顾总结2017年进展情况，研究部署2018年各项工作。会议强调，新时代深化教育综合改革需做到以下几点：一是继续在完善党对教育工作领导的体制机制，加强教育系统党的建设，做好学校思想政治和意识形态工作，落实立德树人根本任务，培养担当民族复兴大任的时代新人上先行先试。二是继续在完善教育公共服务体系，补齐教育事业发展短板，全面提升教育品质，增强教育国际影响力和竞争力上加快推进。三是继续在提高现代教育治理能力，激发社会力量兴办教育，推进产教融合和校企合作，增强教育发展内在动力上改革创新。四是继续在完善现代教育保障体系，营造更加良好的教育改革发展环境，全面落实教育优先发展战略地位上不懈探索。

同日，新时代劳模精神工匠精神与思想政治教育研讨会暨全国劳模文化研究联盟第二届年会在中国劳动关系学院举行。来自北京市委教育工委、高等院校、研究院所、地方工会、工会干校的专家、学者、教师等200余人围绕“劳模精神、工匠精神育人进校园、进课堂实践探索分享”“劳模精神、工匠精神研究”“高校劳模精神、工匠精神育人研究”等三个主题广泛交流。

4月23日

中共中央总书记习近平在主持中共中央政治局就《共产党宣言》及其时代意义举行第五次集体学习时强调，学习马克思主义基本理论是共产党人的必修课。我们重温《共产党宣言》，就是要深刻感悟和把握马克思主义真理力量，坚定马克思主义信仰，追溯马克思主义政党保持先进性和纯洁性的理论源头，提高全党运用马克思主义基本原理解决当代中国实际问题的能力和水平。

同日，共青团中央、教育部、财政部、人力资源和社会保障部联合召开电视电话会议，启动2018年大学生志愿服务西部计划。团中央书记处书记尹冬梅在讲话中强调，各级项目办要准确把握西部计划在新时代的工作定位，深刻理解西部计划是实践育人工程，重在引导具有理想主义情怀的青年人，通过火热的西部基层实践进一步坚定理想信念，锤炼意志品格，升华志愿情怀；是就业促进工程，重在引导和帮助高校毕业生树立正确的就业观，并为他们搭建到西部、到基层、到祖国和人民最需要的地方去干事创业的通道和平台；是人才流动工程，重在鼓励和引导东、中部大学生到西部基层工作生活，促进优秀人才的区域流动；是助力扶贫工程，重在以西部计划志愿者为载体推动校地共建，引导高校资源参与到当地的脱贫攻坚工作中。

4月24日—25日

2018年全国教育信息化工作会议在重庆璧山召开。教育部副部长杜占元出席会议并讲话。他指出，教育信息化2.0行动计划要实现“三全两高一大”的发展目标，即教学应用覆盖全体教师、学习应用覆盖全体适龄学生、数字校园建设覆盖全体学校，提高信息化应用水平、提高师生信息素养，建设一个“互联网＋教育”大平台，推动从教育专用资源向教育大资源转变、从提升师生信息技术应用能力向全面提升其信息素养转变、从融合应用向创新发展转变，努力构建“互联网＋”条件下的人才培养新模式、发展基于互联网的教育服务新模式、探索信息时代教育治理新模式。

4月25日

为纪念马克思诞辰200周年，中国人民大学、人民出版社联合举办了“纪念马克思诞辰200周年暨《马克思主义发展史》出版座谈会”。人民出版社在座谈会上正式发布《马克思主义发展史》(十卷本)第一至三卷，即《马克思主义发展史》(十卷本)的马恩部分。作为国家出版基金项目和“十三五”出版规划项目，《马克思主义发展史》(十卷本)全书700万字，以整体性的视野完整阐述了马克思主义170余年来的形成、发展和在新的实践中不断深化的历史过程，着重总结马克思主义创新发展的历史经验，探索马克思主义发展的基本规律及未来趋势，特别关注马克思主义中国化的理论成果和基本经验，力求为未来世界社会主义实践尤其是新时代中国特色社会主义实践提供科学的理论支持。

同日，教育部网站报道，教育部决定2018年实施高校思想政治理论课教师队伍建设专项工作，并印发工作总体方案。方案要求，突出顶层设计，完善思政课教师队伍建设规划。突出精准施策，创新思政课教师队伍培养举措。突出教学质量，加强思政课教师教学工作指导。突出协同推进，不断夯实高校思政课教师队伍建设各项保障。

4 月 26 日

第三届、第四届“礼敬中华优秀传统文化”系列活动成果展示交流会暨全国高校博物馆育人联盟第五次会员大会在江南大学召开。教育部党组成员、部长助理刘大为在会议讲话中强调，要聚焦灵魂和主线，举旗定向、入脑入心、加强研究宣传阐释，把旗帜鲜明讲政治贯穿工作始终；要聚焦使命和担当，党建工作抓质量攻坚、思政工作抓一体化育人攻坚、意识形态抓机制攻坚，把写好学校思想政治工作“奋进之笔”作为主攻方向；要聚焦传承和创新，筑牢根基、用活载体、践行使命，把坚定文化自信融入大学文化建设全过程；要聚焦本领和责任，突出能力导向、主动担当履责、配齐配强队伍，把建好坚强队伍作为根本保障。

4 月 27 日

教育部网站报道，为及时、准确、深入地推动习近平新时代中国特色社会主义思想进教材进课堂进学生头脑，宣传党中央大政方针，教育部日前印发《关于加强新时代高校“形势与政策”课建设的若干意见》，从“谁开课、怎么开、教什么、用什么教、谁来教、怎么教、怎么评、怎么管”八个方面对新时代高校“形势与政策”课建设提出明确要求，指出要将“形势与政策”课纳入学校教学计划，严格落实学分，保证本、专科学生在校学习期间开课不断线。其中，本科每学期不低于8学时，共计2学分；专科每学期不低于8学时，共计1学分。在教学管理上，要求将“形势与政策”课纳入思政课管理体系，纳入学校教学计划，由学校思政课教学科研二级机构统一组织开课、统一管理任课教师。在教学内容上，要求紧密围绕学习贯彻习近平新时代中国特色社会主义思想，把坚定“四个自信”贯穿教学全过程，开设好全面从严治党、我国经济社会发展、港澳台工作、国际形势与政策四大类专题。在教师队伍上，要求配备高素质的专职教师负责“形势与政策”课组织工作，按照“优中选优”的原则遴选骨干教师，实行特聘教授制度。强调可采取灵活多样的方式组织课堂教学，积极运用现代信息技术手段。

同日，中共中央政治局委员、中宣部部长黄坤明出席《共产党宣言》及其时代意义座谈会时强调，要深入学习贯彻习近平总书记在中共中央政治局第五次集体学习时的重要讲话精神，以马克思诞辰200周年、《共产党宣言》发表170周年为契机，大力推进马克思主义理论研究和建设，把学习宣传贯彻习近平新时代中国特色社会主义思想的热潮引向深入。

同日，由《中国高等教育》编辑部主办、北京林业大学承办的纪念马克思诞辰200周年暨学习习近平新时代中国特色社会主义思想学术研讨会在北京林业大学举行。来自清华大学、中国人民大学、北京邮电大学、中国劳动关系学院等全国20余所高校和研究机构的专家学者，以及北京林业大学相关职能部门负责人、各分党委书记(副书记)、青马班和树人学校学员等学生代表、马克思主义学院全体师生共300余人参加了会议。大会报告环节共有6个主题报告和3个专题报告。9位报告人主要围绕马克思主义及其当代价值和学习习近平新时代中国特色社会主义思想等议题与参会者共同感受马克思主义穿越历史的真理之光。参会代表共同发布《北京宣言》。宣言倡议，作为马克思主义的信仰者、研究者、传播者和践行者，要坚持做到理论自信，坚持马克思主义学习；旗帜鲜明，坚定马克思主义信仰；履职尽责，坚守马克思主义传播。

5月

5月2日

中共中央总书记、国家主席、中央军委主席习近平在五四青年节和北京大学建校120周年校庆日来临之际到北京大学考察。他在北京大学师生座谈会上指出，广大青年要成为实现中华民族伟大复兴的生力军，肩负起国家和民族的希望。高校要牢牢抓住培养社会主义建设者和接班人这个根本任务，坚持办学正确政治方向，建设高素质教师队伍，形成高水平人才培养体系，努力建设中国特色世界一流大学。习近平强调，当代青年是同新时代共同前进的一代。广大青年既拥有广阔发展空间，也承载着伟大时代使命。每一个青年都应该成为社会主义建设者和接班人，不辱时代使命，不负人民期望。广大青年要忠于祖国、忠于人民，了解中华民族历史，秉承中华文化基因，有民族自豪感和文化自信心，把自己的理想同祖国的前途、把自己的人生同民族的命运紧密联系在一起，扎根人民，奉献国家。要立鸿鹄志、做奋斗者，培养奋斗精神，做到理想坚定，信念执着，不怕困难，勇于开拓，顽强拼搏，永不气馁。要求真学问、练真本领，通过学习知识，掌握事物发展规律，通晓天下道理，丰富学识，增长见识，更好为国争光、为民造福。要知行合一、做实干家，面向实际、深入实践，严谨务实、苦干实干，在新时代干出一番事业。

同日，共青团中央书记处常务书记贺军科主持召开书记处扩大会议，专题传达学习习近平总书记在北京大学师生座谈会上的重要讲话精神，研究部署学习宣传贯彻措施。会议强调，全团要深入学习习近平总书记重要讲话精神，紧紧围绕培养中国特色社会主义合格建设者和可靠接班人的根本任务，把马克思主义信仰作为鲜亮底色，以立德为基础，以树人为根本，认真做好新时代党的青年群众工作。会议要求，全团要深刻领会以习近平同志为核心的党中央对青年一代的亲切关怀和殷切期望，对共青团和青年工作的高度重视和一贯要求，牢记领袖嘱托，不忘使命初心，进一步增强做好青年工作的荣誉感、责任感。要持续推动学习习近平新时代中国特色社会主义思想往深里走、往实里走、往心里走，依托“青年大学习”活动等载体，用新时代的目标使命激励青年，用总书记的要求塑造青年，引领青年一代把人生价值建立在报效祖国、服务人民、奉献社会的基石上，把自己的理想同祖国的前途、把自己的人生同民族的命运紧密联系在一起，在祖国的万里长空放飞青春梦想。要持续推动共青团改革再出发，聚焦主责主业，改进方式方法，完善实践教育，帮助当代青年了解国情、扎根人民，不断增强“四个意识”、坚定“四个自信”，使团的思想引导工作更加符合青年思维活动特征和思想形成规律，更加富有针对性、实效性。

同日，教育部党组、中国政法大学党委理论学习中心组在习近平总书记考察中国政法大学并发表“5・3”讲话一周年之际在中国政法大学开展联合学习。教育部党组书记、部长陈宝生在讲话中强调，进一步学习贯彻总书记“5・3”重要讲话精神，要用好党委中心理论组学习这种形式，在改造我们的学习上下功夫，要带着问题学，结合责任学，围绕信念学，把自己摆进去学。

同日，光明网和中共宁波市委宣传部为国内首套专为青少年编写的网络素养读本《青少年网络素养读本》(第一辑)在北京举行首发式。据悉，第一辑共6册，分别围绕6个主题展开。该丛书除了普及相关哲学社会科学知识，进行媒介素养教育以外，还渗透了社会主义核心价值观的主题教育和实现中华民族伟大复兴的“中国梦”的主题教育。丛书融合了多学科知识，通过案例分析和问题讨论，努力做到青少年网络素养教育的通俗化、生活化、体系化。

同日，共青团中央印发《关于表彰2017年度“全国优秀共青团员”“全国优秀共青团干部”“全国五四红旗团委(团支部)”的决定》，授予王非石等298名同志2017年度“全国优秀共青团员”称号，授予闫英等200名同志2017年度“全国优秀共青团干部”称号，授予北京市交通委员会直属机关团委等500个基层团组织2017年度“全国五四红旗团委(团支部)”称号。

5月3日

中共教育部党组印发《关于教育系统深入学习贯彻习近平总书记在北京大学师生座谈会上重要讲话精神的通知》，强调各地教育部门和各级各类学校要把学习宣传和贯彻落实习近平总书记重要讲话精神作为当前和今后一段时期的首要政治任务，从坚持正确政治方向，建设高素质教师队伍，形成高水平人才培养体系入手，扎实办好中国特色社会主义一流大学。各地教育部门和各级各类学校要积极引导广大青年师生勇担时代大任。要强化课堂教育，加强主题教育、传统文化教育，教育引导青年师生忠于祖国、忠于人民。要加强理想信念教育，广泛开展理论宣讲，坚持典型示范引领，教育引导青年师生立鸿鹄志、做奋斗者。要培育优良校风和学风，提升师生科学思维能力、网络素养，教育引导青年师生求真学问、练真本领。要广泛开展各类社会实践，加强创新创业教育，把解决思想问题和解决实际问题结合起来，教育引导青年师生知行合一、做实干家。

同日，教育部召开党组会，传达学习习近平总书记在北京大学考察时重要讲话精神，研究部署贯彻落实工作。会议要求，教育战线要从以下几点学习贯彻讲话精神：一是明确问题。要查找差距，瞄准不足，切实解决问题。二是明确学理。要结合教育工作实际，弄清总书记重要讲话的学理逻辑，把握历史进程，把大讨论成果最大限度转化为全体教育工作者共同思想财富和实际行动。三是明确责任。要把自己摆进去，认清教育工作者肩负的使命责任，高质量推进工作。四是明确措施。在书写教育“奋进之笔”的进程中，进一步细化贯彻落实举措和任务清单，确保落实见行、落地见效。

同日，新华网报道，在五四青年节来临之际，中共中央总书记、国家主席、中央军委主席习近平委托工作人员向中国政法大学民商经济法学院1502班团员青年致以节日问候，并肯定他们“不忘初心，用一生来践行跟党走的理想追求”，勉励他们坚定信仰、砥砺品德，珍惜时光、勤奋学习，努力成长为有理想、有本领、有担当的社会主义建设者和接班人，为法治中国建设、为实现中华民族伟大复兴中国梦贡献智慧和力量。

5月4日

纪念马克思诞辰200周年大会在京举行。中共中央总书记、国家主席、中央军委主席习近平在大会上发表重要讲话。他指出，马克思主义是科学的理论、实践的理论、不断发展的开放的理论，新时代，中国共产党人仍然要学习马克思，实践马克思主义。学习马克思，就要学习和实践马克思主义关于人类社会发展规律的思想，把共产主义远大理想同中国特色社会主义共同理想统一起来、同我们正在做的事情统一起来，坚定中国特色社会主义道路自信、理论自信、制度自信、文化自信，坚守共产党人的理想信念。学习马克思，就要学习和实践马克思主义关于坚守人民立场的思想，坚持全心全意为人民服务的根本宗旨，始终保持同人民群众的血肉联系，团结带领人民共同创造历史伟业。学习马克思，就要学习和实践马克思主义关于生产力和生产关系的思想，勇于全面深化改革，自觉通过调整生产关系激发社会生产力发展活力，自觉通过完善上层建筑适应经济基础发展要求，让中国特色社会主义更加符合规律地向前发展。学习马克思，就要学习和实践马克思主义关于人民民主的思想，坚定不移走中国特色社会主义政治发展道路，充分调动人民的积极性、主动性、创造性，更加切实、更有成效地实施人民民主。学习马克思，就要学习和实践马克思主义关于文化建设的思想，巩固马克思主义在意识形态领域的指导地位，发展社会主义先进文化，加强社会主义精神文明建设，不断铸就中华文化新辉煌。学习马克思，就要学习和实践马克思主义关于社会建设的思想，坚持以人民为中心的发展思想，不断保障和改善民生，促进社会公平正义，让发展成果更多更公平惠及全体人民，朝着实现全体人民共同富裕不断迈进。学习马克思，就要学习和实践马克思主义关于人与自然关系的思想，坚持人与自然和谐共生，动员全社会力量推进生态文明建设，共建美丽中国。学习马克思，就要学习和实践马克思主义关于世界历史的思想，坚持和平发展道路，坚持独立自主的和平外交政策，坚持互利共赢的开放战略，同各国人民一道努力构建人类命运共同体，把世界建设得更加美好。学习马克思，就要学习和实践马克思主义关于马克思主义政党建设的思想，增强政治意识、大局意识、核心意识、看齐意识，持之以恒推进全面从严治党，坚决维护党中央权威和集中统一领导，永远保持共产党人政治本色。

5月5日

《人民日报》报道，各级共青团组织按照团中央的统一部署在五四青年节来临之际广泛开展“青年大学习”五四主题团日活动，引导广大团员青年深入学习宣传贯彻习近平新时代中国特色社会主义思想和党的十九大精神，不忘初心、牢记使命，切实增强“四个意识”、树立“四个自信”，争做担当民族复兴大任的时代新人。

同日，由中宣部、中央党史和文献研究院、中国文联共同主办，中央编译局、中国美术家协会、中国国家博物馆承办的“真理的力量——纪念马克思诞辰200周年主题展览”在中国国家博物馆举行开幕式。该展览分为“伟大革命导师马克思的壮丽人生”“马克思主义中国化的光辉历程”“新创作马克思主义题材美术作品”3个部分，展出马克思、恩格斯、列宁手稿、笔记本及亲笔签名的书籍原版等珍贵文献100余件，原版图书900余种，图片150余幅，马克思主义题材美术作品70余幅，雕塑作品6尊等，全景式展示了马克思的生平、革命实践、理论贡献和精神境界，展现了马克思主义在中国传播运用和丰富发展的光辉历程。

5月5日—6日

第二届世界马克思主义大会在北京大学举行。大会以“马克思主义与人类命运共同体”为主题，共有来自世界五大洲的100多位国际学者，以及国内的700多位学者参会。与会学者围绕“纪念马克思诞辰200周年”“马克思主义理论与文本研究”“《马藏》编纂与研究”“马克思主义与人类文明进步”“马克思主义与当代全球合作和治理”“中国改革开放40年与中国道路、中国理论、中国制度和中国文化”“习近平新时代中国特色社会主义思想与当代马克思主义”等议题展开深入、广泛研讨。大会特别安排4个高端专场，由中外著名学者就“构建人类命运共同体”“中国方案与发展中国家现代化途径”“习近平新时代中国特色社会主义思想与21世纪世界社会主义”“马克思主义研究的世界样态”等进行高峰对话。

5月7日

教育部办公厅发布《关于公布第二届全国高校“两学一做”支部风采展示活动结果的通知》，公布微党课、工作案例和推荐展示三大类各20项精品、30项优秀和50项特色成果。各地各高校要认真学习借鉴，把好的经验做法结合实际融入推进“两学一做”学习教育常态化制度化中，融入基层党支部建设日常，推动支部整体功能提升，推动党员日常教育管理有创新、激活力、见实效。

同日，教育部在京组织召开学习贯彻习近平总书记在北京大学考察时重要讲话精神扎实推进“双一流”建设座谈会，部分“双一流”建设高校负责同志和学科带头人代表以及教育部学位管理与研究生教育司全体干部参加座谈。与会代表一致认为，习近平总书记的重要讲话，深刻阐释了新时代中国大学应当培养什么人、怎样培养人这一关乎党和国家教育事业发展的核心问题，“双一流”建设高校必须牢牢把握住培养社会主义建设者和接班人这个根本，努力办好中国特色社会主义一流大学。各校各学科应自觉运用习近平新时代中国特色社会主义思想指导“双一流”建设实践，着力打造高水平教师队伍，加强思想政治工作体系建设，形成高水平人才培养体系，加快“双一流”建设，培养德智体美全面发展的社会主义建设者和接班人。

同日，共青团中央书记处常务书记贺军科在共青团中央“学习习近平总书记重要讲话争做新时代青年马克思主义者”座谈会讲话中强调，当代青年要继承中国青年运动光荣传统，坚定理想信念、站稳人民立场、积极投身实践、发扬革命精神，争做新时代青年马克思主义者。团组织要强化先进性锻造，努力建设一支思想纯洁、信仰坚定的共青团员队伍，真正成为习近平新时代中国特色社会主义思想的忠实信仰者、自觉践行者、坚定捍卫者。

5 月 9 日

教育部网站报道，日前，教育部发出通知，联合人民日报、光明日报等中央媒体正式启动开展 2018 年度全国教书育人楷模推选活动，并将在第 34 个教师节期间公布推选出的年度十大全国教书育人楷模。教育部提出，推选活动应遵循如下要求：一要严把思想政治关；二要以事迹为基础，统筹兼顾各级各类学校教师；三要主动配合中央媒体，创新活动形式，提高社会公众参与度。

5 月 10 日

由北京师范大学思想政治工作研究院、华中师范大学全国高校辅导员发展研究中心、《学校党建与思想教育》杂志社共同主办的“思想政治教育理论前沿研讨会”在华中师范大学召开。来自全国近 20 所高校的专家和学者出席论坛，并围绕“改革开放以来大学生思想热点变化规律”主题展开研讨。论坛聚焦改革开放以来大学生思想热点及变化规律，追踪把握大学生思想热点变化的规律性、前瞻性问题，对于促进新时代中国特色社会主义思想政治教育的创新发展具有重要的意义。

同日，由共青团中央、中央文明办、民政部、水利部、中国残联、国家卫生健康委员会、中国志愿服务联合会联合中共四川省委、四川省人民政府、中共德阳市委、德阳市人民政府共同举办的第四届中国青年志愿服务项目大赛暨 2018 年志愿服务交流会在德阳启动。团中央书记处书记、赛会全国组委会主任尹冬梅在启动会上讲话，要求各级共青团、志愿服务组织和赛会组织单位以习近平新时代中国特色社会主义思想为指导，聚焦党的十九大对志愿服务的新要求，贯彻共青团改革再出发总体部署，提升赛会专业化科学化制度化水平能力，把赛会办成牵动全国志愿服务创新发展、示范引领、协同发展的综合性工作平台。

同日，中共教育部党组发布《关于教育系统深入学习贯彻习近平总书记在纪念马克思诞辰 200 周年大会上重要讲话精神的通知》，要求要坚定不移高扬马克思主义伟大旗帜，切实加强新时代马克思主义理论教育教学和研究阐释。要充分发挥学校课程对于马克思主义理论教育教学的主渠道作用，全面加强马克思主义理论课程建设。充分发挥教师对于马克思主义理论教育教学的关键性作用，切实提升教师队伍马克思主义理论素养。充分发挥学科对于马克思主义理论教育教学的支撑作用，以马克思主义理论学科领航高校哲学社会科学建设。充分发挥日常教育对马克思主义理论教育教学的阵地作用，不断拓展马克思主义理论日常教育渠道。充分发挥高校哲学社会科学战线对马克思主义研究阐释的主力军作用，切实把马克思主义学习和研究引向深入。各地教育部门和各级各类学校要切实把学习和实践马克思主义贯穿新时代教育改革发展全过程。要深入持久刻苦学，开展全覆盖式学习，注重课上与课下相结合、网上与网下相结合、集中培训与个人自学相结合，切实把广大党员干部和师生员工的思想和行动统一到习近平新时代中国特色社会主义思想上来。要领导带头以上率下学，通过理论学习中心组专题学习等方式，学深悟透用好习近平总书记重要讲话精神，带头用习近平新时代中国特色社会主义思想武装头脑、指导实践、推动工作。要带着问题联系实际学，坚持以习近平新时代中国特色社会主义思想统领教育工作，把习近平总书记重要讲话精神贯穿到教育改革发展各项工作中，注重研究解决中央关心、群众关切、社会关注的教育领域热点难点问题，发展素质教育，推进教育公平，努力实施好教育“奋进之笔”。

同日，青少年宪法教育研究中心成立暨第三届全国学生“学宪法　讲宪法”活动启动仪式在中国人民大学举行。该活动围绕“尊崇宪法、学习宪法、遵守宪法、维护宪法、运用宪法”主题，广泛深入开展宪法学习，征集优秀宪法教育课件，扎实办好“学宪法　讲宪法”比赛，组织国家宪法日“宪法晨读”，引导青少年自觉成为宪法的忠实崇尚者、自觉遵守者、坚定捍卫者。

5 月 12 日

《中国教育报》报道，北京市委教育工委实施思政课教师“1＋X”培养计划，打造一支高素质的“习近平新时代中国特色社会主义思想传播者和研究者”队伍。思政课教师“1+X”培养计划，即特级教授、特级教师与中青年教师、青年教师实行“自由结合、双向选择”，每名特级教授指导5名(含)以上中青年教师，每名特级教师指导3名(含)以上青年教师，确保所指导的中青年教师3年内完成“5个一”，即讲好一门课、发表一篇C刊论文、主持完成一项课题、参加一次教学比赛、进行一次高层次学术交流。未来，北京市委教育工委将启动建设20所“北京高校市级重点马克思主义学院”，推进马克思主义学院“1+1”共建工作，即每所中央高校马克思主义学院(思政部)，对口指导帮助1所市属院校马克思主义学院(思政部)，鼓励中央高校优秀思政课教师赴市属高校马克思主义学院挂职担任副院长。

5月14日

教育部在京召开全国高校思想政治理论课2018年版教材使用培训班开班式。教育部党组书记、部长陈宝生出席开班式并讲话。他强调，要用好讲好新修订的高校思政理论课教材，切实推进“三进”工作取得实效。一是从时间上确保进入，从学习讲话原文到学习教材读本，再到学习学科理论，这既是过程也是阶段，要持续不断坚持下去，做到过程和阶段相统一。二是在空间上确保进入，占领、珍惜、用好课堂主阵地，实现全覆盖、无死角、无遗漏，做到范围和状态相统一。三是在方法上确保进入，既熟练应用马克思主义立场、观点、方法，又创新话语体系和教学体系，让教材真正活起来，做到作用和效果相统一。四是在工作上确保进入，要把马工程重点教材、高校思想政治理论课教材、党的理论创新成果“三进”作为重大政治任务摆在重要位置常抓不懈，做到使命和责任相统一。五是在思想上确保进入，要从落实立德树人根本任务的战略高度，带着立场、情感、温度来统筹推进“三进”工作，做到感情和行动相统一。

5月16日

《法制日报》报道，近日中宣部、中组部、全国人大常委会办公厅、教育部、司法部、全国普法办联合印发通知，要求以“尊崇宪法、学习宪法、遵守宪法、维护宪法、运用宪法”为主题，通过举办报告会、各类群众性活动等多种形式，在全社会深入开展宪法学习宣传教育，大力弘扬宪法精神，弘扬社会主义法治精神，不断增强广大干部群众宪法意识。

5月18日

《中国教育报》报道，上海制定实施“高校马克思主义理论学科学院重点建设专项计划”，3年增加投入近2亿元。根据专项计划，上海市将建设4个高校马克思主义理论“高峰学科”、5个高校“马克思主义理论智库”和3个高校“马克思主义理论研究院”，建设2所全国重点马克思主义学院和15所市级示范马克思主义学院。上海市委宣传部与复旦大学、华东师范大学、华东政法大学3所高校共建马克思主义学院，提升高校马克思主义学科学院办学品质。在人才队伍建设方面，实施“马克思主义理论学科人才队伍建设支持计划”，优化高校马克思主义学科，在马克思主义理论一级学科下设立“党的建设”二级学科，实施马克思主义学科研究生“登峰计划”，推动马克思主义专业人才培养。

5月19日

由北京师范大学思想政治工作研究院、《学校党建与思想教育》杂志社、滨州医学院主办，滨州医学院马克思主义学院承办的“新时代思想政治教育理论前沿研讨会”在山东省烟台市举行。来自全国部分高校的思想政治教育研究者参加了此次研讨会。北京师范大学思想政治工作研究院院长冯刚教授围绕思想政治教育前沿问题，从理论到实践，从历史到现实，深入分析了新时代思想政治教育的概念共识、话语体系、学科架构、运行规律、研究方法、质量评价等议题，并从研究选题、研究视角、研究方法等方面对思想政治教育青年学者进行了深入指导，对于指引新时代思想政治教育前沿问题研究、引领思想政治教育青年学者成长具有重要意义。此次研讨会对于推进新时代思想政治教育基础理论研究、把握新时代思想政治教育理论前沿、引领和培养思想政治教育青年学者具有重要意义。

同日，教育部关心下一代工作委员会“读懂中国”活动在京启动。该活动聚焦改革开放40年、中华人民共和国成立70周年、中国共产党成立100周年等重要历史节点，从2018年起一年一个主题，组织大学生与作为中国道路见证者亲历者的本校、本地“五老”牵手结对，以视频或征文形式记录并宣传“五老”独特经历和感悟，从中切实感受中国发生的历史性变革和伟大成就，增强“四个自信”，树立正确的历史观、民族观、国家观、文化观。

5 月 22 日

国家教材委员会专家委员会工作研讨会在京召开。会议指出，国家教材委员会专家委员会的设立，是贯彻落实中央决策部署、加强和改进大中小学教材建设的重大举措。专家委员会要切实担负起为国家教材建设保驾护航的重要职责，在站位上体现一个“高”字，在角色上体现一个“准”字，在把关上体现一个“严”字，在运行上体现一个“顺”字。要深刻认识自身的重要地位和重大使命，当好课程建设的“设计师”、教材质量的“质检员”、教材政策制定的“智囊团”，严把思想政治关、专业学术关、改革方向关，以好的工作机制、好的审查标准、好的决策规则推动专家委员会各项工作有序运行。

同日，中共教育部党组印发《关于高校党组织“对标争先”建设计划的实施意见》，要求高校党委要全面领导学校工作，履行管党治党、办学治校主体责任，在“对标争先”中要做到“四个过硬”：把方向过硬，管大局过硬，做决策过硬，保落实过硬。院(系)党组织是办学治校的中坚力量，在“对标争先”中要做到“五个到位”：党组织领导和运行机制到位，政治把关作用到位，思想政治工作到位，基层组织制度执行到位，推动改革发展到位。基层党支部是党在高校全部工作和战斗力的基础，在“对标争先”中，要做到“七个有力”：教育党员有力，管理党员有力，监督党员有力，组织师生有力，宣传师生有力，凝聚师生有力，服务师生有力。

5 月 23 日

“首都百万师生同上一堂课活动”在清华大学新清华学堂拉开序幕。该活动由教育部党组、中共北京市委联合组织，旨在面向广大高校干部师生讲清楚习近平总书记重要讲话的学理支撑和理论蕴涵，讲清楚新时代教育工作的使命担当和广大干部师生的责任要求，教育引导广大干部师生把总书记重要讲话精神内化于心、外化于行，切实将总书记重要讲话精神转化为高校培养社会主义建设者和接班人的政策体系、工作举措和育人体系、教学模式。教育部党组、中共北京市委专门邀请部分高校党委书记、校长、院士、长江学者、知名理论专家和思政工作骨干等60余人组成“习近平总书记重要讲话精神讲师团”。面向干部教师群体，讲师团将讲授解读三方面的内容：一是学习贯彻落实总书记提出的坚持“一个根本任务”，确立“两个标准”，抓好“三项基础性工作”，切实办好、办出中国特色社会主义一流大学；二是做新时代“四有”好老师，当好学生健康成长的指导者和引路人；三是坚持把马克思主义作为中国特色社会主义教育最鲜亮的底色，切实加强新时代马克思主义理论教育教学和研究阐释。面向学生群体，讲师团将讲授解读学习贯彻落实总书记提出的“爱国、励志、求真、力行”要求，勇担时代责任，忠于祖国、忠于人民，立鸿鹄志、做奋斗者，求真学问、练真本领，知行合一、做实干家。

5 月 25 日

教育部办公厅发布《关于开展“三全育人”综合改革试点工作的通知》。通知强调，坚持育人导向。推动各地各高校全面统筹各领域、各环节、各方面的育人资源和育人力量，推动知识传授、能力培养与理想信念、价值理念、道德观念的教育有机结合，使思想政治工作体系贯通学科体系、教学体系、教材体系、管理体系，把我们的特色和优势有效转化为培养社会主义建设者和接班人的能力。坚持问题导向。聚焦短板弱项，坚持把破解高校思想政治工作不平衡不充分问题作为目标指向，从宏观、中观、微观各个层面，着力构建一体化育人体系，打通“三全育人”最后一公里，真正引导各地各高校把各项工作的重音和目标落在育人效果上，使高校思想政治工作更好地适应和满足学生成长诉求、时代发展要求、社会进步需求。

5月26日

北京师范大学思想政治工作研究院、电子科技大学马克思主义学院联合《思想理论教育导刊》《思想理论教育》《思想教育研究》等杂志在成都举办"新时代新思想新建设：马克思主义理论学科建设高端学术论坛"，来自全国部分高校的专家、学者出席论坛。北京师范大学思想政治工作研究院院长冯刚教授、武汉大学思想政治教育研究院院长骆郁廷教授、西安交通大学马克思主义学院院长燕连福教授、西安交通大学马克思主义学院院长林伯海教授、西南石油大学马克思主义学院院长张小飞教授、电子科技大学马克思主义学院王让新教授、兰州大学马克思主义学院杨宏伟教授、西华师范大学马克思主义学院冯开甫教授、《中国高等教育》杂志主编唐景莉博士等专家学者做了研讨发言。

5月26日—27日

由中南大学马克思主义学院与《思想教育研究》编辑部联合举办的第二届全国"东方红"马克思主义青年博士生学术论坛在中南大学召开。来自34所高校的57位博士生参加了此届论坛。会议就释析马克思主义研究的重要疑问，确证马克思主义理论的思想真理、回归马克思主义领域的经典著作，提炼马克思主义学说的当代启示、把握习近平新时代中国特色社会主义思想，推动马克思主义中国化的理论进程、紧扣意识形态形势的重大变化，优化马克思主义教育的改革路径等问题进行了深入探讨。

5月28日

中国科学院第十九次院士大会、中国工程院第十四次院士大会在人民大会堂开幕。中共中央总书记、国家主席、中央军委主席习近平出席会议并发表重要讲话。他指出，中国要强盛、要复兴，就一定要大力发展科学技术，努力成为世界主要科学中心和创新高地。青年是祖国的前途、民族的希望、创新的未来。各级党委和政府要放手使用优秀青年人才，为青年人才成才铺路搭桥。

同日，教育部办公厅发布《关于公布全国高校思想政治理论课教师研修基地名单的通知》，指出，理论研修基地主要承担思政课教师理论研修等培训任务，提高思政课教师马克思主义理论水平，指导思政课教师凝练科研方向、提高科研水平，以高水平研究支撑高质量教学。教学研修基地主要承担思政课教师教育教学理论与实践等培训任务，引导思政课教师运用教育学等相关理论知识，更好推动教材体系向教学体系转化、知识体系向价值体系转化、加强重点难点问题研究，帮助思政课教师准确把握教育规律、掌握过硬教学能力、用好先进教学方法、加大教学改革创新，不断增强大学生对思政课的获得感。实践研修基地主要承担思政课教师实践研修培训任务，提高教师理论联系实际的能力，引导教师研究传承弘扬中华优秀传统文化和红船精神、井冈山精神、长征精神、延安精神、西柏坡精神、沂蒙精神以及抗战精神、大庆精神、红旗渠精神、"两弹一星"精神、雷锋精神、劳模精神、焦裕禄精神等，深入了解坚持和发展中国特色社会主义生动实践，帮助思政课教师深化对当前世情国情党情的认识、深化对党的创新理论的理解、丰富思政课教学案例。

5月29日

《光明日报》报道，党的十九大召开后，复旦大学研究落实将十九大精神有机融入现有思想政治理论课教学体系，面向全校本科生开设了"习近平新时代中国特色社会主义思想"课程，全面推进习近平新时代中国特色社会主义思想进教材、进课堂、进头脑。

6月

6月6日

教育部办公厅发布《关于开展习近平新时代中国特色社会主义思想大学习领航计划系列主题活动的通知》。教育部决定指导高校思政课教学指导委员会和有关高校组织开展习近平新时代中国特色社会主义思想大学习领航计划系列主题活动，通过艺术展、公开课、微电影、夏令营等形式，增强学生学习思政课的积极性、主动性，提升学生对思政课的参与度。活动将围绕以下内容展开："庆祝改革开放40周年"——第二届全国高校大学生思政课艺术作品展，"昂首复兴路·最美新时代"——第二届全国高校大学生讲思政课公开课展示，"我心中的思政课"——第二届全国高校大学生微电影展示，"思政课学习之星"——第二届全国高校大学生马克思主义理论学习夏令营。

6月7日

中共中央政治局委员、中宣部部长黄坤明在同宣传思想文化领域高层次人才学习贯彻习近平新时代中国特色社会主义思想和党的十九大精神专题研修班学员座谈时强调，要把人才队伍建设放在更加突出的位置，深入实施文化名家暨"四个一批"人才工程等重点工程和计划，造就更多德才兼备的名家大师和领军人才；发现和培养一批政治素质好、专业能力强、发展潜力大的优秀青年人才，为他们更好更快成长创造有利条件；扎实做好知识分子工作，把各方面优秀人才团结凝聚到党的宣传思想文化事业中来。

同日，中国青年网报道，共青团中央、全国保护母亲河行动领导小组在第47个世界环境日前后举办了"汇聚青春力量　建设美丽中国"全国青少年生态环保组织学习贯彻习近平生态文明思想培训交流活动。活动在习近平总书记"绿水青山就是金山银山"重要理论提出地——浙江省湖州市安吉县举办。此次培训交流活动以践行简约适度、绿色低碳的生活方式为重点，设计开展了线上线下相结合的系列倡导，邀请了长期从事生态环保实践的青年代表围绕"随身水杯·保护河流""塑战速决""趋近零废弃生活""村民一小步·清泉石上流""打好环境问题'小报告'"等主题，开讲青少年生态环保"绿色公开课"，课程同步进行了线上直播，最高同时在线人数达到60余万。活动期间，有关专家以"'两山'理论的形成、发展与践行"为主题，向学员解读了习近平生态文明思想的深刻内涵。

6月8日

8日至9日，北京师范大学思想政治工作研究院、湖南理工学院联合《思想理论教育》《学校党建与思想教育》等杂志在湖南岳阳举办首届"南湖思政论坛"，来自全国多所高校的专家学者参加了本次论坛，并围绕"改革开放以来高校思想政治教育热点与发展规律"展开研讨。

6月8日—10日

为了进一步贯彻党的十九大精神，落实全国高校思想政治工作会议的要求，研究改革开放以来高校思想政治教育的热点问题，探索高校思想政治教育的发展规律，北京师范大学思想政治工作研究院、湖南理工学院联合《思想理论教育》《学校党建与思想教育》等杂志在湖南岳阳举办首届"南湖思政论坛"。来自全国多所高校的专家学者参加了此次论坛，并围绕"改革开放以来高校思想政治教育热点与发展规律"展开研讨。会议聚焦改革开放以来思想政治教育研究的热点，把握新时代思想政治教育的环境变化和时代特征，反思高校思想政治教育的实践发展，探索改革开放以来思想政治教育学科建设及发展规律。

6月11日—13日

中共中央政治局委员、中宣部部长黄坤明在河南调研时指出，做好新时代宣传思想文化工作，重点在基层，关键在创新。要全面推进工作理念、内容建设、话语方式、体制机制的改革创新，在统筹资源、整合力量上实现新突破，在补齐短板、加固底板上实现新作为，打通基层宣传思想文化工作到达群众的"最后一公里"。要大力推进媒体融合发展，创新建设县级融媒体中心，把整体谋划与分类指导结合起来，把发挥自身优势与用好新技术结合起来，着眼教育引导群众、服务生产生活，完善信息供给结构，提高信息供给质量，切实提升主流舆论吸引力影响力。要创新和强化工作举措，加大对中华文化历史遗存的保护和传承力度，推动中华优秀传统文化焕发时代风采。

6月14日

教育部办公厅印发《关于开展首批高校"双带头人"教师党支部书记工作室建设工作的通知》，要求按照新时代党的建设总要求，全面贯彻党的教育方针，积极探索形成符合高校实际、兼顾学科专业特点、可示范可推广的“双带头人”教师党支部书记培育工作体制机制，推广运用优秀支部书记工作方法，引领带动高校党建和思想政治工作质量提升。将面向全国高校，以3年为一个周期支持建设100个“双带头人”工作室。“双带头人”工作室依托高校教学科研一线、成立3年(含)以上的教师党支部建立，由符合“双带头人”条件的教师党支部书记作为负责人主持开展工作。“双带头人”工作室重点围绕抓好党建主责主业、强化支部政治功能、提升思想政治工作质量、促进学校事业发展、抓好支部班子建设的建设任务，创新工作方法，创建平台载体，创立典型示范，着力发挥党支部战斗堡垒作用和党员先锋模范作用。

同日，《人民日报》报道，在教育部党组的统一部署推动下，各地各高校广泛开展“学习新思想千万师生同上一堂课活动”。专家学者紧扣习近平新时代中国特色社会主义思想，走进高校宣传解读习近平总书记在北京大学师生座谈会和纪念马克思诞辰200周年大会上重要讲话精神。教育部有关负责人介绍，将以此次活动为契机，建立健全习近平新时代中国特色社会主义思想、习近平教育思想、习近平总书记重要讲话精神第一时间进课堂、进教材、进头脑长效机制，持续深化对总书记重要讲话精神的研究阐释，不断推动学习转化，全面提升学习宣传贯彻工作质量。

6月18日

《中国教育报》报道，复旦大学课程思政建设现场交流推进会于近日召开。会议指出，上海将于2019年启动“高校课程思政领航计划”。该计划将遴选推出一批整体改革领航高校、重点改革领航学院、特色改革领航团队和精品改革领航课程，提供重点支持，力求出一批好老师、好课程、好学院、好制度，在实践中形成课程思政教学规范。上海明确，在推进高校课程思政过程中强化项目支撑引领，高校青年教师培养资助计划的申报主题必须聚焦课程思政，在各类人才项目评审和表彰项目中将课程思政教育教学改革成果作为重要考察内容。在此次会议上，《复旦大学课程思政体系建设实施方案》出台，提出力争到2020年建成3个课程思政示范专业、20门课程思政示范在线课程、100门课程思政示范专业课程，整体建成一个人文医学课程体系。

6月20日

教育部办公厅发布《关于举办2018年全国高校基层党支部书记学习贯彻党的十九大精神专题网络培训班的通知》。文件指出，依托国家教育行政学院大学生网络党校，面向全国高校基层党支部书记开展学习贯彻党的十九大精神专题网络培训。文件强调，深刻学习领会习近平新时代中国特色社会主义思想的精神实质和丰富内涵，引导高校基层党支部书记特别是教师党支部书记，不断增强“四个意识”，坚定“四个自信”，准确把握高校基层党建和思想政治工作面临的新形势、新任务、新要求，学习掌握党的基本知识和纪律规矩，交流借鉴党建工作经验做法，切实提高党支部书记的党性修养、履职能力和服务水平，促进党支部建设质量显著提升，推进党支部主体作用有效发挥。此次培训分为课程学习、交流研讨、成果撰写、在线考试四个环节。培训结束，完成各培训环节考核要求，且考试成绩合格的参训学员可以在线打印学时证明，所学学时计入2018年度高校基层党支部书记集中轮训培训学时。

6月21日

教育部在四川成都召开新时代全国高等学校本科教育工作会议。会议指出，高教大计，本科为本；本科不牢，地动山摇。高等教育战线要坚持“以本为本”，把本科教育放在人才培养的核心地位、教育教学的基础地位、新时代教育发展的前沿地位。要推进“四个回归”，把人才培养的质量和效果作为检验一切工作的根本标准。一是回归常识。要围绕学生刻苦读书来办教育，引导学生求真学问、练真本领。二是回归本分。要引导教师热爱教学、倾心教学、研究教学，潜心教书育人。三是回归初心。要坚持正确政治方向，促进专业知识教育与思想政治教育相结合，用知识体系教、价值体系育、创新体系做，倾心培养建设者和接班人。四是回归梦想。要推动办学理念创新、组织创新、管理创新和制度创新，倾力实现教育报国、教育强国梦。

6 月 22 日—23 日

由高等教育出版社《思想理论教育导刊》编辑部、高校思想政治理论课研究中心主办，安徽财经大学习近平新时代中国特色社会主义思想研究中心和马克思主义学院承办的第 11 届《思想理论教育导刊》论坛——“推动习近平新时代中国特色社会主义思想‘三进’”研讨会在蚌埠市举行。

6 月 24 日

中国青少年礼乐文化传播高峰论坛暨民族教育品牌振兴计划启动仪式在武汉举行。与会专家学者从文化自信、文化传承、文化教育、文化交流、文化故事等视角，探讨如何将优秀传统文化代代传承，讲好中国新礼乐文化故事。与会专家学者认为，要从“弘扬优秀传统文化”“融入时代文化精神”“增强文化自信”3 个层面传承优秀传统文化，期待能将产业界和广大人民群众的积极性结合起来，正确地引导孩子们传承优秀文化，使优秀传统文化的灵魂在国人文化血脉中代代延续下去。从娃娃抓起，讲好中华礼乐文明故事，是培养中华文化根性、树立中国文化自信的根本之道。把中华优秀礼乐文化的种子根植于从启蒙开始的整个人生成长过程中，教之以礼，育之以乐，这是功在当代、利在千秋的重大课题，值得教育者终生为之奋斗。

6 月 26 日

中国共产主义青年团第十八次全国代表大会在人民大会堂开幕。习近平、李克强、栗战书等党和国家领导人到会祝贺，王沪宁代表党中央致词。王沪宁表示，习近平总书记关于青年工作的重要思想，为做好新时代党的青年工作指明了前进方向。希望广大青年牢记习近平总书记的谆谆教诲，始终坚定理想信念，着力锤炼高尚品格，不断增长能力才干，永远保持奋斗精神，勇于投身创新创造，勇当实现中华民族伟大复兴的生力军。

贺军科代表共青团第十七届中央委员会做了题为《高举习近平新时代中国特色社会主义思想伟大旗帜奋力谱写决胜全面建成小康社会全面建设社会主义现代化国家的壮丽青春篇章》的报告。报告分为 8 个部分：进入新时代的中国青年和共青团；强国时代青年的历史使命；用习近平新时代中国特色社会主义思想统领共青团工作；培养担当民族复兴大任时代新人；青春建功新时代；大力促进青年发展；共青团改革再出发；全面从严治团。

同日，《人民日报》刊发《在新时代党的阳光照耀下前进——习近平总书记关心关怀青年和青年工作纪实》。报道指出，“五四”，一个专属于青年人的符号。每年的这一天，不仅是青年人自己的节日，更是纪念五四运动、弘扬五四精神的重要日子。回顾党的十八大以来这六年，习近平总书记夙夜在公、日理万机，但不管他有多忙，五四的时间总是留给青年人的！

同日，《人民日报》报道，中宣部、中央网信办、中央文明办、中央党史和文献研究院、教育部、文化和旅游部、全国总工会、共青团中央、全国妇联近日联合印发通知，决定在全国城乡广泛组织开展群众性主题宣传教育活动。通知提出，要组织开展“隆重庆祝改革开放 40 周年　走好新时代长征路”学习体验，庆祝改革开放 40 周年系列报告会，“将改革开放进行到底”百姓宣讲，“我与改革开放共奋进”征集，“改革开放我知道”知识竞赛，全国广场舞展演，社会主义核心价值观主题微电影征集展示，“开学第一课”教育，“牢记时代使命　唱响青春旋律”校园歌曲创作推广，网上主题宣传教育等活动，为庆祝改革开放 40 周年营造浓厚社会氛围。

6 月 27 日

教育部在京举行纪念建党 97 周年主题报告会。教育部党组成员、副部长杜占元在讲话中强调，直属机关广大党员干部要认真学习领会习近平总书记围绕总体国家安全观发表的一系列重要论述，牢固树立和认真贯彻总体国家安全观。在工作中，始终强化教育是意识形态领域前沿阵地，事关国家政治安全的意识，要从维护国家政治安全的高度统筹推进教育改革发展，全面贯彻落实党的教育方针，把立德树人的要求内化到教育管理的各领域、各方面、各环节，特别在教材建设、课堂教学、论坛讲坛、科研管理、外事交流等方面，牢牢把好意识形态安全关，做好国家安全教育工作。

6月29日

中共中央政治局常委、国务院副总理韩正在人民大会堂会见了香港各界青年代表访问团。他指出，习近平总书记十分关心青年健康成长，对广大香港青年寄予厚望。青年兴则国家兴，青年强则国家强。希望香港青年加强学习，增进对国家和民族历史的了解，热爱我们的国家和民族，传承爱国爱港光荣传统；勇于实践，把握香港融入国家发展大局的历史机遇，把个人事业同香港发展、国家发展紧密结合起来。香港各界青年代表访问团由香港青年社团领袖、青年专业人士、大学生和青年教师、青年工商界人士、青年新媒体人士、基层青年代表等140多人组成，以"国家发展战略与香港青年机遇"为主题，先后到深圳、武汉、北京围绕粤港澳大湾区建设、长江经济带发展、京津冀协同发展等重大战略进行了参观访问。

同日，中组部、中宣部联合印发《关于在广大知识分子中深入开展"弘扬爱国奋斗精神、建功立业新时代"活动的通知》，对在广大知识分子中深入开展"弘扬爱国奋斗精神、建功立业新时代"活动做出部署。文件指出，近年来，习近平总书记对弘扬爱国奋斗精神做出一系列重要指示，深刻阐明了爱国奋斗精神对当代中国的重大意义，对在全社会弘扬爱国奋斗精神提出了明确要求。在广大知识分子中深入开展"弘扬爱国奋斗精神、建功立业新时代"活动，是贯彻落实习近平总书记重要指示精神、加强团结引领服务知识分子的重要举措，对于把各方面优秀知识分子集聚到党和人民的伟大奋斗中来，形成不懈奋斗、团结奋斗的生动局面，具有深远意义。文件强调，各地区各部门各单位要全面加强宣传解读，在广大知识分子中迅速掀起学习弘扬爱国奋斗精神的热潮。要组织深入的学习研讨，切实增强对新时代爱国奋斗精神、党和国家奋斗目标的思想认同、情感认同、价值认同。要抓好专题研修培训，将爱国奋斗精神作为知识分子国情研修、业务培训的重要内容，列入研修培训大纲和课程模块。要发挥典型引导作用，积极开展践行爱国奋斗精神先进群体和个人选树工作，用身边事教育身边人。要开展岗位践行活动，把开展活动与激发知识分子创新创造活力、服务经济社会发展结合起来，最大限度地激发广大知识分子的奋斗激情，引导广大知识分子扎根人民、奉献国家。通知要求，各地区各部门各单位要按照通知精神制定具体实施方案，加强组织领导，明确主体责任，注重分类指导，加强督促检查，确保活动取得实效。

6月30日

笹川良一优秀青年奖学基金中国项目在北京大学国际关系学院举行25周年纪念活动。

7月

7月2日

中共中央总书记、国家主席、中央军委主席习近平在中南海同团中央新一届领导班子成员集体谈话并发表重要讲话。习近平强调，党的十八大以后，党中央从党和国家事业发展全局出发，高度重视和大力推进青年工作，出台新中国历史上第一个青年发展规划，部署共青团改革，推动青年工作取得历史性成就。党中央明确了青年工作的战略地位、中国青年运动的时代主题、青年工作的职责使命、青年一代健康成长的正确道路、青年工作的路径方法、共青团改革发展的目标任务，明确了必须加强党对青年工作的领导。要坚持把培养社会主义建设者和接班人作为根本任务，引导广大青年自觉为共产主义远大理想和中国特色社会主义共同理想而奋斗；把巩固和扩大党执政的青年群众基础作为政治责任，把最大多数青年紧紧凝聚在党的周围；把围绕中心、服务大局作为工作主线，广泛组织动员广大青年在深化改革开放、促进经济社会发展中充分发挥生力军作用。广大青年要坚定理想信念、练就过硬本领、勇于创新创造、矢志艰苦奋斗、锤炼高尚品格，在弘扬和践行社会主义核心价值观中勤学、修德、明辨、笃实，爱国、励志、求真、力行，同人民一起奋斗，同人民一起前进，同人民一起梦想，用一生来践行跟党走的理想追求。

7月3日

共青团中央、教育部联合印发《关于在高校实施共青团"第二课堂成绩单"制度的意见》。共青团"第二课堂成绩单"制度是充分借鉴第一课堂教学育人机理和工作体系，整体设计高校共青团工作内容、项目供给、评价机制和运行模式，实现共青团组织实施的思想政治引领、素质拓展提升、社会实践锻炼、志愿服务公益和自我管理服务等第二课堂活动的科学化、系统化、制度化、规范化，实现高校学生参与共青团第二课堂可记录、可评价、可测量、可呈现的一整套工作体系和工作制度。实施"第二课堂成绩单"制度要坚持融入人才培养大局，切实服务学生发展需求，充分发挥第二课堂优势，突出基层主体地位。要构建"五大制度体系"：一要紧紧围绕思想素质养成、政治觉悟提升、文艺体育项目、志愿公益服务、创新创业创造、实践实习实训、技能特长培养等内容设计课程项目体系。二要根据具体情况灵活运用记录式评价、学分式评价、综合式评价等多种评价方式，构建完善的记录评价体系。三要依托数据信息体系开展课程项目的发布、管理、评估，实现学生参与课程项目的记录、评价、认证，构建数据信息体系。四要建立学期、学年结果反馈和运用机制，充分运用互联网、大数据等现代信息技术，对学生参与第二课堂情况进行分析评价，科学评估第二课堂育人成效，动态调整第二课堂课程项目体系，促进第二课堂活动完善与迭代，构建动态管理体系。五要重点突出共青团"第二课堂成绩单"结果应用和价值发掘，将共青团"第二课堂成绩单"作为学生在校期间综合素质测评、评奖评优、升本推研、推优入党等的重要评价，构建价值应用体系。

7月3日—4日

全国组织工作会议在北京召开。中共中央总书记、国家主席、中央军委主席习近平出席会议并发表重要讲话。习近平强调，中国特色社会主义进入新时代，我们党一定要有新气象新作为，关键是党的建设新的伟大工程要开创新局面。伟大斗争、伟大工程、伟大事业、伟大梦想，其中起决定性作用的是党的建设新的伟大工程。要把新时代坚持和发展中国特色社会主义这场伟大社会革命进行好，我们党必须勇于进行自我革命，把党建设得更加坚强有力。习近平强调，组织路线对坚持党的领导、加强党的建设、做好党的组织工作具有十分重要的意义。新时代党的组织路线是：全面贯彻新时代中国特色社会主义思想，以组织体系建设为重点，着力培养忠诚干净担当的高素质干部，着力集聚爱国奉献的各方面优秀人才，坚持德才兼备、以德为先、任人唯贤，为坚持和加强党的全面领导、坚持和发展中国特色社会主义提供坚强组织保证。新时代党的组织路线是理论的也是实践的，要在推进党的建设新的伟大工程、落实全面从严治党的实践中切实贯彻落实。

7月5日

教育部办公厅发布《关于开展新时代高校党建示范创建和质量创优工作的通知》。新时代高校党建"双创"工作将面向全国高校首批培育创建10所党建工作示范高校、100个党建工作标杆院系、1000个党建工作样板支部，开展万名基层党组织书记示范培训，建设周期为2年，以点带面发挥引领带动作用，推动全国高校各级党组织全面进步全面过硬，推动全国高校党建质量全面创优全面提升。新时代高校党建"双创"工作，面向全国普通高等学校(含高职高专院校、民办高校)党委及其院(系)党组织、基层党支部开展，校、院(系)党组织一般应至少成立5年，基层党支部一般应至少成立3年。参加培育创建的高校党组织，要按照《中共教育部党组关于高校党组织"对标争先"建设计划的实施意见》明确的主要任务及方法步骤，综合评估工作基础，统筹确定建设任务，精心谋划预期成效，具备相应条件。全国党建工作示范高校、标杆院系、样板支部培育创建工作在教育部党组领导下，由教育部思想政治工作司具体负责组织实施，按照申报认定、创建达标、中期评估、验收巩固四个步骤开展。各地党委教育工作部门、各高校党委要高度重视，认真组织好全国党建工作示范高校、标杆院系、样板支部的申报、推荐和建设工作。及时发掘、凝练、宣传入选党组织的探索经验、培育成果、创建成效，充分发挥引领示范、辐射带动作用，有计划有步骤地把点上的经验做法推广到面上去，引领带动高校党建工作质量整体提升，办好中国特色社会主义大学，培养社会主义合格建设者和可靠接班人。

7 月 6 日

中共教育部党组发布《关于印发〈高等学校学生心理健康教育指导纲要〉的通知》，要求坚持育心与育德相统一，加强人文关怀和心理疏导，规范发展心理健康教育与咨询服务，更好地适应和满足学生心理健康教育服务需求，引导学生正确认识义和利、群和己、成和败、得和失，培育学生自尊自信、理性平和、积极向上的健康心态，促进学生心理健康素质与思想道德素质、科学文化素质协调发展。纲要明确，高校学生心理健康教育的目标是：教育教学、实践活动、咨询服务、预防干预“四位一体”的心理健康教育工作格局基本形成。心理健康教育的覆盖面、受益面不断扩大，学生心理健康意识明显增强，心理健康素质普遍提升。常见精神障碍和心理行为问题预防、识别、干预能力和水平不断提高。学生心理健康问题关注及时、措施得当、效果明显，心理疾病发生率明显下降。纲要要求，健全心理健康教育课程体系，结合实际，把心理健康教育课程纳入学校整体教学计划，规范课程设置，对新生开设心理健康教育公共必修课，大力倡导面向全体学生开设心理健康教育选修和辅修课程，实现大学生心理健康教育全覆盖。加强宣传普及，组织开展各种有益于大学生身心健康的文体娱乐活动和心理素质拓展活动。同时，优化心理咨询服务平台，设立心理发展辅导室、心理测评室、积极心理体验中心、团体活动室、综合素质训练室等，积极构建教育与指导、咨询与自助、自助与他助紧密结合的心理健康教育与咨询服务体系。遵循保密原则，建立心理健康数据安全保护机制，保护学生隐私，杜绝信息泄露。

同日，为向国际社会全面、深入介绍习近平新时代中国特色社会主义思想，由外文出版社出版的《习近平谈治国理政》第一卷中、英文版电子书在亚马逊、Overdrive、易阅通、掌阅四家数字交易平台上线，面向全球发布。2014 年 9 月出版的《习近平谈治国理政》，2018 年 1 月由中宣部会同有关部门和单位修订再版，改称《习近平谈治国理政》第一卷。《习近平谈治国理政》第一卷与 2017 年 11 月出版的《习近平谈治国理政》第二卷是有机统一的整体，生动记录了以习近平同志为核心的党中央团结带领全党全国各族人民在新时代坚持和发展中国特色社会主义的伟大实践，是国内外读者学习掌握习近平新时代中国特色社会主义思想和党的十九大精神的权威读本。《习近平谈治国理政》第一卷中、英文版电子书与纸质版图书内容一致。此次电子书上线覆盖全球网络读者，有助于国际社会更加快速、便捷地了解习近平新时代中国特色社会主义思想的发展脉络和主要内容，更好了解中国共产党为推动构建人类命运共同体、促进人类和平与发展崇高事业贡献的中国智慧和中国方案。

7 月 10 日

教育部办公厅发布《关于严厉查处高等学校学位论文买卖、代写行为的通知》，进一步规范学位论文管理，加强学术诚信建设，提高人才培养质量，严厉打击学位论文买卖、代写行为。

7 月 11 日

“青年之声”中国科学家校园科普行公益活动在京启动，首场活动走进中国人民大学附属中学。“青年之声”中国科学家校园科普行公益活动由团中央网络影视中心、中国科学院科学传播局、中国科技馆共同发起，以“弘扬科学精神 普及科学知识”为主题。活动将历时一年，邀请我国科学家走进大中小学校园，通过讲座、分享、互动等方式，在“青年之声”等新媒体平台进行直播，向全国广大青少年普及科学知识、传播科学思想、弘扬科学精神，提升青少年的科学素养。

7 月 12 日

教育部召开党组会，学习传达全国组织工作会议精神，研究部署贯彻落实工作。会议要求，教育系统各级党组织要以习近平新时代中国特色社会主义思想为指导，深入学习习近平总书记关于党的建设和组织工作重要思想，全面贯彻新时代党的组织路线，着力加强党的组织体系建设，不断提高教育系统党的建设和直属系统组织工作质量，为坚持和加强党对教育工作的全面领导，加快教育现代化、建设教育强国、办好人民满意教育提供坚强组织保证。

7 月 14 日

纪念《求是》暨《红旗》杂志创刊 60 周年大会在京召开。中共中央政治局委员、中宣部部长黄坤明出席会议并讲话，强调要认真学习贯彻习近平总书记致《求是》暨《红旗》杂志创刊 60 周年的贺信精神，高扬新时代党的理论旗帜，把宣传阐释好习近平新时代中国特色社会主义思想作为第一职责，切实发挥好中央党刊的示范引领作用，不断筑就党的理论宣传新高峰。

7 月 16 日

教育部发布《关于授予邹勇松同学“全国优秀大学生”荣誉称号的决定》。

7 月 17 日

全国“中华魂”（辉煌与梦想）主题教育活动表彰大会暨夏令营开营仪式在京举行，共有 109 个先进集体、136 名先进个人受到表彰。会上，中国关心下一代工作委员会主任顾秀莲就如何深入开展“中华魂”主题教育活动提出意见：一是把学习贯彻习近平新时代中国特色社会主义思想作为首要政治任务抓实抓好；二是创新活动方式，增强教育活动的针对性实效性；三是加大宣传力度，提高教育活动覆盖的广度和深度。活动由中国关心下一代工作委员会、教育部关心下一代工作委员会等单位共同举办，覆盖全国 20 多个省（区、市），累计 3 亿多人次青少年参加并从中受益。其中，“中华魂捐书助学献爱心援建活动”共捐建价值 100 余万元的“中华魂”书屋 20 余个。

同日，教育部课程教材研究所重大研究项目研讨会在京召开。会议旨在落实中央和教育部党组关于加强和改进新形势下大中小学教材建设的决策部署，为国家课程改革提供专业支持。教育部相关领导表示，课程教材研究所的研究项目选题好、站位高，具有四个重要特点：一是立根本。立好民族的根，铸好教育的魂。这个根就是中华优秀传统文化，魂就是德育。这些项目的共同点体现了立根铸魂。二是补短板。党的教育方针是德智体美全面发展，但是当前的发展是不均衡的，希望通过研究补上短板。三是接链条。大中小学德育、体育、美育的一体化建设项目，正是以学生发展为本，注重大中小学教育的整体设计，把分段实施的教育链条连接起来。四是扩视野。以国际视野反观和思考中国的课程教材项目，在深化课程教材建设上解决一流和先进性问题。希望课题要接地气，解决课程教材改革中存在的实际问题，通过课题研究使中国的课程教材建设迈上一个新的台阶。中华优秀传统文化传承工作得到党中央、国务院高度重视，是加强中小学德育工作的关键问题。特别强调要以《中小学德育工作指南》为指针，通过丰富多彩的活动进行系统设计。

7 月 18 日

共青团中央、人力资源和社会保障部联合印发《关于命名表彰 2016—2017 年度全国青年岗位能手标兵和全国青年岗位能手的决定》，授予中国石油大港油田公司第三采油厂第六采油作业区地质师马瑞等 40 名同志“全国青年岗位能手标兵”称号，授予中科院自动化所复杂系统管理与控制国家重点实验室副研究员王磊等 826 名同志“全国青年岗位能手”称号。为深入学习贯彻习近平新时代中国特色社会主义思想和党的十九大精神，通过表彰先进、树立典型，激励广大青年不忘初心、牢记使命，在实现中华民族伟大复兴的历史进程中接力奋斗，共青团中央、人力资源和社会保障部自 2017 年年底开始，联合开展了 2016—2017 年度全国青年岗位能手（标兵）评选活动。经广泛发动、多种方式择优推荐和严格审核，866 名来自各行各业的优秀青年脱颖而出。

同日，《人民日报》报道，近日，陕西高教工委在西北大学现场组织展示了 100 余堂思政课，将陕西省高校的思政课教师“大练兵”主题活动推向了高潮。由陕西省高校党委书记、校长等组成的 56 名评委现场打分，320 余名省内高校思政课教学领导现场观摩。2018 年 4 月，陕西省开展了思政课教师“大练兵”活动，全省高校 3742 名思政课教师、近万名专业课教师参与。6 月初，114 名教师脱颖而出，分别被授予陕西高校思政课和课程思政教学标兵、能手、骨干荣誉称号。

7月19日

教育部发布《2017全国教育事业发展统计公报》。公报指出，全国各类高等教育在学总规模达到3779万人，高等教育毛入学率达到45.7%。全国共有普通高等学校2631所(含独立学院265所)，比2016年增加35所，增长1.35%。其中，本科院校1243所，比2016年增加6所；高职(专科)院校1388所，比2016年增加29所。全国共有成人高等学校282所，比2016年减少2所；研究生培养机构815个，其中，普通高校578个，科研机构237个。普通高等学校校均规模10430人，其中，本科学校14639人，高职(专科)学校6662人。研究生招生80.61万人，其中，全日制69.19万人。招收博士生8.39万人，硕士生72.22万人。在学研究生263.96万人，其中，在学博士生36.2万人，在学硕士生227.76万人。毕业研究生57.80万人，其中，毕业博士生5.8万人，毕业硕士生52.0万人。普通本专科招生761.49万人，比2016年增加12.88万人，增长1.72%；在校生2753.59万人，比2016年增加57.74万人，增长2.14%；毕业生735.83万人，比2016年增加31.65万人，增长4.49%。成人本专科招生217.53万人，比2016年增加6.30万人，增长2.98%；在校生544.14万人，比2016年减少40.25万人，下降6.89%；毕业生247.04万人，比2016年增加2.57万人，增长1.05%。全国高等教育自学考试学历教育报考470.94万人次，取得毕业证书55.27万人。普通高等学校教职工244.30万人，比2016年增加3.82万人，增长1.59%；专任教师163.32万人，比2016年增加3.13万人，增长1.95%。普通高校生师比为17.52∶1，其中，本科学校17.42∶1，高职(专科)学校17.74∶1。成人高等学校教职工4.14万人，比2016年减少1711人；专任教师2.4万人，比2016年减少1224人。普通高等学校校舍总建筑面积95400.32万平方米，比2016年增加2729.28万平方米；教学科研仪器设备总值4995.29亿元，比2016年增加479.87亿元。

同日，由中国高等教育学会和中国高等教育学会思想政治教育分会联合举办的纪念马克思诞辰200周年专题研讨会暨第四届思想政治教育创新发展学术研讨会在北京师范大学举办。与会代表结合习近平在纪念马克思诞辰200周年大会上的讲话，围绕《共产党宣言》及其时代意义、马克思主义与当代世界社会主义、习近平新时代中国特色社会主义思想与21世纪马克思主义、改革开放40周年与思想政治教育创新发展等主题进行了深入研讨。

7月20日

全国青联举办的第三届上合组织青年交流营重头活动之一——“筑梦丝路”上合组织青年论坛在青岛举行。在经历了素质拓展、科技创新企业和高校参观以及中国文化体验等丰富精彩的活动后，上合组织青年交流营迎来一场思想盛宴。此次论坛主题是“扬起青春之帆，助力上合发展”。论坛上，上合各国青年代表共同宣读了由上合青年委员会通过的《上合青委会青年宣言》，热情回应了上合组织青岛峰会发表的《上合组织成员国元首致青年共同寄语》。宣言指出，上合各国的青年和青年组织有义务广泛参与到上合国家合作中来，加强交流，相互学习，携手应对全球范围内的挑战；各国青年组织应在青年人中进一步传播“上海精神”。各国青年代表纷纷对元首寄语表示支持和赞赏。“我们希望青年人更加紧密地团结起来，深化上合组织的合作。”乌兹别克斯坦共和国总统青年事务国务顾问库兰巴耶夫说。“现在的世界非常需要对话，这是弥合分歧、解决问题最简单、最有效的方式。”伊朗代表团团长沙欣·莫扎法里说。当晚，上合组织青年交流营还举行了上合青年故事分享暨各国青年文化展示。各国青年代表通过讲述自己的故事，将本国的视角、声音传递给上合各国青年，增进彼此了解，为上合组织筑牢民心之基。

7月22日

由国家体育总局航空无线电模型运动管理中心指导、中国航海模型运动协会主办的2018“我爱祖国海疆”全国青少年航海模型教育竞赛活动在位于上海某军港的海军988舰上正式启动。

7 月 24 日

《光明日报》刊发教育部党组书记、部长陈宝生的文章《讲好用好思政课教材扎实推进党的理论创新成果进头脑》。

同日，教育部办公厅发布《关于开展 2018 年国家精品在线开放课程认定工作的通知》。根据《教育部关于加强高等学校在线开放课程建设应用与管理的意见》精神，进一步推动我国在线开放课程建设与应用共享，促进信息技术与教育教学深度融合，推动高等学校教育教学改革，提高高等教育教学质量，服务学习型社会建设，特开展 2018 年国家精品在线开放课程认定工作。2018 年认定课程的范围为：截至 2018 年 7 月 31 日，高等学校在全国性公开课程平台面向高校和社会学习者开放，完成两期及以上教学活动的全日制本科和专科层次大规模在线开放课程(慕课)，包括高校人才培养方案中的大学生文化素质教育课、公共基础课、专业课，含思想政治理论课、创新创业教育课、教师教育课程。鼓励有利于对外传播的双语课程申报。申报课程开设平台为境外平台的，须先在国内公开课程平台完成至少一期教学活动。申报课程须符合《普通高等学校本科专业类教学质量国家标准》等要求，思想导向正确、科学性强，大规模在线开放课程特征明显，突出以学生为中心的教学设计，课程建设团队充分开展在线教学活动与指导，课程质量高，共享范围广，应用效果好，示范引领性强。课程内容须坚持立德树人，能够将思想政治教育内化为课程内容，弘扬社会主义核心价值观。

7 月 25 日

教育部发布《关于做好庆祝 2018 年教师节有关工作的通知》，对开展好第 34 个教师节宣传庆祝工作做出部署。2018 年教师节的主题是：弘扬高尚师德，潜心立德树人。教育部将会同有关部门启动实施师德师风建设工程，开展 2018 年国家级教学成果评选表彰，推选全国教书育人楷模，开展教师风采公益广告展示，展播《李保国》《黄大年》《爱的帕斯卡》《守望一生》《乡村女教师》等教师题材优秀影片，会同中央广播电视总台开展“寻找最美教师”活动等。

7 月 27 日

教育部召开 2018 年“奋进之笔”年中推进会。会上，部党组成员分别就分管领域形势任务以及落实重点工作的考虑做了发言。有关司局负责同志围绕高等教育内涵发展、教师队伍建设改革等中央关心、社会关注、百姓关切的“奋进之笔”攻坚行动，逐一汇报了上半年工作进展和下半年工作计划。会议强调，要认真研究、总结经验，将“奋进之笔”从 2018 年的工作抓手转化为今后的工作制度；实施“奋进之笔”需要不畏艰难、积极拼搏、奋进向上的精神状态，需要努力完成党中央部署的任务、更好满足人民群众期待的政治态度，不蛮干、不冒进的科学态度；要清楚认识到“奋进之笔”聚焦的都是制约事业发展的关键点、薄弱点；既要着眼工作中的瓶颈和短板，又要始终保持一步一步往上爬的状态；要把主要的精力、资源、人力配置到“奋进之笔”任务上，并在事业发展需要的阶段、时段集中发力；推进“奋进之笔”要充分发挥积极性和创造性，采取有力度的工作措施；要精准奋进，从目标确定、资源配置、措施研制到督查考核，都要突出精准度；要具备能容天下事的气度，全面了解掌握事业发展所需的各种信息，把握好“奋进之笔”的节奏和进度，联合各方、协同推进；要始终昂扬向上，保持全力推进教育“奋进之笔”的热度，实现“奋进之笔”笔直奋进；要对“奋进之笔”的实施效果按年度或跨年度进行目标考核，确保各项任务顺利完成、取得实效。

7 月 30 日

国务院办公厅转发教育部等部门《教育部直属师范大学师范生公费教育实施办法》，自印发之日起施行。文件指出，建立健全师范生公费教育制度，是《中共中央、国务院关于全面深化新时代教师队伍建设改革的意见》部署的改革举措，目标是培养大批有理想信念、有道德情操、有扎实学识、有仁爱之心的“四有”好教师，强化教师承担的国家使命和公共教育服务的职责，吸引优秀人才从教，进一步形成尊师重教的浓厚氛围，让教师成为令人羡慕的职业。文件从选拔录取、履约任教、激励措施、条件保障等方面，对师范生公费教育政策予以改进和完善。一是确立师范生公费教育制度。文件规定，国家公费师范生享受免缴学费、住宿费和补助生活费政策，通过双向选择等方式切实为每位毕业的公费师范生落实任教学校和岗位。支持各地探索免费培养、到岗退费、学费补偿和国家助学贷款代偿等多种公费方式，逐步健全师范生公费教育制度体系。二是调整履约任教年限要求。文件将公费师范生履约服务期调整为 6 年，6 年恰好能够完成小学或中学完整的教学周期。同时，体现倾斜支持农村地区教师队伍建设，到城镇学校工作的公费师范生，应到农村义务教育学校任教服务至少 1 年。三是细化履约管理政策。文件对公费师范生选拔培养、协议管理、人事招聘、履约就业、工作调动、攻读硕士学位等重点环节做出明确规定。针对非公费师范生进入、公费师范生入学后转专业、因特殊情况跨省任教或申请中止协议等情形，做了进一步细化和规范。四是加大落实政策保障力度。文件通过改进招生选拔方式、完善学习激励考核、开展表彰奖励等措施，吸引优秀人才报考公费师范生。通过建设国家教师教育基地和改革创新实验区、整合优质资源等新举措，提升师范生培养质量。强化各级政府及教育、财政、人力资源和社会保障、机构编制部门的职责分工，解决好公费师范生招生培养、履约就业、入编入岗、经费保障等问题，确保政策落地。

同日，《人民日报》报道，首届京津冀中国家风青年大讲堂近日在天津滨海新区举办。活动由团中央宣传部、京津冀三地团委共同主办。开展形式多样的家风教育是加强青少年理想信念教育、培育社会主义核心价值观工作的重要组成部分。举办京津冀中国家风大讲堂，旨在引导广大青年践行良好家风，让家庭美德、家国情怀在广大青少年心中生根发芽，为经济社会发展凝聚强大正能量。据悉，三地团委未来将加强合作，发掘、梳理出更多反映当代中国家风的案例，助力京津冀广大青少年树立良好家风，也为协同发展营造更好的社会氛围。大讲堂开幕式上，还启动了《中国家风・教子篇》《“学讲话诵经典树家风”天津共青团主题活动案例集》新书首发仪式。

7 月 31 日

由人民日报海外版、中国移动指导，“学习小组”、人民网・中国共产党新闻网、中国军网和中国移动咪咕公司主办的习近平新时代中国特色社会主义思想学习竞答平台“小组荣耀”上线仪式在人民日报社举行。

8 月

8 月 1 日

由教育部、中央军委国防动员部举办，空军工程大学和陕西省教育厅承办的第五届全国学生军事训练营在空军工程大学开营，来自全国 31 个省(区、市)和新疆生产建设兵团的 512 名学生走进训练营。

8 月 3 日

《人民日报》报道，中宣部组织开展了第八届优秀通俗理论读物推荐活动，经过初评和终评，最终确定了 9 种入选图书。这 9 种入选图书分别是：《习近平新时代中国特色社会主义思想三十讲》(学习出版社)、《新时代面对面：理论热点面对面・2018》(学习出版社、人民出版社)、《马克思画传：马克思诞辰 200 周年纪念版》(重庆出版社)、《伟大也要有人懂：小目标　大目标　中国共产党一路走来》(中国少年儿童出版社)、《读懂中国经济》(中信出版社)、《文化自信中的传统与当代》(北京师范大学出版社)、《顶天立地谈信仰：原来党课可以这么上》(人民出版社)、《红船精神问答》(浙江人民出版社)、《重塑中华：近代中国“中华民族”观念研究》(北京师范大学出版社)。这 9 种入选图书内容涵盖学习宣传阐释习近平新时代中国特色社会主义思想和党的十九大精神，系统解读党的基本理论、基本路线、基本方略，纪念马克思诞辰 200 周年，弘扬革命文化，坚定文化自信和理想信念等主题，着力在入脑入心、明理明道、求准求新上下功夫，既专业权威又生动深入，既有意义又有意思，体现了当前我国通俗理论读物出版的较高水平。

8 月 5 日

由中宣部、中央党史和文献研究院、中国文联共同主办，中央编译局、中国美术家协会、中国国家博物馆承办的“真理的力量——纪念马克思诞辰 200 周年主题展览”落下帷幕。

8 月 6 日

《中国教育报》刊发评论员文章《力促思政课教师数量更足、素质更优——教育部深入推动实施“高校思政课教师队伍后备人才培养专项支持计划”》。文章指出，全国高校思想政治工作会议召开后，教育部党组将 2017 年定为“高校思政课教学质量年”，组织 200 余位专家赴全国 2500 多所高校开展“地毯式”听课大调研，专家给 3000 堂思政课打出的平均分是 82.3 分，对思政课教师队伍的能力素质评价较高，一致同意“好教师成就好课堂”。同时，专家们在调研中也发现，各高校思政课教师数量普遍不足，“人少课多”的矛盾影响思政课教师进一步提高教学科研能力。为加快解决相关问题，教育部从 2018 年实施“高校思政课教师队伍后备人才培养专项支持计划”，每年安排专门招收 500 名马克思主义理论专业博士研究生和 1000 名硕士研究生。“高校思政课教师队伍后备人才培养专项支持计划”是教育部党组贯彻落实以习近平同志为核心的党中央关于教育工作的一系列重要讲话、批示精神的实际举措。

同日，新华网报道，中央精神文明建设指导委员会近日印发《关于集中治理诚信缺失突出问题提升全社会诚信水平的工作方案》，组织中央文明委有关成员单位，针对人民群众普遍关注的诚信缺失问题，针对经济社会领域出现的失信突出问题，集中开展 19 项专项治理。中央文明委强调，要深入贯彻习近平新时代中国特色社会主义思想和党的十九大精神，认真学习贯彻习近平总书记关于加强诚信建设的重要指示精神，坚持以人民为中心的发展思想，坚持培育和践行社会主义核心价值观，加强政务诚信、商务诚信、社会诚信、司法公信建设，深入推进诚信建设制度化，发挥中央文明委统筹协调作用，加强诚信宣传教育，加强征信体系建设，加强集中专项治理，严肃查处失信行为，构建信用联合奖惩联动机制，常抓不懈，久久为功，打造不敢失信、不能失信、不愿失信的社会环境，形成全社会诚实守信、重信守诺的良好风尚。这次集中治理行动，包括论文造假、考试作弊专项治理，互联网虚假信息、造谣传谣专项治理等 19 项治理工作。每项专项治理工作均明确牵头单位和参与单位，并提出具体举措，确保落到实处、取得实效。中央文明委提出，要加快推进征信体系建设，全面建立各领域信用记录，建立覆盖全社会的信用信息网络，健全信用信息公示机制。要构建信用联合奖惩联动机制，建立健全信用红黑名单和公共信用评价制度，发挥守信联合激励和失信联合惩戒的引导力和威慑力，鼓励失信主体加快整改修复信用，引导全社会褒扬诚信、惩戒失信。中央文明委还要求，要加强诚信宣传教育，组织“诚信建设万里行”主题宣传，加强诚信理念教育和风险意识教育，开展诚信主题实践活动，学习宣传诚实守信道德模范，开展诚信公益广告宣传，把诚信建设作为群众性精神文明创建活动的重要内容，把诚信要求融入社会规范，引导人们将诚信价值准则内化于心、外化于行。

8 月 7 日

中国青年创业联盟 2018 年年会在山东济南举行。团中央书记处常务书记汪鸿雁出席会议并讲话。联盟秘书长、团中央青年发展部部长杨松主持会议。

8 月 13 日—20 日

以“学以成人”为主题的第二十四届世界哲学大会在北京召开，来自世界 121 个国家和地区的 6000 余名哲学家代表和哲学爱好者参加会议。这是具有 118 年历史、世界上规模最大的哲学学术会议首次在中国举办。此届大会是世界哲学大会首次以中国哲学思想文化传统作为基础学术架构、以“学以成人”为主题展开全方位的哲学研讨，体现了全球哲学界对中国哲学及其文化价值的重视，更凸显了中国在全球人文研究领域中日益提高的影响力。

8 月 14 日

第十八届中越青年友好会见活动在越南首都

河内开幕，团中央书记处书记傅振邦出席开幕式并致辞，越南胡志明共青团中央书记处第一书记黎国锋以及来自中越两国的百余名青年出席活动。

8月15日

《思想教育研究》刊发武汉大学思想政治教育研究院院长骆郁廷的文章《探索思想政治教育实践发展和理论创新的力作——评〈探索思想政治教育发展的内生动力〉》。文章指出，北京师范大学思想政治工作研究院院长冯刚教授所著《探索思想政治教育发展的内生动力》一书立足于我国改革开放伟大实践和高校思想政治教育实践，围绕党和国家对高校思想政治教育的基本要求和大学生全面发展成长成才需要，对思想政治教育发展内生动力等相关问题进行了深入研究，是一部探索思想政治教育实践发展和理论创新的力作。《探索思想政治教育发展的内生动力》一书以"学习习近平总书记关于思想政治教育的论述"开篇，毫不动摇地坚持思想政治教育创新发展的思想引领。该书在立足我国改革开放伟大实践基础上，坚持鲜明的问题导向，对思想政治教育实践领域相关问题进行了深入的探索。除此之外，该书还注重思想政治教育学科的理论创新，明确提出思想政治教育学科发展应从把握时代背景、聚焦基本问题、强调整体规划来进一步把握学科发展的时代要求。从完善学科架构、建设协同创新平台、优化学科建设环境、提升学科发展质量等方面探索思想政治教育学科建设和发展的科学路径。

8月20日

教育部、财政部、国家发展改革委联合发布《关于高等学校加快"双一流"建设的指导意见》，指出：坚持中国特色社会主义办学方向，坚持和加强党的全面领导。构建课程、科研、实践、资助等一体化育人体系，坚持突出特色优势、突出质量水平、突出价值导向、突出服务效能等，把思想政治工作贯穿教育教学全过程、贯通人才培养全体系。在培养拔尖创新人才方面，强化本科教育基础地位，把一流本科教育建设作为"双一流"建设的基础任务，加快实施"六卓越一拔尖"人才培养计划2.0，建成一批一流本科专业；深化研究生教育综合改革，深化和扩大专业学位教育改革，大力培养高精尖急缺人才。要明确学科建设内涵，坚持人才培养、学术团队、科研创新"三位一体"。突出优势与特色，分层分类推进学科建设，着眼于提高关键领域原始创新、自主创新能力和建设性社会影响。在学科育人方面，要以学科建设为载体，以人才培养为中心，强化科研育人，推进实践育人，加强创新创业教育。

8月21日

教育部办公厅发布《关于开展高校"百个研究生样板党支部"和"百名研究生党员标兵"创建工作的通知》，对全国高校研究生党建双创活动进行部署。要求研究生党建双创活动面向全国高校，遴选创建100个研究生样板党支部，推荐产生100名研究生党员标兵，辐射带动全国高校研究生党建工作开展。活动每两年开展一次。

21日—22日，由北京师范大学思想政治工作研究院、武汉大学马克思主义学院、宁夏大学马克思主义学院、《思想理论教育导刊》编辑部共同主办的"新时代中国特色社会主义思想政治教育创新发展高端论坛"在银川举行。来自北京师范大学、武汉大学、兰州大学、中山大学、北京科技大学、华中师范大学、西南交通大学、辽宁大学、宁夏大学等全国多所高校的专家学者，《思想理论教育导刊》《思想教育研究》《学校党建与思想教育》杂志社相关负责人参加了本次论坛。宁夏回族自治区教育工委、宁夏大学党委相关负责人出席会议。与会专家学者围绕新时代中国特色社会主义思想政治教育创新发展的指导思想、主要特征、价值导向、发展动力、方法与途径、队伍建设等展开深入研讨。研讨认为，党的十九大提出中国特色社会主义进入新阶段，对思想政治教育发展提出了更高要求。新的历史条件下，思想政治教育如何在发展中回应时代主题，如何从理论上对实践发展经验进行新总结、新概括、新研究，思想政治教育以什么样的创新发展体现资政育人、服务主流意识形态建设的功能，是新时代思想政治教育创新发展要思考并回答的问题。与会专家学者认为，进入新时代，思想政治教育的视野要更加开阔，要面对改革发展伟大进程，努力在中国特色社会主义伟大事业进程中产生作用和效果。

8 月 21 日—22 日

全国宣传思想工作会议在北京召开。中共中央总书记、国家主席、中央军委主席习近平出席会议并发表重要讲话。习近平强调，完成新形势下宣传思想工作的使命任务，必须以新时代中国特色社会主义思想和党的十九大精神为指导，增强“四个意识”、坚定“四个自信”，自觉承担起举旗帜、聚民心、育新人、兴文化、展形象的使命任务，坚持正确政治方向，在基础性、战略性工作上下功夫，在关键处、要害处下功夫，在工作质量和水平上下功夫，推动宣传思想工作不断强起来，促进全体人民在理想信念、价值理念、道德观念上紧紧团结在一起，为服务党和国家事业全局做出更大贡献。习近平指出，建设具有强大凝聚力和引领力的社会主义意识形态，是全党特别是宣传思想战线必须担负起的一个战略任务。习近平强调，宣传思想工作是做人的工作的，要把培养担当民族复兴大任的时代新人作为重要职责。要引导广大文化文艺工作者深入生活、扎根人民，把提高质量作为文艺作品的生命线，用心用情用功抒写伟大时代，不断推出讴歌党、讴歌祖国、讴歌人民、讴歌英雄的精品力作，书写中华民族新史诗。要不断提升中华文化影响力，把握大势、区分对象、精准施策，主动宣介新时代中国特色社会主义思想，主动讲好中国共产党治国理政的故事、中国人民奋斗圆梦的故事、中国坚持和平发展合作共赢的故事，让世界更好地了解中国。要加强党对宣传思想工作的全面领导，旗帜鲜明坚持党管宣传、党管意识形态。要以党的政治建设为统领，牢固树立“四个意识”，坚决维护党中央权威和集中统一领导，牢牢把握正确政治方向。

8 月 23 日

《人民日报》刊发评论员文章《全国大、中、小学在假期开展丰富多彩的活动，纪念改革开放 40 周年——追寻改革历程　坚定报国志向》。文章指出，2018 年是改革开放 40 周年，在这个暑假，全国大、中、小学开展丰富多彩的纪念改革开放 40 周年主题活动，或亲身踏上追寻改革足迹的征程，或寻找与改革开放 40 年相关的文字、图片、老物件，在聆听与思考中，感受改革开放的浩荡浪潮，深刻体会国家的发展进步。暑假期间，各大高校青年学子紧紧围绕改革开放 40 周年的时代主题，创新实践形式开展实践活动。全国各中小学和教育系统也广泛开展与改革开放 40 周年时代主题相关的活动。改革开放 40 年，时间跨度大，各行业领域都取得了令人瞩目的成就。选取不同实践主题，让学生们尽可能全面地了解和体会华夏神州在“历史的一瞬”翻天覆地的变化，成为各学校在主题实践活动设计之初考虑的方向。各中小学、高校学生积极走向“社会”大课堂，踊跃参与改革开放 40 周年社会实践，学习、继承改革先辈们敢为天下先的气魄和勇气，从改革奋斗历程中汲取拼搏奋进的精神力量。

8 月 24 日

在邓小平同志诞辰 114 周年之际，第十一届中国青少年科技创新奖颁奖大会在人民大会堂举行。中共中央政治局委员、国务院副总理孙春兰出席会议并讲话。孙春兰指出，科技是国之利器，世界上的现代化强国无一不是科技强国、创新强国。青少年是祖国的未来，科学的希望。习近平总书记对青少年投身科技创新寄予殷切期望，强调要“让科技工作成为富有吸引力的工作、成为孩子们尊崇向往的职业，给孩子们的梦想插上科技的翅膀”。孙春兰希望广大青少年把个人理想融入国家和民族事业中，继承前辈们科学报国的优良传统，坚持追求真理、勇攀高峰的科学精神，保持踏实奋斗的心态，掌握科学的研究方法，取得无愧于新时代的新发现、新发明、新技术，扛起振兴国家科技事业、建设世界科技强国的大旗。孙春兰强调，全社会要为青少年创新创造营造良好环境，提供更多机会和更大舞台，深化科普活动，搭建创新平台，健全培养机制，帮助更多孩子树立科学梦想、坚持科学梦想、实现科学梦想。中国青少年科技创新奖是邓小平同志亲属根据他的遗愿，捐献出他生前全部稿费，委托共青团中央、全国青联、全国学联、全国少工委共同设立的，迄今共 1000 多名学生获得奖励和支持。

同日，教育部、财政部联合发布《高等学校学生勤工助学管理办法(2018年修订)》，要求安排勤工助学岗位，应优先考虑家庭经济困难的学生，学生参加勤工助学的时间原则上每周不超过8小时，每月不超过40小时。根据《办法》，勤工助学活动按照学有余力、自愿申请、信息公开、扶困优先、竞争上岗、遵纪守法的原则，由学校在不影响正常教学秩序和学生正常学习的前提下有组织地开展。校内勤工助学岗位设置应以校内教学助理、科研助理、行政管理助理和学校公共服务等为主。不得组织学生参加有毒、有害和危险的生产作业以及超过学生身体承受能力、有碍学生身心健康的劳动。《高等学校学生勤工助学管理办法(2018年修订)》规定，校内固定岗位按月计酬，以每月40个工时的酬金原则上不低于当地政府或有关部门制定的最低工资标准或居民最低生活保障标准为计酬基准，可适当上下浮动；校内临时岗位按小时计酬，每小时酬金可参照学校当地政府或有关部门规定的最低小时工资标准合理确定，原则上不低于每小时12元人民币；校外勤工助学酬金标准不应低于学校当地政府或有关部门规定的最低工资标准，由用人单位、学校与学生协商确定，并写入聘用协议。

8月27日

教育部发布《关于狠抓新时代全国高等学校本科教育工作会议精神落实的通知》，要求各高校要认真查找课堂建设和管理中存在的突出问题和薄弱环节，严管、严抓教学秩序，制定整改措施，明确时间节点，落实责任到人，把从严管理的规矩立起来、把课堂教学建设强起来、把课堂教学质量提起来。同时，要全面梳理各门课程的教学内容，淘汰“水课”、打造“金课”，合理提升学业挑战度、增加课程难度、拓展课程深度，切实提高课程教学质量。要切实加强学习过程考核，加大过程考核成绩在课程总成绩中的比重，严格考试纪律、严把毕业出口关，坚决取消“清考”制度。提出要修订完善本科毕业生论文(设计)管理制度，强化指导教师责任，加强对选题、开题、答辩等环节的全过程管理。要严格实行论文查重和抽检制度，建立健全盲审制度，严肃处理抄袭、伪造、篡改、代写、买卖毕业论文等违纪问题，确保本科毕业生论文(设计)质量。为强化教师教学主体责任，制定教授给本科生上课的专门管理规定，确保教授全员给本科生上课。要严格执行师德师风一票否决制，对于师德表现失范的，要依法依规严肃处理。要进一步修订完善教师评价考核制度，把教学质量作为教师专业技术职务评聘、绩效考核的主要依据，在教师专业技术职务晋升中施行本科教学工作考评一票否决制。

8月28日

国家主席习近平给参加“一带一路”青年创意与遗产论坛的青年代表回信，强调青年是国家的未来，勉励他们为构建人类命运共同体做出自己的努力。“一带一路”青年创意与遗产论坛于2018年5月在长沙和南京举办。来自51个国家的73名青年代表参加了论坛。来自埃塞俄比亚的汉娜·格塔丘等同学在来信中向习近平主席汇报了自己参加论坛的感悟，并就“一带一路”建设、中非合作、中非青年交流等提出了看法和建议。习近平在回信中指出，“一带一路”倡议提出五年来，在各方共同努力下，共建“一带一路”从理念转化为行动，从愿景转变为现实，取得了丰硕成果。这些成果的取得离不开各国青年积极响应和热情参与。习近平强调，共建“一带一路”为中非合作注入了强劲动力。2018年中非合作论坛北京峰会即将于9月召开，中国领导人将同非方领导人共商新形势下中非友好合作发展大计。青年是国家的未来，中非青年是中非友好的未来。希望你们加强文化交流、心灵沟通，继续关注并积极参与共建“一带一路”，支持中非团结合作，同26亿中非人民一道，为传承中非传统友谊做出贡献，为携手打造更加紧密的中非命运共同体、构建人类命运共同体做出自己的努力。

8月29日

2018年“纪念中日和平友好条约缔结40周年中日大学生千人交流大会”在北京大学举行。国务院总理李克强和日本首相安倍晋三分别致贺词。李克强指出，青年人代表着未来。中日两国的青年人怎么看对方，会影响两国关系今后的走向和发展。“欲流之远，必浚其源”，推动中日关系长期合作和友好，终究要靠深植两国青年彼此信任。中国政府将一如既往支持两国青年互访交流。希望两国青年通过此次大会，重温缔约精神、拓展沟通方式、相互砥砺学习、增进理解互信，为两国关系长期健康稳定发展加油助力。安倍晋三表示，2018 年 5 月李克强总理正式访问日本，对日中关系发展具有重大意义。两国应发展长期友好稳定的关系。年轻人肩负着两国的未来。双方应继续推进青少年交流，为日中友好搭建更多交流桥梁。

8 月 30 日

央视网报道，中共中央总书记、国家主席、中央军委主席习近平给中央美术学院 8 位老教授回信，向他们致以诚挚的问候，并就做好美育工作，弘扬中华美育精神提出殷切期望。近日，周令钊、戴泽、伍必端、詹建俊、闻立鹏、靳尚谊、邵大箴、薛永年等 8 位中央美术学院老教授给习近平总书记写信，表达老一代艺术家和艺术教育家对中华民族伟大复兴的坚定决心，对进一步加强美育，培养德智体美全面发展的社会主义建设者和接班人的心声。习近平在回信中指出，“长期以来，你们辛勤耕耘，致力教书育人，专心艺术创作，为党和人民作出了重要贡献。耄耋之年，你们初心不改，依然心系祖国接班人培养，特别是周令钊等同志年近百岁仍然对美育工作、美术事业发展不懈追求，殷殷之情令我十分感动。我谨向你们表示诚挚的问候”。习近平强调，美术教育是美育的重要组成部分，对塑造美好心灵具有重要作用。你们提出加强美育工作，很有必要。做好美育工作，要坚持立德树人，扎根时代生活，遵循美育特点，弘扬中华美育精神，让祖国青年一代身心都健康成长。习近平指出，值此中央美术学院百年校庆之际，希望学院坚持正确办学方向，落实党的教育方针，发扬爱国为民、崇德尚艺的优良传统，以大爱之心育莘莘学子，以大美之艺绘传世之作，努力把学院办成培养社会主义建设者和接班人的摇篮。

8 月 31 日

教育部公布 2018 年全国教书育人楷模，南开大学周其林、河北省保定市阜平县阜平镇大元村大园小学张建华(女)、上海市杨浦区本溪路幼儿园应彩云(女)、江西陶瓷工艺美术职业技术学院朱辉球、山东省青岛市平度市朝阳中学吕文强、河南省南阳市镇平县高丘镇黑虎庙小学张玉滚、海南省商业学校卢桂英(女)、陕西省商洛市特殊教育学校党红妮(女)、青海省西宁市大通回族土族自治县第二中学杨毛吉(女，藏族)、新疆大学于炯获此殊荣。为热烈庆祝第 34 个教师节，大力宣传人民教师教书育人的感人事迹，弘扬高尚师德，引导广大教师争做党和人民满意的“四有”好老师，在全社会进一步营造尊师重教的良好风尚，2018 年 5 月以来，教育部协助中央媒体开展了第九届全国教书育人楷模推选活动。经过各省(区、市)推荐、媒体展示、公众投票、组委会推选，最终推选出 10 位 2018 年全国教书育人楷模。10 位全国教书育人楷模涵盖高等教育、职业教育、基础教育、学前教育、特殊教育等各级各类教育，全部获得过省部级以上奖励，在师德师风、教书育人等方面均有突出表现。他们的先进事迹集中体现了新时代广大教师师德高尚、潜心育人，争做党和人民满意的“四有”好老师的新形象新风貌。

同日，教育部党组印发《关于学习贯彻习近平总书记给中央美术学院老教授重要回信精神的通知》(以下简称为《通知》)。《通知》指出，习近平总书记给中央美术学院周令钊等 8 位老教授回信，对他们长期以来辛勤耕耘、教书育人、潜心创作，耄耋之年初心不改，对美育工作、美术事业发展不懈追求予以充分肯定。习近平总书记强调了美育对塑造美好心灵的重要作用，指出做好美育工作，要坚持立德树人，扎根时代生活，遵循美育特点，弘扬中华美育精神，让祖国年青一代身心都健康成长。习近平总书记希望中央美术学院坚持正确办学方向，落实党的教育方针，发扬爱国为民、崇德尚艺的优良传统，以大爱之心育莘莘学子，以大美之艺绘传世之作，努力把学院办成培养社会主义建设者和接班人的摇篮。《通知》要求，要坚持立德树人，把握正确方向，坚持面向人人，改进美育教学，扎根时代生活，弘扬中华美育精神，坚持不忘初心，建强教师队伍，遵循美育特点，健全完善机制，全面抓好贯彻落实习近平总书记重要回信精神。

同日，教育部组织召开学习贯彻习近平主席给参加“一带一路”青年创意与遗产论坛的青年代表回信精神座谈会。教育部党组成员、副部长、中国联合国教科文组织全国委员会主任田学军出席座谈会并讲话。教育部部分直属机关和事业单位负责同志、在京部分高校负责同志及有关地方负责同志等与会并交流学习体会。

同日，教育部在北京召开2018年全国教书育人楷模座谈会。教育部党组书记、部长陈宝生为周其林、张建华、应彩云、朱辉球、吕文强、张玉滚、卢桂英、党红妮、杨毛吉、于炯等10位楷模颁发荣誉证书并讲话。陈宝生强调，当前我国正处于全面建成小康社会的决胜阶段，教育改革发展进入中国特色社会主义新的历史阶段。立足新时代，站在新起点，要认清所肩负的使命和责任，力争涌现更多“四有”好老师，造就符合新时代需要的高素质教师队伍。会议强调，教师应当成为最受尊敬、最受羡慕的职业。希望广大教师对教育工作、对教师职业有更深入的思考和理解，为新时代推进教育现代化、建设教育强国作出新贡献。

9月

9月1日

中共中央党校(国家行政学院)举行2018年秋季学期入学学员开学典礼。中共中央政治局委员、中央党校(国家行政学院)校长(院长)陈希强调，要深入学习贯彻习近平新时代中国特色社会主义思想，坚决维护习近平总书记党中央的核心、全党的核心地位，坚决维护党中央权威和集中统一领导，自觉践行新时代党的组织路线，以更好的状态、更实的作风奋力谱写新时代中国特色社会主义新篇章。陈希强调，习近平总书记在全国组织工作会议上开创性提出新时代党的组织路线，突出了我们党具有严密组织体系这个独特优势，揭示了着力培养忠诚干净担当高素质干部的本质要求，阐明了爱国奉献这个优秀人才的价值追求，指明了为坚持和加强党的全面领导、坚持和发展中国特色社会主义提供坚强组织保证的目标取向，为做好新时代党的建设和组织工作提供了根本遵循。要认真学习领会新时代党的组织路线，结合实际抓好贯彻落实。领导干部要把忠诚干净担当作为从政之基、立身之本，主动担责、敢于负责、全力尽责，为党和人民事业不懈奋斗。

同日，由共青团中央、全国学联主办，共青团辽宁省委、辽宁省学联、辽宁师范大学承办，全国高等师范院校共青团工作研究会、共青团大连市委、大连市学联协办的2018年秋季学期全国大中学生培育和践行社会主义核心价值观主题宣传月启动仪式在辽宁师范大学举办。

9月3日

中央团校2018年秋季学期开学典礼在团中央机关举行，团中央书记处第一书记、中央团校校长贺军科出席开学典礼并讲话。贺军科指出，高举习近平新时代中国特色社会主义思想伟大旗帜，做好新时代党的青年工作，广大团干部必须抓紧学习、刻苦学习、持续学习。共青团工作思想性、青年性、实践性都很强，要求团干部切实增强学习的主动性和积极性，发扬勤于学习、善于学习的优良传统，拿出“挤劲”“钻劲”“韧劲”，把推进工作和研究问题结合起来，以学习来克服“本领恐慌”，以学习来适应党的青年工作需要，以学习来支撑个人成长发展。广大团干部要学习理论，把学习领会习近平新时代中国特色社会主义思想作为总纲和主线，切实在学懂弄通做实上下功夫，铸牢信仰根基，锤炼党性修养；学习群众工作本领，提高服务能力、组织能力、宣传能力，真正走进青年、与广大青年打成一片；学习党史团史，深刻把握共青团事业的本源初心和优良传统，从中获取做好新时代共青团工作的有益启示。贺军科强调，中央团校发展正站在新的历史起点上。乘着新时代的东风，中央团校既要传承优良传统，更要锐意开拓创新，始终坚持团校姓党这一灵魂，牢牢把握政治学校这一定位，注重突出青年工作这一特色，全力以赴把中央团校建设好，带动广大团干部把学习抓好，真正发挥中央团校作为党在青年工作领域特色鲜明政治学校的重要作用。

9月6日

教育部发布《高校思想政治工作专项资金管

理暂行办法》。

同日，《中国教育报》刊发评论员文章《昂首阔步迈向高等教育强国——党的十八大以来我国教育改革发展述评·高等教育篇》。

同日，针对部分网络借贷平台为逃避监管，改头换面通过“回租贷”等形式，继续面向在校学生开展贷款业务等严重威胁学生权益、危害校园安全情况的出现，教育部办公厅日前下发通知，要求各地各高校利用秋季开学前后一段时间，集中开展校园不良网贷风险警示教育工作。通知强调，要切实提高风险防范能力，不断完善预警防控机制。要增强防范意识，培养理性消费观，提升法律素养，将防范校园不良网贷作为学生日常教育的重要内容，提高学生对不良网贷的甄别抵制能力，引导学生培养勤俭节约意识，学会运用法律武器保护自身合法权益。

同日，教育部在北京召开学习贯彻习近平总书记给中央美术学院老教授重要回信精神座谈会。教育部党组成员、副部长田学军出席会议并讲话，教育部党组成员、副部长林蕙青主持会议。会议强调，要以贯彻落实习近平总书记重要回信精神为契机，切实推动学校美育工作再上新台阶。一要提高思想认识，把握正确政治方向，把社会主义核心价值观融入学校美育各方面、各环节，坚定不移走中国特色学校美育改革发展道路。二要改进美育教学，探索构建以审美和人文素养培养为核心、以创新能力培育为重点的美育课程体系，通过美育促进德育、智育，进而促进青少年全面发展和身心健康成长。三要建强教师队伍，着力破解美育教师数量不足、质量不高问题，引导高校教师把主要精力用在人才培养上，努力建设一支师德高尚、业务精湛、结构合理、充满活力的高素质美育教师队伍。四要加强艺术院校建设，弘扬中华美育精神，引导艺术院校落实党的教育方针，发扬爱国为民、崇德尚艺的优良传统，以大爱之心育莘莘学子，以大美之艺绘传世之作。五要健全评价体系，对标新时代对全面发展人才培养的要求，对标培养中国特色社会主义建设者和接班人的要求，对标即将召开的全国教育工作大会精神的要求，对标立德树人根本任务的要求，突出问题导向，抓住关键环节，深入研究学校美育工作评价标准，在全社会营造浓郁的美育氛围。

9月7日

中央美术学院举行“学习贯彻习近平总书记回信精神 以大爱之心育莘莘学子 以大美之艺绘传世之作”建校百年教师节大会，教育部党组成员、副部长田学军出席并讲话。田学军希望，中央美院要牢记总书记的殷切嘱咐，弘扬中华美育精神，把社会主义核心价值观融入学校工作各方面、各环节，为文化自信筑基；强化美育教育，以建设世界一流美术院校为己任，在探索符合新时代要求、具有中国特色的美术教育之路方面发挥引领示范作用，为教育强国聚力；凸显美育价值，引导美院师生把自己的艺术追求与国家、民族、人民的命运紧密联系在一起，融入时代、扎根生活，为奋进时代创作；发挥美育功能，传承“尽精微，致广大”的美育精神，以德艺双馨的老教授们为榜样，做学生“四个领路人”，为文艺繁荣育才，把中央美院办成发展社会主义先进文化的阵地，办成培养新时代优秀艺术人才的高地。

9月8日

《人民日报》刊发评论员文章《立德树人，抓住教育根本任务不放松——党的十八大以来我国教育事业改革发展成就综述之二》。文章从“完善德育体系，各学科有机渗透社会主义核心价值观”“激扬青春梦想，将个人理想追求融入国家和民族的事业中”“坚持党的领导，办好中国特色社会主义大学”三方面对党的十八大以来我国教育事业改革发展成就进行了综述。

同日，由北京师范大学、光明日报社、中国教育学会联合设立的“四有好老师”奖励计划在北京师范大学举行颁奖典礼，表彰获评“四有好老师”启功教师奖的优秀教师和获评“四有好老师”公益行动奖的优秀团队。10位长期坚守在基础教育教学第一线、从教30年以上并做出突出贡献的优秀教师，获评“四有好老师”启功教师奖。他们是：湖南省岳阳市岳阳县张谷英镇朱公小学教师黄亚飞，陕西省汉中市勉县新铺镇板庙教学点教师唐自银，河北省承德市围场县棋盘山学区中心校莫里莫幼儿园教师李广，云南省文山州广南县莲城镇北宁中心学校（落松地小学）教师农加贵，甘肃省平凉市崆峒区柳湖镇纸坊沟小学教师张惠霞，青海省玉树藏族自治州称多县歇武镇中心寄宿制学校教师王宏，重庆市彭水县龙溪乡水田村小学教师张宗茂，北京市房山区北京师范大学良乡附属中学教师王建，江西省赣州市南康区横寨乡寨坑村红卫教学点教师罗光祥，广西壮族自治区贺州市昭平县五将镇天保村小学教师周凤兰。10 位良师以师爱温暖人、以师心培育人、以师道启迪人，是“四有好老师”的模范践行者。10 支参加“中国好老师”公益行动计划，主动开展各项育人研究与实践，引领促进基础教育优质均衡发展的优秀团队，获评“四有好老师”公益行动奖。它们是：全国区域推进指导专家团队，黑龙江省哈尔滨市公益行动指导专家团队，浙江省杭州市公益行动指导专家团队，北京市海淀区教科院公益行动指导专家团队，北师大合作办学附校厦门—石家庄—乌海—南湖—良乡共同体团队，云南省昆明高新一小、玉溪第一小学、文山州实验小学共同体团队，北京师范大学实验小学团队，福建省厦门市群惠小学团队，新疆生产建设兵团华山中学团队，四川省凉山州西昌市第二小学团队。10 支团队广泛建设育人共同体，以星火燎原的力量将先进的教育理念播撒到祖国更广阔的土地。

“四有好老师”每位获奖教师将获得 50 万元奖励，每个获奖团队将获得 20 万元奖励。该奖励计划由北京师范大学牵头设立，旨在表彰奖励为国家基础教育事业作出突出贡献的优秀教师和优秀团队，发掘树立一大批教育战线上能教善育的大国良师，引领培育广大教师争做“四有好老师”。

9 月 10 日

全国教育大会在北京开幕。中共中央总书记、国家主席、中央军委主席习近平出席会议并发表重要讲话。习近平强调，在党的坚强领导下，全面贯彻党的教育方针，坚持马克思主义指导地位，坚持中国特色社会主义教育发展道路，坚持社会主义办学方向，立足基本国情，遵循教育规律，坚持改革创新，以凝聚人心、完善人格、开发人力、培育人才、造福人民为工作目标，培养德智体美劳全面发展的社会主义建设者和接班人，加快推进教育现代化、建设教育强国、办好人民满意的教育。习近平指出，培养什么人，是教育的首要问题。我国是中国共产党领导的社会主义国家，这就决定了我们的教育必须把培养社会主义建设者和接班人作为根本任务，培养一代又一代拥护中国共产党领导和我国社会主义制度、立志为中国特色社会主义奋斗终生的有用人才。这是教育工作的根本任务，也是教育现代化的方向目标。习近平强调，要在坚定理想信念上下功夫，教育引导学生树立共产主义远大理想和中国特色社会主义共同理想；要在厚植爱国主义情怀上下功夫，让爱国主义精神在学生心中牢牢扎根；要在加强品德修养上下功夫，教育引导学生培育和践行社会主义核心价值观；要在增长知识见识上下功夫，教育引导学生珍惜学习时光，心无旁骛求知问学，增长见识，丰富学识；要在培养奋斗精神上下功夫，教育引导学生树立高远志向，历练敢于担当、不懈奋斗的精神；要在增强综合素质上下功夫，教育引导学生培养综合能力，培养创新思维。习近平指出，要努力构建德智体美劳全面培养的教育体系，形成更高水平的人才培养体系。要把立德树人融入思想道德教育、文化知识教育、社会实践教育各环节，贯穿基础教育、职业教育、高等教育各领域。习近平强调，加强党对教育工作的全面领导，是办好教育的根本保证。各级党委要把教育改革发展纳入议事日程，党政主要负责同志要熟悉教育、关心教育、研究教育。各级各类学校党组织要把抓好学校党建工作作为办学治校的基本功，把党的教育方针全面贯彻到学校工作各方面。思想政治工作是学校各项工作的生命线，各级党委、各级教育主管部门、学校党组织都必须紧紧抓在手上。要精心培养和组织一支会做思想政治工作的政工队伍，把思想政治工作做在日常、做到个人。

同日，第 93、94 期高校思想政治理论课骨干教师研修班在兰州大学开班。来自全国高校马克思主义学院的 100 名院长和中西部 12 省(区、市)的 100 名思政课骨干教师参加了开班式。第 93、94 期高校思想政治理论课骨干教师研修班由中宣部、教育部联合主办，兰州大学承办。研修班培训环节分理论培训和实践培训两部分，旨在深入学习贯彻新时代中国特色社会主义思想和党的十九大精神，深入贯彻落实全国高校思想政治工作会议精神和《中共中央、国务院关于加强和改进新形势下高校思想政治工作的意见》，继续打好提高思政课质量和水平攻坚战，进一步加强“师资攻坚”，努力建设一支高素质思政课教师队伍。

9 月 11 日

全国教育大会在北京闭幕。中共中央政治局委员、国务院副总理孙春兰出席会议并做总结讲话。孙春兰强调，各地各部门要把深入学习贯彻习近平总书记重要讲话和大会精神作为当前的重要任务，提高思想认识，制订具体方案，确保党中央决策部署落地见效。孙春兰指出，习近平总书记关于教育的重要论述，是系统科学的新时代中国特色社会主义教育理论体系，为做好新时代教育工作提供了根本遵循。学习贯彻大会精神，最重要的是深入学习领会、全面准确把握科学内涵和精神实质，更好地武装头脑、指导实践、推动工作。孙春兰强调，要加强党对教育事业的全面领导，坚持正确的办学方向，全面贯彻党的教育方针，遵循教育规律，创新教学方法，大力培养德智体美劳全面发展的社会主义建设者和接班人。要稳步推进重点领域和关键环节改革，补齐农村义务教育、学前教育、职业教育等短板，推进教育领域治理能力和水平现代化。要认真落实党中央、国务院关于教育投入的政策，更多向教师倾斜，优化支出结构，为教育改革发展提供坚实保障。

9 月 12 日

《人民日报》发表社论《办好人民满意的教育》。文章指出，教育是国之大计、党之大计。党的十八大以来，以习近平同志为核心的党中央全面加强党对教育工作的领导，坚持立德树人，加强学校思想政治工作，推进教育改革，加快补齐教育短板，教育事业中国特色更加鲜明，教育现代化加速推进，教育方面人民群众获得感明显增强，我国教育的国际影响力加快提升，13 亿多中国人民的思想道德素质和科学文化素质全面提升。文章明确，办好人民满意的教育，必须把握新形势新任务提出的新要求。进入新时代，改革开放和社会主义现代化建设、促进人的全面发展和社会全面进步对教育和学习提出了新的更高的要求。教育事关国家发展、事关民族未来。只有抓住机遇、超前布局，以更高远的历史站位、更宽广的国际视野、更深邃的战略眼光，对加快推进教育现代化、建设教育强国做出总体部署和战略设计，坚持把优先发展教育事业作为推动党和国家各项事业发展的重要先手棋，才能不断使教育同党和国家事业发展要求相适应、同人民群众期待相契合、同我国综合国力和国际地位相匹配。办好人民满意的教育，必须系统回答和解决“培养什么人、怎样培养人、为谁培养人”这一根本问题。我国是中国共产党领导的社会主义国家，这就决定了我们的教育必须把培养社会主义建设者和接班人作为根本任务，培养一代又一代拥护中国共产党领导和我国社会主义制度、立志为中国特色社会主义奋斗终生的有用人才。教师是立教之本、兴教之源，必须把教师队伍建设作为基础工作，建设一支宏大的高素质专业化教师队伍。改革是教育事业发展的根本动力，必须更加注重教育改革的系统性、整体性、协同性，以改革激活力、增动力。加强党对教育工作的全面领导，是办好教育的根本保证，必须牢牢掌握党对教育工作的领导权，坚持党对教育事业的全面领导。

9 月 13 日

国有企业共青团青年发展工作座谈会在辽宁省沈阳市召开，旨在推动国有企业共青团更加深入系统地学习习近平总书记“7・2”重要讲话精神和团的十八大精神，促进新时代国有企业共青团工作取得新进展。团中央书记处书记傅振邦出席会议并讲话。傅振邦强调，国企共青团要坚定信心，增强做好共青团工作的使命感和责任感。要切实增强道路自信、理论自信、制度自信、文化自信，着重强化对中国特色现代国有企业制度的信心，强化对国有企业共青团工作的信心，牢牢把握党的助手和后备军的基本定位，切实为党做好国企青年群众工作。

9 月 14 日

中共教育部党组发布《关于认真学习贯彻全国教育大会精神的通知》，指出：各地区各部门各学校要深刻理解召开全国教育大会的时代背景，充分认识召开全国教育大会的重大意义，准确把握全国教育大会的战略要求，切实把思想和行动统一到全国教育大会精神上来；全面学习贯彻全国教育大会精神，首要任务就是认真学习领会、全面准确把握习近平总书记关于教育的重要论述的科学内涵和精神实质，更好地用以武装头脑、指导实践、推动工作，实现新时代教育改革发展的新作为；加快教育现代化步伐，落实教育优先发展战略，实施新时代立德树人工程，加强新时代教师队伍建设，回应人民群众教育关切，深化教育领域综合改革，加强教育系统党的建设，努力写好新时代教育改革发展的“奋进之笔”。深刻学习领会、坚决贯彻落实习近平总书记重要讲话精神和大会要求，是当前和今后一个时期教育系统的首要任务。各地区各部门各学校要牢牢抓住这次教育大会的历史性机遇，从明确工作要求、把握工作方法、开展精准行动、健全制度清单四个方面着手，创新工作方式方法，切实履行好自己的职责和义务，迅速行动、主动担当，确保党中央决策部署落地生根、取得实效。

9月16日—17日

由北京师范大学思想政治工作研究院、《学校党建与思想教育》杂志、桂林理工大学马克思主义学院共同主办的“新时代高校思想政治教育实践育人高端论坛”在桂林举行。北京师范大学思想政治工作研究院院长冯刚、武汉大学思想政治教育研究院院长骆郁廷、华南师范大学马克思主义学院院长陈金龙、江苏大学副校长李洪波、西南交通大学马克思主义学院院长林伯海等区内外20多所高校的50余名专家学者以及《学校党建与思想教育》杂志社相关负责人参加了本次论坛。桂林理工大学党委书记李国忠、桂林理工大学副厅级调研员张劲松、广西壮族自治区高校工委宣传部副调研员胡寿鹏出席会议。与会代表们围绕思想政治教育实践育人的理论基础、功能定位及路径模式探索等问题展开了深入研讨。

9月17日

世界公众科学素质促进大会在北京开幕，国家主席习近平向大会致贺信。习近平指出，科学技术是第一生产力，创新是引领发展的第一动力。当前，全球新一轮科技革命孕育兴起，正在深刻影响世界发展格局，深刻改变人类生产生活方式。加强科技产业界和社会各界的协同创新，促进各国开放合作，是让科技发展为人类社会进步发挥更大作用的重要途径。习近平强调，中国高度重视科学普及，不断提高广大人民科学文化素质。中国积极同世界各国开展科普交流，分享增强人民科学素质的经验做法，以推动共享发展成果、共建繁荣世界。希望各位嘉宾在此次大会期间就普及科学知识、弘扬科学精神、传播科学思想、倡导科学方法积极交流互鉴，为增强公众科学素质、促进科学成果共享、推动构建人类命运共同体做出贡献。

同日，教育部办公厅发布《关于公布首批全国高校“双带头人”教师党支部书记工作室建设名单的通知》。北京大学口腔医学院修复科党支部书记工作室等入选首批100个全国高校“双带头人”教师党支部书记工作室。教育部要求，一要认真抓好建设。“双带头人”工作室要围绕《教育部办公厅关于开展首批高校“双带头人”教师党支部书记工作室建设工作的通知》所列建设任务和建设标准，创新工作方法，创建平台载体，创立典型示范，着力发挥党支部战斗堡垒作用和党员先锋模范作用。二要加强管理考核。坚持过程管理和结果管理相结合，工作室网上平台建设情况、年度工作总结和成果报告、实地督查情况等，都将作为“双带头人”工作室结项验收依据。三要严格经费管理。建设周期内，教育部按年度划拨工作室专项建设经费。建设经费要严格管理、专款专用，工作室所在高校要严格执行《高校思想政治工作专项资金管理暂行办法》及有关财务管理规定，指导工作室按照“厉行节约、规范高效”的原则合理使用。

同日，中宣部、全国总工会、共青团中央、全国妇联在北京航空航天大学联合举办“将改革开放进行到底”百姓宣讲活动首场全国宣讲会。百姓宣讲活动是庆祝改革开放40周年群众性主题宣传教育活动的一项重要内容，通过组织干部群众以真人、真事和真实情感，讲述在改革开放中的生活变迁和奋斗故事，展现学习贯彻党的十九大精神、投身新时代中国特色社会主义伟大实践的实际行动和良好风貌，引导广大干部群众更加紧密地团结在以习近平同志为核心的党中央周围，增强“四个意识”，坚定“四个自信”，不忘初心、牢记使命、永远奋斗，将改革开放进行到底。宣讲会上，“时代楷模”汪勇，“全国优秀共产党员”余留芬，“全国道德模范”薛莹，“全国五一劳动奖章”获得者徐立平，“中国青年五四奖章”获得者韩笑，“全国三八红旗手标兵”王丽萍，中国第六批赴马里维和警卫分队李庆昆等 7 位典型，以亲身经历讲述了在改革开放一线的奋斗故事，集中展现了改革开放特别是党的十八大以来人民群众的获得感和成就感，引起观众的强烈共鸣和热烈反响。

同日，《人民日报》刊发评论员文章《以理想信念塑造挺拔灵魂——如何培养社会主义建设者和接班人》。文章指出，理想信念教育关乎培养什么人、怎样培养人、为谁培养人这一教育工作的根本性问题。在全国教育大会上，习近平总书记以“六个下功夫”凝练概括出社会主义建设者和接班人应具备的基本素质和精神状态，把“在坚定理想信念上下功夫”摆在首要位置。这意味着，教育工作培养的人，必须是拥护中国共产党领导和我国社会主义制度、立志为中国特色社会主义奋斗终生的有用人才，必须是树立共产主义远大理想和中国特色社会主义共同理想的有志之才。文章强调，青少年处在价值观形成的关键阶段，知识体系搭建尚未完成，价值观塑造尚未成形，若是第一粒扣子扣错了，剩余的扣子都会扣错。能不能正确看待小我梦想和大我情怀，能不能正确认识中国大势和世界潮流，能不能正确处理个人奋斗和国家需要，无不系之于理想信念的“总开关”。文章指出，理想信念是一个民族精气神的“钙片”，理想信念的传承总是被寄予强烈期望。理想信念并不空虚缥缈，擦亮年轻的眼睛、点燃奋斗的火炬，关键要善于从国家历史、现实成就、国际比较中汲取真理和道义的力量。文章强调，作为未来实现中华民族伟大复兴中国梦的主力军，青少年一代在理想信念教育中厚植道路自信、理论自信、制度自信、文化自信，立志肩负起民族复兴的时代重任，我们这个民族就有了永不枯竭的奋斗意志，就能形成昂扬向上的精神风貌。

9 月 18 日

全国教师战线学习贯彻全国教育大会精神座谈会在北京召开。来自北京、河北、辽宁、山东、浙江、四川等地各级各类学校的教师代表参加会议。教育部党组成员、副部长孙尧出席会议并讲话。与会教师代表分别结合工作实际，谈了学习全国教育大会精神的心得体会。与会教师代表一致认为，这次全国教育大会，是以习近平同志为核心的党中央在中国特色社会主义进入新时代、全面建成小康社会进入决胜阶段召开的一次历史性会议，在我国教育发展史上具有重要的里程碑意义。并表示要认真落实大会精神，牢记总书记的嘱托，做到“九个坚持”和“六个下功夫”，争做“四有好老师”，做好“四个引路人”，努力培养一批又一批德智体美劳全面发展的社会主义建设者和接班人。孙尧指出，人民教师无上光荣，贡献重大。各地教育部门要采取有效政策举措，大力加强教师队伍建设，提高教师地位待遇，拓宽教师职业发展通道，让教师享有应有的社会声望。广大教师要自觉崇德修身，传承红色基因，丰厚知识学识，培育奋斗精神，提高信息化、人工智能等新技术应用能力，努力成为政治素质过硬、业务能力精湛、育人水平高超的高素质教师，为党育人，为国育才。

9 月 20 日

由中国当代文学研究会、光明日报社文艺部、光明网联合主办，中国当代文学研究会校园文学委员会承办的第十二届“文心雕龙杯”全国校园文学艺术大赛在京启动。此届大赛以“立足素质教育，服务立德树人；引领校园文化建设，培养文学艺术新苗”为宗旨，分设小学组、初中组、高中组、大学组、教师组征集优秀作品，包括诗歌、散文、小说、戏剧等各种文学艺术体裁。

9 月 21 日

中宣部在京举办第十三届中国公民道德论坛。此次论坛的主要任务是，深入学习贯彻习近平新时代中国特色社会主义思想和党的十九大精神，贯彻落实全国宣传思想工作会议精神，以“培养时代新人、弘扬时代新风”为主题，探讨新时代公民道德建设的现实意义和使命任务，推动开创新时代公民道德建设新局面。大家一致认为，党的十八大以来，习近平总书记站在党和国家事业发展全局的高度，就社会主义核心价值观建设和公民道德建设提出一系列新思想新观点新论断，构成了习近平新时代中国特色社会主义思想的“道德篇”，深刻回答了培养什么样的人、怎样培养人等一系列带有方向性、根本性的重大问题，为新时代公民道德建设指明了前进方向、提供了根本遵循。大家认为，新时代公民道德建设要以习近平新时代中国特色社会主义思想和党的十九大精神为指导，着眼培养担当民族复兴大任的时代新人，在筑理想信念之基上下功夫，在立主流价值之魂上下功夫，在固尊德守德之本上下功夫，在树时代文明之风上下功夫，更好构筑中国精神、中国价值、中国力量，促进全体人民在理想信念、价值理念、道德观念上紧紧团结在一起，为全面建成小康社会、实现中华民族伟大复兴的中国梦提供强大精神力量。大家认为，新时代公民道德建设要坚持立德树人、以文化人，培养能够担当民族复兴大任的时代新人。突出时代性，准确把握时代新人的内涵要求；彰显先进性，筑牢时代新人的精神之基；体现引领性，牢牢抓住社会主义核心价值观这个根本；把握实效性，不断提升培养时代新人的工作成效。要深入实施公民道德建设工程，激发全社会向上向善的磅礴力量。强化教育引导，发挥重点人群的示范带动作用；强化实践养成，发挥活动载体的熏陶锤炼作用；强化制度保障，发挥良法善治的保驾护航作用；强化改进创新，发挥基层阵地的夯基固本作用。

同日，“高校红色文化资源育人研讨会暨《初心——重读革命精神》《高校红色文化资源育人发展报告2017》出版座谈会”在西南大学举行。来自8所高校研究基地以及参与新书编写的有关高校专家学者共80余人参加会议。

9月25日

据教育部官网报道，教育部党组决定成立“百人宣讲团”，由教育部党组书记、部长陈宝生担任团长，启动教育系统学习宣传贯彻全国教育大会精神宣讲对谈活动。“百人宣讲团”将围绕习近平总书记全国教育大会重要讲话这一纲领性文献，面向教育系统领导干部和师生员工以及社会各界人士，着力宣讲习近平总书记关于教育的重要论述精神，着力宣讲全国教育大会的重大意义，着力宣讲党的十八大以来教育改革发展取得的历史性成就，着力宣讲加快教育现代化的战略部署，推动教育战线以凝聚人心、完善人格、开发人力、培育人才、造福人民为工作目标，培养德智体美劳全面发展的社会主义建设者和接班人，加快推进教育现代化，建设教育强国，办好人民满意的教育，为决胜全面建成小康社会、夺取新时代中国特色社会主义伟大胜利、实现中华民族伟大复兴的中国梦作出新的更大贡献。“百人宣讲团”成员由教育部党组成员和参加全国教育大会的各地区、各有关高校同志组成，从9月中旬起至12月底在全国各地各校开展面对面宣讲和互动化对谈活动。

9月26日

教育部、国家语委联合发布《关于印发〈中华经典诵读工程实施方案〉的通知》，指出：实施中华经典诵读工程，通过开展经典诵读、书写、讲解等文化实践活动，挖掘与诠释中华经典文化的内涵及现实意义，引领社会大众特别是广大青少年更好地熟悉诗词歌赋、亲近中华经典，更加广泛深入地领悟中华思想理念、传承中华传统美德、弘扬中华人文精神。实施中华经典诵读工程要坚持中央统筹与地方落实并重，基础建设与创新发展并重，学校教育与社会参与并重，活动引领与机制建设并重，传承普及与传播交流并重。实施中华经典诵读工程的重点任务是：(1)实践活动引领。举办全国性大型活动，建设校园诵读品牌，组织“送经典下基层”活动，开展中国节庆日诵读活动。(2)平台基地支撑。打造多媒体传播平台，建设中华经典诵写讲基地。(3)基础资源保障。加强诵写讲师资队伍建设，构建经典诵读课程和教材体系，建设中华经典优质学习资源。(4)合作交流传播。加强港澳台地区语言文化交流合作，加强中华优秀语言文化海外传播。

同日，《中国教育报》报道，近日，教育部党组决定成立“百人宣讲团”，由教育部党组书记、部长陈宝生担任团长，启动教育系统学习宣传贯彻全国教育大会精神宣讲对谈活动。“百人宣讲团”将围绕习近平总书记全国教育大会重要讲话这一纲领性文献，面向教育系统领导干部和师生员工以及社会各界人士，着力宣讲习近平总书记关于教育的重要论述精神，着力宣讲全国教育大会的重大意义，着力宣讲党的十八大以来教育改革发展取得的历史性成就，着力宣讲加快教育现代化的战略部署，推动教育战线以凝聚人心、完善人格、开发人力、培育人才、造福人民为工作目标，培养德智体美劳全面发展的社会主义建设者和接班人，加快推进教育现代化，建设教育强国，办好人民满意的教育，为决胜全面建成小康社会、夺取新时代中国特色社会主义伟大胜利、实现中华民族伟大复兴的中国梦做出新的更大贡献。“百人宣讲团”由教育部党组成员和参加全国教育大会的各地区、各有关高校同志组成，从 9 月中旬起至 12 月底在全国各地各校开展面对面宣讲和互动化对谈活动。

同日，教育部召开教育系统学习贯彻全国教育大会精神视频会，传达学习习近平总书记重要讲话和李克强总理讲话、孙春兰副总理总结讲话精神，全面动员部署学习宣传贯彻工作。教育部党组书记、部长陈宝生在会上强调，教育系统要以习近平新时代中国特色社会主义思想为指导，加强党对教育工作的全面领导，把大会的各项重大决策部署转化为加快推进教育现代化、建设教育强国、办好人民满意教育的生动实践，全力推动新时代教育工作迈上新台阶，为决胜全面建成小康社会、实现中华民族伟大复兴的中国梦作出新的更大贡献。

此次会议也是教育系统全国教育大会精神宣讲的第一讲和教育系统学习贯彻大会精神培训的首场报告。会议在教育部设主会场，在各省级教育部门、直属高校设分会场。教育部党组成员及部分老部长、机关各司局和直属单位主要负责同志、教育部机关处级以上干部、直属单位司局级干部在主会场参会，各省级教育行政部门、直属高校、部省合建高校领导班子成员及中层正职在分会场参会。

9 月 28 日

中国政府网报道，中共中央政治局委员、国务院副总理孙春兰近日在甘肃调研时强调，要深入学习贯彻习近平总书记关于教育工作的重要论述和全国教育大会精神，认真落实党中央、国务院决策部署，遵循教育规律，坚持改革创新，把立德树人融入基础教育各环节，办好人民满意的教育，培养德智体美劳全面发展的社会主义建设者和接班人。

同日，教育部在上海召开“双一流”建设现场推进会，旨在深入学习贯彻全国教育大会精神，推进“双一流”加快建设、特色建设、高质量建设。会议指出，习近平总书记重要讲话和全国教育大会精神对“双一流”建设具有重大指导意义。“双一流”建设高校作为高等教育战线的排头兵，要在学习宣传中走在前列，在贯彻落实上做出表率。要深刻领会培养社会主义建设者和接班人的根本任务、提升教育服务经济社会发展能力的基本方向、特色发展争创一流的基本途径、加强党对教育工作全面领导的根本保证。会议强调，统筹推进“双一流”建设开局良好。转入新的历史阶段，要按照可靠的、合格的、真实的、有特色、有竞争力、有产出、可持续的目标，坚持“特色一流、内涵发展、改革驱动、高校主体”，以体制机制创新为着力点，在深化改革、服务需求、开放合作中加快建设。

9 月 29 日

由中国农业大学马克思主义学院与中国人民大学 21 世纪中国马克思主义研究协同创新中心联合主办的“新时代高校思想政治理论课教学理念创新与实践探索”研讨会在京召开。来自全国 26 所高校的思政课教师代表及中国农业大学马克思主义学院师生参加了会议。

9 月 30 日

烈士纪念日向人民英雄敬献花篮仪式在北京天安门广场隆重举行。党和国家领导人习近平、李克强、栗战书、汪洋、王沪宁、赵乐际、韩正、王岐山等，同各界代表一起出席仪式。

同日，国务院在人民大会堂举行国庆招待会，热烈庆祝中华人民共和国成立 69 周年。习近平、李克强、栗战书、汪洋、王沪宁、赵乐际、韩正、王岐山等党和国家领导人与 1200 多位中外人士同庆共和国华诞。国务院总理李克强致辞，他指出，2018年是改革开放40周年。改革是推动中国发展的根本动力，发展是解决中国一切问题的基础和关键。任何风云变幻都动摇不了我们推进改革开放的决心。要以习近平新时代中国特色社会主义思想为指导，立足社会主义初级阶段和最大发展中国家这个基本国情，坚持全面深化改革，进一步解放和发展社会生产力，深化“放管服”等改革，大力简政减税降费，严格保护产权，为各类所有制企业营造市场化、法治化、国际化营商环境。坚持实施创新驱动发展战略，更好发挥企业家和科技人员的创新积极性，更大激发人民群众中蕴藏的无穷创造力，培育新动能，在加快新旧动能转换中促进经济高质量发展。要坚决维护基于规则的多边主义体系，积极推动更高水平的对外开放，维护自身发展利益，与世界各国分享发展机遇和发展成果。促进“一带一路”国际合作，实现互利共赢。要坚持以人民为中心的发展思想，对群众期盼和关切，要拿出切实措施积极回应，对民生痛点和难点，要千方百计尽力解决。在精准脱贫和就业、教育、医疗、养老等方面，进一步加大投入、优化供给，完善社会治理，促进社会公平正义，使人民群众获得感、幸福感、安全感更加充实。

同日，《人民日报》报道，人民出版社、中央文献出版社、学习出版社、外文出版社、党建读物出版社等16家出版单位出版的111种学习习近平新时代中国特色社会主义思想重点电子书，在咪咕阅读、天翼阅读、掌阅、京东阅读、当当阅读等5家电子书传播平台正式上线。

本月

《新华文摘》第16期全文转载北京师范大学思想政治工作研究院院长冯刚教授《改革开放以来高校思想政治工作质量评价的回顾与思考》(《教学与研究》2018年第3期)，这是国家社科基金教育学重大课题“高校思想政治教育工作质量评价体系研究”的阶段性成果，对于引领高校思想政治教育质量测评研究、推动高校思想政治教育工作质量评价创新发展具有重要意义。

10月

10月1日

《中国教育报》刊发中共中央政治局委员、国务院副总理孙春兰的文章《深入学习贯彻习近平总书记关于教育的重要论述　奋力开创新时代教育工作新局面》。

10月8日

教育部发布《关于加快建设高水平本科教育全面提高人才培养能力的意见》(简称“新时代高教40条”)。这40条包含了建设高水平本科教育的重要意义和形势要求、建设高水平本科教育的指导思想和目标原则、把思想政治教育贯穿高水平本科教育全过程、围绕激发学生学习兴趣和潜能深化教学改革、全面提高教师教书育人能力、大力推进一流专业建设、推进现代信息技术与教育教学深度融合、构建全方位全过程深融合的协同育人新机制、加强大学质量文化建设、切实做好高水平本科教育建设工作的组织实施等十个方面内容。

一要坚持正确办学方向。要全面加强高校党的建设，毫不动摇地坚持社会主义办学方向，办好高校马克思主义学院和思想政治理论课，加强面向全体学生的马克思主义理论教育，深化中国特色社会主义和中国梦宣传教育，大力推进习近平新时代中国特色社会主义思想进教材、进课堂、进头脑，不断增强学生的道路自信、理论自信、制度自信和文化自信。二要坚持德才兼修。把立德树人的成效作为检验学校一切工作的根本标准，加强理想信念教育，厚植爱国主义情怀，把社会主义核心价值观教育融入教育教学全过程各环节，全面落实到质量标准、课堂教学、实践活动和文化育人中，帮助学生正确认识历史规律、准确把握基本国情，掌握科学的世界观、方法论。深入开展道德教育和社会责任教育，引导学生养成良好的道德品质和行为习惯，崇德向善、诚实守信，热爱集体、关心社会。三要提升思政工作质量。加强高校思想政治工作体系建设，深入实施高校思想政治工作质量提升工程，建立健全系统化育人长效机制，一体化构建内容完善、标准健全、运行科学、保障有力、成效显著的高校思想政治工作质量体系。把握师生思想特点和发展需求，优化内容供给、改进工作方法、创新工作载体，激活高校思想政治工作内生动力，不断提高师生的获得感。四要强化课程思政和专业思政。在构建全员、全过程、全方位“三全育人”大格局过程中，着力推动高校全面加强课程思政建设，做好整体设计，根据不同专业人才培养特点和专业能力素质要求，科学合理设计思想政治教育内容。强化每一位教师的立德树人意识，在每一门课程中有机融入思想政治教育元素，推出一批育人效果显著的精品专业课程，打造一批课程思政示范课堂，选树一批课程思政优秀教师，形成专业课教学与思想政治理论课教学紧密结合、同向同行的育人格局。

10 月 9 日

2018 年全国大众创业万众创新活动周北京会场暨中关村创新创业季活动在北京市海淀区中关村国家自主创新示范区展示中心开幕。此次活动以“高水平双创，高质量发展”为主题，由国家发展改革委、中国科协、北京市政府联合主办。

10 月 10 日

据《中国青年报》报道，中央宣传部、中央政法委、公安部、中央军委政法委、全国总工会、共青团中央、全国妇联、中华见义勇为基金会近日联合发出《关于举办第十四届全国见义勇为英雄模范评选表彰活动的通知》，向全国征选见义勇为英模候选人事迹。本届评选表彰活动将评选出全国见义勇为英雄(含英雄群体)10 名(个)，全国见义勇为模范(含模范群体)50 名(个)。获全国见义勇为英雄荣誉称号的个人，奖励 10 万元人民币，牺牲的英雄追加 10 万元慰问金；获得全国见义勇为英雄群体荣誉称号的群体，共奖励 20 万元人民币，英雄群体中牺牲的个人，追加 10 万元慰问金；获全国见义勇为模范荣誉称号的个人，奖励 5 万元人民币，牺牲的模范追加 10 万元慰问金；获得全国见义勇为模范群体荣誉称号的群体，共奖励 10 万元人民币，模范群体中牺牲的个人，追加 10 万元慰问金。各地各部门推荐的候选人主要从 2015 年 6 月 1 日至 2017 年 5 月 31 日期间涌现出来的见义勇为人员中产生；2019 年 2 月，英雄(群体)、模范(群体)候选人的主要事迹将在《人民日报》《光明日报》《经济日报》等媒体和人民网、新华网、中国军网等网站上刊登，面向全国公示，发动公众投票。将适时在北京召开第十四届全国见义勇为英雄模范表彰大会。

同日，天津市召开预防青少年违法犯罪工作会议，深入贯彻习近平总书记关于青少年工作的重要指示精神，认真研究部署、全面推进预防青少年违法犯罪工作。

10 月 11 日

中共中央政治局委员、国务院副总理孙春兰在清华大学调研时指出，高校是我国科技创新不可替代的重要力量，党中央高度重视高校科技工作，习近平总书记在全国教育大会上提出了明确要求。各级各类高校要站位全局，切实增强责任感、使命感、紧迫感，紧紧围绕国家战略和关键领域，始终秉持科学精神，优化科技资源配置，激发科技创新活力，为实现高质量发展提供有力支撑。孙春兰强调，要完善高校科技创新的项目布局，支持高校加强与地方、科研院所、企业开展协同创新，力争在关键核心技术自主创新上实现重大突破。基础研究是科技创新的基石。要以“双一流”建设为契机，加强对高校基础研究稳定支持，建设一批前沿科学中心，努力取得引领性原创成果。要简化科研项目申报和过程管理，赋予科研人员更大技术路线决策权、科研单位科研项目经费管理使用自主权，减少对高校微观科技创新活动的干预，充分释放科研人员的创新活力。要扭转不科学的评价导向，坚决克服唯文凭、唯论文、唯帽子等顽瘴痼疾，针对高校不同科研类型制定不同的评价办法，完善激励机制，切实为科研人员潜心科技创新营造良好环境。高校科技创新关键在于高水平的人才。要着眼创新人才培养，坚持科教融合，优化学科设置，优先布局国家发展急需、影响未来发展的学科专业，完善高水平科研支撑高质量人才培养的机制。

同日，由共青团中央、中央网信办、工业和信息化部、人力资源和社会保障部、农业农村部、商务部、国务院扶贫办、全国学联、江苏省人民政府、江西省人民政府联合主办的第五届“创青春”中国青年创新创业大赛全国赛在苏州开幕。共青团中央书记处第一书记贺军科在开幕会上指出，举办“创青春”中国青年创新创业大赛，为激发青年创新潜能、激励青年创业热情发挥了积极作用。希望青年创客们肩负时代责任展现担当、矢志前行，在推动经济高质量发展中抓住机遇、积极作为。

10月12日—14日

12日至14日，中国教育发展战略学会思想道德建设专业委员会成立大会暨改革开放40年高校思想道德建设回顾与展望学术论坛在北京召开。大会选举北京师范大学思想政治工作研究院院长冯刚教授为思想道德建设专业委员会第一届理事会理事长，选举骆郁廷、赵君、李明、孙雷、桂富强、李洪波、孙秀玲、王东平、罗仲尤、谭秀森为副理事长，选举重庆师范大学原党委书记邓卓明教授为第一届学术委员会主任，选举王学俭、曲建武、佘双好、陆岩、彭庆红、林伯海教授为学术委员会副主任。中国教育发展战略学会执行会长孙霄兵，中国教育发展战略学会常务副会长兼秘书长韩民出席开幕式并讲话。

思想道德建设专委会由从事思想文化教育的各级政府、高等院校、研究机构等相关组织和研究人员，自愿组成群众性学术团体，属非营利性社会组织。思想道德建设专委会按照党和国家有关思想文化教育的要求和政策，汇集国内外政、学、研、产等各领域权威机构和专家学者，搭建研究、咨询、评价、交流一体的合作平台。会议期间，学者们围绕“加强新时代思想道德建设”“新时代大学生思想道德建设”“关于改革开放以来引领社会思潮的思考”“培养德智体美劳全面发展的社会主义建设者和接班人”“改革开放以来思想政治教育规律研究”“高校学生思想道德建设研究”“新时代高校思政队伍建设规划与展望”等主题展开充分研讨。最后，理事会围绕下一阶段工作计划，讨论专委会发展规划，包括举办专题研讨会、组织学术会议、开展业务培训、成立相关专题研究中心等，并对专委会发展提出展望。

10月13日

由教育部等13个部委和福建省人民政府共同主办、厦门大学承办的第四届中国“互联网+”大学生创新创业大赛总决赛在厦门大学开赛。此届大赛以“勇立时代潮头敢闯会创，扎根中国大地书写人生华章”为主题，旨在激发高校学生创新创业热情，展示高校创新创业教育成果，搭建大学生创新创业项目与社会投资对接平台。除主体赛事外，此届大赛还将同期举办包括“青年红色筑梦之旅”成果展、大赛优秀项目对接巡展、改革开放40年优秀企业家对话大学生创业者、“大学生创客秀”和“21世纪海上丝绸之路”等5项活动。

10月14日

由中共中央党史和文献研究院编辑，中央文献出版社出版的习近平同志《论坚持推动构建人类命运共同体》一书，即日起在全国发行。这部专题文集以2013年1月28日习近平同志主持中共十八届中央政治局第三次集体学习时讲话的要点《更好统筹国内国际两个大局，夯实走和平发展道路的基础》为开卷篇，以2018年6月22日习近平同志在中央外事工作会议上讲话的要点《坚持以新时代中国特色社会主义外交思想为指导，努力开创中国特色大国外交新局面》为收卷篇，收入习近平同志论述坚持推动构建人类命运共同体的重要文稿85篇，约32万字。

10月15日

中共中央总书记、国家主席、中央军委主席习近平致信祝贺西藏民族大学建校60周年，向全校广大师生员工和校友致以热烈的祝贺。习近平在贺信中指出，西藏民族大学建校以来，贯彻党的教育方针，坚持正确办学方向，坚持立德树人，为党和人民、为西藏各项事业发展培养了一大批优秀干部和专业技术人才。西藏民族大学60年来取得的成绩，是在党的领导下西藏各项事业蓬勃发展、西藏各族人民生活不断改善的生动体现。习近平强调，站在新的历史起点上，希望你们全面贯彻落实新时代中国特色社会主义思想和党的十九大精神，紧紧围绕培养什么样的人、怎么培养人、为谁培养人这一根本问题，培育和弘扬社会主义核心价值观，提高教育教学水平，贯彻党的民族政策和宗教政策，加强民族团结进步教育，传承中华优秀传统文化，自觉维护民族团结，全面推进学校各项工作，努力培养德智体美劳全面发展的社会主义建设者和接班人，为推动西藏经济社会发展，为实现“两个一百年”奋斗目标、实现中华民族伟大复兴的中国梦作出新的更大贡献。

同日，国家副主席王岐山在人民大会堂会见出席第六届中法青年领导者论坛的双方代表。他指出，当前人类社会面对许多共同机遇、风险和挑战，没有国家能够独善其身，经济全球化是大势所趋。中法都是拥有深厚历史文化积淀的伟大国家，2018 年 1 月，习近平主席和马克龙总统为新时期中法关系发展规划了蓝图，两国青年要不断加强往来、增进了解、深化合作，为打造更加富有活力、可持续发展的中法关系做出贡献。

同日，中宣部、中央和国家机关工委、教育部、中央军委政治工作部、北京市委联合举办“将改革开放进行到底”系列论坛第一场活动。活动邀请中央改革办、外交部、国家发展改革委、生态环境部、商务部等五部门负责人，畅谈相关领域改革发展成就，并与网民在线进行交流。

同日，第四届中国“互联网＋”大学生创新创业大赛总决赛在厦门大学举行闭幕式。中共中央政治局委员、国务院副总理孙春兰出席并发表讲话指出，此届赛事中，70 万大学生参加“青年红色筑梦之旅”活动，涌现出一大批优秀创新创业项目。希望广大青年学生认真学习习近平总书记在全国教育大会上的重要讲话精神，坚定理想信念，扎根中国大地，在创新创业中增长智慧才干，在艰苦奋斗中锤炼意志品质，用创新创业的生动实践汇聚起民族复兴的强大力量。

10 月 17 日

2018 教育扶贫论坛在京举行。教育部副部长孙尧出席论坛并在讲话中指出，教育系统要把打赢教育脱贫攻坚战同学习贯彻习近平新时代中国特色社会主义思想结合起来，同贯彻落实全国教育大会精神结合起来，同写好教育奋进之笔结合起来。下一步，要从做好教育扶贫工作是一项重大的政治任务的高度来认识，调动各方面力量集中攻坚，以高度的历史使命感扎实做好教育脱贫攻坚各项工作。各部门、各单位都要层层负起责任来，特别是一把手要切实负起第一责任人的责任。“三区三州”等深度贫困地区是下一步脱贫攻坚的主战场，要集中优势兵力、调动更多资源、制定更有针对性的政策聚焦发力。作风建设方面，要进一步对标对表，自查自纠，坚持问题导向，标本兼治构建扶贫领域作风建设长效机制，为教育脱贫攻坚深入推进提供制度保障。

10 月 17 日—19 日

第二届开放与创新教育论坛在国家开放大学召开。论坛主题为“开放与创新教育”。与会专家就技术与工具的合理使用、人才培养模式的创新、教学设计对教育质量的促进，以及未来发展趋势与方向等开放教育领域的多个核心议题进行了研讨。

10 月 18 日

由中宣部、教育部联合举办的 2018 年第 11、12 期全国高校思想政治理论课骨干教师研修班在上海开班。研修班首场报告由教育部政法司有关负责人为全体学员做“学习贯彻全国教育大会精神”专题辅导。全国高校新入职思政课教师、西部 12 省(区、市)高校思政课骨干教师近 200 人在现场聆听了报告，全国高校近 7 万名思政课专兼职教师通过“全国高校思政课教师网络集体备课平台”同步收看了课程直播。

同日，太湖世界文化论坛第五届年会在北京开幕。国家主席习近平向论坛年会致贺信。习近平指出，文明交流互鉴是人类文明进步和世界和平发展的重要动力。人类始终在不同民族、不同文化的相遇相知中向前发展。这次年会以“文化对话：构建人类命运共同体”为主题，有助于各方增进沟通、凝聚共识、深化合作，促进世界文明交流互鉴。中国主张建设相互尊重、公平正义、合作共赢的新型国际关系，呼吁各国齐心协力，推动构建人类命运共同体。

同日，北京市在全国率先召开教育大会，研究部署北京市教育事业改革发展各项任务，加快推进教育现代化，努力办好人民满意的教育。中共中央政治局委员、北京市委书记蔡奇，教育部党组书记、部长陈宝生出席会议并讲话。北京市委副书记、市长陈吉宁主持会议。

蔡奇指出，要坚持以习近平新时代中国特色社会主义思想为指导，深入学习贯彻党的十九大精神，深入学习贯彻习近平总书记对北京重要讲话精神，全面贯彻党的教育方针，坚持马克思主义指导地位，坚持中国特色社会主义教育发展道路，坚持社会主义办学方向，紧紧围绕首都城市战略定位，以凝聚人心、完善人格、开发人力、培育人才、造福人民为工作目标，扎实推进教育现代化，办好人民满意的教育，努力培养德智体美劳全面发展的社会主义建设者和接班人，为建设国际一流的和谐宜居之都提供强大的人才智力支撑。

陈宝生指出，学习宣传贯彻全国教育大会精神，是教育系统当前和今后一个时期的首要任务。北京市在全国率先召开全市教育大会，标志着北京加快教育现代化的生动实践在新时代的全面推开、全面加速，是北京教育改革发展史上一个重要里程碑。教育部将一如既往支持北京教育改革发展，希望北京教育继续在落实教育优先发展战略，落实立德树人根本任务、培养德智体美劳全面发展的社会主义建设者和接班人，加强教师队伍建设，推进教育改革创新，加强党对教育工作的领导五个方面走在全国前列。北京市委市政府相关负责人出席会议。在京高校主要负责人，北京市及各区教工委、教委、教育督导室相关负责人及职业学校、中小学校、幼儿园、部分民办教育机构相关负责人参加会议。

10 月 18 日—21 日

由中国教育国际交流协会主办的第十九届中国国际教育年会在北京国家会议中心举办。2018年年会的主题为“教育现代化——实践与探索”，由“中国国际教育研讨会”“中外院校项目合作洽谈会”和“中国国际教育展”三大部分组成，深入探讨新形势下，如何推动教育现代化的发展，从而促进各国乃至全球现代化建设的进程，携手探索未来教育的发展与合作。教育部部长陈宝生19日在给年会的致辞中指出，推进中国教育现代化，既要扎根中国大地，坚持走中国特色社会主义教育发展道路，不断增强教育自信，又要积极学习借鉴，以更加开放的胸襟、更加包容的心态、更加宽广的视野，学习借鉴全人类文明成果和世界各国先进的办学治校经验。

10 月 19 日

中央第五巡视组对教育部党组开展脱贫攻坚专项巡视工作动员会召开。会前，中央巡视组向教育部党组书记陈宝生传达了习近平总书记关于巡视工作的重要指示精神，通报了有关工作安排。会上，中央第五巡视组组长桑竹梅就即将开展的脱贫攻坚专项巡视工作做了讲话，并就配合做好巡视工作提出要求。陈宝生主持会议并做表态讲话。

同日，教育部办公厅发布《关于公布首批“三全育人”综合改革试点单位名单的通知》，公布了5个“三全育人”综合改革试点区、10所“三全育人”综合改革试点高校、50个“三全育人”综合改革试点院(系)，首批“三全育人”综合改革试点建设周期为2年，自2018年10月至2020年10月。此外，还就试点的考核评估、经费管理等做了具体规定。

同日，由第二次全国地名普查领导小组办公室主办、光明网承办的保护弘扬中华优秀地名文化座谈会在厦门举行，100部“美丽中国·地名寻梦”全国地名文化短视频征集与展播活动获奖作品同步发布。

10 月 19 日—20 日

“全国第十二届马克思主义经济学发展与创新论坛暨纪念改革开放四十周年研讨会”在中央财经大学召开。大会由中国社会科学院经济研究所、《经济研究》编辑部、中央财经大学经济学院、中国政治经济学研究中心、中央财经大学马克思主义与中国经济发展道路协同创新中心、北京市习近平新时代中国特色社会主义思想研究中心(中央财经大学研究基地)共同举办。来自中国社会科学院、北京大学、中国人民大学、清华大学、复旦大学等30多家单位的学者参加大会。与会学者围绕“改革开放、发展新阶段与中国特色社会主义经济学的创新发展”展开了深入研讨。与会学者认为，改革开放40年来，我们以马克思主义为指导，立足中国实践，不断解决中国经济问题，取得了举世瞩目的经济发展成就和一系列经济学理论成果。

10 月 19 日—21 日

第 52 届中国高等教育博览会在成都市举行。此届展会选取四川、江苏等 7 个省市，北京大学、上海交通大学、南京大学、四川大学等 67 所高校，从不同领域、不同角度，集中展示改革开放 40 年来我国高等教育事业发展所取得的令人瞩目的成就。“高博会”开设 6 万平米展区，2400 个展位，有近 2 万名专业观众参与，同时举办高等工程教育峰会、智能制造产教融合人才培养论坛、高校教师教学创新大赛、华灿奖 5 周年作品成果展、“万人计划”教学名师教书育人先进事迹展等活动，举办近 40 个会议论坛、300 余场高水平专家报告，展示了改革开放 40 年来我国高等教育的发展成就。

10 月 20 日

由教育部思政司主办的全国高校教师党支部书记“双带头人”高级研修班在华中师范大学全国党员教育培训示范基地开班。此次全国高校教师党支部书记“双带头人”高级研修班在华中师范大学全国党员教育培训示范基地共举办 2 期，每期 15 天，学员覆盖了 75 所教育部直属高校、35 所其他部委属高校及全国 31 个省(区、市)和新疆生产建设兵团的高校。

同日，由中国政法大学和法制日报社联合主办的第三届“中华法学硕博英才奖”颁奖典礼暨“法学英才高端论坛”在中国政法大学举行。北京大学、清华大学、浙江大学等高校的 34 名学生荣获奖项。颁奖典礼后，举行了“法学英才高端论坛”。

10 月 21 日

由光明日报社、武汉大学联合主办的 2018 珞珈智库论坛在武汉举行。此届论坛聚焦“新时代文化强国战略”，旨在深入学习贯彻习近平新时代中国特色社会主义思想和党的十九大精神，更好地服务国家文化发展，推进中国特色新型智库建设。此届论坛以主旨演讲和圆桌对话形式展开。吉林大学哲学社会科学教授孙正聿、武汉大学人文社会科学教授冯天瑜等 6 位专家围绕论坛主题发表了主旨演讲。

10 月 22 日

教育部办公厅发布《关于开展第二批“三全育人”综合改革试点工作的通知》，组织开展第二批“三全育人”综合改革试点的申报、审批工作。

10 月 22 日—25 日

中共中央总书记、国家主席、中央军委主席习近平到广东考察。在同暨南大学部分港澳台同胞和海外侨胞学生交流时，习近平强调，我国有 5000 多万海外侨胞，这是我国发展的一个独特优势。改革开放有海外侨胞的一份功劳。希望暨南大学认真贯彻全国教育大会精神，坚持自己的办学特色，把学校办得更好，为海外侨胞回祖国学习、传承中华文化创造更好条件。在听取了广东省委和省政府工作汇报后，习近平指出，广东是改革开放的排头兵、先行地、实验区，改革开放以来党中央始终鼓励广东大胆探索、大胆实践。广东 40 年发展历程充分证明，改革开放是党和人民大踏步赶上时代的重要法宝，是坚持和发展中国特色社会主义的必由之路，是决定当代中国命运的关键一招，也是决定实现“两个一百年”奋斗目标、实现中华民族伟大复兴的关键一招。总结好改革开放经验和启示，不仅是对 40 年艰辛探索和实践的最好庆祝，而且能为新时代推进中国特色社会主义伟大事业提供强大动力。要掌握辩证唯物主义和历史唯物主义的方法论，以改革开放的眼光看待改革开放，充分认识新形势下改革开放的时代性、体系性、全局性问题，在更高起点、更高层次、更高目标上推进改革开放。他对广东提出了四个方面的工作要求：一是深化改革开放。二是推动高质量发展。三是提高发展平衡性和协调性。四是加强党的领导和党的建设。

10 月 23 日

教育部办公厅发布《教育课程教材改革与质量标准工作专项资金管理办法》，共包含总则、管理职责、支出范围和标准、预决算管理、监督检查、附则等 6 章 27 条内容，对教育课程教材改革与质量标准工作专项资金的使用与管理做了具体规定。

同日，教育部全国学生资助管理中心发布今年第6号预警，提醒广大学生“培训贷”里有陷阱。全国学生资助管理中心表示，随着金融监管等多部门重拳出击，不良“校园贷”问题得到有效遏制。但据媒体报道，为逃避制度监管，部分网络借贷平台“换穿马甲”，将“现金贷”业务变身为“回租贷”，名为租赁，实为借贷，并将对象瞄准在校大学生，严重威胁到学生权益，形成校园安全隐患。

10月24日

教育部党组学习贯彻全国教育大会精神推进会召开。部党组书记、部长陈宝生主持会议。会上，教育部各机关司局和直属单位负责人汇报了关于全国教育大会精神阶段性学习体会、贯彻情况和下一步落实举措，部党组成员结合分管工作做了讲话。陈宝生对下一阶段贯彻落实大会精神提出了如下要求：一是把落实大会精神作为增强“四个意识”、坚持“四个自信”、做到“两个维护”的重要途径和重要实践。二是做好顶层设计，抓紧制定政策举措，务求见到实效。三是准确判断形势，认清问题本质，保持战略定力，解决真正需要解决的问题。

10月25日

教育部办公厅发布《关于开展职业教育校企深度合作项目建设工作的通知》，包括了目的意义、工作流程、合作企业及项目设置基本条件、项目内容要求、工作要求等内容。在项目设置条件和内容要求方面，《通知》指出，项目设置应围绕行业先进技术技能，具有前瞻性，立足行业紧缺人才需求，应符合技术技能人才培养规律，周期一般不少于3年。合作项目不得涉及需学校配套采购指定企业产品的内容等。

10月25日—27日

中共中央政治局委员、国务院副总理孙春兰在辽宁调研。她在调研时指出，教育事关科技这个“第一生产力”和人才这个“第一资源”，在东北振兴中发挥着独特作用。有关部门要加大对教育的支持力度，在学科专业设置、科研基地布局、重点项目安排上给予倾斜。各级党委、政府要认真落实党中央、国务院决策部署，坚持优先发展教育，着力解决高校科研成果转化、师范校建设等重点难点问题，以新气象新担当新作为推进东北振兴。

10月27日

2018世界生命科学大会在北京开幕。国务院总理李克强在给会议的批示中指出，生命科学事关人的健康和发展，已成为许多国家科技创新的关键领域，全球生命科学面临前所未有的发展机遇。中国正在全面实施创新驱动发展战略和健康中国战略，不断加强生命科学研究，重视发展生命科学领域的新技术新产业，加快培育发展新动能，积极推进国际交流与合作。希望与会嘉宾围绕大会主题深入交流、凝聚共识，不断加强协作，推动生命科学研究和技术创新取得更多突破。

同日，首届21世纪马克思主义论坛在京举行。此次论坛由教育部习近平新时代中国特色社会主义思想研究中心和清华大学、北京大学、中国人民大学习近平新时代中国特色社会主义思想研究院共同举办。论坛主题为“改革开放40周年与新时代中国特色社会主义”，来自全国各地的100余位专家学者参会。与会专家学者就改革开放以来马克思主义中国化的历史进程、基本经验，党的领导是改革开放成功的根本保证，全面深化改革与“四个自信”，改革开放以来高校意识形态工作研究，创新发展21世纪马克思主义、当代中国马克思主义等主题展开了广泛交流与深入讨论。

10月29日

据《中国青年报》报道，由共青团中央青年发展部指导，中国青年报社、中国青年诚信行动办公室主办，中青在线、酷狗音乐联合承办的“中国青年诚信行动”原创歌曲征集大赛近日正式启动。中青在线为网络支持平台，酷狗音乐、5sing中国原创音乐基地为独家音乐支持平台，短酷等为独家短视频支持平台。大赛将持续至12月，面向社会广泛征集“诚信”“信用”等主题音乐作品，中央音乐学院副院长秦文琛、中国音乐学院副院长王峥、独立音乐人陈粒、青年歌手胡夏等担任终审评委。本次大赛将设置特等奖、一等奖、二等奖、三等奖、优秀奖共计 15 名，获奖者最高可获得 1 万元奖金，作品将被推荐到大型晚会或歌会，前 6 名将受邀参加“中国青年诚信行动”主题曲 MV 拍摄，作品将被录入《中国青年诚信行动》数字音乐专辑。

10 月 30 日

教育部追授李德威同志“全国优秀教师”荣誉称号。

本月

北京师范大学思想政治工作研究院院长冯刚教授主编的《改革开放以来高校思想政治教育发展史》一书由人民出版社正式出版。全书共十五章，从总体上将高校思想政治教育划分为党的理论创新与高校思想政治教育政策发展、思想政治教育学科建设、思想政治理论课建设、高校学生党建、高校共青团建设、班集体建设、文化育人、实践育人、网络育人、资助育人、教书育人、高校心理健康教育、高校创新创业教育、辅导员队伍建设、高校思想政治教育管理十五个专题，并对改革开放以来高校思想政治教育发展中涉及的一些重大事件进行了描述分析。该书的出版为思想政治教育相关研究以及高校思想政治教育实践的创新发展提供了重要参考。

11 月

11 月 1 日

2018—2022 年教育部高等学校教学指导委员会成立会议在北京召开。教育部党组书记、部长陈宝生出席并讲话。陈宝生强调，要认真学习贯彻习近平总书记关于教育的重要论述和全国教育大会精神，聚焦“培养人”这一根本使命，抓住振兴本科教育这一核心，实现高等教育内涵式发展。教育部党组成员、副部长林蕙青主持会议，并宣读了《教育部关于成立 2018—2022 年教育部高等学校教学指导委员会的通知》。陈宝生、林蕙青共同为 111 位主任委员颁发了聘书。新成立的 111 个教指委(不含分委员会)的主任委员出席成立会议，全体副主任委员、各分委员会主任委员、全体秘书长和部分委员代表共 1600 余人列席了会议。会上，8 位主任委员代表作了交流发言。教育部高等教育司负责人对进一步做好本科教育工作和本届教指委工作安排作了专题报告。经严格审查，新一届教指委最终遴选出委员 5550 人，包括主任委员 111 人、副主任委员 710 人，其中 3611 人是新任委员，占委员总数的三分之二。

11 月 2 日—4 日

由中国高等教育学会主办的“2018 高等教育国际论坛年会”在宁波召开。此次论坛主题是“加快‘双一流’建设，实现内涵式发展”。中国高等教育学会会长，教育部原党组副书记、副部长杜玉波，教育部高教司、浙江省教育厅等领导，来自美国、英国、日本、巴基斯坦等 15 个国家的近 50 位外国专家，以及国内百余所高校及相关机构的专家学者，共 1100 余人参会。

11 月 3 日

3 日至 4 日，由中国教育发展战略学会思想道德建设专业委员会、北京师范大学思想政治工作研究院、湖州师范学院共同主办的“新时期高校班集体建设与评价体系研究”专题研讨会在浙江湖州召开。中国教育发展战略学会思想道德建设专业委员会理事长、北京师范大学思想政治工作研究院院长冯刚，电子科技大学党委副书记申小蓉，浙江大学党委学工部部长郧小撑以及来自武汉大学、兰州大学、重庆大学、长安大学、安徽师范大学、天津科技大学等 20 余所高校的专家学者和思想政治工作干部出席研讨会，并围绕研讨主题作了发言交流。与会专家围绕改革开放以来高校班集体建设的发展变化及开展相关研究的重要意义、实践探索和主要经验，当前高校班集体建设与评价体系存在的主要问题和阶段性特征等主题展开研讨，对新时代高校班集体建设与评价工作深化发展具有重要意义。

11 月 4 日

“一带一路”国际科学组织联盟成立大会暨第二届“一带一路”科技创新国际研讨会在北京开幕。国家主席习近平在致大会的贺信中强调，与相关国家开展科技合作是共建"一带一路"的重要内容，在改善民生、促进发展、应对共同挑战等方面发挥着积极作用。希望各国科学界携手并肩，共同努力，发挥好"一带一路"国际科学组织联盟的平台作用，加强科技创新政策和发展战略对接，开展重大科技合作，培养创新创业人才，提升科技创新能力。

11 月 6 日

"将改革开放进行到底"系列论坛第二场活动举行。教育部、科学技术部、人力资源和社会保障部、农业农村部、国家卫生健康委员会等五部门负责人到场交流。教育部部长陈宝生在交流中表示将大力推进思想再解放、改革再深入、工作再落实，加快教育现代化，建设教育强国，办好人民满意的教育，培养德智体美劳全面发展的社会主义建设者和接班人。

同日，教育部副部长田学军在上海出席"沪港大学联盟"成立仪式并致辞。"沪港大学联盟"是在教育部、香港特区政府、上海市政府和中央政府驻港联络办支持下，由复旦大学、上海交通大学和香港大学共同牵头发起，上海八所大学和香港八所大学结成的联盟，旨在加强两地高校联系，进一步深化合作。田学军表示，教育部坚定支持内地与香港加强教育交流合作，支持香港教育融入国家教育发展大局，为内地与香港教育深度融合和经济社会发展做出贡献。

同日，教育部网站报道，为严格规范教师从教行为，全面加强师德师风建设，推进实施《中共中央、国务院关于全面深化新时代教师队伍建设改革的意见》，教育部自 2018 年 4 月下旬以来，部署开展了师德建设长效机制贯彻落实专项督查工作。在督查中发现存在的主要问题有：一是师德建设主体责任意识还不牢固；二是师德建设长效机制未完全落实落细；三是师德建设工作进展不平衡；四是重点问题治理有待进一步加强。

同日，西安交通大学"西迁人"爱国奋斗先进事迹报告会在人民大会堂举行。报告会前，中共中央政治局委员、国务院副总理孙春兰会见报告团成员。她强调，要深入学习贯彻习近平新时代中国特色社会主义思想，大力弘扬西迁精神，推动全国教育大会精神落到实处，用榜样的力量激励教育战线建功新时代。教育战线要认真学习"西迁人"先进事迹，加快"双一流"建设，培养更多适应经济高质量发展的优秀人才，创造更多支撑国家创新发展的科研成果，切实提升教育服务党和国家事业发展的成效。

同日，第五届世界互联网大会·互联网之光博览会在浙江乌镇拉开帷幕。此届互联网之光博览会以"创造互信共治的数字世界——携手共建网络空间命运共同体"为主题，以"国际、创新、未来、领先、融合"为定位，聚焦世界互联网最新发展趋势和前沿技术动态，集中展示近年来各地区各部门贯彻落实习近平总书记关于网络强国的重要思想取得的最新成果，以及全球范围内的互联网新技术、新成果、新产品、新应用，积极打造观察、体验和分享互联网新技术、新应用和新商业模式的风向标，促进互联网领域的国际交流与合作。

同日，团中央近日印发《中国共产主义青年团团旗、团徽、团歌制作使用管理规定》(以下简称《规定》)，要求各级团组织和广大团员认真贯彻执行。《规定》深入贯彻落实习近平总书记"7·2"重要讲话精神和团十八大精神，以团章为总遵循，落实全面从严治团要求，对团旗、团徽、团歌的使用范围、使用规范、管理要求、监管责任、违反规定的处分等作出明晰规定，并明确了团旗、团徽的制法、标准及团歌的歌词、曲谱。《规定》明确了团旗的 3 种通用规格，重申团徽徽章直径为两厘米。同时参照党旗、党徽的使用范围，并兼顾团员青年特点和团内工作实践，对团旗、团徽、团歌的使用范围进行了适当丰富。《规定》强化了对团旗、团徽、团歌管理的纪律要求，要求县级和县级以上团的领导机关对团旗、团徽、团歌的制作使用进行监督管理。对违反《规定》的团组织和团员应当进行批评教育，情节严重的应当给予当事人团内纪律处分；对社会公众和社会组织违反《规定》制作、使用、侵犯团的象征和标志的行为，要坚决制止，及时提请有关司法和行政机构依法处置。

11 月 7 日

教育部党组成员、副部长孙尧做部直属机关学习贯彻全国教育大会精神培训班第三场辅导报告。孙尧指出，这次全国教育大会，是以习近平同志为核心的党中央在中国特色社会主义进入新时代、全面建成小康社会进入决胜阶段召开的一次划时代、历史性会议。他从夯实基础工作、全面加强教师队伍建设，确立战略支点、构建教育现代化新格局，深化改革创新、着力提升职业教育质量，坚守公益属性、促进民办教育健康发展，聚焦立德树人、提升民族教育发展水平，凝聚工作合力、坚决打赢教育脱贫攻坚战六个方面介绍了学习全国教育大会精神的认识和体会。

11 月 8 日

教育部关工委在长春举办东北三省高校关工委“青马工程”经验交流会。中国关工委主任顾秀莲，教育部关工委主任李卫红出席会议并讲话。会议由教育部关工委常务副主任杨贵仁主持。辽宁、吉林、黑龙江省教育厅、教育关工委负责同志，三省部分高校及其关工委负责同志，部分“五老”和师生代表 200 余人参加会议。会议深入学习习近平总书记系列讲话和全国教育大会精神，全面总结交流高校关工委助力青年大学生学习马克思主义理论的经验，探讨了新时代高校关工委帮助青年大学生学习马克思主义理论的新思路和新举措。

11 月 13 日

教育部网站报道，教育部日前召开 2018 年直属高校定点扶贫工作推进会，对直属高校定点扶贫工作进行再动员、再部署，全力打好三年精准脱贫攻坚战。会议指出，要充分认识新形势下做好定点扶贫工作、助力打赢脱贫攻坚战的重大意义，把定点扶贫作为扎根中国大地办大学的重要途径。要准确把握直属高校定点扶贫的形势任务，要针对重视程度不够高、干部选派不够有力、帮扶力度不够大特别是定点扶贫责任书落实力度不够等问题，进一步加强和改进直属高校定点扶贫工作，科学确定定点扶贫工作重点，积极探索多元高效工作路径，完善工作考核激励机制。要拿出符合攻坚要求的推进措施、工作力度和工作作风，扑下身子全力以赴帮助定点扶贫县完成脱贫攻坚任务。

同日，“伟大的变革——庆祝改革开放 40 周年大型展览”开幕式在国家博物馆举行。中共中央政治局常委、中央书记处书记王沪宁发表讲话并宣布展览开幕。王沪宁表示，举办大型展览，就是要展示 40 年来中国人民在中国共产党领导下，开辟中国特色社会主义道路的伟大成就，在历史创造性实践中迸发出的巨大精神力量，为人类和平与发展崇高事业做出的巨大贡献。进入新时代，要坚持以习近平新时代中国特色社会主义思想为指导，增强“四个意识”，坚定“四个自信”，更加紧密地团结在以习近平同志为核心的党中央周围，高举新时代改革开放旗帜，以更坚定的信心、更有力的措施把改革开放不断推向深入。

11 月 14 日

中共中央总书记、国家主席、中央军委主席、中央全面深化改革委员会主任习近平主持召开中央全面深化改革委员会第五次会议，强调要深刻总结改革开放伟大成就和宝贵经验，不断把新时代改革开放继续推向前进。中共中央政治局常委、中央全面深化改革委员会副主任王沪宁、韩正出席会议。会议强调，要把职业教育摆在更加突出的位置，对接科技发展趋势和市场需求，完善职业教育和培训体系，优化学校、专业布局，深化办学体制改革和育人机制改革，鼓励和支持社会各界特别是企业积极支持职业教育，着力培养高素质劳动者和技术技能人才，为促进经济社会发展和提高国家竞争力提供优质人才资源支撑。会议指出，组建县级融媒体中心，有利于整合县级媒体资源、巩固壮大主流思想舆论。要坚持管建同步、管建并举，坚持正确政治方向、舆论导向、价值取向，坚守社会责任，把社会效益放在首位。会议强调，要加强和改进出版工作，加强内容建设，深化改革创新，完善出版管理，着力构建把社会效益放在首位、社会效益和经济效益相统一的出版体制机制。要把回顾总结 40 年改革开放同新时代推动全面深化改革结合起来，把吸取改革开放历史经验同解决现实矛盾问题结合起来，把充分展示改革开放伟大成就同提升人民群众获得感结合起来，把深化改革开放同推动实现“两个一百年”奋斗目标、实现中华民族伟大复兴的中国梦结合起来。要在抓改革落实上下更大气力，找准问题、抓住问题、解决问题，通过改革来释放内需潜力、激发经济活力、培育增长动力。

同日，教育部发布《新时代高校教师职业行为十项准则》，从以下10个方面对高校教师职业行为提出要求：坚定政治方向，自觉爱国守法，传播优秀文化，潜心教书育人，关心爱护学生，坚持言行雅正，遵守学术规范，秉持公平诚信，坚守廉洁自律，积极奉献社会。

同日，教育部发布《关于高校教师师德失范行为处理的指导意见》，要求各高校要严格落实师德建设主体责任，建立完善党委统一领导、党政齐抓共管、牵头部门明确、院(系)具体落实、教师自我约束的工作机制；高校教师要自觉加强师德修养，把教书育人和自我修养结合起来，坚持以德立身、以德立学、以德施教、以德育德；对高校教师师德失范行为实行“一票否决”，坚持公平公正、教育与惩处相结合的原则，根据情节轻重，给予相应处理或处分；高校要建立健全师德失范行为受理与调查处理机制，指定或设立专门组织负责，明确处理程序的各个环节；高校师德师风建设要坚持权责对等、分级负责、层层落实、失责必问、问责必严的原则；教师出现师德失范问题，所在院(系)行政主要负责人和党组织主要负责人需向学校分别做出检讨，由学校依据有关规定视情节轻重进行问责，学校需向上级主管部门做出说明，并引以为戒，进行自查自纠与落实整改。

同日，教育部发布《关于完善教育标准化工作的指导意见》，强调要充分发挥标准的支撑和引领作用，不断完善教育标准体系框架，加快制定、修订学校建设标准、教育装备标准、教育信息化标准、教师队伍建设标准、学校运行和管理标准、学科专业和课程标准、教育督导标准等重点领域标准，加快建成适合中国国情、具有国际视野、内容科学、结构合理、衔接有序的教育标准体系，实现教育标准有效供给。要加大教育标准化工作经费保障力度，通过专项支持、政府购买服务等方式，确保对纳入工作计划的标准制定、修订支持力度。要积极参与教育领域国际标准化活动，主动参加国际标准组织技术机构并承担有关职务。

11月15日

教育部追授中国地质大学(武汉)李德威教授“全国优秀教师”荣誉称号，号召广大教师和教育工作者向李德威同志学习，以习近平新时代中国特色社会主义思想为指导，深入贯彻落实全国教育大会精神，努力培养德智体美劳全面发展的社会主义建设者和接班人。李德威同志生前系中国地质大学(武汉)教授、博士生导师，我国构造地质学家。33年教育科研工作中，他始终将教书育人置于首位，在人才培养和专业研究领域业绩突出。2018年9月14日，因病在武汉逝世，享年56岁。

11月16日

据教育部官网报道，教育部近日印发《新时代高校教师职业行为十项准则》《新时代中小学教师职业行为十项准则》《新时代幼儿园教师职业行为十项准则》，明确新时代教师职业规范，划定基本底线，深化师德师风建设。为使各项准则更好地落地执行，教育部同时制定印发《关于高校教师师德失范行为处理的指导意见》和《幼儿园教师违反职业道德行为处理办法》，修订了《中小学教师违反职业道德行为处理办法》，对违反师德行为的认定、查处等作出具体规定，明确学校的主体责任以及师德师风建设失职失责情形，建立违规行为的受理处理机制和责任追究机制。

11月17日

17日至18日，由北京师范大学思想政治工作研究院、电子科技大学马克思主义学院、西南交通大学马克思主义学院联合主办的“新时代 新要求 新目标：立德树人融入教育体系高端学术研讨会”在四川成都召开。北京师范大学思想政治工作研究院院长冯刚、清华大学马克思主义学院院长艾四林、中山大学马克思主义学院院长李辉、四川省社科院副院长郑泰安等来自全国70余所高校的专家学者和相关学科领域的师生代表200余人参加了研讨会。电子科技大学党委副书记申小蓉、西南交通大学党委副书记桂富强、四川省教育厅宣思处处长陈小红出席开幕式并致辞。来自全国各地的思想政治教育工作者和从事思想政治教育研究的学生共同围绕立德树人融入思想道德教育、文化知识教育、社会实践教育各环节，展开了充分的交流和讨论。

11 月 23 日

教育部办公厅发布《关于开展第五届全国高校“礼敬中华优秀传统文化”系列活动的通知》。本次系列活动是为深入贯彻落实习近平新时代中国特色社会主义思想和党的十九大精神，全面落实全国教育大会各项工作部署，进一步推动中华优秀传统文化创造性转化、创新性发展，不断增强中国特色社会主义文化自信，教育部决定在全国高校举办第五届“礼敬中华优秀传统文化”系列活动。要充分发挥课堂主渠道作用，加强课程思政、专业思政建设，把爱国奋斗精神有机融入思想政治理论课、哲学社会科学及相关学科专业课程，不断凝练新时代爱国奋斗精神的文化内涵和时代意义。通过开展专题研修培训，组织报告会、座谈会、学生主题班会、党支部“三会一课”等，引导师生大力弘扬爱国奋斗精神，把个人理想融入国家发展伟业，切实增强对党和国家奋斗目标的思想认同、情感认同、价值认同。要丰富校园文化，拓展课堂内外、网上网下爱国奋斗教育平台载体，营造浓郁的校园文化氛围，使师生处处受到爱国奋斗精神的感染，让师生读懂典型的精神，感受榜样的力量，看到前进的方向。要积极进行社会实践。要鼓励优秀师生赴“一带一路”沿线地区、西部地区、基层一线贫困地区开展社会实践活动，激发师生创新创造活力和爱国奋斗激情，自觉在国家经济社会各项建设事业中激扬青春、奉献社会。

11 月 29 日

教育部办公厅发布《关于公布第一批全国普通高校中华优秀传统文化传承基地名单的通知》，指出：开展中华优秀传统文化传承基地建设活动，有利于不断创新新时代高校传承中华优秀传统文化的理念、形式与方法，充分发挥高校文化传承创新的优势与作用，推动中华优秀传统文化创造性转化和创新性发展；有利于提高学生审美和人文素养，引领学生做中华优秀传统文化的忠实继承者和弘扬者，汲取中国智慧、弘扬中国精神、传播中国价值，坚定文化自信、增强文化自觉。

同日，全国教育法治工作会议在北京召开，这是新时代教育系统召开的第一次全国性教育法治工作会议。教育部党组书记、部长陈宝生出席会议并讲话。会议强调，当前和今后一段时期，要以习近平新时代中国特色社会主义思想为指导，全面贯彻党的教育方针，全面推进依法治教工作。一是牢牢抓住科学立法这一龙头，全面完善中国特色社会主义教育法律制度体系。二是牢牢抓住教育行政执法体制改革这一关键，全面推进教育法律法规规章有效实施。三是牢牢抓住教育管理改革这一枢纽，全面增强教育部门依法行政能力。四是牢牢抓住依法治校这一重点，全面提高各级各类学校治理水平。五是牢牢抓住普法教育这一基础，全面提升广大干部师生法治意识。会议要求，教育战线要高度重视法治工作，加强党对教育法治工作的领导，各级教育部门党组党委、各级各类学校党组织要将法治工作列为工作重要内容，着力从立法、修法、尊法、护法、传法、用法、执法、守法、学法、研法等十个重要方面抓好落实，形成全面推进教育法治工作的强大合力，让教育法治的作用真正发挥出来。

11 月 30 日

教育部发布《关于做好 2019 届全国普通高等学校毕业生就业创业工作的通知》，要求要把“稳就业”放在更加突出的位置，努力实现高校毕业生更高质量和更充分就业。一是不断拓宽就业领域，着力促进高校毕业生多渠道就业。引导毕业生到基层就业，到中小微企业就业，服务国家战略开拓就业岗位，拓展新兴业态就业空间，继续做好大学生征兵工作，支持大学生到国际组织实习任职。二是推动双创升级，着力促进高校毕业生自主创业。全面深化高校创新创业教育改革，落实完善创新创业优惠政策，加大创新创业场地和资金扶持力度，加强创业指导与服务。三是强化服务保障，着力提高就业创业指导服务水平。健全精准信息服务机制，提升毕业生就业能力，强化就业困难群体帮扶，切实保护毕业生就业权益，加快高校就业创业指导队伍建设，积极发挥高校毕业生就业状况反馈作用。四是加强组织领导，着力深化思想教育和宣传引导。

12 月

12 月 1 日

北京师范大学思想政治工作研究院、中山大学马克思主义学院、广东省高校思想政治教育研究会高校思想政治理论课教学专业委员会联合主办，中山大学马克思主义学院承办的全国高校“新时代思想政治教育学科竞争力研究”在中山大学南校园成功召开。来自北京师范大学、中山大学、武汉大学、中国人民大学、东北师范大学、华中师范大学、河海大学、北京科技大学等全国32所高校的专家学者，以及《马克思主义理论学科研究》《思想教育研究》《思想理论教育》《学校党建与思想教育》《思想政治教育研究》5家杂志和中山大学出版社代表，部分研究生代表近百人参加研讨会。学者们围绕思想政治教育内生动力、思想政治教育学科竞争力构成要素、思想政治教育主导性、思想政治教育学术传播力、思想政治教育的基础理论、思想政治教育学科人才培养的核心竞争力、思想政治教育教师素质八个议题展开研讨，在思想政治教育基础理论研究、新时代思想政治教育创新发展等方面达成共识。

12 月 3 日

教育部办公厅等四部门发布关于推动落实《国务院办公厅关于进一步调整优化结构提高教育经费使用效益的意见》的通知。通知指出，要把调结构、提效益作为当前和今后一段时期教育财务工作的主要方向，以优先保障为前提，以深化改革为动力，以强化管理为关键，突出抓重点、补短板、强弱项，全面加强教育经费投入使用管理。切实把教育事业放在优先发展地位，在经济社会发展规划上优先安排教育，财政资金投入上优先保障教育，公共资源配置上优先满足教育。同时鼓励扩大社会投入，完善多渠道筹集教育经费的体制。要科学规划教育经费支出，重点保障义务教育均衡发展，提高教师队伍建设保障水平，着力补齐教育发展短板，助力教育脱贫攻坚，聚焦服务国家重大战略等。要科学管理使用教育经费，落实责任、强化监管、提高绩效，建立健全教育经费使用管理的责任体系、监管体系、绩效体系、制度体系。

12 月 4 日—5 日

第十三届孔子学院大会在成都举行，来自154个国家和地区的1500多名代表参加大会。国务院副总理、孔子学院总部理事会主席孙春兰出席开幕式并致辞。孙春兰指出，中国政府一贯鼓励跨文化交流，积极支持中外双方合作办好孔子学院。孔子学院作为中外语言文化交流的窗口和桥梁，要创新教学方法，加强师资队伍建设，健全质量评价体系，打造汉语教学权威平台。要开展丰富多彩文化活动，发挥汉学家的文化使者作用，培育人文交流综合平台。要实施“汉语＋”项目，因地制宜开设技能、商务、中医等特色课程，建立务实合作支撑平台。要坚持开门办学，发挥双方办学优长，培养更多熟悉对方国家的优秀人才，构建国家友好交往平台。要更好地发挥语言在增进理解、凝聚共识、促进合作、深化友谊中的独特作用，为满足各国民众汉语学习需求、服务经贸等务实合作做出积极贡献。

12 月 11 日

教育部办公厅发布《关于公布首批全国党建工作示范高校、标杆院系、样板支部培育创建单位名单的通知》，指出：培育单位要坚持软件建设和硬件建设相结合、统筹规划和分步实施相结合、整体提升和品牌塑造相结合，按计划、分步骤开展培育创建工作。教育部在全国高校思想政治工作网上，为每个建设单位搭建网上工作平台，各建设单位要及时在平台上发布工作进展、经验成效。同时，教育部将结合基层党组织书记示范培训、高校党建教材编写、典型案例结集出版等工作，面向全国高校推广应用建设成果。要坚持目标管理和过程管理相结合，加强培育创建工作管理考核。要在建设周期内，按年度划拨党建工作示范高校、标杆院系培育创建单位专项建设经费，进行严格管控。

12 月 12 日

由中共中央党史和文献研究院编辑，中央文

献出版社出版的《习近平谈“一带一路”》一书即日起在全国发行。该专题文集以 2013 年 9 月 7 日习近平同志在哈萨克斯坦纳扎尔巴耶夫大学演讲的一部分《共同建设“丝绸之路经济带”》为开卷篇，以 2018 年 7 月 10 日习近平同志在中阿合作论坛第八届部长级会议开幕式上讲话的一部分《加强战略和行动对接，携手推进“一带一路”建设》为收卷篇，收入习近平同志论述“一带一路”建设的重要文稿 42 篇，约 13 万字。

12 月 13 日

《光明日报》刊发陈宝生文章《教育：改革开放的先行者、受益者、助力者》。文章指出，改革开放 40 年来，特别是党的十八大以来，在党的坚强领导下，我们全面贯彻党的教育方针，落实立德树人根本任务，坚持社会主义办学方向，我国教育事业实现了跨越式发展，取得了历史性成就。我国教育在发展程度上，已建成世界最大规模的教育体系，总体水平跃居世界中上行列；在改革效果上，教育公平和质量明显提升，人民群众教育获得感持续增强；在社会贡献上，极大满足国家战略需求，为社会主义现代化建设注入教育动力；在国际影响上，形成全方位对外交流开放格局，中国教育成为世界教育版图的重要一极。下一步，将以习近平新时代中国特色社会主义思想为指导，用“四个意识”导航、用“四个自信”强基、用“两个维护”铸魂，全面贯彻落实党的十九大和全国教育大会精神，以“凝聚人心、完善人格、开发人力、培育人才、造福人民”为工作目标，大力推进思想再解放、改革再深入、工作再抓实，加快教育现代化，建设教育强国，办好人民满意的教育，培养德智体美劳全面发展的社会主义建设者和接班人。

12 月 14 日

教育部召开全国师德师风建设工作视频会议，全面部署落实新时代教师职业行为准则和师德师风建设各项工作。教育部党组书记、部长陈宝生出席会议并讲话。陈宝生强调，师德建设是一场持久战、攻坚战，要提高站位、正视问题，科学规划、主动作为，对症施治、靶向治疗，全力抓好新时代师德师风建设，努力建设一支政治素质过硬、业务能力精湛、育人水平高超的高素质教师队伍。

同日，全国高校哲学社会科学科研工作会议在北京召开，教育部党组成员、副部长杜占元出席会议并讲话。会议强调，要深入学习贯彻习近平新时代中国特色社会主义思想特别是习近平总书记关于教育的重要论述、关于哲学社会科学工作的重要论述，在全面把握科学内涵、领会精神实质、坚持马克思主义指导地位、系统化学理化学科化研究阐释上下功夫，武装头脑，指导实践，推动工作，自觉将其全面贯穿、有机融入高校哲学社会科学各领域全过程。教育部社科委副主任委员顾海良作辅导报告，北京市教委、江苏省教育厅、北京大学等作交流发言。中央宣传部理论局、各省级教育行政部门、教育部直属高校等相关负责人参加会议。

12 月 15 日

15 日至 16 日，由中国教育发展战略学会思想道德建设专业委员会主办、北部湾大学承办的大学生思想道德建设与辅导员职业能力提升论坛在北部湾大学举办。会上，北京师范大学思想政治工作研究院院长冯刚教授作题为《学习贯彻全国教育大会和全国宣传思想工作会议精神》的主旨报告。北部湾大学赵君教授，重庆师范大学原党委书记邓卓明教授，华中师范大学马克思主义学院秦在东教授等分别作专题报告。浙江大学、青岛理工大学、梧州学院、南开大学、长安大学相关负责人分别作交流发言。

12 月 18 日

各地各高校组织广大干部师生认真收听收看庆祝改革开放 40 周年大会和习近平总书记的重要讲话，并进行了热烈的学习讨论。清华大学、中国农业大学、天津大学、郑州大学、辽宁财贸学院等高校开放了大学生活动中心多功能厅和多媒体教室，开通了食堂、图书馆、教学楼电子屏幕的电视转播，设立了收看大会的主会场和分会场。许多学生自发通过网络平台，实时关注大会盛况。北京大学、武汉大学、华中科技大学、中国政法大学等高校组织校、院两级党委理论中心组成员、全体中层干部、师生党支部书记代表及党员代表、党外人士代表等集体观看大会。北京航空航天大学、西北农林科技大学、中国石油大学(华东)、贵州大学等高校通过微信群、QQ群、易班、校园网络社区和座谈会、主题班会等多种途径，讨论交流收听收看大会感受和体会。广大干部师生一致认为，习近平总书记在大会上的重要讲话深情回顾改革开放40年的光辉历程，深刻总结改革开放的伟大成就和宝贵经验，明确提出了把新时代改革开放继续推向前进的目标要求，是一篇马克思主义的纲领性文献，是鼓舞和激励全党全国各族人民实现“两个一百年”奋斗目标、实现中华民族伟大复兴中国梦的新的宣言书和动员令。要坚持以习近平新时代中国特色社会主义思想为指导，加快教育现代化、建设教育强国、办好人民满意的教育。

12月21日

教育部党组召开理论学习中心组扩大会议，传达学习习近平总书记在庆祝改革开放40周年大会上的重要讲话精神，研究部署贯彻落实工作。会议指出，要深刻理解改革开放是党和人民大踏步赶上时代的重要法宝，是坚持和发展中国特色社会主义的必由之路，要看到改革开放对教育事业发展到今天所发挥的历史性作用。要深刻理解改革开放是我们党的一次伟大觉醒，孕育了党从理论到实践的伟大创造。要准确把握改革开放“十个始终坚持”取得的伟大成就，深刻理解改革开放是中华民族发展史上一次伟大革命。会议强调，教育是国之大计、党之大计，是改革开放的先行者、受益者、助力者。教育系统要以习近平总书记重要讲话精神为引领，坚持思想再解放、改革再深入、工作再抓实，实现教育工作新作为。要结合实际抓落实，确保改革的稳定性、连续性。各地各校要坚持以“四个意识”导航、“四个自信”强基、“两个维护”铸魂，以“凝聚人心、完善人格、开发人力、培育人才、造福人民”为工作目标，坚定不移深化教育改革、扩大教育开放，加快推进教育现代化、建设教育强国、办好人民满意的教育。

12月24日

中共教育部党组发布《印发〈关于进一步激励教育部直属系统广大干部新时代新担当新作为的实施意见〉的通知》，指出：激励干部新担当新作为是推动党和国家事业发展的迫切需要，是切实解决干部队伍突出问题的内在要求。要推动建设教育部直属系统高素质专业化干部队伍，引导和促进广大干部以新担当新作为创造属于新时代的光辉业绩。各单位各高校要深入抓好《关于进一步激励教育部直属系统广大干部新时代新担当新作为的实施意见》的学习宣传，及时将中央及部党组激励干部担当作为、干事创业的精神实质和政策要求传达到位，做好解读工作，扩大知晓面和认同度。要树立干事创业的鲜明导向，完善用人机制和考核评价机制。要辩证处理严管与厚爱的关系，正确对待和处理干部在改革创新中的失误错误，强化干部能力培训和实践锻炼。要强化贯彻落实，突出问题导向，加强调查研究。要加强组织领导，把激励干部担当作为纳入到党政领导班子和干部队伍建设的重要内容，加强统筹谋划和组织实施，完善工作机制，凝聚形成创新创业合力，激励广大干部奋发有为，推动新时代教育改革发展迈上新台阶。

同日，教育部办公厅印发《关于做好2019届教育部直属师范大学公费师范毕业生就业工作的通知》。要求贯彻落实全国教育大会精神，保证2019年毕业的部属师范大学公费师范生全部安排到中小学校任教，应做好以下工作：(1)要加强就业教育。通过组织政策解读宣讲、一线优秀校长教师报告会、优秀公费师范生谈体会等多种形式，充分利用传统媒体和新媒体，发布就业教育与职业指导知识内容，开展生动有效的政策宣传，营造支持公费师范生就业的良好氛围。(2)改进就业服务。充分利用信息技术手段，做好公费师范生就业岗位选择与中小学教师岗位需求的有效衔接。(3)全部落实岗位。保障符合就业条件的公费师范生全部落实任教学校并入编入岗，严禁“有编不补”。(4)规范跨省任教。(5)严格履约管理。(6)实行督查通报。要加强相关职能部门协调配合，建立定期会商机制和就业工作督查机制，确保公费师范生就业政策落到实处。(7)落实政策保障。在入编入岗、工资发放、待遇落实等方面完善保障，确保公费师范生顺利就业、安心从教。

12 月 25 日

教育部办公厅发布《教育部高等学校教学指导委员会章程》，包括了总则、任务、组织、委员、工作制度、工作支持、附则 7 章，共 21 条。《教育部高等学校教学指导委员会章程》规定，教育部高等学校教学指导委员会全面贯彻党的教育方针，坚持马克思主义指导地位，坚持中国特色社会主义教育发展道路，坚持“以本为本”，推进“四个回归”，落实立德树人根本任务，围绕全面提高高等学校人才培养能力，充分发挥“参谋部”“咨询团”“指导组”“推动队”作用，加快建设高水平本科教育，培养德智体美劳全面发展的社会主义建设者和接班人。其任务包括：开展新时代中国特色社会主义高等教育理论体系研究，开展高等学校人才培养和本科教育教学理论与实践研究；组织开展高等学校教师教学能力提升培训、学术研讨和经验交流；开展高等学校本科专业设置评议与咨询，指导高等学校开展一流本科专业建设；指导开展课堂教学改革，推进优质教育教学资源开放共享，推广优秀教学成果，推动高等学校形成良好的教育教学秩序；推进高等学校人才培养标准体系建设，参与开展本科专业三级认证，加强高等学校质量文化建设。

12 月 26 日

共青团中央、全国青联下发《关于印发〈青年联合会提案和建议工作制度〉的通知》，明确指出，全国青年联合会联系青年主要开展以下工作：一是政治引领和价值引领；二是服务青年成长成才；三是调查研究青年课题。通过线上线下相结合的方式，深入基层，拓宽与青年联系沟通的平台，引领青年积极向上。

本月

由中国教育发展战略学会思想道德建设专业委员会、北京师范大学思想政治工作研究院、湖南科技学院、《思想理论教育》、《学校党建与思想教育》杂志共同主办的新时代高校思想政治工作文化育人高端论坛在湖南永州举行，来自北京师范大学、山东大学、北京交通大学、华中师范大学、西南大学等 20 余所高校的思想政治教育研究专家学者齐聚湖南科技学院，就新时代高校思想政治工作文化育人相关理论和实践问题展开深入探讨。开幕式上，中国教育发展战略学会思想道德建设专业委员会理事长、北京师范大学思想政治工作研究院院长冯刚教授、湖南科技学院校长曾宝成教授、《学校党建与思想教育》杂志社主编谢成宇分别致辞。

2019 年

1 月

1 月 15 日

第二十六次全国高校党的建设工作会议在北京召开。中共中央政治局常委、中央书记处书记王沪宁出席会议并讲话。王沪宁表示，要深入学习贯彻习近平新时代中国特色社会主义思想和全国教育大会精神，全面落实党的教育方针，扎实推进高校党的建设和思想政治工作，为培养德智体美劳全面发展的社会主义建设者和接班人提供坚强保证。要全面把握新形势新任务新要求，以党的政治建设为统领全面推进高校党的建设各项工作，加强政治引领和价值引领。要推动高校思想政治工作创新发展，构建全员、全过程、全方位育人工作体系，加强教师队伍师德师风建设。要抓好工作责任落实，以钉钉子精神推动各项任务落地生根。中共中央政治局委员、国务院副总理孙春兰主持会议。中共中央政治局委员、中组部部长陈希，中共中央政治局委员、中宣部部长黄坤明出席会议。

1 月 17 日

习近平到天津南开大学考察调研。习近平指出，学校是立德树人的地方。爱国主义是中华民族的民族心、民族魂，培养社会主义建设者和接班人，首先要培养学生的爱国情怀。高校党组织要把抓好学校党建工作和思想政治工作作为办学治校的基本功。习近平同在现场的部分院士、专家及中青年教师代表进行了交流。习近平还强调，专家型教师队伍是大学的核心竞争力。要把建设政治素质过硬、业务能力精湛、育人水平高超的高素质教师队伍作为大学建设的基础性工作，始终抓紧抓好。他勉励师生们把学习奋斗的具体目标同民族复兴的伟大目标结合起来，把小我融入大我，立志作出我们这一代人的历史贡献。

同日，中共中央政治局委员、国务院副总理孙春兰出席教育部直属高校工作咨询委员会第 28 次会议时强调，要深入贯彻习近平总书记关于教育的重要论述，全面落实全国教育大会精神，在加强科学管理上下功夫，不断提升高等教育办学质量和发展水平。

1 月 24 日

国务院印发《国家职业教育改革实施方案》(以下简称《方案》)。《方案》指出，要以习近平新时代中国特色社会主义思想为指导，把职业教育摆在教育改革创新和经济社会发展中更加突出位置。牢固树立新发展理念，服务建设现代化经济体系和实现更高质量更充分就业需要，对接科技发展趋势和市场需求，完善职业教育和培训体系，优化学校、专业布局，深化办学体制改革和育人机制改革，以促进就业和适应产业发展需求为导向，鼓励和支持社会各界特别是企业积极支持职业教育，着力培养高素质劳动者和技术技能人才。《方案》提出了进一步办好新时代职业教育的具体措施。一是完善国家职业教育制度体系。二是构建职业教育国家标准。三是促进产教融合。四是建设多元办学格局。

2 月

2 月 27 日

教育部召开 2019 年全国学生资助工作会议，

部署2019年以及今后一段时期学生资助和教育财务工作。会议指出，新时代赋予学生资助工作新的使命，学生资助工作要秉持“做强自身、摸准底数、精准施策、强化育人”的发展思路，处理好机构改革与保障事业发展需要的关系，保证学生资助机构和工作队伍稳定；处理好广覆盖与精准滴灌的关系，由粗放式管理转变为精准化管理，切实提高资助资金的使用效益；处理好资助和育人的关系，使家庭经济困难学生共同享有人生出彩的机会。

3 月

3 月 1 日

2019年教育系统全面从严治党工作视频会议召开。教育部党组书记、部长陈宝生代表部党组总结了2018年教育系统全面从严治党工作，对2019年主要任务作出部署安排。中央纪委国家监委驻教育部纪检监察组组长、教育部党组成员吴道槐分析了教育系统党风廉政建设和反腐败工作形势，对2019年教育部直属系统纪检监察工作提出要求。教育部党组成员、副部长翁铁慧主持会议。

3 月 18 日

中共中央总书记、国家主席、中央军委主席习近平在京主持召开学校思想政治理论课教师座谈会并发表重要讲话。习近平强调，办好思想政治理论课，最根本的是要全面贯彻党的教育方针，解决好培养什么人、怎样培养人、为谁培养人这个根本问题。新时代贯彻党的教育方针，要坚持马克思主义指导地位，贯彻新时代中国特色社会主义思想，坚持社会主义办学方向，落实立德树人的根本任务，坚持教育为人民服务、为中国共产党治国理政服务、为巩固和发展中国特色社会主义制度服务、为改革开放和社会主义现代化建设服务，扎根中国大地办教育，同生产劳动和社会实践相结合，加快推进教育现代化、建设教育强国、办好人民满意的教育，努力培养担当民族复兴大任的时代新人，培养德智体美劳全面发展的社会主义建设者和接班人。

思想政治理论课是落实立德树人根本任务的关键课程。青少年阶段是人生的“拔节孕穗期”，最需要精心引导和栽培。我们办中国特色社会主义教育，就是要理直气壮开好思政课，用新时代中国特色社会主义思想铸魂育人，引导学生增强中国特色社会主义道路自信、理论自信、制度自信、文化自信，厚植爱国主义情怀，把爱国情、强国志、报国行自觉融入坚持和发展中国特色社会主义事业、建设社会主义现代化强国、实现中华民族伟大复兴的奋斗之中。思政课作用不可替代，思政课教师队伍责任重大。

办好思想政治理论课关键在教师，关键在发挥教师的积极性、主动性、创造性。思政课教师，要给学生心灵埋下真善美的种子，引导学生扣好人生第一粒扣子。第一，政治要强；第二，情怀要深；第三，思维要新；第四，视野要广；第五，自律要严；第六，人格要正。

推动思想政治理论课改革创新，要不断增强思政课的思想性、理论性和亲和力、针对性。要坚持政治性和学理性相统一；坚持价值性和知识性相统一；坚持建设性和批判性相统一；坚持理论性和实践性相统一；坚持统一性和多样性相统一；坚持主导性和主体性相统一；坚持灌输性和启发性相统一；坚持显性教育和隐性教育相统一。

3 月 19 日

教育部党组书记、部长陈宝生主持召开党组扩大会，传达学习习近平总书记在学校思想政治理论课教师座谈会上重要讲话精神，研究部署贯彻落实工作。会议强调，当前和今后一个时期，深入学习贯彻习近平总书记在学校思想政治理论课教师座谈会上重要讲话精神是教育战线的头等大事和重要政治任务，要指导教育战线迅速掀起学习宣传贯彻习近平总书记重要讲话精神的热潮。要分类组织开展系列座谈活动，以开展巡讲、巡礼、巡察为重点，把学习贯彻习近平总书记重要讲话精神不断引向深入，持续营造良好氛围。

3 月 20 日

《光明日报》发表评论员文章《理直气壮开好思政课》。文章指出，我们办中国特色社会主义教育，就是要理直气壮开好思政课，用新时代中国特色社会主义思想铸魂育人，引导学生增强中国特色社会主义道路自信、理论自信、制度自信、文化自信，厚植爱国主义情怀，把爱国情、强国志、报国行自觉融入坚持和发展中国特色社会主义事业、建设社会主义现代化强国、实现中华民族伟大复兴的奋斗之中。习近平总书记在学校思想政治理论课教师座谈会上的重要讲话，旗帜鲜明、言简意赅地指出开设思政课的必要性。思政课不仅只能加强不能削弱，而且必须提高水平，这关系到学生的个人成长，更关系到建设社会主义现代化强国、实现中华民族伟大复兴的中国梦。

同日，北京师范大学思想政治工作研究院组织编写的《思想政治教育研究热点年度发布(2018)》出版发行。该书系统梳理2018年思想政治教育学科研究成果，在把握学科年度进展，总结学科年度研究特点的基础上，明晰学科年度研究不足，展望学科未来研究趋势。

20日至21日，“新时代思想政治理论课建设暨思想政治理论课教学科研文献分析学术研讨会”在武汉大学召开。此次会议由武汉大学马克思主义学院、马克思主义理论与中国实践协同创新中心、社会科学文献出版社、《思想理论教育导刊》编辑部联合举办。社会科学文献出版社、《思想理论教育导刊》《马克思主义理论学科研究》《思想教育研究》《湖北日报》等期刊代表和媒体代表、高校学者等百余人参加了此次学术研讨会。与会人员围绕思想政治理论课教学科研发展现状及发展趋势、马克思主义理论学科资源转化思想政治理论课教学资源、现代信息技术在思想政治理论课教学资源建设中的作用等进行了深入交流。

3月23日

23日至24日，“思想政治理论课教师队伍建设与教学实效性提升”高层论坛在湖南文理学院召开。此次论坛由《思想理论教育导刊》编辑部和湖南文理学院马克思主义学院共同主办，主题为深入学习习近平总书记在学校思想政治理论课教师座谈会上的重要讲话精神，聚焦于“思想政治理论课教师队伍建设与教学实效性提升”这一话题，深入探讨推动思想政治理论课改革创新的方法路径。上海交通大学、武汉大学、中南大学、首都医科大学等高校的100多位专家学者参加了本次论坛。

3月28日

中共中央政治局委员、国务院副总理孙春兰到北京师范大学调研。孙春兰强调，思政课是铸魂育人的课程，习近平总书记亲自主持召开学校思想政治理论课教师座谈会并发表重要讲话，深刻回答了事关学校思想政治理论课建设的一系列重大理论和实践问题。教育部门和各级各类学校要认真学习领会、深入贯彻落实习近平总书记重要讲话精神，提高政治站位，强化责任担当，不断增强思政课的思想性、理论性和亲和力、针对性。要深化思政课教学改革，与学生思想实际相结合，与国家发展实践相结合，与学校专业课程相结合，回应思想困惑，引导健康成长。要配齐配强思政课教师队伍，在选用、管理、考核中严把政治关、师德关、业务关，改革评价机制，为思政课教师安心从教创造良好环境。加强马克思主义学院建设，做强学科专业，加强思政课教师培养，在引领各级各类学校思政课建设方面发挥更大作用。学校党委要落实好主体责任，党委书记、校长要带头听课讲课，研究解决思政课建设中的突出问题。

3月30日

“高校思想政治教育理论课专题式教学研讨会”在武汉纺织大学召开。此次研讨会由武汉纺织大学、《学校党建与思想教育》杂志社主办，武汉纺织大学马克思主义学院承办。来自北京师范大学、清华大学、北京大学、武汉大学、华中科技大学等50多所高校马克思主义教学和研究机构的近百位专家学者参加了研讨会。与会学者围绕“学习习近平总书记在学校思想政治理论课教师座谈会上重要讲话精神，推动思想政治理论课改革创新，推进高校思想政治理论课专题式教学”的主题展开广泛深入的研讨。

4 月

4 月 2 日

教育部、国资委联合举办的“国企领导上讲台、国企骨干担任校外辅导员”启动仪式暨首场报告会在清华大学举行。陈宝生在启动仪式上指出，党的十八大以来，以习近平同志为核心的党中央高度重视高校思想政治工作，为凝聚全社会育人资源和力量、大力推进高校思政工作指明了前进方向，提供了根本遵循。我们要以“国企领导上讲台、国企骨干担任校外辅导员”活动为契机，把思想和行动、智慧和力量凝聚到党中央的要求上来，解决好助力青年学生成长成才的四个问题。一是情感与情怀的问题。二是思想与思维的问题。三是知识与见识的问题。四是想法与办法的问题。

同日，教育部印发《关于切实加强新时代高等学校美育工作的意见》(以下简称《意见》)。《意见》指出，学校美育是培根铸魂的工作，提高学生的审美和人文素养，全面加强和改进美育是高等教育当前和今后一个时期的重要任务。《意见》共分为四大部分，14 条，对高校美育工作的指导思想、基本原则、总体目标、重点任务、主要举措、组织保障等方面提出了明确要求。《意见》强调，高校美育要以艺术教育的改革发展为重点，紧紧围绕高校普及艺术教育、专业艺术教育和艺术师范教育三个重点领域，大力加强和改进美育教育教学，建强美育教师队伍、深化美育教学改革、推进文化传承创新、增强服务社会的能力水平，全面加强组织保障，切实改变高校美育的薄弱现状，遵循美育特点，弘扬中华美育精神，以美育人、以美化人，以美培元，培养德智体美劳全面发展的社会主义建设者和接班人。

4 月 3 日

《中国高等教育》刊发“怎样办好思想政治理论课”特约组稿文章，本期组稿文章为《新时代思想政治理论课建设应发挥聚合效应》《学思践悟办好高校思想政治理论课》《统筹推进大中小学一体化 推动思政课建设内涵式发展》。

4 月 4 日

教育部办公厅发布《关于组织开展全国高校思想政治理论课建设优秀成果巡礼活动的通知》(以下简称《通知》)。《通知》指出，通过面向全国遴选一批高校思政课建设优秀成果，分别通过多种渠道、多种方式开展巡礼活动，把思政课建设的“好经验”“好做法”送上门，促进各地各高校与思政课建设先进典型对标对表，推动高校思政课改革创新，不断增强思想性、理论性和亲和力、针对性，办好新时代高校思政课，用习近平新时代中国特色社会主义思想铸魂育人，努力培养担当民族复兴大任的时代新人，培养德智体美劳全面发展的社会主义建设者和接班人。

同日，上海高校第二期“新时代的中国”国情教育系列讲座在复旦大学拉开帷幕。“新时代的中国”国情教育系列讲座是上海市委宣传部与复旦大学、上海交通大学、同济大学、华东师范大学、上海外国语大学和上海大学 6 所高校部市共建新闻学院中创设的重点项目。国情教育系列讲座紧扣当前新形势新任务新要求，结合新中国成立 70 年、上海解放 70 年以来的光辉历程、伟大成就和宝贵经验，邀请有关部门负责人、业界专家等授课讲解。

同日，《人民日报》专题报道清华大学教授刘美珣将思想政治理论教育作为毕生事业。82 岁的刘美珣教授长期担任清华大学马克思主义理论与思想政治教育学科负责人，是一位从 20 世纪 60 年代便踏上思想政治理论课教育人生之路、将思想政治理论教育作为毕生事业的优秀思政教师。

4 月 12 日

高等教育出版社组织召开习近平总书记在学校思想政治理论课教师座谈会上重要讲话学习研讨会，旨在深入学习贯彻落实总书记重要讲话精神，全面推动习近平新时代中国特色社会主义思想进教材、进课堂、进头脑，切实办好新时代学校思想政治理论课。这次学习研讨会被列为庆祝高等教育出版社成立 65 周年重要活动的开篇之作。来自清华大学、北京大学、中国人民大学、北京师范大学等高校的十余位专家学者参加了此次研讨，其中 9 位是参加“3·18”座谈会的思政课老师。

同日，由中国教育发展战略学会思想道德建设委员会、北京师范大学思想政治工作研究院、滨州医学院联合举办的“思想政治教育理论前沿”高层论坛在滨州医学院召开。来自北京师范大学、中国人民大学、浙江大学、武汉大学、中南大学、长春理工大学与《思想理论教育》杂志等单位的中青年学者围绕“学习习近平总书记在学校思想政治理论课教师座谈会上的讲话精神”“建国70年高校思想政治工作的成就与经验”“2019年思想政治教育热点问题及发展趋势”等主题展开广泛深入的研讨。

4月15日

教育部召开高校思政课教师学习贯彻习近平总书记在学校思想政治理论课教师座谈会上的重要讲话精神座谈会。会议强调，高校思想政治理论课教师要把思想认识和行动统一到习近平总书记重要讲话精神上来，把任务目标和举措对标到用习近平新时代中国特色社会主义思想铸魂育人上来，把资源条件和保障集中到发挥思政课教师积极性主动性创造性上来，把聪明才智和心血聚焦到增强思政课的思想性、理论性和亲和力、针对性上来，把工作思路和境界提升到形成全党全社会努力办好思政课、教师认真教好思政课、学生积极学好思政课的良好氛围上来，深入开展“三巡六创优”，强化思政课教师队伍建设，加大集体备课力度，落实高校党委主体责任，更好发挥思政课落实立德树人根本任务的关键课程作用。来自北京大学、清华大学、中国人民大学、南开大学、中央财经大学、首都师范大学、河南师范大学、山东商业职业技术学院的8位思政课教师作交流发言。

4月17日

由中国教育科学研究院、全国教育科学规划领导小组办公室主办的全国教育科研工作会议暨中国教育科学论坛(2019)在北京召开。此次会议主题为“加强新时代教育科学研究，加快推进教育现代化”。会议现场进行了教育科研工作经验交流，还就《教育部关于加强和改进新时代教育科学研究工作的意见(征求意见稿)》征求了意见建议。来自全国各省(自治区、直辖市)、计划单列市和新疆建设兵团教育科研院所和规划办，部分高校和地方教育局，教育部相关司局、直属单位共140余人参加会议。

4月18日

教育部发布《普通高等学校思想政治理论课教师队伍培养规划(2019—2023年)》。《规划》提出通过专题理论轮训计划、示范培训计划、项目资助计划、宣传推广计划等多种途径和措施，配齐建强思政课教师队伍，努力培养造就数十名国内有广泛影响的思政课名师大家、数百名思政课教学领军人才、数万名思政课教学骨干，推动全国高校思政课教师队伍更平衡更充分发展，整体水平不断提升，切实办好新时代高校思政课。

《规划》提出了“三项计划”切实加强新时代高校思政课教师队伍的培养。一是“专题理论轮训计划”，重点开设“周末理论大讲堂”组织马克思主义经典著作专题培训、习近平新时代中国特色社会主义思想专题培训和“习近平新时代中国特色社会主义思想的生动实践”专题实践研修。二是在“示范培训计划”中，既深入精准实施“骨干研修项目”“示范培训项目”“在职攻读博士项目”，又指导各地各高校积极主动开展思政课教师队伍建设，增加“思政课教师队伍后备人才培养专项支持计划”“思政课教师省校协作培训项目”“思政课教师校际协作项目”。三是在“项目资助计划”中，深入实施全国高校思政课教学科研团队“择优支持”项目、“思政课教师名师工作室”项目、“优秀中青年思政课教师择优资助”项目、教学方法改革“择优推广”项目、“西部项目”、教学研究项目等。《规划》还提出两项宣传推广计划：一是定期组织开展全国高校思政课示范教学展示活动；二是加强全国高校思政课教师队伍建设先进经验宣传，充分发挥示范教学的引领作用，宣传推广思政课教师队伍建设先进经验，为思政课教师发展营造良好氛围。

同日，《中国高等教育》刊发“怎样办好思想政治理论课”特约组稿文章，本期组稿文章分别为《推动思想政治理论课改革创新不断迈上新台阶》《大学要理直气壮开好思政课》《以“四个着力”办好思政课》。组稿文章指出，思想政治理论课承担对学生进行系统马克思主义理论教育的重要任务，是落实立德树人根本任务的灵魂课程。理直气壮开好思政课，是大学应展现出来的政治品格。开好思政课，要以习近平总书记在学校思想政治理论课教师座谈会上的讲话为指导，探明“理直”的依据，体现“气壮”的风貌。应着力建强马克思主义学院这一关键平台，着力建强马克思主义理论学科这一基础支撑，着力推动“思政课程”向“课程思政”转变这一有效途径，着力建强教师队伍这一重要力量。

4 月 20 日

“新时代高校思想政治教育创新”研讨会在福州举行。研讨会由中国高教学会学生工作研究分会和福州大学主办，福州大学马克思主义学院和福州大学大学生思想文化研究中心承办。来自全国 50 余所高校和《思想教育研究》《思想理论教育》《学校党建与思想教育》《思想政治教育研究》《理论与评论》等多家期刊单位的 120 余名专家学者与会。

4 月 23 日

北京大学马克思主义学院、北京大学习近平新时代中国特色社会主义思想研究院等单位举办的“贯彻落实习近平总书记在学校思想政治理论课教师座谈会上的重要讲话精神暨第七届全国高校马克思主义学院院长论坛”日前在北京召开。与会学者围绕如何深入学习贯彻习近平同志在学校思想政治理论课教师座谈会上的重要讲话精神、推动高校思想政治理论课改革创新、用习近平新时代中国特色社会主义思想铸魂育人进行了研讨。

与会学者指出，习近平同志在学校思想政治理论课教师座谈会上的重要讲话高屋建瓴、意义重大，科学回答了学校思政课建设的一系列重大理论和实践问题，为办好新时代高校思政课指明了前进方向、提供了根本遵循。办好中国特色社会主义教育，就要理直气壮开好思政课、讲好思政课。对于高校来说，办好马克思主义学院和开好思政课是紧密联系的，前者是后者的前提和基础。

4 月 25 日

教育部组织召开马克思主义理论专家学者和高校教学工作负责人座谈会。会议强调，贯彻落实习近平总书记重要讲话精神，开好高校思想政治理论课，要做到以下四点：队伍是关键，要切实解决思政课教师的信仰问题、功底问题、能力问题，打造更高水平的思政课教师队伍；学科是基础，要进一步增强马克思主义理论学科建设力度，完善学科体系，提升学术地位，充分发挥学科建设对思政课建设的支撑作用；培养是重点，要切实加强马克思主义理论人才培养，为思政课教师队伍建设提供人才支撑；政策是配套，要实事求是，聚焦“扶一把”，考虑学校、地区差异，进行分类指导，切实建强马克思主义理论学科。来自北京大学、中国人民大学、北京师范大学、复旦大学、华东师范大学、南京师范大学、武汉大学、西安交通大学的马克思主义理论专家学者和高校教学工作负责人作交流发言。

4 月 26 日

据《中国教育报》报道，由教育部开设的全国高校思政课教师“周末理论大讲堂”分别在中国人民大学、吉林大学、复旦大学举行学习活动，课程通过“全国高校思政课教师网络集体备课平台”进行封闭式直播，全国高校 7 万余名思政课专兼职教师、近万名马克思主义理论学科研究生以及宣传、学工、团委等部门同志参与学习。

大讲堂全年计划安排 30 场课程，邀请全国哲学社会科学领域权威专家，导读、领学从马克思主义理论创立到当代中国马克思主义、21 世纪马克思主义各个历史阶段的标志性著作，使高校思政课教师进一步坚定政治方向、打牢理论功底、开拓学术视野、提升教学能力，不断增强思政课的思想性、理论性和亲和力、针对性，提高思政课教学质量和水平。

4 月 27 日

27 日至 29 日，全国高等农林院校马克思主义学院“规范教研室建设创新集体备课形式”高端论坛在安徽农业大学举办。来自中国农业大学等全国 33 所高等农林院校马克思主义学院负责人以及《思想理论教育导刊》编辑部的专家学者近90人参加论坛。与会学者从多角度、多层次、多方面探讨了新时代思政课教研室建设、集体备课等方面的经验做法、建设思路，充分展现了全国农林院校马克思主义学院关于思政课教研室规范建设、思政课集体备课的最新研究和实践成果。

4月29日

29日至30日，教育部在国家教育行政学院举办师德师风建设专题研修班。各省(区、市)教育厅(教委)负责同志，教育部直属高校、部省合建高校以及有关部委所属高校党委教师工作部主要负责同志共140人参加研修。教育部教师工作司、综合改革司、思想政治工作司主要负责同志出席研修班。此次研修班紧紧围绕认真学习贯彻习近平新时代中国特色社会主义思想和党的十九大精神，深入贯彻落实全国教育大会精神，全面推进师德师风建设工作，集中交流地方和高校推进师德师风建设的做法和典型经验，以及落实教师职业行为十项准则的进展情况，并重点围绕贯彻落实习近平总书记在学校思想政治理论课教师座谈会上的重要讲话精神，深入研讨了加强教师党建与思想政治工作，深入推进师德师风建设，以及加强教师工作部门职能建设的工作举措。

4月30日

纪念五四运动100周年大会在京举行，习近平总书记出席大会并发表重要讲话。习近平指出，五四运动以来的100年，是中国青年一代又一代接续奋斗、凯歌前行的100年，是中国青年用青春之我创造青春之中国、青春之民族的100年。新时代中国青年运动的主题，新时代中国青年运动的方向，新时代中国青年的使命，就是坚持中国共产党领导，同人民一道，为实现“两个一百年”奋斗目标、实现中华民族伟大复兴的中国梦而奋斗。

习近平对新时代中国青年提出六点要求。一是要树立远大理想，树立对马克思主义的信仰、对中国特色社会主义的信念、对中华民族伟大复兴中国梦的信心，到新时代新天地中去，让青春在创新创造中闪光。二是要热爱伟大祖国，听党话、跟党走，胸怀忧国忧民之心、爱国爱民之情，以一生的真情投入、一辈子的顽强奋斗来体现爱国主义情怀，让爱国主义的伟大旗帜始终在心中高高飘扬。三是要担当时代责任，让青春在新时代改革开放的广阔天地中绽放，让人生在实现中国梦的奋进追逐中展现出勇敢奔跑的英姿，努力成为德智体美劳全面发展的社会主义建设者和接班人。四是要勇于砥砺奋斗，勇做走在时代前列的奋进者、开拓者、奉献者，在劈波斩浪中开拓前进，在披荆斩棘中开辟天地，在攻坚克难中创造业绩，用青春和汗水创造出让世界刮目相看的新奇迹。五是要练就过硬本领，增强学习紧迫感，努力学习马克思主义立场观点方法，努力掌握科学文化知识和专业技能，努力提高人文素养，以真才实学服务人民，以创新创造贡献国家。六是要锤炼品德修为，自觉树立和践行社会主义核心价值观，明大德、守公德、严私德，追求更有高度、更有境界、更有品位的人生，让清风正气、蓬勃朝气遍布全社会。

5月

5月6日

教育部党组发出通知，要求各地教育部门和各级各类学校要把学习宣传和贯彻落实习近平总书记在纪念五四运动一百周年大会上的重要讲话精神作为当前和今后一段时期的首要政治任务，把思想和行动统一到党中央对青年成长成才的新要求新部署上来，用极大力量做好青年工作，落实立德树人根本任务，深化教育改革，努力培养德智体美劳全面发展的社会主义建设者和接班人。

5月19日

19日至26日，科技部、中宣部、中国科协举办第十九个全国科技活动周。2019年全国科技活动周的主题为“科技强国 科普惠民”。活动周期间共有34所部属、部省合建高校面向社会开放了校园，组织开展了内容丰富、形式多样的192项科学普及活动。

5月22日

22日至24日，中共中央政治局委员、国务院副总理孙春兰在江苏调研时强调，要深入贯彻习近平总书记关于职业教育的重要指示批示精神，认真落实《国家职业教育改革实施方案》，加快建设现代职业教育体系，为推进教育改革、补齐人才短板、推动高质量发展贡献力量。调研期间，孙春兰听取高校思政课建设情况的汇报，随堂听课了解教学方法创新，与师生座谈交流，并强调要深入贯彻习近平总书记在学校思想政治理论课教师座谈会上的重要讲话精神，落实立德树人根本任务，深化思政课教学改革，加强思政教师队伍建设，培养担当民族复兴大任的时代新人。

5 月 25 日

学习习近平总书记关于教育的重要论述“九个坚持”新理念新思想新观点研讨会在中国人民大学举行。本次研讨会聚焦习近平总书记在全国教育大会上提出的“九个坚持”新理念新思想新观点开展学习研讨。研讨会由中国人民大学与中国教育报刊社《中国高等教育》共同主办，中国人民大学教育学院承办，中国人民大学出版社协办。众多专家和学者就习近平总书记关于教育重要思想的新理念、新观点进行研讨。

6 月

6 月 10 日

教育部在京举行《深入学习习近平关于教育的重要论述》出版座谈会，教育部党组书记、部长陈宝生出席会议并讲话。陈宝生强调，教育战线要以《深入学习习近平关于教育的重要论述》出版为契机，扎实开展“不忘初心、牢记使命”主题教育，把学习的成果转化为奋进的动力，加快推进教育现代化，建设教育强国，努力办好人民满意的教育。一是推动学习，思想和行动要真正进入新时代。二是推动学习，要带着感情学习践行。三是推动学习，要联系“不忘初心、牢记使命”主题教育深入学。四是推动学习，要紧盯目标抓实学。要紧紧盯住加快教育现代化、建设教育强国、办好人民满意教育的目标，切实解决好人民群众反映强烈的问题。

6 月 13 日

教育部办公厅印发《关于开展体育美育浸润行动计划的通知》(以下简称《通知》)，在部分高校试点开展体育美育浸润行动计划。《通知》明确了行动计划的基本原则，一是坚持育人为本，强调遵循体育美育特点和学生身心成长规律，弘扬中华优秀传统文化，继承发展革命文化，传播社会主义先进文化，引导学生树立正确的人生观价值观与健康观审美观。二是坚持特色发展，立足地域文化特色，依托高校和中小学校自身资源优势，因地因校制宜打造特色体育美育课程和实践品牌。三是坚持协同推进，统筹区域和城乡发展，探索政府、高校、中小学校协同推进的长效机制，充分激发中小学校体育美育改革发展的内生动力，形成多方联动、开放高效、富有活力的中小学体育美育新格局。

按照《通知》要求，每所试点高校对口支持服务 1—2 所尚未开齐开足体育美育课程的农村中小学校，在体育美育课程教学、实践活动、校园文化建设、教师队伍建设等四个方面提供服务。

6 月 14 日

第五届中国“互联网+”大学生创新创业大赛“青年红色筑梦之旅”活动启动仪式在浙江嘉兴举行，全国 500 余名大学生红色筑梦之旅团队代表，同上一堂“全国最大的思政课”。来自全国各地的“青年红色筑梦之旅”的旗手代表们，参加了从南湖湖心岛红船旁出发的“奔跑吧，红旅筑梦人”启航跑。与会人员还参观了南湖革命纪念馆，并分别参加了“习近平新时代中国特色社会主义思想”报告会、“青年红色筑梦之旅”主旨论坛。

6 月 21 日

由中宣部、教育部主办，中央广播电视总台承制的“闪亮的名字”——2019 年“最美高校辅导员”“最美大学生”发布仪式，于晚间时段在央视社会与法频道播出。2019 年，经过严格的程序，中宣部、教育部从历届在岗辅导员年度人物和历届在读大学生年度人物中，遴选出 10 位高校辅导员和 10 位大学生，首次纳入“最美人物”系列，树立起新时代辅导员和大学生的学习榜样。王玉芬、吐尔逊麦麦提·艾麦提江、任雅才、李睿、汪雨申、张金学、陈小花、范蕊、袁利、徐冶琼等10位高校辅导员，于纪平、马天琛、王绍鑫、吕松、刘敏、刘强、刘燚、李二阳、阿斯哈尔·努尔太、黄莺等10名在校大学生，分别被评为2019年“最美高校辅导员”“最美大学生”。

6月22日

“新中国成立70年以来高校思想政治教育创新发展与质量评价”论坛在辽宁大学召开。此次论坛由北京师范大学思想政治工作研究院、辽宁大学马克思主义学院联合主办。来自北京师范大学、武汉大学、吉林大学、中山大学、东北大学、西安交通大学、大连理工大学、沈阳航空航天大学、大连民族大学等高校的专家学者，来自《学校党建与思想教育》《思想教育研究》《思想政治教育研究》等杂志的编辑，围绕“建国70年高校思想政治工作的成就与经验”“高校思想政治教育工作质量评价”等主题展开广泛深入的研讨。

6月24日

《中国教育报》发表专题文章：《遵循教育规律全面提升思政课质量》。文章指出，思想政治理论课是落实立德树人根本任务的关键课程，是人才培养的第一课程。习近平总书记提出的“八个统一”要求，总结了思政课建设长期以来形成的规律性认识和成功经验，明确了办好思政课的“方法论”，为推动思政课改革创新提供了根本遵循。作为中国最早传播马克思主义的基地和坚持党的领导的坚强阵地，北京大学必须遵循思政教育规律，循序渐进、层层递进地把思政课打造成最受学生喜爱、让学生最有收获的高质量课程。

6月27日

第三次全国社会主义学院工作会议在北京召开。中共中央政治局常委、全国政协主席汪洋接见参加会议的全体代表并讲话。汪洋指出，党中央历来高度重视社会主义学院工作，中国特色社会主义进入新时代，统一战线凝聚共识、凝聚人心、凝聚智慧、凝聚力量的任务艰巨繁重，对社院工作提出了更高要求。各级社院要深入学习领会习近平总书记致中央社会主义学院建院60周年贺信精神，认真贯彻落实中共中央印发的《社会主义学院工作条例》，深刻把握新时代社院的性质定位、功能作用、主要任务，推动社院工作迈上新台阶。要坚持“社院姓社”不动摇，牢牢把握正确办学方向，把筑牢共同思想政治基础作为一切工作的根本目标、贯穿教学科研全过程。要结合统战工作新实践、党外人士新特点，扎实推进特色学科体系建设，打造特色品牌课程，提高办学水平。要加强理论研究和智库建设，为新时代统战事业提供理论支持和智力支撑。要坚持从严治院，细化实化内部管理措施，推动形成良好学风院风，实现高质量立院、高标准办学。

6月29日

“新时代马克思主义理论学科研究生培养高峰论坛”在清华大学举办。本次高峰论坛由清华大学马克思主义学院、清华大学习近平新时代中国特色社会主义思想研究院联合举办，旨在深入学习贯彻习近平总书记对清华大学马克思主义学院2018届研究生毕业班全体同学勉励寄语和在学校思想政治理论课教师座谈会重要讲话精神，进一步推进新时代马克思主义理论学科研究生培养工作。

与会代表聚焦新时代马克思主义理论学科研究生培养主题，深入交流研讨了新时代马克思主义理论学科研究生培养的深远意义与重大使命、面临的主要问题以及新时代马克思主义理论学科研究生学风建设、学术创新能力培养、综合素质提升、招生改革和就业引导等议题。国务院学位委员会马克思主义理论学科评议组部分成员，以及来自清华大学、北京大学、中国人民大学、北京师范大学、吉林大学等近百所高校以及《党建》《中国社会科学》《马克思主义研究》《思想理论教育导刊》《光明日报》等期刊媒体的近200位专家学者出席本次论坛。

7月

7月1日

人民出版社、中央文献出版社、学习出版社、外文出版社等11家出版单位出版的30种学习习近平新时代中国特色社会主义思想重点图书，在学习强国、新华书店网上商城、易阅通、咪咕、掌阅等 14 家网络传播平台上线。30 种重点数字图书包括习近平总书记著作、讲话单行本，以及权威部门等编写的论述摘编、学习读本、思想研究、用语解读、描写习近平总书记工作生活经历的作品，涵盖经济、政治、文化、社会、党建、外交等领域。14 家网络传播平台设置了“新时代 新经典——学习习近平新时代中国特色社会主义思想重点数字图书专栏”，人民网等 7 家中央重点新闻网站设置了专栏链接，着力通过互联网推动习近平新时代中国特色社会主义思想深入人心、落地生根，帮助广大干部群众实现理论学习有收获、思想政治受洗礼。

7 月 2 日

据《人民日报》报道，中共中央总书记、国家主席、中央军委主席习近平近日对黄文秀同志先进事迹作出重要指示表示，黄文秀同志不幸遇难，令人痛惜，向她的家人表示亲切慰问。习近平强调，黄文秀同志研究生毕业后，放弃大城市的工作机会，毅然回到家乡，在脱贫攻坚第一线倾情投入、奉献自我，用美好青春诠释了共产党人的初心使命，谱写了新时代的青春之歌。广大党员干部和青年同志要以黄文秀同志为榜样，不忘初心、牢记使命，勇于担当、甘于奉献，在新时代的长征路上做出新的更大贡献。

7 月 3 日

教育部召开“不忘初心、牢记使命”主题教育大中小学劳动教育专题调研座谈会。与会代表结合“不忘初心、牢记使命”主题教育，就劳动教育与教育部相关负责同志进行了充分的研讨交流，对部党组及党组成员提出了中肯的意见建议。会议指出，党的十八大以来，习近平总书记站在党和国家事业发展的高度，立足新时代的历史方位，着眼于为中国特色社会主义事业培养德智体美劳全面发展的建设者和接班人、培养担当民族复兴大任的时代新人，对加强劳动教育做出了一系列重要论述。总书记指出，尊重劳动、尊重创造、尊重知识、尊重人才，把尊重劳动放在“四个尊重”之首，更加突出了劳动教育的基础作用。教育系统要全面贯彻党的教育方针，抓紧做好顶层设计，深入推进劳动教育。会议指出，教育系统要深入贯彻落实好习近平总书记关于劳动教育的系列重要论述，从不同学段不同对象的实际出发，处理好劳动教育的观念、目标、过程、评价，保证劳动教育的正确方向，充分发挥劳动教育在立德树人中的重要作用。

7 月 5 日

中共中央总书记、国家主席、中央军委主席习近平在北京出席深化党和国家机构改革总结会议并发表重要讲话。习近平在讲话中指出，我们整体性推进中央和地方各级各类机构改革，重构性健全党的领导体系、政府治理体系、武装力量体系、群团工作体系，系统性增强党的领导力、政府执行力、武装力量战斗力、群团组织活力，适应新时代要求的党和国家机构职能体系主体框架初步建立，为完善和发展中国特色社会主义制度、推进国家治理体系和治理能力现代化提供了有力组织保障。在深化党和国家机构改革中，我们探索和积累了宝贵经验，就是坚持党对机构改革的全面领导，坚持不立不破、先立后破，坚持推动机构职能优化协同高效，坚持中央和地方一盘棋，坚持改革和法治相统一相协调，坚持把思想政治工作贯穿改革全过程。

同日，中共中央党史和文献研究院网站（http：//www. dswxyjy. org. cn）正式上线。网站由中共中央党史和文献研究院主管主办、人民网·中国共产党新闻网承建，体现了党史研究、文献编辑和著作编译信息资源力量的深度融合，设有党史研究、文献编研、经典编译、影像纪录、成果总库等栏目，为受众提供及时、权威、准确的党史、文献和编译等信息服务。网站致力于建设成为我国党史文献工作者和党史爱好者的共有家园，阐释习近平新时代中国特色社会主义思想的网上高端平台，宣传党的光辉历史、光荣传统、革命精神和领袖人物风范的重要窗口，宣介马克思主义基本理论和马克思主义经典著作的重要载体。

7 月 7 日

纪念全民族抗战爆发 82 周年仪式在中国人民抗日战争纪念馆举行。上午 10 时，纪念仪式在雄壮的国歌声中开始。首都学生代表饱含深情地朗诵了《卢沟桥战歌》《为祖国而歌》两首抗战诗歌，首都大学生合唱团演唱了《毕业歌》和《没有共产党就没有新中国》，表达年轻一代爱国情感、坚定信念和奋斗精神，抒发当代青年以史为鉴、奋发进取、追梦圆梦的志向。中央有关部门、中央军委政治工作部和北京市负责同志，在京参加过抗日战争的老战士代表、抗战将领亲属代表，首都学生、部队官兵、干部群众等各界代表500余人参加。

7月10日

教育部印发《国家级大学生创新创业训练计划管理办法》(以下简称《办法》)。《办法》明确，实行"国创计划"旨在深化高校创新创业教育改革，提高人才培养能力，培养适应创新型国家建设需要的高水平创新创业人才。"国创计划"实行项目制管理，分为创新训练项目、创业训练项目和创业实践项目三类。

7月16日

中共中央总书记、国家主席、中央军委主席习近平在呼和浩特市考察，首先来到内蒙古大学。习近平听取学校建设发展、教学科研、人才培养、思想政治建设等工作情况介绍，察看蒙古语言文学历史成果图书展示。习近平强调，要加强对蒙古文古籍的搜集、整理、保护，挖掘弘扬蕴含其中的民族团结进步思想内涵，激励各族人民共同团结奋斗、共同繁荣发展。习近平指出，少年强则中国强。未来的竞争是年青人的竞争，今天的年青人是实现第二个百年奋斗目标的骨干和栋梁。同学们要志存高远、脚踏实地，学好知识，打好基础，增长才干，将来为中华民族伟大复兴贡献自己的智慧和力量。

同日，据《人民日报》报道，由中央宣传部理论局组织撰写、学习出版社、人民出版社联合出版的2019年通俗理论读物《新中国发展面对面》发行。该书以习近平新时代中国特色社会主义思想为指导，紧密联系新中国社会主义现代化建设的伟大实践，紧密联系干部群众思想实际，从理论与实践、历史与现实、国内与国际的结合上，对这些重大问题作出了深入浅出的解读阐释，观点权威准确，语言通俗易懂，文风清新简洁，形式活泼多样，有助于广大干部群众深入理解新中国70年来的伟大历程、辉煌成就和宝贵经验。该书既讲是什么又讲为什么，既讲怎么看又讲怎么办，可作为干部群众、青年学生进行理论学习和开展形势政策教育的重要辅助读物。

7月18日

《人民日报》刊发《2019年度全国教书育人楷模推选活动启事》《2019年度全国教书育人楷模候选人事迹简介》《2019年度全国教书育人楷模推选活动投票规则》。这一活动旨在宣传庆祝第三十五个教师节，热烈庆祝中华人民共和国成立70周年，广泛展示新时代人民教师教书育人事迹风采，引导广大教师不忘初心、牢记使命，争做党和人民满意的"四有"好老师，在全社会进一步营造尊师重教浓厚氛围。

7月22日

22日至25日，中共中央政治局委员、全国人大常委会副委员长王晨率全国人大常委会高等教育法执法检查组在黑龙江进行执法检查时强调，要坚持以习近平新时代中国特色社会主义思想为指导，贯彻党的十九大和全国教育大会的重大决策部署，认真实施高等教育法各项规定，为推动建设教育强国提供有力法治保障。执法检查组在东北石油大学、黑龙江八一农垦大学，考察加强高校思想政治建设、弘扬大庆精神和北大荒精神教书育人、推进重大前沿科技攻关等情况。检查组两次召开座谈会听取黑龙江省实施高等教育法情况汇报，与地方政府有关负责同志、高校负责人、教师和学生代表座谈交流，征求对贯彻实施高等教育法的意见建议，并开展了随机抽查。

7月24日

中国青年志愿者协会学习宣传贯彻习近平总书记致中国志愿服务联合会第二届会员代表大会贺信精神座谈会在京举行。团中央书记处书记奇巴图出席会议并讲话。会议认为，习近平总书记的贺信充分肯定了党的十八大以来志愿服务工作取得的重大成绩，殷切期望广大志愿者、志愿服务组织、志愿服务工作者以实际行动书写新时代的雷锋故事。会议认为，习近平总书记的贺信使广大青年志愿者备受鼓舞、备感振奋，青年志愿服务工作者要带头学、带头讲，做学习宣传习近平总书记贺信精神的标兵；要组织引导广大青年志愿者认真学习思考，引导青年志愿者将学习思考转化为奋斗动力，推动青年志愿者事业新时代的新发展。会议要求，要把习近平总书记贺信精神落实到推动工作中去，要坚持党的领导，保持正确政治方向；要坚持实践育人，用志愿精神引领青年向上向善；要坚持围绕中心、服务大局，引导广大青年建功新时代；要坚持改革创新，全面提升青年志愿服务的科学化专业化水平。

7 月 27 日

27 日至 28 日，由山东省高校思想教育教学研究会与山东青年政治学院、山东大学马克思主义学院共同主办的山东省高校思想教育教学研究会 2019 年年会暨“不忘初心、牢记使命：新中国 70 年与思想政治理论课的创新发展”高端论坛在山东烟台举办。来自全国各地的 50 多位专家学者认真学习习近平总书记在学校思想政治理论课教师座谈会上的重要讲话精神，牢牢把握“培养什么人、怎样培养人、为谁培养人”根本问题，深刻总结新中国成立 70 年来思政课建设的基本经验，研讨推动思政课创新发展。

7 月 29 日

中共中央政治局委员、中宣部部长黄坤明出席贯彻落实《中国共产党宣传工作条例》(以下简称《条例》)电视电话会议并讲话。会议强调，《条例》是我们党第一部关于宣传工作的基础性、主干性党内法规，在党的宣传事业发展史上具有里程碑意义。制定出台《条例》是继承发扬党的宣传工作优良传统、贯彻落实党的创新理论的迫切需要，是坚持党对宣传工作的全面领导、加强宣传战线党的建设的迫切需要，是坚持全面依法治国、依规治党，提升宣传工作科学化规范化制度化水平的迫切需要。会议指出，要以贯彻落实《条例》为契机，推动学习宣传贯彻习近平新时代中国特色社会主义思想呈现新气象，紧紧抓住“一个高举”“两个巩固”“三个建设”的根本任务，自觉担当举旗帜、聚民心、育新人、兴文化、展形象的使命任务。要学深吃透把准《条例》主要内容、基本精神和具体规定，结合“不忘初心、牢记使命”主题教育，以高度的政治自觉和纪律意识，切实把各项制度要求落实到位，不断让宣传工作实起来、强起来。

8 月

8 月 2 日

中国高校辅导员博物馆建设研讨会在济南工程职业技术学院召开，这标志着我国第一个“向世界讲述中国高校辅导员故事”的职业博物馆建设全面启动。中国高校辅导员博物馆将定位在辅导员文物的收藏中心、辅导员文化的展示中心和辅导员政策的研究中心“三个中心”，设计时间轴和文物轴“两条主线”，开发典藏国家高校辅导员档案、打造高校思想政治教育高地、构建高校辅导员队伍建设培训基地“三大功能”，设置两区一堂一馆一室一校“五个模块”——“两区”为主题区和专题区，“一堂”为辅导员名人堂，“一馆”为辅导员群像馆，“一室”为辅导员名师工作室，“一校”为辅导员学校。

8 月 15 日

据《人民日报》报道，中共中央办公厅、国务院办公厅近日印发《关于深化新时代学校思想政治理论课改革创新的若干意见》(以下简称《意见》)，并发出通知，要求各地区各部门结合实际认真贯彻落实。《意见》明确了深化新时代学校思想政治理论课改革创新的重要意义和总体要求，强调应从以下方面着力：一要完善思政课课程教材体系。整体规划思政课课程目标，调整创新思政课课程体系，统筹推进思政课课程内容建设，加强思政课教材体系建设。二要建设一支政治强、情怀深、思维新、视野广、自律严、人格正的思政课教师队伍。加快壮大学校思政课教师队伍，切实提高思政课教师综合素质，切实改革思政课教师评价机制，加大思政课教师激励力度，大力加强思政课教师队伍后备人才培养工作。三要不断增强思政课的思想性、理论性和亲和力、针对性。加大思想性、理论性资源供给，加大思政课教研工作力度，切实加强思政课课题研究和成果交流，全面提升高校马克思主义学院建设水平，整体推进高校课程思政和中小学学科德育。四要加强党对思政课建设的领导。严格落实地方党委思政课建设主体责任，推动建立高校党委书记、校长带头抓思政课机制，积极拓展思政课建设格局。

8月22日

四川省港澳办、共青团四川省委和香港新家园协会在西华大学共同主办“相聚国旗下”川港青年主题交流活动。近700名平均年龄27岁的香港青年与四川本地青年一道，以青春的名义共庆新中国七十华诞。这场活动同时也宣告“四海一家·川港同行”交流活动正式启动。

8月23日

据《人民日报》报道，中宣部近日印发《关于在重大活动中进一步发挥全国爱国主义教育示范基地作用的通知》(以下简称《通知》)，要求各地区、各有关部门高度重视、加强领导，做好统筹安排，加大支持力度，确保全国爱国主义教育示范基地服务保障重大活动取得积极成效。

《通知》指出，全国爱国主义教育示范基地是激发爱国热情、凝聚人民力量、培育民族精神的重要场所，在党员干部和广大群众中深入开展爱国主义教育、理想信念教育和革命传统教育，对巩固党的执政地位、筑牢意识形态阵地，大力弘扬爱国主义精神、培育和践行社会主义核心价值观具有重要意义。要始终坚持以习近平新时代中国特色社会主义思想为指导，打造爱国主义教育和革命传统教育、培育和践行社会主义核心价值观的重要阵地和生动课堂；要深入挖掘展示红色资源的思想内涵和时代价值，丰富和完善全国爱国主义教育示范基地馆藏资源和展陈内容；要不断增强学习教育活动仪式感参与感，使党员干部和广大群众充分感受新中国成立发展的艰辛历程和中国共产党的初心使命；要积极拓展全国爱国主义教育示范基地辐射面，通过组织引导干部群众就近就便参观学习、开设流动展览、建设网上展馆、发布红色学习资源等形式充分发挥红色教育功能；要提供优质服务保障，进一步加强基地内部管理和队伍建设；要对红色教育中存在的“乱象”进行集中整治，进一步规范基地红色教育活动、加强基地队伍培训、开展基地周边环境整治；要形成强大聚合效应，发挥好“国家队”“主力军”作用，广泛开展交流合作，推动红色资源共建共享。

8月24日

中国社会科学院大学21世纪马克思主义高等研究院和内蒙古财经大学马克思主义学院联合举办的“首届21世纪马克思主义高端论坛”在内蒙古呼和浩特市召开。与会者认为，发展21世纪马克思主义，是构建中国特色哲学社会科学的重大时代课题。习近平新时代中国特色社会主义思想是当代中国马克思主义、21世纪马克思主义。广大马克思主义工作者要以习近平新时代中国特色社会主义思想为指导，坚持用马克思主义观察时代、解读时代、引领时代，以更加宽广的视野审视马克思主义在当代发展的现实基础和实践需要，深入推动马克思主义同当代中国发展的具体实际相结合，着力回答当前马克思主义发展面临的重大理论和现实问题，不断开辟马克思主义发展新境界。

8月29日

全国青联接待了香港杰出青年协会访京团一行24人来访，香港杰出青年与内地的中国青年五四奖章获得者、全国青联委员等围绕“‘一国两制’在香港的实施与青年一代的责任”这一主题深入交流。

9月

9月1日

“学习强国”平台开通“学校思政”号，并于今天正式上线运行。“学校思政”强国号的宗旨是汇集和展示教育战线思想政治工作成果，构建形成全员全过程全方位育人的强大工作合力。“学校思政”强国号由教育部思想政治工作司、新闻办指导，中国教育报刊社承办。目前开设有资讯、理论、探索、书记校长谈、风采、课堂等专栏，采取图文和视频报道等方式，集中展示党报党刊、教育部所属媒体、教育部主管的学术类期刊、高校媒体等所刊发的学校思想政治工作报道，以及教育部相关司局推荐的政策解读和典型经验。

9 月 2 日

《“新时代高校思想政治理论课创优行动”工作方案》(以下简称《方案》)经教育部党组会议审议通过，由中共教育部党组印发。《方案》明确此次行动的工作目标和工作思路，提出以下工作举措：一要抓好思路创优，发挥思政课全面推动习近平新时代中国特色社会主义思想“三进”主渠道作用，坚持用习近平新时代中国特色社会主义思想铸魂育人。二要抓好师资创优，引导思政课教师政治要强、情怀要深、思维要新、视野要广、自律要严、人格要正，建设一支专职为主、专兼结合、数量充足、素质优良的思政课教师队伍。三要抓好教材创优，着重把中国特色社会主义取得举世瞩目的成就融入思政课教材，集中建设优质教学资源。四要抓好教法创优，坚持政治性和学理性相统一、价值性和知识性相统一、建设性和批判性相统一、理论性和实践性相统一、统一性和多样性相统一、主导性和主体性相统一、灌输性和启发性相统一、显性教育和隐性教育相统一，不断增强思政课的思想性、理论性和亲和力、针对性。五要抓好机制创优，建立党委统一领导、党政齐抓共管、有关部门各负其责、全社会协同配合的工作格局，为思政课建设提供有力保障。六要抓好环境创优，推动形成全党全社会努力办好思政课、教师认真讲好思政课、学生积极学好思政课的良好氛围。

同日，据《人民日报》报道，经中共中央批准，由中共中央党史和文献研究院编辑、中央文献出版社出版的《十九大以来重要文献选编》上册即日起在全国发行。《十九大以来重要文献选编》上册，收录自 2017 年 10 月党的十九大召开至 2019 年 3 月十三届全国人大二次会议闭幕这段时间内的重要文献，共 65 篇，约 66 万字。其中，习近平总书记的文稿 26 篇，其他中央领导同志的文稿 17 篇，中共中央、全国人大、国务院、中央军委的有关文件 22 篇。有 14 篇重要文献是第一次公开发表。

9 月 3 日

2019 年秋季学期中央党校(国家行政学院)中青年干部培训班在中央党校开班。中共中央总书记、国家主席、中央军委主席习近平在开班式上发表重要讲话强调，广大干部特别是年轻干部要经受严格的思想淬炼、政治历练、实践锻炼，发扬斗争精神，增强斗争本领，为实现“两个一百年”奋斗目标、实现中华民族伟大复兴的中国梦而顽强奋斗。

同日，教育部公布 2019 年全国教书育人楷模名单，涵盖高教、职教、基教、幼教、特教等各级各类教育。具体名单是：河北省兴隆县六道河中学贾利民、山西省长治市第二中学许军则、上海宋庆龄学校封莉容、江西省南昌市启音学校张俐、中南大学桂卫华、广西北海市涠洲岛幼儿园范徽丽、海南职业技术学院李琳娜、铜仁职业技术学院顾昌华、西藏自治区双湖县协德乡完全小学拉姆、西北师范大学王宗礼。

9 月 5 日

中共中央总书记、国家主席、中央军委主席习近平给全国涉农高校的书记校长和专家代表回信，对涉农高校办学方向提出要求，对广大师生予以勉励和期望。习近平指出，新中国成立 70 年来，全国涉农高校牢记办学使命，精心培育英才，加强科研创新，为“三农”事业发展作出了积极贡献。习近平强调，中国现代化离不开农业农村现代化，农业农村现代化关键在科技、在人才。新时代，农村是充满希望的田野，是干事创业的广阔舞台，我国高等农林教育大有可为。希望你们继续以立德树人为根本，以强农兴农为己任，拿出更多科技成果，培养更多知农爱农新型人才，为推进农业农村现代化、确保国家粮食安全、提高亿万农民生活水平和思想道德素质、促进山水林田湖草系统治理，为打赢脱贫攻坚战、推进乡村全面振兴不断作出新的更大的贡献。

同日，第七届全国道德模范座谈会在京举行。中共中央总书记、国家主席、中央军委主席习近平近日对全国道德模范表彰活动作出重要指示，向受表彰的全国道德模范致以热烈的祝贺。习近平强调，全国道德模范体现了热爱祖国、奉献人民的家国情怀，自强不息、砥砺前行的奋斗精神，积极进取、崇德向善的高尚情操。要广泛宣传道德模范的先进事迹，弘扬道德模范高尚品格，引导人们向道德模范学习，争做崇高道德的践行者、文明风尚的维护者、美好生活的创造者。要培育和践行社会主义核心价值观，推进社会公德、职业道德、家庭美德、个人品德建设，深化群众性精神文明创建活动，着力培养担当民族复兴大任的时代新人，让社会主义道德的阳光温暖人间，让文明的雨露滋润社会，为奋进新时代、共筑中国梦提供强大精神力量和道德支撑。座谈会上宣读了表彰决定，张富清等58位同志被授予第七届全国道德模范荣誉称号，张佳鑫等257位同志被授予第七届全国道德模范提名奖。

同日，人力资源社会保障部、教育部发布《关于表彰全国教育系统先进集体和全国模范教师全国教育系统先进工作者的决定》，授予中国人民大学马克思主义学院等597个单位“全国教育系统先进集体”称号；授予于漪雯等718名同志“全国模范教师”称号；授予芦咏莉等79名同志“全国教育系统先进工作者”称号。被授予“全国模范教师”和“全国教育系统先进工作者”称号的人员，享受省部级表彰奖励获得者待遇。

同日，“向祖国报告”首都大学生庆祝中华人民共和国成立70周年诗诵会在北京大学百年纪念讲堂举行。此次诗诵会是首都百万大学生同祝新中国70华诞的一次文化盛典，也是北京高校2019级新生入学爱国主义教育的第一课。本次诗诵会标志着今年北京高校新生引航工程拉开帷幕，该工程将深入学习贯彻习近平总书记关于教育和青年工作的重要论述，以爱国主义教育为主线，在坚定理想信念、厚植爱国主义情怀、加强品德修养、增长知识见识、培养奋斗精神、增强综合素质上下功夫，着力培养担当民族复兴大任的时代新人。

9月6日

中共中央政治局委员、国务院副总理孙春兰到中央美术学院调研。孙春兰强调，要深入贯彻习近平总书记给中央美术学院老教授重要回信精神，以大爱之心育莘莘学子，以大美之艺绘传世之作。要认真落实党中央、国务院决策部署，大力弘扬中华美育精神，加强新时代学校美育教育，提升青年一代形象美、语言美、行动美、心灵美的素质，培养德智体美劳全面发展的社会主义建设者和接班人。

同日，教育部召开直属高校主题教育动员部署视频会议，深入学习贯彻习近平总书记关于“不忘初心、牢记使命”主题教育的重要讲话和重要指示批示精神，贯彻落实中央关于第二批主题教育的总体要求，研究部署教育部直属高校主题教育。会议强调，开展“不忘初心、牢记使命”主题教育是党中央的重大决策部署，是促进高等教育内涵式发展、建设高等教育强国的强大动力，是加强高校党建和思想政治工作、确保党对教育工作全面领导的重要机遇。各高校要把领导干部、党员师生思想和行动统一到中央决策部署上来，深刻领会主题教育的总体要求、基本原则和着力点，明确深入学习贯彻习近平新时代中国特色社会主义思想这个根本任务，把握守初心、担使命，找差距、抓落实的总要求，坚持抓思想认识到位、抓检视问题到位、抓整改落实到位、抓组织领导到位，以彻底的自我革命精神解决违背初心和使命的各种问题。会议要求，各高校要把开展好“不忘初心、牢记使命”主题教育作为当前重大而紧迫的政治任务，从一开始就要把学和做结合起来、把查和改贯通起来，统筹安排、合理摆布各项措施和工作任务。要突出抓好处级以上领导班子和领导干部主题教育，做实基层党支部学习教育和检视整改，充分发挥各级党组织的主体作用，加强组织领导，务求取得实效，强化宣传引导，防止形式主义，确保“不忘初心、牢记使命”主题教育取得实效。

同日，教育部在京举行2019年全国教书育人楷模座谈会。会议强调，当前我国正处于全面建成小康社会的决胜阶段，教育改革发展进入中国特色社会主义新时代。教育系统要不忘初心、牢记使命，力争涌现出更多“四有”好老师，造就新时代高素质教师队伍。会议指出，全国教书育人楷模作为全国教师队伍的先锋模范，用他们辛勤的奉献、不懈的探索、感人的事迹引领着新时代教师队伍建设的新风尚，是对新时代优秀教师群体师德师风的集中彰显，是对新时代教师队伍建设健康发展的强有力的推动力量。全国教育系统要从他们的示范作用中汲取前进的动力，在新时代，面临技术变革和受教育群体的变化，勇于奋发，勤于探索，乐于奉献，用教师队伍的崭新面貌为加快推进教育现代化、建设教育强国、办好人民满意的教育贡献智慧和力量。

同日，第四次全国高校网络文化建设暨“争做校园好网民”工作推进会在电子科技大学召开。会议由教育部思想政治工作司和中央网信办网络社会工作局联合主办。各省级教育工作部门、部分地方网信工作部门、各高校网络文化建设相关部门负责同志参加会议。会议指出，近年来，各地各高校切实发挥网络文化滋养人心的重要作用，初步构建了“全国—省级—高校”三级网络思想政治工作体系，形成了思想引领有高度、资源挖掘有深度、体系建设有力度的高校网络文化建设经验做法。会议强调，各地各高校加强网络文化建设和校园好网民培育，要提高站位，汇聚线上线下资源，广泛凝聚广大高校师生积极健康、向上向善的网络正能量，画好网上网下最大同心圆；要强化驱动，全力建强用好各类网络平台和阵地，大力推动校报校刊等传统媒体与校园新型媒体深度融合；要建强队伍，打造骨干力量，发挥全员作用，加强专门培训，提高网络表达能力和传播艺术；要优化机制，切实完善科学评价和政策保障，落实用好专项经费，有效加强评价激励，不断强化责任落实，把网络文化建设纳入“三全育人”综合改革等的观测指标体系中，切实加强整体部署和成效评估。

9 月 17 日

据《人民日报》报道，中宣部新命名 39 个全国爱国主义教育示范基地。命名工作紧密结合“不忘初心、牢记使命”主题教育，突出反映新中国成立 70 年来党和国家各项事业发生的历史性变革、取得的历史性成就。此次命名后，全国爱国主义教育示范基地总数达到 473 个。中宣部要求，要进一步发挥全国爱国主义教育示范基地在庆祝新中国成立 70 周年和开展“不忘初心、牢记使命”主题教育等重大活动中的作用，强化宣传教育功能，讲好中国故事，讲好中国共产党故事，讲好新时代中国特色社会主义故事，充分激发广大干部群众特别是青少年的爱国情、强国志、报国行，进一步坚定中国特色社会主义道路自信、理论自信、制度自信、文化自信，凝聚起砥砺新征程、奋斗新时代的强大力量。

9 月 20 日

教育部追授对外经济贸易大学于瑾教授“全国优秀教师”荣誉称号，号召全国广大教师和教育科研工作者向于瑾同志学习，并将学习于瑾同志先进事迹与学习贯彻习近平总书记等中央领导同志教师节重要讲话精神相结合，与开展“不忘初心、牢记使命”主题教育相结合，围绕教育报国守初心、立德树人担使命要求，为党育人、为国育才，努力做党和人民满意的“四有”好老师。

9 月 23 日

由中国教育科学研究院和中国教育报刊社联合主办的“办好人民满意教育”高端理论研讨会在北京举行。研讨会以中国教育科学研究院连续 5 年开展的全国教育满意度调查成果为基础，结合“不忘初心、牢记使命”主题教育，学习贯彻习近平总书记关于教育的重要论述，深入探讨新时代办好人民满意教育的理论内涵和实践路径。《办好人民满意的教育——全国教育满意度调查报告》一书在会上首发。该书系统梳理了国内外有关教育满意度调查的相关理论、实践和主要国家(组织)的顾客满意度指数模型，建构了符合我国国情的、针对各级各类教育和各相关人群的教育满意度测评模型。

9 月 24 日

中共中央政治局召开会议审议《新时代爱国主义教育实施纲要》和《中国共产党党校(行政学院)工作条例》。中共中央总书记习近平主持会议。会议指出，爱国主义是中华民族精神的核心。中国特色社会主义进入新时代，必须大力弘扬爱国主义精神，把爱国主义教育贯穿国民教育和精神文明建设全过程。会议强调，加强新时代爱国主义教育，要增强“四个意识”、坚定“四个自信”、做到“两个维护”，使爱国主义成为全体中国人民的坚定信念、精神力量和自觉行动。要把握时代主题，引导人们深刻认识中国梦的本质是国家富强、民族振兴、人民幸福，激发全体人民爱党爱国爱社会主义的巨大热情，凝聚奋进新时代、实现民族复兴的磅礴伟力。要坚持全员全过程全方位育人，在广大青少年中开展深入、持久、生动的爱国主义教育，让爱国主义精神牢牢扎根。

9月27日

教育部党组书记、部长陈宝生来到全国高校思想政治理论课教师“周末理论大讲堂”，就“习近平总书记关于教育的重要论述”做专题导学，并通过“全国高校思想政治理论课教师网络集体备课平台”面向全国各地各高校直播，高校分管负责同志、思政课教师等7万余人收看。陈宝生指出，习近平总书记在推进治国理政进程中，把教育摆在了“国之大计、党之大计”前所未有的战略地位，把教育与国家的前途命运、党的前途命运紧紧联系在一起，形成了习近平总书记关于教育的重要论述，形成了系统科学的新时代中国特色社会主义教育理论体系，为新时代中国特色社会主义教育指明了前进方向。学习好宣传好落实好习近平总书记关于教育的重要论述，是教育战线的头等大事，更是我们思政课教师的重大政治任务。要掌握科学的学习方法，融入思想学、形成体系学、带着问题学、提升本领学，发挥好思政课作为立德树人关键课程的不可替代作用，坚持不懈用习近平新时代中国特色社会主义思想铸魂育人。

同日，以“讲好中国故事，传播好中国声音”为宗旨的外宣工作创新性、基础性平台——“中国好故事”数据库(www.chinastory.cn)正式上线。“中国好故事”数据库由新华社主办，收录了超过6万条精彩故事，向世界展现真实、立体、全面的中国。故事库汇聚了“1+4”五大类主题故事。习近平总书记是“中国故事第一讲解人”，“学习”板块以习近平的故事、习近平讲述的故事、习近平用典的故事和习近平点赞的人物的故事为主线，为中外读者向习近平总书记学习讲故事的艺术、体悟故事背后治国理政的道理提供了便捷的网络平台；“治国理政”“奋斗圆梦”“中华文化”“合作共赢”等四个故事类别，紧紧围绕中国共产党治国理政的故事、中国人民奋斗圆梦的故事、博大精深的中华文化的故事和中国坚持和平发展合作共赢的故事，全方位展现中国故事的时代魅力。

9月29日

中华人民共和国国家勋章和国家荣誉称号颁授仪式在北京人民大会堂金色大厅隆重举行。中共中央总书记、国家主席、中央军委主席习近平向国家勋章和国家荣誉称号获得者颁授勋章奖章并发表重要讲话。习近平强调，崇尚英雄才会产生英雄，争做英雄才能英雄辈出。英雄模范们用行动再次证明，伟大出自平凡，平凡造就伟大。只要有坚定的理想信念、不懈的奋斗精神，脚踏实地把每件平凡的事做好，一切平凡的人都可以获得不平凡的人生，一切平凡的工作都可以创造不平凡的成就。

同日，庆祝中华人民共和国成立70周年大型文艺晚会《奋斗吧 中华儿女》在北京举行。习近平、李克强、栗战书、汪洋、王沪宁、赵乐际、韩正、王岐山等党和国家领导人，同4000多名观众一起观看演出，共同回顾新中国成立70年来的辉煌历程，共同祝福伟大祖国的美好前程。晚会以“奋斗”为主线，包括“浴血奋斗”“艰苦奋斗”“团结奋斗”“奋斗吧 中华儿女”四个篇章。

同日，教育部发布《关于深化本科教育教学改革全面提高人才培养质量的意见》。文件强调，一要严格教育教学管理。把思想政治教育贯穿人才培养全过程，激励学生刻苦学习，全面提高课程建设质量，推动高水平教材编写使用，改进实习运行机制，深化创新创业教育改革，推动科研反哺教学，加强学生管理和服务，严把考试和毕业出口关。二要深化教育教学制度改革。完善学分制，深化高校专业供给侧改革，推进辅修专业制度改革，开展双学士学位人才培养项目试点，稳妥推进跨校联合人才培养，全面推进质量文化建设。三要引导教师潜心育人。完善高校教师评聘制度，加强基层教学组织建设，完善教师培训与激励体系，健全教师考核评价制度，建立健全助教岗位制度。四要加强组织保障。加强党对高校教育教学工作的全面领导，完善提高人才培养质量的保障机制。

10 月

10 月 1 日

庆祝中华人民共和国成立70周年大会在北京天安门广场隆重举行，20余万军民以盛大的阅兵仪式和群众游行欢庆共和国70华诞。中共中央总书记、国家主席、中央军委主席习近平发表重要讲话并检阅受阅部队。

10 月 9 日

部属高校党的建设和思想政治工作座谈会在北京召开。会议深入学习贯彻习近平新时代中国特色社会主义思想，研究部署以党的政治建设为统领、进一步加强改进部属高校党的建设和思想政治工作。会议指出，高校肩负培养社会主义建设者和接班人的重任，要深入贯彻习近平总书记关于高校党的政治建设的重要指示批示精神，牢牢把握立德树人这个根本任务，持续推进习近平新时代中国特色社会主义思想进课堂进教材进头脑，为党育人、为国育才。当代大学生是值得充分信赖、可以寄予厚望的一代。要推动思政课改革创新，贴近实际、贴近生活、贴近学生，帮助学生树立崇高理想、培养良好品质、掌握知识技能，成为德才兼备、全面发展的优秀人才。会议强调，要深入学习贯彻习近平总书记重要讲话和重要指示批示精神，扎实开展“不忘初心、牢记使命”主题教育，增强“四个意识”、坚定“四个自信”、做到“两个维护”，坚持党的全面领导，坚持党的教育方针，坚持马克思主义指导地位，坚持社会主义办学方向，着力培养爱党爱国爱社会主义、立志为中国特色社会主义奋斗终生的有用人才。要选优配强高校各级领导班子和领导干部，充分发挥高校基层党组织战斗堡垒作用，进一步明确和落实部属高校党建责任，使高校成为坚持党的领导的坚强阵地。

10 月 12 日

第五届中国“互联网＋”大学生创新创业大赛总决赛在浙江大学开幕。本届大赛主题为“敢为人先放飞青春梦，勇立潮头建功新时代”，分设“高教、职教、国际、萌芽(中学生)”四大板块。据了解，本届大赛自今年6月启动以来，共有来自124个国家和地区、4093所院校的457万名大学生、109万个团队报名参赛。此外，今年在更大范围、更高层次、更深程度地开展了“青年红色筑梦之旅”活动，约100万名大学生、22万名教师、23.8万个创新创业项目深入革命老区、贫困地区和城乡社区，对接农户74.8万户、企业24204家，签订合作协议1.68万余项，产生经济效益约64亿元。

10 月 14 日

14日至15日，中共中央政治局委员、国务院副总理孙春兰在浙江调研高等教育并出席中国“互联网＋”大学生创新创业大赛有关活动。孙春兰指出，创新创业教育首先是教育，归根结底要培养德智体美劳全面发展的社会主义建设者和接班人。要进一步强化理想信念教育，着力增强学生的创新精神、创业意识和创新创业能力，更大限度激发每个学生的潜能潜质。要推动创新创业教育与专业教育更紧密结合，让学生在创新创业中巩固专业知识，在专业教育中提高创新创业能力，为经济社会高质量发展培养大批敢闯会创的高素质人才。

10 月 15 日

15日至16日，为全面部署共青团基层组织改革综合试点工作，共青团基层组织改革综合试点工作部署会在北京召开。会议强调，要认真学习贯彻习近平总书记关于青年工作的重要思想，深刻理解推动改革向基层延伸的重要性和紧迫性；要聚焦破解共青团基层建设中的关键问题和深层次问题，准确把握试点的重要原则和创新举措，推动改革往深里走、往实里走；要以科学有效的方法和迎难而上的闯劲，全力推动改革试点，努力实现试点成果在基层见效、在全团推广。会议指出，各地在推进试点工作中要始终坚持在当地党委领导下开展，争取相关职能部门的大力支持；试点地区要坚持一体化推进，分清主次先后，抓好整体统筹；要坚持严实标准，抓深抓实改革举措，努力取得制度化成果。

10月17日

部分中管高校“不忘初心、牢记使命”主题教育工作座谈会在北京召开。会议强调，高校要深入学习贯彻习近平总书记关于主题教育的重要讲话、重要指示批示精神，切实增强政治责任感和历史使命感，把主题教育扎实开展好，把学校的各项建设搞好，以“不忘初心、牢记使命”的实际行动，引导学生在习近平新时代中国特色社会主义思想指引下，努力成长为能够担当民族复兴大任的时代新人。会议指出，深入推进高校主题教育，要坚持以党的创新理论滋养初心、引领使命，原原本本学习，结合实际学习，发挥优势学习，推动学习贯彻习近平新时代中国特色社会主义思想往深里走、往心里走、往实里走。要以彻底的自我革命精神检视剖析问题，扎扎实实抓好整改落实，围绕加强党建找问题，聚焦党性修养挖根源，围绕办学治校中的重大问题抓整改。要以全面提高人才培养能力为核心点，加快中国特色世界一流大学建设步伐，在落实立德树人根本任务、服务经济社会发展、推进“双一流”建设上实现新突破。要以更加有效的举措和更加务实的作风，层层压实责任，有效传导压力，突出分类指导，实现全员覆盖，加强统筹联动，提升整体质量，确保主题教育高标准高质量推进。

同日，教育部2019—2023年普通高等学校本科教育教学评估专家委员会成立会议暨第一次全体会议在北京召开。会议指出，上届专家委员会自2013年成立以来，坚决贯彻教育部党组决策部署，圆满完成了专家委员会章程规定的各项工作任务。新时代我国高校评估工作的挑战与机遇并存。贯彻落实中央对教育评价提出的新要求，高校评估必须妥善处理好破“五唯”和立“标杆”、坚持“放管服”改革和加强评估监测的关系。要为全面振兴本科教育、推动“四个回归”的一系列政策措施的落地落实，为高等学校提高办学质量、促进内涵发展做好监督指导，完成好当前高校评估工作的新使命。会议强调，要准确把握未来5年高校评估的着力点，努力构建中国特色、世界水平的本科教育质量保障体系。要着力引导高校落实立德树人、实现“四为”目标；着力突出诊断功能、聚焦以评促建；着力强化分类评价，促进多样化发展；着力立足中国国情、彰显中国特色。

10月19日

习近平新时代中国特色社会主义思想教育研究第二届高端研讨会在长春中医药大学召开。会议由教育部高等学校社会科学发展中心、光明日报教育研究中心、清华大学马克思主义学院、长春中医药大学、吉林省习近平新时代中国特色社会主义思想教育研究协同创新中心共同主办，来自全国50多所高校的马克思主义理论研究专家以“学习贯彻习近平总书记重要讲话精神，培养党的事业可靠接班人”为主题进行学术交流和探讨。来自吉林大学、安徽中医药大学、长春师范大学等高校的专家学者分别围绕“习近平总书记关于培养党的可靠接班人重要论述研究”“新中国70年与高校青年马克思主义者培养”“高校青年马克思主义者培养理论与实践创新”等议题进行了深入交流。

同日，由北京师范大学思想政治工作研究院、《思想教育研究》编辑部、《思想理论教育》编辑部、安徽师范大学马克思主义学院联合举办的“思想政治教育基础理论研究”高峰论坛在安徽芜湖召开。来自北京师范大学、复旦大学、南京大学、武汉大学、吉林大学、浙江大学、西南交通大学、河海大学、安徽师范大学等高校和中国社会科学院的专家学者，围绕“思想政治教育基础理论研究”和“思想政治教育基础理论前沿问题研究”两个方向进行了发言。

10月23日

中共中央办公厅、国务院办公厅印发《关于全面深入持久开展民族团结进步创建工作铸牢中华民族共同体意识的意见》(以下简称《意见》)。《意见》要求，深化民族团结进步宣传教育，加强中华民族共同体教育，引导各族群众不断增强对伟大祖国的认同、对中华民族的认同、对中华文化的认同、对中国共产党的认同、对中国特色社会主义的认同。传承发展中华优秀传统文化，大力实施中华优秀传统文化传承发展工程，推动中华优秀传统文化融入国民教育、道德建设、文化创造和生产生活。健全民族团结进步教育常态化机制，把民族团结教育纳入国民教育、干部教育、社会教育全过程，构建课堂教学、社会实践、主题教育多位一体的教育平台。改进民族团结进步宣传载体和方式，充分运用新技术、新媒体打造实体化的宣传载体。拓展民族团结进步宣传教育网络空间，推进“互联网＋民族团结”行动，打造网上文化交流共享平台，把互联网空间建成促进民族团结进步、铸牢中华民族共同体意识的新平台。

10 月 24 日

教育部会同北京市在京举行首都教育系统服务保障国庆活动总结表彰大会暨首场宣讲会。会议指出，习近平总书记高度肯定国庆活动取得的巨大成功，对深化和拓展庆祝活动成果提出了明确要求。教育系统要深入贯彻落实总书记等中央领导的指示批示精神，深入总结、不断深化参加国庆活动积累的经验成果，开展好爱国主义教育，把师生参加国庆活动展现的正能量转化为做好学校日常工作的动力，持续激发广大高校师生的精神力量。要深入总结服务保障国庆活动的组织经验、工作举措和运行模式，完善重大活动常态化服务保障机制，大力加强校内典型选树工作，广泛开展“我在国庆现场的那一刻”主题分享交流和征文活动，持续推动爱国主义教育走深走实。

同日，教育部发布《关于加强新时代教育科学研究工作的意见》。文件指出，教育科学研究是教育事业的重要组成部分，对教育改革发展具有重要的支撑、驱动和引领作用。进入新时代，加快推进教育现代化，建设教育强国，办好人民满意的教育，迫切需要教育科研更好地探索规律、破解难题、引领创新。文件在明确总体要求的基础上，在“提高教育科研工作质量和服务水平”部分强调丰富完善中国特色社会主义教育理论体系，要求把马克思主义基本理论作为思想武器，把深入学习贯彻习近平新时代中国特色社会主义思想作为首要政治任务，系统开展习近平总书记关于教育的重要论述、党的教育方针以及中国共产党领导教育工作的基本经验等研究。聚焦立德树人根本任务的重大理论和实践问题，深化教育基本理论研究，弘扬中国优秀教育文化传统，探究中国特色社会主义教育道路、理论、制度发展的历史根脉、丰富内涵和精神实质，筑牢社会主义教育强国建设的理论基石，构建中国特色教育科学学科体系、学术体系、话语体系、教材体系，增强中国教育自信；在“建设高素质创新型科研队伍”部分强调切实增强教育科研人员的使命担当，提出教育科研工作者要切实增强做好新时代教育科研工作的责任感和使命感。要信念坚定，学深悟透习近平新时代中国特色社会主义思想，善于运用马克思主义立场观点方法指导教育科研工作。要学识广博，努力掌握全面系统的教育学科等人文社会科学知识，积极拓展自然科学等跨学科理论支撑，富有全球视野和历史眼光，具备多视角、多领域、多层次研究问题、破解难题的能力。要敢于创新，主动学习新知识，善于运用新技术新方法开展研究，创新教育理论。要求真笃行，坚持理论联系实际，热爱教育、崇尚真理，脚踏实地、潜心研究，遵循科研规律，加强学术自律，力戒浮夸浮躁、投机取巧，杜绝“圈子”文化，自觉防范各种学术不端行为。

10 月 26 日

由教育部高等学校思想政治理论课教学指导委员会“高职高专”分教学指导委员会主办的深化高职高专思政课改革创新经验交流会召开。来自全国 70 余所高职院校的 130 余名思政骨干教师参加了此次大会。与会代表围绕贯彻落实《关于深化新时代学校思想政治理论课改革创新的若干意见》，从“高职高专思政课”课程群建设、适切性教学体系的实践与探索、教材体系建设、教师队伍建设、混合式教学、实践教学改革以及思政课的思想性、理论性和亲和力、针对性提升等方面做了交流探讨。

10 月 27 日

据《中国教育报》报道，首都师生服务保障国庆活动专场宣讲会暨学校思想政治理论课教师“同备一堂课”活动日前在中国人民大学举行。活动现场通过北京高校思想政治理论课高精尖创新平台首次面向全市近万名大中小学思政课教师同步直播，实现了全市大中小各学段近万名思政课教师同备一堂课。

10 月 28 日

据《人民日报》报道，中共中央、国务院近日印发了《新时代公民道德建设实施纲要》，并发出通知，要求各地区各部门结合实际认真贯彻落实。文件明确了新时代公民道德建设的总体要求和重点任务，强调要抓好以下方面：一要深化道德教育引导。把立德树人贯穿学校教育全过程，用良好家教家风涵育道德品行，以先进模范引领道德风尚，以正确舆论营造良好道德环境，以优秀文艺作品陶冶道德情操，发挥各类阵地道德教育作用，抓好重点群体的教育引导。二要推动道德实践养成。广泛开展弘扬时代新风行动，深化群众性创建活动，持续推进诚信建设，深入推进学雷锋志愿服务，广泛开展移风易俗行动，充分发挥礼仪礼节的教化作用，积极践行绿色生产生活方式，在对外交流交往中展示文明素养。三要抓好网络空间道德建设。加强网络内容建设，培养文明自律网络行为，丰富网上道德实践，营造良好网络道德环境。四要发挥制度保障作用。强化法律法规保障，彰显公共政策价值导向，发挥社会规范的引导约束作用，深化道德领域突出问题治理。

10 月 31 日

中国共产党第十九届中央委员会第四次全体会议审议通过了《中共中央关于坚持和完善中国特色社会主义制度、推进国家治理体系和治理能力现代化若干重大问题的决定》。文件指出，我国国家制度和国家治理体系具有“坚持共同的理想信念、价值理念、道德观念，弘扬中华优秀传统文化、革命文化、社会主义先进文化，促进全体人民在思想上精神上紧紧团结在一起的显著优势”。文件在“坚持和完善繁荣发展社会主义先进文化的制度，巩固全体人民团结奋斗的共同思想基础”部分强调，坚持马克思主义在意识形态领域指导地位的根本制度。深入实施马克思主义理论研究和建设工程，把坚持以马克思主义为指导全面落实到思想理论建设、哲学社会科学研究、教育教学各方面。加强和改进学校思想政治教育，建立全员、全程、全方位育人体制机制。落实意识形态工作责任制，注意区分政治原则问题、思想认识问题、学术观点问题，旗帜鲜明反对和抵制各种错误观点；坚持以社会主义核心价值观引领文化建设制度。推动理想信念教育常态化、制度化，弘扬民族精神和时代精神，加强党史、新中国史、改革开放史教育，加强爱国主义、集体主义、社会主义教育，实施公民道德建设工程，推进新时代文明实践中心建设。坚持依法治国和以德治国相结合，完善弘扬社会主义核心价值观的法律政策体系，把社会主义核心价值观要求融入法治建设和社会治理，体现到国民教育、精神文明创建、文化产品创作生产全过程。推进中华优秀传统文化传承发展工程。完善青少年理想信念教育齐抓共管机制。健全志愿服务体系。完善诚信建设长效机制，健全覆盖全社会的征信体系，加强失信惩戒。

11 月

11 月 5 日

为全面反映新中国教育事业的探索与前进历程，展示新中国教育事业取得的辉煌成就，由中央广播电视总台和教育部联合摄制的四集专题片《教育强国》在中央电视台综合频道晚 8 点档首播，每天播出两集。全片共四集，分别为《立国之本》《强国基业》《春风化雨》《面向未来》，全面讲述了新中国成立 70 年来，党和政府始终坚持教育优先发展战略，坚持把教育作为重要的民生工程，以建设教育强国、办好人民满意的教育为目标，从学前教育到高等教育等各个领域作出的不懈努力和探索创新。该片对新中国教育事业取得的跨越式成就进行了系统总结，生动展现了新中国教育从总人口 80%都是文盲半文盲的薄弱基础起步，到如今各级各类教育在校生 2.76 亿人、专任教师 1670 多万人，国家财政性教育经费占 GDP 比例连年保持在 4%以上，建成了世界上最大规模的教育体系，正一路向着教育强国迈进的奋斗历程。

11 月 8 日

教育部等七部门发布《关于组织开展“奋斗的我 最美的国”新时代先进人物进校园工作的通知》，要求以“奋斗的我 最美的国”为主题，广泛邀请国家勋章、国家荣誉称号获得者，最美奋斗者、改革先锋、时代楷模、道德模范、劳动模范、青年五四奖章获得者、三八红旗手、大国工匠、最美人物、教书育人楷模、优秀教育工作者、优秀教师等新时代先进人物进入高校开展思想政治工作，包括开展先进事迹报告会、担任校外辅导员、指导学习实践，从建立先进人物资源库、推动双方结对、组织开展活动、纳入学生培养方案等方面建立工作长效机制。

同日，团中央书记处理论学习中心组召开扩大会议，以交流研讨的形式，进一步深入学习党的十九届四中全会精神。会议指出，要突出中国特色社会主义展现的强大伟力，不失时机对广大青少年开展制度自信教育。要准确把握共青团等群团组织在国家治理体系和治理能力现代化进程中的职责定位，增强责任感、使命感。要通过改革创新进一步激发共青团和青少年工作的制度效能，提升对推进国家治理体系和治理能力现代化的贡献度。要加快实现组织形态现代化，适应青年流动聚集特点、社会治理技术条件、行政管理体制改革形势的发展变化，优化共青团和青年组织的组织管理。要加快实现活动方式现代化，建立起真正发挥青年群众主体作用的运行机制，让青年在团组织的活动中有参与感、获得感、成就感。要加快实现政治功能现代化，高质量发挥党联系青年的桥梁和纽带作用。要加快实现社会功能现代化，努力推动青年发展规划落到实处，努力为青年解难题，组织动员广大青年在党和国家工作大局中建功立业。会议强调，要认真对照梳理决定要求，逐项明确共青团改革再出发的着力方向。要始终坚持团的第一属性是政治性，为党充分发挥好政治教育、政治动员、政治录用、政治参与等功能，当好党的助手和后备军。要自觉立足团的基本属性是人民团体，找准围绕中心、服务大局的结合点、切入点、着力点，努力提高组织动员效率。要时刻牢记团的重要属性是群众性，树立主动服务理念，不断提高服务能力，通过切实服务青年实现广泛团结青年。

11 月 9 日

9 日至 10 日，由厦门大学马克思主义学院、福建省高校人文社会科学研究基地马克思主义基础理论研究中心、厦门大学马克思主义与中国发展研究所、《思想理论教育导刊》编辑部共同主办的全国“爱国主义与时代精神”学术研讨会在厦门大学召开。会议围绕“爱国主义与时代精神”的主题，与会专家学者的研讨主要问题集中于新时代爱国主义的时代内涵与重要意义，新时代爱国主义的实施路径，爱国主义与高校思政课教学，爱国主义话题的多元探索四个方面。

11 月 11 日

教育部在浙江大学召开新时代高校党建示范创建和质量创优工作推进会，交流研讨高校党组织“对标争先”建设计划阶段成果，宣传推广新时代高校党建示范创建和质量创优工作建设成效，部署推进下阶段工作。会议要求，各创建单位要切实提高政治站位，强化责任担当，当好“四个标杆”，进一步引领带动全国高校党建工作不断加强。

11 月 13 日

据《人民日报》报道，中共中央、国务院近日印发《新时代爱国主义教育实施纲要》，并发出通知，要求各地区各部门结合实际认真贯彻落实。文件指出，新时代爱国主义教育的基本内容包括坚持用习近平新时代中国特色社会主义思想武装全党、教育人民，深入开展中国特色社会主义和中国梦教育，深入开展国情教育和形势政策教育，大力弘扬民族精神和时代精神，广泛开展党史、国史、改革开放史教育，传承和弘扬中华优秀传统文化，强化祖国统一和民族团结进步教育；加强国家安全教育和国防教育。新时代爱国主义教育要面向全体人民、聚焦青少年，充分发挥课堂教学的主渠道作用，办好学校思想政治理论课，组织推出爱国主义精品出版物，广泛组织开展实践活动，在广大知识分子中弘扬爱国奋斗精神，激发社会各界人士的爱国热情。要丰富新时代爱国主义教育的实践载体，建好用好爱国主义教育基地和国防教育基地，注重运用仪式礼仪，组织重大纪念活动，发挥传统和现代节日的涵育功能，依托自然人文景观和重大工程开展教育。要营造新时代爱国主义教育的浓厚氛围，用好报刊广播影视等大众传媒，发挥先进典型的引领作用，创作生产优秀文艺作品，唱响互联网爱国主义主旋律，涵养积极进取开放包容理性平和的国民心态，强化制度和法治保障。

11 月 15 日

教育部等七部门联合印发《关于加强和改进新时代师德师风建设的意见》。文件强调，一是全面加强教师队伍思想政治工作。坚持思想铸魂，用习近平新时代中国特色社会主义思想武装教师头脑。坚持价值导向，引导教师带头践行社会主义核心价值观。坚持党建引领，充分发挥教师党支部和党员教师作用。二是大力提升教师职业道德素养。突出课堂育德，在教育教学中提升师德素养。突出典型树德，持续开展优秀教师选树宣传。突出规则立德，强化教师的法治和纪律教育。三是将师德师风建设要求贯穿教师管理全过程。严格招聘引进，把好教师队伍入口。严格考核评价，落实师德第一标准。严格师德督导，建立多元监督体系。严格违规惩处，治理师德突出问题。四是着力营造全社会尊师重教氛围。强化地位提升，激发教师工作热情。强化权利保护，维护教师职业尊严。强化尊师教育，厚植校园师道文化。强化各方联动，营造尊师重教氛围。五是推进师德师风建设任务落到实处。加强工作保障，强化责任落实。

同日，据教育部网站报道，高校社科界学习贯彻党的十九届四中全会精神座谈会在北京召开。会议强调，高校社科界要勇担责任和使命，围绕“坚持和巩固什么，完善和发展什么”这个重大政治问题，增强“四个意识”，坚定“四个自信”，做到“两个维护”，在坚持和完善党的领导制度体系上不动摇、在加强制度理论研究上出成效、在把制度自信教育贯穿教学科研育人全过程上见行动、在推动中国学术走出去上提速度、在提升科研治理能力上求突破，切实加快构建中国特色哲学社会科学学科体系、学术体系、话语体系。

11 月 16 日

“时代新人说——我和祖国共成长”演讲大赛决赛在北京举行。该活动是庆祝新中国成立 70 周年群众性主题宣传教育活动的重要组成部分，旨在通过演讲比赛的形式，在全社会大力唱响礼赞新中国、奋进新时代的旋律。演讲大赛自 4 月正式启动以来，共举行“劳动筑梦”“绿水青山”“建党初心”“强军兴军”“大家小官”“大国重器”“改革前沿”“青春力量”“薪火相传”“脱贫攻坚”“家国情怀”等 11 项主题赛事和 1 项网络人气赛。上述 12 项比赛选出的 43 名选手经过一天预赛的选拔，共有 12 位选手进入最终的决赛。

11 月 20 日

教育部办公厅公布《首届全国高校思想政治理论课教学展示活动评选结果》，共评出特等奖 51 项、一等奖 143 项、二等奖 306 项和优秀组织奖 11 个，强调广大思想政治理论课教师和各地各高校要以获奖教师和单位为榜样，坚持不懈用习近平新时代中国特色社会主义思想铸魂育人，增强“四个意识”，坚定“四个自信”，做到“两个维护”，全面贯彻党的教育方针，深化思想政治理论课改革创新，不断增强思想政治理论课的思想性、理论性和亲和力、针对性，充分发挥高校思想政治理论课落实立德树人根本任务关键课程作用，努力培养担当民族复兴大任的时代新人，培养德智体美劳全面发展的社会主义建设者和接班人。

11 月 21 日

教育部、中央宣传部、国务院国资委、全国总工会、共青团中央、全国妇联和中国科协在北京大学联合启动“奋斗的我 最美的国”新时代先进人物进校园工作。启动仪式上，敦煌研究院名誉院长樊锦诗、中国工程院院士王泽山、排雷英雄杜富国、中国航空工业首席技能专家方文墨、山东兰陵县卞庄街道代村党委书记王传喜 5 位新时代先进人物代表结合自身经历讲述了感人故事。据介绍，根据部署，各高校将广泛邀请国家勋章和国家荣誉称号获得者、改革先锋、“时代楷模”、“最美奋斗者”等新时代先进人物，通过多种方式进入高校开展思想政治工作。

11 月 22 日

一场以“文化的力量——让文化遗产资源‘活起来’”为主题的讲座，拉开了“资助育人 · 文化艺术进校园2019故宫国博系列活动”的帷幕。此次活动包括“走出去”和“请进来”两个部分，“走出去”环节邀请单霁翔等知名专家组成讲师团，赴黑龙江、吉林、山东、湖南、安徽等5个省份15所高校作专题讲座；“请进来”环节将邀请全国21个省份38所高校约190名优秀受助学生分期分批走进故宫参观学习。通过这两种形式，努力增强高校学生对于中华民族的认同感，帮助家庭经济困难学生成长成才。

11月23日

教育部哲学社会科学发展报告建设项目《中国大学生思想政治教育发展报告》研究成果发布会暨2019年度大学生思想政治教育发展研讨会在武汉举行。发布会上，“思享珞珈　中国大学生研究数据平台”启动运行。该平台设有问卷调查、知识图谱、数据分析、机器学习、知识库等系统，为大学生思想政治教育调查研究方式的更新、调研数据的共享提供技术支撑。会上发布的《中国大学生思想政治教育发展报告》，已连续5年对大学生思想政治教育发展状况开展追踪研究。新近一轮调查表明，当前大学生思想政治状况呈现积极向上的良好态势，高校思想政治工作扎实推进、成效显著。大学生价值取向总体积极，高度认同“国无德不兴，人无德不立”、赞同“培育和践行社会主义核心价值观人人有责”，社会主义核心价值观“入脑入心”成效显著。当前大学生具有正确的道德认知，充分肯定雷锋精神的当代价值，积极参加志愿服务或公益活动。大学生能乐观自信地看待自己的未来发展，高度认同“有梦想、有奋斗、有奉献的人生，才是有意义的人生”，赞同“人生梦是国家梦、民族梦、个人梦的有机统一”。

11月26日

中宣部召开宣传贯彻《新时代公民道德建设实施纲要》《新时代爱国主义教育实施纲要》电视电话会议。会议强调，要深入学习贯彻习近平总书记关于思想道德建设和爱国主义教育重要论述，贯彻落实党的十九届四中全会精神，着眼凝心聚力、立德铸魂，大力培育社会主义核心价值观，高扬爱国主义伟大旗帜，推动思想道德建设和爱国主义教育开创新局面。要以两个《纲要》出台为契机，着力用习近平新时代中国特色社会主义思想武装全党、教育人民，深化理想信念教育，大力弘扬爱国主义精神，聚焦聚力培养担当民族复兴大任的时代新人，充分发挥实践养成和制度保障的作用，促进全体人民在思想上精神上紧紧团结在一起。会议强调，要加强组织领导，落实政治责任，形成党委政府统一领导、各部门齐抓共管、全社会共同参与的工作格局。

11月29日

第二届全国高校党委教师工作部部长工作研讨会在复旦大学举行。此次研讨会以“新时代高校教师思想政治工作创新与发展”为主题，由教育部教师工作司、思想政治工作司指导，复旦大学承办。清华大学、东北师范大学、复旦大学、武汉大学、西安交通大学、南京航空航天大学相关负责人先后作大会主题发言，围绕加强教师思想政治工作、完善师德师风建设体系等交流经验。会议设置“高校教师荣誉体系建设和师德典型选树宣传的创新与实践”“高校师德考评制度建设和实践”“高校教师师德失范行为处理办法及负面清单的建设和实践”“新时代强化高校教师政治引领的创新实践”“新时代加强高校教师思想政治工作队伍建设的创新实践”五个分论坛，围绕重点难点问题开展专题研讨，进一步推动高校深刻把握新时代师德建设的形势任务、规律特点和创新路径，加强高校党委教师工作部门的建设与发展。

11月30日

11月30日至12月1日，共青团中央中国特色社会主义理论体系研究中心与福建农林大学联合举办“学习贯彻党的十九届四中全会精神”学术研讨会。会议深入学习贯彻党的十九届四中全会精神，总结研究共青团在坚持和完善中国特色社会主义制度、推进国家治理体系和治理能力现代化中的作用和渠道。中共中央党校(国家行政学院)教授竹立家、中国人民大学教授陈家刚、复旦大学教授郑长忠作主题报告。其间，团中央中特中心还召开了基地工作和课题推进会，13家研究基地负责人介绍了2019年基地工作情况和

2020年工作安排，有关重点课题负责人介绍了研究进展和研究思路。团中央宣传部、中央团校以及全国马克思主义理论界专家学者以及福建农林大学师生共200余人参加研讨会。

12月

12月1日

由北京师范大学思想政治工作研究院、《思想教育研究》杂志社、四川师范大学联合主办的“大中小学思想政治教育一体化建设”学术研讨会在四川师范大学举行。四川省委教育工委副书记李光华、四川师范大学党委书记李向成在开幕式上致辞。北京师范大学思想政治工作研究院院长冯刚教授、《思想教育研究》杂志社主编彭庆红教授分别作主旨报告。研讨会上，专家学者围绕大中小学思想政治教育一体化建设存在的问题、对策建议，以及基础理论研究、师资队伍建设、逻辑理路构建、解决路径方式等方面各自发表了意见和看法，结合思想政治理论课的改革与创新等主题进行了深入探讨和广泛交流。

12月6日

教育部办公厅发布《关于服务全民终身学习促进现代远程教育试点高校网络教育高质量发展有关工作的通知》，在“严把入口关，加强招生管理工作”部分强调规范招生行为秩序，要求加强政治素质和思想道德的把关；在“严把过程关，规范人才培养环节”部分强调加强思想政治教育，要求落实网络教育党建主体责任，发挥教师教书育人和学生党员示范引领作用，努力拓宽思想政治工作载体，形成全员、全过程、全方位育人的工作格局。要严格按照教育部有关要求设置思想政治理论课程，加强思政课程与课程思政建设，探索新时代网络教育学生思想政治工作新思路，提高思政工作水平；在“高校要将办学治校主体责任落到实处”部分强调坚持党的全面领导，要求全面贯彻党的教育方针，坚持社会主义办学方向，全面落实立德树人根本任务，树立全民教育、终身教育理念，准确把握以网络方式开展继续教育的规律，牢固树立人才培养中心地位。

12月7日

中国文化软实力研究中心等单位主办的“第十一届中国文化软实力研究高层论坛——‘思想政治教育改革创新’理论研讨会”在湖南大学召开。与会者围绕增强思想政治理论课的思想性、理论性和亲和力、针对性，构建思想政治理论课学科体系、学术体系、话语体系，加强新时代思想政治理论课教师队伍建设，改革创新新时代思想政治理论课教学方法等议题展开研讨。

12月8日

由中国教育发展战略学会思想道德专业委员会、《思想理论教育导刊》编辑部、《思想教育研究》编辑部、重庆师范大学马克思主义学院共同主办的“新时代思想政治教育质量评价论坛”在重庆师范大学举行。来自北京师范大学、清华大学、西南大学、兰州大学、中山大学、天津大学、浙江大学、华中师范大学、重庆大学、西南政法大学、重庆师范大学等高校的专家学者汇聚一堂，就新时代如何提升思想政治教育质量、如何构建科学有效的思想政治教育质量评价体系进行了深入探讨和交流。

12月11日

中国青年网报道，共青团中央编写的《〈中长期青年发展规划(2016—2025年)〉学习辅导读本》一书近日由人民出版社正式出版。全书共计27万字，主要内容包括14章，以学习问答的方式阐述了《规划》的历史意义、指导思想和框架内容，深入分析当代青年在思想道德、教育文化、健康婚恋、就业创业、社会参与、权益维护、社会保障等领域的现状，提出推进的政策建议，收录了《规划》全文和相关评论员文章。

12月13日

中共中央、国务院在南京隆重举行2019年南京大屠杀死难者国家公祭仪式。中共中央政治局委员、中宣部部长黄坤明出席并讲话。参加过抗日战争的老战士老同志代表，中央党政军群有关部门和东部战区、江苏省、南京市负责同志，各民主党派中央、全国工商联负责人和无党派人士代表，港澳台同胞代表，为中国人民抗日战争胜利作出贡献的国际友人或其遗属代表，南京大屠杀幸存者及遇难同胞亲属代表，国内外相关主题纪念(博物)馆代表，国内有关高校和智库专家代表，中日韩宗教界代表，驻宁部队官兵代表，江苏省各界群众代表等参加公祭仪式。

同日，深化新时代学校思想政治理论课改革创新现场推进会在天津召开。会议指出，习近平总书记主持召开学校思政课教师座谈会以来，各地各部门各学校深入贯彻重要讲话精神，出台务实管用的政策举措，推进思政课在改革中加强、在创新中发展，有了普遍改进和提高。要从战略和全局高度深刻认识思政课的特殊重要性，总结阶段性成果和经验做法，久久为功、持续用力。会议强调，深化思政课改革创新，要坚持以习近平新时代中国特色社会主义思想铸魂育人这一主线，突出教师、教材、教法三项改革重点，将爱国主义和“四个自信”教育贯穿于思政课建设的全过程各方面。要针对学生思想困惑，加强理论阐释、解疑释惑，不断提升思政课的学理性和吸引力。要推动大中小学思政课一体化，促进思政课程与课程思政、课内教育与课外教育衔接，配齐配强思政课教师，发挥马克思主义理论学科支撑作用，全方位提升思政课建设水平。

12 月 15 日

人民日报社研究部和新闻战线杂志社共同主办的“构建全媒体传播的舆论引导工作机制”研讨会在北京召开。会议指出，完善坚持正确导向的舆论引导工作机制，是坚持和完善繁荣发展社会主义先进文化的制度、巩固全体人民团结奋斗的共同思想基础的重要一环。要认真学习贯彻党的十九届四中全会精神，把握全媒体传播这一重要特征，始终把坚持正确导向落实到舆论引导工作实践中。

同日，第二届马克思主义学院建设与发展高端论坛在河北工业大学举行，来自全国 35 所高校马克思主义学院的专家学者对新时代高校思想政治理论课承担的任务、课堂改革创新的关键点、教学型教师队伍应如何培养等问题进行了深入研讨，探索高校思政课改革的新路径。

12 月 16 日

教育部印发《职业院校教材管理办法》和《普通高等学校教材管理办法》。《普通高等学校教材管理办法》强调，高校教材必须体现党和国家意志。坚持马克思主义指导地位，体现马克思主义中国化要求，体现中国和中华民族风格，体现党和国家对教育的基本要求，体现国家和民族基本价值观，体现人类文化知识积累和创新成果。全面贯彻党的教育方针，落实立德树人根本任务，扎根中国大地，站稳中国立场，充分体现社会主义核心价值观，加强爱国主义、集体主义、社会主义教育，引导学生坚定道路自信、理论自信、制度自信、文化自信，成为担当中华民族复兴大任的时代新人。国务院教育行政部门、省级教育部门、高校科学规划教材建设，重视教材质量，突出教材特色。马克思主义理论研究和建设工程重点教材实行国家统一编写、统一审核、统一使用。该文件从管理职责、教材规划、教材编写、教材审核、教材选用、支持保障、检查监督等方面提出要求。

12 月 17 日

教育部高校思政课教学指导委员会在湖南大学召开 2019 年工作会议。会议听取了教学指导委员会主任委员顾海良所作的工作报告和 7 个分教学指导委员会 2019 年工作汇报，并就 2020 年工作进行研讨和部署。会议指出，2019 年是学校思政课建设史上具有里程碑意义的一年，全国思政课战线充分感受到了以习近平同志为核心的党中央的亲切关怀，进一步坚定了办好新时代思政课的使命担当。当前，思政课建设面临着调整创新课程体系、加强教材体系建设、壮大思政课教师队伍、深化教学改革、发挥马克思主义理论学科领航作用等五大重点任务，总体形势很好，但困难和问题依然较多，希望教学指导委员会充分发挥立足一线、熟悉师生、了解情况的优势，围绕课程建设如何提高学理性和吸引力、马克思主义理论学科如何实现强基和领航、思政课教师队伍建设如何增强学术力和感召力、相关政策如何科学制定和狠抓落实、评价实施如何把握好形与质等五个重点问题，深入思考，建言献策，推动工作。教学指导委员会主任委员靳诺、委员代表，教育部社科司和湖南省教育厅、湖南大学负责同志 50 余人参加会议。

12 月 21 日

第九届全港学生中国国情知识大赛决赛暨颁奖典礼在香港举行。主办方表示，本届大赛参赛学校数量创新高，吸引 160 所学校积极参与，加深了香港学生对中国历史和国情知识的认识。

12 月 24 日

据《中国教育报》报道，日前教育部邀请学习贯彻党的十九届四中全会精神中央宣讲团成员、中央政策研究室副主任田培炎为全国高校思政课教师作专场宣讲报告。报告从《中共中央关于坚持和完善中国特色社会主义制度、推进国家治理体系和治理能力现代化若干重大问题的决定》的基本考虑和重大意义、充分认识中国特色社会主义制度的本质特征和优越性、创新举措和关键要点、全会确立的目标任务全面落实到位的明确要求等方面，对党的十九届四中全会精神进行了深入解读。北京高校分管思政课工作负责同志、马克思主义学院负责人及思政课教师近 400 人在现场聆听了报告，全国高校思政课教师通过“全国高校思政课教师网络集体备课平台”在线收看直播。

12 月 27 日

教育部办公厅发布《关于公布第二批全国党建工作示范高校、标杆院系、样板支部培育创建单位名单的通知》，遴选产生 10 个高校党委、99 个院系党组织、999 个党支部分别作为全国党建工作示范高校、标杆院系、样板支部培育创建单位，要求各建设单位按照《第二批双创工作通知》要求，坚持软件建设和硬件建设相结合、统筹规划和分步实施相结合、整体提升和品牌塑造相结合，按计划、分步骤开展培育创建工作。坚持目标管理和过程管理相结合，加强培育创建工作管理考核。建设周期内，教育部按年度划拨第二批党建工作示范高校、标杆院系培育创建单位专项建设经费。

12 月 28 日

28 日至 29 日，中国教育发展战略学会思想道德建设专业委员会 2019 年年会暨贯彻落实党的十九届四中全会精神研讨会举行。中国教育发展战略学会思想道德建设专委会理事长、教育部思想政治工作司原司长、北京师范大学思想政治工作研究院院长冯刚教授作了“中国教育发展战略学会思想道德建设专委会 2019 年工作回顾与 2020 年工作设想”的主旨报告。此次研讨会着眼于治理的维度，探讨思想道德建设的制度化建设与机制设计；着眼于历史发展的维度，把握学校思想政治道德建设的内在规律；着眼于跨学科的维度，探讨多学科视角下思想道德建设的理论与方法；着眼于理论与实践的维度，深入探讨大中小学校思想道德建设的路径设计与实然应然。

12 月 31 日

据《人民日报》报道，中央宣传部、人力资源社会保障部近日在北京举办 2019 年“最美基层高校毕业生”发布仪式，向全社会公开发布“最美基层高校毕业生”先进事迹。发布仪式以“到基层去、到祖国最需要的地方去”为主题，现场播放了王辉等 10 名“最美基层高校毕业生”的先进事迹视频短片。

2020年

1月

1月8日

教育部思想政治工作司印发《关于启动2020年高校思想政治工作有关培育建设项目申报工作的通知》(以下简称《通知》)。《通知》指出，经组织推荐、资格审核、专家遴选、结果公示等程序，遴选产生了高校思想政治工作精品项目、“高校思想政治工作中青年骨干队伍建设项目”、“高校原创文化精品推广行动计划”、《高校思想政治工作研究文库》入选名单。通知指出，各项目所在高校要扎实推进项目实施、完善优化项目建设、积极推动成果转化推广等工作，推动新时代高校思想政治工作提质增效。

1月9日

教育部在北京召开直属高校“不忘初心、牢记使命”主题教育总结会，深入学习贯彻习近平总书记在“不忘初心、牢记使命”主题教育总结大会上的重要讲话精神，安排部署巩固深化主题教育成果。中央“不忘初心、牢记使命”主题教育第十一巡回督导组组长宋秀岩，教育部党组书记、部长、部主题教育领导小组组长陈宝生出席会议并讲话。陈宝生指出，教育部党组把开展好主题教育作为重大政治任务，深入贯彻落实习近平总书记关于教育的重要论述和重要批示指示精神，周密部署安排直属高校主题教育各项工作。各高校扎实推进学习教育、调查研究、检视问题、整改落实各项工作，取得了一系列成果。各高校要坚持和加强党对教育工作的全面领导，持续深入抓好理论武装，推进整改落实，强化基层党组织建设，用好“一线规则”持续巩固教育成果，扎根中国大地办好中国特色社会主义大学。

1月10日

10日至11日，2020年全国教育工作会议在北京召开。教育部党组书记、部长陈宝生作工作报告。会议总结了2019年教育改革发展取得的一系列成果，指出教育系统为党育人、为国育才的初心更加坚定，爱党爱国爱社会主义的情感更加强烈，全力打好教育脱贫攻坚战，妥善应对风险挑战保持和谐稳定局面。会议强调，2020年是关键的一年。教育系统必须牢牢树立起“收官”的强烈意识，在此基础上开好局、开新局。

会议强调坚持和完善党对教育工作全面领导的制度体系。要全面加强教育系统党的建设，牢牢坚持马克思主义指导地位，加快提升学校思想政治工作质量水平，坚定不移推进教育系统全面从严治党。提升落实立德树人根本任务的针对性实效性，对准“五育并举”体系中的短板弱项，保持定力、持续用力、精准发力。要绘好爱国主义同心圆，推动教体融合，划出美育硬杠杠，构建劳动教育责任链条，打通家校连心桥。

1月14日

教育部召开学校国防教育和学生军训工作专题调研座谈会，部党组成员、副部长钟登华主持会议并讲话。会议指出，要深入学习中央领导同志的重要指示批示精神，深入学习十九届四中全会精神，把握教育事业规律性，深化认识，把思想和行动统一到全会精神上来，深刻认识新时代学校国防教育和学生军训工作重要性和紧迫性，深刻认识学校国防教育和学生军训工作是坚持走强军之路的必然要求，要提高政治站位，认真谋划工作，切实将其上升到国家人才培养战略全局的高度来抓紧抓好。会议要求，紧紧围绕立德树人根本目标，认真落实学校国防教育和学生军训工作的任务要求。要进一步做好顶层设计，增强课程质量，抓好队伍建设，提升教学和育人质量。

1月15日

共青团中央印发《共青团深入学习贯彻党的十九届四中全会精神，团结引领广大团员青年为坚持和完善中国特色社会主义制度、推进国家治理体系和治理能力现代化作贡献的行动纲要》，强调要深入贯彻习近平总书记关于青年工作的重要论述，努力把共青团建设成为始终忠诚于党、密切联系青年、坚持实事求是、勇于自我革命、永葆蓬勃朝气的马克思主义青年组织，团结引领广大团员青年为坚持和完善中国特色社会主义制度、推进国家治理体系和治理能力现代化作贡献。

同日，共青团中央印发《共青团 2020 年工作要点》，从五个方面对 2020 年共青团总体工作进行了规划。一要坚持不懈用习近平新时代中国特色社会主义思想教育引领青年，打牢广大青年听党话、跟党走的思想根基。二要围绕决胜全面建成小康社会目标任务，着力提升共青团服务大局、服务青年的实效。三要坚持大抓基层的鲜明导向，着力巩固和夯实团的基层基础。四要纵深推进改革再出发，着力提升团的工作和建设的规范化、科学化、现代化水平。五要坚持和加强党对共青团的全面领导，持续推进全面从严治团，全面加强共青团系统党的建设。

1月16日

教育部审议通过中华人民共和国教育部令第 46 号《新时代高等学校思想政治理论课教师队伍建设规定》(以下简称《规定》)，自 2020 年 3 月 1 日起施行。《规定》对高校思政课教师队伍的身份定位、职责与要求、配备与选聘、培养与培训、考核与评价、保障与管理等各方面提出了明确要求。文件指出，思政课是高等学校落实立德树人根本任务的关键课程，是必须按照国家要求设置的课程。思政课教师是高等学校教师队伍中承担开展马克思主义理论教育、用习近平新时代中国特色社会主义思想铸魂育人的中坚力量。主管教育部门、高等学校应当把思政课教师队伍建设纳入教育事业发展和干部人才队伍建设总体规划，在师资建设上优先考虑，在资金投入上优先保障，在资源配置上优先满足。高等学校应当落实全员育人、全程育人、全方位育人要求，构建完善立德树人工作体系，动员各方面力量支持、配合思政课教师开展教学科研、组织学生社会实践等工作，提升思政课教学效果。

同日，教育系统关于学习宣传贯彻落实《新时代爱国主义教育实施纲要》的工作方案中指出，要以习近平新时代中国特色社会主义思想为指导，紧紧围绕中国特色社会主义伟大实践、“两个一百年”奋斗目标和实现中华民族伟大复兴中国梦，深刻认识中国共产党团结带领全国各族人民进行的革命、建设、改革实践是爱国主义的伟大实践。坚持长短衔接，将传承民族精神与弘扬时代精神相结合；坚持由浅入深，将激发爱国之情与投身报国之行相结合；坚持内外联动，将挖掘校内资源与运用社会资源相结合；坚持远近贯通，将久久为功与重点推进相结合。要建立爱国主义教育工作体系，在明理上下功夫，准确把握新时代爱国主义精神的丰富内涵；在共情上下功夫，涵育爱党爱国爱社会主义的真挚情感；在弘文上下功夫，加强爱国主义教育的氛围营造和文化浸润；在力行上下功夫，推动爱国精神转化为强国报国的自觉行动。

同日，教育部党组书记、部长、教育部应对疫情工作领导小组组长陈宝生传达习近平总书记重要讲话和中共中央政治局常务委员会会议精神，部署贯彻落实工作。教育部党组成员、副部长、教育部应对疫情工作领导小组副组长钟登华部署具体工作。教育部应对疫情工作领导小组成员参加会议。

陈宝生指出，湖北省武汉市等地近期陆续发生疫情以来，教育部党组深入学习贯彻习近平总书记重要指示精神，认真贯彻李克强总理批示要求和国务院常务会议部署，高度重视疫情防控工作，连续印发了《关于切实做好新型冠状病毒感染的肺炎疫情防控工作的通知》《关于切实做好新型冠状病毒感染的肺炎疫情防控工作应急预案的通知》两个通知，要求各地和学校及时采取应对措施、做好防控工作。

1 月 31 日

共青团中央印发《关于坚持党的领导，全团动员，在防控疫情阻击战中充分发挥共青团生力军和突击作用的通知》，强调要广泛发动广大青年参与疫情防控阻击战。要动员青年志愿者参与到区县、街镇、城乡社区等防护工作网络中，落实联防联控措施。要依托网络信息平台、12355 热线等开展线上志愿服务。要让党的号召、团的动员最广泛地直达青少年。科学把握疫情防控舆论引导工作的时效度，及时面向青少年发布权威信息、准确解读防控措施、有效疏导恐慌情绪、主动传播健康卫生知识、坚决遏制流言扩散，激发出、凝聚起打赢防控阻击战的强大精神力量。要注重适应青年的阅读和表达习惯，创新宣传手段，通过制作微视频、通俗易懂的标语、明白卡等方式，提高舆论引导实效。

2 月

2 月 4 日

教育部日前印发《关于在疫情防控期间做好普通高等学校在线教学组织与管理工作的指导意见》(以下简称《意见》)，要求采取政府主导、高校主体、社会参与的方式，共同实施并保障高校在疫情防控期间的在线教学，实现“停课不停教、停课不停学”。《意见》指出，各高校应充分利用慕课和省、校两级优质在线课程教学资源，在慕课平台和实验资源平台服务支持带动下，依托各级各类在线课程平台、校内网络学习空间等，积极开展线上授课和线上学习等在线教学活动，保证疫情防控期间教学进度和教学质量。

2 月 28 日

国务院联防联控机制新闻发布会在北京举行，教育部副部长翁铁慧、人力资源社会保障部副部长游钧介绍鼓励企业吸纳高校毕业生相关政策有关情况。今年全国普通高校毕业生 874 万人，在受突发新冠肺炎疫情影响下，如何加大政策倾斜力度、增加就业机会、拓展就业升学渠道，妥善做好今年高校毕业生就业工作，是当前重点工作。

3 月

3 月 3 日

据《中国教育报》报道，教育部党组日前印发《关于学习贯彻习近平总书记给在首钢医院实习的西藏大学医学院学生重要回信精神的通知》(以下简称《通知》)，要求各地和有关高校认真组织学习，深刻领会习近平总书记回信的重大意义和精神实质，自觉把思想和行动统一到回信精神上来，把回信精神转化为推动高等医学教育改革发展的强大动力。

《通知》指出，习近平总书记的重要回信，充分体现了习近平总书记对我国医学教育、卫生健康事业的高度重视，对医务工作者的亲切关怀，对医学生报效国家服务人民的殷切希望，极大鼓舞了在校医学生和逆行奋战在抗疫前线、救死扶伤的广大医务工作者，为高等学校全面主动服务健康需求，加快高等医学教育改革，指明了前进方向，提供了根本遵循。《通知》要求全面贯彻落实习近平总书记重要回信精神。要坚持立德树人，培养仁心仁术的医学人才。德育为先培养具有仁心的医学人才。要把德育作为医学人才培养的首要内容，将思想政治教育和医学职业素养教育贯穿人才培养全过程，建设一批有思想、有内容、有温度的课程思政“金课”，建设一批医学人文教育实践基地，以此次疫情防控斗争中广大医务工作者为榜样教育学生，着力培养学生“珍爱生命、大医精诚”的救死扶伤精神，引导学生将预防疾病、解除病痛和维护群众健康作为自己的神圣职责。能力为重培养具有仁术的医学人才。

3 月 4 日

教育部印发《关于应对新冠肺炎疫情做好 2020 届全国普通高等学校毕业生就业创业工作的通知》(以下简称《通知》)，进一步指导推动各地各高校积极应对新冠肺炎疫情，开展网上就业服务、拓宽就业和升学渠道、强化就业困难帮扶等工作，全力促进高校毕业生就业。《通知》强调，要关爱和帮扶就业重点群体。加强对毕业生的思想教育和就业心理辅导，对建档立卡贫困家庭、身体残疾等毕业生实行“一人一策”分类帮扶。强化湖北等重点地区和重点群体就业帮扶，扩大“特岗计划”在湖北高校招募规模，更大力度扩大湖北省普通高校专升本招生计划，举办湖北省高校和湖北籍毕业生专场网上招聘活动。

3月9日

由教育部社会科学司与人民网联合组织的“全国大学生同上一堂疫情防控思政大课”在人民日报社人民网“云开讲”，全国高校学生5027.8万人次通过人民网、人民智云客户端、领导留言板客户端、人民视频客户端、咪咕视频客户端、学习强国公众号等观看了在线直播，相关网站、客户端、社交媒体总访问量达1.25亿人次。

3月15日

中共中央总书记、国家主席、中央军委主席习近平给北京大学援鄂医疗队全体“90后”党员回信，向他们和奋斗在疫情防控各条战线上的广大青年致以诚挚的问候。习近平总书记在回信中指出，青年一代有理想、有本领、有担当，国家就有前途，民族就有希望。希望你们努力在为人民服务中茁壮成长、在艰苦奋斗中砥砺意志品质、在实践中增长工作本领，继续在救死扶伤的岗位上拼搏奋战，带动广大青年不惧风雨、勇挑重担，让青春在党和人民最需要的地方绽放绚丽之花。

习近平总书记的回信在北京大学援鄂医疗队“90后”党员和青年学子中引发了强烈反响。大家一致表示，要牢记习近平总书记的殷殷嘱托，在抗击疫情的斗争中、在日常的学习科研中，继续发挥好党员先锋模范带头作用，展现青年人不畏艰险、冲锋在前、舍生忘死的蓬勃力量。

3月20日

中共中央国务院印发《关于全面加强新时代大中小学劳动教育的意见》，要求充分认识新时代培养社会主义建设者和接班人对加强劳动教育的新要求，把劳动教育纳入人才培养全过程，贯通大中小学各学段，贯穿家庭、学校、社会各方面，与德育、智育、体育、美育相融合，紧密结合经济社会发展变化和学生生活实际，积极探索具有中国特色的劳动教育模式，创新体制机制，注重教育实效，实现知行合一，促进学生形成正确的世界观、人生观、价值观。要把握育人导向，遵循教育规律，体现时代特征，强化综合实施，坚持因地制宜地推进新时代大中小劳动教育。

3月26日

共青团中央印发《关于大力推进新时代希望工程事业发展的若干意见》(以下简称《意见》)。《意见》指出，要聚焦联系服务青年，为共青团扩大工作覆盖面、提升服务能力提供助力。一方面，用好希望工程的公益元素、品牌优势，把奉献爱心、志愿服务作为共青团凝聚各类青年组织、各类青年群体的最大公约数，让更多青年融入党领导下以共青团为主导的青年组织体系中。另一方面，切实把希望工程作为联系青年、服务青年的有效路径。通过开展调研、组织活动、实施项目等方式，及时了解基层青少年实际困难和需求，建立长期联系、定期回访、跟踪帮扶的机制。同时，对于普遍性利益诉求，形成相关议题并纳入政协提案，推动公共政策完善。

3月27日

教育系统首场学习贯彻习近平总书记给北京大学援鄂医疗队“90后”党员重要回信精神联学会在北京大学召开。教育部党组书记、部长陈宝生出席会议并讲话，教育部党组成员、副部长翁铁慧主持会议。会议以线上线下联学的方式进行。

同日，由教育部思政司主办，国家教育行政学院高校思想政治工作队伍培训研修中心承办，依托“高校辅导员网络学院”平台组织实施的全国高校辅导员网络培训示范班如期开班，此次培训主题为“共抗疫情显担当，爱国力行育新人”。本次培训面向全国高校专职辅导员，培训周期为40天，预计15万人次参与培训，实现专职辅导员队伍全覆盖。培训充分发挥“互联网＋培训”优势，设计了“价值引领与思想引导”“生涯规划与就业指导”“疫情防控知识”等六大课程模块。在培训环节上设置了“共抗疫情、爱国力行”等系列主题研讨活动和 4 次主题式直播互动答疑，搭建起思政工作领域专家、全国高校辅导员年度人物与广大高校辅导员交流研讨平台。

同日，由北京师范大学思想政治工作研究院院长冯刚教授组织全国部分思想政治教育学科领域知名专家、中青年学者共同研究撰写的《思想政治教育研究热点年度发布》(2019)一书正式出版。该书梳理 2019 年思想政治教育研究热点，把握相关研究进展，总结研究特点，明晰研究不足，展望研究发展趋势，对于加强思想政治教育学科建设，提高思想政治教育科学化水平，提升思想政治教育质量，具有重要意义。

4 月

4 月 1 日

中国教育发展战略学会思想道德建设专业委员会依托高职院校思想政治教育发展研究中心，组织全国部分高职院校党务思政干部和专家学者编写的《高职院校党建与思想政治工作研究》一书由中国书籍出版社正式出版。本书由北京师范大学思想政治工作研究院院长、中国教育发展战略学会思想道德建设专业委员会理事长冯刚教授负责总体策划，结合高职院校党建思想政治工作理论研究与实践展开，系统梳理、总结了近年来高职院校党建和思想政治工作的发展历程与过程管理，从学理上探讨了高职院校党的建设、德育体系、思政课程、队伍建设、心理健康以及人才培养路径拓展等专题内容，立足于高职院校思想政治工作实际，展现了新形势下对相关前沿问题的研究特点。

4 月 8 日

教育部思想政治工作司发布 2020 年工作要点，指出 2020 年思想政治工作司工作总体要求为：以习近平新时代中国特色社会主义思想为指导，全面贯彻落实党的十九大和十九届二中、三中、四中全会精神，深入学习贯彻习近平总书记关于教育的重要论述，在部党组坚强领导下，增强“四个意识”，坚定“四个自信”，做到“两个维护”，坚持稳中求进工作总基调，坚持和加强党对高校的全面领导，统筹推进质量党建、精准思政、积极维稳各项工作，打赢高校新冠肺炎疫情防控阻击战，写好教育“奋进之笔”，为决胜全面建成小康社会贡献力量。一是打赢高校疫情防控阻击战，因势利导做好高校党建和思想政治工作；二是全面推进高校党的政治建设，用习近平新时代中国特色社会主义思想铸魂育人，完善高校党的政治建设工作机制，制订实施建党“百年行动”方案，开展深入、持久、生动的爱国主义教育；三是夯实党对高校全面领导的组织基础，完善党对高校全面领导的制度体系，增强高校基层党组织组织力，加强教师党建工作，提升高校统战工作实效；四是系统深化高校思政工作改革创新，加快构建高校思想政治工作体系，充分发挥校园文化育人功能，深入开展文明校园创建，创新推动网络育人，全面加强心理健康教育；五是维护高校安全稳定，完善维护高校稳定体制机制，加强校园反恐防范和应急管理工作，深入推进学校国家安全教育；六是提升工作科学化水平，强化研究力量支撑，深化理论和实践研究，强化评价指标导向；七是锻造全面过硬干部队伍，持续加强干部队伍教育培训；八是加强司局自身建设，建设让党中央放心、让人民群众满意的模范机关。

4 月 16 日

2020 年度高校思想政治工作视频会召开。会议旨在全面贯彻落实党的十九大精神和习近平新时代中国特色社会主义思想，加强党对高校的全面领导、提升高校思想政治工作质量、维护高校和谐稳定局面，统筹推进 2020 年高校党建和思政工作。部党组成员、副部长翁铁慧出席会议并讲话。

翁铁慧强调，要讲好疫情防控故事，做好爱国主义教育这篇大文章。一是从生动讲好疫情防控故事入手，坚持长短衔接、由浅入深、内外联动、远近贯通，在广大师生中开展广泛深入持久的爱国主义教育。二是要贯彻高校基层组织工作条例，对标强化主导责任、落实主体责任。三是要进一步落实意识形态工作责任制，切实做好高校毕业生就业等涉及切身利益的工作，防范化解安全突发事件及隐患。

4月23日

教育部召开2020年教育系统全面从严治党工作视频会议，分析研判教育系统全面从严治党形势，部署安排今年重点任务。教育部党组书记、部长陈宝生出席会议并讲话，中央纪委国家监委驻教育部纪检监察组组长、部党组成员吴道槐对教育部直属系统纪检监察工作提出要求，教育部党组成员、副部长、直属机关党委书记田学军主持会议。会议指出，过去一年，教育系统各级党组织和广大党员干部坚持以习近平新时代中国特色社会主义思想为指导，深入学习贯彻党的十九大和十九届二中、三中、四中全会精神，贯彻落实十九届中央纪委二次、三次全会全面从严治党部署，以党的政治建设为统领，认真践行“两个维护”，扎实开展主题教育，树立大抓基层导向，严格落实“两个责任”，教育系统政治建设更加强化，报国担当的初心使命更加坚定，党建根基更加夯实，正风肃纪反腐态势更加有力，推动教育系统全面从严治党工作向纵深发展，有力促进了教育改革发展稳定各项工作。

4月27日

教育部党组理论学习中心组召开集中学习会，围绕“构建社会主义现代化强国建设需要的教育体系”主题，对构建社会主义现代化强国建设需要的教育体系进行深入研讨，进一步明确目标任务、方法路径和主要举措。教育部党组书记、部长陈宝生主持会议并总结讲话，部党组成员作交流发言。

会议强调，构建社会主义现代化强国建设需要的教育体系，要从落实习近平总书记重要指示批示的大局、应对世界百年未有之大变局、推动党和国家事业发展全局、科学谋划“十四五”发展和下一个百年开局、有效应对“疫后综合征”战局，来深刻认识构建这一体系的重大政治意义、世界意义、战略意义、开创意义、历史意义。

4月28日

教育部等八部门发布《关于加快构建高校思想政治工作体系的意见》(以下简称《意见》)。《意见》指出，要以建立完善全员、全程、全方位育人体制机制为关键，全面提升高校思想政治工作质量。健全立德树人体制机制，把立德树人融入思想道德、文化知识、社会实践教育各环节，贯通学科体系、教学体系、教材体系、管理体系，加快构建目标明确、内容完善、标准健全、运行科学、保障有力、成效显著的高校思想政治工作体系。《意见》要求，构建高校思想政治工作体系要不断完善理论武装体系、学科教学体系、日常教育体系、管理服务体系、安全稳定体系、队伍建设体系、评估督导体系。其中，学科教学体系建设中要注重强化哲学社会科学育人作用，全面推进所有学科课程思政建设，强化科研育人功能。日常教育体系建设中要推动将优秀网络文化成果纳入科研成果评价统计。管理服务体系建设中，要注重加强群团组织建设，推动“一站式”学生社区建设，完善精准资助育人。队伍建设体系中，要加大马克思主义学者和青年马克思主义者培养力度。

同日，教育部哲学社会科学工作领导小组第三次会议召开。教育部党组书记、部长、领导小组组长陈宝生出席并讲话。陈宝生强调，2020年既是决胜之年，也是承启之年，更是大考之年，要服务脱贫攻坚和疫情防控两场大考，坚持稳中求进，突出实干为要，着力做好五个方面的工作。一是擦亮定盘星，切实加强党对高校哲学社会科学的全面领导，以习近平新时代中国特色社会主义思想为统领，推进庆祝中国共产党成立百年行动特别是理论研究工作。二是唱响主旋律，继续深入推进习近平新时代中国特色社会主义思想“三进”工作，持续深化新时代高校思政课改革创新，充分用脱贫攻坚、疫情防控等重大事件上好思政大课和爱国主义大课。三是扭转指挥棒，切实推动高校哲学社会科学评价体系改革，扭转“五唯”特别是唯论文倾向，引导高校社科界潜心做学问。四是消除风险点，压紧压实意识形态工作责任制，做好文化安全风险评估，健全风险防控体系，营造于我有利的国际环境。五是提升软实力，以教育战线软实力建设助力提升国家综合软实力。

5 月

5 月 5 日

在五四青年节到来之际，习近平总书记寄语新时代青年，强调坚定理想信念，站稳人民立场，练就过硬本领，投身强国伟业。习近平总书记指出，面对突如其来的新冠肺炎疫情，全国各族青年积极响应党的号召，踊跃投身疫情防控人民战争、总体战、阻击战，不畏艰险、冲锋在前、真情奉献，展现了当代中国青年的担当精神，赢得了党和人民高度赞誉。各级党委和政府、各级领导干部以及全社会都要关心青年成长，支持广大青年建功立业。习近平总书记的深情寄语、殷切嘱托，极大鼓舞了广大青年积极拥抱新时代、奋进新时代。大家纷纷表示，要牢记习近平总书记寄语，继承和发扬五四精神，在实现中华民族伟大复兴中国梦的新长征路上奋勇搏击。

5 月 11 日

共青团中央印发《关于认真学习宣传贯彻习近平总书记五四寄语精神的通知》(以下简称《通知》)。《通知》指出，习近平总书记五四寄语，体现着以习近平同志为核心的党中央对马克思主义青年观和青年工作方法论的新思考、新要求，进一步丰富和发展了习近平总书记关于青年工作的重要思想，对于我们做好新时代党的青年工作具有重大理论和实践意义。《通知》强调，要从五个方面着手实施。一是广泛深入抓好寄语精神的学习宣传，引导广大青年感悟总书记关怀、明确新时代责任。新时代中国青年应当深刻领会总书记提出的“继承和发扬五四精神”“始终保持艰苦奋斗的前进姿态”的重要要求，自觉担当“同亿万人民一道，在实现中华民族伟大复兴中国梦的新长征路上奋勇搏击”的时代责任。二是抓住契机做好青年思想政治引领工作，引导广大青年不断增强“四个意识”，坚定“四个自信”，做到“两个维护”。三是聚焦决胜全面小康、决战脱贫攻坚，充分发挥广大团员青年的生力军和突击队作用。要有效动员青年特别是应届高校毕业生到城乡社区服务人民、锻炼成长建功立业。四是着力帮助解决青少年遇到的实际困难，让他们感受到党的关怀与温暖。针对青年人在毕业求职、创新创业、社会融入、婚恋交友、老人赡养、子女教育等方面的操心事、烦心事，加强政策沟通与协调，努力为青年创造良好发展条件。五是继续深化共青团改革，不断提升围绕中心、服务大局的能力水平。根据时代发展对志愿服务提出的更高要求，有规划、分专业、常态化做好青年志愿者骨干队伍的建设和储备，努力打造适应多种领域和需求的、富有青春力量的应急青年志愿者队伍。

5 月 17 日

国家主席习近平给北京科技大学全体巴基斯坦留学生回信，对各国优秀青年来华学习深造表示欢迎，鼓励他们多同中国青年交流，同世界各国青年一道，携手为促进民心相通、推动构建人类命运共同体贡献力量。习近平指出，正如你们所感受到的，新冠肺炎疫情发生后，中国政府和学校始终关心在华外国留学生生命安全和身体健康，为大家提供了全方位的帮助。生命至上，不管是中国人还是在华外国人员，中国政府和中国人民都一视同仁予以关心和爱护。习近平表示，中国将继续为所有在华外国留学生提供各种帮助。中国欢迎各国优秀青年来华学习深造，也希望大家多了解中国、多向世界讲讲你们所看到的中国，多同中国青年交流，同世界各国青年一道，携手为促进民心相通、推动构建人类命运共同体贡献力量。

5 月 28 日

教育部印发《高等学校课程思政建设指导纲要》(以下简称《纲要》)。《纲要》指出，全面推进课程思政建设，要寓价值观引导于知识传授和能力培养之中，紧紧抓住教师队伍“主力军”、课程建设“主战场”、课堂教学“主渠道”，让所有高校、所有教师、所有课程都承担好育人责任，守好一段渠、种好责任田，使各类课程与思政课程同向同行，将显性教育和隐性教育相统一，形成协同效应，构建全员全程全方位育人大格局。《纲要》强调，课程思政建设是全面提高人才培养质量的重要任务。要科学设计课程思政教学体系，切实落实高等职业学校专业教学标准、本科专业类教学质量国家标准和一级学科、专业学位类别(领域)博士硕士学位基本要求，使公共基础课程、专业教育课程，实践类课程协同发力；要将课程思政融入课堂教学建设全过程，落实到课程目标设计、教学大纲修订、教材编审选用、教案课件编写各方面，贯穿于课堂授课、教学研讨、实验实训、作业论文各环节。《纲要》指出，人才培养效果是课程思政建设评价的首要标准。要把教师参与课程思政建设情况和教学效果作为教师考核评价、岗位聘用、评优奖励、选拔培训的重要内容。

6 月

6 月 8 日

教育部组织召开全面推进高等学校课程思政建设工作视频会议，部署《高等学校课程思政建设指导纲要》贯彻落实工作。会议强调，要深刻认识全面推进高校课程思政建设的战略意义，充分发挥好专业课教师“主力军”、专业课教学“主战场”、专业课课堂“主渠道”的作用，推动课程思政建设不断取得新进展新成效，使专业课与思政课同向同行，构建立德树人长效机制，实现全员全程全方位育人。教育部党组书记、部长陈宝生出席会议并讲话，党组成员、副部长钟登华主持会议。

6 月 16 日

共青团中央、教育部党组印发《深化学校共青团改革的若干措施》。文件指出，要进一步破解制约学校共青团发展的思维定势和重点难点问题，不断增强团的政治性、先进性和群众性。

7 月

7 月 1 日

《求是》杂志第 13 期发表中共中央总书记、国家主席、中央军委主席习近平的重要文章《在“不忘初心、牢记使命”主题教育总结大会上的讲话》。文章强调，我们党作为百年大党，要始终得到人民拥护和支持，书写中华民族千秋伟业，必须始终牢记初心和使命，坚决清除一切弱化党的先进性、损害党的纯洁性的因素，坚决割除一切滋生在党的肌体上的毒瘤，坚决防范一切违背初心和使命、动摇党的根基的危险。文章指出，这次主题教育是新时代深化党的自我革命、推动全面从严治党向纵深发展的生动实践。全党要以这次主题教育为新的起点，不断深化党的自我革命，持续推动全党不忘初心、牢记使命。

7 月 7 日

中共中央总书记、国家主席、中央军委主席习近平给中国石油大学(北京)克拉玛依校区毕业生回信，肯定他们到边疆基层工作的选择，对广大高校毕业生提出殷切期望。

习近平在回信中说，得知你们 118 名同学毕业后将奔赴新疆基层工作，立志同各族群众一起奋斗，努力成为可堪大用、能担重任的西部建设者，我支持你们作出的这个人生选择。同学们生逢其时、肩负重任。希望全国广大高校毕业生志存高远、脚踏实地，不畏艰难险阻，勇担时代使命，把个人的理想追求融入党和国家事业之中，为党、为祖国、为人民多作贡献。习近平强调，各级党委、政府和社会各界要切实做好高校毕业生就业工作，采取有效措施，克服新冠肺炎疫情带来的不利影响，千方百计帮助高校毕业生就业，热情支持高校毕业生在各自工作岗位上为党和人民建功立业。

7 月 8 日

中共中央办公厅转发《中央宣传部、中央组织部关于认真组织学习〈习近平谈治国理政〉第三卷的通知》，要求各地区各部门结合实际认真贯彻落实。《习近平谈治国理政》第三卷的出版发行，对于推动广大党员、干部和群众学懂弄通做实习近平新时代中国特色社会主义思想，系统掌握贯穿其中的马克思主义立场观点方法，增强“四个意识”、坚定“四个自信”、做到“两个维护”；对于帮助国际社会更好了解这一重要思想的主要内容，增进对中国共产党为什么“能”、马克思主义为什么“行”、中国特色社会主义为什么“好”的认识和理解，具有重要意义。

7 月 23 日

八一建军节到来之际，中共中央总书记、国家主席、中央军委主席习近平到空军航空大学视察，代表党中央和中央军委，向学校师生员工致以诚挚问候，向全体人民解放军指战员、武警部队官兵、民兵预备役人员致以节日祝贺。习近平强调，要贯彻新时代党的强军思想，贯彻新时代军事战略方针，贯彻新时代军事教育方针，深化改革创新，不断提高办学育人水平，努力开创学校建设发展新局面。

7 月 29 日

据央视网报道，中共中央总书记、国家主席、中央军委主席习近平近日就研究生教育工作作出重要指示指出，中国特色社会主义进入新时代，即将在决胜全面建成小康社会、决战脱贫攻坚的基础上迈向建设社会主义现代化国家新征程，党和国家事业发展迫切需要培养造就大批德才兼备的高层次人才。习近平强调，研究生教育在培养创新人才、提高创新能力、服务经济社会发展、推进国家治理体系和治理能力现代化方面具有重要作用。各级党委和政府要高度重视研究生教育，推动研究生教育适应党和国家事业发展需要，坚持“四为”方针，瞄准科技前沿和关键领域，深入推进学科专业调整，提升导师队伍水平，完善人才培养体系，加快培养国家急需的高层次人才，为坚持和发展中国特色社会主义、实现中华民族伟大复兴的中国梦作出贡献。

8 月

8 月 16 日

《求是》杂志第 16 期发表中共中央总书记、国家主席、中央军委主席习近平 2015 年 11 月 23 日在十八届中央政治局第二十八次集体学习时的重要讲话《不断开拓当代中国马克思主义政治经济学新境界》。讲话强调，马克思主义政治经济学是马克思主义的重要组成部分，也是我们坚持和发展马克思主义的必修课。马克思主义政治经济学揭示了人类社会特别是资本主义社会经济运动规律，我们政治经济学的根本只能是马克思主义政治经济学，而不能是别的什么经济理论。马克思主义政治经济学要有生命力，就必须与时俱进。我们要立足我国国情和我们的发展实践，深入研究世界经济和我国经济面临的新情况新问题，揭示新特点新规律，提炼和总结我国经济发展实践的规律性成果，把实践经验上升为系统化的经济学说，不断开拓当代中国马克思主义政治经济学新境界。

8 月 17 日

中华全国青年联合会第十三届委员会全体会议、中华全国学生联合会第二十七次代表大会在北京开幕。中共中央总书记、国家主席、中央军委主席习近平发来贺信，代表党中央向大会的召开表示热烈的祝贺，向全国各族各界青年和青年学生、向广大海外中华青年致以诚挚的问候。习近平在贺信中说，5 年来，在党的领导下，在共青团帮助指导下，各级青联和学联组织锐意改革、积极进取，团结广大青年和青年学生在全面建成小康社会进程中贡献智慧力量、展现青春风采，为做好党的青年工作发挥了重要作用。习近平指出，经过全党全国各族人民团结奋斗，我们即将夺取全面建成小康社会伟大胜利，踏上实现第二个百年奋斗目标的新征程。我国广大青年要坚定理想信念，培育高尚品格，练就过硬本领，勇于创新创造，矢志艰苦奋斗，同亿万人民一道，在矢志奋斗中谱写新时代的青春之歌。习近平强调，青联和学联工作是党的青年工作的重要组成部分。各级党委和政府要加强对青年工作的领导，关心和支持青联和学联工作，为广大青年和青年学生增长才干、施展才华创造良好条件。青联和学联组织要紧跟时代步伐，把握青年工作特点和规律，深化改革创新，组织动员广大青年和青年学生坚定跟党走、奋进新时代，为党和国家事业发展作出新的更大的贡献。

8 月 21 日

浙江省委宣传部和复旦大学联合在陈望道的故乡——义乌举行纪念《共产党宣言》首个中文全译本 100 周年座谈会。与会代表表示，《共产党宣言》首个中文全译本问世以来，成为指引中华民族前行的航标灯塔，要在重温经典中感悟马克思主义的真理力量，在踏寻先行者的足迹中坚定理想信仰、传承初心使命，矢志不渝做马克思主义的坚定信仰者、自觉传播者、忠诚实践者。座谈会期间，还举办了“真理之甘信仰之源——纪念陈望道首译《共产党宣言》中文全译本100周年主题展”义乌巡展开幕和《共产党宣言》全译本出版100周年纪念邮票首发式。

同日，由中央党史和文献研究院牵头承办，中央党校(国家行政学院)、中央党史和文献研究院、教育部、中国社会科学院联合举办的“纪念列宁诞辰150周年理论研讨会”在北京召开。与会代表围绕列宁关于党的建设的思想、列宁对马克思主义的发展和创新、列宁对社会主义道路和建设的探索及其启示、列宁的人格风范、列宁对马克思主义政治经济学的重要贡献、列宁的东方社会发展理论、列宁的帝国主义论与构建人类命运共同体等主题进行了深入探讨。

8月31日

共青团干部教育培训和理论研究工作座谈会在中央团校召开。会议指出，习近平总书记高度重视、亲自推动中央团校改革。四年多来，中央团校边改造边培训边提升，各项工作取得了重要阶段性成果，初步具备了常态化、正规化开展团干部教育培训的能力，正在朝着“建设党在青年工作领域特色鲜明的政治学校”这一目标前进。会议强调，共青团是为党做青年工作的骨干力量，团干部队伍是共青团事业的根本依托和基本力量。共青团必须结合团干部现状和工作需要，全面加强教育培训和理论研究工作，努力打造一支政治素质过硬、思想理论水平高、政策实践能力强、工作作风实的团干部队伍。

9月

9月7日

团中央召开新兴青年群体思想引领工作研讨会。会议强调，党中央高度重视新兴青年群体工作，习近平总书记对做好新兴领域青年工作多次提出明确要求。各级团组织要深入研究把握新兴领域青年的群体特征、思想动态和利益诉求，切实提高思想政治引领的针对性实效性，将新兴领域青年最大程度凝聚在党的周围。

9月8日

全国青年马克思主义者培养工程2019年结业式、2020年开班式在中央团校举行。共青团中央书记处书记徐晓出席并讲话。中央组织部、教育部、民政部、农业农村部、国资委、中国国家铁路集团有限公司有关负责同志，学员理论导师代表，全国“青马工程”2019年和2020年学员参加开班式。会议指出，2019年全国“青马工程”对照“忠诚的政治品格，浓厚的家国情怀，扎实的理论功底，突出的能力素质，忠恕任事、人品服众”的青年政治人才培养目标，着力推动“提质扩面”，学员来源更加广泛、培养体系更加完善、日常管理更加严格、制度保障更加有力，工作取得显著成效。

9月9日

在第三十六个教师节到来之际，中共中央总书记、国家主席、中央军委主席习近平代表党中央，向全国广大教师和教育工作者致以节日的祝贺和诚挚的慰问。

习近平指出，面对突如其来的新冠肺炎疫情，全国广大教师迎难而上，奋战在抗击疫情和“停课不停学、不停教”两条战线上，守护亿万学生身心健康，支撑起世界上最大规模的在线教育，为抗击疫情作出了重要贡献。希望广大教师不忘立德树人初心，牢记为党育人、为国育才使命，积极探索新时代教育教学方法，不断提升教书育人本领，为培养德智体美劳全面发展的社会主义建设者和接班人作出新的更大贡献。习近平强调，各级党委和政府要满腔热情关心教师，让教师真正成为最受社会尊重和令人羡慕的职业，在全社会营造尊师重教的良好风尚。要统筹做好常态化疫情防控和教育教学工作，确保全面复学、正常复学、安全复学。

9月10日

中共中央政治局委员、国务院副总理孙春兰到中国人民大学调研，了解教学科研工作情况，向全国广大教师和教育工作者转达党中央、国务院的节日祝贺和诚挚慰问。孙春兰指出，教师是教育发展的第一资源。全国1732万教师深入贯彻党的教育方针，爱岗敬业、默默耕耘，为办好人民满意教育作出了重要贡献。要深入学习贯彻习近平总书记对广大教师的重要寄语精神，把加强教师队伍建设作为最重要的基础工作来抓，吸引和激励更多优秀人才长期从教、终身从教，以高水平教师支撑高质量教育。

9月11日

习近平总书记在科学家座谈会上发表重要讲话，强调"科学成就离不开精神支撑。科学家精神是科技工作者在长期科学实践中积累的宝贵精神财富"。习近平强调，高等学校要大力弘扬科学家精神，激荡爱国情怀，矢志创新创造，培养高素质人才，为我国科学技术长足发展进步注入强劲动能。

9月21日

据《中国青年报》报道，中央宣传部、共青团中央、中央军委政治工作部联合主办的"青春在战疫中绽放"首场全国宣讲报告会在北京人民大会堂举行。共青团中央书记处第一书记贺军科主持宣讲报告会，中央宣传部、中央军委政治工作部有关负责同志出席，医务工作者、部队官兵、公安民警、青年学生、企业职工、少先队员等首都各界代表700多人参加。这场宣讲报告会是"青春在战疫中绽放"主题宣讲的第一场活动。该主题宣讲活动深入贯彻落实习近平总书记在全国抗击新冠肺炎疫情表彰大会上的重要讲话精神，精心遴选一批在新冠肺炎疫情防控工作中表现优异、事迹感人、具有突出代表性的90后、00后青年典型，组建全国巡回宣讲团，从青年视角讲述全党全国各族人民在党中央坚强领导下书写的气壮山河的"中国抗疫故事"。

同日，上海新出台《关于深入推进上海高校课程思政建设的实施意见》(以下简称《意见》)，全面启动高校人才培养方案修订工作，将对八大类专业全面启动课程思政教学指南研制，着力将课程思政改革内化到学校的治理体系和治理结构中，让改革成果逐步固化为现代大学制度内在组成部分。上海将推动高校基于办学定位和人才培养目标，围绕课程思政建设内容全面修订人才培养方案，重点对高校公共基础课、专业教育课程、实践类课程三类课程的建设提出针对性的要求。《意见》提出，要以专业类别为基础单位，结合不同课程特点、思维方法和价值理念，深入挖掘课程思政元素，研制课程思政教学指南，建立课程思政操作规范。

9月22日

教育部召开新闻发布会，正式发布《关于加快新时代研究生教育改革发展的意见》，介绍"落实全国研究生教育会议精神加快高层次人才培养十大专项行动"有关情况，一幅关于研究生教育的蓝图正在铺开——"到2025年，基本建成规模结构更加优化、体制机制更加完善、培养质量显著提升、服务需求贡献卓著、国际影响力不断扩大的高水平研究生教育体系。到2035年，初步建成具有中国特色的研究生教育强国。"

据教育部学位管理与研究生教育司司长洪大用介绍，70多年来，我国累计培养了1000多万名博士、硕士，今年在学研究生将达300万人，已成为世界研究生教育大国。经过70多年的奋斗，我们构建了比较完备的研究生教育体系，基本实现了高层次人才的自主培养，有力支撑了科技创新和国家战略发展。

9月24日

教育部印发《关于加强博士生导师岗位管理的若干意见》(以下简称《意见》)。《意见》强调，博士研究生教育是国民教育的顶端，是国家核心竞争力的重要体现。博士生导师是博士生培养的第一责任人，承担着培养高层次创新人才的使命。改革开放以来，广大博士生导师立德修身、严谨治学、潜心育人，为国家发展作出了重大贡献。

9月25日

由光明日报社、中共辽宁省委教育工委、辽宁省教育厅、辽宁省社科联、中共抚顺市委主办，辽宁石油化工大学、辽宁省雷锋研究会承办的"雷锋精神的时代价值"研讨会暨辽宁省第十一届雷锋精神论坛在辽宁石油化工大学举行。与会学者围绕"雷锋精神的时代价值"主题进行了深入探讨并达成共识，表示要深度挖掘和阐释雷锋精神的时代内涵，加深雷锋精神的学理研究，构建雷锋精神理论研究的话语体系，用雷锋精神引领社会风尚，提振干部群众的精气神，以实际行动助推经济社会发展、文化繁荣。活动通过线上线下相结合的组织形式、在线直播的传播方式，对研讨和传播雷锋精神进行了有益尝试。

9月27日

由北京师范大学思想政治工作研究院、滨州医学院联合举办的“青年与青年亚文化”前沿问题研讨会在烟台召开。来自北京大学、北京师范大学、浙江大学、山东大学、湖南大学、西南交通大学、北京工业大学、扬州大学、南京特殊教育师范学院等高校，与《探索》《学校党建与思想教育》杂志等单位的中青年学者，围绕“青年亚文化与青年文化认同、青年亚文化与青年政治认同、网络媒介与青年亚文化、网络青年亚文化研究现状的梳理及发展趋势”等主题展开广泛深入的研讨。北京师范大学思想政治工作研究院院长冯刚教授围绕“青年文化研究的几个问题与思考”作主题报告，强调要明确青年及青年文化的研究定位，牢固树立问题导向，坚持学术的理论性与实践性相统一；要科学认识研究对象的复杂性，基于复杂的青年现实和问题，融汇多学科理论、方法去关注、描述、分析青年群体；要以多元化思维和多重视角开展研究，既要保持理论研究的灵活性，又要保持研究本身的客观性，通过现实与理论之间复杂的张力介入和引领青年文化。

本次研讨会为全面了解青年文化的时代变迁提供了理论路径，为深入洞察社会转型期间的各种社会问题提供了替代视角，也进一步促进了学者之间的交流与合作，具有重要的理论和实践价值。

9月30日

国务院学位委员会、教育部印发《专业学位研究生教育发展方案(2020—2025)》(以下简称《方案》)。《方案》称，到2025年，以国家重大战略、关键领域和社会重大需求为重点，增设一批硕士、博士专业学位类别，将硕士专业学位研究生招生规模扩大到硕士研究生招生总规模的三分之二左右，大幅增加博士专业学位研究生招生数量，进一步创新专业学位研究生培养模式。

10月

10月9日

9日至10日，共青团中央在上海召开2020年中长期青年发展规划专家委员会全体会议。来自全国各地的近30位专家深入学习习近平总书记关于“十四五”规划编制工作的重要指示精神，围绕“‘十四五’规划与青年发展”主题进行深入研讨交流。团中央书记处书记傅振邦出席并讲话。与会专家认为，要以辩证思维看待青年发展的新挑战新机遇，加强青年思想引领，关注青年发展需求，积极发动青年投身国家经济社会发展，促进青年发展常态化、制度化嵌入国家和地方经济社会发展五年规划的制定、实施之中。

10月13日

中共中央、国务院印发《深化新时代教育评价改革总体方案》(以下简称《方案》)，并发出通知，要求各地区各部门结合实际认真贯彻落实。《方案》指出，要改革学校评价，推进落实立德树人根本任务。改进本科教育教学评估，突出思想政治教育、教授为本科生上课、生师比、生均课程门数、优势特色专业、学位论文(毕业设计)指导、学生管理与服务、学生参加社会实践、毕业生发展、用人单位满意度等。

10月15日

中共中央办公厅、国务院办公厅印发《关于全面加强和改进新时代学校体育工作的意见》和《关于全面加强和改进新时代学校美育工作的意见》，指出学校体育是实现立德树人根本任务、提升学生综合素质的基础性工程，是加快推进教育现代化、建设教育强国和体育强国的重要工作，对于弘扬社会主义核心价值观，培养学生爱国主义、集体主义、社会主义精神和奋发向上、顽强拼搏的意志品质，实现以体育智、以体育心具有独特功能。要把学校体育工作摆在更加突出位置，构建德智体美劳全面培养的教育体系。美育是审美教育、情操教育、心灵教育，也是丰富想象力和培养创新意识的教育，能提升审美素养、陶冶情操、温润心灵、激发创新创造活力。

10 月 16 日

16 日至 18 日，由中国教育发展战略学会思想道德建设专业委员会、北京师范大学思想政治工作研究院、重庆交通大学主办，重庆交通大学党委宣传部、马克思主义学院承办，《思想教育研究》《学校党建与思想教育》《思想政治教育研究》等杂志社协办的“思想政治教育研究热点年度发布会暨思想政治教育学术前沿论坛”在重庆交通大学召开。教育部思政司原司长、北京师范大学思想政治工作研究院院长冯刚教授在开幕式上发表讲话。冯刚教授指出，要深刻把握思想政治教育热点研究实践导向的丰富内涵，坚持实事求是，直面思想政治教育的矛盾与难题，追求求真务实的科学精神，敢于研究思想政治教育中的真问题、解决真问题。本次学术研讨会对思想政治教育前沿问题的梳理和研判，给思想政治教育领域的教师和研究生提供了丰富的研究选题和研究方向。

10 月 17 日

据《中国教育报》报道，河北省制订出台工作方案，决定通过选树研究示范中心、设立改革研究项目和加强业务交流培训等手段，着力培育课程思政研究体系。河北将进一步加强对课程思政建设的政策、途径、条件、资源的探索，以及对课程思政实施中重点、难点、前瞻性问题的研究。河北将进一步推动以课程思政建设为目标的有关课堂教学内容、教学方法、教学手段等方面改革研究，设立一批省级课程思政建设研究项目，形成一批课程思政教学改革典型案例和特色做法，培育一批可复制可推广的课程思政研究成果。

10 月 29 日

2020 年北京高校新上岗思政课教师培训结业暨拜师宣誓仪式在北京市委党校举办。110 余名北京高校新上岗思政课教师正式被授予上岗资格，并庄严宣誓。4 名新上岗思政课教师代表向成长导师行拜师礼。

11 月

11 月 18 日

纪念中国关心下一代工作委员会成立 30 周年暨全国关心下一代工作表彰大会在北京召开。中共中央总书记、国家主席、中央军委主席习近平作出重要指示，代表党中央向受到表彰的先进集体和先进个人表示热烈的祝贺，向全国从事关心下一代工作的老同志和关工委干部致以诚挚的问候。习近平指出，青少年是祖国的未来和民族的希望。中国关工委成立 30 年来，特别是党的十八大以来，团结带领广大老干部、老战士、老专家、老教师、老模范等离退休老同志，不忘初心、牢记使命，为促进青少年健康成长发挥了重要作用。习近平强调，广大“五老”是党和国家的宝贵财富，是加强青少年思想政治工作的重要力量。各级党委和政府要加强对关心下一代工作的领导，支持更多老同志参加关心下一代工作，使广大“五老”在关心下一代的广阔舞台上老有所为、发光发热，为培养社会主义建设者和接班人作出新的更大贡献。

11 月 22 日

党的十九届五中全会审议通过《中共中央关于制定国民经济和社会发展第十四个五年规划和二〇三五年远景目标的建议》(以下简称《建议》)，明确了“建设高质量教育体系”的政策导向和重点要求，为未来 5 至 15 年的高等教育发展擘画战略蓝图。《建议》指出，要提高高等教育质量，分类建设一流大学和一流学科，加快培养理工农医类专业紧缺人才。加强创新型、应用型、技能型人才培养。支持发展高水平研究型大学，加强基础研究人才培养。

12 月

12 月 1 日

共青团中央、全国青联、全国学联、全国少工委在北京召开《习近平与大学生朋友们》出版座谈会。团中央书记处第一书记贺军科出席会议并讲话。贺军科指出，《习近平与大学生朋友们》全面呈现了习近平同志在不同时期对青年大学生一以贯之的关心关怀，系统展现了习近平总书记关于青年工作的重要思想的发展脉络，是指导广大青年特别是青年大学生健康成长的人生宝典，是广大团干部做好新时代党的青年工作的方法指引。全团要把习近平同志关心关爱大学生的故事纳入“青年大学习”常态化内容，作为高校共青团思想教育工作的重要主题，引导广大青年特别是青年大学生牢记教导，努力做有志气、有才气、有锐气、有骨气的新时代中国青年；把习近平同志做青年群众工作的艺术、方法、作风纳入各级团的领导班子中心组学习和团干部教育培训内容，教育广大团干部自觉向习近平总书记学习，全面提升做好新时代共青团工作的能力水平。

12 月 10 日

中华人民共和国第一届职业技能大赛在广东省广州市开幕。中共中央总书记、国家主席、中央军委主席习近平发来贺信，向大赛的举办表示热烈的祝贺，向参赛选手和广大技能人才致以诚挚的问候。习近平在贺信中指出，技术工人队伍是支撑中国制造、中国创造的重要力量。职业技能竞赛为广大技能人才提供了展示精湛技能、相互切磋技艺的平台，对壮大技术工人队伍、推动经济社会发展具有积极作用。各级党委和政府要高度重视技能人才工作，大力弘扬劳模精神、劳动精神、工匠精神，激励更多劳动者特别是青年一代走技能成才、技能报国之路，培养更多高技能人才和大国工匠，为全面建设社会主义现代化国家提供有力人才保障。

同日，据《新华社》报道，马克思主义理论研究和建设工程工作会议在北京召开，中共中央政治局常委、中央书记处书记王沪宁出席会议并讲话。王沪宁表示，进入新时代、开启新征程，要围绕坚持马克思主义在意识形态领域指导地位的根本制度，扎实做好各项工作，不断把马克思主义理论研究和建设工程引向深入。马克思主义理论研究和建设工程是党的思想理论建设的基础工程、战略工程。要把学习研究宣传习近平新时代中国特色社会主义思想作为根本任务，在深化理论武装、加强研究阐释、开展宣传普及、做好对外宣介上下功夫，推动党的创新理论更加深入人心、更好走向世界。要坚持以重大问题为主攻方向，加强对我国发展和党执政面临的重大理论和实践问题的研究，加强中国共产党百年奋斗史研究，加强重大社会思潮辨析引导，推出更多高水平研究成果。要加快构建中国特色哲学社会科学，更好引领推动学科体系、教材体系、话语体系、评价体系建设。要坚持出成果与出人才并重，创新人才培养选拔机制，重视青年理论人才培养，建强马克思主义理论人才队伍。要加强组织领导，创新组织实施方式，做好优秀理论成果宣传推广，扩大工程的社会影响力。

同日，据《新华社》报道，浙江省教育厅发布高校课程思政建设实施方案，提出在所有高校、所有学科专业全面推进课程思政建设，五年内培育一批示范校、示范课程。要把专业课作为课程思政建设的重点，分类推进各学科专业的课程思政建设。进一步梳理各学科专业的价值引领元素，深度挖掘各类课程的育人元素，使专业课教师在课程思政建设工作中找到角色，干出特色。要将课程思政作为课程设置、教学大纲核准和教案评价的重要内容。在课堂教学上，鼓励采用案例式、互动式、探究式教学，大力推进智慧教室建设，构建线上线下相结合的教学模式。同时，支持高校将课程思政纳入教师岗前培训、在岗培训和教学能力提升等工作。

12 月 12 日

12 日至 13 日，“中国教育发展战略学会思想道德建设专业委员会 2020 年年会暨高校思想政治教育形势与任务研讨会”在昆明召开。来自北京师范大学、浙江大学、山东大学、东北大学等 100 余所高校的 200 余名专家、学者及思政工作者参会。云南省委教育工委负责同志出席会议。会议开幕式由教育部思政司原司长、北京师范大学思想政治工作研究院院长、中国教育发展战略学会思想道德建设专业委员会理事长冯刚教授发表致辞，对 2020 年思想道德建设专委会开展的工作做了总结。与会专家学者围绕学习贯彻党的十九届四中、五中全会精神、中国共产党百年发展史视角下的思想政治教育创新、2020 年思想政治教育研究热点问题及发展趋势、高校十四五发展规划与新时代思政教育体系构建、疫情防控下高校辅导员的挑战与应对等议题进行了广泛深入的学术交流。

12 月 15 日

教育部在北京召开2020年深化新时代学校思政课改革创新现场推进会，对推动新发展阶段学校思政课高质量发展进行部署。教育部党组书记、部长陈宝生出席会议并讲话。陈宝生指出，“十三五”时期是学校思政课格局深刻变化、事业突飞猛进、成绩可圈可点的五年。教育系统要对标对表党的十九届五中全会绘就的发展新蓝图，深刻把握“十四五”时期思政课高质量发展的新形势新要求，实现新阶段思政课高质量发展。一是强化思政课的时代性；二是内容上抓首要、抓拓展、抓有效；三是教师队伍要以专替兼“动”起来、能力素质“提”起来、内生动力“活”起来；四是评价学校、教师、学生必看思政课；五是学段层面要一体化发展、地方层面要齐头并进发展、学校层面各类型要同步发展。

12 月 19 日

以“全面建成小康社会与青少年发展”为主题的第十六届中国青少年发展论坛在北京举办。共青团中央书记处第一书记、中长期青年发展规划实施工作部际联席会议召集人贺军科出席论坛开幕式并致辞。贺军科在致词中指出，新时代中国青少年正日益展现出蓬勃向上的良好发展势头，青少年发展的物质基础极大丰裕、内生动力极大增强、机会空间极大拓展、权益保障极大夯实。这一系列成就的取得，得益于党管青年原则的一以贯之，得益于马克思主义青年观的科学指导，得益于青年优先发展理念的贯彻落实，得益于社会主义制度的巨大优越性，特别是得益于党的十八大以来以习近平同志为核心的党中央对青少年成长发展的关心关怀和重视推动。面向未来，广大青少年研究工作者要深入把握青少年发展的内在规律和时代特征，依托中长期青年发展规划实施，着力塑造体格强健、精神强大、能力强劲的新时代中国青少年。

12 月 20 日

中国青少年研究会第五次会员代表大会暨第五届理事会第一次全体会议在北京召开。团中央书记处书记徐晓出席会议并讲话。大会回顾总结了第四届理事会工作，选举产生了第五届理事会领导班子及相关机构。会议指出，中国青少年研究会要深入领会党对青年工作的重要要求，深刻把握青少年成长的环境变化，深入研究青少年群体的时代特征，立足我国进入新发展阶段，构建新发展格局的实际，推动青少年研究工作不断开拓新空间，切实发挥智库作用。

12 月 25 日

25日至27日，由北京师范大学思想政治工作研究院、《思想理论教育导刊》编辑部、《思想教育研究》编辑部、《高校辅导员学刊》编辑部、安徽师范大学马克思主义学院联合举办的第二届“思想政治教育基础理论研究”高峰论坛在安徽芜湖成功举办。来自全国近60所高校及研究机构的120多名思想政治教育领域的专家学者参加了会议。会上冯刚院长致辞并作了题为《深化新时代思想政治教育基础理论的思考》的主旨报告，重点围绕高校思想政治教育理论与实践前沿，详细阐述了新时代高校思想政治教育的理论遵循、实践发展及其时代建构等重要课题，强调以新时代高校思想政治教育实践为基础，加强理论研究和规律总结，不断提升思想政治教育科学化水平，丰富思想政治教育学科内涵。

2021年

1月

1月7日

由人民出版社出版的《中国共产党统一战线工作条例》单行本，即日起在全国新华书店发行。该单行本收录了《中国共产党统一战线工作条例》全文和中央统战部负责人就《中国共产党统一战线工作条例》答记者问相关内容。

7日至8日，2021年全国教育工作会议在北京召开。会议强调，要以习近平新时代中国特色社会主义思想为指导，贯彻落实党的十九大和十九届二中、三中、四中、五中全会精神，贯彻落实习近平总书记关于教育的重要论述和全国教育大会精神，按照“五位一体”总体布局和“四个全面”战略布局，增强“四个意识”、坚定“四个自信”、做到“两个维护”，坚持稳中求进工作总基调，立足新发展阶段，贯彻新发展理念，构建新发展格局，以推动高质量发展为主题，以改革创新为根本动力，坚持系统观念，更好统筹发展与安全，坚持和加强党对教育工作的全面领导，全面贯彻党的教育方针，落实立德树人根本任务，坚持发展抓公平、改革抓体制、安全抓责任、整体抓质量、保证抓党建，全面推进依法治教，巩固拓展疫情防控和教育改革发展成果，为建设高质量教育体系立柱架梁，推进教育治理体系和治理能力现代化，为建设教育强国开好局、起好步，以优异成绩庆祝建党100周年。

1月18日

中宣部在国家博物馆举行“奋斗百年路 启航新征程”大型主题采访活动启动仪式。中共中央政治局委员、中宣部部长黄坤明出席仪式并强调，隆重庆祝建党百年是党和国家政治生活中的一件大事，要记录历史伟业、展现百年风华，生动鲜活讲好中国共产党的故事，齐声唱响共产党好的主旋律，大力营造举国共庆百年华诞、齐心协力开创新局的浓厚氛围。

1月21日

教育部印发《普通高等学校本科教育教学审核评估实施方案(2021—2025年)》，对“十四五”新发展阶段普通高等学校本科教育教学审核评估工作作出整体部署和制度安排。这是继2014—2018年审核评估总体完成后，教育部在教育强国战略背景下启动实施的新一轮审核评估。

1月27日

教育部等六部门发布《关于加强新时代高校教师队伍建设改革的指导意见》(以下简称《意见》)。《意见》指出，要通过一系列改革举措，高校教师发展支持体系更加健全，管理评价制度更加科学，待遇保障机制更加完善，教师队伍治理体系和治理能力实现现代化。高校教师职业吸引力明显增强，教师思想政治素质、业务能力、育人水平、创新能力得到显著提升，建设一支政治素质过硬、业务能力精湛、育人水平高超的高素质专业化创新型高校教师队伍。

同日，人力资源社会保障部、教育部发布《关于深化高等学校教师职称制度改革的指导意见》(以下简称《指导意见》)，部署高校教师职称制度改革工作。《指导意见》指出，高校教师是我国专业技术人才队伍的重要组成部分，是新时代推动国家教育事业发展和高层次人才培养的重要力量。要遵循高校教师职业特点和发展规律，分类分层，科学评价，充分调动广大高校教师的积极性和创造性，建设一支高素质、专业化、创新型教师队伍，为高等教育事业发展提供制度保障和人才支持。深化高校教师职称制度改革，是进一步加强高校教师队伍建设，推进高校治理体系和治理能力现代化，推动高等教育科学发展的重要举措。各地区、各部门、各高校要高度重视，周密部署，健全制度，稳妥推进，为高校教师职称制度改革创造良好条件，确保改革平稳有序。

2 月

2 月 1 日

中共中央总书记、国家主席、中央军委主席习近平在人民大会堂同各民主党派中央、全国工商联负责人和无党派人士代表欢聚一堂，共迎佳节。习近平代表中共中央，向各民主党派、工商联和无党派人士，向统一战线广大成员，致以诚挚的问候和新春的祝福。习近平指出，中共中央决定，今年在全党开展中共党史学习教育，激励全党不忘初心、牢记使命，在新时代不断加强党的建设。各民主党派和无党派人士要结合庆祝中国共产党成立 100 周年，全面回顾同中国共产党团结合作的奋斗历程，发扬光荣传统，坚守合作初心，加强自身建设。要继续贯彻中共中央关于中国特色社会主义参政党建设的一系列决策部署，把思想政治建设摆在更加突出的位置，持续强化理论武装。要加强工商联自身建设和无党派代表人士队伍建设，在服务大局中更好履职尽责。

2 月 5 日

马克思六封书信手稿原件入藏仪式在京举行。据中央党史和文献研究院院长曲青山介绍，这六封书信手稿是马克思写给《资本论》法文版出版人的，均为从未公开发表过的珍贵文献。手稿入藏后，中央党史和文献研究院将组织力量，开展对六封手稿的研究和宣传工作，深入解读手稿的价值和意义，协调国际马克思恩格斯著作编辑机构将六封手稿收录《马克思恩格斯全集》历史考证版，并按时间顺序将其收录《马克思恩格斯全集》中文版。

2 月 7 日

教育部思想政治工作司公示“2021 年度高校思想政治工作有关培育建设项目”评审结果。

2 月 18 日

中共中央总书记、国家主席、中央军委主席习近平给上海市新四军历史研究会的百岁老战士们回信。习近平在回信中说，你们青年时代就投身革命，为党和人民事业英勇奋斗，期颐之年仍心系党史宣传教育，深厚的爱党之情令人感佩。习近平强调，对中国共产党人来说，中国革命历史是最好的教科书，常读常新。你们亲历了中华民族迎来从站起来、富起来到强起来伟大飞跃的历史进程，更懂得我们党的初心和使命。全党即将开展党史学习教育，希望老同志们继续发光发热，结合自身革命经历多讲讲中国共产党的故事、党的光荣传统和优良作风，引导广大党员特别是青年一代不忘初心、牢记使命、坚定信仰、勇敢斗争，为新时代全面建设社会主义现代化国家而不懈奋斗。

上海市新四军历史研究会成立于 1980 年，长期致力于党史军史研究宣传教育工作。近日，研究会施平、程亚西等 40 余位年逾百岁的新四军老战士给习近平总书记写信，结合自身经历讲述了“只有共产党，才能实现中华民族伟大复兴”的深切感悟，汇报了离休后积极参加党史宣传教育工作的情况，表达了传承红色基因、永葆政治本色、为党和人民事业不懈奋斗的决心。

2 月 20 日

党史学习教育动员大会在北京召开。中共中央总书记、国家主席、中央军委主席习近平出席会议并发表重要讲话。习近平强调，在全党开展党史学习教育是党中央立足党的百年历史新起点、统筹中华民族伟大复兴战略全局和世界百年未有之大变局、为动员全党全国满怀信心投身全面建设社会主义现代化国家而作出的重大决策。全党同志要做到学史明理、学史增信、学史崇德、学史力行，学党史、悟思想、办实事、开新局，以昂扬姿态奋力开启全面建设社会主义现代化国家新征程，以优异成绩迎接建党一百周年。

同日，《思想理论教育导刊》刊发北京师范大学思想政治工作研究院院长冯刚教授的《论中国共产党的百年理论形象》一文，该文指出中国共产党自成立以来，始终坚持思想建党、理论强党，不断开辟马克思主义中国化新境界，持续推进实践基础上的理论创新，党的理论形象逐步在广大人民心中形成、确立。百年来，科学的、人民的、实践的、开放的理论作为中国共产党理论发展进程中一直遵循、始终呈现的突出特点，被广大人民深刻记忆从而转化为中国共产党理论形象的基本特质。站在新的历史起点上，我们党高度重视发挥理论形象的关键作用，立足现有理论形象根基，继续坚持中国特色社会主义的理论主题，更加注重系统全面的理论思维，展现更加从容笃定的理论自信和包容开放的理论视野。

2 月 21 日

习近平同志《论中国共产党历史》出版发行。这部专题文集收录习近平同志关于中国共产党历史的重要文稿 40 篇。其中部分文稿是首次公开发表。

党的十八大以来，习近平同志围绕中国共产党历史发表了一系列重要论述，系统回顾我们党团结带领中国人民不懈奋斗的光辉历程，深入总结党在各个历史时期创造的理论成果、积累的宝贵经验、铸就的伟大精神，深刻阐明党为中华民族作出的伟大贡献、为解决人类问题提供的中国智慧中国方案，展望党和人民事业发展的光明前景。这些重要论述立意高远，内涵丰富，思想深刻，是习近平新时代中国特色社会主义思想的重要组成部分。习近平同志《论中国共产党历史》的出版发行，对于广大干部群众学好党的历史，增强“四个意识”、坚定“四个自信”、做到“两个维护”，决胜全面建成小康社会、开启全面建设社会主义现代化国家新征程、实现中华民族伟大复兴的中国梦，具有十分重要的指导意义。

2 月 23 日

中宣部命名第六批全国学雷锋活动示范点和岗位学雷锋标兵，强调要贯彻落实《新时代公民道德建设实施纲要》，此次命名的第六批全国学雷锋活动示范点和岗位学雷锋标兵各 50 个，覆盖了各行各业、各个领域、各条战线，来自企业、农村、机关、学校、社区、医院等基层单位，在抗击新冠肺炎疫情和决战脱贫攻坚中作出突出贡献的先进模范。中宣部要求，各地区各部门要深入学习贯彻习近平新时代中国特色社会主义思想，增强“四个意识”，坚定“四个自信”，做到“两个维护”，以命名第六批全国学雷锋活动示范点和岗位学雷锋标兵为契机，坚持守正创新，加强组织领导，扎实深入开展学雷锋活动，不断提升公民道德素质和社会文明程度，汇聚起奋斗“十四五”、奋进新征程的强大精神力量。

2 月 24 日

据新华社报道，中共中央党史和文献研究院编辑的《毛泽东邓小平江泽民胡锦涛关于中国共产党历史论述摘编》一书，近日由中央文献出版社出版，在全国发行。《论述摘编》共计 141 段论述，分别摘自毛泽东同志、邓小平同志、江泽民同志、胡锦涛同志的讲话、报告、谈话、批示和书信等重要文献。其中部分论述是第一次公开发表。重视学习和总结历史，善于借鉴和运用历史经验，是我们党的优良传统。在领导中国革命、建设、改革过程中，毛泽东同志、邓小平同志、江泽民同志、胡锦涛同志围绕中国共产党历史发表了一系列重要论述，深刻阐释了党在各个历史时期的光辉历程、理论成果、宝贵经验和伟大精神。我们党即将迎来百年华诞，全党正在开展党史学习教育。这本书的出版发行，对于我们学习和了解党的历史，从中汲取智慧和力量，增强“四个意识”、坚定“四个自信”、做到“两个维护”，全面建设社会主义现代化国家、实现中华民族伟大复兴的中国梦，具有十分重要的指导意义。

同日，党史学习教育领导小组印发《关于认真学习贯彻习近平总书记在党史学习教育动员大会上的重要讲话的通知》，要求把思想和行动统一到习近平总书记重要讲话精神上来，要进一步感悟思想伟力，增强用党的创新理论武装全党的政治自觉，要进一步把握历史发展规律和大势，始终掌握党和国家事业发展的历史主动，要进一步深化对党的性质宗旨的认识，始终保持马克思主义政党的鲜明本色，要进一步总结党的历史经验，不断提高应对风险挑战的能力水平，要进一步发扬革命精神，始终保持艰苦奋斗的昂扬精神，要进一步增强党的团结和集中统一，确保全党步调一致向前进，要联系实际抓好重要讲话精神贯彻落实。

2月25日

全国脱贫攻坚总结表彰大会在北京举行，习近平向全国脱贫攻坚楷模荣誉称号获得者颁奖并发表重要讲话。习近平强调，伟大事业孕育伟大精神，伟大精神引领伟大事业。脱贫攻坚伟大斗争，锻造形成了“上下同心、尽锐出战、精准务实、开拓创新、攻坚克难、不负人民”的脱贫攻坚精神。脱贫攻坚精神，是中国共产党性质宗旨、中国人民意志品质、中华民族精神的生动写照，是爱国主义、集体主义、社会主义思想的集中体现，是中国精神、中国价值、中国力量的充分彰显，赓续传承了伟大民族精神和时代精神。全党全国全社会都要大力弘扬脱贫攻坚精神，团结一心，英勇奋斗，坚决战胜前进道路上的一切困难和风险，不断夺取坚持和发展中国特色社会主义新的更大的胜利。

同日，经党中央批准，由中央宣传部组织，中央党史和文献研究院等单位编写的《中国共产党简史》(以下简称《简史》)，由人民出版社、中共党史出版社联合出版，并在全国发行。《简史》是按照党中央部署，为配合全党开展党史学习教育编写的党史简明读本。在书稿编写过程中，中央领导同志多次就起草和修改工作提出明确要求，中央组织部等中央有关部门和科研单位提供了大力支持和帮助。《简史》共10章，70节，约28万字，充分吸收党史研究最新成果，以史论结合的形式，重点叙述和评价重大历史事件和重要历史人物、重大方针政策和重要战略部署、重大理论创新成果及其发展历程；深入阐释中国共产党为什么“能”、马克思主义为什么“行”、中国特色社会主义为什么“好”的道理；着力弘扬中国共产党人的崇高革命精神和风范；深刻解读历史性变革中蕴藏的内在逻辑，历史性成就背后的道路、理论、制度、文化优势，文风朴实、通俗易懂，是全党特别是基层党员干部学习党的历史的重要读物。

2月26日

中共中央政治局召开会议，讨论国务院拟提请第十三届全国人民代表大会第四次会议审查的中华人民共和国国民经济和社会发展第十四个五年规划和二〇三五年远景目标纲要草案稿和审议的《政府工作报告》稿，审议《中国共产党普通高等学校基层组织工作条例》。中共中央总书记习近平主持会议。

同日，中共中央印发《关于在全党开展党史学习教育的通知》(以下简称《通知》)，就党史学习教育作出部署安排。《通知》指出，2021年是中国共产党成立100周年。为从党的百年伟大奋斗历程中汲取继续前进的智慧和力量，深入学习贯彻习近平新时代中国特色社会主义思想，巩固深化“不忘初心、牢记使命”主题教育成果，激励全党全国各族人民满怀信心迈进全面建设社会主义现代化国家新征程，党中央决定，在全党开展党史学习教育。《通知》强调，各级党委(党组)要把开展党史学习教育作为一项重大政治任务，高度重视、精心组织。要突出学党史、悟思想、办实事、开新局，注重融入日常、抓在经常，面向全体党员，以县处级以上领导干部为重点开展学习教育实践。要发扬马克思主义优良学风，把握正确导向，加强督促指导，营造浓厚舆论氛围，确保党史学习教育取得扎实成效。

同日，由中央宣传部组织编写，学习出版社、人民出版社联合出版的《习近平新时代中国特色社会主义思想学习问答》一书，即日起在全国发行。该书紧跟实践发展步伐，聚焦理论热点难点，回应干部群众关切，以问答体的形式全面系统、深入浅出阐述了习近平新时代中国特色社会主义思想的基本精神、基本内容、基本要求，有助于广大党员干部群众更加深入学习领会党的创新理论，更加自觉用以武装头脑、指导实践、推动工作。全书共分7个板块、100个问题，内容丰富、形式新颖，图文并茂、通俗易懂，是深入学习贯彻习近平新时代中国特色社会主义思想的重要辅助读物。

3月

3月1日

2021年春季学期中央党校(国家行政学院)中青年干部培训班在中央党校开班。中共中央总书记、国家主席、中央军委主席习近平在开班式上发表重要讲话。习近平强调，不论过去、现在还是将来，党的光荣传统和优良作风都是激励我们不畏艰难、勇往直前的宝贵精神财富。年轻干部是党和国家事业接班人，必须立志做党的光荣传统和优良作风的忠实传人，不断增强意志力、坚忍力、自制力，在新时代全面建设社会主义现代化国家新征程中奋勇争先、建功立业，努力创造无愧于党、无愧于人民、无愧于时代的业绩!

陈希主持开班式，表示要深入学习习近平新时代中国特色社会主义思想，同学习党史、新中国史、改革开放史、社会主义发展史贯通起来，深刻感悟党的创新理论的真理力量、实践力量、人格力量，不断提高政治判断力、政治领悟力、政治执行力，切实增强学习和发扬党的光荣传统和优良作风的政治自觉、思想自觉、行动自觉，为全面建设社会主义现代化国家、实现中华民族伟大复兴的中国梦而不懈奋斗，以优异成绩迎接建党一百周年。

3月5日

习近平在参加内蒙古代表团审议时强调，完整准确全面贯彻新发展理念铸牢中华民族共同体意识。文化认同是最深层次的认同，是民族团结之根、民族和睦之魂。要认真做好推广普及国家通用语言文字工作，全面推行使用国家统编教材。要在各族干部群众中深入开展中华民族共同体意识教育，特别是要从青少年教育抓起，引导广大干部群众全面理解党的民族政策，树立正确的国家观、历史观、民族观、文化观、宗教观，旗帜鲜明反对各种错误思想观点，凝聚“建设亮丽内蒙古，共圆伟大中国梦”的合力。

3月6日

习近平总书记在全国政协医药卫生界教育界联组会上回应教育领域热点问题，并指出：“讲好思政课不容易。上思政课不能拿文件宣读，没有生命、干巴巴的。”“办好思政课关键在教师。广大思想政治理论课教师，政治要强、情怀要深、思维要新、视野要广、自律要严、人格要正。”

3月9日

教育部召开党史学习教育动员大会。会议强调，认真学习贯彻习近平总书记在党史学习教育动员大会上的重要讲话精神，按照党中央统一部署，开展党史学习教育，是教育系统当前一项重要政治任务。要迅速掀起学习教育热潮，以扎扎实实的学习教育成效，为加快推进教育现代化、建设教育强国、办好人民满意的教育作出新的更大贡献，以实际行动和优异成绩庆祝中国共产党成立100周年。教育部党组书记、部长、部党史学习教育领导小组组长陈宝生作动员讲话。

3月12日

新华社受权全文播发《中华人民共和国国民经济和社会发展第十四个五年规划和2035年远景目标纲要》。在第四十三章“建设高质量教育体系”中，规划纲要提出，全面贯彻党的教育方针，坚持优先发展教育事业，坚持立德树人，增强学生文明素养、社会责任意识、实践本领，培养德智体美劳全面发展的社会主义建设者和接班人。深化新时代教育评价改革，建立健全教育评价制度和机制，发展素质教育，更加注重学生爱国情怀、创新精神和健康人格培养。

同日，教育部职业技术教育中心研究所组织编写的《劳动教育读本》(高职版)一书出版发行。全书共八个专题：崇尚劳动，掌握技能，传承精神，培育品质，尊重劳动：实现体面劳动的核心，从劳动锻炼走向工作世界，做新时代的劳动者以及拓展学习。通过“劳动认知”“案例品读”“话题探讨”“延伸探究”等栏目，帮助学生把握劳动教育的基本内涵，使学生理解和形成马克思主义劳动观，树立劳动最光荣、劳动最崇高、劳动最伟大、劳动最美丽的观念；培养劳模精神、劳动精神和工匠精神，培育遵纪守法、诚实守信等优良品质，做有职业理想、有本领、勇于担当的新时代劳动者。

3月16日

教育部印发通知，发布《高等学校数字校园建设规范（试行）》（以下简称《规范》）。《规范》明确了高等学校数字校园建设的总体要求，提出要围绕立德树人根本任务，结合业务需求，充分利用信息技术特别是智能技术，实现高等学校在信息化条件下育人方式的创新性探索、网络安全的体系化建设、信息资源的智能化联通、校园环境的数字化改造、用户信息素养的适应性发展以及核心业务的数字化转型。《规范》指出，高等学校数字校园建设应遵循整体规划、分步实施，总体设计、标准引领，应用导向、数据驱动，注重融合、体验优先，安全可靠、适度超前，积极探索、创新应用的建设原则，按照整体规划、总体设计、项目建设、运行维护、评价改进的建设流程推进。

同日，北京师范大学思想政治工作研究院院长、博士生导师冯刚教授主编的《思想政治教育研究热点年度发布（2020）》一书由团结出版社出版。从2017年开始，北京师范大学思想政治工作研究院组织全国思想政治教育学科领域部分专家、学者共同研究撰写《思想政治教育研究热点年度发布》系列丛书，目的是在理论与实践的结合中聚焦思想政治教育热点问题，梳理年度思想政治教育研究热点，把握研究进展、总结研究特点、明晰研究不足，展望研究发展趋势，从而提高思想政治教育科学化水平。《思想政治教育研究热点年度发布》系列图书出版后，得到了学科领域专家学者和一线实践工作者的充分肯定。《思想政治教育研究热点年度发布（2020）》在总体内容设计中，加强了对党的创新理论引领思想政治教育发展研究、思想政治教育治理研究、思想政治教育规律研究、思想政治教育过程研究、思想政治教育方法研究、思想政治教育政策发展研究、高校思想政治教育质量评价研究等基础理论问题的关切。

3月22日

教育部召开习近平新时代中国特色社会主义思想铸魂育人座谈会，系统总结两年来用习近平新时代中国特色社会主义思想铸魂育人的工作成效，深入贯彻落实总书记在今年全国政协医药卫生界教育界联组会上关于"'大思政课'我们要善用之"的重要指示要求，结合正在开展的党史学习教育，把铸魂育人工作不断引向深入。教育部党组书记、部长陈宝生出席会议并讲话，部党组成员、副部长翁铁慧主持会议，部党组成员、副部长郑富芝出席会议。

3月25日

习近平在福建考察时强调，在服务和融入新发展格局上展现更大作为，奋力谱写全面建设社会主义现代化国家福建篇章。要把立德树人作为根本任务，坚持应用技术型办学方向，适应社会需要设置专业、打好基础，培养德智体美劳全面发展的社会主义建设者和接班人。实现第二个百年奋斗目标，实现中华民族伟大复兴，青年一代责任在肩。希望同学们树立远大理想、热爱伟大祖国、担当时代责任、勇于砥砺奋斗、练就过硬本领、锤炼品德修为，努力成为对社会有用的人、道德高尚的人，积极投身全面建设社会主义现代化国家的伟大事业。

25日至26日，中共中央政治局常委、国务院总理李克强在江苏常州、南京考察。李克强勉励广大学生说，你们要记住南大校训中说的"诚朴雄伟"，要潜心向学，踏踏实实从近处小处做起，将来实现远大志向，利社会、利国家。

3月27日

《写给青少年的党史》出版座谈会在中国国家图书馆举行。此书由我国著名党史专家邵维正教授担纲主编，中央党校、国防大学的多位党史专家组成创作团队，中国史学会会长李捷、原中央党史研究室副主任、研究员张启华担任学术顾问。丛书围绕"中华民族是怎样站起来、富起来、强起来的"这一主旨，梳理归纳了当代青少年最应掌握的60个问题，按党史发展脉络分成6卷，以问答形式系统论述了中国共产党历史的概貌及中国特色社会主义道路的必然性。座谈会上，与会专家学者围绕"红色基因，薪火相传"这一主题进行了深入研讨。

3月28日

据《人民日报》报道，中共中央党史和文献研究院编辑的《习近平关于注重家庭家教家风建设论述摘编》一书，近日由中央文献出版社出版并在全国发行。该书分7个专题，共计107段论述，摘自习近平同志2012年11月15日至2020年12月28日期间的报告、讲话、谈话、说明、答问等60多篇重要文献。其中部分论述是第一次公开发表。

同日，北京大学马克思主义学院和《思想教育研究》编辑部在北京大学共同举办"纪念巴黎公社150周年学术研讨会暨《马藏》发现有关巴黎公社传入中国新史料发布会"。来自北京大学、清华大学、《光明日报》、《中国教育报》等单位的近30名专家学者参加了会议。本次会议由北京大学马克思主义学院党委书记孙蚌珠教授主持，北京大学马克思主义学院院长仰海峰教授、《思想教育研究》常务副主编彭庆红教授在会议上致辞。

3月30日

全国革命文物工作会议在北京召开。中共中央总书记、国家主席、中央军委主席习近平近日对革命文物工作作出重要指示，强调要切实把革命文物保护好管理好运用好，激发广大干部群众的精神力量。革命文物承载党和人民英勇奋斗的光荣历史，记载中国革命的伟大历程和感人事迹，是党和国家的宝贵财富，是弘扬革命传统和革命文化、加强社会主义精神文明建设、激发爱国热情、振奋民族精神的生动教材。习近平强调，加强革命文物保护利用，弘扬革命文化，传承红色基因，是全党全社会的共同责任。各级党委和政府要把革命文物保护利用工作列入重要议事日程，加大工作力度，切实把革命文物保护好、管理好、运用好，发挥好革命文物在党史学习教育、革命传统教育、爱国主义教育等方面的重要作用，激发广大干部群众的精神力量，信心百倍为全面建设社会主义现代化国家、实现中华民族伟大复兴中国梦而奋斗。

4月

4月6日

中共中央总书记、国家主席、中央军委主席习近平致信祝贺厦门大学建校100周年，向全体师生员工和海内外校友致以热烈的祝贺和诚挚的问候。习近平在贺信中指出，厦门大学是一所具有光荣传统的大学。100年来，学校秉持爱国华侨领袖陈嘉庚先生的立校志向，形成了"爱国、革命、自强、科学"的优良校风，打造了鲜明的办学特色，培养了大批优秀人才，为国家富强、人民幸福和中华文化海外传播作出了积极贡献。习近平强调，我国已开启全面建设社会主义现代化国家新征程。希望厦门大学全面贯彻党的教育方针，切实落实立德树人根本任务，为党育人、为国育才，与时俱进建设世界一流大学，全面提升服务区域发展和国家战略能力，为增强中华民族凝聚力和向心力，为全面建设社会主义现代化国家、实现中华民族伟大复兴的中国梦作出新的更大贡献。

4月7日

教育部党组在北京召开2021年巡视工作动员部署会，深入学习贯彻习近平总书记关于教育和巡视工作重要论述，贯彻落实党的十九届五中全会和十九届中央纪委五次全会精神，对深化巡视巡察工作和做好本轮巡视进行动员部署，持续推动教育系统全面从严治党向纵深发展。教育部党组书记、部长、部党组巡视工作领导小组组长陈宝生出席会议并作动员部署讲话。他强调，教育系统要深入贯彻中央巡视工作新精神新部署新要求，以"巩固拓展"为主基调，深化政治巡视巡察，为推动教育高质量发展提供坚强政治保障。

4月9日

据新华社报道，中央宣传部、中央文明办、全国总工会、共青团中央、全国妇联、中央军委政治工作部近日联合印发《关于评选表彰第八届全国道德模范的通知》及实施办法，部署启动第八届全国道德模范评选表彰，要求广泛开展道德模范宣传学习活动，引导人们争做崇高道德的践行者、文明风尚的维护者、美好生活的创造者，推动形成崇德向善、见贤思齐、德行天下的浓厚社会氛围。第八届全国道德模范分为“助人为乐模范”“见义勇为模范”“诚实守信模范”“敬业奉献模范”“孝老爱亲模范”五类，通过群众推荐、遴选审核、公示宣传、投票评选等步骤评选产生，将为新时期道德建设注入新鲜血液，激励亿万群众把道德模范的榜样力量转化为生动实践，为奋进新时代、共筑中国梦提供强大精神动力和道德支撑。

同日，教育部发布《关于开展第二批“全国高校黄大年式教师团队”创建活动的通知》（以下简称《通知》）。《通知》指出，首批“全国高校黄大年式教师团队”创建以来，充分发挥示范引领作用，为培养造就高素质专业化创新型高校教师队伍，推动高等教育内涵式发展发挥了重要作用。为继续深入贯彻落实习近平总书记对黄大年同志先进事迹重要指示精神，贯彻落实党中央、国务院关于加强教师队伍建设的决策部署，决定开展第二批“全国高校黄大年式教师团队”创建活动。

同日，教育部思想政治工作司印发《关于组织开展2021年全民国家安全教育日宣传教育活动的通知》，要求各地各高校在第六个全民国家安全教育日到来之际，围绕主题、结合实际，深入开展国家安全宣传教育活动。

4月11日

中共中央办公厅印发《关于庆祝中国共产党成立100周年组织开展“永远跟党走”群众性主题宣传教育活动的通知》（以下简称《通知》），对庆祝中国共产党成立100周年群众性主题宣传教育活动作出安排部署，还同时发布了庆祝中国共产党成立100周年宣传标语口号。《通知》明确，主题宣传教育活动分两个阶段实施。第一阶段为2021年5月前，深入学习宣传贯彻党的十九届五中全会、全国两会和全国脱贫攻坚总结表彰大会精神，展示“十三五”时期发展的辉煌成就，宣传“十四五”时期发展的美好前景。第二阶段为2021年5月至年底。围绕学习宣传贯彻习近平总书记在庆祝中国共产党成立100周年大会上的重要讲话精神、党中央正式宣布我国全面建成小康社会等，组织开展主题突出、特色鲜明的群众性主题活动。《通知》指出，要广泛开展各类群众性主题宣传教育活动。一是党旗在基层一线高高飘扬活动。二是入党宣誓活动。三是讲党课和优秀党课展播活动。四是学习体验活动。五是主题宣讲活动。六是青少年心向党教育活动。七是各类群众性文化活动。

4月12日

教育部办公厅发布《关于开展2021年高校思想政治理论课教师研修工作的通知》，开展2021年高校思政课教师研修工作。

12日至13日，全国职业教育大会在北京召开，中央政治局委员、国务院副总理孙春兰出席会议并讲话。孙春兰指出，要深入贯彻习近平总书记关于职业教育的重要指示，落实李克强总理批示要求，坚持立德树人，优化类型定位，加快构建现代职业教育体系。要一体化设计中职、高职、本科职业教育培养体系，深化“三教”改革，“岗课赛证”综合育人，提升教育质量。要健全多元办学格局，细化产教融合、校企合作政策，探索符合职业教育特点的评价办法。各地各部门要加大保障力度，提高技术技能人才待遇，畅通职业发展通道，增强职业教育认可度和吸引力。

4月13日

据新华社报道，中共中央总书记、国家主席、中央军委主席习近平近日对职业教育工作作出重要指示强调，在全面建设社会主义现代化国家新征程中，职业教育前途广阔、大有可为。要坚持党的领导，坚持正确办学方向，坚持立德树人，优化职业教育类型定位，深化产教融合、校企合作，深入推进育人方式、办学模式、管理体制、保障机制改革，稳步发展职业本科教育，建设一批高水平职业院校和专业，推动职普融通，增强职业教育适应性，加快构建现代职业教育体系，培养更多高素质技术技能人才、能工巧匠、大国工匠。各级党委和政府要加大制度创新、政策供给、投入力度，弘扬工匠精神，提高技术技能人才社会地位，为全面建设社会主义现代化国家、实现中华民族伟大复兴的中国梦提供有力人才和技能支撑。

4月14日

教育部党组决定组织编写高校《国家安全教育读本》(以下简称《读本》)并召开启动会，正式启动编写工作。教育部党组成员、副部长郑富芝出席并讲话，强调编写《读本》是贯彻落实习近平总书记关于总体国家安全观的重要论述，对全体大学生进行系统的国家安全教育，培养社会主义建设者和接班人的一项重要任务。要求《读本》编写要用习近平总书记关于总体国家安全观的重要论述统领教材，创新呈现形式，打造融思想性、政治性、学术性、适宜性为一体的精品教材。中央有关部门和教育部有关司局负责人、主编、编写组主要成员参加会议。据了解，《读本》将于2022年春季学期试教试用，2023年春季学期全面投入使用。

4月16日

中共中央印发修订后的《中国共产党普通高等学校基层组织工作条例》(以下简称《条例》)。《条例》以习近平新时代中国特色社会主义思想为指导，深入贯彻党的十九大和十九届二中、三中、四中、五中全会精神，以党章为根本依据，落实新时代党的建设总要求和新时代党的组织路线，对高校基层党组织工作作出全面规范，是新时代高校党的建设的基本遵循。

同日，教育部组织召开学习贯彻习近平总书记致厦门大学建校100周年重要贺信精神专题座谈会并发布《关于共同学习贯彻落实习近平总书记重要贺信精神的倡议书》。教育部党组成员、副部长钟登华出席会议并讲话。厦门大学、北京大学、清华大学、中国人民大学、北京师范大学、哈尔滨工业大学、闽江学院、西藏民族大学等高校主要负责同志交流了学习体会和落实举措。

4月19日

中共中央总书记、国家主席、中央军委主席习近平到清华大学考察，先后视察美术学院、成像与智能技术实验室、重点教学科研成果展示、西体育馆，了解学校深化改革、人才队伍建设、教学科研创新和服务国家发展等情况。随后，习近平与师生代表座谈并发表重要讲话。习近平强调，百年大计，教育为本。今年是中国共产党成立100周年，我国开启了全面建设社会主义现代化国家新征程。党和国家事业发展对高等教育的需要，对科学知识和优秀人才的需要，比以往任何时候都更为迫切。我们要建设的世界一流大学是中国特色社会主义的一流大学，我国社会主义教育就是要培养德智体美劳全面发展的社会主义建设者和接班人。我国高等教育要立足中华民族伟大复兴战略全局和世界百年未有之大变局，心怀“国之大者”，把握大势，敢于担当，善于作为，为服务国家富强、民族复兴、人民幸福贡献力量。广大青年要肩负历史使命，坚定前进信心，立大志、明大德、成大才、担大任，努力成为堪当民族复兴重任的时代新人，让青春在为祖国、为民族、为人民、为人类的不懈奋斗中绽放绚丽之花。

同日，中央网络安全和信息化委员会办公室召开学习宣传贯彻习近平总书记关于网络强国的重要思想理论研讨会，以《习近平关于网络强国论述摘编》为权威读本，交流学习体会，深化理论研讨，推动全党全社会特别是网信战线更加自觉地以党的创新理论武装头脑、指导实践、推动工作，不断开创网络安全和信息化工作新局面。

4月20日

教育部牵头修订《学校民族团结教育指导纲要(试行)》，制定《深化新时代学校民族团结进步教育指导纲要》。文件指出，在高等教育阶段教育引导学生认识到各族人民亲如一家，是实现中华民族伟大复兴的根本保证。深化维护祖国统一是各民族最高利益的意识，深化对中华民族多元一体格局、中华民族共同体历史的认识，树立正确的国家观、历史观、民族观、文化观、宗教观，强化“五个认同”，坚决反对民族分裂，坚定实现中华民族伟大复兴的理想信念。

同日，教育部办公厅发布《关于在思政课中加强以党史教育为重点的“四史”教育的通知》，要求各地各校将在思政课中加强以党史教育为重点的“四史”教育，充分发挥思想政治理论课主渠道作用，有条件的高校要开设以党史教育为重点的“四史”思政课程，在以党史教育为重点的“四史"教育中有效提升学生的政治认同、思想认同、情感认同，真正做到"学史明理、学史增信、学史崇德、学史力行"，坚定对马克思主义的信仰、对中国特色社会主义的信念、对中华民族伟大复兴中国梦的信心，以昂扬姿态为全面建设社会主义现代化国家努力奋斗。

4月21日

中共教育部党组发布《关于教育系统深入学习贯彻习近平总书记在清华大学考察时重要讲话精神的通知》，部署要求教育系统深入学习贯彻习近平总书记重要讲话精神，以"单元式"学习为抓手，切实把习近平总书记关于高等教育的新任务新要求落到实处。

同日，由教育部高等学校社会科学发展研究中心、高等学校中国共产党革命精神与文化资源研究中心主办的"学习党史传承红色文化研讨会暨中国共产党革命精神系列读本出版座谈会"日前在北京图书大厦举行。来自北京大学、清华大学、中国人民大学、北京师范大学、解放军后勤指挥学院等高校的党史专家，复旦大学等8所高等学校中国共产党革命精神与文化资源研究中心的代表，以及《红船精神》《井冈山精神》《焦裕禄精神》《改革开放精神》等32本"系列读本"的作者代表60余人参加会议。

4月24日

由人民网与教育部社会科学司联合打造的同上一堂"四史"思政大课活动正式启动，来自11所全国重点马克思主义学院所在高校的12名主讲教师，对党史、新中国史、改革开放史、社会主义发展史进行讲解。

同日，"学党史、强信念、跟党走"党史知识竞赛决赛在南宁师范大学举行。自活动发起以来，该校22个学院约有4000人参与初赛线上答题。广西大学在官微、团学小微开设"党史学习教育"专栏，推出31期党史学习答题。活动开设网络思政视频专栏、"家乡的党史故事"视频栏目等，来自五湖四海的学生党员讲述家乡红色故事。

4月27日

习近平在广西考察时强调解放思想深化改革凝心聚力担当实干，建设新时代中国特色社会主义壮美广西，要全面贯彻党的教育方针，落实立德树人根本任务，加强对线上线下校外培训机构的规范管理。

同日，教育部印发《关于学习宣传贯彻习近平总书记重要指示和全国职业教育大会精神的通知》，部署要求教育系统深入学习宣传贯彻习近平总书记重要指示和全国职业教育大会精神，加快构建现代职业教育体系，推动职业教育高质量发展，为全面建设社会主义现代化国家提供坚实的人才和技能支撑。

4月28日

教育部等八部门发布《关于加快构建高校思想政治工作体系的意见》，指出要健全立德树人体制机制，把立德树人融入思想道德、文化知识、社会实践教育各环节，贯通学科体系、教学体系、教材体系、管理体系，加快构建目标明确、内容完善、标准健全、运行科学、保障有力、成效显著的高校思想政治工作体系。

同日，教育部决定在全国高校举办第六届"礼敬中华优秀传统文化"系列活动，推动各地各高校深化以党史为重点的"四史"学习教育。本次活动以"学史立志、知史爱国、明史担责——礼敬中华优秀传统文化"为主题，组织引导广大师生认真学习党史、"四史"、校史，传承红色基因，赓续精神血脉，增强使命担当，自觉听党话、感党恩、跟党走，把爱国情、强国志、报国行充分融入实现中华民族伟大复兴的历史征程。

4月29日

第十三届全国人民代表大会常务委员会第二十八次会议通过关于修改《中华人民共和国教育法》的决定，将第四条第一款修改为："教育是社会主义现代化建设的基础，对提高人民综合素质、促进人的全面发展、增强中华民族创新创造活力、实现中华民族伟大复兴具有决定性意义，国家保障教育事业优先发展。"将第五条修改为：

"教育必须为社会主义现代化建设服务、为人民服务，必须与生产劳动和社会实践相结合，培养德智体美劳全面发展的社会主义建设者和接班人。"将第七条修改为："教育应当继承和弘扬中华优秀传统文化、革命文化、社会主义先进文化，吸收人类文明发展的一切优秀成果。"

4月30日

中共中央总书记、国家主席、中央军委主席习近平代表党中央，向全国广大劳动群众致以节日的祝贺和诚挚的慰问。习近平指出，今年是实施"十四五"规划、开启全面建设社会主义现代化国家新征程的第一年，是中国共产党成立100周年。广大劳动群众迎难而上，拼搏奉献，克服新冠肺炎疫情等不利影响，为党和国家事业发展作出了重要贡献。

习近平强调，劳动创造幸福，实干成就伟业。希望广大劳动群众大力弘扬劳模精神、劳动精神、工匠精神，勤于创造、勇于奋斗，更好发挥主力军作用，满怀信心投身全面建设社会主义现代化国家、实现中华民族伟大复兴中国梦的伟大事业。各级党委和政府要充分调动广大劳动群众积极性、主动性、创造性，切实保障广大劳动群众合法权益，支持和激励广大劳动群众在新时代更好建功立业。

同日，教育部印发《关于在教育系统开展师德专题教育的通知》(以下简称《通知》)，引导广大教师坚定理想信念、厚植爱国情怀、涵养高尚师德，以为党育人、为国育才优异成绩庆祝中国共产党百年华诞。《通知》强调，要组织各级各类教师深入学习习近平总书记关于"三个牢固树立"、"四有"好老师、"四个引路人""四个相统一""六要"等关于师德师风的重要论述，进一步在学懂弄通做实上下功夫。要将"四史"学习作为广大教师思想政治"必修课"，结合建党百年系列庆祝活动，以党史学习教育为重点，强化"四史"学习教育。要开展师德优秀典型先进事迹宣传学习，深入学习"人民教育家""时代楷模"、教书育人楷模、最美教师、优秀教师、模范教师的先进事迹，组织受表彰的教师先进典型等深入本地本校教师中进行事迹宣讲。

5月

5月6日

由教育部和四川省主办的全国第六届大学生艺术展演活动开幕式在四川成都举行。本届展演活动以"奋斗·创新·奉献"为主题。全国大学生艺术展演活动历经17年的坚守和打造，始终坚持先进文化方向，坚持面向全体大学生，建立起了学校活动、省级交流、全国展演的三阶段模式。本届大艺展是教育系统步入"十四五"、立足新发展阶段高校美育面貌的全新亮相，是为建党百年献礼的艺术盛会。美育是"五育并举"的重要一环，是全面贯彻党的教育方针，落实立德树人根本任务的重要途径，展演活动的主体是普通大学生，充分体现了美育的综合育人功能。本届展演活动的筹备工作突出了时代特征、艺术实践、四川特色、用心服务和安全第一。

5月7日

7日至11日，"青苗一期"——全国高校思政课青年教师培训班在北京成功举办。"青苗计划"由全国高校数字马院联盟委托北京数字思政研究院主办，旨在把北京思政课青年教师的培训模式推广到全国，帮助青年教师找准职业定位，提升核心素养和专业技能，助力青年教师成长成才。培训内容分为思政课建设和师德教育、思想政治理论素质、教学法和基本技能、科研基础能力训练、实践教学五大模块。来自全国38所高校80名思想政治理论课教师参加首期培训。

5月9日

中共中央总书记、国家主席、中央军委主席习近平给《文史哲》编辑部全体编辑人员回信，对办好哲学社会科学期刊提出殷切期望。习近平在回信中说，《文史哲》创刊70年来，在党的领导下，几代编辑人员守正创新、薪火相传，在弘扬中华文明、繁荣学术研究等方面做了大量工作，在国内外赢得一定声誉，你们付出的努力值得肯定。习近平指出，增强做中国人的骨气和底气，让世界更好认识中国、了解中国，需要深入理解中华文明，从历史和现实、理论和实践相结合的角度深入阐释如何更好坚持中国道路、弘扬中国精神、凝聚中国力量。回答好这一重大课题，需要广大哲学社会科学工作者共同努力，在新的时代条件下推动中华优秀传统文化创造性转化、创新性发展。高品质的学术期刊就是要坚守初心、引领创新，展示高水平研究成果，支持优秀学术人才成长，促进中外学术交流。希望你们再接再厉，把刊物办得更好。

5 月 10 日

教育部召开教师思想政治和师德师风建设经验交流暨师德专题教育启动部署会，深入学习贯彻习近平总书记关于教育的重要论述和教师队伍建设的重要指示精神，系统总结教师思想政治和师德师风建设工作成效经验，狠抓教师思想政治和师德师风建设重点任务落实，部署启动师德专题教育。教育部党组书记、部长陈宝生出席会议并讲话，教育部党组成员、副部长孙尧主持会议。

陈宝生强调，以习近平同志为核心的党中央坚持把教师队伍建设作为基础工作，高度重视教师思想政治工作和师德师风建设。教育部党组作出系列工作安排，并将 2021 年确定为“高校教师思想政治工作强化年”，持之以恒抓好落实。一要把牢正确方向，狠抓教师队伍政治建设。二要聚焦重点人群，加强青年教师思想引领。三要坚持德法并举，健全落细落实体制机制。四要强化正面引领，增强教师荣誉感使命感。

5 月 13 日

中共中央党校(国家行政学院)举行春季学期第二批进修班开学典礼。中共中央政治局委员、中央党校(国家行政学院)校长(院长)陈希强调，领导干部要结合党史学习教育加强党的创新理论学习，深刻感悟习近平新时代中国特色社会主义思想的伟力，更加自觉地用以武装头脑、指导实践、推动工作。陈希强调，习近平新时代中国特色社会主义思想是新时代中国共产党的思想旗帜，是实现中华民族伟大复兴的行动指南。领导干部要把学好用好这一创新理论作为基本功、必修课、看家本领，同学习马克思主义基本原理贯通起来，同学习党史、新中国史、改革开放史、社会主义发展史贯通起来，特别是要结合党的十八大以来我们党推进自我革命和社会革命的伟大实践，深刻感悟其真理力量、实践力量、人格力量，努力掌握蕴含其中的马克思主义立场观点方法、道理学理哲理，强化理论思维，坚定理想信念，牢记初心使命，崇尚实践实干，以昂扬姿态奋力谱写全面建设社会主义现代化国家的新篇章，以优异成绩庆祝建党一百周年。

同日，学习宣传贯彻习近平新时代中国特色社会主义思想研讨会暨党史学习教育高端论坛在上海举行。中共中央政治局委员、中宣部部长、党史学习教育领导小组组长黄坤明出席并讲话，强调要坚持从党的历史深处吸收养分、从党的理论创造中汲取力量，不断加深对习近平新时代中国特色社会主义思想的理解领悟，增强奋斗新时代、奋进新征程的理论自觉和道路自信。

5 月 14 日

教育部办公厅发布《关于学习宣传贯彻实施新修订的教育法的通知》(以下简称《通知》)。《通知》强调，要认真组织学习新修订的教育法的主要内容，与党史学习教育结合起来，深入了解加强党对教育事业的领导的历史与现实意义，了解党的教育方针的历史演变，深刻领悟将习近平新时代中国特色社会主义思想作为教育指导思想是新时代教育发展的必然要求。与贯彻落实习近平总书记关于教育的重要论述结合起来，深刻领悟教育国之大计、党之大计的重要地位和对提高人民综合素质、促进人的全面发展、增强中华民族创新创造活力、实现中华民族伟大复兴的决定性意义，把习近平总书记关于教育的重要论述转化为法律的刚性约束和制度规范。与贯彻落实习近平法治思想结合起来，深刻领悟教育法修订对全面推进依法治教的重要意义，发挥法治固根本、稳预期、利长远的重要作用，在法治轨道上推进教育治理体系和治理能力现代化。与破解教育领域突出问题结合起来，深刻领悟教育公平是社会公平的重要基础，领会新修订的教育法对保障教育公平、维护人民群众教育获得感、坚持以人民为中心发展教育的重要意义。

5月15日

中宣部理论局、教育部社科司在山东大学指导召开"四史"宣传教育与"大思政课"学习交流会。与会者认为，党的十八大以来，在习近平总书记亲自谋划、亲身指导、亲切关怀下，学校思政课和高校马克思主义学院建设迎来历史机遇、取得显著成绩、面貌焕然一新。进入新发展阶段，学校思政课战线要进一步提高政治判断力、政治领悟力、政治执行力，着眼增强中国特色社会主义道路自信、理论自信、制度自信、文化自信，开好讲好"四史"类思政课程，将学史明理、学史增信、学史崇德、学史力行的学习成效转化为深化新时代思政课改革创新、更好地用习近平新时代中国特色社会主义思想铸魂育人的强大动力。习近平总书记提出善用"大思政课"明确要求，为新时代学校思政课建设指明了方向。建设"大思政课"要紧扣"两个大局"，办好"两个课堂"，更加注重用好社会课堂、加强实践教学，教育引导学生增强做中国人的志气、骨气、底气，立大志、明大德、成大才、担大任，努力成为堪当民族复兴重任的时代新人。

同日，"思想政治教育研究热点2020年度发布会暨第二届思想政治教育学术前沿论坛"在重庆交通大学举办。教育部思政司原司长、北京师范大学思想政治工作研究院院长冯刚教授以"党史学习教育深化和推动思想政治教育学科发展"为主题，从习近平总书记关于党史学习教育讲话对思政学科的指导意义出发，着重从"引领思政学科内容进一步深化""引领思政学科研究方法进一步创新""引领思政学科评价进一步系统""深化思政学科建设的四种思维"等四个方面发表了交流报告。

5月18日

中宣部、教育部、科技部联合印发《关于推动学术期刊繁荣发展的意见》(以下简称《意见》)。《意见》指出，学术期刊是开展学术研究交流的重要平台，是传播思想文化的重要阵地，是促进理论创新和科技进步的重要力量。加强学术期刊建设，对于提升国家科技竞争力和文化软实力，构筑中国精神、中国价值、中国力量具有重要作用。

《意见》指出，学术期刊出版工作要以习近平新时代中国特色社会主义思想为指导，紧紧围绕党和国家重大决策部署和宣传思想工作根本任务，坚持正确政治方向、出版导向、价值取向，加快提升内容质量和传播力影响力，不断完善把社会效益放在首位、社会效益和经济效益相统一的体制机制，为社会主义现代化建设提供强大精神动力和智力支持，为建设世界科技强国和社会主义文化强国作出更大贡献。学术期刊的重点任务，包括提升学术引领能力、提升编辑策划与把关能力、提升出版服务能力、优化刊号资源配置、推进集群化集团化建设、推动数字化转型、推进融合发展平台建设、提升开放办刊水平、积极开拓国际市场、规范学术期刊出版秩序、完善相关评价体系、加强人才队伍建设等。

5月21日

教育部以"唱响百年辉煌，凝聚奋进力量"为主题，正式启动"音乐党史"系列活动，并在部机关举办首场报告会。教育部党组书记、部长、部党史学习教育领导小组组长陈宝生出席活动并宣布"音乐党史"系列活动启动。陈宝生指出，在党的各个历史时期，广大音乐教育工作者和文艺工作者适应形势需要，创作出大量鼓舞人心、深受欢迎的优秀红色音乐作品。这些红色音乐，凝聚着中华民族由危亡走向新生继而迈向辉煌的厚重历史，记录着中国共产党领导中国革命、建设、改革、奋进新时代的恢弘历程，是中国共产党人红色基因和中华民族宝贵精神财富的重要组成部分，蕴含着丰富的时代记忆和精神密码，穿越时空而历久弥新。举办"音乐党史"系列活动，目的就是要深化拓展党史学习教育效果，让广大师生和干部群众通过聆听红色音乐，深刻缅怀筚路蓝缕的岁月，回溯激情燃烧的年代，进一步传承红色基因，赓续精神血脉，始终坚守初心使命，在全面建设社会主义现代化国家新征程中，不断书写教育事业的崭新篇章。

同日，中国高等教育学会启动"中国高等教育博览会高校数字校园思政专题精品项目"培育计划，探索实现大数据支撑下的"精准思政"，重点聚焦教育管理服务信息化、教育资源内容数字化、教育空间设施智能化、教育融合发展多样化四类项目，推动高校转变治理理念，优化资源供给，丰富教育内容，创新教育载体，增强教育效果。启动仪式后，中国高等教育学会组织召开“新时代高校数字校园·数字思政论坛”。中国高等教育学会副会长、教育部高等教育司原司长张大良指出，我国高等教育已进入普及化阶段，必须依靠创新驱动，推动高等教育高质量、内涵式发展，数字化育人体系的构建。

5 月 22 日

“深化‘三全育人’综合改革，加快构建高校思想政治工作体系”研讨会在江苏大学召开。论坛由中国教育发展战略学会思想道德建设专业委员会、江苏大学主办，江苏省高等教育学会辅导员工作研究委员会、江苏大学党委宣传部、江苏大学党委学生工作部、江苏大学马克思主义学院、江苏大学思想政治教育研究院承办，《中国高等教育》《思想教育研究》《思想政治教育研究》《高校教育管理》《学校党建与思想教育》杂志支持协办。百余名来自全国高校从事思想政治教育工作的领导和专家学者交流了“三全育人”综合改革的新思想、新经验和新成果。

5 月 25 日

据新华社报道，中共中央办公厅近日印发《关于在全社会开展党史、新中国史、改革开放史、社会主义发展史宣传教育的通知》(以下简称《通知》)，对在中国共产党成立 100 周年之际开展“四史”宣传教育作出安排部署。《通知》强调，要高举中国特色社会主义伟大旗帜，以马克思列宁主义、毛泽东思想、邓小平理论、“三个代表”重要思想、科学发展观、习近平新时代中国特色社会主义思想为指导，深入贯彻落实党的十九大和十九届二中、三中、四中、五中全会精神，增强“四个意识”、坚定“四个自信”、做到“两个维护”，围绕庆祝中国共产党成立 100 周年，在全社会广泛开展党史、新中国史、改革开放史、社会主义发展史宣传教育，普及党史知识，推动党史学习教育深入群众、深入基层、深入人心，引导广大人民群众深刻认识中国共产党为国家和民族作出的伟大贡献，深刻感悟中国共产党始终不渝为人民的初心宗旨，学习中国共产党推进马克思主义中国化形成的重大理论成果，传承中国共产党在长期奋斗中铸就的伟大精神，坚定不移听党话、跟党走，在全面建设社会主义现代化国家伟大实践中建功立业。

《通知》明确，要以学习宣传贯彻习近平新时代中国特色社会主义思想为主线，准确把握这一重要思想的理论逻辑、历史逻辑、实践逻辑，深入领会这一重要思想的历史地位和重大意义，不断增进政治认同、思想认同、理论认同、情感认同。深入学习领会习近平总书记关于党史、新中国史、改革开放史、社会主义发展史的重要论述，特别是在党史学习教育动员大会、庆祝中国共产党成立 100 周年大会上的重要讲话精神，及时跟进学、前后贯通学、联系实际学。要把握“四史”宣传教育内涵，注重内容上融会贯通、逻辑上环环相扣，引导广大人民群众特别是青少年弄清楚中国共产党为什么能、马克思主义为什么行、中国特色社会主义为什么好等基本道理，加深对党的历史的理解和把握，加深对党的理论的理解和认识。

同日，教育部社会科学司与人民网联合打造的同上一堂“四史”思政大课活动圆满收官。本次活动通过“人民网＋”客户端、咪咕视频等平台在线直播，总观看量近 1800 万人次。

5 月 28 日

据新华社报道，中央宣传部、中央网信办、教育部、共青团中央近日对重点建设一批优质高校思政类公众号工作进行安排部署，并公布了“首批高校思政类公众号重点建设名单”，包括清华大学、北大青年、中国大学生在线、首都教育等在内的高校公众号、高校共青团公众号、知识服务类机构公众号共 12 个类型、200 个公众号。

同日，“延河联盟”课程思政工作委员会成立大会在北京理工大学举行。教育部高等教育司人文社科教育处处长张庆国、工业和信息化部人事教育司教育处处长于鹰宇、新华网教育事业中心运营总监徐晶出席会议。北京外国语大学、中央戏剧学院、延安大学、中央音乐学院、中国农业大学、中央美术学院、中央民族大学、中国人民大学等九所“延河联盟”高校的领导、部门负责人和部分教师代表参会。会上，薛正辉宣读了“延河联盟”课程思政工作委员会名单，并作为课程思政工作委员会秘书处负责人代表“延河联盟”与新华网签署合作框架协议，共同搭建课程思政建设交流平台，促进优质教育资源共建共享。

28日至29日，庆祝中国共产党成立100周年暨2021年全国马克思主义理论学科青年学者论坛在西南石油大学成功举办。来自北京师范大学、四川大学、电子科技大学、西南交通大学、湖南大学等高校的150多位专家学者和马克思主义学科博士生代表参加会议。开幕式上，教育部思政司原司长、北京师范大学思想政治工作研究院院长冯刚，西南石油大学党委副书记、纪委书记郭世一，四川省教育厅宣传思想与统战工作处副处长刘向晖致辞。冯刚教授在致辞中指出，中国共产党的百年历史是一部不断推进马克思主义中国化、推进马克思主义理论创新的历史。马克思主义理论学科的建设和发展，要紧紧围绕党和国家时代发展主题和要求，关注中国共产党领导中国人民实现民族复兴的伟大实践，从中获取资源和养分。本次会议为青年学者和学生提供一个学术交流的平台、展示自己的舞台，这种会议模式值得推广。

6月

6月6日

由教育部高等教育司、中宣部《党建》杂志社、央视网、中国传媒大学联合举办的“红色文物青年说”百集视频微党课启动仪式在中国传媒大学举行。“红色文物青年说”通过百所高校大学生讲述百个红色文物故事，用融媒体方式将“党课”推向全国。教育部高教司司长吴岩指出，“红色文物青年说”是一堂党史学习课、一堂人生教育课、一堂品德修养课、一堂实学实干课、一堂青春筑梦课。广大青年学子要把激昂的青春梦融入伟大的中国梦，筑就无悔、有为、最美的青春。启动仪式上，来自北京师范大学、中国传媒大学、中国人民大学、中国人民警察大学的学生代表分别讲述了4个红色文物故事及其背后所承载的精神。全国30多所高校的师生代表在主会场出席启动仪式，百所高校师生在线观看直播。

6月8日

民航院校思政课青年教师联盟在首届轮值主席单位中国民航大学宣布成立。联盟旨在持续推进民航院校思政课教学改革，有效提升思政课教学质量，不断提高民航院校思政课青年教师队伍整体素质，形成民航院校“三全育人”大思政工作格局。民航院校思政课青年教师联盟由全国民航团委倡导，中国民航大学、中国民用航空飞行学院、中国民航管理干部学院、广州民航职业技术学院、上海民航职业技术学院共同发起成立。联盟主要职责为联络民航局直属院校、开设民航专业的高等院校的马克思主义学院以及思想政治理论课教学机构，搭建思政课教师资源共享、课程共建、交流互动、优势互补的工作平台，加强民航院校思政课建设、院校与企事业单位党建工作的交流与合作，实现优质资源的共建共享，促进民航院校思政青年教师的共同发展。

6月9日

教育部办公厅印发《关于开展2021年“小我融入大我，青春献给祖国”党史学习教育实践活动的通知》，指出教育部决定于近期组织开展2021年“小我融入大我，青春献给祖国”党史学习教育实践活动。

6月15日

据新华社报道，中共中央、国务院近日转发了《中央宣传部、司法部关于开展法治宣传教育的第八个五年规划(2021—2025年)》，并发出通知，要求各地区各部门结合实际认真贯彻落实。

6月19日

中国高等教育学会思想政治教育分会主办、吉林大学马克思主义学院和高校思想政治工作队伍培训研修中心(北京师范大学)共同承办“庆祝建党100周年思想政治教育学科建设回顾与展望”学术研讨会。研讨会以建党100周年思想政治教育学科建设的回顾与展望为主题，就中国共产党百年思想政治教育的历史与经验、思想政治教育学科建设历程的回顾与展望、思想政治工作领导和管理经验的回顾与展望、思想政治教育重大理论问题研究的回顾与展望、加强思想政治教育中的党史教育、思想政治教育在建设中国特色社会主义现代化国家中的重要作用等主题进行了深入的讨论。

同日，全国高职院校“喜庆建党百年”百名名师讲党史总结大会暨百城百校红歌接力活动闭幕式在延安职业技术学院举行。本次大会由全国高职高专院校思想政治理论课建设联盟主办，全国高职院校爱国主义教育培训基地合作联盟协办，延安职业技术学院承办。大会为期两天，先后开展专题讲座、主题报告、成果分享、现场教学，分别就高职院校党的建设、红色文化建设和高质量发展等方面进行研讨交流。来自全国的 196 名教师、31 所高职院校和 30 所高职院校分别获得“名师讲党史系列微课纪念证”“名师讲党史活动最佳组织奖”和“红歌接力活动一等奖视频录制证书”。

6 月 21 日

中共中央总书记、国家主席习近平给北京大学的留学生们回信，鼓励他们更加深入地了解真实的中国，把想法和体会介绍给更多的人，为促进各国人民民心相通发挥积极作用。习近平在回信中说，你们主动了解中国国情和中国共产党历史，这对了解中国的过去、现在、将来十分有益。习近平指出，读懂今天的中国，必须读懂中国共产党。你们提到中国共产党致力于发展经济、消除贫困，积极援助其他国家抗击新冠肺炎疫情。中国共产党做这些事情，是因为中国共产党是为中国人民谋幸福的政党，也是为促进人类进步事业而奋斗的政党。习近平表示，中国有句俗语：百闻不如一见。欢迎你们多到中国各地走走看看，更加深入地了解真实的中国，同时把你们的想法和体会介绍给更多的人，为促进各国人民民心相通发挥积极作用。

6 月 23 日

辽宁省、吉林省、黑龙江省及内蒙古自治区（下称三省一区）教育厅联合印发《关于推进普通高等学校开放办学加强合作实现高质量发展的指导意见》，在学生联合培养、教师互聘、协同创新、国际交流等方面加强合作，实现优质教育资源共建共享，构建三省一区高等教育高质量发展新格局。

6 月 24 日

全国政协宣传思想工作座谈会在北京召开，中共中央政治局常委、全国政协主席汪洋出席会议并讲话。汪洋强调，做好政协宣传思想工作、巩固共同思想政治基础，是人民政协内在、内生的职责和使命，是发挥人民政协在国家治理体系中作用的必然要求。要深入学习贯彻习近平总书记关于宣传思想工作的重要论述，结合政协工作实际，把握特点规律，切实增强政协宣传思想工作的针对性、时代性、实效性，广泛凝聚起各党派团体和各族各界人士团结奋斗的强大正能量，为实现新时代党的历史使命作出积极贡献。

6 月 25 日

在庆祝中国共产党成立 100 周年之际，中共中央政治局就用好红色资源、赓续红色血脉进行第三十一次集体学习。中共中央总书记习近平在主持学习时强调，红色资源是我们党艰辛而辉煌奋斗历程的见证，是最宝贵的精神财富。红色血脉是中国共产党政治本色的集中体现，是新时代中国共产党人的精神力量源泉。回望过往历程，眺望前方征途，我们必须始终赓续红色血脉，用党的奋斗历程和伟大成就鼓舞斗志、指引方向，用党的光荣传统和优良作风坚定信念、凝聚力量，用党的历史经验和实践创造启迪智慧、砥砺品格，继往开来，开拓前进，把革命先烈流血牺牲打下的红色江山守护好、建设好，努力创造不负革命先辈期望、无愧于历史和人民的新业绩。这次集体学习是中央政治局带头开展党史学习教育的一项重要安排，采取参观和讨论相结合的形式进行。

同日，新华社发表社论，指出党的十八大以来以习近平同志为核心的党中央高度重视高校党的建设和思想政治工作。习近平总书记围绕培养什么人、怎样培养人、为谁培养人这个根本问题，先后发表一系列重要讲话、作出一系列重要指示批示，多次到高校考察指导、与师生座谈交流，特别是出席全国高校思想政治工作会议、全国教育大会、学校思想政治理论课教师座谈会并发表重要讲话，为坚持和加强党对高校的领导和党的建设指明了方向、提供了根本遵循。各地区各部门各高校认真贯彻习近平新时代中国特色社会主义思想和党中央关于高校工作的决策部署，落实新时代党的建设总要求和新时代党的组织路线，以党的政治建设为统领，落实立德树人根本任务，推动高校党的建设和思想政治工作与教育科研管理融合，高校党的建设和思想政治工作呈现持续加强改进、不断向上向好的发展态势。

6月28日

由天津市委宣传部牵头推动、南开大学组织编写的《百年风华——中国共产党理论与实践研究丛书》正式出版发行。这套全面解读百年党史党建、创新党史党建话语体系的精品力作是天津市委“中国共产党建党100周年研究计划”的重要项目之一，由中央文献出版社、中共党史出版社出版发行。

丛书编写汇集了中央党史和文献研究院、中国社会科学院、教育部社科中心、北京大学、中国人民大学、北京师范大学、南京大学、南开大学、中共天津市委党校等高校和社科研究机构的百余名专家学者。丛书分为21个专题，共3个篇章：党的历史篇(《开天辟地》等9个专题)，回顾中国共产党的历史贡献、历史经验，传承红色基因，坚定中国特色社会主义道路自信、理论自信、制度自信、文化自信；党的建设篇(《根本性建设》等9个专题)，探讨百年来党的建设的经验，深入回答新时代党的建设的重大课题，深化对共产党执政规律、社会主义建设规律、人类社会发展规律的认识；面向未来篇(《使命担当》等3个专题)，紧紧围绕习近平新时代中国特色社会主义思想，从历史和现实、理论和实践、国际和国内等结合的视角，充分展现在中国共产党的领导下坚持和发展中国特色社会主义的广阔前景，坚定实现中华民族伟大复兴的信心决心。

6月29日

庆祝中国共产党成立100周年“七一勋章”颁授仪式在京隆重举行，习近平向“七一勋章”获得者颁授勋章并发表重要讲话。习近平强调，坚定信念，就是坚持不忘初心、不移其志，以坚忍执着的理想信念，以对党和人民的赤胆忠心，把对党和人民的忠诚和热爱牢记在心目中、落实在行动上，为党和人民事业奉献自己的一切乃至宝贵生命，为党的理想信念顽强奋斗、不懈奋斗。全党同志都要把对马克思主义的信仰、对中国特色社会主义的信念作为毕生追求，永远信党爱党为党，在各自岗位上顽强拼搏，不断把为崇高理想奋斗的实践推向前进。

习近平指出，践行宗旨，就是对人民饱含深情，心中装着人民，工作为了人民，想群众之所想，急群众之所急，解群众之所难，密切联系群众，坚定依靠群众，一心一意为百姓造福，以为民造福的实际行动诠释了共产党人“我将无我、不负人民”的崇高情怀。全党同志都要坚持人民立场、人民至上，坚持不懈为群众办实事做好事，始终保持同人民群众的血肉联系。廉洁奉公，就是保持共产党人艰苦朴素、公而忘私的光荣传统，从不以功臣自居，不计较个人得失，不贪图享受，守纪律、讲规矩，生动体现了共产党人应有的道德风范。全党同志都要明大德、守公德、严私德，清清白白做人、干干净净做事，做到克己奉公、以俭修身，永葆清正廉洁的政治本色。

习近平强调，拼搏奉献，就是把许党报国、履职尽责作为人生目标，不畏艰险、敢于牺牲，苦干实干、不屈不挠，充分展示了共产党人无私无畏的奉献精神和坚忍不拔的斗争精神。全党同志都要保持“越是艰险越向前”的英雄气概，保持“敢教日月换新天”的昂扬斗志，埋头苦干、攻坚克难，努力创造无愧于党、无愧于人民、无愧于时代的业绩。新时代是需要英雄并一定能够产生英雄的时代。中国共产党要始终成为时代先锋、民族脊梁，党员队伍必须过硬。希望受到表彰的同志珍惜荣誉、发扬成绩，争取更大光荣。各级党组织要从工作和生活上关心爱护功勋党员，大力宣传“七一勋章”获得者的感人事迹和崇高品德，在全党全社会形成崇尚先进、见贤思齐的浓厚氛围，激励广大党员、干部牢记党的性质宗旨，牢记党的初心使命，不懈奋斗，永远奋斗，在全面建设社会主义现代化国家新征程上，向着第二个百年奋斗目标、向着中华民族伟大复兴的中国梦奋勇前进。

7 月

7 月 1 日

庆祝中国共产党成立 100 周年大会在北京天安门广场隆重举行，各界代表 7 万余人以盛大仪式欢庆中国共产党百年华诞。中共中央总书记、国家主席、中央军委主席习近平发表重要讲话。

会议强调，一百年前，中国共产党的先驱们创建了中国共产党，形成了坚持真理、坚守理想，践行初心、担当使命，不怕牺牲、英勇斗争，对党忠诚、不负人民的伟大建党精神，这是中国共产党的精神之源。一百年来，中国共产党弘扬伟大建党精神，在长期奋斗中构建起中国共产党人的精神谱系，锤炼出鲜明的政治品格。历史川流不息，精神代代相传。我们要继续弘扬光荣传统、赓续红色血脉，永远把伟大建党精神继承下去、发扬光大。

会议强调，过去一百年，中国共产党向人民、向历史交出了一份优异的答卷。现在，中国共产党团结带领中国人民又踏上了实现第二个百年奋斗目标新的赶考之路。中国共产党立志于中华民族千秋伟业，百年恰是风华正茂。回首过去，展望未来，有中国共产党的坚强领导，有全国各族人民的紧密团结，全面建成社会主义现代化强国的目标一定能够实现，中华民族伟大复兴的中国梦一定能够实现。

习近平代表党和人民庄严宣告，经过全党全国各族人民持续奋斗，我们实现了第一个百年奋斗目标，在中华大地上全面建成了小康社会，历史性地解决了绝对贫困问题，正在意气风发向着全面建成社会主义现代化强国的第二个百年奋斗目标迈进。

同日，第 13 期《求是》杂志发表了中共中央总书记、国家主席、中央军委主席习近平的重要文章《学史明理、学史增信、学史崇德、学史力行》。文章强调，在党史学习教育中要做到学史明理、学史增信、学史崇德、学史力行，做到学党史、悟思想、办实事、开新局。明理是增信、崇德、力行的前提。要从党的辉煌成就、艰辛历程、历史经验、优良传统中深刻领悟中国共产党为什么能、马克思主义为什么行、中国特色社会主义为什么好等道理。要深刻领悟坚持中国共产党领导的历史必然性，坚定对党的领导的自信。要深刻领悟马克思主义及其中国化创新理论的真理性，增强自觉贯彻落实党的创新理论的坚定性。要深刻领悟中国特色社会主义道路的正确性，坚定不移走中国特色社会主义这条唯一正确的道路。学史增信，就是要增强信仰、信念、信心，这是我们战胜一切强敌、克服一切困难、夺取一切胜利的强大精神力量。要增强对马克思主义、共产主义的信仰，增强对中国特色社会主义的信念，增强对实现中华民族伟大复兴的信心。

同日，由中央党史和文献研究院等单位编写的《中国共产党简史》中文版正式出版开售。

7 月 2 日

中共中央政治局常委、国务院总理、党组书记李克强主持召开国务院党组会议，学习贯彻习近平总书记在庆祝中国共产党成立 100 周年大会上的重要讲话精神，研究做好下一步工作。会议指出，中国共产党在接续奋斗中迎来百年华诞，习近平总书记在庆祝大会上的重要讲话，全面回顾一百年来我们党围绕实现中华民族伟大复兴，团结带领中国人民开辟的伟大道路、创造的伟大事业、取得的伟大成就，庄严宣告我们实现了第一个百年奋斗目标，在中华大地上全面建成了小康社会，深刻总结了伟大建党精神，系统阐述了以史为鉴、开创未来的“九个必须”，是一篇马克思主义的纲领性文献，为全党全国各族人民向第二个百年奋斗目标迈进指明了前进方向、提供了根本遵循。国务院党组和政府系统要深入学习领会，全面贯彻到政府各项工作中。

7 月 5 日

《新华文摘》2021 年第 13 期转载了北京师范大学思想政治工作研究院院长、教授、博士生导师冯刚的文章《中国共产党百年红色精神谱系引领时代新人培育》。文章指出：党的红色精神谱系生发于、内嵌于并服务于党的伟大奋斗实践，在党领导人民艰苦卓绝地探索和建设社会主义的生动实践中，连缀起一幅彰显恢弘精神伟力的脉络图景。蕴含着党对社会主义建设和人类社会发展规律的深刻认知，具有科学性；凝结着时代的核心价值元素，体现了先进文化的发展方向，具有先进性；蕴含着崇高的精神境界，是党的根与魂，具有引领性。将党的红色精神谱系融入高校课程教育教学、校园文化打造、网络文化建设、社会实践教育等环节，有助于教育引导广大学生筑牢信仰之基，从而为培育时代新人汇聚磅礴精神力量。

7月7日

纪念全民族抗战爆发84周年仪式在中国人民抗日战争纪念馆举行。中共中央政治局委员、北京市委书记蔡奇主持纪念仪式。纪念仪式上，首都学生代表饱含深情地朗诵了《中国共产党为日军进攻卢沟桥通电》《延安与中国青年》两首抗战诗文，首都大学生合唱团演唱了《松花江上》《没有共产党就没有新中国》。随后，各界代表缓步登上台阶，依次来到抗战馆序厅，手捧花束，敬献在象征着中华民族团结抗战的大型浮雕《铜墙铁壁》前，并向抗战英烈鞠躬致敬。各界代表还一同参观了“中流砥柱——中国共产党抗战文物展”。

同日，中共教育部党组印发关于教育系统认真学习贯彻习近平总书记在庆祝中国共产党成立100周年大会上的重要讲话精神的通知，对各地教育部门和各级各类学校学习贯彻习近平总书记“七一”重要讲话精神作出部署，强调要把学习宣传贯彻讲话精神作为当前和今后一个时期的首要政治任务，充满信心地为实现第二个百年奋斗目标而继续努力。

7月8日

教育部等六部门发布《关于推进教育新型基础设施建设构建高质量教育支撑体系的指导意见》(以下简称《意见》)。《意见》指出，要以习近平新时代中国特色社会主义思想为指导，全面贯彻党的教育方针，落实立德树人根本任务，准确把握新发展阶段、贯彻新发展理念、构建新发展格局，以技术迭代、软硬兼备、数据驱动、协同融合、平台聚力、价值赋能为特征，加快推进教育新型基础设施建设。

同日，“在英国重新发现中国：影与书——走近建党百年”线上座谈会在伦敦举行，中英各界百余人云端参会。主办方之一中国驻伦敦旅游办事处主任薛伶特别介绍了《1921》上映和《中国共产党简史》发行推广的幕后故事。

7月9日

中宣部在北京召开学术期刊发展建设座谈会，认真学习贯彻习近平总书记在庆祝中国共产党成立100周年大会上的重要讲话精神和关于学术期刊工作的系列重要指示精神，围绕落实中宣部、教育部、科技部联合印发的《关于推动学术期刊繁荣发展的意见》，研究做好学术期刊建设和管理工作。

会议强调，学术期刊要深入学习领会习近平总书记“七一”重要讲话的核心要义、精神实质，深入研究阐释讲话提出的一系列标志性、引领性的新思想新观点新论断，推出一批有学理深度和学术厚度的高质量成果。要坚持高质量发展，紧密服务党和国家中心工作和战略任务，着力打造内容精品，优化资源配置，严格规范出版秩序，落实各项引导扶持措施，加快推进学术期刊融合发展和国际传播能力建设。

同日，教育部召开《习近平新时代中国特色社会主义思想学生读本》工作座谈会。研究部署读本使用工作，把学习“七一”重要讲话精神的成果转化为铸魂育人的实际行动，推动大中小学学习贯彻习近平新时代中国特色社会主义思想走深走实。教育部党组书记、部长陈宝生出席会议并讲话，部党组成员、副部长郑富芝主持会议。

2020年7月教育部组织编写了大中小学《习近平新时代中国特色社会主义思想学生读本》，经报中央批准，2021年秋季学期将正式投入使用。读本编写尽锐出战、联合攻关，围绕学习习近平新时代中国特色社会主义思想这条主线，一体化设计学习目标、内在逻辑，内容安排循序渐进、螺旋上升，较好实现了不同学段间的有机衔接。读本与统编思政课教材相互补充，构建起更为坚实的新时代铸魂育人教材体系。

7月11日

21世纪马克思主义研究峰会在北京召开，教育部党组成员、副部长宋德民出席峰会并致辞。此次峰会由华北电力大学联合教育部习近平新时代中国特色社会主义思想研究中心、教育部高等学校社会科学发展研究中心、中共中央党校(国家行政学院)专家工作室举办，来自北京大学、清华大学等40所高校和中国社科院等10余家研究机构的百余名专家学者参加。峰会共设五个分论坛，与会专家围绕百年党史与学习贯彻习近平总书记“七一”重要讲话精神、习近平新时代中国特色社会主义思想是21世纪马克思主义、马克思主义中国化与中国特色社会主义理论体系、中国道路与马克思主义中国化时代化的历史经验、马克思主义理论的新拓展和实践发展等主题进行了深度研讨交流。

7月12日

在中国共产党成立100周年之际，中共中央、国务院印发了《关于新时代加强和改进思想政治工作的意见》(以下简称《意见》)。《意见》指出，思想政治工作是党的优良传统、鲜明特色和突出政治优势，是一切工作的生命线。加强和改进思想政治工作，事关党的前途命运，事关国家长治久安，事关民族凝聚力和向心力。《意见》包括总体要求、把思想政治工作作为治党治国的重要方式、深入开展思想政治教育、提升基层思想政治工作质量和水平、推动新时代思想政治工作守正创新发展、构建共同推进思想政治工作的大格局六个部分。

《意见》指出，党的十八大以来，以习近平同志为核心的党中央高度重视思想政治工作，采取一系列重大举措切实加以推进，思想政治工作有效发挥了统一思想、凝聚共识、鼓舞斗志、团结奋斗的重要作用，全党全社会思想上的团结统一更加巩固，我国意识形态领域形势发生了全局性、根本性的转变。

《意见》明确，新时代加强和改进思想政治工作的指导思想是：以习近平新时代中国特色社会主义思想为指导，全面贯彻党的十九大和十九届二中、三中、四中、五中全会精神，增强“四个意识”、坚定“四个自信”、做到“两个维护”，紧紧围绕统筹推进“五位一体”总体布局和协调推进“四个全面”战略布局，坚持稳中求进工作总基调，围绕巩固马克思主义在意识形态领域的指导地位、巩固全党全国人民团结奋斗的共同思想基础这一根本任务，自觉承担起举旗帜、聚民心、育新人、兴文化、展形象的职责使命，把思想政治工作作为治党治国的重要方式，着力固根基、扬优势、补短板、强弱项，提高科学化规范化制度化水平，充分调动一切积极因素，广泛团结一切可以团结的力量，为人民服务，为中国共产党治国理政服务，为巩固和发展中国特色社会主义制度服务，为改革开放和社会主义现代化建设服务。

《意见》指出，新时代加强和改进思想政治工作的方针原则是：坚持和加强党的全面领导，把思想政治工作贯穿党的建设和国家治理各领域各方面各环节，牢牢掌握工作的领导权和主动权。坚持以人民为中心，践行党的群众路线，把人民对美好生活的向往作为奋斗目标，组织群众、宣传群众、教育群众、服务群众，强信心、聚民心、暖人心、筑同心。坚持服务党和国家工作大局，全面贯彻党的基本理论、基本路线、基本方略，坚持系统观念，把思想政治工作与经济建设和其他各项工作结合起来，为党和国家中心工作提供有力政治和思想保障。坚持遵循思想政治工作规律，把显性教育与隐性教育、解决思想问题与解决实际问题、广泛覆盖与分类指导结合起来，因地、因人、因事、因时制宜开展工作。坚持守正创新，推进理念创新、手段创新、基层工作创新，使新时代思想政治工作始终保持生机活力。

同日，教育部办公厅印发《关于加强学生心理健康管理工作的通知》(以下简称《通知》)，要求进一步提高学生心理健康工作针对性和有效性，切实加强专业支撑和科学管理，着力提升学生心理健康素养。《通知》明确，要加强源头管理，全方位提升学生心理健康素养。加强心理健康课程建设，高校要面向本专科生开设心理健康公共必修课，原则上设置2个学分(32—36学时)，中小学要将心理健康教育课纳入校本课程，同时注重安排形式多样的生命教育、挫折教育。要加强过程管理，提升及早发现能力和日常咨询辅导水平。强化日常预警防控，加强心理咨询辅导服务。要加强结果管理，提高心理危机事件干预处置能力。大力构建家校协同干预机制，妥善做好学生突发事件善后工作。要加强保障管理，加大综合支撑力度。配齐建强骨干队伍，高校按师生比不低于1：4000比例配备心理健康教育专职教师且每校至少配备2名，加大心理健康教育培训力度，对所有辅导员每3年至少开展1次心理健康教育专题培训，支持辅导员攻读心理学相关专业第二专业硕士学位，每所中小学至少要配备1名专职心理健康教育教师，县级教研机构要配备心理教研员。此外，落实场地和经费保障，并视情建立增长机制。

7月13日

中共中央党史和文献研究院翻译的习近平《在庆祝中国共产党成立100周年大会上的讲话》英文单行本，由中央编译出版社出版发行。习近平《在庆祝中国共产党成立100周年大会上的讲话》，系统回顾了中国共产党成立一百年来，团结带领全国各族人民开辟的伟大道路、创造的伟大事业、取得的伟大成就；庄严宣告实现了第一个百年奋斗目标、全面建成了小康社会，郑重宣示坚持和发展新时代中国特色社会主义、向全面建成社会主义现代化强国的第二个百年奋斗目标迈进的坚定决心，深刻阐述了以史为鉴、开创未来的根本要求。

7月14日

习近平《论中国共产党历史》《习近平调研指导过的贫困村脱贫纪实》《习近平扶贫故事》中文繁体版近期由联合出版(集团)有限公司在港澳地区出版发行。

习近平《论中国共产党历史》为专题文集，由中共中央党史和文献研究院编辑，中央文献出版社出版。2021年是中国共产党成立100周年，出版习近平《论中国共产党历史》中文繁体版，有利于引导港澳地区读者客观认识中国共产党团结带领中国人民在一百年间为国家、民族带来的历史巨变、取得的历史成就、作出的历史贡献，进一步增进港澳地区读者对中国共产党、中国领袖、中国共产党党员的了解。

《习近平调研指导过的贫困村脱贫纪实》由人民出版社出版。《习近平扶贫故事》由人民日报海外版组织编写，商务印书馆出版。这两部著作聚焦习近平总书记关于扶贫工作的重要思想，贯穿暖色调、突出幸福感，深入宣传党带领人民脱贫攻坚的伟大成就，展示全面小康的美好图景和世界意义。出版中文繁体版，不仅可以引发港澳地区读者的共情点共鸣点，引导他们感受脱贫攻坚的伟大意义，更让他们在阅读过程中品味习近平总书记的为民情怀和思想力量、人格力量、语言力量。

同日，中共中央总书记、国家主席习近平《加强政党合作 共谋人民幸福——在中国共产党与世界政党领导人峰会上的主旨讲话》单行本，由人民出版社出版，即日起在全国新华书店发行。

7月15日

第八届全国道德模范候选人公示。本届评选表彰紧紧围绕庆祝中国共产党成立100周年这条主线，聚焦奋斗“十四五”、奋进新征程，结合决胜全面小康、决战脱贫攻坚、抗击新冠肺炎疫情等重大事件，按照群众推荐、遴选审核、公示宣传、投票评选等程序步骤，选出助人为乐、见义勇为、诚实守信、敬业奉献、孝老爱亲5类全国道德模范，推出一批事迹突出、群众认可、具有鲜明时代特征、典型性示范性强的道德标杆，广泛开展道德模范宣传学习活动，引导人们争做崇高道德的践行者、文明风尚的维护者、美好生活的创造者，推动形成适应新时代要求的思想观念、精神面貌、文明风尚和行为规范。

同日，中共中央党校(国家行政学院)举行2021年春季学期毕业典礼。中共中央政治局委员、中共中央党校(国家行政学院)校长(院长)陈希出席毕业典礼，并为学员颁发毕业证书。中共中央党校(国家行政学院)本期毕业学员1279人。毕业典礼上，10位学员代表发言。

同日，全国职业院校德育工作座谈会在长沙召开。会议认真学习贯彻落实习近平总书记重要指示精神和全国职教大会精神，研究部署做好新时代职业院校德育和思政工作。会议强调，要坚守为党育人、为国育才，全面贯彻党的教育方针，落实立德树人根本任务，坚持德技并修，探索符合职业院校学生特点和技术技能人才成长规律，学生喜闻乐见的思想政治工作体系和方法，促进学生全面发展，培养担当民族复兴大任的时代新人。会议总结交流了党的十九大以来各地各职业院校德育和思想政治教育工作的经验做法和成效，展示了“少年工匠心向党 青春奋进新时代”主题教育活动、“文明风采”活动等德育实践活动的育人成果，观摩了思政课和课程思政课堂展示。天津、上海、湖南、重庆、大连等地教育行政部门和北京市商业学校、深圳信息职业技术学院、江苏经贸职业技术学院等 8 个单位做了交流发言。

7 月 16 日

《求是》杂志第 14 期发表中共中央总书记、国家主席、中央军委主席习近平的重要文章《在庆祝中国共产党成立 100 周年大会上的讲话》。

文章强调，过去一百年，中国共产党向人民、向历史交出了一份优异的答卷。现在，中国共产党团结带领中国人民又踏上了实现第二个百年奋斗目标新的赶考之路。经过全党全国各族人民持续奋斗，我们实现了第一个百年奋斗目标，在中华大地上全面建成了小康社会，历史性地解决了绝对贫困问题，正在意气风发向着全面建成社会主义现代化强国的第二个百年奋斗目标迈进。

文章指出，一百年来，中国共产党团结带领中国人民进行的一切奋斗、一切牺牲、一切创造，归结起来就是一个主题：实现中华民族伟大复兴。为了实现中华民族伟大复兴，中国共产党团结带领中国人民，创造了新民主主义革命的伟大成就，创造了社会主义革命和建设的伟大成就，创造了改革开放和社会主义现代化建设的伟大成就，创造了新时代中国特色社会主义的伟大成就。中国共产党和中国人民以英勇顽强的奋斗向世界庄严宣告，中华民族迎来了从站起来、富起来到强起来的伟大飞跃，实现中华民族伟大复兴进入了不可逆转的历史进程！

文章指出，一百年前，中国共产党的先驱们创建了中国共产党，形成了坚持真理、坚守理想，践行初心、担当使命，不怕牺牲、英勇斗争，对党忠诚、不负人民的伟大建党精神，这是中国共产党的精神之源。一百年来，中国共产党弘扬伟大建党精神，在长期奋斗中构建起中国共产党人的精神谱系，锤炼出鲜明的政治品格。我们要继续弘扬光荣传统、赓续红色血脉，永远把伟大建党精神继承下去、发扬光大！

文章指出，以史为鉴，可以知兴替。我们要用历史映照现实、远观未来，从中国共产党的百年奋斗中看清楚过去我们为什么能够成功、弄明白未来我们怎样才能继续成功，从而在新的征程上更加坚定、更加自觉地牢记初心使命、开创美好未来。以史为鉴、开创未来，必须坚持中国共产党坚强领导，必须团结带领中国人民不断为美好生活而奋斗，必须继续推进马克思主义中国化，必须坚持和发展中国特色社会主义，必须加快国防和军队现代化，必须不断推动构建人类命运共同体，必须进行具有许多新的历史特点的伟大斗争，必须加强中华儿女大团结，必须不断推进党的建设新的伟大工程。

同日，《马克思主义经典文献传播通考》(100 卷)出版座谈会在北京举行。《马克思主义经典文献传播通考》丛书是国家出版基金支持的大型出版项目，由辽宁出版集团、辽宁人民出版社和清华大学马克思主义学院共同策划，组织全国高校和研究机构近百位专家学者编写，共计 100 卷 2400 多万字。丛书系统考证了马克思主义经典文献在中国的传播过程，是庆祝中国共产党成立 100 周年的重点出版物，为党史学习教育和“四史”宣传教育提供了重要文献参考。来自全国理论界、出版界的专家学者和高校教师共 150 余人参加会议。与会专家学者认为，《马克思主义经典文献传播通考》丛书为构建中国特色哲学社会科学学科体系、学术体系和话语体系提供了珍贵的文献资料，将有力推动我国马克思主义经典文献研究和马克思主义传播史研究向纵深发展。

7 月 19 日

教育部办公厅印发关于开展第十三届“高校辅导员年度人物”暨 2021 年“最美高校辅导员”推选展示活动的通知。为深入学习贯彻习近平新时代中国特色社会主义思想，全面贯彻落实习近平总书记在庆祝中国共产党成立 100 周年大会上重要讲话精神，将学习贯彻习近平总书记关于教育的重要论述引向深入，大力培养选树新时代高校辅导员先进榜样，引导广大辅导员不忘初心、牢记使命，落实立德树人根本任务，培养德智体美劳全面发展的社会主义建设者和接班人，教育部决定与中央宣传部共同组织开展第十三届“高校辅导员年度人物”暨2021年“最美高校辅导员”推选展示活动。

7月20日

中共中央党史和文献研究院翻译的习近平《在庆祝中国共产党成立100周年大会上的讲话》俄文、法文、西班牙文、阿拉伯文、日文、德文六个语种的单行本，近日由中央编译出版社出版发行。

习近平《在庆祝中国共产党成立100周年大会上的讲话》，系统回顾了中国共产党成立一百年来，团结带领全国各族人民开辟的伟大道路、创造的伟大事业、取得的伟大成就；庄严宣告实现了第一个百年奋斗目标、全面建成了小康社会，郑重宣示坚持和发展新时代中国特色社会主义、向全面建成社会主义现代化强国的第二个百年奋斗目标迈进的坚定决心，深刻阐述了以史为鉴、开创未来的根本要求。这篇重要讲话多语种单行本的出版发行，对于进一步帮助国内外读者深入了解中国共产党团结带领人民不懈奋斗的光辉历程和伟大成就，形成的伟大建党精神，创造的中国式现代化新道路和人类文明新形态，弘扬的和平、发展、公平、正义、民主、自由的全人类共同价值等，具有重要意义。

7月23日

第四届海峡两岸青年发展论坛在杭州开幕，主题为“携手共促 融合发展”，共有来自海峡两岸的350余人出席。中共中央政治局常委、全国政协主席汪洋向论坛组委会发贺信，代表中共中央和习近平总书记，对论坛举办表示祝贺。汪洋指出，青年是国家的未来、民族的希望，也是两岸关系的未来和希望。祖国大陆十分关心包括台湾青年在内的全体青年的成长进步，热情支持两岸青年多接触、勤来往、深交流，共同感悟中华民族悠久历史和灿烂文化的独特魅力，共同领略近代以来伟大祖国的沧桑巨变，共同憧憬中华民族伟大复兴的光明前景，不断增强做中国人的志气、骨气、底气。当前台海形势复杂严峻，但时与势始终在主张国家统一的力量这一边，解决台湾问题的主导权主动权始终掌握在祖国大陆这一边。希望广大台湾青年看清历史大势，担当民族大义，扛起时代重任，为推动两岸关系和平发展、推进祖国和平统一进程和实现中华民族伟大复兴贡献力量。

同日，国家教材委员会制定并印发《习近平新时代中国特色社会主义思想进课程教材指南》(以下简称《指南》)。《指南》指出，教育是国之大计、党之大计。“培养什么人、怎样培养人、为谁培养人”是教育的根本问题，事关中国特色社会主义事业兴旺发达、后继有人，事关党和国家长治久安。课程教材集中体现党和国家意志，是育人的载体，直接关系人才培养方向和质量。推动我国教育改革创新发展和培养担当民族复兴大任的时代新人，必须始终坚持以习近平新时代中国特色社会主义思想为指导，将其贯穿于教育教学全过程各环节。全面落实习近平新时代中国特色社会主义思想进课程教材，对引导广大青少年树立马克思主义信仰，坚定中国特色社会主义道路自信、理论自信、制度自信、文化自信，立志听党话、跟党走，形成正确的世界观、人生观、价值观，具有重大意义。要坚持系统安排、实现全面覆盖、结合学科特点、注重适宜实效，实现总体目标：习近平新时代中国特色社会主义思想进课程教材的整体布局与分科安排科学有序，学科学段环节全面覆盖，思想内涵充分阐释，学习要求循序渐进、螺旋上升，全面提升课程教材铸魂育人功能，教育引导学生树立共产主义远大理想和中国特色社会主义共同理想，坚定“四个自信”，厚植爱国主义情怀，把爱国情、强国志、报国行自觉融入建设社会主义现代化强国、实现中华民族伟大复兴的奋斗之中。

7月27日

习近平总书记《在庆祝中国共产党成立100周年大会上的讲话》少数民族文字单行本由中国民族语文翻译局翻译，民族出版社出版，即日起面向全国公开发行。

同日，教育部发布《国家文物局关于充分运用革命文物资源加强新时代高校思想政治工作的意见》(以下简称《意见》)。《意见》指出，革命文物承载党和人民英勇奋斗的光荣历史，记载中国革命的伟大历程和感人事迹，是党和国家的宝贵财富，是弘扬革命传统和革命文化、加强社会主义精神文明建设、激发爱国热情、振奋民族精神的生动教材，对培根铸魂、协同育人作用特殊，对加强和改进新时代高校思想政治工作意义重大。

同日，第五次全国高校网络文化建设工作暨“争做校园好网民”推进会在安徽大学召开。会议指出，加强高校网络文化建设和校园好网民培育，要以习近平新时代中国特色社会主义思想为指导，认真学习贯彻习近平总书记在庆祝中国共产党成立 100 周年大会上的重要讲话精神，将培养担当民族复兴大任的时代新人作为高校网络文化建设和校园好网民培育的重要使命，着力加强理想信念教育、强化正向引导，激励广大师生为全面建设社会主义现代化国家贡献力量。

7 月 28 日

2021 年度国家社科基金项目评审工作会议在北京召开。中共中央政治局委员、中宣部部长黄坤明出席会议并讲话，强调要深入学习贯彻习近平总书记“七一”重要讲话精神，牢牢把握构建中国特色哲学社会科学的战略任务，立足伟大实践，推动创新创造，在新的征程上谱写哲学社会科学繁荣发展新篇章。

黄坤明指出，我们党带领人民不懈奋斗的一百年，也是高举真理火炬、引领哲学社会科学开拓创新的一百年，以马克思主义为指导是中国特色哲学社会科学的鲜明底色。在全面建设社会主义现代化国家的历史进程中，要更加自觉地以习近平新时代中国特色社会主义思想为统领，坚持推进马克思主义中国化时代化，全面提升学科体系、学术体系、话语体系建设水平，以高度的理论自信、学术自信构建中国自己的学术理论。

7 月 29 日

2021 国际青年英才对话论坛在北京举行。论坛以“百年变局下的青年责任与担当”为主题，来自近 30 个国家和地区的约 140 位在华外国青年、专家学者、企业家、媒体代表围绕可持续发展、公共卫生、合作抗疫、科技创新、开放型世界经济等全球性议题深入探讨，积极为推动构建人类命运共同体贡献年轻化、多元化的智慧与力量。论坛由全球化智库和当代中国与世界研究院共同主办，是“国际青年领袖对话”项目的重要活动之一。期间，还举办了以“青年智慧：科技创新与卫生健康”“青年力量：气候变化与可持续发展”为主题的分论坛以及“国际青年领袖对话”图片展、智汇行动工作坊等活动。

7 月 30 日

在中国共产党成立 100 周年之际，经党中央批准，由中共中央组织部组织编写的《中国共产党组织建设一百年》一书，由党建读物出版社出版，即日起在全国发行。该书坚持以习近平新时代中国特色社会主义思想为指导，突出党的组织路线为政治路线服务主线，全面回顾党的组织建设发展历程，深入总结党的组织建设的历史性成就和宝贵经验，翔实记述党的组织建设的重要思想、重要事件、重要活动，生动展现一代又一代共产党人为党和人民事业不懈奋斗的高尚情操和精神风貌，充分彰显了中国共产党独特的组织优势和强大的组织力量。

8 月

8 月 4 日

教育部、财政部发布《关于实施职业院校教师素质提高计划(2021—2025 年)的通知》(以下简称《通知》)。《通知》强调，要坚持以习近平新时代中国特色社会主义思想为指导，贯彻党的十九大和十九届二中、三中、四中、五中全会精神，牢固树立新发展理念，落实立德树人根本任务，深化产教融合、校企合作，突出“双师型”教师个体成长和“双师型”教学团队建设相结合，兼顾公共基础课程教师队伍建设，着力提升教师思想政治素质和师德素养，提高教师教育教学能力，努力造就一支师德高尚、技艺精湛、专兼结合、充满活力的高素质“双师型”教师队伍，推动职业教育高质量发展。《通知》指出“实施职业院校教师素质提高计划”(2021—2025 年)的主要目标是：发挥示范引领作用，带动地方健全完善职业院校教师培训体系和全员培训制度，打造高水平、高层次的技术技能人才培养队伍。创新培训方式，重点支持骨干教师、专业带头人、名师名校长和培训者等的能力素质提升。教师按照国家职业标准和教学标准开展教育教学、培训和评价的能力全面提高，分工协作进行模块化教学的模式全面实施，“双师型”教师和教学团队数量基本充足，校企共建一批“双师型”教师培养培训基地，现代职业教育师资培训体系基本健全。

8月10日

中共中央总书记、国家主席习近平给“国际青年领袖对话”项目外籍青年代表回信，对他们积极到中国各地走访、深化对华了解表示赞赏，鼓励他们加强交流互鉴，为推动构建人类命运共同体贡献青春力量。

习近平指出，中国人民依靠自己的智慧和汗水，在中华大地上建设富饶美丽的家园，创造多姿多彩的文化，实现了梦寐以求的小康生活。要幸福就要奋斗。中国幅员辽阔、人口众多，要想发展振兴，最重要的就是立足国情、走自己的路。实践表明，中国式现代化新道路越走越宽广，将更好发展自身、造福世界。青春总是同梦想相伴。中国共产党走过了百年奋斗历程，但我们的初心和梦想历久弥坚。百年恰是风华正茂。在新征程上，我们将继续为实现中华民族伟大复兴的中国梦而不懈奋斗，为促进人类发展进步而不懈奋斗。我们欢迎更多国际青年来华交流，希望中外青年在互学互鉴中增进了解、收获友谊、共同成长，为推动构建人类命运共同体贡献青春力量。

8月12日

教育部发布《关于做好庆祝2021年教师节有关工作的通知》(以下简称《通知》)，指出2021年9月10日是我国第37个教师节，要组织做好2021年教师节庆祝工作，突出展示广大教师深入学习贯彻习近平总书记在庆祝中国共产党成立100周年大会上重要讲话精神的扎实行动，系统展示教育战线全面贯彻党的教育方针取得的进展成效，集中展示广大教师爱党爱国、仁爱奉献的精神风貌，对于团结凝聚广大教师更好担负起立德树人根本任务，向全面建成社会主义现代化强国的第二个百年奋斗目标迈进，具有十分重要的意义。

《通知》指出，教师节的主题是：赓续百年初心，担当育人使命。教育部将深入开展教师“四史”学习教育和师德专题教育，会同中央有关部门和媒体开展首批教育世家学习宣传活动、全国教书育人楷模推选活动、寻找最美教师大型公益活动(教师节当晚播出)等。通知要求各地各校要围绕主题，结合实际，认真组织开展活动。要强化学习引领，坚定初心使命；做好宣传表彰，浓厚尊师氛围；出台惠师政策，推进强师行动；坚持良好作风，务实开展活动。

8月16日

据新华社报道，中共中央党史和文献研究院编辑的习近平同志《论把握新发展阶段、贯彻新发展理念、构建新发展格局》一书，近日由中央文献出版社出版，在全国发行。这部专题文集，收入习近平同志关于把握新发展阶段、贯彻新发展理念、构建新发展格局的重要文稿72篇。其中部分文稿是首次公开发表。

同日，中央宣传部、外交部组织编写《习近平外交思想学习纲要》(以下简称《纲要》)一书，由人民出版社、学习出版社联合出版，即日起在全国发行。党的十八大以来，以习近平同志为核心的党中央深刻把握新时代中国和世界发展大势，在对外工作上进行一系列重大理论和实践创新，形成了习近平外交思想。习近平外交思想是习近平新时代中国特色社会主义思想的重要组成部分，是马克思主义基本原理同中国特色大国外交实践相结合的重大理论成果，是以习近平同志为核心的党中央治国理政思想在外交领域的集中体现，是新时代我国对外工作的根本遵循和行动指南。《纲要》共14章、46目、128条，近10万字。全书系统阐释了习近平外交思想的重大意义、丰富内涵、核心要义、精神实质、实践要求，全面反映了习近平新时代中国特色社会主义思想在外交领域的原创性贡献。

同日，《求是》杂志第16期发表了中共中央总书记、国家主席、中央军委主席习近平的重要文章《总结党的历史经验，加强党的政治建设》。文章强调，党的政治建设是一个永恒课题。党的十九大旗帜鲜明把党的政治建设摆在首位，并强调要以党的政治建设为统领。从政治上建设党是我们党不断发展壮大、从胜利走向胜利的重要保证。党的政治建设的首要任务，就是保证全党服从中央，坚持党中央权威和集中统一领导，绝不能有丝毫含糊和动摇，必须常抓不懈。要注重提高政治能力，牢固树立政治理想，正确把握政治方向，坚定站稳政治立场，严格遵守政治纪律，加强政治历练，积累政治经验，自觉把讲政治贯穿于党性锻炼全过程。讲政治是具体的，“两个维护”要体现在坚决贯彻党中央决策部署的行动上，体现在履职尽责、做好本职工作的实效上，体现在党员、干部的日常言行上。

8 月 17 日

第二十七次全国高校党的建设工作会议在北京召开。中共中央政治局常委、中央书记处书记王沪宁出席会议并讲话。王沪宁表示，要深入学习贯彻习近平总书记“七一”重要讲话精神和关于加强高校党建工作的重要论述，贯彻落实《中国共产党普通高等学校基层组织工作条例》，紧扣立德树人根本任务，扎实推进高校党的建设和思想政治工作，努力培养德智体美劳全面发展的社会主义建设者和接班人。

会议指出，党的十八大以来，以习近平同志为核心的党中央高度重视高校党的建设，习近平总书记先后作出一系列重要论述，深刻阐明了加强高校党建工作的方向性、根本性问题，为推进高校党的建设提供了根本遵循。一定要认真学习领会，增强“四个意识”、坚定“四个自信”、做到“两个维护”，提高政治判断力、政治领悟力、政治执行力，牢记“国之大者”，切实落实到高校教学、科研、管理全过程和各方面。

8 月 24 日

由中央广播电视总台联合国家文物局、中央网信办共同主办的全国革命文物百佳讲述人发布暨《红色印记》声音档案进入革命博物馆纪念馆启动仪式在中国共产党历史展览馆举行。中宣部副部长、中央广播电视总台台长兼总编辑慎海雄，文化和旅游部副部长、国家文物局局长李群出席并致辞。慎海雄表示，《红色印记》作为一套生动讲述百年党史的融媒体声音产品，将进入全国各地的革命博物馆、纪念馆。这意味着，未来将有更多的受众在参观革命文物展览时，能够听到这套制作精良、可听性强的有声导览，接受更加生动鲜活的党史教育，更加深刻地领悟我们党的伟大历程。活动现场揭晓了“全国革命文物百佳讲述人”。

8 月 26 日

中宣部发布文献《中国共产党的历史使命与行动价值》，并举行新闻发布会。文献以习近平总书记“七一”重要讲话精神为指导，全面介绍中国共产党的百年奋斗历程，深刻阐释党的治国理政理念、实践和成就。文献深刻分析了党强大领导力和执政力的来源，阐释了中国共产党在中国这样一个大国，能够把亿万人民团结凝聚起来，一次次战胜困难危机，一次次从胜利走向胜利，关键在于党具有强大的领导力和执政力。中国共产党始终保持肌体健康和生机活力。文献深入总结正反两方面经验，指出党历经百年而长盛不衰，在于党能够不断领导人民进行伟大的社会革命，也能够进行伟大的自我革命，始终保持生机活力。中国共产党促进人民共同富裕，谋求世界和平发展。文献以大量史实和翔实数据，介绍了党从诞生之日起就把为中国人民谋幸福、为中华民族谋复兴作为自己的初心使命。

8 月 27 日

《习近平用典》西班牙语版新书发布会在哥斯达黎加举行。中国驻哥斯达黎加大使汤恒、哥外交与宗教事务部部长索拉诺、国立大学校长冈萨雷斯等政界、学界、商界人士及华侨华人代表等 70 余人到场参加发布会，上海外国语大学《习近平用典》西语版翻译团队通过线上方式出席。

8 月 30 日

中央宣传部组织有关单位编写的《中华人民共和国简史》《改革开放简史》《社会主义发展简史》即日起在全国发行。《中华人民共和国简史》《改革开放简史》《社会主义发展简史》是党史学习教育的重要参考材料，是面向全社会开展“四史”宣传教育的重要用书。三部简史坚持以习近平新时代中国特色社会主义思想为指导，全面贯彻习近平总书记关于党史、新中国史、改革开放史、社会主义发展史的重要论述，充分体现习近平总书记在庆祝中国共产党成立100周年大会上的重要讲话精神，以我们党关于历史问题的两个决议和党中央有关精神为依据，准确、深刻、简明地阐述了中华人民共和国70多年砥砺奋斗史、我国改革开放40多年壮阔实践史、社会主义500多年探索发展史，对于帮助广大党员干部和群众更好学习理解历史、树立正确历史观，更加自觉地坚持以史为鉴、开创未来具有重要意义。《中华人民共和国简史》共7章40节，31万字，由人民出版社、当代中国出版社联合出版。《改革开放简史》共7章44节，约26万字，由人民出版社、中国社会科学出版社联合出版。《社会主义发展简史》共8章39节，约22万字，由人民出版社、学习出版社联合出版。

8月31日

中共中央政治局召开会议，决定召开十九届六中全会。主要议程是中共中央政治局向中央委员会报告工作，重点研究全面总结党的百年奋斗的重大成就和历史经验问题。会议审议了《关于十九届中央第七轮巡视情况的综合报告》。中共中央总书记习近平主持会议。

会议指出，中国共产党自1921年成立以来，始终把为中国人民谋幸福、为中华民族谋复兴作为自己的初心使命；总结党的百年奋斗的重大成就和历史经验具有重要意义；会议强调，不忘初心，方得始终，党团结带领中国人民又踏上了实现第二个百年奋斗目标的新的赶考之路。以习近平同志为核心的党中央高度重视教育工作，坚持优先发展教育事业，推动教育改革发展取得明显成效，教育领域面貌发生明显变化。从巡视看，教育部党组和31所中管高校党委管党治党责任意识得到提升，办学治校工作取得新成效，服务经济社会发展作出新贡献，但也发现了一些共性问题和深层次问题，在加强党的建设、落实立德树人根本任务、执行党委领导下的校长负责制、从严管党治校、加强班子队伍和基层党组织建设等方面还有不足。要严肃反馈巡视发现的问题，压实整改主体责任，强化整改日常监督，持续发挥巡视利剑作用，督促党委(党组)把整改作为管党治校的有力抓手，坚持全面整改、突出重点，切实解决问题。要以整改为契机，坚持和加强党对高校的全面领导，以巡促改、以巡促建、以巡促治，推动新时代高等教育高质量发展。

9月

9月1日

2021年秋季学期中共中央党校(国家行政学院)中青年干部培训班在中共中央党校开班。中共中央总书记、国家主席、中央军委主席习近平在开班式上发表重要讲话强调，年轻干部生逢伟大时代，是党和国家事业发展的生力军，必须练好内功、提升修养，做到信念坚定、对党忠诚，注重实际、实事求是，勇于担当、善于作为，坚持原则、敢于斗争，严守规矩、不逾底线，勤学苦练、增强本领，努力成为可堪大用、能担重任的栋梁之才，不辜负党和人民期望和重托。中共中央政治局常委、中央书记处书记王沪宁出席开班式。

习近平强调，中国共产党成立一百年来，始终是有崇高理想和坚定信念的党；理想信念坚定和对党忠诚是紧密联系的；坚持一切从实际出发，是我们想问题、作决策、办事情的出发点和落脚点；坚持从实际出发、实事求是，不只是思想方法问题，也是党性强不强问题；干事担事，是干部的职责所在，也是价值所在；坚持原则是共产党人的重要品格，是衡量一个干部是否称职的重要标准。

习近平强调，当前，世界百年未有之大变局加速演进，中华民族伟大复兴进入关键时期，我们面临的风险挑战明显增多，总想过太平日子、不想斗争是不切实际的；讲规矩、守底线，首先要有敬畏心；我们处在前所未有的变革时代，干着前无古人的伟大事业，如果知识不够、眼界不宽、能力不强，就会耽误事；坚持在干中学、学中干是领导干部成长成才的必由之路。同样是实践，是不是真正上心用心，是不是善于总结思考，收获大小、提高快慢是不一样的。如果忙忙碌碌，只是机械做事，陷入事务主义，是很难提高认识和工作水平的。

同日，中央社会主义学院2021年秋季开学典礼在京举行。全国人大常委会副委员长、中央社院院长郝明金出席并讲话。郝明金强调，学习贯彻习近平总书记“七一”重要讲话精神，是当前和今后一个时期统一战线的一项重大政治任务，学员要深入学习、深刻领会，切实将学习成果转化为奋进新征程、建功新时代的实际行动。中央统战部副部长许又声在会上指出，统一战线广大成员要把思想和行动统一到习近平总书记“七一”重要讲话精神上来，充分发挥统一战线重要法宝作用，充分发挥多党合作制度效能，为实现第二个百年奋斗目标汇聚起磅礴力量。

9月3日

纪念中国人民抗日战争暨世界反法西斯战争胜利76周年座谈会在北京举行，中共中央政治局委员、中宣部部长黄坤明出席。座谈会上，中央统战部、中央党史和文献研究院、中央军委政治工作部负责同志和抗战老战士、青年学生代表先后发言，从不同角度回顾了中国人民抗日战争的峥嵘岁月，阐述了中国人民抗日战争暨世界反法西斯战争胜利的伟大意义，充分表达了铭记历史、缅怀先烈、珍爱和平、开创未来的决心和信心，充分表达了坚定不移走和平发展道路的崇高愿望。

9月6日

《习近平外交思想学习纲要》出版座谈会在北京召开。国务委员兼外长王毅出席会议并讲话。王毅表示，党的十八大以来，习近平总书记以马克思主义政治家、思想家、战略家的非凡理论勇气、卓越政治智慧、深厚天下情怀，在对外工作领域提出一系列具有开创性意义的新理念新思想新战略，形成了习近平外交思想。这一重要思想是习近平新时代中国特色社会主义思想的重要组成部分，是马克思主义基本原理同中国特色大国外交实践相结合的重大理论成果，是以习近平同志为核心的党中央治国理政思想在外交领域的集中体现，是新时代我国对外工作的根本遵循和行动指南。

9月8日

在第37个教师节来临之际，中共中央总书记、国家主席、中央军委主席习近平9月8日给全国高校黄大年式教师团队代表回信，对他们寄予殷切期望，并向全国广大教师致以节日的祝贺和诚挚的祝福。

习近平在回信中表示：你们以黄大年同志为榜样，立足本职岗位，凝聚团队力量，在教书育人、科研创新等方面取得了可喜成绩，我感到很高兴。习近平强调，好老师要做到学为人师、行为世范。希望你们继续学习弘扬黄大年同志等优秀教师的高尚精神，同全国高校广大教师一道，立德修身，潜心治学，开拓创新，真正把为学、为事、为人统一起来，当好学生成长的引路人，为培养德智体美劳全面发展的社会主义建设者和接班人、全面建设社会主义现代化国家不断作出新贡献。

同日，由中央宣传部、中国法学会组织编写的马克思主义理论研究和建设工程重点教材《习近平法治思想概论》（以下简称《概论》）一书，由高等教育出版社出版。《概论》由“绪论＋三编”构成，共20章，近27万字，阐释了习近平法治思想的鲜明特色、重大意义、丰富内涵、核心要义、科学方法、实践要求，全面反映了习近平法治思想是一个内涵丰富、论述深刻、逻辑严密、系统完备的科学理论体系，是马克思主义法治理论中国化最新成果，是习近平新时代中国特色社会主义思想的重要组成部分，是全面依法治国的根本遵循和行动指南。《概论》坚持忠实于原著、原文、原意，坚持学理化阐释、学术化表达、体系化构建，是高校法学类专业学生系统学习掌握习近平法治思想的重点教材。

同日，中宣部、教育部公布了2021年全国教书育人楷模名单。10位全国教书育人楷模涵盖了高教、职教、中小学、幼教、特教等各级各类教育，同时兼顾了地域、民族、性别、年龄等因素。据介绍，自2010年以来，教育部会同有关单位每年遴选全国教书育人楷模。从2020年起，中宣部、教育部联合宣传表彰全国教书育人楷模，进一步提升优秀教师宣传表彰的力度。

这10位全国教书育人楷模，既有高等教育领域的领军拔尖人才，也有在乡村默默奉献的一线教师。他们是：河北省石家庄外国语学校教师李红霞，辽宁省本溪市本溪满族自治县第五中学教师张万波，黑龙江省牡丹江市职业教育中心学校教师王丹凤，浙江省台州市玉环市坎门海都小学教师叶海辉，东华理工大学教授周义朋，河南省新乡市辉县市西平罗乡中心幼儿园园长、教师郭文艳，重庆市特殊教育中心校长、教师李龙梅，贵州护理职业技术学院教师李红波，西藏自治区日喀则市萨嘎县昌果乡完全小学校长、教师强巴次仁，西安电子科技大学教授郝跃。

9月9日

教育部办公厅发布《关于切实做好2021年秋季学期高校学生资助工作的通知》(以下简称《通知》)。《通知》指出，受暴雨洪灾和新冠肺炎疫情等影响，部分家庭生活遭遇困难。为确保每一名家庭经济困难学生都能顺利入学、安心就学，各省、自治区、直辖市教育厅(教委)，各计划单列市教育局，新疆生产建设兵团教育局，有关部门(单位)教育司(局)，部属各高等学校要确保受灾情疫情影响学生应助尽助；确保新生入学"绿色通道"温馨便捷；确保国家助学贷款"应贷尽贷"；确保资助政策落实精准有效；确保政策宣传和教育引导及时到位。

9月10日

中共中央政治局委员、国务院副总理孙春兰在北京会见全国高校黄大年式教师团队、2021年全国教书育人楷模、时代楷模、全国最美教师、教育世家等优秀教师代表并座谈，向全国广大教师和教育工作者转达党中央、国务院的节日祝贺和诚挚慰问。孙春兰在会见优秀教师代表时强调，弘扬尊师重教传统，建设高素质教师队伍。

孙春兰指出，习近平总书记给全国高校黄大年式教师团队代表的回信，充分体现了对广大教师的关心和重视，也是对全国教育战线的鼓舞和鞭策。希望广大教师牢记习近平总书记的嘱托，坚持为党育人、为国育才，落实立德树人根本任务，厚植教育报国情怀，涵养良好师德师风，以自己的学识阅历、模范品行影响和教育学生，培养德智体美劳全面发展的社会主义建设者和接班人。要树立科学的教育理念，创新教学方式方法，积极支持和参与"双减"等教育改革，推动教育高质量发展。教育的关键在教师。各级党委和政府要把教师队伍建设作为教育的基础性工作，投入更多的政策和资源，健全义务教育教师工资待遇保障长效机制，继续实施好乡村教师生活补助政策，加强欠发达地区教师定向培养和骨干教师、校长培训，宣传表彰优秀教师，在全社会营造尊师重教氛围，不断增强广大教师的获得感、职业荣誉感。

9月13日

教育部发布《关于学习贯彻习近平总书记给全国高校黄大年式教师团队代表重要回信精神的通知》(以下简称《通知》)。《通知》指出，2021年9月8日，在第37个教师节来临之际，习近平总书记专门给全国高校黄大年式教师团队代表回信，对团队取得的成绩予以充分肯定，对广大教师提出殷切期望，并向全国广大教师致以节日问候，习近平总书记重要回信具有重要意义。各省、自治区、直辖市教育厅(教委)，新疆生产建设兵团教育局，有关部门(单位)教育司(局)，部属各高等学校、部省合建各高等学校要深刻领会习近平总书记重要回信精神的内涵意义；扎实做好习近平总书记重要回信精神的学习贯彻，学习研讨、宣传阐释、引领践行抓深入；通过加强组织领导、推进强师举措、营造浓厚氛围，切实推动习近平总书记重要回信精神落地见效。

同日，《中国教育报》第6版发表北京师范大学思想政治工作研究院院长、博士生导师冯刚教授的《构建新时代高校思想政治教育治理体系》一文。文章指出，高校思想政治教育治理作为国家治理的重要方面，内含于国家治理现代化的整体部署之中。以党中央关于高校思想政治教育的重要论述和政策文件为指导，以治理视域的相关理论与实践为依托，着力构建与国家治理现代化同向同行的新时代高校思想政治教育治理体系，提升高校思想政治教育治理的实际效能，进而为推进国家治理现代化提供软实力支持，是高校思想政治教育内涵式发展的题中应有之义。

9月16日

《抗日战争档案汇编》图书发布会在京举行，这是继《中央档案馆藏日本侵华战犯笔供选编》出版后，国家档案局与中华书局合作推出的又一部重大抗战档案整理编纂出版项目。丛书收录范围涵盖政治、军事、外交、经济、文化等多个领域，选用的档案很多是首次公布，以影印出版的方式完整地呈现档案原始面貌、还原历史真相。丛书编纂兼顾档案资源开发的系统性与深入性，对档案进行鉴定、甄别、考证，按具体内容进行了类别细分、拟定标题、考订时间，形成了一批主题特色突出、内容系统丰富的档案汇编。

9月17日

由教育部教师工作司举办的“全国职业教育教师素质能力提升高级研修班”在国家教育行政学院结业。这次高研班以“职业教育教师素质能力提升”为主题，以贯彻落实习近平总书记重要指示和全国职业教育大会精神、“职教20条”和“职教师资12条”为主线，以国家级职业教育教师教学创新团队建设和职业院校教师素质能力提高计划为重点，既是一次职业教育“双师型”教师队伍建设的学习会、研讨会，也是一次工作交流会、部署会。

培训期间，教育部职业教育与成人教育司、教师工作司主要负责人分别围绕“学习贯彻全国职业教育大会精神，深化职业教育‘三教’改革”和“贯彻习近平总书记重要回信精神，开启‘双师型’职业院校教师队伍”作了专题报告，8位专家围绕职业教育教师团队建设的不同侧重点进行了辅导授课和文件解读，江苏、江西、山东、河北、广东、浙江、重庆等7个省市以及金华职业技术学院、山东商业职业技术学院、四川工程职业技术学院等9所学校的代表进行了经验交流和成果分享。据悉，第二批职业教育教师教学创新团队覆盖了31个省(区、市)、134所“双高计划”院校，以及卫生健康、公共管理、信息技术等13个重点紧缺领域和27个专业方向。

9月18日

“同上一堂思政大课·勿忘‘九一八’”活动推出。活动由教育部社会科学司指导，人民网主办，课堂设在了沈阳“九一八”历史博物馆，邀请原副馆长刘长江讲解馆藏文物，近千万人次同时在线上观看。除“云课堂”外，还推出了主题MV、互动H5等新媒体产品，MV《吾辈自强》获网信办全网置顶转发，仅新浪微博阅读量就超1072万，#14响警世钟寓意抗战14年#新浪微博话题阅读量过亿。

9月21日

中共中央办公厅印发《关于加强新时代马克思主义学院建设的意见》(以下简称《意见》)，并发出通知，要求各地区各部门结合实际认真贯彻落实。

《意见》指出，马克思主义是我们立党立国的根本指导思想，马克思主义学院是学习研究宣传马克思主义的主阵地，思想政治理论课是马克思主义学院坚持用习近平新时代中国特色社会主义思想铸魂育人的主渠道。党的十八大以来，各地区各有关部门和单位贯彻落实党中央要求，推动马克思主义学院建设取得长足进展，各方面工作迈上新台阶。同时，与新时代新要求相比，马克思主义学院在教育教学、研究宣传、队伍建设、人才培养等方面还存在差距，马克思主义理论学科建设亟待加强。必须适应新形势新任务的迫切需要，立足党和国家事业全局，把加强马克思主义学院建设作为基础性、战略性工程，推动实现高质量发展。

《意见》明确，加强新时代马克思主义学院建设，要坚持以马克思列宁主义、毛泽东思想、邓小平理论、“三个代表”重要思想、科学发展观、习近平新时代中国特色社会主义思想为指导，全面贯彻党的教育方针，坚持社会主义办学方向，落实立德树人根本任务，把马克思主义中国化最新成果的教学和研究作为重中之重，进一步明确职责使命，推动内涵式发展，强化政策保障，着力打造马克思主义理论教育教学、研究宣传和人才培养的坚强阵地，为全面建设社会主义现代化国家、实现中华民族伟大复兴的中国梦提供坚实学理支撑和人才支持。要坚持正确方向、坚持铸魂育人、坚持守正创新、坚持系统谋划，积极探索马克思主义理论教育教学规律、学科发展规律和人才培养规律，更好服务党和国家工作大局。

9月22日

国务院办公厅印制《关于进一步支持大学生创新创业的指导意见》(以下简称《意见》)。《意见》指出，要以习近平新时代中国特色社会主义思想为指导，深入贯彻落实党的十九大和十九届二中、三中、四中、五中全会精神，全面贯彻党的教育方针，落实立德树人根本任务，立足新发展阶段、贯彻新发展理念、构建新发展格局，坚持创新引领创业、创业带动就业，支持在校大学生提升创新创业能力，支持高校毕业生创业就业，提升人力资源素质，促进大学生全面发展，实现大学生更加充分更高质量就业。《意见》提出，需要多方面推进此项工作，包括提升大学生创新创业能力：将创新创业教育贯穿人才培养全过程、提升教师创新创业教育教学能力、加强大学生创新创业培训；优化大学生创新创业环境：降低大学生创新创业门槛、便利化服务大学生创新创业、落实大学生创新创业保障政策；加强大学生创新创业服务平台建设：建强高校创新创业实践平台、提升大众创业万众创新示范基地带动作用；推动落实大学生创新创业财税扶持政策：继续加大对高校创新创业教育的支持力度、落实落细减税降费政策；加强对大学生创新创业的金融政策支持；促进大学生创新创业成果转化；办好中国国际“互联网+”大学生创新创业大赛；加强大学生创新创业信息服务等。

9 月 23 日

《习近平谈治国理政》第二卷尼泊尔文版首发式和第三卷英文版推介会在尼泊尔首都加德满都举行。此次活动由中国国务院新闻办公室、尼泊尔总统府、中国外文局、中国驻尼泊尔大使馆共同主办。尼泊尔总统班达里出席活动并致辞，中共中央政治局委员、中宣部部长黄坤明发表视频致辞。中国驻尼泊尔大使侯艳琪、尼泊尔中国研究中心执行主席巴特拉伊等各界人士参加了当天活动。《习近平谈治国理政》第二卷尼泊尔文版由中国外文出版社和尼泊尔中国研究中心共同翻译出版。截至此前，《习近平谈治国理政》第二卷已翻译出版 13 个语种。

9 月 24 日

教育部党组动员部署 2021 年下半年教育巡视工作。教育部党组深入学习贯彻习近平总书记关于教育和巡视工作的重要论述，贯彻落实习近平总书记在听取十九届中央第七轮巡视情况汇报时的重要讲话精神，对深化巡视巡察工作和做好本轮巡视进行动员部署。此轮巡视紧扣“四个落实”，紧盯被巡视党组织职能责任、紧盯全面从严治党阶段性特征、紧盯“一把手”和领导班子、紧盯人民群众反映强烈的突出问题，精准发现、精准分析、精准报告问题。深入查找政治偏差，全面体现集中整改成效，督促推动直属高校和直属单位更好履行政治责任。

根据教育部党组部署安排，2021 年下半年对北京外国语大学、北京科技大学、北京邮电大学、中国地质大学(北京)、中央财经大学、中央戏剧学院、中央美术学院、东华大学等直属高校党委和中国教育电视台、教育部中外语言交流合作中心、教育部民族教育发展中心等直属单位党组织开展巡视。

9 月 25 日

由教育部社会科学司、国家体育总局宣传司指导，人民日报社体育部和人民网联合主办的“同上一堂奥运思政大课”线上开讲。课程邀请许海峰、马龙、杨倩、巩立姣、肖若腾等 13 位奥运健儿作为主讲人，为全国大学生讲述中国运动员顽强拼搏、为国争光的奋斗故事，活动获近千万人次观看。

9 月 26 日

据新华社报道，中共中央党史和文献研究院翻译的习近平《论坚持推动构建人类命运共同体》一书阿文版，近日由中央编译出版社出版发行。习近平《论坚持推动构建人类命运共同体》由中共中央党史和文献研究院编辑，收录习近平同志论述坚持推动构建人类命运共同体的重要文稿 85 篇。该书阿文版和此前出版的英文、法文、日文、俄文版，对于国外读者深入了解构建人类命运共同体理念，深刻理解习近平外交思想的丰富内涵和我国的外交方针政策等，具有重要意义。

9 月 27 日

中央人才工作会议 9 月 27 日至 28 日在北京召开。中共中央总书记、国家主席、中央军委主席习近平出席会议并发表重要讲话，强调要坚持党管人才，坚持面向世界科技前沿、面向经济主战场、面向国家重大需求、面向人民生命健康，深入实施新时代人才强国战略，全方位培养、引进、用好人才，加快建设世界重要人才中心和创新高地，为2035年基本实现社会主义现代化提供人才支撑，为2050年全面建成社会主义现代化强国打好人才基础。

习近平在讲话中指出，在百年奋斗历程中，我们党始终重视培养人才、团结人才、引领人才、成就人才，团结和支持各方面人才为党和人民事业建功立业。当前，我国进入了全面建设社会主义现代化国家、向第二个百年奋斗目标进军的新征程，我们比历史上任何时期都更加接近实现中华民族伟大复兴的宏伟目标，也比历史上任何时期都更加渴求人才。党的十八大以来，党中央深刻回答了为什么建设人才强国、什么是人才强国、怎样建设人才强国的重大理论和实践问题，提出了一系列新理念新战略新举措。

习近平强调，做好人才工作必须坚持正确政治方向，不断加强和改进知识分子工作，鼓励人才深怀爱国之心、砥砺报国之志，主动担负起时代赋予的使命责任。各级党委(党组)要完善党委统一领导，组织部门牵头抓总，职能部门各司其职、密切配合，社会力量广泛参与的人才工作格局。

同日，第六届全国教育科学研究优秀成果奖颁奖大会暨2021年中国教育科学论坛召开。第六届全国教育科学研究优秀成果奖共评选出获奖成果344项，其中一等奖26项，二等奖119项，三等奖199项。中国教育科学论坛以“教育高质量发展的挑战与应答”为主题，设置1个主论坛、11个分论坛和青年论坛。会议由中国教育科学研究院和全国教育科学规划领导小组办公室主办。

9 月 29 日

党中央近日批准了中央宣传部梳理的第一批纳入中国共产党人精神谱系的伟大精神，在中华人民共和国成立72周年之际予以发布。第一批纳入中国共产党人精神谱系的伟大精神是：建党精神；井冈山精神、苏区精神、长征精神、遵义会议精神、延安精神、抗战精神、红岩精神、西柏坡精神、照金精神、东北抗联精神、南泥湾精神、太行精神(吕梁精神)、大别山精神、沂蒙精神、老区精神、张思德精神；抗美援朝精神、“两弹一星”精神、雷锋精神、焦裕禄精神、大庆精神(铁人精神)、红旗渠精神、北大荒精神、塞罕坝精神、“两路”精神、老西藏精神(孔繁森精神)、西迁精神、王杰精神；改革开放精神、特区精神、抗洪精神、抗击“非典”精神、抗震救灾精神、载人航天精神、劳模精神(劳动精神、工匠精神)、青藏铁路精神、女排精神；脱贫攻坚精神、抗疫精神、“三牛”精神、科学家精神、企业家精神、探月精神、新时代北斗精神、丝路精神。这些精神，集中彰显了中华民族和中国人民长期以来形成的伟大创造精神、伟大奋斗精神、伟大团结精神、伟大梦想精神，彰显了一代又一代中国共产党人“为有牺牲多壮志，敢教日月换新天”的奋斗精神。

同日，据《人民日报》报道，经党中央批准，由中央宣传部组织中国社会科学院编写的《改革开放简史》(以下简称《简史》)，作为全党党史学习教育的重要参考材料、全社会开展“四史”宣传教育重要用书近日正式出版发行。

《简史》以习近平新时代中国特色社会主义思想为指导，全面贯彻习近平总书记关于“四史”的重要论述，充分体现习近平总书记在庆祝改革开放40周年大会、庆祝中华人民共和国成立70周年大会、党史学习教育动员大会、庆祝中国共产党成立100周年大会等会议上的重要讲话精神，以党中央有关文件精神为依据，牢牢把握改革开放40多年的主题和主线、主流和本质，站在实现“两个一百年”奋斗目标、实现中华民族伟大复兴的高度，站在历史和时代进步、党和国家未来发展的高度，以准确、系统、完整、生动、可读为写作原则，以严谨、流畅、受读者欢迎为写作目标，突出主题主线，注重夹叙夹议、史论结合，力求准确、简明阐述我国改革开放40多年的壮阔实践史，深刻、辩证、重点概括40多年改革开放蕴涵的丰富治国理政智慧和历史经验。

同日，据央视网报道，《习近平谈治国理政》第三卷法文、俄文、阿拉伯文、西班牙文、葡萄牙文、德文、日文及中文繁体8个文版，近日由外文出版社出版，面向海内外发行。《习近平谈治国理政》第三卷由中央宣传部(国务院新闻办公室)会同中央党史和文献研究院、中国外文局编辑，收录了习近平总书记在2017年10月18日至2020年1月13日期间的报告、讲话、谈话、演讲、批示、指示、贺信等92篇，还收录习近平总书记这段时间内的图片41幅。全书分为19个专题，生动记录了以习近平同志为核心的党中央，着眼中华民族伟大复兴的战略全局和世界百年未有之大变局，不忘初心、牢记使命，统揽伟大斗争、伟大工程、伟大事业、伟大梦想，团结带领全党全国各族人民推动党和国家各项事业取得新的重大进展的伟大实践，集中展示了马克思主义中国化的最新成果，充分体现了我们党为推动构建人类命运共同体贡献的智慧方案，是全面系统反映习近平新时代中国特色社会主义思想的权威著作。

同日，“新时代 新经典——学习习近平新时代中国特色社会主义思想重点数字图书专栏”新增上线一批重点数字图书。新增上线的重点数字图书共48种，分别由人民出版社、中央文献出版社、外文出版社等11家出版单位出版，涵盖习近平总书记著作、讲话单行本，以及论述摘编、学习纲要、思想研究、学习案例体会、描写习近平总书记工作生活经历的作品等。据介绍，该专栏设立以来，持续扩大习近平新时代中国特色社会主义思想在网络空间的覆盖面、影响力。截至目前，专栏共收入重点数字读物220种，累计点击阅读量超过3亿人次。此次专栏更新，适应数字阅读新趋势，进一步丰富专栏内容，帮助广大干部群众更便捷获取相关线上学习资源，持续推动形成网上学习习近平新时代中国特色社会主义思想的浓厚氛围。

同日，国家教材委员会发布《关于印发〈“党的领导”相关内容进大中小学课程教材指南〉的通知》，强调将“党的领导”相关内容全面融入大中小学课程教材，对“党的领导”教育教学基本原则、总体目标、主题内容、载体形式、学段要求、课程教材安排等进行顶层设计，是培养学生对坚持和加强党的全面领导的政治认同、思想认同、情感认同，强化使命担当的重要举措。要实现“党的领导”相关内容进课程教材的整体布局与分科安排科学有序，学段学科全面覆盖，理论内涵充分阐释，学习要求循序渐进，全面提升课程教材铸魂育人功能。教育引导学生不断增进对中国共产党和中国特色社会主义的政治认同、思想认同、理论认同、情感认同，增强做中国人的志气、骨气、底气，让爱党、爱国、爱社会主义的深厚情感，融于新时代中国特色社会主义伟大实践，统一于全面推进社会主义现代化强国建设，统一于中华民族伟大复兴的历史进程。

10月

10月1日

《求是》杂志第19期发表中共中央总书记、国家主席、中央军委主席习近平的重要文章《用好红色资源、赓续红色血脉，努力创造无愧于历史和人民的新业绩》。文章强调，红色资源是我们党艰辛而辉煌奋斗历程的见证，是最宝贵的精神财富；要教育引导全党始终坚持科学理论指导；要教育引导全党始终坚持理想信念；要教育引导全党始终坚持光荣革命传统。

10月7日

经中共中央批准，中共中央党史和文献研究院编辑的《十九大以来重要文献选编》中册，由中央文献出版社出版并在全国发行。本书收录自2019年3月十三届全国人大二次会议后，至2020年10月党的十九届五中全会这段时间内的重要文献，共79篇，约51万字。其中，习近平总书记的文稿39篇，其他中央领导同志的文稿15篇，中共中央、全国人大、国务院、中央军委的有关文件25篇。有15篇重要文献是第一次公开发表。

10月8日

教育部办公厅印发《高校“形势与政策”课教学要点(2021年下辑)》，要求教学中深入贯彻落实习近平总书记关于“大思政课”重要指示精神，及时将坚持和发展中国特色社会主义的生动实践和重要成果转化为教学案例，引导广大学生不断增强“四个自信”。

10月9日

纪念辛亥革命110周年大会在北京人民大会堂隆重举行。中共中央总书记、国家主席、中央军委主席习近平在会上发表重要讲话强调，2021

年是辛亥革命 110 周年，是中国共产党成立 100 周年，中国人民正意气风发向着全面建成社会主义现代化强国的第二个百年奋斗目标迈进。缅怀孙中山先生等革命先驱的历史功勋，就是要学习和弘扬他们为振兴中华而矢志不渝的崇高精神，激励和团结海内外全体中华儿女为实现中华民族伟大复兴而共同奋斗。

会议强调，孙中山先生是伟大的民族英雄、伟大的爱国主义者、中国民主革命的伟大先驱。孙中山先生和辛亥革命先驱为中华民族建立的历史功绩彪炳千秋，在辛亥革命中英勇奋斗和壮烈牺牲的志士们名垂青史，辛亥革命永远是中华民族伟大复兴征程上一座巍然屹立的里程碑。中国共产党人是孙中山先生革命事业最坚定的支持者、最忠诚的合作者、最忠实的继承者，不断实现和发展了孙中山先生和辛亥革命先驱的伟大抱负。实现中华民族伟大复兴，必须有领导中国人民前进的坚强力量，这个坚强力量就是中国共产党；实现中华民族伟大复兴，道路是最根本的问题，中国特色社会主义是实现中华民族伟大复兴的唯一正确道路；实现中华民族伟大复兴，必须依靠中国人民自己的英勇奋斗；实现中华民族伟大复兴，中国人民和中华民族必须同舟共济，依靠团结战胜前进道路上一切风险挑战；实现中华民族伟大复兴，不仅需要安定团结的国内环境，而且需要和平稳定的国际环境。

同日，教育部办公厅发布《关于组织开展 2021 年国家网络安全宣传周校园日活动的通知》（以下简称《通知》）。《通知》指出，2021 年国家网络安全宣传周主题为“网络安全为人民，网络安全靠人民”。各地各校要深入学习贯彻习近平总书记关于网络强国的重要思想，结合庆祝中国共产党成立 100 周年，通过组织动员师生广泛参与，大力宣传国家网络安全工作取得的重大成就，深入宣传贯彻《中华人民共和国网络安全法》及相关配套法规，加强数据安全和个人信息保护、新技术新应用安全等宣传普及，提升广大师生网络安全意识和防护技能，动员广大师生协力营造清朗网络环境。

同日，教育部、上海市成立全国高校中国共产党伟大建党精神研究中心。教育部党组成员、副部长翁铁慧和上海市委常委、组织部部长胡文容出席成立仪式并为中心揭牌，16 位著名专家学者受聘成为研究中心专家委员会成员。上海市教卫工作党委、上海市教委具体承担研究中心建设任务。研究中心将紧扣立德树人根本任务，立足上海、面向全国，重点在理论创新、转化运用、成果集聚、合作交流等方面开展工作。研究中心成立当天，举办了首届学术研讨会，全国马克思主义理论、党史党建著名专家，全国重点马克思主义学院、全国重要红色场馆、马克思主义理论学术期刊以及上海相关高校负责人等，就伟大建党精神进行了深入研讨。

10 月 12 日

中共中央总书记、国家主席、中央军委主席习近平《在纪念辛亥革命 110 周年大会上的讲话》单行本，由人民出版社出版，即日起在全国新华书店发行。

10 月 13 日

据新华社报道，中共中央党史和文献研究院翻译的习近平《在纪念辛亥革命 110 周年大会上的讲话》英文单行本，近日由中央编译出版社出版发行。习近平《在纪念辛亥革命 110 周年大会上的讲话》，高度评价了辛亥革命的历史功绩和重大意义，回顾总结了中国共产党继承孙中山先生革命事业、团结带领人民不懈奋斗的光辉历程，深刻阐述了辛亥革命 110 年来的历史启示，郑重宣示了捍卫国家主权和领土完整的坚强决心和坚定意志。这篇重要讲话英文单行本的出版发行，对于国内外读者深入了解近代以来中国人民进行的艰苦奋斗、创造的伟大成就、迎来的民族复兴光明前景，具有重要意义。

10 月 14 日

以“中国式现代化新道路”为主题的首届“学术中国”国际高峰论坛在京开幕。中共中央政治局委员、中宣部部长黄坤明出席开幕式并发表主旨演讲。黄坤明指出，今年是中国共产党成立 100 周年。一百年来，在世界现代化潮流中，中国共产党领导人民把握历史大势、掌握历史主动，不懈探索、接力奋斗，创造了中国式现代化新道路，创造了人类文明新形态。中国式现代化新道路彰显着自立自强、创新创造的鲜明特质，映照着人民至上、为民造福的价值底色，蕴含着全面发展、全面进步的方向目标，昭示着和平发展、包容互鉴的理念追求。新征程上，我们将坚定不移走自己的路，加强交流互鉴，赋予中国式现代化更加鲜明的实践特色、理论特色、民族特色、时代特色，努力以现代化建设新成果为世界作出更大贡献。

10月15日

10月14日至15日，由教育部、国家文物局指导，山东大学、山东省文化和旅游厅(山东省文物局)、山东省教育厅共同主办的“全国革命文物与新时代高校思想政治教育工作融合发展论坛”在济南举行，教育部党组成员、副部长翁铁慧，文化和旅游部副部长、国家文物局局长李群，山东省副省长王心富出席。该论坛旨在深入学习贯彻习近平总书记关于革命文物和高校思想政治教育的系列重要指示精神，根据教育部、国家文物局《关于充分运用革命文物资源加强新时代高校思想政治工作的意见》有关部署要求，围绕“立德树人 协同育人”主题，就相关理论、实践进行全面深入交流探讨，以推进革命文物资源高质量、全方位融入新时代高校思想政治教育工作，不断开创新时代高校思想政治工作新格局，为培养担当民族复兴大任的时代新人贡献力量。

同日，《旗帜》杂志2021年第10期发表北京师范大学思想政治工作研究院院长、博士生导师冯刚教授的文章《推动新时代思想政治工作守正创新》。文章指出，《关于新时代加强和改进思想政治工作的意见》立足建党百年，着眼时代特征，对党的思想政治工作经验和规律进行了系统总结，明确了新时代思想政治工作的根本任务和基本遵循，把思想政治工作作为治党治国的重要方式，对推动新时代思想政治工作守正创新发展提出了明确要求。

10月19日

由中共中央宣传部、中央广播电视总台联合创作的专题片《平“语”近人——习近平喜欢的典故(第二季)》同名视频书，近日由人民出版社出版，在全国公开发行。该书以专题片解说词为主编辑而成，专题片中习近平总书记36个用典原声片段及12集完整视频通过二维码植入方式呈现，可供阅读、扫码聆听原声、观看专题片视频。

10月20日

中共中央政治局委员、中宣部部长黄坤明在同宣传思想文化领域高层次人才代表座谈时强调，要深入学习贯彻习近平总书记在中央人才工作会议上的重要讲话精神和关于宣传思想文化人才队伍建设的重要论述，聚焦新时代宣传思想工作使命任务，全面加强宣传思想文化领域人才工作，打牢建设社会主义文化强国的人才基础。黄坤明指出，习近平总书记的重要论述科学回答了新时代人才工作一系列重大理论和实践问题，深刻阐明了宣传思想文化领域建设什么样的队伍、培养什么样的人才，为做好人才工作提供了根本遵循。广大宣传思想文化工作者要心怀“国之大者”、强化使命担当，自觉用习近平新时代中国特色社会主义思想武装头脑，自觉从学习领悟百年党史中坚定理想信念，坚持修身立德、求真向善、奉献人民，努力在回应时代召唤、担当时代使命中建功立业，为全面建设社会主义现代化国家贡献智慧和力量。要创新做好新时代宣传思想文化人才工作，以实施重大人才工程为牵引，以人才发展体制机制改革为动力，以重点领域人才培养为关键，以优化人才发展环境为保障，培养造就一支规模宏大的高素质宣传思想文化人才队伍。

10月22日

2021中国国际教育研讨会全体大会在北京召开。会议以“育新机、开新局，建设开放的高质量教育体系”为主题，分析研判新征程中教育对外开放高质量发展的实施路径，擘画全球教育合作新蓝图。中国教育部部长怀进鹏出席并讲话。中国教育国际交流协会会长刘利民主持大会开幕式。会议倡议：一是坚持共赢共生，深化教育合作。各国应以合作攻克教育难题，加强教育政策沟通和资源共享，推动各国人民共享教育改革发展成果，提升全球发展的公平性、有效性、协同性。二是坚持创新创造，引领事业发展。各国应积极推进教育改革创新，强化教育链和人才链、产业链、创新链的有机衔接和融合发展，不断提升教育自身发展的能力和服务经济社会发展的水平。三是坚持互学互鉴，促进民心相通。各国应加强国际理解教育和跨文化沟通教育，为教师和学生提供相互学习、交流互鉴的平台和机会，让教育为民心相通助力，厚植构建人类命运共同体的民意基础。

10月24日

据《人民日报》报道，中共中央党史和文献研究院翻译的习近平《论坚持推动构建人类命运共同体》一书德文版，近日由中央编译出版社出版发行。习近平《论坚持推动构建人类命运共同体》由中共中央党史和文献研究院编辑，收录习近平同志论述坚持推动构建人类命运共同体的重要文稿85篇。该书德文版和此前出版的英文、法文、日文、俄文、阿文版，对于国外读者深入了解构建人类命运共同体理念，深刻理解习近平外交思想的丰富内涵和我国的外交方针政策等，具有重要意义。

10月26日

共青团中央公布了2021年"全国向上向善好青年"名单，吉林省舒兰市农丰水稻专业合作社理事长蔡雪等116名优秀青年和"山鹰"教练机青年技术保障团队等25个青年集体获此荣誉。

当选人员来自全国各个地区，涵盖青年社会组织成员、新兴领域青年、青年职工、农村青年致富带头人、青年创业者、青年科技工作者、青年学生、青年教师、青年医生、青年官兵、青年公安民警、青年志愿者等职业和领域，具有广泛的代表性。2021年，团中央共收到来自全国各地、各行各业2.1万余名青年的推荐、自荐申请。经过集中审核和筛选，552名事迹突出者作为候选人，参加了故事分享和网络点赞活动，青年参与学习、分享和点赞量达到1643.4万次。

11月

11月1日

《求是》杂志第21期发表了中共中央总书记、国家主席、中央军委主席习近平的重要文章《坚定理想信念 补足精神之钙》。

文章强调，革命理想高于天。中国共产党成立一百年来，始终是有崇高理想和坚定信念的党。这个理想信念，就是马克思主义信仰、共产主义远大理想、中国特色社会主义共同理想。理想信念是中国共产党人的精神支柱和政治灵魂，也是保持党的团结统一的思想基础。坚定理想信念，坚守共产党人精神追求，始终是共产党人安身立命的根本。理想信念的坚定，来自思想理论的坚定。认识真理，掌握真理，信仰真理，捍卫真理，是坚定理想信念的精神前提。

文章指出，衡量一名共产党员、一名领导干部是否具有共产主义远大理想，是有客观标准的，那就要看他能否坚持全心全意为人民服务的根本宗旨，能否吃苦在前、享受在后，能否勤奋工作、廉洁奉公，能否为理想而奋不顾身去拼搏、去奋斗、去献出自己的全部精力乃至生命。和平建设时期，检验一个干部理想信念是否坚定，主要看干部是否能在重大政治考验面前有政治定力，是否能树立牢固的宗旨意识，是否能对工作极端负责，是否能做到吃苦在前、享受在后，是否能在急难险重任务面前勇挑重担，是否能经得起权力、金钱、美色的诱惑。形成坚定理想信念，既不是一蹴而就的，也不是一劳永逸的，而是要在斗争实践中不断砥砺、经受考验。

11月4日

中共中央组织部在北京召开学习贯彻中央人才工作会议精神座谈会，中共中央政治局委员、中组部部长陈希出席会议并讲话，强调要深入学习贯彻习近平总书记在中央人才工作会议上的重要讲话精神，以更高标准、更大力度、更实举措做好新时代人才工作，确保党中央决策部署落地生根、落实见效。

陈希指出，习近平总书记的重要讲话，深刻阐述了新时代人才工作的一系列重大理论和实践问题，明确了指导思想、战略目标、重点任务、政策举措，是指导新时代人才工作的纲领性文献，要持续深入学、联系实际悟、真抓实干做，贯彻落实到人才工作全过程各方面。要坚持以习近平总书记关于新时代人才工作的新理念新战略新举措为指导，深入实施新时代人才强国战略，紧紧围绕建设世界重要人才中心和创新高地、深化人才发展体制机制改革、加快建设国家战略人才力量、全方位培养引进用好人才等重大部署，深入调查研究，加强科学谋划，以强烈的责任感使命感紧迫感推进各项任务落实。要坚持向改革要动力、用改革增活力，坚决破除各种体制机制障碍，加快形成具有吸引力和国际竞争力的人才制度体系。要坚持和加强党对人才工作的全面领导，完善党管人才体制机制，健全人才工作目标责任制，以责任落实推动任务落实。

11 月 5 日

中共中央总书记、国家主席、中央军委主席习近平在人民大会堂会见第八届全国道德模范及提名奖获得者，向他们表示诚挚问候和热烈祝贺。中共中央政治局常委、中央书记处书记王沪宁参加会见并在第八届全国道德模范座谈会上讲话。会上，68 名同志被授予第八届全国道德模范荣誉称号，254 名同志被授予第八届全国道德模范提名奖。第八届全国见义勇为模范、湖北顺丰速运有限公司江汉分部经理汪勇，第八届全国敬业奉献模范、中国人民解放军航天员大队特级航天员景海鹏，第七届全国敬业奉献模范、中建钢构有限公司华南大区总工程师陆建新，以及有关方面负责同志分别发言。

同日，据《人民日报》报道，中共中央总书记、国家主席习近平《加强政党合作，共谋人民幸福——在中国共产党与世界政党领导人峰会上的主旨讲话》中英对照版，近日由外文出版社在国内外出版发行。该讲话强调政党作为推动人类进步的重要力量，要锚定正确的前进方向，担起为人民谋幸福、为人类谋进步的历史责任。中国共产党愿同各国政党一起努力，始终不渝做世界和平的建设者、全球发展的贡献者、国际秩序的维护者。

同日，中共中央党校(国家行政学院)举行 2021 年秋季学期第一批进修班毕业典礼。中共中央政治局委员、中共中央党校(国家行政学院)校长(院长)陈希出席毕业典礼，并为学员颁发毕业证书。中共中央党校(国家行政学院)本期毕业学员 327 人。习近平总书记在中青年干部培训班开班式上发表重要讲话，为全党干部特别是年轻干部的成长成才提供了根本遵循，极大激发了大家勇担时代重任的使命感和责任感。大家一致表示，回到工作岗位后，一定要坚持不懈地学习党的创新理论，把学习收获切实转化为勇于担当的强劲动力，在全面建设社会主义现代化国家新征程上奋发有为、建功立业。

11 月 7 日

据《人民日报》报道，中共中央党史和文献研究院编辑的习近平同志《论坚持人民当家作主》一书，近日由中央文献出版社出版，在全国发行。这部专题文集，收入习近平同志关于坚持人民当家作主的重要文稿 50 篇。其中部分文稿是首次公开发表。

11 月 8 日

8 至 11 日，中共十九届六中全会在京举行，中央政治局主持会议，中央委员会总书记习近平作重要讲话。全会听取和讨论了习近平受中央政治局委托作的工作报告。全会审议通过了《中共中央关于党的百年奋斗重大成就和历史经验的决议》，审议通过了《关于召开党的第二十次全国代表大会的决议》。习近平就《中共中央关于党的百年奋斗重大成就和历史经验的决议(讨论稿)》向全会作了说明，全会充分肯定党的十九届五中全会以来中央政治局的工作。决定中国共产党第二十次全国代表大会于 2022 年下半年在北京召开。

11 月 10 日

教育部召开师德专题教育总结交流暨师德师风建设重点工作落实推进会，结合落实中央巡视整改任务，进一步部署推进教师思想政治和师德师风建设工作。会议指出，教育部将 2021 年确定为“高校教师思想政治工作强化年”，不断加强教师思想政治和师德师风建设。

11 月 12 日

中共中央政治局常委、国务院总理、党组书记李克强主持召开国务院党组会议，学习贯彻党的十九届六中全会精神，研究做好下一步工作。会议指出，习近平总书记在全会上所作工作报告和重要讲话，系统总结了党的十九届五中全会以来，中央政治局统筹国内国际两个大局、统筹疫情防控和经济社会发展、统筹发展和安全，推动党和国家各项事业取得新的重大成就，对贯彻全会精神、做好各方面工作提出了明确要求。全会审议通过的《中共中央关于党的百年奋斗重大成就和历史经验的决议》是一篇马克思主义纲领性文献，全面总结了中国共产党成立一百年来，团结带领全国各族人民，创造的新民主主义革命、社会主义革命和建设、改革开放和社会主义现代化建设、新时代中国特色社会主义的伟大成就，积累的宝贵经验，对全党更加坚定、更加自觉地践行初心使命，在新时代更好坚持和发展中国特色社会主义，具有重大现实意义和深远历史意义。

11 月 14 日

“新时代高校思想政治教育质量评价的理论与实践”学术研讨会在重庆交通大学召开。研讨会采用线上和线下相结合的方式进行。来自北京师范大学、武汉大学、浙江大学、吉林大学、电子科技大学、西南大学等高校的 150 余名思想政治教育领域专家学者参加了研讨会。

11 月 16 日

《求是》杂志第 22 期发表中共中央总书记、国家主席、中央军委主席习近平的重要文章《坚持用马克思主义及其中国化创新理论武装全党》。

文章强调，马克思主义科学揭示了人类社会发展规律，指明了人类寻求自身解放的道路，推进了人类文明进程。马克思主义是我们立党立国的根本指导思想，是我们党的灵魂和旗帜。中国共产党从诞生之日起，就把马克思主义鲜明地写在自己的旗帜上。我们党一路走来，无论是处于顺境还是逆境，从未动摇对马克思主义的坚定信仰。中国共产党为什么能，中国特色社会主义为什么好，归根到底是因为马克思主义行！在坚持以马克思主义为指导这一根本问题上，我们必须坚定不移，任何时候任何情况下都不能动摇。

文章指出，我们党的历史，是一部推进马克思主义中国化、不断丰富和发展马克思主义的历史，也是一部运用马克思主义理论认识和改造中国的历史。一百年来，我们党坚持把马克思主义基本原理同中国具体实际相结合，创立了毛泽东思想、邓小平理论，形成了“三个代表”重要思想、科学发展观，创立了新时代中国特色社会主义思想，指导党和人民事业不断开创新局。理论的生命力在于不断创新，推动马克思主义不断发展是中国共产党人的神圣职责。我们要坚持把马克思主义基本原理同中国具体实际相结合、同中华优秀传统文化相结合，用马克思主义观察时代、把握时代、引领时代，继续发展当代中国马克思主义、21 世纪马克思主义！

文章指出，理论创新每前进一步，理论武装就要跟进一步。理论修养是干部综合素质的核心，理论上的成熟是政治上成熟的基础，政治上的坚定源于理论上的清醒。从一定意义上说，掌握马克思主义理论的深度，决定着政治敏感的程度、思维视野的广度、思想境界的高度。对领导干部特别是高级干部来说，要把系统掌握马克思主义基本理论作为看家本领。

同日，中央宣传部、中央依法治国办组织编写，人民出版社、学习出版社联合出版的《习近平法治思想学习纲要》一书，即日起在全国发行。该书共 13 章、49 目、128 条，7 万多字。全书系统阐释了习近平法治思想的重大意义、丰富内涵、核心要义、精神实质、实践要求，全面反映了习近平新时代中国特色社会主义思想在法治领域的原创性贡献。

同日，《中共中央关于党的百年奋斗重大成就和历史经验的决议》单行本在全国新华书店发行。

同日，中央有关部门组织编写了《〈中共中央关于党的百年奋斗重大成就和历史经验的决议〉辅导读本》《党的十九届六中全会〈决议〉学习辅导百问》，对全会《决议》进行了全面阐释。书中收录了习近平总书记在全会上所作的《关于〈中共中央关于党的百年奋斗重大成就和历史经验的决议〉的说明》。

同日，中共中央党校（国家行政学院）举行 2021 年秋季学期第二批进修班开学典礼，中共中央政治局委员、中共中央党校（国家行政学院）校长（院长）陈希出席并讲话，强调要把学习贯彻党的十九届六中全会精神作为重大政治任务，在学思践悟中不断激发信仰、启迪智慧、汲取力量，更加紧密地团结在以习近平同志为核心的党中央周围，牢记初心使命、担当时代责任，为党和人民争取更大光荣。

11月17日

教育部发布《关于成立2021—2025年高等学校思想政治理论课教学指导委员会的通知》。为深入贯彻落实习近平总书记在学校思想政治理论课教师座谈会上的重要讲话精神，贯彻落实中办、国办印发的《关于深化新时代学校思想政治理论课改革创新的若干意见》精神，进一步发挥好教育部高等学校思想政治理论课教学指导委员会作用，教育部决定成立2021—2025年高等学校思想政治理论课教学指导委员会。

11月18日

为深入贯彻落实中共中央办公厅、国务院办公厅印发的《关于实施中华优秀传统文化传承发展工程的意见》，深入开展“我们的节日”主题活动，实施中国传统节日振兴工程，把优秀传统文化教育融入国民教育全过程，教育部决定开展第五届《传承的力量》学校体育艺术教育弘扬中华优秀传统文化成果展示活动(以下简称第五届《传承的力量》展示活动)。

第五届《传承的力量》展示活动于2022年对学校体育、艺术教育成果进行传播展示，并在以元旦、春节、清明节、端午节、七一建党节、教师节、中秋节、国庆节为代表的中国传统和现代节日进行集中展示。展示活动包括“演、展、播、拍、库”五个子活动。演：制作体育艺术教育成果精品专题片节目；展：学校弘扬中华优秀传统文化群体性体育艺术教育活动网络展示；播：节日校园文化网络联播活动；拍：学校体育艺术教育微博随手拍联动；库：《传承的力量》全国大中小学校优秀案例库，全国各级各类学校登录中央级媒体平台《传承的力量》活动页面，按要求填报本校体育艺术教育传承中华优秀传统文化教学案例，参与《传承的力量》案例库征集。

11月25日

教育部办公厅发布《关于教育部大中小学思政课一体化建设指导委员会章程的通知》。教育部大中小学思政课一体化建设指导委员会，是在教育部党组领导下，加强和改进学校思政课建设工作的决策协调议事机构，主要职能是对大中小学思政课一体化建设进行政治领导和工作指导。章程包含组织、任务、工作方式、附则等内容。

11月29日

教育部召开全国高校学生心理健康教育工作推进会，部署推动高校学生心理健康教育工作高质量发展。教育部党组书记、部长怀进鹏出席会议并讲话。教育部党组成员、副部长翁铁慧出席会议并宣读新一届高校学生心理健康教育专家指导委员会委员名单。

会议指出，党的十八大以来，以习近平同志为核心的党中央高度重视学生心理健康工作，习近平总书记对学生心理健康教育作出了系列重要批示指示，为做好新时代高校学生心理健康教育工作提供了根本遵循。要把贯彻落实习近平总书记系列重要批示指示精神同深入学习贯彻党的十九届六中全会精神结合起来，坚定捍卫“两个确立”，坚决做到“两个维护”，胸怀国之大者增强政治自觉，遵循教育规律增强育人担当，维护校园安全增强积极作为，紧盯问题导向增强工作紧迫，把全面加强和改进学生心理健康教育工作作为培育担当民族复兴大任的时代新人的重要内容。教育是培养人的事业，让广大学生更加健康阳光，是落实立德树人根本任务的应有之义，要加强源头治理，全面培育学生的积极心理品质。一是育德育心要更加有机结合，把对学生的人文关怀和心理疏导贯穿于思想政治工作全过程各环节。二是知识普及要更加全面到位，科学设置课程、生动开展活动，切实增强学生的心理韧性。三是积极引导要更加立体多维，进一步发挥体育、美育、劳动教育以及校园文化活动的重要作用。四是压力疏导要更加及早及时，主动采取针对性措施，避免学生因压力无法缓解而造成心理危机。

12月

12月1日

《求是》杂志第23期发表中共中央总书记、国家主席、中央军委主席习近平《关于〈中共中央关于党的百年奋斗重大成就和历史经验的决议〉的说明》。

习近平指出，我们党历来高度注重总结历史经验。党中央认为，在党成立一百周年的重要历史时刻，在党和人民胜利实现第一个百年奋斗目标、全面建成小康社会，正在向着全面建成社会主义现代化强国的第二个百年奋斗目标迈进的重大历史关头，全面总结党的百年奋斗重大成就和历史经验，对推动全党进一步统一思想、统一意志、统一行动，团结带领全国各族人民夺取新时代中国特色社会主义新的伟大胜利，具有重大现实意义和深远历史意义。

12月2日

教育部印发《高等学校思想政治理论课建设标准（2021年本）》，原《高等学校思想政治理论课建设标准（暂行）》（教社科〔2015〕3号）同时废止。

同日，由北京师范大学思想政治工作研究院、滨州医学院联合举办的“中国共产党高校思想政治教育发展史与青年发展”学术研讨会在烟台召开。来自北京师范大学、浙江大学、山东大学、吉林大学、西安交通大学、北京邮电大学、滨州医学院等高校的50余名专家学者围绕本次会议主题，从多个学科视角和研究维度进行了深入的学术观点交流。

12月3日

中央宣传部组织编写的《中国共产党历史学习百问》一书由学习出版社出版发行。据了解，本书紧紧围绕中国共产党百年奋斗的重大成就和历史经验，梳理出130多个关于党的历史的重大问题，邀请多位知名专家学者线上与广大网友面对面交流，在此基础上组织进行集中的回答和解读。该书以习近平新时代中国特色社会主义思想为指导，坚持唯物史观和正确党史观，从历史逻辑、理论逻辑、实践逻辑的结合上，以问答体的形式对党史上的重大事件、重要会议、重要人物作了深入浅出的阐释和科学正确的评价，观点权威准确，语言通俗易懂，文风清新朴实，可作为干部群众、青年学生进行理论学习和开展党史学习教育的重要辅助读物。

12月6日

由北京师范大学思想政治工作研究院、重庆交通大学马克思主义学院、重庆交通大学高校党建与思想政治教育研究中心联合主办的“中国共产党百年发展历程与思想政治工作规律”学术研讨会在重庆交通大学举行。本次学术会议采用线上和线下相结合的形式，来自北京师范大学、西南大学、武汉大学、华南师范大学、东北大学、重庆师范大学、桂林理工大学、《学校党建与思想教育》等单位的200余名思想政治教育领域专家学者参加了会议。重庆交通大学党委副书记郑旭煦代表学校在开幕式上致辞。

12月7日

据新华社报道，中央宣传部、教育部联合发布2021年“最美高校辅导员”“最美大学生”先进事迹。马军、刘岩、刘巍、刘国权、齐勋、张海玉、胡波、项淑芳、赵颖虹、薛冰10名高校辅导员被评为2021年“最美高校辅导员”。

刘宸、刘耀东、杨倩、宋哲、张建、阿卜拉江、周杰、周锦宇、黄君婷、梁荣浩10名在校大学生被评为2021年“最美大学生”。他们有的携笔从戎，主动请缨到条件艰苦的边疆；有的奋力拼搏，在奥运赛场上为国争光；有的矢志科技创新，将论文写在祖国的大地上。

12月10日

由中央编译出版社、外文出版社联合出版的《中国共产党第十九届中央委员会第六次全体会议公报》《中共中央关于党的百年奋斗重大成就和历史经验的决议》《关于〈中共中央关于党的百年奋斗重大成就和历史经验的决议〉的说明》英文、法文、西班牙文、德文、日文、俄文、阿拉伯文、葡萄牙文、越南文、老挝文10个外国语种单行本和中英文对照本，即日起向国内外公开发行。同时，由民族出版社出版的蒙古文、藏文、维吾尔文、哈萨克文、朝鲜文5个民族语种单行本，由民族出版社分别同四川民族出版社、广西民族出版社联合出版的彝文、壮文2个民族语种单行本，即日起向全国公开发行。

同日，学习贯彻党的教育方针理论研讨会在

北京召开。会议围绕深入学习贯彻党的十九届六中全会精神、认真贯彻落实中央教育工作领导小组《关于深入学习贯彻党的教育方针的通知》要求开展研讨。教育部党组成员、副部长宋德民出席会议并讲话。中央党史和文献研究院原副院长吴德刚，中央马工程咨询委员、首席专家顾海良，首都师范大学党委书记孟繁华等学校和科研机构相关负责人围绕党的教育方针的时代特征、丰富内涵、重大意义和实践路径等重要问题进行研讨。

会议强调，要充分结合学习贯彻六中全会精神和党史学习教育，深刻认识党的教育方针是一百年来党领导教育工作的经验集成，是马克思主义教育思想与中国实际相结合的创新成果，是教育事业发展的根本指南。要充分结合学习贯彻习近平总书记关于教育的重要论述，深刻把握党的教育方针"培养什么人"的目标方向、"怎样培养人"的方法路径、"为谁培养人"的价值取向等精神要义。要充分结合构建高质量教育体系的生动实践，推动党的教育方针落地落实落细。

12 月 16 日

《求是》杂志第 24 期发表中共中央总书记、国家主席、中央军委主席习近平的重要文章《深入实施新时代人才强国战略 加快建设世界重要人才中心和创新高地》。文章强调，必须坚持党管人才，坚持面向世界科技前沿、面向经济主战场、面向国家重大需求、面向人民生命健康，深入实施新时代人才强国战略，全方位培养、引进、用好人才，加快建设世界重要人才中心和创新高地，为 2035 年基本实现社会主义现代化提供人才支撑，为 2050 年全面建成社会主义现代化强国打好人才基础。

文章指出，加快建设世界重要人才中心和创新高地，必须把握战略主动，做好顶层设计和战略谋划。我们的目标是：到 2025 年，全社会研发经费投入大幅增长，科技创新主力军队伍建设取得重要进展，顶尖科学家集聚水平明显提高，人才自主培养能力不断增强，在关键核心技术领域拥有一大批战略科技人才、一流科技领军人才和创新团队；到 2030 年，适应高质量发展的人才制度体系基本形成，创新人才自主培养能力显著提升，对世界优秀人才的吸引力明显增强，在主要科技领域有一批领跑者，在新兴前沿交叉领域有一批开拓者；到 2035 年，形成我国在诸多领域人才竞争比较优势，国家战略科技力量和高水平人才队伍位居世界前列。

文章指出，要深化人才发展体制机制改革，向用人主体授权，积极为人才松绑，完善人才评价体系。要加快建设国家战略人才力量，大力培养使用战略科学家，打造大批一流科技领军人才和创新团队，造就规模宏大的青年科技人才队伍，培养大批卓越工程师。要走好人才自主培养之路，加大人才对外开放力度，用好用活各类人才。广大人才要继承和发扬老一辈科学家胸怀祖国、服务人民的优秀品质，心怀"国之大者"，为国分忧、为国解难、为国尽责。

同日，教育部办公厅发布《关于公布第二届全国高校思想政治理论课教学展示暨优秀课程观摩活动评选结果的通知》(以下简称《通知》)。《通知》指出，按照活动方案，经网络评审、现场展示评审等环节，共评出特等奖 33 项、一等奖 84 项、二等奖 157 项和优秀组织奖 10 项。

12 月 17 日

教育部发布《全国普通高校本科教育教学质量报告(2020 年度)》(以下简称《报告》)。《报告》以本科教育教学质量为主线，采用海量数据挖掘、多维案例分析、大规模问卷调查等方法，结合高等教育质量监测国家数据平台和全国 1000 余所高校本科教学质量年度报告，对全国普通高校本科教育教学情况进行全面分析，总结高校提高本科教育教学质量的新举措、新经验、新成效，呈现本科教育教学整体情况、问题和趋势，并提出改进建议。

《报告》指出，疫情期间高教战线凝心聚力，通力合作，为疫情防控贡献了重要力量。《报告》对部分高校本科教育教学工作提出三方面建议。一是深入探索不同学科专业课程思政的有效路径。高校应遵循高等教育和人才培养规律，尊重各学科专业课程教学的特殊性，研究探索思政教育与各学科专业课程教学有机结合的有效途径、提高课程思政效果。二是积极建构以学生成长为中心的人才培养体系。高校应倡导以学生成长为中心的教育理念，从学生特点出发，遵循人才成长规律，组织开展各类教育教学活动，将以学生成长为中心的理念贯彻到人才培养全过程中。三是大力加强学科专业交叉融合办学的长效机制建设。高校应当增强主体意识，以“四新”建设为契机，通过调整学科专业组织体制、搭建学科专业交叉融合平台，以及改革完善人才培养方案、重组课程体系、更新教学考核和教师评价方法，为学科专业交叉融合办学创造优良的环境条件。

12月18日

《国际青年发展指数报告2021》(以下简称《报告》)发布，展现各国青年发展现状、特点、趋势及存在问题。《报告》由中国青少年研究中心、中国国际青年交流中心、清华大学青少年德育研究中心、北京大学中国国情研究中心联合课题组研究发布，基于各国青年普遍关注的教育、健康、婚恋、就业创业、社会融入与社会参与、权益保护等领域，选取85个国家进行测算，通过理论准备、指标构建、数据采集、数据对比、测算校核等，立体综合呈现各国青年发展情况。

《报告》显示，近年来各国青年发展水平显著提升。从地域分布看，前10名中有4个亚洲国家、5个欧洲国家、1个大洋洲国家；从发展程度看，前10名中有8个发达国家、2个发展中国家。总体来说，各国青年发展与经济社会发展水平基本持平。各国把促进青年就业摆在突出位置，采取多种措施推动青年充分就业，在促进青年公共参与方面积极努力并取得一定成效。《报告》指出，忽视青年在婚姻家庭、社会安全等领域的发展诉求，青年整体发展水平将受到制约。

12月21日

由中国国务院新闻办公室、中国外文局和中国驻马来西亚大使馆主办的《习近平谈治国理政》第一卷马来文版首发式在马来西亚吉隆坡会展中心举办。马来西亚下议院议长爱资哈尔·阿齐赞·哈伦当天出席活动并致辞，中宣部副部长、国务院新闻办主任徐麟，中国外文局局长杜占元视频致辞。中国驻马来西亚大使欧阳玉靖、马来西亚国家语文出版局董事会主席阿旺·沙利延，以及马方高层政要、政党领袖、社团组织、媒体、智库代表等各界人士150人参加当天活动。

《习近平谈治国理政》第一、二、三卷集中体现了习近平新时代中国特色社会主义思想发展历程和脉络。《习近平谈治国理政》第一卷马来文版由外文出版社和马来西亚国家语文出版局共同翻译出版。

12月24日

党史学习教育总结会议在北京召开。中共中央政治局常委、中央书记处书记王沪宁出席会议并讲话。王沪宁表示，习近平总书记的重要指示从政治和全局的高度，深刻阐明开展党史学习教育的重大意义，充分肯定党史学习教育的显著成效和重大成果，对深入学习贯彻党的十九届六中全会精神、推动党史学习教育常态化长效化提出明确要求，为总结好、巩固好、拓展好党史学习教育提供了重要遵循。会议指出，在全党开展党史学习教育，是以习近平同志为核心的党中央在中国共产党成立一百周年之际作出的重大战略决策。习近平总书记围绕党史学习教育作出一系列重要论述，深刻阐明了党百年奋斗的历史价值和学习党史的根本目的、基本要求、科学态度，把我们对党的历史的认识提升到新高度，为开展党史学习教育提供了根本遵循。

24日至26日，中国教育发展战略学会思想道德建设专业委员会在长沙召开“马克思主义中国化发展论坛”暨思想道德建设专委会学术论坛。来自北京师范大学、中山大学、重庆大学、湖南大学、桂林理工大学、广西科技大学、宁夏大学、江苏大学等高校百余位专家学者和一线的思想政治教育工作者参加了此次会议。

12月30日

据新华社报道，《习近平讲党史故事》一书近日由人民出版社出版发行。该书精选习近平总书记讲述过的80余个党史故事，进行深入浅出的解读和阐释。《习近平讲党史故事》收录的故事内容紧扣党为中国人民谋幸福、为中华民族谋复兴的奋斗足迹，体现了中国共产党人独特的价值追求，帮助读者从理论与实践的结合上深刻理解中国共产党为什么能、马克思主义为什么行、中国特色社会主义为什么好。

同日，第三届全国高校党委教师工作部部长工作研讨视频会议召开。会议以“高校教师思想政治工作和师德师风建设实践与展望”为主题，指出要深入学习贯彻习近平总书记关于教育的重要论述和关于教师队伍建设的指示批示精神，以党的十九届六中全会精神为指引，以贯彻落实《关于完善高校教师思想政治和师德师风建设工作体制机制的指导意见》为主线，推进教师思想政治和师德师风建设工作再上新台阶。

12 月 31 日

中共教育部党组印发《关于完善高校教师思想政治和师德师风建设工作体制机制的指导意见》(以下简称《指导意见》)。

《指导意见》提出，要完善党对高校教师工作领导的制度，准确把握新时期知识分子特点，构建党委集中统一领导，党政齐抓共管，教师工作部门统筹协调，各部门履职尽责、协同配合的大教师工作格局。建立健全学校党委、院(系)党组织、教师党支部三级联动的教师工作机制，强化基层党组织在教师思想政治和师德师风建设中的作用。要强化党委统一领导，以正确的政治方向和价值导向引领教师思想政治素质、师德素养和业务能力全面提升。高校要成立党委教师工作委员会，研究审议学校教师思想政治和师德师风建设工作重大事项，指导相关部门开展工作。要进一步发挥党委教师工作部作用，加强相关部门协同，健全会商协调机制，建立奖惩联动机制。要压实院(系)直接责任，强化教师党支部政治功能，把教师思想政治素质和师德考评作为党支部发挥政治功能的重要抓手，在教师成长和管理各环节发挥政治和师德双把关作用。要强化工作保障，配齐建强工作力量，选优配齐党委教师工作部专职工作队伍，建立专兼职结合的教师思想政治工作队伍。强化资源支撑保障，为开展教师思想政治和师德师风工作提供必要的经费保障和工作场地。健全责任落实机制，坚持失责必问、问责必严，根据职责权限和责任划分，对履责不力的相关单位和责任人依纪依规问责。

2022年

1月

1月1日

国家主席习近平发表二〇二二年新年贺词。回首这一年，意义非凡。我们亲历了党和国家历史上具有里程碑意义的大事。“两个一百年”奋斗目标历史交汇，我们开启了全面建设社会主义现代化国家新征程，正昂首阔步行进在实现中华民族伟大复兴的道路上。在飞逝的时光里，我们看到的、感悟到的中国，是一个坚韧不拔、欣欣向荣的中国。这里有可亲可敬的人民，有日新月异的发展，有赓续传承的事业。不忘初心，方得始终。我们唯有踔厉奋发、笃行不怠，方能不负历史、不负时代、不负人民。大国之大，也有大国之重。千头万绪的事，说到底是千家万户的事。民之所忧，我必念之；民之所盼，我必行之。全面小康、摆脱贫困是我们党给人民的交代，也是对世界的贡献。让大家过上更好生活，我们不能满足于眼前的成绩，还有很长的路要走。祖国一直牵挂着香港、澳门的繁荣稳定。只有和衷共济、共同努力，“一国两制”才能行稳致远。实现祖国完全统一是两岸同胞的共同心愿。真诚期盼全体中华儿女携手向前，共创中华民族美好未来。

同日，《求是》杂志发表中共中央总书记、国家主席、中央军委主席习近平在党的十九届六中全会第二次全体会议上的重要讲话《以史为鉴、开创未来，埋头苦干、勇毅前行》。讲话强调，在我们党成立一百年之际，党中央决定召开一次全会，全面总结党的百年奋斗重大成就和历史经验，是郑重的战略性决策，体现了我们党重视和善于运用历史规律的高度政治自觉，体现了我们党牢记初心使命、继往开来的自信担当。这次全会《决议》同党作出的前两个历史决议一样，必将对推动全党统一思想、统一意志、统一行动，团结带领全国各族人民以史为鉴、开创未来，埋头苦干、勇毅前行，在新时代更好坚持和发展中国特色社会主义、实现中华民族伟大复兴产生重大而深远的影响。

讲话指出，要以学习全会精神为重点巩固党史学习教育成果，深刻认识总结党的百年奋斗重大成就和历史经验的重大意义，深刻认识党的百年奋斗的初心使命，深刻认识中国特色社会主义进入新时代的历史性成就和历史性变革，深刻认识党的百年奋斗历史经验，深刻认识以史为鉴、开创未来的重要要求。

1月5日

全国宣传部长会议在北京召开。中共中央政治局常委、中央书记处书记王沪宁出席会议并讲话。他表示，要坚持以习近平新时代中国特色社会主义思想为指导，增强“四个意识”、坚定“四个自信”、做到“两个维护”，紧紧围绕迎接、宣传、贯彻党的二十大这条主线，扎实做好宣传思想工作，为奋进新征程、建功新时代提供坚强思想保证和强大精神力量。会议强调，党的十九大以来，习近平总书记就守正创新做好宣传思想工作发表一系列重要讲话，作出一系列重要指示，深入回答了事关宣传思想工作的方向性、根本性、战略性问题，为做好新时代宣传思想工作提供了根本遵循。我们要深入学习领会，抓好贯彻落实。

1月6日

为深入学习贯彻党的十九届六中全会精神和习近平总书记关于思政课建设的重要论述，教育部举行2021—2025年高校思想政治理论课教学指导委员会成立大会暨工作会议，回顾总结高校思政课建设取得的进展成效，分析研判当前形势任务，研究部署推动思政课高质量发展工作。教育部党组书记、部长怀进鹏出席会议并讲话，教育部党组成员、副部长翁铁慧主持会议。

同日，中央纪委国家监委印发《关于深化中管高校纪检监察体制改革的意见》(以下简称《意见》)，进一步明确中管高校纪检监察机构的职能定位、职责权限，突出政治监督，强化纪律检查职责、赋予监察权，做实监督全覆盖、增强监督有效性。《意见》进一步完善了中管高校纪检监察工作领导体制。中央纪委国家监委加强对中管高校纪检监察工作的统筹领导，中管高校纪委书记担任国家监委派驻监察专员，设立监察专员办公室，与学校纪委合署办公。中管高校纪检监察机构处置重要问题线索、查办重要案件应当及时向中央纪委国家监委备案，重要情况及时向中央纪委国家监委报告。中管高校所在地的省(直辖市)纪委监委加强对中管高校纪检监察工作的日常领导，中管高校纪检监察机构监督检查和审查调查工作以所在地方纪委监委领导为主，问题线索处置和案件查办应当及时向所在地方纪委监委报告。驻教育部、工业和信息化部、中国科学院纪检监察组协助中央纪委国家监委机关做好相关工作，加强对中管高校共性问题和驻在部门行业性问题的监督检查，推动专项治理。

1月7日

教育部党史学习教育总结会议在北京召开。会议强调，要深入学习贯彻习近平总书记关于党史学习教育的重要指示、重要讲话精神，深入学习贯彻党的十九届六中全会精神、巩固深化党史学习教育成果，加快推进教育现代化，建设教育强国，办好人民满意的教育，以实际行动和优异成绩迎接党的二十大胜利召开。教育部党组书记、部长、部党史学习教育领导小组组长怀进鹏出席会议并作总结。

1月9日

据《人民日报》报道，由中共中央纪律检查委员会、中华人民共和国国家监察委员会、中共中央党史和文献研究院编辑的《习近平关于坚持和完善党和国家监督体系论述摘编》一书，近日由中央文献出版社、中国方正出版社出版，在全国发行。《论述摘编》分10个专题，共计371段论述，摘自习近平同志2012年11月15日至2021年11月11日期间的报告、讲话、说明、指示等130多篇重要文献，其中部分论述是第一次公开发表。

1月11日

省部级主要领导干部学习贯彻党的十九届六中全会精神专题研讨班在中共中央党校(国家行政学院)开班。中共中央总书记、国家主席、中央军委主席习近平在开班式上发表重要讲话强调，党中央举办这次专题研讨班，目的是深入研读和领会党的十九届六中全会决议，继续把党史总结、学习、教育、宣传引向深入，更好把握和运用党的百年奋斗历史经验，弘扬伟大建党精神，增加历史自信、增进团结统一、增强斗争精神，动员全党全国各族人民坚定信心、勇毅前行，为实现第二个百年奋斗目标而不懈努力。

习近平在讲话中指出，一个民族要走在时代前列，就一刻不能没有理论思维，一刻不能没有正确思想指引。中国共产党为什么能，中国特色社会主义为什么好，归根到底是因为马克思主义行。马克思主义之所以行，就在于党不断推进马克思主义中国化时代化并用以指导实践。这次全会决议对百年奋斗历程中党不断推进马克思主义中国化时代化作了全面总结。注重分析研究和总结党在百年奋斗历程中对马克思主义的中国化时代化，是贯穿全会决议的一个重要内容，我们一定要深入学习、全面领会。马克思主义为人类社会发展进步指明了方向，是我们认识世界、把握规律、追求真理、改造世界的强大思想武器。同时，马克思主义理论不是教条，而是行动指南，必须随着实践的变化而发展。马克思主义能不能在实践中发挥作用，关键在于能否把马克思主义基本原理同中国实际和时代特征结合起来。面对快速变化的世界和中国，如果墨守成规、思想僵化，没有理论创新的勇气，不能科学回答中国之问、世界之问、人民之问、时代之问，不仅党和国家事业无法继续前进，马克思主义也会失去生命力、说服力。当代中国正在经历人类历史上最为宏大而独特的实践创新，改革发展稳定任务之重、矛盾风险挑战之多、治国理政考验之大都前所未有，世界百年未有之大变局深刻变化前所未有，提出了大量亟待回答的理论和实践课题。我们要准确把握时代大势，勇于站在人类发展前沿，聆听人民心声，回应现实需要，坚持解放思想、实事求是、守正创新，更好地把坚持马克思主义和发展马克思主义统一起来，坚持用马克思主义之“矢”去射新时代中国之“的”，继续推进马克思主义基本原理同中国具体实际相结合、同中华优秀传统文化相结合，续写马克思主义中国化时代化新篇章。

1 月 13 日

全国政协第三十一次重点关切问题情况通报会在京举行，围绕深化新时代教育评价改革有关情况进行交流讨论。会上，部分全国政协委员就普职分流、教育教学改革、高校人才评价改革等问题作了交流，教育部相关司局负责人现场作了回应。部分专门委员会副主任、各民主党派中央和全国工商联有关同志，全国政协机关各室局负责人等 180 余人参加会议。

1 月 14 日

部级主要领导干部学习贯彻党的十九届六中全会精神专题研讨班在中共中央党校(国家行政学院)结业，中共中央政治局常委、中央书记处书记王沪宁出席结业式并作总结讲话。王沪宁表示，要深入学习贯彻习近平总书记在研讨班开班式上的重要讲话精神，加深对“两个确立”决定性意义的认识，增强“四个意识”、坚定“四个自信”、做到“两个维护”，更好落实以史为鉴、开创未来的重要要求，坚定历史自信、把握历史规律、掌握历史主动，以实际行动迎接党的二十大胜利召开。研讨班期间，全体学员以习近平新时代中国特色社会主义思想为指导，认真学习习近平总书记在开班式上的重要讲话和党的十九届六中全会精神，结合实际深入研讨交流，加深了对全会提出的重大思想观点、重大论断、重大部署的理解，进一步统一了思想、凝聚了共识，增强了做好工作、履职尽责的责任感和使命感。结业式上，研讨班 10 名代表发言，汇报交流了学习收获。

1 月 16 日

2022 年全国教育工作会议于 16 日至 17 日在北京召开。会议强调，在“两个大局”背景下，教育内外环境发生深刻变化。必须跳出教育看教育、立足全局看教育、放眼长远看教育，准确识变、主动求变、积极应变，抓住重大机遇，开创教育新局面。

要深刻认识和把握现代化经济体系转型升级对教育的迫切需求，培养大批适应经济社会发展需要的人才。会议明确了 2022 年教育系统工作重点，包括要大力发展适应新技术和产业变革需要的职业教育。优化发展环境，增强职业教育适应性，提高内涵质量。要创新发展支撑国家战略需要的高等教育。推进人才培养服务新时代人才强国战略，推进学科专业结构适应新发展格局需要，以高质量的科研创新创造成果支撑高水平科技自立自强，推动“双一流”建设高校为加快建设世界重要人才中心和创新高地提供有力支撑。要深刻认识和把握在中华民族伟大复兴历史进程中教育的先导地位，下好教育先手棋；深刻认识和把握百年变局和世纪疫情交织叠加给教育带来的外部挑战，锲而不舍实现既定目标；要深刻认识和把握人民群众不断提高的教育期盼，推动教育改革发展成果更多更公平惠及全体人民。

1 月 17 日

据新华社报道，《习近平谈治国理政》第三卷蒙古文、藏文、维吾尔文、哈萨克文、朝鲜文 5 种少数民族文字版，近日由民族出版社出版，面向全国发行。《习近平谈治国理政》第三卷少数民族文字版的出版发行，有利于民族地区广大干部群众更加全面深入、系统准确地学习宣传贯彻习近平新时代中国特色社会主义思想，领会丰富内涵，加强各民族交往交流交融，进一步增强“四个意识”、坚定“四个自信”、做到“两个维护”，铸牢中华民族共同体意识，为实现中华民族伟大复兴的中国梦凝聚起磅礴力量，共创中华民族的美好未来。

同日，全国党史和文献部门主要负责人会议以视频形式召开。会议以习近平新时代中国特色社会主义思想为指导，全面贯彻落实党的十九大和十九届历次全会精神，深入学习贯彻习近平总书记关于党史和文献工作重要论述和指示批示精神，总结2021年工作，部署2022年任务，要求全国党史和文献工作者进一步认清党史和文献工作新的历史方位，找准服务党和国家事业全局新的工作坐标，推动新时代党史和文献事业高质量发展，以优异成绩迎接党的二十大胜利召开。

1月18日

中共中央总书记、国家主席、中央军委主席习近平在中国共产党第十九届中央纪律检查委员会第六次全体会议上发表重要讲话。习近平强调，总结运用党的百年奋斗历史经验，坚持党中央集中统一领导，坚持党要管党、全面从严治党，坚持以党的政治建设为统领，坚持严的主基调不动摇，坚持发扬钉钉子精神加强作风建设，坚持以零容忍态度惩治腐败，坚持纠正一切损害群众利益的腐败和不正之风，坚持抓住“关键少数”以上率下，坚持完善党和国家监督制度，以伟大自我革命引领伟大社会革命，坚持不懈把全面从严治党向纵深推进。

同日，习近平经济思想研究中心在北京正式挂牌。经党中央批准，在国家发展改革委成立习近平经济思想研究中心。该研究中心将紧紧围绕“国家级、权威性、开放型、有影响”的目标，努力建设成为深入学习习近平经济思想的重要载体、系统研究习近平经济思想的重要智库、宣传贯彻习近平经济思想的重要平台、阐释传播习近平经济思想的重要阵地。

1月21日

全国党的建设研究会第七次会员代表大会在北京召开。中共中央总书记、国家主席、中央军委主席习近平作出重要指示，向大会表示祝贺，向全国广大党建研究工作者致以诚挚的问候。习近平指出，近年来，全国党的建设研究会坚持正确政治方向，围绕党的建设重大理论和实际问题开展研究，为推进新时代党的建设作出了重要贡献。习近平强调，希望同志们牢记初心使命，在推进马克思主义中国化时代化、正确把握社会主要矛盾和中心任务、重视战略策略问题、永葆党的马克思主义政党本色、推进党史学习教育常态化长效化等方面下功夫，在充分调查研究基础上，深入研究推进新时代党的建设新的伟大工程面临的重大理论和实践问题，加强对党建理论最新成果的研究，加强对全面从严治党的研究，在理论上拓展新视野、作出新概括，加深对新时代党的建设规律的认识，不断完善党的建设学科体系、学术体系、话语体系，继续为推进新时代党的建设贡献智慧和力量。会议审议通过全国党的建设研究会第六届理事会工作报告和章程(修正案)等，选举产生第七届理事会及其领导机构。

1月24日

经党中央批准，由中共中央宣传部组织编写，由人民出版社出版的《中国共产党宣传工作简史》一书，即日起在全国发行。该书分上下卷，共11章、83节，约49万字，史料丰富、凝练生动，对于推动全党全社会特别是宣传思想文化战线深入学习贯彻习近平新时代中国特色社会主义思想，深刻认识“两个确立”的决定性意义，进一步增强“四个意识”、坚定“四个自信”、做到“两个维护”；对于持之以恒推进党史总结、学习、教育、宣传，从党的百年奋斗史中汲取智慧和力量，深刻理解中国共产党为什么能、马克思主义为什么行、中国特色社会主义为什么好；对于深入把握党的宣传工作历史发展规律，增强历史主动，满怀信心向前进，为实现第二个百年奋斗目标、全面建设社会主义现代化强国提供坚强思想保证和强大精神力量，具有十分重要的意义。

1月28日

全国组织部长会议以电视电话会议形式在北京召开。中共中央政治局委员、中组部部长陈希出席会议并讲话，强调要坚持以习近平新时代中国特色社会主义思想为指导，深化对“两个确立”决定性意义的领悟，增强“四个意识”、坚定“四个自信”、做到“两个维护”，落实全面从严治党战略方针，以迎接和服务党的二十大胜利召开为主线，着力推动组织工作高质量发展，为全面建设社会主义现代化国家提供坚强组织保证。

同日，共青团中央发布关于《新时代全面从严治团实施纲要》《共青团中央 2022 年工作要点》《中国共产主义青年团中央委员会工作条例》《中国共产主义青年团纪律处分条例（试行）》的通知。

1 月 30 日

据《人民日报》报道，习近平总书记《在庆祝中国共产党成立 100 周年大会上的讲话》单行本、《习近平新时代中国特色社会主义思想学习问答》、《中国共产党简史》、《毛泽东邓小平江泽民胡锦涛关于中国共产党历史论述摘编》、《中国共产党一百年大事记》五部著作中文繁体版由联合出版（集团）有限公司在港澳地区出版发行。

2 月

2 月 1 日

《求是》杂志第 3 期发表中共中央总书记、国家主席、中央军委主席习近平的重要文章《努力成为可堪大用能担重任的栋梁之才》。

文章强调，年轻干部生逢伟大时代，是党和国家事业发展的生力军，必须练好内功、提升修养、增强本领，努力成为可堪大用、能担重任的栋梁之材，为实现第二个百年奋斗目标而努力工作，不辜负党和人民的期望和重托！文章指出，要信念坚定、对党忠诚。中国共产党成立一百年来，始终是有崇高理想和坚定信念的党。这个理想信念，就是马克思主义信仰、共产主义远大理想、中国特色社会主义共同理想。理想信念是中国共产党人的精神支柱和政治灵魂，也是保持党的团结统一的思想基础。年轻干部要牢记，坚定理想信念是终身课题，需要常修常炼，要信一辈子、守一辈子。理想信念坚定和对党忠诚是紧密联系的。理想信念坚定才能对党忠诚，对党忠诚是对理想信念坚定的最好诠释。文章指出，要注重实际、实事求是。坚持从实际出发、实事求是，不只是思想方法问题，也是党性强不强问题。从当前干部队伍实际看，坚持实事求是最需要解决的是党性问题。干部是不是实事求是可以从很多方面来看，最根本的要看是不是讲真话、讲实话，是不是干实事、求实效。年轻干部要坚持以党性立身做事，把说老实话、办老实事、做老实人作为党性修养和锻炼的重要内容，敢于坚持真理，善于独立思考，坚持求真务实。要勤学苦练、增强本领。我们处在前所未有的变革时代，干着前无古人的伟大事业，如果知识不够、眼界不宽、能力不强，就会耽误事。年轻干部精力充沛、思维活跃、接受能力强，正处在长本事、长才干的大好时期，一定要珍惜光阴、不负韶华，如饥似渴学习，一刻不停提高。

2 月 8 日

教育部印发 2022 年工作要点，指出 2022 年教育工作的总体要求是：以习近平新时代中国特色社会主义思想为指导，深入学习贯彻党的十九大和十九届历次全会精神，认真贯彻落实习近平总书记关于教育的重要论述，深刻认识“两个确立”的决定性意义，增强“四个意识”、坚定“四个自信”、做到“两个维护”，弘扬伟大建党精神，坚持稳中求进工作总基调，完整、准确、全面贯彻新发展理念，服务构建新发展格局，坚持和加强党对教育工作的全面领导，全面贯彻党的教育方针，落实立德树人根本任务，着力转变观念、守正创新、攻坚克难、守住底线，加快教育高质量发展，推进教育现代化、建设教育强国、办好人民满意的教育，培养德智体美劳全面发展的社会主义建设者和接班人，以实际行动迎接党的二十大胜利召开。

2 月 9 日

中共中央办公厅、国务院办公厅印发《关于加强新时代关心下一代工作委员会工作的意见》（以下简称《意见》），并发出通知，要求各地区各部门结合实际认真贯彻落实。党的十八大以来，全国各级关心下一代工作委员会（以下简称关工委）认真贯彻落实党中央关于关心下一代工作的决策部署和习近平总书记重要指示批示精神，团结动员广大老干部、老战士、老专家、老教师、老模范（以下简称“五老”）等离退休老同志参加关心下一代工作，为支持和帮助青少年成长成才作出了积极贡献。在全面建设社会主义现代化国家新征程中，关心下一代工作面临新形势新任务，要进一步发挥各级关工委和广大“五老”在教育、引导、关爱、保护青少年方面的独特优势和重要作用。

2月11日

教育部、中央网信办、工业和信息化部、公安部、市场监管总局五部门联合印发《关于加强普通高等学校在线开放课程教学管理的若干意见》(以下简称《意见》),要求将在线开放课程纳入日常教学管理,做到线上与线下课程同管理、同要求。《意见》要求,要健全课程平台监管制度。国务院教育行政部门委托第三方机构建设高校在线开放课程教学管理与服务平台,对在线开放课程教学过程实施大数据监测。提供学分课程的平台必须向高校在线开放课程教学管理与服务平台提供开放用户身份数据,开放课程访问数据、学习行为数据以及相关运行数据,便于教育行政部门对课程质量和教学过程进行全程监督。

2月16日

中共中央党史和文献研究院编辑的《习近平书信选集》第一卷,由中央文献出版社出版,在全国发行。这部书信选集,反映了习近平同志领导全党全国各族人民推进党和国家事业的实践活动,记录了习近平同志同各族各界干部群众、各国政党政要和各界人士的交往。书信选集的内容,涉及新时代坚持和发展中国特色社会主义的各个领域各个方面,论及重要的政治原则、理论观点、方针政策和党性修养、思想方法、工作方法、学习方法,是习近平新时代中国特色社会主义思想的重要组成部分,对于我们深刻认识“两个确立”的决定性意义,深入学习贯彻习近平新时代中国特色社会主义思想,为实现第二个百年奋斗目标、实现中华民族伟大复兴的中国梦而不懈奋斗,具有十分重要的指导意义。

2月19日

教育部印发《新时代马克思主义理论研究和建设工程教育部重点教材建设推进方案》(以下简称《推进方案》),强调要整体推进不同学段、不同类型高校哲学社会科学相关学科专业教材建设,用5年时间,重点建设200种精品教材,形成以马克思主义为指导、体现中国特色的高校哲学社会科学教材系列。

《推进方案》坚持正确方向,体现中国特色,增强针对性,注重创新性,强化统筹性,聚焦7大重点任务,以深入推进习近平新时代中国特色社会主义思想进教材为主线,系统推进马克思主义理论学科专业课程教材建设,加快推进“中国系列”教材建设,完善一批专科、本科、研究生相关学科专业基础课程、核心课程、公共课程教材,着力建设适应新时代新要求、体现中国特色的高水平原创性教材。

《推进方案》在教材编写、出版、使用等方面大力创新,采取国家直接编写、高校等单位申报编写和从现有教材中遴选修订等多种方式建设,支持一流学者和有实力、高水平的高校、科研出版机构参与,合力打造精品。《推进方案》还就组织实施工作提出要求,进一步强化省级教育部门和高校的领导责任和主体责任,确保落地见效。据悉,《推进方案》分两批实施,2022年发布第一批教材建设目录。

2月22日

全国党建研究会在北京召开学习贯彻习近平总书记重要指示精神座谈会。研究会领导、顾问和有关方面领导、专家等40余人参加会议。会议指出,习近平总书记对党建研究工作作出重要指示,对全国党建研究会的工作给予充分肯定,对做好新时代党建工作提出殷切希望和明确要求,全国党建研究会和广大党建研究工作者深受鼓舞鞭策。习近平总书记的重要指示,高屋建瓴、要求明确,科学回答了新时代党建研究工作“研究什么、怎么研究”等重大问题,进一步丰富了关于党的建设和党建研究的重要论述,发展了马克思主义建党学说,为推进新时代党的建设和党建研究工作提供了根本遵循、指明了主攻方向、注入了强劲动力。

2月24日

据《人民日报》报道,中共中央办公厅近日印发了《关于加强新时代廉洁文化建设的意见》(以下简称《意见》),并发出通知,要求各地区各部门结合实际认真贯彻落实。《意见》指出,党中央高度重视廉洁文化建设，强调反对腐败、建设廉洁政治，是我们党一贯坚持的鲜明政治立场，是党自我革命必须长期抓好的重大政治任务。全面从严治党，既要靠治标，猛药去疴，重典治乱；也要靠治本，正心修身，涵养文化，守住为政之本。必须站在勇于自我革命、保持党的先进性和纯洁性的高度，把加强廉洁文化建设作为一体推进不敢腐、不能腐、不想腐的基础性工程抓紧抓实抓好，为推进全面从严治党向纵深发展提供重要支撑。

同日，中共中央总书记、国家主席、中央军委主席习近平给中国单板滑雪运动员苏翊鸣回信，向他和中国冰雪健儿取得优异成绩表示祝贺，并提出殷切期望。习近平在回信中说，你和中国冰雪健儿在冬奥赛场奋勇拼搏、超越自我，取得了优异成绩。我向你们表示祝贺！为你们点赞！习近平表示，你在信中说，出生在一个伟大的国家，成长在一个最好的时代，通过努力实现了自己的梦想，感到很幸运。新时代是追梦者的时代，也是广大青少年成就梦想的时代。希望你们心系祖国，志存高远，脚踏实地，在奋斗中创造精彩人生，为祖国和人民贡献青春和力量。

2月28日

习近平主持召开中央全面深化改革委员会第二十四次会议强调加快建设世界一流企业加强基础学科人才培养。审议通过了《关于加快建设世界一流企业的指导意见》《推进普惠金融高质量发展的实施意见》《关于加强基础学科人才培养的意见》《关于推进国有企业打造原创技术策源地的指导意见》。

会议指出，我国拥有世界上规模最大的高等教育体系，有各项事业发展的广阔舞台，完全能够源源不断培养造就大批优秀人才，完全能够培养出大师。要走好基础学科人才自主培养之路，坚持面向世界科技前沿、面向经济主战场、面向国家重大需求、面向人民生命健康，全面贯彻党的教育方针，落实立德树人根本任务，遵循教育规律，加快建设高质量基础学科人才培养体系。要坚持正确政治方向，把理想信念教育贯穿人才培养全过程，引导人才深怀爱党爱国之心、砥砺报国之志，继承和发扬老一辈科学家胸怀祖国、服务人民的优秀品质。要优化人才发展制度环境，打好基础、储备长远，发挥高校特别是“双一流”大学培养基础研究人才主力军作用，既要培养好人才，更要用好人才。

3月

3月1日

2022年春季学期中共中央党校（国家行政学院）中青年干部培训班在中共中央党校开班。中共中央总书记、国家主席、中央军委主席习近平在开班式上发表重要讲话强调，年轻干部是党和国家事业发展的希望，必须筑牢理想信念根基，守住拒腐防变防线，树立和践行正确政绩观，练就过硬本领，发扬担当和斗争精神，贯彻党的群众路线，锤炼对党忠诚的政治品格，树立不负人民的家国情怀，追求高尚纯粹的思想境界，为党和人民事业拼搏奉献，在新时代新征程上留下无悔的奋斗足迹。

习近平强调，理想信念是立党兴党之基，也是党员干部安身立命之本。年轻干部接好班，最重要的是接好坚持马克思主义信仰、为共产主义远大理想和中国特色社会主义共同理想而奋斗的班。党员干部只有胸怀天下、志存高远，不忘初心使命，把人生理想融入党和人民事业之中，把为人民幸福而奋斗作为自己最大的幸福，才能拥有高尚的、充实的人生。坚定理想信念，必先知之而后信之，信之而后行之。坚定理想信念不是一阵子而是一辈子的事，要常修常炼、常悟常进，无论顺境逆境都坚贞不渝，经得起大浪淘沙的考验。

3月3日

2022年度高校思想政治工作视频会召开。会议总结了2021年高校思想政治工作进展和取得的经验，分析了当前所面临的形势与任务，对2022年的具体工作进行了部署。会议强调要坚持以习近平新时代中国特色社会主义思想为指导，在部党组坚强领导下，攻坚克难、善作善成，以实际行动迎接党的二十大胜利召开。会议在教育部机关设主会场，在各省（区、市）党委教育工作部门、直属高校、部省合建高校设立121个分会场。

各地各高校相关负责同志2000余人参加了会议。

3月16日

《求是》杂志第6期发表中共中央总书记、国家主席、中央军委主席习近平的重要文章《在中央政协工作会议暨庆祝中国人民政治协商会议成立70周年大会上的讲话》。文章强调，新时代加强和改进人民政协工作，要以新时代中国特色社会主义思想为指导，增强“四个意识”、坚定“四个自信”、做到“两个维护”，把坚持和发展中国特色社会主义作为巩固共同思想政治基础的主轴，把服务实现“两个一百年”奋斗目标作为工作主线，把加强思想政治引领、广泛凝聚共识作为中心环节，坚持团结和民主两大主题，提高政治协商、民主监督、参政议政水平，更好凝聚共识，担负起把党中央决策部署和对人民政协工作要求落实下去、把海内外中华儿女智慧和力量凝聚起来的政治责任，为全面建设社会主义现代化强国作出贡献。人民政协是中国共产党把马克思列宁主义统一战线理论、政党理论、民主政治理论同中国实际相结合的伟大成果，是中国共产党领导各民主党派、无党派人士、人民团体和各族各界人士在政治制度上进行的伟大创造。70年来，在中国共产党领导下，人民政协坚持团结和民主两大主题，服务党和国家中心任务，在建立新中国和社会主义革命、建设、改革各个历史时期发挥了十分重要的作用。

3月17日

据《人民日报》报道，由中共中央党史和文献研究院编译的《马克思恩格斯全集》中文第2版第50卷近日由人民出版社正式出版。该卷收入1856年1月至1859年12月期间马克思和恩格斯之间的通信，以及他们给其他人的书信，共计319封；附录部分收入燕妮·马克思及女儿给马克思和恩格斯的书信，以及燕妮·马克思受马克思委托给其他人的书信，共计13封。与《马克思恩格斯全集》中文第1版收录的同一时期书信相比，此次新收入8封，并新收入附在书信中的1份谈话记录和1份词条笔记。该卷收入的书信为研究马克思主义创始人在这一时期的革命实践和理论活动提供了丰富史料。马克思多年的政治经济学研究在这个阶段取得了重大进展，他撰写了《政治经济学批判(1857—1858年手稿)》，并出版了《政治经济学批判。第一分册》。马克思和恩格斯还一直关注欧美各国无产阶级和进步力量的斗争，利用各种渠道宣传科学社会主义思想，为无产阶级分析复杂形势，制定斗争策略，指明前进方向。这一时期的书信是马克思和恩格斯丰富多彩的社会人生和革命实践活动的生动记述，是对他们政论文章和主要著述的重要补充。《马克思恩格斯全集》中文第2版主要依据《马克思恩格斯全集》历史考证版(MEGA2)并参考德、英、法、俄等版本，翻译新文献并重新校订旧译文，吸收了最新考证成果和研究成果，重新编写了注释和索引，具有收录文献更全面、版本依据更可靠、译文质量更高、结构更合理、资料更充实等特点。

3月21日

据《人民日报》报道，中共中央办公厅近日印发了《关于推动党史学习教育常态化长效化的意见》，并发出通知，要求各地区各部门结合实际认真贯彻落实。推动党史学习教育常态化长效化是建设马克思主义学习型政党的一项长期重要任务。各级党委(党组)要提高政治站位，落实主体责任，加强组织领导，完善制度机制，进一步巩固拓展党史学习教育成果。领导干部要学在前、作表率，带着对党的深厚感情学党史，带着对事业的强烈责任用党史，形成一级带一级、全党一起学的良好局面。积极探索适合不同行业、不同领域、不同群体深入学党史的方法途径，既要精准有效覆盖，又要生动鲜活开展，使学党史、知党史、用党史在全社会蔚然成风。要把推动党史学习教育常态化长效化同做好中心工作结合起来，把党史学习教育成效转化为干事创业的动力、举措和成效，满怀信心奋进新征程、建功新时代，以实际行动迎接党的二十大胜利召开，不断开创党和国家事业发展新局面。

3月28日

国家智慧教育平台启动仪式在教育部举行。教育部党组书记、部长怀进鹏出席仪式并宣布国家智慧教育平台正式上线。国家智慧教育平台目前包括国家中小学智慧教育平台、国家职业教育智慧教育平台、国家高等教育智慧教育平台、国家 24365 大学生就业服务平台 4 个子平台。

3 月 31 日

共青团中央关于印发《共青团党史学习教育总结》和《共青团党史学习教育常态化长效化工作方案》的通知。

同日，中国教育学会在国家开放大学召开 2022 年度工作会议暨第八届理事会第六次会议。中国教育学会常务副会长、副会长、监事长、常务理事、理事、监事、学术委员与分支机构、省市学会负责人、实验区代表在北京主会场和各地分会场参加会议。会议指出，要全面把握党中央对基础教育的新部署新要求，聚焦贯彻落实学会“十四五”规划，扎实做好学会 2022 年重点工作，包括中国基础教育论坛、基础教育国家级教学成果奖评审及推广应用、新课程实施“领航计划”等 9 项工作，充分发挥学会平台优势、专家优势和资源优势，更好地服务教育决策和一线实践，推动我国基础教育向高质量发展迈进，以实际行动和优异成绩迎接党的二十大胜利召开。

4 月

4 月 1 日

由北京师范大学思想政治工作研究院院长、马克思主义学院博士生导师冯刚教授任主编，北京师范大学、复旦大学、浙江大学、中山大学、华中师范大学、西南大学等高校共同参与编写的《新时代高校辅导员培训教程》一书由人民出版社正式出版。本书立足于新时代高校辅导员专业化职业化发展的理论与实践，从辅导员的理论指导、角色定位、管理服务工作、文化培育工作、心理健康教育工作、网络思政工作、实践育人工作、共青团工作、创新创业教育工作、班级建设工作以及自身建设等多个维度和方面展开系统的理论研究和科学阐释，并通过实践案例向辅导员介绍一线实际工作的具体内容和要点所在。一方面，紧扣时代特征，积极探索新时代以来高校辅导员专业化、职业化发展的创新发展路径，彰显问题意识和实践导向；另一方面，坚持理论和实践相结合，为辅导员开展理论研究，把辛苦转化为成果，经验上升为科学提供有益指导。

4 月 7 日

据教育部网站报道，教育部教材局近日召开启动会，正式启动马克思、恩格斯、列宁关于哲学社会科学及相关学科重要论述摘编工作。马克思、恩格斯、列宁的相关重要论述摘编工作是一项重要的基础工程，对于打牢专家学者和青年人才理论基础，提升理论素养，进一步巩固马克思主义在高校哲学社会科学中的指导地位具有重要意义。论述摘编从深入学习研究入手，精编精选。突出权威性，坚持权威准确、原汁原味。突出时代性，坚持把马克思主义基本原理同中国具体实际相结合，坚持把经典作家重要论述与时代特征、时代要求相结合，立足新时代新要求，回答时代之问。突出针对性，从正在做的事情出发，从新时代所面临的重大理论问题和现实问题出发，追根溯源，在经典作家的论述中寻找思想武器，研究解决现实问题。

4 月 11 日

由共青团中央主办的 2022 年全国青年马克思主义者培养工程结业、开班式在中央团校举行。团中央书记处第一书记贺军科出席并讲话，中央组织部、教育部、民政部、农业农村部、国务院国资委、中央纪委国家监委驻全总机关纪检监察组、中国航天科工集团有限公司等方面同志，学员理论导师代表参加会议，7000 多名全国和各省级“青马工程”学员通过线上视频参加。

会议指出，发现、培养、举荐一批批青年马克思主义者，是共青团的光荣使命，也是实现中华民族伟大复兴、推动国家现代化进程、抵御国内外风险挑战的必然要求。在党中央高度重视下，团中央抓住历史机遇，举全团之力深化推进“青马工程”，用真理的力量武装青年，用信仰的味道感召青年，逐步构建了比较完整的青年政治骨干培养体系，取得扎实育人成效。

会议强调，要贯彻落实习近平总书记关于青年工作的重要思想，把一批批政治上追求进步、业务上争当先进的优秀青年培养成为坚定的、自觉的青年马克思主义者。学员们要上好四门“必修课”：修心，提高理论素养、坚定理想信念；修性，锻造精神气质、实现筋骨强健；修能，苦练过硬本领、提高政治能力；修德，涵养高尚品德、引领风气之先。要不断加强和改进“青马工程”的教学手段，切实提升教学质量，坚持“吃粗粮”的教学原则，用好实践育人的基本方法，发挥同伴教育的独特功能，从而更好为党育人、为国育才。各级团组织要从当好党的助手和后备军这个根本政治定位出发，高度重视、切实抓好“青马工程”，加强体系建设，广泛调度资源，搭建实践平台，长期跟踪培养，做好吸纳举荐。

4月13日

2022年是中国共青团成立100周年。共青团中央作出表彰决定，授予293个团组织全国五四红旗团委称号，授予377个团组织全国五四红旗团支部称号，授予457人(含追授3人)全国优秀共青团员称号，授予341人(含追授1人)全国优秀共青团干部称号。本次表彰严格落实参评资格、条件和程序，受表彰的集体和个人来自大中学校、国有企业、党政机关、事业单位、乡镇(村)、城市街道(社区)、解放军、非公企业和社会组织等各方面，基层一线的团组织、团员和团干部比例达到95%以上，具有广泛的代表性。

4月19日

教育部召开学习贯彻习近平总书记考察清华大学时重要讲话精神一周年座谈会。教育部党组书记、部长怀进鹏出席会议并讲话。此次座谈会的主要任务，是对习近平总书记重要讲话精神的再学习再领会，对贯彻落实工作的再部署再推进，要立足中华民族伟大复兴战略全局和世界百年未有之大变局，心怀“国之大者”，牢牢把握高等教育的办学方向、重要使命、战略基础，勇于担当、善于作为，以更加有效的思路举措推动高等教育高质量发展。

4月20日

共青团中央面向全团印发了《新时代加强和改进共青团思想政治引领工作实施纲要》(以下简称《实施纲要》)，进一步阐明了新时代加强和改进共青团思想政治引领工作的总体要求、主要项目、基本方法、工作机制，部署全团结合实际贯彻落实，不断提升思想政治引领工作水平。《实施纲要》明确新时代共青团思想政治引领工作的总体要求是以习近平新时代中国特色社会主义思想为指导，全面贯彻党的十九大和十九届历次全会精神，深入贯彻落实习近平总书记关于青年工作的重要思想，切实增强“四个意识”、坚定“四个自信”、做到“两个维护”，牢牢把握为党培养中国特色社会主义事业合格建设者和可靠接班人的根本任务，遵循思想政治工作规律和青少年成长规律，突出理想信念教育，彰显实践育人特色，建强网上引领阵地，落实意识形态工作责任制，全团动手、守正创新，面向基层、面向实际，引导广大青少年坚定听党话、跟党走，努力成长为能够担当民族复兴大任的时代新人，为实现党的第二个百年奋斗目标汇聚强大青春力量。

4月21日

国务院新闻办公室发表《新时代的中国青年》白皮书。这是我国首次专门就青年群体发表白皮书。白皮书全面介绍了新时代党和政府为青年发展创造的良好条件、取得的巨大成就，充分展现了新时代中国青年奋进新征程、建功新时代的青春担当，是一部记录新时代中国青年发展事业成果、反映新时代中国青年精神风貌的重要文献。

4月25日

在五四青年节即将到来之际，中共中央总书记、国家主席、中央军委主席习近平到中国人民大学考察调研。

习近平指出，高校是我国哲学社会科学“五路大军”中的重要力量。当前，坚持和发展中国特色社会主义理论和实践提出了大量亟待解决的新问题，世界百年未有之大变局加速演进，世界进入新的动荡变革期，迫切需要回答好“世界怎么了”“人类向何处去”的时代之题。要坚持把马克思主义基本原理同中国具体实际相结合、同中华优秀传统文化相结合，立足中华民族伟大复兴战略全局和世界百年未有之大变局，不断推进马克思主义中国化时代化。加快构建中国特色哲学社会科学，归根结底是建构中国自主的知识体系。要以中国为观照、以时代为观照，立足中国实际，解决中国问题，不断推动中华优秀传统文化创造性转化、创新性发展，不断推进知识创新、理论创新、方法创新，使中国特色哲学社会科学真正屹立于世界学术之林。哲学社会科学工作者要做到方向明、主义真、学问高、德行正，自觉以回答中国之问、世界之问、人民之问、时代之问为学术己任，以彰显中国之路、中国之治、中国之理为思想追求，在研究解决事关党和国家全局性、根本性、关键性的重大问题上拿出真本事、取得好成果。要发挥哲学社会科学在融通中外文化、增进文明交流中的独特作用，传播中国声音、中国理论、中国思想，让世界更好读懂中国，为推动构建人类命运共同体作出积极贡献。

习近平强调，好的学校特色各不相同，但有一个共同特点，都有一支优秀教师队伍。对教师来说，想把学生培养成什么样的人，自己首先就应该成为什么样的人。培养社会主义建设者和接班人，迫切需要我们的教师既精通专业知识、做好“经师”，又涵养德行、成为“人师”，努力做精于“传道授业解惑”的“经师”和“人师”的统一者。教育是一门“仁而爱人”的事业，有爱才有责任。广大教师要严爱相济、润己泽人，以人格魅力呵护学生心灵，以学术造诣开启学生智慧，把自己的温暖和情感倾注到每一个学生身上，让每一个学生都健康成长，让每一个孩子都有人生出彩的机会。老师应该有言为士则、行为世范的自觉，不断提高自身道德修养，以模范行为影响和带动学生，做学生为学、为事、为人的大先生，成为被社会尊重的楷模，成为世人效法的榜样。

习近平指出，立足新时代新征程，中国青年的奋斗目标和前行方向归结到一点，就是坚定不移听党话、跟党走，努力成长为堪当民族复兴重任的时代新人。希望广大青年用脚步丈量祖国大地，用眼睛发现中国精神，用耳朵倾听人民呼声，用内心感应时代脉搏，把对祖国血浓于水、与人民同呼吸共命运的情感贯穿学业全过程、融汇在事业追求中。

同日，教育部办公厅发布关于学习宣传和贯彻实施新修订的职业教育法的通知。《通知》要求，要充分认识职业教育法修订的重大意义，深入推进育人方式、办学模式、管理体制、保障机制改革，增强职业教育适应性，加快构建现代职业教育体系。《通知》要求深入组织职业教育法的学习宣传，扎实做好职业教育法的贯彻实施。

4 月 26 日

团中央书记处传达学习习近平总书记考察中国人民大学重要讲话精神。会议强调，当前尤其要抓好四个方面的重点工作。要扎实开展“喜迎二十大、永远跟党走、奋进新征程”主题教育实践活动。抓住建团百年有利契机，把握五四、六一时间窗口，一体宣传好贯彻好习近平总书记对新时代青年和青年工作的期望要求，着力引导团员青年全面认知党领导青年运动的光辉历程，充分感悟习近平总书记的关心关爱，清醒认识自身肩负的历史使命，不断增强争做堪当民族复兴重任的时代新人的思想自觉和行动自觉。要持续深化青少年党史学习教育。

4 月 28 日

教育部在中国人民大学召开教育系统学习贯彻习近平总书记在中国人民大学考察时重要讲话精神座谈会，进一步把重要讲话精神有效转化为实际行动和扎扎实实的工作效果。会议强调要提高政治站位，深刻把握习近平总书记重要讲话的核心要义和精神实质，切实增强荣誉感、责任感、紧迫感；要勇担政治使命，坚定不移以习近平总书记重要讲话精神为统领办好新时代高等教育，切实展现新担当、新作为、新贡献；要压实政治责任，抓紧做好学习传达，系统开展宣传阐释，精心组织实践寻访，持续往实里走、往深里走、往心里走，全力以赴推动学习贯彻习近平总书记重要讲话精神形成热潮，以实际行动迎接党的二十大胜利召开。

同日，共青团中央、全国青联、全国学联、全国少工委在北京召开《习近平与大学生朋友们》第二卷连载出版座谈会。《习近平与大学生朋友们》系列采访实录讲述了不同时期习近平同志关心关爱大学生的生动故事，是广大青年学生学习立志修德、提高本领才干的生动教材，是广大青年工作者学习做人做事、提高能力水平的生动教材，是广大团员青年学习领会习近平新时代中国特色社会主义思想的鲜活辅导教材。

本月

《中国青年运动一百年》出版发行。本书通过对大量翔实和珍贵的史料钩沉梳理，全面真实呈现出在党的领导下，100年来中国青年运动的光荣历程，展现了广大团员青年在中国革命、建设、改革和新时代所发挥的生力军、突击队作用。全书正文共14章，以时间为序归纳了中国青年运动的历史背景、主要内容、重点人物、突出特点和发展规律，充分阐释了青年群体成长与党的领导、与国家发展、与社会进步的互动关系，是一部新时代各级团组织、团干部、团员青年加强党史团史青运史学习教育的优秀读本。

5月

5月2日

在五四青年节到来之际，中共中央总书记、国家主席、中央军委主席习近平给中国航天科技集团空间站建造青年团队回信，向航天战线全体青年致以节日的祝贺，并向他们提出殷切期望。习近平强调，建设航天强国要靠一代代人接续奋斗。希望广大航天青年弘扬“两弹一星”精神、载人航天精神，勇于创新突破，在逐梦太空的征途上发出青春的夺目光彩，为我国航天科技实现高水平自立自强再立新功。

5月5日

教育部办公厅发布关于开展习近平新时代中国特色社会主义思想大学习领航计划主题教育活动的通知。本次活动宗旨为深入推动习近平新时代中国特色社会主义思想进教材进课堂进学生头脑，进一步加强思政课实践教学，充分调动大学生学习思政课的积极性、主动性和创造性，有效提升对思政课的参与度和获得感，不断增强做中国人的志气、骨气、底气，着力培养德智体美劳全面发展的社会主义建设者和接班人。活动内容包括：“青春献礼二十大　强国有我新征程·——第六届全国高校大学生讲思政课公开课展示活动”、“我心中的思政课”——第六届全国高校大学生微电影展示活动、“思政课学习之星”——第六届全国高校大学生马克思主义理论学习夏令营活动。本次活动要求高度重视，精心组织；创新形式，保障落实；广泛宣传，扩大影响。

5月10日

庆祝中国共产主义青年团成立100周年大会在北京人民大会堂隆重举行。中共中央总书记、国家主席、中央军委主席习近平在大会上发表重要讲话。

习近平指出，中国共产党一经诞生，就把关注的目光投向青年，把革命的希望寄予青年。一百年来，在党的坚强领导下，共青团不忘初心、牢记使命，走在青年前列，组织引导一代又一代青年坚定信念、紧跟党走，为争取民族独立、人民解放和实现国家富强、人民幸福而贡献力量，谱写了中华民族伟大复兴进程中激昂的青春乐章。一百年来，中国共青团始终与党同心、跟党奋斗，团结带领广大团员青年把忠诚书写在党和人民事业中，把青春播撒在民族复兴的征程上，把光荣镌刻在历史行进的史册里。历史和实践充分证明，中国共青团不愧为中国青年运动的先锋队，不愧为党的忠实助手和可靠后备军。

习近平指出，在新的征程上，如何更好把青年团结起来、组织起来、动员起来，为实现第二个百年奋斗目标、实现中华民族伟大复兴的中国梦而奋斗，是新时代中国青年运动和青年工作必须回答的重大课题。习近平给共青团提出4点希望：第一，坚持为党育人，始终成为引领中国青年思想进步的政治学校。第二，自觉担当尽责，始终成为组织中国青年永久奋斗的先锋力量。第三，心系广大青年，始终成为党联系青年最为牢固的桥梁纽带。第四，勇于自我革命，始终成为紧跟党走在时代前列的先进组织。习近平强调，追求进步，是青年最宝贵的特质，也是党和人民最殷切的希望。新时代的广大共青团员，要做理想远大、信念坚定的模范，带头学习马克思主义理论，树立共产主义远大理想和中国特色社会主义共同理想，自觉践行社会主义核心价值观，大力弘扬爱国主义精神；要做刻苦学习、锐意创新的模范，带头立足岗位、苦练本领、创先争优，努力成为行业骨干、青年先锋；要做敢于斗争、善于斗争的模范，带头迎难而上、攻坚克难，做到不信邪、不怕鬼、骨头硬；要做艰苦奋斗、无私奉献的模范，带头站稳人民立场，脚踏实地、求真务实，吃苦在前、享受在后，甘于做一颗永不生锈的螺丝钉；要做崇德向善、严守纪律的模范，带头明大德、守公德、严私德，严格遵纪守法，严格履行团员义务。广大共青团员要认真接受政治训练、加强政治锻造、追求政治进步，积极向党组织靠拢，以成长为一名合格的共产党员为目标、为光荣。

习近平强调，青年之于党和国家而言，最值得爱护、最值得期待。青年犹如大地上茁壮成长的小树，总有一天会长成参天大树，撑起一片天。青年又如初升的朝阳，不断积聚着能量，总有一刻会把光和热洒满大地。党和国家的希望寄托在青年身上。

同日，习近平《在庆祝中国共产主义青年团成立100周年大会上的讲话》单行本出版。

5 月 11 日

据新华社报道，由学习出版社、人民出版社联合出版的《百年大党面对面》正式发行。为进一步深入学习贯彻习近平新时代中国特色社会主义思想和党的十九届六中全会精神，巩固拓展党史学习教育成果，推动党史学习教育常态化长效化，更好用党的百年奋斗重大成就和历史经验增长智慧、增进团结、增加信心、增强斗志，激励人们同心同德、苦干实干，奋进新征程、建功新时代，以优异成绩迎接党的二十大胜利召开，中央宣传部理论局组织撰写了2022年通俗理论读物《百年大党面对面》。

5 月 12 日

中央教育工作领导小组秘书组、教育部党组印发《关于教育系统认真学习贯彻习近平总书记在庆祝中国共产主义青年团成立100周年大会上的重要讲话精神的通知》，就做好学习宣传贯彻落实有关工作作出部署。《通知》要求，各地各校要加强组织领导，做好细化安排和跟进指导，抓好原文研读、学理阐释、思悟分享，迅速掀起学习研究宣传贯彻习近平总书记重要讲话精神行动热潮，用实践收获检验学习成效，展现新时代新担当新作为。

同日，据《人民日报》报道，中共中央党史和文献研究院编辑的《习近平外交演讲集》第一卷、第二卷，由中央文献出版社出版，在全国发行。

5 月 13 日

共青团中央印发《关于深入学习宣传贯彻习近平总书记在庆祝中国共产主义青年团成立100周年大会上重要讲话精神的通知》(以下简称《通知》)。《通知》要求深入领会习近平总书记重要讲话的重大意义和深刻内涵，首要任务是深学细悟讲话的丰富内涵和实践要求，既要注重原原本本读原文、认认真真悟原理，吃透精神实质，把握核心要义；又要注重同学习贯彻习近平总书记关于青年工作的重要思想以及关于少年儿童和少先队工作的重要论述结合起来，同深化学习习近平总书记在纪念五四运动100周年大会上的重要讲话精神结合起来，同党史学习教育、学习团史和青年运动史结合起来，做到系统把握、融会贯通；扎实推动习近平总书记讲话精神学习宣传在全团和广大青少年中深入开展，突出深学细悟，狠抓团的领导机关和工作骨干学习，突出育人实效，普遍、深入开展基层组织化学习，突出有效覆盖，面向青少年广泛开展多样化宣传教育。

同日，国务院办公厅印发《关于进一步做好高校毕业生等青年就业创业工作的通知》，提出要多渠道开发就业岗位、强化不断线就业服务、简化优化求职就业手续、着力加强青年就业帮扶，进一步做好高校毕业生等青年就业创业工作。

5 月 16 日

全国普通高等学校毕业生就业创业工作电视电话会议在北京召开。中共中央政治局委员、国务院副总理孙春兰，中共中央政治局委员、国务院副总理胡春华出席会议并讲话。会议强调，要切实加强对毕业生的就业服务，发挥好公共就业服务机构的示范带头作用，充分调动市场化就业服务机构的积极性，着力提升就业服务的精准性有效性便利性。要组织开展更多针对性的技能培训，扩大就业见习规模，支持毕业生灵活就业和自主创业。要强化对未就业毕业生的实名帮扶，做好困难毕业生的就业托底保障，帮助往届未就业毕业生尽快融入就业市场。要有效规范就业市场秩序，保障毕业生合法权益。

5月17日

教育部办公厅印发《关于开展职业教育教师队伍能力提升行动的通知》，明确2022年重点工作。一是完善职教教师标准框架，二是提高职教教师培养质量，三是健全职教教师培训体系，四是创新职教教师培训模式，五是畅通职教教师校企双向流动，六是营造全社会关注职业教育教师队伍的良好氛围。

5月18日

中共中央总书记、国家主席、中央军委主席习近平给南京大学的留学归国青年学者回信，对他们寄予殷切期望。习近平强调，你们在信中表示，生逢伟大时代是人生之幸，留学归国青年要心系“国家事”、肩扛“国家责”，这些话讲得很好。希望同志们大力弘扬留学报国的光荣传统，以报效国家、服务人民为自觉追求，在坚持立德树人、推动科技自立自强上再创佳绩，在坚定文化自信、讲好中国故事上争做表率，为全面建设社会主义现代化国家、实现中华民族伟大复兴的中国梦积极贡献智慧和力量！

同日，据新华社报道，中共中央党史和文献研究院翻译的《习近平关于尊重和保障人权论述摘编》英汉对照版由中央编译出版社出版发行。《习近平关于尊重和保障人权论述摘编》由中共中央党史和文献研究院编辑，分9个专题，系统收录了习近平同志围绕尊重和保障人权发表的一系列重要论述。该书英汉对照版的出版发行，对于国内外读者深刻理解习近平有关重要论述的丰富内涵，深入了解中国尊重和保障人权的伟大实践，增强当代中国人权观的吸引力、感染力、影响力，具有重要意义。

5月22日

全国青联召开学习习近平总书记在庆祝中国共青团成立100周年大会上的重要讲话精神专题辅导报告会。会议强调，各级青联组织要强化责任担当，将学习宣传贯彻习近平总书记重要讲话精神作为当前和今后一个时期的首要政治任务，紧扣迎接和学习宣传贯彻党的二十大这条主线，持续掀起学习宣传贯彻重要讲话精神的热潮。要做好组织动员，把学习习近平总书记重要讲话精神作为青联学习交流活动的第一主题，狠抓青联主席、青联工作者等工作骨干的学习，实现对各级青联委员的全覆盖。要抓好宣传阐释，突出青联特色进行工作设计，抓好重点统战群体，充分发挥青联新媒体矩阵作用，提升传播实效。要坚持学以致用，将重要讲话精神作为推动工作的根本遵循，特别是围绕习近平总书记提出的“不断巩固和扩大青年爱国统一战线”的要求进行深入研究，切实把重要讲话精神贯彻到工作各个领域。

5月23日

纪念毛泽东同志《在延安文艺座谈会上的讲话》发表80周年座谈会在京举行。中共中央政治局常委、中央书记处书记王沪宁出席会议并讲话。王沪宁表示，要坚持以习近平新时代中国特色社会主义思想为指导，继承和弘扬《讲话》精神，增强“四个意识”、坚定“四个自信”、做到“两个维护”，以强烈历史主动精神推进社会主义文化强国建设，为实现中华民族伟大复兴提供强大价值引导力、文化凝聚力、精神推动力。

5月24日

据新华社报道，经党中央批准，中央党史和文献研究院编写的《马克思主义中国化一百年大事记(1921—2021年)》，近日由中央文献出版社出版发行。

5月26日

《平“语”近人——习近平总书记用典》克罗地亚文版新书发布会在克罗地亚萨格勒布大学举行。

本月

由北京师范大学思想政治工作研究院院长冯刚教授组织中青年学术骨干编写的《思想政治教育学学科发展新论域》一书由中山大学出版社正式出版。本书全面关注思想政治教育学科发展，准确把握时代脉搏，积极探索理论联系实践的新的结合点，从思想政治教育文化学、传播学、社会学、治理学、文本学、叙事学、阐释学、生态学、评估学九个方面系统呈现了当前思想政治教育学学科深化研究的新论域和关注点，是新时代思想政治教育学术研究的前沿成果，为进一步推动思想政治教育理论与实践创新发展提供了重要参考。

6 月

6 月 8 日

中国青年志愿者协会以视频形式召开第五届常务理事会第五次(扩大)会议，部署学习贯彻习近平总书记在庆祝中国共产主义青年团成立100周年大会上的重要讲话精神。团中央书记处书记、中国青年志愿者协会会长徐晓出席会议并讲话。会议指出，各级团组织、青年志愿者协会要把学习宣传贯彻习近平总书记重要讲话精神作为当前和今后一个时期的首要政治任务，引领广大青年志愿者在学深悟透上下功夫，在宣传宣讲上走在前，在贯彻落实上做表率。会议要求，要切实把习近平总书记重要讲话精神贯彻落实到青年志愿者工作全过程各领域。要提高政治站位，彰显政治本色，团结带领广大青年志愿者听党话、跟党走；要强化思想引领，坚持为党育人，充分发挥青年志愿服务实践育人功能；要聚焦“国之大者”，力行“民之小事”，组织动员广大青年志愿者建功新时代；要坚持根植青年，真诚服务青年，努力把广大青年志愿者紧密团结在党的周围；要勇于改革创新，始终走在前列，不断推动青年志愿者事业创新发展。

6 月 10 日

“牢记嘱托 勇毅前进”2022 年高校党组织示范微党课正式上线。首期微党课由北京大学、中国人民大学、复旦大学、湖南大学 4 所高校党委书记和党员教师代表讲述。党课上线 3 小时，点击关注量超过 650 万次。在 40 分钟的微党课中，6 位主讲人深入浅出，微言大义，就高校坚持马克思主义指导地位和社会主义办学方向、传承红色基因、培育时代新人等重要命题进行了生动阐述。观看微党课的教师表示，要按照习近平总书记要求，坚持言为士则、行为世范，努力做“经师”和“人师”的统一者。观看微党课的学生表示，要牢记习近平总书记殷殷嘱托，认真学好党的创新理论，不断增强听党话、跟党走的信念自觉。据悉，“牢记嘱托 勇毅前进”高校党组织示范微党课将陆续在新华网、光明网、人民网、共产党员网、学习强国、央视频、微言教育、全国高校思政网、中国大学生在线和视频号、微博、哔哩哔哩、快手、百家号等多家平台播出，集中展现新时代高校党组织高举思想之旗、点亮信仰之光、筑牢育人之路、夯实党建之基、汇聚奋进之力的生动实践，为迎接党的二十大营造良好氛围。年内，教育部将遴选部分优秀微党课参加中央组织部“党课开讲啦”活动。

6 月 16 日

为深入落实习近平总书记关于高校毕业生就业工作的重要指示精神和中央有关决策部署，共青团中央组织召开促进大学生就业工作视频推进会，对深化实施“共青团促进大学生就业行动”进行再动员、再部署。团中央书记处书记傅振邦出席会议并讲话，团中央机关有关部门、单位负责同志参加，各省级团委负责同志及学校部、青年发展部负责同志在线参会。会议要求，各级团组织要以“共青团促进大学生就业行动”为统揽，进一步明确目标任务，压实工作责任，到校到人到岗，用心用情用力，确保全团帮助至少 10 万名 2022 届大学生就业；进一步加强政策解读，做好宣传引导，帮助大学生树立正确的就业观、择业观；进一步严实工作作风，严守工作纪律，认认真真、扎扎实实地将帮扶举措落到实处，用促进大学生就业的实际行动迎接党的二十大胜利召开。

6 月 17 日

第八届中国国际“互联网＋”大学生创新创业大赛“青年红色筑梦之旅”活动全国联线启动。第八届中国国际“互联网＋”大学生创新创业大赛由教育部等十二部委与重庆市人民政府共同主办，重庆大学承办。自 4 月 8 日启动以来，已有 281 万个项目、1210 万名学生报名参赛，参赛项目数和报名人数均已经超过 2021 年。其中，有 57.9 万个项目团队、246 万名大学生报名参加“青年红色筑梦之旅”活动。本届大赛“红旅”活动，以新工科、新医科、新农科、新文科助力“新农业、新农村、新农民、新生态”建设，引导广大高校师生扎根基层创新创业，推动乡村振兴取得新进展、农业农村现代化迈出新步伐，以实际行动迎接党的二十大。

6月22日

据《人民日报》报道，中共中央党史和文献研究院编辑的习近平同志《论党的青年工作》，由中央文献出版社出版，在全国发行。这部专题文集，收入习近平同志关于党的青年工作的重要文稿60篇，其中部分文稿是首次公开发表。青年是祖国的未来、民族的希望，也是党的未来和希望。代表广大青年、赢得广大青年、依靠广大青年，是我们党不断从胜利走向胜利的重要保证。党的十八大以来，以习近平同志为核心的党中央从确保党的事业薪火相传和中华民族永续发展的战略高度，深刻把握新时代中国青年运动规律，加强党对青年工作的领导，召开党的历史上第一次中央党的群团工作会议，出台新中国历史上第一个青年发展规划，印发党的历史上第一个以党中央名义发布的少先队工作文件，部署共青团改革，推动青年工作取得历史性成就。习近平同志围绕党的青年工作发表的一系列重要论述，深刻阐明了党的青年工作的地位作用、目标任务、职责使命、实践要求，深刻回答了新时代培养什么样的青年、怎样培养青年，建设什么样的共青团、怎样建设共青团等方向性、全局性、战略性重大课题，把我们党对青年工作的规律性认识提升到了新的高度，为做好新时代党的青年工作指明了前进方向、提供了根本遵循，对于更好团结、组织、动员广大青年为实现第二个百年奋斗目标、实现中华民族伟大复兴的中国梦而奋斗，具有十分重要的指导意义。

6月23日

23日至24日，全国政协文史工作座谈会在北京召开，中共中央政治局常委、全国政协主席汪洋出席闭幕会并讲话。汪洋强调，政协文史工作是人民政协一项富有统一战线特色的基础性工作，发挥着“存史、资政、团结、育人”的重要作用。要深入学习贯彻习近平总书记关于加强和改进人民政协工作的重要思想，深刻把握时代要求，深化规律性认识，推动政协文史工作从以抢救挖掘为主向抢救挖掘与做好经常性文史工作并重转变，从重视史料征集向更加重视史料研究、利用转变，使之更好成为彰显人民政协专门协商机构特色优势的基础支撑，成为促进中华儿女大团结的有力抓手，成为发挥委员主体作用的有效载体。

6月24日

经团中央书记处批准，中国青年志愿者协会发布《高校志愿服务指标体系(试行)》(以下简称“指标体系”)，对客观评估和有效提升高校志愿服务工作提供专业指引。指标体系综合考虑了不同地域、不同类型、不同规模高校的特点，共设置7个一级指标、32个二级指标，涵盖高校志愿服务参与、高校志愿服务项目、高校志愿服务组织管理、高校志愿服务制度建设、高校志愿服务激励与保障、高校志愿服务文化建设和高校志愿服务评价等方面。指标体系主要用于指导高校开展中长期指标观测，建立自我评价机制，引导和推动提升高校志愿服务工作水平。同时，指标体系为各地团组织观测和评价区域内高校志愿服务状况提供了标准和依据。团中央青年志愿者行动指导中心、中国青年志愿者协会秘书处将为指标体系应用提供基础的服务、支持和指导。

6月25日

由中国教育发展战略学会思想道德建设专业委员会、北京师范大学思想政治工作研究院、重庆交通大学马克思主义学院、广西科技大学马克思主义学院主办，《思想教育研究》、《学校党建与思想教育》杂志社协办的“思想政治教育研究热点(2021)年度发布会暨第三届思想政治教育学术前沿论坛”在广西科技大学举办。来自北京师范大学、武汉大学、浙江大学、吉林大学、东北大学、中山大学、西南大学等70多所高校、科研院所、学术期刊的160多位思想政治教育领域专家学者和青年教师代表通过线上和线下相结合的方式参会。中国教育发展战略学会思想道德建设专业委员会理事长、北京师范大学思想政治工作研究院院长冯刚为大会做题为《深刻把握思想政治教育热点研究的内在规律》的主旨报告。

6月29日

共青团中央印发了《共青团做好新时代青年人才培养工作的行动计划》(以下简称《计划》),并发出通知,要求各省级团委、各行业团(工)委抓好贯彻落实。文件指出,实施《计划》是贯彻党中央关于人才工作重要要求的必然举措;是共青团履行为党育人职责的必然需要;是服务广大青年成长成才的必然途径;是时代发展和人才工作实践的必然要求。文件要求,要始终坚持“党管人才”“党管青年”原则,紧密围绕党的人才工作大局,抓好后继有人这个根本大计,最广泛地团结、凝聚青年人才,为党的事业提供坚强的人才保证。要始终坚持旗帜鲜明讲政治,加强对各类青年人才的政治引领,把为党培养青年政治人才放在首位,培育并磨炼各类青年人才的坚定共产主义理想信念,充分彰显共青团的政治属性与组织功能。要紧紧抓住35周岁以下青年人才培养、凝聚、举荐等关键环节,立足于党和国家事业发展需要,遵循青年人才发展规律,强化统筹协调,拓展外部工作空间,提升内部运行效能,进一步解放思想,不断创新工作内容、方式和载体,持续优化健全团内各层级、各领域高效协同配合的工作机制;加强资源整合与供给,推动青年人才工作更好融入中心大局,形成为党育人的工作合力和核心竞争力,发挥共青团联系青年的桥梁纽带作用,着力打造符合时代要求、青年需求的工作矩阵,关心青年成长,帮助青年成才。

同日,在中国共产党成立101周年之际,经党中央批准,中央党史和文献研究院编写的《中国共产党的一百年》一书,由中共党史出版社出版,在全国发行。全书分为“新民主主义革命时期”“社会主义革命和建设时期”“改革开放和社会主义现代化建设新时期”“中国特色社会主义新时代”四卷,共86万字,图片455幅。《中国共产党的一百年》坚持以习近平新时代中国特色社会主义思想为指导,深入贯彻落实习近平总书记关于中国共产党历史的重要论述以及关于党史和文献工作的重要讲话和指示批示精神,坚持唯物史观和正确党史观,坚持解放思想、实事求是,坚持党性原则和科学精神相统一,集政治性、思想性、权威性、学术性、可读性于一体,是全国迄今为止公开出版的读物中,全面系统反映中国共产党历史时间跨度最长、内容最系统最完整的一部党史正史著作。《中国共产党的一百年》的出版发行,为全党全社会学习党的历史提供了权威教材,为建立党史学习教育常态化长效化制度机制提供了重要基础,也为全党全国各族人民奋进新征程、建功新时代,以实际行动迎接党的二十大胜利召开,营造了良好氛围。

6月30日

共青团中央印发《关于深入学习宣传贯彻习近平总书记〈论党的青年工作〉的通知》(以下简称《通知》)。《通知》指出,这部著作是我们党的领袖关于青年工作最全面、最系统的论著,是全国广大团员青年和青年工作者在共青团成立一百周年之际收到的珍贵礼物,为全党全社会深入学习贯彻习近平总书记关于青年工作的重要思想提供了根本遵循。深入学习宣传贯彻《论党的青年工作》,是当前和今后一个时期的重大政治任务,将有力引导全团深刻领会“两个确立”的决定性意义,进一步增强“四个意识”、坚定“四个自信”、做到“两个维护”。全团要以这部著作为纲,学懂弄通做实蕴含其中的新理念新观点新要求,以推动新时代党的青年工作取得更大实效体现对党绝对忠诚。

7月

7月1日

庆祝香港回归祖国25周年大会暨香港特别行政区第六届政府就职典礼上午在香港会展中心隆重举行。中共中央总书记、国家主席、中央军委主席习近平出席并发表重要讲话。习近平强调,25年来,在祖国全力支持下,在香港特别行政区政府和社会各界共同努力下,“一国两制”实践在香港取得举世公认的成功。“一国两制”是经过实践反复检验了的,符合国家、民族根本利益,符合香港、澳门根本利益,得到14亿多祖国人民鼎力支持,得到香港、澳门居民一致拥护,也得到国际社会普遍赞同。这样的好制度,没有任何理由改变,必须长期坚持。习近平强调,要特别关心关爱青年人。要引领青少年深刻认识国家和世界发展大势，增强民族自豪感和主人翁意识。要帮助广大青年解决学业、就业、创业、置业面临的实际困难，为他们成长成才创造更多机会。希望每一个香港青年都投身到建设美好香港的行列中来，用火热的青春书写精彩的人生。

7月3日

据《人民日报》报道，中央宣传部(国务院新闻办公室)会同中央党史和文献研究院、中国外文局编辑的《习近平谈治国理政》第四卷，由外文出版社以中英文版出版，面向海内外发行。

7月4日

全国关心下一代党史国史教育基地、北京市大中小学思政课一体化教育基地、北京市学校“大思政课”实践教学基地揭牌仪式共同在中国共产党早期北京革命活动纪念馆(北大红楼)举行。据介绍，在北大红楼建立教育基地，旨在深入贯彻习近平总书记关于党史学习教育和学校思政课建设的重要讲话精神，用好红色资源，赓续红色血脉，把思政小课堂同社会大课堂有机结合，推动形成全党全社会努力办好思政课的良好氛围，教育引导学生成长为堪当民族复兴重任的时代新人。

7月8日

中共中央总书记、国家主席、中央军委主席习近平《在庆祝香港回归祖国二十五周年大会暨香港特别行政区第六届政府就职典礼上的讲话》单行本繁体版、英文版在香港由紫荆文化集团旗下联合出版集团出版发行。

7月11日

共青团中央印发《关于全面加强新时代青年社会组织共青团工作的意见》(以下简称《意见》)。《意见》指出，要大力培育共青团主导的青年社会组织，高质量建设县级团属青年社会组织，加大新兴领域青年社会组织建设力度，培育发展形态多样的社区青年社会组织；扩大共青团在青年社会组织中的有效覆盖，广泛联系有影响力的青年社会组织，有序推动青年社会组织团建工作，采取灵活方式扩大覆盖效果；抓好青年社会组织骨干人才选拔培养，建设青年社会组织骨干人才队伍，健全青年社会组织骨干人才培养机制，强化政治吸纳和成长激励；促进青年社会组织与共青团工作紧密协同，在青年思想引领上协同，在提升组织活力上协同，在防范化解风险上协同，在急难险重任务上协同，在创新社区治理上协同，在精准服务青少年上协同；加强对青年社会组织共青团工作的组织领导，落实领导责任，注重分类指导，加强支持保障，完善工作格局。

同日，中共中央总书记习近平给参加海峡青年论坛的台湾青年回信，勉励两岸青年为实现中华民族伟大复兴中国梦携手打拼。习近平强调，青年兴则国家兴，青年强则国家强。祖国和民族的前途寄托在青年人身上。我们将一如既往为两岸青年互学互鉴创造良好条件，为台湾青年在大陆学习、就业、创业、生活提供更多便利。希望你们多向台湾青年分享自己在大陆的经历和感悟，让更多台湾青年了解大陆，同大陆青年同心同行、携手打拼，锲而不舍、驰而不息，让青春在实现中华民族伟大复兴中国梦的伟大进程中绽放异彩。

7月13日

中共中央党史和文献研究院翻译的《习近平外交演讲集》第一卷、第二卷英文版，由中央编译出版社出版发行。《习近平外交演讲集》第一卷、第二卷由中共中央党史和文献研究院编辑，收入习近平同志2013年3月至2021年11月期间的有关重要文稿136篇。该书英文版的出版发行，对于国内外读者深刻理解习近平外交思想的丰富内涵，深入了解构建人类命运共同体重要理念、新时代中国特色大国外交伟大实践以及中国之路、中国之治、中国之理等，具有十分重要的意义。

7月20日

习近平主席《论坚持人民当家作主》，以及《习近平讲党史故事》《习近平关于注重家庭家教家风建设论述摘编》《习近平关于尊重和保障人权论述摘编》四部著作繁体版由紫荆文化集团旗下联合出版集团出版。

7 月 21 日

国家主席习近平向世界青年发展论坛致贺信。习近平指出，青年代表希望，青年创造明天。中国始终把青年看作推动社会发展的有生力量，鼓励青年在参与推动构建人类命运共同体的实践中展现青春活力。希望世界青年发展论坛成为世界青年助力全球发展、全球共促青年发展的重要平台，为世界人民团结发出青年之声，为全球发展进步注入青春之力。

习近平强调，各国青年要弘扬和平、发展、公平、正义、民主、自由的全人类共同价值，以实际行动推进全球发展倡议，助力落实联合国2030年可持续发展议程，共同谱写世界青年团结合作的时代新篇章。世界青年发展论坛当日在北京开幕，主题为“促进青年发展、塑造共同未来”，由中华全国青年联合会主办。

21日至23日，世界青年发展论坛在北京举办。论坛以助力青年发展和全球发展为主线，将积极搭建跨地区、跨行业、跨领域的交流合作平台，在动荡变革的世界唱响和平发展、团结进步的主旋律。世界青年发展论坛以“促进青年发展、塑造共同未来”为主题，下设“就业创业”“气候变化和绿色发展”“数字经济”“包容和公平的优质教育”四个分议题，将举办一场全体会议和四场主题论坛。这些议题既有联合国可持续发展议程的重点议题，也有全球发展倡议关注的重点领域，同时反映了国际青年的共同关切。论坛举办期间，中外嘉宾和代表将通过主旨演讲、圆桌对话、行动案例分享、线上讨论等形式分享经验、发表观点、探讨合作。此外，论坛举办期间还面向全世界发出《青年优先发展国际倡议》，并启动《全球青年发展行动计划》。

7 月 28 日

中共中央总书记、国家主席习近平向中国共产党与世界马克思主义政党论坛致贺信。习近平指出，马克思主义是不断发展的开放的理论，本土化才能落地生根，时代化才能充满生机。在各国马克思主义政党艰辛探索和共同努力下，二十一世纪的马克思主义不断开辟新境界、展现新气象，日益焕发出新的活力；中国共产党坚持把马克思主义基本原理同中国具体实际相结合、同中华优秀传统文化相结合，不断推进马克思主义中国化时代化，坚定不移沿着中国特色社会主义道路前进；当前，世界百年未有之大变局加速演进，人类又一次站在历史的十字路口。继续推进马克思主义本土化时代化，用真理的光芒照亮人类前行之路，是马克思主义政党共同的责任。中国共产党愿同各国马克思主义政党加强交流对话，立足本国国情，把准时代脉搏，不断丰富和发展马克思主义，在携手推动构建人类命运共同体的进程中让马克思主义展现出更强大的真理力量。

7 月 29 日

中央教育工作领导小组秘书组、教育部党组印发《关于教育系统深入学习贯彻习近平总书记在省部级主要领导干部专题研讨班上的重要讲话精神的通知》(以下简称《通知》)，就做好学习宣传贯彻落实有关工作作出部署。其中指出要把学习贯彻习近平总书记重要讲话精神与推动新时代教育高质量发展结合起来。要全面落实立德树人根本任务，深入构建高质量的高校党建工作体系，推动实施时代新人铸魂工程，深入推进“大思政课”建设，培养德智体美劳全面发展的社会主义建设者和接班人。

同日，2022年“牢记嘱托 勇毅前进”高校党组织示范微党课第八期如约播出，在上海交通大学、山东大学、中央美术学院、暨南大学四所高校师生深情讲述传承和弘扬中华优秀传统文化、不断坚定文化自信的铿锵誓言中，示范微党课圆满收官。

7 月 31 日

由中央宣传部、生态环境部组织编写，学习出版社、人民出版社联合出版的《习近平生态文明思想学习纲要》(以下简称《纲要》)一书，即日起在全国发行。全书共10章、31目、87条，5.1万字。全书系统阐释了习近平生态文明思想的核心要义、精神实质、丰富内涵、实践要求，全面反映习近平新时代中国特色社会主义思想在生态文明建设领域的原创性贡献。《纲要》系统全面、结构严谨、内容丰富，忠实原文原著、文风生动朴实，是广大干部群众深入学习领会习近平生态文明思想的权威辅助读物。

8月

8月1日

《求是》杂志第15期发表中共中央总书记、国家主席、中央军委主席习近平的重要文章《在庆祝中国人民解放军建军90周年大会上的讲话》。文章强调，人民军队的历史辉煌，是鲜血生命铸就的，永远值得我们铭记。人民军队的历史经验，是艰辛探索得来的，永远需要我们弘扬。人民军队的历史发展，是忠诚担当推动的，永远激励我们向前。文章指出，1927年8月1日，南昌城头一声枪响，拉开了我们党武装反抗国民党反动派的大幕。文章指出，在长期实践中，人民军队在党的旗帜下前进，形成了一整套建军治军原则，发展了人民战争的战略战术，培育了特有的光荣传统和优良作风。文章指出，党的十八大以来，我们提出建设一支听党指挥、能打胜仗、作风优良的人民军队这一党在新形势下的强军目标，与时俱进创新军事战略指导，制定新形势下军事战略方针，人民军队实现了政治生态重塑、组织形态重塑、力量体系重塑、作风形象重塑，人民军队重整行装再出发，在中国特色强军之路上迈出了坚实步伐。文章指出，中国始终是世界和平的建设者、全球发展的贡献者、国际秩序的维护者，中国军队始终是维护世界和平的坚定力量。中国军队将一如既往开展国际军事交流合作，共同应对全球性安全挑战，积极履行同中国国际地位相称的责任和义务，为推动构建人类命运共同体积极贡献力量。

8月9日

据《人民日报》报道，由中共中央党史和文献研究院、中央档案馆合作编辑的《中国共产党重要文献汇编》首批文献集，近日由人民出版社出版发行。

8月10日

教育部等十部门印发《全面推进"大思政课"建设的工作方案》，要求坚持以习近平新时代中国特色社会主义思想为指导，聚焦立德树人根本任务，推动用党的创新理论铸魂育人，不断增强针对性、提高有效性，实现入脑入心。坚持开门办思政课，强化问题意识、突出实践导向，充分调动全社会力量和资源，建设"大课堂"、搭建"大平台"、建好"大师资"，建设全国高校思政课教研系统，设立一批实践教学基地，推出一批优质教学资源，做优一批品牌示范活动，支持建设综合改革试验区，推动思政小课堂与社会大课堂相结合，推动各类课程与思政课同向同行，教育引导学生坚定"四个自信"，成为堪当民族复兴重任的时代新人。

8月13日

各地陆续组织开展大学生志愿服务西部计划(以下简称西部计划)志愿者出征仪式，3.67万名新招募志愿者赴中西部地区基层开展志愿服务。自2003年起，西部计划作为共青团中央、教育部、财政部、人力资源和社会保障部共同组织实施的引导和鼓励高校毕业生到基层工作的专门项目之一，已累计选派46.5万余名高校毕业生和在读研究生，深入基层开展为期1至3年的志愿服务。西部计划紧紧围绕服务大学生基层就业，做好项目规划和设计工作。2022年，西部计划纳入"共青团促进大学生就业行动"，各级共青团组织积极争取各方支持，合理扩大就业岗位供给，西部计划总实施规模扩大到5.5万人。

8月15日

据"思政热点"微信公众号推文，由中国教育发展战略学会思想道德建设专业委员会举办的"高校思想政治教育研究热点及前沿问题研究专家报告会"近日在银川召开。教育部思政司原司长、中国教育发展战略学会思想道德建设专委会理事长、北京师范大学思想政治工作研究院院长冯刚教授为大会做题为《深化新时代高校"三全育人"的理论与实践》的主题报告。冯刚教授以党和国家领导人关于思想政治教育的重要讲话为基本遵循，结合改革开放以来思想政治工作重要文件，从理论和实践两个维度分别介绍了"三全育人"的内涵与内在逻辑、新时代以来的发展演进、理论蕴含与重点内容，围绕"立德树人""学生发展”“思政治理”“质量评价”等思想政治教育研究热点问题、前沿领域展开论述，提出了一系列全局性、建设性、系统性观点。百余位来自各学校党委、团委、宣传部、统战部、学生处（学工部）、马克思主义学院、各学院负责思想政治教育工作的负责人和骨干教师以及各二级学院辅导员参与此次会议。

8 月 16 日

16 日至 19 日，团中央在中央团校举办专题研讨班，深入学习习近平总书记在建团百年庆祝大会上的重要讲话精神，集中研讨深化各级团校改革和建设一系列重大课题。团中央书记处第一书记、中央团校校长贺军科出席开班式并作辅导报告。

8 月 18 日

为深入贯彻落实习近平总书记关于“大思政课”的重要指示批示精神，加快构建“大思政课”工作格局，推进习近平新时代中国特色社会主义思想“三进”工作，教育部与科学技术部、工业和信息化部、生态环境部、国家卫生健康委、国家文物局、国家乡村振兴局、中国关心下一代工作委员会联合设立“大思政课”实践教学基地。现公布首批“大思政课”实践教学基地名单，要求入选单位要进一步提高服务意识和水平，为思政课实践教学提供机构、人员、经费等有力保障。要积极与大中小学对接，开发特色课程，不断增强实践教学效果。

8 月 19 日

国家主席习近平向世界职业技术教育发展大会致贺信。习近平指出，职业教育与经济社会发展紧密相连，对促进就业创业、助力经济社会发展、增进人民福祉具有重要意义。中国积极推动职业教育高质量发展，支持中外职业教育交流合作。中方愿同世界各国一道，加强互学互鉴、共建共享，携手落实全球发展倡议，为加快落实联合国 2030 年可持续发展议程贡献力量。

8 月 25 日

25 日至 26 日，全国青联十三届三次常委会扩大会议召开。会议深入学习贯彻习近平总书记在庆祝中国共产主义青年团成立 100 周年大会上的重要讲话精神和中央统战工作会议精神，回顾总结全国青联十三届二次常委会议以来的工作情况，对深化全国青联改革、巩固和扩大新时代青年爱国统一战线进行全面谋划和研究部署。

8 月 26 日

教育部会同有关部门联合公布首批 453 家“大思政课”实践教学基地。首批“大思政课”实践教学基地的设立，是落实教育部等十部门《全面推进“大思政课”建设的工作方案》的一项重要举措，是增强思政课实践教学育人效果的有力支撑，是帮助学生深刻感悟习近平新时代中国特色社会主义思想真理魅力和实践伟力的有效途径。此次公布的“大思政课”实践教学基地，由教育部分别会同有关部门以现有基地（场馆）为基础分专题设立。其中，会同科技部联合设立科学精神专题实践教学基地，会同工业和信息化部联合设立工业文化专题实践教学基地，会同生态环境部联合设立美丽中国专题实践教学基地，会同国家卫生健康委联合设立抗击疫情专题实践教学基地，会同国家文物局联合设立中华优秀传统文化、革命文化、社会主义先进文化专题实践教学基地，会同国家乡村振兴局联合设立脱贫攻坚、乡村振兴专题实践教学基地，会同中国关心下一代工作委员会联合设立党史新中国史教育专题实践教学基地。

8 月 28 日

全国资助管理中心发布《2021 年中国学生资助发展报告》，强调 2021 年是党和国家历史上具有重要里程碑意义的一年。在习近平新时代中国特色社会主义思想指引下，各级教育、财政等部门和各级各类学校全面贯彻党的教育方针，紧紧围绕立德树人根本任务，不断完善学生资助政策，大力推进精准资助，全面深化资助育人，持续加强规范管理，有效落实各项学生资助政策，促进改革发展成果更多更公平惠及人民群众，努力使家庭经济困难学生同样拥有人生出彩的机会。第一，国家学生资助政策进一步完善；第二，资助人数和资助资金持续增长；第三，财政资助资金占主导地位；第四，构建学生资助工作高质量发展格局；第五，各学段资助成效显著。

8月29日

教育部印发《关于加强高校有组织科研 推动高水平自立自强的若干意见》(以下简称《意见》)，就推动高校充分发挥新型举国体制优势，加强有组织科研，全面加强创新体系建设，着力提升自主创新能力，更高质量、更大贡献服务国家战略需求作出部署。《意见》明确了加强高校有组织科研的重点举措。一是强化国家战略科技力量建设。二是加快目标导向的基础研究重大突破。三是加快国家战略急需的关键核心技术重大突破。四是提升科技成果转移转化能力服务产业转型升级。五是提升区域高校协同创新能力服务区域高质量发展。六是推进高水平人才队伍建设打造国家战略人才力量。七是推进科教融合、产教协同培育高质量创新人才。八是推进高水平国际合作。九是推进科研评价机制改革营造良好创新生态。

本月

由北京师范大学思想政治工作研究院院长冯刚教授主编，全国知名高校的学工部长和思政专家学者共同编写的《新时代高校辅导员工作十讲》一书由北京师范大学出版社正式出版。全书围绕新时代高校辅导员工作的十个核心问题展开，共设置十讲内容。前言部分阐述了辅导员职业理想的内涵和功能，剖析如何科学设计和推动辅导员的职业理想建构。第一讲回顾了辅导员制度的发端与历史，厘清辅导员制度建立的历史逻辑、政策逻辑、理论逻辑和实践逻辑。第二讲论析了新时代辅导员的角色定位，强调辅导员工作必须紧跟新时代的发展变化和历史诉求。第三讲到第八讲探究了辅导员工作的思想价值引领、管理服务、网络思政、文化培育、对象把握和危机事件应对，阐明了新时代辅导员重点工作的理论与实践体系。第九讲侧重于辅导员工作中的质量评价，第十讲回归于辅导员的成长与发展，回应了辅导员的关切。

9月

9月1日

中共中央、国务院、中央军委印发《关于加强和改进新时代全民国防教育工作的意见》(以下简称《意见》)。《意见》指出，全民国防教育是建设巩固国防和强大人民军队的基础性工程，是党的宣传思想工作的重要组成部分，是弘扬爱国主义精神、增强全民国防意识的有效途径，意义重大，影响深远。《意见》明确，加强和改进新时代全民国防教育工作，要以习近平新时代中国特色社会主义思想为指导，坚持和加强党对全民国防教育工作的领导，增强“四个意识”、坚定“四个自信”、做到“两个维护”。《意见》强调，要落实习近平总书记关于加强全民国防教育的重要指示精神，将习近平强军思想融入全民国防教育各领域、全过程。

9月3日

纪念中国人民抗日战争暨世界反法西斯战争胜利77周年座谈会在北京举行，座谈会由中央宣传部、中央统战部、中央党史和文献研究院、中央军委政治工作部联合举办。中共中央书记处书记、中央统战部部长尤权出席。在京参加过抗日战争的老战士及抗战将领亲属代表、抗战烈士遗属代表，中央党政军群有关部门和北京市负责同志，各民主党派中央、全国工商联负责人和无党派人士代表，在京为中国人民抗日战争胜利作出贡献的国际友人亲属代表，首都各界群众代表等约200人参加座谈会。

9月6日

《习近平生态文明思想学习纲要》(以下简称《纲要》)出版座谈会在北京召开。与会代表结合《纲要》主要内容，交流学习宣传贯彻习近平生态文明思想的认识和体会。会议讨论，要以《纲要》出版发行为契机，掀起学习贯彻习近平生态文明思想的热潮，深刻把握习近平生态文明思想的科学性和真理性、人民性和实践性、开放性和时代性，准确理解习近平生态文明思想的核心要义、精神实质、丰富内涵、实践要求，自觉做习近平生态文明思想的坚定信仰者和忠实践行者，不断开创新时代生态文明建设新局面，为建设美丽中国作出新的更大贡献，以实际行动迎接党的二十大胜利召开。

同日，中宣部、教育部公布2022年全国教书育人楷模名单：中国农业大学教授康绍忠，山西机电职业技术学院教授李粉霞，吉林大学教授孙正聿，哈尔滨工程大学教授杨士莪，上海市浦东新区特殊教育学校校长、教师周美琴，江苏省南京市浦口区行知教育集团总校长、教师杨瑞清，安徽省六安市霍邱县第一中学校长、教师杨明生，湖北省武汉市旅游学校教师马丹，湖南省长沙市芙蓉区育英学校教师郭晓芳，四川护理职业学院院长、教授张先庚，甘肃省张掖市肃南裕固族自治县明花学校教师安文军，新疆生产建设兵团第二师铁门关市第一幼儿园副园长、教师孙怡。

9月7日

中共中央总书记、国家主席、中央军委主席习近平给北京师范大学“优师计划”师范生回信。习近平指出，北京师范大学是我国最早的现代师范教育高等学府，为国家培养了一大批优秀教师。希望你们继续秉持“学为人师、行为世范”的校训，珍惜时光，刻苦学习，砥砺品格，增长传道授业解惑本领，毕业后到祖国和人民最需要的地方去，努力成为党和人民满意的“四有”好老师，为培养德智体美劳全面发展的社会主义建设者和接班人贡献力量。

9月8日

教育部党组书记、部长怀进鹏出席庆祝第38个教师节暨北京师范大学建校120周年大会，宣读习近平总书记重要回信并讲话。怀进鹏指出，习近平总书记给北京师范大学“优师计划”师范生回信，对他们寄予殷切期望，并在北师大建校120周年和第38个教师节来临之际，向该校师生员工、广大校友表示祝贺和问候，向全国广大教师致以节日的祝福，充分体现了党中央对教育事业的高度重视和对广大师生的亲切关怀，寄托着对新时代教师立德树人、教书育人的殷切期望，为建设高质量教师队伍指明了前进方向、提供了根本遵循。教育系统要认真学习领会，坚决贯彻落实。

9月9日

在第38个教师节到来之际，中央宣传部、教育部向全社会公开发布2022年“最美教师”先进事迹。发布仪式在中央广播电视总台举行，现场播放了“最美教师”先进事迹的视频短片，从不同侧面采访讲述了他们的工作生活感悟。为宣传学习“太空授课”对广大青少年科技教育的重要意义，2022年“最美教师”还推选了“最美太空教师”中国航天员中心王亚平航天员为特别致敬人物。中宣部、教育部负责同志为他们颁发“最美教师”证书。“最美教师”获得者表示，他们将不忘立德树人初心，牢记为党育人、为国育才使命，自觉践行“四有”好老师标准，努力成为“经师”和“人师”相统一的“大先生”，着力培养担当民族复兴大任的时代新人。

9月16日

《求是》杂志第18期发表中共教育部党组的文章《奋力谱写新时代新征程教育改革发展新篇章》。文章指出，10年来，在党中央坚强领导下，在全党全社会共同努力下，中国特色社会主义教育制度体系的主体框架基本确立，我国教育事业取得历史性成就，教育面貌正在发生格局性变化。党的十八大以来，党中央召开全国高校思想政治工作会议、学校思想政治理论课教师座谈会，明确了学校思想政治工作的一系列重大问题，具有里程碑意义。习近平总书记强调，思想政治工作是学校各项工作的生命线。教育系统认真贯彻落实习近平总书记重要指示，全面加强各级各类学校思想政治工作，将其贯穿教育教学全过程。

9月20日

联合国教科文组织2030年教育高级别指导委员会在联合国教育变革峰会结束后召开会议，商讨推动落实联合国秘书长古特雷斯发布的《关于教育变革的愿景声明》等峰会成果。教育部部长、2030年教育高级别指导委员会领导小组成员怀进鹏以视频方式出席会议并讲话。

怀进鹏指出，一是要把承诺转化为行动，推动教育优先发展。坚持以人民为中心，建立健全激励、监测和问责机制，把峰会承诺落实到各国政策体系和实际预算中，落实到教育规划与行动中。二是以数字化为杠杆，撬动教育整体变革。推动数字教育资源共建共享、互联互通，赋能教师和学习者，探索教育数字治理方式，实现教育更加包容公平更高质量发展。三是激发各方积极性，汇聚教育变革合力。发挥各国政府、学校、教师、青年和所有利益相关方的积极性与创造性。鼓励更多国家争做倡导国，以各具特色的实践推动峰会成果落实。采取更多措施支持非洲和小岛屿国家教育，特别是女童和妇女教育。

9 月 21 日

据《人民日报》报道，中共中央党史和文献研究院编辑的《习近平关于社会主义精神文明建设论述摘编》(以下简称《论述摘编》)一书，由中央文献出版社出版，在全国发行。《论述摘编》分 10 个专题，共计 512 段论述，摘自习近平同志 2012 年 11 月 17 日至 2022 年 6 月 8 日期间的报告、讲话、说明、演讲、谈话、贺信、指示、批示等 240 篇重要文献。其中部分论述是第一次公开发表。

9 月 22 日

教育部办公厅印发《关于进一步加强全国职业院校教师教学创新团队建设的通知》(以下简称《通知》)。《通知》要求明确创新团队建设目标任务、强化创新团队教师能力建设、形成创新团队建设范式、突出创新团队模块化教学模式、加强创新团队协作共同体建设、加大创新团队建设保障力度、加强创新团队建设的检查验收。

9 月 24 日

由北京师范大学思想政治工作研究院、滨州医学院马克思主义学院联合主办，滨州医学院医学人文研究中心承办的“医学人文创新论坛”首届研讨会在山东烟台成功举办。滨州医学院党委书记车先礼出席开幕式并致辞，教育部思政司原司长、北京师范大学思想政治工作研究院院长冯刚教授作主旨报告。来自北京师范大学、中国青年政治学院等省内外高校 50 余名专家、学者齐聚一堂，围绕“新文科视域下思想政治教育的创新发展”这一主题进行了跨学科、多领域、多维度的交流，为推进新时代思想政治教育的创新发展激扬才智、建言献策。

9 月 27 日

据《光明日报》报道，中共中央总书记、国家主席、中央军委主席习近平近日为即将出版发行的《复兴文库》作题为《在复兴之路上坚定前行》的序言，强调以史为鉴察往知来，在复兴之路上坚定前行。

同日，教育部办公厅印发《关于进一步做好“优师计划”师范生培养工作的通知》(以下简称《通知》)。《通知》要求，一要厚植扎根基层教育报国情怀，二要锻造传道授业解惑过硬本领包括夯实专业知识、提升教书育人能力、强化教育实践环节，三要优化过程管理激发学习动能包括加强个性化指导和创新激励机制，四要深化协同机制支持终身发展包括推进“四位一体”协同、支持跨校跨界合作、跟踪支持职后发展，五是健全支持保障体系。

中国科协、教育部、科技部、中科院、社科院、工程院、自然科学基金委、国防科工局近日联合印发《“2022 年全国科学道德和学风建设宣传月”活动工作安排的通知》，于 10 月至 11 月在全国开展道德和学风建设特色活动。

本月

由北京师范大学思想政治工作研究院院长冯刚教授担任主编，并组织全国知名高校专家学者共同编写的《高校思想政治教育治理研究》丛书由团结出版社正式出版。丛书旨在从不同侧面对高校思想政治教育治理理论和实践问题做出探索性研究，为构建高校思想政治教育治理体系和治理能力在学理和实践体系方面提供参考。丛书包括《高校思想政治教育治理引论》《高校思想政治教育数据治理研究》《高校思想政治教育治理能力研究》《高校思想政治教育生态治理研究》《高校思想政治教育治理评价研究》5 本分册，分别从基本理论、数据治理、治理能力、环境治理和治理评价等方面开展深入研究。

10月

10月1日

《求是》杂志第19期发表中共中央总书记、国家主席、中央军委主席习近平的重要文章《新时代中国共产党的历史使命》。

文章强调，实现中华民族伟大复兴是近代以来中华民族最伟大的梦想。中国共产党一经成立，就把实现共产主义作为党的最高理想和最终目标，义无反顾肩负起实现中华民族伟大复兴的历史使命，团结带领人民进行了艰苦卓绝的斗争，谱写了气吞山河的壮丽史诗。

文章指出，今天，我们比历史上任何时期都更接近、更有信心和能力实现中华民族伟大复兴的目标。行百里者半九十。中华民族伟大复兴，绝不是轻轻松松、敲锣打鼓就能实现的。全党必须准备付出更为艰巨、更为艰苦的努力。

文章指出，伟大斗争，伟大工程，伟大事业，伟大梦想，紧密联系、相互贯通、相互作用，其中起决定性作用的是党的建设新的伟大工程。推进伟大工程，要结合伟大斗争、伟大事业、伟大梦想的实践来进行，确保党在世界形势深刻变化的历史进程中始终走在时代前列，在应对国内外各种风险和考验的历史进程中始终成为全国人民的主心骨，在坚持和发展中国特色社会主义的历史进程中始终成为坚强领导核心，凝聚起同心共筑中国梦的磅礴力量！

同日，据《人民日报》报道，《习近平讲故事》(第二辑)一书近日由人民出版社出版发行。习近平总书记在讲话、演讲、文章中，通过一个个生动精彩的故事，把抽象的理论通俗化，让深奥的道理浅显表达，既有强大的思想说服力，又有强烈的文化感染力。

10月7日

据《人民日报》报道，中共中央党史和文献研究院编辑的《习近平关于依规治党论述摘编》(以下简称《论述摘编》)一书，近日由中央文献出版社出版，在全国发行。《论述摘编》分10个专题，共计400段论述，摘自习近平同志2012年11月15日至2022年6月17日期间的报告、讲话、文章、指示、批示等180多篇重要文献。其中部分论述是第一次公开发表。

10月9日

9日至12日，中国共产党第十九届中央委员会第七次全体会议在北京举行。中央委员会总书记习近平作了重要讲话。全会决定，中国共产党第二十次全国代表大会于2022年10月16日在北京召开。全会听取和讨论了习近平受中央政治局委托作的工作报告。全会讨论并通过了党的十九届中央委员会向中国共产党第二十次全国代表大会的报告，讨论并通过了党的十九届中央纪律检查委员会向中国共产党第二十次全国代表大会的工作报告，讨论并通过了《中国共产党章程(修正案)》，决定将这3份文件提请中国共产党第二十次全国代表大会审查和审议。习近平就党的十九届中央委员会向中国共产党第二十次全国代表大会的报告讨论稿向全会作了说明，王沪宁就《中国共产党章程(修正案)》讨论稿向全会作了说明。全会分析了当前形势和任务，深入讨论了新时代新征程坚持和发展中国特色社会主义、全面建设社会主义现代化国家的若干重大问题，为召开党的第二十次全国代表大会作了充分准备。

同日，据《人民日报》报道，教育部组织北京外国语大学翻译的《习近平总书记教育重要论述讲义》英文版，近日由外语教学与研究出版社、高等教育出版社出版发行。英文版忠于原文原意，同时在表现形式上适应海外读者阅读习惯，表述准确、语言规范、行文流畅，有助于读者深入了解新时代中国教育改革发展的时代背景、重大意义、主要内容、实现途径，对深刻理解习近平总书记关于教育的重要论述的丰富内涵具有重要意义。

10月11日

《习近平谈治国理政》第一卷冰岛文版首发式在冰岛首都雷克雅未克的哈帕会议中心举行。《习近平谈治国理政》展示了习近平主席对中国国家治理和全球治理问题的深入思考，体现了推动构建人类命运共同体、共建美好世界的中国方案。这部著作冰岛文版的出版，将为更多冰岛读者读懂习近平新时代中国特色社会主义思想打开新的窗口，为推动中国与冰岛两国文明互鉴架设理解之桥。

10月14日

据《人民日报》报道，中共中央党史和文献研究院编写发行的《党的十九大以来大事记》(以下简称《大事记》)于本月出版。党的十九大以来，以习近平同志为核心的党中央统筹中华民族伟大复兴战略全局和世界百年未有之大变局，团结带领全党全军全国各族人民有效应对严峻复杂的国际形势和接踵而至的巨大风险挑战，采取一系列战略性举措，推进一系列变革性实践，实现一系列突破性进展，取得一系列标志性成果，攻克了许多长期没有解决的难题，办成了许多事关长远的大事要事，以奋发有为的精神把新时代中国特色社会主义推向前进。《大事记》集中反映了5年来党和国家事业取得举世瞩目的重大成就。

同日，教育部召开2022年第12次全国教育系统疫情防控工作视频调度会议，深入学习贯彻习近平总书记关于新冠肺炎疫情防控重要指示批示精神，总结通报地方和高校贯彻落实党中央、国务院决策部署情况，分析研判当前教育系统疫情防控形势，部署进一步科学精准做好学校疫情防控工作。

10月15日

据《人民日报》报道，《习近平的扶贫足迹》《习近平的小康情怀》本月由人民出版社、新华出版社联合出版，在全国发行。《习近平的小康情怀》分为20个篇章，全景式记录了党的十八大以来习近平总书记掌舵领航、举旗定向，带领全党全国各族人民全面建成小康社会的伟大历史进程。书中一个个与人民心心相印的感人瞬间，彰显出人民领袖对人民群众福祉的殷切关怀；一幅幅饱含真情的动人画面，反映了人民群众对人民领袖的衷心爱戴。《习近平的扶贫足迹》《习近平的小康情怀》的出版，有利于人们系统深入了解以习近平同志为核心的党中央团结带领全党全国各族人民决胜全面小康、决战脱贫攻坚的非凡历程和伟大成就，鼓舞和激励广大干部群众向着实现第二个百年奋斗目标、创造更加幸福美好生活勇毅前行。

10月16日

中国共产党第二十次全国代表大会在人民大会堂开幕。习近平代表第十九届中央委员会向大会作了题为《高举中国特色社会主义伟大旗帜　为全面建设社会主义现代化国家而团结奋斗》的报告。习近平指出，中国共产党第二十次全国代表大会，是在全党全国各族人民迈上全面建设社会主义现代化国家新征程、向第二个百年奋斗目标进军的关键时刻召开的一次十分重要的大会。大会的主题是：高举中国特色社会主义伟大旗帜，全面贯彻新时代中国特色社会主义思想，弘扬伟大建党精神，自信自强、守正创新，踔厉奋发、勇毅前行，为全面建设社会主义现代化国家、全面推进中华民族伟大复兴而团结奋斗。

习近平代表第十九届中央委员会向大会作的报告共分15个部分：一、过去五年的工作和新时代十年的伟大变革；二、开辟马克思主义中国化时代化新境界；三、新时代新征程中国共产党的使命任务；四、加快构建新发展格局，着力推动高质量发展；五、实施科教兴国战略，强化现代化建设人才支撑；六、发展全过程人民民主，保障人民当家作主；七、坚持全面依法治国，推进法治中国建设；八、推进文化自信自强，铸就社会主义文化新辉煌；九、增进民生福祉，提高人民生活品质；十、推动绿色发展，促进人与自然和谐共生；十一、推进国家安全体系和能力现代化，坚决维护国家安全和社会稳定；十二、实现建军一百年奋斗目标，开创国防和军队现代化新局面；十三、坚持和完善“一国两制”，推进祖国统一；十四、促进世界和平与发展，推动构建人类命运共同体；十五、坚定不移全面从严治党，深入推进新时代党的建设新的伟大工程。

中国共产党第二十次全国代表大会于10月16日至22日在北京举行。这是在全党全国各族人民迈上全面建设社会主义现代化国家新征程、向第二个百年奋斗目标进军的关键时刻召开的一次十分重要的大会，是一次高举旗帜、凝聚力量、团结奋进的大会。

同日，《求是》杂志第20期发表中共中央总书记、国家主席、中央军委主席习近平的重要文章《坚持人民至上》。文章强调，中国共产党根基在人民、血脉在人民。坚持以人民为中心的发展思想，体现了党的理想信念、性质宗旨、初心使命，也是对党的奋斗历程和实践经验的深刻总结。

10 月 22 日

中国共产党第二十次全国代表大会在北京人民大会堂胜利闭幕。习近平同志主持大会并发表重要讲话。习近平强调，中国共产党走过了百年奋斗历程，又踏上了新的赶考之路。一百年来，党团结带领全国各族人民取得了新民主主义革命、社会主义革命和建设、改革开放和社会主义现代化建设的伟大胜利，开创了中国特色社会主义新时代。百年成就无比辉煌，百年大党风华正茂。我们完全有信心有能力在新时代新征程创造令世人刮目相看的新的更大奇迹。全党要紧密团结在党中央周围，高举中国特色社会主义伟大旗帜，坚定历史自信，增强历史主动，敢于斗争、敢于胜利，埋头苦干、锐意进取，团结带领全国各族人民为实现党的二十大确定的目标任务而奋斗。

10 月 24 日

教育部召开党组会，传达学习党的二十大精神，全面研究部署教育系统学习宣传贯彻工作。教育部党组书记、部长怀进鹏强调，要迅速掀起学习宣传贯彻党的二十大精神热潮，全面贯彻习近平新时代中国特色社会主义思想，深刻领悟“两个确立”的决定性意义，增强“四个意识”，坚定“四个自信”，做到“两个维护”，弘扬伟大建党精神，加快推进教育现代化、建设教育强国、办好人民满意的教育，为全面建设社会主义现代化国家、全面推进中华民族伟大复兴作出新的更大贡献。

怀进鹏指出，党的二十大是在全党全国各族人民迈上全面建设社会主义现代化国家新征程、向第二个百年奋斗目标进军的关键时刻召开的一次十分重要的大会，是一次高举旗帜、凝聚力量、团结奋进的大会。习近平总书记代表十九届中央委员会所作的报告，回顾总结了过去五年的工作和新时代十年的伟大变革，阐述了开辟马克思主义中国化时代化新境界、中国式现代化的中国特色和本质要求等重大问题，科学谋划了当前和今后一个时期党和国家事业发展的目标任务，是党和人民智慧的结晶，是党团结带领全国各族人民夺取中国特色社会主义新胜利的政治宣言和行动纲领，是马克思主义的纲领性文献。怀进鹏强调，要深入学习贯彻党的二十大精神，提高政治站位，推进教育强国建设、办好人民满意的教育，为建成社会主义现代化强国提供人才支持。

10 月 25 日

二十届中共中央政治局召开会议，研究部署学习宣传贯彻党的二十大精神，审议《中共中央政治局关于加强和维护党中央集中统一领导的若干规定》《中共中央政治局贯彻落实中央八项规定实施细则》。中共中央总书记习近平主持会议。会议指出，学习宣传贯彻党的二十大精神是当前和今后一个时期全党全国的首要政治任务。要引导广大干部群众原原本本学习研读党的二十大报告和党章，认真领悟党的二十大提出的新思想新论断、作出的新部署新要求。要紧密联系党的百年奋斗历程特别是党的十八大以来新时代十年的伟大变革，深刻领悟“两个确立”的决定性意义，加深对习近平新时代中国特色社会主义思想、马克思主义中国化时代化、中国式现代化等重大问题的认识，深刻理解党的二十大对全面建设社会主义现代化国家作出的战略部署，切实把思想和行动统一到党中央精神上来。

10 月 26 日

26 日至 28 日，习近平总书记来到陕西延安、河南安阳两地考察，这是党的二十大后他的首次国内考察。在这次考察中，习近平总书记高扬精神之旗，强调要发扬延安精神和红旗渠精神，指出这两种精神是一脉相承的，是中华民族不可磨灭的历史记忆，永远震撼人心。

同日，中国共产党第二十次全国代表大会审议通过的《中国共产党章程》单行本，由人民出版社出版，即日起在全国新华书店发行。

10 月 29 日

中共中央印发《关于认真学习宣传贯彻党的二十大精神的决定》（以下简称《决定》）。《决定》

指出，学习宣传贯彻党的二十大精神是当前和今后一个时期全党全国的首要政治任务，事关党和国家事业继往开来，事关中国特色社会主义前途命运，事关中华民族伟大复兴，对于动员全党全国各族人民更加紧密地团结在以习近平同志为核心的党中央周围，高举中国特色社会主义伟大旗帜，坚定道路自信、理论自信、制度自信、文化自信，为全面建设社会主义现代化国家、全面推进中华民族伟大复兴而团结奋斗，具有重大现实意义和深远历史意义。

《决定》强调，学习领会党的二十大精神，必须坚持全面准确，深入理解内涵，精准把握外延。要原原本本、逐字逐句学习党的二十大报告和党章，学习习近平总书记在党的二十届一中全会上的重要讲话精神。要深刻领会党的二十大的主题，深刻领会过去5年的工作和新时代10年的伟大变革，深刻领会开辟马克思主义中国化时代化新境界，深刻领会新时代新征程中国共产党的使命任务，深刻领会中国式现代化的中国特色和本质要求，深刻领会社会主义经济建设、政治建设、文化建设、社会建设、生态文明建设等方面的重大部署，深刻领会教育科技人才、法治建设、国家安全等方面的重大部署。党的二十大把握国内外发展大势，在党和国家事业发展布局中突出教育科技人才支撑、法治保障、国家安全工作，深刻领会国防和军队建设、港澳台工作、外交工作等方面的重大部署，深刻领会坚持党的全面领导和全面从严治党的重大部署。切实抓好学习培训，集中开展宣讲活动，精心组织新闻宣传，深入开展研究阐释。

同日，由北京师范大学思想政治工作研究院、安徽师范大学马克思主义学院、《高校辅导员学刊》编辑部主办的第三届“思想政治教育基础理论”高峰论坛在安徽师范大学召开。来自北京师范大学、中国人民大学、武汉大学、复旦大学、浙江大学、四川大学、电子科技大学、中国社会科学院、华中师范大学等高校和科研院所的专家学者通过线上和线下相结合的方式参加会议。开幕式上，安徽师范大学党委副书记周旭致辞，北京师范大学思想政治工作研究院院长冯刚教授致辞并作主旨报告。冯刚教授在《思想政治教育数据学研究的可能与运用——一种学科发展及形象建构的视角》主旨报告中指出，党的二十大报告为思想政治教育学科及思想政治工作实践的创新发展提供了新的科学指引，围绕思想政治工作体系建设和大中小思想政治教育一体化建设等重点内容，需要从更加开阔的理论视野和实践视域推进相关基础理论研究。思想政治教育数据学研究是思想政治教育基础理论研究的一个新论域，其重点内容是数据分析，要加强思想政治教育数据的描述性运用、诠释性运用和探索性运用。作为新论域，思想政治教育数据学能否成立和发展，还需要在理论与实践的融合中进行深度探索和深化研究。

10月31日

中央教育工作领导小组秘书组、教育部党组根据中央统一部署，结合教育系统实际，印发《关于教育系统深入学习宣传贯彻党的二十大精神的通知》(以下简称《通知》)。《通知》指出，要充分认识党的二十大的重大意义，准确把握党的二十大精神的核心要义。党的二十大是在全党全国各族人民迈上全面建设社会主义现代化国家新征程、向第二个百年奋斗目标进军的关键时刻召开的一次十分重要的大会，是一次高举旗帜、凝聚力量、团结奋进的大会。学习宣传贯彻党的二十大精神是当前和今后一个时期教育系统的首要政治任务，对于动员教育系统广大党员干部和师生员工更加紧密地团结在以习近平同志为核心的党中央周围，高举中国特色社会主义伟大旗帜，落实立德树人根本任务，奋力建设高质量教育体系，加快推进教育现代化、建设教育强国、办好人民满意的教育，为全面建设社会主义现代化国家、全面推进中华民族伟大复兴而团结奋斗，具有重大现实意义和深远历史意义。要把学习宣传贯彻党的二十大精神同维护习近平总书记党中央的核心、全党的核心地位更好结合起来，进一步增强“四个意识”、坚定“四个自信”、做到“两个维护”，弘扬伟大建党精神，坚持为党育人、为国育才，不断强化教育对全面建设社会主义现代化国家的基础性、战略性支撑。

《通知》要求，要深入推动习近平新时代中国特色社会主义思想和党的二十大精神入脑入心。认真落实党的二十大提出的任务要求，着力办好人民满意的教育。要以党的二十大精神为指引，坚持以人民为中心发展教育，深入实施科教兴国战略，加快建设教育强国，全面提高人才自主培养质量，培养德智体美劳全面发展的社会主义建设者和接班人。

同日，《中国教育报》刊发北京师范大学校长马骏文章《培养党和人民满意的“四有”好老师》。文章指出，党的二十大报告明确了教育事业今后的发展目标，凸显了教育的战略地位，这让广大教育工作者备受鼓舞。报告提出，要加快建设高质量教育体系。构建高质量教育体系必须建设高素质教师队伍，作为教师教育的排头兵，北京师范大学肩负着新时代建设教育强国的历史使命。习近平总书记在给“优师计划”师范生回信中高度评价了北师大在教师培养方面取得的成绩，对“优师计划”师范生提出了殷切期待。我们要不折不扣贯彻落实好党的二十大精神和习近平总书记重要回信精神，坚持以习近平总书记关于教育的重要论述为根本遵循，全面贯彻党的教育方针，坚决扛起党和国家赋予的重大政治责任与历史使命，办好党和人民满意的教师教育，积极服务教育强国建设。

文章指出，近年来，北师大围绕“综合性、研究型、教师教育领先的中国特色世界一流大学”的办学定位，建立多学科共同支撑教师教育的教师培养体系，进一步巩固凸显了教师教育办学特色。学校将对标党的二十大精神和习近平总书记重要回信精神，贯通学习、统筹落实，以培养党和人民满意的“四有”好老师为目标，进一步完善多学科支撑的教师教育体系。学校将坚守“为民族复兴办教育、为国家富强育英才”的办学初心，铭记习近平总书记的期盼，按照习近平总书记指明的方向，真抓实干、奋力前行，努力在立德树人中出经验、在教师培养上作示范，培养党和人民满意的“四有”好老师，办好党和人民满意的教师教育。

11 月

11 月 2 日

据《人民日报》报道，习近平同志 2022 年 10 月 16 日在中国共产党第二十次全国代表大会上所作的报告《高举中国特色社会主义伟大旗帜　为全面建设社会主义现代化国家而团结奋斗》和中国共产党第二十次全国代表大会审议通过的《中国共产党章程》蒙古文、藏文、维吾尔文、哈萨克文、朝鲜文、彝文、壮文共 7 种民族文字版单行本已由中国民族语文翻译局翻译，民族出版社出版，在全国发行。

同日，北京市举行学习贯彻党的二十大精神宣讲报告会。市委书记蔡奇作宣讲报告。市委副书记、代市长殷勇，市人大常委会主任李伟，市政协主席魏小东出席。蔡奇从深刻把握党的二十大的重大意义，深刻把握过去 5 年的工作和新时代 10 年的伟大变革，深刻把握“两个确立”的决定性意义，深刻把握谱写马克思主义中国化时代化新篇章的历史责任，深刻把握以中国式现代化推进中华民族伟大复兴的使命任务，深刻把握全面建设社会主义现代化国家的目标任务，深刻把握以伟大自我革命引领伟大社会革命的重要要求，深刻把握关于发扬斗争精神、应对风险挑战的重要要求八个方面，对党的二十大精神进行了全面系统深入宣讲解读。

蔡奇指出，党的二十大是在全党全国各族人民迈上全面建设社会主义现代化国家新征程、向第二个百年奋斗目标进军的关键时刻召开的一次十分重要的大会，在政治上、理论上、实践上取得了一系列重大成果，是一次高举旗帜、凝聚力量、团结奋进的大会，在党和国家历史上树起了又一座里程碑。大会向党内外、国内外鲜明宣示了我们党在新征程上举什么旗、走什么路、以什么样的精神状态、朝着什么样的目标继续前进等重大问题。大会和二十届一中全会选举产生了以习近平同志为核心的新一届中央领导集体，习近平同志继续当选中共中央总书记、中央军委主席，充分反映了全党同志和全国各族人民对习近平总书记的衷心拥护、信赖和爱戴，反映了习近平总书记在全党全军全国各族人民心中的崇高威望，反映了亿万人民紧跟党的核心、人民领袖开创更加美好未来的共同心声和坚定决心。大会报告为党和国家事业发展进一步指明了方向、确立了行动指南，是党团结带领全国各族人民在新时代新征程坚持和发展中国特色社会主义的政治宣言和行动纲领。大会对党章作了新的修改，使之与时俱进得到丰富和完善，在推进党和国家事业、加强党的建设中发挥出更加重要的指导作用。

11 月 3 日

习近平总书记 2022 年 10 月 16 日在中国共产党第二十次全国代表大会上所作的报告《高举中国特色社会主义伟大旗帜 为全面建设社会主义现代化国家而团结奋斗》单行本繁体版，已由紫荆文化集团旗下联合出版(集团)有限公司在港澳地区出版发行，即日起在港澳地区各大书店全面上架。

11 月 5 日

5 日至 6 日，由中国教育发展战略学会思想道德建设专业委员会和重庆交通大学主办，北京师范大学思想政治工作研究院、重庆交通大学马克思主义学院承办的“思想政治教育研究中青年学者论坛”在重庆交通大学举办。中国教育发展战略学会思想道德建设专业委员会理事长、北京师范大学思想政治工作研究院院长冯刚教授强调，一个学科的发展既要靠长远的战略谋划，也要靠基础理论的深化研究，还要靠一大批中青年学者的后继有人——特别是思想政治教育这样一个应用性很强的学科。

本次论坛旨在学习贯彻党的二十大精神，认真落实党和国家关于加强和改进思想政治工作的部署和要求，深化新时代思想政治教育创新发展，加强中青年学者在思想政治教育理论前沿研究和实践创新探索等方面的交流合作，进而促进思想政治教育研究中青年学者成长发展。来自北京师范大学、武汉大学、浙江大学、南开大学、吉林大学、中山大学等 70 余家单位 180 余名思想政治教育领域专家学者参加线上线下会议。

11 月 7 日

教育部举行全国高校学习宣传党的二十大精神动员部署会暨师生巡讲团成立仪式。教育部党组书记、部长怀进鹏出席会议并讲话。怀进鹏指出，党中央对深入学习宣传贯彻党的二十大精神提出明确要求、作出系统部署，要求广泛开展面向基层的宣讲活动。教育系统学习宣传党的二十大精神，高校是重要场所，学生是重要群体。全国高校学习宣传党的二十大精神师生巡讲，要坚持以习近平新时代中国特色社会主义思想为指导，提高政治站位，充分认识党的二十大开辟了马克思主义中国化时代化的新境界、擘画了以中国式现代化全面推进中华民族伟大复兴的新蓝图、开拓了实施科教兴国战略的新局面，为高校师生提供了世界观和方法论，发布了动员令和任务书，要不断增强政治判断力、政治领悟力、政治执行力，有力回答好“强国建设教育何为”的重大命题，为全面建设社会主义现代化国家、全面推进中华民族伟大复兴提供强大的教育力量、作出更多教育的实质性贡献。

11 月 8 日

教育部印发《关于进一步加强新时代中小学思政课建设的意见》(以下简称《意见》)，提出 5 个方面举措。《意见》指出，加强新时代中小学思政课建设，要以习近平新时代中国特色社会主义思想为指导，深入贯彻落实习近平总书记在学校思想政治理论课教师座谈会上的重要讲话精神和关于思政课建设的重要指示批示精神，加强党对中小学思政课建设的全面领导，全面贯彻党的教育方针，落实立德树人根本任务，积极培育和践行社会主义核心价值观，推进大中小学思想政治教育一体化建设，充分发挥思政课关键课程作用。《意见》提出“突出关键地位、强化统筹实施、坚持问题导向、深化改革创新”四项工作原则，到 2025 年，中小学思政课关键地位进一步强化、建设水平全面提高，课堂活力充分激发，优质课程资源更加丰富，实践教学深入开展，思政课教师队伍专职化专业化水平明显提升，“大思政课”体系更加完善，评价机制基本健全。

11 月 9 日

以“党的二十大对青少年工作的新要求”为主题的学习宣传贯彻党的二十大精神理论研讨会在北京举办。共青团中央书记处书记傅振邦出席会议并讲话。会议指出，学习宣传贯彻党的二十大精神是当前和今后一个时期青少年工作和研究领域的首要政治任务，青少年研究界应当在深入学习宣传贯彻党的二十大精神上走在前列，把思想统一到党的二十大精神上来，把力量凝聚到党的二十大作出的重大战略部署上来，在新时代新征程中推动青少年研究更好地服务青少年发展、服务党的青年工作。会议强调，要充分认识党的二十大的重大意义，进一步坚定推动青少年研究事业发展的信心和决心。

11月12日

习近平总书记给中国航空工业集团沈飞“罗阳青年突击队”的队员们回信，勉励他们学习贯彻好党的二十大精神，为建设航空强国积极贡献力量。

习近平在回信中说，你们以罗阳同志为榜样，扎根航空装备研制一线，在急难险重任务中携手拼搏奉献，这种团结奋斗的精神非常可贵。习近平指出，你们在信中表示，要深入学习贯彻党的二十大精神，让青春在建设航空强国的火热实践中绽放光芒，说得很好。把党的二十大描绘的宏伟蓝图变成现实，需要各行各业青年勇挑重担、冲锋在前。希望你们继续弘扬航空报国精神，心往一处想，劲往一处使，在推动航空科技自立自强上奋勇攀登，在促进航空工业高质量发展上积极作为，争做有理想、敢担当、能吃苦、肯奋斗的新时代好青年，为全面建设社会主义现代化国家、全面推进中华民族伟大复兴作出新贡献。

11月15日

2021年度“中国大学生自强之星”奖学金获得者名单正式揭晓。中国农业大学徐正航、南开大学王懋宁、吉林大学尹文心、上海电力大学杨昌雷、东南大学李明码、浙江纺织服装职业技术学院位小风、合肥工业大学张启民、厦门大学许继聪、滨州医学院陈玉娇、西藏大学格桑央珍10人获得“中国大学生自强之星标兵”奖学金，清华大学江梦南等1832人获得“中国大学生自强之星”奖学金。

同日，中国青年创业就业基金会与泽平宏观正式发布《中国青年创业发展报告(2022)》(以下简称《报告》)。《报告》由创业发展现状、中国青年创业群体画像、典型城市促进青年创业发展措施、中国青年创业发展指数、中国城市青年创业发展排名和建议6部分组成。《报告》认为，中国创新创业呈现高质量发展态势，创业数量可观、创投活跃度高、创服机构同步跟进，整体创业环境优良。《报告》指出，青年创业呈现出年轻化、高学历、启动资金规模小的特征。创业主力军学历以本科和大专为主，集中在农林牧渔、批发零售和教育文化等行业。近七成的创业青年启动资金规模在10万元以下。超半数青年创业者盈亏存在波动，七成青年创业者在3年内开始营利。54%的大学生创业者参加过创业大赛，62%的新兴科技青年创业者认为创业园区、孵化器等创新创业平台对其创业成功帮助大，56.2%的返乡创业者是大学生。

11月16日

中央教育工作领导小组秘书组组长，教育部党组书记、部长怀进鹏主持召开加快建设教育强国研讨会，就贯彻落实党的二十大精神，有力有效推动新时代教育工作，加快建设教育强国听取意见建议。与会同志紧紧围绕学习贯彻落实党的二十大精神，聚焦党的二十大提出的新时代新征程的使命任务，聚焦全面建设社会主义现代化国家对教育提出的新要求，聚焦加快建设教育强国，提出2023年及今后一个时期应重点推进工作和研究问题的意见建议，并进行深入交流研讨。

11月18日

团中央书记处第一书记、中央团校校长贺军科来到中央团校，紧紧围绕广大团员青年学习党的二十大精神应当深刻领会的主要内容，结合同学们近一段学习中提出的近100个问题，有针对性地向全校师生作了宣讲报告。

贺军科在宣讲中指出，党的二十大是一次高举旗帜、凝聚力量、团结奋进的大会。大会明确宣示新征程上我们党举什么旗、走什么路、以什么样的精神状态、朝着什么样的目标继续前进，向全党提出“三个务必”的重要要求，充分彰显了我们这个百年大党对历史方位的准确把握，体现了高度的历史主动、战略清醒和奋进姿态。广大团员青年要掌握大会提出的一系列重大论断、重点部署、重要要求，找准党和国家大局同自己学习工作生活的关联点，信心满怀地紧跟党奋进新征程、建功新时代。

同日，中央教育工作领导小组秘书组、教育部在京召开深化新时代教育评价改革工作推进会，深入学习贯彻党的二十大精神，贯彻落实习近平总书记关于教育评价改革的重要指示，加快推进《深化新时代教育评价改革总体方案》落实落地。中央教育工作领导小组秘书组组长、教育部党组书记、部长怀进鹏出席会议并讲话。会议强调，党的二十大报告对教育、科技、人才作出一体部署，赋予教育以新的战略地位和历史使命，并对深化教育领域综合改革、完善教育评价体系提出了新要求。习近平总书记高度重视教育评价改革，作出一系列重要指示，系统回答了新时代教育评价改革的一系列重大理论和实践问题，为深化新时代教育评价改革提供了根本遵循，指明了前进方向。深化新时代教育评价改革，要找准突破口，围绕建设高质量教育体系，以教育评价改革牵引教育领域综合改革，为加快建设教育强国、科技强国、人才强国增添动力和活力。

11 月 20 日

重庆交通大学高校思想政治教育质量评价中心组织召开“大数据时代与思想政治教育质量评价”线上理论研讨会，来自北京师范大学、复旦大学、中山大学、重庆大学等高校的思政学者参加并做研讨发言。北京师范大学思想政治工作研究院院长冯刚教授做题为《学习贯彻党的二十大精神，深化思想政治教育质量评价理论与实践》的主旨报告。研讨会以近期召开的全国教育质量评价工作会议精神为切入点，提出了思想政治教育评价融入高校总体教育评价的思路；从深化质量评价的本质出发，阐释了当前思想政治教育质量评价中存在的问题和破解方法。

11 月 21 日

共青团中央印发《高校共青团青年志愿服务工作指引》(2022 年版)。文件指出，要突出高校青年志愿服务的政治属性和育人功能，围绕高校青年志愿服务组织、队伍、项目、制度、保障和文化等要素，完善实践育人长效机制，提升高校青年志愿服务整体活力和育人成效。发挥《高校志愿服务指标体系(试行)》牵引作用，到 2023 年年底，全国高校基本建成组织健全、队伍精干、项目丰富、制度完善、保障有力、文化浓厚的青年志愿服务工作体系。文件重点围绕规范志愿服务组织设置、强化志愿服务队伍建设、丰富志愿服务项目体系、完善志愿服务制度供给、提升志愿服务保障质量、营造志愿服务文化氛围六个方面重点任务做出具体部署。

同日，共青团中央书记处第一书记贺军科在《人民日报》发文《培养有理想敢担当能吃苦肯奋斗的新时代好青年》。文章指出习近平总书记在党的二十大报告中指出，“当代中国青年生逢其时，施展才干的舞台无比广阔，实现梦想的前景无比光明”，殷切寄语广大青年“立志做有理想、敢担当、能吃苦、肯奋斗的新时代好青年”。这是党的领袖对青年一代发出的伟大号召，为新时代中国青年成长成才指明了方向。党旗所指就是团旗所向，共青团要引领广大青年自觉沿着习近平总书记指引的方向茁壮成长，扛起时代责任，引领凝聚青年、组织动员青年、联系服务青年，让青春在全面建设社会主义现代化国家的火热实践中绽放绚丽之花。要把牢“有理想”的首要标准，团结引领广大青年自觉沿着习近平新时代中国特色社会主义思想指引的方向奋勇前进。突出“敢担当”的时代要求，团结引领广大青年在党和人民最需要的时刻冲得出来、顶得上去。锤炼“能吃苦”的坚毅品格，团结引领广大青年在敢于斗争、善于斗争中展现刚健有为的精神风貌。弘扬“肯奋斗”的光荣传统，团结引领广大青年永久奋斗、团结奋斗。

11 月 22 日

中央宣传部向全社会宣传发布陆军工程大学“星火”理论宣讲服务政治教员群体先进事迹，授予他们“时代楷模”称号。陆军工程大学“星火”理论宣讲服务政治教员群体，长期奋斗在军队政治理论教学和理论宣讲服务一线，坚持不懈用习近平新时代中国特色社会主义思想武装官兵，学习宣传贯彻习近平强军思想，积极推动新时代党的创新理论大众化通俗化，学风教风过硬，教学成果丰硕。党的二十大召开后，他们分赴驻地部队、城乡社区、中小学校开展宣讲，推动党的二十大精神走进官兵、走进群众、走进青少年。教员群体中 12 人次获评全军优秀教师、军队院校育才奖，4 人次荣立二等功，36 人次荣立三等功。

后 记

《改革开放以来高校思想政治教育编年史(1978—2022)》的修订编写历时半年，其间从修订策划、方案制订到史料筛选、文献梳理、事件考证、当事人访谈，再到最后编撰定稿，编写团队付出了辛勤的劳动。

本书由北京师范大学思想政治工作研究院院长、马克思主义学院博士生导师冯刚教授主持编写和修订，负责框架总体设计和确定编写体例，并指导编撰。刘俊峰、严帅、王振、高静毅、布超、司文超、成黎明、熊钰、朱宏强、高维峰、曾永平、冯志根、王鹏云、祝郁欣、邵洋、张欣、王方、刘嘉圣、邢斐、张芳、王莹、徐文倩、陈倩、孙贝、杨小青、王天玲等负责资料收集和文稿撰写。冯刚、艾四林、彭庆红、邓卓明、王占仁、吴满意、徐进功负责全书的审阅，刘俊峰、严帅、王振、金国峰、程伟、白永生、高静毅、布超等协助完成全书的统稿修改。修订过程中，高静毅、张欣、王方等协助做了大量的统稿和协调工作。

本书编撰和出版过程中，北京师范大学出版社给予了大力支持，在此致以诚挚的谢意！由于时间、资料及编撰者水平所限，遗漏与讹误之处在所难免，敬请各位专家和读者指正。

编　者

2022 年 12 月

图书在版编目(CIP)数据

改革开放以来高校思想政治教育编年史(1978—2022)/冯刚主编. —北京：北京师范大学出版社，2023.6
ISBN 978-7-303-29162-5

Ⅰ.①改… Ⅱ.①冯… Ⅲ.①高等学校－思想政治教育－编年史－中国 Ⅳ.①G641－092

中国国家版本馆 CIP 数据核字(2023)第 096298 号

营 销 中 心 电 话 010-58805385
北京师范大学出版社
主题出版与重大项目策划部

GAIGE KAIFANG YILAI GAOXIAO SIXIANG ZHENGZHI JIAOYU BIANNIANSHI(1978—2022)

出版发行：北京师范大学出版社 www.bnupg.com
北京市西城区新街口外大街 12-3 号
邮政编码：100088

印　　刷：北京盛通印刷股份有限公司
经　　销：全国新华书店
开　　本：890 mm×1240 mm 1/16
印　　张：49.5
字　　数：1400 千字
版　　次：2023 年 6 月第 1 版
印　　次：2023 年 6 月第 1 次印刷
定　　价：328.00 元

策划编辑：祁传华　　责任编辑：祁传华
美术编辑：王齐云　　装帧设计：王齐云
责任校对：陈　民　　责任印制：赵　龙